D1672206

Verlag
Stünings Medien GmbH
Dießemer Bruch 167
D-47805 Krefeld
Postfach 10 21 55
D-47721 Krefeld
Telefon (0 21 51) 51 00-0
Telefax (0 21 51) 51 00-2 51 29
autobahn-guide@stuenings.de
www.stuenings.de

Verlagsleiter
Jörg Montag

Verkaufsleiter Anzeigen
Michael Möbius

Anzeigenbearbeitung
Verena Falk
Dennis Feegers
Julia Dahmen

**Zusammenstellung
und Bearbeitung**
Michael Möbius
Birgitt Kalesse
Volker Kalesse
Alfred Möschl
Monika Siegmund
Wolfgang Schnell
Tarja Heiskanen

Layout
Jakob Wolff
Jessica Lüdecke

Kartographie
GeographicInfoService,
Stuttgart

Schemakarten
Ursula Eichhorst

Druck
GGP Media GmbH, Pößneck

Erscheinungsweise
einmal jährlich, 49. Jahrgang
Printed in Germany 2009
Nachdruck, auch auszugsweise,
in jeder Form, nicht gestattet.
ISBN 978-3-9811654-2-5

**Einzelverkaufspreis in
Deutschland € 9,95 [D]**

**Generalvertretung für den
Vertrieb in Schweden,
Norwegen und Finnland**
Norstedts Kartor AB
S-801 83 Gävle
www.kartbutiken.se

Vertriebspartner in Dänemark
Nordisk Korthandel
Scanmaps ApS
DK-1455 København
www.scanmaps.dk

**Vertriebspartner in den
Niederlanden und Belgien**
ANWB, Den Haag
Tel. 0 800-05 03
www.anwb.nl (für Mitglieder)
oder im Buchhandel unter
www.bol.com

Vertriebspartner in der Schweiz
JPM Guides
CH-1006 Lausanne
www.jpmguides.com

Bankverbindungen
Sparkasse Krefeld
(BLZ 320 500 00)
Konto-Nr. 46 71
Deutsche Bank AG, Krefeld
(BLZ 320 700 80)
Konto-Nr. 082/83 84
Postgiro Essen
(BLZ 360 100 43)
Konto-Nr. 22 498-438

 ### Links+Rechts
der Autobahn

Der Reiseführer für die Autoba... sorgfältig ausgewählten Hote... Gasthäusern nahe der Autobah... alle Autobahn-Raststätten und -Tank-stellen mit km-Angabe sowie Sehens-wertes, Ausflugs- und Ferienziele.

Für die Richtigkeit der Preise können wir keine Gewähr übernehmen. Eventuelle Preisänderungen der Hotels ab Drucktermin (Stand November 2009) sind nicht berücksichtigt.

 ### To the Left and Right
of the Motorway

The travel guide includes carefully se-lected hotels and inns located close to the motorway. Also included are all motorway restaurants and filling sta-tions (with total distance in km) as well as sightseeing, local tours and holiday recommendations.

Prices were correct at the time of publication (November 2009); but we cannot be held liable for any hotel price changes made after that time.

 ### A gauche et à droite
de l'autoroute

Voici un guide de l'autoroute idiquant des hôtels et des restaurant soigneuse-ment choisis aux abords de l'autoroute, touts les restoroutes et stations-service avec kilométrage ainsi que les curi-osités, les excursions et les lieux de villégiature.

Les prix indiqués sont hors de la re-sponsabilité de l'éditeur. Nous n'avons pas tenu compte des modifications éventuelles des tarifs des chambres d'hôtel survenues depuis la date d'édition (novembre 2009).

Links+Rechts
van de snelweg

De reisgids voor de automobilist, met zorg-vuldig geselecteerde hotels en restaurants in de onmiddellijke nabijheid van de Duitse Autobahnen. Verder alle wegrestaurants en -benzinestations met km-aanduiding en bovendien vele bezienswaardigheden, tips voor dagtochten en vakantieoorden.

Voor de juistheid van de prijzen kunnen wij geen verantwoordelijkheid anvaarden. Met eventuele prijswijzigingen, die na het in druk gaan van deze gids (november 2009) zijn doorgevoerd, kon geen rekening worden gehouden.

 ### Till vänster och höger
om motorvägen

Resehandboken för motorvägen medomsorgsfullt utvalda hotell och värdshus nära motorvägen. Därtill alla motorvägsrastplatser och mo-torvägsbensinstationer med kilome-teruppgift samt sevärdheter, utflykts-och semestermål.

För prisernas riktighet lämnas ingen garanti. Eventuella prisändringar för hotell efter tryckdatum (= upplaga november 2009) har ej tagits hän-syn till.

 ### A sinistra+a destra
dell'autostrada

La guida per l'autostrada con hotels e trattorie accuratamente selezio-nati nelle vicinanze dell'autostrada. Inoltre, tutti i motels e le stazioni di servizio autostradali con indicazione in km nonché curiosità, mete per escursioni e vacanze.

Non possiamo assumerci garanzia alcuna per l'esattezza dei prezzi. Eventuali modifiche di prezzo degli hotels a stampa avvenuta (situazione novembre 2009) non vengono prese in considerazione.

Inhalt

Sonderseiten / speciale paginas / special pages / extrasidor / pages spéciales / pagine speciale

IN 3 SCHRITTEN
OHNE ORTSKENNTNISSE

How to find the
way to your hotel

Ainsi vous trouvez votre
route jusqu' à votre hôtel

Zo vindt u de weg
naar uw hotel

Hur ni hittar vägen
till ert hotell

Così trovate il cammino
verso il vostro hotel

1 Die Länderübersicht

Hier finden Sie die Seite
des gewünschten Landes.

Page of general map
Page de la carte à grande échelle
Pagina van de overzichtskaart
Sidan för översiktskarta
Pagina della carta sinottica

S
273

FIN
302

N
268

EST
408

LV
408

DK
260

LT
408

NL
348

PL
412

B
352

D
8

CZ
416

SK
418

F
312

A
380

H
420

CH
356

SLO
434

HR
440

I
402

P
308

E
308

6

ZU IHREM HOTEL

2 Die Übersichtskarte

 Hier finden Sie die Nummer des gesuchten Autobahnabschnitts.

Open the guide to the map of the country required! There you'll find our code number of the required section of the motorway.

Ouvrez le guide à la page de la carte à grande échelle du pays de votre choix! Trouvez ici le numéro de la section recherchée.

Vouw de overzichtskaart van het gewenste land open! Hier vindt u het nummer van de gezochte route.

Slå upp det önskade landets översiktskarta! Där finns numret till den sökta vägsträckan.

Spiegate la cartina sinottica del paese desiderato! Qui trovate il numero del tragitto cercato.

3 Die Routenkarte

 Hier finden Sie die Ausfahrt mit dem Ort des Hotels.

Find the exit to the town in which your hotel is located.

Sortie avec le nom de léndroit où se trouve votre hôtel.

Afrit met de plaats van uw hotel.

Avfarten med orten där ert hotell finns.

Uscita con la località del vostro hotel.

Weitere Angebote

in der Umgebung der Route finden Sie im fortführenden Streckenverlauf. Dieser wird durch schwarze Pfeile angezeigt.

Further offers in the surroundings of the route are to be found further along its continuation. This is shown by the black arrows.

Vous trouverez d'autres offres dans la région de la route sur la continuation du tracé. Celui-ci est indiqué par des flèches noires.

Andere overnachtingsmogelijkheden langs de route vindt u in het verdere routeverloop. Het routeverloop wordt door zwarte pijlen gekenmerkt.

Avfarten med orten där ert hotell finns.

Ulteriori offerte nei dintorni della rotta, potete trovarle lungo il tratto che prosegue. Questo viene indicato tramite frecce nere.

Reisen nach
Deutschland

Blick auf die Reichsburg, Cochem/Mosel

Deutschland

Deutschland, in der Mitte Europas gelegen, grenzt im kühlen Norden direkt an Skandinavien und reicht über die bewaldeten Mittelgebirge über den Schwarzwald bis hinunter zu den Alpen. Mit einer Größe von 357.114 km² und einer Gesamteinwohnerzahl von mehr als 82 Millionen Menschen ist es nicht nur ein bevölkerungsreiches Land, es grenzt auch an neun Nachbarländer. Für Städtereisende bietet es wunderschöne Ziele wie die Hauptstadt Berlin, Hamburg, Leipzig oder München mit seinem alljährlichen Oktoberfest. Die romantischen Flusstäler von Mosel, Rhein und Neckar stellen ebenso wie der Bodensee oder die herrlichen Inseln der Nord- und Ostsee einen Ausgleich für Naturliebhaber dar. Ob Urlaub oder Tagesausflug – Deutschland ist eine Reise wert.

Einreise

Zur Einreise nach Deutschland werden benötigt: Reisepass oder Personalausweis, Kfz-Schein, Führerschein und Nationalitätsabzeichen. Für Bürger bestimmter Staaten besteht Visumspflicht (z.B. Türkei, GUS).

Währung

1 € (Euro) = 100 Cent

Besondere Verkehrsbestimmungen

Es besteht Anschnallpflicht. Die Promillegrenze liegt bei 0,5. Für Fahranfänger gilt absolutes Alkoholverbot. Das Benutzen eines Mobiltelefons ohne Freisprecheinrichtung ist im Straßenverkehr verboten. Verbandskasten und Warndreieck sind im Fahrzeug mitzuführen. Es besteht Helmpflicht. Motorrad- und Mopedfahrer müssen auch am Tage mit Abblendlicht fahren. Autofahrern wird empfohlen ganzjährig auch tagsüber mit Abblendlicht zu fahren und zwei Warnwesten mitzuführen. Auf mehrspurigen Straßen gilt das Rechtsfahrgebot.

Autobahn

Für den Pkw ist die Benutzung deutscher Autobahnen gebührenfrei. Rechts überholen ist verboten. Bei Stau durch Unfall eine Gasse für Rettungsfahrzeuge bilden. Parken ist nur auf besonders gekennzeichneten Park- und Rastplätzen erlaubt. Autobahn-Tankstellen und Raststätten sind rund um die Uhr geöffnet.

Höchstgeschwindigkeiten

Autobahn kein Tempolimit (empfohlene Richtgeschwindigkeit 130 km/h), Landstraßen 100 km/h, geschlossene Ortschaften 50 km/h.

Umleitungen

Die nummerierten U-Schilder zeigen, wie man nach einer Umleitung auf kürzestem Wege über Nebenstrecken zur Autobahn zurückfindet.

Pannenhilfe

Nur wer den nächsten Autobahnparkplatz nicht mehr erreicht, darf sein Fahrzeug auf der Standspur abstellen. Warnblinkanlage einschalten, Warndreieck 150 m hinter dem Fahrzeug aufstellen, Warnweste tragen (empfohlen). Im Abstand von zwei Kilometern stehen orangefarbene Notrufsäulen. Den kürzesten Weg dahin weist die schwarze Pfeilspitze am Oberteil des nächsten Begrenzungspfahls. Pannenhilfe leisten auch die deutschen Automobilclubs ADAC (Mobilfunk) Tel. 222222, ACE Tel. 01802/343536 (€ 0,06/Minute) und AvD Tel. 0800/9909909 (kostenfrei). Die Polizei ist unter Tel. 110, die Feuerwehr unter Tel. 112 erreichbar.

Verkehrsservice

Auskünfte über Straßenzustand, Staus oder Wartezeiten an Grenzübergängen: ADAC Tel. 22411 (e-plus 11411).

Telefonieren

Internationale Ländervorwahl nach Deutschland: 0049.

Semperoper mit Denkmal König Johanns, Dresden

Kontakt: Deutsche Zentrale für Tourismus e.V. (DZT)

Deutschland, Deutsche Zentrale für Tourismus e.V., Frankfurt, 0049 (0)69/97464-0, info@d-z-t.com, www.deutschland-tourismus.de
Niederlande, DZT Auslandsvertretung, Amsterdam, Infotel.: (020) 697 80 66, duitsland@d-z-t.com, www.duitsverkeersbureau.nl
Belgien/Luxemburg, DZT Auslandsvertretung, Brüssel, Infotel.: (02) 2 45 97 00, gntobru@d-z-t.com, www.duitsland-vakantieland.be
Dänemark, DZT Auslandsvertretung, Kopenhagen , Vesterbrogade 6 D, III, Infotel.: 33 43 68 00, gntocph@d-z-t.com, www.tyskland.travel
Schweden, DZT Marketing- und Vertriebsagentur, Stockholm, Infotel.: (08) 6 65 18 81, info@tyskaturistbyran.se, www.tyskland-info.se
Finnland, DZT Marketing- und Vertriebsagentur /, c/o Deutsch-Finnische Handelskammer, Helsinki, www.saksa.travel
Spanien, DZT Auslandsvertretung, Madrid, Infotel.: 91 4 29 35 51, infoalemania@d-z-t.com, www.alemania-turismo.com
Frankreich, DZT Auslandsvertretung, Paris, Infotel.: (01) 40 20 01 88, gntopar@d-z-t.com, www.allemagne-tourisme.com
Italien, DZT Auslandsvertretung, Mailand, Infotel.: (02) 26 11 15 98, gntomil@d-z-t.com, www.vacanzeingermania.com
Schweiz, DZT Auslandsvertretung, Zürich, Talstraße 62, Infotel.: (044) 2 13 22 00, deutschland-ferien@d-z-t.com www.deutschland-tourismus.ch
Österreich, DZT Auslandsvertretung, Wien, Infotel.: (01) 5 13 27 92, deutschland.reisen@d-z-t.com, www.deutschland-tourismus.at
Tschechien/Slowakei, DZT Marketing- und Vertriebsagentur, c/o Deutsch-Tschechische Industrie- und Handelskammer, Prag, www.nemecko.travel
Slowenien, DZT Marketing- und Vertriebsagentur, c/o im.puls d.o.o., Ljubljana, www.germany-tourism.de
Ungarn, DZT Marketing- und Vertriebsagentur, c/o Deutsch-Ungarische Industrie- und Handelskammer, Budapest, www.nemetorszag.travel

www.germany-tourism.de

Deutschland
Einfach freundlich

Online entdecken, offline genießen

Reiseland Deutschland. Gebucht. Gespart.

Seeblick buchen ✔

Himmelbett buchen ✔

Citylife buchen ✔

Familienglück buchen ✔

Verlängern Sie Ihren Aufenthalt im Reiseland Deutschland links und rechts der Autobahn. In Deutschland finden Sie beeindruckende Sehenswürdigkeiten, idyllische Landschaften, moderne Metropolen und ganz viel Gastfreundschaft. Auf unserer Homepage **www.germany-tourism.de** können Sie für Ihren Urlaub die passende Unterkunft suchen und dann direkt beim Vermieter buchen: Ob gepflegter Campingplatz, gemütliche Pension oder Hotel – für jeden Geldbeutel ist etwas dabei. Außerdem finden Sie in der Rubrik „specialoffers" preisgünstige Angebotspakete unserer Partner für Ihren nächsten Städtetrip, Aktivurlaub oder Wellness-Aufenthalt und vieles mehr – buchen Sie unter **www.germany-tourism.de/specialoffers**

© Deutsche Zentrale für Tourismus e.V. Gefördert durch das Bundesministerium für Wirtschaft und Technologie aufgrund eines Beschlusses des Deutschen Bundestages

Karten von
Ballungsräumen
siehe Seiten 12-13

OSTSEE

NORDSEE

Deutsche Bucht

Pommersche Bucht

Nordfriesische Inseln

Ostfriesische Inseln

Waddeneilanden

BERLIN
HAMBURG
HANNOVER
BREMEN
DÜSSELDORF
LEIPZIG
DORTMUND
ESSEN

Szczecin
Stralsund
Rostock
Wismar
Schwerin
Kiel
Neumünster
Lübeck
Flensburg
Husum
Heide
Itzehoe
Stade
Bremerhaven
Cuxhaven
Wilhelmshaven
Oldenburg
Aurich
Leer
Emden
Papenburg
Cloppenburg
Lingen
Meppen
Nordhorn
Rheine
Osnabrück
Münster
Recklinghausen
Oberhausen
Duisburg
Krefeld
Wuppertal
Bielefeld
Minden
Paderborn
Kassel
Göttingen
Goslar
Einbeck
Hameln
Höxter
Hildesheim
Braunschweig
Salzgitter
Wolfsburg
Helmstedt
Stendal
Magdeburg
Dessau
Halle
Wernigerode
Nordhausen
Wittenberge
Perleberg
Ludwigslust
Celle
Uelzen
Lüneburg
Rotenburg
Walsrode
Nienburg
Diepholz
Wittstock
Neuruppin
Neustrelitz
Neubrandenburg
Prenzlau
Anklam
Greifswald
Bergen
Sassnitz
Güstrow
Warnemünde
Pasewalk
Lübben
Cottbus
Hoyerswerda
Görlitz
Bautzen
Meißen
Elsterwerda
Herzberg
Torgau
Lutherstadt Wittenberg
Luckenwalde
Nauen
Rathenow
Brandenburg
Potsdam
Oranienburg
Eberswalde
Löwenberg
Frankfurt
Gorzów Wielkopolski
Stubice
Lauchhammer
Lübben

PL
DK
NL

Rønne / Bornholm
Rügen
Fehmarn
Lolland
Gedser
Fyn
Svendborg
Faaborg
Sønderborg
Aabenraa
Tønder
Sylt
Oldenburg in Holstein
Puttgarden
Rødbyhavn
Bordesholm
Groningen
Leeuwarden
Assen
Emmen
Zwolle
Apeldoorn
Hengelo
Enschede
Deventer
Arnhem
Nijmegen
Venlo
Goch

Oder
Elbe
Weser
Werra
Weser
Lübecker Bucht
Rhein

10

Maßstab 1 : 3.400.000

Zittau · DRESDEN · Freiberg · Chemnitz · Zwickau · Gera · Plauen · Hof · Jena · Weimar · Erfurt · Gotha · Eisenach · Suhl · Meiningen · Herleshausen · Bad Hersfeld · Fulda · Kirchheim · Frankenberg · Siegen · Marburg · Wetzlar · Gießen · Limburg · Olpe · Koblenz · Wiesbaden · Mainz · Worms · Alzey · Bingen · Neuwied · KÖLN · Bonn · Aachen · Blankenheim · Wittlich · Trier · Saarburg · Saarlouis · Saarbrücken · Metz · Nancy · Luxembourg · Nonnweiler · Pirmasens · Kaiserslautern · Landau · Karlsruhe · Haguenau · Strasbourg · Colmar · St. Dié · Sarrebourg · Lunéville · Remiremont · Mulhouse · Belfort · Besançon · Vesoul · Épinal · Toul · Pont-à-M. · Basel · Freiburg · Titisee-Neustadt · Offenburg · Pforzheim · Heilbronn · Bruchsal · Heidelberg · Mannheim · Darmstadt · Aschaffenburg · FRANKFURT · Würzburg · Bad Mergentheim · Schwäbisch Hall · Aalen · STUTTGART · Tübingen · Reutlingen · Rottweil · Tuttlingen · Ravensburg · Konstanz · Lindau · St. Gallen · ZÜRICH · Winterthur · Olten · Lörrach

PRAHA · CZ · České Budějovice · Linz · Wels · Salzburg · Liezen · A · Mauterndorf · Innsbruck · Garmisch-Partenkirchen · Füssen · Kempten · Memmingen · Landsberg · Starnberg · MÜNCHEN · Augsburg · Ulm · Günzburg · Donauwörth · Ingolstadt · Neumarkt · Regensburg · Landshut · Altötting · Rosenheim · Freilassing · Kufstein · Passau · Deggendorf · Cham · Schwandorf · Amberg · Nürnberg · Fürth · Erlangen · Bayreuth · Coburg · Bamberg · Schweinfurt · Bad Neustadt · Bad Brückenau · Karlovy Vary · Cheb · Arzberg · Waidhaus · Weiden · Kladno · Plzeň · Selb · Saalfeld

Rhein · Main · Mosel · Donau · Bodensee

Maßstab 1 : 3.400.000

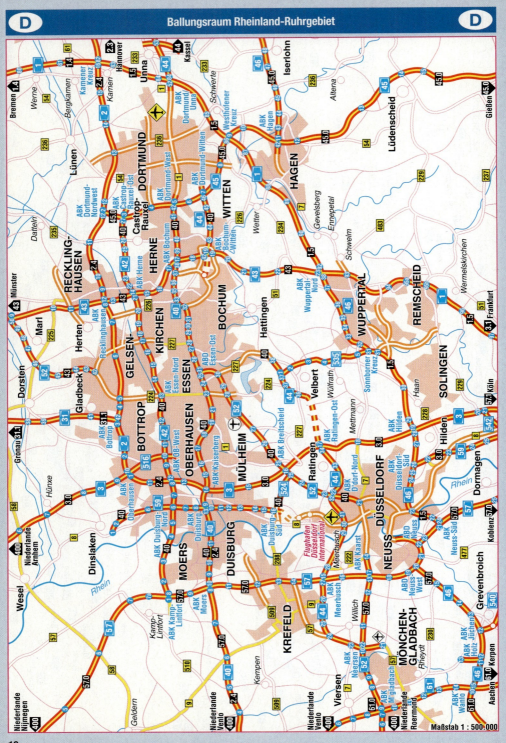

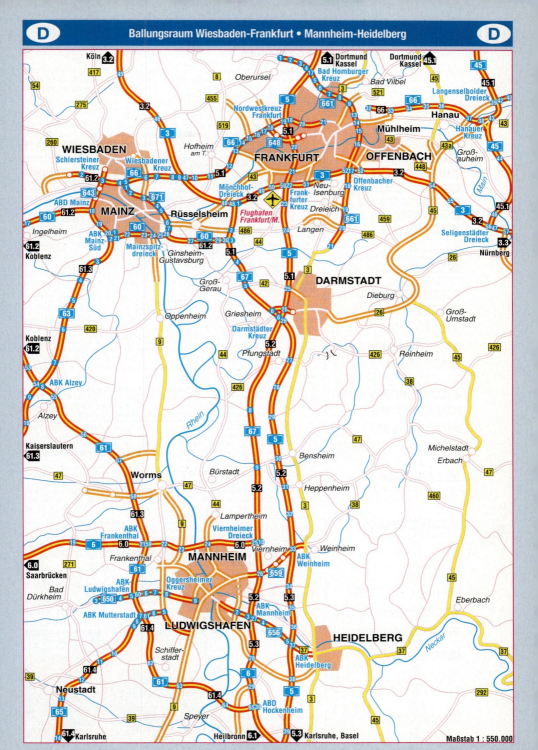

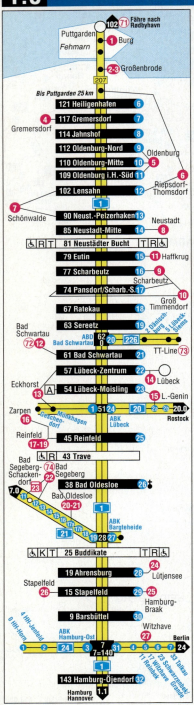

Puttgarden
Fehmarn
102 71 Fähre nach Rødbyhavn
1 Burg
2-3 Großenbrode

Bis Puttgarden 25 km

121 Heiligenhafen 6
4 117 Gremersdorf 7 Gremersdorf
114 Jahnshof 8
112 Oldenburg-Nord 9 Oldenburg
110 Oldenburg-Mitte 10 5
109 Oldenburg i.H.-Süd 11
6
102 Lensahn 12 Riepsdorf-Thomsdorf
1
7 90 Neust.-Pelzerhaken 13 Neustadt
Schönwalde
85 Neustadt-Mitte 14 8
♿ R T **81 Neustädter Bucht** T R ♿
79 Eutin 15 11 Haffkrug
77 Scharbeutz 16 Scharbeutz
74 Pansdorf/Scharb.-S. 17 10 Groß Timmendorf
67 Ratekau 18
63 Sereetz 19 2 Dänisch-burg 5 Lübeck-Siems
Bad Schwartau
72 12 ABD Bad Schwartau **62 20 226**
0 TT-Line **73**
61 Bad Schwartau 21
57 Lübeck-Zentrum 22 14 Lübeck
Eckhorst **A**
13 54 Lübeck-Moisling 23 15 L.-Genin
Zarpen **1 51 24 20 2a 2b 20.0** Rostock
16 Geschen-dorf Mönkhagen ABK Lübeck
Reinfeld
17-19 45 Reinfeld 25
♿ R **43 Trave**
Bad Segeberg Schacken-dorf **74** Bad Segeberg
7.0 23 22 38 Bad Oldesloe 26
11 Bad Oldesloe
14 15 16 20-21 1
21 17a 17b 18 19 28 27
♿ K T **25 Buddikate** T R ♿
19 Ahrensburg 28 24 Lütjensee
Stapelfeld **26 15 Stapelfeld 29 25** Hamburg-Braak
9 Barsbüttel 30 Witzhave
27 Berlin
4 Hit-Jenfeld 0 Hit-Horn ABK Hamburg-Ost **1 2 24 31 24**
7 31
7=140 11 Witzhave Grande 17 Schwarzenbek 23 Takau
1
143 Hamburg-Öjendorf 32
Hamburg Hannover **1.1**

---

❶ D-23769 BURG
A 1 ab Ausfahrt 3,5 km → Hafen
Hotel Restaurant Schützenhof ★★★☆ ruhige Lage, 52 B, EZ € 47,– bis 55,50, DZ € 84,– bis 101,–, inkl. Frühstücksbuffet, alle Zi mit Du, WC, ☎ und Sat-TV, Biergarten, 🚌, P, Menzelweg 2, @, www.hotel-restaurant-schuetzenhof.de, ☎ 0049 (0) 4371/5008-0, Fax 5008-14.

❷ D-23775 GROSSENBRODE
B 207 ab Ausfahrt 500 m
Hotel Alter Krug ★★★ 40 B, EZ ab € 45,–, DZ ab € 75,–, inkl. Frühstück, alle Zi mit Du, WC und Sat-TV, Restaurant (empfohlen von Marco Polo), ▦, 🚌, G, P, Schmiedestraße 13, alter-krug@t-online.de, www.alter-krug-grossenbrode.de, ☎ 0049 (0) 4367/394, Fax 978918.

❸ D-23775 GROSSENBRODE 600 m von der E 47 (B 207)
Hotel-Restaurant Landkrug ★★ 65 B, EZ € 40,– bis 52,50, DZ € 50,– bis 80,–, Familien-Zi, inkl. Frühstück, Zi mit Du, WC, ☎ und TV, gutbürgerliche Küche, Gesellschaftsräume bis 150 Personen, 🍴, 🚌, ganzjährig geöffnet, Teichstr. 17, @, www.Hotellandkrug.de, ☎ 0049 (0) 4367/309, 0049 (0) 173/6420696, Fax 0049 (0) 4367/8615.

❹ D-23758 GREMERSDORF A 1/E 47 direkt an der Ausfahrt 7 Gremersdorf
Hotel Gremersdorf – Zum grünen Jäger ★★★ 80 B, EZ € 39,– bis 60,–, DZ € 56,– bis 97,–, 3- und 4-Bett-Zi, inkl. Frühstück, alle Zi mit Du, WC, und TV, Restaurant à la carte, 🚌, P, check in Automatic ab 24 Uhr möglich, Bankendorfer Weg 1, @, www.hotel-gremersdorf.de, ☎ 0049 (0) 4361/7028, Fax 8384.

❺ D-23758 OLDENBURG I.H. A 1 ab Ausfahrt 9 Oldenburg-Nord 1 km
Hotel zur Eule ★★★ 40 B, EZ € 65,– bis 75,–, DZ € 85,– bis 100,–, inkl. Frühstück, Zi mit Bad/Du, WC, ☎ und TV, P, Hopfenmarkt, @, www.hotelzureule.com, ☎ 0049 (0) 4361/4997 0, Fax 4997202.

❻ D-23738 RIEPSDORF-THOMSDORF
A 1 ab Ausfahrt 12 Lensahn → Cismar → Grube 8 km
Gasthof Lindenkrug ★★★ ruhige Lage, 8 B, EZ € 29,– bis 38,–, DZ € 40,– bis 64,–, inkl. Frühstück, alle Zi mit Du, WC und Sat-TV, gemütliches Restaurant, Dorfstr. 12, @, www.lindenkrug-thomsdorf.de, ☎ 0049 (0) 4366/400, Fax 645.

❼ D-23744 SCHÖNWALDE A 1 ab Ausfahrten 12 und 13 je 10 km
Hotel Pension Ruhwinkel ★★ ruhige Lage, 20 B, EZ € 35,–, DZ € 48,– bis 59,–, inkl. Frühstück, alle Zi mit Du, WC, TV, Liegewiese, Terrasse, großer P, Bungsbergstraße 29, ☎ 0049 (0) 4528/381, Fax 381.

❽ D-23730 NEUSTADT A 1 ab Ausfahrt 14 Neustadt-Mitte 2 km → Stadt
Hotel Hamburger Hof ★★ zentral, ruhig, 35 B, EZ € 44,– DZ € 65,–, Mehrbett-Zi, inkl. Frühstücksbuffet, Zi mit Du, WC, ☎, TV und Balkon, G, P, Lienaustr. 26 a, @, www.hotel-hamburger-hof.de, ☎ 0049 (0) 4561/5157-0, Fax 5157-10.

❾ D-23683 SCHARBEUTZ A 1 ab Ausfahrt 17 Pansdorf/Scharbeutz-Süd 3 km
Hotel-Restaurant Wennhof ★★★ 60 B, EZ € 39,– bis 49,–, DZ € 68,– bis 94,–, inkl. Frühstücksbuffet, alle Zi mit Du, WC, ☎, TV und Radio, Konferenzraum bis 45 Personen, Terrasse, 🚌, G, P, Seestraße 62, @, www.hotel-wennhof.de, ☎ 0049 (0) 4503/35280, Fax 352848.

❿ D-23669 GROSS TIMMENDORF A 1 ab Ausfahrt 17 Pansdorf/Scharbeutz-Süd → Pansdorf, durch Luschendorf, dann links → Timmendorfer Strand 4 km
Landidyll Hotel Fuchsbau ★★★★ ruhige Lage, 90 B, EZ € 70,– bis 100,–, DZ € 100,– bis 160,–, inkl. Frühstücksbuffet, Zi mit Du, WC, ☎ und TV, bekannt gute Küche bis 22 Uhr, Sauna, Solarium, Fitness, Massage, P, Dorfstraße 11, @, www.fuchsbau.com, ☎ 0049 (0) 4503/802-0, Fax 5767.

⓫ D-23683 HAFFKRUG A 1 ab Ausfahrt 15 Eutin/Haffkrug 1 km → Strand
Hotel-Restaurant Maris ★★★☆ Strandlage mit Seeblick, 40 B, EZ € 49,– bis 90,–, DZ € 90,– bis 130,–, Mehrbett-Zi, inkl. Frühstücksbuffet, alle Zi mit Du, WC, ☎, TV und WLAN, Lift, G, P, Strandallee 10, @, www.hotelmaris.de, ☎ 0049 (0) 4563/4272-0, Fax 4272-72.

⓬ D-23611 BAD SCHWARTAU
A 1 ab Ausfahrt 21 Bad Schwartau ca. 1 km, 1. Ampel links, nächste Ampel rechts
Hotel-Restaurant Elisabeth ★★★ 36 B, EZ € 62,– bis 67,–, DZ € 79,– bis 95,–, 3- und 4-Bett-Zi, inkl. Frühstücksbuffet, ruhige Zi, alle mit Du, WC, ☎ und TV, Restaurant, Tagungsräume (mit Technik), ▦, 🚌, G, P, Elisabethstr. 4, info@elisabeth-hotel.de, www.elisabeth-hotel.de, ☎ 0049 (0) 451/21781, Fax 283850.

❹

Hotel Gremersdorf – Zum grünen Jäger, Gremersdorf

⑬ D-23617 **ECKHORST** A 1 ab Ausfahrt 22 → Stockelsdorf 4,5 km, an der B 206 und A 20 ab Ausfahrt Mönkhagen → Stockelsdorf 1 km
Hotel Am Wasserturm ⋆⋆ 13 B, EZ € 26,– bis 35,–, DZ € 50,– bis 55,–, inkl. Frühstück, Zi mit Du, WC und TV, P, Am Wasserturm 3, info@werner-wasserturm.de, www.werner-wasserturm.de, ☎ 0049 (0) 451/4 99 17 23, Fax 4 99 11 93.

⑭ D-23556 **LÜBECK**
A 1 ab Ausfahrt 22 Lübeck-Zentrum → Zentrum, nach 200 m rechts, ca. 1 km
Das Hotelchen ⋆⋆⋆⋆ 25 B, EZ € 45,- bis 59,-, DZ € 66,- bis Appartement (4 B) 140,-, inkl. Frühstücksbuffet, alle Zi mit Du, WC, Sat-TV und WLAN, 🖥, P, Schönböcker Str. 64, @, www.das-hotelchen.de, ☎ 0049 (0) 451/4 10 13, Fax 4 26 37.

⑮ D-23560 **LÜBECK-GENIN**
A 1 ab Ausfahrt 23 Lübeck-Moisling 3 km und A 20 ab Ausfahrt 2 a Lübeck-Genin 1,2 km
Hotel Trave ⋆⋆ 56 B, EZ € 40,–, DZ € 60,–, 3-Bett-Zi € 80,–, 4-Bett-Zi € 90,–, inkl. Frühstück, alle Zi mit Du, WC und TV, 🖥, 🍴, 🍺, P, Restaurant Mo-Do 18-22 Uhr oder auf Anfrage, Geniner Dorfstr. 28, www.hotel-trave.de, ☎ 0049 (0) 451/80 72 56, Fax 80 72 50.

⑯ D-23619 **ZARPEN**
A 1 ab Ausfahrt 25 Reinfeld → Lübeck (B 75), nach 5 km links → Zarpen (9 km)
Hotel-Restaurant Zum Eckkrug ⋆⋆ 18 B, EZ € 38,–, DZ € 58,–, 3-Bett-Zi € 78,–, inkl. Frühstück, alle Zi mit Du, WC und TV, 🍺, P, Mo ./., Hauptstr. 50, @, www.Zum-Eckkrug.de, ☎ 0049 (0) 4533/87 44, Fax 18 31.

⑰ D-23858 **REINFELD** A 1 ab Ausfahrt 25 Reinfeld ca. 2 km (Ortsmitte)
Hotel Stadt Reinfeld ⋆⋆⋆ 26 B, EZ € 56,–, DZ € 76,–, inkl. Frühstücksbuffet, alle Zi mit Du, WC, 🅿, TV, DSL-/Highspeed-Internet, Minibar und Zi-Safe, Tagungsraum bis 60 Personen, 🖥, 🍴, G, P, Bischofsteicher Weg 1, @, www.hotel-stadt-reinfeld.de, ☎ 0049 (0) 4533/20 80 20, Fax 2 08 02 11.

⑱ D-23858 **REINFELD**
A 1 ab Ausfahrt 25 Reinfeld ca. 4 km (B 75 → Hamburg nach 2 km rechts)
Hotel-Gästehaus Freyer garni ⋆⋆⋆ 19 B, EZ € 45,–, DZ € 60,–, inkl. Frühstücksbuffet, alle Zi mit Du, WC, ☎ und TV, 🖥, P, Bolande 41 a, @, www.hotel-freyer.de, ☎ 0049 (0) 4533/7 00 10, Fax 7 00 122.

⑲ D-23858 **REINFELD** A 1 ab Ausfahrt 25 Reinfeld ca. 3,5 km
Hotel Seeblick garni ⋆⋆ 35 B, EZ € 36,– bis 44,–, DZ € 50,– bis 64,–, Zustell-Bett € 14,–, inkl. Frühstück, alle Zi mit Du, WC, ☎ und Kabel-TV, Sauna, Solarium, G, P, Ahrensböker Str. 4, www.hotel-seeblick-reinfeld.de, ☎ 0049 (0) 4533/79 90 90, Fax 56 10.

⑳ D-23843 **BAD OLDESLOE** ab Ausfahrt 26 Bad Oldesloe 4 km
Hotel Vaterland ⋆⋆ 27 B, EZ € 54,–, DZ € 75,–, 3-Bett-Zi € 99,–, Familien-Zi (4 B) € 115,–, Zustellbett € 21,–, inkl. Frühstücksbuffet, alle Zi mit Bad/Du, WC, ☎ und TV, Lift, 80 Sitzplätze, Konferenzräume, 🍴, G, P, Hamburger Str. 15, @, www.hotel-vaterland.de, ☎ 0049 (0) 4531/18 98 01, Fax 18 98 23.

㉑ D-23843 **BAD OLDESLOE** A 1 ab Ausfahrt 26 Bad Oldesloe ca. 4 km
Hotel Wiggers Gasthof ⋆⋆ 41 B, EZ € 51,–, DZ € 74,–, inkl. Frühstücksbuffet, alle Zi mit Du, WC, ☎ und TV, gepflegte Küche, Räume bis 80 Personen, 🍺, P, Bahnhofstr. 33, @, www.wiggers-gasthof.de, ☎ 0049 (0) 4531/8 99 60, Fax 8 79 18.

㉒ D-23795 **BAD SEGEBERG**
A 21 ab Ausfahrt 13 Bad Segeberg-Süd → Zentrum
Central Gasthof ⋆⋆⋆ EZ € 36,– bis 48,–, DZ € 52,– bis 75,–, Mehrbett-Zi € 91,–, inkl. reichhaltigem Frühstück, alle Zi mit Du, WC, Fön, ☎, Sat-TV, WLAN und Schreibtisch, traditionelle Küche, Weinkarte, Kirchstr. 32, @, www.centralgasthof.de, ☎ 0049 (0) 4551/95 70, Fax 95 70 95.

㉓ D-23795 **BAD SEGEBERG-SCHACKENDORF**
A 21 ab Ausfahrt 11
Shell-Tankstelle 🅿 mit ADAC-Abschleppdienst, Werkstatt, 24 Stunden geöffnet, ☎ 0049 (0) 4551/4351.

㉔ D-22952 **LÜTJENSEE**
A 1 ab Ausfahrt 28 Ahrensburg → Siek (dann beschildert) 7 km
Hotel-Restaurant Forsthaus Seebergen ⋆⋆⋆ 31 B, EZ € 50,– bis 65,–, DZ € 80,– bis 100,–, inkl. Frühstück, alle Zi mit Bad, Du, WC, ☎, TV und Radio, Küche für gehobene Ansprüche, Seebergen 9-15, info@forsthaus-seebergen.de, www.forsthaus-seebergen.de, ☎ 0049 (0) 4154/7 92 90, Fax 7 06 45.

㉕ – ㉗ + ⑦① – ⑦④ **Einträge siehe Seite 16**

www.autobahn-guide.com

**Hotel Alter Krug,
Großenbrode**

⑪ **Hotel-Restaurant Maris, Haffkrug**

Tipps zur Route

Ausfahrt Heiligenhafen: Auf der Vogelfluglinie, die hier die Ostsee quert, passieren die motorisierten Zugvögel unserer Zeit auch die gewaltige Fehmarnsund-Brücke vor Heiligenhafen. Bei Rast und Rundgang durch die Stadt werden Ihnen die typischen Backsteinhäuser Norddeutschlands begegnen. Wollen Sie hochseeangeln oder zur Butterfahrt in See stechen, sind Sie in Heiligenhafen auf dem richtigen Dampfer.

Ausfahrt Bad Schwartau: Holstein-Therme heißt das größte Bauobjekt in der Geschichte Bad Schwartaus. Rundum gelungen, bietet es Erholung und Badespaß. Das kostbare Nass (Jodsole) ist 40 Millionen Jahre alt und kommt aus 350 Metern Tiefe. Es gibt Sprudelanlagen und Massagedüsen, Whirlpools und Wasserschütten. Ein Außenbecken von 300 m², 29°C warm, ein Innenbecken mit 32°C von gleicher Größe, finnische und Dampfsauna, Solarien und Ruhezonen, dazu ein in jeder Hinsicht „geschmackvolles" Restaurant vervollständigen das attraktive Angebot.

Ausfahrt Lübeck-Zentrum: Die deutsche Hanse war ein Zusammenschluss der wichtigsten Handelsstädte. Außer unhandlichen Granitfindlingen gab es kaum Steinerne in Norddeutschland, und so griffen die Lübecker Stadtbaumeister lieber zu handlichen Backsteinen, als sie die Ratskirche St. Marien, die Katharinenkirche und den Dom errichteten. Auch das Holstentor besteht aus mächtigem roten Mauerwerk. Das Museum beherbergt eine Sammlung zur Geschichte der Stadt.

Ausfahrt Reinbek (A 24): Ein Zipfel des berühmten Sachsenwaldes ragt mitten hinein in die Stadt Reinbek. Es gibt 5 renommierte Hotels und 49 Restaurants/ Gaststätten/Kneipen, ein faszinierendes Freizeitbad und ein wunderschön hergerichtetes Schloss aus dem Jahre 1572 mit sehenswertem Museum. Reinbek besitzt eine S-Bahn-Verbindung nach Hamburg und ist nicht nur für Urlauber, Ausflügler und Badegäste, sondern auch für Hamburg-Besucher interessant, die nicht mitten im Häusermeer einer Großstadt logieren wollen. Tannenduft ja, Benzindunst nein.

㉕ Gasthof Braaker Krug, Hamburg-Braak

❶ – ㉔ Einträge siehe Seiten 14 + 15

㉕ D-22145 **HAMBURG-BRAAK** A 1 ab Ausfahrt 29 Stapelfeld 500 m → Siek
Gasthof Braaker Krug ★★ 25 B, EZ € 47,–, DZ € 70,–, inkl. Frühstück, alle Zi mit Du, WC, ☏, TV und Minibar, rustikale Küche, P, Spoetzen, www.braaker-krug.de, ☎ 0049 (0) 40/67 59 54 0, Fax 67 59 54 29.

㉖ D-22145 **STAPELFELD** A 1 ab Ausfahrt 29 Stapelfeld 1000 m → Braak
Hotel-Restaurant Zur Windmühle ★★★ 63 B, EZ € 54,–, DZ € 80,–, inkl. Frühstück, alle Zi mit Du, WC, ☏ und TV, deutsche Küche, P, Hauptstr. 99, @, www.hotel-zur-windmuehle.de, ☎ 0049 (0) 40/67 50 70, Fax 67 507-2 99.

㉗ D-22969 **WITZHAVE** A 24 ab Ausfahrt 5 Witzhave → Witzhave 500 m
Hotel Pünjer-Restaurant ★★★ ruhige Lage, 62 B, EZ € 45,– bis 56,–, DZ € 70,– bis 76,–, inkl. Frühstücksbuffet, alle Zi mit Du, WC, Fön, ☏, TV, WLAN und Minibar, gute Küche, Sauna und Dampfsauna, Telecash, ▭ (Visa + Eurocard), P, Möllner Landstraße 9, @, www.hotel-puenjer.de, ☎ 0049 (0) 41 04/97 77-0, Fax 97 77-55.

㉛ SCANDLINES PUTTGARDEN-RØDBY

Die bedeutendste Fährverbindung zwischen Deutschland und Dänemark. Abfahrten sind alle halbe Stunde in jede Richtung, die Überfahrt dauert 45 Minuten. Auf der Fährverbindung werden Passagiere, Pkw, Lkw, Busse und Züge befördert. An Bord der Schiffe finden Sie Restaurants, Shops, Cafeterias und Wechselstuben.

Information und Reservierung:
Scandlines Deutschland GmbH, D-18119 Rostock-Warnemünde, www.scandlines.de, ☎ **0049 (0) 18 05/11 66 88 (0,12 Euro/Min. aus dem deutschen Festnetz).**

㉜ BAD SCHWARTAU

Das Jodsole- und Moorheilbad liegt direkt vor den Toren der Hansestadt Lübeck und nur 10 Autominuten von der Ostseeküste entfernt. Neben einer Fußgängerzone und dem neuen P1 Einkaufszentrum mit einem vielseitigen Kino, bieten die Waldgebiete, das Jodsole-Thermalbad und das Museum der Stadt mit seiner einzigartigen Trilobitensammlung und vieles mehr gute Entspannungsmöglichkeiten.

Information und Prospekte: Tourist-Information im Rathaus, Markt 15, D-23611 Bad Schwartau, stadtverwaltung@bad-schwartau.de, www.bad-schwartau.de, ☎ **0049 (0) 451/2000-242,** Fax 2000-202.

㉝ TT-Line siehe Seite 279

㉞ BAD SEGEBERG – KARL-MAY-SPIELE

Das Freilichttheater am Kalkberg in Bad Segeberg ist ein Publikumsmagnet — mit gutem Grund: Hier finden jedes Jahr die Karl-May-Spiele statt. Vom 26. Juni bis 5. September 2010 wird „Halbblut" gezeigt. Auch neben dem Theater gibt es viel zu sehen. Das neugestaltete Indian Village zeigt eine authentische Westernstadt, die mit viel Liebe zum Detail die Atmosphäre des späten 18. Jahrhunderts widerspiegelt. Erleben Sie die faszinierende Kultur der nordamerikanischen Ureinwohner im „Nebraska-Haus", in dem die Ausstellung „Die Welt der Indianer" untergebracht ist. Im benachbarten Blockhaus können Sie einen Spaziergang durch über 50 Jahre Geschichte der Karl-May-Spiele unternehmen. Wer wilde Romantik mag, fährt am besten eine Runde mit dem Karl-May-City-Express. Das ungewöhnliche Transportmittel verkehrt ganzjährig und ist auch für Sonderfahrten (z.B. Kindergeburtstage) verfügbar.

Informationen und Prospekte:
Kalkberg GmbH Bad Segeberg, Karl-May-Platz, D-23795 Bad Segeberg, bestellung@karl-may-spiele.de, www.karl-may-spiele.de, ☎ **0049 (0) 18 05/95 21 11 (0,14 /Minute aus dem deutschen Festnetz, Mobilfunk abweichend),** Fax 0049 (0) 45 51/95 21 28.

① – **⑭** **Einträge siehe Seiten 18 + 19**

⑮ D-21218 KAROXBOSTEL
A 1 ab Ausfahrt 41 Hittfeld links, dann 1. Straße rechts → Harburg Fleestedt und A 7 ab Ausfahrt 35 Fleestedt durch Fleestedt → Maschen 3 km
Hotel-Restaurant Derboven ★★★ 30 B, EZ € 50,– bis 60,–, DZ € 72,– bis 77,–, Nichtraucher-Zi, inkl. Frühstücksbuffet, alle Zi mit Du, WC, ☎, Kabel-TV, Radio und kostenfreiem WLAN, feine und raffinierte deutsche Küche, ✉, großer P, Karoxbosteler Chaussee 68, @, www.hotel-derboven.de, ☎ **0049 (0) 41 05/24 87 + 28 40**, Fax 5 42 33.

⑯ D-21266 JESTEBURG
A 7 ab Ausfahrt 38 Ramelsloh 8 km und Ausfahrt 40 Garlstorf 12 km
Hotel Jesteburger Hof ★★★ am Ortsrand gelegen, 38 B, EZ € 49,– bis 52,–, DZ € 74,– bis 82,–, 3-Bett-Zi € 105,–, inkl. Frühstücksbuffet, Wochenendpauschale, alle Zi mit Du, WC, ☎, TV und WLAN, gutbürgerliche bis feine Küche, Räume bis 100 Personen, ✉, ☇, ☷, G, P, Kleckerwaldweg 1, @, www.jesteburgerhof.de, ☎ **0049 (0) 41 83/20 08 + 20 09**, Fax 33 11.

⑰ D-21439 MARXEN A 7 ab Ausfahrt 38 Ramelsloh (Marxen beschildert) 5 km
Landhaus Zum Lindenhof ★★★ 12 B, EZ € 48,– bis 78,–, DZ € 68,– bis 98,–, inkl. reichhaltigem Frühstück, alle Zi mit Bad, WC, ☎, Digital-TV und WLAN, regionale und feine Küche, Caféterrasse, P, Hauptstr. 18, @, www.landhaus-zum-lindenhof.de, ☎ **0049 (0) 41 85/41 82**, Fax 5 81 4 14.

⑱ D-21442 TANGENDORF
A 7 ab Ausfahrt 39 Thieshope → Thieshope, nach 500 m rechts, dann noch 1,5 km
Hotel-Gasthof Vossbur ★★★ sehr ruhige Lage, 35 B, EZ € 49,–, DZ € 80,–, Familien-Zi 4 Personen € 110,–, inkl. Frühstücksbuffet, alle Zi mit Bad, Du, WC, ☎ und TV, regionale Esskultur, Tagungsräume, Kegelbahn, ☇, ☷, G, P, Restaurant Do ./., Wulfsener Str. 4, @, www.vossbur.de, ☎ **0049 (0) 41 73/51 36 00**, Fax 81 81 **(Bild siehe Route 7.1)**.

⑲ D-21423 SCHARMBECK
A 7 ab Ausfahrt 39 Thieshope 7 km und A 250 Ausfahrt 3 Winsen-West 400 m
Gasthaus Kruse-Hotel-Restaurant ★★★ sehr ruhige Lage, 16 B, EZ € 47,–, DZ € 75,–, inkl. Frühstück, alle Zi mit Du, WC, ☎, TV und WLAN, gutbürgerliche Küche, Biergarten, Sauna, ☷, P, Scharmbecker Dorfstraße19, @, www.gasthaus-kruse.de, ☎ **0049 (0) 41 71/51 18**, Fax 5 05 57.

⑳ D-21423 DRAGE-STOVE A 25 ab BAB-Ende → Lüneburg → Winsen 4 km und A 250 ab Ausfahrt 5 Handorf B 404 ab Winsen → Drage → Winsen
Hotel-Restaurant Zur Rennbahn ★★ ruhige Lage, 25 B, EZ € 45,–, DZ € 70,–, inkl. Frühstück, alle Zi mit Bad, Du, WC, Fön, ☎, TV und Radio, 170 Sitzplätze, ✉, ☷, P, Stover Strand 4, @, www.hotel-zur-rennbahn.de, ☎ **0049 (0) 41 76/91 31-0**, Fax 91 31-25.

㉑ D-21502 GEESTHACHT A 25 ab Ausfahrt 7 Geesthacht → B 5
Hotel-Brasserie Lindenhof ★★★ 31 B, EZ € 58,– bis 62,–, DZ € 63,– bis 78,–, inkl. Frühstücksbuffet, alle Zi mit Du, WC, ☎ und Kabel-TV, frische leichte Küche, norddeutsche Spezialitäten, ✉, Johannes-Ritter-Str. 38, @, www.lindenhof-geesthacht.de, ☎ **0049 (0) 41 52/84 67 00**, Fax 8 46 7 34.

㉒ D-21502 GEESTHACHT
A 25 → Geesthacht, Autobahnende → Industriegebiet/Lüneburg
Hotel-Restaurant Fährhaus Ziehl ★★★ direkt an der Elbe, 35 B, EZ € 38,– bis 54,–, DZ € 52,– bis 76,–, inkl. Frühstück, alle Zi mit Bad oder Du, WC, ☎, Kabel-TV und Radiowecker, gutbürgerliche und saisonale Küche, Sonnenterrasse, kostenfreier Fahrradverleih, Freibad geöffnet, ⚲ € 3,–, Q € 3,–, Fährsteig 20, @, www.faehrhausziehl.de, ☎ **0049 (0) 41 52/30 41**, Fax 7 07 88.

㉓ D-21029 HAMBURG-BERGEDORF A 25 ab Ausfahrt 5 Hamburg-Bergedorf
Hotel & Restaurant Bergedorf ★★★ 30 B, EZ € 79,– bis 89,–, DZ € 110,– bis 120,–, Nichtraucher-Zi, inkl. reichhaltigem Frühstücksbuffet, alle Zi mit Bad/Du, WC, ☎, Radio und TV, Tagungsräume, Sommerterrasse, ✉, geöffnet ganzjährig 7-23 Uhr, Reinbeker Weg 77, @, www.Forsthaus-Bergedorf.de, ☎ **0049 (0) 40/7 25 88 90**, Fax 72 58 89 25.

㉔ D-20537 HAMBURG-HAMM
A 1 ab Ausfahrt 33 Hamburg-Billstedt B 5 → Zentrum, 5. Ampel links 3 km
Apartment Hotel Hamburg Hamm ★★★ 208 B, EZ € 62,– bis 95,–, DZ € 82,– bis 115,–, 3-Bett-Zi € 105,– bis 145,–, inkl. Frühstücksbuffet, Kinder unter 6 Jahren frei, Kinder unter 12 Jahre € 18,–, Extra-Bett € 27,50, alle Zi mit Du, WC, ☎, TV, Balkon und Kitchenette, Nichtraucher-Etage, ✉, ☇, Tief-G, P-Deck, Rezeption 6.00-23.30 Uhr, Borstelmannsweg 133, @, www.apartment-hotel.de, ☎ **0049 (0) 40/21 11 50**, Fax 21 70 98.

㉕ D-22145 HAMBURG-BRAAK A 1 ab Ausfahrt 29 Stapelfeld 500 m → Siek
Gasthof Braaker Krug ★★ 25 B, EZ € 47,–, DZ € 70,–, inkl. Frühstück, alle Zi mit Du, WC, ☎, TV und Minibar, rustikale Küche, P, Spoetzen, www.braaker-krug.de, ☎ **0049 (0) 40/6 75 95 40**, Fax 67 59 54 29 **(Bild siehe Route 1.0)**.

㉖ D-22952 LÜTJENSEE
A 1 ab Ausfahrt 28 Ahrensburg → Siek (dann beschildert) 7 km
Hotel-Restaurant Forsthaus Seebergen ★★★ 31 B, EZ € 50,– bis 65,–, DZ € 80,– bis 100,–, inkl. Frühstück, alle Zi mit Du, WC, ☎, TV und Radio, Küche für gehobene Ansprüche, P, Seebergen 9-15, info@forsthaus-seebergen.de, www.forsthaus-seebergen.de, ☎ **0049 (0) 41 54/7 92 90**, Fax 7 06 45.

HANSESTADT HAMBURG

Wo fängt man an, wo hört man auf? In Hamburg gibt es immer etwas zu entdecken. Der Hafen ist ein besonderes Highlight. Starten Sie zur großen Hafenrundfahrt ab den Landungsbrücken oder machen Sie einen „etwas anderen Spaziergang" durch den alten Elbtunnel. Nach der Durchquerung des Tunnels können Sie dann vom südlichen Elbufer aus das unvergleichliche Panorama mit Blick auf den Hafenrand, den Michel und die „Rickmer Rickmers" genießen. Beeindruckend ist auch die hundertjährige Speicherstadt, der weltgrößte zusammenhängende Lagerhauskomplex in wilhelminischer Backsteingotik der Gründerzeit.

Stehen Sie früh auf — oder bleiben Sie einfach wach: Der legendäre Fischmarkt ist ein Muss für jeden Hamburg-Besucher. Halbe Dschungel werden hier direkt im Topf und vom LKW verkauft, Bananen fliegen durch die Luft, Plastiktüten voller Wurst wechseln für einen Spottpreis den Besitzer, Aale-Dieter brüllt sich die Händler-Seele aus dem Leib...

Neben der Reeperbahn in St. Pauli gibt es interessante Bars und Clubs, wo Nachtschwärmer auf Ihre Kosten kommen. Viele erfolgreiche Musicals sind hier zu Hause und auch Shopping macht hier richtig Spaß. In der Innenstadt konkurrieren die großen Designerlabels auf engstem Raum um die Gunst der internationalen Kundschaft.

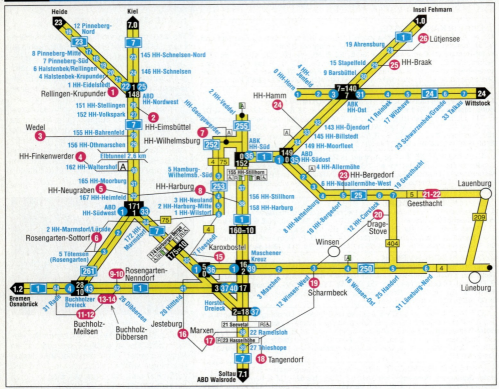

Heide | Kiel | Insel Fehmarn

23 — 12 Pinneberg-Nord
7.0 — 1.0
8 Pinneberg-Mitte
7 Pinneberg-Süd
6 Halstenbek/Rellingen
4 Halstenbek-Krupunder
1 HH-Eidelstedt
Rellingen-Krupunder ❶
148 ABD HH-Nordwest
151 HH-Stellingen
152 HH-Volkspark
Wedel
155 HH-Bahrenfeld
❸
156 HH-Othmarschen
HH-Finkenwerder ❹
162 HH-Waltershof
Elbtunnel 2,6 km
165 HH-Moorburg
HH-Neugraben ❺
167 HH-Heimfeld
ABD HH-Südwest
2 HH-Marmstorf/Lürade
Rosengarten-Sottorf ❻
5 Tötensen (Rosengarten)
261
Rosengarten-Nenndorf
❾-10
1.2
28
Bremen Osnabrück
31 Rade
Buchholzer Dreieck 13-14
11-12
Buchholz-Meilsen
Buchholz-Dibbersen
26 Dibbersen
20 Hittfeld
Jesteburg
Marxen
❶❻
❶❼
23 Hasselhöhe
7
❶❽ Tangendorf
7.1
Soltau ABD Walsrode

19 Ahrensburg
26 Lütjensee
25 HH-Braak
15 Stapelfeld
9 Barsbüttel
HH-Hamm
7=140
31
ABK HH-Ost
24
24
Wittstock
HH-Jenfeld
0 HH-Horn
2 HH-Veddel
HH-Georgswerder
HH-Eimsbüttel
HH-Wilhelmsburg
255
252
ABK HH-Süd
ABD HH-Südost
143 HH-Öjendorf
145 HH-Billstedt
149 HH-Moorfleet
4 HH-Allermöhe
23 HH-Bergedorf
6 HH-Neuallermöhe-West
Lauenburg
21-22
Geesthacht
209
11 Reinbek
17 Witzhave
23 Schwarzenbek/Grande
33 Talkau
19 Geesthacht
25
250
HH-Eimsbüttel
HH-Harburg ❽
3 HH-Neuland
2 HH-Harburg-Mitte
1 HH-Wilstorf
155 HH-Stillhorn
156 HH-Stillhorn
158 HH-Harburg
160=10
Karoxbostel
Maschener Kreuz
❶❺
9 HH-Neugraben
Rosengarten-Nenndorf
❶❾ Scharmbeck
3 Maschen
12 Winsen-West
16 Winsen-Ost
Drage-Stove
Winsen
404
12 Curslack
25 Handorf
31 Lüneburg-Nord
Lüneburg
8 HH-Nettelnburg
10 HH-Bergedorf
Horster Dreieck
2=18
21 Seevetal
22 Ramelsloh
27 Thieshope

❶ **D-25462 RELLINGEN-KRUPUNDER** A 23 ab Ausfahrt 20 ca. 400 m → Krupunder **Hotel-Restaurant Fuchsbau** ★★★ 60 B, EZ € 71,50 bis 75,50, DZ € 92,50 bis 97,50, inkl. Frühstücksbuffet, alle Zi mit Du, WC, Fön, ☎, TV, Premiere, Modemanschluss, WLAN, Radio, Minibar und Hosenbügler, großer Garten mit Terrasse, ▭, ⚑, P, Altonaer Str. 357, @, www.hotel-fuchsbau.de, ☎ 0049 (0) 41 01/3 82 50, Fax 3 39 52.

❷ **D-22525 HAMBURG-EIMSBÜTTEL** A 7 ab Ausfahrt 26 Hamburg-Stellingen → Zentrum 1,5 km **Hotel Helgoland** ★★★ 110 Zi, EZ € 75,–, DZ € 98,–, Familien-Zi € 132,–, inkl. Frühstücksbuffet, alle Zi mit Du, WC, Kabel-/Pay-TV, WLAN und Minibar, Restaurant, Bistro, Bar, Tagungen, ▭, P, Kieler Str. 173, @, www.hotel-helgoland.de, ☎ 0049 (0) 40/85 70 01, Fax 85 11 44 45.

❸ **D-22880 WEDEL** A 7 ab Ausfahrt 28 Hamburg-Bahrenfeld 14 km, B 431 → Wedel **Hotel Diamant** ★★★ 70 B, EZ € 79,– bis 89,–, DZ € 107,– bis 118,–, inkl. Frühstücksbuffet, alle Zi mit Du, WC, ☎, Sat-TV und DSL, Tagungsraum, kostenloser Fahrradverleih, S-Bahn 150 m, ▭, Tief-G kostenfrei, Schulstr. 2-4, @, www.hoteldiamant.de, ☎ 0049 (0) 41 03/70 26 00, Fax 70 27 00.

Weitere Informationen finden Sie unter www.autobahn-guide.com

❹ **D-21129 HAMBURG-FINKENWERDER** A 7 ab Ausfahrt 30 Hamburg-Waltershof → Finkenwerder, ab Zentrum beschildert **Hotel am Elbufer** ★★★★ mit Ausblick auf die Elbe, , EZ € 81,– bis 91,–, DZ € 110,– bis 120,–, Suite mit Elbblick und Dachterrasse € 135,– bis 150,–, inkl. Frühstücksbuffet, alle Zi mit Bad/Du, WC, ☎ und Schreibtisch mit Notebook-Anschluss, Bar, Focksweg 40 a, @, www.hotel-am-elbufer.de, ☎ 0049 (0) 40/7 42 19 10, Fax 74 21 91 40.

❺ **D-21149 HAMBURG-NEUGRABEN** A 7 ab Ausfahrt 32 Hamburg-Heimfeld (B 73) → Cuxhaven, nach 2 Brücken 2 x links **Hotel Århus** ★★★ ruhige Lage, Einkaufszentrum, 32 B, EZ € 75,–, DZ € 95,–, inkl. gutem Frühstück, alle Zi mit Du, WC, Kabel-TV und Radio, Lift, Terrassen, 3 Gehminuten DB-, S- und Busbahnhof Hamburg-Neugraben, Fahrt nach Hamburg-Mitte 20 Minuten, ▭, kostenlose G, Marktpassage 9 (Anfahrt Süderelbering), @, www.hotel-aarhus.de, ☎ 0049 (0) 40/70 29 28-0, Fax 70 29 28-58.

❻ **D-21224 ROSENGARTEN-SOTTORF** A 7 ab Ausfahrt 34 Hamburg-Marmstorf über Vahrendorf und A 261 ab Ausfahrt 3 Tötensen über Leversen (je 3 km → Wildpark Schwarze Berge) **Hotel Cordes** ★★★ 70 B, EZ € 47,– bis 68,–, DZ € 67,– bis 93,–, inkl. Frühstücksbuffet, alle Zi mit Du, WC, ☎, Flat-/Kabel-TV, Free-Hotspot und Radio, eigene Hausschlachtung, Saal/Räume bis 300 Personen, Konferenzen, ▭, ⚑, ⚏, großer P, Sottorfer Dorfstr. 2, @, www.hotel-cordes.de, ☎ 0049 (0) 41 08/4 34 40, Fax 43 44 22.

❿ Böttchers Gasthaus, Rosengarten-Nenndorf

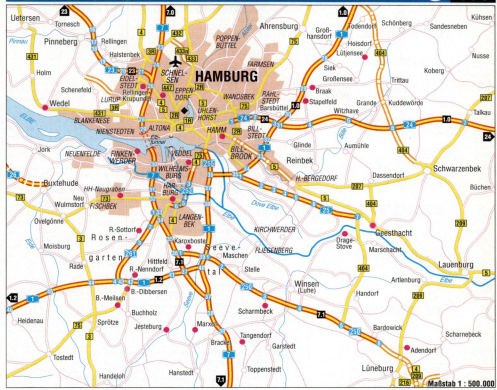

Maßstab 1 : 500.000

---

7 D-21107 **HAMBURG-WILHELMSBURG**
A 1 ab ABK Hamburg-Süd → A 252 ab Ausfahrt Hamburg-Georgswerder
Hotel Hagemann ★★★ am Hafen, EZ € 49,50 bis 53,–, DZ € 65,– bis 73,50, Mehrbett-Zi, inkl. Frühstück, alle Zi mit Du, WC, Fön, ☎, Kabel-TV und Internet, teils Safe, gutbürgerliche Küche ab 18 Uhr, ▭, 🍴 € 5,–, P, Rezeption 24 Stunden geöffnet, Vogelhüttendeich 87, @, www.hotel-hagemann.de, ☎ **0049 (0) 40/7 56 12-0**, Fax 75 612-108.

8 D-21073 **HAMBURG-HARBURG**
A 7 ab Ausfahrt 32 und A 1 ab Ausfahrt 38 jeweils → B 73
Hotel zur Altstadt ★★, EZ € 69,–, DZ € 89,–, inkl. Frühstück, alle Zi mit Du, WC, Fön, ☎, Kabel-TV und WLAN, ▭, P, Neue Str. 61, @, www.hotelaltstadtharburg.de, ☎ **0049 (0) 40/7 67 31 60**, Fax 77 28 18.

9 D-21224 **ROSENGARTEN-NENNDORF** A 1 ab Ausfahrt 42 Dibbersen ca. 1 km
Hotel Rosenhof ★★★ 20 B, EZ € 52,50, DZ € 86,–, inkl. Frühstück, alle Zi mit Du, WC, ☎ und Sat-TV, frische saisonale Küche, Gartenterrasse, ▭, restaurierter P, Rußweg 6, @, www.rosenhof-nenndorf.de, ☎ **0049 (0) 41 08/4 33 70**, Fax 75 12.

10 D-21224 **ROSENGARTEN-NENNDORF**
A 1 ab Ausfahrt 42 Dibbersen ca. 1 km und A 261 ab Ausfahrt 3 Tötensen ca. 6 km
Böttchers Gasthaus ★★★ 75 B, EZ € 42,– bis 59,–, DZ € 69,– bis 89,–, inkl. Frühstück, alle Zi mit Du, WC, Sat-TV und Safe, Tagungsräume mit Technik bis 200 Personen, Bankett bis 500 Personen, ▭, 🍴, 🍺, G, großer P, Bremer Str. 44, @, www.boettchers-gasthaus.de, ☎ **0049 (0) 41 08/71 47**, Fax 71 51.

11 D-21244 **BUCHHOLZ-MEILSEN**
A 1 ab Ausfahrten 42 Dibbersen und 44 Rade je 4 km, auf der B 75 → Tostedt/Bremen
Hotel & Landgasthof „Hoheluft" ★★★ 60 B, EZ € 39,– bis 52,–, DZ € 67,– bis 83,–, inkl. Frühstücksbuffet, alle Zi mit Du, WC, ☎, TV und Internet, 2 Ferienwohnungen, gutbürgerliche und renommierte Küche mit regionalen Spezialitäten, Räume bis 80 Personen, ▭, 🍺, ♿, -Zi, P, An der B 75, @, www.landgasthof-hoheluft.de, ☎ **0049 (0) 41 81/92 11-0**, Fax 92 11-50.
Unter gleicher Leitung:

12 D-21244 **BUCHHOLZ-MEILSEN**
Shell-Tankstelle 🔧 Shop täglich geöffnet von 6-21 Uhr, ☎ **0049 (0) 41 81/92 11 27**.

13 D-21244 **BUCHHOLZ-DIBBERSEN**
A 1 ab Ausfahrt 42 ca. 500 m
Hotel-Restaurant Frommann ★★★ 83 B, EZ € 42,– bis 52,–, DZ € 64,– bis 86,–, Familien-Zi, inkl. Frühstück, alle Zi mit Du, WC, ☎ und TV, teils mit Balkon, frische regionale Küche, Gesellschaftsräume bis 80 Personen, Cafégarten, Hausbrauerei, Hallenbad, ▭, 🍺, G, P, Harburger Str. 8, @, www.hotelfrommann.de, ☎ **0049 (0) 41 81/287-0**, Fax 28 72 87.

14 D-21244 **BUCHHOLZ-DIBBERSEN**
A 1 ab Ausfahrt 42, 1. Straße rechts
Hotel Ulmenhof garni ★★ ruhige Lage, 25 B, EZ € 39,–, DZ € 55,– bis 60,–, inkl. Frühstück, alle Zi mit Du, WC, ☎ und TV, ▭ (nur ec), 🍴, P, Am Sööl'n 1, @, www.Gaestehaus-Ulmenhof.de, ☎ **0049 (0) 41 81/99 97-0**, Fax 97 103.

15 – **26** **Einträge siehe Seite 17**

5

Hotel Århus, Hamburg-Neugraben

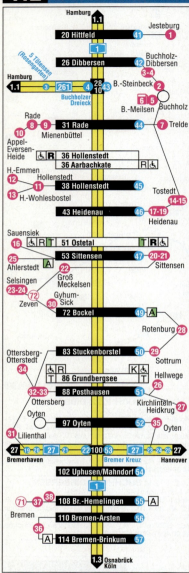

Hamburg
1.1
Jesteburg
20 Hittfeld **41** ❶
1
26 Dibbersen **42** Buchholz-Dibbersen
Hamburg
1.1 ◄ 3 261 4 28 13 B.-Steinbeck ❷
10
Buchholzer Dreieck 6 5 Buchholz
B.-Meilsen
Rade
8 9 31 Rade **44** ❼ Trelde
❿ Mienenbüttel
Appel-Eversen-Heide
36 Hollenstedt R
36 Aarbachkate R
H.-Emmen
⓬ Hollenstedt 11 38 Hollenstedt **45** Tostedt
⓭ H.-Wohlesbostel 14-15
43 Heidenau **46** 17-19
Heidenau
Sauensiek
16 51 Ostetal T R
25 53 Sittensen **47** 20-21
Ahlerstedt A 22 Sittensen
Selsingen Groß Meckelsen
23-24 72 Gyhum-Sick
Zeven 30 72 Bockel **49** A
Rotenburg 28
Ottersberg-Otterstedt
34 83 Stuckenborstel **50** 29
Sottrum
86 Grundbergsee K
Hellwege
32-33 88 Posthausen **51** 26
Ottersberg Kirchlinteln-Heidkrug 27
Oyten
31 Lilienthal 97 Oyten **52** 35 Oyten
27 19-20 27 21 22 100 53 27 23-24-25 27
Bremerhaven Bremer Kreuz Hannover
102 Uphusen/Mahndorf **54**
1
71 37 108 Br.-Hemelingen **55** A
Bremen
110 Bremen-Arsten **56**
36
A 114 Bremen-Brinkum **57**
1.3 Osnabrück Köln

❷ Hotel-Restaurant Schützenhof, Ahlerstedt

---

❶ **D-21266 JESTEBURG** A 1 ab Ausfahrt 41 → Jesteburg 10 km
Hotel Jesteburger Hof ★★★ am Ortsrand gelegen, 38 B, EZ € 49,– bis 52,–, DZ € 74,– bis 82,–, 3-Bett-Zi € 105,– inkl. Frühstücksbuffet, Wochenendpauschale, alle Zi mit Du, WC, ☎, TV und WLAN, gutbürgerliche bis feine Küche, Räume bis 100 Personen, ☂, ⌂, P, Kleckerwaldweg 1, @, www.jesteburgerhof.de, ☎ 0049 (0) 41 83/20 08 + 20 09, Fax 33 11.

❷ **D-21244 BUCHHOLZ-STEINBECK**
A 1 ab Ausfahrt 42 ca. 3,5 km → Tostedt
Flair-Hotel Zur Eiche – Restaurant ★★★ 36 B, EZ € 51,– bis 58,–, DZ € 86,– bis 91,–, inkl. Frühstücksbuffet, alle Zi mit Du, WC, ☎, TV, Radio und Minibar, Fischspezialitäten, ☂, ⌂, P, Steinbecker Str. 111, @, www.zur-eiche.de, ☎ 0049 (0) 41 81/20 00-0, Fax 3 95 09.

❸ **D-21244 BUCHHOLZ-DIBBERSEN** A 1 ab Ausfahrt 42 ca. 500 m
Hotel-Restaurant Frommann ★★★ 83 B, EZ € 42,– bis 52,–, DZ € 64,– bis 86,–, Familien-Zi, inkl. Frühstück, alle Zi mit Du, WC, ☎ und TV, teils mit Balkon, frische regionale Küche, Gesellschaftsräume bis 80 Personen, Cafégarten, Hausbrauerei, Hallenbad, ☂, ⌂, P, Harburger Str. 8, @, www.hotelfrommann.de, ☎ 0049 (0) 41 81/287-0, Fax 287287.

❹ **D-21244 BUCHHOLZ-DIBBERSEN** A 1 ab Ausfahrt 42, 1. Straße rechts
Hotel Ulmenhof garni ★★ ruhige Lage, 25 B, EZ € 39,– bis 50,–, inkl. Frühstück, alle Zi mit Du, WC, ☎ und TV, ☂ (nur ec), ⌂, P, Am Sööl'n 2, @, www.Gaestehaus-Ulmenhof.de, ☎ 0049 (0) 41 81/99 97-0, Fax 9 71 03.

❺ **D-21244 BUCHHOLZ-MEILSEN**
A 1 ab Ausfahrten 42 Dibbersen und 44 Rade je 4 km, auf der B 75 → Tostedt/Bremen
Hotel & Landgasthof „Hoheluft" ★★★ 60 B, EZ € 39,– bis 52,–, DZ € 67,– bis 83,–, inkl. Frühstücksbuffet, alle Zi mit Du, WC, ☎, TV und Internet, 2 Ferienwohnungen, gutbürgerliche und renommierte Küche mit regionalen Spezialitäten, Räume bis 80 Personen, ☂, ⌂, ⌂ -Zi, P, An der B 75, @, www.landgasthof-hoheluft.de, ☎ 0049 (0) 41 81/92 11-0, Fax 92 11-50.
Unter gleicher Leitung:

❻ **D-21244 BUCHHOLZ-MEILSEN**
Shell-Tankstelle ⛽ Shop täglich geöffnet von 6-21 Uhr, ☎ 0049 (0) 41 81/92 11 27.

❼ **D-21244 TRELDE** A 1 ab Ausfahrten 42 und 44 je 8 km (an der B 75)
Wentziens Gasthof-Vessens Hoff ★★★ 60 B, EZ € 39,– bis 48,–, DZ € 82,– bis 86,–, inkl. Frühstück, alle Zi mit Du, WC, ☎ und TV, leichte regionale Küche, Räume bis 150 Personen, ⌂, P, Trelder Dorfstr. 2, @, www.vessens-hoff.de, ☎ 0049 (0) 41 86/89 33-0, Fax 89 33-66.

❽ **D-21629 RADE** A 1 ab Ausfahrt 44 Rade ca. 1 km → Neu-Wulmstorf
Hotel-Restaurant Zum Eichenfrieden ★★ 11 B, EZ € 36,– DZ € 63,– inkl. Frühstücksbuffet, alle Zi mit Du, WC und Sat-TV, ☂, ⌂, P, Soltauer Straße 13, hotel@eichenfrieden.de, ☎ 0049 (0) 41 68/12 61, Fax 6 37.

❾ **D-21629 MIENENBÜTTEL** A 1 ab Ausfahrt 44 Rade 500 m
Hotel-Restaurant Landhaus Mienenbüttel ★★ 36 B, EZ € 36,– bis 51,–, DZ € 60,– bis 74,–, inkl. Frühstück, alle Zi mit Du, WC, ☎ und TV, durchgehend warme Küche, Sauna, ☂, P, Zum Tannenhof 2, @, www.landhausmienenbuettel.de, ☎ 0049 (0) 41 68/91 23-0, Fax 91 23-23.

❿ **D-21279 EVERSEN-HEIDE**
A 1 ab Ausfahrt 44 Rade B 3 nach rechts 4 km, 1. Ampel links 1 km
Hotel-Restaurant „Ferien auf der Heid" ★★★ ruhige Waldlage, 31 B, EZ € 55,– bis 65,–, DZ € 85,– bis 105,–, 3-Bett-Zi € 105,–, 4-Bett-Zi € 127,–, inkl. Frühstücksbuffet, Ferienhaus für 2-4 Personen € 65,– bis 85,–, alles mit Du, WC, ☎ und TV, durchgehende Spezialitätenküche, Tagungsräume, ☂, ⌂, P, Karlsteinweg 45-47, @, www.ferien-auf-der-heid.de, ☎ 0049 (0) 41 65/97 23-0, Fax 97 23-49.

⓫ **D-21279 HOLLENSTEDT** A 1 ab Ausfahrt 45 Hollenstedt ca. 500 m
Hollenstedter Hof ★★★ 64 B, EZ € 55,– bis 65,–, DZ € 80,– bis 90,–, Familien-Zi, inkl. Frühstück, alle Zi mit Bad, WC, ☎ und TV, Motorradfahrer willkommen, ☂, G, P, Am Markt 1, @, www.hollenstedterhof.de, ☎ 0049 (0) 41 65/21 37 0, Fax 83 82.

⓬ **D-21279 HOLLENSTEDT-EMMEN**
A 1 ab Ausfahrt 45 Hollenstedt ca. 3 km
Gasthof Emmen ★★ ruhige Lage in parkähnlichem Garten, 16 B, EZ € 38,– DZ € 65,–, inkl. Frühstück, Zi mit Du und WC, Mittagstisch, Räume bis 100 Personen, hausgemachte Kuchen, ⌂, P, Di ./., Koppelweg 2, www.gasthofemmen.de, ☎ 0049 (0) 41 65/83 38, Fax 8 10 11.

⓭ **D-21279 HOLLENSTEDT-WOHLESBOSTEL**
A 1 ab Ausfahrt 45 Hollenstedt ca. 3 km
Landgasthof Heitens Hoff ★★★ EZ € 46,– DZ € 76,–, inkl. Frühstück, alle Zi mit Bad, WC, ☎, TV und kostenfreiem WLAN, Restaurant ab 17 Uhr (Sa/So ab 12 Uhr), Räume bis 50 Personen, ☂, ⌀, Mo + Di ./. (Restaurant), Lange Str. 4, @, www.heitens-hoff.de, ☎ 0049 (0) 41 65/21 31-0, Fax 21 31-41.

⓮ **D-21255 TOSTEDT**
A 1 ab Ausfahrten 45 Hollenstedt und 46 Heidenau je 8 km
Hotel Restaurant Zum Meierhof ★★★ 24 B, EZ € 42,– DZ € 72,– inkl. Frühstücksbuffet, alle Zi mit Du, WC, ☎ und TV, durchgehend warme Küche, Räume für 160 Personen, ☂, Buxtehuder Str. 3, @, www.zum-meierhof.de, ☎ 0049 (0) 41 82/2 84 80, Fax 28 48 21.

⑮ D-21255 TOSTEDT A 1 ab Ausfahrten 46 Heidenau und 44 Rade → Tostedt
Hotel-Gasthaus Wiechern ★★ ruhige Lage, 24 B, EZ € 42,– DZ € 70,– 3-Bett-Zi € 80,–, 4-Bett-Zi € 90,–, inkl. Frühstücksbuffet, alle Zi mit Du, WC, ☏, TV und WLAN, Räume für 20-250 Personen, Kegelbahnen, 🍴, 🚌, P, Tostedter Str. 9, @, www.hotel-wiechern.de, ☏ **0049(0)4182/29420**, Fax 22531.

⑯ D-21644 SAUENSIEK A 1 Ausfahrt 47 Sittensen 9 km → Horneburg
Hotel Klindworths Gasthof ★★ 36 B, EZ € 39,– DZ € 59,–, inkl. Frühstücksbuffet, alle Zi mit Du, WC, ☏, TV und kostenfreiem WLAN, frische saisonale und regionale Küche, hausgebraute Bierspezialitäten, 🍴, P, Hauptstr. 1, gasthof@klindworths.de, www.klindworths.de, ☏ **0049(0)4169/91100**, Fax 911010.

⑰ D-21258 HEIDENAU A 1 ab Ausfahrt 46 Heidenau
Hotel Heidenauer Hof, „Haus im Park" ★★★ sehr ruhige Lage, gesamt 54 B, EZ € 40,– bis 45,–, DZ € 60,– bis 69,–, inkl. Frühstücksbuffet, alle Zi mit Du, WC, ☏ und TV-Anschluss, Restaurant und Café „Orchidee", Räume bis 400 Personen, Wintergarten, Rosengarten, Kamin- und Clubraum, malerischer Park, 🍴, 🚌, großer P, Hauptstr. 23, info@heidenauer-hof.de, www.heidenauer-hof.de, ☏ **0049(0)4182/4144**, Fax 4744.

⑱ D-21258 HEIDENAU A 1 ab Ausfahrt 46 Heidenau ca. 2 km
Hotel-Gasthof Burmester ★★ 19 B, EZ € 38,– DZ € 58,– 3- und 4-Bett-Zi, inkl. Frühstück, alle Zi mit Du und WC, 160 Sitzplätze, eigene Schlachtung, Kutschfahrten, 🍴, 🚌, P, Restaurant Mo ./., Everstorfer Str. 7, @, www.hotel-burmester.de, ☏ **0049(0)4182/4134**, Fax 9118.

⑲ D-21258 HEIDENAU
A 1 ab Ausfahrt 46 Heidenau ca. 2 km, hinter Ortsschild 1. Straße rechts
Haus Eichenhain, Hotel-Pension Höper ★★ 16 B, EZ € 23,– bis 35,– DZ € 38,– bis 56,–, 3-Bett- und Nichtraucher-Zi, inkl. reichhaltigem Frühstücksbuffet, Zi mit Du, WC und TV, Ferienwohnung 4 B, Kinderermäßigung, Hausschlachtung, Terrasse, P, Bruchweg 1, ☏ **0049(0)4182/4257**.

⑳ D-27419 SITTENSEN A 1 ab Ausfahrt 47 Sittensen 1 km
Hotel Zur Mühle ★★★ 21 B, EZ € 50,– bis 57,–, DZ € 72,– bis 77,–, Mehrbett-Zi € 98,–, inkl. reichhaltigem Frühstücksbuffet, alle Zi mit Du, WC, Fön, ☏, TV, ISDN und WLAN, Abendkarte für Hausgäste, Sauna, 🍴, großer P, Bahnhofstr. 25, @, www.hotel-muehle.eu, ☏ **0049(0)4282/93140**, Fax 931422.

㉑ D-27419 SITTENSEN A 1 ab Ausfahrt 47 Sittensen 1,5 km
Landhaus De Bur ★★★ 19 B, EZ € 40,– bis 45,–, DZ € 65,–, inkl. Frühstück, alle Zi mit Du, WC, ☏ und TV, frische regionale Küche, Tagungsräume bis 120 Personen, Biergarten, 🍴, P, Bahnhofstr. 3, @, www.landhaus-debur.de, ☏ **0049(0)4282/93450**, Fax 4142.

㉒ D-27419 GROSS MECKELSEN A 1 ab Ausfahrt 47 Sittensen 5 km
Akzent Hotel Schröder ★★★★ ruhige Waldrandlage, 80 B, EZ € 45,– bis 60,–, DZ € 60,– bis 85,–, inkl. Frühstücksbuffet, alle Zi mit Bad/Du, WC, Fön, ☏, TV und WLAN, saisonal frische Küche, Terrasse, 🍴, 🚌, ♿, P, Am Kuhbach 1, info@hotel-schroeder.de, www.hotel-schroeder.de, ☏ **0049(0)4282/50880**, Fax 3535.

㉓ D-27446 SELSINGEN A 1 ab Ausfahrten 47 Sittensen und 49 Bockel je 18 km, jeweils in Zeven B 71 → Bremervörde
Hotel-Restaurant Selsinger Hof mit Privatbrauerei ★★★☆ 25 B, EZ € 42,– bis 52,–, DZ € 73,–, inkl. Frühstücksbuffet, alle Zi mit Du, WC, ☏, TV und WLAN, Tagungsräume, beschirmte Terrasse, 🍴, 🚌, P, Hauptstr. 1, www.selsingerhof.de, ☏ **0049(0)4284/93930**, Fax 939393.

㉔ D-27446 SELSINGEN A 1 ab Ausfahrten 47 Sittensen und 49 Bockel je 18 km, jeweils in Zeven B 71 → Bremervörde
Landgasthof Martin ★☆ 12 B, EZ € 25.- bis 35.-, DZ € 50.- bis 60.-, inkl. Frühstück, Zi mit Du, WC und TV, frische regionale Küche, 120 Sitzplätze, Terrasse, 🍴, 🚌, G, P, Am Brink 2, @, www.einfach-martin.de, ☏ **0049(0)4284/333**, Fax 926144.

㉕ D-21702 AHLERSTEDT
A 1 ab Ausfahrt 47 Sittensen → Stade, nach 300 m links → Ahlerstedt 13 km
Hotel-Restaurant Schützenhof ★★★ 37 B, EZ € 30,– bis 38,–, DZ € 48,– bis 60,–, Familien-Zi, inkl. Frühstücksbuffet, alle Zi mit Du, WC, TV und WLAN, Lift, durchgehend warme Küche (Stammessen € 5,–), Bistro, Räume und Saal bis 300 Personen, Clubtouren, 3 Doppelkegelbahnen, 🍴, ♿, P, Stader Str. 2, @, www.schuetzenhof-ahlerstedt.de, ☏ **0049(0)4166/8420-0**, Fax 8420-20.

㉖ D-27367 HELLWEGE
A 1 ab Ausfahrt 51 Posthausen → Posthausen 4 km, 1. Ampel links
Hotel-Restaurant Prüser ★★★☆ 114 B, EZ € 46,– bis 52,–, DZ € 74,– bis 85,–, Mehrbett-Zi, inkl. Frühstücksbuffet, alle Zi mit Du, WC, Fön, ☏, TV und Minibar, Räume für 20-400 Personen, große Badelandschaft mit Whirlpool und Saunen, Tennis, Kegelbahn, 🍴, 🚌, großer P, Dorfstraße 5, @, www.pruesers-gasthof.de, ☏ **0049(0)4264/999-0**, Fax 999-45.

㉗ D-27308 KIRCHLINTELN-HEIDKRUG
A 1 ab Ausfahrt 51 Posthausen Völkersen Rotenburg 11 km und A 27 ab Ausfahrt 25 Verden-Nord B 215 Rotenburg 5,5 km
Hotel-Restaurant Heidkrug ★★ 16 B, EZ € 39,– bis 43,50, DZ € 66,50, inkl. Frühstück, alle Zi mit Du, WC, ☏ und Sat-TV, Räume für 90 Personen, 🍴, 🚌, großer P, ./. Mo bis Fr 14.00 Uhr bis 17.00 Uhr, Heidkrug 3, @, www.der-heidkrug.de, ☏ **0049(0)4230/93230**, Fax 932320.

㉘ D-27356 ROTENBURG A 1 ab Ausfahrten 50 Stuckenborstel und 49 Bockel je 15 km
Hotel Am Pferdemarkt ★★★ mitten im Zentrum, aber ruhig gelegen, 53 B, EZ € 49,–, DZ ab € 75,–, Familien-Zi ab € 25,– pro Person (Kinder bis 7 Jahre frei), inkl. großem Frühstücksbuffet, alle Zi mit Du, WC, ☏, TV, kostenfreiem WLAN und Minibar, 🚌, G, P, Am Pferdemarkt 3, info@hotelampferdemarkt.de, www.hotelampferdemarkt.de, ☏ **0049(0)4261/9407-0**, Fax 9407-55.

㉙ D-27367 SOTTRUM A 1 ab Ausfahrt 50 Stuckenborstel 2,5 km (1. Ampel links)
Röhrs Gasthof ★★★ 53 B, EZ € 49,– bis 55,–, DZ € 78,– bis 85,–, Familien-Zi, inkl. Frühstücksbuffet, alle Zi mit Bad, Du, WC, ☏, TV und kostenfreiem WLAN, Biergarten, 🍴, 🚌, ♿, G, P, Bergstraße 18, info@gasthof-roehrs.de, www.gasthof-roehrs.de, ☏ **0049(0)4264/8340**, Fax 83444.

㉚–㉜ + ㉛–㉞ Einträge siehe Seite 22

㉖ Hotel-Restaurant Prüser, Hellwege

Tipps zur Route

Eine der großen Attraktionen Hamburgs für Touristen sind die Hafen und eine Hafenrundfahrt. Aber was für alle Großstädte gilt, gilt auch für Hamburg: Der Verkehr ist ungewöhnlich stark, und Parkplätze sind knapp in der Innenstadt. Lassen Sie Ihren Wagen an einem Bahnhof der Peripherie stehen und fahren Sie mit der U-Bahn bis St.-Pauli-Landungsbrücken. Im Sommer finden Hafenrundfahrten täglich alle 30 Minuten statt. Nach dreieinhalb Stunden sind Sie, ohne zu hetzen, wieder an Ihrem Wagen. Sie könnten zu Beginn auch am Hauptbahnhof aussteigen, die Mönckebergstraße hinunter bummeln, die zu den großen Warenhausstraßen Europas zählt, und über den Rathausmarkt zum Jungfernstieg abschwenken. Hier, rund um den Neuen Wall und die Colonnaden, liegen die elegantesten und exklusivsten Läden der Stadt. Vergessen Sie auf keinen Fall, das frische Alsterwasser im Alsterpavillon mit Blick auf die Binnenalster zu genießen.

Ausfahrt Bremen-Hemelingen: Die Innenstadt Bremens erreicht man am besten über die A 1. Wenn Sie die Bremer Altstadt besuchen möchten, können Sie Ihr Auto besser außerhalb der City abstellen und mit der Straßenbahn bis zur Haltestelle Domsheide weiterfahren. Vor Ihnen rechts erhebt sich die Doppelturmfassade des romanischen Bremer Doms aus dem Jahre 1042. Ein Besuch des Dommuseums ist empfehlenswert. Die Liebfrauenkirche, eben um die Ecke, ist ebenfalls sehenswert. Vom Katzenjammer und Gekrächze der Bremer Stadtmusikanten werden Sie verschont bleiben, handelt es sich bei den Rabauken doch lediglich um eine Bronzestatue. Bummeln Sie entlang der Weser-Promenade oder spazieren Sie im Bürgerpark: Bremen werden Sie in guter Erinnerung behalten.

① – ㉙ Einträge siehe Seiten 20 + 21

㉚ D-27404 GYHUM-SICK A 1 ab Ausfahrt 49 Bockel 1,5 km → Zeven
Hotel Niedersachsenhof ★★★⚘ 70 B, EZ ab € 53,–, DZ ab € 76,–, inkl. Frühstück, alle Zi mit Du, WC, ☎, TV und Radio, klimatisierte Tagungsräume bis 40 Personen, Whirlpool, Sauna, Solarium, 🖥, ▦, ♿, Restaurant Fr ./., An der B 71, info@niedersachsenhof.de, www.niedersachsenhof.de, ☎ **0049 (0) 4286/9400**, Fax 1400.

㉛ D-28865 LILIENTHAL A 1 ab Ausfahrt 50 Stuckenborstel → Ottersberg, Kreisverkehr → Lilienthal 16 km und A 27 ab Ausfahrt 19 Bremen-Horn/Lehe
Land-gut-Hotel Rohdenburg ★★★ 43 B, EZ € 57,– bis 70,–, DZ € 86,– bis 100,–, inkl. Frühstück, alle Zi mit Du, WC, ☎ und TV, regionale Küche, Räume für 30 bis 180 Personen, 🖥, ▦, ♿, P, Trupermoorer Landstr. 28, info@hotel-rohdenburg.de, www.hotel-rohdenburg.de, ☎ **0049 (0) 4298/3610**, Fax 3269.

㉜ D-28870 OTTERSBERG A 1 ab Ausfahrten 50 Stuckenborstel und 51 Posthausen → Ottersberg je 4 km
Hotel-Pension „Haus Biederstaedt" ★★ ruhige Lage, 12 B, EZ € 32,–, DZ € 56,–, 3-Bett-Zi € 77,–, inkl. Frühstück, alle Zi mit Du, WC und TV, P, Am Kindergarten 3, @, ☎ **0049 (0) 4205/8222**, Fax 315849.

㉝ D-28870 OTTERSBERG A 1 ab Ausfahrt 51 Posthausen 100 m → Posthausen
Gasthof Zur Moorhexe ★ 20 B, EZ € 31,–, DZ € 59,–, inkl. Frühstück, alle Zi mit Du, WC und TV, durchgehend warme Küche, großer P (auch LKW), Fr ./., ☎ **0049 (0) 4297/205**, Fax 1708.

㉞ D-28870 OTTERSBERG-OTTERSTEDT A 1 ab Ausfahrten 50 Stuckenborstel und 51 Posthausen je 6 km
Pension Alte Eichen ★★ ruhige Aussichtslage, 16 B, EZ € 35,–, DZ € 40,– bis 51,–, Familien-Zi ab € 56,–, Frühstück auf Wunsch, alle Zi mit Bad, Du, WC, ☎, TV und Küche, ▦, P, Mühlenstr. 16, @, www.alte-eichen.de, ☎ **0049 (0) 4205/1242**, Fax 1242.

㉟ D-28876 OYTEN A 1 ab Ausfahrt 52 Oyten 1,5 km (beschildert)
Hotel Thünenhof garni ★★ 30 B, EZ € 32,– bis 36,–, DZ € 50,– bis 54,–, inkl. Frühstück, alle Zi mit Du, WC, ☎ und TV, kleine Gerichte, ▧, ▦, P, Thünen 24, @, www.thuenenhof.de, ☎ **0049 (0) 4207/3069**, Fax 912529.

㊱ D-28277 BREMEN A 1 ab Ausfahrten 56 und 57 → Innenstadt
visit Hotel ★★★★ 44 B, EZ € 95,–, DZ € 105,–, Suiten, inkl. Frühstück, alle Zi mit Bad/Du, WC, Fön, ☎, Kabel-TV, Fax-/Modemanschluss, Minibar und Safe, Restaurant, Seminarräume, @, Senator-Weßling-Str. 1 a, @, www.visit-hotel.de, ☎ **0049 (0) 421/94956-100**, Fax 94956-200.

㊲ D-28207 BREMEN A 1 ab Ausfahrt 55 → Zentrum → B 75
Hanse Komfort Hotel ★★★ 31 Zi, EZ ab € 75,–, DZ ab € 90,–, Mehrbett-Zi, Suiten, inkl. Frühstück, alle Zi mit Du, WC, ☎ und TV, WLAN, Sauna, ▦, P, Hastedter Heerstr. 104, @, www.hotelgruppe-kelber.de, ☎ **0049 (0) 421/790300**, Fax 7903030.

㊳ D-28309 BREMEN A 1 ab Ausfahrt 55 Bremen-Hemelingen
Hotel Hansahof garni ★★★⚘ 46 B, EZ € 55,–, DZ ab € 80,–, Familien-Zi ab € 55,–, inkl. Frühstücksbuffet, alle Zi mit Du, WC, ☎, Kabel-TV und WLAN, teils Minibar und Safe, Brüggeweg 20/22, @, www.hotel-hansahof.de, ☎ **0049 (0) 421/41760**, Fax 415026.

㋑ BREMEN

Im Barock- und Renaissance-Ambiente des Marktplatzes zum Beispiel im Angesicht von Rathaus und Roland, von Patrizierhäusern und dem „Schütting", Bremens traditionsreicher Handelskammer begegnet man Bremens über 1.200 Jahre alter Stadtgeschichte. Zu den Touristenattraktionen zählen die Böttcherstraße, einst Handwerkergasse, heute Kunst- und Kulturzentrum, oder der Schnoor: Pittoreskes Altstadtquartier. Die Hansestadt lebt von seinem Hafen und tut es bis heute als die Hafenstadt Nummer 2 in Deutschland. Entdecken Sie ein Stadt, die mit mehr als 1.000 Kneipen und Cafés, Restaurants, Bistros und Bars Gastfreundschaft groß schreibt, die lebt und leben lässt.
Information und Prospekte: Bremer Touristik-Zentrale Gesellschaft für Marketing und Service mbH, Findorffstraße 105, D-28215 Bremen, info@bremen-tourism.de, www.bremen-tourism.de, ☎ **0049 (0) 1805/101030 (€ 0,14/Min.)**, Fax 0049 (0) 421/30800-30.

Bremer Marktplatz

㋒ ZEVEN

Reizvoller Urlaubsort am Wald, Kleinstadt mit Atmosphäre und echter Behaglichkeit.
Sehenswert: König-Christinen-Haus (Bildergalerie der Stadt Zeven mit wechselnden Ausstellungen), Skulpturengarten, Feuerwehrmuseum Zeven (Ausstellung von Modellen, Uniformen u. a.), Museum Kloster Zeven (Heimatmuseum), St.-Viti-Kirche (Kreuzkirche aus dem 12. Jahrhundert), Wassermühle Bademühlen. Freizeitmöglichkeiten: Tennis, Squash, Schwimmen, Reiten, Wandern, Radwandern, Wasserwandern, Angeln, 2 moderne Campingplätze, Trimm-Dich-Pfad, Waldlehrpfad, Abenteuerspielplatz, Grill-Parcours, Mountainbike-Parcours.
Information und Prospekte: Stadtverwaltung, Am Markt 4, D-27404 Zeven, samtgemeinde@zeven.de www.zeven.de, ☎ **0049 (0) 4281/716-0**, Fax 716-126.

Museum Kloster Zeven

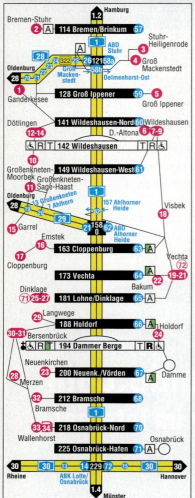

❶ D-27777 GANDERKESEE
A 1 ab Ausfahrt 60 Wildeshausen-Nord und A 28 ab Ausfahrt 19 Ganderkesee-West
Akzent Hotel Zur Jägerklause ★★★ 50 B, EZ € 50,– bis 65,–, DZ € 78,– bis 92,–, 3-Bett Zi ab € 96,–, inkl. Frühstück, alle Zi mit Du, WC, 📺, Premiere-TV und WLAN, Tagungsraum bis 20 Personen, Sommergarten, 🍴, ⛽, G, P, Neddenhüsen 16, @, www.jaegerklause.de, ☎ 0049 (0) 4222/93020, Fax 930250.

❷ D-28816 BREMEN-STUHR
A 1 ab Ausfahrt 57 Bremen/Brinkum → Bremen 200 m (Nähe Ikea)
Hotel-Restaurant Wiesengrund ★★ 26 B, EZ € 40,–, DZ € 60,–, inkl. Frühstücks-buffet, alle Zi mit Du, WC und TV, Räume bis 80 Personen, Terrasse, 📺, 🍴, 🚃, großer P, Bremer Str. 116 a, @ 0049 (0) 421/875050, Fax 876714.

❸ D-28816 STUHR-HEILIGENRODE
A 1 ab Ausfahrt 58 ABD Stuhr und A 28 ab Ausfahrt 25 → Groß Mackenstedt → B 439 Minden, Bassum, Heiligenrode ji ca. 2,5 km
Hotel-Restaurant Meyerhof ★★ 25 B, EZ € 33,– bis 46,–, DZ € 64,– bis 85,–, inkl. Frühstück, Zi mit Du, WC und TV, Räume bis 350 Personen, 📺, 🚃, Heiligenroder Str. 72, @, www.meyerhof-heiligenrode.de, ☎ 0049 (0) 4206/99998.

❹ D-28816 STUHR-GROSS MACKENSTEDT A 1 ab ABD Stuhr (58 a) und A 28 ab Ausfahrt 25 je ca. 3 km, in Groß Mackenstedt → Harpstedt (beschildert)
Komfort Hotel garni Weinhof ★★★ sehr ruhige Lage, 22 B, EZ € 47,50, DZ € 79,–, Mehrbett-Zi, Appartement, Nichtraucher-und Raucher-Zi, inkl. Frühstücks-buffet, alle Zi mit Du, WC, ☎ und Sat-TV, 📺, ♿ -Zi, G, P, Eggeseer Straße 17, @, www.hotelweinhof.de, ☎ 0049 (0) 4206/90300, Fax 903039.

❺ D-27243 GROSS IPPENER
A 1 ab Ausfahrt 59 Groß Ippener 1,5 km
Hotel Wülfers Gasthof ★★ 18 B, EZ € 35,–, DZ € 55,–, inkl. Frühstück, alle Zi mit Du, WC und TV, P, Dorfstraße 5, @, www.wuelfers-gasthaus.de, ☎ 0049 (0) 4224/251, Fax 141994.

❻ D-27801 DÖTLINGEN-ALTONA A 1 ab Ausfahrt 60 Wildeshausen-Nord 1 km
Hotel-Restaurant Gut Altona ★★★☆ ruhige Waldlage, 120 B, EZ € 46,– bis 65,–, DZ € 72,– bis 100,–, Familien- und Nichtraucher-Zi, inkl. Frühstücksbuffet, alle Zi mit Du, WC, ☎, TV und WLAN, Wintergarten-Restaurant, sehr gute marktfrische, regiona-le Küche, Konferenzräume, Terrasse, Sauna, 📺, 🚃, G, P, Wildeshauser Str. 34, @, www.gut-altona.de, ☎ 0049 (0) 4431/9500, Fax 1652.

❼ D-27793 WILDESHAUSEN A 1 ab Ausfahrt 60 Wildeshausen-Nord → Wil-deshausen, 1. Kreuzung links, 2. Straße rechts
Hotel Huntetal ★★★ 65 B, EZ € 58,– bis 67,–, DZ € 79,– bis 87,–, Mehrbett-Zi, Nichtraucher-Zi, inkl. Frühstücksbuffet, alle Zi mit Du, WC und TV, schwäbische und internationale Küche, Räume bis 60 Personen, 🍴 (€ 8,–), 🚃, P, Im Hagen 3, @, www.hotel-huntetal.de, ☎ 0049 (0) 4431/9400, Fax 94050.

❽ D-27793 WILDESHAUSEN A 1 ab Ausfahrt 60 Wildeshausen-Nord → 1. Kreu-zung links, 1. Straße Tankstelle links 300 m
Hotel Landhaus Thurm-Meyer ★★★ ruhige Lage, 43 B, EZ € 40,– bis 45,–, DZ € 55,–, inkl. Frühstücksbuffet, alle Zi mit Du, WC und TV, Radio und WLAN, P, Dr.-Klingenberg-Str. 15, @, www.thurm-meyer.de, ☎ 0049 (0) 4431/9902-0, Fax 9902-99.

❾ D-27793 WILDESHAUSEN A 1 ab Ausfahrt 60 Wildeshausen-Nord → Wildeshausen, 1. Kreuzung links, nach dem Kreishaus links
Hotel Lindenau & Wildeshauser Wein-Kontor ★★★☆ 22 B, EZ € 42,– bis 55,–, DZ € 63,– bis 72,–, inkl. Frühstücksbuffet, alle Zi mit Du und WC, WLAN mög-lich, großer P, Dr. Klingenberg Str. 1 a, @, www.weinkontor-wildeshausen.de, ☎ 0049 (0) 4431/94640, Fax 946427.

❿ D-26197 GROSSENKNETEN-MOORBEK A 1 ab Ausfahrt 60 Wildeshau-sen-Nord → Wildeshausen, 1. Ampel geradeaus, 2. Ampel rechts
Hotel Zur Wassermühle Gut Moorbeck ★★★ ruhige Parklage, Seeblick, 29 B, EZ ab € 60,–, DZ ab € 80,–, inkl. Frühstücksbuffet, individuell und persön-lich, 🍴, Amelhauser Str. 56, info@gut-moorbeck.de, www.gut-moorbeck.de, ☎ 0049 (0) 4433/255.

⓫ D-26197 GROSSENKNETEN-SAGE-HAAST
A 1 ab Ausfahrt 61 Wildeshausen-West → Alhorn → Sage 14 km und A 29 ab Aus-fahrt 19 Großenkneten → Großenkneten 350 m
Hotel Restaurant Haaster Krug ★★★ 20 B, EZ € 35,–, DZ € 65,–, inkl. Früh-stück, alle Zi mit Du, WC und TV, Konferenzräume, 📺, P, Schwalbenweg 2 b, ☎ 0049 (0) 4435/961635, Fax 961636.

⓬ D-27801 DÖTLINGEN
A 1 ab Ausfahrt 60 Wildeshausen-Nord 6,5 km
Waldhotel Dötlingen-Restaurant & Café ★★★ sehr ruhige Lage, 15 B, EZ € 48,–, DZ € 72,–, inkl. Frühstück, alle Zi mit Du, WC, ☎ und Sat-TV, 📺, 🚃, P, Karkbäk 2, @, www.waldhotel-doetlingen.de, ☎ 0049 (0) 4433/94850, Fax 948526.

⓭ D-27801 DÖTLINGEN
A 1 ab Ausfahrt 60 Wildeshausen-Nord 6,5 km
Hotel-Restaurant-Café Schützenhof „Unter den Linden" ★★★ sehr ruhige Lage, 30 B, EZ € 43,–, DZ € 69,–, inkl. Frühstück, alle Zi mit Du, WC, TV und WLAN, teils 📺 und Balkon, Räume bis 300 Personen, Terrasse, Biergarten, Kegelbahn, schönes altes Bauerndorf, 🚃, G, P, Rittrumer Kirchweg 6, @, www.boetefuer.de, ☎ 0049 (0) 4433/362, Fax 352.

❻ Hotel-Restaurant Gut Altona,
Dötlingen-Altona

⑭ **D-27801 DÖTLINGEN** ab Ausfahrt 60 → Delmenhorst → Dötlingen 6,5 km
Hotel-Restaurant Dötlinger Hof ★★☆ 24 B, EZ € 35,– bis 45,–, DZ € 55,– bis 65,–, Familien-Zi, inkl. Frühstück, alle Zi mit Du, WC und TV, Räume bis 300 Personen, Biergarten, 🛏, 🍽, Dorfring 2, @, www.doetlinger-hof.de, ☎ **0049 (0) 44 33/3 53**, Fax 15 39.

⑮ **D-49681 GARREL** A 29 ab Ausfahrt 19 Großenkneten 12 km
Hotel-Restaurant Bürgerklause Tapken ★★★☆ 18 B, EZ € 45,–, DZ € 75,–, Nichtraucher-Zi, inkl. Frühstücksbuffet, alle Zi mit Du, WC, ISDN-☎, TV, WLAN und Balkon, Räume bis 170 Personen, Terrasse, Golfplatz in der Nähe, 🛏, 🍽, großer P, Hauptstraße 8, @, www.buergerklause-tapken.de, ☎ **0049 (0) 44 74/80 92 + 94 12-0**, Fax 91 94 03.

⑯ **D-49685 EMSTEK** ab Ausfahrt 63 Cloppenburg ca. 3,5 km (B 72 Emstek-Ost)
Hotel-Restaurant Schute ★★ 38 B, EZ € 36,– bis 44,–, DZ € 62,– bis 70,–, 3-Bett-Zi € 84,–, 4-Bett-Zi € 98,–, inkl. Frühstück, Zi mit Du, WC, ☎ und TV, Räume bis 60 Personen, gute Küche, 🍽, G, P, Lange Str. 15, hotel.schute@ewetel.net, www.hotel-schute.de, ☎ **0049 (0) 44 73/10 06**, Fax 7 35.

⑰ **D-49661 CLOPPENBURG**
A 1 ab Ausfahrt 63 Cloppenburg ca. 12 km (2. Abfahrt der B 72 Emstek-West)
Hotel-Restaurant Schlömer ★★★ gegenüber Post, 30 B, EZ € 52,– bis 58,–, DZ € 75,– bis 80,–, inkl. Frühstücksbuffet, alle Zi mit Du, WC, ☎ und Minibar, empfehlenswerte Küche, 🛏, 🍽, G, P, Bahnhofstraße 17, @, www.hotelschloemer.de, ☎ **0049 (0) 44 71/28 38 + 65 23**, Fax 65 24.

⑱ **D-49429 VISBEK**
A 1 ab Ausfahrten 60 Wildeshausen-Nord 12 km und 63 Cloppenburg 8 km → Visbek
Hotel Haus Linus ★★★ zentrale Lage, 24 B, EZ € 40,– DZ € 60,–, Nichtraucher- und Familien-Zi, inkl. Frühstücksbuffet, alle Zi mit Du, WC, ☎, TV und kostenfreiem WLAN, Café, 🛏, 🍽, großer P, Am Klosterplatz 12, @, www.hotel-haus-linus.de, ☎ **0049 (0) 44 45/9 50 10**, Fax 0049 (0) 44 41/9 37 98 95.

⑲ **D-49377 VECHTA**
A 1 ab Ausfahrten 62 Ahlhorner Heide und 64 Vechta → Vechta Zentrum, Hotelroute
Schäfers Hotel Garni ★★★ zentrale, ruhige Lage, 20 B, EZ € 54,– bis 60,–, DZ € 74,– bis 80,–, inkl. Frühstück, alle Zi mit Du, WC, ☎, TV und WLAN, 🛏, P, Gildestr. 115, @, www.schaefers-hotel.de, ☎ **0049 (0) 44 41/92 83-0**, Fax 92 83-30.

⑳ **D-49377 VECHTA**
A 1 ab Ausfahrten 65 Lohne/Dinklage → Lohne/Vechta 9 km und 64 Vechta (vor Vechta B 69 ab Ausfahrt Vechta Süd → Pferdezentrum) 9 km
Hotel am Pferdezentrum ★★★ 41 B, EZ ab € 52,–, DZ ab € 75,–, Nichtraucher- und Familien-Zi, inkl. Frühstücksbuffet, alle Zi mit Du, WC, ☎, TV und kostenfreiem WLAN, Restaurant für Hausgäste, 🛏, 🍽, großer P, Lohner Str. 22, @, www.am-pferdezentrum.de, ☎ **0049 (0) 44 41/91 7 98-0**, Fax 91 7 98-50.

㉑ **D-49377 VECHTA** A 1 ab Ausfahrt 64 Vechta → B 69 Ausfahrt Vechta und ab Ausfahrt 65 Lohne/Dinklage → Vechta Zentrum
Hotel Villa Linda ★★★ 24 B, EZ € 46,–, DZ € 67,–, Nichtraucher- und Familien-Zi, inkl. Frühstücksbuffet, alle Zi mit Du, WC, ☎, TV und kostenfreiem WLAN, Restaurants in unmittelbarer Nähe, 🛏, großer P, Bremer Str. 19, @, www.hotel-villa-linda.de, ☎ **0049 (0) 44 41/8 87 96 56**, Fax 9 37 98 95.

㉒ **D-49456 BAKUM**
A 1 ab Ausfahrt 64 Vechta → Bakum, 1. Ampel rechts 500 m
Gasthof Mäuseturm ★★ ruhige Lage im Grünen, 16 B, EZ € 38,–, DZ € 62,–, 3-Bett-Zi, inkl. Frühstücksbuffet, alle Zi mit Du, WC, ☎ und TV, teils Balkon, gutbürgerliche Küche, 🛏, 🍽 auf Anfrage, großer P, Zur Alten Schule 1, ☎ **0049 (0) 44 46/3 68**, Fax 96 12 20.

㉓ **D-49434 NEUENKIRCHEN**
A 1 ab Ausfahrt 67 Neuenkirchen-Vörden ca. 3,5 km → Clemens-August-Klinik
Hotel-Café Wahlde ★★★ absolut ruhige Lage am Wald, 27 B, EZ € 29,– bis 39,–, DZ € 52,– bis 66,–, inkl. Frühstück, Zi mit Du, WC, ☎, TV, Minibar und Terrasse, Spielplatz, Sauna, Solarium, 🛏, 🍴, 🍽, ♿, G, P, Wahlde 4, @, www.wahlde.de, ☎ **0049 (0) 54 93/7 03**, Fax 5 772.

㉔ **D-49451 HOLDORF** A 1 ab Ausfahrt 66 Holdorf 2 km
Hotel-Restaurant Zur Post ★★ 24 B, EZ € 40,–, DZ € 75,–, inkl. Frühstück, alle Zi mit Bad, Du, WC, ☎, TV und WLAN, Mittag-/Abendtisch, Räume für 20-200 Personen, 🍽, P, Große Str. 11, @, www.Zur-Post-Holdorf.de, ☎ **0049 (0) 54 94/91 71-0**, Fax 8 2 70.

㉕ **D-49413 DINKLAGE** A 1 ab Ausfahrt 65 Lohne/Dinklage 1,4 km
Vila Vita Burghotel Dinklage und Restaurant ★★★★☆ ruhige Waldlage, 55 Zi, 104 B, EZ ab € 100,– DZ ab € 150,–, Nichtraucher-Zi, inkl. Frühstücksbuffet, alle Zi mit Bad, Du, WC, ☎, Radio, Kabel-TV, Safe und Minibar, Tagungsräume bis 140 Personen, WLAN, Sauna, Solarium, Fitnessraum, Schwimmbad, Wellness, 🛏, 🍴, 🍽, ♿, ⚓-Zi, P, Burgallee 1, @, www.vilavitaburghotel.de, ☎ **0049 (0) 44 43/897-0**, Fax 8 97-4 44.

㉖ **D-49413 DINKLAGE** A 1 ab Ausfahrt 65 Lohne/Dinklage 800 m → Dinklage
Hotel Wiesengrund ★★★ 40 B, EZ € 49,– bis 52,–, DZ € 73,– bis 75,–, inkl. Frühstücksbuffet, alle Zi mit Bad/Du, WC, ☎ und TV, Restaurant, Tagungsräume, Biergarten, P, Lohner Str. 17, ☎ **0049 (0) 44 43/20 50 + 40 50**, Fax 3 798.

㉗ **D-49413 DINKLAGE**
A 1 ab Ausfahrt 65 Lohne/Dinklage 1,5 km
Hotel-Restaurant Rheinischer Hof ★★★ 50 B, EZ € 30,– bis 60,–, DZ € 60,– bis 89,–, inkl. Frühstücksbuffet, Zi mit Du, WC, ☎, TV und WLAN, Tagungsräume bis 45 Personen, Biergarten, 🛏, ♿, P, Burgstraße 54, @, www.hotel-rheinischer-hof.de, ☎ **0049 (0) 44 43/12 60**, Fax 37 48.

㉘ – ㉞ + ㉛ – ㉜ **Einträge siehe Seite 26**

㉕ **Vila Vita Burghotel Dinklage und Restaurant, Dinklage**

Tipps zur Route

Ausfahrt Wildeshausen: Besuchen Sie den Naturpark Wildeshauser Geest. In einer erlebnisreichen Geestlandschaft mit gut ausgebauten und ausgeschilderten Rad- und Wanderwegen erwartet Sie die ideale Mischung zwischen Natur, Kultur und sportlichem Angebot. Idyllische Flusstäler und Seen, Wälder mit majestätischen Eichen, „schauriges Moor", blühende Heideflächen und Sanddünen werden Sie in Erstaunen versetzen und laden zum längeren Verweilen und zwischendurch zu einem zünftigen Picknick ein.

Ausfahrt Cloppenburg: Eine unterhaltsame Abwechslung, z. B. auf der Fahrt zur Nordseeküste, ist der Besuch des Cloppenburger Museumsdorfes. 12 km ab Ausfahrt sind es bis zu diesem 15 Hektar großen Niedersächsischen Freilichtmuseum, in dem alte niederdeutsche Höfe mit alten Möbeln und altem Gerät, Windmühlen und ein Dorfkrug stehen. Der Ostfrieslandzubringer B 72 durchquert das Erholungsgebiet Thülsfelder Talsperre, ein Naturparadies mit Hotels, Gasthöfen, Jugendherberge und Campingplätzen.

Ausfahrt Lohne/Dinklage: Etwa 500 m von der Ausfahrt entfernt liegt in Richtung „Dinklage" die Burg – inmitten des weiträumigen, ca. 500 ha großen Burgwaldes. Geboren wurde hier im Jahre 1878 der spätere Kardinal Clemens-August Graf von Galen „Löwe von Münster". Auch eine Rast und ein Abstecher ins Zentrum von Dinklage lohnen sich. Nach einer Wander- oder Fahrradtour – vorbei an Sehenswürdigkeiten – laden Hotels und Gaststätten mit ausgezeichnetem Komfort – u.a. Hotel mit Wellnessbereich – zur Rast und zum Verweilen ein.

Ausfahrt Holdorf: Warum nicht am Dümmer See klüger werden? Fahren Sie hin, ab Ausfahrt sind es keine 30 Autominuten. Bevor Sie nach 10 km das Städtchen Damme erreichen, durchqueren Sie die Dammer Berge, die nichts anderes sind als die 100 000 Jahre alte Endmoräne eines Eiszeitgletschers. Der nur 1,5 Meter tiefe Dümmer, ein Moorsee, ist 18 qm groß. Unweit des Dorfes Lembruch mit seinen alten niedersächsischen Bauernhöfen gibt es ein schönes Strandbad.

㉘ D-49586 **MERZEN** A 1 ab Ausfahrt 66 → Lingen B 214 → B 218 → Osnabrück und Ausfahrt 70, B 68 → Wallenhorst → B 218 → Lingen je ca. 20 km
Gasthof Dückinghaus – Eisenbahnhotel ★★★ 19 B, EZ € 45,– bis 49,–, DZ € 78,– bis 82,–, Mehrbett-Zi, inkl. Frühstücksbuffet, alle Zi mit Du, WC, ☎ und TV, kreative saisonale Küche, Saal bis 200 Personen, Biergarten, 🅿, großer P, Osterodener Weg 20, @, www.dueckinghaus.de, ☎ **0049(0)5466/368**, Fax 1464.

㉙ D-49413 **LANGWEGE** A 1 ab Ausfahrt 66 Holdorf 3 km → Dinklage
Gasthof Kathmann-Gerling ★ 12 B, EZ € 38,–, DZ € 56,–, inkl. Frühstück, alle Zi mit Du, WC, ☎ und TV, Gasthof 70 Plätze, 🅿, P, Do ./., Auf der Stadt 11, @, www.kathmann-gerling.de, ☎ **0049(0)4443/1241**, Fax 917968.

㉚ D-49593 **BERSENBRÜCK**
A 1 ab Ausfahrt 66 Holdorf → Bersenbrück, ab Ortsmitte → Osnabrück
Hotel-Restaurant Hilker ★★★ 24 B, EZ € 38,– bis 45,–, DZ € 63,– bis 75,–, 3-Bett-Zi € 84,– bis 96,–, Nichtraucher-Zi, inkl. Frühstücksbuffet, alle Zi mit Du, WC, Fön, ☎, TV, WLAN und Radio, moderne, regionale und saisonale Küche, Räume für 20 bis 400 Personen, Biergarten, 🅿, 🅿, Bramscher Str. 58, @, www.hotel-hilker.de, ☎ **0049(0)5439/60750**, Fax 607510.

㉛ D-49593 **BERSENBRÜCK**
A 1 ab Ausfahrten 66 Holdorf und 67 Neuenkirchen/Vörden → Bersenbrück ca. 10 km
Hotel zum Heidekrug ★★★ 14 B, EZ € 40,–, DZ ab € 66.–, 3-Bett-Zi, Frühstücksbuffet, alle Zi mit Du, WC, Fön, TV und WLAN, abwechslungsreiche Küche, Terrasse, Biergarten, 🅿, P, Neuenkirchener Str. 9, @, www.zumheidekrug.de, ☎ **0049(0)5439/3041**, Fax 609247.

㉜ D-49565 **BRAMSCHE** A 1 ab Ausfahrt 68 ca. 4 km, Hotelausschilderung
Hotel Idingshof ★★★★ 150 B, EZ ab € 70,–, DZ ab € 110,–, inkl. Frühstück, alle Zi mit Bad/Du, WC, ☎ und TV, 5 Seminarräume bis 200 Personen, 2 Banketträume bis 140 Personen, 🅿, P, Bührener Esch 1, info@idingshof.de, www.idingshof.de, ☎ **0049(0)5461/8890**, Fax 88964.

㉝ D-49134 **WALLENHORST** A 1 ab Ausfahrt 70 → Ostercappeln 3 km links
Hotel Lingemann ★★★ ruhige Lage, 86 B, EZ € 49,–, DZ € 70,–, Appartements 3-4 B € 88,– bis 96,–, Suite 3-5 B € 100,– bis € 124,–, inkl. Frühstück, alle Zi mit Du, WC, ☎ und Minibar, deutsche Küche, WLAN im Restaurantbereich, 🅿, P, Vehrter Landstr. 21, @, www.hotel-lingemann.de, ☎ **0049(0)5407/6126**, Fax 7913.

㉞ D-49134 **WALLENHORST** A 1 ab Ausfahrt 70 ca. 800 m (Ortseingang)
Aral-SB 🅿 Tanken, Waschen, Shop, geöffnet Mo-Sa 6-23 Uhr, So 8-23 Uhr, Große Str. 2, ☎ **0049(0)5407/39522**, Fax 32285.

㉝

Hotel Lingemann, Wallenhorst

㉛ **DINKLAGE**

Sehenswürdigkeiten: Alte Wasserburg (jetzt Abtei), großer Burgwald mit herrlichen Wanderwegen, Wildgehege, Schweger Mühle mit Back- und Göpelhaus.

Freizeitmöglichkeiten: Frei- und Hallenbad mit Solarium, Fitnesscenter, Squash-Halle, Tennishalle und -plätze, Reithalle, Angelsport, Sportschießen. Gut geführte Hotels (mit über 200 Betten) und Restaurants.

Information und Prospekte:
Stadt Dinklage, Am Markt 1, D-49413 Dinklage, dinklage@dinklage.de, www.dinklage.de, ☎ **004944443/899-0**, Fax 899-250.

㉜ **VECHTA**

Umgeben von ausgedehnten Wald- und Moorgebieten liegen die gemütlichen Einkaufsorte des Nordkreises Vechta: Ausgewiesene Rad- und Wanderwege, schmucke Hofcafés, weitläufige Obstplantagen und Bauerngärten laden ein zu einem „Boxenstopp".

Information und Karten:
Tourist-Information Nordkreis Vechta e.V., Kapitelplatz 3, D-49377 Vechta, info@nordkreis-vechta.de, www.lust-auf-ausflug.de, ☎ **0049(0)4441/858612**.

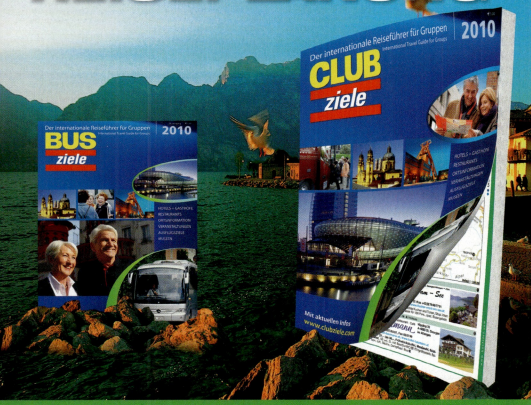

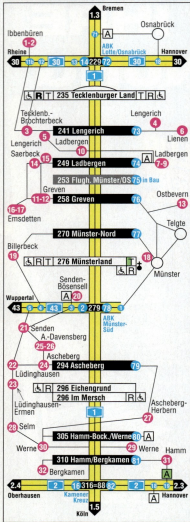

❸ Ringhotel Teutoburger Wald, Tecklenburg-Brochterbeck

❶ D-49479 IBBENBÜREN
A 30 Abfahrt 11 b Ibbenbüren → Münster 400 m
Hotel-Residence Hubertushof ★★★✦ 45 B, EZ € 53,– bis 81,–, DZ € 78,– bis 108,–, inkl. Frühstück, alle Zi mit Bad/Du, WC, Fön, ☎, TV, WLAN und Minibar, Restaurant, Tagungsräume, Garten, Terrasse, 🖂, 🛏, G, P, Münsterstr. 222, @, www.HotelHubertushof.de, ☎ 0049 (0) 5451/9410-0, Fax 9410-90.

❷ D-49479 IBBENBÜREN
A 30 ab Ausfahrt 11 b Ibbenbüren ca. 200 m → Ibbenbüren
Hotel-Restaurant Brügge ★★★ 59 B, EZ € 42,– bis 68,–, DZ € 62,– bis 92,–, Familien-Zi, inkl. Frühstück, alle Zi mit Bad/Du und WC, teils mit Fön, ☎, TV, WLAN und Minibar, reichhaltige Speisekarte, Räume von 20 bis 90 Personen, Tagungsmöglichkeiten, Gartenterrasse, 🖂, 🛏, 🛏, P, Münsterstraße 201, @, www.hotel-bruegge.de, ☎ 0049 (0) 5451/94050, Fax 940532.

❸ D-49545 TECKLENBURG-BROCHTERBECK
A 1 ab Ausfahrt 73 Lengerich 5 km → Ibbenbüren und A 30 ab Ausfahrt 12 Laggenbeck 5 km → Tecklenburg/Brochterbeck
Ringhotel Teutoburger Wald ★★★★ 80 B, EZ € 75,– bis 105,–, DZ € 105,– bis 160,–, inkl. Frühstücksbuffet, alle Zi mit Du, WC, ☎, Radio, TV, WLAN, Minibar und Lift, Räume bis 100 Personen, Kamin-Zi, Wellnessbereich, Schwimm- und Saunalandschaft, 🖂, 🛏, P, Im Bocketal 2, HotelTeutoburgerWald@t-online.de, www.ringhotels.de, ☎ 0049 (0) 5455/9300-0, Fax 9300-70.

❹ D-49525 LENGERICH
A 1 ab Ausfahrt 73 Lengerich → Lengerich
Hotel-Restaurant zur Mühle ★★★ 52 B, EZ € 68,–, DZ € 95,–, 3-Bett-Zi € 119,–, Nichtraucher-Zi, inkl. Frühstücksbuffet, alle Zi mit Bad/Du, WC, Fön, ☎, Sat-TV und Internet, bürgerliche und internationale Küche, Tagungs- und Veranstaltungsräume, Restaurant 18-22 Uhr, Tecklenburger Str. 29, @, www.lengerich-hotel.de, ☎ 0049 (0) 5481/9447-0, Fax 9447-17.

❺ D-49525 LENGERICH A 1 ab Ausfahrt 73 Lengerich links, nach ca. 1,2 km im Kreisverkehr 3. Ausfahrt, nächste Straße links
Gasthof Prigge ★★★ ruhige Lage, 38 B, EZ € 47,–, DZ € 84,–, inkl. Frühstück, alle Zi mit Du, WC und TV, moderne westfälische Küche, Räume bis 250 Personen, 🖂, 🛏, P, Brochterbecker Str. 60, @, www.gasthof-prigge.de, ☎ 0049 (0) 5482/9606.

❻ D-49536 LIENEN A 1 ab Ausfahrt 73 Lengerich 14 km
Hotel Restaurant & Café Waldschlößchen ★★★ ruhige Lage, 35 B, EZ € 45,–, DZ € 70,–, inkl. Frühstück, alle Zi mit Du, WC und TV, Terrasse, Kamin-Zi, Tagungsraum, Internet, Holperdorper Str. 31, @, www.waldschloesschen-lienen.de, ☎ 0049 (0) 5483/1081, Fax 77287.

❼ D-49549 LADBERGEN A 1 ab Ausfahrt 74 Ladbergen ca. 2 km (im Ort 1. Ampel rechts)
Waldhaus an de Miälkwellen ★★★✦ 90 B, EZ € 58,–, DZ € 88,–, inkl. Frühstück, alle Zi mit Bad/Du, ☎, TV, WLAN (kostenfrei) und Minibar, teils Balkon und Himmelbetten, gehobene westfälische und leichte, frische Küche, Räume für Festlichkeiten und Konferenzen, Terrasse, 🖂, 🛏, P, Grevener Str. 43, @, www.waldhaus-ladbergen.de, ☎ 0049 (0) 5485/9399-0, Fax 9399-99.

❽ D-49549 LADBERGEN A 1 ab Ausfahrt 74 Ladbergen ca. 1,5 km
Gasthaus Zur Post ★★★ 50 B, EZ € 69,–, DZ € 92,– bis 112,–, 3-Bett-Zi € 98,–, Junior-Suite (2 Personen) € 160,–, inkl. westfälischem Frühstück, alle Zi mit Bad, Du, WC, ☎, TV und kostenfreiem WLAN, Tagungsräume, offener Kamin, Terrasse, 🖂, Dorfstraße 11, @, www.gastwirt.de, ☎ 0049 (0) 5485/9393-0, Fax 9393-92.

❾ D-49549 LADBERGEN A 1 ab Ausfahrt 74 Ladbergen ca. 1,5 km (am Kreisverkehr links)
Hotel & Restaurant Timpen ★★★ 30 B, EZ ab € 39,–, DZ ab € 59,–, 3-Bett-Zi ab € 69,–, inkl. Frühstück im Restaurant, alle Zi mit Du, WC, ☎ und TV, Biergarten, P, Lengericher Str. 2, @, www.timpen.de, ☎ 0049 (0) 5485/2133, Fax 3668.

❿ D-49549 LADBERGEN A 1 ab Ausfahrt 74 Ladbergen → Tecklenburg 2,5 km und ab Ausfahrt 73 Lengerich → Ibbenbüren, Kreisverkehr → Ladbergen 6 km
Hotel-Gaststätte Up de Birke ★★★ 24 B, EZ € 45,–, DZ € 70,– bis 85,–, inkl. Frühstück, alle Zi mit Du, WC, ☎ und TV, westfälische Küche, Mittagstisch, 80 Sitzplätze, Biergarten, 🛏, großer P, Tecklenburger Str. 50, @, www.updebirke.de, ☎ 0049 (0) 5485/93920, Fax 939288.

⓫ D-48268 GREVEN A 1 ab Ausfahrt 76 Greven, in Greven → Nordwalde 6 km
Hotel Landgasthaus Wermelt ★★★ 60 B, EZ € 48,–, DZ € 72,–, Familien-Zi (3-5 B), inkl. Frühstücksbuffet, alle Zi mit Du, WC, ☎ und TV, 🖂, 🛏, P, Nordwalder Str. 160, @, www.hotel-wermelt.de, ☎ 0049 (0) 2571/927-0, Fax 927-152.
Unter gleicher Leitung:

⓬ D-48268 GREVEN A 1 ab Ausfahrt 76 Greven, 1. Ampel links, Hotelroute
Hotel Hoeker Hof ★★★ 40 B, EZ € 53,–, DZ € 82,–, Nichtraucher-Zi, inkl. Frühstücksbuffet, alle Zi mit Du, WC, ☎, TV und WLAN, Lift, Gästehaus mit Kamin, 🖂, 🛏, P, Münsterstr. 44, @, www.hotel-hoeker-hof.de, ☎ 0049 (0) 2571/578 8310, Fax 5788345.

⓭ D-48346 OSTBEVERN A 1 ab Ausfahrt 76 Greven → Telgte
Hotel-Restaurant Beverhof ★★★ 23 B, EZ € 38,–, DZ € 45,–, 3-Bett-Zi € 78,–, inkl. Frühstücksbuffet, alle Zi mit Du, WC, ☎ und TV, Gesellschaftsraum, Saal, P, Restaurant Mo ./., Hauptstr. 35, @, www.beverhof.de, ☎ 0049 (0) 2532/5162, Fax 1688.

⑭ D-48369 SAERBECK A 1 ab Ausfahrt 74 Ladbergen 3 km, B 475 → Saerbeck
Hotel-Restaurant Stegemann ★★★ ruhige Lage, B 95, EZ € 59,–, DZ € 89,–, 3-Bett-Zi € 95,–, Familien-Zi und Nichtraucher-Zi, inkl. Frühstücksbuffet, alle Zi mit Du, WC, ☏, TV und WLAN, internationale und regionale Küche, Wellnessbereich, klimatisierte Tagungsräume, 🖥, 🖨, &, P, Westladbergen 71, @, www.hotel-stegemann.de, ☏ 0049 (0) 25 74/92 90, Fax 9 29 29.

⑮ D-48369 SAERBECK
A 1 ab Ausfahrt 74 Ladbergen → Saerbeck 6 km
Hotel-Restaurant Dahms Hoff ★★★ 29 B, EZ € 35,– bis 39,–, DZ € 70,–, inkl. Frühstück, alle Zi mit Du, WC und TV, Kaminstube, P, Mo ./., Marktstr. 31, ☏ 0049 (0) 25 74/9 39 00.

⑯ D-48282 EMSDETTEN A 1 ab Ausfahrt 76 Greven
Altes Gasthaus Düsterbeck ★★★ 26 B, EZ € 43,50, DZ € 79,–, inkl. Frühstück, alle Zi mit Du, WC, TV, Internet und Minibar, regionale Spezialitäten, Tagungsraum, Räume für 8-100 Personen, Bierstube, Biergarten, Disco „Klabautermann", Borghorster Str. 2, @, www.hotel-duesterbeck.de, ☏ 0049 (0) 25 72/9 86 40, Fax 98 64 20.

⑰ D-48282 EMSDETTEN A 1 ab Ausfahrt 76 Greven → Emsdetten B 481
Hotel & Restaurant „Haus Pötter" ★★☆ EZ € 54,50, DZ € 85,–, Mehrbett-Zi, inkl. Frühstück, alle Zi mit Bad/Du, WC, Fön, ☏, Kabel-TV und Radio, HP+VP, saisonale gute Küche, Tagungs- und Veranstaltungsräume, Biergarten, kostenfreier P, Grevener Damm 50, @, www.hotelpoetter.de, ☏ 0049 (0) 25 72/8 42 42, Fax 46 13.

⑱ D-48149 MÜNSTER
 A 1 ab Ausfahrt 77 Münster-Nord, B 54 → Münster, 3. Ampel rechts, 2. Kreisverkehr
Hotel-Restaurant Haus Niemann ★★★, EZ € 52,–, DZ € 75,–, 3-Bett-Zi € 95,–, inkl. Frühstücksbuffet, alle Zi mit Du, WC, ☏ und Kabel-TV, gute deutsche Küche, münsterländische Spezialitäten, Saal, Biergarten, Kegelbahn, 🖥, P, Horstmarer Landweg 126, @, www.haus-niemann.de, ☏ 0049 (0) 2 51/82 82 28, Fax 8 88 00.

⑲ D-48727 BILLERBECK A 43 ab Ausfahrt 4 Nottuln 9 km
Hotel-Restaurant Domschenke ★★★★ 65 B, EZ € 51,– bis 70,–, DZ € 75,– bis 120,–, Suite € 120,–, Familien-Zi, inkl. Frühstücksbuffet, alle Zi mit Bad/Du, WC, ☏, TV und WLAN, anerkannt gute Küche, Markt 6, @, www.domschenke-billerbeck.de, ☏ 0049 (0) 25 43/9 32 00, Fax 93 20 30.

⑳ D-48308 SENDEN-BÖSENSELL
A 43 ab Ausfahrt 3 Senden, an Ampel → Bösensell 100 m
Hotel Montana ★★★ 100 B, EZ € 48,–, DZ € 64,–, Nichtraucher-Zi, Frühstück € 8,– pro Person, alle Zi mit Du, WC, Fön, ☏, TV und Fax-/Computeranschluss, Restaurant am Haus, Tagungsraum, Hot Spot, Premiere Hotel-TV, 🖥, 🍴, 🖨, großer P, Am Dorn 3, @, www.montana-hotels.de, ☏ 0049 (0) 25 36/3 43 50, Fax 34 35 15.

㉑ D-48308 SENDEN A 43 ab Ausfahrt 3 Senden 6 km → Reiterhof (Industriegebiet)
Parkhotel Senden ★★★ 36 B, EZ € 45,–, DZ € 70,–, 3-Bett-Zi, inkl. Frühstücksbuffet, alle Zi mit Bad/Du, WC, TV und WLAN, Tagungsräume, 🖥, 🍴, 🖨, P, Industriestr. 19, @, www.parkhotel-senden.de, ☏ 0049 (0) 25 97/50 05, Fax 69 20 90.

㉒ D-59348 LÜDINGHAUSEN A 1 ab Ausfahrt 79 Ascheberg und A 43 ab Ausfahrten 3 Senden und 6 Dülmen je 12,5 km
Hotel Zur Post ★★★ ruhige Lage, 50 B, EZ € 46,– bis 64,–, DZ € 59,– bis 84,–, 3-Bett-Zi € 99,–, inkl. Frühstücksbuffet, alle Zi mit Bad oder Du, WC, ☏, TV, Radio und kostenfreiem WLAN, Lift, internationale Küche, Tagungsräume für 10 bis 40 Personen, Kegelbahn, 🖥, 🖨, Wolfsberger Str. 11, @, www.hotel-zur-post-lh.de, ☏ 0049 (0) 25 91/91 90-0, Fax 91 90-1 90.

㉓ D-59348 LÜDINGHAUSEN-ERMEN
A 1 ab Ausfahrt 79 Lüdinghausen → Lüdinghausen, Hotelroute ca. 13 km
Hotel-Restaurant Zum Steverstrand ★★★ 50 B, EZ € 45,– bis 60,–, DZ € 70,– bis 90,–, inkl. Frühstücksbuffet, ruhige Zi mit Du, WC, Fön, ☏ und TV, regionale Küche, Cafégarten, Tagungsräume bis 120 Personen, Tagungsräume bis 60 Personen, 🖨, großer P, Ermen 60, @, www.zum-steverstrand.de, ☏ 0049 (0) 25 91/31 21, Fax 32 51.

㉔ D-59387 ASCHEBERG A 1 ab Ausfahrt 79 Ascheberg ca. 1 km (Ortsmitte)
Flair Hotel Goldener Stern ★★★ 38 B, EZ € 41,– bis 45,–, DZ € 66,– bis 72,–, inkl. Frühstück, alle Zi mit Du, WC, ☏, TV und WLAN, Restaurant, Tagungsräume, 🖨, G, P, Appelhofstr. 5, @, www.hotelgoldenerstern.de, ☏ 0049 (0) 25 93/95 76-0, Fax 95 76-28.

㉕ D-59387 ASCHEBERG-DAVENSBERG
A 1 ab Ausfahrt 79 Ascheberg ca. 3,8 km
Hotel-Restaurant Clemens-August ★★★ 180 B, EZ € 48,– bis 54,– € 79,– bis 85,–, inkl. Frühstück, HP und VP möglich, alle Zi mit Du, WC, ☏, TV und WLAN, Räume für 15 bis 330 Personen, 🍴, 🖨, P, Burgstr. 54, @, www.hotel-clemens-august.de, ☏ 0049 (0) 25 93/60 40, Fax 60 41 78.

㉖ D-59387 ASCHEBERG-DAVENSBERG
A 1 ab Ausfahrt 79 Ascheberg ca. 4 km
Hotel-Restaurant Elvering ★★ 26 B, EZ € 35,–, DZ € 54,–, Familien-Zi € 70,– bis 82,–, inkl. Frühstück, alle Zi mit Du, WC, ☏ und TV, Räume bis 150 Personen, 🖨, P, Burgstr. 60, www.boerger-elvering.de, ☏ 0049 (0) 25 93/2 57, Fax 66 55.

㉗ D-59387 ASCHEBERG-HERBERN
A 1 ab Ausfahrt 79 Ascheberg und 80 Hamm-Bockum/Werne je 8 km (B 54)
Hotel Zum Wolfsjäger, garni ★★★ 40 B, EZ € 41,– bis 45,– DZ € 65,– bis 70,–, inkl. Frühstück, alle Zi mit Du, WC und TV, Lift, WLAN (HotSpot), Restaurant „Zum letzten Wolf" 3 km, Transferservice, 🖨, G, P, Südstraße 36, @, www.Hotel-Wolfsjaeger.de, ☏ 0049 (0) 25 99/4 14, Fax 29 41.

㉘ D-59379 SELM
A 1 ab Ausfahrten 79 Ascheberg und 80 Hamm-Bockum/Werne, A 2 ab Ausfahrt 13 Dortmund-Nord-ost je ca. 17 km
AN-Hotel ★★★ 30 B, EZ € 49,– bis 65.-, DZ ab € 85,–, inkl. Frühstück, alle Zi mit Du, WC, TV und kostenfreiem WLAN, 🖥 (ec), 🍴, P, Kreisstraße 63, info@an-hotel.de, www.an-hotel.de, ☏ 0049 (0) 25 92/37 73, Mi: 0049 (0) 1 70/8 04 69 23 (mobil), Fax 2 46 44.

㉙ D-59368 WERNE
A 1 ab Ausfahrt 80 Hamm-Bock./Werne → Hamm → Werne-Horst 4 km
Hotel-Restaurant Hubertus Hof ★★★ ruhige Lage, 40 B, EZ € 42,50, DZ € 64,50, Familien-Zi, inkl. Frühstücksbuffet, alle Zi mit Du, WC, Fön, ☏, TV und WLAN, deutsche saisonale Küche, Biergarten, 🖥, 🍴, 🖨 nur Voranmeldung, P, Hellstr. 22, info@hubertus-hof.de, www.hubertus-hof.com, ☏ 0049 (0) 23 89/80 99, Fax 26 39.

㉚ D-59368 WERNE
A 1 ab Ausfahrt 80 Hamm-Bockum/Werne
Hotel 12 Bäume ★★ EZ € 39,50, DZ € 52,50, inkl. Frühstück, alle Zi mit Du, WC und TV, teils Balkon, Restaurant, Bar, Biergarten, Do ./., Burenkamp 19, @, www.hotel12baeume.de, ☏ 0049 (0) 23 89/32 79, Fax 32 89.

㉛ D-59665 HAMM
A 1 ab Ausfahrt 81 Hamm/Bergkamen an der B 63
Hotel Dietrich garni ★★ 29 B, EZ € 35,– bis 45,–, DZ € 55,– bis 75,–, inkl. Frühstücksbuffet, alle Zi mit Du, WC, Kabel-TV und Minibar, HotSpot, 🖥, P, Münsterstr. 16, @, www.hotel-dietrich-hamm.de, ☏ 0049 (0) 23 81/30 20 70, Fax 30 20 777.

㉜ D-59192 BERGKAMEN
A 1 ab Ausfahrt 81 Hamm/Bergkamen
Hotel-Restaurant Neumann's Nautilus ★★★★ ruhige Lage am Jachthafen, 26 B, EZ € 81,–, DZ € 125,–, inkl. Frühstück, alle Zi mit Bad/Du, WC, TV und Internet, Terrasse, 🖥, P, Hafenweg 4, @, www.neumanns-nautilus.de, ☏ 0049 (0) 23 89/9 25 92-0, Fax 92 59 25-0.

❶ D-59425 UNNA A 1 ab Ausfahrt 83 rechts, 1. Ampelkreuzung links Bönen, am Straßenende rechts, 1. Ampel links (beschildert), 6 km (hinter Eissporthalle)
Akzent Hotel Gut Höing ★★★ 90 B, EZ € 64,– bis 79,–, DZ € 86,– bis 107,–, Familien-Zi. inkl. Frühstück, alle Zi mit Du, WC, Fön, ☎, TV und WLAN, Tagungsmöglichkeiten vorhanden, ▥, ✗, 🖶, ♿, P, Ligusterweg 30, @, www.hotel-gut-hoeing.de, ☎ 0049 (0) 2303/968660, Fax 9686650.

❷ D-58730 FRÖNDENBERG A 44 ab Ausfahrt 53 Unna-Ost 8 km
Hotel Haus Ruhrbrücke ★★ idyllische Lage an der Ruhr, 60 B, EZ € 40,– bis 50,–, DZ € 60,– bis 75,–, Familien-Zi. inkl. Frühstück, Zi mit Bad/Du, WC und TV, regionale und saisonale Küche, Räume bis 140 Personen, Biergarten, 🖶, G, P, Ruhrstr. 20, @, www.hotel-haus-ruhrbruecke.de, ☎ 0049 (0) 2373/72169, Fax 70283.

❸ D-44287 DORTMUND-APLERBECK
A 1 ab Ausfahrt 85 Schwerte, B 1 → Dortmund 4 km
Hotel Postkutsche ★★★ 28 B, EZ € 55,– bis 63,–, DZ € 80,– bis 84,–, 3-Bett-Zi € 90,–, inkl. Frühstück, alle Zi mit Du, WC, Fön, ☎ und TV, Internet, G, P, Postkutschenstr. 20, @, www.postkutsche.de, ☎ 0049 (0) 231/441001, Fax 441003.

❹ D-58239 SCHWERTE A 1 ab Ausfahrt 85 Schwerte ca. 1,5 km
Hotel Reichshof ★★ 24 B, EZ € 42,– bis 68,–, DZ € 81,– bis 92,–, Familien-Zi. inkl. Frühstücksbuffet, Zi mit Bad/Du, WC, ☎, TV, WLAN (kostenfrei) und Kinderbett, ▥, ✗, P, Check-in bis 22 Uhr oder nach Vereinbarung, Bahnhofstr. 32, @, www.Hotel-Reichshof.de, ☎ 0049 (0) 2304/16004, Fax 18939.

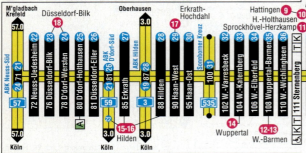

❺ D-58119 HAGEN-HOHENLIMBURG
Hotel Restaurant Reher Hof ★★★ ruhige Lage, 33 B, EZ € 55,– bis 75,–, DZ € 80,– bis 95,–, inkl. Frühstück, alle Zi mit Du, WC, ☎ und TV, ▥ (EC), ✗, G, P, Alter Reher Weg 13, @, www.Reher-Hof.de, ☎ 0049 (0) 2334/50350, Fax 51881.

❻ D-58256 ENNEPETAL-VOERDE
A 1 ab Ausfahrt 90 → Ennepetal/Halver
Hotel-Restaurant Haus Grete ★★ 40 B, EZ € 27,– bis 49,–, DZ € 52,– bis 72,–, inkl. Frühstücksbuffet, alle Zi mit Du, WC, ☎ und TV, Gesellschaftsraum, Kegeln, P, Breckerfelder Str. 15, @, www.hotel-haus-grete.de, ☎ 0049 (0) 2333/8208, Fax 88891.

❼ D-58285 GEVELSBERG
A 1 ab Ausfahrt 90 Gevelsberg
Hotel-Restaurant am Vogelsang ★★☆ 35 B, EZ € 50,– bis 80,–, 3-Bett-Zi € 110,–, 4-Bett-Zi € 130,–, inkl. Frühstücksbuffet, alle Zi mit Du, WC, Fön, ☎ und Kabel-TV, griechische und internationale Gerichte, Saal, 🖶, P, Hagener Str. 425, www.am-vogelsang.de, ☎ 0049 (0) 2332/61863 + 5585-0, Fax 61692.

❽ D-58300 WETTER-VOLMARSTEIN
A 1 ab Ausfahrt 89 Hagen Haspe/Volmarstein ca. 2,5 km
Burg-Hotel Volmarstein ★★★☆ 60 B, EZ € 68,– bis 81,–, DZ € 96,– bis 118,–, Familien-Zi. inkl. Frühstück, alle Zi mit Bad, Du, WC, ☎, TV und WLAN, Lift, regionale und saisonale Küche, Tagungs- und Gesellschaftsräume bis 100 Personen, Café-terrasse, ▥, 🖶, großer P, Am Vorberg 12, @, www.burghotel-volmarstein.de, ☎ 0049 (0) 2335/9661-0, Fax 6566.

❾ D-45525 HATTINGEN
A 43 ab Ausfahrt 21 Witten-Herbede ca. 6 km → Hattingen, ab Ortseingang beschildert
Avantgarde Hotel ★★★ ruhig und zentral, 10 Minuten zur historischen Altstadt, 3 Minuten zum Industriemuseum, 80 B, EZ € 57,– bis 85,–, DZ € 79,– bis 130,–, inkl. Frühstücksbuffet, alle Zi mit Du, WC, Fön, ☎, Radio, WLAN, Schreibtisch und Minibar, Tagungsräume bis 40 Personen, Sauna, Fitnessraum, fahrradfreundlich, ▥, eigener P, Welperstr. 49, @, www.avantgarde-hotel.de, ☎ 0049 (0) 2324/50970, Fax 23827 (Bild siehe Route 43).

❿ D-45527 HATTINGEN-HOLTHAUSEN
A 43 ab Ausfahrt 21 Witten-Herbede → Hattingen → Holthausen 6 km
Hotel-Restaurant an de Krüpe ★★★ 38 B, EZ € 56,–, DZ € 85,–, Familien-Zi. inkl. Frühstück, alle Zi mit Du, WC, ☎ und TV, leichte saisonale Küche, Terrasse, Spielplatz, ✗, P, Dorfstr. 27, @, www.hotel-kruepe.de, ☎ 0049 (0) 2324/93350, Fax 933555.

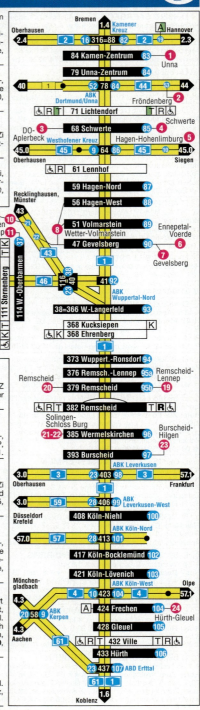

⑪ D-45549 SPROCKHÖVEL-HERZKAMP A 46 ab Ausfahrt 37 Wuppertal-Oberbarmen → Mollenkotten, rechts Barmer Str. → Herzkamp
Landgasthof auf dem Brink ★★ ruhige Lage, 14 B, EZ ab € 40,–, DZ ab € 50,–, inkl. Frühstück, alle Zi mit Du, WC, ☏ und TV, moderne regionale Küche, Terrasse, Elberfelder Str. 100, @, www.auf-dem-brink.de, ☏ **0049(0)202/252620**, Fax 252640.

⑫ D-42275 WUPPERTAL-BARMEN A 46 ab Ausfahrt 35 ca. 1,5 km
Hotel zur Krone ★★★ zentrale Lage, 15 Zi, EZ ab € 56,–, DZ ab € 76,–, inkl. Frühstück, alle Zi mit Bad/Du, WC, Fön, ☏, TV und kostenfreiem WLAN, Gemarker Ufer 19, @, www.wuppertaler-hotel.de, ☏ **0049(0)202/595020**, Fax 559769.

⑬ D-42287 WUPPERTAL-BARMEN A 46 ab Ausfahrt 35 ca. 2 km
City Hotel ★★ 25 Zi, EZ € 35,– bis 45,–, DZ € 55,– bis 80,–, inkl. Frühstücksbuffet, alle Zi mit Du, WC, ☏ und TV, G & ©, P, € 4,–, Fischertal 21, @, www.city-hotel-wuppertal.de, ☏ **0049(0)202/595078**, Fax 2543315.

⑭ D-42115 WUPPERTAL A 46 ab Ausfahrt 33 Wuppertal-Katernberg
Hotel Nüller Hof ★★★ , EZ € 54,– bis 82,–, DZ € 72,– bis 82,–, Suiten, Nichtraucher-Zi, inkl. Frühstück, alle Zi mit Du, WC, Fön, ☏, Sat-/Kabel-TV, Radio und kostenfreiem WLAN, gute bürgerliche Küche Mo-Fr ab 17.30 Uhr, regionale Spezialitäten, Nüller Str. 98, @, www.nueller-hof.de, ☏ **0049(0)202/2762500**, Fax 763208.

⑮ D-40721 HILDEN
A 3 ab Ausfahrt 28 ABK Hilden 2 km, A 46 ab Ausfahrt 27 Erkrath 2,6 km und A 59 ab Ausfahrt 22 Düsseldorf-Benrath → Hilden, B 228 Solingen 3,5 km
Amber Hotel Hilden/Düsseldorf ★★★★ 93 Zi, EZ ab € 51,–, DZ ab € 72,– (Wochenend- und Happy Day-Raten), Komfort-Zi und Junior-Suiten, inkl. Frühstück, alle Zi mit Du/Bad, WC, Fön, ☏, Movie-TV, WLAN und Minibar, Lift, regionale und internationale Küche, Bier- und Wintergarten, Hotelbar, ☐, ☝, 🚗, Tief-G, P, Schwanenstr. 27, @, www.amber-hotels.de, ☏ **0049(0)2103/5030**, Fax 503444.

⑯ D-40721 HILDEN A 46 ab Ausfahrt 27 Erkrath → Hilden 1,5 km
Hotel Orchidee ★★ 30 B, EZ € 38,–, DZ € 56,–, 3-Bett-Zi € 79,–, inkl. Frühstück, Messepreise, alle Zi mit Du, WC, Kabel-TV und Internetanschluss, teils ☏ und Balkon, Lobbybar, Gerresheimer Str. 1, @, www.hotel-orchidee.de, ☏ **0049(0)2103/2595992**, Fax 2595993.

⑰ D-40699 ERKRATH-HOCHDAHL A 46 ab Ausfahrt 29 Haan-West
Hotel zur alten Post ★★ 70 B, EZ € 42,–, DZ ab € 62,–, inkl. Frühstück, Messepreise, alle Zi mit Du, WC, Radio, Kabel-TV und WLAN, Restaurant, P, Leibnizstr. 68, @, www.hotel-zur-alten-post.de, ☏ **0049(0)2104/94950**, Fax 832421.

⑱ D-40225 DÜSSELDORF-BILK A 46 ab Ausfahrt 24 ca. 1 km
Hotel Flora ★★★★ 60 B, EZ € 49,– bis 69,–, DZ € 59,– bis 79,–, 3-Bett-Zi € 69,– bis 89,–, 4-Bett-Zi, ohne Frühstück, Messezuschlag, Komfort-Zi, WLAN kostenfrei, P, Auf'm Hennekamp 37, @, www.hotel-flora.info, ☏ **0049(0)211/93498-0**, Fax 93498-10.

⑲ D-42897 REMSCHEID-LENNEP A 1 ab Ausfahrt 95 b Remscheid
Hotel-Café-Restaurant König von Preußen ★★★ EZ ab € 56,–, DZ ab € 83,–, Mehrbett-Zi ab € 96,–, inkl. Frühstücksbuffet, alle Zi mit Bad/Du, WC, Fön, ☏, Sat-TV, Radio und Internet, ☐, ☝ € 8,–, Alter Markt 2, @, www.hotel-koenig-von-preussen.de, ☏ **0049(0)2191/668267**, Fax 667243.

⑳ D-42857 REMSCHEID
A 1 ab Ausfahrt 95 b Remscheid → Solingen B 229 → Remscheid-Hasten
Hotel König Remscheid ★★★ 22 Zi, 7 Appartements, EZ € 45,– bis 55,–, DZ € 65,– bis 75,–, Frühstück € 7,–, Messeaufschlag, alle Zi mit Du, WC, Fön, Kabel-TV, Radio und Safe, Lift, Tagungsraum bis 15 Personen, ☐, ☝ € 5,–, P, Stockder Str. 31, @, www.koenig-remscheid.de, ☏ **0049(0)2191/73815**, Fax 72904.

㉑ D-42659 SOLINGEN-SCHLOSS-BURG A 1 ab Ausfahrt 96 ca. 3 km
Hotel-Restaurant Haus Niggemann ★★★ 50 B, EZ € 50,– bis 77,–, DZ € 77,– bis 103,–, Nichtraucher-Zi, inkl. Frühstück, Zi mit Du, WC, ☏, Radio und TV, Gesellschaftsräume, ☐, 🚗, P, Wermelskirchener Str. 22-24, info@hotel-niggemann.de, www.hotel-niggemann.de, ☏ **0049(0)212/41021**, Fax 49175.

㉒ D-42659 SOLINGEN-SCHLOSS BURG
A 1 ab Ausfahrt 96 Schloss Burg/Wermelskirchen → Solingen-Burg 3 km
Hotel-Restaurant Laber ★★ 21 B, EZ € 45,– bis 50,–, DZ € 67,– bis 70,–, inkl. Frühstück, alle Zi mit Bad/Du, WC, ☏ und TV, Restaurant mit frischer regionaler Küche, Räume bis 110 Personen, ☐, 🚗, P, Wermelskirchener Str. 19, hotel-laber@telebel.de, www.hotel-laber.de, ☏ **0049(0)212/44649**, Fax 41856.

㉓ D-51399 BURSCHEID-HILGEN
A 1 ab Ausfahrt 97 Burscheid links → Hilgen (B 51) ca. 3 km links → Langenfeld
Hotel zur Heide ★★★ 23 Zi, EZ ab € 58,– bis 68,–, DZ € 78,– bis 95,–, Familien-Zi, inkl. Frühstück, alle Zi mit Bad, Du, WC, ☏, Sat-TV, Radio, WLAN und Minibar, Restaurant mit gutbürgerlicher Küche, Räume bis 80 Personen, Sauna, Solarium, ☐, ☝, 🚗, P, Heide 21, @, www.steffens-hotel-zur-heide.de, ☏ **0049(0)2174/78680**, Fax 786868.

㉔ D-50354 HÜRTH-GLEUEL
A 1 ab Ausfahrt 104 Frechen → Frechen, 2. Ampel links, 2. Ampel rechts 3 km
Hotel Am Freischütz ★★★ 89 B, EZ € 50,– bis 110,–, DZ € 65,– bis 150,–, 3-Bett-Zi € 90,– bis 180,–, inkl. Frühstück, alle Zi mit Du, WC, ☏ und TV, WLAN, ☐, ✂, P, Innungstraße/Zunftweg 1, info@hotel-am-freischuetz.de, www.hotel-am-freischuetz.de, ☏ **0049(0)2233/93233-0**, Fax 93233-100.

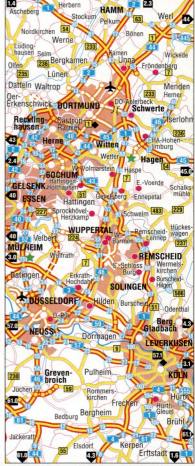

❽ Burg-Hotel Volmarstein, Wetter-Volmarstein

❶ D-53945 BLANKENHEIM
A 1 ab Ausfahrt 114 Blankenheim Autobahnende ca. 3 km
Hotel-Restaurant Schlossblick ★★★ 50 B, EZ € 41,– bis 52,–, DZ € 62,– bis 76,–, inkl. Frühstücksbuffet, Zi mit Bad, WC und ☎, teils TV und Minibar, Lift, Hallenbad, Sauna, 🍴, P, Nonnenbacher Weg 4-6, @, www.hotel-schlossblick.de, ☎ 0049(0)2449/9550-0, Fax 9550-100.

❷ D-54552 SCHALKENMEHREN
A 1 ab Ausfahrt 121 Mehren ca. 3 km
Landidyll-Wohlfühlhotel & Restaurant Michels ★★★★ 94 B, EZ € 62,– bis 85,–, DZ € 90,– bis 140,–, Familien-Zi, inkl. Frühstücksbuffet, alle Zi mit Bad oder Du, WC, ☎, Sat-TV und Radio, Lift, frische Spezialitäten-Küche, Tagungsraum, Gartenterrasse, Hallenbad, Saunalandschaft mit Lavagrotte, Dampfbad „Wellness Nest" und Beauty, Solarium, P, St.-Martin-Str. 9, @, www.landgasthof-michels.de, ☎ 0049(0)6592/9280, Fax 928160 **(Bild siehe Route 48)**.

❸ D-54552 SCHALKENMEHREN
A 1 ab Ausfahrt 121 Mehren 3 km
Hotel garni Kraterblick ★★★ herrliche Einzellage am Südrand des Kratersees, in absoluter Ruhe gelegen, 20 B, EZ € 38,– bis 42,–, DZ € 76,– bis 99,–, inkl. Frühstücksbuffet, Ermäßigung und Angebote auf Anfrage, alle Zi mit Bad/Du, WC, ☎, Sat-TV und Seeblick, Angebot auf Nachfrage, P, Auf Kopp 6, info@kraterblick.de, www.kraterblick.de, ☎ 0049(0)6592/3943+95729-0, Fax 2719.

❹ D-54531 MANDERSCHEID
A 48/A 1 ab Ausfahrt 122 Manderscheid und A 60 ab Ausfahrt 8 Spangdahlem
Hotel Café Restaurant Heidsmühle ★★★ Familienbetrieb, 28 B, EZ € 44,–, DZ € 76,–, Familien-Zi € 88,–, Pauschalangebote, inkl. Frühstück, alle Zi mit Du, WC, ☎ und TV, Restaurant durchgehend ab 11.30 Uhr geöffnet, 🍴, 🚲, P, Mosenbergstr. 22, @, www.heidsmuehle.de, ☎ 0049(0)6572/747, Fax 530.

❺ D-54558 GILLENFELD
A 1 ab Ausfahrten 121 Mehren und 122 Manderscheid
Hotel Gillenfelder Hof ★★★ 114 B, EZ € 65,–, DZ € 95,–, 3-Bett-Zi, inkl. Frühstücksbuffet, alle Zi mit Du und WC, ☎ und Sat-TV, teils Balkon, Restaurant, Tagungsräume, Weinstube, Kaminzimmer, Bistro, Peanuts-Bar, Wellnessbereich, Schwimbad, Dampfbad, Sauna, Solarium, Vital Center Villa Maar, € 5,–, 🚲, P, Pulvermaarstraße 8, info@gillenfelderhof.de, www.gillenfelderhof.de, ☎ 0049(0)6573/9925-100, Fax 9925-100.

❻ D-54533 HASBORN
A 1 ab Ausfahrt 123 Hasborn 2 km
Hotel-Restaurant Thomas ★★ 30 B, EZ € 33,–, DZ € 60,–, inkl. Frühstück, HP € 35,– pro Person (ab 2 Tage), Zi mit Du, WC und TV, Räume bis 150 Personen (auch für 🍴 zum Mittag- und Abendessen), Biergarten, Sauna, Kegelbahn, G, großer P, Hauptstraße 10, @, www.hotel-thomas.com, ☎ 0049(0)6574/341, Fax 8882.

❼ D-54518 PLEIN
A 1 ab Ausfahrt 123 Hasborn 4 km → Wittlich
Hotel-Restaurant Waldschlösschen ★★ ruhige Waldlage, 18 B, EZ € 26,– bis 35,–, DZ € 46,– bis 56,–, inkl. Frühstück, HP-Zuschlag € 17,– (ab 3 Tagen), Zi mit Du, WC, ☎, TV und Radio, frische Landhausküche, Räume bis 70 Personen, Terrasse, Kinderspielplatz, direkt am Mosel-Maare-Radweg, kinderfreundlich, 🍴, 🚲, P, Mi ./., Zum Waldschlösschen 3, @, www.waldschloesschen-plein.de, ☎ 0049(0)6571/8706, Fax 2371.

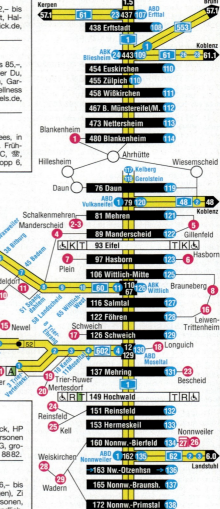

❶⑮ Zenner's Landhotel, Newel

⑯ Hotel Zummethof, Leiwen-Trittenheim

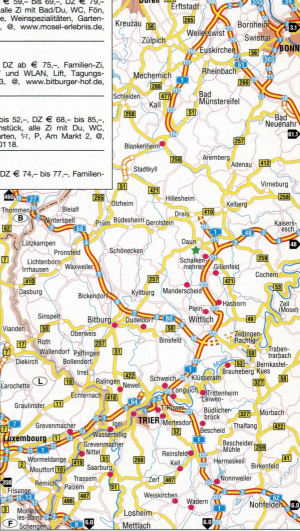
⑧ D-54472 BRAUNEBERG
A 1 ab Ausfahrt 125 Wittlich-Mitte → Bernkastel-Kues (B 50), dann → Mülheim, vor Mülheim über die Moselbrücke auf die B 53 → Trier
Landidyllhotel Brauneberger Hof ★★★★ 34 B, EZ € 59,– bis 69,– DZ € 79,– bis 93,–, Familien-Zi, inkl. Bio Vital-Frühstücksbuffet, alle Zi mit Bad/Du, WC, Fön, ☎ und TV, teils Balkon/Terrasse, Spezialitätenküche, Weinspezialitäten, Gartenterrasse, Nähe Flughafen Hahn, Moselweinstr. 136, @, www.mosel-erlebnis.de, ☎ 0049 (0) 6534/1400, Fax 1401.

⑨ D-54634 BITBURG
A 60 ab Ausfahrt 6 Bitburg
Hotel Bitburger Hof ★★★ 69 B, EZ ab € 54,– DZ ab € 75,–, Familien-Zi, inkl. Frühstück, alle Zi mit Du, WC, ☎, Kabel-TV und WLAN, Lift, Tagungs- und Veranstaltungsraum, ⚒ -Zi, P, Trierer Str. 23, @, www.bitburger-hof.de, ☎ 0049 (0) 6561/94520.

⑩ D-54634 BITBURG
A 60 ab Ausfahrt 6 Bitburg
Hotel Restaurant Leander ★★★ 27 B, EZ € 45,– bis 52,– DZ € 68,– bis 85,–, 3-Bett-Zi € 93,–, Appartement € 120,–, inkl. Frühstück, alle Zi mit Du, WC, ☎, TV und WLAN, HP € 15/Person, Bistro, Biergarten, 🍴, P, Am Markt 2, @, www.hotel-leander.de, ☎ 0049 (0) 6561/3422, Fax 940118.

⑪ D-54647 DUDELDORF
A 60 ab Ausfahrten 7 Badem und 8 Spangdahlem
Hotel Zum Alten Brauhaus ★★★ 15 Zi, EZ € 50,– DZ € 74,– bis 77,–, Familien-Zi € 128,–, inkl. Frühstücksbuffet, alle Zi mit Bad/Du und WC, teils Balkon, edle französisch-europäische Küche, Tagungsraum, Garten mit Pavillon, Herrengasse 2, @, www.brauhaus-dudeldorf.de, ☎ 0049 (0) 6565/936988, Fax 936989.

⑫ L-6793 GREVENMACHER
A 1/A 64 ab Ausfahrt 13 Potaschberg
Autohof Potaschberg 🍴⛽ Esso-Tankstelle mit Stehcafé, preiswerten Getränken, Sandwiches und Pizza, durchgehend geöffnet, Hotel mit 36 Zi, Restaurant, Bistro, Konferenzräumen und 2 Terrassen sowie Restaurant Starfood, @, ☎ 00352/759 3281, Fax 759330.

⑬ D-54453 NITTEL
A 1 ab Ausfahrt 13 Potaschberg, in Grevenmacher B 419 → Wellen 8 km
Hampshire Moselhotel - Nitteler Hof ★★★ 70 B, EZ € 55,– DZ € 85,–, inkl. Frühstücksbuffet, alle Nichtraucher-Zi mit Bad/Du, WC, Fön, ☎ und TV (mit DVD), Restaurant mit Holzkohlengrill, Konferenzraum bis 40 Personen, Bar, Terrasse, Sauna, Schwimmbad, Fahrradverleih, kinderfreundlich, 🍴, P, Weinstr. 42, @, www.hotelnittelerhof.eu, ☎ 0049 (0) 6584/99360, Fax 99310.

⑭ D-54298 IGEL
A 1 ab Ausfahrt 15 Wasserbillig → Deutschland, A 602 Autobahnende über B 49 → Trier/ Luxemburg
Hotel-Restaurant Igeler Säule ★★★ direkt neben der weltberühmten Igeler Säule, 60 B, EZ € 45,– bis 75,–, DZ € 75,– bis 110,–, Familien-Zi, Appartement, inkl. Frühstücksbuffet und Hallenbadnutzung, Monteurpauschale, alle Zi mit Du, WC, ☎, TV und WLAN, Lift, frische, saisonale Küche, Wildspezialitäten, Tagungsräume für 10 bis 100 Personen, Terrasse, Sauna, Kegelbahn, 🍴, 🚲, ⚒ -Zi, G, P, Trierer Str. 41, @, www.Igeler-Saeule.de, ☎ 0049 (0) 6501/9261-0, Fax 9261-40.

⑮ D-54309 NEWEL
A 64 ab Ausfahrt 3 Trier über B 51 ab Ausfahrt Olk → Bitburg ca. 5 km
Zenner's Landhotel ★★★ direkt an der B 51 gelegen, 70 B, EZ € 45,– bis 55,–, DZ € 60,– bis 85,–, Familien-Zi, inkl. reichhaltigem Frühstück, ☎ und TV-Anschluss, teils Balkon, Lift, Restaurant 18-21 Uhr, Tagungsräume, 🚲, P, Echternacher Hof 2, @, www.zenners-landhotel.de, ☎ 0049 (0) 6585/9921 88-0, Fax 1313.

⑯ D-54340 LEIWEN-TRITTENHEIM
A 1 ab Ausfahrt 128 Föhren → Leiwen
Hotel Zummethof ★★★ schön gelegen über der berühmten Moselschleife bei Trittenheim, 52 B, EZ € 45,– bis 52,–, DZ € 70,– bis 84,–, inkl. Frühstück, alle Zi sehr ruhig mit Du, WC, ☎ und TV, teils Radio und Balkon, empfohlene Küche, Panoramaterrasse mit schöner Aussicht auf die Moselschleife, 🚲, kein ☂, Betriebsferien 27.12.-28.02., Panoramaweg 1-3, @, www.hotel-zummethof.de, ☎ 0049 (0) 6507/93550, Fax 935544.

⑰ – ㉙ + ㉑ **Einträge siehe Seite 34**

⑲ Hotel-Restaurant Zur Post, Trier-Ruwer (Text siehe Seite 34)

Tipps zur Route

Die Autobahn A 1, derzeit in der Nähe Fehmarnsunds beginnend, quert Deutschland diagonal und wird nach ihrer Fertigstellung das Bundesland Schleswig-Holstein mit dem Saarland verbinden. Sie umfährt Köln im Westen, strebt der Eifel zu und endet vorerst bei Blankenheim mit km 480. Die Lücke zum fertig gestellten Teil der A 1/A 48 bei Gerolstein beträgt etwa 25 km Luftlinie. Von hier aus sind es über Wittlich - ABD Moseltal - Hermeskeil bis Saarbrücken noch 135 landschaftlich sehr schöne und hochmoderne Autobahnkilometer.

Ausfahrt Bad Münstereifel/Mechernich:

Im Tal der Erft, umgeben von den Höhen und Wäldern der Eifel, liegt Bad Münstereifel, ein renommiertes Kneippheilbad mit modernsten Kureinrichtungen. Dieser hübsche kleine Ort gilt neben Rothenburg ob der Tauber als eine der am besten erhaltenen mittelalterlichen Städte Deutschlands. Da gibt es eine Stadtmauer mit 4 Toren und 17 Türmen aus dem 13. Jahrhundert, eine Stiftskirche mit ältesten Teilen aus dem Jahre 830 und das Romanische Haus, heute Heimatmuseum, erbaut im Jahre 1160. Die Techniker steuern vielleicht noch das 9 km entfernte Radioteleskop Effelsberg an, das immerhin einen Durchmesser von 100 Metern aufweist.

Ausfahrt Blankenheim:

Ende der Fahnenstange, von nun an geht es auf der Landstraße weiter. Blankenheim ist ein beliebter kleiner Kurort, der bis heute seinen mittelalterlichen Charakter bewahrte: ein hübsches Fleckchen für eine Pause. Und wer sich auf dem Steinpütz niederlässt, der kann mit Recht behaupten: An der Quelle saß der Knabe, nämlich an der Quelle der Ahr, die hier entspringt.

Ausfahrten Daun oder Mehren:

Noch nie ein Eifelmaar gesehen? Hier kann man diese Bildungslücke schließen: Das Totenmaar und das Schalkenmehrener Maar liegen nahe der Autobahn. Daun gilt als Mittelpunkt der Erholungslandschaft Vulkaneifel und nennt sich mit Fug und Recht Heilklimatischer Kurort, Kneippkurort und Mineralheilbad. Wen zwackt es da?

Ausfahrt Trier:

Von den Römern 16 v. Chr. gegründet, im 4. Jahrhundert Residenz von sechs römischen Kaisern, kann die Stadt noch heute die Bauten dieser mächtigen Herrscher vorweisen: die Porta Nigra, die Kaiserthermen, Konstantinbasilika, Amphitheater, Römerbrücke. In Trier erleben Sie in 2000 Schritten 2000 Jahre Geschichte. Das Landesmuseum zeigt ebenso wie das Dom- und Diözesanmuseum ungewöhnlich reichhaltige Sammlungen aus jenen Tagen.

❶ – ⓰ Einträge siehe Seiten 32 + 33

⓱ D-54338 **SCHWEICH** A 1 ab Ausfahrt 129 Schweich ca. 1,2 km (Ortsmitte)
Hotel „Zum Stern" ★★ 26 B, EZ € 36,– bis 45,–, DZ € 65,– bis 80,–, inkl. Frühstücksbuffet, alle Zi mit Bad/Du, WC, Fön, ☏ und Minibar, teils TV, Räume bis 40 Personen, Terrasse, Restaurant im Haus bis 60 Personen, ⚐, P, Mi ./., Brückenstr. 60, @, www.hotel-zumstern.de, ☏ 0049 (0) 6502/91 00 20, Fax 9 10 02 25.

⓲ D-54340 **LONGUICH** A 1 ab Ausfahrt 130 ABD Moseltal ca. 500 m
Hotel-Restaurant Zur Linde ★★ 24 B, EZ € 40,–, DZ € 62,–, inkl. Frühstück, alle Zi mit Du und WC, teils ☏ und TV, frische Küche mit saisonalen Spezialitäten, Terrasse, ⚐, P, Mo./., Cerisierstr. 10, @, www.hotelzurlinde-longuich.de, ☏ 0049 (0) 6502/5582, Fax 78 17.

⓳ D-54292 **TRIER-RUWER** A 602 ab Ausfahrten 10 Kenn und 3 Trier je 3 km
Hotel-Restaurant Zur Post ★★★ 37 B (18 DZ und 1 EZ), EZ € 49,– bis 65,–, DZ € 69,– bis 85,–, inkl. Frühstücksbuffet, mit Bad, Du und WC, teils ☏ und TV, Lift, Gartenrestaurant, WLAN, ⌨, ⚐, P, Ruwerer Str. 18, @, www.hotel-zur-post-trier.de, ☏ 0049 (0) 651/51 00, Fax 5 77 73 **(Bild siehe Seite 33)**.

⓴ D-55318 **MERTESDORF**
A 1 ab ABD Moseltal → A 602 ab Ausfahrt 2 Trier-Ehrang ca. 4 km, B 52 → Hermeskeil
Hotel-Restaurant Karlsmühle ★★★ ruhige Lage, 86 B, EZ ab € 49,–, DZ € 69,– bis 96,–, Mehrbett-Zi, inkl. Frühstück, alle Zi mit Bad/Du, WC, ☏ und TV, teils WLAN, lokale und internationale Spezialitäten, Tagungsräume, ⚐ € 9,–, Restaurant Di ./., Im Mühlengrund 2, @, www.karlsmuehle.de, ☏ 0049 (0) 651/51 23, Fax 5 20 16.

㉑ D-54293 **TRIER** A 602 ab Ausfahrt Trier-Verteilerkreis → Trier-Aach 2,5 km
Berghotel Kockelsberg ★★★ ruhige Einzellage mit spektakulärem Panoramablick, 70 B, EZ € 42,– bis 69,–, DZ € 61,– bis 99,–, inkl. Frühstücksbuffet, alle Zi mit Du, WC, ☏ und TV, gutbürgerliche und gehobene Küche, Cafeterrasse, ⚐, großer P, Kockelsberg 1, @, www.kockelsberg.de, ☏ 0049 (0) 651/82 48 000, Fax 8 24 82 90 **(siehe auch Seite 35 und Bild Route 48)**.

㉒ D-54439 **SAARBURG** A 60 ab Ausfahrt 6 Bitburg → B 51
Hotel Saar Galerie ★★★ 33 Zi, EZ € 52,–, DZ € 83,–, 3-Bett-Zi € 95,–, Nichtraucher- und Allergiker-Zi, inkl. Frühstück, alle Zi mit Bad/Du, WC und TV, Restaurant, Festsaal für Tagungen und Feiern, ⚐, ♿ -Zi, P, Heckingstr. 12-14, @, www.hotel-saar-galerie.de, ☏ 0049 (0) 6581/92 96-0, Fax 92 96-50.

㉓ D-54413 **BESCHEID**
A 1 ab Ausfahrt 131 Mehring ca. 4,5 km → Thalfang bis Büdlicherbruck, dann rechts
Hotel Restaurant Forellenhof – Bescheider Mühle ★★★ ruhige Einzellage am Wald, 40 B, EZ € 45,–, DZ € 68,–, inkl. Frühstück, alle Zi mit Bad/Du, WC, ☏ und TV, teils Balkon, gutbürgerliche Küche, Wild- und Forellenspezialitäten, 300 Sitzplätze, Wildgehege, ⚐, großer P, Im Dhrontal, @, www.forellenhof-bescheid.de, ☏ 0049 (0) 6509/91 50-0, Fax 91 50 50.

㉔ D-54421 **REINSFELD** A 1 ab Ausfahrt 132 Reinsfeld 2,5 km
Hotel-Restaurant Jägerhof ★★ 28 B, EZ € 40,–, DZ € 55,– bis 58,–, Familien- und Nichtraucher-Zi, inkl. Frühstück, alle Zi mit Du und WC, teils TV, gutbürgerliche bis gehobene Küche, Räume für 110 Personen, ⚐, P, Hunsrückstr. 6, @, www.jaegerhof-reinsfeld.de, ☏ 0049 (0) 6503/4 96, Fax 9 80 273.

㉕ D-54427 **KELL** A 1 ab Ausfahrt 132 Reinsfeld ca. 8 km
Hotel-Restaurant Zur Post ★★ 2009 renoviert, 20 B, EZ € 40,–, DZ € 65,–, inkl. Frühstück, alle Zi mit Du, WC, ☏ und TV, Tagungsräume für 20-60 Personen, ⚐, ⚐, G, P, Restaurant Di ./., Hochwaldstraße 2, @, www.postkueche.de, ☏ 0049 (0) 6589/91 71-0, Fax 91 71-150.

㉖ D-66620 **NONNWEILER** A 1 ab Ausfahrt 134 Nonnweiler-Bierfeld 100 m
Hotel-Restaurant Parkschänke Simon ★★★ 27 B, EZ € 44,– bis 48,–, DZ € 62,– bis 73,–, 3-Bett-Zi, inkl. Frühstücksbuffet, alle Zi mit Du, WC, ☏ und TV, gutbürgerliche und gehobene Küche, heimische Spezialitäten, Tagungsraum, ⚐, P, Auensbach 68, @, www.parkschaenke-simon.de, ☏ 0049 (0) 6873/66 99 70, Fax 60 55.

㉗ D-66620 **NONNWEILER** A 1 ab Ausfahrt 134 Nonnweiler-Bierfeld
bfT-Tankstelle und Autohaus (VW-Audi) ⛽ geöffnet Mo bis Sa von 7–20 Uhr, So von 10 - 20 Uhr, ☏ 0049 (0) 6873/90 160.

㉘ D-66709 **WEISKIRCHEN** A 1 ab Ausfahrten 134 Nonnweiler-Bierfeld oder 137 Nonnweiler-Braunshausen je ca. 15 km
Flair Parkhotel Weiskirchen ★★★★ direkt am Kurpark, 200 B, EZ € 81,– bis 96,–, DZ € 108,– bis 113,–, Familien-Zi, Suiten, inkl. Frühstücksbuffet, alle Zi mit Bad/Du, ☏ und Sat-TV, teils Minibar und Balkon, Restaurant mit wechselnden Spezialitätenwochen, Brasserie, Tagungsräume, Beauty-Farm, Hallenbad, Sauna, Solarium, ⌨, ⚐ € 11,–, ⚐, ♿ -Zi, G € 10,–, P, Kurparkstraße 4, @, www.parkhotel-weiskirchen.de, ☏ 0049 (0) 6876/91 90, Fax 91 95 19.

㉙ D-66687 **WADERN**
A 1 ab Ausfahrt 134 Nonnweiler-Bierfeld ca. 4 km und 138 Nonnweiler-Primstal ca. 6 km
Dagstuhler Hof, Wirtshaus & Hotel ★★★ 14 Zi, EZ € 57,–, DZ € 80,–, inkl. Frühstück, Wochenendpauschalen, alle Zi mit Du, WC, TV und kostenfreiem WLAN, Restaurant mit regionaler Küche, P, Poststr. 2, @, www.dagstuhlerhof.de, ☏ 0049 (0) 6871/92 09 516, Fax 90 98 711.

Berghotel Kockelsberg

Kockelsberg 1
D-54293 Trier
kockelsberg@web.de
www.kockelsberg.de
(siehe auch Route 48 + 1.6)

Telefon: 00 49/6 51/8 24 80 00
Telefax: 00 49/6 51/8 24 82 90

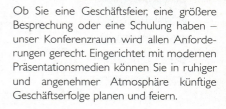

Entspannen Sie sich nach einem geschäftlichen Termin oder nach einem ausgiebigen Besuch der historischen Innenstadt.

Genießen Sie die wunderbare Aussicht und (speziell in den Sommermonaten) die frische Luft hoch über der alten Römerstadt.

Übernachten Sie in gemütlichen Zimmern, die alle mit Dusche, WC, Telefon und TV ausgestattet sind.

Ob Sie eine Geschäftsfeier, eine größere Besprechung oder eine Schulung haben – unser Konferenzraum wird allen Anforderungen gerecht. Eingerichtet mit modernen Präsentationsmedien können Sie in ruhiger und angenehmer Atmosphäre künftige Geschäftserfolge planen und feiern.

Oder aber klassisch, elegant und liebevoll dekoriert finden Sie in unserem historischen Gebäude eine geeignete Atmosphäre für eine größere Familienfeier.

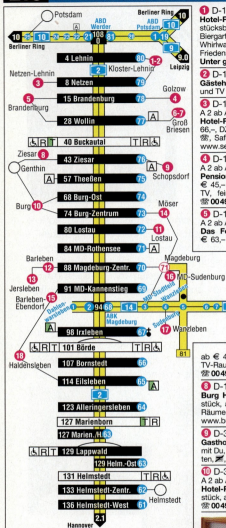

① D-14797 KLOSTER LEHNIN A 2 ab Ausfahrt 80 Lehnin 3 km
Hotel-Restaurant Markgraf ★★★ 80 B, EZ € 56,–, DZ € 77,–, inkl. Frühstücksbuffet, alle Zi mit Du, WC, ☎, TV, Radio, WLAN und Minibar, Restaurant, Biergarten, Tagungsräume mit Internet, Wellnessbereich mit Sauna, Solarium, Whirlwanne, Massagen und Kosmetik, Spielplatz, Fahrradverleih, ☎, P, Friedensstraße 13, @, www.hotel-markgraf.de, ☎ 0049 (0) 33 82/76 50, Fax 76 54 30.
Unter gleicher Leitung:

② D-14797 KLOSTER LEHNIN A 2 ab Ausfahrt 80 Lehnin
Gästehaus Kloster Lehnin ★★ 21 B, EZ € 26,– bis 39,–, DZ € 59,–, Zi mit Du, WC und TV (Nichtraucher), info@hotel-markgraf.de, www.hotel-markgraf.de.

③ D-14797 KLOSTER LEHNIN-NETZEN
A 2 ab Ausfahrt 79 Netzen → Brandenburg 2 km (ab Netzen beschildert)
Hotel-Restaurant Seehof ★★★ ruhige Lage am Netzener See, 60 B, EZ € 45,– bis 66,–, DZ € 65,– bis 87,–, Nichtraucher-Zi, inkl. Frühstücksbuffet, ☎, Safe und Minibar, Tagungsraum, ☎, ☎, ☎, P (Wohnmobile), Am See 51, @, www.seehof-netzen.de, ☎ 0049 (0) 33 82/7 67-0, Fax 8 42.

④ D-14778 GOLZOW
A 2 ab Ausfahrt 78 Brandenburg → Belzig 8 km
Pension Bürger, Restaurant und Eiscafé ★★ 9 B, EZ € 25,– bis 35,–, DZ € 45,– bis 50,–, 3-Bett-Zi € 55,– bis 65,–, inkl. Frühstück, alle Zi mit Du, WC und TV, feine bürgerliche Küche, Wintergarten, P, Anger 1, @, www.buergers.de, ☎ 0049 (0) 3 38 35/3 39, Fax 41 5 44.

⑤ D-14776 BRANDENBURG
A 2 ab Ausfahrten 77 Wollin und 78 Brandenburg ca. 14 km, Hotelroute
Das Feuerwehrhotel „Hotel Mothes" ★★★ 48 B, EZ € 33,– bis 43,–, DZ € 63,– bis 73,–, inkl. Frühstücksbuffet, alle Zi mit Du, WC, ☎, TV und WLAN, gutbürgerliche Küche, ☎, großer P, Göttiner Landstr. 37, @, www.feuerwehrhotel.de, ☎ 0049 (0) 33 81/66 35 90, Fax 66 35 92.

⑥ D-14806 GROSS BRIESEN
A 2 ab Ausfahrt 77 Wollin → Wollin, nach 3 km links → Groß Briesen
Landgasthof Groß Briesen ★★ ruhige Lage, 23 B, EZ ab € 29,–, DZ € 49,–, Familien-Zi, inkl. Frühstück, alle Zi mit Du, WC, ☎ und TV, gutbürgerliche Küche, Biergarten, ☎, ☎, P, Blumenstraßen 15, www.landgasthof-gross-briesen.de, ☎ 0049 (0) 33 846/59 70, Fax 59 72.

⑦ D-14806 GROSS BRIESEN
A 2 ab Ausfahrt 77 Wollin → Wollin, nach 3 km links → Groß Briesen
Pension Reiterhof Groß Briesen ★ 55 B, EZ € 35,–, DZ ab € 45,–, Familien-Zi, inkl. Frühstück, VP € 15,–/Person, alle Zi mit Du und WC, TV-Raum, Internet, ☎, ☎, großer P, Kietz 11, @, www.reiterhof-gross-briesen.de, ☎ 0049 (0) 33 846/4 16 73, Fax 9 00 99.

⑧ D-14793 ZIESAR A 2 ab Ausfahrt 76 Ziesar 3 km
Burg Hotel-Restaurant ★★★ 22 B, EZ € 49,–, DZ € 75,– bis 85,–, inkl. Frühstück, alle Zi mit Du, WC, ☎ und TV, Restaurant, regionale und gehobene Küche, Räume für 90 Personen, WLAN, Hofgarten, ☎, ☎, G, P, Frauentor 5, @, www.burghotel-ziesar.de, ☎ 0049 (0) 33 830/6 66-0, Fax 666-111.

⑨ D-39291 SCHOPSDORF A 2 ab Ausfahrt 76 Ziesar → Schopsdorf 2 km
Gasthof Jerichower Land-Hof ★★ 13 B, EZ € 39,–, DZ € 59,–, inkl. Frühstück, alle Zi mit Du, WC, Fön und TV, familiäre Atmosphäre, holländische Kaffee- und Teespezialitäten, ☎, ☎, P, Dorfstraße 8, @, www.land-hof.de, ☎ 0049 (0) 392 25/3 52 61, Fax 6 30 42.

⑩ D-39288 BURG
A 2 ab Ausfahrt 73 Burg-Zentrum 6 km (in Burg → Krankenhaus 700 m)
Hotel-Restaurant Seeschlösschen ★★★ 12 B, EZ € 50,–, DZ € 78,–, inkl. Frühstück, alle Zi mit Du, WC, ☎ und TV, P, Rote Mühle 8, www.seeschlösschen-burg.de, ☎ 0049 (0) 39 21/98 83 53, Fax 98 61 83.

⑪ D-39291 LOSTAU
A 2 ab Ausfahrt 72 Lostau 2 km
Hotel Landgasthof Lostau Zur Erholung ★★★ ruhige Lage, 25 B, EZ € 35,– bis 48,–, DZ € 62,– bis 78,–, inkl. Frühstücksbuffet, alle Zi mit Du, WC, ☎ und TV, mehrfach ausgezeichnete Küche, Biergarten, ☎, P, Restaurant durchgehend geöffnet, Möserstraße 27, hotel-landgasthof-lostau@ t-online.de, www.hotel-landgasthof-lostau.de, ☎ 0049 (0) 392 22/9 01 0, Fax 90 11 6.

⑫ D-39179 BARLEBEN
A 2 ab Ausfahrt 70 Magdeburg-Zentrum 2 km
Gasthof Pension Goldene Kugel ★★ 18 B, EZ € 34,–, DZ € 48,–, 3-Bett-Zi € 63,–, inkl. Frühstück, Zi mit Bad/Du, WC, ☎ und TV, Raum für 30 Personen, ☎, ☎, P, Breiteweg 41, ☎ 0049 (0) 392 03/5 4 38, Fax 5 4 38.

① Hotel-Restaurant Markgraf, Kloster Lehnin

⑬ D-39326 JERSLEBEN
A 2 ab Ausfahrt 70 Magdeburg-Zentrum, B 189 → Stendal, Ausfahrt Jersleben 8 km
Hotel Landhof Jersleben ★★ ruhige Lage, 22 B, EZ € 44,–, DZ € 67,–, inkl. Frühstücksbuffet, alle Zi mit Du, WC, ☏ und TV, Abendkarte für Hausgäste, Biergarten, WLAN (DSL), 🖩, P, Alte Dorfstr. 3, ☎ 0049(0)39201/25473, Fax 27521.

⑭ D-39291 MÖSER
A 2 ab Ausfahrt 73 Burg-Zentrum/Möser 1,5 km, 1. Ampel rechts
Landhaus Möser Hotel-Restaurant ★★ ruhige Lage, 30 B, EZ € 39,–, DZ € 69,–, inkl. Frühstücksbuffet, alle Zi mit Bad/Du, WC, ☏ und TV, gehobene Küche mit in- und ausländische Spezialitäten, Räume für 100 Personen, Biergarten, Motorradfahrer willkommen, 🖩, 🚲, P, Thälmannstraße 1, @, www.landhaus-moeser.de, ☎ 0049(0)39222/2288, Fax 2251.

⑮ D-39179 BARLEBEN-EBENDORF
A 2 ab Ausfahrt 69 Magdeburg-Kannenstieg ca. 1 km
Hotel Bördehof ★★★ 60 B, EZ € 53,– bis 67,–, DZ € 60,– bis 80,–, inkl. Frühstücksbuffet, alle Zi mit Du, WC, ☏, TV und WLAN, Sauna, 🖩, Tief-G, P, Magdeburger Str. 42, @, www.boerdehof.de, ☎ 0049(0)39203/5151-0, Fax 5151-25.

⑯ D-39112 MAGDEBURG-SUDENBURG
A 2 ab Ausfahrt 70 Magdeburg-Zentrum → Zentrum, B 189 ab Ausfahrt Sudenburg und A 14 ab Ausfahrt 6 Magdeburg-Reform → Zentrum → B 71 → Sudenburg
Plaza Hotel Magdeburg ★★★★ 276 B, EZ € 63,– bis 70,–, DZ € 75,– bis 88,–, Mehrbett-Zi, Allergiker-Zi, inkl. Frühstücksbuffet, alle Zi mit Bad/Du, WC, Fön, ☏, TV und Minibar, teils WLAN, Lift, Restaurant, Tagungsräume für 5 bis 100 Personen, Terrasse, Sauna, 🖩, 🍴, 🚲, Tief-G, P, Halberstädter Str. 146, @, www.plazahotelmagdeburg.de, ☎ 0049(0)391/6051 0, Fax 6051100.

⑰ D-39164 WANZLEBEN
A 14 ab Ausfahrt 4 Wanzleben → Wanzleben 8 km
Hotel-Restaurant Sokuwa ★★★★ 30 B, EZ € 49,– bis 55,–, DZ € 72,– bis 79,–, inkl. Frühstück, alle Zi mit Du, WC, Fön, Radio und TV, kreative Küche, Tagungsräume mit Technik bis 130 Personen, Wellnessbereich mit Sauna, 🖩, P, Bucher Weg 8, @, www.hotel-sokuwa.de, ☎ 0049(0)39209/693-0, Fax 69320.

⑱ D-39340 HALDENSLEBEN
A 2 ab Ausfahrt 65 Eilsleben, B 245 → Haldensleben 12 km
Hotel-Restaurant Alte Ziegelei ★★★↓ 52 B, EZ € 50,– bis 60,–, DZ € 75,– bis 85,–, inkl. Frühstück, alle Zi mit Du, WC, ☏ und TV, regionale anspruchsvolle Küche, WLAN-Hot-Spot, Biergarten, Whirlpool und Sauna für Gäste, 🖩, 🍴, 🚲, G, P, Klausort 1-3, @, www.waldhotel-alteziegelei.de, ☎ 0049(0)3904/43229, Fax 40421.

**Plaza Hotel Magdeburg,
Magdeburg-Sudenburg**

⑦① MAGDEBURG
Kaum eine Stadt hat eine so bewegte historische Vergangenheit wie Magdeburg. Immer wieder suchten Krieg und Zerstörung die 1200 Jahre alte Stadt heim. Zum kulturellen Erbe und den historisch bedeutsamen Gebäuden gehört der Dom und das Kloster Unser Lieben Frauen. Neue Attraktionen sind das Wasserstraßenkreuz und das Hundertwasserhaus. In der Innenstadt ist das touristische Wegeleitsystem Ihnen beim Entdecken gern behilflich.

Magdeburger Dom

Informationen und Prospekte: Tourist-Information Magdeburg, Ernst-Reuter-Allee 12, D-39104 Magdeburg, info@magdeburg-tourist.de, www.magdeburg-tourist.de, ☎ 0049(0)391/19433, Fax 8380-430.

⑮ Hotel Bördehof, Barleben-Ebendorf

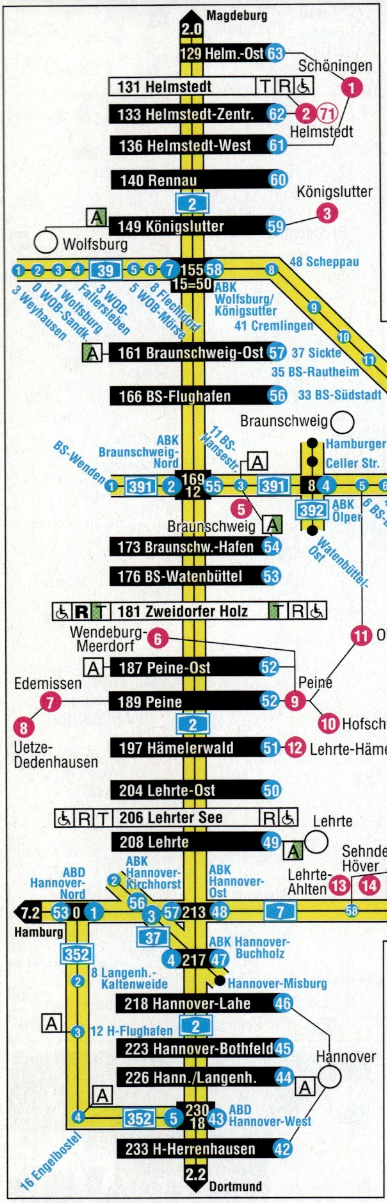

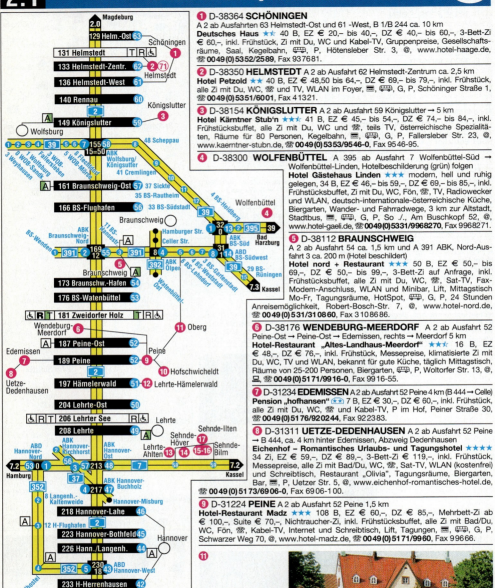

Magdeburg
2.0
129 Helm.-Ost 63
Schöningen
131 Helmstedt
133 Helmstedt-Zentr. 62
Helmstedt
136 Helmstedt-West 61
140 Rennau 60
Königslutter
149 Königslutter 59
Wolfsburg
155 58
15=50
48 Scheppau
ABK Wolfsburg/ Königslutter
41 Cremlingen
3 Weyhausen
0 WOB-Sandk.
1 Wolfsburg
3 WOB-Fallersleben
5 WOB-Mörse
8 Flechtorf
161 Braunschweig-Ost 57
37 Sickte
35 BS-Rautheim
166 BS-Flughafen 56
33 BS-Südstadt
4 BS-Heidberg
Wolfenbüttel
Braunschweig
395
Bad Harzburg
ABK Braunschweig-Nord
11 BS-Hansestr.
BS-Wenden
Hamburger Str.
Celler Str.
391
169 12
ABK BS-Süd
ABD BS-Südwest
392
ABK Ölper
6 BS-Lehndorf
4 BS-Weststadt
3 BS-Gartenstadt
29 BS-Rüningen
7.3 Kassel
Braunschweig
Watenbüttel-Ost
173 Braunschw.-Hafen 54
176 BS-Watenbüttel 53
181 Zweidorfer Holz
Wendeburg-Meerdorf
Oberg
187 Peine-Ost 52
Edemissen
Peine
189 Peine 52
Hofschwicheldt
Uetze-Dedenhausen
197 Hämelerwald 51
Lehrte-Hämelerwald
204 Lehrte-Ost 50
206 Lehrter See
Lehrte
208 Lehrte 49
Sehnde-Ilten
Sehnde-Höver
Lehrte-Ahlten
Sehnde-Bilm
ABD Hannover-Nord
ABK Hannover-Kirchhorst
ABK Hannover-Ost
7.2
213
Hamburg
Kassel
352
217
ABK Hannover-Buchholz
8 Langenh.-Kaltenweide
Hannover-Misburg
218 Hannover-Lahe 46
12 H-Flughafen
223 Hannover-Bothfeld 45
Hannover
226 Hann./Langenh. 44
230 18
ABD Hannover-West
233 H-Herrenhausen 42
16 Engelbostel
2.2
Dortmund

1 D-38364 **SCHÖNINGEN**
A 2 ab Ausfahrten 63 Helmstedt-Ost und 61 -West, B 1/B 244 ca. 10 km
Deutsches Haus ★★ 40 B, EZ € 20,– bis 40,–, DZ € 40,– bis 60,–, 3-Bett-Zi € 60,–, inkl. Frühstück, Zi mit Du, WC und Kabel-TV, Gruppenpreise, Gesellschaftsräume, Saal, Kegelbahn, P, Hötensleber Str. 3, @, www.hotel-haage.de, ☎ **0049(0)5352/2589**, Fax 937681.

2 D-38350 **HELMSTEDT** A 2 ab Ausfahrt 62 Helmstedt-Zentrum ca. 2,5 km
Hotel Petzold ★★ 40 B, EZ € 48,50 bis 64,–, DZ € 69,– bis 79,–, inkl. Frühstück, alle Zi mit Du, WC, ☎ und TV, WLAN im Foyer, G, P, Schöninger Straße 1, ☎ **0049(0)5351/6001**, Fax 41321.

3 D-38154 **KÖNIGSLUTTER** A 2 ab Ausfahrt 59 Königslutter → 5 km
Hotel Kärntner Stub'n ★★ 41 B, EZ € 45,– bis 54,–, DZ € 74,– bis 84,–, inkl. Frühstücksbuffet, alle Zi mit Du, WC und ☎, teils TV, österreichische Spezialitäten, Räume für 80 Personen, Kegelbahn, G, P, Fallersleber Str. 23, @, www.kaerntner-stubn.de, ☎ **0049(0)5353/9546-0**, Fax 9546-95.

4 D-38300 **WOLFENBÜTTEL** A 395 ab Ausfahrt 7 Wolfenbüttel-Süd → Wolfenbüttel-Linden, Hotelbeschilderung (grün) folgen
Hotel Gästehaus Linden ★★★ modern, hell und ruhig gelegen, 34 B, EZ € 46,– bis 59,–, DZ € 69,– bis 85,–, inkl. Frühstücksbuffet, Zi mit Du, WC, Fön, ☎, TV, Radiowecker und WLAN, deutsch-internationale-österreichische Küche, Biergarten, Wander- und Fahrradwege, 3 km zur Altstadt, Stadtbus, G, P, So ./., Am Buschkopf 52, @, www.hotel-gaeli.de, ☎ **0049(0)5331/9968270**, Fax 9968271.

5 D-38112 **BRAUNSCHWEIG**
A 2 ab Ausfahrt 54 ca. 1,5 km und A 391 ABK, Nord-Ausfahrt 3 ca. 200 m (Hotel beschildert)
Hotel nord + Restaurant ★★★ 50 B, EZ € 50,– bis 69,–, DZ € 50,– bis 99,–, 3-Bett-Zi auf Anfrage, inkl. Frühstücksbuffet, alle Zi mit Du, WC, ☎, Sat-TV, Fax-Modem-Anschluss, WLAN und Minibar, Lift, Mittagstisch Mo-Fr, Tagungsräume, HotSpot, G, P, 24 Stunden Anreisemöglichkeit, Robert-Bosch-Str. 7, @, www.hotel-nord.de, ☎ **0049(0)531/310860**, Fax 3108686.

6 D-38176 **WENDEBURG-MEERDORF** A 2 ab Ausfahrt 52 Peine-Ost → Peine-Ost → Edemissen, rechts → Meerdorf 5 km
Hotel-Restaurant „Altes-Landhaus-Meerdorf" ★★ 16 B, EZ € 48,–, DZ € 76,–, inkl. Frühstück, Messepreise, klimatisierte Zi mit Du, WC, TV und WLAN, bekannt für gute Küche, täglich Mittagstisch, Räume von 25-200 Personen, Biergarten, P, Woltorfer Str. 13, @, ☎ **0049(0)5171/9916-0**, Fax 9916-55.

7 D-31234 **EDEMISSEN** A 2 ab Ausfahrt 52 Peine 4 km (B 444 → Celle)
Pension „hofhansen" ★★ 7 B, EZ € 30,–, DZ € 60,–, inkl. Frühstück, alle Zi mit Du, WC, ☎ und Kabel-TV, P im Hof, Peiner Straße 30, ☎ **0049(0)5176/920244**, Fax 922383.

8 D-31311 **UETZE-DEDENHAUSEN** A 2 ab Ausfahrt 52 Peine → B 444, ca. 4 km hinter Edemissen, Abzweig Dedenhausen
Eichenhof – Romantisches Urlaubs- und Tagungshotel ★★★★ 34 Zi, EZ € 59,–, DZ € 89,–, 3-Bett-Zi € 119,–, inkl. Frühstück, Messepreise, alle Zi mit Bad/Du, WC, ☎, Sat-TV, WLAN (kostenfrei) und Schreibtisch, Restaurant „Olivia", Tagungsräume, Biergarten, Bar, P, Uetzer Str. 5, @, www.eichenhof-romantisches-hotel.de, ☎ **0049(0)5173/6906-0**, Fax 6906-100.

9 D-31224 **PEINE** A 2 ab Ausfahrt 52 Peine 1,5 km
Hotel-Restaurant Madz ★★★ 108 B, EZ € 60,–, DZ € 85,–, Mehrbett-Zi ab € 100,–, Suite € 70,–, Nichtraucher-Zi, inkl. Frühstücksbuffet, alle Zi mit Bad/Du, WC, Fön, ☎, Kabel-TV, Internet und Schreibtisch, Lift, Tagungen, G, P, Schwarzer Weg 70, @, www.hotel-madz.de, ☎ **0049(0)5171/9960**, Fax 99666.

11

Hotel garni Graf Von Oberg, Oberg

⑩ D-31226 PEINE-HOFSCHWICHELDT
A 2 ab Ausfahrt 52 Peine → Hildesheim, B 494, 10 km
Gutspension Hofschwicheldt ✦✦ ruhige Lage mit großen Garten, 19 B, EZ
€ 36,–, DZ € 57,–, Mehrbett-Zi, Messezuschlag, inkl. Frühstück, alle Zi mit Du,
WC, ☎, Sat-TV und Radio, gemütlicher Gewölbekeller für 30 Personen, P, @,
www.gutspension.de, ☎ 0049 (0) 51 71/54 56 30, Fax 54 56 58.

⑪ D-31246 OBERG A 2 ab Ausfahrt 52 Peine 9 km → Ilsede, in Ilsede links →
Oberg 2 km, A 391 Ausfahrt 5 Braunschweig-Lehndorf B 1 → Hildesheim, dann B 444
Hotel garni Graf Von Oberg ✦✦✦ historische Wasserburg in englischem
Landschaftspark, EZ € 41,– bis 82,–, DZ € 61,– bis 92,–, inkl. Frühstück, alle Zi
mit Bad/Du und WC, teils ☎, TV, Fax-Anschluss und WLAN, Seminarraum,
historischer Burgkeller mit Bar, ⛟ auf Anfrage, P im Hof, Oststraße 30, @,
www.hotel-graf-oberg.de, ☎ 0049 (0) 51 72/33 07, Fax 37 08 47.

⑫ D-31275 LEHRTE-HÄMELERWALD A 2 ab Ausfahrt 51 Hämelerwald 50 m
Hotel & Restaurant Fricke ✦✦✦ 75 B, EZ € 39,– bis 50,–, DZ € 65,– bis 80,–
(außer zu Messezeiten), inkl. Frühstücksbuffet, alle Zi mit Du, WC, ☎, Sat-TV und
Lift, Tagungsräume bis 120 Personen, Terrasse, Wintergarten, WLAN, ⛟, P,
Niedersachsenstr. 8, @, www.hotelfricke.de, ☎ 0049 (0) 51 75/77 96, Fax 77 97 77.

⑬ D-31275 LEHRTE-AHLTEN A 7 ab Ausfahrt 58 ca. 1,5 km → Sehnde/Lehrte
Hotel-Restaurant Zum Dorfkrug ✦✦✦ 52 B, EZ € 60,–, DZ € 90,– bis 110,–,
inkl. Frühstück, alle Zi mit Du, WC, ☎, TV und WLAN, Konferenzräume, Schwimmbad, Sauna, ☒, ⛟, P, Hannoversche Straße 29, @, www.hotelzumdorfkrug.de,
☎ 0049 (0) 51 32/60 03, Fax 78 33.

⑭ D-31319 SEHNDE-HÖVER A 7 ab Ausfahrt 58 → Sehnde, 1. Abfahrt → Höver
Landhotel-Restaurant Zur Linde ✦✦ 120 B, EZ € 20,– bis 35,–, DZ € 30,– bis 60,–,
Mehrbett-Zi, Frühstücksbuffet, Messezuschlag, alle Zi mit Du, WC, ☎, TV und WLAN,
gutbürgerliche Küche, Räume bis 120 Personen, Terrasse, ☒, ⛟, großer P, Prof.-
Plühr-Str. 6, @, www.landhotel-hannover.de, ☎ 0049 (0) 51 32/9 22-0, Fax 76 24.

⑮ D-31319 SEHNDE-BILM A 7 ab Ausfahrt 58 ca. 3,5 km → Sehnde, in Ilten
rechts oder Ausfahrt 59 Laatzen 5 km → Sehnde, in Wassel links
Parkhotel Bilm ✦✦✦✦ ruhige Lage, 70 B, EZ ab € 74,50, DZ ab € 99,50,
inkl. Frühstücks- und Abendbuffet, Messezuschlag, alle Zi mit Du, WC, ☎
und TV, inklusive Minibargetränken, WLAN, gute Küche, Konferenzräume,
Wintergarten, Hallenbad, Sauna, Park, ☒, ☍, ⛟, P, Behmerothsfeld 6, @,
www.parkhotel-bilm.de, ☎ 0049 (0) 51 38/60 90, Fax 60 91 00.

⑯ D-31319 SEHNDE-BILM A 7 ab Ausfahrten 58 und 59
Hotel-Gasthaus Zur Linde Bilm ✦✦ ruhige Lage in Ortsmitte, 40 B, EZ € 31,– bis
41,–, DZ € 61,– bis 82,–, inkl. Frühstück, Messezuschlag, alle Zi mit Bad/Du, WC, ☎
und TV, gute Küche, Räume für 20 bis 150 Personen, ☍, ⛟, G, großer P, Am
Denkmal 1, ☎ 0049 (0) 51 38/6 08 20-0, Fax 80 53.

⑰ D-31319 SEHNDE-ILTEN
A 7 ab Ausfahrten 58 Hannover-Anderten und 59 Laatzen → Sehnde je 4 km
Hotel-Restaurant Steiner ✦✦✦ zentrale, ruhige Lage, 26 B, EZ € 46,–, DZ € 72,–,
Familien-Zi, inkl. Frühstücksbuffet, Messezuschlag, alle Zi mit großer Du, WC, ☎,
TV und WLAN, Grillspezialitäten, Biergarten, Spielplatz, ☒, P, Sehnder Str. 21, @,
www.hotelsteiner.de, ☎ 0049 (0) 51 32/65 90, Fax 86 59 19.

⑮

**Parkhotel Bilm,
Sehnde-Bilm**

⑫ Hotel & Restaurant Fricke, Lehrte-Hämelerwald

㉛ HELMSTEDT

Eine Landschaft, in der man Rad fahren, wandern oder z. B. auf den Spuren Kaiser Lothar
III. einen grenzenlosen Ausflug in die Geschichte
unternehmen kann. Bauwerke wie der Kaiser-
dom in Königslutter, die Universität in Helmstedt sind beredende Zeugen dafür.

Luftaufnahme des Kaiserdoms

Information und Prospekte:
Landkreis Helmstedt,
Rosenwinkel 8,
D-38350 Helmstedt,
tourist@helmstedt.de,
www.helmstedt.de,
☎ 0049 (0) 53 51/1 21-0,
Fax 121-1622.

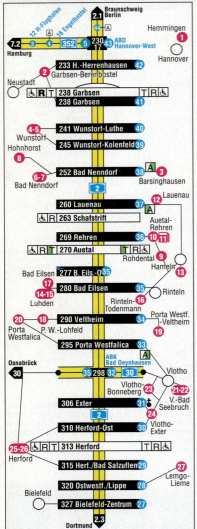

❶ D-30966 HANNOVER-HEMMINGEN A 7 ab Ausfahrt 58 Hannover-Anderten → B 65 Hannover, Ricklinger Kreisel → B 3 Alfeld → Hemmingen-Dorf
Landhaus Artischocke ★★★ ruhige Lage, 30 B, EZ ab € 55,–, DZ ab € 80,–, Nicht-raucher-Zi. inkl. Frühstück, Messezuschlag, alle Zi mit Du, WC, ☎, TV und kosten-freiem WLAN, mediterrane Küche, Terrasse, Messenähe, Verzehrgutschein € 5,–, Dorfstr. 30, @, www.artischocke.com, ☎ **0049** (0) 511/94 26 46 30, Fax 94 26 46 59.

❷ D-30827 GARBSEN-BERENBOSTEL A 2 ab Ausfahrt 42 ca. 2 km, B 6 → Neustadt, 3. Ampel rechts (nach Hornbach), 1. Ampel links, 1. Straße links
Globotel ★★★ 34 Zi, EZ ab € 50,–, DZ ab € 70,–, Appartements ab € 90,–, inkl. Früh-stücksbuffet, alle Zi mit Du, WC, ☎, TV und WLAN, Tagungsräume bis 40 Personen, Bar, Sauna, Fitness, Onlinebuchung, ☒, ☷, ☷, P, Porschestr. 8, info@globotel.de, www.globotel.de, ☎ **0049** (0) 5131/49 20, Fax 49 22 33.

❸ D-30890 BARSINGHAUSEN
A 2 ab Ausfahrt 38 Bad Nenndorf 200 m
Tulip Inn Bad Nenndorf ★★★ 128 B, EZ ab € 49,–, DZ ab € 69,–, Frühstücksbuffet € 9,69 pro Person, alle Zi mit Bad/Du, WC, ☎, TV, Pay-TV, WLAN und Klimaan-lage, „MichaelsDinner" mit amerikanischer Küche, Tagungsräume bis 45 Personen, ☒, ☷, P, Kronskamp 2, @, www.tulipinnbadnenndorf.com, ☎ **0049** (0) 51 05/5 27-0, Fax 5 27-1 99.

❹ D-31515 WUNSTORF A 2 ab Ausfahrt 39 Wunstorf-Kolenfeld → Wunstorf, hinter Ortsschild im Kreisverkehr 1. Ausfahrt raus, Straßenende rechts, 2 km
Cantera Naturstein Hotel ★★★☆ 22 B, EZ € 49,– bis 99,–, DZ € 79,– bis 118,–, inkl. Frühstücksbuffet, alle Zi in unterschiedlichem Natursteindesign mit Bad/Du, WC, Fön, ☎, TV und TV, Seminarraum, Wellness mit 4 Saunen kostenfrei, P, Adolph-Brosang-Str. 32, @, www.cantera.de, ☎ **0049** (0) 5031/95 29-10, Fax 95 29-29.

❺ D-31515 WUNSTORF A 2 ab Ausfahrt 39 Wunstorf-Kolenfeld → Wunstorf 4 km
Hotel-Restaurant Wehrmann-Blume ★★ 33 B, EZ € 49,– bis 54,–, DZ € 78,– bis 84,–, inkl. Frühstück, alle Zi mit Du, WC, ☎, TV und Internet, Lift, Gesellschaftsräu-me, Biergarten, ☒, G, P, Kolenfelder Straße 86, @, www.hotel-wehrmann-blume.de, ☎ **0049** (0) 5031/17 91-1, Fax 17 91-33.

❻ D-31542 BAD NENNDORF A 2 ab Ausfahrt 38 Bad Nenndorf 1,5 km
Ringhotel Tallymann ★★★★☆ 52 Zi, EZ € 67,– bis 99,–, DZ € 89,– bis 109,–, inkl. Frühstück, alle Zi mit Bad/Du, WC, ☎ und TV, Lift, Konferenzräume, Schwimmbad, ☒, Hauptstr. 59, @, www.hotel-tallymann.de, ☎ **0049** (0) 5723/61 67, Fax 70 78 69.

❼ D-31542 BAD NENNDORF A 2 ab Ausfahrt 38 Bad Nenndorf 1,5 km
Hotel Deisterblick ★★★ unter neuer Leitung, 30 B, EZ € 49,– bis 55,–, DZ € 69,– bis 75,–, inkl. Frühstücksbuffet, renovierte Zi mit Du, WC, ☎, kostenfreies WLAN und Balkon, Tagungsraum bis 20 Personen, Wintergarten, Liegewiese, mluvíme česky, we speak english, ☒, ☷, ☷, G, P, Finkenweg 1, @, www.hotel-deisterblick.de, ☎ **0049** (0) 5723/30 36, Fax 46 86.

❽ D-31559 HOHNHORST A 2 ab Ausfahrt 38 Bad Nenndorf → Nenndorf, B 442 → Neustadt/Wunstorf, hinter Kreuzriehe links nach Hohnhorst 3,5 km
Gasthaus Wille Hotel-Restaurant ★★★ ruhige Lage, 17 B, EZ € 49,–, DZ € 78,–, inkl. Frühstücksbuffet, alle Zi mit Du, WC, ☎, Fön, ☎ und Sat-TV, Nichtraucher-Zi, wechselnde Saisonspezialitäten, Räume für 8-150 Personen, Tagungen, ☒, P, Hauptstr. 37, @, www.GasthausWille.de, ☎ **0049** (0) 5723/81 534, Fax 98 12 99.

❾ D-31840 ROHDENTAL A 2 ab Ausfahrt 36 Rehren 4 km → Hess. Oldendorf
Hotel-Restaurant Weinschänke Rohdental ★★★ Waldrandlage, 35 B, EZ € 42,–, DZ € 67,–, inkl. Frühstücksbuffet, alle Zi mit Du, WC, ☎, TV und WLAN, Mittagstisch, Terrasse, Spielplatz, ☒, ☷, P, Di ./., Rohdental 20, @, www.weinschaenke.com, ☎ **0049** (0) 5152/9 41 20, Fax 9 41 232.

❿ D-31749 AUETAL-REHREN A 2 ab Ausfahrt 36 Rehren 500 m
Waldhotel Mühlenhof ★★★ ruhige Lage, 80 B, EZ € 43,–, DZ € 72,–, inkl. Frühstücksbuffet, Messe- und Gruppenpreise auf Anfrage, alle Zi mit Du, WC, ☎ und Balkon, teils TV, Lift, Schwimmbad, Sauna, Solarium, ☒, ☷, P, Zur Obersburg 7, @, www.waldhotel-muehlenhof.de, ☎ **0049** (0) 5752/9 28 88-0, Fax 9 28 88-77.

⓫ D-31749 AUETAL-REHREN A 2 ab Ausfahrt 36 Rehren 800 m
Westfalen Tankstelle Wentzel ☎ Reifenhandel, Kfz-Werkstatt, geöffnet Mo bis Fr 7-19 Uhr, Sa 8-15 Uhr, So + Feiertage 9-12 Uhr, ☎ **0049** (0) 5752/12 53.

⓬ D-31867 LAUENAU A 2 ab Ausfahrt 37 Lauenau 200 m
Hotel Montana ★★★ 106 B, EZ € 45,–, DZ € 60,–, Familien-Zi, ♿-Zi, Nichtraucher-Zi, Frühstücksbuffet € 7,– pro Person, alle Zi mit Du, WC, Fön, ☎, TV und Fax-/PC-Anschluss, Tagungsraum, Bar, ☒, ☷, G, P, Hotelomat, 24 Stunden geöffnet, Hanomagstr. 1, @, www.hotel-montana.de, ☎ **0049** (0) 5043/9 11 90, Fax 9 11 91 00.

⓭ D-31789 HAMELN
A 2 ab Ausfahrten 35 Bad Eilsen und 36 Rehren, B 83 → Hameln, B 1 → Paderborn
Rattenfängerhotel-Restaurant Berkeler Warte ★★★ 98 B, EZ € 49,50 bis 63,50, DZ € 62,– bis 76,–, Familien-Zi € 122,–, Frühstück € 8,– pro Person, alle Zi mit Du, WC, TV und WLAN, Lift, regionale Küche, Biergarten, Tagungs- und Gesellschaftsräume bis 250 Personen, ☒, ☷, ♿, großer P, Berkeler Warte 2, @, www.rattenfaengerhotel.de, ☎ **0049** (0) 5151/82 28 90, Fax 82 28 92 00.

⓮ D-31711 LUHDEN/BAD EILSEN
A 2 ab Ausfahrt 35 Bad Eilsen → Bückeburg, 1. Kreuzung links, 1,5 km
Hotel Alte Schule-Restaurant Kastanienhof ★★★ ruhige Lage, 18 B, EZ € 47,–, DZ € 59,–, Frühstück € 6,– pro Person, alle Zi mit Du, WC, ☎ und Kabel-TV, P, Hotelomat, 24 Stunden geöffnet, Lindenbrink 9, @, www.hotel-alte-schule-luhden.de, ☎ **0049** (0) 5722/9 05 48 10, Fax 9 05 48 11.

❷ Globotel, Garbsen-Berenbostel

⑮ D-31711 LUHDEN/BAD EILSEN
A 2 ab Ausfahrt 35 Bad Eilsen → Bückeburg 1 km
Landgasthof-Hotel Klein Eilsen ★★★ 11 B, EZ € 42,–, DZ € 72,–, inkl. Frühstück, alle Zi mit Du, WC und TV, Steakhouse „Freesisch Och's", Wintergarten, P, Bus-P, Eilser Str. 1, info@kleineilsen.de, www.kleineilsen.de, ☎ 0049 (0) 57 22/90 70 06, Fax 90 77 47.

⑯ D-31737 RINTELN-TODENMANN
A 2 ab Ausfahrt 35 Bad Eilsen → Rinteln, rechts ab → Todenmann 7 km
Hotel Gasthaus Zur Linde ★★ 22 B, EZ € 35,–, DZ € 60,–, inkl. Frühstücksbuffet, alle Zi mit Du, WC und Kabel-TV, Räume für 120 Personen, Biergarten, Kegelbahn, P, Hauptstraße 30, @, www.zur-linde-rinteln.de, ☎ 0049 (0) 57 51/57 39, Fax 63 55.

⑰ D-31707 BAD EILSEN A 2 ab Ausfahrt 35 Bad Eilsen ca. 2 km
Landhaus Lahmann garni ★★★ ruhige Lage, 19 Zi, EZ ab € 46,–, DZ ab € 72,–, Appartements ab € 80,–, inkl. Frühstücksbuffet, Messeaufschlag, alle Zi mit Du, WC, Fön, ☎ und TV, teils Balkon, Terrasse, Fitnessraum, Sauna, Solarium, WLAN, in der Nähe des Kurparks, G € 4,– pro Tag, P, Harrlallee 3, @, www.landhaus-lahmann.de, ☎ 0049 (0) 57 22/83 33 + 99 24 90, Fax 8 11 32.

⑱ D-32457 PORTA WESTFALICA-LOHFELD
A 2 ab Ausfahrt 34 Veltheim → Porta (4. Straße rechts)
Hotel-Restaurant Landhaus Edler ★★★ 30 B, EZ € 48,– bis 64,–, DZ € 69,– bis 92,–, Nichtraucher-Zi, inkl. Frühstück, alle Zi mit Du, WC, Fön, ☎, TV, Radio, WLAN, Minibar und Safe, Spezialitätenrestaurant, Räume bis 100 Personen, ♿, G, P, Lohfelder Straße 281, info@landhaus-edler.de, www.landhaus-edler.de, ☎ 0049 (0) 57 06/9 40 20, Fax 9 40 250.

⑲ D-32457 PORTA WESTFALICA-VELTHEIM
A 2 ab Ausfahrt 34 Veltheim → Veltheim, Ortsende 6 km
Landgasthaus Veltheimer Hof ★ 12 B, EZ ab € 29,50, DZ ab € 55,–, inkl. Frühstück, alle Zi mit Du, WC und TV, hauseigene Schlachtung aus eigener Zucht, ⛽, 🍴, P, Ravensberger Str. 71, @, www.veltheimer-hof.de, ☎ 0049 (0) 57 06/37 16, Fax 15 95.

⑳ D-32457 PORTA WESTFALICA A 2 ab Ausfahrt 33, B 482 → Minden
Porta Berghotel ★★★★ ruhige Lage, 200 B, EZ € 69,– bis 119,–, DZ € 127,– bis 177,–, Mehrbett-Zi, inkl. Frühstücksbuffet, alle Zi mit Du/Bad, WC, Fön, ☎, TV und WLAN, Lift, gehobene Küche, Schwimmbad und Sauna € 5,–, ⛽, 🍴 € 8,–, ♿, P, Hauptstraße 1, @, www.porta-berghotel.de, ☎ 0049 (0) 571/7 90 90, Fax 7 90 97 89.

㉑ D-32602 VLOTHO-BAD SEEBRUCH A 2 ab Ausfahrt 31 Vlotho-Exter und A 30 ab Ausfahrt 35 Bad Oeynhausen (Beschilderung → Kurgebiet Vlotho folgen)
Hotel-Restaurant Stille ★★ sehr ruhige Lage, 31 B, EZ € 37,– bis 45,–, DZ € 62,– bis 72,–, inkl. Frühstücksbuffet, alle Zi mit Du, WC, ☎ und TV, ⛽, 🍴, P, Seebruchstr. 35, @, www.stille-hotel.de, ☎ 0049 (0) 57 33/91 11-0, Fax 91 11-44.

㉒ D-32602 VLOTHO-BAD SEEBRUCH
A 2 ab Ausfahrten 31 Exter und 30 Herford-Ost → Vlotho/Kurgebiet
Pension Schadde ★★ 10 B, EZ € 28,– bis 35,–, DZ € 56,– bis 70,–, Nichtraucher-Zi, inkl. Frühstück, alle Zi mit Du, WC und TV, ⛽, 🍴, P, Seebruchstr. 3, @, www.pension-schadde.de, ☎ 0049 (0) 57 33/1 87 06, Fax 96 06 17.

㉓ D-32602 VLOTHO-BONNEBERG
A 2 ab Ausfahrt 31 Vlotho-Exter und A 30 ab Ausfahrt 35 Bad Oeynhausen je 6 km
Gasthaus Bonneberger Hof ★★★ 30 B, EZ € 49,–, DZ € 78,–, Nichtraucher-Zi, inkl. Frühstück, alle Zi mit Bad/Du, WC, ☎, TV, Radio und WLAN, empfehlenswerte Küche, Tagungsräume bis 90 Personen, ⛽, 🍴, P, Bonneberger Str. 39, @, www.bonnebergerhof.de, ☎ 0049 (0) 57 33/9 11 30, Fax 91 13 50.

㉕ Hotel-Restaurant Waldesrand, Herford

㉔ D-33602 VLOTHO-EXTER
A 2 ab Ausfahrt 31 Exter → Exter 500 m
Hotel Ellermann ★★★ 30 B, EZ € 35,–, DZ € 65,–, inkl. Frühstück, alle Zi mit Du, WC, TV und WLAN, Abendkarte für Hausgäste, 🍴, P, Detmolder Str. 250, @, www.hotel-ellermann.de, ☎ 0049 (0) 52 28/96 27 66.

㉕ D-32049 HERFORD
A 2 ab Ausfahrt 30 Herford-Ost 2,5 km
Hotel-Restaurant Waldesrand ★★★★ 80 B, EZ € 49,– bis 75,–, DZ € 85,– bis 97,–, inkl. Frühstücksbuffet, alle Zi mit Bad, Du, WC, ☎, TV und WLAN, teils Balkon und Minibar, Lift, Terrasse, Biergarten, Tagungsraum bis 50 Personen, Sauna, Solarium, ⛽, 🍴, 🚐, großer P, Zum Forst 4, @, www.hotel-waldesrand.de, ☎ 0049 (0) 52 21/9 23 20, Fax 9 23 24 29.

㉖ D-32052 HERFORD
A 2 ab Ausfahrten 29 Herford/Bad Salzuflen oder 30 Herford-Ost je 4 km, Hotelroute folgen (am Parkhaus Altstadt)
Hotel Hansa ★★★ ruhige Lage direkt im Zentrum, 25 B, EZ € 40,– bis 69,–, DZ € 76,– bis 95,–, inkl. Frühstück, alle Zi mit Du, WC, Fön, ☎, TV und WLAN kostenfrei, ⛽, P, Brüderstraße 40, @, www.hotel-hansa-herford.de, ☎ 0049 (0) 52 21/9 79 2-0, Fax 5972-59.

㉗ D-32657 LEMGO-LIEME
A 2 ab Ausfahrt 28 Ostwestfalen/Lippe → Lemgo → Lieme ca. 12 km
Gasthaus Rogge ★★ 10 B, EZ € 35,–, DZ € 55,–, inkl. Frühstücksbuffet, alle Zi mit Du, WC und WLAN, gutbürgerliche Küche, ⛽, 🍴, P, Bielefelder Str. 153, @, www.gasthausrogge.de, ☎ 0049 (0) 52 61/6 83 17, Fax 96 09 77.

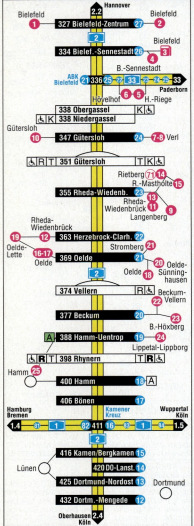

Map labels:
- Hannover 2.2
- Bielefeld ❶ | 327 Bielefeld-Zentrum 27 | Bielefeld ❷
- 2
- 334 Bielef.-Sennestadt 26 | Bielefeld ❹ | 3
- B.-Sennestadt
- ABK Bielefeld 21 336 25 33 23 33 | Paderborn
- Hövelhof ❻ ❺ H.-Riege
- 338 Obergassel K
- 338 Niedergassel K
- Gütersloh ❿ | 347 Gütersloh 24 | 7-8 Verl
- 351 Gütersloh R T | T K
- Rietberg 71 14
- R.-Masthölte 15
- 355 Rheda-Wiedenb. 23
- Rheda-Wiedenbrück 13 | ❶ 11 | 9
- Langenberg
- Rheda-Wiedenbrück
- Oelde-Lette ❶9 | 363 Herzebrock-Clarh. 22 | Stromberg 21
- 16-17 | 369 Oelde | 21 | 20 Oelde-Sünninghausen
- Oelde | Oelde 18
- 2
- 374 Vellern R | Beckum-Vellern 22
- 377 Beckum 20 | 23 B.-Höxberg
- A | 388 Hamm-Uentrop 19 | 24 Lippetal-Lippborg
- 398 Rhynern R T | T R
- Hamm 25 | 400 Hamm 18 A
- 406 Bönen 17
- Hamburg Bremen | Kamener Kreuz | Wuppertal Köln
- 1.4 81 1 82 411 16 83 1 84 1.5
- 2
- 416 Kamen/Bergkamen 15
- Lünen | 420 DO-Lanst. 14
- 425 Dortmund-Nordost 13 | Dortmund
- 432 Dortm.-Mengede 12
- Oberhausen Köln 2.4

❼ Landhotel Altdeutsche, Verl

---

❶ D-33699 BIELEFELD
A 2 ab Ausfahrt 27 Bielefeld-Zentrum, im Zentrum 2. Ampel links, 3 km
Hotel Schweizer Haus – Ristorante Rossini ★★★ ruhige Lage, 32 B, EZ € 48,– bis 60,–, DZ € 68,– bis 78,–, inkl. Frühstück, Wochenendtarife, alle Zi mit Du, WC, 🕿, TV und WLAN, Mittagstisch, Gartenterrasse, 🍴, P, Christophorusstr. 23, @, www.hotel-schweizer-haus.de, ☎ 0049 (0) 5 21/92 42 90, Fax 20 61 12.

❷ D-33699 BIELEFELD
A 2 ab Ausfahrt 27 Bielefeld-Zentrum, B 66 → Oerlinghausen, 1. Kreuzung rechts 3 km
Hotel Alexander der Große ★★⁺ 28 B, EZ € 45,– DZ € 65,–, inkl. Frühstücksbuffet, alle Zi mit Du, WC, TV und WLAN, Abendkarte für Hausgäste, 🍴, P, Detmolder Str. 781, @, www.hotelalexandergrosse.de, ☎ 0049 (0) 52 02/8 00 64, Fax 99 32 01.

3 D-33699 BIELEFELD
A 2 ab Ausfahrt 26 Bielefeld-Sennestadt 3 km → Paderborn
Westfalen-Tankstelle Detlev Höpker ⛽ DKV, UTA, Lomo, PAN, Shop, Reifendienst, Kfz-Meister, Trucker willkommen, täglich geöffnet von 0 bis 24 Uhr, Paderborner Str. 319, www.autohaus-hoepker.de/westfal.htm, ☎ 0049 (0) 52 05/7 15 60.

❹ D-33689 BIELEFELD-SENNESTADT
A 2 ab Ausfahrt 26 Bielefeld-Sennestadt, Hotelausschilderung 2 km
Hotel Wintersmühle ★★ idyllische Lage, 22 B, EZ € 54,– bis 64,–, DZ € 74,– bis 89,–, inkl. Frühstück, alle Zi mit Du, WC, Fön, TV, WLAN und Minibar, 🍴, G, P, Mo-Do Restaurant ab 18 Uhr, Sender Str. 6, @, www.wintersmuehle.de, ☎ 0049 (0) 52 05/98 25 0, Fax 98 25 33.

❺ D-33161 HÖVELHOF-RIEGE
A 33 ab Ausfahrt 23 Stukenbrock-Senne → Stukenbrock 700 m, links, 4 km
Gasthaus Spieker ★★★ ruhige Lage, 22 B, EZ € 45,– bis 50,–, DZ € 75,– bis 80,–, inkl. Frühstück, alle Zi mit Du, WC, Fön, 🕿 und TV, exzellente Küche, Landhausstil mit besonderem Flair, 🍴, P, Detmolder Straße 86, info@gasthaus-spieker.de, www.gasthaus-spieker.de, ☎ 0049 (0) 52 57/22 22, Fax 41 78.

❻ D-33161 HÖVELHOF
A 33 ab Ausfahrten 23 Stukenbrock-Senne und 24 Paderborn-Sennelager → Hövelhof, Kreisverkehr → Verl je 8 km
Hotel-Restaurant Piärdestall ★★★ 13 B, EZ € 45,– bis 50,–, DZ € 75,–, inkl. Frühstück, alle Zi mit Du, WC, TV und WLAN, klassische Küche mit französischem Akzent, Gartenterrasse, 🍴, 🛏, Gütersloher Str. 245, @, www.piaerdestall.de, ☎ 0049 (0) 52 57/22 44, Fax 68 80.

❼ D-33415 VERL
A 2 ab Ausfahrt 24 Gütersloh 5 km
Landhotel Altdeutsche ★★★★ 84 B, EZ € 78,– bis 99,–, DZ € 122,– bis 132,–, inkl. Frühstück, alle Zi mit Du, WC, 🕿, TV, DSL und Minibar, Lift, Restaurant „Altdeutsche Gaststätte" und „Blaue Donau", Räume bis 250 Personen, Biergarten, Therme mit Sauna, Dampfbad, Whirlpool, Solarium, Kegelbahn, günstige Wochenendpreise, 🍴, P, Sender Straße 23, @, www.altdeutsche.de, ☎ 0049 (0) 52 46/96 60, Fax 96 62 99.

❽ D-33415 VERL
A 2 ab Ausfahrt 24 Gütersloh 4 km → Verl
Hotel Papenbreer ★★★ 30 B, EZ € 48,– bis 61,–, DZ € 74,– bis 89,–, inkl. reichhaltigem Frühstücksbuffet, alle Zi mit Du, WC, 🕿 und Sat-TV, Bar, Konferenzraum für 25 Personen, P, Gütersloher Str. 82, @, www.hotel-papenbreer.de, ☎ 0049 (0) 52 46/9 20 40, Fax 92 04 20.

❾ D-33449 LANGENBERG
A 2 ab Ausfahrt 23 Rheda-Wiedenbrück → Lippstadt 7 km
Hotel-Restaurant Otterpohl ★★ 30 B, EZ € 24,– bis 39,–, DZ € 72,–, inkl. Frühstück, Zi mit Du, WC, 🕿, Kabel-TV und WLAN, Biergarten, 🍴, G, P (Bus, Lkw), Hauptstraße 1, @, www.hotel-otterpohl.de, ☎ 0049 (0) 52 48/8 00 80, Fax 80 08 49.

❿ D-33330 GÜTERSLOH
A 2 ab Ausfahrt 24 Gütersloh → Zentrum 4 km
Hotel am Rathaus ★★★ 26 B, EZ € 58,– DZ € 86,–, inkl. Frühstück, alle Zi mit Du, WC, 🕿, Sat-TV, Internet (DSL) und Minibar, Lift, 100 m bis Zentrum, ♿, P (kostenfrei), Rezeption 7-24 Uhr, Friedrich-Ebert-Straße 62, @, www.hotel-am-rathaus-gt.de, ☎ 0049 (0) 52 41/92 11 0, Fax 2 00 35.

⓫ D-33378 RHEDA-WIEDENBRÜCK
A 2 ab Ausfahrt 23 Rheda-Wiedenbrück → Wiedenbrück 2 km (historische Altstadt)
Ratskeller Wiedenbrück Romantik-Hotel und Restaurant ★★★★ 54 B, 33 Zi, EZ € 79,– bis 110,–, DZ € 110,– bis 160,–, Appartements/Suite € 100,– bis 210,–, inkl. Frühstück, alle Zi mit Bad, Du, WC, 🕿, TV und WLAN, Lift, regionale, niveauvolle Küche, Tagungs- und Gesellschaftsräume, Sauna, gepflegte Gastlichkeit im über 400-jährigen Haus, 🍴, 🍴, Tief-G, P, Lange Straße/Markt 11, @, www.ratskeller-wiedenbrueck.de, ☎ 0049 (0) 52 42/9 21-0, Fax 921-1 00.

⓬ D-33378 RHEDA-WIEDENBRÜCK
A 2 ab Ausfahrt 22 Herzebrock-Clarholz → Rheda 2 km
Landhotel Marburg Garni ★★★ ruhige Lage, 30 B, EZ € 55,– DZ € 75,–, 3-Bett- und Familien-Zi, inkl. Frühstücksbuffet, besondere Angebote für Monteure, alle Zi mit Du, WC, 🕿, TV und WLAN, 🍴, großer P, Marburg 16, @, www.landhotel-marburg.de, ☎ 0049 (0) 52 42/9 44 30, Fax 9 44 13.

⑬ D-33378 RHEDA-WIEDENBRÜCK
A 2 ab Ausfahrt 23 Rheda-Wiedenbrück → Wiedenbrück 300 m
Hotel am Wasserturm Garni ★★ zentrale, ruhige Lage, 38 B, EZ € 47,–, DZ € 67,–, 3-Bett-Zi, inkl. Frühstücksbuffet, alle Zi mit Du, WC, ☎, TV und WLAN, ⌨, großer P, 24 Stunden Check-in, Bielefelder Str. 14, @, www.hotel-am-wasserturm.de, ☎ **0049 (0) 52 42/87 82**, Fax 5 52 18.

⑭ D-33397 RIETBERG
A 2 ab Ausfahrt 23 Rheda-Wiedenbrück → Rietberg
Hotel-Restaurant Vogt ★★★ 23 B, EZ € 42,–, DZ € 70,–, inkl. Frühstück, alle Zi mit Du, WC, ☎ und Sat-TV, gute rustikale Küche, ⌨, P, Rathausstr. 24, @, www.hotel-vogt.de, ☎ **0049 (0) 52 44/88 02**, Fax 7 06 75.

⑮ D-33397 RIETBERG-MASTHOLTE
A 2 ab Ausfahrt 23 Rheda-Wiedenbrück, B 64 → Rietberg → Mastholte ca. 10 km
Hotel-Restaurant Adelmann ★★★ ruhige Lage, 21 B, EZ € 38,–, DZ € 70,–, inkl. Frühstücksbuffet, alle Zi mit Du, WC, ☎, TV und Balkon, regionale und internationale Küche, Räume bis 250 Personen, Biergarten, ⌨, 🚌, P, Lippstädter Str. 5, @, www.hotel-adelmann.de, ☎ **0049 (0) 29 44/14 42 und 9 73 70**, Fax 97 37 37.

⑯ D-59302 OELDE
A 2 ab Ausfahrt 21 Oelde ca. 2 km
Hotel Engbert ★★★ ruhige Lage im Stadtzentrum in verkehrsberuhigter Zone, 56 B, EZ € 60,– bis 80,–, DZ € 85,– bis 110,–, inkl. Frühstücksbuffet, alle Zi mit Bad, Du, WC, ☎, TV, Internet und Radio, Lift, ⌨, G, großer P, Lange Str. 24-26 (Zufahrt über Gerichtsstr.), @, www.hotelengbert.de, ☎ **0049 (0) 25 22/93 39-0**, Fax 93 39-39.

⑰ D-59302 OELDE
A 2 ab Ausfahrt 21 Oelde 1 km
Hotel-Restaurant Mühlenkamp ★★★ 53 B, EZ € 60,– bis 70,–, DZ € 85,–, inkl. reichhaltigem Frühstücksbuffet, alle Zi mit Du, WC, ☎, TV, Radio und WLAN, 2 Restaurants mit internationaler und saisonaler Küche, english menu, Tagungsraum bis 40 Personen, 4 Kegelbahnen, english spoken, ⌨, G, P, Geiststraße 36, @, www.hotel-muehlenkamp.de, ☎ **0049 (0) 25 22/93 56-0**, Fax 93 56-45.

⑱ D-59302 OELDE
A 2 ab Ausfahrt 21 Oelde → Soest, nach 900 m rechts (beschildert)
Landhotel Gut Meier Gresshoff ★★★ 70 B, EZ € 45,– bis 55,–, DZ € 70,– bis 85,–, inkl. Frühstück, alle Zi mit Du, WC, Fön, ☎, TV und WLAN, Tagungsräume bis 140 Personen, Terrasse, Sauna, kleiner Wellnessbereich, ⌨, 🚌, Gresshoffweg 6, @, www.meier-gresshoff.de, ☎ **0049 (0) 25 22/91 30**, Fax 91 32 22.

⑲ D-59302 OELDE-LETTE
A 2 ab Ausfahrten 21 Oelde 8 km (in Oelde beschildert) und 22 Herzebrock-Clarholz → Oelde → Lette
Hotel-Restaurant Westermann ★★★ 72 B, EZ € 50,– bis 55,–, DZ € 80,– bis 85,–, inkl. Frühstücksbuffet, alle Zi mit Du, WC, ☎, TV und WLAN, Räume für Konferenzen und Feste, Biergarten, ⌨, P, Clarholzer Str. 26, @, www.hotel-westermann.de, ☎ **0049 (0) 52 45/87 02**, Fax 87 02 15.

⑳ D-59302 OELDE-SÜNNINGHAUSEN A 2 ab Ausfahrt 21 Oelde ca. 5 km
Gasthof Nienaber ★★ 19 B, EZ € 35,–, DZ € 68,–, inkl. Frühstück, 1 Appartement, alle Zi mit Du, WC, Sat-TV, WLAN und Schreibtisch, eigenes Bäckereigeschäft, Räume bis 250 Personen, Kegelbahn, 🚌, P, Kirchplatz 6, ☎ **0049 (0) 25 20/10 54**, Fax 10 54.

㉑ D-59302 STROMBERG
A 2 ab Ausfahrt 21 Oelde ca. 5 km
Hotel zur Post ★★ 26 B, EZ € 34,–, DZ € 68,–, inkl. Frühstück, alle Zi mit Du, WC und TV, Räume bis 250 Personen, ⌨, P, Münsterstraße 16, @, www.hotel-zur-post-stanlein.de, ☎ **0049 (0) 25 29/2 46**, Fax 71 62.

㉒ D-59269 BECKUM-VELLERN
A 2 ab Ausfahrt 20 Beckum, in Beckum → Oelde
Hotel-Restaurant Alt Vellern ★★★★ 50 B, EZ ab € 78,–, DZ ab € 103,–, inkl. Frühstücksbuffet, alle Zi mit Du, WC, ☎, TV und kostenfreiem WLAN, Lift, ⌨, P, Dorfstr. 21, @, www.alt-vellern.de, ☎ **0049 (0) 25 21/87 17 58**, Fax 87 17 58.

㉓ D-59269 BECKUM-HÖXBERG A 2 ab Ausfahrt 20 Beckum → Beckum, 1. Ampel rechts → Lippstadt bis Kreisverkehr → Höxberg
Hotel-Restaurant Zur Windmühle ★★ idyllische Lage, 15 B, EZ € 48,–, DZ € 85,–, inkl. Frühstück, alle Zi mit Du, WC, ☎ und TV, ausgezeichnete Küche ab 17.30 Uhr, Terrasse, ⌨, G, P, Unterberg 33, @, www.zur-windmuehle.de, ☎ **0049 (0) 25 21/86 03 13**, Fax 86 03 13.

㉔ D-59510 LIPPETAL-LIPPBORG A 2 ab Ausfahrt 19 Hamm-Uentrop 50 m
Hotel-Restaurant Helbach ★★ 10 B, EZ € 35,–, DZ € 62,–, inkl. Frühstück, alle Zi mit Du, WC und TV, internationale Küche, Räume bis 150 Personen, Caféterrasse, Minigolf, ⌨, 🚌, 2 große Bus-P, Dolberger Straße 80, ☎ **0049 (0) 23 88/23 37 + 23 30**, Fax 30 20 39.

㉕ D-59071 HAMM
A 2 ab Ausfahrt 19 Hamm-Uentrop (1. Straße links) → Zentrum 10 km
Hotel-Restaurant-Café Breuer ★★ gegenüber Kurpark gelegen, 28 B, EZ € 42,–, DZ € 78,–, alle Zi mit Du, WC, ☎ und TV, Tagungsräume bis 50 Personen, 🍴, G, P, Ostenallee 95, @, www.hotel-breuer.de, ☎ **0049 (0) 23 81/84 00 1 + 8 15 55**, Fax 8 67 62.

Unter *www.autobahn-guide.com* **können Sie Ihr Zimmer per Fax oder E-Mail reservieren.**

㉑ RIETBERG – „Stadt der schönen Giebel"
Der historische Stadtkern ist das Herz der Stadt und geprägt durch seine Vergangenheit als Grafschaftsresidenz und Landeshauptstadt. Den Beinamen „Stadt der schönen Giebel" verdankt Rietberg den über 60 liebevoll restaurierten Fachwerkhäusern. Entdecken können Sie außerdem versteckte Schätze wie z. B. die Wallanlagen, den Klostergarten oder das Umfeld der Johanneskapelle. Rasant und sportlich geht es im Landesgartenschaubereich zu. Ob Basketball oder Streethockey, Volleyball und Skaten – verschiedene „Spielzimmer" laden zu Spaß und Bewegung ein. Dazu gehören auch Trampoline und Kletterbereiche. Entdecken lassen sich zudem verschiedene Themengärten, die das Herz von Garten- und Blumenfreunden höher schlagen lassen.

Information und Prospekte:
Stadt Rietberg, Rügenstraße 1, D-33397 Rietberg, info@stadt-rietberg.de, www.rietberg.de, ☎ **0049 (0) 52 44/9 86-0**, Fax 9 86-4 00.

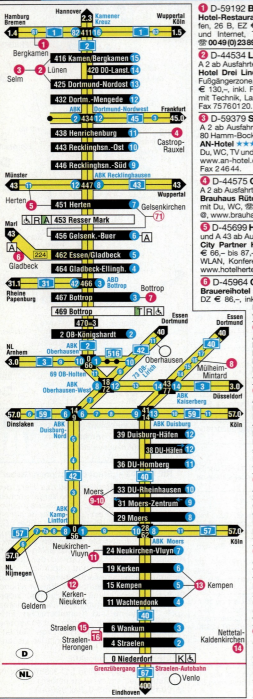

❶ D-59192 BERGKAMEN A 1 ab Ausfahrt 81 Hamm/Bergkamen
Hotel-Restaurant Neumann's Nautilus ★★★★ ruhige Lage im Jachthafen, 26 B, EZ € 81,– bis 125,–, inkl. Frühstück, alle Zi mit Bad/Du, WC, TV und Internet, Terrasse, 🍴, P, Hafenweg 4, @, www.neumanns-nautilus.de, ☎ 00 49 (0) 23 89/9 25 92-0, Fax 92 59 25-0.

❷ D-44534 LÜNEN
A 2 ab Ausfahrten 15 Kamen/Bergkamen und 13 Dortmund-Nordost
Hotel Drei Linden ★★★ schönes Fachwerkhaus in ruhiger Lage direkt an der Fußgängerzone, 32 B, EZ € 55,– bis 59,–, DZ € 85,–, Appartements (4-6 B) € 130,–, inkl. Frühstück, alle Zi mit Du, WC, 🕾, TV und Internet, Tagungsräume mit Technik, Lange Str. 71, @, www.hotel-luenen.de, ☎ 00 49 (0) 23 06/7 57 60 1 00, Fax 7 57 60 1 20.

❸ D-59379 SELM
A 2 ab Ausfahrt 13 Dortmund-Nordost und A 1 ab Ausfahrten 79 Ascheberg und 80 Hamm-Bockum/Werne je ca. 17 km
AN-Hotel ★★★ A 2 ab Ausfahrten 15 bis 65.-, DZ ab € 85,–, inkl. Frühstück, alle Zi mit Du, WC, TV und kostenfreiem WLAN, 🍴 (ec), ⌣, P, Kreisstraße 63, info@an-hotel.de, www.an-hotel.de, ☎ 00 49 (0) 25 92/37 73, Mi: 00 49 (0) 1 70/8 04 69 23 (mobil), Fax 2 46 44.

❹ D-44575 CASTROP-RAUXEL
A 2 ab Ausfahrt 11 Henrichenburg und A 42 ab Ausfahrt 26 Castrop-Rauxel
Brauhaus Rütershoff ★★☆ 22 B, EZ € 49,–, DZ € 79,–, inkl. Frühstück, alle Zi mit Du, WC, 🕾, Sat-TV und WLAN, Räume bis 90 Personen, 🍴, P, Schillerstr. 13, @, www.brauhaus-ruetershoff.de, ☎ 00 49 (0) 23 05/2 49 23, Fax 54 25 95.

❺ D-45699 HERTEN A 2 ab Ausfahrt 7 Herten → Zentrum/Schloss/Krankenhaus und A 43 ab Ausfahrt 11 Recklinghausen/Herten
City Partner Hotel Am Schlosspark ★★★☆ 90 B, EZ € 55,– bis 75,–, DZ € 66,– bis 87,–, Suiten, Frühstücksbuffet € 10,–, alle Zi mit Du, WC, 🕾, TV und WLAN, Konferenzraum, Terrasse, T-Mobile Hotspot, 🍴, P, Resser Weg 36, @, www.hotelherten.de, ☎ 00 49 (0) 23 66/8 00 50, Fax 83 496.

❻ D-45964 GLADBECK A 2 ab Ausfahrt 5 Essen/Gladbeck
Brauereihotel Alte Post ★★★ im historischen Postgebäude, 34 B, EZ € 64,–, DZ € 86,–, inkl. Frühstücksbuffet, alle Zi mit Du, WC, 🕾, TV und Internet, Lift, Brauerei-Gaststätte, Räume bis 50 Personen, Humboldtstr. 2, @, www.brauhaus-gladbeck.de, ☎ 00 49 (0) 20 43/2 08 40, Fax 20 84 30.

❼ D-46236 BOTTROP
A 2 ab Ausfahrt 3 Bottrop 1,5 km → Zentrum
Hotel Brauhaus mit Restaurant Bottich ★★★ 46 B, EZ € 58,– bis 70,–, DZ € 75,– bis 90,–, Familien-Zi € 92,– bis 102,–, inkl. Frühstücksbuffet, Wochenendpreise, alle Zi mit Du, WC, 🕾 und Kabel-TV, 🍴, P, Gladbecker Str. 78, info@brauhaus-bottrop.de, www.brauhaus-bottrop.de, ☎ 00 49 (0) 20 41/77 44 60, Fax 77 44 639.

❽ D-45481 MÜLHEIM-MINTARD
A 3 aus Norden und Süden: ABK Breitscheid → Essen → Ratingen/Breitscheid; A 52 aus Norden: ab Ausfahrt 25 ABK Breitscheid → Mülheim-Süd und A 52 aus Süden: ab Ausfahrt 25 ABK Breitscheid → Ratingen/Breitscheid
Hotel-Restaurant „Mintarder Wasserbahnhof" ★★★ ruhige Lage, 42 B, EZ € 44,– bis 49,–, DZ € 69,– bis 77,–, inkl. Frühstück, alle Zi mit Bad, WC, 🕾, TV, Radio, WLAN (kostenfrei) und Minibar, Tagungsräume, 🍴, G, P, August-Thyssen-Straße 129, @, www.hotel-wasserbahnhof.de, ☎ 00 49 (0) 20 54/95 95-0, Fax 95 95-55.

❾ D-47441 MOERS
A 40 und A 57 ab Ausfahrt ABK-Moers 4 km und A 42 ab Ausfahrt 2 Moers-Rheinberg 2 km
City-Hotel-Restaurant ★★★ ruhige zentrale Lage, 42 B, EZ € 52,50, DZ € 75,– bis 91,–, inkl. Frühstücksbuffet, alle Zi mit Bad/Du, WC, 🕾, TV, Fax-/Modem-Anschluss und Hausbar, Flughafen ca. 30 km, 🍴, P, Rheinberger Straße 93 a, @, www.city-hotel-moers.de, ☎ 00 49 (0) 28 41/79 09-0, Fax 79 09-44.

❿ D-47441 MOERS
A 40 ab Ausfahrt 10 Moers-Ost auf die Autostraße, nächste Abfahrt → Kerken, dann 100 m hinter der Ampel rechts oder ab ABK Moers → Duisburg 2 km
Hotel Asberger Hof ★★ 44 B, EZ € 45,–, DZ € 60,–, Aufbettung zzgl. € 20,–, inkl. Frühstücksbuffet, alle Zi mit Du, WC, 🕾, TV und WLAN, einige Restaurants in wenigen Minuten Fußweg zu erreichen, P, Asberger Str. 199, @, www.hotel-asbergerhof.de, ☎ 00 49 (0) 28 41/51 17 0, Fax 5 51 55.

⓫ D-47506 NEUKIRCHEN-VLUYN
A 40 ab Ausfahrt 7 Neukirchen-Vluyn → Neukirchen-Vluyn
Landhaus Vluyner Stuben, Hotel-Restaurant ★★★★ 28 B, EZ € 58,– bis 65,–, DZ € 85,–, Suite € 125,–, inkl. Frühstücksbuffet, Messepreise, alle Zi mit Du, Fön, 🕾, TV, Internet, Safe und Minibar, gehobene regionale und saisonale Küche, Wintergarten, Terrasse, Sauna, Solarium, 🍴, großer P, Vluyner Südring 73, @, www.vluyner-stuben.de, ☎ 00 49 (0) 28 45/16 55, Fax 16 60.

12 D-47647 **KERKEN-NIEUKERK**
A 40 ab Ausfahrt 6 Kerken → Geldern
Landgasthaus Wolters ★★★ 30 B, EZ € 40,– bis 53,–, DZ € 60,– bis 78,–, inkl. Frühstücksbuffet, alle Zi mit Bad, Du, WC, ☎, TV und WLAN, feine deutsche Küche, Biergarten, ☒, ⚲, P, Sevelener Straße 15, @, www.landgasthaus-wolters.de, ☎ **0049 (0) 2833/2206**, Fax 5154.

13 D-47906 **KEMPEN**
A 40 ab Ausfahrt 5 Kempen 4 km
Hotel Restaurant Papillon ★★★ 40 B, EZ € 59,–, DZ € 88,–, Suite/Appartement € 127,–, inkl. Frühstück, Messepreise, alle Zi mit Bad/Du, WC, Fön, ☎, TV, Fax-/Internetanschluss und Minbar, Tagungen, Feiern bis 60 Personen, ☒, ⚲, P, Thomasstr. 9, @, www.hotel-papillon.com, ☎ **0049 (0) 2152/1415-0**, Fax 1415-90.

14 D-41334 **NETTETAL-KALDENKIRCHEN**
A 40 ab Ausfahrt 2 Straelen über B 221 → Nettetal ca. 7 km
Hotel Restaurant Zur Post ★★★ 16 B, EZ € 45,–, DZ € 80,–, inkl. Frühstück, alle Zi mit Du, WC, ☎ und TV, ☒, ⚲, P, Bahnhofstr. 10, @, www.hotelzurpost-nettetal.de, ☎ **0049 (0) 2157/8157-0**, Fax 8157-14.

15 D-47638 **STRAELEN** A 40 ab Ausfahrt 3 Wankum-Grefrath 8 km → Straelen
Hotel-Restaurant Straelener Hof ★★★☆ 95 B, EZ € 62,50 bis 99,–, DZ € 80,– bis 135,–, inkl. Frühstücksbuffet, alle Zi mit Du, WC, Fön ☎, TV und WLAN, Sauna- und Fitnessbereich, Gesellschafts- und Tagungsräume für 120 Personen, ☒, ⚲, Tief-G, ⚲, Annastraße 68, info@straelenerhof.de, www.straelenerhof.de, ☎ **0049 (0) 2834/9141-0**, Fax 9141-47.

16 D-47638 **STRAELEN-HERONGEN**
A 40 ab Ausfahrt 2 Straelen (B 221) → Nettetal 1 km, dann rechts → Herongen
bft Tankstelle Herongen ⛽ Shop, Restaurant, Fax-Service, Copy-Shop, Dusche, Waschstraße, Tankautomat, ☒, ⚲, großer P am Waldrand, geöffnet 6 - 22 Uhr, Louisenburgstr. 17, @, www.bft-herongen.de, ☎ **0049 (0) 2839/1432**, Fax 560988.

10 Hotel Asberger Hof, Moers

71 **ZOOM ERLEBNISWELT GELSENKIRCHEN**
A 2 ab Ausfahrten 7 Herten und 6 Gelsenkirchen-Buer → B 226, B 227, Beschilderung folgen

Lust auf ein wenig Abenteuer? Spannende Expeditionen in die Wildnis erwarten die Besucher - und das mitten im Ruhrgebiet! Hier befinden Sie sich Auge in Auge mit den Tieren, Gehegegrenzen gibt es nicht. Rund 25 Hektar stehen Ihnen für die Reise durch Afrika, Alaska und – ab 2010 – Asien zur Verfügung. Bewundern Sie Löwen, Giraffen, Flusspferde in authentisch anmutender Lebenswelt. Und die rund 20-minütige Bootsfahrt mit Nachbauten der African Queen bietet herrliche Panoramablicke inmitten weitläufiger Gras- und Baumsavannen. Da Entdecken hungrig macht, freuen Sie sich auf themenbezogene Restaurants, wo man Goldsucher oder Polarforscher trifft. Die kleinen Gäste werden zusätzlich mit tollen Spiel- und Klettermöglichkeiten unterhalten.

Öffnungszeiten: März-Oktober 9.00-18.00 Uhr, April-September 9.00-18.30 Uhr, November-Februar 9.00-17.00, an Feiertagen können die Öffnungszeiten abweichen.

Der **Eintritt** beträgt für Erwachsene € 13,50 und für Kinder (4-12 Jahre) € 9,–.

Information und Prospekte:
ZOOM Erlebniswelt Gelsenkirchen, Bleckstr. 64, D-45889 Gelsenkirchen, info@zoom-erlebniswelt.de, www.zoom-erlebniswelt.de, ☎ **0049 (0) 209/95450**, Fax 9545121.

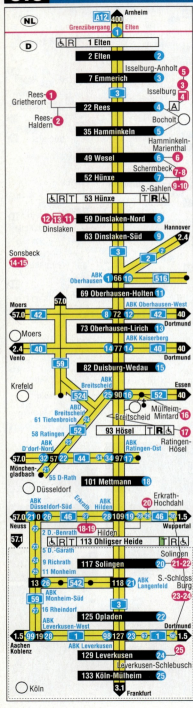

❶ D-46459 REES-GRIETHERORT
A 3 ab Ausfahrt 4 Rees → Rees, Kreisverkehr B 8 → Emmerich → Grietherort ca. 10 km
Insel-Gasthof ★★★ ruhige Lage, 16 B, EZ € 40,–, DZ € 80,–, 1 Suite € 100,–, inkl. Frühstück, alle Zi mit Du, WC und TV, Aussicht auf den Rhein, Spezial-Fischrestaurant, Gartenterrasse mit Rheinblick, P, Mo ./., Grietherort 1, @, www.inselgasthof-nass.de, ☎ 0049 (0) 2851/6324, Fax 6015.

❷ D-46459 REES-HALDERN
A 3 ab Ausfahrt 4 Rees über B 67 → Rees, nach 2 km links → Haldern (gesamt ca. 6 km)
Hotel Lindenhof ★★ 16 B, EZ € 42,–, DZ € 67,– bis 72,–, inkl. Frühstück, alle Zi mit Du, WC, ☎ und TV, Restaurant mit gutbürgerlicher Küche, Di ./., Isselburger Str. 3, @, www.lindenhof-haldern.de, ☎ 0049 (0) 2850/91320, Fax 91320.

❸ D-46419 ISSELBURG
A 3 ab Ausfahrt 4 Rees 2,5 km
Hotel-Restaurant Nienhaus ★★★ Familienbetrieb, 24 B, EZ € 49,–, DZ € 75,–, inkl. Frühstücksbuffet, alle Zi mit Du, WC, ☎, Kabel-TV und WLAN, gute Küche mittags und abends, 🖂, G, P, Restaurant Do ./., Minervastraße 26, @, www.hotel-nienhaus.de, ☎ 0049 (0) 2874/770, Fax 45673.

❹ D-46419 ISSELBURG
A 3 ab Ausfahrt 4 Rees → Isselburg, 2. Ampel rechts
Agip-Tankstelle 🅿 Lomo Autohof Isselburg, UTA, GdB, Autokiosk, 24 h geöffnet, ☎ 0049 (0) 2874/752.

❺ D-46419 ISSELBURG-ANHOLT
A 3 ab Ausfahrt 4 Rees 2 x links → Dinxperlo (NL), Kreisverkehr rechts
Hotel-Restaurant Brüggenhütte ★★ 15 B, EZ € 45,–, DZ € 75,–, inkl. Frühstücksbuffet, alle Zi mit Du, WC, ☎ und Sat-TV, reichhaltige Abendkarte, Gesellschaftsraum bis 100 Personen, Kamin-Zi, 🖂, P, Restaurant Mo + Di ./., Hahnenfeld 23, @, www.brueggenhuette.de, ☎ 0049 (0) 2874/91470, Fax 91 47 47.

❻ D-46499 HAMMINKELN-MARIENTHAL
A 3 ab Ausfahrt 6 Wesel → Wesel/Schermbeck, 1,5 km Ampel links → Bocholt, nach 1 km rechts → Marienthal 6 km
Romantik-Hotel Haus Elmer ★★★★ 50 B, EZ € 78,– bis 115,–, DZ € 115,– bis 169,–, inkl. Frühstück, alle Zi mit Bad, Du, WC, ☎, TV und WLAN, 🖂, 🖂, P, An der Klosterkirche 12, @, www.haus-elmer.de, ☎ 0049 (0) 2856/9110, Fax 91170.

❼ D-46514 SCHERMBECK
A 3 ab Ausfahrt 6 Wesel
Ecco Hotel Schermbeck ★★★ 84 B, EZ € 49,– bis 79,–, DZ € 69,– bis 99,–, inkl. Frühstücksbuffet, alle Zi mit Bad/Du, WC, ☎, Sat-/Pay-TV, PC- und Fax-Anschluss und WLAN, Hotelbar, Snacks, Schwimmbad 20 m, 10 Minuten bis Movie Park Germany, 🖂, 🍴, 🖂, ⚿, Tief-G, Maassenstr. 1 + 3, @, www.comfort-hotel-schermbeck.de, ☎ 0049 (0) 2853/9193-0, Fax 9193-11.

❽ D-46514 SCHERMBECK
A 31 ab Ausfahrt 37 Schermbeck → Schermbeck 3 km und A 3 ab Ausfahrt 7 Hünxe → Schermbeck 10 km
Hotel-Restaurant Schermbecker Mitte ★★★ ruhige zentrale Lage, 12 B, EZ € 38,–, DZ € 62,–, inkl. Frühstück, alle Zi mit Du, WC, TV und WLAN, mediterrane Küche, Fischspezialitäten, Mittagstisch, Terrasse, 🖂, P, Mittelstr. 28, @, www.schermbecker-mitte.de, ☎ 0049 (0) 2853/2133.

❾ D-46514 SCHERMBECK-GAHLEN
A 3 ab Ausfahrt 7 Hünxe 10 km und A 31 ab Ausfahrt 38 Dorsten-West 4,8 km
Gasthaus Op den Hövel ★★★ EZ ab € 45,–, DZ ab € 70,–, 3-Bett-Zi ab € 87,–, 4-Bett-Zi ab € 100,–, inkl. Frühstücksbuffet, alle Zi mit Du, WC, TV und WLAN, Restaurant mit guter Küche, 150 Sitzplätze, eigenes Hallenbad, Sauna, Solarium, 🖂 (ec), 🍴, G, P, Kirchstr. 71, www.hotel-op-den-hoevel.de, ☎ 0049 (0) 2853/91400, Fax 914050.

❿ D-46514 SCHERMBECK-GAHLEN
A 3 ab Ausfahrt 7 Hünxe 10 km und A 31 ab Ausfahrt 38 Dorsten-West 4,8 km
Hotel-Restaurant Zur Mühle ★★ 45 B, EZ € 29,– bis 41,–, DZ € 54,– bis 62,–, Familien-Zi, inkl. Frühstück, alle Zi mit Du, WC, ☎ und TV, 10 Auto-Minuten bis Movie Park Germany, 🖂, P, Kirchstr. 78, @, www.gaststaette-zur-muehle.de, ☎ 0049 (0) 2853/91 8400, Fax 9184 49.

⓫ D-46539 DINSLAKEN
A 3 ab Ausfahrt 8 Dinslaken-Nord → Dinslaken
Hotel und Restaurant Zum Grunewald ★★★ EZ € 52,–, DZ € 75,–, inkl. Frühstück, alle Zi mit Du, WC, ☎, TV und Minibar, Veranstaltungsräume bis 150 Personen, Biergarten, radfahrer- und bikerfreundlich, 🖂, Bergerstr. 152, @, www.hotel-dinslaken.de, ☎ 0049 (0) 2064/4954-0, Fax 4954-20.

⓬ D-46535 DINSLAKEN
A 59 ab Ausfahrt 1 Dinslaken-West → B 8 → Dinslaken
Hotel „Zum Schwarzen Ferkel" ★★ 15 B, EZ € 42,– bis 50,–, DZ € 75,–, inkl. Frühstück, alle Zi mit Du und Sat-TV, teils ☎, Räumlichkeiten bis 150 Personen, 🍴 € 3,–, G € 5,–, P, Voerder Str. 79, @, www.zum-schwarzen-ferkel.de, ☎ 0049 (0) 2064/51120, Fax 52684.

⓭ D-46535 DINSLAKEN
ab Ausfahrt 8 → Dinslaken 2 km
Texaco-SB-Tankstelle 🅿 Pannendienst, Kfz-Reparaturen, Autowäsche, geöffnet: Mo - Fr 7 - 19 Uhr, Sa 7 - 17 Uhr, So 9.30 - 13 Uhr, ☎ 0049 (0) 2064/90576.

⑭ D-47665 SONSBECK
A 57 ab Ausfahrt 5 Sonsbeck 3 x → Xanten, in Sonsbeck 2. Straße links
Komfort-Hotel Specht mit Römerturm garni ★★★ 25 B, EZ € 35,– bis 57,–, DZ
€ 60,– bis 93,–, inkl. Frühstücksbuffet, alle Zi mit Du, WC, ☎, TV und Minibar,
Gesellschaftsraum für 120 Personen, Hausbar, 🍴, P (auch für Lkw), Dassendaler
Weg 13, @, www.hotelspecht.de, ☎ **0049 (0) 2838/9120**, Fax 2791.

⑮ D-47665 SONSBECK
A 3 ab Ausfahrt 6 Wesel ca. 23 km und A 57 ab Ausfahrt 5 Sonsbeck → Xanten ca. 6 km
Raymakershof, Ferienwohnung + Gästezimmer ★★ 6 B, EZ ab € 35,–, DZ ab € 45,–,
inkl. Frühstück, alle Zi mit Du, WC und TV, Ferienwohnung für 4 bis 8 Personen, P, Xantener Str. 181, @, www.raymakershof.de, ☎ **0049 (0) 2801/985646**, Fax 985645.

⑯ D-45481 MÜLHEIM-MINTARD
A 3 aus Norden und Süden: ABK Breitscheid → Essen → Ratingen/Breitscheid; A 52
aus Norden: ab Ausfahrt 25 ABK Breitscheid → Mülheim-Süd und A 52 aus Süden:
ab Ausfahrt 25 ABK Breitscheid → Ratingen/Breitscheid
Hotel-Restaurant „Mintarder Wasserbahnhof" ★★★ ruhige Lage, 42 B, EZ € 44,–
bis 49,–, DZ € 69,– bis 77,–, inkl. Frühstück, alle Zi mit Bad, WC, ☎, TV, Radio,
WLAN (kostenfrei) und Minibar, Tagungsräume, 🖨, G, P, August-Thyssen-Straße 129,
@, www.hotel-wasserbahnhof.de, ☎ **0049 (0) 2054/9595-0**, Fax 9595-55.

⑰ D-40883 RATINGEN-HÖSEL
A 3 oder A 52 ab ABK Breitscheid 6,5 km über die B 227 → Velbert
Hotel Haus Nussbaum – garni ★★ ruhige Lage am Ortsende im Grünen, 20 B, EZ
€ 29,– bis 56,–, DZ € 56,– bis 88,–, inkl. Frühstück, alle Zi mit WLAN, teils Du, WC, ☎
und TV, G, P, Messepreis auf Anfrage, Pirolweg 1, @, www.hotel-haus-nussbaum.de,
☎ **0049 (0) 2102/60123**, Fax 69027.

⑱ D-40721 HILDEN
A 3 ab Ausfahrt 28 ABK Hilden 2 km, A 46 ab Ausfahrt 27 Erkrath 2,6 km und
A 59 ab Ausfahrt 22 Düsseldorf-Benrath → Hilden, B 228 Solingen 3,5 km
Amber Hotel Hilden/Düsseldorf ★★★★ 93 Zi, EZ ab € 51,–, DZ ab € 72,–
(Wochenend- und Happy Day-Raten), Komfort-Zi und Junior-Suiten, inkl. Frühstück,
alle Zi mit Du/Bad, WC, Fön, ☎, Movie-TV, WLAN und Minibar, Lift, regionale und
internationale Küche, Bier- und Wintergarten, Hotelbar, 🖨, 🍴, 🚲, Tief-G, P, Schwa-
nenstr. 27, @, www.amber-hotels.de, ☎ **0049 (0) 2103/5030**, Fax 503444.

⑲ D-40721 HILDEN
A 46 ab Ausfahrt 27 Erkrath → Hilden 1,5 km
Hotel Orchidee ★★ 30 B, EZ € 38,–, DZ € 56,–, 3-Bett-Zi € 79,–, inkl. Frühstück, Messepreise, alle Zi mit Du, WC, Kabel-TV und Internetanschluss, teils
☎ und Balkon, Lobbybar, Gerresheimer Str. 1, @, www.hotel-orchidee.de,
☎ **0049 (0) 2103/2595992**, Fax 2595993.

⑳ D-40699 ERKRATH-HOCHDAHL
A 46 ab Ausfahrt 29 Erkrath-West
Hotel zur alten Post ★★ 70 B, EZ ab € 42,–, DZ ab € 62,–, inkl. Frühstück, Messepreise, alle Zi mit Du, WC, Radio, Kabel-TV und WLAN, Restaurant, P, Leibnizstr. 68,
@, www.hotel-zur-alten-post.de, ☎ **0049 (0) 2104/94950**, Fax 832421.

㉑ D-42651 SOLINGEN
A 46 ab Ausfahrt 30 Haan-Ost → Solingen
Hotel „Zum Roten Ochsen" ★★★ im Zentrum, 18 Zi, EZ € 65,–, DZ € 88,– bis
94,–, inkl. Frühstück, alle Zi mit Du, WC, ☎ und TV, Lift, Konferenzraum, Konrad-
Adenauer-Straße 20, info@zumrotenochsen.info, www.zumrotenochsen.info,
☎ **0049 (0) 212/22344-0**, Fax 22344-29.

㉒ D-42719 SOLINGEN
A 46 ab Ausfahrt 30 Haan-Ost → Solingen → -Zentrum → -Wald
Hotel Schwerthof ★★ 38 B, EZ € 50,– bis 70,–, DZ € 80,– bis 95,–, inkl. Früh-
stück, alle Zi mit Bad/Du, WC, ☎, Radio und TV, Restaurant, Tagungsraum bis 40
Personen, Kegel- und Bowlingbahnen, Focher Str. 82, @, www.hotel-schwerthof.de,
☎ **0049 (0) 212/252080**, Fax 2520844.

㉓ D-42659 SOLINGEN-SCHLOSS-BURG
A 1 ab Ausfahrt 96 ca. 3 km
Hotel-Restaurant Haus Niggemann ★★★ 50 B, EZ € 50,– bis 77,–, DZ € 77,–
bis 103,–, Nichtraucher-Zi, inkl. Frühstück, Zi mit Du, WC, ☎, Radio und TV, Gesellschaftsräume, 🍴, 🚲, P, Wermelskirchener Str. 22-24, info@hotel-niggemann.de,
www.hotel-niggemann.de, ☎ **0049 (0) 212/41021**, Fax 49175.

㉔ D-42659 SOLINGEN-SCHLOSS BURG
A 1 ab Ausfahrt 96 Schloss Burg/Wermelskirchen → Solingen-Burg 3 km
Hotel-Restaurant Laber ★★ 21 B, EZ ab € 45,– bis 50,–, DZ € 67,– bis 70,–, inkl.
Frühstück, alle Zi mit Bad/Du, WC, ☎ und TV, Restaurant mit frischer regionaler
Küche, Räume bis 110 Personen, 🍴, P, Wermelskirchener Str. 19, hotel-laber@
telebel.de, www.hotel-laber.de, ☎ **0049 (0) 212/44649**, Fax 41856.

㉕ D-51375 LEVERKUSEN-SCHLEBUSCH
A 3 ab Ausfahrt 24 Leverkusen → Schlebusch
CityClass Hotel Atrium ★★★ 55 Zi, EZ ab € 83,50, DZ ab € 119,00, Wochenen-
de EZ ab € 51,50, DZ ab € 71,50, inkl. Frühstücksbuffet, alle Zi mit Du, WC, Fön,
☎, Kabel-TV, WLAN und Minibar, Konferenzen, Sonnenterrasse, Sauna, Solarium,
🖨, P, Heinrich-Lübke-Str. 36/40, @, www.cityclass.de, ☎ **0049 (0) 214/5601-0**,
Fax 5601-1.

**❻ Romantik-Hotel Haus Elmer,
Hamminkeln-Marienthal**

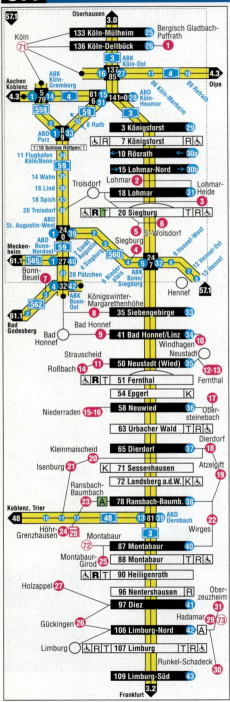

❶ D-51469 BERGISCH GLADBACH-PAFFRATH
A 3 ab Ausfahrt 26 Köln-Dellbrück über B 506 ca. 7 km
Hotel Hansen, Restaurant Großer Kurfürst ★★★ 31 B, EZ € 62,–
bis 105,–, DZ € 88,– bis 135,–, Mehrbett-Zi, inkl. Frühstücksbuffet, alle
Zi mit Du, WC, ☎, Kabel-TV und Internet, ⌂, P, Paffrather Str. 309, @,
www.hotel-hansen.de, ☎ 0049 (0) 2202/95770, Fax 59939.

❷ D-53797 LOHMAR A 3 ab Ausfahrt 31 Lohmar ca. 1 km
Hotel-Restaurant Zur Alten Fähre ★★★ EZ € 50,– bis 55,–, DZ
€ 80,–, Nichtraucher-Zi, inkl. Frühstück, alle Zi mit Du, WC und TV, teils
Minibar, Restaurant mit gutbürgerlicher Küche, Speisen ab € 3,50, Saal
bis 95 Personen, Biergarten, Wintergarten, ⌂, großer P, Brückenstr. 18, @, www.hotel-zur-alten-faehre.eu, ☎ 0049 (0) 2246/4561, Fax 3414.

❸ D-53797 LOHMAR-HEIDE
A 3 ab Ausfahrt 31 Lohmar 400 m → Siegburg → Much (B 56) ca. 4 km
Hotel Restaurant Franzhäuschen ★★ 15 B, EZ € 48,–, DZ € 68,–
bis 78,–, 3-Bett-Zi, inkl. Frühstück, alle Zi mit Bad/Du, WC, ☎ und
TV, Restaurant mit ausgezeichneter Küche, Sommergarten, ⌂ auf
Anfrage, ⌂, P, Franzhäuschenstr. 67, @, www.franzhaeuschen.de,
☎ 0049 (0) 2241/38980, Fax 38231 9.

❹ D-53721 SIEGBURG ab ABK Bonn-Siegburg (A 3 und A 560) →
Siegburg 400 m, 1. Ausfahrt 4 Niederpleis-Buisdorf links → Hennef, B 8 →
Siegburg, hinter Siegbrücke rechts, nach 900 m links
Hotel-Restaurant-Siegblick ★★★ im Grünen gelegen, 40 B, EZ € 55,– bis
70,–, DZ € 75,– bis 95,–, inkl. Frühstücksbuffet, alle Zi mit Bad/Du, WC, ☎
und TV, Gesellschaftsräume und Speiserestaurant mit insgesamt 150 Plätzen, Chef kocht selbst, Aussichtsterrasse, Minigolf, Familienbetrieb, ⌂,
G, P, geöffnet von 7-23 Uhr, So und feiertags bis 17.30 Uhr, Nachtigallenweg 1, @, www.siegblick.de, ☎ 0049 (0) 2241/127333, Fax 127335 0.

❺ D-53721 SIEGBURG-WOLSDORF
A 3 ab Ausfahrt 31 Lohmar → Siegburg 2. Ampel links → Alte Poststr./
Bernhardstr./Am Stadion, dann links, sofort rechts
Hotel-Restaurant Kasserolle ★★★ ruhige Lage, 30 B, EZ € 55,– bis
58,–, DZ € 75,– bis 78,–, inkl. Frühstück, alle Zi mit Du, WC, ☎ und TV,
Minibar auf Anfrage, saisonale Spezialitäten, Küche bis 24 Uhr geöffnet,
Räume bis 120 Personen, Terrasse, ⌂, großer P, Seidenbergstr. 64, @,
www.Kasserolle.de, ☎ 0049 (0) 2241/62608, Fax 52407.

❻ D-53721 SIEGBURG-WOLSDORF A 3 ab Ausfahrt 31 Lohmar
→ Siegburg, B 56 → Much 1. Ausfahrt, dann → Stallberg (insgesamt 3 km)
Hotel-Restaurant Jagdhaus ★★ ruhige Lage im Wald, 26 B, EZ € 48,–
bis 52,–, DZ € 72,– bis 75,–, ⌂-Zi, inkl. Frühstück, alle Zi mit Du, WC und
☎, täglich frische Wild- und Fischgerichte, P, Restaurant Mo und Di ./.,
Viehtrift 21, @, www.jagdhaus-siegburg.de, ☎ 0049 (0) 2241/38890 0,
Fax 38472 9.

❼ D-53227 BONN-BEUEL A 59 ab Ausfahrt Bonn-Süd 1 km
Hotel Restaurant Zur Post ★★★☆ 125 B, EZ € 60,– bis 110,–, DZ
€ 80,– bis 130,–, inkl. Frühstück, alle Zi mit Bad, WC, Fön, Kosmetikspiegel, ☎, TV, WLAN und Minibar, Lift, Restaurant mit Saal und Wintergarten, ⌂, Bus-P, Königswinterer Str. 309, @, www.hotelinbonn.com,
☎ 0049 (0) 228/97 2940, Fax 97294 10.

❽ D-53639 KÖNIGSWINTER-MARGARETHENHÖHE
A 3 ab Ausfahrt 33 Siebengebirge ca. 3 km (3. Ampel rechts)
Hotel Restaurant „Im Hagen" ★★★ 35 B, EZ € 50,– bis 70,–, DZ
€ 77,– bis 105,–, inkl. Frühstücksbuffet, Ferienwohnungen, alle Zi mit
Bad/Du, WC, ☎, TV und Internet, Raum bis 120 Personen, ⌂, P, Oel-
bergringweg 45, @, www.hotel-im-hagen.de, ☎ 0049 (0) 2223/92130,
Fax 921 399.

❾ D-53604 BAD HONNEF
A 3 direkt an der Ausfahrt 34 Bad Honnef/Linz
Hotel-Restaurant Domblick ★★★ 22 B, EZ € 42,– DZ € 68,–, inkl.
Frühstücksbuffet, Wochenendpreise, alle Zi mit Du, WC, ☎ und Sat-TV,
Gesellschaftsraum, großer P, Rottbitzer Straße 81, @, www.domblick.com,
☎ 0049 (0) 2224/80216, Fax 81376.

❿ D-53578 WINDHAGEN A 3 ab Ausfahrt 34 Bad Honnef/Linz →
Eitorf 200 m, rechts → Neustadt/Wied/Windhagen, gesamt 1 km
Hotel–Restaurant–Café 4 Winden ★★★☆ 17 B, EZ € 52,–, DZ € 82,–,
Nichtraucher-Zi, Themen-Zi, inkl. Frühstück, alle Zi mit Bad, Du, WC, ☎,
Minibar, Safe, kostenfreiem Fax und Modemanschluss, Lift, Tagungsraum,
P, Schulstr. 12, @, www.hotel4winden.de, ☎ 0049 (0) 2645/97 7790, Fax
977 7920.

⓫ D-53577 STRAUSCHEID
A 3 ab Ausfahrt 35 Neustadt (Wied) 3 km
Hotel-Restaurant „Westerwälder Hof" ★★★ ruhige Lage in Ortsmitte, 40 B, EZ € 40,– bis 42,–, DZ € 62,– bis 64,–, inkl. Frühstück, Zi
mit Du, WC, Kabel-TV und Radio, gutbürgerliche Küche, Räume für
15 bis 200 Personen, ☎, ⌂ (Kleintiere), großer P, Kurstraße 10, @,
www.westerwaelder-hof.com, ☎ 0049 (0) 2683/31102, Fax 2638.

❶–㉙ Einträge siehe Seiten 48 + 49

Tipps zur Route

Die Kilometer-Einteilung der A 3 beginnt am ABD Köln-Heumar mit Null, sie endet mit km 623 bei Passau am Grenzübergang nach Österreich. Zunächst aber berührt diese Autobahn den Königsforst und führt auf schöner Strecke durch das Siebengebirge zum Dernbacher Dreieck. Vorüber am Naturpark Westerwald erreicht die A 3 nach 106 km die Ausfahrt Limburg-Nord.

Köln: Was soll man in Köln zuerst besichtigen, in einer Stadt, deren Bürgerschaft in den Jahren von 1150–1250 nicht weniger als 28 Kirchen erbaute? Dreimal war Köln Weltstadt: in der Römerzeit, im Mittelalter als stärkste Festung Europas und heute. Hier stehen so berühmte Gotteshäuser wie der 1848 vollendete Dom mit seinen 157 m hohen Zwillingstürmen, St. Maria im Kapitol, St. Pantaleon und St. Gereon, dessen älteste Teile aus der Zeit um 390 stammen. In den letzten Jahren entstand zwischen Dom und Rhein ein kulturelles Zentrum der Sonderklasse. Das burgähnliche Gürzenich fungiert während der Karnevalszeit „Jecken-Hochburg". Beim berühmten Kölner Rosenmontagszug können Sie nicht nur Ihr Geschick beim „Kamellefangen" unter Beweis stellen. Die eleganten Läden von Hohe Straße und Schildergasse locken zum Einkaufsbummel. Ein „Kölsch" mit Rheinblick und Stadtpanorama, alles erstklassig, genießt man in der Bastei, einem Aussichts-Restaurant am Konrad-Adenauer-Ufer. Den „Kölner Knüller", einen Wochenend-Pass, gibt es in den Hotels der Innenstadt. Zahlreiche Parkhäuser gestatten problemloses Parken.

Ausfahrt Siegburg oder Troisdorf: Warum nicht einen halben Tag am schönen Rhein verbummeln? Nach Bonn sind es nicht viel mehr als 15 km. Freunde der Kunstgeschichte mögen das Beethoven-Haus, Bonnstraße 20, das Ernst-Moritz-Arndt-Haus, Adenauerallee 79, oder das Schumann-Haus, Sebastianstraße 182 besuchen. Eine besondere Attraktion für die ganze Familie ist sicher das Haus der Geschichte der Bundesrepublik Deutschland an der Bonner Museumsmeile in der Nähe des ehemaligen Kanzleramtes. Fahren Sie dann wieder auf das rechte Rheinufer und über Königswinter und Bad Honnef, vielleicht über Neuwied, zurück zur Autobahn.

Ausfahrt Diez: Wer, von Norden kommend, Limburg besuchen will und es nicht eilig hat, sollte hier die A 3 verlassen. Man benutze aber nicht die B 49, sondern fahre durch herrlichen Wald über Hambach, Diez und Schloss Oranienstein im Tal der Lahn entlang.

㉚ D-65594 RUNKEL-SCHADECK

A 3 ab Ausfahrt 42 Limburg Nord 8 km

Landhaus Schaaf ★★★ 70 B, EZ € 38,– bis 75,–, DZ € 63,– bis 88,–, inkl. reichhaltigem Frühstück, alle Zi mit Du, WC, 📺 und Kabel-TV, Restaurant für 160 Personen, Biergarten, viele Freizeitangebote, 🍽, P, Oberstr. 15, @, www.landhaus-schaaf.de, ☎ 0049 (0) 64 82/2 98-0, Fax 2 98-20.

㉛ D-65589 OBERZEUZHEIM

A 3 ab Ausfahrt 42 Limurg-Nord, B 49/54 → Siegen 10 km

Hotel-Restaurant Lochmühle ★★ sehr ruhige Lage im Elbbachtal, 24 B, EZ € 33,–, DZ € 58,–, inkl. Frühstück, Zi mit Du, WC, 📺, TV und Radio, teils Balkon, Räume für 30-90 Personen, G, Lkw- und Bus-P, @, www.hotel-lochmuehle-westerwald.de, ☎ 0049 (0) 64 33/22 88 + 45 88, Fax 94 95 02.

㉗ KÖLN

Was soll man in Köln besichtigen, in einer Stadt, deren Bürgerschaft in den Jahren von 1150-1250 nicht weniger als 28 Kirchen erbaute? Dreimal war Köln Weltstadt: in der Römerzeit, im Mittelalter als stärkste Festung Europas und heute. Hier stehen so berühmte Gotteshäuser wie der Dom, Groß-St. Martin, St. Pantaleon und St. Gereon, dessen älteste Teile aus der Zeit um 390 stammen. Hier gibt es gleich neben dem Dom das Römisch-Germanische Museum und in der Cäcilienkirche das Schnütgen-Museum für mittelalterliche Kunst. Am Dom, Roncalliplatz 2, finden Sie auch das Erzbischöfliche Diözesanmuseum, geöffnet täglich außer donnerstags ab 11 Uhr. Parken bei einem Kurzbesuch können Sie in der Tiefgarage unter den Domterrassen, direkt am Dom, Einfahrten Trankgasse und Bechergasse.

Information und Prospekte:

KölnTourismus GmbH, Kardinal-Höffner-Platz 1, D-50667 Köln, info@koelntourismus.de, www.koelntourismus.de, ☎ 0049 (0) 221/2 21-30 400, Fax 2 21-30 410.

㉘ MONTABAUR

Das gelbe Schloss zwischen Frankfurt und Köln – Wahrzeichen der 1000-jährigen Stadt Montabaur – täglich grüßt es Zehntausende auf ihrer Fahrt durch den Westerwald.
Information und Prospekte:
Verbandsgemeindeverwaltung, Konrad-Adenauer-Platz 8, D-56410 Montabaur, info@montabaur.de, www.montabaur.de, ☎ 0049 (0) 26 02/1 26-0, Fax 1 26-150.

㉙ HADAMAR

Hadamar, landschaftlich reizvoll zwischen Lahntal und Westerwald gelegen, lädt nicht nur zum Wandern ein. Historische Bauwerke bewahren die fürstliche Vergangenheit dieser aufstrebenden liebenswerten Kleinstadt. Allen voran die prächtige Renaissanceschloss-Anlage mit der Evangelischen Schlosskirche, Blickfang und Wahrzeichen der Stadt. Die spätgotische Liebfrauenkirche (14./15. Jahrhundert), die barocke Stadtpfarrkirche, das Rathaus im Renaissance-Fachwerk, das Scherenschnittmuseum, das Krippenmuseum und der zauberhafte Rosengarten sind ebenfalls sehenswert.

Information und Prospekte: Fremdenverkehrsamt, Untermarkt 1, D-65589 Hadamar, Fremdenverkehrsamt@Hadamar.de, www.hadamar.de, ☎ 0049 (0) 64 33/8 90, Fax 8 91 55.

❶ –❷❻ Einträge siehe Seiten 52 + 53

❷❼ D-63739 **ASCHAFFENBURG** A 3 ab Ausfahrten 58 Aschaffenburg-West und 59 Aschaffenburg-Ost → Aschaffenburg Stadtmitte, Hotelroute
Hotel Wilder Mann ★★★★ Innenstadtlage, 74 Zi, EZ € 67,– bis 80,–, DZ € 96,– bis 112,–, inkl. Frühstücksbuffet, alle Zi mit Bad/Du, WC, ☎, TV und WLAN, Restaurant, verschiedene Räume für insgesamt 200 Personen, 🚌, 🍴, 🅿, Löherstr. 51, @, www.hotels-aschaffenburg.de, ☎ **0049(0)6021/3020**, Fax 302234.

❷❽ D-63739 **ASCHAFFENBURG**
A 3 ab Ausfahrten 58 Aschaffenburg-West und 59 Aschaffenburg-Ost je 4 km
Hotel Gasthof Zum Goldenen Ochsen ★★★☆ 60 B, EZ € 63,– bis 75,–, DZ € 83,– bis 95,–, inkl. Frühstück, alle Zi mit Bad/Du, WC, ☎, TV, Internet und Minibar, Tagungsraum, 🅿, Karlstr. 16, info@zumgoldenenochsen.de, www.zumgoldenenochsen.de, ☎ **0049(0)6021/21331**, Fax 25785.

❷❾ D-63773 **GOLDBACH**
A 3 aus Frankfurt/Main ab Ausfahrt 59 Aschaffenburg-Ost 1 km und aus Würzburg ab Ausfahrt 60 Goldbach/Hösbach-West 800 m
Hotel Restaurant MaSell ★★★★ 21 B, EZ € 55,– bis 80,–, DZ € 75,– bis 90,–, inkl. Frühstück, alle Zi mit Du, WC, ☎-Flatrate, TV und WLAN, Restaurant mit internationaler Küche, Biergarten, Aschaffenburger Str. 54-56, @, www.hotel-masell.de, ☎ **0049(0)6021/5953**, Fax 59559.

❸⓪ D-63773 **GOLDBACH** A 3 von Frankfurt ab Ausfahrt 59 Aschaffenburg-Ost 1,2 km, von Würzburg ab Ausfahrt 60 Goldbach/Hösbach-West 800 m
Hotel-Restaurant-Café Rußmann ★★★ das kulinarische Haus in der Ortsmitte, 28 B, EZ € 55,– bis 90,–, DZ € 75,– bis 120,–, inkl. Frühstück, alle Zi mit Bad/Du, WC, TV, Internetanschluss mit DSL und Radio, anerkannt feine Küche, Café-Bistro, Konditorei, Räume für 20 bis 70 Personen, 🍴, G, 🅿, Aschaffenburger Str. 96, @, www.russmann-gastro.de, ☎ **0049(0)6021/51650+53040**, Fax 540568.

❸❶ D-63773 **GOLDBACH**
A 3 ab Ausfahrt 59 Aschaffenburg-Ost ca. 200 m
Hotel Bacchusstuben ★★ 12 Zi, EZ € 39,–, DZ € 70,–, inkl. Frühstück, alle Zi mit Du, WC, ☎ und TV, Restaurant, Balkon, großer P (auch LKW), Aschaffenburger Str. 4, www.hotelrestaurant-bacchusstuben.de, ☎ **0049(0)6021/51034**, Fax 51037.

❸❷ D-63773 **GOLDBACH**
A 3 ab Ausfahrt 59 Aschaffenburg-Ost ca. 200 m
Hotel Bleisteinmühle ★ lärmgeschützt, 45 B, EZ € 22,– bis 27,–, DZ € 39,– bis 47,–, inkl. Frühstück, alle Zi mit Du, teils WC und TV, Restaurant mit gutbürgerlicher Küche, großer P, Aschaffenburger Str. 2, www.gasthofhotel-bleisteinmuehle.de, ☎ **0049(0)6021/51613**.

❸❸ Karlstein, -Dettingen und Johannesberg-Rückersbach siehe Route 45.1

❼❶ **HOCHTAUNUSSTRASSE**

Eingebettet zwischen den Ausfahrten Bad Homburg (Autobahn A 5) und Bad Camberg (Autobahn A 3) kann man auf etwa 60 Kilometern Länge eine der schönsten deutschen Touristikstraßen befahren. In Bad Homburg vor der Höhe verlocken elegante Läden zum Einkauf, und wer der Taunus-Therme seine Referenz erweist, der lernt eins der reizvollsten Thermalbäder Europas kennen. Zum wiedererstandenen Kastell Saalburg, einer besonderen Sehenswürdigkeit, ist es für den Autowanderer von hier aus nur ein Katzensprung, desgleichen zum Freilichtmuseum „Hessenpark" (siehe Bild) bei Neu-Anspach. Stets den Feldberg mit seinen auf 880 Metern Höhe vor Augen, durchquert man nun den Hochtaunuskreis. In vielen Windungen klettert die Hochtaunusstraße hinauf zur Passhöhe Rotes Kreuz (668 m). Zum unbewaldeten Gipfel des Großen Feldbergs mit Falknerei und Aussichtsturm sind es auf guter Gebirgsstraße von hier aus zwei Kilometer. Der Hochtaunusstraße folgend, erreicht man jenseits des Roten Kreuzes bald Oberreifenberg, höchstgelegene Taunusgemeinde, Luftkurort und Wintersportplatz. Den Luftkurort Schmitten in schöner Mittelgebirgslandschaft passierend, senkt sich die Route sanft hinab in das Weiltal und führt über die malerischen Ortsteile der Gemeinde Weilrod und die Bundesstraße 275 nach Bad Camberg.
Information und Prospekte:
Taunus Touristik Service e.V., Ludwig-Erhard-Anlage 1-5, D-61352 Bad Homburg, ti@taunus.info, www.taunus-info.de, ☎ **0049(0)6172/9994140**, Fax 9999807.

❼❷ Idstein siehe diese Seite

---

❼❷ # Königliches Idstein

Wer schon einmal die geballte Pracht der ehemaligen nassauischen Residenz mit ihrem Hexenturm, den liebevoll restaurierten Fachwerkhäusern sowie das „Dreigestirn" mit Rathaus, Schiefem Haus und Kanzleitor, das Killingerhaus, die Unionskirche mit den 38 Wand- und Deckengemälden der Rubensschule, das Schloss mit Schlossgarten erlebt hat, weiß, warum Idstein königlich ist.

Dieses königliche Idstein kann man in den Monaten März bis November sonntäglich und feiertags ab 14.30 Uhr bei Führungen zu den verschiedensten Themen erleben.

Idstein ist eine jung gebliebene Stadt. Besonders eindrucksvoll zeigt sich das bei den vielen Festen – allen voran beim „Idstein JazzFestival". Für ein langes Sommerwochenende wird die Altstadt zu einer einzigen großen Musikbühne.

Informationen:

Tourist-Info Idstein	Tel.: 06126/78620
Killingerhaus	Fax: 06126/78865
König-Adolf-Platz	tourist-info@idstein.de
65510 Idstein	www.idstein.de

Hotels in Idstein siehe Seite 52

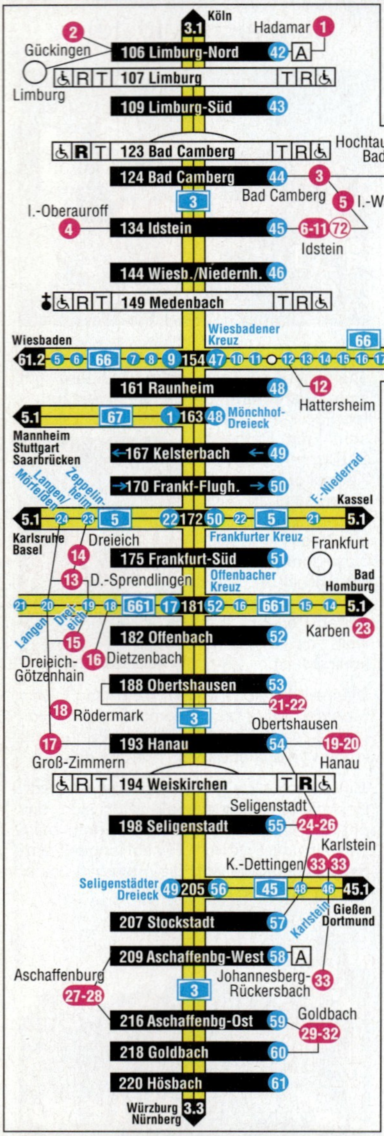

3.1 Köln
Hadamar 1
2 Gückingen
106 Limburg-Nord 42 A
Limburg
107 Limburg
109 Limburg-Süd 43
123 Bad Camberg
Hochtaunusstraße Bad Homburg
124 Bad Camberg 44 3 71
Bad Camberg 5 I.-Walsdorf
I.-Oberauroff
4 134 Idstein 45 6-11 72
Idstein
144 Wiesb./Niedernh. 46
149 Medenbach
Wiesbaden
Wiesbadener Kreuz
Frankfurt Kassel
61.2 5 6 66 7 8 9 154 47 10 11 12 13 14 15 16 17 18 66
161 Raunheim 48 12
Hattersheim
5.1 67 1 163 48 Mönchhof-Dreieck
Mannheim Stuttgart Saarbrücken
167 Kelsterbach 49
Langen/Mörfelden
Zeppelinheim
170 Frankf-Flugh. 50
F.-Niederrad
Kassel
5.1 24 23 5 22 172 50 22 5 21 5.1
Karlsruhe Basel
Dreieich
Frankfurter Kreuz
Frankfurt
14
175 Frankfurt-Süd 51
13 D.-Sprendlingen
Offenbacher Kreuz
Bad Homburg
21 20 19 18 661 17 181 52 16 661 15 14 5.1
Langen
Dreieich
182 Offenbach 52
Karben 23
15
Dreieich-Götzenhain
16 Dietzenbach
188 Obertshausen 53
21-22
18 Rödermark
Obertshausen
17
193 Hanau 54 19-20
Groß-Zimmern
Hanau
194 Weiskirchen
Seligenstadt
198 Seligenstadt 55 24-26
Karlstein
K.-Dettingen 33 33
Seligenstädter Dreieck 49 205 56 45 48 46 45.1
Gießen Dortmund
Karlstein
207 Stockstadt 57
209 Aschaffenbg-West 58 A
Aschaffenburg
27-28
Johannesberg-Rückersbach 33
216 Aschaffenbg-Ost 59
Goldbach
29-32
218 Goldbach 60
220 Hösbach 61
Würzburg Nürnberg 3.3

1 D-65589 **HADAMAR**
A 3 ab Ausfahrt 42 Limburg-Nord über B 49/B 54 → Hadamar 8 km und A 45 ab Ausfahrt 24 Haiger/Burbach über B 54 → Limburg/Lahn ca. 40 km
Hotel Nassau-Oranien ★★★★ historisches, denkmalgeschütztes Gebäude, familiär geführtes Haus, 61 Zi, EZ € 79,– bis 105,–, DZ € 90,– bis 120,–, Suite ab € 140,–, inkl. Frühstück und Nutzung von Schwimmbad, Whirlpool, Dampfbad und Sauna, alle Zi mit Bad, Du, WC, ISDN-☎, Sat-/Pay-TV, Fax-/Modemanschluss, WLAN und Minibar, 2 Restaurants, Hotelbar, Tagungsräume, Beauty- und Wellnessprogramme, € 6,–, P, Am Elbbachufer 12, @, www.nassau-oranien.de, ☎ **0049(0)6433/919-0**, Fax 919-100.

2 D-65558 **GÜCKINGEN**
ab Ausfahrt 42 Limburg-Nord → Montabaur ca. 4 km
Gasthof-Pension Oranienblick ★★ 24 B, EZ € 36,–, DZ € 53,– bis 56,–, inkl. Frühstück, alle Zi mit Du, WC und Sat-TV, teils Terrasse, Abendkarte, P, Oraniensteiner Straße 7, @, www.pension-oranienblick.de, ☎ **0049(0)6432/82592**, Fax 83020.

3 D-65520 **BAD CAMBERG**
A 3 ab Ausfahrt 44 Bad Camberg ca. 5 km über die L 3031 → Usingen
Hotel Waldschloss Bad Camberg – Weindorf ★★★ 50 B, EZ € 46,– bis 62,–, DZ € 86,– bis 120,–, inkl. Frühstücksbuffet, alle Zi mit Du, WC, Fön, ☎, TV, WLAN, Fax/Modem-Anschluss und Radiowecker, teils Minibar und Balkon, rustikales Spezialitätenrestaurant, Hotelbar, Kaffeeterrasse, Räume für 20-80 Personen, 2 Bundeskegelbahnen, Bier- und Weingarten, Kinderspielplatz, und ec, G, P, kein ./., Am Waldschloss 1/L 3031, @, www.hotel-waldschloss.de, ☎ **0049(0)6434/930740**, Fax 9307470.

4 D-65510 **IDSTEIN-OBERAUROFF** A 3 ab Ausfahrt 45 Idstein 500 m
Hotel Gasthof Kern ★★★ ruhige Lage am Wald, 40 B, EZ € 50,– bis 55,–, DZ € 75,– bis 80,–, Suite ab € 90,–, inkl. Frühstück, alle Zi mit Du, WC, ☎, TV und Internet, gutbürgerliche Küche und Spezialitäten, Apfelwein-Kelterei, Biergarten, G, P, Di ./., Am Dorfbrunnen 6, @, www.hotelkern.de, ☎ **0049(0)6126/8474**, Fax 71164.

5 D-65510 **IDSTEIN-WALSDORF**
A 3 ab Ausfahrten 44 Bad Camberg 5 km und 45 Idstein 9 km (an der B 8)
Gasthof „Zur Walkmühle" ★★ ruhige Lage, 14 B, EZ € 23,– bis 28,–, DZ € 45,– bis 55,–, inkl. Frühstück, Zi mit Du und WC, Ferienwohnung, Gartenlokal, G, P, Do ./., Walkmühle 1, @, www.walkmuehle.com, ☎ **0049(0)6434/7398**, Fax 4154.

6 D-65510 **IDSTEIN** A 3 ab Ausfahrt 45 Idstein ca. 1 km
Restaurant Hotel Höerhof ★★★★ historisches Gebäude in der Altstadt gelegen, 28 B, EZ € 93,–, DZ € 118,–, Juniorsuite € 108,– bis 133,–, Suiten € 123,– bis 148,–, inkl. Frühstück, alle Zi mit Bad/Du, WC, ☎, Kabel-TV (Flatscreen) und WLAN, frische, kreative Küche, Tagungs- und Konferenzräume, uriges Weingewölbe, Sommerterrasse, Obergasse 26, @, www.hoerhof.de, ☎ **0049(0)6126/50026**, Fax 50 0226.

7 D-65510 **IDSTEIN** A 3 ab Ausfahrt 45 Idstein ca. 500 m → Bahnhof
Hotel Restaurant Zur Ziegelhütt ★★★ 30 B, EZ € 65,– bis 70,–, DZ € 85,– bis 100,–, inkl. Frühstück, Zi mit gehobener Ausstattung mit Du, WC, ☎ und TV, Motorradfahrer erwünscht, Am Bahnhof 6, www.hotel-ziegelhuette-idstein.de, ☎ **0049(0)6126/70277**, Fax 71145.

8 D-65510 **IDSTEIN** A 3 ab Ausfahrt 45 Idstein ca. 1 km
Hotel Restaurant Felsenkeller ★★★ ruhige Lage in Ortsmitte, 28 Zi, EZ € 57,– bis 70,–, DZ € 85,– bis 100,–, inkl. Frühstücksbuffet, alle Zi mit Du, WC, ☎ und TV, Lift, eigene Apfelweinkellerei, G, P, Schulgasse 1, www.hotel-felsenkeller-idstein.de, ☎ **0049(0)6126/93110**, Fax 9311193.

9 D-65510 **IDSTEIN**
A 3 ab Ausfahrt 45 Idstein 1 km
Hotel Goldenes Lamm ★★★ ruhige Lage (Fußgängerzone), 31 B, EZ € 55,– bis 75,–, DZ € 70,– bis 95,–, inkl. Frühstücksbuffet, alle Zi mit Du, WC, ☎, Kabel-TV und kostenfreiem WLAN, Himmelsgasse 7, @, www.goldenes-lamm-idstein.de, ☎ **0049(0)6126/93120**, Fax 1366.

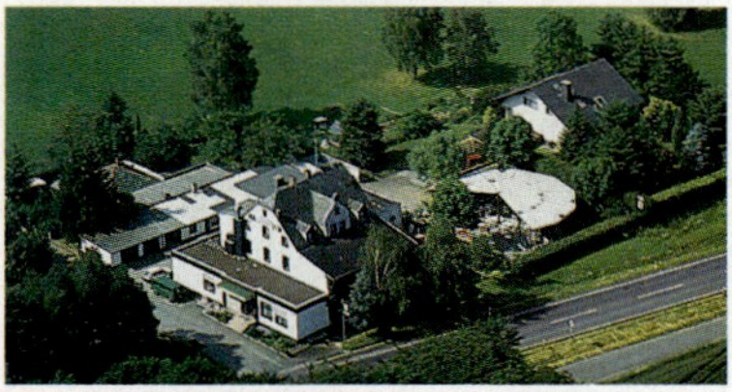

3 **Hotel Waldschloss Bad Camberg – Weindorf** (Freigabe-Nr. 2413/93)

4

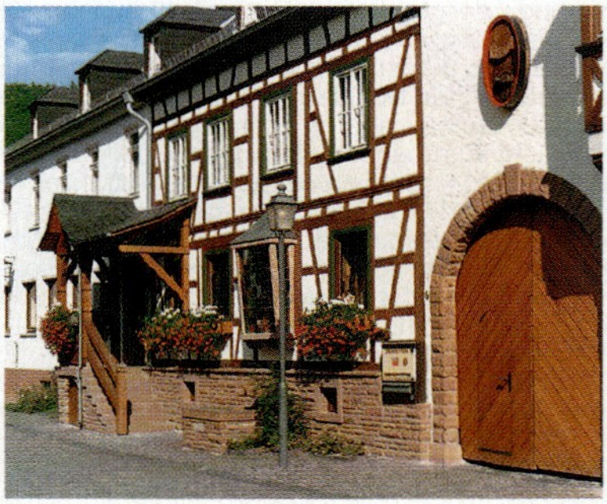

Hotel Gasthof Kern, Idstein-Oberauroff

⑩ **D-65510 IDSTEIN** A 3 ab Ausfahrt 45 Idstein 1 km
Hotel Europa ★★★ 50 B, EZ € 45,– bis 70,–, DZ € 60,– bis 80,–, 3-Bett-Zi € 85,– bis 100,–, alle Zi mit Du, WC und Sat-TV, 500 m zur Fußgängerzone, 24 Stunden-Check-in-Hotelomat, Limburger Straße 51, ☎ **0049(0)6126/54593**, Fax 1366.

⑪ **D-65510 IDSTEIN** A 3 ab Ausfahrt 45 Idstein 1 km
Hotel Sonne ★★★ zentrale Lage, 22 B, EZ € 52,– bis 55,–, DZ € 72,– bis 82,–, inkl. Frühstücksbuffet, alle Zi mit Bad/Du, WC, Fön, TV und WLAN, Tagungsraum, 2 Minuten zur historischen Altstadt, 🍴, G, P, Limburger Straße 28, @, www.hotel-sonne-idstein.de, ☎ **0049(0)6126/401957**, Fax 401955.

⑫ **D-65795 HATTERSHEIM** A 66 ab Ausfahrt 12 Hattersheim-West
Parkhotel am Posthof ★★★ 58 Zi, EZ € 64,– bis 145,–, DZ € 84,– bis 165,–, inkl. Frühstücksbuffet, alle Zi mit Bad/Du, WC, Fön, 🕿, Kabel-TV, WLAN und Minibar, teils Balkon, Lift, Restaurant, Bar, Seminarräume, Am Markt 17, @, www.parkhotel-ffm.de, ☎ **0049(0)6190/89990**, Fax 89999.

⑬ **D-63303 DREIEICH-SPRENDLINGEN** A 661 ab Ausfahrt 19 ca. 5 km
Hotel L'Escala ★★★ 75 Zi, EZ € 59,– bis 75,–, DZ € 79,– bis 95,–, Nichtraucher-Zi, Appartement, inkl. Frühstücksbuffet, Messepreise, alle Zi mit Bad/Du, WC, 🕿, Plasma-TV, WLAN, Safe und Klimaanlage, Café-Bistro, Tapas Bar, Bier- und Weinstube, Tagungsräume, ca. 10 Minuten bis Flughafen Frankfurt, ♿-Zi, kostenfreier P, Hauptstr. 47-51, @, www.hotel-escala.de, ☎ **0049(0)6103/80487 0**, Fax 8048 7777.

⑭ **D-63303 DREIEICH** A 661 ab Ausfahrt 19 Dreieich ca. 3 km und A 5 ab Ausfahrt 23 Zeppelinheim ca. 2 km
Endstation Bahnhof Buchschlag, Bed & Breakfast ★★★ historisches Gebäude, 6 Zi, EZ € 45,–, DZ € 82,–, Frühstück € 5,– pro Person, alle Zi mit Bad/Du, WC, TV, Internet und Minibar, 2 Restaurants, Biergarten, 🍴, P, Buchschlager Allee 2, @, www.endstation.eu, ☎ **0049(0)6103/6191 9**, Fax 63349.

⑮ **D-63303 DREIEICH-GÖTZENHAIN** A 661 ab Ausfahrt 19 Dreieich ca. 2 km und A 5 ab Ausfahrt 24 Langen/Mörfelden ca. 8 km
Hotel Krone ★★ 59 B, EZ € 46,50 bis 51,50, DZ € 68,– bis 78,–, inkl. Frühstück, alle Zi mit Du, WC und TV, Lift, regionale Küche, 🍴, P, Betriebsferien vom 15.7.-15.8., Wallstraße 2, @, www.hotel-krone-dreieich.de, ☎ **0049(0)6103/84115+81451**, Fax 88970.

⑯ **D-63128 DIETZENBACH**
A 661 ab Ausfahrt 18 Neu-Isenburg ca. 7 km, in Dietzenbach → Steinberg 500 m
Hotel Mainstreet ★★★ 64 Zi, EZ € 49,–, DZ ab € 69,–, Frühstück € 5,– pro Person, alle Zi mit Du, WC, Fön, 🕿, TV, Pay-TV und WLAN, Lift, Restaurant, Tagungsräume bis 60 Personen, ca. 15 Minuten bis Frankfurt-Zentrum, S-Bahn-Anschluss, 🍴, Tief-G, Offenbacher Str. 35, @, www.hotel-mainstreet.de, ☎ **0049(0)6074/481030**, Fax 4810333.

⑰ **D-64846 GROSS-ZIMMERN** ab Ausfahrt 54 Hanau über die B 45 → Dieburg
Hotel an der Waldstraße ★★★ ruhige Lage, 54 B, EZ € 59,–, DZ € 82,–, 4-Bett-Zi, inkl. Frühstück, alle Zi mit Du, WC, 🕿, Kabel-TV, Fax-Anschluss und Minibar, Restaurant, Tagungsraum mit Technik, ♿-Zi, P, Waldstr. 42, @, www.hotel-waldstrasse.de, ☎ **0049(0)6071/9700 0**, Fax 9700311.

⑱ **D-63322 RÖDERMARK** A 3 ab Ausfahrt 54 Hanau über B 45 → Dieburg, A 5 ab Ausfahrt 24 Langen/Mörfelden und A 661 ab Ausfahrt 20 Langen
Hotel Lindenhof ★★★⚜ 36 B, EZ € 51,– bis 68,–, DZ € 67,– bis 88,–, Appartement, inkl. Frühstücksbuffet, Messepreise, alle Zi mit Bad/Du, WC, 🕿, Sat-TV, Radio und Schreibtisch, Bistro, Internet, Seminarraum, Nieder Röder Str. 22, @, www.hotel-lindenhof.com, ☎ **0049(0)6074/8990**, Fax 899100.

⑲ **D-63450 HANAU**
A 3 ab Ausfahrt 54 Hanau 7 km und A 66 ab Ausfahrt 36 Hanau-Nord 3 km
Hotel Zum Riesen ★★★⚜ Stadtmitte, 95 B, EZ € 85,– bis 195,–, DZ € 105,– bis 250,–, Suite € 140,– bis 300,–, inkl. Frühstücksbuffet, alle Zi mit Bad/Du, WC, Fön, Kosmetikspiegel, 🕿, Kabel-TV, Radio, Safe und Hosenbügler, Tagungsräume für 10-40 Personen, Sauna, 🕿, 🍴, Tief-G, Heumarkt 8, @, www.HanauHotel.de, ☎ **0049(0)6181/250250**, Fax 250259.
Im gleichen Haus:

⑳ **D-63450 HANAU**
Riesenjunior ★★ EZ ab € 45,–, DZ ab € 57,–, zzgl. Frühstück.

㉑ **D-63178 OBERTSHAUSEN**
A 3 ab Ausfahrten 53 Obertshausen und 54 Hanau je 1 km und A 45 ab Hanauer Kreuz
Abant Hotel ★★★ 26 Zi, EZ € 49,–, DZ € 79,–, Familien-Zi € 79,–, inkl. Frühstück, Messepreise, alle Zi mit Bad/Du, WC, Fön, 🕿, TV, WLAN und Balkon, Lift, Restaurant, Hotelbar, Café, Bistro, Sauna, Fitnessraum, Shuttleservice, nahe Frankfurt-City, 🍴, P kostenfrei, Robert-Schumann-Str. 2, @, www.abanthotel.de, ☎ **0049(0)6104/9548-0**, Fax 490198.

㉒ **D-63179 OBERTSHAUSEN** A 3 ab Ausfahrten 53 Obertshausen und 54 Hanau ca. 3 Minuten und A 45 ab Ausfahrt 43 Hanauer Kreuz über die B 43 a und B 45
i-Motel ★★★ Nichtraucherhotel, direkt am Naturpark Rhein/Main, 30 B, Zi ab € 29,–, Frühstücksbuffet € 7,– pro Person, allergikerfreundliche Zi mit Du, WC und Internetanschluss, teils TV, ca. 15 Minuten bis Frankfurt und Flughafen, ♿-Zi, P, Birkenwaldstr. 46, info@i-motel.de, @, www.i-motel.de, ☎ **0049(0)6104/94808-10**, Fax 94808-19.

㉗–㉝ + ㉑–㉒ **Einträge siehe Seite 51**

㉓ **D-61184 KARBEN** A 5 ab Ausfahrt 16 Friedberg und A 661 ab Ausfahrt 8 Preungesheimer Dreieck
Comfort Hotel Frankfurt-Karben ★★★ 50 B, 37 Zi, EZ € 54,– bis 100,–, DZ € 74,– bis 125,–, inkl. Frühstücksbuffet, voller Komfort - zivile Preise, 🕿, 🍴, P, St. Egrève Str. 25, @, www.comfortinn-frankfurt.com, ☎ **0049(0)6039/8010**, Fax 801222.

㉔ **D-63500 SELIGENSTADT** A 3 ab Ausfahrt 55 Seligenstadt ca. 2 km, über Bahnschienen 1. Ampel links
Hotel Elysee ★★★ 28 B, EZ € 50,– bis 59,–, DZ € 78,– bis 84,–, 3-Bett-Zi € 103,–, Suite, Nichtraucher-Zi, Familien-Zi, inkl. Frühstücksbuffet, alle Zi mit Bad/Du, WC, 🕿, TV, WLAN, Radio und Minibar, kleine Abendkarte, Fahrradverleih, 🕿, G, P, Ellenseestr. 45, @, www.hotel-elysee.de, ☎ **0049(0)6182/22835**, Fax 20280.

㉕ **D-63500 SELIGENSTADT**
A 3 ab Ausfahrt 55 Seligenstadt ca. 2 km
Hotel Frankfurter Hof ★★⚜ 28 B, EZ € 34,– bis 60,–, DZ € 56,– bis 88,–, inkl. Frühstück, Zi teils mit Bad/Du, WC und TV, Lift, gemütliches Restaurant, 🍴, P, Marktplatz 3, FrankfurterHof@t-online.de, www.Frankfurter-Hof-Seligenstadt.de, ☎ **0049(0)6182/9377-0**, Fax 20436.

㉖ **D-63500 SELIGENSTADT**
A 3 ab Ausfahrt 55 ca. 2 km, Hotelroute folgen
Apartments Seligenstadt ★★★ 21 Apartments, Einzelapartment € 27,– bis 39,–, Doppelapartment € 37,– bis 44,–, inkl. Endreinigung, Frühstück, 🍴, P, Berliner Str. 7, @, www.apartments-seligenstadt.de, ☎ **0049(0)6182/82712 0**, Fax 827121.

Frankfurt
3.2

207 Stockstadt 57
209 Aschaffenbg-West 58 A
3
216 Aschaffenburg-Ost 59
218 Goldbach/Hösb.-W.60
220 Hösbach 61
223 Bessenbach/Wald.62
232 Weibersbrunn 63
238 Rohrbrunn 64
238 Spessart
253 Marktheidenfeld 65
260 Wertheim/Lengfurt 66
275 Helmstadt 67
81.0 81 279 68 ABD Würzburg-West
281 Würzburg/Kist 69
287 Wü.-Heidingsfeld 70
290 Würzburg
293 Wü./Randersacker 71
300 Rottendorf 72
7.7 104 103 7 102 301 73 7.6 ABK Biebelried
310 Kitzingen/Schwarz.74
3.4

Aschaffenburg
Hösbach-Bahnhof
Haibach
Hösbach-Winzenhohl
Mespelbrunn-Hessenthal
Heimbuchenthal
Kreuzwertheim
Wertheim
Helmstadt
Heilbronn Stuttgart
Eibelstadt
Sommerhausen
Ochsenfurt
Ulm
Kitzingen
Nürnberg
Krombach
Blankenbach
Schöllkrippen-Langenborn
Heigenbrücken
Weibersbrunn
Rothenbuch
Frammersbach
Esselbach-Kredenbach
M.-Altfeld
Marktheidenfeld
Würzburg
Höchberg
W.-Zellerau
Uettingen
Fulda Kassel
Dettelbach
Rottendorf

❶ D-63825 BLANKENBACH A 3 ab Ausfahrt 61 Hösbach ca. 8 km
Hotel Brennhaus Behl ★★★★ komfortabel schlafen im neuen Brennhaus, 36 B, EZ € 63,–, DZ € 88,–, Familien-Zi, Junior-Suiten, inkl. umfangreichem Vital-Landfrühstück, alle Zi mit Bad/Du, WC, Fön, ☎, TV, Internet und Frischluft-Klimaanlage, saisonale frische Küche, hauseigene Destille, Destillangarten, Terrasse, Räume bis 120 Personen, P, Krombacher Str. 2, @, www.behl.de, ☎ 0049 (0) 6024/4766, Fax 63928713.

❷ D-63829 KROMBACH
A 3 ab Ausfahrt 61 Hösbach → Schöllkrippen, Blankenbach links → Krombach 10 km
Kleines Landhotel „Windlicht" ★★★ sehr ruhig am Waldrand, 25 B, EZ € 46,– bis 51,–, DZ € 78,– bis 82,–, Familien-Zi, inkl. reichhaltigem Frühstück, alle Zi mit Du, WC, ☎, TV und WLAN, teils Balkon, Café, gutbürgerliche und gehobene Küche, ☎, ⌂, P, Tannenstr. 1, @, www.kleines-landhotel.de, ☎ 0049 (0) 6024/690300, Fax 6903036.

❸ D-63825 SCHÖLLKRIPPEN-LANGENBORN
A 3 ab Ausfahrt 61 Hösbach → Schöllkrippen 15 km
Hotel-Restaurant Villa am Sattelberg ★★★ 26 B, EZ € 55,– bis 75,–, DZ € 85,– bis 105,–, Mehrbett-Zi, inkl. Frühstück, alle Zi mit Du, WC, TV, Safe und Kitchenette, Biergarten, Terrasse, Hofladen, ☎, ⌂, 🚐, ♿, P, Im Langenborn 17, @, www.villa-am-sattelberg.de, ☎ 0049 (0) 6024/675433, Fax 6754348.

❹ D-63768 HÖSBACH-BAHNHOF
A 3 ab Ausfahrten 61 Hösbach und 62 Bessenbach-Waldaschaff
Gasthaus „Zum Specht" ★★★ 50 B, EZ € 45,– bis 60,–, DZ € 65,– bis 80,–, inkl. Frühstücksbuffet, alle Zi mit Du, WC, ☎, TV und WLAN, regionale Küche mit saisonalen Spezialitäten, Tagungsräume, ☎, 🚐, P, Sa + So ./., Aschaffenburger Str. 22, info@gasthaus-specht.de, ☎ 0049 (0) 6021/596060, Fax 596060.

❺ D-63768 HÖSBACH-WINZENHOHL A 3 ab Ausfahrt 61 Hösbach 5 km
Landhotel Klingerhof ★★★⚹ naturnahe Lage, 82 Zi, EZ ab € 63,–, DZ ab € 86,–, Mehrbett-Zi, inkl. Frühstücksbuffet, alle Zi mit Bad/Du, WC, ☎ und TV, 2 Restaurants bis 200 Personen, Sauna, Hallenbad, Hochseilgarten, Kletterwand, ☎, 🚐, großer P, Am Hügel 7, @, www.hotels-aschaffenburg.de, ☎ 0049 (0) 6021/6460, Fax 646180.

❻ D-97833 FRAMMERSBACH
A 3 ab Ausfahrten 61 Hösbach ca. 29 km und 65 Marktheidenfeld ca. 32 km, A 66 ab Ausfahrt 45 Bad Orb/Wächtersbach, an der B 276
Landhotel-Gasthof Spessartruh ★★★ Panoramalage, 80 B, EZ ab € 32,–, DZ ab € 60,–, inkl. Frühstück, alle Zi mit Du, WC und TV, Lift, 180 Sitzplätze, Terrasse, Hallenbad, Sauna, Solarium, seniorengerecht, 🚐, G, P, Wiesenstr. 129, @, www.spessartruh.de, ☎ 0049 (0) 9355/7443, Fax 7300.

❼ D-63869 HEIGENBRÜCKEN A 3 ab Ausfahrt 63 Weibersbrunn 12 km
Landgasthof Hochspessart, Flair-Hotel ★★★⚹ 70 B, EZ € 40,50 bis 54,–, DZ € 76,– bis 98,–, inkl. Frühstücksbuffet, alle Zi mit Du, WC, ☎, Sat-TV und WLAN, teils Balkon, feine regionale Küche, Arrangement mit 3-Gang-HP ab € 54,–, Café-Garten, Sauna, Fitness-Studio, Freibad, WLAN, ☎, 🚐, P, Lindenallee 40, hochspessart@t-online.de, www.hochspessart.de, ☎ 0049 (0) 6020/97200, Fax 972070.

❽ D-63875 MESPELBRUNN-HESSENTHAL A 3 ab Ausfahrt 63 Weibersbrunn ca. 5 km, vor dem Ortseingang rechts → Aschaffenburg, 2. Straße rechts
Müller's Landgasthof ★★★ 23 B, EZ € 41,– DZ € 70,–, 3-Bett-Zi, inkl. Frühstück, alle Zi mit Du, WC und Sat-TV, frische regionale Küche bis 22 Uhr, Räume für 15-70 Personen, Sommerterrasse, 🚐, P, Am Dürrenberg 1, @, www.muellers-landgasthof.de, ☎ 0049 (0) 6092/472, Fax 5133.

❾ D-63875 MESPELBRUNN-HESSENTHAL
A 3 ab Ausfahrt 63 Weibersbrunn ca. 5 km
Gasthof Zum Spessart ★★★ 36 B, EZ € 31,– bis 36,–, DZ € 62,– bis 78,–, inkl. Frühstücksbuffet, alle Zi mit Du, WC, ☎, TV und Balkon, 180 Sitzplätze, Sonnenterrasse, Wurst aus eigener Herstellung, ☎, 🚐, ♿, P, Würzburger Str. 4, @, www.gasthof-spessart.de, ☎ 0049 (0) 6092/8227-0, Fax 8227-37.

❹ Hotel Bayerischer Hof, Kitzingen
(Text siehe Seite 57)

❺ Landhotel Klingerhof, Hösbach-Winzenhohl

⑩ D-63875 MESPELBRUNN-HESSENTHAL
A 3 ab Ausfahrt 63 Weibersbrunn ca. 5 km
Hotel-Restaurant Waldhaus Mespelbrunn ★★ 30 B, EZ € 39,– bis 68,–, inkl. Frühstück, alle Zi mit Du, WC und TV, Biergarten, P, Waldweg 10, @, www.waldhaus-mespelbrunn.de, ☎ 0049 (0) 6092/247, Fax 82 12 47.

⑪ D-63872 HEIMBUCHENTHAL
A 3 ab Ausfahrten 63 Weibersbrunn und 64 Rohrbrunn → Mespelbrunn, durch Ortszentrum 10 km
Hotel Christel ★★★ Service-Q, 100 B, EZ € 38,50 bis 50,–, DZ € 70,– bis 96,–, Familien-Zi, inkl. Frühstücksbuffet, alle Zi mit Du, WC, Fön, ☎, Sat-TV und WLAN, Lift, gutbürgerliche Küche, hier kocht der Chef, Biergarten, kostenfreie Sauna, neuer Naturbadeteich, ☷, P, Hauptstr. 3, @, www.hotel-christel.de, ☎ 0049 (0) 6092/97140, Fax 97 14 99.

⑫ D-63879 WEIBERSBRUNN
A 3 ab Ausfahrt 63 Weibersbrunn 300 m rechts (Ortseingang)
Hotel-Restaurant-Café Brunnenhof ★★★★ 95 B, EZ € 50,– bis 62,–, DZ € 75,– bis 88,–, preiswerte Familien-Zi, inkl. Frühstück, Zi mit Bad, Du, WC, ☎ und TV, Lift, Spezialitäten und gutbürgerliche Küche, Räumlichkeiten bis 450 Personen, Terrasse 300 Plätze, Kinderspielplatz, Mariengrotte, Hauskapelle, ☷, G, P, Hauptstraße 231, hotel@brunnenhof-spessart.de, www.brunnenhof-spessart.de, ☎ 0049 (0) 6094/364+464, Fax 1064.
Unter gleicher Leitung:

⑬ D-63879 WEIBERSBRUNN
A 3 ab Ausfahrt 63 Weibersbrunn ca. 1,5 km, am Ortsende rechts
Pension Diana ★★★ 20 B, EZ € 36,– bis 45,–, DZ € 50,– bis 75,–, Appartements, inkl. Frühstück im Hotel, Zi mit Du und WC, teils Sat-TV, G, P, Hauptstraße 13, @, www.brunnenhof-spessart.de, ☎ 0049 (0) 6094/564+364, Fax 1064.

⑭ D-63879 WEIBERSBRUNN
A 3 ab Ausfahrt 63 Weibersbrunn 500 m rechts
Gasthaus Metzgerei Jägerhof ★★★ 2009 komplett renoviert, 75 B, EZ € 42,– bis 59,–, DZ € 65,– bis 75,–, Juniorsuiten, inkl. Frühstücksbuffet, Zi mit Du, WC, ☎, TV und WLAN, Lift, eigene Schlachtung und Wurstherstellung, Räume bis 350 Personen, Terrasse, ☷, G, P, Hauptstraße 223, @, www.hoteljaegerhof.de, ☎ 0049 (0) 6094/361, Fax 1054.

⑮ D-63879 WEIBERSBRUNN
A 3 ab Ausfahrt 63 Weibersbrunn ca. 600 m, 1. Haus links abbiegen
Pension Doris Roth ★★★ ruhige Lage, 8 B, EZ € 40,– bis 45,–, DZ € 50,– bis 60,–, inkl. Frühstück, alle Zi mit Du und WC, teils ☎, ⌀, P, Mittelweg 8, @, www.pension-Doris-Roth.de, ☎ 0049 (0) 6094/422, Fax 85 30.

⑯ D-63879 WEIBERSBRUNN
A 3 ab Ausfahrt 63 Weibersbrunn 1. Straße links, sofort rechts abbiegen
Pension Gerlinde ★★ 8 B, EZ € 27,–, DZ € 44,–, inkl. Frühstück, alle Zi mit Du, WC und TV, G, P, Hessenthaler Weg 4, @, www.gerlinde-pension.de, ☎ 0049 (0) 6094/315, Fax 98 95 94.

⑰ D-63879 WEIBERSBRUNN
A 3 ab Ausfahrt 63 Weibersbrunn 400 m rechts
Tankstelle Auto MaRo Kfz-Werkstatt GmbH ⚑ Abschleppdienst, Hauptstr. 229, ☎ 0049 (0) 6094/8401.

⑱ D-63860 ROTHENBUCH
A 3 ab Ausfahrten 63 Weibersbrunn ca. 7 km und 64 Rohrbrunn ca. 9 km
Hotel Spechtshaardt ★★★★ ruhige Lage, 80 B, EZ € 50,– bis 75,–, DZ € 72,– bis 99,–, inkl. Frühstück, alle Zi mit Du, WC, ☎, TV und Balkon, Biergarten, Terrasse, Sauna, Fitnessraum, ☷, G, P, Rolandstr. 34, @, www.spechtshaardt.de, ☎ 0049 (0) 6094/9720-0, Fax 97 20 49.

⑲ D-97839 ESSELBACH-KREDENBACH
A 3 ab Ausfahrten 64 Rohrbrunn 12 km und 65 Marktheidenfeld 5 km über Michelrieth
Pension & Bistro „Zur Rose" ★★★ 5 Appartement-Zi für 2-4 Personen, EZ € 44,–, DZ € 68,–, 3-Bett-Zi € 87,–, 4-Bett-Zi mit 2 Schlaf-Zi € 98,–, inkl. Frühstück, alle Zi mit Bad/Du, WC, ☎, TV und Balkon, ♿-Zi, P, Dorfstr. 3 a, @, www.rose-esselbach.de, ☎ 0049 (0) 9394/8586, Fax 8641.

⑳ D-97828 MARKTHEIDENFELD-ALTFELD
A 3 ab Ausfahrt 65 Marktheidenfeld ca. 1 km
Hotel-Restaurant Löwensteiner Haus ★★ ruhige Lage, 29 B, EZ € 39,– bis 44,–, DZ € 62,– bis 72,–, 3-Bett-Zi € 108,–, inkl. Frühstück, alle Zi mit Du, WC, ☎ und TV, deutsche, italienische und thailändische Küche, Sommerterrasse, ☷, ⌀ € 7,–, P, Wertheimer Str. 2, @, www.loewensteinerhaus.de, ☎ 0049 (0) 9391/98020, Fax 98 02 22.

㉑ D-97828 MARKTHEIDENFELD
A 3 ab Ausfahrt 65 Marktheidenfeld ca. 5 km
Hotel & Weinhaus Anker ★★★★ 39 B, EZ € 72,– bis 82,–, DZ € 99,– bis 128,–, Frühstück à la carte, kostenfreies WLAN, hervorragende Küche, Weinkellerlokal, eigenes Weingut, romantischer Innenhof, vielerlei Arrangements, ☷, ⌀, ☷, ♿, G, P, Obertorstr. 6, info@hotel-anker.de, www.hotel-anker.de, ☎ 0049 (0) 9391/6004-0, Fax 6004-77.

㉒ D-97828 MARKTHEIDENFELD
A 3 ab Ausfahrt 65 Marktheidenfeld
Gasthof-Hotel Mainblick ★★★ idyllisch am Main gelegen, 34 B, EZ € 50,– bis 60,–, DZ € 70,– bis 72,50, inkl. Frühstücksbuffet, alle Zi mit Du, WC, Fön und TV, feine regionale Küche, Räume bis 70 Personen, Terrasse, ☷, ☷, P, Mainkai 11, @, www.hotel-mainblick.de, ☎ 0049 (0) 9391/98650, Fax 98 65 44.

㉓ D-97828 MARKTHEIDENFELD
A 3 ab Ausfahrt 65 Marktheidenfeld
Pension Fischerhof ★★★ ruhige Lage an der Uferpromenade, 17 B, EZ € 38,– bis 52,–, DZ € 66,– bis 70,–, Familien- und Nichtraucher-Zi, inkl. Frühstücksbuffet, alle Zi mit Du, WC, TV und WLAN, teils Himmelbett, ⌀, P, Mainkai 15, @, www.pension-fischerhof.de, ☎ 0049 (0) 9391/91 53 03, Fax 91 53 04.

㉔ – ㊸ + ⑪ Einträge siehe Seiten 56 + 57

❷ **Kleines Landhotel „Windlicht",**
Krombach

Tipps zur Route

Ausfahrt Marktheidenfeld: 15 interessante Kilometer zwischen dieser und der Anschlussstelle Wertheim führen in das 1000-jährige Marktheidenfeld und am Ufer des Mains entlang über Bettingen zurück zur Autobahn. Marktheidenfeld selbst sollten Sie nicht verpassen: Reizvolle Fachwerkhäuser, romantische Gässchen, die malerische Mainfront. Eindrucksvoll sind die St.-Laurentius-Kirche und die stattliche alte Mainbrücke aus Buntsandstein.

Ausfahrt Wertheim: Eins der vielen liebenswerten Ausflugsziele am Main ist das fränkische Städtchen Wertheim. Hier, in reizvoller Landschaft am Zusammenfluss von Main und Tauber, befand sich einst die Residenz der Grafen von Wertheim. Eine hübsche Altstadt mit einem hübschen Marktplatz, viel Fachwerk und viel Mittelalterliches sind geblieben: die alte Stiftskirche, alte Brunnen, alte Gassen. Die dazugehörige Burg ist längst Ruine, eine herrliche Aussicht und die Burgschänke werden den Aufstieg in die Vergangenheit abrunden.

Ausfahrt Würzburg-Heidingsfeld: Über diese Ausfahrt streben Sie den traditionsreichen, besonders hübsch gelegenen Barock- und Frankenweinstadt Würzburg von Süden her vierspurig entgegen. In der Stadt mit dem Kiliansdom mit seinen Schätzen und der Marienburg genießt man das Panorama auf die sanft ansteigenden Hügel ringsherum. Unten in der Stadt locken Alte Mainbrücke und Rathaus, Markt mit Marienkapelle und Falkenhaus sowie das Neumünster. Besuchen Sie Balthasar Neumanns prachtvollen Residenzbau mit dem größten Deckenfresko der Welt, gemalt von Giovanni Tiepolo. Den Main bei Aschaffenburg verlassend, klettert die Autobahn in mäßigem Anstieg, in weiten Kurven, die oft einen herrlichen Ausblick ermöglichen, zur Hochfläche des Spessarts empor.

㉟ Hotel garni Zum Weinkrug, Sommerhausen

❶–㉓ Einträge siehe Seiten 54 + 55

㉔ D-97877 WERTHEIM
A 3 ab Ausfahrten 65 Marktheidenfeld ca. 7 km und 66 Wertheim/Lengfurt ca. 10 km
Hotel Schwan ★★★ direkt am Main gelegen, 65 B, EZ € 55,– bis 63,–, DZ € 79,– bis 140,–, 7 Juniorsuiten, inkl. Frühstück, Zi mit Bad, Du, WC, und ☎, teils WLAN, gute Küche, 130 Sitzplätze, Konferenzraum, rustikal-behagliche Atmosphäre, ▭, 🖥, P, Mainplatz, @, www.hotel-schwan-wertheim.de, ☎ **0049(0)9342/92330**, Fax 923366.

㉕ D-97892 KREUZWERTHEIM A 3 ab Ausfahrt 65 Marktheidenfeld ca. 5 km
Weinhaus Hotel-Restaurant Lindenhof ★★★★ ruhige Lage, 25 B, EZ € 68,50, DZ € 85,– bis 145,–, Suite mit Whirlpool € 185,–, inkl. Frühstück, Zi mit Bad/Du, WC, Fön, ☎, Fax, TV, Radio, WLAN und Minibar, teils Balkon und Solarium, internationale und regionale frische Küche, Caféterrasse, Golf 8 km, G, großer P, Lindenstraße 41, @, www.weinhaus-lindenhof.de, ☎ **0049(0)9342/91594-0**, Fax 91594-44.

㉖ D-97892 KREUZWERTHEIM A 3 ab Ausfahrt 65 Marktheidenfeld → 6,5 km
Hotel in den Herrnwiesen ★★★ ruhige Lage am Ortsrand, 42 B, EZ € 50,– bis 70,–, DZ € 70,– bis 90,–, inkl. Frühstück, alle Zi mit Bad/Du, WC, ☎, TV, Radio, ISDN-Internet-Anschluss und WLAN, teils Balkon, ▭, G, P, In den Herrnwiesen 2-4, hotel@herrnwiesen.de, www.herrnwiesen.de, ☎ **0049(0)9342/9313-0**, Fax 9313-11.

㉗ D-97892 KREUZWERTHEIM A 3 ab Ausfahrt 65 Marktheidenfeld ca. 6,5 km
Landgasthof Franz ★★★ ruhige Lage in der Ortsmitte, 45 B, EZ € 45,– bis 60,–, DZ € 45,– bis 85,–, Familien-Zi, inkl. Frühstücksbuffet, alle Zi mit Bad/Du, WC, TV und ISDN, Räume bis 120 Personen, gutbürgerliche bis gehobene Küche, Biergarten, 🖥, G, P, Hauptstr. 18, @, www.landgasthof-franz.de, ☎ **0049(0)9342/6600**, Fax 6622.

㉘ D-97292 UETTINGEN
A 3 ab Ausfahrt 66 Wertheim/Lengfurt ca. 10 km und 67 Helmstadt ca. 5 km
Fränkischer Landgasthof ★★ 15 B, EZ € 41,– bis 46,–, DZ € 68,–, 3-Bett Zi € 87,–, inkl. reichhaltigem Frühstück, alle Zi mit Du, WC, ☎ und TV, fränkische Küche, 🏂, 🖥, P im Hof, Marktheidenfelder Straße 3, @, www.landgasthof-uettingen.de, ☎ **0049(0)9369/90880**, Fax 908836.

㉙ D-97264 HELMSTADT A 3 ab Ausfahrt 67 Helmstadt 5 km
Akzent Hotel, Gasthof Zur Krone ★★★ 50 B, EZ € 55,– bis 67,–, DZ € 80,– bis 90,–, inkl. Frühstücksbuffet, alle Zi mit Du, WC, ☎, TV, Premiere, Radio und WLAN, Restaurant, fränkische und internationale Küche, Seminarräume, Saal bis 80 Personen, Biergarten, 🏂, 🖥, P, Mo bis Fr ab 17 Uhr, Würzburger Str. 23, @, www.gasthof-krone.de, ☎ **0049(0)9369/90640**, Fax 906440.

㉚ D-97204 HÖCHBERG A 3 (bei Würzburg) ab Ausfahrt 69 Würzburg/Kist → Würzburg, rechts → Höchberg (Gewerbegebiet) 3 km
Minotel Zum Lamm ★★★ 58 B, EZ € 56,– bis 72,–, DZ € 84,– bis 94,–, Nichtraucher-Zi, inkl. Frühstücksbuffet, alle Zi mit Du, WC, ☎ und TV, Lift, feine regionale Küche, Räume bis 80 Personen, Terrasse, ▭, G, Hauptstr. 76, @, www.lamm-hoechberg.de, ☎ **0049(0)931/3045630**, Fax 408973.

㉛ D-97082 WÜRZBURG-ZELLERAU A 3 ab Ausfahrt 69 Würzburg/Kist → Würzburg-Nord, 7 km
Ringhotel Restaurant Wittelsbacher Höh ★★★★ einzigartige Lage mit Festungsblick, 144 B, EZ € 74,– bis 105,–, DZ € 95,– bis 130,–, inkl. Frühstücksbuffet, alle Zi mit Du, WC, ☎, TV und Minibar, teils WLAN, Balkon, international fränkische Küche, Tagungsräume für 10 bis 100 Personen, Terrasse, ▭, 🏂 € 5,–, 🖥, P, Hexenbruchweg 10, @, www.wuerzburg-hotel.de, ☎ **0049(0)931/453040**, Fax 415458.

㉜ D-97070 WÜRZBURG
City Partner Hotel Strauss ★★★ im Zentrum gelegen, 125 B, EZ € 65,– bis 78,–, DZ € 85,– bis 105,–, 2 Suiten € 108,– bis 160,–, inkl. Frühstücksbuffet, alle Zi mit Bad/Du, WC, ☎, TV, WLAN und Minibar, teils klimatisiert, Lift, Räume für 40-70 Personen, öffentliche Tief-G, P, Juliuspromenade 5, @, www.hotel-strauss.de, ☎ **0049(0)931/30570**, Fax 3057555.

㉝ D-97246 EIBELSTADT A 3 ab Ausfahrt 71 Würzburg/Randersacker → Eibelstadt 1,5 km
Hotel-Restaurant-Vinothek Weinforum Franken ★★★★ 36 B, EZ € 53,– DZ € 81,– bis 125,–, Familien-Zi, inkl. Frühstücksbuffet, alle Zi mit Du, WC, ☎, TV und Internet, fränkische Küche mit Pfiff, große Auswahl fränkischer Weine, romantischer Innenhof, 50 Sitzplätze, 🖥, P, Hauptstr. 37, @, www.weinforum-franken.de, ☎ **0049(0)9303/9845090**, Fax 98450911.

㉞ D-97286 SOMMERHAUSEN A 3 ab Ausfahrt 71 Würzburg/Randersacker 4 km → Ochsenfurt (B 13)
Hotel Ritter Jörg ★★★★ 50 B, EZ € 55,– bis 58,–, DZ € 80,– bis 98,–, inkl. Frühstücksbuffet, alle Zi mit Bad/Du, WC, Fön, ☎, Sat-LCD-TV und Radio, teils Balkon, sehr schönes Restaurant mit Galerien, hervorragende Küche, Spitzenweine, 95 Sitzplätze, 🖥, P im Hof, Maingasse 14, @, www.ritter-joerg.de, ☎ **0049(0)9333/97300**, Fax 9730230.

㉟ D-97286 SOMMERHAUSEN A 3 ab Ausfahrt 71 Würzburg/Randersacker ca. 4 km, am Ortseingang rechts ca. 50 m
Hotel garni Zum Weinkrug ★★★ ruhige Lage, 30 B, EZ € 47,– bis 52,–, DZ € 70,– bis 82,–, inkl. Frühstücksbuffet mit vielen Bio-Produkten, alle Zi mit Du, WC, ☎ und Sat-TV, 2 G, WLAN, Steingraben 5, @, www.zum-weinkrug.de, ☎ **0049(0)9333/9047-0**, Fax 9047-10.

36 D-97286 **SOMMERHAUSEN**
A 3 ab Ausfahrt 71 Würzburg/Randersacker
Hotel-Gasthof Anker ★★★ direkt am Main gelegen, 22 B, EZ € 44,– bis 46,–, DZ € 67,– bis 69,–, inkl. Frühstücksbuffet, alle Zi mit Du, WC, Fön, ☎, Radio, Sat-TV, Radio, WLAN, Schreibtisch und Blick auf den Main, Lift, gutbürgerliche und fränkische Küche, Biergarten, 🅿, 🍴, G, großer P, Maingasse 2, @, www.gasthof-anker.de, ☎ 0049 (0) 9333/232, Fax 271.

37 D-97286 **SOMMERHAUSEN**
A 3 ab Ausfahrt 71 Würzburg/Randersacker ca. 4 km
Hotel-Restaurant Weinhaus Düll ★★ ruhige Seitenstraße, 21 B, EZ € 40,–, DZ € 58,– bis 62,–, inkl. reichhaltigem Frühstücksbuffet, Sonderangebote, individuell eingerichtete Zi mit Du, WC, Fön und TV, Spezialitäten vom heimischen Wild, große vegetarische Auswahl, Kreationen aus dem Rosengarten, fränkische Rot- und Weißweine, lauschiger Weingarten, Maingasse 14, info@weinhaus-duell.de, www.weinhaus-duell.de, ☎ 0049 (0) 9333/220, Fax 8208.

38 D-97286 **SOMMERHAUSEN**
A 3 ab Ausfahrt 71 Würzburg/Randersacker ca. 4,3 km, in der Ortsmitte
Gästehaus Mönchshof Hotel garni ★★ ruhige Lage, 27 B, EZ € 35,– bis 38,–, DZ € 58,– bis 61,–, inkl. Frühstücksbuffet, Ferienwohnung, alle Zi mit Du, WC, ☎, Sat-TV und Radio, WLAN frei, P im geschlossenen Hof, Mönchshof 7, @, www.gaestehaus-moenchshof.de, ☎ 0049 (0) 9333/97470, Fax 97 47 10.

39 D-97286 **SOMMERHAUSEN**
A 3 ab Ausfahrt 71 Würzburg/Randersacker
Hotel-Restaurant Weinhaus Unkel ★★ 300-jähriges fränkisches Weinkellerlokal, ruhige Lage, 19 B, EZ € 28,– bis 44,–, DZ € 48,– bis 74,–, inkl. Frühstücksbuffet, Zi mit Bad/Du, WC, ☎ und TV, Restaurant „Winzerstube" mit hervorragender internationaler und saisonal heimischer Küche, romantische Außenbewirtung, G, Maingasse 6, @, www.weinhaus-unkel.de, ☎ 0049 (0) 9333/972-0, Fax 9722-88.

40 D-97286 **SOMMERHAUSEN**
A 3 ab Ausfahrt 71 Würzburg/Randersacker, Ortsmitte
Gasthof Zum Goldenen Ochsen ★★★ ruhige Lage, 23 B, EZ € 35,– bis 38,–, DZ € 59,– bis 63,–, Familien-Zi, Nichtraucherhaus, Pauschalangebote, inkl. Frühstücksbuffet, alle Zi mit Bad/Du, WC, ☎, Radio, TV und WLAN (kostenfrei), fränkische und saisonale Küche, eigener Weinbau, Weingärtchen, 100 Sitzplätze, 🍴, G, P, Hauptstr. 24, @, www.goldenen-ochsen.de, ☎ 0049 (0) 9333/203, Fax 8123.

41 D-97318 **KITZINGEN**
A 3 ab Ausfahrt 74 Kitzingen/Schwarzach und A 7 ab Ausfahrt 103 Kitzingen je 6,5 km
Hotel Bayerischer Hof ★★★ ruhige Lage in Stadtmitte, 52 B, EZ € 49,50 bis 68,–, DZ € 69,50 bis 85,–, inkl. Frühstücksbuffet, alle Zi mit Du, WC, ☎, TV und Minibar, original fränkische Weinstuben, 🍴, G, Herrnstraße 2, @, www.bayerischerhof.info, ☎ 0049 (0) 9321/1440, Fax 14488 **(Bild siehe Seite 54)**.

42 D-97228 **ROTTENDORF**
A 3 ab Ausfahrt 72 Rottendorf ca. 2 km (8 km bis Stadtmitte Würzburg)
Hotel-Gasthof Zum Kirschbaum ★★★ 66 B, EZ € 57,–, DZ € 79,–, 3-Bett-Zi € 101,–, inkl. Frühstücksbuffet, alle Zi mit Bad, Du, WC, ☎ und TV, Lift, gute Küche, eigene Metzgerei, 200 Sitzplätze, Tagungsraum, Winter-Palmengarten, 🅿, 🍴, großer P, Würzburger Straße 18, info@hotel-zum-kirschbaum.de, ☎ 0049 (0) 9302/9095-0, Fax 9095-20.

43 D-97337 **DETTELBACH**
A 3 ab Ausfahrten 72 Rottendorf und 74 Kitzingen/Schwarzach je 8 km → Dettelbach
Akzent Hotel am Bach ★★★ ruhige Lage, 30 B, EZ € 45,– bis 65,–, DZ € 65,– bis 85,–, inkl. Frühstücksbuffet, alle Zi mit Du, WC, ☎, TV und WLAN, Restaurant mit fränkischer Küche, 🅿, 🍴, G, Eichgasse 5, @, www.hotelambach.de, ☎ 0049 (0) 9324/97300, Fax 9730109.

71 **FERIENREGION WERTHEIM**
Die alte Residenzstadt Wertheim liegt idyllisch an Main und Tauber. Auf Grund Ihrer historischen Altstadt, der imposanten Burg und fränkischer Gastfreundlichkeit lockt die Stadt immer mehr Besucher in den Norden Baden-Württembergs. Wertheim bietet: Die Zisterzienserabtei Kloster Bronnbach, rund 800 Betten in Hotels, Gaststätten und Pensionen, Freizeitmöglichkeiten wie ein Freizeit- und Hallenbad, mehrere Campingplätze, einen Waldseilgarten, das Outlet-Shopping-Center „Wertheim Village", Reit- bzw. Tennishallen und -plätze sowie eine Jugendherberge.

Informationen und Prospekte:
Fremdenverkehrsgesellschaft Romantisches Wertheim, Am Spitzen Turm, D-97877 Wertheim, info@tourist-wertheim.de, www.tourist-wertheim.de, ☎ 0049 (0) 9342/93509-0, Fax 93509-20.

Tipps zur Route

Ausfahrt Rottendorf: Verlässt man die A 3 an der Ausfahrt Rottendorf, sind es nur noch 8 km bis zum schönen Dettelbach. In diesem 7000-Seelen-Dorf ist die Welt noch in Ordnung. Hier kann man die vollständig erhaltene Stadtmauer und zahlreiche Gassen mit wunderschönen Fachwerkhäusern bewundern. Ob zu Fuß oder mit dem Rad, ob Wein oder eine herzhaft fränkische Mahlzeit - Dettelbach bietet für Jeden etwas. Insgesamt 24 Winzerbauer auf ca. 200 ha Erde die verschiedensten Weinsorten an. Dazu werden Muskazinen gereicht, eine süße Gebäckspezialität aus dem Ort, die der Form einer Schleife ähnelt. Wer gerne zu Fuß unterwegs ist, der kann die verschiedenen Pilgerwege entlangwandern. Bei der Tourismusinformation erhält man noch viele weitere Wandervorschläge und Tipps, die Stadt zu erkunden. Wie wäre es, mit einer Kutsche durch die Weinberge zu fahren? Auf dem Weg zum Ziel kann man verschiedene Werke von insgesamt sieben Bildhauern bewundern, die von der Wallfahrtskirche bis zur Altstadt aufgebaut sind.

Ausfahrt Würzburg/Randersacker: Sommerhausen ist ein idealer Standort, von dem aus Ausflüge aller Art möglich sind. Egal ob man einen kurzen Spaziergang am Main machen möchte oder stundenlang durch die Weinberge wandern will. Wie der Name schon sagt: Es regnet hier sehr wenig. Ein Genuss ist der Sommerhäuser Wein, den man sich nicht entgehen lassen sollte. Auch wer kein Freund der typisch fränkischen Küche ist, wird hier auf kulinarischem Gebiet durchaus verwöhnt. Vom selbstgemachten Camembert bis hin zum Rettichbrot kann man alles probieren. Mit dem Auto ist es dann nur noch ein Katzensprung nach Würzburg oder in andere fränkische Städte.

36 Hotel-Gasthof Anker, Sommerhausen

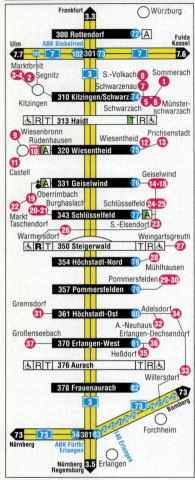

❶ D-97334 SOMMERACH
A 3 ab Ausfahrt 74 Kitzingen/Schwarzach ca. 7 km
Hotel Gasthof Winzerhof ★★ ruhige Lage, 12 B, EZ € 28,–, DZ € 48,– bis 50,–, 3-Bett-Zi ab € 58,–, 4-Bett-Zi (mit Etagen-Bett für Kinder) ab € 69,–, inkl. Frühstück, Zi mit Du und WC, „gepflegt essen und weinfroh genießen", Garten, Weinlaube, Spielplatz, großer P, Volkacher Str. 11, @, www.winzerhof-sommerach.de, ☎ 0049 (0) 93 81/95 60, Fax 61 02.

❷ D-97340 SEGNITZ
A 7 ab Ausfahrt 104 Marktbreit 2 km → Kitzingen
Gasthaus „Zum Goldenen Anker" ★★ schön gelegen am Main, 24 B, EZ € 35,–, DZ € 56,–, inkl. Frühstück, Zi mit Du und WC, gehobene Veranstaltungen bis 70 Personen, Sommergarten, ▦, ◫, großer P, Mainstraße 8, @, www.goldenen-anker-segnitz.de, ☎ 0049 (0) 93 32/30 79, Fax 44 34.

❸ D-97340 MARKTBREIT
A 3 ab Ausfahrt 74 Kitzingen/Schwarzach 10 km und A 7 ab Ausfahrt 104 Marktbreit 2 km
Ringhotel Löwen ★★★ 70 B, EZ € 62,– bis 68,–, DZ € 86,– bis 96,–, inkl. Frühstücksbuffet, alle Zi mit Bad/Du, WC, Fön, ▦, Kabel-TV, WLAN und Radio, anerkannt gute Küche, Räume bis 80 Personen, historische Gaststätte, ◫, G, P, Marktstr. 8, reservierung@loewen-marktbreit.de, www.loewen-marktbreit.de, ☎ 0049 (0) 93 32/50 54-0, Fax 94 38.

❹ D-97340 MARKTBREIT
A 7 ab Ausfahrt 104 Marktbreit 2 km und A 3 ab Ausfahrt 74 Kitzingen/Schwarzach 10 km
Michel's Stern ★★★ 43 B, EZ € 25,– bis 49,–, DZ € 44,– bis 74,–, inkl. Frühstück, alle Zi mit ☎, Kabel-TV und Minibar, teils Du, WC, gutbürgerliche Küche, G, P, www.michelsstern.de, ☎ 0049 (0) 93 32/13 16, Fax 13 99 **(Bild siehe Route 7.7).**

❺ D-97359 SCHWARZACH/MAIN
A 3 ab Ausfahrt 74 Kitzingen/Schwarzach 1,5 km
Hotel-Restaurant Schwarzacher Hof ★★★ 38 B, EZ € 41,56, DZ € 68,–, inkl. Frühstücksbuffet, alle Zi mit Du, WC und TV, ▦, ⌂, ◫, P, Schweinfurter Str. 5, @, www.hotel-schwarzacher-hof.de, ☎ 0049 (0) 93 24/97 99 92, Fax 97 88 22.

❻ D-97359 MÜNSTERSCHWARZACH
A 3 ab Ausfahrt 74 Kitzingen/Schwarzach ca. 3,5 km
Flair-Hotel Zum Benediktiner ★★★ – seit 1478 – ehemalige Klosterherberge, in ruhiger Lage im Maintal, 64 B, EZ € 58,– bis 63,–, DZ € 78,– bis 84,–, inkl. Frühstücksbuffet, Zi mit Bad/Du, WC, teils Minibar, teils Balkon, Lift, renommierte Küche, gut ausgestattete Tagungsräume mit Tageslicht für 10-50 Personen, historische Weinstube, ♿, Weideweg 7, @, www.zumbenediktiner.de, ☎ 0049 (0) 93 24/91 20, Fax 91 29 00.

❼ D-97359 SCHWARZENAU
ab Ausfahrt 74 Kitzingen/Schwarzach → Dettelbach 3 km (B22)
Hotel-Landgasthof „Schwarzer Adler" ★★ ruhige Lage, 16 B, EZ ab € 40,–, DZ ab € 65,–, 3-Bett-Zi ab € 85,–, inkl. Frühstück, alle Zi mit Du und WC, fränkische Küche, eigene Schlachtung, P, Dettelbacher Str. 6, www.sw-adler.de, ☎ 0049 (0) 93 24/53 60.

❽ D-97359 SCHWARZENAU-VOLKACH
A 3 ab Ausfahrt 74 Kitzingen/Schwarzach → Dettelbach 3 km
Feriendomizil Winter ★★★ 10 B, EZ € 40,–, DZ € 50,–, 5 Familienappartements bis 2-8 Personen € 80,– bis 120,–, auf Wunsch mit Frühstück, 5 DZ mit Du, WC, Sat-TV und Küche, P, Friedrich-Ebert-Str. 4, @, www.winter.de.pn, ☎ 0049 (0) 93 24/9 95 97, 0049 (0) 1 71/6 00 84 58 (mobil), Fax 98 18 91.

❾ D-97355 WIESENBRONN
A 3 ab Ausfahrt 75 Wiesentheid → Rüdenhausen rechts ca. 3 km
Weingasthof Schwarzer Adler ★★ 36 B, EZ € 35,– bis 40,–, DZ € 54,– bis 65,–, inkl. Frühstücksbuffet, alle Zi mit Du und Sat-TV, Restaurant, ▦, ◫, P, Mo ./., Hauptstr. 21, @, www.schwarzer-adler-wiesenbronn.de, ☎ 0049 (0) 93 25/2 32, Fax 4 89.

❿ D-97355 RÜDENHAUSEN
A 3 ab Ausfahrt 75 Wiesentheid
Lomo-Autohof ⛽ Autogas, Bio-Diesel, WLAN, Biergarten, Marktstr. 37, @, www.lomo-online.de, ☎ 0049 (0) 93 83/9 75 90, Fax 97 59 30.

⓫ D-97355 CASTELL
A 3 ab Ausfahrt 75 Wiesentheid 4,5 km
Gasthof zum Schwan ★★ familiengeführt, 18 B, EZ € 45,–, DZ € 65,–, inkl. Frühstück, alle Zi mit Du, WC und TV, saisonale feine Wirtshausküche, ◫, Di ./., Birklinger Str. 2, @, www.schwan-castell.de, ☎ 0049 (0) 93 25/9 01 33, Fax 9 01 34.

⓬ D-97353 WIESENTHEID
A 3 ab Ausfahrt 75 Wiesentheid 3 km
Landgasthof Zur Brücke ★★★ 20 B, EZ € 49,– bis 52,–, DZ € 68,– bis 74,–, inkl. Frühstücksbuffet, alle Zi mit Du, WC und Kabel-TV, gehobene Küche, Weingarten, ▦, P, Marienplatz 2, @, www.landgasthof-zur-bruecke.de, ☎ 0049 (0) 93 83/9 99 49, Fax 99 959.

⓭ D-97357 PRICHSENSTADT
A 3 ab Ausfahrt 75 Wiesentheid ca. 7 km
Gasthaus Grüner Baum ★★ 10 B, EZ € 37,–, DZ € 52,–, inkl. Frühstück, alle Zi mit Du, WC und WLAN, gutbürgerliche Küche, fränkische Spezialitäten, Spargel und Fisch saisonbedingt, Gastraum für 50 Personen, Nachtwächterstube für 50 Personen, ◫, P, Schulinstraße 14, @, www.gasthaus-gruener-baum.com, ☎ 0049 (0) 93 83/15 72, Fax 26 72.

❻

Flair-Hotel Zum Benediktiner, Münsterschwarzach

⑭ D-96160 GEISELWIND
A 3 ab Ausfahrt 76 Geiselwind ca. 2 km
Landhotel Geiselwind, Tagungs- und Freizeithotel ★★★★ sehr ruhige Waldlage, 60 B, EZ € 49,– bis 75,–, DZ € 78,– bis 105,–, inkl. Frühstücksbuffet, alle Zi mit Bad oder Du, WC, ☎, TV, WLAN und Minibar, Lift, Bistro-Bar, Bankett, 6 Tagungsräume mit moderner Technik, Sauna, 18-Loch-Golfplatz und 6-Loch-Kurzplatz, 🛏, P, Friedrichstr. 10, @, www.landhotel-geiselwind.de, ☎ **0049 (0) 9556/92250**, Fax 922550.

⑮ D-96160 GEISELWIND A 3 ab Ausfahrt 76 Geiselwind ca. 1,5 km
Hotel und Gästehaus Krone ★★★ ruhige Lage, 120 B, EZ € 43,– bis 48,–, DZ € 55,– bis 66,–, preiswerte Familien-Zi, inkl. Frühstücksbuffet, alle Zi mit Bad/Du, WC, ☎, TV und Internet, Lift, fränkische gutbürgerliche Küche, schöner Biergarten, Räume für 20-250 Personen, 🛏, G, P, Kirchplatz 2, @, www.krone-hotel.net, ☎ **0049 (0) 9556/93800**, Fax 923811.

⑯ D-96160 GEISELWIND A 3 ab Ausfahrt 76 Geiselwind 2 km
Hotel-Restaurant Stern ★★☆ 60 B, EZ € 42,–, DZ € 62,–, inkl. Frühstücksbuffet, Zi mit Du, WC, ☎, TV, fränkische und internationale Küche, rustikale Räume für 20 bis 120 Personen, ab Mai Terrasse geöffnet, historischer Gasthof, G, P, Am Marktplatz, @, www.hotel-stern-geiselwind.de, ☎ **0049 (0) 9556/217**, Fax 844.

⑰ D-96160 GEISELWIND A 3 ab Ausfahrt 76 Geiselwind ca. 2 km
Gasthof Metzgerei Lamm ★★ 112 B, EZ € 32,–, DZ € 48,–, inkl. Frühstücksbuffet, alle Zi mit Bad/Du, WC und TV, gutbürgerliche Küche, Menüs ab € 5,50, Räume und Saal für 20-300 Personen, Tagungsraum, 2 Kegelbahnen, 🛏, G, P, Am Marktplatz, @ **0049 (0) 9556/247**, Fax 1308.

⑱ D-96160 GEISELWIND
A 3 ab Ausfahrt 76 Geiselwind → Zentrum 600 m, bei Aral rechts
Gästehaus Hannelore Müller ★★ 30 B, EZ € 25,– bis 40,–, DZ € 42,– bis 62,–, preisgünstige Familien-Zi, inkl. Frühstück, Zi mit Du, WC und TV, G, P, Fischhausstr. 7, @, www.gaestehaus-hannelore.de, ☎ **0049 (0) 9556/243**, Fax 981091.

⑲ D-96152 OBERRIMBACH
A 3 ab Ausfahrt 77 Schlüsselfeld → Burghaslach 8 km
Landhaus Steigerwaldhaus ★★★ ruhige Lage, 50 B, EZ € 28,– bis 30,–, DZ € 50,– bis 80,–, Suiten (4 Personen) ab € 110,–, inkl. Frühstücksbuffet, alle Zi mit Du, WC, ☎, TV und WLAN, teils Balkon, gehobene Küche, 🛏, G, P, Oberrimbach 2, @, www.steigerwaldhaus.de, ☎ **0049 (0) 9552/9239-0**.

⑳ D-96152 BURGHASLACH A 3 ab Ausfahrt 77 Schlüsselfeld 3 km
Gasthof Metzgerei Rotes Ross ★★ 35 B, EZ € 27,– bis 32,–, DZ € 44,– bis 60,–, inkl. Frühstück, alle Zi mit Du, WC und TV, Lift, 80 Sitzplätze, 🛏, P, Kirchplatz 5, @, www.rotes-ross-burghaslach.de, ☎ **0049 (0) 9552/374**, Fax 921616.

㉑ D-96152 BURGHASLACH A 3 ab Ausfahrt 77 Schlüsselfeld 4 km
Gasthof zur Krone 🏠 16 B, EZ € 26,– bis 30,–, DZ € 39,– bis 52,–, Familien-Zi (4 B) € 69,–, inkl. Frühstück, alle Zi mit WC, teils Du, ☎, G, P, Marktplatz 1, kroneburghaslach@aol.com, www.kroneburghaslach.com, ☎ **0049 (0) 9552/237**, Fax 237.

㉒ D-91480 MARKT TASCHENDORF
A 3 ab Ausfahrten 76 Geiselwind ca. 13 km und 77 Schlüsselfeld ca. 9 km
Landgasthof Hotel Wellmann ★★☆ 59 B, EZ € 32,50, DZ € 54,–, inkl. Frühstücksbuffet, alle Zi mit Du, WC und ☎, Restaurant, Terrasse, ☎, ⚑, 🛏, P, Hauptstr. 2, @, www.hotel-wellmann.de, ☎ **0049 (0) 9552/7863**, Fax 9307887.

㉓ D-96132 SCHLÜSSELFELD-ELSENDORF
A 3 ab Ausfahrt 77 Schlüsselfeld, nach Aral rechts 3 km
Landgasthof Sternbräu ★★ 58 B, EZ € 40,–, DZ € 63,–, inkl. Frühstücksbuffet, alle Zi mit Du, WC und ☎, teils Sat-TV, Restaurant bis 120 Plätze, eigene Brauerei, ☎, ⚑, 🛏, P, Braugasse 2, @, www.landgasthof-sternbraeu.de, ☎ **0049 (0) 9552/310**, Fax 6257.

㉔ D-96132 SCHLÜSSELFELD A 3 ab Ausfahrt 77 Schlüsselfeld ca. 1,7 km
Hotel & Gasthof „Zum Storch" ★★★ 106 B, EZ € 49,– bis 65,–, DZ € 72,– bis 95,–, inkl. Frühstück, Zi mit Bad, Du, WC, ☎, TV und Minibar, Lift, traditionelle/ feine fränkische Küche, Räume für 20-200 Personen, 🛏, G, P, Marktplatz 20, @, www.hotel-storch.de, ☎ **0049 (0) 9552/924-0**, Fax 924-100.

㉕ D-96132 SCHLÜSSELFELD
A 3 ab Ausfahrt 77 Schlüsselfeld 1 km → Attelsdorf
Gasthof Herderich ★★ 44 B, EZ € 35,– bis 55,–, DZ € 55,– bis 75,–, 3- und 4-Bett-Zi € 75,– bis 95,–, inkl. Frühstück, alle Zi mit Du, WC und Sat-TV, Restaurant, ☎, ⚑, 🛏, P, Attelsdorf 11, willkommen@gasthof-herderich.de, www.gasthof-herderich.de, ☎ **0049 (0) 9552/419**, Fax 6547.

㉖ D-96193 WARMERSDORF
A 3 ab Raststätte Steigerwald parallel zur Autobahn → Buchfeld 4 km
Pension Waldblick ★★ ruhige Lage, neues Haus, 7 B, EZ € 30,–, DZ € 45,–, 3- bis 4-Bett-Zi € 60,– bis 90,–, inkl. Frühstück, 2 Zi mit Etagen-Du, WC und Terrasse, TV im Frühstücksraum, Speisegaststätte in der Nähe, kinderfreundlich, G € 3,–, P, Stangenlohe 4, @, www.pension-waldblick.net, ☎ **0049 (0) 9548/98 07 08**, **0049 (0) 1 70/9 98 84 55**, Fax 0049 (0) 9548/98 11 83.

㉗ D-96193 WEINGARTSGREUTH ab Raststätte Steigerwald 1 km
Landgasthof Weichlein ★★ ruhige Lage, 35 B, EZ € 37,– bis 50,–, DZ € 52,– bis 70,–, 3-Bett-Zi € 66,– bis 87,–, 4-Bett-Zi € 83,– bis 96,–, inkl. Frühstück, Zi mit Du, WC, ☎ und TV, gute, preiswerte fränkische/gehobene Küche, P, Mo ./., Weingartsgreuth 20, @, www.gasthofweichlein.de, ☎ **0049 (0) 9548/349**, Fax 981465.

㉘ D-96172 MÜHLHAUSEN
A 3 ab Ausfahrt 78 Höchstadt-Nord 2 km
Gästehaus Hiltel & Gasthof Hertlein ★★★ 16 B, EZ ab € 34,– bis 44,–, DZ ab € 45,– bis 50,–, 3-Bett-Zi € 66,–, inkl. Frühstücksbuffet, ruhige Zi mit Du, WC, Sat-TV und Radio, gutbürgerliche Küche, eigene Schlachtung, ⚑, P im Hof, Hauptstr. 18, @, www.hiltel.de, ☎ **0049 (0) 9548/6066**, Fax 6237.

㉙–㊲ Einträge siehe Seite 60

㉔ Hotel & Gasthof „Zum Storch",
Schlüsselfeld

Tipps zur Route

Ausfahrt Kitzingen/Schwarzach: Die mittelalterliche kleine Stadt Dettelbach, ab Ausfahrt 6 km über Mainfähre Schwarzach, liegt mitten im Rebland über dem Main. Besuchen Sie die fast vollständig erhaltene Stadtmauer mit ihren 30 Türmen und die Stadtpfarrkirche St. Augustinus. Vor St. Augustinus steht ein Pranger mit Halseisen; aber keine Bange, genutzt wird er nicht mehr.

Ausfahrt Wiesentheid: Prichsenstadt ist ein Überbleibsel aus der großen Zeit der Städtegründungen des Mittelalters und zeigt typische Züge altfränkischer Kultur und Lebensart. Die winkligen Gassen, Fachwerkhäuser, trutzige Türme und Stadtmauern sowie die fränkische Gastlichkeit laden zum Verweilen ein. Genießen Sie bei einem Glas Frankenwein und einer Mahlzeit mit fränkischen Spezialitäten die romantische Atmosphäre der Stadt. Wenn Sie Ihren Aufenthalt frühzeitig planen können, erkundigen Sie sich über die zahlreichen Veranstaltungen, wie das Weinfest, den Spargelmarkt, die Handwerker- und Bauernmärkte sowie den Adventsmarkt.

Ausfahrt Wiesentheid/Neuses am Sand: Genießen Sie ein Ambiente wie man es nur selten in Franken findet. Im kleinen Ort Neuses am Sand am Naturpark Steigerwald mit einem Schloss aus dem 14. – 17. Jahrhundert, einer kleinen Kapelle und mit historischen Kellern. Fränkische Weine aus dem Steigerwald und von der Mainschleife, gutbürgerliche Küche sowie Weinstuben laden herzlich ein. Wandern, Rad fahren, die Natur genießen!

Ausfahrt Geiselwind: Vergnügen eigener Art bietet Ihnen und den Kindern das Freizeit- Land Geiselwind. „Bayerns stärkstes Stück Freizeit" bietet seit 1969 rasante Fahrattraktionen, faszinierende Show-Programme, wunderschöne Tierpräsentationen sowie Lehrreiches und Außergewöhnliches auf 400 000 qm.

❶–❷❽ Einträge siehe Seiten 58 + 59

❷❾ D-96178 POMMERSFELDEN A 3 ab Ausfahrt 79 Pommersfelden ca. 4 km
Schlosshotel Pommersfelden ★★★ ruhige Lage, 130 B, EZ € 60,– bis 70,– DZ € 82,– bis 105,–, inkl. Frühstücksbuffet, alle Zi mit Du, WC, ☎, Internet und Sat-TV, Restaurant, Konferenzräume, Sauna, Billard, 🖨, 🚗, ♿, P, Schloss 1, @, www.schlosshotel-pommersfelden.de, ☎ 0049 (0) 9548/680, Fax 68100.

❸❿ D-96178 POMMERSFELDEN
A 3 ab Ausfahrt 79 Pommersfelden ca. 4 km (Ortsmitte)
Hotel Gasthof Grüner Baum ★★★ ruhige Lage, 50 B, EZ ab € 49,–, DZ ab € 72,–, 8 Appartements für 2-7 Personen ab € 79,–, inkl. Frühstücksbuffet, alle Zi mit Bad/Du, WC, ☎ und Sat-TV, gute Küche, vegetarisch, Biofleisch, -wurst und -käse, 🖨, ♿, P, Hauptstr.18, @, www.Hotel-Gruener-Baum.de, ☎ 0049 (0) 9548/9227-0, Fax 9227-50.

❸❶ D-91350 GREMSDORF A 3 ab Ausfahrt 80 Höchstadt-Ost ca. 1 km
Hotel-Landgasthof Scheubel ★★★ 60 B, EZ € 27,– bis 60,– DZ € 46,– bis 80,–, inkl. Frühstücksbuffet, Zi mit Du, WC, Fön, ☎, Sat-TV und Minibar, Lift, gute fränkische Küche, Tagungssäle bis 80 Personen, Biergarten, 🚗, G, P im Hof, Hauptstr. 1, @, www.scheubel.de, ☎ 0049 (0) 9193/63980, Fax 63985 5.

❸❷ D-91325 ADELSDORF-NEUHAUS A 3 ab Ausfahrt 80 Höchstadt-Ost ca. 3 km (nach 1,7 km rechts abbiegen, im Ortsteil Neuhaus)
Flair-Hotel Brauerei-Gasthof „Zum Löwenbräu" ★★★ ruhige Lage, 25 B, EZ € 56,– bis 90,–, DZ € 78,– bis 110,–, inkl. Frühstück, alle Zi mit Du und TV, gutbürgerliche fränkische Küche, Privatbrauerei seit 1747, 🖨, 🍴, 🚗, P, Neuhauser Hauptstr. 3, @, www.zum-loewenbraeu.de, ☎ 0049 (0) 9195/7221, Fax 8746.

❸❸ D-91352 WILLERSDORF A 3 ab Ausfahrt 80 ca. 10 km → Forchheim/Neuses
Landgasthof-Hotel Rittmayer ★★★ 23 B, EZ € 39,–, DZ € 59,–, inkl. Frühstücksbuffet, alle Zi mit Du, WC, ☎, TV und WLAN, einheimische Küche, Fischspezialitäten, Biergarten, selbstgebrautes Bier, P, Haus Nr. 108, @, www.rittmayer.com, ☎ 0049 (0) 9195/9473-0, Fax 9473-150.

❸❹ D-91325 ADELSDORF A 3 ab Ausfahrt 80 Höchstadt-Ost 3,5 km
Landhotel 3Kronen ★★★ 100 B, EZ € 47,– bis 125,– (Juniorsuite), DZ € 70,– bis 188,– (Juniorsuite), Familien-Zi € 85,– bis 140,–, inkl. Frühstücksbuffet, Zi mit Bad/Du, WC, ☎ und Sat-TV, Lift im Gästehaus, ausgezeichnete Küche, Landkreissieger „Bayerische Küche 2004", 3 Tagungsräume, Radstadl, Biergarten, Wellnessbereich mit Hallenbad, Sauna und Dampfsauna, 🚗, G, P, Hauptstraße 8, @, www.3kronen.de, ☎ 0049 (0) 9195/9200, Fax 920480.

❸❺ D-91093 HESSDORF A 3 ab Ausfahrt 81 Erlangen-West 100 m
Hotel Aurora ★★★½ 100 B, EZ € 65,– DZ € 79,– bis Suite € 160,–, inkl. Frühstücksbuffet, alle Zi mit Du, WC, ☎, Sat-TV und Internet, Restaurant, Küche mit regionalen Erzeugnissen, Seminarräume, 🚗, P, Im Gewerbepark 24, @, www.hotel-aurora.info, ☎ 0049 (0) 9135/736060-0, Fax 736060-150.

❸❻ D-91056 ERLANGEN-DECHSENDORF A 3 ab Ausfahrt 81 Erlangen-West 1 km
Hotel Gasthof Rangau ★★★ seit 1520 in Familienbesitz, ruhige Lage in Ortsmitte, 100 B, EZ € 35,– bis 45,– DZ € 50,– bis 70,–, inkl. Frühstücksbuffet, alle Zi mit Du, WC, Fön, Sat-TV und Internet, Familien-Zi mit Du, WC, Fön, Sat-TV und Frühstück € 20,– bis 25,– pro Person, Lift, gutbürgerliche Küche, gemütliche rustikale Räume für 50-150 Personen, Internet, ca. 500 m zum Erholungsgebiet Bischofsweiher, 🚗, P, Röttenbacher Str. 14, info@hotel-rangau.de, www.hotel-rangau.de, ☎ 0049 (0) 9135/8086, Fax 551 **(siehe auch Seite 61)**.

❸❼ D-91091 GROSSENSEEBACH
A 3 ab Ausfahrt 81 Erlangen-West → Weisendorf 3 km
Hotel Restaurant Seebach ★★★ 30 B, EZ € 55,– bis 65,– DZ € 69,– bis 85,–, Familien-Zi € 75,– bis 95,–, inkl. Frühstücksbuffet, alle Zi mit Du, WC, ☎, Sat-TV, WLAN und Minibar, teils Balkon, 🖨, 🚗, ♿, P, Hauptstr. 2, @, www.hotel-seebach.de, ☎ 0049 (0) 9135/7160, Fax 71610 5.

❸❷ Flair-Hotel Brauerei-Gasthof „Zum Löwenbräu", Adelsdorf-Neuhaus

❸❶ Hotel-Landgasthof Scheubel, Gremsdorf

Herzlich Willkommen

seit 1520 im Familienbesitz

n unserem Hotel in ruhiger Lage stehen für Sie 100 Betten bereit: Einzelzimmer, Doppelzimmer sowie geräumige Familienzimmer mit drei, vier und fünf Betten. Unsere modernen und komfortabel eingerichteten Zimmer sind alle mit Dusche, WC, Haarfön, Sat-TV, Internet/WLAN (kostenlos) ausgestattet. Im Hotel befindet sich ein Lift. Ebenfalls sind am Haus ausreichend Parkmöglichkeiten vorhanden. Unsere rustikalen Gasträume laden Sie ein, Platz zu nehmen und sich bei fränkischen Spezialitäten, einem gepflegten Glas Bier oder edlem Frankenwein verwöhnen zu lassen. Spaß und Spiel finden Sie an unserem idyllischen Badesee.

Hotel Gasthof Rangau
Familie Schmitt
Röttenbacher Straße 9
91056 Erlangen-Dechsendorf
Telefon   09135/80 86
Telefax   09135/5 51
info@hotel-rangau.de
www.hotel-rangau.de
siehe auch Route 3.4

siehe auch Route 3.4

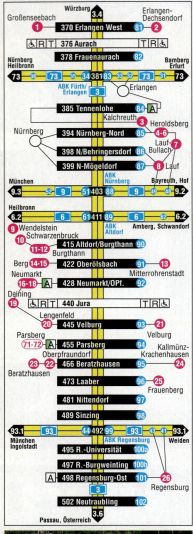

Würzburg
3.4
Großenseebach · Erlangen-Dechsendorf
1 · **370 Erlangen West** · **81** · **2**
ⅰℝT · **376 Aurach** · Tℝⅰ
Nürnberg Heilbronn
378 Frauenaurach · **82** · Bamberg Erfurt
73 · 36 · **73** · 35 · 34 · 38 · 18 · 33 · 32 · **73** · 31 · **73**
ABK Fürth/ Erlangen · **3** · Erlangen
385 Tennenlohe · **84** · **A**
Kalchreuth
Nürnberg · **3** · Heroldsberg
394 Nürnberg-Nord · **85** · **4-6**
Lauf-Bullach · **7**
398 N/Behringersdorf · **86**
399 N-Mögeldorf · **87** · **8** · Lauf
München · ABK Nürnberg · Bayreuth, Hof
9.3 · 52 · **9** · 51 · 403 · **88** · **9** · 49 · 48 · **9.2**
Heilbronn
6.2 · **6** · 61 · 411 · **89** · **6** · 62 · **6.2**
ABK Altdorf · Amberg, Schwandorf
9 · Wendelstein
10 · Schwarzenbruck
11-12 · **415 Altdorf/Burgthann** · **90**
Burgthann
Berg · **14-15** · **422 Oberölsbach** · **91** · **13**
Neumarkt · Mitterrohrenstadt
16-18 · **A** · **428 Neumarkt/OPf.** · **92**
Deining
19 · ⅰℝT · **440 Jura** · Tℝⅰ
Lengenfeld
20 · **445 Velburg** · **93** · **21**
Parsberg · Velburg
71-72 · **A** · **455 Parsberg** · **94** · Kallmünz-Krachenhausen
Oberpfraundorf
23 · **22** · **466 Beratzhausen** · **95** · **24**
Beratzhausen
473 Laaber · **96** · **25**
Frauenberg
481 Nittendorf · **97**
489 Sinzing · **98**
93.1 · **93** · 44 · 492 · **99** · **93** · 43 · 41 · **93.1**
München Ingolstadt · ABK Regensburg · Weiden
495 R.-Universität · **100a**
497 R.-Burgweinting · **100b**
A · **498 Regensburg-Ost** · **101** · **26**
3 · Regensburg
502 Neutraubling · **102**
Passau, Österreich · 3.6

1 D-91091 **GROSSENSEEBACH**
A 3 ab Ausfahrt 81 Erlangen-West → Weisendorf 3 km
Hotel Restaurant Seebach ★★★ 30 B, EZ € 55,– bis 65,–, DZ € 69,– bis 85,–, Familien-Zi € 75,– bis 95,–, inkl. Frühstücksbuffet, alle Zi mit Du, WC, ☎, Sat-TV, WLAN und Minibar, teils Balkon, 🖧, 🍴, ♿, P, Hauptstr. 2, @, www.hotel-seebach.de, ☎ 0049 (0) 91 35/71 60, Fax 716105.

2 D-91056 **ERLANGEN-DECHSENDORF**
A 3 ab Ausfahrt 81 Erlangen-West 1 km
Hotel Gasthof Rangau ★★★ seit 1520 in Familienbesitz, ruhige Lage in Ortsmitte, 100 B, EZ € 35,– bis 45,–, DZ € 50,– bis 70,–, inkl. Frühstücksbuffet, alle Zi mit Du, WC, Fön, Sat-TV und Internet, Familien-Zi mit Du, WC, Fön, Sat-TV und Frühstück € 20,– bis 25,– pro Person, Lift, gutbürgliche Küche, gemütliche rustikale Räume für 50-150 Personen, Internet, ca. 500 m zum Erholungsgebiet Bischofsweiher, 🍴, P, Röttenbacher Str. 9, info@hotel-rangau.de, www.hotel-rangau.de, ☎ 0049 (0) 91 35/80 86, Fax 551 **(siehe auch Seite 61)**.

3 D-90562 **KALCHREUTH**
A 3 ab Ausfahrten 85 Nürnberg-Nord und 84 Tennenlohe 11 km
Landgasthof Metzgerei Meisel ★★☆ 60 B, EZ € 28,– bis 55,–, DZ € 48,– bis 78,–, Familien-Zi, inkl. Frühstücksbuffet, überwiegend Zi mit Du, WC, TV und Internet, gutbürgliche regionale Küche, 3 Räume für 40 bis 60 Personen, Biergarten, Flughafen 10 km, 🍴, Dorfplatz 1, @, www.landgasthof-meisel.de, ☎ 0049 (0) 911/56 26 955, Fax 56 26 999 **(Bild siehe Route 73)**.

4 D-90562 **HEROLDSBERG** A 3 ab Ausfahrt 85 Nürnberg-Nord 5 km
Hotel-Gasthof Rotes Ross ★★★ seit 1623, 70 B, EZ ab € 54,–, DZ ab € 75,–, inkl. Frühstücksbuffet, Wochenendpauschalpreise, alle Zi mit Du, WC, Fön, ☎, TV und Radio, Staatsehrenpreis im Wettbewerb Bayerische Küche, 5 Tagungsräume von 5 bis 150 Personen, Biergarten, Flughafen 8 km, ☎, 🍴, G, großer P, Fr ./. (Hotel geöffnet), Hauptstr. 10, @, www.rotesross-heroldsberg.de, ☎ 0049 (0) 911/95 65-0, Fax 95 65-2 00.

5 D-90562 **HEROLDSBERG**
A 3 ab Ausfahrt 85 Nürnberg-Nord 5 km
Flair Hotel Gelber Löwe ★★★ 70 B, EZ € 49,– bis 70,–, DZ € 64,– bis 100,–, Familien-Zi, inkl. Frühstücksbuffet, alle Zi mit Du, WC, ☎, TV und kostenfreiem WLAN, Lift, kreative fränkische Küche, Räume bis 100 Personen, Terrasse, 🍴, G, P, Hauptstraße 42, info@gelber-loewe.de, www.hotel-gelber-loewe.de, ☎ 0049 (0) 911/95 65 80, Fax 95 65 888.

6 D-90562 **HEROLDSBERG**
A 3 ab Ausfahrt 85 Nürnberg-Nord 4 km, Umgehungsstraße Heroldsberg 2. Abfahrt
Waldgasthof Föhren-Hof ★★ 35 B, EZ € 47,– bis 70,–, DZ € 72,– bis 100,–, inkl. Frühstücksbuffet, alle Zi mit Du, WC, ☎ und TV, gutbürgliche, preiswerte Küche, Nebenzimmer bis 90 Personen, Sonnenterrasse, 🍴, G, großer P, Lauferweg 33, @, www.foehren-hof.de, ☎ 0049 (0) 911/51 83 0, Fax 51 88 314.

7 D-91207 **LAUF-BULLACH** →
A 3 ab Ausfahrt 85 Nürnberg-Nord → Eckental → Gräfenberg → Lauf und A 9 ab Ausfahrt 48 Schnaittach → Eckental 6 km
Gasthof Grüner Baum ★★ ruhige Lage, 36 B, EZ € 43,– bis 50,–, DZ € 59,– bis 70,–, inkl. Frühstücksbuffet, Zi mit Du, WC, ☎ und TV, Lift, fränkische Küche, Tagungsraum, Räume bis 100 Personen, Biergarten, 🍴, G, P, Untere Eisenstraße 3, @, www.gruener-baum-lauf.de, ☎ 0049 (0) 91 26/25 7 60, Fax 25 76 42.

8 D-91207 **LAUF**
A 9 ab Ausfahrt 49 Lauf/Hersbruck 2 km
Hotel-Gasthof Zur Post ★★★☆ 64 B, EZ ab € 72,–, DZ ab € 96,–, inkl. Frühstücksbuffet, alle Zi mit Du, WC, ☎, Flachbild-TV, kostenfreiem WLAN und Minibar, Lift, gutbürgliche und gehobene Küche, Konferenzräume, Messe Nürnberg 25 Minuten, Nichtraucherhotel, 🍴, P, Friedensplatz 8, @, www.hotelzurpost-lauf.de, ☎ 0049 (0) 91 23/9 59-0, Fax 9 59-4 00 **(Bild siehe Route 9.2)**.

4

6 Waldgasthof Föhren-Hof, Heroldsberg

Hotel-Gasthof Rotes Ross, Heroldsberg

9 D-90530 **WENDELSTEIN** A 73 ab Ausfahrt 47 Röthenbach 2,5 km
Gasthaus-Hotel zum Wenden ★★★ 36 B, EZ ab € 49,–, DZ ab € 79,–, Appartements € 100,–, inkl. Frühstücksbuffet, Wochenendpauschalpreise, alle Zi mit Du, WC, ☎ und TV, frische regionale Küche, Konferenzräume, Biergarten, G, P, Hauptstraße 30/32, @, www.hotel-zum-wenden.de, ☎ 0049 (0) 91 29/90 13 00, Fax 90 13 16.

10 D-90592 **SCHWARZENBRUCK** A 3 ab Ausfahrt 90 Altdorf/Burgthann → Burgthann 10 km und A 73 ab Ausfahrt 48 Feucht → Neumarkt (B 8) 5 km
Waldhotel Rummelsberg ★★★ schöne ruhige Lage, 28 B, Zi ab € 45,–, inkl. Frühstücksbuffet, alle Zi mit Du, WC, ☎ und TV, gute regionale Küche, Tagungsraum, Terrasse, kostenfreier P, Rummelsberg 61, waldhotel@rummelsberger.net, www.waldhotel-rummelsberg.de, ☎ 0049 (0) 91 28/91 92-0, Fax 91 92-50.

11 D-90559 **BURGTHANN** A 3 ab Ausfahrt 90 Altdorf-Burgthann ca. 5 km
Burghotel ★★★ 71 B, EZ € 42,50 bis 59,50, DZ € 67,50 bis 89,50, inkl. Frühstück, alle Zi mit Du, WC, ☎ und TV, eigene Metzgerei, Sauna, ☀, Tief-G, P, Burgstraße 2, @, www.goldener-hirsch-burgthann.de, ☎ 0049 (0) 91 83/9 32 10, Fax 93 21 61.

12 D-90559 **BURGTHANN** A 3 ab Ausfahrt 90 Altdorf/Burgthann ca. 5 km
Panorama-Gasthof Burgschänke ★★★ ruhige Aussichtslage, 17 B, EZ € 43,– bis 49,–, DZ € 74,– bis 80,–, 3-Bett-Zi € 90,– bis 102,–, alle Zi mit Du, WC, ☎, TV, Minibar und Safe, regionale und gehobene Küche, Räume bis 120 Personen, ☕, P, Burgbergweg 4, @, www.burg-schaenke.de, ☎ 0049 (0) 91 83/37 30, Fax 44 07.

13 D-92348 **MITTERROHRENSTADT**
A 3 ab Ausfahrt 91 Oberölsbach 3 km, rechts Lauterhofen ca. 300 m, dann rechts
Pension Poppel garni ⌂ 15 B, EZ € 30,– bis 35,–, DZ € 50,– bis 55,–, inkl. Frühstück, alle Zi mit Du und WC, großer P, Himmelberg Weg 4, ☎ 0049 (0) 91 89/10 80.

14 D-92348 **BERG** A 3 ab Ausfahrt 91 Oberölsbach 3 km
Hotel-Gasthof Lindenhof ★★★ 76 B, EZ € 38,– bis 45,–, DZ € 60,– bis 65,–, inkl. Frühstücksbuffet, alle Zi mit Du, WC und TV, Lift, regionale Küche, Räume von 20-100 Personen, ☕, großer P, Rosenbergstr. 13, @, www.lindenhof-berg.de, ☎ 0049 (0) 91 89/4 10-0, Fax 4 10-4 10.

15 D-92348 **BERG** A 3 ab Ausfahrt 91 Oberölsbach 3 km
Hotel-Gasthof Knör -Am Platzl- ★★ 50 B, EZ € 37,– bis 45,–, DZ € 58,– bis 65,–, inkl. Frühstücksbuffet, alle Zi mit Bad/Du, WC, ☎ und TV, Lift, gutbürgerliche Küche, Räume bis 150 Personen, 2 moderne Tagungsräume, Terrasse, ☕, großer P, Hauptstr. 4, @, www.hotel-knoer.de, ☎ 0049 (0) 91 89/4 41 70, Fax 44 17 75.

16 D-92318 **NEUMARKT** A 3 ab Ausfahrt 92 ca. 4 km (im Zentrum)
Hotel Mehl ★★★★ ruhige Stadtlage, 38 B, EZ € 65,– bis 85,–, DZ € 85,– bis 115,–, inkl. reichhaltiges Frühstücksbuffet, alle Zi mit Du, WC, ☎, Kabel-TV, DSL und Safe, Lift, Restaurant für Hausgäste, verfeinerte, regionale Küche der Saison, kleine, feine Abendkarte, interessante Weinkarte, Garten-Restaurant, ☂, P, Viehmarkt 20, @, www.hotel-mehl.de, ☎ 0049 (0) 91 81/2 92-0, Fax 2 92-1 10.

17 D-92318 **NEUMARKT** A 3 ab Ausfahrt 92 ca. 4 km (im Zentrum)
Hotel-Restaurant Lehmeier ★★★★ 48 B, EZ € 64,– bis 66,–, DZ € 91,– bis 93,–, DZ als EZ € 75,–, Suite € 114,– bis 127,–, inkl. Frühstücksbuffet, alle Zi mit Bad, Du, WC, ☎, Kabel-TV, Fax-, PC- und kostenfreiem DSL-Anschluss, Nichtraucheretage, feine Regionalküche, gehobene Küche, historisches Gewölbe, Sommerterrasse, 5 Golfplätze in unmittelbarer Nähe, ☕, Bus-P (100 m), P, Restaurant Di ./., Oberer Markt 12, @, www.hotel-lehmeier.de, ☎ 0049 (0) 91 81/25 73-0, Fax 25 73-37.

18 D-92318 **NEUMARKT**
A 3 ab Ausfahrt 92 Neumarkt/Oberpfalz 4 km
Metzgerei Hotel Gasthof Wittmann ★★★★ 60 B, EZ € 59,– bis 89,–, DZ € 80,– bis 98,–, inkl. reichhaltigem Frühstücksbuffet, Nichtraucher-Etage, alle Zi mit Du, WC, TV und Internet, durchgehende oberpfälzer Küche, Biergarten, Tagungsräume, Räume bis 170 Personen, ☕, P, Bahnhofstr. 21, @, www.hotel-wittmann.de, ☎ 0049 (0) 91 81/9 07 4 26, Fax 29 61 87.

19 D-92364 **DEINING**
A 3 ab Ausfahrt 93 Velburg 8 km
Hotel-Gasthof zum Hahnenwirt ★★ 60 B, EZ € 25,– bis 43,–, DZ € 50,– bis 65,–, inkl. Frühstück, Zi mit Du, WC, TV und Radio, Restaurant für 180 Personen, ☕, G, großer P, Untere Hauptstr. 2, @, www.hahnenwirt.com, ☎ 0049 (0) 91 84/16 63, Fax 21 06.

20 D-92355 **LENGENFELD**
A 3 ab Ausfahrt 93 Velburg 300 m
Privater Brauereigasthof – Flair Hotel – Winkler Bräu ★★★★ existiert seit 1428, 140 B, EZ € 69,– bis 109,–, DZ € 94,– bis 132,–, inkl. Frühstücksbuffet, alle Zi mit Bad/Du, WC, TV und Internet, Lift, bayerische Küche, Tagungsraum für 10-80 Personen, Hallenbad, Sauna, Solarium, Dampfbad, Fitnessecke, Kosmetik, Massage, Biergarten, ☕, P, St.-Martin-Str. 6, @, www.winkler-braeu.de, ☎ 0049 (0) 91 82/1 70, Fax 17 1 10.

21 D-92355 **VELBURG**
A 3 ab Ausfahrt 93 Velburg ca. 2 km
Hotel-Gasthof „Zur Post" ★★★ 130 Zi, EZ ab € 42,–, DZ ab € 59,–, Mehrbett-Zi (3-5 B) ab € 79,–, inkl. Frühstück, alle Zi mit Bad/Du und WC, 2 Lifte, 5 Restaurants für 20 bis 250 Personen, gutbürgerliche Küche, Tagungen, WLAN, Sauna, Solarium, ☕, Pkw- und Bus-P, Parsberger Str. 2, hotelzurpost@freenet.de, www.hotelzurpost-velburg.de, ☎ 0049 (0) 91 82/16 35, Fax 24 15.

22 – 26 + 71 – 72 Einträge siehe Seite 64

Weitere Informationen finden Sie unter
www.autobahn-guide.com

20 Privater Brauereigasthof - Flair Hotel - Winkler Bräu, Lengenfeld

Tipps zur Route

Im Großraum Nürnberg ist die Autobahn eigentlich immer belebt. Es rollt, wie man so schön sagt, aber auf dem Wege nach Süden nimmt der Verkehr doch bald merklich ab. Die Oberpfalz mit ihren kargen Böden ist für deutsche Verhältnisse dünn besiedelt, das Bild dieser herben, waldreichen Mittelgebirgslandschaft aber von großem Reiz. Bei km 433 erreicht die A 3 mit 562 Höhenmetern den Scheitelpunkt des Fränkischen Jura. Im sanften Abstieg hinunter zum Donautal wird die Umgebung allmählich belebter, der Boden fruchtbarer.

Ausfahrt Erlangen: Das moderne Erlangen mit seiner Universität, seinem Kongresszentrum und seinen sehenswerten Barockbauten liegt höchst reizvoll im Regnitztal zwischen Steigerwald und Fränkischer Schweiz. Die Palette fränkischer Gastronomie reicht von der gemütlichen Studentenkneipe über das gutbürgerliche Lokal bis hin zum Spezialitätenrestaurant. Die Erlanger Bergkirchweih, alljährlich zu Pfingsten, zählt seit über 230 Jahren zu den Höhepunkten nordbayrischer Festlichkeiten.

Ausfahrt Regensburg: Die Regensburger besaßen alles etwas früher als andere Leute. Ein Stadttor aus dem Jahre 179 Chr. ist noch erhalten geblieben. Ein kirchliches Bistum gab es schon in der Römerzeit, und seit dem 6. Jahrhundert ist der Sitz bayerischer Herzöge bezeugt. Die älteste deutsche Steinbrücke stammt aus dem Jahre 1135, die trutzigen Wohntürme der Patriziergeschlechter sind kaum jünger. Man staunt, wenn man die Jahreszahlen an den alten Gemäuern liest. Stündliche Führung durch das Reichstagsmuseum im Alten Rathaus mit der einzigen original erhaltenen Folterkammer Deutschlands. Eintrittskarten bei Touristik-Information im Hause.

Steinerne Brücke mit Dom St. Peter, Strudelschifffahrt, Regensburg

①–㉑ Einträge siehe Seiten 62 + 63

㉒ D-93176 OBERPFRAUNDORF

A 3 ab Ausfahrt 95 Beratzhausen ca. 500 m
Landgasthof Schnaus ★★⯪ 20 B, EZ € 28,–, DZ € 46,–, inkl. Frühstück, alle Zi mit Du und WC, bayrisch-regionale Küche, Räume bis 250 Personen, Terrasse, Streichelzoo, ⧉, -Zi, großer P, Dorfstr. 42, @, www.landgasthof-schnaus.de, ☎ 0049 (0) 9493/789, Fax 2944.

㉓ D-93176 BERATZHAUSEN

A 3 ab Ausfahrt 95 Beratzhausen ca. 6 km, Ortsmitte, nach der Kirche rechts, 50 m links
Gasthof-Metzgerei Mosner ★★ 20 B, EZ € 28,– bis 33,–, DZ € 48,– bis 58,–, inkl. reichhaltigem Frühstück, alle Zi mit Du, WC und teils TV, gutbürgliche Küche, Metzgerei/Schlachtung, Räume bis 100 Personen, ⧉, Gottfried-Kölwel-Platz 4, @, www.gasthof-metzgerei-mosner.de, ☎ 0049 (0) 9493/740, Fax 2696.

㉔ D-93183 KALLMÜNZ-KRACHENHAUSEN

A 3 ab Ausfahrt 95 Beratzhausen 8 km → Kallmünz
Landgasthof Birnthaler ★★★⯪ ruhige schöne Aussichtslage, direkt an der Naab, 18 B, EZ € 35,–, DZ € 54,–, Familien-Zi 4-Bett € 88,–, inkl. Frühstücksbuffet, alle Zi mit Du, WC und TV, Lift, gutbürgliche Küche, Räume bis 180 Personen, großer Biergarten, ⧉, ⮧, großer P, Heitzenhofener Weg 13, @, www.landgasthof-birnthaler.de, ☎ 0049 (0) 9473/9508-0, Fax 9508-23.

㉕ D-93164 FRAUENBERG

A 3 ab Ausfahrt 96 Laaber 3 km
Gasthof-Landhotel Frauenberg ★★★⯪ 54 B, EZ ab € 35,–, DZ ab € 50,–, 3-Bett-Zi, Familien-Zi, inkl. reichhaltigem Frühstück, alle Zi mit Du und WC, teils ☎ und TV, anerkannt gute regionale Küche, Räume bis 200 Personen, Terrasse, ⧉, großer P, Marienplatz 7, @, www.hotel-frauenberg.com, ☎ 0049 (0) 9498/8749, Fax 940522.

㉖ D-93047 REGENSBURG

A 3 ab Ausfahrt 101 Regensburg-Ost und A 93 ab Ausfahrten 41 Regensburg-Prüfening und 43 Regensburg-Kumpfmühl je 4 km
Hotel Münchner Hof ★★★ historisches Haus in der Altstadt, 98 B, EZ € 75,– bis 85,–, DZ € 95,– bis 105,–, 3-Bett-Zi € 117,– bis 127,–, inkl. Frühstück, alle Zi mit Du, WC, Fön, ☎, Kabel-TV und Radio, gepflegte Küche, Parkhaus in der Nähe, Tändlergasse 9, @, www.muenchner-hof.de, ☎ 0049 (0) 941/58440, Fax 561709.

⑦⑪ PARSBERG

A 3 ab Ausfahrt 94 Parsberg 2 km

Hotel Hirschen - Romantik Hotel - Bräustüberl - Wellness ★★★★
55 B, EZ € 77,– bis 99,–, DZ € 95,– bis 148,–, inkl. Frühstücksbuffet, Zi mit Bad/Du, WC, ☎, TV und Radio, barrierefreie Zi, Lift, aner-

kannt gute regionale Küche, Hausmetzgerei mit Dorfladen, Gerichte von € 8,– bis 24,–, Lions-Club Haus, Seminarräume, Räume für 30-100 Personen, Hirschen Wellness Quell: Gesundheitsschleife, Bädertherapien, Hallenbad, Massagen, Beauty, Relaxing, Terrasse und Wirtsgarten, G, P.

Information und Reservierung:
Hotel Hirschen - Romantik Hotel - Bräustüberl - Wellness,
Dr.-Boecale-Str. 2, D-92331 Parsberg,
info@hirschenhotels.com, www.hirschenhotels.com,
☎ 0049 (0) 9492/606-0, Fax 606-222.
Unter gleicher Leitung:

⑦⑫ PARSBERG

A 3 ab Ausfahrt 94 Parsberg 2 km

Hirschenhof Garten Hotel ★★★ 50 B, EZ € 70,– bis 89,–, DZ € 85,– bis 125,–, inkl. Frühstücksbuffet, alle Zi mit Du, WC, ☎ und TV, Lift, Brotzeit-Spezialitäten aus der Hausmetzgerei, Abendkneipe, hauseigenes Bier, Tagungspavillon mit hochspezialisierten Tagungsräumen, Spiel- und Freizeitgarten, Biergarten mit Sommerküche vom Metzgergrill, Hallenbad mit großer Liegewiese, Haus renoviert, großer P.

Informationen und Reservierung:
Hirschenhof Garten Hotel, Bärenstraße 1, D-92331 Parsberg,
info@hirschenhotels.com, www.hirschenhotels.com,
☎ 0049 (0) 9492/6060, Fax 606-222.

❶ – ❽ Einträge siehe Seiten 66 + 67

⓳ D-94152 NEUHAUS/INN

A 3 ab Ausfahrt 118 Pocking 3 km

Hotel Alte Innbrücke ★★★ ruhige zentrale Lage nah am Inn, 80 B, EZ € 29,– bis 35,–, DZ € 48,– bis 52,–, 3-Bett-Zi € 64,– bis 69,–, 4-Bett-Zi € 72,– bis 76,–, Zustell-Bett € 12,–, inkl. Frühstücksbuffet, Zi mit Bad/Du, WC und TV, teils 🕾, Kühlschrank und Balkon, Lift, Restaurant, Telefonzelle, Getränkeautomat, Kegelbahnen, Sauna, Massagen, am Inn-Römer- und Rott-Radweg, Fahrradverleih, Angeln, 🚌, P, Finkenweg 7, @, www.hotel-alteinnbruecke.de, 🕾 **0049(0)8503/9233 0**, Fax 923324.

⓴ D-94167 TETTENWEIS

A 3 ab Ausfahrt 118 Pocking → B 388 Bad Griesbach 10 km

Gasthof-Pension Lindlbauer ★★ 28 B, EZ € 29,-, DZ € 49,-, inkl. Frühstücksbuffet, alle Zi mit Du, WC, und TV, regionale gutbürgerliche Küche, Räume bis 150 Personen, Biergarten, P, Hofmark 2, Gasthof-Lindlbauer@t-online.de, 🕾 **0049(0)8534/311**, Fax 756.

㉑ A-4780 SCHÄRDING

A 3 ab Ausfahrt 118 Pocking ca. 5 km oder A 8 Ausfahrt 74 Suben ca. 9 km

Hotel Biedermeier Hof ★★★ 60 B, EZ € 40,– bis 47,–, DZ € 66,– bis 86,–, Nicht-raucher-Zi, inkl. Frühstücksbuffet, alle Zi mit Bad/Du, WC und TV, Lift, Restaurant, Konferenzräume, Sauna, Solarium, Fitnessraum, Bowling, 🚌, ♿, G, P im Hof, Passauer Str. 8, @, www.biedermeierhof.at, 🕾 **0043(0)7712/3064**, Fax 44648.

Unter

www.autobahn-guide.com

können Sie Ihr Zimmer per Fax oder E-Mail reservieren.

㉛ STRAUBING

Straubing hat ein vielseitiges Freizeitangebot sowie prächtige Kirchen und eindrucksvolle Baudenkmäler. 8000 Jahre Siedlungsgeschichte haben Straubing geprägt und ihm ein unverwechselbares Flair verliehen. Ausgezeichnete Hotellerie- und Gastronomiebetriebe lassen den Aufenthalt in Straubing zu einem unvergesslichen Erlebnis werden. Hier vereinen sich altbayerische Lebensart, Kultur und modernes Leben. Sehenswertes:

- Stadtturm als Wahrzeichen Straubings mit Glockenspiel, Rathaus, Stadtplatz mit Brunnen und die Dreifaltigkeitssäule

- Die päpstliche Basilika St. Jakob, die barockisierte Karmelitenkirche, die von den berühmten Gebrüdern Asam gestaltete Klosterkirche der Ursulinen und der Friedhof St. Peter

- Das Gäubodenmuseum: Bewundern Sie den weltberühmten Straubinger Römerschatz und einmalige Schmuck- und Waffenstücke der Bajuwaren

Information und Prospekte:

Amt für Tourismus (Rathaus)
Theresienplatz 20,
D-94315 Straubing,
tourismus@straubing.de, www.straubing.de,
🕾 **0049(0)9421/944307**, Fax 944103.

㉜ Regensburg siehe Route 93.1

㉝ DEGGENDORF

Gastgeberin zwischen Donau und Bayerischem Wald, Verbindung von Brauchtum mit modernem Erholungsangebot, historische Sehenswürdigkeiten, traditionelle Gastronomie, reizvolle Einkaufsstätten, Ausflüge, Veranstaltungen, Tagungen.

Information und Prospekte:

TouristinformationDeggendorf,
Oberer Stadtplatz,
D-94469 Deggendorf,
tourismus@deggendorf.de, www.deggendorf.de,
🕾 **0049(0)991/2960-535**, Fax 2960-539.

Tipps zur Route

Tourismusgemeinschaft Donautal: Hierhin gelangen Sie von der A 3 über die Ausfahrten Hengersberg, Iggensbach, Garham/Vilshofen und Aicha vorm Wald. Entscheiden Sie sich, welchen Abstecher Sie machen möchten. Ab Ausfahrt Hengersberg erreichen Sie Osterhofen/Altenmarkt mit der wunderschönen spätbarocken Asamkirche. Möchten Sie eine Rast einlegen, fahren Sie ab Ausfahrt Iggensbach nach Neßbach. Dort finden Sie den herrlichen Campingplatz „Donautal-Camping", der sehr schön gelegen ist und zahlreiche Freizeitmöglichkeiten, wie Tennis, Beachvolleyball und vieles mehr, bietet. Ab Ausfahrt Garham/Vilshofen gelangen Sie zur Burgruine Hiltgartsberg, zur Schiffsanlegestelle an der Donaupromenade Vilshofen, zum Kloster Schweiklberg mit Afrikamuseum, zum Römermuseum „Quintana" oder zu den herrlichen Rad- und Wanderwegen der Umgebung. Im Naturschutzgebiet „Vilsengtal" finden Sie die zentrale Auskunftsstelle der Tourismusgemeinschaft Donautal, die Sie gerne über Ausflugsziele, wie z.B. die Fahrt auf einem Kreuzfahrtschiff, und über Feriendörfer informiert. Ab Ausfahrt Aicha vorm Wald erreicht man die größte Donauinsel. Hier finden Sie die Schiffsanlegestelle, das Schifffahrtsmusum und eine schöne Donaupromenade.

Ausfahrt Garham: Camping? Nach nur 7 km finden Sie auf 30.000 qm ebenem Gelände den wunderschön gelegenen Ohetal-Campingplatz.

Ausfahrt Passau: Nach Passau sollten Sie Zeit mitbringen. Die reizvolle Lage am Zusammenfluss von Donau, Inn und Ilz sowie die sehenswerte Altstadt machen das 2000-jährige Passau zu einer der schönsten Städte Deutschlands. Besuchen Sie den Dom mit der größten Kirchenorgel der Welt. Spazieren Sie um das Dreiflusseck, fahren Sie hinauf zur Veste Oberhaus, genießen Sie das beinahe südländische Bild der alten Residenz Passau.

❶ D-94344 WIESENFELDEN
A 3 ab Ausfahrten 104 b Wörth-Ost und 105 Kirchroth je 10 km
Waldgasthof-Hotel Schiederhof ★★ ruhig gelegen am Wald, 25 B, EZ ab € 31,–, DZ ab € 62,–, inkl. Frühstück, HP und VP auf Wunsch, alle Zi mit Du und WC, gutbürgerliche Küche, Sonnenterrasse, 🍴, großer P, Di ./., Schiederhof 3, @, www.schiederhof.de, ☎ 0049 (0) 9966/282, Fax 1692.

❷ D-94377 WOLFERSZELL
A 3 ab Ausfahrt 106 Straubing → Furth 2 km
Landgasthof Schmid ★★ 36 B, EZ € 29,–, DZ € 58,–, inkl. Frühstück, alle Zi mit Du, WC, ☎ und TV, ganztags warme, regionale Küche, Räume bis 350 Personen, Biergarten, Kinderspielplatz, 🍴, großer P, Chamer Str. 1, mail@gasthof-schmid.de, www.gasthof-schmid.de, ☎ 0049 (0) 9961/551, Fax 7883.

❸ D-94336 HUNDERDORF-STEINBURG A 3 ab Ausfahrt 107 Bogen 4 km
Hotel Steinburger Hof ★★★ 34 B, EZ € 41,– bis 50,–, DZ € 85,– bis 88,–, Nichtraucher-Zi, inkl. Frühstücksbuffet, HP möglich, alle Zi mit Du, WC und Sat-TV, traditionell bayerische Küche, Räume bis 300 Personen, Terrasse, Biergarten, Sauna, Solarium, 🍴, 🍴, großer P, Haus Nr. 32, @, www.steinburger-hof.de, ☎ 0049 (0) 9961/942030, Fax 94203140.

❹ D-94327 BOGEN A 3 ab Ausfahrt 107 Bogen 5 km
Hotel Am Platzl ★★★ 27 Zi, 60 B, EZ € 29,– bis 36,–, DZ € 48,– bis 56,–, Familien-Zi, inkl. Frühstücksbuffet, alle Zi mit Bad/Du, WC, ☎ und TV, gutbürgerliche Küche, Wintergarten, Terrasse, 🍴, P, Stadtplatz 38, @, www.hotelamplatzl.de, ☎ 0049 (0) 9422/501020, Fax 50102300.

❺ D-94559 NIEDERWINKLING A 3 ab Ausfahrt 108 Schwarzach ca. 1,5 km
Hotel garni Buchner ★★★ 18 B, EZ € 28,– bis 38,–, DZ € 48,– bis 62,–, inkl. Frühstücksbuffet, Zi mit Du, WC, ☎ und Sat-TV, Gastgarten, G, P, Hauptstraße 28, @, www.Hotel-buchner.de, ☎ 0049 (0) 9962/20 20 10, Fax 2619.

❻ D-94505 BERNRIED
A 3 ab Ausfahrt 108 Schwarzach 7 km und A 92 Ausfahrt 25 Deggendorf 10 km
Sporthotel Bernrieder Hof ★★★★ 70 B, EZ € 38,– bis 62,–, DZ € 70,– bis 88,–, inkl. Frühstücksbuffet, alle Zi mit Du, WC und TV, Restaurant, gutbürgerliche Küche, Seminarzentrum, Gartenterrasse, Hallenbad, Sauna, Dampfbad, Wellness, Kegelbahn, Tennisplätze, Liegewiese, Grillstube, G, P, Bogener Str. 9, @, www.bernrieder-hof.de, ☎ 0049 (0) 9905/74090, Fax 740912.

❼ D-94526 METTEN A 3 ab Ausfahrt 109 Metten 2 km
Café am Kloster ★★ 14 B, EZ € 35,–, DZ € 55,–, inkl. Frühstück, alle Zi mit Du, WC, ☎, TV und WLAN, Terrasse, 🍴, Marktplatz 1, @, www.cafeamkloster.com, ☎ 0049 (0) 991/99 89 38-0, Fax 99 89 38-90.

❽ D-94491 HENGERSBERG A 3 ab Ausfahrt 111 ca. 1 km
Hotel-Restaurant Erika ★★★ neben Ozonhallenbad gelegen, 80 B, EZ € 40,– bis 44,–, DZ € 59,– bis 69,–, inkl. Frühstücksbuffet, alle Zi mit Bad/Du und WC, teils ☎, gutbürgerliche Küche, Tagungsräume für 20 bis 80 Personen, 200 Sitzplätze, Terrassen mit 60 Plätzen, 🍴 (kurzfristiger Stopp für Speisen), Am Oheweher 13, @, www.hotel-restaurant-erika.de, ☎ 0049 (0) 9901/6001, Fax 6762.

❾ D-94505 BERNRIED-REBLING
A 92 ab Ausfahrt 25 Deggendorf-Mitte 12 km und A 3 ab Ausfahrt 109 Metten 12 km → Metten-Egg-Edenstetten-Kalteck
Hotel Reblingerhof ★★★★ ruhige Lage mit Blick über das Donautal, 55 B, EZ € 60,– bis 68,–, DZ € 90,– bis 106,–, Suiten € 110,– bis 142,–, inkl. Frühstücksbuffet, HP-Zuschlag € 18,– pro Person, Wochenpauschalen, sehr schöne Zi, alle mit Du, WC, ☎, TV und Balkon, hervorragende Küche, neue Tagungsräume, Hallenbad, Sauna, Solarium, indonesisch-thailändischer Wellnessbereich, Tennis, Minigolf, Eisstockbahn, Kneipp-Anlage, Wildpark, Liegewiese, Öko-Schwimmweiher, 🍴, 🍴, P, Rebling 3, @, www.reblingerhof.de, ☎ 0049 (0) 9905/555, Fax 1839.

❾
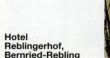

Hotel
Reblingerhof,
Bernried-Rebling

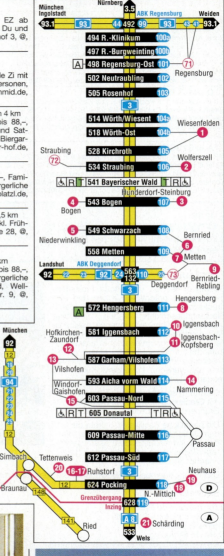

❿ Pension Sagerer, Vilshofen

⑩ D-94547 IGGENSBACH
A 3 ab Ausfahrt 112 Iggensbach ca. 300 m → Ortsmitte
Hotel-Gasthof Linsmeier – eigene Metzgerei ★★ 150 B, EZ € 30,– bis 32,–, DZ € 47,–, inkl. reichhaltigem Frühstück, alle Zi mit Du und WC, teilweise TV, preiswerte gutbürgerliche Küche, eigene Metzgerei, Räume für 50-200 Personen, eigenes Café mit großer Terrasse, eigener Campingplatz, schnelle Abfertigung von Reisegruppen, 🚌, großer P, Hauptstr. 5, @, www.hotel-linsmeier.de, ☎ 0049 (0) 9903/8407, Fax 2407.

⑪ D-94547 IGGENSBACH-KOPFSBERG
A 3 ab Ausfahrten 112 Iggensbach und 113 Garham/Vilshofen je 4 km
Hotel Stegmühle ★★★ ruhige Lage im kleinen Ohetal, 27 B, EZ € 26,– bis 41,–, DZ € 41,– bis 61,–, inkl. Frühstück, alle Zi mit Du und WC, teilweise TV, Spezialitätenküche, Räume für 200 Personen, Biergarten, Sauna, 🚌 (mit Anmeldung), großer P, Kopfsberg 2, @, www.hotel-stegmuehle.de, ☎ 0049 (0) 9903/327, Fax 474.

⑫ D-94544 HOFKIRCHEN-ZAUNDORF
A 3 ab Ausfahrt 113 Garham/Vilshofen 3 km → Vilshofen, Reitern rechts ab
Pension Stanek ★ ruhig gelegen, 60 B, EZ € 30,– DZ € 48,–, inkl. Frühstück, HP € 28,– pro Person, alle Zi mit Du und WC, Gerichte von € 5,– bis 12,–, 120 Plätze, 🚌 (auf Anmeldung), P, Zaundorf 4, pensionstanek@gmx.de, www.pension-stanek.de, ☎ 0049 (0) 8545/327, Fax 8142.

⑬ D-94474 VILSHOFEN
A 3 ab Ausfahrt 113 Garham/Vilshofen 9 km
Pension Sagerer ★★ Stadtmitte, 20 B, EZ € 38,–, DZ € 52,–, 3-Bett-Zi € 75,–, 4-Bett-Zi € 85,–, inkl. Frühstück, alle Zi mit Du und Minibar, G, P, Alte Fischergasse 4, @, www.pension-sagerer.de, ☎ 0049 (0) 8541/7779, Fax 9179003.

⑭ D-94538 NAMMERING A 3 ab Ausfahrt 114 ca. 6 km → Fürstenstein
Gasthof-Pension-Metzgerei Feichtinger ★★★ 40 B, EZ € 25,– bis 30,–, DZ € 40,– bis 45,–, inkl. Frühstück, HP + VP auf Wunsch, Zi mit Du, WC, 🚌 und TV, gutbürgerliche Küche, Räume für 35-200 Personen, 2 Kegelbahnen, 2 Asphalteisstockbahnen, Wildgehege, 🚌, G, P, Hauptstr. 2, @, www.gasthof-feichtinger.de, ☎ 0049 (0) 8544/9708-0, Fax 9708-19.

⑮ D-94575 WINDORF-GAISHOFEN
A 3 ab Ausfahrt 115 Passau-Nord 3 km
Gasthof Fischerstüberl ★★★
schön gelegen, direkt an der Donau, 15 B, EZ € 40,–, DZ € 65,– bis 70,–, inkl. Frühstück, alle Zi mit Du, WC, TV und Internet, Fischspezialitäten, gute bürgerliche Küche mit vegetarischer Kost, Terrasse, eigener Bootssteg, 🚌, P, Fischerstr. 21, @, www.hellers.info/fischersteberl, ☎ 0049 (0) 8546/624, Fax 911780.

⑯ D-94099 RUHSTORF A.D. ROTT
A 3 ab Ausfahrt 118 Pocking 3 km
Ringhotel Antoniushof ★★★★ 58 B, EZ € 68,– bis 110,–, DZ € 94,– bis 170,–, Suite bis € 290,–, inkl. Frühstücksbuffet und Bioecke, alle Zi mit Bad oder Du, WC, 🕾, TV, Fax-/PC-Anschluss, Safe, Radiowecker und Minibar, Lift, Bar, Terrasse, Sauna- und Dampfbadewelt mit 200 qm, Solarium, Whirlpool, Hallenbad, Freibad, 🚌, G, P, Ernst-Hatz-Str. 2, @, www.antoniushof.de, ☎ 0049 (0) 8531/9349-0, Fax 9349-210.

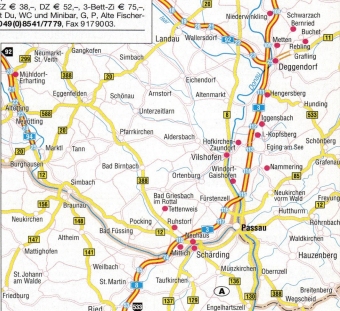

⑰ D-94099 RUHSTORF A.D. ROTT
A 3 ab Ausfahrt 118 Pocking 3 km
Hotel-Restaurant Mathäser ★★★ 58 B, EZ ab € 30,–, DZ ab € 50,–, inkl. Frühstück, HP € 9,– Zuschlag, alle Zi mit Bad/Du, WC und 🕾, teils TV und Radio, Lift, bekannt gute Küche, schöner schattiger Biergarten, rustikal-gemütliches Haus, Angelmöglichkeit, Kegelbahn, Nachlass für 🚌, Hauptstr. 19, info@hotel-mathaeser.de, www.hotel-mathaeser.de, ☎ 0049 (0) 8531/9314-0, Fax 9314-500.

⑱ D-94152 NEUHAUS-MITTICH
A 3 ab Ausfahrt 118 Pocking → Neuhaus 1 km
Pension Eva ★★ ruhige Lage, 15 B, EZ € 23,– bis 28,–, DZ € 34,– bis 46,–, Zusatz-Bett + € 11,–, inkl. Frühstück, alle Zi mit Du, WC und TV-Anschluss, teils mit Küche und Balkon, Einzelübernachtungen und Ferienaufenthalte, 🚭, ⚲, Mittich 11, @, www.pension-eva.de, ☎ 0049 (0) 8503/8264, Fax 923808.

Ringhotel Antoniushof, Ruhstorf a.d. Rott

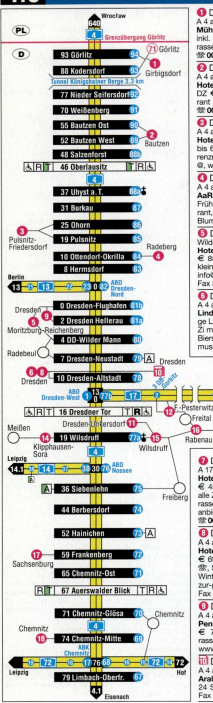

❶ D-02829 GIRBIGSDORF/GÖRLITZ
A 4 ab Ausfahrt 94 Görlitz 4 km → B 6 → PORTA-Kreuzung → Ebersbach
Mühlenhotel ★★★ ruhig gelegen, 37 B, EZ € 46,– bis 48,–, DZ € 65,– bis 75,–, inkl. Frühstücksbuffet, alle Zi mit Du, WC, ☎ und TV, Abendkarte, Gartenterrasse, Schwimmbad, G, P, Kleine Seite 47, @, www.das-Muehlenhotel.de, ☎ 0049 (0) 3581/31 50 37, Fax 31 50 37.

❷ D-02625 BAUTZEN
A 4 ab Ausfahrt 89 Bautzen-West 3 km
Hotel Villa Antonia ★★★ liebevoll restaurierte Stadtvilla, 26 B, EZ € 55,– bis 60,–, DZ € 79,– bis 115,–, inkl. Frühstück, HP, alle Zi mit Du, WC, ☎ und TV, Restaurant „Tiroler Stuben", ⌘ € 10,–, P, Lessingstraße 1, @, www.hotel-villa-antonia.de, ☎ 0049 (0) 3591/50 10 20, Fax 50 10 44.

❸ D-01896 PULSNITZ-FRIEDERSDORF
A 4 ab Ausfahrt 85 Pulsnitz 7 km → Königsbrück
Hotel-Café-Restaurant Waldblick ★★★ ruhige Lage, 50 B, EZ € 41,–, DZ € 62,– bis 67,–, inkl. Frühstücksbuffet, alle Zi mit Du, WC, ☎ und TV, gute Küche, Konferenzraum, Terrasse, Biergarten, Bowlingbahn, ⌘, großer P, Königsbrücker Str. 119, @, www.waldblick-pulsnitz.de, ☎ 0049 (0) 35 955/74 50, Fax 4 47 70.

❹ D-01454 RADEBERG
A 4 ab Ausfahrt 84 Ottendorf-Okrilla 8 km
AaRa Hotel ★★★ ruhig gelegen, 86 B, EZ € 35,– bis 50,–, DZ € 50,– bis 70,–, inkl. Frühstücksbuffet, modern ausgestattete Zi mit Du, WC, ☎, TV und Internet, Restaurant, Biergarten, 3 Bowlingbahnen, ⌘, P, Rezeption 24 Stunden geöffnet, Robert-Blum-Weg 8, @, www.aarahotel.de, ☎ 0049 (0) 35 28/41 66 40, Fax 4 16 66 55.

❺ D-01468 MORITZBURG-REICHENBERG A 4 ab Ausfahrten 80 Dresden-Wilder Mann und 81 b Dresden-Flughafen je 4 km → Moritzburg
Hotel garni Sonnenhof ★★★ 30 B, EZ € 50,– bis 60,–, DZ € 70,– bis 80,–, Suite € 85,–, inkl. reichhaltigem Frühstück, alle Zi mit Du, WC, ☎, Sat-TV und Minibar, kleine Abendkarte, Terrasse, Tagungsraum, Sauna, großer P, August-Bebel-Str. 69, info@hotelgarnisonnenhof.de, www.hotelgarnisonnenhof.de, ☎ 0049 (0) 351/8 30 55 27, Fax 8 30 54 69.

❻ D-01157 DRESDEN
A 4 ab Ausfahrt 78 Dresden-Altstadt 1000 m → Meißen B 6
Lindenhof Restaurant & Hotel ★★★ gemütliches, persönlich geführtes Haus, ruhige Lage, 31 B, EZ € 60,–, DZ € 79,– bis 89,–, inkl. Frühstück, Zustellbett € 18,–, alle Zi mit Bad/Du, WC, ☎, Sat-TV und Minibar, Biergarten, sächsische Weine, Dresdner Bierspezialitäten, Festsaal, gute Verkehrsverbindung zum Zentrum, P im Hof, Podemussstraße 9, @, www.lindenhof-dresden.de, ☎ 0049 (0) 351/45 44 90, Fax 4 54 49 30.

❼ D-01257 DRESDEN
A 17 ab Ausfahrt 5 Heidenau → Dresden Lockwitz ca. 1 km
Hotel Residenz am Schloss ★★★ Hotel Garni mit Wohlfühl-Ambiente, 21 B, EZ € 45,–, DZ ab € 76,–, Familien-Zi ab € 90,–, inkl. Frühstücksbuffet, auch glutenfrei, alle Zi mit Du, WC, Fön, ☎, Sat-TV, Internet und Wasserkocher, teils Balkon, große Terrasse, Garten mit Grill, Seminarraum bis 8 Personen und bis 35 Personen, direkte Busanbindung, 20 Minuten bis ins Zentrum, P, Am Plan 2, @, www.dresden-residenz.de, ☎ 0049 (0) 351/27 09 280, Fax 27 09 282.

❽ D-01157 DRESDEN
A 4 ab Ausfahrt 78 Dresden-Altstadt 800 m → Meißen
Hotel & Café zur Post ★★★ Nichtraucher-Hotel, 21 B, EZ € 56,– bis 69,–, DZ € 69,– bis 79,–, inkl. Frühstücksbuffet, Rabatt für Gruppen, alle Zi mit Du, WC, Fön, ☎, Sat-TV, Minibar und Safe, Abendkarte, Sauna, Terrasse, gemütlicher Cafégarten, Wintergarten, direkte Buslinie bis Zentrum, ⌘, großer P, Meißner Landstr. 125, zur-post-dresden@t-online.de, www.zur-post-dresden.de, ☎ 0049 (0) 351/4 52 00 40, Fax 4 53 86 62.

❾ D-01109 DRESDEN
A 4 ab Ausfahrten 81a Dresden-Hellerau und 81b Dresden-Flughafen je 3 km
Pension Rähnitz ★★★ 18 B, EZ € 37,– bis 44,–, DZ € 40,– bis 47,–, Frühstück € 7,– pro Person, alle Zi mit Du, WC, TV, WLAN und Kleinküche, Terrasse, direkte Verkehrsanbindung ins Zentrum, P im Hof, Bauernweg 34, @, www.pension-raehnitz.de, ☎ 0049 (0) 351/88 49 30, Fax 8 84 93 39.

🔟 D-01157 DRESDEN
A 4 ab Ausfahrt 78 Dresden-Altstadt → Zentrum
Aral Tankstelle ⛽ Aral Store, Biker Station, Geldautomat, Waschanlage, ✉, 24 Stunden geöffnet, Hamburger Str. 88 c, www.aral.de, ☎ 0049 (0) 351/4 22 69 69, Fax 4 27 38 40.

⑪ D-01156 DRESDEN-UNKERSDORF

A 4 ab Ausfahrt 77 a Wilsdruff → Freital 5 km und ab ABD 77 b → A 17 ab Ausfahrt 2 Dresden-Gorbitz ca. 3 km

Landhotel + Gaststätte Unkersdorfer Hof ★★ absolut ruhige Lage, 60 B, EZ € 38,– bis 45,–, DZ € 52,– inkl. Frühstücksbuffet, alle Zi mit Du, WC, ☎ und TV, Abendrestaurant, regionale Küche, 3 Räume für je 35 bis 50 Personen, Biergarten, Sauna, 🚐, ♿ -Zi, P, Am Schreiberbach 3, @, www.unkersdorferhof.de, ☎ 0049(0)35204/98040, Fax 98042.

⑫ D-01705 FREITAL-PESTERWITZ A 4 ab Ausfahrt 78 Dresden-Altstadt 6 km und A 17 ab Ausfahrt 2 Dresden-Gorbitz 4,5 km

Hotel Pesterwitzer Siegel ★★★ 52 B, EZ € 56,–, DZ ab € 74,–, inkl. Frühstück, alle Zi mit Fön, Sat-TV, WLAN und Minibar, Lift, Restaurant, Biergarten, Tagungsraum, Sauna, Whirlpool, Stadtbusanbindung, Shuttle-Service, Bus-P, Dresdner Str. 23, @, www.pesterwitzersiegel.de, ☎ 0049(0)351/6506367, Fax 6506369.

⑬ D-01731 KREISCHA

A 17 ab Ausfahrt 3 Dresden-Südvorstadt 8 km → Dippoldiswalde (B 170) und Ausfahrt 4 Dresden-Prohlis 6 km (Beschilderung)

Hotel Kreischaer Hof ★★★ ruhig gelegen, 98 B, EZ € 51,– bis 56,–, DZ € 72,– bis 82,–, inkl. Frühstücksbuffet, alle Zi mit Du und TV, Lift, Abendrestaurant, Terrasse, Räume bis 100 Personen, Anschluss an Dresdner Liniennetz (40 Minuten bis Zentrum), 🐕, 🚐, ♿ -freundlich, großer P, Alte Straße 4, @, www.hotel-kreischaer-hof.de, ☎ 0049(0)35206/22051, Fax 22051.

⑭ D-01665 KLIPPHAUSEN-SORA A 4 ab Ausfahrt 77 a Wilsdruff 2 km → Meißen

Gasthof und Landhotel Zur Ausspanne Sora ★★★ zentral zwischen Dresden und Meißen, 58 B, EZ ab € 65,–, DZ ab € 80,–, inkl. Frühstücksbuffet, alle Zi mit Du, WC, ☎, TV, Minibar und Radio, Restaurant, historische Kutscherstube, Sommergarten, 🚐, An der Silberstraße 2, zurausspanne.sora@t-online.de, www.ausspanne-sora.de, ☎ 0049(0)35204/466-0, Fax 466-60.

⑮ D-01723 WILSDRUFF

A 4 ab Ausfahrt 77 a Wilsdruff ca. 1,5 km → Dresden

Landhotel Keils Gut ★★★ liebevoll restaurierter Vierseitenhof, 52 B, EZ ab € 60,–, DZ ab € 85,–, inkl. Frühstücksbuffet, alle Zi mit Bad/Du, WC und TV, Restaurant, Konferenzräume, Biergarten, kinderfreundlich, 🐕, 🚐, ♿ -Zi, P, Dresner Straße 26, info@keilsgut.de, www.keilsgut.de, ☎ 0049(0)35204/780580, Fax 7805888.

⑯ D-01734 RABENAU

A 4 ab Ausfahrt 77 a Wilsdruff 15 km → Tharandt, Freital und A 17 ab Ausfahrt 2 Dresden-Gorbitz 13 km → Freital

Hotel-Restaurant Rabennest ★★★ neu gebaut, schöne, ruhige Aussichtslage, 20 B, EZ € 39,– bis 47,–, DZ € 61,– bis 71,–, inkl. Frühstücksbuffet, alle Zi mit Du, WC, ☎, Sat-TV und Minibar, gutbürgerliche, preiswerte Küche, Neben-Zi bis 50 Personen, Gartenterrasse, Bowlingbahn, 🚐, großer P, Nordstr. 8, @, www.hotel-rabennest.de, ☎ 0049(0)351/4760322, Fax 4760325.

⑰ D-09669 SACHSENBURG A 4 ab Ausfahrt 72 Frankenberg rechts, Weiterfahrt → Mittweida, 3 km bis Sachsenburg

Reinhardt's Landhaus Hotel ★★★ neu erbaut, 44 B, EZ € 35,– bis 41,–, DZ € 55,– bis 62,–, Nichtraucher-Zi, inkl. Frühstücksbuffet, alle Zi mit Du, WC, ☎, teils TV und Balkon, gute, regionale Küche, Hausschlachtungen, Räume bis 100 Personen, Terrasse, 🚐, großer P, Dittersbacher Weg 2, @, www.reinhardts-landhaus.de, ☎ 0049(0)37206/866-0, Fax 866-66.

⑱ D-09247 CHEMNITZ

A 4 ab Ausfahrt 69 Chemnitz-Mitte 2 km → Leipzig

Amber Hotel Chemnitz Park ★★★★ 103 Zi, EZ ab € 49,– DZ ab € 68,– (Wochenend- und Happy Day-Raten), inkl. Frühstück, alle Zi mit Bad/Du, WC, ☎ und TV, teils WLAN, Lift, regionale und internationale Küche, Hotelbar, Terrasse, Sauna, Dampfbad, Solarium, 🖥, 🐕, 🚐, P kostenfrei, Wildparkstr. 6, @, www.amber-hotels.de, ☎ 0049(0)3722/5130, Fax 513100.

Unter
www.autobahn-guide.com
**können Sie Ihr Zimmer per Fax
oder E-Mail reservieren.**

⑦¹ GÖRLITZ

Geschichte und Tradition haben diese Stadt geprägt und machen sie mit ihren prachtvollen Gebäuden des 19. und 20. Jahrhunderts, malerischen Gassen und Plätzen, zahlreichen gepflegten Grünanlagen und Parks zu einem Bilderbuch städtebaulicher Kunst. Die Görlitzer schreiben Kunst und Kultur groß. Kulturelle Höhepunkte wie die Museumsnacht, Tag des offenen Denkmals, das Sommertheater und das Altstadtfest zählen zu den Publikumsmagneten. Die zahlreichen Museen und Galerien, als auch die Stadt an sich, laden zu einem Besuch ein.

Informationen und Prospekte:
Touristbüro i-vent, Obermarkt 33, D-02826 Görlitz, info@i-vent-online.de, www.goerlitz-tourismus.de, ☎ 0049(0)3581/421362, Fax 421365.

❸ Hotel-Café-Restaurant Waldblick, Pulsnitz-Friedersdorf

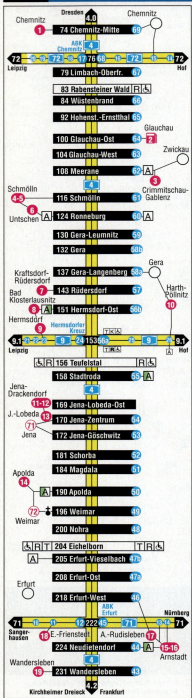

❶ D-09247 CHEMNITZ
A 4 ab Ausfahrt 69 Chemnitz-Mitte 2 km → Leipzig
Amber Hotel Chemnitz Park ★★★★ 103 Zi, EZ ab € 49,–, DZ ab € 68,– (Wochenend- und Happy Day-Raten), inkl. Frühstück, alle Zi mit Bad/Du, WC, ☎ und TV, teils WLAN, Lift, regionale und internationale Küche, Hotelbar, Terrasse, Sauna, Dampfbad, Solarium, ⌚, ᵮ, ⌂, P kostenfrei, Wildparkstr. 6, @, www.amber-hotels.de, ☎ 0049 (0) 37 22/51 30, Fax 51 31 00.

❷ D-08371 GLAUCHAU
A 4 ab Ausfahrt 64 Glauchau-Ost ca. 300 m
Total Tankstelle ⊙ Shop Angebot, Backshop, Waschanlage, ▢, geöffnet Mo–Fr 6–23 Uhr, Sa/So 6–23 Uhr, Waldenburger Str. 115, ☎ 0049 (0) 37 63/1 50 22.

❸ D-08451 CRIMMITSCHAU-GABLENZ
A 4 ab Ausfahrt 62 Meerane → Zwickau 1,5 km
Landhotel Sperlingsberg ★★ 25 B, EZ € 42,– bis 70,–, inkl. Frühstück, alle Zi mit Du, WC, ☎, TV und WLAN, Restaurant ⌤-gerecht, regionale und gutbürgerliche Küche, eigene Schlachtung, Terrasse, Sauna, ᵮ, großer P, Sperlingsberg 2, @, www.Landhotel-Sperlingsberg.de, ☎ 0049 (0) 37 62/9 45 67-0, Fax 9 45 67-17.

❹ D-04626 SCHMÖLLN
A 4 ab Ausfahrt 61 Schmölln
Hotel-Café Baum ★★★ 18 B, EZ € 44,–, DZ € 68,–, inkl. Frühstücksbuffet, Wochenendtarife auf Anfrage, alle Zi mit Du, WC, ☎ und TV, preiswerte regionale Küche, attraktives Café, Gartenterrasse, G, großer P, Brückenplatz 18, @, www.Hotel-Cafe-Baum.de, ☎ 0049 (0) 3 44 91/3 62 26, Fax 3 62 10.

❺ D-04626 SCHMÖLLN A 4 ab Ausfahrt 61 Schmölln 5 km (Zentrum)
Hotel Reussischer Hof ★★★ 58 B, EZ € 46,– bis 56,–, DZ € 72,– bis 84,–, inkl. Frühstücksbuffet, alle Zi mit Bad oder Du, ☎ und TV, Lift, regionale, gutbürgerliche Küche, 4 Restaurants mit 160 Plätzen, Tagungsräume, Innenhof mit Kamin, ᵮ, ⌤, -Zi, Tief-G, Gößnitzer Straße 14, @, www.hotel-reussischer-hof.de, ☎ 0049 (0) 3 44 91/2 31 08, Fax 2 77 58.

❻ D-04626 UNTSCHEN A 4 ab Ausfahrt 60 Ronneburg 5 km → Schmölln
Landhotel Riedel ★★ neu erbaut, ruhig gelegen, 13 B, EZ € 38,– bis 43,–, DZ € 58,– bis 63,–, inkl. Frühstücksbuffet, alle Zi mit Du, WC, ☎ und TV, teils Minibar, Abendkarte für Hausgäste, Terrasse, G, P, Haus-Nr. 48 d, @, www.Landhotel-Riedel.de, ☎ 0049 (0) 3 44 91/54 20, Fax 80 02 66.

❼ D-07586 KRAFTSDORF-RÜDERSDORF A 4 ab Ausfahrt 57 Rüdersdorf 1 km
Pension-Gasthof Sonne ★★ 22 B, EZ € 28,–, DZ € 48,–, inkl. Frühstück, alle Zi mit Du und WC, teils ☎, TV und WLAN, Abendkarte, Räume bis 100 Personen, Bowlingbahn, ᵮ, P, Rüdersdorf Nr. 84, @, www.gasthof-pension-zur-sonne.de, ☎ 0049 (0) 3 66 06/8 43 22, Fax 6 14 00.

❽ D-07639 BAD KLOSTERLAUSNITZ A 4 ab Ausfahrt 56 b Hermsdorf-Ost 2 km
Hotel Waldhaus „Zur Köppe" ★★★ 25 B, EZ € 35,– bis 42,–, DZ € 50,– bis 59,–, inkl. Frühstück, alle Zi mit Du, WC und TV, Restaurant, ▢, ᵮ, ⌤, P, Jenaer Str. 21, @, www.hotel-zur-koeppe.de, ☎ 0049 (0) 3 66 01/90 11-69, Fax 90 11-72.

❾ D-07629 HERMSDORF A 9 ab Ausfahrt Hermsdorf Beschilderung folgen 1 km
Gasthof Zur Linde ★★★ 34 B, EZ € 40,– bis 50,–, DZ € 60,– bis 75,–, inkl. Frühstücksbuffet, alle Zi mit Bad/Du, WC, ☎ und Sat-TV, Restaurant, ▢, ᵮ, ⌤, P, Alte Regensburger Straße 45, gasthaus@linde-hermsdorf.de, ☎ 0049 (0) 3 66 01/4 05 09, Fax 8 36 95.

❿ D-07570 HARTH-PÖLLNITZ/GROSSEBERSDORF A 9 ab Ausfahrten 25 b Lederhose 5 km, 25 a Hermsdorf-Süd 12 km und 26 Triptis 8 km
Adler Golf- & Tagungshotel ★★★ 84 B, EZ € 75,–, DZ € 95,–, inkl. Frühstücksbuffet, alle Zi mit Bad oder Du, WC, ☎ und TV, gehobene Küche, Seminarräume bis 60 Personen, Gartenterrasse, Sauna, Golf, Fahrradverleih, ᵮ, G, Großebersdorf 22, @, www.logis-adler.de, ☎ 0049 (0) 3 66 07/50 00, Fax 5 01 00.

⓫ D-07751 JENA-DRACKENDORF
A 4 ab Ausfahrt 54 Jena-Zentrum → Jena 2 km
Burgblick, Pension und Restaurant ★★★ 53 B, EZ € 37,–, DZ als EZ € 40,–, DZ € 52,–, inkl. Frühstück, alle Zi mit Du, WC und TV, gutbürgerliche Küche, Café, Terrasse, Tagungsraum, P, Alte Dorfstr. 20 a, info@pensionburgblick.de, www.pensionburgblick.de, ☎ 0049 (0) 36 41/3 36 716, Fax 36 88 10.

⓬ D-07751 JENA-DRACKENDORF
A 4 ab Ausfahrt 54 Jena-Zentrum → Jena 2 km
Pension Berghof ★★★ ruhig gelegen, 24 B, EZ € 31,– bis 36,–, DZ € 51,–, Ferienwohnung € 58,– bis 81,–, inkl. Frühstück, alle Zi mit Du, WC, ☎ und Kabel-TV, WLAN und Massage mit Aufpreis, ⌤, P, Schafberg 4, @, www.pension-berghof.de, ☎ 0049 (0) 36 41/39 66 13, Fax 33 11 97.

⓭ D-07747 JENA-LOBEDA A 4 ab Ausfahrt 54 Jena-Lobeda 1,5 km
Café am Kirchberg, Restaurant Pension ★★★ 16 B, EZ € 30,– bis 35,–, DZ € 40,– bis 55,–, inkl. Frühstück, alle Zi mit Du und WC, teils ☎ und TV, Biergarten, P, Susanne-Bohl-Str. 16, @, www.cafe-am-kirchberg.de, ☎ 0049 (0) 36 41/33 45 80, Fax 38 02 73.

⓮ D-99510 APOLDA A 4 ab Ausfahrt 50 Apolda 12 km
Hotel 2 Länder ★★★ 74 B, EZ € 49,– bis 55,–, DZ € 72,– bis 78,–, inkl. Frühstücksbuffet, alle Zi mit Du, WC, Radio, TV und WLAN, teils Terrasse oder Balkon, über 30 qm groß und zur Gartenseite, regionale saisonale Küche, ᵮ, kostenfreier P, Erfurter Str. 31, @, www.hotel-2-laender-apolda.de, ☎ 0049 (0) 36 44/5 02 20, Fax 50 22 40.

⑮ D-99310 ARNSTADT
A 71 ab Ausfahrt 14 Arnstadt-Süd 5 km
Hotel Anders ★★★ ruhige Lage im Grünen, 73 B, EZ ab € 55,–, DZ ab € 79,–, inkl. Frühstück, Zi mit Du, WC, ☏, TV und WLAN, rustikale und gehobene Küche, Café, große Gartenterrasse, P, Gehrener Str. 22, @, www.hotel-anders.de, ☏ **0049 (0) 36 28/745 53**, Fax 74 54 44 **(Bild siehe Route 71)**.

⑯ D-99310 ARNSTADT
A 71 ab Ausfahrten 13 Arnstadt-Nord und 14 Arnstadt-Süd je 6 km
Hotel Goldene Sonne ★★★ 40 B, EZ € 30,– bis 50,–, DZ € 50,– bis 99,–, inkl. Frühstück, alle Zi mit Du, WC, ☏ und TV, gutbürgerliche Küche, Tagungsräume, großer P, Ried 3, @, www.goldene-sonne.arnstadt.de, ☏ **0049 (0) 36 28/60 27 76**, Fax 45975.

⑰ D-99310 ARNSTADT-RUDISLEBEN
A 4 ab Ausfahrten 46 Erfurt-West 7 km → Arnstadt und 44 Neudietendorf 4 km und A 71 ab Ausfahrt 13 Arnstadt-Nord 3 km
Restaurant & Pension Schiefes Eck ★ 26 B, EZ ab € 33,–, DZ ab € 50,–, inkl. Frühstück, alle Zi mit Du, WC und TV, preiswerte, regionale Küche, Räume für 100 Personen, 🍴, P im Hof, Hauptstr. 60, info@schiefeseck.de, www.schiefeseck.de, ☏ **0049 (0) 36 28/60 32 49 (wird weitergeleitet)**.

⑱ D-99192 ERFURT-FRIENSTEDT
A 71 ab Ausfahrt 11 Erfurt-Frienstedt → Gotha 1,5 km
Gasthaus Fürstenhof ★★ 26 B, EZ ab € 34,–, DZ ab € 58,–, inkl. reichhaltigem Frühstück, Zi mit Du, WC, ☏ und TV, gutbürgerliche Küche, Thüringer Spezialitäten, Räume bis 100 Personen für Tagungen und Reisegruppen, Biergarten, günstig gelegen zur Messe, zum Flughafen und zur EGA (Park & fly-Service wird angeboten), Radweg direkt vor dem Haus, 🍴, großer P, Dietendorfer Straße 50, @, www.fuerstenhof-erfurt.de, ☏ **0049 (0) 3 62 08/8 19 20**, Fax 8 19 22 **(Bild siehe Route 71)**.

⑲ D-99869 WANDERSLEBEN A 4 ab Ausfahrt 43 Wandersleben ca. 3 km
Comtel Hotel Wandersleben + Gasthaus Burgenlandung ★★ 35 B, EZ € 40,– bis 50,–, DZ € 55,– bis 60,–, inkl. Frühstücksbuffet, Wochenendpauschalpreise, alle Zi mit Du, WC, ☏, TV und Minibar, Restaurant für Reisegruppen geeignet, rustikaler Räuberkeller mit Räubermenü, Konferenzraum für 20-40 Personen, Terrasse, Biergarten, Solarium, Rundflüge auf Wunsch, 🍴, P, Mühlberger Str. 13, @, www.comtel-hotel.de, ☏ **0049 (0) 3 62 02/8 23 75**, Fax 8 23 76.

㉗ JENA – LICHTSTADT

Die traditionsreiche und innovative Universitätsstadt Jena liegt am Mittellauf der Saale. Eine Vielzahl kulturhistorischer Baudenkmäler, die mit großen Namen der Geschichte verbunden sind, prägen das Bild des Jenaer Saaletals. Bis zu 400 m hohe Muschelkalkberge bietet die Stadt neben ihren zahlreichen Sehenswürdigkeiten und den abwechslungsreichen Radwanderwegen sowie einem reizvollen Wandergebiet an. Kulturelle Höhepunkte wie das jährliche Open Air Festival „Kulturarena" bringt internationale Stars nach Jena. Die breitgefächerten Angebote des Jenaer Theaterhauses, des Jenaer Kunstvereins oder der Jenaer Philharmonie haben Individuelles und Hochkarätiges zu bieten.

Kulturarena

Information und Prospekte:
Jena Tourist-Information, Markt 16, D-07743 Jena, tourist-info@jena.de, www.jena.de, ☏ **0049 (0) 36 41/49-80 50**, Fax 49-80 55.

㉗ WEIMAR

Die Klassiker- und Kulturstadt Weimar ist so berühmt wie Goethe und Schiller. Eine wunderschöne Altstadt mit zahlreichen Museen, Parks und Schlössern in und um Weimar verzaubern die Besucher. Wer auf den Spuren der Moderne wandelt, findet im Bauhaus-Museum und im Haus am Horn die Zeugnisse von berühmten Künstlern der Avantgarde. Weimar ist eine Stadt für Entdeckungswillige: Die Fülle der kulturellen Angebote lässt sich mit denen einer Metropole vergleichen. Weimar ist ein Besuchermagnet und bleibt trotzdem authentisch und sympathisch.

Informationen und Prospekte:
Tourist-Information Weimar, Markt 10, D-99423 Weimar, tourist-info@weimar.de, www.weimar.de, ☏ **0049 (0) 36 43/745 0**, Fax 745 420.

Goethe- und Schiller-Denkmal, Weimar

❺ Hotel Reussischer Hof, Schmölln

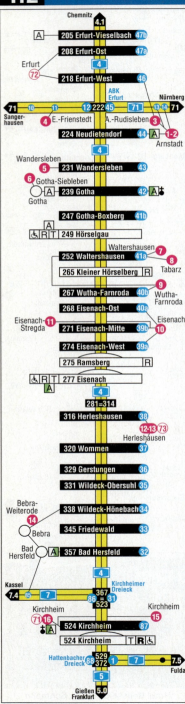

❶ D-99310 ARNSTADT A 71 ab Ausfahrt 14 Arnstadt-Süd 5 km
Hotel Anders ★★★ ruhige Lage im Grünen, 73 B, EZ ab € 55,–, DZ ab € 79,–, inkl. Frühstück, alle Zi mit Du, WC, ☎, TV und WLAN, rustikale und gehobene Küche, Café, große Gartenterrasse, P, Gehrener Str. 22, @, www.hotel-anders.de, ☎ 0049(0)3628/7453, Fax 745444 **(Bild siehe Route 71)**.

❷ D-99310 ARNSTADT
A 71 ab Ausfahrten 13 Arnstadt-Nord und 14 Arnstadt-Süd je 6 km
Hotel Goldene Sonne ★★★ 40 B, EZ € 30,– bis 50,–, DZ € 50,– bis 99,–, inkl. Frühstück, alle Zi mit Du, WC, ☎ und TV, gutbürgerliche Küche, Tagungsräume, großer P, Ried 3, @, www.goldene-sonne.arnstadt.de, ☎ 0049(0)3628/602776, Fax 45975.

❸ D-99310 ARNSTADT-RUDISLEBEN
A 4 ab Ausfahrten 46 Erfurt-West 7 km → Arnstadt und 44 Neudietendorf 4 km und A 71 ab Ausfahrt 13 Arnstadt-Nord 3 km
Restaurant & Pension Schiefes Eck ★ 26 B, EZ ab € 33,–, DZ ab € 50,–, inkl. Frühstück, alle Zi mit Du, WC und TV, preiswerte, regionale Küche, Räume für 100 Personen, ☱ P im Hof, Hauptstr. 60, @, www.schiefeseck.de, www.schiefeseck.de, ☎ 0049(0)3628/603249 (wird weitergeleitet).

❹ D-99192 ERFURT-FRIENSTEDT
A 71 ab Ausfahrt 11 Erfurt-Frienstedt → Gotha 1,5 km
Gasthaus Fürstenhof ★★ 26 B, EZ ab € 34,–, DZ ab € 58,–, inkl. reichhaltigem Frühstück, Zi mit Du, WC, ☎ und TV, gutbürgerliche Küche, Thüringer Spezialitäten, Räume bis 100 Personen für Tagungen und Reisegruppen, Biergarten, günstig gelegen zur Messe, zum Flughafen und zur EGA (Park & fly-Service wird angeboten), Radweg direkt vor dem Haus, ☱☱☱, großer P, Dietendorfer Straße 50, @, www.fuerstenhof-erfurt.de, ☎ 0049(0)36208/81920, Fax 81922 **(Bild siehe Route 71)**.

❺ D-99869 WANDERSLEBEN
A 4 ab Ausfahrt 43 Wandersleben ca. 3 km
Comtel Hotel Wandersleben + Gasthaus Burgenlandung ★★ 35 B, EZ € 40,– bis 50,–, DZ € 55,– bis 60,–, inkl. Frühstücksbuffet, Wochenendpauschalpreise, alle Zi mit Du, WC, ☎, TV und Minibar, Restaurant für Reisegruppen geeignet, rustikaler Räuberkeller mit Räubermenü, Konferenzraum für 20-40 Personen, Terrasse, Biergarten, Solarium, Rundflüge auf Wunsch, ☱☱☱, P, Mühlberger Str. 13, @, www.comtel-hotel.de, ☎ 0049(0)36202/82375, Fax 82376.

❻ D-99867 GOTHA-SIEBLEBEN
A 4 ab Ausfahrt 42 Gotha → Erfurt 7 km (B 7)
Landhaus Hotel Romantik ★★★ ruhiges Haus im Landhausstil, 14 Zi, EZ € 65,–, DZ € 89,–, inkl. Frühstücksbuffet, alle Zi mit Du, WC, ☎, Radio und TV, Restaurant mit offenem Kaminfeuer, G, kostenfreier P, Salzgitterstraße 76, @, www.landhaus-hotel-romantik.de, ☎ 0049(0)3621/36490, Fax 364949.

❼ D-99880 WALTERSHAUSEN
A 4 ab Ausfahrt 41 a Waltershausen ca. 2 km
Hotel Waldhaus ★★ ruhige Aussichtslage, 19 B, EZ € 43,–, DZ € 64,–, inkl. Frühstücksbuffet, alle Zi mit Du und WC, teils ☎, auf Wunsch TV, Abendrestaurant, frische regionale und internationale Kräuterküche, Biergarten, Terrasse, abgeschlossener P, Zeughausgasse 5, @, www.waldhaushotel.de, ☎ 0049(0)3622/69003, Fax 902249.

❽ D-99891 TABARZ A 4 ab Ausfahrt 41 a Waltershausen 5 km → Waltershausen
Landhotel Germania ★★★ sehr ruhige schöne Lage, 73 B, EZ € 52,– bis 67,–, DZ € 74,– bis 104,–, 5 Appartements ab € 94,–, inkl. Frühstücksbuffet, alle Zi mit Bad/Du, WC, ☎ und TV, teilweise Minibar, thüringer und internationale Küche, Biergarten, Tagungsraum, Kosmetik-Institut, Sauna, Massage, Hallenbad, G, großer P, Friedrichrodaer Str. 11, @, www.landhotelgermania.de, ☎ 0049(0)36259/550, Fax 55100.

❾ D-99848 WUTHA-FARNRODA A 4 ab Ausfahrt 40 b Wutha-Farnroda 1,5 km und Ausfahrt 41 a Waltershausen 15 km über B 7
Hotel Bamberger Hof ★★ 26 B, EZ € 38,–, DZ ab € 58,–, inkl. Frühstücksbuffet, alle Zi mit Du und WC, teilweise TV, gutbürgerliche Küche, Räume bis 100 Personen, Biergarten, ☱☱☱, großer P (für Busse), Gothaer Straße 61, @, www.bamberger-hof.de, ☎ 0049(0)36921/93301, Fax 279749.

❿ D-99817 EISENACH
A 4 ab Ausfahrten 40 a Eisenach-Ost und 39 a Eisenach-West → Wartburg
Hotel Haus Hainstein ★★★ ruhig gelegen mit Blick auf die Wartburg, 67 Zi, EZ € 45,– bis 54,–, DZ € 72,– bis 82,–, inkl. Frühstücksbuffet, alle Zi mit Bad oder Du, WC, ☎ und Sat-TV, gute Küche, Tagungsräume, große Terrasse, ☱☱☱, &, P, Am Hainstein 16, haushainstein@t-online.de, www.hainstein.de, ☎ 0049(0)3691/242-0, Fax 242-109.

⓫ D-99817 EISENACH-STREGDA
A 4 ab Ausfahrt 39 b Eisenach-Mitte → Mihla, Stregda 500 m
Gasthof und Hotel zum Löwen ★★ 14 B, EZ € 41,–, DZ € 56,–, inkl. Frühstücksbuffet, alle Zi mit Du, WC, gutbürgerliche Küche, Räume bis 60 Personen, Biergarten, Terrasse, ☱, ☱, ☱☱☱, G, großer P, Mühlhäuser Chaussee 34, @, www.gasthof-zum-loewen-eisenach.de, ☎ 0049(0)3691/77583, Fax 885644.

⓬ D-37293 HERLESHAUSEN A 4 ab Ausfahrt 38 Herleshausen 1 km
Hotel-Restaurant Schneider ★★ ruhige Ortslage, 34 B, EZ € 39,–, DZ € 53,–, 3-Bett-Zi € 69,–, Appartement (4 Personen) € 86,–, inkl. Frühstück, ruhige Zi, alle mit Du, WC, TV und WLAN, regionale und gutbürgerliche Küche, Hausmacher Wurstwaren, eigene Schlachtung, Räume bis 120 Personen, ☱, ☱, ☱☱☱, G, P, Am Anger 7, @, www.Hotel-Fleischerei-Schneider.de, ☎ 0049(0)5654/6428, Fax 1447.

⑬ D-37293 HERLESHAUSEN

A 4 ab Ausfahrt 38 Herleshausen 500 m

Hotel-Restaurant Gutsschänke ★★ ruhige Lage am Ortsrand, 21 B, EZ € 38,– bis 40,–, DZ € 60,– bis 65,–, Mehrbett-Zi, inkl. Frühstück, alle Zi mit Du, WC, TV und WLAN, regionale und kreative Küche, 50 Sitzplätze, Biergarten, 🚲, G, großer P, Karl-Fehr-Str. 2, @, www.hotel-ami.de/hotels/gutsschaenke, ☎ **0049(0)5654/1375**, Fax 6216.

⑭ D-36179 BEBRA-WEITERODE

A 4 ab Ausfahrt 34 Wildeck-Hönebach → Bebra 6 km

Hotel Sonnenblick ★★★ im Grünen gelegen, 122 B, EZ € 49,– bis 65,–, DZ € 78,– bis 98,–, inkl. Frühstücksbuffet, alle Zi mit Du, WC, ☎ und TV, regionale frische Küche, Räume bis 150 Personen, Vitaloase kostenfrei, 🚲, 🍷 € 5,–, 🚲, großer P (auch Wohnmobile), Haus Sonnenblick 1, @, www.sonnenblick.de, ☎ **0049(0)6622/931-0**, Fax 931-100.

⑮ D-36275 KIRCHHEIM

ab Ausfahrt 87 Kirchheim → blaue Beschilderung Motel

Motel Roadhouse ★★★ 308 B, EZ € 59,–, DZ € 82,–, 3-Bett-Zi € 94,–, 4-Bett-Zi € 106,–, Familien-Zi mit Babybett, ohne Frühstück, alle Zi mit Bad/Du, WC, ☎, Sat-/Pay-TV und Minibar, 3 Restaurants für 400 Personen, Internet-Terminal, WLAN, Hallenbad, Sauna, Solarium, Wellness, 🚲, ⚘-Zi, P, Motelstr. 5, @, www.roadhouse-kirchheim.de, ☎ **0049(0)6625/1080**, Fax 8656.

⑯ D-36275 KIRCHHEIM

A 7 ab Ausfahrt ABD Kirchheim 400 m

Hotel Eydt – Restaurant Kupferspiegel und Hotel Hattenberg ★★★ gesamt 200 B, EZ € 49,– bis 65,–, DZ € 59,90 bis 89,90, Mehrbett-Zi, inkl. Frühstücksbuffet, alle Zi mit Bad/Du, WC, ☎ und Sat-TV, Tagungsräume mit Technik bis 100 Personen, 🚲, 🚲, großer P, Hauptstr. 19/Am Hattenberg 1, info@eydt.de, www.eydt.de, ☎ **0049(0)6625/9225-0 +9226-0**, Fax 9225-70.

㉑ KIRCHHEIM/HESSEN

Direkt am Kirchheimer Dreieck finden Sie (fast) rund um die Uhr alles, was man unterwegs so braucht: Raststätten, Restaurants, Tankstellen, Outlets und Einkaufsmärkte. Für eine Erfrischungspause gibt es ein Autobahnschwimmbad, für die geistige Einkehr eine Autobahnkapelle. Legen Sie in der Mitte Deutschlands eine Pause ein: Entdecken und Wohlfühlen im Rotkäppchenland, wo die Brüder Grimm ihr Rotkäppchen fanden. Gepflegte Hotels, ländliche Pensionen und eine großzügige Ferienanlage erwarten Sie! Genießen Sie aktive Freizeit in herrlicher Natur beim Wasserski, Bootfahren, Wandern, Radfahren oder Nordic Walking. Wochenendangebote: Radelspaß mit GPS, Wandern mit Qualitätssiegel, Nordic Walking auf geheimnisvollen Wegen, u.a.

Informationen, Prospekte und Zimmervermittlung:
Touristik-Service Kirchheim,
Hauptstr. 2 a, D-36275 Kirchheim/Hessen,
kirchheim@rotkaeppchenland.de, www.kirchheim.de,
☎ **0049(0)6625/919595**, Fax 919596.

㉒ ERFURT – LANDESHAUPTSTADT THÜRINGENS

Über 1250 Jahre alte Handels-, Gartenbau- und Blumenstadt. Besonders schöne Altstadt. Wahrzeichen sind das Kirchen-Ensemble von Dom (1154) und Severinskirche (1121) mit Freitreppe und eine Fülle von einmaligen Kunstschätzen. Domplatz mit vielen Fachwerkhäusern, Fischmarkt mit „Römer" von 1591 und prachtvollen Renaissancebauten. Sehenswert auch die berühmte Krämerbrücke, die ganz mit Häusern bebaut ist, Rathaus, Michaelisstraße und der umfassend restaurierte Anger.

Domplatz, Dom und Severinskirche, Erfurt

Information und Prospekte:
Erfurt Tourismus & Marketing GmbH,
Benediktsplatz 1, D-99084 Erfurt,
info@erfurt-tourismus.de, www.erfurt-tourismus.de,
☎ **0049(0)361/66400**

㉓ HERLESHAUSEN

Einst als hessischer Grenzübergang zur DDR ist das „Tor nach Thüringen" heute ein idealer Ausgangspunkt für Wanderer an Land und im Wasser und Radler. Eingebettet in das idyllische Werratal (202 m) und die Höhenzüge des Ringgaues (452 m) bietet es traditionelle Gastronomie, hübsche Pensionen und Hotels und jede Menge Freizeitangebote wie Golf, Tennis, Hallenbad, Floß-, Kanu- und Kutschfahrten. Konzentrierte mittelalterliche Geschichte erfahren Sie auf den Ruinen Brandenburg und Brandenfels oder auf der benachbarten Creuzburg und Wartburg in Eisenach.

Information und Prospekte:
Gemeindeverwaltung Herleshausen,
Bahnhofstr. 15, D-37293 Herleshausen,
gemeinde@herleshausen.de,
www.herleshausen.de,
☎ **0049(0)5654/9895-0**, Fax 9895-33.

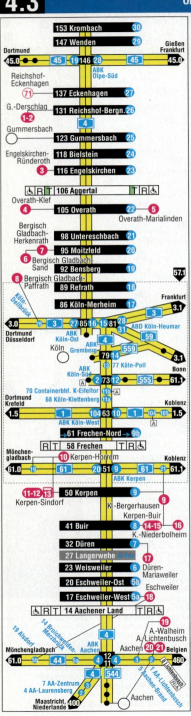

❶ D-51645 GUMMERSBACH-DERSCHLAG (250-450 m ü. d. M.), A 4 ab Ausfahrt 26 Reichshof-Bergneustadt 4 km → Bergneustadt → Derschlag
Hotel garni Haus Charlotte ★★ ruhige Lage, 20 B, EZ € 25,– bis 45,–, DZ € 48,– bis 78,–, inkl. Frühstück, Zi mit Bad oder Du, WC und TV, G, P, Kirchweg 3, ☎ 0049(0) 2261/521 11, Fax 592 18.

❷ D-51645 GUMMERSBACH-DERSCHLAG
A 4 ab Ausfahrt 26 Reichshof-Bergneustadt
Land-Gut-Hotel Huland ★★ 25 B, EZ € 35,– bis 50,–, DZ € 63,– bis 80,–, inkl. Frühstück, alle Zi mit Du, teils mit WC, ☎, Kabel-TV und Fax-Anschluss, regionale und saisonale Küche, Tagungsräume, 3 Ferienwohnungen, ⛽, P, Kölner Str. 26, @, www.hotelhuland.de, ☎ 0049(0) 2261/531 51 + 910 86-0, Fax 531 53.

❸ D-51766 ENGELSKIRCHEN-RÜNDEROTH
A 4 ab Ausfahrt 23 Engelskirchen ca. 2 km
Panorama-Hotel „Haus Sonnenberg" ★★ in ruhiger Lage, 19 B, EZ € 33,– bis 49,–, DZ € 77,– bis 89,–, inkl. Frühstück, Zi mit Du, WC, TV und WLAN, G, P, Am Scheffert 12-14, info@haus-sonnenberg.info, www.haus-sonnenberg.info, ☎ 0049(0) 2263/5438, Fax 952262.

❹ D-51491 OVERATH-KLEF A 4 ab Ausfahrt 22 ca. 300 m → Engelskirchen
Hotel Restaurant Lüdenbach ★★★ 54 B, EZ € 56,– bis 75,–, DZ € 82,– bis 99,–, inkl. Frühstück, alle Zi mit Du, WC, ☎ und TV, regionale und saisonale Küche, Wintergarten, überdachte Gartenterrasse, Sauna, WLAN, G, P, Restaurant kein ./., Klef 99, @, www.hotel-luedenbach.de, ☎ 0049(0) 2206/21 53 + 9538-0, Fax 816 02.

❺ D-51491 OVERATH-MARIALINDEN
A 4 ab Ausfahrt 22 Overath → Overath-Marialinden ca. 4 km
Landhotel-Restaurant „Bergischer Hof" ★★★ ruhige Lage, 23 B, EZ € 29,– bis 45,–, DZ € 75,–, inkl. Frühstück, Zi mit Du, WC, ☎ und TV, 2 Ferienwohnungen à 70 qm, regionale-saisonale Küche, Räume bis 130 Personen, mediterrane Terrasse, 25 Minuten zur Kölner Messe, 🍴, großer P, Pilgerstraße 64, www.hotel-bergischer-hof.de, ☎ 0049(0) 2206/9 5340 + 4454, Fax 953430.

❻ D-51465 BERGISCH GLADBACH-SAND
A 4 ab Ausfahrt 20 Moitzfeld 3,5 km → Herkenrath, in Herkenrath links → Bergisch Gladbach Zentrum, nach ca. 3 km rechts
Privathotel Bremer ★★★★ 42 B, EZ € 79,– bis 150,–, DZ € 99,– bis 195,–, Junior Suite € 129,– bis 250,–, inkl. Frühstücksbuffet, alle Zi mit Bad/Du, WC, ISDN-☎ und Kabel-TV, Nichtraucheretage, Betten 100 x 220 cm, Allergikerbettwäsche auf Anfrage, Dombach-Sander-Straße 72, @, www.privathotel-bremer.com, ☎ 0049(0) 2202/9350-0, Fax 9350-50.

❼ D-51429 BERGISCH GLADBACH-HERKENRATH
A 4 ab Ausfahrt 20 Moitzfeld ca. 4 km
Gasthof und Pension Am Alten Fronhof ★★★ historisches Gebäude, Familienbetrieb, 6 B, EZ € 80,– bis 95,–, DZ € 95,– bis 110,–, inkl. Frühstück, stilvoll eingerichtete Zi mit Bad, DU, WC und TV, Gasthof mit gutbürgerlicher Küche, verkehrsnah zur Köln Messe, 🍴, ⛽, P am Haus, Im Fronhof 21, @, www.am-alten-fronhof.de, ☎ 0049(0) 2204/81568, Fax 982275.

❽ D-51469 BERGISCH GLADBACH-PAFFRATH
A 3 ab Ausfahrt 26 Köln-Dellbrück ab B 506 ca. 7 km
Hotel Hansen, Restaurant Großer Kurfürst ★★★ 31 B, EZ € 62,– bis 105,–, DZ € 88,– bis 135,–, Mehrbett-Zi, inkl. Frühstücksbuffet, alle Zi mit Du, WC, ☎, Kabel-TV und Internet, 🍴, P, Paffrather Str. 309, @, www.hotel-hansen.de, ☎ 0049(0) 2202/95770, Fax 59939.

❾ D-50171 KERPEN-BERGERHAUSEN
A 4 ABK Kerpen ab Ausfahrt 9 über B 264 → Blatzheim
Hotel Zur Wasserburg ★★★ 9 Zi, EZ € 49,–, DZ € 72,–, 3-Bett-Zi € 89,–, inkl. Frühstücksbuffet, alle Zi mit Du, WC, Fön, ☎, TV und Radio, ♿-Zi, P, Am Hubertushof 1, @, www.hotel-zur-wasserburg.de, ☎ 0049(0) 2275/91 9900, Fax 919 9010.

❿ D-50169 KERPEN-HORREM
A 61 ab Ausfahrten 19 Bergheim-Süd ca. 5 km und 9 ABK Kerpen ca. 3,5 km
Hotel Rosenhof ★★★ 31 B, EZ € 49,50, DZ € 75,–, inkl. Frühstücksbuffet, alle Zi mit Du, WC, ☎, TV und kostenfreiem WLAN, Restaurant, Tagungsräume bis 60 Personen, Direktverbindung Messe Köln, 🍴, ⛽, P, Hauptstr. 119, @, www.hotel-rosenhof.info, ☎ 0049(0) 2273/4581 + 93440, Fax 934449.

⓫ D-50170 KERPEN-SINDORF A 4 ab Ausfahrt 9 Kerpen
Hotel Europarc ★★★ 55 B, EZ € 55,– bis 105,–, DZ € 75,– bis 125,–, Allergiker-Zi, inkl. Frühstücksbuffet, alle Zi mit Du, WC, ☎, TV und Fax-/Modemanschluss, Restaurant, Tagungsräume bis 100 Personen, WLAN, Biergarten, Biker willkommen, Shuttle-Service, ⛽, G, P, Siemensstr. 19, @, www.hotel-europarc.de, ☎ 0049(0) 2273/99970, Fax 999710.

⓬ D-50170 KERPEN-SINDORF A 4 ab Ausfahrt 9 Kerpen ca. 500 m
Parkhotel garni ★★★ 98 B, EZ € 55,– bis 90,–, DZ € 75,– bis 120,–, inkl. Frühstücksbuffet, alle Zi mit Du, WC, ☎, TV und WLAN, Lift, Restaurant, Tagungsmöglichkeit bis 20 Personen, 🚭, P, Kerpener Str. 183, @, www.parkhotel-kerpen.de, ☎ 0049(0) 2273/98580, Fax 54985.

⓭ D-50170 KERPEN-SINDORF A 4 ab Ausfahrt 9 Kerpen → Sindorf 700 m
Aral-Tankstelle ⛽ Flüssiggas, 🚭, 24 Stunden geöffnet, Kerpener Str. 185, ☎ 0049(0) 2273/51765, Fax 57801.

⑭ D-50170 KERPEN-BUIR
A 4 ab Ausfahrt 8 Buir 2 km (im Ort ausgeschildert)
Hotel Schmidt mit Gästehaus Am Vogelsang ★★★ sehr ruhige Lage, 16 B, EZ
€ 49,– bis 57,–, DZ € 65,– bis 86,–, Mehrbett-Zi € 93,–, Appartement bis 4 Perso-
nen € 120,–, Appartement bis 6 Personen € 150,–, inkl. Frühstücksbuffet, alle Zi mit
Bad/Du, WC, Fön, ☎, TV, WLAN, Safe, Minibar und Balkon, Garten, ▭, 🍴, P am
Haus, Am Vogelsang 37, @, www.hotel-am-vogelsang.de, ☎ **0049 (0) 22 75/91 17 00,**
Fax 91 17 02.

⑮ D-50170 KERPEN-BUIR
A 4 ab Ausfahrt 8 Buir 2 km und A 61 ab Ausfahrt 21 Türnich 9 km
Landhotel Floris ★★★ 8 Zi, EZ € 55,– bis 60,–, DZ € 75,– bis 80,–, inkl. Frühstück,
1 Appartement, alle Zi mit Bad oder Du, WC, ☎, TV, WLAN und Radio, Nichtrau-
cher-Hotel, Tankstelle im Ort, S-Bahn-Anschluss Köln/Aachen in unmittelbarer Nähe,
▭, 🍴, &, -Zi, P, Bahnstr. 34, @, www.landhotelfloris.de, ☎ **0049 (0) 22 75/91 580,**
Fax 91 58 29.

⑯ D-50171 KERPEN-NIEDERBOLHEIM
A 4 ab Ausfahrt 8 Buir, in Buir → Blatzheim, vor Blatzheim → Nörvenich 6 km und
A 61 ab Ausfahrt 21 Türnich (B 264) → Kerpen-Süd → Düren → Nörvenich ca. 7 km
Hotel & Restaurant Villa Sophienhöhe ★★★★ ruhig im Grünen gelegen, 39 B,
EZ € 75,– bis 85,–, DZ € 97,– bis 164,–, inkl. Frühstücksbuffet, alle Zi mit Du, WC,
Fön, ☎, WLAN, Hosenbügler und Kosmetikspiegel, stilvolles Restaurant mit saison-
frischer Küche, Tagungsräume mit Technik, Räume bis 120 Personen, Außenter-
rasse für 50 Personen, 🍴, 🚌, P, Sophienhöhe 1, kontakt@villa-sophienhoehe.de,
www.villa-sophienhoehe.de, ☎ **0049 (0) 22 75/9 22 80,** Fax 9 22 849 **(Bild siehe
Route 61.1).**

⑰ D-52353 DÜREN-MARIAWEILER
A 4 ab Ausfahrt 7 Düren → Birkesdorf, dann 3. Ampel rechts
Hotel Mariaweiler Hof ★★★☆ 60 B, EZ € 40,– bis 65,–, DZ € 65,– bis 85,–, Sui-
ten, inkl. Frühstück, Zi mit Du, WC, ☎, Sat-TV und WLAN, Restaurant, Seminarräu-
me, Sauna, Fitnessraum, Internetpoint und Businesscorner kostenfrei in der Lobby,
&, G, P, An Gut Nazareth 45, @, www.mariaweilerhof.de, ☎ **0049 (0) 24 21/9 82 40,**
Fax 98 24 33.

⑱ D-52249 ESCHWEILER
A 4 ab Ausfahrt 5 Eschweiler-West ca. 500 m und A 44 ab Ausfahrt 5 b Alsdorf 6 km
Hotel Restaurant Mykonos ★★★ 12 B, EZ € 55,–, DZ € 75,–, inkl. Frühstück,
Wochenendangebote, alle Zi mit Du, WC, Fön, ☎ kostenlos in D, Sat-TV, Internet,
Minibar und Safe, Restaurant mit griechischen Spezialitäten, 🍴, 🚌, P kostenfrei,
Dreieckstr. 2, @, www.hotel-mykonos.de, ☎ **0049 (0) 24 03/74 88 70,** Fax 74 887 09.

⑲ D-52076 AACHEN-WALHEIM
A 44 ab Ausfahrt 3 Aachen-Brand → Monschau/Trier (B 258) ca. 8 km
Hotel-Restaurant Brunnenhof ★★★ 14 B, EZ € 49,– bis 65,–, DZ € 75,– bis 85,–,
Suite (Preis auf Anfrage), inkl. reichhaltigem Frühstück, alle Zi mit Bad/Du, WC, ☎
und TV, ausgezeichnete Küche, Konferenzraum, Restaurant Do ./., Schleidener Stra-
ße 132, @, www.brunnenhof-aachen.de, ☎ **0049 (0) 24 08/5 88 50,** Fax 58 85 88.

⑳ D-52076 AACHEN
A 44 ab Ausfahrt 2 Lichtenbusch → Monschau ca. 1 km, 4. Straße links (über Pascalstr.)
Hotel Schweizerhof ★★★★ 108 B, EZ € 56,– bis 70,–, DZ € 70,– bis 98,–,
Familien-EZ, inkl. Frühstücksbuffet, alle Zi mit Bad/Du, WC, ☎ und TV, Tagungs-
räume, Tennis, Badminton, Squash, Werkstr. 16, post@schweizerhof-aachen.de,
www.schweizerhof-aachen.de, ☎ **0049 (0) 24 08/9 45 30,** Fax 94 53 17.

㉑ D-52076 AACHEN-LICHTENBUSCH
A 44 ab Ausfahrt 2 Lichtenbusch 500 m → Monschau
Hotel Zur Heide und ruhig gelegenes Gästehaus ★★★ 63 B, EZ € 36,– bis
61,–, DZ € 58,– bis 91,–, inkl. Frühstücksbuffet, Zi mit Bad oder Du, WC, ☎,
TV und Radio, 120 Sitzplätze, Terrasse, ▭, 🍴, 🚌, P, Raafstraße 76-80, @,
www.Hotel-Zur-Heide-Aachen.de, ☎ **0049 (0) 24 08/9 25 26-0,** Fax 62 68.

㉛ REICHSHOF

Ideal für Gruppenreisen und einen Tagesausflug. Eingebettet in sanft
geschwungene Hügel liegt der Heilklimatische Kurort Eckenhagen.
Hier erlebt man die Welt der Vorfahren um die Jahrhundertwende im
Bauernhofmuseum „D´r Isenhardt´s Hoff". Im „Haus des Gastes" zei-
gen die Mineraliengrotte die 800-jährige Bergwerkstradition und seltene
Mineralien sowie das Trachtenpuppenmuseum ca. 800 Exponate aus
aller Welt. Direkt nebenan liegt die barock ausgestattete Evangelische
Kirche mit großer Denkmalorgel. Der Affen- und Vogelpark in Eckenhagen ist mit über 1.000 Tieren der drittgrößte seiner Art in Deutschland.
In Gehegen und großen Freiflugvolieren können seltene Vögel erlebt
werden. Zwei begehbare Affengehege und eine Indoor-Erlebnishalle für
Kinder runden das Angebot ab. Zum Einkehren empfehlen sich Spezialitäten wie die Bergische Kaffeetafel.

Informationen und Prospekte:
Kurverwaltung Reichshof, Barbarossastr. 5, D-51580 Reichshof,
kurverwaltung@reichshof.de, www.reichshof.de, ☎ **0049 (0) 22 65/470,**
Fax 3 56.

Affen- und Vogelpark in Eckenhagen

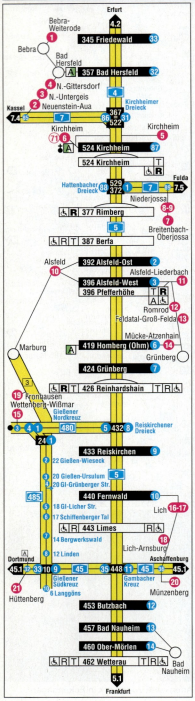

❶ D-36179 BEBRA-WEITERODE
A 4 ab Ausfahrt 34 Wildeck-Hönebach → Bebra 6 km
Hotel Sonnenblick ★★★ im Grünen gelegen, 122 B, EZ € 49,– bis 65,–, DZ € 78,– bis 98,–, inkl. Frühstücksbuffet, alle Zi mit Du, WC, 📞 und TV, meist Balkon, Lift, regionale frische Küche, Räume bis 150 Personen, Vitaloase kostenfrei, 🖥, 🍴 € 5,–, 🚐, großer P (auch Wohnmobile), Haus Sonnenblick 1, @, www.sonnenblick.de, 📞 0049 (0) 6622/931-0, Fax 931-100.

❷ D-36286 NEUENSTEIN-AUA
A 7 ab Ausfahrt 85 Bad Hersfeld-West ca. 500 m
Landgasthof Hotel Hess ★★★ 90 B, EZ € 52,– bis 72,–, DZ € 72,– bis 98,–, inkl. Frühstücksbuffet, alle Zi mit Bad/Du, WC, 📞 und TV, hervorragende Küche mit saisonalen Spezialitäten, 🖥, 🍴, 🚐, G, P, Geistalstr. 8, @, www.landgasthof-hess.de, 📞 0049 (0) 6677/920 80, Fax 1322 **(siehe auch Route 7.5).**

❸ D-36286 NEUENSTEIN-UNTERGEIS
ab Ausfahrt 85 → Bad Hersfeld 3 km (B 324)
Landgasthof-Hotel Will ★★ 35 B, EZ € 32,– bis 35,–, DZ € 47,– bis 50,–, inkl. Frühstücksbuffet, alle Zi mit Du, WC und 📞, auf Wunsch Sat-TV, Küche mit Hausmacher Spezialitäten, Hausschlachtung von eigener Tierhaltung, Räume bis 60 Personen, 🖥, 🍴 (kleine), 🚐, großer P, Am Sportplatz 1, @, www.landgasthof-will.de, 📞 0049 (0) 6621/1 53 44, Fax 7 88 97.

❹ D-36286 NEUENSTEIN-GITTERSDORF
A 7 ab Ausfahrt 85 Bad Hersfeld-West ca. 4 km und A 4 Ausfahrt 32 Bad Hersfeld ca. 6 km
Hotel-Pension Waldblick ★★ ruhig gelegen am Wald, 28 B, EZ € 35,– bis 45,–, DZ € 55,– bis 75,–, inkl. Frühstück, alle Zi mit Du, WC, 📞 und Sat-TV, Sauna, Aufenthaltsraum, Terrasse, Hausschlachtung, 🖥, großer P, Hählganser Straße 45, @, www.hotel-pension-waldblick.de, 📞 0049 (0) 6621/4008-0, Fax 4008-20.

❺ D-36275 KIRCHHEIM
ab Ausfahrt 87 Kirchheim → blaue Beschilderung Motel
Motel Roadhouse ★★★ 308 B, EZ € 59,–, DZ € 82,–, 3-Bett-Zi € 94,–, 4-Bett-Zi € 106,–, Familien-Zi mit Babybett, ohne Frühstück, alle Zi mit Bad/Du, WC, 📞, Sat-/Pay-TV und Minibar, 3 Restaurants für 400 Personen, Internet-Terminal, WLAN, Hallenbad, Sauna, Solarium, Wellness, 🖥, & -Zi, P, Motelstr. 1, @, www.roadhouse-kirchheim.de, 📞 0049 (0) 6625/10 80, Fax 86 56.

❻ D-36275 KIRCHHEIM A 7 ab Ausfahrt ABD Kirchheim 400 m
Hotel Eydt – Restaurant Kupferspiegel und Hotel Hattenberg ★★★ gesamt 200 B, EZ € 49,– bis 65,–, DZ € 59,90 bis 89,90, Mehrbett-Zi, inkl. Frühstücksbuffet, alle Zi mit Bad/Du, WC, 📞 und Sat-TV, Tagungsräume mit Technik bis 100 Personen, 🖥, 🍴, 🚐, großer P, Hauptstr. 19/Am Hattenberg 1, info@eydt.de, www.eydt.de, 📞 0049 (0) 6625/9225-0 +9226-0, Fax 9225-70.

❼ D-36287 BREITENBACH-OBERJOSSA A 7 ab Ausfahrt 89 Niederaula ca. 3 km und A 5 ab Ausfahrt 2 Alsfeld-Ost → Bad Hersfeld ca. 18 km
Landgasthof und Hotel Zum Jossatal ★★ ruhige Lage, 60 B, EZ € 35,– bis 40,–, DZ € 56,– bis 60,–, 3- und 4-Bett-Zi, inkl. Frühstücksbuffet, alle Zi mit Du, WC, TV und Balkon, 2 Gästehäuser, frische saisonale Küche, Räume bis 80 Personen, Kutschfahrten, 🖥, 🍴, 🚐, Hersfelder Str. 10, @, www.jossatal.de, 📞 0049 (0) 6675/2 27, Fax 15 89.

❽ D-36272 NIEDERJOSSA A 7 ab Ausfahrt 89 Niederaula 1 km → Alsfeld
Pension Eckhardt ★★★ 14 B, EZ € 32,–, DZ € 49,–, (Familien-Zi), inkl. Frühstück, alle Zi mit Du und WC, teils TV, P, Jossastr. 7, @, www.heubett.com, 📞 0049 (0) 6625/1861, Fax 9 150 0901

❾ D-36272 NIEDERAULA-NIEDERJOSSA
A 7 ab Ausfahrt 87 Kirchheim, 3,5 km und Ausfahrt 89 Niederaula, 1,2 km → Alsfeld
Hotel Eydt-Block ★★ 56 B, EZ € 30,– bis 35,–, DZ € 58,– bis 65,–, 3-Bett-Zi € 85,–, 4-Bett-Zi € 95,–, inkl. Frühstück, alle Zi mit Du und WC, gutbürgerliche Küche, TV-Raum, Räume bis 100 Personen, Café-Terrasse, P, Jossastr. 44, 📞 0049 (0) 6625/34 32 40, Fax 34 32 41.

Burghotel Münzenberg, Münzenberg

⑩ D-36304 ALSFELD

A 5 ab Ausfahrten 2 Alsfeld-Ost 1,8 km und 3 Alsfeld-West 3,2 km
Hotel-Restaurant Zum Schwalbennest ★★★ sehr ruhige Lage, 120 B, EZ
€ 47,– bis 55,–, DZ € 68,– bis 78,–, inkl. reichhaltigem Frühstücksbuffet, Zi mit Du,
WC, ☏, TV und WLAN, teils Balkon, Lift, internationale Küche, moderne Räume
für 25-150 Personen, Biergarten, ▭, ⌖ (nur im Zi gegen € 5,50 Aufpreis), ▱,
G, P, So 14-17 Uhr ./., Pfarrwiesenweg 12-14, @, www.hotel-Schwalbennest.de,
☎ **0049(0)6631/911440**, Fax 71081.

⑪ D-36304 ALSFELD-LIEDERBACH

A 5 ab Ausfahrt 3 Alsfeld-West 3 km und Rasthof Pfefferhöhe 1 km
Gasthof Roth, Zur Linde ★★★ ruhige Lage, 30 B, EZ € 39,– bis 51,–, DZ
€ 66,– bis 78,–, inkl. Frühstück, alle Zi mit Du, WC, TV und WLAN, gute Küche,
Wildgerichte, Räume für 50 bis 120 Personen, ▭, P, Merschröder Str. 25,
gasthofrothalsfeld@t-online.de, www.gasthof-roth.de, ☎ **0049(0)6631/3917**, Fax 72521.

⑫ D-36329 ROMROD

A 5 ab Ausfahrt 3 Alsfeld-West 3 km
Neues Landhotel Vogelsberg ★★★ 174 B, EZ € 54,– bis 67,–, DZ € 74,– bis 87,–,
inkl. Frühstücksbuffet, Zi mit Du, WC, ☏, Sat-TV und Balkon, Tagungsräume bis 100
Personen, Biergarten, Café-Terrasse, Schwimmbad, ▭, ▱, G, P, Kneippstr. 1, @,
www.neues-landhotel-vogelsberg.de, ☎ **0049(0)6636/890**, Fax 89427.

⑬ D-36325 FELDATAL-GROSS-FELDA

A 5 ab Ausfahrt 3 Alsfeld-West B 49 → Mücke (Gießen), nach 5 km links → Groß-Felda
Landhotel Zur Oase ★★ 30 B, EZ € 28,– bis 35,–, DZ € 50,– bis 60,–, inkl. Frühstück, alle Zi mit Du und WC, teils TV, Hausschlachtung, ▭, ⌖, ▱, G, P, Hauptstr. 24, @, www.landhotel-zuroase.de, ☎ **0049(0)6637/460**, Fax 1588.

⑭ D-35325 MÜCKE-ATZENHAIN

A 5 ab Ausfahrt 6 Homberg (Ohm) rechts 800 m
Landgasthof Zur Linde ★★½ 36 B, EZ € 28,–, DZ € 68,–, inkl. Frühstücksbuffet, alle
Zi mit Du, WC und TV, gutbürgerliche Küche, Räume bis 180 Personen, ▱, G, großer
P, Lehnheimer Str. 2, www.zur-linde-atzenhain.de, ☎ **0049(0)6401/6465**, Fax 6495.

⑮ D-35435 WETTENBERG-WISSMAR

A 480 ab Ausfahrt 3 Wettenberg → Krofdorf-Gleiberg, rechts → Wißmar 4 km
Landhotel Wißmar ★★½ 27 B, EZ ab € 49,–, DZ € 69,– bis 75,–, inkl. Frühstücksbuffet, alle Zi mit Du, WC, Sat-TV, Internet, Schreibtisch und Kingsize-Betten, regionale und saisonale Küche, Räume bis 40 Personen, Terrasse, ▭, ⌖, ▱ auf Anfrage, P,
Auf der Höll 1, www.landhotel-wissmar.de, ☎ **0049(0)6406/908747**, Fax 835062.

⑯ D-35423 LICH

A 5 ab Ausfahrt 10 Fernwald
Hotel Schneider Metzgerei Speisegaststätte ★★ ruhige Lage in der Altstadt, 40 B,
EZ € 28,– bis 38,–, DZ € 50,– bis 60,–, inkl. Frühstück, Zi mit Kabel-TV und WLAN,
deutsche Küche, Tagungsräume für 20-70 Personen, ▭, ▱, P, Oberstadt 25, @,
www.hotel-schneider.de, ☎ **0049(0)6404/2408**, Fax 64561.

Unter gleicher Leitung:

⑰ D-35423 LICH

A 5 ab Ausfahrt 10 Fernwald/Gießen-Ost 4 km
Hotel Holländischer Hof ★★ 47 B, EZ € 28,– bis 38,–, DZ € 50,– bis 60,–,
inkl. Frühstück, Zi mit Du, WC und TV, Saal, ▭, ▱, G, P, Braugasse 8, @,
www.hotel-schneider.de, ☎ **0049(0)6404/2376**, Fax 64561.

⑱ D-35423 LICH-ARNSBURG A 5 ab Ausfahrt 10 Fernwald → Lich→ Butzbach 6 km

und A 45 ab Ausfahrt 36 Münzenberg → Lich 2 km
Hotel-Restaurant Landhaus Klosterwald ★★★½ 33 B, EZ € 68,– bis 72,–, DZ
€ 98,– bis 103,–, inkl. Frühstücksbuffet, alle Zi mit Du, Fön, ☏, TV und WLAN, Gartenterrasse, ▭, ⌖, ▱, ♿, großer P, An der B 488, @, www.landhaus-klosterwald.de,
☎ **0049(0)6404/91010**, Fax 919134.

⑲ D-35112 FRONHAUSEN

A 485 ab BAB-Ende B 3 a → Fronhausen 3 km
Hotel Gasthof Euler ★★ 15 B, EZ € 28,– bis 34,–, DZ € 56,– bis 68,–, inkl. Frühstück,
alle Zi mit Du, WC und TV, Raucher- und Nichtraucher-Zi, je 2 Ferienwohnungen für
2 Personen, Gasthof 80 Sitzpätze, Raum für 30 Personen, TV-Raum, großer P,
Bahnhofstr. 10, @, www.hotel-euler-fronhausen.de, ☎ **0049(0)6426/206**, Fax 206.

⑳ D-35516 MÜNZENBERG

A 5 ab Ausfahrt 12 Butzbach → Münzenberg 8 km und A 45 ab Ausfahrt 36 Münzenberg ca. 2 km, 2 km vom Gambacher Kreuz entfernt
Burghotel Münzenberg ★★★ ruhige Lage, 28 B, EZ € 54,– bis 60,–, DZ € 80,–
bis 90,–, Nichtraucher Zi, inkl. Schlemmer Frühstück, alle Zi mit Du, WC und TV,
Lift, frische regionale Küche mit mediterranem Flair, Biergarten, ▭, ⌖, ▱ auf
Anfrage, ⌖, großer P, Wohnbaumer Str. 1, @, www.burghotelmuenzenberg.de,
☎ **0049(0)6004/915700**, Fax 915709.

㉑ D-35625 HÜTTENBERG A 45 ab Ausfahrt 32 Gießen-Lützellinden → Rech-

tenbach 2 km, 2. Kreisverkehr rechts → Wetzlar
Hotel-Restaurant Zur Linde ★★½ 30 B, EZ € 39,– bis 55,–, DZ € 55,– bis 70,–,
inkl. Frühstücksbuffet, alle Zi mit Du, WC und TV, teils Internetanschluss, internationale Küche, Terrasse, ▭, ⌖, P, Am Lindenweg 15, @, www.hotelzur-linde.de,
☎ **0049(0)6441/679210-0**, Fax 679210-20.

㊆ Kirchheim siehe Route 7.5

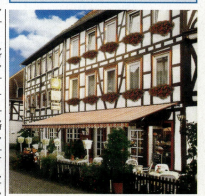

**⑯ Hotel Schneider Metzgerei Speise-
gaststätte, Lich**

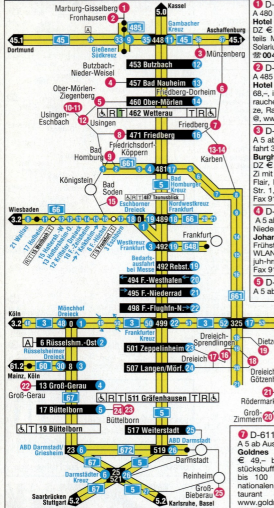

❶ D-35043 MARBURG-GISSELBERG
A 480 → Marburg (B 3) → Niederweimar, B 255 → Gisselberg
Hotel Fasanerie ★★★ ruhige Waldrandlage, 80 B, EZ € 63,– bis 88,–,
DZ € 92,– bis 118,–, inkl. Frühstück, alle Zi mit Du, WC, ☎ und TV,
teils Minibar, Tagungsräume, Terrasse, Sauna,
Solarium, G, P, Zur Fasanerie 13-15, @, www.hotel-fasanerie.de,
☎ 0049 (0) 6421/9741-0, Fax 9741-77.

❷ D-35112 FRONHAUSEN
A 485 ab BAB-Ende B 3 a → Fronhausen 3 km
Hotel Gasthof Euler ★★ 15 B, EZ € 28,– bis 34,–, DZ € 56,– bis
68,–, inkl. Frühstück, alle Zi mit Du, WC und TV, Raucher- und Nichtraucher-Zi, je 2 Ferienwohnungen für 2 Personen, Gasthof 80 Sitzplätze, Raum für 30 Personen, TV-Raum, 🚲, großer P, Bahnhofstr. 10,
@, www.hotel-euler-fronhausen.de, ☎ 0049 (0) 6426/206, Fax 206.

❸ D-35516 MÜNZENBERG
A 5 ab Ausfahrt 12 Butzbach → Münzenberg 8 km und A 45 ab Aus-
fahrt 36 Münzenberg ca. 2 km, 2 km vom Gambacher Kreuz entfernt
Burghotel Münzenberg ★★★ ruhige Lage, 28 B, EZ € 54,– bis 60,–,
DZ € 80,– bis 90,–, Nichtraucher Zi, inkl. Schlemmer Frühstück, alle
Zi mit Du, WC und TV, Lift, frische regionale Küche mit mediterranem
Flair, Biergarten, 🚲, 🍴, 🚌 auf Anfrage, 🚹, großer P, Wohnbacher
Str. 1, @, www.burghotelmuenzenberg.de, ☎ 0049 (0) 6004/915700,
Fax 915709 (Bild siehe Route 45.1).

❹ D-35510 BUTZBACH-NIEDER-WEISEL
A 5 ab Ausfahrt 13 Nad Nauheim → Butzbach ca. 400 m, dann links →
Nieder-Weisel
Johanniter-Hotel ★★★ 38 Zi, 1 Suite, EZ € 69,–, DZ € 95,–, inkl.
Frühstücksbuffet, alle Zi mit Bad/Du, WC, Fön, Radiowecker, TV und
WLAN, Restaurant, P, Hoch-Weiseler-Weg 1 a, johanniterhotel@
juh-hs.de, www.johanniterhotel.de, ☎ 0049 (0) 6033/9170900,
Fax 91709010.

❺ D-61239 OBER-MÖRLEN-ZIEGENBERG
A 5 ab Ausfahrt 14 Ober-Mörlen 5 km (B 275) → Usingen
Landgasthof zum Taunus ★★ 24 B, EZ € 36,– bis
40,–, DZ € 60,– bis 65,–, inkl. Frühstück, alle Zi mit
Du, WC und TV, gute Küche, 🚌, 🚲, P, Usinger
Straße 117, @, www.landgasthof-zum-taunus.com,
☎ 0049 (0) 6002/322, Fax 992573.

❻ D-61169 FRIEDBERG-DORHEIM
A 5 ab Ausfahrt 16 Friedberg und A 45 Ausfahrt 37
Wölfersheim je 10 km (B 455)
Hotel-Restaurant Dorheimer Hof ★★★ 30 B,
EZ € 50,– bis 57,–, DZ € 70,– bis 80,–, inkl. Früh-
stücksbuffet, alle Zi mit Du, WC, TV, Radio und
WLAN, Räumlichkeiten für bis zu 40 Personen,
🚲, P, Wetterausstraße 70, info@dorheimerhof.de,
www.dorheimerhof.de, ☎ 0049 (0) 6031/73700,
Fax 737040.

❼ D-61169 FRIEDBERG
A 5 ab Ausfahrt 16 Friedberg 6 km (B 455)
Goldnes Fass – Hotel-Restaurant-Metzgerei ★★★ 45 B, EZ
€ 49,– bis 80,–, DZ € 80,– bis 128,–, inkl. reichhaltigem Frühstücksbuffet, alle Zi mit allem Komfort, deutsche Küche, Räume
bis 100 Personen, 5 Minuten bis S-Bahn, DB direkt zur Internationalen Messe Frankfurt/M., 🚲, 🍴, P, Cityparkhaus, Restaurant Mo ./., Haagstraße 43-47, goldnes-fass@t-online.de,
www.goldnes-fass.de, ☎ 0049 (0) 6031/1688-0, Fax 1688-16.

❽ D-61381 FRIEDRICHSDORF-KÖPPERN
A 5 ab Ausfahrt 16 Friedberg 800 m
Niebuhr's Hotel ★★★ 28 B, EZ € 59,–, DZ € 79,–, Wochenende: EZ ab € 49,–, DZ ab € 69,–, inkl. Frühstück, alle Zi mit Du, WC,
☎ und TV, gehobene Küche, Tagungsräume, S-Bahn-Anschluss zur
Messe 800 m, zur BAB 1 km, großer P am Haus, Dreieichstr. 22 b, @,
www.niebuhrs-hotel.de, ☎ 0049 (0) 6175/93490, Fax 934949.

❾ D-61350 BAD HOMBURG
A 661 ab Ausfahrt Bad Homburg und A 5 ab Ausfahrt 16 Friedberg
Hotel Hardtwald ★★★★ 60 B, EZ € 70,– bis 100,–, DZ € 105,– bis
150,–, inkl. Frühstücksbuffet, Messepreise, Pauschalangebote, alle Zi mit
Bad/Du, WC, Fön, ☎, TV, Safe und Minibar, 2 Restaurant, 3 Tagungsräume, Biergarten, Fahrradverleih, 🚲, 🍴 € 5,–, 🚌, G, P, Philosophenweg 31, @, www.hardtwald-hotel.de, ☎ 0049 (0) 6172/9880, Fax 82512.

❿ D-61250 USINGEN-ESCHBACH
A 5 ab Ausfahrt 14 Ober-Mörlen ca. 10 km
Landgasthof Eschbacher Katz ★★ 14 B, EZ € 40,–, DZ € 60,–, inkl.
Frühstücksbuffet, alle Zi mit Du, WC, ☎, TV und Safe, internationale
Küche, 🚌, P, kein ./., Michelbacherstr. 2, @, www.Eschbacher-Katz.de,
☎ 0049 (0) 6081/2968+12120, Fax 67716.

www.autobahn-guide.com

**❼ Goldnes Fass — Hotel-Restaurant-Metzgerei,
Friedberg**

⑪ D-61250 USINGEN-ESCHBACH
A 5 ab Ausfahrt 14 Ober-Mörlen/Usingen ca. 10 km
Hotel Pension Roswitha ★★★ 16 B, EZ € 40,– bis 45,–, DZ € 65,– bis 70,–, inkl. Frühstücksbuffet, alle Zi mit Du, WC, ☏, Kabel-TV und kostenfreiem WLAN, Maibacher Weg 20, info@pension-roswitha.de, www.pension-roswitha.de, ☏ 0049 (0) 6081/67935, Fax 15187.

⑫ D-61250 USINGEN A 5 ab Ausfahrt 14 Ober-Mörlen ca. 12 km und Ausfahrt 15 Friedberg ca. 12 km, in Usingen → Bad Nauheim
Hotel-Restaurant Walkmühle ★★★ 17 B, EZ € 48,– bis 75,–, DZ € 65,– bis 75,–, inkl. Frühstücksbuffet, alle Zi mit Bad/Du, WC, ☏, Sat-TV und Minibar, auch Zi der 2-Sterne-Kategorie vorhanden, Mehrbett-Zi, internationale Küche, großer P, Nauheimer Landstr. 2, @, www.walkmuehle-taunus.de, ☏ 0049 (0) 6081/92060, Fax 920610.

⑬ D-61184 KARBEN
A 5 ab Ausfahrt 16 Friedberg und A 661 ab Ausfahrt 8 Preungesheimer Dreieck
Ambiente Hotel & Restaurant ★★★ 30 B, EZ ab € 59,–, DZ ab € 79,–, Appartements mit Kitchenette ab € 89,–, inkl. Frühstück, Messepreise, alle Zi mit Bad/Du, WC, ☏, TV, Highspeed Internet und Skype, Restaurant mit mediterranen Speisen, 15 km bis Frankfurt/Main-City, kein J./., Christinenstr. 38, @, www.ambiente-karben.de, ☏ 0049 (0) 6039/484980, Fax 484981.

⑭ D-61184 KARBEN
A 5 ab Ausfahrt 16 Friedberg und A 661 ab Ausfahrt 8 Preungesheimer Dreieck
Comfort Hotel Frankfurt-Karben ★★★ 50 B, 37 Zi, EZ € 59,– bis 100,–, DZ € 74,– bis 125,–, inkl. Frühstücksbuffet, voller Komfort - zivile Preise, ☏, ☏, P, St. Egrève Str. 25, @, www.comfort-frankfurt.com, ☏ 0049 (0) 6039/8010, Fax 801222.

⑮ D-65812 BAD SODEN
A 66 ab Ausfahrt 16 Frankfurt-Hoechst 5 km
Hotel-Garni Sprudel ★★ am Kurpark, 7 B, EZ € 50,– bis 80,–, DZ € 75,– bis 120,–, inkl. Frühstücksbuffet, alle Zi mit Du, WC, TV und Radio, P, Freiherr-vom-Stein-Str. 2, @, www.hotel-sprudel.de, ☏ 0049 (0) 6196/766689-0, Fax 766689-44.

⑯ D-63303 DREIEICH-SPRENDLINGEN
A 661 ab Ausfahrt 19 Dreieich ca. 5 km
Hotel L'Escala ★★★ 75 Zi, EZ € 59,– bis 75,–, DZ € 79,– bis 95,–, Nichtraucher-Zi, Appartement, inkl. Frühstücksbuffet, Messepreise, alle Zi mit Bad/Du, WC, ☏, Plasma-TV, WLAN, Safe und Klimaanlage, Café-Bistro, Tapas Bar, Bier- und Weinstube, Tagungsräume, ca. 10 Minuten bis Flughafen Frankfurt, &-Zi, kostenfreier P, Hauptstr. 47-51, @, www.hotel-escala.de, ☏ 0049 (0) 6103/804870, Fax 80487777.

⑰ D-63303 DREIEICH
A 661 ab Ausfahrt 19 Dreieich ca. 3 km und A 5 ab Ausfahrt 23 Zeppelinheim ca. 2 km
Endstation Bahnhof Buchschlag, Bed & Breakfast ★★★ historisches Gebäude, 6 Zi, EZ € 45,–, DZ € 82,–, Frühstück € 5,– pro Person, alle Zi mit Bad/Du, WC, TV, Internet und Minibar, 2 Restaurants mit mexikanischen und thailändischen Speisen, ☏, P, Buchschlager Allee 2, @, www.endstation.eu, ☏ 0049 (0) 6103/61919, Fax 63349.

⑱ D-63303 DREIEICH-GÖTZENHAIN
A 661 ab Ausfahrt 19 Dreieich ca. 2 km und A 5 ab Ausfahrt 24 Langen/Mörfelden ca. 8 km
Hotel Krone ★★★ 59 B, EZ € 46,50 bis 51,50, DZ € 68,– bis 78,–, inkl. Frühstück, alle Zi mit Du, WC und TV, Lift, regionale Küche, ☏, P, Betriebsferien vom 15.7.-15.8., Wallstraße 2, @, www.hotel-krone-dreieich.de, ☏ 0049 (0) 6103/84115 + 81451, Fax 88970.

⑲ D-63128 DIETZENBACH
A 661 ab Ausfahrt 18 Neu-Isenburg ca. 7 km, in Dietzenbach → Steinberg 500 m
Hotel Mainstreet ★★★ 64 Zi, EZ € 49,– bis € 69,–, Frühstück € 5,– pro Person, alle Zi mit Du, WC, Fön, ☏, TV, Pay-TV und WLAN, Lift, Restaurant, Tagungsräume bis 60 Personen, ca. 15 Minuten ins Frankfurt-Zentrum, S-Bahn-Anschluss, ☏, Tief-G, Offenbacher Str. 35, @, www.hotel-mainstreet.de, ☏ 0049 (0) 6074/481030, Fax 4810333.

⑳ D-64846 GROSS-ZIMMERN
ab Ausfahrt 54 Hanau über die B 45 → Dieburg
Hotel an der Waldstraße ★★★ ruhige Lage, 54 B, EZ € 59,–, DZ € 82,–, 4-Bett-Zi, inkl. Frühstück, alle Zi mit Du, WC, Fön, ☏, Kabel-TV, Fax-Anschluss und Minibar, Restaurant, Tagungsraum mit Technik, &-Zi, P, Waldstr. 42, @, www.hotel-waldstrasse.de, ☏ 0049 (0) 6071/97000, Fax 9700311.

㉑ D-63322 RÖDERMARK
A 3 ab Ausfahrt 54 Hanau über B 45 → Dieburg, A 5 ab Ausfahrt 24 Langen/Mörfelden und A 661 ab Ausfahrt 20 Langen
Hotel Lindenhof ★★★☆ 36 B, EZ € 51,– bis 68,–, DZ € 67,– bis 88,–, Appartement, inkl. Frühstücksbuffet, Messepreise, alle Zi mit Bad/Du, WC, ☏, Sat-TV, Radio und Schreibtisch, Bistro, Internet, Seminarraum, Nieder Röder Str. 22, @, www.hotel-lindenhof.com, ☏ 0049 (0) 6074/8990, Fax 899100.

㉒ D-64521 GROSS-GERAU
A 67 ab Ausfahrt 4 Groß-Gerau
Gaststätte Wiesengrund ★★ 22 B, EZ € 38,– bis € 44,– bis 76,–, inkl. Frühstück, Zi mit Bad/Du, WC und TV, Ferienwohnung, Restaurant, Chef kocht selbst, 3 Räume bis 100 Personen, Familienbetrieb, Breitenbürcherweg 30, @, www.diehl-wiesengrund.de, ☏ 0049 (0) 6152/4243, Fax 84037.

㉓ D-64572 BÜTTELBORN
A 67 ab Ausfahrt 5 Büttelborn ca. 400 m → Darmstadt (B 42)
Hotel-Restaurant Haus Monika ★★★ 50 B, EZ € 58,– bis 69,–, DZ € 85,– bis 99,–, inkl. Frühstücksbuffet, alle Zi mit Du, WC, ☏ und TV, gehobene Küche, Konferenzräume, ☏, P, Im Mehlsee 1-5, @, www.haus-monika.de, ☏ 0049 (0) 6152/1810, Fax 18150.
Unter gleicher Leitung:

㉔ D-64572 BÜTTELBORN
A 67 ab Ausfahrt 5 Büttelborn ca. 400 m → Darmstadt
Shell-Station und Service-Tankstelle ☏ bleifrei - super und normal, Diesel, DKV-Station, sehr großer P, ☏ 0049 (0) 6152/18170.

㉕ D-64401 GROSS-BIEBERAU
A 672 ab Ausfahrt 26 Darmstädter Kreuz und A 5 Ausfahrt 27 Darmstadt-Eberstadt je 15 km → Michelstadt/Höchst B 426
Hotel-Gasthof Blaue Hand ★★★ 20 B, EZ € 46,– bis 49,–, DZ € 65,– bis 85,–, inkl. Frühstücksbuffet, alle Zi mit Du, WC, ☏, Sat-TV und kostenfreiem WLAN/Hotspot, regionale deutsche Küche, Räume bis 100 Personen, Biergarten, ☏, G, P, Ober-Ramstädter-Straße 2, info@BlaueHand.de, www.BlaueHand.de, ☏ 0049 (0) 6162/3615.

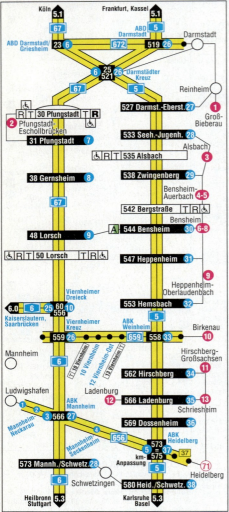

❶ D-64401 GROSS-BIEBERAU
A 672 ab Ausfahrt 26 Darmstädter Kreuz und A 5 Ausfahrt 27 Darmstadt-Eberstadt je 15 km → Michelstadt/Höchst B 426
Hotel-Gasthof Blaue Hand ★★★ 20 B, EZ € 46,– bis 49,– bis 85,–, inkl. Frühstücksbuffet, alle Zi mit Du, WC, ☏, Sat-TV und kostenfreiem WLAN/Hotspot, regionale deutsche Küche, Räume bis 100 Personen, Biergarten, 🚌, G, P, Ober-Ramstädter-Straße 2, info@BlaueHand.de, www.BlaueHand.de, ☏ **0049 (0) 61 62/36 15**.

❷ D-64319 PFUNGSTADT-ESCHOLLBRÜCKEN
A 67 ab Ausfahrt 7 Pfungstadt-West 1000 m
Gasthaus-Hotel Zum Lamm ★★ 26 B, EZ € 45,– bis 50,–, DZ € 75,–, Nichtraucher-Zi, inkl. Frühstücksbuffet, alle Zi mit Du, WC, ☏, Sat-TV (Premiere/Arena kostenfrei) und WLAN, gute Küche, Pizza-Spezialitäten, großer Biergarten, Solarium, Fitnessraum, P, Darmstädter Straße 51, @, www.ZumLamm.de, ☏ **0049 (0) 61 57/97 37-0**, **0049 (0) 8 00/9 86 52 66 (Freecall)**, Fax 0049/61 57/97 37-97.

❸ D-64665 ALSBACH A 5 ab Ausfahrt 29 Zwingenberg 4 km
Gasthaus Zur Sonne ★ 16 B, EZ ab € 40,–, DZ ab € 60,–, inkl. Frühstück, alle Zi mit Du, WC und TV, gutbürgerliche Küche, Räume bis 50 Personen, Biergarten, P, Hauptstr. 28, ☏ **0049 (0) 62 57/35 15**, Fax 90 18 50.

❹ D-64625 BENSHEIM-AUERBACH
A 5 ab Ausfahrt 29 Zwingenberg 4,5 km und Ausfahrt 30 Bensheim 4 km
Parkhotel Herrenhaus ★★★★ sehr ruhig, mitten im Staatspark Fürstenlager gelegen, 17 B, EZ € 80,–, 95,– und 130, DZ € 130,– bis 170,–, inkl. Frühstück, alle Zi im Biedermeierstil mit Bad, Du, WC, ☏, TV und Minibar, neue deutsche Küche, eigene Konditorei, Weine von der Hessischen Bergstraße, große Caféterrasse, 🚌 (nur nach Anmeldung), G, P, Bachgasse, @, www.parkhotel-herrenhaus.de, ☏ **0049 (0) 62 51/7 09 00**, Fax 7 84 73.

❺ D-64625 BENSHEIM-AUERBACH
ab Ausfahrt 29 Zwingenberg 4,5 km und Ausfahrt 30 Bensheim 4 km
Hotel-Restaurant Poststuben ★★★ ruhige Lage, 30 B, EZ € 50,– bis 65,–, DZ € 75,– bis 90,–, inkl. Frühstück, Zi mit Du, WC, ☏ und Kabel-TV, sehr reichhaltige Speisekarte, kleine Gartenterrasse, gemütlich eingerichtetes Haus, G, großer P, Schloßstraße 28 - 30, @, www.poststuben.de, ☏ **0049 (0) 62 51/7 29 87 + 5 96 20**, Fax 7 47 43.

❻ D-64625 BENSHEIM
A 5 ab Ausfahrt 30 Bensheim 1 km
Hotel-Restaurant Felix ★★★★ 72 B, EZ € 82,– bis 92,–, DZ € 98,– bis 120,–, inkl. Frühstücksbuffet, Wochenendangebote, alle Zi mit Bad/Du, WC, ☏, Kabel-TV, Fax- und Internet-Anschluss, Lift, gutbürgerliche und gehobene Küche, Tagungsraum, Fitnessraum, Sauna, 🚌, G, großer P, Dammstraße 46, office@hotelfelix.de, www.hotelfelix.de, ☏ **0049 (0) 62 51/8 00 60**, Fax 80 06 60.

❻

Hotel-Restaurant
Felix, Bensheim

⓭

Altstadthotel
Präsenzhof,
Bensheim

Hotel
Neues Ludwigstal,
Schriesheim

7 D-64625 **BENSHEIM**
A 5 ab Ausfahrt 30 Bensheim 1 km
Hotel Bacchus ★★★★ 110 B, EZ € 72,– bis 119,–, DZ € 82,– bis 129,–, inkl. Frühstück, alle Zi mit Du, WC, ☎, Kabel-TV, Minibar und Klimaanlage, im Hause: Bacchus Restaurant und uriger Bacchus Gewölbekeller, regionale Küche und Weine, Tief-G gegenüber, P direkt am Haus, Rodensteinstraße 30, @, www.hotel-bacchus.de, ☎ **0049(0)6251/39091+39092**, Fax 67608.

8 D-64625 **BENSHEIM**
A 5 ab Ausfahrt 30 Bensheim 1,8 km
Altstadthotel Präsenzhof ★★★ ruhige Lage, 50 B, EZ € 48,– bis 60,–, DZ € 75,– bis 80,–, Appartements, inkl. Frühstücksbuffet, alle Zi mit Du und WC, Lift, Spezialitäten-Restaurant, Neben-Zi für 40 bis 70 Personen, Sauna, Solarium, 🍴, Tief-G, P, Bahnhofstraße 7, @, www.praesenzhof.com, ☎ **0049(0)6251/4256+38892**, Fax 38273.

9 D-64646 **HEPPENHEIM-OBERLAUDENBACH**
A 5 ab Ausfahrten 31 Heppenheim und 32 Hemsbach je ca. 5 km
Gasthof und Pension Zum Kaiserwirt ★★☆ ruhig gelegen, 28 B, EZ € 35,– bis 43,–, DZ € 58,– bis 72,–, inkl. Frühstück, Familien-Zi möglich, Zi mit Du und WC, auf Wunsch Kabel-TV, gutbürgerliche Küche, Neben-Zi bis 100 Personen, Produkte aus eigener Herstellung, Terrasse, 🍴, P, Oberlaudenbacher Str. 57, @, www.kaiserwirt.de, ☎ **0049(0)6252/2635**, Fax 68638.

10 D-69488 **BIRKENAU**
A 5 ab Ausfahrt 33 Weinheim 6 km → Fürth-Birkenau-Ost (B 38)
Hotel-Restaurant Drei Birken ★★★ 31 B, EZ € 52,–, DZ € 80,–, inkl. Frühstück, ruhige Zi, alle Zi mit Du, WC und Sat-TV, bekannt gute Küche, Sauna, Königsberger Straße 2, hoteldreibirken@aol.com, www.drei-birken.de, ☎ **0049(0)6201/3032 +3033**, Fax 390337.

11 D-69493 **HIRSCHBERG-GROSSSACHSEN**
A 5 ab Ausfahrt 34 Hirschberg 3,5 km
Hotel „Haas'sche Mühle" ★★★☆ am Waldrand, 27 B, EZ € 42,–, DZ € 59,–, 4-Bett-Zi € 88,–, inkl. Frühstück, alle Zi mit Du, WC, TV und Balkon, frische, vielfältig regionale Küche, Bankett bis 100 Personen, Warm Welcome, Terrasse, Garten, P, Talstr. 10, @, www.haassche-muehle.de, ☎ **0049(0)6201/51041**, Fax 51042.

12 D-68526 **LADENBURG**
A 5 ab Ausfahrt 35 Ladenburg 1500 m → Altstadt
Hotel zur goldenen Krone ★★★☆ denkmalgeschützt, neu renoviert, 25 B, EZ € 90,–, DZ € 100,– bis 140,–, inkl. Frühstück, alle Zi mit Bad/Du, WC, ☎, TV und WLAN, saisonale frische Küche, Café, Wine Bar, Smoking Lounge, ♿, Brauergasse 2, @, www.hotel-ladenburg.com, ☎ **0049(0)6203/95430-0**, Fax 95430-30.

13 D-69198 **SCHRIESHEIM**
A 5 ab Ausfahrt 35 Ladenburg 3 km
Hotel Neues Ludwigstal ★★ 66 B, EZ € 43,– bis 50,–, DZ € 68,– bis 80,–, inkl. Frühstücksbuffet, alle Zi mit Du, WC und ☎, teils TV und Radio, Lift, Restaurant, Terrasse, G, P, Strahlenbergerstraße 2, neues@ludwigstal.com, www.neues-ludwigstal.de, ☎ **0049(0)6203/695-0**, Fax 61208.

7

Hotel Bacchus, Bensheim

9

Gasthof und Pension Zum Kaiserwirt, Heppenheim-Oberlaudenbach

71 **HEIDELBERG**
Heidelberg gehört zu den schönsten und historisch bedeutsamsten Städten Deutschlands. Hier siedelten bereits die Kelten, hier residierten 500 Jahre lang die Kurfürsten von der Pfalz. Vom Philosophenweg, der sich auf dem nördlichen Neckarufer am Hang des Heiligenbergs entlangzieht, gewinnt der Besucher einen einzigartigen Blick auf Schloss, Stadt und Fluss. Zum Wahrzeichen von Heidelberg ist das Brückentor auf der Alten Brücke im Herzen der Altstadt geworden.

Information und Prospekte:
Tourist-Information am Hauptbahnhof, Willy-Brand-Platz 1, D-69115 Heidelberg, touristinfo@cvb-heidelberg.de, www.cvb-heidelberg.de, ☎ **0049(0)6221/19433**, Fax 138811.

Blick vom Philosophenweg

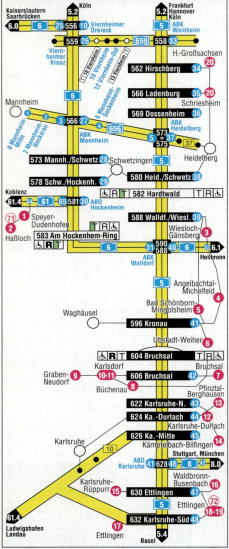

❶ D-67373 SPEYER-DUDENHOFEN
A 61 ab Ausfahrt 64 Hockenheim 5 km → Haßloch (B 39)
Hotel Zum Goldenen Lamm ★★★ renoviert, 62 B, EZ ab € 49,90, DZ ab € 69,90, Nichtraucher-Zi, inkl. Frühstücksbuffet, ruhige Zi, alle Zi mit Du, WC, 📺 und TV, mehrfach ausgezeichnetes Feinschmeckerrestaurant, Gartenrestaurant, Tagungsräume, 🖥, 🍴, 🚌, 🔌, G, großer P, Landauer Str. 2, info-lamm@t-online.de, www.info-lamm.de, ☎ 00 49 (0) 62 32/9 50 01, Fax 9 85 02 **(Bild siehe Route 61.4)**.

❷ D-67454 HASSLOCH
A 61 ab Ausfahrt 62 Schifferstadt 9 km
Sägmühle ★★★⁺ ruhig gelegen am Waldrand, 49 B, EZ ab € 74,–, DZ ab € 110,–, inkl. Frühstücksbuffet, alle Zi mit Bad/Du, WC, 📺, TV und Minibar, stilvolles Restaurant mit ausgezeichneter Küche, Freiterrasse, kostenfreier P, Sägmühlweg 140, @, www.saegmuehle-pfalz.de, ☎ 00 49 (0) 63 24/92 91-0, Fax 92 91-60.

❸ D-69168 WIESLOCH-GÄNSBERG
A 6 ab Ausfahrt 32 Wiesloch-Rauenberg 3 km → Wiesloch, Bruchsal
Landgasthof Gänsberg Hotel-Restaurant-Café ★★ sehr ruhig gelegen, 12 B, EZ € 64,–, DZ € 88,–, inkl. reichhaltigem Frühstück, alle Zi mit Du, WC, 📺 und TV, saisonale, gute Küche, Kuchen, Räume bis 100 Personen, Gartenterrasse, 🍴, großer P, Gänsberg 1, @, www.hotel-gaensberg.de, ☎ 00 49 (0) 62 22/44 00, Fax 5 73 322.

❹ D-74918 ANGELBACHTAL-MICHELFELD
A 5 ab Ausfahrt 41 Kronau ca. 12 km und A 6 ab Ausfahrten 32 Wiesloch-Rauenberg und 33 Sinsheim je 6 km
Landgasthof zum Engel garni ★★⁺ 17 B, EZ € 40,– bis 48,–, DZ € 68,– bis 77,–, inkl. Frühstücksbuffet, alle Zi mit Du, WC, 📺, TV und WLAN, P, Friedrichstr. 7, @, www.landgasthof-zum-engel.de, ☎ 00 49 (0) 72 65/91 70 90, Fax 91 70 917.

❺ D-76669 BAD SCHÖNBORN-MINGOLSHEIM A 5 ab Ausfahrt 41 Kronau 6 km und A 6 ab Ausfahrt 32 Wiesloch Rauenberg 10 km
Hotel & Restaurant Erck ★★★ 37 B, EZ € 51,– bis 65,–, DZ € 75,– bis 90,–, Nichtraucher- und Familien-Zi, inkl. Frühstück, alle Zi mit Du, WC, Fön, 📺, Kabel-TV und WLAN, überwiegend badische Küche, Veranstaltungsräume bis 60 Personen, P, Heidelberger Straße 22, @, www.hotel-erck.de, ☎ 00 49 (0) 72 53/97 79 10, Fax 9 77 91 77.

❻ D-76698 UBSTADT-WEIHER (OT UBSTADT)
A 5 ab Ausfahrt 42 Bruchsal 7 km und Ausfahrt 41 Kronau 8 km, an der B 3
Landhotel Dittrich ★★ 17 B, EZ € 36,– bis 45,–, DZ € 58,– bis 68,–, inkl. reichhaltigem Frühstück, überwiegend Zi mit Du, WC und TV, P, Stettfelder Straße 54, ☎ 00 49 (0) 72 51/66 52, 00 49 (0) 151/54 45 46 31, Fax 00 49 (0) 72 51/36 99 53.

❼ D-76646 BRUCHSAL A 5 ab Ausfahrt 42 Bruchsal 4 km
Hotel Scheffelhöhe ★★★★ ruhige Aussichtslage, in der Stadtmitte am Stadtgarten gelegen, 130 B, 95 Zi, EZ € 89,– bis 109,–, DZ € 109,– bis 150,–, Familien-Zi, inkl. Frühstücksbuffet, alle Zi mit Bad, Du, WC, 📺, TV, Radio, Minibar und WLAN, Lift, Restaurant, Tagungsräume, Bar, Terrasse, Sauna, Dampfbad, Solarium, G, P, Adolf-Bieringer-Str. 20, hotel@scheffelhoehe.de, www.scheffelhoehe.de, ☎ 00 49 (0) 72 51/80 20, Fax 80 21 56.

❽ D-76646 BÜCHENAU A 5 ab Ausfahrt 42 Bruchsal 7 km
Hotel-Restaurant Ritter ★★★ 150 B, EZ € 69,– bis 85,–, DZ € 85,– bis 99,–, Suite € 85,– bis 120,–, inkl. Frühstück, Zusatzbett € 15,–, alle Zi mit Du, WC, 📺, Sat-TV und Minibar, gutbürgerliche Küche, Gerichte € 5,– bis 16,–, Feinschmecker-Brasserie, Räume für 10-250 Personen, Seminarräume, Biergarten, Sauna und Fitnessraum kostenlos, Solarium, 🍴, großer P, Au in den Buchen 73, @, www.ritterbruchsal.de, ☎ 00 49 (0) 72 57/8 80, Fax 8 81 11.

❼ Hotel Scheffelhöhe, Bruchsal   **⓭ Hotel Zur Linde mit Bistrorant yellow, Pfinztal-Berghausen**

⑨ D-76676 GRABEN-NEUDORF
A 5 ab Ausfahrt 42 Bruchsal ca. 5 km → Germersheim
Hotel-Restaurant Löwen ★ in der Stadtmitte gelegen, 30 B, EZ € 24,– bis 32,–, DZ € 42,– bis 55,–, 3-Bett-Zi, inkl. Frühstück, Zi teils mit Du und WC, internationale Küche, Spargel-Spezialitäten, Gesellschaftsräume für 100 Personen, english spoken, 🚗, P im Hof, Karlsruher Str. 19, loewen-graben@t-online.de, ☎ 0049 (0) 7255/9342, Fax 2224.

⑩ D-76689 KARLSDORF A 5 ab Ausfahrt 42 Bruchsal 2 km
Hotel & Restaurant „Karlshof" ★★★ 40 B, EZ € 52,– bis 59,–, DZ € 75,– bis 85,–, inkl. Frühstück, Zi mit Bad/Du, WC, ☎ und TV, 🚗, G, P, Bruchsaler Str. 1, @, www.hotelkarlshof.com, ☎ 0049 (0) 7251/9441-0, Fax 9441-32.
Unter gleicher Leitung:

⑪ D-76689 KARLSDORF A 5 ab Ausfahrt 42 Bruchsal ca. 2 km
Gästehaus ★★★ 500 m von Karlshof gelegen, 80 B, EZ € 52,– bis 69,–, DZ € 75,– bis 105,–, inkl. Frühstück, Zusatzbetten € 15,–, alle Zi mit Du, WC, ☎ und TV, Lift, P, Lußhardtstr. 5, ☎ 0049 (0) 7251/447-0, Fax 447-96.

⑫ D-76227 KARLSRUHE-DURLACH
A 5 ab Ausfahrt 44 Karlsruhe-Durlach ca. 1500 m
Hotel Maison Suisse ★★★ 23 B, EZ € 88,– bis 135,–, DZ € 118,– bis 186,–, Suite € 186,– bis 238,–, inkl. Frühstück, alle Zi mit Bad/Du, WC, Fön, Kosmetikspiegel, Waage, ☎, Fax/Modem-Anschluss, Sat-TV, Radio-Wecker, Safe und Minibar, teils Balkon, Terrasse, Solarium, Fahrradverleih, WLAN, öffentliches Internetterminal, 🖶, G, Hildebrandstr. 24, @, www.maison-suisse.de, ☎ 0049 (0) 721/406048 + 406049, Fax 495996.

⑬ D-76327 PFINZTAL-BERGHAUSEN
A 5 ab Ausfahrt 44 Karlsruhe-Durlach 6 km → Bretten → B 10 Pforzheim → Berghausen (B 293) und A 8 ab Ausfahrten 42 Karlsbad 12 km und 43 Pforzheim-West 15 km → B 10 Karlsruhe
Hotel Zur Linde mit Gastronomie Bistrorant yellow ★★★☆ EZ ab € 45,– bis 59,–, DZ ab € 65,– bis 79,–, Mehrbett-Zi ab € 85,– bis 99,–, gehobenes Frühstück, Zi mit Du, WC, ☎ und Kabel-TV, Stadtbahnverbindung, 🚗, An der Bahn 1, @, www.hotel-linde-karlsruhe.de, ☎ 0049 (0) 721/46118, Fax 463630.
Unter gleicher Leitung:

⑭ D-75236 KÄMPFELBACH-BILFINGEN von Frankfurt: A 5 ab Ausfahrt 43 Karlsruhe-Nord 18 km → Pfinztal → B 10 Pforzheim → Königsbach → Bilfingen und von Stuttgart: A 8 ab Ausfahrt 43 Pforzheim-West 8 km → B 10 Karlsruhe → Kämpfelbach → Ersingen → Bilfingen
Apart Hotel Linde und Hotel Kämpfelbacher Hof ★★★ ruhige Lage, 85 B, EZ € 55,– bis 60,–, DZ € 75,– bis 80,–, 3- und 4-Bett-Zi, Familien-Zi, inkl. Frühstück, Kinder bis 12 Jahre im Eltern-DZ frei, alle Zi mit Du, WC, ☎ und TV, feine deutsche Küche, Chef kocht selbst, Terrasse, Stadtbahnverbindung nach Karlsruhe und Pforzheim, 🚗, Tief-G, großer P, Schopfwiesenstr. 1, @, www.kämpfelbacher-hof.de, ☎ 0049 (0) 7232/30430, Fax 40420 **(Bild siehe Route 8.0)**.

⑮ D-76199 KARLSRUHE-RÜPPURR
A 5 ab Ausfahrt 47 Ettlingen ca. 1 km (2. Ampel links)
Kofflers Heuriger & Landhaus-Hotel ★★☆ 22 B, EZ € 49,– bis 65,–, DZ € 99,– bis 109,–, inkl. Frühstücksbuffet, Zi mit Du, WC und TV, kostenfreies WLAN im Restaurant, Landhaus-Restaurant, Wochenendangebote, Hausmetzgerei, schöner Winzergarten, Familienbetrieb, großer P, Lange Str. 1, @, www.Kofflers-heuriger.de, ☎ 0049 (0) 721/890202, Fax 882922.

⑯ D-76337 WALDBRONN-BUSENBACH
A 5 ab Ausfahrt 47 Ettlingen ca. 7 km und A 8 ab Ausfahrt 42 Karlsbad 2,3 km
Hotel „La Cigogne" ★★★ 18 B, EZ € 67,– DZ € 97,–, inkl. Frühstücksbuffet, alle Zi mit Bad/Du, WC, ☎, TV, Fax-Anschluss und Balkon, Lift, Abendrestaurant, französisch-elsässische Küche, Räume bis 120 Personen, Tagungen, Tief-G, P, Ettlinger Straße 97, @, www.la-cigogne.de, ☎ 0049 (0) 7243/56520, Fax 565256.

⑰ D-76275 ETTLINGEN A 5 ab Ausfahrt 48 Karlsruhe-Süd nur 100 m
Radisson Blu Hotel ★★★★ 199 Zi, EZ ab € 94,–, DZ ab € 113,–, Familien-Zi € 120,–, inkl. Frühstücksbuffet, alle Zi mit Bad/Du, WC, Fön, Kosmetikspiegel, TV, Radio, WLAN (kostenfrei), Minibar und Klimaanlage, teils Safe, Lift, Restaurant mit Terrasse, Wickelraum, Kegelbahn, Premiere/Sky Sport-Bar, kostenfrei: Schwimmbad, Sauna, Fitness, 🖶, 🚗, ♿, P (Busse frei), Am Hardtwald 10, @, www.radissonblu.de/hotel-karlsruhe, ☎ 0049 (0) 7243/3800, Fax 380666.

⑱ D-76275 ETTLINGEN
A 5 ab Ausfahrt 48 Karlsruhe-Süd ca. 1000 m
Stadthotel Engel garni ★★★ in verkehrsberuhigter Altstadt, 140 B, EZ € 80,– bis 100,–, DZ € 100,– bis 120,–, inkl. Frühstücksbuffet, alle Zi mit Du, WC, ☎ und TV, 🚗, ♿, -Zi, Tief-G, Kronenstr. 13, @, www.Stadthotel-engel.de, ☎ 0049 (0) 7243/330-0, Fax 330-199.
Unter gleicher Leitung:

⑲ D-76275 ETTLINGEN
A 5 ab Ausfahrt 48 Karlsruhe-Süd
Hotel-Gästehaus Sonne garni ★★ 45 B, EZ € 40,– bis 65,–, DZ € 65,– bis 85,–, günstige Familien-Zi, inkl. Frühstück, Zi mit Du, WC, ☎, TV und Lärmschutzfenster, 🚗 (Reisegruppen willkommen), 3 G, P für Busse, Pforzheimer Str. 21, ☎ 0049 (0) 7243/77430, Fax 330-199.

⑳ Hirschberg-Großsachsen und Schriesheim siehe Route 5.2

㉑ Haßloch siehe Route 61.4

㉒ Ettlingen siehe Route 61.4

⑧
Hotel-Restaurant
Ritter, Büchenau

⑯ Hotel „La Cigogne",
Waldbronn-Busenbach

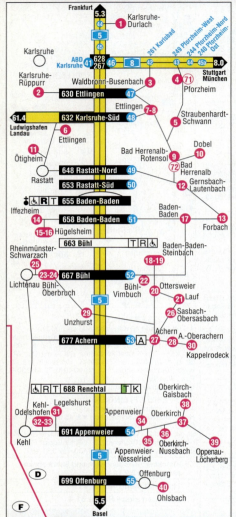

① D-76227 KARLSRUHE-DURLACH
A 5 ab Ausfahrt 44 Karlsruhe-Durlach ca. 1500 m
Hotel Maison Suisse ★★★ 23 B, EZ € 88,– bis 135,–, DZ € 118,– bis 186,–, Suite € 186,– bis 238,–, inkl. Frühstück, alle Zi mit Bad/Du, WC, Fön, Kosmetikspiegel, Waage, ☎, Fax/Modem-Anschluss, Sat-TV, Radio-Wecker, Safe und Minibar, teils Balkon, Terrasse, Solarium, Fahrradverleih, WLAN, öffentliches Internetterminal, 🚗, G, Hildebrandstr. 24, @, www.maison-suisse.de, ☎ 0049 (0) 7 21/40 60 48 + 40 60 49, Fax 49 59 96.

② D-76199 KARLSRUHE-RÜPPURR
A 5 ab Ausfahrt 47 Ettlingen ca. 1 km (2. Ampel links)
Kofflers Heuriger & Landhaus-Hotel ★★★ 22 B, EZ € 49,– bis 65,–, DZ € 99,– bis 109,–, inkl. Frühstücksbuffet, Zi mit Du, WC und TV, kostenfreies WLAN im Restaurant, Landhaus-Restaurant, Wochenendangebote, Hausmetzgerei, schöner Winzergarten, Familienbetrieb, großer P, Lange Str. 1, @, www.Kofflers-heuriger.de, ☎ 0049 (0) 7 21/89 02 02, Fax 88 29 22.

③ D-76337 WALDBRONN-BUSENBACH A 5 ab Ausfahrt 47 Ettlingen ca. 7 km und A 8 ab Ausfahrt 42 Karlsbad 2,3 km
Hotel „La Cigogne" ★★★ 18 B, EZ € 67,–, DZ € 97,–, inkl. Frühstücksbuffet, alle Zi mit Du, WC, ☎, TV, Fax-Anschluss und Balkon, Lift, Abendrestaurant, französisch-elsässische Küche, Räume bis 120 Personen, Tagungen, Tief-G, P, Ettlinger Straße 97, @, www.la-cigogne.de, ☎ 0049 (0) 7 243/56 56, Fax 56 52 56 (Bild siehe Route 5.3).

④ D-75177 PFORZHEIM
A 8 ab Ausfahrt 44 Pforzheim-Nord 1 km
Hotel Hasenmayer ★★★ 75 B, EZ € 49,– bis 75,–, DZ € 79,– bis 90,–, inkl. Frühstücksbuffet, alle Zi mit Du, WC, ☎, TV und WLAN, Lift, badisch-schwäbische Küche, 150 Plätze, Konferenzraum, 🚗, großer P, Heinrich-Wieland-Allee 105, info@hotel-hasenmayer.de, www.hasenmayer.de, ☎ 0049 (0) 72 31/31 10, Fax 31 13 45.

⑤ D-75334 STRAUBENHARDT-SCHWANN
A 8 ab Ausfahrt 43 Pforzheim-West 10 km → Birkenfeld
Relais du Silence Landhotel Adlerhof ★★★ Waldrandlage, 37 B, EZ ab € 73,50, DZ ab € 96,–, inkl. Frühstücksbuffet, alle Zi mit Du, WC, ☎, Kabel-TV und Balkon, gute Küche, Konferenzraum, Freiterrasse, 🚗, P, Mo ./., Mönchstraße 14, info@adlerhof.de, www.Adlerhof.de, ☎ 0049 (0) 70 82/9 23 40, Fax 9 23 41 30.

⑥ D-76275 ETTLINGEN A 5 ab Ausfahrt 48 Karlsruhe-Süd nur 100 m
Radisson Blu Hotel ★★★★ 199 Zi, EZ ab € 94,–, DZ ab € 113,–, Familien-Zi € 120,–, inkl. Frühstücksbuffet, alle Zi mit Bad/Du, WC, Fön, Kosmetikspiegel, TV, Radio, WLAN (kostenfrei), Minibar und Klimaanlage, teils Safe, Lift, Restaurant mit Terrasse, Wickelraum, Kegelbahn, Premiere/Sky Sport-Bar, kostenfrei: Schwimmbad, Sauna, Fitness, 🚗, ⚓, 🚗, P (Busse frei), Am Hardtwald 10, www.radissonblu.de/hotel-karlsruhe, ☎ 0049 (0) 72 43/38 00, Fax 38 06 66.

⑦ D-76275 ETTLINGEN A 5 ab Ausfahrt 48 Karlsruhe-Süd ca. 1000 m
Stadthotel Engel garni ★★★ in verkehrsberuhigter Altstadt, 140 B, EZ € 80,– bis 100,–, DZ € 100,– bis 120,–, inkl. Frühstücksbuffet, alle Zi mit Du, WC, ☎ und TV, 🚗, ⚓, -Zi, Tief-G, Kronenstr. 13, @, www.stadthotel-engel.de, ☎ 0049 (0) 72 43/3 30-0, Fax 330-199.
Unter gleicher Leitung:

⑧ D-76275 ETTLINGEN
A 5 ab Ausfahrt 48 Karlsruhe-Süd
Hotel-Gästehaus Sonne garni ★★ 45 B, EZ € 40,– bis 65,–, DZ € 65,– bis 85,–, günstige Familien-Zi, inkl. Frühstück, Zi mit Du, WC, ☎, TV und Lärmschutzfenster, 🚗 (Reisegruppen willkommen), 3 G, P für Busse, Pforzheimer Str. 21, ☎ 0049 (0) 72 43/7 74 30, Fax 330-199.

⑨ D-76332 BAD HERRENALB-ROTENSOL
A 5 ab Ausfahrt 47 Ettlingen 20 km → Ettlingen
Hotel-Restaurant-Vinothek Lamm ★★★ 50 B, , EZ € 46,– bis 85,–, DZ € 84,– bis 98,–, Suiten € 115,– bis 140,–, inkl. Frühstücksbuffet, alle Zi mit Du, WC und ☎, teils TV, Safe und Balkon, Lift, gute Küche, gemütliche Bauernstube, eigene Brennereiprodukte, Weinkeller mit Vinothek, Konferenzraum, Terrasse, G, P, Mönchstr. 31, schwemmle@lamm-rotensol.de, www.lamm-rotensol.de, ☎ 0049 (0) 70 83/9 24 4-0, Fax 92 44-44.

⑩ D-75335 DOBEL A 5 ab Ausfahrt 47 Ettlingen 23 km und A 8 ab Ausfahrt 43 Pforzheim-West 25 km
Gasthof-Pension Linde ★★ 31 B, EZ € 25,- bis 32,-, DZ € 46,- bis 56,-, inkl. Frühstück, überwiegend Zi mit Du, WC und TV, gutbürgliche Küche, Räume bis 140 Personen, Sonnenterrasse, 🚗, P, Hauptstr. 19, @, www.linde-dobel.de, ☎ 0049 (0) 70 83/88 73, Fax 5 22 34.

⑪ D-76470 ÖTIGHEIM A 5 ab Ausfahrt 49 Rastatt-Nord 5 km
Pension Blume ★★ 13 B, EZ € 40,– DZ € 60,–, inkl. Frühstück, alle Zi mit Du, WC, ☎, TV und Internet, gutbürgliche Küche, 🚗, P, Bahnhofstr. 46, info@cafe-blume.de, www.cafe-blume.de, ☎ 0049 (0) 72 22/96 88 90, Fax 9 84 90 31.

⑨ Hotel-Restaurant-Vinothek Lamm,
Bad Herrenalb-Rotensol

⑫ D-76593 GERNSBACH-LAUTENBACH
A 5 ab Ausfahrt 49 Rastatt-Nord 17 km
Badischer Landgasthof Lautenfelsen ★★ 40 B, EZ € 38,–, DZ € 62,–, inkl. Frühstück, Zi mit Du, WC und TV, gutbürgerliche Küche, schöner Biergarten, ☒ (nur ec), 🛏, G, Mo ./., Lautenfelsenstr.1, @, www.lautenfelsen.de, ☎ 0049 (0) 7224/2784, Fax 68183.

⑬ D-76596 FORBACH
A 5 ab Ausfahrt 49 Rastatt-Nord und 51 Baden-Baden je 20 km
Landgasthof Waldhorn ★★ 26 B, EZ € 36,– bis 42,–, DZ € 58,– bis 68,–, Familien-Zi, Frühstücksbuffet € 7,50, alle Zi mit Du und WC, regionale Küche, 120 Sitzplätze, 30 Minuten zur Messe Karlsruhe (überwiegend zweispurige Schnellstraße), 🛏, P, Murgtalstr. 67, @, www.landgasthof-waldhorn.de, ☎ 0049 (0) 7228/91870.

⑭ D-76473 IFFEZHEIM A 5 ab Ausfahrt 51 Baden-Baden 3 km
Hotel de Charme ★★★ liebevoll restauriert mit romantischen Zimmern und schönem Innenhof, 23 B, EZ € 70,– bis 80,–, DZ € 110,– bis 120,–, inkl. Frühstücksbuffet, alle Zi mit Du, WC, TV und WLAN, gute Restaurants in unmittelbarer Nähe, P, Hauptstraße 60, office@hotel-de-charme.de, www.hotel-de-charme.de, ☎ 0049 (0) 7229/697288, Fax 697943.

⑮ D-76549 HÜGELSHEIM
A 5 ab Ausfahrt 51 Baden-Baden → Iffezheim → Kehl-Straßburg 4 km
Hotel-Restaurant Zum Hirsch ★★★ 56 B, 4 Appartements, EZ € 58,– bis 78,–, DZ € 78,– bis 103,–, Appartement EZ € 78,– DZ € 103,–, inkl. Frühstücksbuffet, alle Zi mit Bad, Du, WC, ☎ und TV, Lift, Konferenzräume, im Sommer Gartenterrasse mit Bedienung, eigenes Hallen- und Freibad mit Liegewiese, Sauna, 🛏, G, P, Mi ./., Hauptstr. 28, @, www.hirsch-huegelsheim.de, ☎ 0049 (0) 7229/2255 + 4255 (Restaurant), Fax 2229.

⑯ D-76549 HÜGELSHEIM
A 5 ab Ausfahrt 51 Baden-Baden → Iffezheim → Kehl-Straßburg 4 km
Hotel-Restaurant Zum Schwan ★★★ 40 B, EZ € 45,– bis 48,–, DZ € 72,– bis 75,–, inkl. Frühstücksbuffet, alle Zi mit Du, WC, ☎ und TV, Speiserestaurant, Tagungsräume, Liegewiese, ☒, 🛏, G, P, Hauptstraße 45, schwan.huegelsheim@web.de, www.hotel-restaurant-zum-schwan.de, ☎ 0049 (0) 7229/30690 (Hotel) + 2207 (Restaurant), Fax 306969.

⑰ D-76530 BADEN-BADEN
A 5 ab Ausfahrt 51 Baden-Baden (B 500 → Thermen)
Hotel Magnetberg ★★★★ ruhig gelegen in unmittelbarer Nähe der Caracalla Therme, 105 B, EZ € 55,– bis 70,–, DZ € 100,– bis 134,–, inkl. Frühstücksbuffet, alle Zi mit Du, WC, ☎ und TV, Lift, regionale, saisonale Küche, Konferenzräume bis 60 Personen, Gartenterrasse, Sauna, Hallenbad, Wellnessbereich, 🛏, Scheibenstr. 18, @, www.hotel-magnetberg.de, ☎ 0049 (0) 7221/3640, Fax 364400.

⑱ D-76534 BADEN-BADEN-STEINBACH A 5 ab Ausfahrt 52 Bühl
Gasthaus Linde mit neuem Gästehaus ★★ 23 B, EZ € 43,– bis 46,–, DZ € 60,– bis 64,–, inkl. Frühstück, alle Zi mit Du, WC, TV und WLAN, gute saisonale und badische Küche, Räume bis 60 Personen, ☒, P, Di ./., Yburgstraße 79, @, www.linde-steinbach.de, ☎ 0049 (0) 7223/52850, Fax 959881.

⑲ D-76534 BADEN-BADEN-STEINBACH A 5 ab Ausfahrt 52 Bühl ca.5 km
Gasthaus Bacchus ★★ 15 B, EZ € 36,– bis 38,–, DZ € 56,– bis 58,–, 3-Bett-Zi € 77,– bis 79,–, inkl. Frühstück, alle Zi mit Du, WC und Kabel-TV, gepflegte gute Küche, gemütlich familiär, großer P im Hof, Mi ./., Steinbacher Straße 72, info@bacchus-steinbach.de, www.bacchus-steinbach.de, ☎ 0049 (0) 7223/57296, Fax 57296.

⑳ D-77833 OTTERSWEIER
A 5 ab Ausfahrten 52 Bühl und 53 Achern je 6 km
Gasthaus Zum Hirsch Hotel-Restaurant ★★★ 28 B, EZ ab € 42,–, DZ ab € 64,–, 3-Bett-Zi € 97,–, 4-Bett-Zi € 114,–, Nichtraucher-Zi, inkl. Frühstücksbuffet, Zi mit Du, WC, ☎, TV, WLAN und Minibar, feine saisonale badische Küche, Räume 20-120 Personen, 2 Kegelbahnen, 🛏, großer P, Lauferstraße 6, @, www.hirsch-ottersweier.de, ☎ 0049 (0) 7223/8083700, Fax 8083712.

㉑ D-77886 LAUF
A 5 ab Ausfahrten 52 Bühl und 53 Achern je 10 km (über B 3)
Gasthaus Pension Linde ★★★ 35 B, EZ € 38,50, DZ € 59,–, inkl. Frühstücksbuffet, alle Zi mit Du und WC, teils ☎ und TV, Ferienwohnungen, gutbürgerliche Küche, Räume von 20-100 Personen, 🛏, G, P, Schloßstr. 5, Linde-Lauf@t-online.de, www.Linde-Lauf.de, ☎ 0049 (0) 7841/3011, Fax 23220.

㉒ D-77815 BÜHL-VIMBUCH A 5 ab Ausfahrt 52 Bühl 1500 m
Kohler's Hotel Speiselokal Engel ★★★ 60 B, EZ € 52,– bis 64,–, DZ € 84,– bis 92,–, inkl. Frühstücksbuffet, alle Zi mit Du, WC, ☎ und Kabel-TV mit Premiere, ganztägig warme Küche, Erlebnisgastronomie, Tagungsräume, 🛏, Vimbucher Str. 25, @, www.engel-vimbuch.de, ☎ 0049 (0) 7223/9399-0, Fax 939920.

㉓ D-77815 BÜHL-OBERBRUCH A 5 ab Ausfahrt 52 Bühl, 1 km → Rheinmünster, Oberbruch Rheinseite
Gasthof Krone ★★★ 18 B, DZ € 45,–, DZ € 78,–, inkl. Frühstücksbuffet, alle Zi mit Du, WC, ☎ und TV, Kronenstube mit böhmisch-badischer Küche und Pavel's Restaurant mit modern-kreativer Küche, Biergarten, P, Seestraße 6, @, www.pospisils-krone.de, ☎ 0049 (0) 7223/93600, Fax 936018.

㉔ D-77815 BÜHL-OBERBRUCH
A 5 ab Ausfahrt 52 Bühl ca. 1 km nach links → Oberbruch
Räpples Landgasthof Engel ★★★ Familienbetrieb, ruhige Lage, 71 B, EZ € 39,–, DZ € 69,–, 3-Bett-Zi € 90,–, 4-Bett-Zi € 108,–, 5-Bett-Zi € 127,50, 6-Bett-Zi € 147,–, inkl. Frühstücksbuffet, alle Zi mit Bad oder Du, WC, ☎, Sat-TV und Weckdienst, teils WLAN, täglich 100 verschiedene Gerichte, Restaurant 100 Plätze für Nichtraucher, Engelstube 50 Plätze klimatisiert für Raucher, Gartenrestaurant 50 Plätze, Räumlichkeiten für Seminare, Tagungen, Familienfeiern, Gesellschaften, ideale Rad- und Wanderwege, 🛏 auch Gesellschaften, G, P am Haus, täglich 24 Stunden telefonisch erreichbar, Mühlstettstr. 42, hotel-engel-buehl@t-online.de, www.hotel-engel-buehl-oberbruch.de, ☎ 0049 (0) 7223/98070, Fax 980713.

㉔ Räpples Landgasthof Engel, Bühl-Oberbruch

㉕–㊵ + ㉛–㉜ Einträge siehe Seiten 86 + 87

Tipps zur Route

Ausfahrt Karlsruhe: Karlsruhe, eine junge Stadt, entstand 1715 auf dem Reisbrett, mitten im Grünen. Wie ein Fächer liegt diese Stadt um das Schloss des Markgrafen Karl-Wilhelm. Im Großherzoglichen Schloss, einer Dreiflügelanlage, befindet sich heute das Badische Landesmuseum. Eine augenfällige Pyramide auf dem Marktplatz deckte die Gruft des Stadtgründers Karl-Wilhelm; geschaffen hat sie Friedrich Weinbrenner, der Baumeister, der dieser Stadt zu Beginn des 19. Jahrhunderts ihr klassizistisches Gepräge gab. Der Stadtgarten und Zoo bilden inmitten von Karlsruhe ein vielbesuchtes Naherholungszentrum. Der Festplatz, mit bodennah zu einer grünen Oase verschmolzen, hat sich zu einem leistungsstarken Kongresszentrum entwickelt, besonders, seitdem auch die hochmoderne Stadthalle zur Verfügung steht.

Ausfahrt Ettlingen: Lauschige Winkel, schöne Brunnen und elegante Läden. Wo? In Ettlingen, nur einen Kilometer von der Ausfahrt entfernt. Am Fuße des Stadtturmes, rechts halten und nach hundert Metern an der Abbiegespur links ordnen: Ampel, Tiefgarage und Beginn der Fußgängerzone in einer vorbildlich sanierten Altstadt.

Ausfahrt Rastatt: Ab Ausfahrt 5 km: Rastatt, große Kreisstadt, Museumsstadt. Von den 4 Museen finden Sie zwei im Barockschloss des „Türkenlouis" in Stadtmitte. Freiheitsmuseum und Wehrgeschichtliches Museum bereiten Ihnen einen unterhaltsamen Tag. Anlegestelle für Schiffsausflüge auf dem Rhein.

Ausfahrt Baden-Baden: Baden-Baden: Früher mondäner Treffpunkt des Hochadels, heute weltoffene, internationale Kurstadt, auch für kleinere Geldbeutel. Von der Tiefgarage bei der Kongresshalle ist es ein Katzensprung zur berühmten, 300-jährigen Parkanlage Lichtentaler Allee. Mittelpunkt der Stadt sind Kurhaus und Casino. Baden-Baden, das heißt auch: Läden von bezaubernder Eleganz, Fußgängerzone, heiße Quellen und Caracalla-Therme, ein Bad der Sonderklasse.

Hotel-Restaurant Gasthaus Engel, Rheinmünster-Schwarzach

❶–㉔ Einträge siehe Seiten 84 + 85

㉕ D-77836 RHEINMÜNSTER-SCHWARZACH
A 5 ab Ausfahrt 52 Bühl 5 km
Hotel-Restaurant Gasthaus Engel ★★★ 24 B, EZ € 49,– bis 58,–, DZ € 78,– bis 85,–, Suite € 98,–, Nichtraucher-Zi, inkl. Frühstücksbuffet, alle Zi mit Du, WC, ☎, TV und Minibar, gutbürgerliche und gehobene Küche, Gartenrestaurant, Weinstube, Konferenzraum, Biergarten, WLAN, 🅿, Hurststraße 1-3, @, www.engel-schwarzach.de, ☎ **0049 (0) 7227/9 79 60**, Fax 9 83 30.

㉖ D-77880 SASBACH-OBERSASBACH
A 5 ab Ausfahrt 53 Achern 8 km und Ausfahrt 52 Bühl 12 km
Landgasthof Löwen ★★ ruhige, schöne Aussichtslage, 22 B, EZ € 42,50, DZ € 71,50, Nichtraucher-Zi, inkl. Frühstücksbuffet, alle Zi mit Du, WC, ☎, TV und Balkon, badisch-elsässische Küche, Restaurant für 80 Personen, Gartenterrasse, Spielecke und Spielplatz, 🍴, großer P, Sasbachwaldener Straße 23, @, www.loewen-sasbach.de, ☎ **0049 (0) 7841/2078-0**, Fax 2078-32.

㉗ D-77855 ACHERN A 5 ab Ausfahrt 53 Achern
Hotel Schwarzwälder Hof ★★★ 40 B, EZ € 49,90 bis 69,–, DZ € 79,– bis 120,–, inkl. Frühstücksbuffet, neu gestaltete Gästezimmer, alle Zi mit Du, WC, ☎ und Kabel-TV mit Premiere, Nichtraucher-Zi, badisch-elsässisches Restaurant, regionale Küche, Raum für 10-80 Personen, Gartenterrasse, Kinderspielraum und -platz, Wickelraum, 🅿, -WC, 🅿, Kirchstr. 38, info@hotel-sha.de, www.hotel-sha.de, ☎ **0049 (0) 7841/6 96 80**, Fax 2 95 26.

㉘ D-77855 ACHERN-OBERACHERN A 5 ab Ausfahrt 53 Achern ca. 5 km
Kininger's Hirsch, Hotel-Restaurant ★★★ 9 B, EZ € 45,–, DZ € 84,–, inkl. reichhaltigem Frühstück, alle Zi mit Du, WC, ☎, TV und Minibar, frische marktorientierte Küche, Gartenrestaurant, Räume bis 80 Personen, 🍴, P, Oberachener Str. 26, info@kiningers-hirsch.de, www.kiningers-hirsch.de, ☎ **0049 (0) 7841/2 15 79**, Fax 2 92 68.

㉙ D-77833 UNZHURST
A 5 ab Ausfahrt 53 Achern → Gamshurst und Ausfahrt 52 Bühl → Vimbuch je 6 km
Gasthaus zum Ochsen ★★ 10 B, EZ € 36,– bis 40,–, DZ € 55,– bis 60,–, inkl. reichhaltigem Frühstück, alle Zi mit Du, WC, ☎ und TV, gutbürgerliche badische Küche, Räume bis 80 Personen, Biergarten, 🍴, großer P, Rheinstr. 1, @, www.Zum-Ochsen-Unzhurst.de, ☎ **0049 (0) 7223/2 31 72**, Fax 9 79 596.

㉚ D-77876 KAPPELRODECK A 5 ab Ausfahrt 53 Achern 8 km
Gasthof Hirsch ★★ ruhige Lage, abseits vom Hauptverkehr, 30 B, EZ € 35,– bis 38,–, DZ € 70,– bis 76,–, inkl. Frühstücksbuffet, Zi mit Du, WC, ☎ und Sat-TV, gutbürgerliche Küche, Spezialitäten: Wild und Forellen, Gerichte von € 7,– bis 14,–, Räume bis 80 Personen, Gartenwirtschaft, 🍴, P, Mo ./., Grüner Winkel 24, @, www.hirsch-kappelrodeck.de, ☎ **0049 (0) 7842/9 93 9 30**, Fax 9 93 955.

㉛ D-77731 LEGELSHURST A 5 ab Ausfahrt 54 Appenweier 5 km
Gasthaus Sonne ★ 12 B, EZ € 35,–, DZ € 46,– bis 60,–, 3-Bett-Zi € 75,–, inkl. Frühstück, Zi mit Du, teilweise WC und TV, gutbürgerliche Küche, großer P, Legelshurster Straße 37, ☎ **0049 (0) 7852/2241**, Fax 53 40.

㉜ D-77694 KEHL-ODELSHOFEN
A 5 ab Ausfahrt 54 Appenweier 3 km → Strassburg
Hotel-Gasthaus Zur Krone ★★ 42 B, EZ € 39,–, DZ ab € 58,–, 3-Bett-Zi € 74,–, Familien-Zi ab € 99,–, inkl. Frühstück, Zi mit Du und WC, gute regionale Küche, Gartenwirtschaft, 🍴, G, großer P, Hebelstr. 7, @, www.Krone-Odelshofen.de, ☎ **0049 (0) 7852/2333**.

㉝ D-77694 KEHL-ODELSHOFEN
A 5 ab Ausfahrt 54 Appenweier 3 km → Strassburg
Hotel-Landgasthaus Sonnenhof ★★ ruhige Lage, 55 B, EZ € 24,–, DZ € 39,–, 3-Bett-Zi € 54,–, 4-Bett-Zi € 72,–, inkl. Frühstück (Hotel und Gästehaus), alle Zi mit Du, Gästehaus: EZ € 42,– DZ € 60,–, 3-Bett-Zi € 80,–, HP-Zuschlag € 13,– pro Person, alle Zi mit Du, WC, ☎ und TV, Raum bis 60 Personen, Bus-P, Adelsbühnstraße 3, @, www.Hotel-Gasthaus-Sonnenhof.de, ☎ **0049 (0) 7852/2379 + 9 197-0**, Fax 9197-50.

㉞ D-77767 APPENWEIER A 5 ab Ausfahrt 54 Appenweier ca. 3,5 km
Badisches Hotel-Restaurant „Hanauer Hof" ★★★ mit Gästehaus, 60 B, EZ € 50,– bis 60,–, DZ € 72,– bis 80,–, 3-Bett-Zi € 100,–, 4-Bett-Zi € 110,–, 5-Bett-Zi € 120,–, inkl. Frühstücksbuffet, Zi mit Du, WC, ☎ und TV, Lift, Balkon, badisch-französische Küche, Räume bis 100 Personen, Bahnhof, Bus-Station, großer P, Ortenauer Str. 50, @, www.hanauer-hof.de, ☎ **0049 (0) 7805/9566-0**, Fax 9566-66.

㉟ D-77767 APPENWEIER-NESSELRIED
A 5 ab Ausfahrt 54 Appenweier ca. 6 km
Gasthof Engel ★★★ 25 B, EZ € 45,– bis 49,–, DZ € 70,– bis 82,–, 3-Bett Zi ab € 90,–, inkl. Frühstücksbuffet, alle Zi mit Du, WC, TV und kostenfreies WLAN, gutbürgerliche und gehobene Küche, Gartenrestaurant, G, großer P, Dorfstr. 43, @, www.gasthof-engel.de, ☎ **0049 (0) 7805/9191 81**, Fax 9191 82.

㊱ D-77704 OBERKIRCH-NUSSBACH
A 5 ab Ausfahrt 54 Appenweier 8 km → Oberkirch
Gasthof Rose ★★★ ruhig gelegen, 30 B, EZ € 39,– bis 43,–, DZ € 68,– bis 80,–, inkl. Frühstücksbuffet, alle Zi mit Du, WC und TV, überwiegend Balkon, gutbürgerliche und saisonale Küche, Räume bis 150 Personen, Gartenterrasse, 🍴, großer P, Herztal 88, @, www.rose-herztal.de, ☎ **0049 (0) 7805/9 55 50**, Fax 95 55 59.

37 D-77704 **OBERKIRCH**
A 5 ab Ausfahrt 54 Appenweier ca. 10 km
Gasthof Untere Linde ★★ 24 B, EZ € 32,– bis 36,–, DZ € 50,– bis 58,–, inkl. Frühstück, Zi mit Du, WC und ☎, Schwarzwälder Spezialitäten, 80 Sitzplätze, ▭, ⚲, ⛟, G, P, Querstraße, ☎ **0049 (0) 7802/3312**, Fax 980136.

38 D-77704 **OBERKIRCH-GAISBACH**
A 5 ab Ausfahrt 54 Appenweier ca. 11 km
Gaisbacher Hof ★★★ 40 B, EZ € 40,–, DZ € 75,–, inkl. Frühstücksbuffet, alle Zi mit Bad, Du, WC, ☎ und Sat-TV, Lift, gepflegte Restaurationsräume, Spezialitätenküche, Weinstube, Konferenzraum, Raum für 15-80 Personen, Biergarten, Terrasse, ⛟, G, P, Mi ./., Gaisbach 1, ☎ **0049 (0) 7802/9278-0**, Fax 5966.

39 D-77728 **OPPENAU-LÖCHERBERG**
A 5 ab Ausfahrt 54 Appenweier → Bad Peterstal, Freudenstadt
Schwarzwaldhotel-Restaurant Erdrichshof ★★★ 26 B, EZ € 55,– bis 68,–, DZ € 98,– bis 126,–, inkl. Frühstücksbuffet, alle Zi mit Bad oder Du, WC, ☎, TV, Minibar und Balkon, badisch-elsässische Küche, Räume bis 70 Personen, Caféterrasse, Hallenbad, Sauna, Solarium, ▭, ⛟, G, großer P, Schwarzwaldstr. 57, @, www.erdrichshof.de, ☎ **0049 (0) 7804/9798-0**, Fax 9798-98.

40 D-77797 **OHLSBACH**
A 5 ab Ausfahrt 55 Offenburg → Villingen/Schwenningen (B 33) 8 km
Landgasthof Kranz ★★★ seit 1864, EZ € 59,– bis 69,–, DZ € 79,– bis 95,–, 3-Bett-Zi € 112,–, 4-Bett-Zi € 125,–, inkl. Frühstücksbuffet, Zi mit Du, WC und ☎, teils Kabel-TV, rustikale Gasträume, badische, elsässische und Kaffeespezialitäten, Biergarten, Kinderspielplatz, ⛟, G, P, Hauptstr. 26, @, www.landgasthof-kranz.de, ☎ **0049 (0) 7803/3312**, Fax 2047.

40

**Landgasthof
Kranz,
Ohlsbach**

71 PFORZHEIM —
DIE GOLDSTADT GLÄNZT MIT IHREN ATTRAKTIONEN
Erleben Sie die glänzenden Einrichtungen der „Goldstadt" Pforzheim! Im weltweit einzigartigen Schmuckmuseum Pforzheim im Reuchlinhaus können Sie Schmuckkunst aus fünf Jahrtausenden bestaunen. Kostbarkeiten aus Antike, Renaissance und Jugendstil sowie eine bedeutende Ringsammlung bilden Schwerpunkte der Dauerausstellung. Das Technische Museum der Pforzheimer Schmuck- und Uhrenindustrie dokumentiert in seinen Räumen die Geschichte der Pforzheimer Traditionsindustrie von den Anfängen im 18. Jahrhundert, über die Phase der Industrialisierung, bis in die jüngste Vergangenheit. An alten funktionsfähigen Maschinen wird Ihnen die Herstellung von Schmuck und Uhren demonstriert. Verbinden Sie einen Bummel durch die City mit einem Besuch der Schmuckwelten Pforzheim, dem europaweit einzigartigen Erlebnis- und Einkaufszentrum für Schmuck und Uhren auf über 4.000 qm. Hier erwarten Sie Unterhaltung, Erlebnis und vielfältige Einkaufsmöglichkeiten.

Information und Prospekte:
Tourist-Information Pforzheim, Im Neuen Rathaus, Marktplatz 1, D-75175 Pforzheim, pforzheim-marketing@pkm.de, www.pforzheim.de, ☎ **0049 (0) 7231/3937-00**, Fax 3937-07.

72 Bad Herrenalb siehe diese Seite

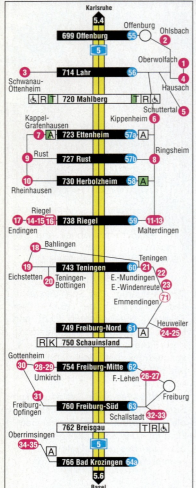

Karlsruhe

5.4

699 Offenburg | 55 — Offenburg / Ohlsbach ❷

Oberwolfach ❶

714 Lahr | 56 ❹

Schwanau-Ottenheim ❸ / Hausach

🚳🚆T 720 Mahlberg T R🚳 ❺ Schuttertal

Kappel-Grafenhausen / Kippenheim

A 723 Ettenheim | 57a A ❼

Rust ❾ / Ringsheim ❽ 57b

727 Rust | 57b

730 Herbolzheim | 58 A ❿

Rheinhausen

Riegel ❶❼ ❶❹-❶❺ ❶❻ 738 Riegel | 59 ❶❶-❶❸ Malterdingen

Endingen

Bahlingen ❶❽

743 Teningen | 60 ❷❶ Teningen ❶❾ / Eichstetten ❷❷

Teningen-Bottingen ❷❿ / E.-Mundingen / E.-Windenreute ❷❸

Emmendingen ❼❶

749 Freiburg-Nord | 61 A / Heuweiler ❷❹-❷❺

R K 750 Schauinsland

Gottenheim ❸❿ ❷❽-❷❾ 754 Freiburg-Mitte | 62 / Umkirch / F.-Lehen ❷❻-❷❼

Freiburg-Opfingen ❸❶ 760 Freiburg-Süd | 63 / Freiburg / Schallstadt ❸❷-❸❸

762 Breisgau T R🚳

Oberrimsingen ❸❹-❸❺ A 5

766 Bad Krozingen | 64a

5.6 Basel

---

❶ D-77709 OBERWOLFACH

A 5 ab Ausfahrt 55 Offenburg → Haslach B 33 → Wolfach B 294 und A 81 ab Ausfahrt 34 Rottweil → Schramberg B 462 → Wolfach B 294 je 30 Autominuten

3 Könige Hotel-Restaurant ★★★ 80 B, EZ € 55,– bis 65,–, DZ € 82,– bis 90,–, inkl. Frühstücksbuffet, alle Zi mit Du, WC, ☏, TV und WLAN, kreative regionale Küche, Tagungsräume, Räume für 180 Personen, Biergarten, Unterstellplätze, 🚐, P, Wolftalstr. 28, @, www.3koenige.de, ☏ 0049(0)7834/83800, Fax 8380285.

❷ D-77797 OHLSBACH

A 5 ab Ausfahrt 55 Offenburg → Villingen/Schwenningen (B 33) 8 km

Landgasthof Kranz ★★★ seit 1864, EZ € 59,– bis 69,–, DZ € 79,– bis 95,–, 3-Bett-Zi € 112,–, 4-Bett-Zi € 125,–, inkl. Frühstücksbuffet, Zi mit Du, WC und ☏, teils Kabel-TV, rustikale Gasträume, badische, elsässische und Kaffeespezialitäten, Biergarten, Kinderspielplatz, 🚐, G, P, Hauptstr. 26, @, www.landgasthof-kranz.de, ☏ 0049(0)7803/3312, Fax 2047 **(Bild siehe Route 5.4)**.

❸ D-77963 SCHWANAU-OTTENHEIM

A 5 ab Ausfahrt 56 Lahr 4 km

Gasthof Erbprinzen ★★★ 28 B, EZ € 30,– bis 46,50, DZ € 50,50 bis 69,50, Nichtraucher-Zi, inkl. Frühstücksbuffet, alle Zi mit Internet, teils mit Bad/Du, WC, Fön, ☏, TV und Balkon, Restaurant, Haus mit Tradition, ländliche Räume, 🖥, 🍴, G, P, Schwarzwaldstr. 5, www.gasthof-erbprinzen-schwanau.de, ☏ 0049(0)7824/2442, Fax 4529.

❹ D-77756 HAUSACH

A 5 ab Ausfahrten 55 Offenburg (B 33) und 56 Lahr (B 415)

Gasthaus zur Blume ★★★ 28 B, EZ € 28,– bis 45,–, DZ € 50,– bis 65,–, Appartements (Ferienwohnungen), inkl. Frühstücksbuffet, alle Zi mit Du, WC, ☏ und TV, gute Küche, G, P, Eisenbahnstr. 26, @, www.HotelBlume.de, ☏ 0049(0)7831/286, Fax 8933.

❺ D-77978 SCHUTTERTAL

A 5 ab Ausfahrt 56 Lahr → Seelbach und 57 a Ettenheim je 15 km

Gasthof Krone ★★★ 22 B, DZ € 66,–, Familien-Zi, inkl. reichhaltigem Frühstück, alle Zi mit Du, ☏ und TV, teils Balkon, gutbürgerliche Küche, schöner Biergarten, großer P, es wird NL gesprochen, Talstr. 20, Krone.Schuttertal@t-online.de, www.Krone-Schuttertal.de, ☏ 0049(0)7823/2434, Fax 9609877.

❻ D-77971 KIPPENHEIM

A 5 ab Ausfahrten 56 Lahr und 57 a Ettenheim → Lahr B 3 ca. 6 km

Gästehaus Müller ★★ EZ € 35,–, DZ € 50,–, 3- und 4-Bett-Zi € 22,– p.P., inkl. Frühstück, Zi mit Du und WC, teils TV, P, Keltenstr. 11, www.gaestehaus-mueller-kippenheim.de, ☏ 0049(0)7825/1413, Fax 0049(0)7825/2380.

❼ D-77966 KAPPEL-GRAFENHAUSEN

A 5 ab Ausfahrt 57 a ca. 1000 m

Hotel-Restaurant Engel ★★★ 42 B, EZ € 48,– bis 55,–, DZ € 75,– bis 90,–, 3- und 4-Bett-Zi € 100,– bis 140,–, Familien-Zi, inkl. Frühstücksbuffet, alle Zi mit Du, WC, ☏ und TV, preiswerte Küche, WLAN kostenfrei, 🚐, G, P, Hauptstraße 90, @, www.engel-grafenhausen.de, ☏ 0049(0)7822/61051, Fax 61056.

❽ D-77975 RINGSHEIM

A 5 ab Ausfahrt 57 b Rust/Ringsheim 500 m

Sun Parc Hotel ★★★ 48 Zi, EZ € 60,– bis 72,–, DZ € 92,– bis 104,–, 3- bis 4-Bett-Zi auf Anfrage, Kinder bis 4 Jahre kostenfrei, inkl. reichhaltigem Frühstücksbuffet, alle Zi mit Du, WC, ☏ und TV, 4 km zum Europa Park Rust, hoteleigener Shuttle-Service, 🚐, P, Im Leimenfeld 3, @, www.sunparc-hotel.de, ☏ 0049(0)7822/44660, Fax 446688.

❾ D-77977 RUST

A 5 ab Ausfahrt 57 b Rust-Europapark ca. 3 km

Hotel-Ricci garni ★★ 28 B, EZ € 75,–, DZ ab € 85,–, 3-Bett-Zi ab € 115,–, 4-Bett-Zi ab € 145,–, inkl. reichhaltigem Frühstück, alle Zi mit Bad/Du, WC, Radio und TV, Karl-Friedrich-Straße 59, info@hotel-ricci-rust.de, www.hotel-ricci-rust.de, ☏ 0049(0)7822/6488, Fax 7562.

❿ D-79365 RHEINHAUSEN

A 5 ab Ausfahrt 58 Herbolzheim 3 km

Werneths Landgasthof Hirschen ★★½ 60 B, EZ € 41,– bis 45,–, DZ € 61,– bis 65,–, 3-Bett-Zi € 81,–, inkl. Frühstücksbuffet, alle Zi mit Du, WC und Sat-TV, regionale Küche, Nähe Europa-Park, 🚐, großer P, Hauptstraße 39, @, www.wernethslandgasthof.de, ☏ 0049(0)7643/6736, Fax 40389.

❶❹ Hotel-Restaurant Winzerstube Riegeler Hof, Riegel

❶❽ Landgasthof Zum Lamm, Bahlingen

⑪ **D-79364 MALTERDINGEN**
A 5 ab Ausfahrt 59 Riegel 2 km
Landhaus Keller-Hotel de Charme ★★★ schöne ruhige Lage, 34 B, EZ € 72,–
bis 84,–, DZ € 98,– bis 120,–, inkl. reichhaltigem Frühstück, alle Zi mit Bad/Du, WC,
☎, TV, Internet und Balkon/Terrasse, Nichtraucheretage, ausgezeichnete Küche,
Gartenrestaurant, Konferenzräume, G, P, Gartenstr. 21, @, www.landhaus-keller.com,
☎ 0049 (0) 76 44/9 27 70, Fax 9 27 72 42.

⑫ **D-79364 MALTERDINGEN**
A 5 ab Ausfahrt 59 Riegel 2 km
Gästehaus Ute ★★ 14 B, EZ € 37,–, DZ € 58,–, Familien-Zi ab € 29,– pro Person,
inkl. Frühstück, alle Zi mit Du, WC, TV und Internet (WLAN), G, großer P, Schulstr. 50 a,
www.ute-gaestehaus-malterdingen.de, ☎ 0049 (0) 76 44/6355, Fax 93 03 86.

⑬ **D-79364 MALTERDINGEN**
A 5 ab Ausfahrt 59 Riegel ca. 2 km
Gästehaus Roth ★★ Zi € 85,– bis 110,–, 2 große Familien-Zi, inkl. Frühstück, alle Zi
mit Du und WC, Ferienwohnung, G, P, Markgrafenhalde 2, @, www.gaestehaus-roth.de,
☎ 0049 (0) 76 44/1360, Fax 1360.

⑭ **D-79359 RIEGEL**
A 5 ab Ausfahrt 59 Riegel ca. 0,5 km
Hotel-Restaurant Winzerstube Riegeler Hof ★★★ ruhige Lage, 100 B, EZ € 50,–
bis 65,–, DZ € 80,– bis 95,–, inkl. Frühstücksbuffet, alle Zi mit Du, WC, ☎, TV und
Balkon, Familien-Zi, feine Küche, eigene Weine, ▭, 🍴, G, großer P, Hauptstr. 69,
@, www.Hotel-Riegeler-hof.de, ☎ 0049 (0) 76 42/6 85-0, Fax 6 85-68.

⑮ **D-79359 RIEGEL**
A 5 ab Ausfahrt 59 Riegel
Gasthof-Hotel Kopf ★★ 50 B, EZ € 41,–, DZ € 64,–, 3-Bett-Zi € 77,–, 4-Bett-Zi
€ 85,–, inkl. Frühstücksbuffet, Zi mit Du, WC, ☎, Sat-TV, Fax- und Modem-
Anschluss, P im Hof, Hauptstr. 30, ☎ 0049 (0) 76 42/90 88 91-0, Fax 88 45.

⑯ **D-79359 RIEGEL**
A 5 ab Ausfahrt 59 Riegel
Tankhof ⛽ Markenkraftstoffe, LKW-Zapfsäule, KFZ-Service, Verkaufs-
shop, Tankautomat mit ec-Karte, geöffnet: Mo-Sa 7-19 Uhr, Hauptstr. 2, @,
☎ 0049 (0) 76 42/34 48, Fax 44 81.

⑰ **D-79346 ENDINGEN** A 5 ab Ausfahrt 59 Riegel 4 km
Hotel garni Pfauen ★★★ neu umgestaltetes Haus, am Stadttor gelegen, 75 B, EZ
€ 45,– bis 60,–, DZ € 63,– bis 83,–, Appartements, inkl. Frühstücksbuffet, HP für
Gruppenreisende, alle Zi mit Du, WC und WLAN, teils TV, Minibar, Radio und Balkon,
Lift, Konferenzraum, Weinprobe, eigener Weinbau, Weinkeller, Garten, 🍴, ♿, G, P,
Hauptstr. 78, @, www.endingen-pfauen.de, ☎ 0049 (0) 76 42/90 23-0, Fax 90 23-40.

⑱ **D-79353 BAHLINGEN**
A 5 ab Ausfahrten 59 Riegel und 60 Teningen je 4,5 km
Landgasthof Zum Lamm ★★★ 60 B, EZ € 39,– bis 65,–, DZ € 75,– bis 105,–, inkl.
Frühstücksbuffet, Zi mit Bad oder Du, WC, ☎, TV und Modem-Anschluss, bekanntes
Speiselokal, regionale Küche, Räume für Tagungen von 20 bis 150 Personen, Sauna,
▭, 🛒, 🍴, G, P, Hauptstr. 49, info@lamm-bahlingen.de, www.lamm-bahlingen.de,
☎ 0049 (0) 76 63/93 07 77, Fax 93 87 77.

⑲ **D-79356 EICHSTETTEN** A 5 ab Ausfahrt 60 Teningen 5 km
Gasthof Rebland ★★ 25 B, EZ € 35,– bis 38,–, DZ € 55,– bis 58,–, 3-Bett-Zi
€ 75,–, inkl. Frühstück, Zi mit Du, WC und TV, gutbürgerlicher preiswerter Mittagstisch, große Terrasse, Tief-G, P, Nimburger Straße 15, @, www.Gasthof-Rebland.de,
☎ 0049 (0) 76 63/25 11, Fax 94 88 30.

⑳ **D-79331 NIMBURG-BOTTINGEN**
A 5 ab Ausfahrt 60 Teningen → Nimburg 3 km
Hotel-Restaurant Rebstock ★★★ 45 B, EZ € 46,–, DZ € 68,–, inkl. Frühstücksbuffet, alle Zi mit Du, WC, feinbürgerliche Küche, gemütliches Restaurant mit 70 Plätzen, Räumlichkeiten bis 150 Personen, Veranstaltungsräume bis 100
Personen, 2 schöne Gartenterrassen, 🍴, großer P, Restaurant Di ./., Wirtstr. 2, @,
www.rebstock-bottingen.de, ☎ 0049 (0) 76 63/93 50-0, Fax 93 50-40.

㉑–㉟ + ⑦ **Einträge siehe Seiten 90 + 91**

⑳

**Hotel-
Restaurant
Rebstock,
Nimburg-
Bottingen**

Tipps zur Route

Freiburg – die Schwarzwaldhauptstadt!

Von der Sonne verwöhnt und voller Lebensfreude – so empfängt die Stadt Freiburg, mit einer fast 900-jährigen Geschichte, seine Gäste. In der traditionsreichen
Universitätsstadt mit ihren verwinkelten
Gassen, den idyllischeen Innenhöfen und
den berühmten „Bächle" haben große
Denker wie Heidegger, Husserl und Eu-
cken gewirkt. Die gemütlichen Restaurants, Kneipen und Bars der Altstadt laden
zur Einkehr und zum Verweilen ein.

Freiburg ist natürlich auch eine Stadt der
Kultur und Musik. Das Theater Freiburg ist
das Herzstück der Freiburger Bühnenland-
schaft. Doch auch in der ganzen Stadt, in
Clubs und Kneipen, erklingt jeden Abend
von irgendwo her Musik. Zu den schönsten Seiten Freiburgs gehören Sehenswürdigkeiten, wie das Münster mit seinem
weltbekannten 116 Meter hohen Turm,
das „Historische Kaufhaus" und die beiden Stadttore „Martinstor" und „Schwa-
bentor". Der historische Stadtkern lädt
zugleich mit seiner ausgedehnten Fußgängerzone zum Bummeln und Einkaufen ein.

Münster und Martinstor, Freiburg

Tipps zur Route

Ausfahrt Emmendingen: Dank seines warmen und trockenen Klimas gedeiht hier der Wein besonders prächtig. Das wusste bereits Johann Wolfgang von Goethe zu schätzen und schrieb unter diesem Eindruck anlässlich eines Besuches bei seiner Schwester Cornelia in Emmendingen: „Glückliches Land, wo der Wein vor der Kulisse des Schwarzwalds reift." Was damals galt, dass gilt auch heute. Ein Besuch in Emmendingen lohnt sich! Besonders aber am 3. Wochenende im August. Dann wird die Innenstadt von Emmendingen zum Anziehungspunkt von Weinkennern und Genießern. Die Emmendinger feiern mit ihren Gästen auf dem Breisgauer Weinfest. Eines der größten und schönsten in der Region. In liebevoll dekorierten Weinlauben werden dann ca. 200 Weine und Sekte angeboten und Speisen sowie Spezialitäten aus dem badischen, Elsässer und Schweizer Raum serviert. Ein internationales Unterhaltungsprogramm auf 2 Bühnen sorgt für südländischen Flair. Feiern Sie mit und genießen Sie die badische Mentalität.

Ausfahrt Riegel: Dank seines warmen und trockenen Klimas gedeiht hier der Wein besonders prächtig. Der „Bestseller" dieser Region ist zweifelsohne der „Weißherbst", ein Rosé aus blauen Spätburgundertrauben. Die führenden Kaiserstuhl-Winzerorte sind das mittelalterliche Endingen und das idyllische Bahlingen, mit 3 000 Hektar Weinbaufläche. Die Bergkirche Bahlingens gewährt einen herrlichen Rundblick auf die Rheinebene.

㉕ Gasthof Grüner Baum mit Gästehaus, Heuweiler

① – ⑳ Einträge siehe Seiten 88 + 89

㉑ D-79331 TENINGEN
A 5 ab Ausfahrt 60 Teningen ca. 1,5 km
Gasthaus-Hotel Sonne ★★ Familienbetrieb, 26 B, EZ € 40,– bis 58,–, DZ € 65,– bis 85,–, inkl. Frühstück, alle Zi mit Du, WC, TV und WLAN, teils mit 🐕, gutbürgerliche Küche, 🍴, P im Hof (Reetzenstraße 7), Emmendinger Straße 8, @, ☎ 0049 (0) 76 41/86 43, Fax 91 51 85.

㉒ D-79312 EMMENDINGEN-MUNDINGEN
A 5 ab Ausfahrt 60 Nimburg 5 km
Gasthaus Zum Eichbaum ★★ 17 B, EZ € 45,– DZ € 62,– bis 70,–, inkl. Frühstück, alle Zi mit Du und WC, 🐕, TV, Minibar und Balkon, gute Küche, badische Spezialitäten, Gartenterrasse, 400 m bis zum Wald und Kinderspielplatz, P, Do ./., Eichholzstraße 13, @, gasthaus-eichbaum.de, ☎ 0049 (0) 76 41/81 02, Fax 4 96 63.

㉓ D-79312 EMMENDINGEN-WINDENREUTE
A 5 ab Ausfahrt 59 Riegel 10 km
Hotel-Restaurant Windenreuter Hof ★★★★ ruhige, schöne Aussichtslage, 108 B, EZ € 54,– bis 68,–, DZ € 84,– bis 125,–, inkl. Frühstücksbuffet, HP € 17,– pro Person/Tag, Zi mit Bad/Du, WC, 🐕, TV, Minibar und Balkon, elegantes Restaurant, anerkannte Spitzenküche, Spiegelsaal, Bar, 3 Konferenzräume, Terrasse, Sauna, 🍴, ♿, Tief-G, großer P, ganzjährig geöffnet, Rathausweg 19, info@windenreuter-hof.de, www.windenreuter-hof.de, ☎ 0049 (0) 76 41/9 30 83-0, Fax 9 30 83-444.

㉔ D-79194 HEUWEILER
A 5 ab Ausfahrt 61 Freiburg-Nord → Glottertal ca. 12 km
Landhotel Laube ★★★ ruhig gelegen, 30 B, EZ € 56,– bis 70,–, DZ € 82,– bis 89,–, Mehrbett-Zi, inkl. Frühstücksbuffet, alle Zi mit Du, WC, 🐕, TV und kostenfreiem WLAN, regionale und internationale Küche, Räume bis 150 Personen, Terrasse, Biergarten, 🍴, P, Hohweg 1, @, www.hotel-Laube.de, ☎ 0049 (0) 76 66/9 40 80, Fax 94 08 57.

㉕ D-79194 HEUWEILER
A 5 ab Ausfahrt 61 Freiburg-Nord → Glottertal ca. 12 km
Gasthof Grüner Baum mit Gästehaus ★★ ruhig gelegen, 60 B, EZ € 35,– bis 49,–, DZ € 61,– bis 92,–, inkl. Frühstücksbuffet, alle Zi mit Du, WC, 🐕 und TV, gutbürgerliche Küche, Gesellschafts- und Tagungsräume, Terrasse, 🍴, ♿, großer P, Glottertalstraße 3, info@gasthof-gruener-baum.de, www.gasthof-gruener-baum.de, ☎ 0049 (0) 76 66/9 40 60, Fax 94 06 35.

㉖ D-79110 FREIBURG-LEHEN
A 5 ab Ausfahrt 62 Freiburg-Mitte 1 km
Hotel-Restaurant Bierhäusle ★★★ 62 B, EZ € 65,– bis 70,–, DZ € 90,– bis 100,–, inkl. Frühstücksbuffet, alle Zi mit Bad, Du, WC, 🐕 und TV, 🍴, G, P, Breisgauer Str. 41, info@bierhaeusle.de, www.bierhaeusle.de, ☎ 0049 (0) 7 61/88 30-0, Fax 88 30-133.

㉗ D-79110 FREIBURG-LEHEN
A 5 ab Ausfahrt 62 Freiburg-Mitte ca. 1 km
Hirschengarten Hotel garni ★★★ 40 B, EZ € 52,– bis 58,–, DZ € 72,– bis 78,–, inkl. Frühstücksbuffet, alle Zi mit Du, WC, 🐕, TV und Radio, Lift, kostenfreie WLAN-Nutzung, hoteleigener P, Breisgauer Straße 51, info@hirschengarten.de, www.hirschengarten.de, ☎ 0049 (0) 7 61/80 03 03, Fax 8 83 33 39.

㉘ D-79224 UMKIRCH
A 5 ab Ausfahrt 62 Freiburg-Mitte 1000 m (1. Ausfahrt)
Hotel Pfauen ★★★ 40 B, EZ € 50,– DZ € 75,–, inkl. Frühstück, alle Zi mit Du und WC, 🐕 und TV, gehobene Thai Küche, große Gartenterrasse, Konferenzraum für 30 Personen, 🍴, Tief-G, P, Hugstetter Str. 2, info@hotel-pfauen-umkirch.de, www.hotel-pfauen-umkirch.de, ☎ 0049 (0) 76 65/9 37 60, Fax 93 76 39.

㉙ D-79224 UMKIRCH
A 5 ab Ausfahrt 62 Freiburg-Mitte 1000 m
Hotel Heuboden ★★★ 90 B, EZ € 49,– bis 54,–, DZ € 74,– bis 90,–, 3-Bett-Zi € 85,– bis 90,–, inkl. Frühstücksbuffet, alle Zi mit Du, WC, 🐕 und TV, Lift, gehobene Küche, Konferenzraum bis 120 Personen, großer P, Am Gansacker 6a, hotel@heuboden.de, www.heuboden.de, ☎ 0049 (0) 76 65/50 09-0, Fax 50 09-96.

㉔ Landhotel Laube, Heuweiler

③⓪ D-79288 GOTTENHEIM
A 5 ab Ausfahrt 62 Freiburg-Mitte 6 km → Breisach, am Ortsende rechts
Gästehaus Obsthof ✦✦✦ ruhige Lage inmitten einer Obstwiese, 9 Zi, EZ € 50,–, DZ € 70,–, inkl. Frühstück, alle Zi mit Bad/Du, WC und TV, meist Balkon, Liegewiese, G, P, Bergstr. 24, @, www.gaestehaus-obsthof.de, ☎ **0049 (0) 7665/6501**, Fax 93905 01.

③① D-79112 FREIBURG-OPFINGEN
A 5 ab Ausfahrt 63 Freiburg-Süd 2,5 km → Tiengen
Gasthaus zur Tanne ✦✦✦ 20 B, EZ € 34,– bis 59,–, DZ € 49,– bis 91,–, inkl. Frühstücksbuffet, überwiegend Zi mit Du, WC, ☎ und TV, gutbürgerliche und feine Küche, Räume von 20 bis 50 Personen, Gartenrestaurant, P, Altgasse 2, @, www.tanne-opfingen.de, ☎ **0049 (0) 7664/1810**, Fax 53 03.

③② D-79227 SCHALLSTADT
A 5 ab Ausfahrt 63 Freiburg-Süd 6 km
Hotel-Restaurant-Metzgerei Zum Ochsen ✦✦✦ 100 B, EZ € 35,– bis 56,–, DZ € 49,– bis 82,–, 3-Bett-Zi € 91,–, 4-Bett-Zi € 105,–, inkl. Frühstücksbuffet, Zi mit Du, WC, ☎, TV und Balkon, Lift, gutbürgerliche und Spezialitäten-Küche, Salatbuffet, Restaurant (200 Plätze), 🚌, großer P, Basler Straße 50, @, www.hotel-ochsen.de, ☎ **0049 (0) 7664/6139 95-0**, Fax 6139 95-8.

③③ D-79227 SCHALLSTADT
A 5 ab Ausfahrten 63 Freiburg-Süd und 64 a Bad Krozingen je 6 km
Gasthof Löwen ✦✦ 23 B, EZ € 22,– bis 40,–, DZ € 44,– bis 63,–, 3-Bett-Zi € 62,–, 4-Bett-Zi € 83,–, inkl. Frühstück, ruhige Zi mit Bad, gutbürgerliche Küche, Gerichte von € 6,50 bis 16,–, G, P, Basler Straße 56, @, www.hotel-loewe.de, ☎ **0049 (0) 7664/6505**, Fax 6 08 70.

③④ D-79206 OBERRIMSINGEN
A 5 ab Ausfahrt 64 a Bad Krozingen → Breisach 4 km
Gasthaus Löwen ✦✦ 45 B, EZ € 42,–, DZ € 68,–, Familien-Zi, inkl. Frühstücksbuffet, alle Zi mit Du, Fön, ☎ und TV, gute regionale Küche und Weine, Gesellschaftsräume bis 85 Personen, Biergarten, Gästehaus, ⛳, 🚌, P, Bundesstraße 17, www.gasthof-loewen-oberrimsingen.de, ☎ **0049 (0) 7664/2496**, Fax 95804.

③⑤ D-79206 OBERRIMSINGEN
A 5 ab Ausfahrt 64 a Bad Krozingen → Breisach 4 km
Gasthaus zum Hirschen ✦✦ 15 B, EZ € 40,– bis 45,–, DZ € 60,– bis 65,–, Familien-Zi, inkl. Frühstück, alle Zi mit Du, WC und TV, saisonal geprägte, feinbürgerliche und gehobene Küche, Weine aus eigenem Anbau, Gartenterrasse, P, Bundesstr. 32, @, www.Gasthaus-Hirschen-Oberrimsingen.de, ☎ **0049 (0) 7664/2515**, Fax 5048 75.

㉓

Hotel-Restaurant Windenreuter Hof, Emmendingen-Windenreute

㉛ EMMENDINGEN
In diesem Haus (siehe Bild) lebte von 1774 – 1777 Goethes Schwester Cornelia Schlosser mit ihrem Gatten, Oberamtmann J. G. Schlosser. Auf dem Alten Friedhof Cornelias Grab und im Stadtmuseum (Mi + So 14–17 Uhr) gibt es viele Hinweise auf sie und ihren berühmten Bruder, der sie mehrfach in Emmendingen besuchte. Sehenswert auch die Burgruine Hochburg, die zweitgrößte Ruine Badens, und die Klosterkapelle Tennenbach, letztes Zeugnis des einst großen Zisterzienserklosters.

Information und Prospekte:
Tourist-Information, Bahnhofstraße 5, D-79312 Emmendingen, touristinfo@emmendingen.de, www.emmendingen.de, ☎ **0049 (0) 7641/194 33**, Fax 45 25 75.

Tipps zur Route

Nebenbei bemerkt: Wir befinden uns in einer Gegend, die durch zahlreiche urbane und landschaftliche Höhepunkte geprägt ist. Zu nennen ist beispielsweise der Kaiserstuhl. Der Bergstock ist zwar an seiner höchsten Stelle nur 559 m hoch, aber er erzielt in der flachen Landschaft, die ihn umgibt, eine besondere Wirkung.

Ausfahrt Appenweiler: Eine Runde durch die Berge und Täler des mittleren Schwarzwaldes, eine Art motorisierter „Seitensprung", ist nichts für eilige Leute. Beschaulich genossen, vergütet dieses reizvolle Fleckchen Erde den Zeitaufwand, den der Abstecher fordert, mit Urlaubsstimmung. Biegen Sie nach 23 Kilometern Fahrt durch das Renchtal, nach Passieren der hübschen Erholungsorte Oberkirch, Lautenbach und Oppenau rechts ab und wechseln Sie nach kurzer Bergfahrt in das liebliche Hamersbacher Tal über. Das frühere Reichsstädtchen Zell am Hamersbach, das Schuttertal und Lahr liegen am Wege, ehe man nach 66 „Urlaubs"-Kilometern wieder die Autobahn erreicht.

Ausfahrt Offenburg: Wenn Ihre Zeit es erlaubt, einen Umweg von 30 km durch den Schwarzwald zu fahren, sollten Sie es tun. Eine Schleife zwischen den Ausfahrten Offenburg und Freiburg-Nord erschließt so recht die Schönheit dieser Ferienlandschaft. Der malerische, unter Denkmalschutz stehende Stadtkern von Gengenbach, die beliebten Ferienorte Haßlach und Hausach und das weithin bekannte Freilichtmuseum Vogtsbauernhof liegen am Wege. Über das Tal der Elz und das hübsche Waldkirch stoßen Streifzügler bei Freiburg-Nord wieder auf die Autobahn.

Ausfahrt Freiburg-Mitte: Eine ganz andere Perle des Schwarzwalds ist der Titisee am malerisch gelegenen Luft- und Kneippkurort. Hier, auf 858 m Höhe, haben auch die Wintersportler Gelegenheit, ihrer Leidenschaft zu frönen. Ansonsten sorgen Ruderpartien auf dem See, Bademöglichkeiten und viele andere Sport- und Freizeitangebote für Abwechslung.

Sommerstimmung vor dem Schlosserhaus in Emmendingen

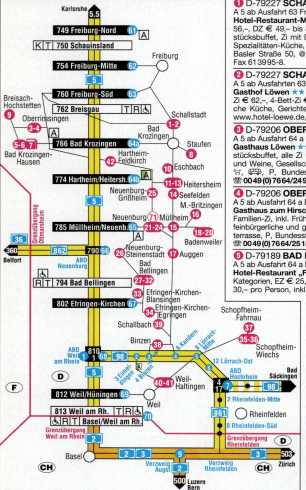

Karlsruhe 5.5

749 Freiburg-Nord **61** A

K T 750 Schauinsland

754 Freiburg-Mitte **62**

Freiburg

5

760 Freiburg-Süd **63**

Breisach-Hochstetten

762 Breisgau T R &

9 Oberrimsingen

Schallstadt

3-4 A

1-2 Bad Krozingen

Staufen

5-6 **7** 766 Bad Krozingen **64a**

Bad Krozingen-Hausen

Hartheim-Feldkirch **42**

8

10 Eschbach

774 Hartheim/Heitersh. **64b**

A

11-13 Heitersheim

Neuenburg-Grißheim **25**

14 Seefelden
M.-Britzingen

Neuenburg **71** Müllheim **16**

785 Müllheim/Neuenb. **65** **21-24** **15**

A

18-20 Badenweiler

Grenzübergang Ottmarsheim

36

Neuenburg-Steinenstadt **26** **17** Auggen

360 **862** **790** **66**

Belfort

ABD Neuenburg

R T 794 Bad Bellingen

Bad Bellingen

27-32

Efringen-Kirchen-Blansingen **33**

802 Efringen-Kirchen **67**

Efringen-Kirchen-Egringen **34**

Schopfheim-Fahrnau

Schallbach **39**

37

Binzen

35-36 Schopfheim-Wiechs

38 6 Kandern 8 Lörrach-Mitte

ABD Weil am Rhein **810** **1** **68** **98** 2 5 12 Lörrach-Ost

1

D 5 3 Eimel-dingen 4 Binzen

ABD Hochrhein Bad Säckingen

40-41 Weil-Haltingen

4 **17** **7** **98**

812 Weil/Hüningen **69**

Weil

2 Rheinfelden-Mitte

813 Weil am Rh. T R &

& R T Basel/Weil am Rh. **70**

861 Rheinfelden

0 Rheinfelden-Süd

Grenzübergang Weil am Rhein

2

Grenzübergang Rheinfelden D

Basel

2 **3** **9** **3** **503** Zürich

CH

Verzweig Augst **2** Verzweig Rheinfelden CH

500 Luzern Bern

F

---

❶ D-79227 SCHALLSTADT
A 5 ab Ausfahrt 63 Freiburg-Süd 6 km
Hotel-Restaurant-Metzgerei Zum Ochsen ★★★ 100 B, EZ € 35,– bis 56,–, DZ € 49,– bis 82,–, 3-Bett-Zi € 91,–, 4-Bett-Zi € 105,–, inkl. Frühstücksbuffet, Zi mit Du, WC, ☎, TV und Balkon, Lift, gutbürgerliche und Spezialitäten-Küche, Salatbuffet, Restaurant (200 Plätze), 🍴, großer P, Basler Straße 50, @, www.hotel-ochsen.de, ☎ 0049(0)7664/613995-0, Fax 613995-8.

❷ D-79227 SCHALLSTADT
A 5 ab Ausfahrten 63 Freiburg-Süd und 64 a Bad Krozingen je 6 km
Gasthof Löwen ★★ 23 B, EZ € 40,–, DZ € 44,–, 3-Bett-Zi € 62,–, 4-Bett-Zi € 83,–, inkl. Frühstück, ruhige Zi mit Bad, gutbürgerliche Küche, Gerichte von € 6,50 bis 16,–, G, P, Basler Straße 56, @, www.hotel-loewe.de, ☎ 0049(0)7664/6505, Fax 60870.

❸ D-79206 OBERRIMSINGEN
A 5 ab Ausfahrt 64 a Bad Krozingen ➝ Breisach 4 km
Gasthof Löwen ★★ 45 B, EZ € 42,–, DZ € 68,–, Familien-Zi, inkl. Frühstücksbuffet, alle Zi mit Du, WC, Fön, ☎ und TV, gute regionale Küche und Weine, Gesellschaftsräume bis 85 Personen, Biergarten, Gästehaus, 🍴, 🍴, P, Bundesstraße 17, www.gasthof-loewen-oberrimsingen.de, ☎ 0049(0)7664/2496, Fax 95804.

❹ D-79206 OBERRIMSINGEN
A 5 ab Ausfahrt 64 a Bad Krozingen ➝ Breisach 4 km
Gasthaus zum Hirschen ★★ 15 B, EZ € 40,– bis 45,–, DZ € 60,– bis 65,–, Familien-Zi, inkl. Frühstück, alle Zi mit Du, WC und TV, saisonal geprägte, feinbürgerliche und gehobene Küche, Weine aus eigenem Anbau, Gartenterrasse, P, Bundesstr. 22, @, www.Gasthaus-Hirschen-Oberrimsingen.de, ☎ 0049(0)7664/2515, Fax 504875.

❺ D-79189 BAD KROZINGEN-HAUSEN
A 5 ab Ausfahrt 64 Hausen a.d.M. 500 m (1 Minute)
Hotel-Restaurant „Fallerhof" und Gästehaus ★★★ 75 Zi verschiedener Kategorien, EZ € 25,– bis 55,–, DZ € 45,– bis 80,–, Familien-Zi € 25,– bis 30,– pro Person, inkl. Frühstück, Zi mit Du, WC und TV, im Gästehaus mit Klimaanlage, teils mit Verbindungstür, Lift, prima Küche, netter Service, Gartenwirtschaft, Internet, Sauna, Dampfbad, Fitnessraum, & -Zi, Tunibergstr. 2, @, www.fallerhof.de, ☎ 0049(0)7633/4400.
Unter gleicher Leitung:

❻ D-79189 BAD KROZINGEN-HAUSEN
A 5 ab Ausfahrt 64 Bad Krozingen
Komfort-Gästehaus Fallerhof F F F Ferienwohnungen, Sauna, Solarium, Fahrräder, 400 m vom Haupthaus, fallerhof@gmx.de, www.fallerhof.de.
Direkt nebenan:

❼ D-79189 BAD KROZINGEN-HAUSEN
A 5 ab Ausfahrt 64 Bad Krozingen
Tankhof & Autohaus 🔧 fallerhof@gmx.de, www.fallerhof.de.

❽ D-79219 STAUFEN
A 5 ab Ausfahrt 64 Bad Krozingen 9 km
Hotel Goethe garni ★★★ 52 B, EZ € 58,- bis 65,-, DZ € 80,- bis 95,-, inkl. Frühstück, alle Zi mit Du, WC, ☎, TV und WLAN, 🍴, 🍴, kostenfreier P, Hauptstraße 3, @, www.goethehotel.de, ☎ 0049(0)7633/500628, Fax 929610.

---

❺

Hotel-Restaurant „Fallerhof" und Gästehaus, Bad Krozingen-Hausen

❻ Komfort-Gästehaus Fallerhof, Bad Krozingen-Hausen

9 D-79206 BREISACH-HOCHSTETTEN
A 5 ab Ausfahrt 64 a Bad Krozingen → 12 km
Hotel Landgasthof Adler ★★★ ruhige Lage, 47 B, EZ € 44,– bis 48,–, DZ € 70,– bis 80,–, inkl. Frühstück, Zi mit Du, WC, TV und WLAN, gute badische Küche, 120 Sitzplätze, Terrasse, Freibad, 🍴, P, Hochstetter Straße 11, adler-hochstetten@t-online.de, www.adler-hochstetten.de, ☎ 0049 (0) 76 67/93 93-0, Fax 93 93-93.

10 D-79427 ESCHBACH
A 5 ab Ausfahrt 64 b Hartheim/Heitersheim 8 km
Toni's Tenne ★★★ 16 B, EZ € 43,– DZ € 67,–, neue Gäste-Zi, große Familien-Zi, inkl. Frühstück, alle Zi mit Du, WC, 🐾, TV und Balkon, gutbürgerliche Küche, Räume bis 200 Personen, große Terrasse, Sauna, Dampfbad, Solarium, 🍴, & -Appartement, großer P, Rotlaubstraße 1, Tonis.Tenne@t-online.de, www.Tonis.Tenne.de, ☎ 0049 (0) 76 34/13 81, Fax 3 53 10.

11 D-79423 HEITERSHEIM
A 5 ab Ausfahrt 64 b Hartheim/Heitersheim 6 km (an der B 3)
Landhotel Krone, Hotel-Restaurant-Kronenkeller ★★★★ 50 B, EZ € 69,– bis 95,–, DZ € 90,– bis 146,–, inkl. Frühstücksbuffet, alle Zi mit Bad/Du, WC, 🐾, Kabel-TV, WLAN, Safe und Minibar, teils mit Balkon, hervorragende Küche, Gartenterrasse, Tagungsraum, Business-Station, Sauna, Dampfbad, Massage, Joga, stilvoll gehaltenes Haus, Parkhaus (kostenfrei), P, Hauptstraße 12, @, www.landhotel-krone.de, ☎ 0049 (0) 76 34/51 07-0, Fax 51 07-66.

12 D-79423 HEITERSHEIM
A 5 ab Ausfahrt 64 b Hartheim/Heitersheim
Gasthof Löwen mit Gästehaus ★★★ 50 B, EZ ab € 50,–, DZ ab € 70,–, Familien-Zi für 3-6 Personen, Nichtraucher-Zi, inkl. Frühstücksbuffet, Zi mit Bad, Du, WC, 🐾 und Internetzugang, badische, regionale Küche, Spezialität: Wild aus eigener Jagd, Gartenterrasse, 🔲, 🍴, G, P, So ab 14 Uhr sowie Mo und Fr bis 17.00 Uhr ./., Hauptstr. 3, loewen-heitersheim@t-online.de, www.loewen-heitersheim.de, ☎ 0049 (0) 76 34/55 04 90, Fax 55 04 49.

13 D-79423 HEITERSHEIM
A 5 ab Ausfahrt 64 b Hartheim/Heitersheim 6 km
Hotel Gasthof Kreuz ★★★ 20 B, EZ € 45,– bis 50,–, DZ € 75,– bis 85,–, Familien-Zi, inkl. Frühstücksbuffet, alle Zi mit TV, 🐾 und WLAN, Restaurant, italienische Spezialitäten, Eiscafé, Räume für 90 Personen, große überdachte Terrasse, 🍴, P, Hauptstr. 1, @, www.hotel-gasthof-kreuz.de, ☎ 0049 (0) 76 34/5 10 20, Fax 51 02 23.

14 D-79426 SEEFELDEN
A 5 ab Ausfahrten 64 b Hartheim/Heitersheim und 65 Müllheim/Neuenburg je 10 km
Gast- und Winzerhof Schwanen ★★ 25 B, EZ € 30,– bis 55,–, DZ € 50,– bis 80,–, inkl. Frühstück, Zi mit Du und WC, Ferienwohnung, gutbürgerliche und gehobene Küche, Saisonspezialitäten, Gerichte € 10,– bis 20,–, eigener Weinanbau, Räume für 65 Personen, Kinderspiel-Zi und Spielplatz, 🍴, P, Weingartenstr. 1, gasthofschwanen@t-online.de, www.gasthofschwanen.de, ☎ 0049 (0) 76 34/20 18, Fax 18 58.

15 D-79379 MÜLLHEIM
A 5 ab Ausfahrt 65 Müllheim/Neuenburg (5 km) erste Ampel rechts, durch Neuenburg Stadtmitte bis Kreisverkehr, dann links, nächste Ampel links, dann 500 m Bahnhof (Hotelroute 1)
Restaurant Hotel Bauer ★★★ 94 B, EZ € 40,– bis 52,–, DZ € 82,–, Familien-Zi (4 Personen) € 102,– bis 125,–, inkl. Frühstücksbuffet, Zi mit Bad/Du und WC, Gästehaus mit Lift und TV in EZ und DZ, Spielplatz, 🔲, 🍴, 🍴, & nach Absprache, G, P, Küche So./., Eisenbahnstr. 2, info@hotelbauer.de, www.hotelbauer.de, ☎ 0049 (0) 76 31/24 62, Fax 40 73.

16 D-79379 MÜLLHEIM-BRITZINGEN
A 5 ab Ausfahrt 65 Müllheim/Neuenburg 8 km → Müllheim → Zunzingen → Britzingen
Gasthaus zur Krone ★★☆ 23 B, EZ € 22,50 bis 44,–, DZ € 70,– bis 90,–, Suiten, inkl. Frühstücksbuffet, Zi mit Du, WC und TV, teils Balkon, feine badische Küche, Fischspezialitäten, Räume bis 110 Personen, Terrasse, 🍴, P, Markgräflerstr. 32, @, www.krone-britzingen.de, ☎ 0049 (0) 76 31/20 46, Fax 93 76 79.

17 D-79424 AUGGEN
A 5 ab Ausfahrt 65 Müllheim/Neuenburg ca. 6,5 km (durch Neuenburg zur B 3, dann rechts)
Hotel zur Krone ★★★ 60 B, EZ € 60,– bis 77,–, DZ € 84,– bis 129,–, inkl. Frühstücksbuffet, Sonderpreise für Familien mit Kindern, alle Zi mit Du, WC, 🐾, Kabel-TV, Balkon und Minibar, Lift, Hallenbad, Sauna, Solarium, ökologische Weine, Hotel mit Kutscherhäusern in idyllischem Garten, P, Hauptstraße 6, hotelkrone-auggen@t-online.de, www.hotelkroneauggen.de, ☎ 0049 (0) 76 31/60 75 + 1 78 45-0, Fax 1 69 13.

Unter
www.autobahn-guide.com
können Sie Ihr Zimmer per Fax oder E-Mail reservieren.

18 – 42 + 71 **Einträge siehe Seiten 94 + 95**

12 **Gasthof Löwen mit Gästehaus, Heitersheim**

17 **Hotel Landhäuser zur Krone, Auggen**

Tipps zur Route

Ausfahrt Neuenburg: Gönnen Sie sich eine Pause, bevor Sie in die Schweiz oder nach Frankreich reisen oder nehmen Sie Neuenburg am Rhein als Ausgangspunkt zur Entdeckung des Dreiländerecks Deutschland-Frankreich-Schweiz. Direkt an der Autobahn A 5, in nächster Nähe zum Altrhein, einem Paradies für Kanubegeisterte, mit herrlichen Rad- und Wanderwegen, finden Sie hier ein einzigartiges Revier. Golfen auf der Rheininsel, Sportplätze, Tenniscourts, ein Freibad und ein Hallenbad bieten ideale Voraussetzungen. Ein Abstecher über die Grenze nach Ottmarsheim in Frankreich (10 Kilometer) zur Besichtigung der Abteikirche aus dem 12. Jahrhundert lohnt sich. Genießen Sie vor der Weiterfahrt in Neuenburg am Rhein die gute badische Küche.

㉙ **Landgasthof Hotel Schwanen, Bad Bellingen**

㉘ **Hotel-Restaurant Kaiserhof, Bad Bellingen**

❶–⓱ **Einträge siehe Seiten 92 + 93**

⓲ **D-79410 BADENWEILER**
A 5 ab Ausfahrt 65 Müllheim 12 km (überwiegend Autobahnzubringer)
Hotel-Restaurant Luisenstuben ★★★☆ 18 B, EZ € 60,– bis 80,–, DZ € 98,– bis 118,–, Suiten auch für Familien, inkl. Frühstücksbuffet, alle Zi mit Du, WC, 🕿, TV und kostenfreiem WLAN, gute Küche, badische Spezialitäten, saisonale Gerichte, Terrasse, Bar, 🕎, G, P, Luisenstr. 17, @, www.luisenstuben.de, ☎ 0049 (0) 7632/6253, Fax 54 30.

⓳ **D-79410 BADENWEILER**
A 5 ab Ausfahrt 65 Müllheim 12 km (Autobahnzubringer)
Hotel Eberhardt-Burghardt ★★★ 34 B, EZ € 40,– bis 46,–, DZ € 80,– bis 92,–, inkl. Frühstücksbuffet, alle Zi mit Du, WC, 🕿, TV und WLAN, regionale und internationale Küche, Terrasse, wenige Schritte zur Cassiopeia-Therme, P, Waldweg 2-4, @, www.hotel-eberhardt.de, ☎ 0049 (0) 7632/81 10, Fax 81 11 88.

⓴ **D-79410 BADENWEILER**
A 5 ab Ausfahrt 65 Müllheim/Neuenburg 20 km → Badenweiler, Hochblauen
Berghotel Hochblauen ★★ 1165 Meter über NN, schöne Aussichtslage, 35 B, EZ € 40,–, DZ € 65,– bis 75,–, inkl. Frühstück, Zi mit Du, WC und TV, Restaurant mit großen Terrassen, Café, Wanderwege, Aussichtsturm, Stellplatz für Drachenflieger, 🚐, großer P, Hochblauen 1, @, www.berghotel-hochblauen.de, ☎ 0049 (0) 7632/388, Fax 388.

㉑ **D-79395 NEUENBURG**
A 5 ab Ausfahrt 65 Müllheim/Neuenburg ca. 1000 m
Hotel Anika ★★★ ruhige Lage, 62 B, EZ € 60,– bis 70,–, DZ € 89,– bis 99,–, inkl. Frühstücksbuffet, Zi mit Du, WC, 🕿 und TV, regionale Küche, gemütliche Gasträume, 🕎, 🚐, G, P, Freiburger Str. 2 a, info@hotel-anika.de, www.hotel-anika.de, ☎ 0049 (0) 7631/79 09-0, Fax 739 56.

㉒ **D-79395 NEUENBURG**
A 5 ab Ausfahrt 65 Müllheim/Neuenburg 500 m
Hotel Touristik ★★★☆ 40 B, EZ € 56,–, DZ € 72,–, Mehrbett-Zi ab € 95,–, inkl. Frühstücksbuffet, alle Zi modern mit Du, WC, LCD TV und WLAN, gemütliches Restaurant mit feiner mediterraner Küche, P im Hof, Basler Str. 2, @, www.hoteltouristik.eu, ☎ 0049 (0) 7631/78 76, Fax 7 43 68.

㉓ **D-79395 NEUENBURG** A 5 ab Ausfahrt 65 Müllheim/Neuenburg ca. 1000 m
Gasthof Adler ★★ 32 B, EZ € 45,– bis 60,–, DZ € 62,– bis 89,–, Familien-Zi, inkl. Frühstück, Zi mit Bad/Du und WC, teils TV und Balkon, gemütliches Restaurant, Gartenrestaurant, badische Spezialitäten, 🕎, G, P im Hof, Breisacher Str. 20, info@adler-neuenburg.de, www.adler-neuenburg.de, ☎ 0049 (0) 7631/72 1 20, Fax 74 98 30.

㉔ **D-79395 NEUENBURG** A 5 ab Ausfahrt 65 Müllheim/Neuenburg
Gästehaus Fehrenbach ★★ 14 B, EZ € 30,– bis 40,–, DZ € 50,– bis 60,–, inkl. Frühstück, Zi mit Bad, Du, WC und TV, G, P im Hof, Breisacher Straße 19, gaeste-fehrenbach@web.de, ☎ 0049 (0) 7631/72 1 29, Fax 79 30 54.

㉕ **D-79395 NEUENBURG-GRISSHEIM**
A 5 ab Ausfahrt 64 b Hartheim/Heitersheim → 4,5 km
Gasthof Zum Kreuz ★★ 27 B, EZ ab € 43,–, DZ ab € 68,–, inkl. Frühstück, Zi mit Du, WC, TV und WLAN, gutbürgerliche Küche, Gartenterrasse, großer P, Rheinstraße 37, info@kreuz-grissheim.de, www.kreuz-grissheim.de, ☎ 0049 (0) 7634/21 02, Fax 553 641.

㉖ **D-79395 NEUENBURG-STEINENSTADT**
A 5 ab Ausfahrt 65 Müllheim/Neuenburg ca. 7 km → Neuenburg, Bad Bellingen
Maierhof Hug ★ ruhige Lage am Dorfrand (Schönwettergebiet), ehemaliger Gutshof, 15 B, EZ € 28,– bis 32,–, DZ € 46,– bis 50,–, Appartements für 2 bis 5 Personen: Preis auf Anfrage, inkl. Frühstück, Zi mit Du und WC, P im Hof, Maierhofstr. 10, Pension-Maierhof@web.de, www.Pension-Maierhof.de, ☎ 0049 (0) 7635/465, Fax 95 48.

㉗ **D-79415 BAD BELLINGEN** A 5 ab Ausfahrt 65 Müllheim/Neuenburg 10 km und Ausfahrt 67 Efringen-Kirchen 6 km → Ortsmitte
Hotel Schwarzwälder Hof ★★★☆ ruhig und komfortabel, 36 B, EZ ab € 41,–, DZ ab € 79,–, Familien-Zi (5 B) € 136,–, inkl. reichhaltigem Frühstücksbuffet, alle Zi mit Du, WC, Fön, 🕿, TV, WLAN und Minibar, Abendkarte, Terrasse, Internet-Café gratis, 🕎, 🍴, 🚲, G, P, Von-Andlaw-Str. 9, @, www.schwarzwaelderhof-bb.de, ☎ 0049 (0) 7635/81 0 80, Fax 81 08 88.

㉛ **NEUENBURG AM RHEIN**
Die Zähringerstadt direkt an der A 5 Karlsruhe-Basel, Anschluss-Stelle 65, am Autobahndreieck Deutschland/Frankreich/Schweiz, bietet Ihnen sehr gute Übernachtungsmöglichkeiten, Campingplätze, badische Küche und ein grenzüberschreitendes Radwegenetz. Tankstellen am Ort. Wählen Sie Neuenburg am Rhein als Ausgangspunkt für Entdeckungsfahrten nach Freiburg, Colmar, Mulhouse und Basel.

Information und Prospekte:
Tourist-Information, Rathausplatz 5, D-79395 Neuenburg am Rhein, touristik@neuenburg.de, www.neuenburg.de,
☎ 0049 (0) 7631/79 11 11, Fax 79 12 31 11.

28 D-79415 **BAD BELLINGEN** A 5 ab Ausfahrt 65 Müllheim/Neuenburg 10 km und Ausfahrt 67 Efringen-Kirchen 6 km → Ortsmitte
Hotel-Restaurant Kaiserhof ★★★ 32 B, EZ € 50,– DZ € 80,– inkl. Frühstücksbuffet, Sonderpreise für Familien, alle Zi mit Du, WC, ☎, TV und Balkon, badische Küche, freitags großes Fischbuffet, 🍴, Rheinstr. 68, @, www.kaiserhof-bad-bellingen.de, ☎ 0049 (0) 76 35/600, Fax 82 48 04.

29 D-79415 **BAD BELLINGEN**
A 5 ab Ausfahrt 65 Müllheim/Neuenburg → 10 km und Ausfahrt 67 Efringen-Kirchen → 6 km, Zufahrtstraße im Abzweig Bad Bellingen → Ortsmitte
Landgasthof Hotel Schwanen ★★★ 50 B, EZ € 44,– bis 53,– DZ € 74,– bis 88,– Suiten € 88,– bis 96,–, inkl. Frühstücksbuffet, Familienpreise, alle Zi mit Du, WC, ☎ und TV, gutbürgerliche und gehobene Küche, Terrasse, historisches Gasthaus seit 1700, 🍴, ☞, G, P, Rheinstr. 50, @, www.schwanen-bad-bellingen.de, ☎ 0049 (0) 76 35/81 18 11, Fax 81 18 88.

30 D-79415 **BAD BELLINGEN** A 5 ab Ausfahrt 65 Müllheim/Neuenburg 10 km und Ausfahrt 67 Efringen-Kirchen 6 km (Kurgebiet)
Hotel-Park-Eden ★★★ ruhig gelegen, 74 B, EZ € 39,– DZ € 78,–, Familienpreis € 98,– für 4 Personen im 2-Zi-Appartement, inkl. Frühstücksbuffet, alle Zi mit Du, WC, ☎, Kühlschrank und TV, 4-Gang-Menü € 13,–, Pilsbar, Swimmingpool im Garten, große Gartenterrasse, G, P, Im Mittelgrund 2, @, www.hotel-park-eden.de, ☎ 0049 (0) 76 35/810 70, Fax 81 07 55.

31 D-79415 **BAD BELLINGEN**
A 5 ab Ausfahrt 65 Müllheim 10 km und Ausfahrt 67 Efringen-Kirchen 6 km → Ortsmitte
Hotel-Restaurant Schmid ★★★ 30 B, EZ ab € 40,–, DZ ab € 78,–, Familien-Zi (3-5 Personen) ab € 90,–, inkl. Frühstücksbuffet, alle Zi mit Du, WC, ☎, TV und Minibar, Gartenterrasse, beheiztes Schwimmbad, P, Von-Andlaw-Str. 18, @, www.hotel-schmid-bad-bellingen.de, ☎ 0049 (0) 76 35/726, Fax 82 39 39.

32 D-79415 **BAD BELLINGEN** A 5 ab Ausfahrt 65 Müllheim/Neuenburg 10 km und Ausfahrt 67 Efringen-Kirchen 6 km → Ortsmitte
Gästehaus Rita ★★ 23 B, EZ € 25,– bis 30,– DZ € 46,– bis 56,–, inkl. Frühstück, Zi mit Du, WC und ☎, Abendessen, Gartenterrasse, english spoken, großer P, Von-Andlaw-Straße 2, @, www.gaestehaus-rita.privat.t-online.de, ☎ 0049 (0) 76 35/12 75, Fax 82 23 30.

33 D-79588 **EFRINGEN-KIRCHEN-BLANSINGEN**
A 5 ab Ausfahrt 67 Efringen-Kirchen 2 km → Kleinkems
Gasthof Traube ★★★★ neu/renoviert, 18 B, EZ € 95,– bis 105,–, DZ € 116,– bis 136,–, inkl. Frühstück, alle Zi mit Bad/Du, WC, ☎, Flat-TV, WLAN (kostenfrei) und Safe, saisonale frische Küche, Michelin-Stern, Gartenterrasse, Fitness- und Saunabereich, P, Alemannstr. 19, @, www.traube-blansingen.de, ☎ 0049 (0) 76 28/94 23 780, Fax 94 23 78 90.

34 D-79588 **EFRINGEN-KIRCHEN-EGRINGEN**
A 5 ab Ausfahrt 67 Efringen-Kirchen 10 km → Kandern
Hotel-Landgasthaus Rebstock ★★★ 24 B, EZ € 41,– bis 65,–, DZ € 60,– bis 92,50, Ferienwohnungen, inkl. Frühstücksbuffet, überwiegend Zi mit Du, WC, ☎, TV, WLAN und Klimaanlage, Gartenrestaurant, gehobene und regionale Küche, Tageskarte, Weingut, neuer Wintergarten, Kanderner Str. 21, @, www.rebstock-egringen.de, ☎ 0049 (0) 76 28/903 70, Fax 903 737.

35 D-79650 **SCHOPFHEIM-WIECHS**
A 98 ab Ausfahrt 5 Lörrach-Mitte 12 km
Hotel Landgasthof Krone ★★★⁺ ruhige Aussichtslage, 80 B, EZ € 58,– bis 68,–, DZ € 100,– bis 110,–, Familien-Zi, inkl. Frühstücksbuffet, alle Zi mit Du, WC, ☎, TV und WLAN, regionale und internationale Küche, Gartenterrasse, Tagungsraum, Hallenbad, Sauna, Dampfbad, TV, Am Rain 6, @, www.krone-wiechs.de, ☎ 0049 (0) 76 22/399 40, Fax 39 94 20.

36 D-79650 **SCHOPFHEIM-WIECHS**
A 98 ab Ausfahrt 5 Lörrach-Mitte 12 km
Hotel-Restaurant Hohe Flum ★★★ schöne, ruhige Aussichtslage, 16 B, EZ € 45,– DZ € 70,–, inkl. Frühstücksbuffet, alle Zi mit Du, WC, ☎, TV und Minibar, große Terrasse, ☞, großer P, Auf dem Hohe Flum 2, @, www.hoheflum.de, ☎ 0049 (0) 76 22/27 82, Fax 6 47 94.

37 D-79650 **SCHOPFHEIM-FAHRNAU**
A 98 ab Ausfahrt 5 Lörrach-Mitte 12 km
Hotel-Restaurant Andi's Steakhüsli mit Gästehaus ★★★ Hotelneubau, 35 B, EZ € 30,– bis 65,–, DZ € 50,– bis 95,–, inkl. Frühstück, alle Zi mit Du, WC und TV, Lift, Steakspezialitäten, Räume bis 65 Personen, Sonnenterrasse, kostenfreies WLAN, Sauna, Whirlpool, 🍴, P, Hauptstraße 251, @, www.steakhuesli.com, ☎ 0049 (0) 76 22/66 90 24, Fax 66 90 25.

38 D-79589 **BINZEN**
A 98 ab Ausfahrt 3 Binzen 1000 m
Hotel-Restaurant Ochsen ★★★ 40 B, EZ € 60,– bis 80,–, DZ € 80,– bis 100,–, inkl. Frühstücksbuffet, alle Zi mit Bad oder Du, WC, ☎, TV und WLAN, gehobene Küche, Gartenterrasse, Hauptstr. 42, @, www.ochsen-binzen.de, ☎ 0049 (0) 76 21/4 22 08 88, Fax 4 22 08 89.

39 D-79597 **SCHALLBACH**
A 5 ab ABD Weil → Lörrach (A 98), Ausfahrt 4 Kandern 3 km → Rümmingen, Ortsmitte links → Schallbach
Landgasthof Hotel Alte Post ★★★ familiär geführtes Haus, ruhige Lage kurz vor der Schweizer Grenze, 35 B, EZ € 48,– bis 55,–, DZ € 78,– bis 84,–, inkl. Frühstück, alle Zi mit Du, WC, ☎, Sat-TV und Minibar, regionale, saisonale Küche, Gerichte von € 9,– bis 21,–, Konferenzraum, Terrasse, 15 Autominuten zur Messe und Innenstadt von Basel, großer P, Restaurant Do ./. (Fr bis 17 Uhr), Alte Poststr. 16, @, www.gasthof-altepost.de, ☎ 0049 (0) 76 21/9 40 94 90, Fax 94 09 49 33.

40 D-79576 **WEIL-HALTINGEN**
A 98 ab Ausfahrt 2 Eimeldingen → B 3 und A 5 ab Ausfahrt 69 Weil/Hüningen → Freiburg 2,5 km
Rebstock Landgasthof und Hotel ★★★ 30 B, EZ € 73,– bis 78,–, DZ € 108,– bis 112,–, inkl. reichhaltigem Frühstücksbuffet, Wochenendtarife, alle Zi mit Du, WC, ☎, Kabel-TV, WLAN, Multimedia-Anschluss, Minibar und Klimaanlage, regionale Küche, Gartenrestaurant, G, P, Große Gaß 30, @, www.rebstock-haltingen.de, ☎ 0049 (0) 76 21/96 49 6-0, Fax 96 496-96.

41 D-79576 **WEIL-HALTINGEN**
A 98 ab Ausfahrt 5 Lörrach-Mitte → Basel 4,5 km und A 5 ab Ausfahrt 69 Weil/Hüningen → Freiburg 2,5 km
Hotel-Gasthaus zur Krone ★★★⁺ 40 B, EZ € 45,– bis 70,–, DZ € 75,– bis 100,–, Familien-Zi 3-5 B auf Anfrage, inkl. Frühstücksbuffet, alle Zi mit Du, WC, ☎, TV und Minibar, vorzügliche Küche, Gartenrestaurant, ☞, 🍴, G, P, Burgunder Straße 21, @, www.krone-haltingen.de, ☎ 0049 (0) 76 21/62 203 + 62 240, Fax 63354.

42 **Bohrerhof in Hartheim-Feldkirch siehe diese Seite**

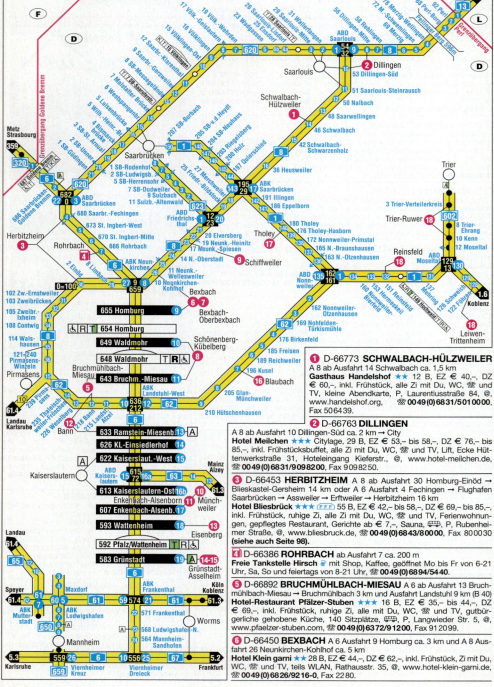

1 D-66773 **SCHWALBACH-HÜLZWEILER**
A 8 ab Ausfahrt 14 Schwalbach ca. 1,5 km
Gasthaus Handelshof ★★ 12 B, EZ € 40,– DZ € 60,– inkl. Frühstück, alle Zi mit Du, WC, ☎ und TV, kleine Abendkarte, P, Laurentiusstraße 84, @, www.handelshof.org, ☎ 0049(0)6831/5010000, Fax 506439.

2 D-66763 **DILLINGEN**
A 8 ab Ausfahrt 10 Dillingen-Süd ca. 2 km → City
Hotel Meilchen ★★★ Citylage, 29 B, EZ € 53,– bis 58,– DZ € 76,– bis 85,– inkl. Frühstücksbuffet, alle Zi mit Du, WC, ☎ und TV, Lift, Ecke Hüttenwerkstraße 31, Hoteleingang Kieferstr., @, www.hotel-meilchen.de, ☎ 0049(0)6831/9098200, Fax 9098250.

3 D-66453 **HERBITZHEIM** A 8 ab Ausfahrt 30 Homburg-Einöd → Blieskastel-Gersheim 14 km oder A 6 Ausfahrt 4 Fechingen → Flughafen Saarbrücken → Assweiler → Erftweiler → Herbitzheim 16 km
Hotel Bliesbrück ★★★ ⓕⓕⓕ 55 B, EZ € 42,– bis 58,– DZ € 69,– bis 85,– inkl. Frühstück, ruhige Zi, alle Zi mit Du, WC und TV, Ferienwohnungen, gepflegtes Restaurant, Gerichte ab € 7,–, Sauna, 🚲, P, Rubenheimer Straße, @, www.bliesbrueck.de, ☎ 0049(0)6843/80000, Fax 800030 (siehe auch Seite 98).

4 D-66386 **ROHRBACH** ab Ausfahrt 7 ca. 200 m
Freie Tankstelle Hirsch 🚙 mit Shop, Kaffee, geöffnet Mo bis Fr von 6-21 Uhr, Sa, So und feiertags von 8-21 Uhr, @, www.0049(0)6894/5440.

5 D-66892 **BRUCHMÜHLBACH-MIESAU** A 6 ab Ausfahrt 13 Bruchmühlbach-Miesau → Bruchmühlbach 3 km und Ausfahrt Landstuhl 9 km (B 40)
Hotel-Restaurant Pfälzer-Stuben ★★★ 16 B, EZ € 35,– bis 44,– DZ € 69,– inkl. Frühstück, ruhige Zi, alle Zi mit Du, WC und TV, gutbürgerliche gehobene Küche, 140 Sitzplätze, 🚲, P, Langwieder Str. 5, @, www.pfaelzer-stuben.com, ☎ 0049(0)6372/91200, Fax 912099.

6 D-66450 **BEXBACH** A 6 ab Ausfahrt 9 Homburg ca. 3 km und A 8 Ausfahrt 26 Neunkirchen-Kohlhof ca. 5 km
Hotel Klein garni ★★ 28 B, EZ € 44,– DZ € 62,– inkl. Frühstück, Zi mit Du, WC, ☎ und TV, teils WLAN, Rathausstr. 35, @, www.hotel-klein-garni.de, ☎ 0049(0)6826/9216-0, Fax 2280.

⑦ D-66450 BEXBACH-OBERBEXBACH
A 6 ab Ausfahrt 9 Homburg 3 km und A 8 Ausfahrt 26 Neunkirchen-Kohlhof 5 km
Hotel-Restaurant Hochwiesmühle ★★★★ ruhige Lage am Waldrand und Schwimmbad, 200 B, EZ € 68,– bis 99,–, DZ € 96,– bis 134,–, inkl. Frühstück, Zi mit Du, WC, ☎ und TV, Restaurant, hervorragende Küche, 200 Sitzplätze, neuer Wellnessbereich, Hallenbad, Sauna, Biergarten, 🚫, G, P, Haus Nr. 52, @, www.hochwiesmuehle.de, ☎ 0049(0)6826/819-0, Fax 819-147.
Unter gleicher Leitung:

⑧ D-66901 SCHÖNENBERG-KÜBELBERG
A 6 ab Ausfahrten 10 Waldmohr und 11 Bruchmühlbach-Miesau je 4 km
Landgut Jungfleisch, Hotel-Restaurant mit Campingpark Ohmbachsee ★★★ schön gelegen, 20 B, EZ € 55,–, DZ € 86,– bis 98,–, inkl. Frühstück, alle Zi mit Du, WC, ☎ und TV, gutbürgerliche Küche, P, @, www.campingpark-ohmbachsee.de, ☎ 0049(0)6373/4001, Fax 4002.

⑨ D-66578 SCHIFFWEILER
A 8 ab Ausfahrt 23 Neunkirchen-Spiesen → Ottweiler, B 41 ab Ausfahrt Schiffweiler 10 km
Rosenhotel Scherer Gasthaus ★★★ 21 B, EZ € 46,–, DZ € 76,–, inkl. Frühstück, alle Zi mit Du, WC, ☎ und TV, bodenständige saisonale Küche, Tagungsraum, P, Klosterstr. 3, @, info@hotel-scherer.de, www.hotel-scherer.de, ☎ 0049(0)6821/6 97 38, Fax 632238.

⑩ D-67728 MÜNCHWEILER
A 63 ab Ausfahrt 13 Winnweiler 1 km und A 6 ab Ausfahrt 17 Enkenbach-Alsenborn 10 km
Landidyll Hotel Klostermühle ★★★ ruhig gelegen, 52 B, EZ € 58,– bis 64,–, DZ € 98,– bis 108,–, inkl. Frühstücksbuffet, alle Zi mit Bad oder Du, WC, ☎, TV und WLAN, regionale mediterrane Küche, Gartenrestaurant, Wohlfühlrefugium, Tagungsräume, G, P, Mühlstr. 19, @, www.klostermuehle.com, ☎ 0049(0)6302/9 22 00, Fax 92 20 20.

⑪ D-67677 ENKENBACH-ALSENBORN
A 6 ab Ausfahrt 17 Enkenbach-Alsenborn 2000 m
Hotel-Restaurant Pfälzer Hof ★★★ 19 B, EZ € 45,–, DZ € 85,–, Dreibett-Zi € 110,–, inkl. Frühstücksbuffet, alle Zi mit Du und WC, Flat TV, Internet, internationale Küche, Mittagstisch, Räume bis 80 Personen, große Terrasse, 🚫, P im Hof, Hauptstr. 19, @, www.pfaelzerhof-enkenbach.de, ☎ 0049(0)6303/98 44 12, Fax 80 84 70.

⑫ D-66851 BANN A 62 ab Ausfahrt 12 Bann 5 km
Landhotel Zum Storchennest ★★★ 25 B, EZ € 55,–, DZ € 70,– bis 79,–, inkl. Frühstück, alle Zi mit Du, WC, ☎ und TV, Ferienwohnung € 55,–, gutbürgerliche Küche, P, Hauptstraße 127, @, www.zum-storchennest.de, ☎ 0049(0)6371/9 25 80, Fax 92 58 30.

⑬ D-67304 EISENBERG
A 6 ab Ausfahrt 18 Wattenheim und A 63 Ausfahrt 12 Göllheim je ca. 5 km
Natur und Sport Waldhotel ★★★ sehr ruhig gelegen, 59 B, EZ € 60,–, DZ € 90,–, inkl. Frühstücksbuffet, alle Zi mit Du, WC, ☎, Sat-TV, WLAN und Minibar, Lift, Spezialitätenrestaurant, Konferenzraum, Sauna, Solarium, Kegelbahnen, Hotelbar, Massage, 🖥, 🍴, 🚫, G, P, Martin-Luther-Straße 28, @, www.waldhotel-eisenberg.de, ☎ 0049(0)6351/12 47 03, Fax 12 47 05.

⑭ D-67269 GRÜNSTADT-ASSELHEIM
A 6 ab Ausfahrt 19 Grünstadt 4 km → Monsheim, Eisenberg
Pfalzhotel Asselheim ★★★★ neu renoviert, 140 B, EZ € 69,– bis 88,–, DZ € 79,– bis 116,–, inkl. Frühstücksbuffet, alle Zi mit Du, WC, ☎, TV und kostenfreiem WLAN, Lift, regionale und saisonale Kücher, Gartenrestaurant, Bar, Weinstube, 🚫, kostenfreier P, Holzweg 6-8, @, www.pfalzhotel.de, ☎ 0049(0)6359/8003-0, Fax 8003-99.
Unter gleicher Leitung:

⑮ D-67269 GRÜNSTADT-ASSELHEIM
Gästehäuser Kappelmühle ★★★ neu renoviert, 24 B, EZ € 49,–, DZ € 69,–, alle Zi mit Du, WC und TV, @.

⑯ D-66869 BLAUBACH A 62 ab Ausfahrt 7 Kusel 6 km
Hotel Reweschnier ★★★★ ruhige Lage, 58 B, EZ € 49,– bis 65,–, DZ € 79,– bis 98,–, inkl. Frühstücksbuffet, alle Zi mit Du, WC, ☎ und Balkon, gutbürgerliche und gehobene Küche, Restaurationsräume für 170 Personen, Tagungsräume für 10 bis 120 Personen, Sauna, Solarium, 2 Bundeskegelbahnen, 🚫, G, großer P, Kusler Str. 1, @, www.reweschnier.de, ☎ 0049(0)6381/92 38 00, Fax 92 38 80.

⑰ D-66636 THOLEY
A 1 ab Ausfahrt 140 Tholey 3 km
Hotellerie Hubertus ★★★ 38 B, EZ € 48,– bis 65,–, DZ € 95,– bis 110,–, inkl. Frühstück, alle Zi mit Du, WC, ☎ und TV, Restaurant, neuzeitliche Küche, Gerichte € 18,– bis 52,–, separate Marktstube: Gerichte € 8,– bis 25,–, Konferenzraum für 35 Personen, Räume für 35 bis 130 Personen, 🚫, G, großer P, Metzer Str. 1, @, www.hotellerie-hubertus.de, ☎ 0049(0)6853/91030, Fax 30601.

❸ Hotel Bliesbrück, Herbitzheim
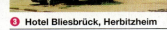

⑱ Reinsfeld, Trier-Ruwer und Leiwen-Trittenheim siehe Route 1.6

❶–㉓ Einträge siehe Seiten 100 + 101

㉔ D-74635 **BELTERSROT**
A 6 ab Ausfahrt 42 Kupferzell → Schwäbisch Hall 2 km
Landgasthof Beck ★★★☆ 70 B, EZ € 48,– bis 69,–, DZ € 82,– bis 96,–, inkl. Frühstück, Zi mit Bad/Du, WC, ☏, TV, Modemanschluss und WLAN, regionale und internationale Küche, Saal bis 120 Sitzplätze, neuer Tagungs- und Wellnessbereich, Fitnessraum, 🍴, ♿ -Zi, P, Goldbacher Straße 11, @, www.Landhotel-Beck.de, ☏ 0049 (0) 79 44/9 17 00, Fax 91 70 70.

㉕ D-74542 **DÖTTINGEN**
A 6 ab Ausfahrt 42 Kupferzell und 44 Ilshofen/Wolpertshausen ca. 10 km
Hotel-Restaurant Schloss Döttingen ★★★ sehr ruhig gelegen, 88 B, EZ € 45,– bis 65,–, DZ € 68,– bis 125,–, inkl. Frühstücksbuffet, alle Zi mit Du, WC, ☏, TV und DSL-Anschluss, regionale Küche, bestuhlter Innenhof, Naturbadepool, Buchsteige 2, @, www.schloss-doettingen.de, ☏ 0049 (0) 79 06/1 01-0, Fax 1 01 10.

㉖ D-74532 **ILSHOFEN**
A 6 ab Ausfahrten 44 Ilshofen-Wolpertshausen und 45 Kirchberg je 4 km
Flair Park-Hotel Ilshofen ★★★★ 140 B, 70 Zi, EZ € 85,– bis 105,–, DZ € 115,– bis 130,–, Studio ab € 145,–, inkl. Frühstücksbuffet, alle Zi mit Bad/Du, WC, ☏ und Sat-TV, 2 Restaurants, Biergarten, Bistro-Bar-Lounge „Bajazzo", Tagungs- und Veranstaltungsräume bis 350 Personen, Hallenbad, Sauna, Kegelbahnen, Tennisplätze, Internet-Terminal, teils WLAN, Tief-G, 150 kostenfreie P für Bus und Pkw, Parkstr. 2, @, www.parkhotel-ilshofen.de, ☏ 0049 (0) 79 04/70 30, Fax 70 32 22.

㉗ D-74549 **CRÖFFELBACH**
A 6 ab Ausfahrt 44 Ilshofen-Wolpertshausen ca. 4 km → Schwäbisch Hall
Akzent Hotel Goldener Ochsen ★★★ 45 B, EZ € 47,– bis 75,–, DZ € 59,– bis 95,–, inkl. Frühstück, alle Zi mit Du, WC und ☏, Lift, gutbürgerliche Küche, Konferenzraum, Biergarten, großer P, Hauptstraße 4, @, www.Hotel-Goldener-Ochsen.de, ☏ 0049 (0) 79 06/930-0, Fax 930-2 00.

㉘ D-74589 **SATTELDORF**
A 6 ab Ausfahrt 46 Crailsheim 3 km
Hotel garni Krauß ★★ sehr ruhig gelegen, 35 B, EZ € 35,– bis 38,–, DZ € 53,– bis 56,–, 3-Bett-Zi € 71,–, 4-Bett-Zi € 81,–, inkl. Frühstücksbuffet, alle Zi mit Du, WC, ☏ und TV, Sauna, Kinderspielplatz, G, P, Im Häusleins-Bühl 9, info@gaestehaus-krauss.de, www.gaestehaus-krauss.de, ☏ 0049 (0) 79 51/58 44 + 95 95 10, Fax 4 45 70.

㉙ D-74589 **SATTELDORF-HORSCHHAUSEN** A 6 ab Ausfahrt 47 Schnelldorf 4 km und A 7 Ausfahrt 111 Feuchtwangen 8 km → Crailsheim
Landhaus Nadler garni ★★ ruhig gelegen am Waldrand, 12 B, EZ € 23,50, DZ € 47,–, inkl. reichhaltigem Frühstück, alle Zi mit Du, WC, ☏ und TV, teilweise Balkon, Abendessen auf Wunsch, gemütlicher Aufenthaltsraum, Sauna, P, Im Beegfeld 11, ☏ 0049 (0) 79 50/591, Fax 92 57 65.

㉚ D-91625 **SCHNELLDORF-UNTERAMPFRACH**
A 6 ab Ausfahrt 47 Schnelldorf 5 km und A 7 ab Ausfahrt 111 Feuchtwangen-West 2 km
Landgasthof Klotz ✕ gutbürgerliche Küche, fränkische Wurstspezialitäten, Gerichte von € 4,– bis 13,–, Räume für 180 Personen, Saal für 200 Personen, großer P, Schützenstraße 30, www.landgasthof-klotz.de, ☏ 0049 (0) 79 50/14 18, Fax 29 23.

㉛ D-74594 **KRESSBERG-MARKTLUSTENAU**
A 7 ab Ausfahrten 111 Feuchtwangen-West und 112 Dinkelsbühl/Fichtenau je 6 km
Hotel Hirsch ★★★ ruhige Lage, 23 B, EZ € 49,–, DZ € 78,–, inkl. Frühstück, Zi mit Du, WC, Fön, ☏, TV und WLAN, Restaurant, Biergarten, Sauna, 📺, 🍴, P, Marktstr. 38, @, www.landgasthof-hotel-hirsch.de, ☏ 0049 (0) 79 57/2 16, Fax 15 33.

Tipps zur Route

Die A 6 verlässt mit km 588 das weiträumig angelegte Walldorfer Kreuz in Richtung Osten. Ein Glanzstück der deutschen Autobahnbrücken ist die Kochertalbrücke. Mit einer Länge von 1130 Metern und einer Höhe von 185 Metern kann sie mit den höchsten Brücken Europas konkurrieren. Jagstbrücke und Gronachtalbrücke, beide immerhin auch 60 m hoch, folgen. Baden-Württemberg endet bei km 706, der beschriebene Streckenabschnitt am ABK Feuchtwangen bei km 714. Sie sind nun in Bayern.

Ausfahrt Schwäbisch Hall: Wissen Sie noch: „Ein Heller und ein Batzen, die waren beide mein..." Aber wissen Sie auch, dass der Heller (früher: Haller) in Schwäbisch Hall geprägt wurde? Die Stadt mit dem wunderschönen Marktplatz und der telegenen Freitreppe (bekannt aus Film und Fernsehen), die wahrhaft majestätisch hinauf zur Kirche St. Michael führt, erreichen Sie ab Ausfahrt nach 7 km. Schwäbisch Hall und die befestigte Klosterstadt Comburg – das sind lohnende Besuche.

⑮ Flair Hotel Landgasthof Roger, Löwenstein-Hösslinsülz (Text siehe Seite 101)

Flair Park-Hotel Ilshofen

㉘ Hotel garni Krauß, Satteldorf

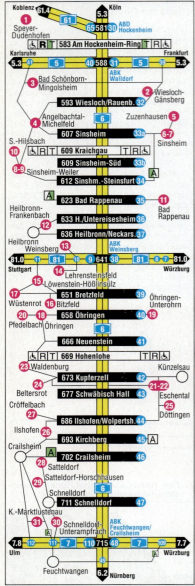

① D-67373 SPEYER-DUDENHOFEN
A 61 ab Ausfahrt 64 Hockenheim 5 km → Haßloch (B 39)
Hotel Zum Goldenen Lamm ★★★ renoviert, 62 B, EZ ab € 49,90, DZ ab € 69,90, Nichtraucher-Zi, inkl. Frühstücksbuffet, ruhige Zi, alle Zi mit Du, WC, ☏ und TV, mehrfach ausgezeichnetes Feinschmeckerrestaurant, Gartenrestaurant, Tagungsräume, ▭, ⌑, 🖭, ♿, G, großer P, Landauer Str. 2, info-lamm@t-online.de, www.info-lamm.de, ☏ **0049(0)6232/95001**, Fax 98502 **(Bilder siehe Route 61.4)**.

② D-69168 WIESLOCH-GÄNSBERG
A 6 ab Ausfahrt 32 Wiesloch-Rauenberg 3 km → Wiesloch, Bruchsal
Landgasthof Gänsberg Hotel-Restaurant-Café ★★ sehr ruhig gelegen, 12 B, EZ € 64,–, DZ € 88,–, inkl. reichhaltigem Frühstück, alle Zi mit Du, WC, ☏, TV, saisonale, gute Küche, Kuchen, Räume bis 100 Personen, Gartenterrasse, 🖭, großer P, Gänsberg 1, @, www.hotel-gaensberg.de, ☏ **0049(0)6222/4400**, Fax 573322.

③ D-76669 BAD SCHÖNBORN-MINGOLSHEIM
A 5 ab Ausfahrt 41 Kronau 6 km und A 6 ab Ausfahrt 32 Wiesloch Rauenberg 10 km
Hotel & Restaurant Erck ★★★ 37 B, EZ € 51,– bis 65,–, DZ € 75,– bis 90,–, Nichtraucher- und Familien-Zi, inkl. Frühstück, alle Zi mit Du, WC, Fön, ☏, Kabel-TV und WLAN, überwiegend badische Küche, Veranstaltungsräume bis 60 Personen, P, Heidelberger Straße 22, @, www.hotel-erck.de, ☏ **0049(0)7253/97910**, Fax 9779177.

④ D-74918 ANGELBACHTAL-MICHELFELD
A 6 ab Ausfahrten 32 Wiesloch/Rauenberg und 33 Sinsheim je 6 km und A 5 ab Ausfahrt 41 Kronau ca. 12 km
Landgasthof zum Engel garni ★★½ 17 B, EZ € 40,– bis 48,–, DZ € 68,– bis 77,–, inkl. Frühstücksbuffet, alle Zi mit Du, WC, ☏, TV und WLAN, P, Friedrichstr. 7, @, www.landgasthof-zum-engel.de, ☏ **0049(0)7265/917090**, Fax 9170917.

⑤ D-74939 ZUZENHAUSEN
A 6 ab Ausfahrt 33 Sinsheim 6 km → Heidelberg
Brauereigasthof Adler ★★★ 35 B, EZ € 46,– bis 62,–, DZ € 69,– bis 90,–, inkl. Frühstücksbuffet, Suiten, alle Zi mit Du, WC, ☏ und TV, feine regionale Küche, Konferenzräume, Wintergarten, Biergarten, Sauna, Tief-G, Hoffenheimer Straße 1, @, www.brauereigasthof-adler.de, ☏ **0049(0)6226/92070**, Fax 920740.

⑥ D-74889 SINSHEIM A 6 ab Ausfahrt 33 Sinsheim ca. 1,5 km
Hotel Bär ★★★ 80 B, EZ ab € 64,–, DZ ab € 90,–, inkl. Frühstücksbuffet und Sauna, alle Zi mit Bad/Du, WC, ☏, Kabel-TV und Minibar, Lift, Konferenzraum, WLAN, Bar, Bärenstube, Terrasse, ⌑ 7,50, Tief-G, Hauptstraße 131, @, www.Hotel-Baer.de, ☏ **0049(0)7261/1580**, Fax 158100.

⑦ D-74889 SINSHEIM A 6 ab Ausfahrt 33 Sinsheim → Sinsheim Nord 2 km
Hotel zum Prinzen garni ★★★ 28 B, EZ ab € 45,–, DZ € 74,–, inkl. reichhaltigem Frühstücksbuffet, alle Zi mit Bad/Du, WC, ☏ und Kabel-TV, gemütliche Hotelbar, G, P, Hauptstr. 22, @, www.sinsheim-hotel-prinzen.de, ☏ **0049(0)7261/92070**, Fax 920735.

⑧ D-74889 SINSHEIM-WEILER
A 6 ab Ausfahrten 33 Sinsheim und 34 Sinsheim-Steinsfurt je 6 km
Metzgerei und Gasthaus „Zum Ritter" ★★ 24 B, EZ € 35,–, DZ € 55,–, inkl. Frühstück, alle Zi mit Du und WC, teilweise TV, gutbürgerliche Küche, G, großer P, Kaiserstraße 42, ☏ **0049(0)7261/12553**, Fax 4798.

⑨ D-74889 SINSHEIM-WEILER
A 6 ab Ausfahrten 33 Sinsheim und 34 Sinsheim-Steinsfurt je 6 km
Gästehaus Schick ⊕ 22 B, EZ € 27,– bis 36,–, DZ € 45,– bis 56,–, 3-Bett-Zi € 75,–, inkl. Frühstücksbuffet, Zi mit Du, WC, ☏ und Kabel-TV, Ferienwohnung bis 5 Personen, P im Hof, Kaiserstr. 18, @, www.gaestehaus-schick.de, ☏ **0049(0)7261/9192-0**, Fax 9192-33.

⑩ D-74889 SINSHEIM-HILSBACH
A 6 ab Ausfahrten 33 Sinsheim und 34 Sinsheim-Steinsfurt je 8 km → Eppingen
Hotel Hirsch ★★★ 36 B, EZ € 55,– bis 65,–, DZ € 85,– bis 95,–, inkl. Frühstücksbuffet, alle Zi mit Du, WC, ☏, TV, WLAN und Minibar, Lift, gutbürgerliche Küche, Tagungsraum, Terrasse, großer P, Kraichgaustraße 32, @, www.hirsch-snh.com, ☏ **0049(0)7260/84932**, Fax 849323.

⑪ D-74906 BAD RAPPENAU A 6 ab Ausfahrt 35 Bad Rappenau Ost 5 km
Hotel-Gasthof Häffner Bräu ★★★½ 84 B, EZ € 62,– bis 82,–, DZ € 122,–, inkl. Frühstück, Zi mit Bad oder Du, WC, ☏ und TV, Lift, eigene Biere, ▭, G, P, Restaurant Fr ./., Salinenstraße 24, HotelHaeffner@t-online.de, www.haeffner-braeu.de, ☏ **0049(0)7264/805-0**, Fax 805-119.

⑫ D-74078 HEILBRONN-FRANKENBACH
A 6 ab Ausfahrt 36 Heilbronn-Untereisesheim ca. 3 km
Hotel-Gasthof „Zum Rössle" ★★★ 130 B, EZ € 48,– bis 60,–, DZ € 64,– bis 74,–, inkl. reichhaltigem Frühstücksbuffet, alle Zi mit Du, WC, ☏ und Kabel-TV, Abendrestaurant, gute bürgerliche Küche, 🖭, großer P, Saarbrückener Straße 2, @, www.roessle-frankenbach.de, ☏ **0049(0)7131/91550**, Fax 915513.

⑬ D-74189 WEINSBERG
A 81 ab Ausfahrt 10 Weinsberg-Ellhofen ca. 1 km, siehe Hinweisschild
Hotel und Gutsgaststätte Rappenhof ★★★½ ruhige Aussichtslage, 59 B, EZ € 94,– bis 104,–, DZ € 114,– bis 124,–, Suite € 150,–, inkl. Frühstücksbuffet, Zi mit Du, WC, ☏ und Balkon, Bio-zertifiziertes Restaurant mit Wintergarten bis 100 Personen, Räume für Tagungen bis 40 Personen, Gartenterrasse, Spielplatz, Kutschfahrten, 🖭, P, @, www.rappenhof.de, ☏ **0049(0)7134/519-0**, Fax 519-55.

⑫ Hotel-Gasthof „Zum Rössle",
Heilbronn-Frankenbach

⑭ D-74251 LEHRENSTEINSFELD
A 81 ab Ausfahrt 10 Weinsberg/Ellhofen ca. 2 km, Hinweisschild folgen
Gästehaus „Zum Wolffenturm" ★★★ Neueröffnung Juni 2008, ruhige Aussichtslage, 15 B, EZ € 40,–, DZ € 70,–, Ferienwohnung mit Du, WC, TV und Küche ab € 75,–, inkl. reichhaltigem Frühstückbuffet, alle Zi mit Du, WC, TV und WLAN, Forellenhof 1, @, www.zumwolffenturm.de, ☎ 0049 (0) 7134/1 5142, Fax 910133.

⑮ D-74245 LÖWENSTEIN-HÖSSLINSÜLZ
A 6 ab Ausfahrt 39 Bretzfeld ca. 12 km und A 81 ab Ausfahrt 10 Weinsberg-Ellhofen 6 km an der B 39 entlang
Flair Hotel Landgasthof Roger ★★★ 130 B, EZ € 44,– bis 99,–, DZ € 93,– bis 150,–, inkl. Frühstück, alle Zi mit Bad/Du, WC, ☎, TV und ISDN, Lift, schwäbische Küche, Weinstube, Räume für Tagungen und Feiern bis 220 Personen, Sauna, Whirlpool, Solarium, 📺, ♿, G, P, Heiligenfeld 56, @, www.landgasthof-roger.de, ☎ 0049 (0) 71 30/230, Fax 6033 (Bild siehe Seite 99).

⑯ D-74626 BITZFELD
A 6 ab Ausfahrten 39 Bretzfeld 3 km und 40 Öhringen 4 km
Landhaus Wolf und Gasthaus Löwen ★★★ seit 1776 in Familienbesitz, 13 Zi, 2 Appartements, 4 Räume, EZ € 45,–, DZ € 67,–, inkl. Frühstück, alle Zi mit Du, WC, ☎, Sat-TV und WLAN, gute regionale Küche und Weine, Biergarten, P, Alte Str. 3, @, www.landhaus-wolf.de, ☎ 0049 (0) 79 46/1388 + 94 3900 (Zimmerreservierung), Fax 6829.

⑰ D-71543 WÜSTENROT
A 81 ab Ausfahrt 10 Weinsberg/Ellhofen ca. 16 km, Ausfahrt 11 Heilbronn/Untergruppenbach ca. 14 km
Hotel Raitelberg ★★★★ absolut ruhige Lage mit weiter Fernsicht, 60 B, EZ € 80,– bis 95,–, DZ € 120,– bis 150,–, inkl. Frühstück, Zi mit Bad, Du, WC, ☎, TV, Minibar und Balkon, Restaurant mit Bar, Kamin, 6 Konferenzräume für 10-150 Personen, Wintergarten, Sauna, Solarium, Hallenbad, Wellnessbereich, 📺, G, P, Schönblick Str. 39, @, www.raitelberg.de, ☎ 0049 (0) 79 45/930-0, Fax 930-100 (Bild siehe Route 81.0).

⑱ D-74613 ÖHRINGEN
A 6 ab Ausfahrt 40 Öhringen 1 km
Hotel Württemberger Hof ★★★★ 80 B, EZ € 88,–, DZ € 104,– bis 130,–, inkl. Frühstück, 24 EZ, 28 DZ, Zi mit Bad/Du, WC und Kabel-TV, gehobene deutsche Küche, Tagungsräume bis 100 Personen, Tief-G, P, Karlsvorstadt 4, @, www.wuerttemberger-hof.de, ☎ 0049 (0) 79 41/9 2000, Fax 92 00 80.

⑲ D-74613 ÖHRINGEN-UNTEROHRN
A 6 ab Ausfahrt 40 Öhringen 500 m → Neuenstadt
Hotel Gasthaus Krone ★★★ neu erbaut, 24 B, EZ € 52,–, DZ € 78,–, inkl. Frühstücksbuffet, alle Zi mit Du, WC, ☎, TV und Internet, regionale gute Küche, Biergarten, 📺, ♿, Neuenstadter Str. 101, www.krone-unterohrn.de, ☎ 0049 (0) 79 41/3 66 31, Fax 60 61 95.

⑳ D-74629 PFEDELBACH
A 6 ab Ausfahrt 40 Öhringen 2 km
Landhotel Küffner ★★★ 64 B, EZ € 39,–, DZ € 70,–, Mehrbett-Zi, inkl. Frühstücksbuffet, alle Zi mit Du, WC, ☎, TV und Internet, Lift, regionale und internationale Speisen, Mittagstisch, Veranstaltungs- und Tagungsräume, Kegelbahnen, 🍴, 📺, P, Max-Eyth-Str. 8, @, www.pfedelbacher-hof.de, ☎ 0049 (0) 79 41/6 46 41-0, Fax 6 46 41-12.

㉑ D-74635 ESCHENTAL
A 6 ab Ausfahrt 42 Kupferzell → Schwäbisch Hall, nach 300 m links → Eschental 3 km
Landhotel Gasthof Krone ★★★ 88 B, EZ € 45,– bis 60,–, DZ € 68,– bis 95,–, inkl. Frühstück, Zi mit Du, WC, ☎, TV und Minibar, regionale und internationale Küche, Bar, Weinstube, Gerichte € 8,– bis 18,–, Freizeitraum, Sauna, großer P, Hauptstr. 40, @, www.krone-eschental.de, ☎ 0049 (0) 79 44/67-0, Fax 67-67.

㉒ D-74635 ESCHENTAL
A 6 ab Ausfahrt 42 Kupferzell 3 km → Schwäbisch Hall, 300 m links → Eschental
Hotel-Restaurant-Café Günzburg ★★ 54 B, EZ € 38,– bis 48,–, DZ € 60,– bis 72,–, inkl. Frühstück, alle Zi mit Du, WC, ☎ und TV, gutbürgliche Küche, Räume für 14-70-200 Personen, Tagungen, 4 Bundeskegelbahnen, 📺, P, Hauptstr. 1, @, www.landhotel-guenzburg.de, ☎ 0049 (0) 79 44/9 10 10, Fax 9 10 12 00.

㉓ D-74638 WALDENBURG
A 6 ab Ausfahrt 42 Kupferzell ca. 6 km
Hotel-Café Mainzer Tor ★★★ schöne Aussichtslage, 42 B, EZ € 29,– bis 50,–, DZ € 65,– bis 80,–, inkl. reichhaltigem Frühstück, Zi mit Du, WC, Kabel-TV und WLAN, teilweise neue Zi mit Kitchenette, eigene Bäckerei, 📺, P, Marktplatz 8, @, www.mainzer-tor.de, ☎ 0049 (0) 79 42/9 13 00, Fax 9130 30.

㉔ –㉛ **Einträge siehe Seite 99**

Hotel-Restaurant-Café Günzburg, Eschental

⑬ **Hotel und Gutsgaststätte Rappenhof, Weinsberg**

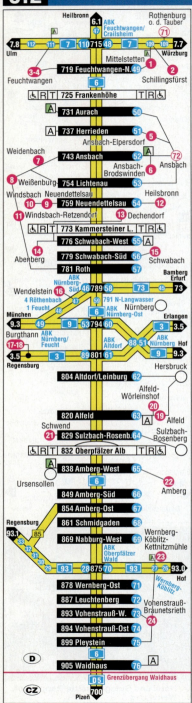

❶ D-91637 MITTELSTETTEN
A 6 ab Ausfahrt 49 Feuchtwangen-Nord → Schillingsfürst 2 km und A 7 ab Ausfahrt 109 Wörnitz 2 km → Feuchtwangen
Gasthof-Pension „Zur Romantischen Straße" ★★ 30 B, EZ € 30,–, DZ € 58,–, inkl. Frühstück, alle Zi mit Du, WC und TV, gutbürgerliche preiswerte Küche, Saal für 150 Personen, Waschraum für Fahrerinnen und Fahrer, 🚂, großer P für Lkw, Mittelstetten 4, @, www.hofmann-mittelstetten.de, ☎ 0049 (0) 9868/9864-0, Fax 5158.

❷ D-91583 SCHILLINGSFÜRST
A 6 ab Ausfahrt 49 Dorfgütingen 8 km und A 7 ab Ausfahrt 109 Wörnitz 4 km
Flair-Hotel „Die Post" ★★★ direkt an der Romantischen Straße, 27 B, EZ € 42,– bis 60,–, DZ € 57,– bis 99,50, Nichtraucher- und Raucher-Zi, inkl. Frühstücksbuffet, Zi mit Bad/Du, WC, 🕾 und TV, teils Minibar, vorzügliche fränkische Küche, Nichtraucher- und Raucher-Restaurant, Café-Terrasse, Biergarten, Schnapsbrennerei, 4 Gasträume für 8–80 Personen, G, P, Rothenburger Str. 1, @, www.flairhotel-diepost.de, ☎ 0049 (0) 9868/9500, Fax 950250.

❸ D-91555 FEUCHTWANGEN
A 6 ab Ausfahrt 49 Feuchtwangen-Nord und A 7 ab Ausfahrt 111 Feuchtwangen je 8 km
Land-Gast-Hof Walkmühle ★★★ ruhige Einzellage, 41 B, EZ ab € 48,–, DZ ab € 78,–, Aufbettung als 3- und 4-Bett-Zi möglich, inkl. Frühstücksbuffet, alle Zi mit Du, WC, 🕾 und Kabel-TV, gute regionale Küche, großer Biergarten, Kinderspielplatz, 🚂, großer P, Walkmühle 1, @, www.walkmuehle-feuchtwangen.de, ☎ 0049 (0) 9852/67999-0, Fax 67999-67.

❹ D-91555 FEUCHTWANGEN
A 6 ab Ausfahrt 49 Feuchtwangen-Nord und A 7 ab Ausfahrt 111 Feuchtwangen je 4 km
Gasthaus Sindel-Buckel ★★★ 24 B, EZ € 45,–, DZ € 64,–, inkl. Frühstücksbuffet, alle Zi mit Bad/Du, WC und TV, sehr gute, regionale Küche mit Fisch, Wild, Geflügel, Lamm, vegetarisch, großer Biergarten, Wintergarten, Räume für 40 bis 120 Personen, P, Spitalstr. 28, @, www.sindel-buckel.de, ☎ 0049 (0) 9852/2594, Fax 3462.

❺ D-91522 ANSBACH-ELPERSDORF
A 6 ab Ausfahrt 51 Herrieden 2 km
Landgasthof Rangau ★★★ ruhige Gartenlage, 29 B, EZ € 40,– bis 45,–, DZ € 70,– bis 75,–, inkl. Frühstücksbuffet, Zi mit Du, WC, 🕾, TV und Balkon, preiswerte Küche, Gerichte unter € 10,–, Räume bis 200 Personen, Gartenwirtschaft, 🚂, P, Laurentiusstr. 5, @, www.landgasthof-rangau.de, ☎ 0049 (0) 981/61551, Fax 4616230.

❻ D-91522 ANSBACH-BRODSWINDEN
A 6 ab Ausfahrt 52 Ansbach ca. 2 km
Landgasthof Käßer ★★★ 38 B, EZ € 46,– bis 55,–, DZ € 74,– bis 88,–, inkl. Frühstücksbuffet, alle Zi mit Bad/Du, WC, 🕾, TV und Radio, gehobene Küche, fränkische Spezialitäten, G, P, Brodswinden 102, @, www.landgasthof-kaesser.de, ☎ 0049 (0) 981/97018-0, Fax 97018-50.

❼ D-91746 WEIDENBACH
A 6 ab Ausfahrt 52 Ansbach 10 km → Gunzenhausen
Hotel-Gasthof Sammeth-Bräu ★★★ 23 B, EZ € 33,–, DZ € 56,–, inkl. Frühstück, alle Zi mit Du, WC, TV und Internet, frische regionale Küche, Räume bis 100 Personen, Terrasse, Kinderspielplatz, P, Marktplatz 1, @, www.sammeth-braeu.de, ☎ 0049 (0) 9826/6240-0, Fax 6240-40.

❽ D-91781 WEISSENBURG
A 6 ab Ausfahrten 52 Ansbach → Weißenburg B 13 ca. 40 km und 57 Roth → Weißenburg B 2 ca. 25 km (kaum Umweg für Weiterreise → München)
Flair Hotel-Restaurant Am Ellinger Tor ★★★★ romantisches Fachwerkhaus, 50 B, EZ € 42,– bis 65,–, DZ € 69,– bis 88,–, inkl. Frühstücksbuffet, alle Zi mit Bad oder Du, WC, 🕾, Sat-TV und WLAN, Gartenrestaurant, vorzügliche Küche, G, P, Ellinger Str. 5-7, ellingertor@t-online.de, www.ellingertor.de, ☎ 0049 (0) 9141/86460, Fax 864650.

❾ D-91564 NEUENDETTELSAU
A 6 ab Ausfahrt 54 Neuendettelsau ca. 1000 m
Hotel-Gasthof Sonne ★★★★ 70 B, EZ € 48,– bis 75,–, DZ € 75,– bis 105,–, inkl. Frühstück, Zi mit Bad/Du, WC, 🕾 und TV, Lift, fränkische Spezialitäten und verfeinerte Regionalküche, Gerichte € 5,– bis 16,–, Konferenzräume 10-150 Personen, 🚂, 🍴, G, P, Hauptstraße 43, @, www.hotel-gasthof-sonne.de, ☎ 0049 (0) 9874/5080, Fax 50818.

❿ D-91575 WINDSBACH
A 6 ab Ausfahrt 54 Neuendettelsau 8 km
Landgasthof Dorschner ★★★ 17 B, EZ € 32,–, DZ € 55,–, inkl. Frühstücksbuffet, alle Zi mit Du, WC und Kabel-TV, regionale, gutbürgerliche Küche, Räume bis 250 Personen, Biergarten, 🚂, P, Heinrich-Brandt-Str. 21, @, www.landgasthof-dorschner.de, ☎ 0049 (0) 9871/276, Fax 344.

⓫ D-91575 WINDSBACH-RETZENDORF
A 6 ab Ausfahrt 54 Neuendettelsau ca. 8 km
Gasthaus Pension Rezatgrund ★★★ ruhig gelegen, 24 B, EZ ab € 30,–, DZ ab € 48,–, Nichtraucher-Zi, inkl. Frühstücksbuffet, alle Zi mit Du, WC, 🕾, TV und WLAN, gute regionale Küche, Fischgerichte und Wildspezialitäten, Räume bis 120 Personen, Biergarten, 🍴, großer P, Retzendorf 19, @, www.gasthaus-pension-rezatgrund.de, ☎ 0049 (0) 9871/67249-0, Fax 67249-49.

⑫ **D-91560 HEILSBRONN** A 6 ab Ausfahrt 54 Neuendettelsau 3,5 km
Gasthof Goldner Stern ★★★ 32 B, EZ € 37,– bis 45,–, DZ € 50,– bis 65,–, inkl. Frühstücksbuffet, alle Zi mit Du, WC, ☎, TV und WLAN, gutbürgerliche, regionale Küche, Schwimmbad, großer P, Ansbacher Str. 3, @, www.goldner-stern-heilsbronn.de, ☎ 0049 (0) 9872/1262, Fax 6925.

⑬ **D-91189 DECHENDORF**
A 6 ab Ausfahrt 55 Schwabach-West 10 km → Gunzenhausen Schattenhof (Kreisverkehr), Obereichenbach links → Volkersgau
Landgasthof Krug ★★★ ruhige, ländliche Lage, 30 B, EZ € 38,– bis 60,–, DZ € 58,– bis 80,–, inkl. Frühstücksbuffet, alle Zi mit Du, WC, TV und WLAN, regionale gutbürgerliche Küche, Räume für 20 bis 250 Personen, Gartenterrasse, Konferenzraum, 🚌, großer P, Fichtenweg 6, @, www.landgasthof-krug.de, ☎ 0049 (0) 9876/9595, Fax 9596.

⑭ **D-91183 ABENBERG**
A 6 ab Ausfahrt 55 Schwabenbach-West 10 km
Hotel Burg Abenberg ★★★☆ ruhige Aussichtslage, 33 B, EZ € 60,–, DZ € 85,– bis 110,–, inkl. Frühstücksbuffet, alle Zi mit Du, WC, gute internationale Küche, Konferenzräume, Terrasse, Golfplatz in unmittelbarer Nähe, großer P, Burgstraße 16, @, www.burgabenberg.de, ☎ 0049 (0) 9178 98 29 90, Fax 9829 9910.

⑮ **D-91126 SCHWABACH**
A 6 ab Ausfahrt 56 Schwabach-Süd
Hotel Holiday Inn Express Nürnberg-Schwabach ★★★★ moderner Hotelneubau (2008), schallgeschützt, 150 Zi, Zi ab € 69,–, inkl. Frühstücksbuffet, Kinder bis 14 Jahre frei, vollklimatisierte Zi mit Du, WC, ☎, Sat-TV, WLAN (1 Std. kostenfrei), Wasserkocher mit Tee/Kaffee und 1 Flasche Wasser, Lift, Konferenzräume, Business Center, Hotelbar mit kleinen Speisen, 🖶, ♿, 🚌, ♿, Tief-G, kostenfreie P, ganzjährig 24 h geöffnet, Wendelsteiner Str. 4, @, www.express-schwabach.de, ☎ 0049 (0) 9122/1880-0, Fax 1880-888.

⑯ **D-90530 WENDELSTEIN**
A 73 ab Ausfahrt 47 Röthenbach 2,5 km
Gasthaus-Hotel zum Wenden ★★★ 36 B, EZ ab € 49,–, DZ ab € 79,–, Appartements € 100,–, inkl. Frühstücksbuffet, Wochenendpauschalpreise, alle Zi mit Du, WC, ☎ und TV, frische regionale Küche, Konferenzräume, Biergarten, G, P, Hauptstraße 30/32, @, www.hotel-zum-wenden.de, ☎ 0049 (0) 9129/901 30, Fax 901316.

⑰ **D-90559 BURGTHANN**
A 3 ab Ausfahrt 90 Altdorf-Burgthann ca. 5 km
Burghotel ★★★ 71 B, EZ € 42,50 bis 59,50, DZ € 67,50 bis 89,50, inkl. Frühstück, alle Zi mit Du, WC, ☎ und TV, eigene Metzgerei, Sauna, 🚌, Tief-G, P, Burgstraße 2, @, www.goldener-hirsch-burgthann.de, ☎ 0049 (0) 9183/9 32 10, Fax 932161.

⑱ **D-90559 BURGTHANN**
A 3 ab Ausfahrt 90 Altdorf-Burgthann ca. 5 km
Panorama-Gasthof Burgschänke ★★★ ruhige Aussichtslage, 17 B, EZ € 43,– bis 49,–, DZ € 74,– bis 80,–, 3-Bett-Zi € 90,– bis 102,–, inkl. Frühstück, alle Zi mit Du, WC, ☎, TV, Minibar und Safe, regionale und gutbürgerliche Küche, Räume bis 120 Personen, 🚌, P, Burgbergweg 4, @, www.burg-schaenke.de, ☎ 0049 (0) 9183/3730, Fax 4407.

⑲ **D-91236 ALFELD**
A 6 ab Ausfahrt 63 Alfeld ca. 1,5 km
Gasthof „Zum scharfen Eck" ★★ 14 B, EZ ab € 28,–, DZ ab € 56,–, inkl. Frühstück, neue Zi, alle Zi mit Du, WC, TV und WLAN, gutbürgerliche Küche, eigene Metzgerei, P, Hauptstraße 1, @, www.metzgerei-niebler.de, ☎ 0049 (0) 9157/291, Fax 927367.

⑳ **D-91236 ALFELD-WÖRLEINSHOF**
A 6 ab Ausfahrt 63 Alfeld 1,5 km → Alfeld, Nonnhof
Pension-Café Am Wörleinshof ★★★ ruhige Aussichtslage, 8 B, EZ € 40,–, DZ € 60,–, Familien-Zi, inkl. reichhaltiges Frühstück, alle Zi mit Du, WC, TV und Internet, Café, Terrasse, Reitstall, Wörleinshof 2, @, www.woerleinshof.de, ☎ 0049 (0) 9157/927080, Fax 927082.

㉑ – ㉔ + ㉛ + ㉜ **Einträge siehe Seite 104**

❷

Flair-Hotel „Die Post", Schillingsfürst

Tipps zur Route

Landkreis Roth: Das Ferienland zwischen Reichswald und Jura ist gut zu durchwandern oder mit dem Fahrrad zu erkunden. Feld und Flur bieten seltene Flora und Fauna, die Dörfer und Städtchen stecken voller Zeugnisse der Kulturgeschichte. Auf den Spuren der Geschichte lässt sich in zahlreichen Museen wandeln, aber auch draußen in einer abwechslungsreichen Landschaft, wo das geheimnisvolle Volk der Kelten seine Siedlungsstätten, Befestigungsanlagen und Hügelgräber hinterlassen hat. An der Schnittstelle von Altbayern und Franken erlebt man bauliche und kulturelle Kostbarkeiten in der Gestalt von Burgen, Kirchen, Schlössern, schönen Fachwerkhäusern und Türmen. Unterkünfte gibt es für jeden Geschmack und jeden Geldbeutel: Vom komfortablen Hotel über den typisch fränkischen Gasthof bis zum Privatquartier, der Ferienwohnung und der Unterkunft auf dem Bauernhof. Der Rothsee und der Brombachsee sind beliebte Reviere für Segler, Surfer und Badegäste. Rings um die Seen finden die Gäste all das, was einen Erlebnisurlaub ausmacht. Auf dem Kanal, der Main und Donau verbindet, kann man schöne Ausflugsfahrten unternehmen. Zur sportlichen Betätigung bietet der Landkreis Roth alles, was das Sportlerherz begehrt. Vom Reiten übers Radeln bis zum Fliegen. Markierte Wanderwege führen zu manch versteckten Sehenswürdigkeiten. Auch der Winter hat im Fränkischen Seenland seine Reize: Schlittschuhlaufen, Eisstockschießen oder Skilanglauf. Viele Sportanlagen sowie Golf- oder Tennisanlagen laden ebenfalls zum Zeitvertreib ein.

Ausfahrt Amberg: Amberg hat sein mittelalterliches Stadtbild fast ganz erhalten. Der Stadtmauerring imponiert mit seinen vier Toren, zahlreichen Türmen und Basteien. Bestimmt wird das Stadtbild von den beiden mächtigen Pfarrkirchen St. Martin und St. Georg. Der barocke Bibliothekensaal im ehemaligen Jesuitenkolleg (Maltesergebäude) ist sehenswert. Das Rathaus gehört zu den schönsten in Deutschland.

㉒ **Markgräfliche Residenz**

❶–⓴ **Einträge siehe Seiten 102 + 103**

㉑ **D-92262 SCHWEND**
A 6 ab Ausfahrt 64 Sulzbach-Rosenberg-Schwend 1,5 km
Gasthof-Pension-Café „Anni" ★★★ sehr ruhige Lage in Waldnähe, 26 B, EZ € 35,–, DZ € 54,–, inkl. Frühstücksbuffet, alle Zi mit Du, WC, TV und Balkon oder Terrasse, gutbürgerliche Küche, große Café-Terrasse, Sauna, Dampfbad, Fitnessraum, Solarium, WLAN, P, Betzenbergerstr. 5, @, www.Pension-Anni.de, ☎ 0049(0)9666/335, Fax 1232.

㉒ **D-92224 AMBERG**
A 6 ab Ausfahrt 65 Amberg-West ca. 10 km → Bahnhof/Stadtmitte
Hotel Brunner garni ★★★ 63 B, EZ € 50,– bis 61,–, DZ € 84,– bis 100,–, inkl. Frühstücksbuffet, ruhige Zi, alle Zi mit Bad oder Du, WC, ☎, TV und Minibar, Lift, kleine Imbisskarte, Terrasse, Tagungsräume, G, P, Batteriegasse 3, info@hotel-brunner.de, www.hotel-brunner.de, ☎ 0049(0)9621/4970, Fax 497155.

㉓ **D-92533 WERNBERG-KÖBLITZ-KETTNITZMÜHLE**
A 93 ab Ausfahrt 27 Wernberg-Köblitz 900 m → Amberg
Busgasthaus Born ✕ idealer Zwischenstopp für Reisegruppen, bayerische Küche, Wildspezialitäten, Hausmannskost, auch ohne Voranmeldung, großer Bus-P, Küche durchgehend geöffnet, kein ./., Kettnitzmühle, @, www.busgasthaus-born.de, ☎ 0049(0)9604/2624, Fax 3475.

㉔ **D-92648 VOHENSTRAUSS-BRAUNETSRIETH**
A 6 ab Ausfahrt 74 Vohenstrauß-Ost und A 93 ab ABK Oberpfälzer Wald → Vohenstrauß
Landhotel Lindenhof ★★★ ruhig gelegen, 46 B, EZ € 46,–, DZ € 62,–, inkl. Frühstücksbuffet, alle Zi mit Du, WC, ☎ und Sat-TV, Restaurant, großer Garten, Biergarten, Wellnessbereich, 🚲 (Voranmeldung), G, großer P, Braunetsrieth 12, @, www.landhotel-lindenhof-voh.de, ☎ 0049(0)9651/2220, Fax 4302.

㉛ **ROTHENBURG OB DER TAUBER**

Die ehemalige Freie Reichsstadt darf sich zu den bekanntesten deutschen Städten zählen. Wo sonst kann der Gast auf so kleinem Raum eine solche Fülle an Sehenswürdigkeiten und Kunstschätzen erleben? Die traditionelle fränkische Gastlichkeit tut ihr Übriges dazu.

Markusturm mit Röderbogen

Information und Prospekte:
Rothenburg Tourismus Service, Marktplatz, D-91541 Rothenburg o. d. Tauber, info@rothenburg.de, www.rothenburg.de, ☎ 0049(0)9861/404-800, Fax 404-529.

㉜ **ANSBACH – AN DER BURGENSTRASSE**
A 6 Ausfahrt Nr. 51 Ansbach-West (B14), Nr. 52 Ansbach-Süd oder Nr. 53 Ansbach-Ost/Lichtenau

Einstige Residenz des Markgrafentums Brandenburg-Ansbach. Markgräfliche Residenz mit interessanten Prunkräumen, imposante Kirchen, reizvoller Hofgarten mit Orangerie.
Fränkische Küche mit typischen Ansbacher Bratwürsten.

Information und Prospekte:
Stadt Ansbach, Amt für Kultur und Touristik, Postfach 6 07, D-91511 Ansbach, akut@ansbach.de, www.ansbach.de, ☎ 0049(0)981/51243, Fax 51365.

❶ – ⓱ Einträge siehe Seiten 106 + 107

⓲ D-25476 BAD BRAMSTEDT
A 7 ab Ausfahrt 17 Bad Bramstedt 5 km, hinter Bahnübergang links → Kurgebiet
Hotel Tanneneck ★★★ ruhige Lage in Kurparknähe, 105 B, EZ ab € 34,–, DZ ab
€ 55,–, 3-Bett-Zi ab € 78,–, inkl. Frühstück, alle Zi mit Du und WC, teils TV, Terrasse oder Balkon, Gesellschaftsräume, 🖥, 🚲, großer P, Birkenweg 28, @,
www.hotel-tanneneck.de, ☏ **0049 (0) 41 92 / 50 00 0**, Fax 15 16.

⓳ D-23795 BAD SEGEBERG-SCHACKENDORF
A 21 ab Ausfahrt 11
Shell-Tankstelle 🅿 mit ADAC-Abschleppdienst, Werkstatt, 24 Stunden geöffnet,
☏ **0049 (0) 45 51 / 4351.**

⓴ D-24568 KALTENKIRCHEN
A 7 ab Ausfahrt 18 Kaltenkirchen ca. 1,5 km (Innenstadt)
Hotel Kleiner Markt ★★★ 19 B, EZ € 50,–, DZ € 80,–, inkl. reichhaltigem Frühstücksbuffet, alle Zi mit Du, WC, ☏ und Kabel-TV, Kamin-Zi, P, Königsstraße 7, @,
www.hotelkleinermarkt.de, ☏ **0049 (0) 41 91 / 99 92-0**, Fax 89 7 85.

㉑ D-24558 HENSTEDT-ULZBURG
A 7 ab Ausfahrt 19 Henstedt-Ulzburg 5 km
Wiking Hotel ★★★ 125 B, EZ € 49,– bis 67,–, DZ € 68,– bis 88,–, inkl.
Frühstücksbuffet, alle Zi mit Bad/Du, WC, ☏ mit Modemanschluss und TV, Restaurant, Seminarräume bis 120 Personen, Kegelbahn, 🖥, 🛎, 🚲, P, Hamburger Str. 81,
@, www.wiking-hotel.de, ☏ **0049 (0) 41 93 / 90 8-0**, Fax 92 3 23.

㉒ D-25479 ELLERAU
A 7 ab Ausfahrt 21 Quickborn → Ellerau, Ausschilderung folgen 3 km
Hotel Kramer's Gasthof ★★☆ 42 B, EZ € 43,–, DZ € 62,–, Familien-Zi, inkl.
Frühstücksbuffet, alle Zi mit Du, WC, ☏ und TV, Terrasse, 🛎, P, Dorfstr. 24, @,
www.hotel-kramers-gasthof.de, ☏ **0049 (0) 41 06 / 7 21 32**, Fax 72 1 54.

㉓ D-25462 RELLINGEN-KRUPUNDER
A 23 ab Ausfahrt 20 Halstenbek-Krupunder 400 m → Krupunder
Hotel-Restaurant Fuchsbau ★★★ 60 B, EZ € 71,50 bis 75,50, DZ € 92,50 bis
97,50, inkl. Frühstücksbuffet, alle Zi mit Du, WC, Fön, ☏, TV, Premiere, Modemanschluss, WLAN, Radio, Minibar und Hosenbügler, großer Garten mit Terrasse,
🖥, 🛎, P, Altonaer Str. 357, @, www.hotel-fuchsbau.de, ☏ **0049 (0) 41 01 / 3 82 50**,
Fax 33 9 52.

**㋡ BAD SEGEBERG –
KARL-MAY-SPIELE**

Das Freilichttheater am Kalkberg in Bad Segeberg ist ein
Publikumsmagnet – mit gutem
Grund: Hier finden jedes Jahr
die Karl-May-Spiele statt. Vom
26. Juni bis 5. September 2010
wird „Halbblut" gezeigt. Auch
neben dem Theater gibt es viel
zu sehen. Das neugestaltete Indian Village zeigt eine authentische Westernstadt, die mit viel Liebe zum
Detail die Atmosphäre des späten 18. Jahrhunderts widerspiegelt. Erleben Sie die faszinierende Kultur der nordamerikanischen Ureinwohner im
„Nebraska-Haus", in dem die Ausstellung „Die Welt der Indianer" untergebracht ist. Im benachbarten Blockhaus können Sie einen Spaziergang
durch über 50 Jahre Geschichte der Karl-May-Spiele unternehmen. Wer
wilde Romantik mag, fährt am besten eine Runde mit dem Karl-May-City-Express. Das ungewöhnliche Transportmittel verkehrt ganzjährig
und ist auch für Sonderfahrten (z.B. Kindergeburtstage) verfügbar.

Informationen und Prospekte:
Kalkberg GmbH Bad Segeberg, Karl-May-Platz, D-23795 Bad Segeberg,
bestellung@karl-may-spiele.de, www.karl-may-spiele.de,
☏ **0049 (0) 18 05 / 95 21 11 (€ 0,14 / Minute aus dem deutschen Festnetz,
Mobilfunk abweichend)**, Fax 0049 (0) 45 51 / 95 21 28.

❸ Genießer Hotel Historischer Krug, Oeversee (Text siehe Seite 106)

Tipps zur Route

Ausfahrt Flensburg: Flensburg und seine 34
km lange Förde, die bis in das Stadtgebiet
hineinreicht, machen es möglich: Hier ankert
die größte Freizeit-Passagierflotte an Nord-
und Ostsee, von hier aus schippern Sie nach
Glücksburg oder Sonderburg oder zu den
dänischen Inseln. Die Grenze ist ja nur 3 km
entfernt. Ausgangspunkt wäre die Förde-
brücke am westlichen Ufer. Für Ängstliche:
Eine Hafenrundfahrt ist vielleicht auch.
Für weniger Ängstliche: Hier in Flensburg
können Sie Punkte sammeln – in der Ver-
kehrssünderkartei. Sie werden dann schon
sehen, was Sie davon haben.

Ausfahrt Schleswig: Die Schlei und Schleswig: Urlauberherz, was willst du mehr?
Schlei, so heißt ein 35 km langer, durchweg
1000 m breiter Meeresarm. An seinem Ende
liegt Schleswig, eine ehemalige Residenzstadt, im Kriege unzerstört. Umrunden Sie
die Schlei. Eine Klappbrücke im malerischen
Kappeln macht's möglich. Von hier aus ist
auf dem Wasserwege auch die Lotseninsel
Schleimünde erreichbar, guter Badestrand,
Vogelschutzgebiet. Wem's zu lang ist: Die
Rundreise lässt sich abkürzen über die Brücke bei Lindaunis oder, noch früher, über die
Autofähre von Missunde. Schleswig besitzt
eine hübsche Altstadt. Der Dom St. Petri
beherbergt den berühmten Bordesholmer
Altar, geschaffen in den Jahren 1514 – 1521.
In Schloss Gottorf, der einstigen Residenz
der Herzöge von Schleswig, finden Sie
neben der Nydamhalle mit dem bekannten germanischen Ruderboot (4. Jahrhundert) prunkvolle Säle und zwei Museen mit
Sammlungen, Ausgrabungen, Moorfunden
und grauslichen Moorleichen.

Ausfahrt Kiel (Westring): Wie Flensburg
und Schleswig kann auch Kiel, die Landeshauptstadt Schleswig-Holsteins, einen
direkten Meeresanschluss in Gestalt der 17
km langen Kieler Förde vorweisen. Kiel, das
Fährhaus des Nordens mit seinen Fährverbindungen nach Skandinavien, besitzt ein
sehr schönes Segelrevier, aber auch der
Autotourist dürfte Kiel in bester Erinnerung
behalten. Da ist einmal die hübsch gelegene
Stadt, da gibt es einen Hafen und Hafenrundfahrten, eine elegante Fußgängerzone,
da gibt es Laboe mit Marine-Ehrenmal und
Weltkrieg-II-U-Boot, das Olympiazentrum
Schilksee mit Meerwasser-Schwimmbad,
Gaststätten, Hotels, einer Ladenstraße und
dem 465 m langen Terrassenhaus – und
natürlich im Vorort Molfsee das Schleswig-
Holsteinische Freilichtmuseum.

Ausfahrt Bad Bramstedt: Heilbad und Aus-
flugsort, nahe der Autobahn. An der Peripherie Hamburgs liegend, eignet sich dieser
hübsche Kurort mit dem Roland durchaus
als Standquartier für Ihren Schleswig-Hol-
stein-Urlaub.

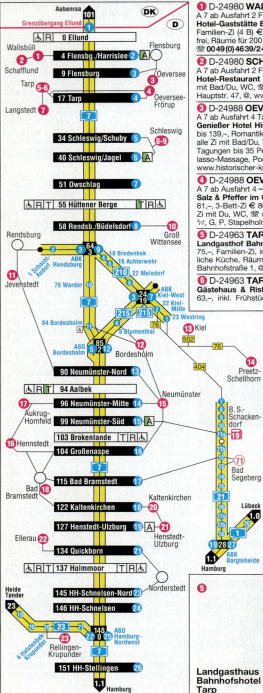

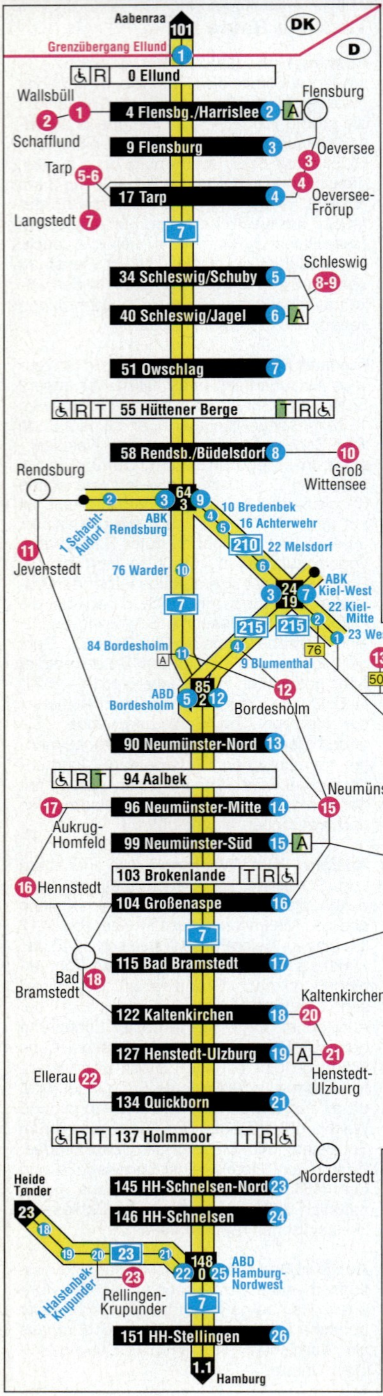
Aabenraa
101
DK
Grenzübergang Ellund
D
0 Ellund
Wallsbüll
Flensburg
4 Flensbg./Harrislee
Schafflund
9 Flensburg
Oeversee
Tarp
17 Tarp
Oeversee-Frörup
Langstedt
34 Schleswig/Schuby
Schleswig
40 Schleswig/Jagel
51 Owschlag
55 Hüttener Berge
58 Rendsb./Büdelsdorf
Groß Wittensee
Rendsburg
64
10 Bredenbek
16 Achterwehr
ABK Rendsburg
1 Schacht-Audorf
22 Melsdorf
Jevenstedt
76 Warder
ABK Kiel-West
22 Kiel-Mitte
23 Westring
Kiel
84 Bordesholm
9 Blumenthal
ABD Bordesholm
Bordesholm
90 Neumünster-Nord
Preetz-Schellhorn
94 Aalbek
Neumünster
96 Neumünster-Mitte
Aukrug-Homfeld
99 Neumünster-Süd
B. S.-Schackendorf
103 Brokenlande
Hennstedt
104 Großenaspe
Bad Segeberg
115 Bad Bramstedt
Bad Bramstedt
Kaltenkirchen
122 Kaltenkirchen
Lübeck
127 Henstedt-Ulzburg
Henstedt-Ulzburg
Ellerau
134 Quickborn
ABK Bargteheide
Hamburg
137 Holmmoor
Norderstedt
Heide Tønder
145 HH-Schnelsen-Nord
146 HH-Schnelsen
ABD Hamburg-Nordwest
4 Halstenbek-Krupunder
Rellingen-Krupunder
151 HH-Stellingen
Hamburg

1 D-24980 **WALLSBÜLL**
A 7 ab Ausfahrt 2 Flensburg/Harrislee (B 199) → Niebüll 8 km
Hotel-Gaststätte Bussmann ★★ ruhige Lage, 20 B, EZ € 25,– bis 38,–, DZ € 55,–, Familien-Zi (4 B) € 94,–, inkl. Frühstück, alle Zi mit Du, WC, TV und WLAN kostenfrei, Räume für 200 Personen, Hauptstr. 23, @, www.hotel-bussmann.de, ☎ **0049(0)4639/246**, Fax 98433.

2 D-24980 **SCHAFFLUND**
A 7 ab Ausfahrt 2 Flensburg/Harrislee (B 199) → Niebüll 12 km
Hotel-Restaurant Utspann ★★★ 22 B, EZ € 46,–, DZ € 75,–, inkl. Frühstück, Zi mit Bad/Du, WC, ☎, TV, Radio und WLAN, 3 Räume bis 150 Personen, G, P, Hauptstr. 47, @, www.utspann-schafflund.de, ☎ **0049(0)4639/95050**, Fax 950521.

3 D-24988 **OEVERSEE**
A 7 ab Ausfahrt 4 Tarp → Sörup (300 m), im Kreisverkehr → Flensburg 4 km
Genießer Hotel Historischer Krug ★★★★ 80 B, EZ € 69,– bis 129,–, DZ € 109,– bis 139,–, Romantik-Zi € 139,– bis 159,–, Galerie-Zi € 149,– bis 169,–, inkl. Frühstück, alle Zi mit Bad/Du, WC, ☎ und TV, exquisite Küche mit Auszeichnung, Bio-zertifiziert, Tagungen bis 35 Personen, Schwimmbad, Sauna, Solarium, türkischer Hamam, Thalasso-Massage, Pool, Ayurveda-Thallasso-Wellness-Zentrum, G, P, Grazer Platz 1, @, www.historischer-krug.de, ☎ **0049(0)4630/9400**, Fax 780 **(Bilder siehe Seite 105)**.

4 D-24988 **OEVERSEE-FRÖRUP**
A 7 ab Ausfahrt 4 → Tarp 4 km → Oeversee
Salz & Pfeffer im Gasthaus Frörup ★★☆ 60 B, EZ € 46,– bis 51,–, DZ € 71,– bis 81,–, 3-Bett-Zi € 86,– bis 96,–, 4-Bett-Zi € 97,– bis 109,–, inkl. Frühstücksbuffet, alle Zi mit Du, WC, ☎ und TV, regionale Küche, Raum für 150 Personen, Biergarten, G, P, Stapelholmer Weg 43, @, ☎ **0049(0)4638/8945-0**, Fax 8945-50.

5 D-24963 **TARP** A 7 ab Ausfahrt 4 Tarp ca. 2 km
Landgasthof Bahnhofshotel Tarp ★★☆ 80 B, EZ € 37,– bis 43,–, DZ € 58,– bis 75,–, Familien-Zi, inkl. Frühstücksbuffet, Zi mit Bad/Du, WC, ☎ und TV, gutbürgerliche Küche, Räume bis 600 Personen, Spezialist für Busse mit Programm, P, Bahnhofstraße 1, @, www.landgasthof-tarp.de, ☎ **0049(0)4638/89230**, Fax 8110.

6 D-24963 **TARP** A 7 ab Ausfahrt 4 Tarp ca. 2,5 km
Gästehaus & Ristorante Italia 24 B, EZ € 27,50 bis 38,50, DZ € 49,– bis 63,–, inkl. Frühstück, Zi mit Du, WC, ☎, TV und Internet, landestypische italienische Küche, P, Dorfstr. 3, @, www.gaestehaus-tarp.de, ☎ **0049(0)4638/89580**, Fax 895822.

7 D-24852 **LANGSTEDT**
A 7 ab Ausfahrt 4 Tarp durch Tarp über Eggebeck 6 km
Stelkes Gasthaus Langstedt ★★ ruhige Lage, 36 B, EZ € 35,–, DZ € 64,–, 3-Bett-Zi € 84,–, 4-Bett-Zi € 95,–, Mehrtagesrabatt, inkl. Frühstück, alle Zi mit Du, WC, ☎ und TV, Räume und Saal von 20 bis 120 Personen, großer P, Bollingstedter Str. 2, @, www.Stelkes-Gasthaus.de, ☎ **0049(0)4609/91010**, Fax 910115.

8 D-24837 **SCHLESWIG**
A 7 ab Ausfahrt 6 Schleswig/Jagel B 76/77 → Zentrum/Landesmuseum (Hotelbeschilderung)
Hotel-Restaurant Hohenzollern ★★☆ 120 B, EZ € 52,– bis 57,–, DZ € 80,– bis 82,–, 3-Bett-Zi € 94,– bis 95,–, Nichtraucher-Zi, inkl. Frühstücksbuffet, alle Zi mit Du, WC, ☎, Radiowecker, Sat-TV und WLAN, P, Moltkestr. 41, @, www.hotel-hohenzollern.de, ☎ **0049(0)4621/906-0**, Fax 906-169.

9 D-24837 **SCHLESWIG**
A 7 ab Ausfahrt 6, B 76/77 → Zentrum
Hotel-Restaurant Gottorfer Hof ★★ 27 B, EZ € 40,– bis 45,–, DZ € 60,– bis 75,–, 3-Bett-Zi € 90,–, 4-Bett-Zi € 110,–, inkl. Frühstück, alle Zi mit Du, WC, Fön, ☎, TV und WLAN, gute Küche, P, Gottorfstr. 7, @, www.hotel-gottorferhof.de, ☎ **0049(0)4621/9399-0**, Fax 9399-13.

5

Landgasthaus Bahnhofshotel Tarp

⑩ D-24361 GROSS WITTENSEE
A 7 ab Ausfahrt 8 Rendsburg/Büdelsdorf → Eckernförde 7 km
MD-Hotel Wittensee Schützenhof ★★★ Ⓕ Ⓕ Ⓕ 110 B, EZ € 58,– bis 98,–, DZ € 88,– bis 148,–, inkl. Frühstücksbuffet, alle Zi mit Du, WC, ☎, TV und Safe, 13 Ferienwohnungen 2-6 Personen (Preis auf Anfrage), gutbürgerliche Küche, Raum bis 200 Personen, Terrasse, Sauna, Solarium, eigener Badestrand, ⌨, ⌂, 🖥, G, P, Rendsburger Straße 2, @, www.hotel-wittensee.de, ☎ 0049 (0) 43 56/1 70, Fax 17 66.

⑪ D-24808 JEVENSTEDT
A 7 ab ABK Rendsburg → Rendsburg, dann B 77 → Itzehoe 15 km und Ausfahrt Neumünster-Nord B 205, bei Jevenstedt weiter B 77 → Itzehoe
Historisches Landhaus Spannan-Hotel & Restaurant ★★★ 33 B, EZ € 49,– bis 54,–, DZ € 75,– bis 80,–, 3-Bett-Zi € 90,–, Appartements für 4 Personen ab € 90,–, Nichtraucher-Zi., inkl. Frühstück (So mit Sektfrühstück), alle Zi mit Bad, Du, WC, ☎, TV und kostenfreies WLAN, Räume bis 200 Personen, Gartenterrasse, ⌨, großer P, Spannan 12, @, www.spannan.de, ☎ 0049 (0) 48 75/3 01, Fax 5 33.

⑫ D-24582 BORDESHOLM
A 7 ab Ausfahrt 11 Bordesholm ca. 4 km
Hotel-Restaurant Carstens ★★★ 80 B, EZ € 35,– bis 37,50, DZ € 53,– bis 55,–, inkl. Frühstücksbuffet, alle Zi mit Bad/Du, WC, ☎, TV und WLAN, saisonale und regionale Küche, 300 Sitzplätze, Kegelbahnen, ⌨, 🖥, großer P, Holstenstraße 23, info@Hotel-Carstens.de, www.Hotel-Carstens.de, ☎ 0049 (0) 43 22/7 58 00, Fax 75 80 80.

⑬ D-24148 KIEL
A 215 ab Ausfahrt B 76 → B 502 → Ostuferhafen, Ausfahrt Geomar
Garni Hotel Am Segelhafen ★★★ 55 B, EZ € 62,–, DZ ab € 83,–, 3-Bett-Zi € 99,–, Nichtraucher-Zi, inkl. Frühstück, alle Zi mit Du, WC, Fön, ☎, TV, Radio, ISDN-Anschluss und WLAN, ⌨, ⌂, 🚌 (auf Anmeldung), P, Schönberger Str. 32, @, www.am-segelhafen.com, ☎ 0049 (0) 431/72 99 00, Fax 72 99 0 44.

⑭ D-24211 PREETZ-SCHELLHORN
A 215 ab BAB-Ende B76 → Plön/Lübeck, Ausfahrt Schellhorn/Preetz, Ortseinfahrt Schellhorn links
Akzent Hotel Landhaus Schellhorn ★★★ ruhige Lage, 62 B, EZ € 56,– bis 63,–, DZ € 79,– bis 88,–, Familien- und Nichtraucher-Zi, inkl. Frühstücksbuffet, alle Zi mit Bad/Du, WC, ☎ und TV, ausgezeichnete Küche, Räume für 100 Personen, Terrasse, Biergarten, ⌨, ⌂, 🖥, P, Am Berg, @, www.landhaus-schellhorn.de, ☎ 0049 (0) 43 42/8 60 01, Fax 8 27 91.

⑮ D-24537 NEUMÜNSTER
A 7 ab Ausfahrt 13 Neumünster-Nord 3,5 km, hinter Messezentrum Holstenhallen links
Best Western Hotel Prisma ★★★★ zentrale Lage, 170 B, EZ € 91,– bis 122,–, DZ € 109,– bis 139,–, Familien-Zi ab € 98,–, inkl. Frühstücksbuffet, alle Zi mit Du, WC, Radio, ☎ und TV, Hotelbar mit Restaurant, Biergarten, Sauna, ⌂ P für 🖥, G, P, Max-Johannsen-Brücke 1, @, www.hotel-prisma.bestwestern.de, ☎ 0049 (0) 43 21/90 40, Fax 90 44 44.

⑯ D-25581 HENNSTEDT
A 7 ab Ausfahrten 17 Bad Bramstedt und 14 Neumünster je ca. 18 km → Hohenweststadt
Landhotel Seelust ★★★ sehr ruhige Lage am See, 22 B, EZ € 60,–, DZ € 80,–, inkl. Frühstücksbuffet, alle Zi mit Du und WC, Sauna, Solarium, Schwimmbad, ⌨, ⌂ (€ 6,– Aufpreis), P, Di ./., Seelust 6, @, www.seelust.de, ☎ 0049 (0) 48 77/6 77, Fax 7 66.

⑰ D-24613 AUKRUG-HOMFELD A 7 ab Ausfahrt 14 Neumünster-Mitte → Itzehoe 12 km, dann rechts → Aukrug-Homfeld
Ferienhof „Zur Tenne" ★★★ ruhige Lage, 20 B in 6 Wohnungen, EZ € 32,– bis 36,–, DZ € 62,– bis 68,–, inkl. Frühstück, alle Wohnungen mit Du, WC, ☎ und TV, ⌂ (€ 5,–), P, Wiesenstr. 3, @, www.tenne-aukrug.de, ☎ 0049 (0) 48 73/97 32 95, Fax 97 32 75.

⑱ – ㉓ + ㉑ Einträge siehe Seite 105

⑯ Landhotel Seelust, Hennstedt

⑮ Best Western Hotel Prisma, Neumünster

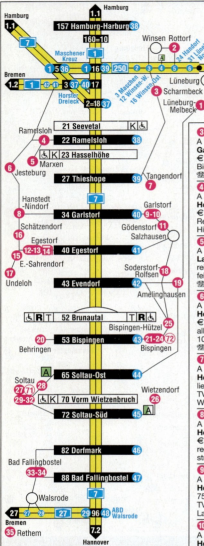

❶ D-21406 LÜNEBURG-MELBECK
A 250 → B 209 Lüneburg-Süd (ADAC) und A 7 ab Ausfahrt 44 Soltau-Ost → B 209 → Lüneburg

Comfort Hotel Lüneburg ★★★ 72 B, EZ € 55,– bis 60,– DZ € 69,– bis 74,–, inkl. Frühstücksbuffet, alle Zi mit Du, WC, TV und kostenfreiem WLAN, Sauna, Solarium, 🖥, 🍴, 🚬, großer P, Am alten Werk 4, @, www.comfort-hotel-lueneburg.de, ☎ 00 49 (0) 41 34/90 77 97, Fax 90 77 89.

❷ D-21423 ROTTORF
A 250 ab Ausfahrten 5 Handorf (beschildert) und 4 Winsen-Ost → Lüneburg je 8 km

Hotel und Gasthaus Zur Linde ★★ 14 B, EZ € 40,– bis 43,–, DZ € 60,– bis 63,–, inkl. Frühstück, alle Zi mit Du und WC, teils TV, gutbürgerliche Küche, Räume für 20 bis 110 Personen, 🚬, großer P, An der B 4, @, www.zurlinde-rottorf.de, ☎ 00 49 (0) 41 33/72 18.

❸ D-21423 SCHARMBECK
A 7 ab Ausfahrt 39 Thieshope 7 km und A 250 Ausfahrt 3 Winsen-West 400 m

Gasthaus Kruse-Hotel-Restaurant ★★★ sehr ruhige Lage, 16 B, EZ € 47,–, DZ € 75,–, inkl. Frühstück, alle Zi mit Du, WC, 🚬, TV und WLAN, gutbürgerliche Küche, Biergarten, Sauna, 🚬, P, Scharmbecker Dorfstraße 19, @, www.gasthaus-kruse.de, ☎ 00 49 (0) 41 71/51 18, Fax 5 05 57.

❹ D-21220 RAMELSLOH
A 7 ab Ausfahrt 38 Ramelsloh ca. 2,5 km → Jesteburg

Hotel-Gasthaus Zur Seeve – Restaurant Aphrodite ★ 24 B, EZ € 30,– bis 35,– DZ € 50,– bis 60,–, Dreibett-Zi € 75,–, inkl. Frühstück, Zi mit Du und WC, griechisches Restaurant, gutbürgerliche Küche, Räume bis 50 Personen, Café-Terrasse, 🚬, P, Hinter den Höllen 1, @, www.GastbeiGari.de, ☎ 00 49 (0) 41 85/29 75, Fax 75 38.

❺ D-21439 MARXEN
A 7 ab Ausfahrt 38 Ramelsloh (Marxen beschildert) 5 km

Landhaus Zum Lindenhof ★★★ 12 B, EZ € 48,– bis 78,–, DZ € 68,– bis 98,–, inkl. reichhaltigem Frühstück, alle Zi mit Bad, WC, 🚬, Digital-TV und WLAN, regionale und feine Küche, Caféterrasse, 🖥, G, P, Hauptstr. 18, @, www.landhaus-zum-lindenhof.de, ☎ 00 49 (0) 41 85/41 82, Fax 58 14 14.

❻ D-21266 JESTEBURG
A 7 ab Ausfahrt 38 Ramelsloh 8 km und Ausfahrt 40 Garlstorf 12 km

Hotel Jesteburger Hof ★★★ am Ortsrand gelegen, 38 B, EZ € 49,– bis 52,–, DZ € 74,– bis 82,–, 3-Bett-Zi € 80,–, inkl. Frühstücksbuffet, Wochenendpauschale, alle Zi mit Du, WC, 🚬, TV und WLAN, gutbürgerliche bis feine Küche, Räume bis 100 Personen, 🖥, 🍴, 🚬, G, P, Kleckerwaldweg 1, @, www.jesteburgerhof.de, ☎ 00 49 (0) 41 83/20 08 + 20 09, Fax 33 11.

❼ D-21442 TANGENDORF
A 7 ab Ausfahrt 39 Thieshope → Thieshope, nach 500 m rechts, dann noch 1,5 km

Hotel-Gasthof Vossbur ★★★ sehr ruhige Lage, 35 B, EZ € 49,–, DZ € 80,–, Familien-Zi 4 Personen € 110,–, inkl. Frühstücksbuffet, alle Zi mit Bad, Du, WC, 🚬 und TV, regionale Esskultur, Tagungsräume, Kegelbahn, 🖥, 🚬, G, P, Restaurant Do ./., Wulfsener Str. 4, @, www.vossbur.de, ☎ 00 49 (0) 41 73/51 36 00, Fax 81 81.

❽ D-21271 HANSTEDT-NINDORF
A 7 ab Ausfahrt 40 Garlstorf-Nindorf 4 km

Hotel-Restaurant-Café Zum Braunen Hirsch ★★ 34 B, EZ € 30,– bis 40,–, DZ € 54,– bis 68,–, Familien-Zi, inkl. Frühstück, alle Zi mit Du und WC, Wild-, Fisch- und regionale Spezialitäten, Räume bis 200 Personen, Kegelbahnen, 🚬, P, Rotdornstr. 15, @, www.hotel-zumbraunenhirsch.de, ☎ 00 49 (0) 41 84/89 72 57, Fax 82 02.

❾ D-21376 GARLSTORF
A 7 ab Ausfahrt 40 Garlstorf ca. 1 km

Hotel Niemeyer's Heidehof ★★ ruhige Lage, 24 B, EZ ab € 40,–, DZ € 68,– bis 75,–, Familien- und Nichtraucher-Zi, inkl. Frühstücksbuffet, alle Zi mit Du, WC und TV, frische regionale feinbürgerliche Küche, Terrasse, 🖥, 🚬, P, Do ./., Winsener Landstr. 4, @, www.niemeyers-heidehof.de, ☎ 00 49 (0) 41 72/71 27, Fax 79 31.

❿ D-21376 GARLSTORF
A 7 ab Ausfahrt 40 Garlstorf

Hotel garni Haus Otte ★★ in ruhiger Lage, 20 B, EZ € 30,– bis 38,–, DZ € 48,– bis 58,–, inkl. Frühstück, Zi mit Du, WC, 🚬, TV und WLAN, Liegewiese, G, P, Egestorfer Landstr. 24, @, www.Haus-Otte.de, ☎ 00 49 (0) 41 72/71 20, Fax 9 80 253.

⓫ D-21376 GÖDENSTORF
A 7 ab Ausfahrt 40 Garlstorf 3 km → Salzhausen

Gasthof Isernhagen Hotel-Restaurant ★★★ 16 B, EZ € 46,– bis 49,–, DZ € 69,– bis 79,–, inkl. reichhaltiges Frühstück, Urlaubsangebote auf Anfrage, ruhige Zi mit Bad/Du, WC, Fön, 🚬 und Safe, teils Kabel-TV, gutbürgerliche Küche, Heidespezialitäten, Gesellschafts- und Tagungsräume, Sommergarten, 🖥, 🚬, G, P, Di ./., Hauptstr. 11, @, www.gasthof-isernhagen.de, ☎ 00 49 (0) 41 72/87 85 + 3 13, Fax 87 15.

⓬ D-21272 EGESTORF
A 7 ab Ausfahrt 41 Egestorf ca. 1 km

Hotel & Restaurant „Acht Linden" ★★★🞓 60 B, EZ € 58,– bis 65,– DZ € 90,– bis 105,–, inkl. reichhaltigem Frühstück, Zi mit Bad, Du, WC und TV, anerkannt gute bürgerliche Küche, Heidespezialitäten, Konferenzräume bis 120 Personen, gemütliches Hotel, 🚬, G, P, Alte Dorfstraße 1, @, www.hotel-acht-linden.de, ☎ 00 49 (0) 41 75/8 43 33, Fax 8 43 59.

❼ **Hotel-Gasthof Vossbur, Tangendorf**

⑬ D-21272 EGESTORF
A 7 ab Ausfahrt 41 Egestorf ca. 2 km
Hotel Egestorfer Hof ★★★ Historische Hofanlage, 60 B, EZ € 60,– bis 90,–, DZ € 88,– bis 130,–, inkl. Frühstücksbuffet, alle Zi mit Du, WC, ☎ (frei in dt. Festnetz), Großbild-Flat-TV und kostenfreiem WLAN, deutsche und italienische Küche 12 bis 22 Uhr, Kegelbahn, Barfußpark, 🖥, P, Lübberstedter Straße 1, info@egestorferhof.de, www.egestorferhof.de, ☎ **0049 (0) 41 75/4 80**, Fax 10 90.

⑭ D-21272 EGESTORF
A 7 ab Ausfahrt 41 Egestorf 600 m
Aral Tankstelle 🔧 Werkstatt, Bistro, 🖥, geöffnet Mo bis Fr von 6.30-21 Uhr, Sa 7-21 Uhr, So 8-21 Uhr, Lübberstedter Str. 36, ☎ **0049 (0) 41 75/5 87**, Fax 84 20 37.

⑮ D-21272 EGESTORF-SAHRENDORF
A 7 ab Ausfahrt 41 Egestorf ca. 4 km → Undeloh
Studtmann's Gasthof – Hotel-Restaurant-Café ★★★ 37 B, EZ € 45,– bis 60,–, DZ € 65,– bis 75,–, Raucher-Zi und Nichtraucher-Zi, inkl. Frühstück, alle Zi mit Du, WC, ☎, teils Balkon, Wild-, Fisch- und Heidschnuckenspezialitäten, Internet-Terminal, WLAN, 🖥, 🍴, 🛏, großer P, Restaurant Di ./., Im Sahrendorf 19, info@studtmanns-gasthof.de, www.studtmanns-gasthof.de, ☎ **0049 (0) 41 75/84 36-0**, Fax 84 36 31.

⑯ D-21272 SCHÄTZENDORF
A 7 ab Ausfahrten 40 Garlstorf und 41 Egestorf je 4 km
Gasthaus Degenhof ★★ 19 B, EZ € 40,–, DZ € 63,– bis 73,–, Familien-Zi, inkl. Frühstück, alle Zi mit Du, WC und TV, deutsche Küche mit Saisonspezialitäten mittags und abends, 🖥, 🍴, P, Im Schätzchendorf 26, @, www.degenhof.de, ☎ **0049 (0) 41 75/80 2 90**, Fax 80 29 29.

⑰ D-21274 UNDELOH
A 7 ab Ausfahrten 40 Garlstorf und 41 Egestorf je 7 km
Witte's Hotel-Restaurant-Ringhotel Undeloh ★★★ sehr ruhige Lage im Naturschutzpark, 40 B, EZ € 41,– bis 47,–, DZ € 72,– bis 82,–, inkl. Frühstücksbuffet, alle Zi mit Du, WC, ☎ und Sat-TV, gutbürgerliche Küche und Wild/Fisch, 🛏, Mo ./., Zum Loh 2, @, www.witteshotel.de, ☎ **0049 (0) 41 89/81 33 60**, Fax 629.

⑱ D-21388 SODERSTORF-ROLFSEN
A 7 ab Ausfahrt 42 Evendorf ca. 8 km
Gasthaus Katerberg ★★ ruhige Lage, 24 B, EZ € 45,– DZ € 57,– bis 66,–, inkl. Frühstück, 4 Appartements für 2 bis 5 Personen ab € 40,–, alle Zi mit Du, WC und Sat-TV, Restaurant, Sauna, P, Di ./., Alte Rolfser Straße 9, @, www.gasthaus-katerberg.de, ☎ **0049 (0) 41 72/96 14 96**, Fax 96 14 97.

⑲ D-21385 AMELINGHAUSEN
A 7 ab Ausfahrt 42 Evendorf 12 km
Gasthaus Hotel Fehlhaber ★★ 22 B, EZ € 42,–, DZ € 68,–, inkl. Frühstück, alle Zi mit Du und WC, teils ☎, auf Wunsch TV, Räume für 30-70 Personen, 🖥, 🛏, G, P, Lüneburger Straße 38, ☎ **0049 (0) 41 32/3 76**, Fax 9 10 313.

⑳ D-29646 BEHRINGEN
A 7 ab Ausfahrt 43 Bispingen-Behringen 1,2 km
Schumanns Hotel-Restaurant „Unter den Linden" ★★ 15 B, EZ € 39,–, DZ € 68,–, 3-Bett-Zi € 84,–, inkl. reichhaltigem Frühstück, alle Zi mit Du, WC und TV, gutbürgerliche Küche, 🍴, 🛏, G, P, Mi ./. (nicht August bis September), Mühlenstraße 1, @, www.schumanns-gasthaus.de, ☎ **0049 (0) 51 94/12 61**, Fax 24 61.

㉑ D-29646 BISPINGEN
A 7 ab Ausfahrt 43 Bispingen 2 km
Heidehotel Rieckmann ★★★★ ruhige Lage, 40 B, EZ € 57,– bis 67,–, DZ € 72,– bis 92,–, Familien-Zi, inkl. Frühstück, alle Zi (neu + komfortabel eingerichtet) mit Du, WC, ☎, Premiere-Hotel-TV, WLAN und Mineralwasser inkl., Restaurant im modernen Landhausstil, ausgezeichnete regionale Küche mit Heidespezialitäten, überdachte Terrasse, Kaffeegarten, 🖥, 🍴, 🛏, G, P, Kirchweg 1-2, @, www.hotel-rieckmann.de, ☎ **0049 (0) 51 94/95 10**, Fax 9 51 34.

㉒ D-29646 BISPINGEN
A 7 ab Ausfahrt 43 Bispingen ca. 2 km
Hotel-Restaurant-Café Bockelmann ★★★ ruhige Lage im Ort, 55 B, EZ € 39,– bis 55,–, DZ € 65,– bis 82,–, Familien-Zi, inkl. Frühstücksbuffet, alle Zi mit Du, WC, ☎, TV, WLAN (kostenfrei) und Mineralwasser, gehobene gutbürgerliche Küche, Räume für 30-130 Personen, Terrasse, Biergarten, Hotelbar, DSL-Internetterminal, 🖥, 🍴, G, großer P, Nöllestr. 18, @, www.hotel-bockelmann.de, ☎ **0049 (0) 51 94/98 03-0**, Fax 98 03-46.

㉓ D-29646 BISPINGEN A 7 ab Ausfahrt 43 Bispingen 2 km
Hotel & Restaurant König-Stuben ★★★★ zentrale, ruhige Lage, 48 B, EZ € 42,– bis 62,–, DZ € 62,– bis 82,–, Familien-Zi, inkl. reichhaltigem Frühstücksbuffet, alle Zi 2007 neu eingerichtet mit Bad oder Du, WC, ☎, Kabel-TV und WLAN, teils Balkon und Minibar, feinbürgerliche Küche, Heide-Wild-Steak, Fischspezialitäten, preisgünstiger Mittagstisch, Räume bis 80 Personen, Hallenbad, Sauna, Solarium, Angebote siehe Homepage, 🖥, 🍴 auf Anfrage, 🛏, G, P, Luheweg 25, @, www.Koenig-Stuben.de, ☎ **0049 (0) 51 94/98 10-19**, Fax 98 10-19.

㉔ D-29646 BISPINGEN A 7 ab Ausfahrten 41 Egestorf und 43 Bispingen ca. 5 km
Landhotel-Restaurant Lüneburger Heide ★★ 39 B, EZ € 49,–, DZ € 69,–, 3-Bett Zi € 79,–, inkl. Frühstücksbuffet, alle Zi mit Du, WC und TV, Räume für 150 Personen, 🍴, 🛏, P, Volkwardingen 12, @, www.landhotellueneburgerheide.de, ☎ **0049 (0) 51 94/43 12 00**, Fax 43 12 01.

㉕ D-29646 BISPINGEN-HÜTZEL
von Norden: A 7 ab Ausfahrt 42 Evendorf 7 km, von Süden: A 7 ab Ausfahrt 43 Bispingen 4 km
Hotel-Restaurant Ehlbeck's Gasthaus ★★ 22 B, EZ € 40,– bis 44,–, DZ € 68,– bis 76,–, inkl. Frühstück, Zi mit Du, WC und TV, 🛏, G, P, Bispinger Straße 8, ehlbecks-gasthaus@ewetel.net, www.Ehlbecks-Gasthaus.de, ☎ **0049 (0) 51 94/23 19**.

㉖ D-29649 WIETZENDORF
A 7 ab Ausfahrt 45 Soltau-Süd → Celle, 2. Abfahrt links 9 km
Hotel Hartmann ★★ 50 B, EZ € 46,– bis 49,–, DZ € 80,–, inkl. Frühstück, alle Zi mit Du, WC, ☎, Sat-TV, WLAN und Minibar, Tagungsräume, Café-Terrasse, Biergarten, Kegelbahnen, 🖥, 🛏, großer P (LKW), Hauptstr.27, info@hotel-hartmann.de, www.hotel-hartmann.de, ☎ **0049 (0) 51 96/96 00**, Fax 1398.

㉗ – ㉟ + ㉛ – ㉜ Einträge siehe Seite 110

DER ZWISCHEN-STOPP MIT PISTENBLICK

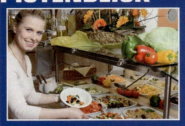

In Europas modernster Skihalle können Sie bei jedem Wetter und an 365 Tagen im Jahr nicht nur schwungvoll abfahren, rasant boarden oder lustig rodeln, sondern auch die original österreichische Erlebnisgastronomie erleben:

- Freier Eintritt in unsere 6 Restaurants und Bars
- Gemütliches Ambiente und original österreichischer Charme
- Österreichische und internationale Küche
- Restaurantvielfalt von Selbstbedienung bis á la carte
- Biergarten in der Sommersaison
- Kostenloser Eisbalkon
- 300 m feinste Pulverschneeabfahrt
- Skifahren, Snowboarden, Rodeln für Jedermann
- Spezielle Bus- und Gruppenangebote

SNOW DOME BISPINGEN

ORIGINAL SÖLDEN.

Direkt an der A7 zwischen Hannover und Hamburg - Abfahrt Bispingen

SNOW DOME Sölden in Bispingen GmbH
Horstfeldweg 9, 29646 Bispingen
info@snow-dome.de
www.snow-dome.de
Tel. 0049 (0) 5194-4311-0
Fax 0049 (0) 5194-4311-111

---

① – ㉖ Einträge siehe Seiten 108 + 109

㉗ D-29614 SOLTAU
A 7 ab Ausfahrten 44 Soltau-Ost und 45 -Süd → Zentrum 7 km
Hotel-Restaurant Meyn ★★★ 90 B, EZ € 52,– bis 70,–, DZ € 80,– bis 105,–, Familien-Zi € 98,–, inkl. Frühstücksbuffet, alle Zi mit Du, WC, TV und WLAN, regionale Küche mit saisonalen Spezialitäten, Tagungsräume bis 150 Personen, Biergarten, ▨, ⇥, 🚌, G, P, Poststr. 19, @, www.hotel-meyn.de, ☎ 0049 (0) 5191/2001, Fax 17575.

㉘ D-29614 SOLTAU
A 7 ab Ausfahrt 44 Soltau-Ost
Hotel-Restaurant Landhaus Eden ★★★ 59 B, EZ € 50,–, DZ € 70,–, inkl. Frühstücksbuffet, alle Zi mit Du, WC, ☎, TV, WLAN und Minibar, regionale Küche, Terrasse, 5 Seminarräume bis 60 Personen, 80 Sitzplätze, ▨, ⇥, 🚌, P, An der Bundesstr. 4, ☎ 0049 (0) 5191/938460, Fax 938580.

㉙ D-29614 SOLTAU A 7 ab Ausfahrten 44 Soltau-Ost und 45 -Süd je 4 km → Soltau B 71 folgen → Rotenburg
Hotel-Restaurant Zum Postillion ★★★ 28 B, EZ € 48,–, DZ € 75,–, Mehrbett-Zi, inkl. Frühstück, alle Zi mit Du, WC, ☎, TV und WLAN, ▨, ⇥ € 5,–, G € 10,–, P, Bergstr. 10, @, www.zumpostillion.de, ☎ 0049 (0) 5191/98210, Fax 98 21 29.

㉚ D-29614 SOLTAU
A 7 ab Ausfahrten 44 Soltau-Ost und 45 -Süd je 4 km → Soltau-Therme
Hotel-Restaurant „An der Therme" ★★★ ruhige Lage, 17 B, EZ € 45,–, DZ € 75,–, Familien-Zi, inkl. Frühstücksbuffet, alle Zi mit Du, WC, TV, WLAN und Minibar, regionale Küche, 60 Sitzplätze, Terrasse, Raucherraum, Minigolfanlage, ▨ (EC), ⇥, 🚌, großer P, Stubbendorffweg 8, @, www.hotel-therme-soltau.de, ☎ 0049 (0) 5191/3293, Fax 71222.

㉛ D-29614 SOLTAU
A 7 ab Ausfahrten 44 Soltau-Ost und 45 Soltau-Süd je 4 km → Rotenburg B 71
Heidehotel Anna ★★ Hotel mit Herz, ruhige Lage, 30 B, EZ € 38,– bis 48,–, DZ € 56,– bis 77,–, Familien-Zi ab € 75,–, inkl. Frühstücksbuffet, alle Zi mit Du, WC, ☎, TV und WLAN, Restaurant, Räume bis 60 Personen, Sauna, ⇥, P, Saarland-Str. 2, @, www.heidehotelanna.de, ☎ 0049 (0) 5191/15026, Fax 15401.

㉜ D-29614 SOLTAU
A 7 ab Ausfahrten 44 Soltau-Ost und 45 Soltau-Süd je 4 km
Hotel-Pension Am Böhmepark ★★★ zentrale ruhige Lage, 19 B, EZ € 39,– bis 46,–, DZ € 69,– bis 76,–, Mehrbett- und Nichtraucher-Zi, inkl. Frühstücksbuffet, alle Zi mit Du, WC, TV und Minibar, ▨, P, Bornemannstr. 3, @, www.hotel-am-boehmepark.de, ☎ 0049 (0) 5191/98020, Fax 98 02 11.

㉝ D-29683 BAD FALLINGBOSTEL
A 7 ab Ausfahrt 47 Bad Fallingbostel ca. 2,5 km
Hotel Berlin Restaurant-Cafe ★★★ 40 B, EZ € 49,– bis 82,–, DZ € 62,– bis 97,–, inkl. Frühstücksbuffet, alle Zi mit Du, WC, ☎, TV, Radio und kostenfreiem WLAN, teils mit Balkon, deutsch-mediterrane Küche, Terrasse, Tennisplätze, 🚌, G, großer P, Düshorner Str. 7, @, www.hotel-berlin-online.de, ☎ 0049 (0) 5162/900060, Fax 900625.

㉞ D-29683 BAD FALLINGBOSTEL
A 7 ab Ausfahrten 46 Dorfmark und 47 Bad Fallingbostel
Hotel-Restaurant Schnehagen ★★★ ruhige zentrale Lage, 57 B, EZ € 35,– bis 48,–, DZ € 58,– bis 78,–, Nichtraucher-Zi, inkl. Frühstücksbuffet, HP/VP, Overnight, alle Zi mit Du, WC, ☎, Kabel-TV und kostenfreiem WLAN, Mittagstisch, Räume für 5 bis 250 Personen, ▨, ⇥, 🚌, P, Bus-P, Adolphsheider Str. 33, @, www.hotel-schnehagen.de, ☎ 0049 (0) 5162/9816-0, Fax 981666.

㉟ D-27336 RETHEM
A 27 ab Ausfahrt 27 Walsrode-West 12 km (B 209)
Helms-Hotel ★★ 11 B, EZ € 28,– bis 42,–, DZ € 48,– bis 60,–, inkl. Frühstück, Zi teils mit Du, WC und TV, gutbürgliche Küche, Räume bis 100 Personen, TV-Raum, 🚌, G, P, Bahnhofstr. 26, @, www.helms-hotel.de, ☎ 0049 (0) 5165/98900, Fax 98 90 20.

⑦⑴ SOLTAU

In Soltau können Sie was erleben! Der staatlich anerkannte Kurort bietet im Herzen der Lüneburger Heide etwas für jeden Geschmack. 1.400 Kilometer Rad- und Wanderwege – vorbei an herrlichen Landschaften – stellen eine Herausforderung für Aktive dar. Für Spaß und Entspannung besuchen Sie eines der schönsten Sole-Erlebnisbäder in Norddeutschland, die Soltau Therme. A propos Spaß: Der Heide-Park ist immer einen Besuch wert. Auf ca. 850.000 qm mit über 50 Attraktionen läßt sich der Alltagsstress schnell vergessen. Genauso beliebt wie der Heide-Park ist das Heidewitzka, ein Spielparadies mit Kartbahn, Trampolinen, Klettervulkan uvm. Auch ein Museum zum Anfassen wartet auf Sie. Das Spielzeugmuseum beherbergt auf drei Etagen eine der weltbesten Sammlungen von historischem Spielzeug.

Informationen und Prospekte:
Soltau Touristik GmbH, Am Alten Stadtgraben 3,
D-29614 Soltau, info@soltau-touristik.de,
www.soltau-touristik.de, ☎ 0049 (0) 5191/828282, Fax 82 82 99.

⑦⑵ Snow Dome Sölden in Bispingen siehe diese Seite

❶–㉒ Einträge siehe Seiten 112 + 113

㉓ D-31134 HILDESHEIM
A 7 ab Ausfahrt 62 Hildesheim → Zentrum/Rathaus
Van der Valk Hotel Hildesheim ★★★★ am historischen Marktplatz, 220 B, 110 Zi, EZ ab € 100,–, DZ ab € 120,– (außer zu Messezeiten), inkl. Frühstück, alle Zi mit Du, WC, ☎ mit Fax/Modemanschluss und TV, teils Klimaanlage, Lift, gehobene regionale und internationale Küche, Konferenzen und Feiern bis 180 Personen, Wellnessbereich, Messenähe (Hannover 25 km), 🖭, 🛏, ♿, G, Markt 4, @, www.vandervalk.de, ☎ **0049 (0) 51 21/30 06 00**, Fax 30 04 44.

㉔ D-31134 HILDESHEIM
A 7 ab Ausfahrt 62 Hildesheim 2 km → Rathaus
Hotel-Restaurant Bürgermeisterkapelle ★★★ ruhige Lage in Stadtmitte, 60 B, EZ € 46,– bis 77,–, DZ € 77,– bis 107,–, inkl. Frühstücksbuffet, alle Zi mit Bad oder Du, WC, ☎ und TV, WLAN, Lift, gutbürgliche und gehobene Küche, historische Weinstube, 🖭, G, Rathausstraße 8, @, www.hotelbuergermeisterkapelle.de, ☎ **0049 (0) 51 21/17 92 90**, Fax 1 79 29 99.

㉕ D-31135 HILDESHEIM
A 7 ab Ausfahrt 61 Hildesheim/Drispenstedt → Zentrum ca. 1 km
Hotel-Restaurant Meyer ★★★☆ 33 B, EZ € 29,– bis 99,–, DZ € 55,– bis 120,–, inkl. Frühstücksbuffet, Zi mit Du, WC, TV und WLAN, 🖭, P, Peiner Landstraße 185, @, www.hotel-meyer-hildesheim.de, ☎ **0049 (0) 51 21/53 179**, Fax 53 107.

㉖ D-31171 NORDSTEMMEN
A 7 ab Ausfahrt 62 Hildesheim, B1 → Hameln, in Heyersum → Nordstemmen ca. 14 km
Gasthof Deutsches Haus ★★ 16 B, EZ € 40,–, DZ € 69,–, inkl. Frühstücksbuffet, Messezuschlag, alle Zi mit Du, WC, Fön und TV, P, Hauptstr. 114, @, www.deutsches-haus.info, ☎ **0049 (0) 50 69/34 4 55**, Fax 34 4 66.

㉗ D-31174 WENDHAUSEN
A 7 ab Ausfahrt Raststätte Hildesheimer-Börde 1,5 km
Hotel-Restaurant Zum Rotdorn ★★★ 16 B, EZ € 49,– bis 55,–, DZ € 80,– bis 88,–, Familien-Zi, inkl. Frühstücksbuffet, Messepreise, alle Zi mit Du, WC, TV und WLAN, gehobene Küche, Mittagstisch, Terrasse, 🖭, P, Goslarsche Landstr. 4, @, www.zumrotdorn.de, ☎ **0049 (0) 51 21/38 3 36**, Fax 1 54 67.

㉘ D-31162 LECHSTEDT
A 7 ab Ausfahrt Raststätte Hildesheimer-Börde 4 km
Landhotel Lechstedter Obstweinschänke ★★★ 32 B, EZ € 47,–, DZ € 73,–, inkl. Frühstücksbuffet, (außer zu Messezeiten), alle Zi mit Du, WC, ☎, TV und Minibar, Räume bis 150 Personen, 🖭, 🍴, 🛏, großer P, Ringstraße 7, @, www.obstweinschaenke.de, ☎ **0049 (0) 50 64/71 59**, Fax 13 59.

⑦ HANNOVER
Die Stadt an der Leine ist in den vergangenen Jahren zu einer bedeutenden Messestadt herangewachsen. Besuchen Sie Hannovers Wahrzeichen ohne den „roten Faden" zu verlieren: Von der Tourist-Information bis hin zum Ernst-August-Denkmal zeigt eine rote Bodenmarkierung entlang der 36 Sehenswürdigkeiten den Weg. Vergessen Sie nicht den Besuch der Herrenhäuser Gärten mit Wilhelm-Busch-Museum und Welfenschloss. Außerhalb befindet sich das EXPO-Dach, das größte freitragende Holzdach der Welt.

Information und Prospekte:
Hannover Tourismus GmbH, Ernst-August-Platz 8,
D-30159 Hannover, info@hannover-tourismus.de, www.hannover.de,
☎ **0049 (0) 511/12 34 51 11**, Fax 12 34 51 12.

⑦ **Historischer Marktplatz, Hildesheim**

Tipps zur Route

Das ABD Walsrode zurücklassend, durchläuft die A 7 auf ebener Strecke die Südheide. Kiefernstreifen, Birken und Wasserläufe säumen die Fahrbahn, Heide und Wiesen wechseln in rascher Folge. Nie wird das Landschaftsbild eintönig. Die Auen von Aller und Wietze querend, umgeht die Autobahn bald in weitem Bogen die niedersächsische Landeshauptstadt Hannover und erreicht schließlich nach 70 km das offene, fast waldlose Bauernland um Hildesheim.

Ausfahrt Westenholz: Den Freizeitpark „Traumland Serengeti" in Hodenhagen erreichen Sie ab Ausfahrt nach kaum zehn Minuten. Großwild kennt heutzutage natürlich jedes Kind, aber irgendwie ist es doch beeindruckend, wenn Sie auf Safari gehen und ein Löwenrudel vor der Kühlerhaube gemächlich die Fahrbahn kreuzt. Das Restaurant, mit seinen spitzen Strohdächern einem afrikanischen Dorf nachempfunden, wird der Familie nach allerlei Attraktionen zur willkommenen Oase.

Ausfahrt Schwarmstedt: Bis Celle sind es 28 km. Ein respektabler Umweg, gewiss, aber dafür lernen Sie eine Stadt kennen wie aus dem Bilderbuch. Das alte Celle: ein geschlossenes Viertel gut erhaltener Fachwerkhäuser, farbig aufeinander abgestimmt, jedes für sich ein besonderes Schmuckstück. Ihr Fotoapparat wird zu tun bekommen.

ABK Hannover-Ost: In Jahrhunderten entstand aus der Siedlung am „Hohen Ufer" Hannover die große Messestadt inmitten eines Ballungsgebiets von einer Million Menschen. Ihren Beinamen „Großstadt im Grünen" verdankt sie dem Stadtwald Eilenriede, dem Maschsee mit seinen Grünanlagen und natürlich dem berühmten Herrenhäuser Garten. Dieser Barockgarten, streng geometrisch angelegt zwischen 1666 und 1714, blieb mit seinen Rabatten, Wasserkünsten und Kaskaden bis auf den heutigen Tag unverändert erhalten.

⑦ **HILDESHEIM**
• Romanische Kirchen: St. Godehard und die UNESCO-Weltkulturgüter Dom und St. Michael
• Fachwerkromantik: Knochenhauer-Amtshaus und Bäckeramtshaus am Historischen Marktplatz – Altstadtviertel
• Kultur von Weltrang: Roemer- und Pelizaeus-Museum – Dommuseum
• Lebendige Kulturszene: Stadttheater – Theaterhaus – Veranstaltungszentren Vier Linden, Bischofsmühle, Kulturfabrik und Halle 39
• In der City: Großstädtisches Einkaufsangebot – vielseitige Gastronomie – gutes Parken mit Parkleitsystem

Information und Prospekte: Tourist-Information, Rathausstraße 18-20, D-31134 Hildesheim, tourist-info@hildesheim.com, www.hildesheim.de, ☎ **0049 (0) 51 21/1 7 98-0**, Fax 17 98-88.

❶ D-29683 BAD FALLINGBOSTEL
A 7 ab Ausfahrt 47 Bad Fallingbostel ca. 2,5 km
Hotel Berlin Restaurant-Cafe ★★★ 40 B, EZ € 49,– bis 82,–, DZ € 62,– bis 97,–, inkl. Frühstücksbuffet, ruhige Zi mit Du, WC, ☎, TV, Radio und kostenfreiem WLAN, teils mit Balkon, deutsch-mediterrane Küche, Terrasse, Tennisplätze, ☷, G, großer P, Düshorner Str. 7, @, www.hotel-berlin-online.de, ☎ **0049 (0) 51 62/90 00 60**, Fax 9 00 06 25.

❷ D-29683 BAD FALLINGBOSTEL
A 7 ab Ausfahrten 46 Dorfmark und 47 Bad Fallingbostel
Hotel-Restaurant Schnehagen ★★★ ruhige zentrale Lage, 57 B, EZ € 35,– bis 48,–, DZ € 58,– bis 78,–, Nichtraucher-Zi, inkl. Frühstücksbuffet, HP/VP, Overnight, alle Zi mit Du, WC, ☎, Kabel-TV und kostenfreiem WLAN, Mittagstisch, Räume für 5 bis 250 Personen, ☷, ⌑, P, Bus-P, Adolphsheider Str. 33, @, www.hotel-schnehagen.de, ☎ **0049 (0) 51 62/98 16-0**, Fax 98 16 66.

❸ D-29664 WALSRODE A 7 ab Ausfahrt 47 Fallingbostel ca. 6 km
Hotel-Restaurant Hannover ★★★ 40 B, EZ € 50,– bis 57,–, DZ € 70,– bis 76,–, inkl. Frühstück, alle Zi mit Du und WC, teils ☎ und TV, Räume für 10 bis 120 Personen, ☷, P, Lange Straße 5, @, ☎ **0049 (0) 51 61/55 16**, Fax 55 13.

❹ D-29664 WALSRODE-DÜSHORN
A 7 ab Ausfahrt 47 Bad Fallingbostel → Walsrode, links → Düshorn 7 km
Landgasthof Düshorner Hof ★★☆ 36 B, EZ € 37,–, DZ € 68,–, 3-Bett-Zi € 85,–, inkl. Frühstück, alle Zi mit Du, WC, ☎, TV und Internet, gutbürgerliche Küche, 100 Sitzplätze, Biergarten, ☷ (EC), großer P, Fallingbosteler Str. 14, @, www.dueshorner-hof.de, ☎ **0049 (0) 51 61/56 92**, Fax 29 96.

❺ D-29690 SCHWARMSTEDT/ESSEL
A 7 ab Ausfahrt 49 Westenholz 8 km und Ausfahrt Rasthaus Allertal 5 km
Akzent-Hotel Heide-Kröpke ★★★★ sehr ruhige Lage, 125 B, EZ € 60,– bis 98,–, DZ € 110,– bis 135,–, inkl. Frühstücksbuffet, Zi mit Bad, Du, WC, Bidet, ☎, Sat-TV, Internet, Minibar, Balkon und Solarium, Lift, stilvolles Restaurant mit Spezialitätenküche, Bar, Hallenbad 6x12 m, Sauna, Tennisplatz, ☷, G, P, Esseler Damm 1, @, www.heide-kroepke.de, ☎ **0049 (0) 51 67/97 95 75**, Fax 97 92 91.

❻ D-29690 SCHWARMSTEDT A 7 ab Ausfahrt 50 Schwarmstedt 5 km
Ringhotel Bertram, Café-Restaurant ★★★ 65 B, EZ € 60,– bis 80,–, DZ € 75,– bis 99,–, auch Nichtraucher-Zi, inkl. Frühstücksbuffet, Messezuschlag, alle Zi mit Du, WC, ☎, TV und Radio, Lift, gutes Restaurant (Raucherbereich vorhanden), Kaffeegarten, ☷, G, kostenfreier P, Moorstr. 1, @, www.Ringhotel-Bertram.de, ☎ **0049 (0) 50 71/8 08-0**, Fax 8 08-45.

❼ D-29690 LINDWEDEL
A 7 ab Ausfahrt 51 Berkhof → Berkhof → Walsrode 2 km, links → Lindwedel
Enjoy-Hotel Südheide ★★★ ruhig gelegen, 100 B, EZ € 47,– bis 53,–, DZ € 63,– bis 73,–, 3- und 4-Bett-Zi, inkl. Frühstücksbuffet, alle Zi mit Bad/Du, WC, ☎, Kabel-TV und kostenfreies WLAN, Lift, durchgehende, vielfältige und gute Küche, Wildspezialitäten, gemütliche Räume für 40-160 Personen, Kegelbahn, ☷, ⌑, ☷, ♿, Ahornallee 4, @, www.enjoyhotels.de/suedheide, ☎ **0049 (0) 50 73/9 60 20**, Fax 96 02 111.

❽ D-30900 WEDEMARK-ELZE A 7 ab Ausfahrt 51 Berkhof 3 km
Hotel Fietjenburg garni ★★★ ruhige Lage in Ortsmitte, 30 B, EZ € 33,– bis 43,–, DZ € 53,– bis 63,–, 3-Bett-Zi, Appartement, inkl. Frühstück, alle Zi mit Du, WC, ☎, Kabel-TV und Hot-Spot, ☷ (außer EC Ausland und JCB), P, Schmiedestr. 6, @, www.fietjenburg.de, ☎ **0049 (0) 51 30/9 78 10**, Fax 9 78 1 39.

❾ D-30900 WEDEMARK-MELLENDORF
A 7 ab Ausfahrt 52 Mellendorf 4 km und Ausfahrt 51 Berkhof → Flughafen 5 km
Gasthof Zum Eichenkrug ★★ ruhige Lage, 20 B, EZ € 42,– bis 55,–, DZ € 60,– bis 78,–, Mehr-Bett-Zi ab € 78,–, inkl. Frühstück, alle Zi mit Du, WC und TV, Bundeskegelbahn, ☷, P, Kaltenweiderstraße 36-38, @, www.Hotel-Zum-Eichenkrug.de, ☎ **0049 (0) 51 30/44 45 + 25 00**, Fax 3 66 45.

❼ Enjoy-Hotel Südheide, Lindwedel

⑩ D-30938 FUHRBERG A 7 ab Ausfahrt 52 Mellendorf 4 km → Celle
Heide-Hotel Restaurant Klütz ★★★ 68 B, EZ € 49,– bis 59,–, DZ € 69,– bis 89,–, 3-Bett-Zi € 99,–, 4-Bett-Zi € 110,–, inkl. reichhaltigem Frühstücksbuffet, ruhige Zi mit Du, WC, ☎, TV und Internetzugang, 🖨, ⌂, 🚌 (Bus-freundlich) bis 200 Plätze, großer P am Haus, Celler Straße 10, Heide-Hotel-Kluetz@t-online.de, www.Heide-Hotel-Kluetz.de, ☎ 0049 (0) 51 35/7 90 + 14 15, Fax 12 67.
Unter gleicher Leitung:

⑪ D-30938 FUHRBERG A 7 ab Ausfahrt 52 Mellendorf 4 km → Celle
Gästehaus Restaurant Klütz ★★ 69 B, EZ ab € 40,–, DZ ab € 69,–, inkl. reichhaltigem Frühstücksbuffet, alle Zi mit Du, WC, und TV, Restaurant 200 Sitzplätze, 🖨, ⌂, großer P, Celler Str. 6, @, www.heide-hotel-kluetz.de, ☎ 0049 (0) 51 35/7 90 + 14 15, Fax 12 67.

⑫ D-30938 FUHRBERG A 7 ab Ausfahrt 52 Mellendorf 3 km → Celle
Giesemanns Bed & Breakfast ★★★ gemütliches Fachwerkhaus, 18 B, EZ € 35,– bis 40,–, DZ € 55,– bis 60,–, Familien-Zi, Mehrbett-Zi, inkl. Frühstück, Zi mit Du, WC, TV und WLAN, P, Schützenstraße 11, @, www.giesemanns.de, ☎ 0049 (0) 51 35/2 20, 0049 (0) 1 75/1 67 89 32.

⑬ D-30938 GROSSBURGWEDEL A 7 ab Ausfahrt 54 Großburgwedel ca. 2,5 km
Hotel-Restaurant-Café am Springhorstsee ★★★ ruhige Lage im Erholungsgebiet am See, 30 B, EZ € 46,–, DZ € 80,– bis 90,–, inkl. großem Frühstücksbuffet, alle Zi mit Bad/Du, WC, ☎ und TV, großer P, Am Springhorstsee, Bissendorfer Str., @, www.Springhorstsee.de, ☎ 0049 (0) 51 39/8 99 30, Fax 2 70 70.

⑭ D-30966 HANNOVER-HEMMINGEN A 7 ab Ausfahrt 58 Hannover-Anderten → B 65 Hannover, Ricklinger Kreisel → B 3 Alfeld → Hemmingen-Dorf
Landhaus Artischocke ★★★ ruhige Lage, 30 B, EZ ab € 55,–, DZ ab € 80,–, Nichtraucher-Zi, inkl. Frühstück, Messezuschlag, alle Zi mit Du, WC, ☎, TV und kostenfreiem WLAN, mediterrane Küche, Terrasse, Messenähe, Verzehrgutschein € 5,–, 🖨, Dorfstr. 30, @, www.artischocke.com, ☎ 0049 (0) 5 11/94 26 46 30, Fax 94 26 46 59.

⑮ D-31319 SEHNDE-HÖVER
A 7 ab Ausfahrt 58 Hannover-Anderten → Sehnde, 1. Abfahrt → Höver
Landhotel-Restaurant Zur Linde ★★★ 120 B, EZ € 20,– bis 35,–, DZ € 30,– bis 60,–, Mehrbett-Zi, Frühstücksbuffet, Messezuschlag, alle Zi mit Du, WC, ☎, TV und WLAN, gutbürgerliche Küche, Räume bis 120 Personen, Terrasse, 🖨, ⌂, großer P, Prof.-Plühr-Str. 6, @, www.landhotel-hannover.de, ☎ 0049 (0) 51 32/9 22-0, Fax 76 24.

⑯ D-31319 SEHNDE-BILM A 7 ab Ausfahrt 58 Hannover-Anderten/Sehnde 3,5 km → Sehnde, in Ilten rechts oder Ausfahrt 59 Laatzen 5 km → Sehnde, in Wassel links
Parkhotel Bilm ★★★★ ruhige Lage, 70 B, EZ € 74,50, DZ € 99,50, inkl. Frühstücks- und Abendbuffet, Messezuschlag, alle Zi mit Du, WC, ☎ und TV, inklusive Minibargetränken, WLAN, gute Küche, Konferenzräume, Wintergarten, Hallenbad, Sauna, Park, 🖨, ⌂, 🚌, P, Behmerothsfeld 6, @, www.parkhotel-bilm.de, ☎ 0049 (0) 51 38/60 90, Fax 60 91 00.

⑰ D-31319 SEHNDE-BILM
A 7 ab Ausfahrten 58 Hannover-Anderten und 59 Laatzen
Hotel-Gasthaus Zur Linde Bilm ★★ ruhige Lage in Ortsmitte, 40 B, EZ € 31,– bis 41,–, DZ € 61,– bis 82,–, inkl. Frühstück, Messezuschlag, alle Zi mit Bad/Du, WC, ☎ und TV, gute Küche, Räume für 20 bis 150 Personen, 🖨, ⌂, 🚌, G, großer P, Am Denkmal 1, ☎ 0049 (0) 51 38/6 08 20-0, Fax 80 53.

⑱ D-31319 SEHNDE-ILTEN
A 7 ab Ausfahrten 58 Hannover-Anderten und 59 Laatzen → Sehnde je 4 km
Hotel-Restaurant Steiner ★★★ zentrale, ruhige Lage, 26 B, EZ € 46,–, DZ € 72,–, Familien-Zi, inkl. Frühstücksbuffet, Messezuschlag, alle Zi mit großer Du, WC, ☎, TV und WLAN, Grillspezialitäten, Biergarten, Spielplatz, 🖨, P, Sehnder Str. 21, @, www.hotelsteiner.de, ☎ 0049 (0) 51 32/65 90, Fax 86 59 19.

⑲ D-31275 LEHRTE-AHLTEN
A 7 ab Ausfahrt 58 Hannover-Anderten ca. 1,5 km → Sehnde/Lehrte
Hotel-Restaurant Zum Dorfkrug ★★★ 52 B, EZ € 60,– DZ € 90,– bis 110,–, inkl. Frühstück, alle Zi mit Du, WC, ☎, TV und WLAN, Konferenzräume, Schwimmbad, Sauna, 🖨, 🚌, P, Hannoversche Straße 29, @, www.hotelzumdorfkrug.de, ☎ 0049 (0) 51 32/60 03, Fax 78 33.

⑯

**Parkhotel Bilm,
Sehnde-Bilm**

⑳ D-31157 SARSTEDT-GÖDRINGEN
A 7 → Süden Ausfahrt 59 Laatzen → Laatzen; → Norden Ausfahrt 62 Hildesheim, jeweils B 6 → Sarstedt (Ampel B 6 → Hotteln) 13 km
Hotel Gutshof Busch ★★★ 60 B, EZ € 50,–, DZ € 75,–, inkl. Frühstücksbuffet, Messepreise anfragen, alle Zi mit Du, WC, Fön, ☎ und Sat-TV, Restaurant auf Anfrage, Hotspot, 🖨, ⌂, G, P, Gödringer Straße 15, HotelGutshofBusch@t-online.de, www.hotel-gutshof-busch.de, ☎ 0049 (0) 50 66/6 32 29, Fax 6 57 90.

㉑ D-31180 GIESEN
A 7 ab Ausfahrt 59 Laatzen 14 km und Ausfahrt 61 Hildesheim-Drispenstedt 6 km (→ Hannover B 6)
Hotel-Restaurant Ernst ★★★ 62 B, EZ € 41,–, DZ € 66,–, inkl. Frühstück, Zi mit Du, WC, ☎ und TV, gutbürgerliche Küche, Räume für 70 Personen, Biergarten, 🚌, G, P, Godehardstraße 2, @, www.hotel-ernst.de, ☎ 0049 (0) 50 66/70 42-0, Fax 70 42-40.

㉒ D-31177 HARSUM
A 7 ab Ausfahrt 61 Hildesheim-Drispenstedt → Peine 300 m
Hildesheimer Hof garni ★★★ 30 B, EZ € 33,– bis 48,–, DZ € 70,– bis 80,–, inkl. Frühstück, Messezuschlag, Zi mit Du, WC und TV, 🖨, ⌂, großer P, Bundesstr. 7, @, www.hildesheimer-hof.de, ☎ 0049 (0) 51 27/93 11 07, Fax 93 11 08.

㉓ – ㉘ + ⑺ – ⑺ **Einträge siehe Seite 111**

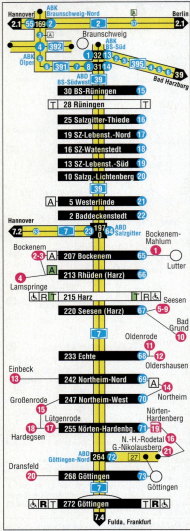

① D-31167 BOCKENEM-MAHLUM
A 7 ab Ausfahrt 65 Bockenem → Lutter, nach 1,5 km links
Hotel-Restaurant Zur Linde ★★★ 16 B, EZ € 48,– bis 63,– bis 85,–, Familien-Zi, inkl. Frühstück, alle Zi mit Du, WC, ☎, TV und WLAN, Räume bis 200 Personen, Biergarten, ☐, 🍴, G, P, Braunschweiger Str. 57, @, www.zur-linde-mahlum.de, ☎ 0049 (0) 5067/2324, Fax 69 85 58.

② D-31167 BOCKENEM A 7 ab Ausfahrt 65 Bockenem ca. 500 m
Hotel-Wirtshaus Sauer ★★★ 79 B, EZ ab € 40,–, DZ ab € 60,–, 3- und 5-Bett-Zi, inkl. Frühstücksbuffet, alle Zi mit Du, WC, TV und WLAN, sehr gute, preiswerte bayerisch-griechische Küche, „Schnitzelparadies", Tagesessen € 6,50, Tagungsraum, Saal, ☐, 🍴, 🚲, -WC, Allensteiner Str. 7, @, www.hotelsauer.de, ☎ 0049 (0) 5067/24566, Fax 24567.

③ D-31167 BOCKENEM
A 7 ab Ausfahrt 65 Bockenem ca. 2 km
Hotel-Restaurant Mackensen ★★ 15 B, EZ € 44,– bis 48,–, DZ € 72,– bis 76,–, Familien-Zi, inkl. Frühstücksbuffet, alle Zi mit Du, WC, ☎ und TV, Stobenstraße 4, @, www.bockenem.de/hotelmackensen, ☎ 0049 (0) 5067/1584, Fax 6087.

④ D-31195 LAMSPRINGE A 7 ab Ausfahrt 66 Rhüden 10 km
Hotel-Restaurant Weißes Ross ★★ 15 B, EZ € 38,–, DZ € 65,– bis 67,–, inkl. Frühstück, alle Zi mit Du und WC, gutbürgerliche Küche, Räume bis 60 Personen, Café, Biergarten, P, Mo ./., Hauptstr. 95, www.hr-weisses-ross.de, ☎ 0049 (0) 5183/407, Fax 95 73 85.

⑤ D-38723 SEESEN A 7 ab Ausfahrt 67 Seesen → Stadtmitte
Ringhotel Goldener Löwe ★★★★ zentrale ruhige Lage, 70 B, EZ € 75,– bis 98,–, DZ € 80,– bis 122,–, Nichtraucher-Zi, inkl. Frühstück, alle Zi mit Du, WC, Fön, ☎, TV, WLAN, Radio und Minibar, Lift, Restaurant Anna, Brasserie, Räume bis 100 Personen, Terrasse, ☐, 🍴, 🚲, G € 7,–, Jacobsonstr. 20, @, www.loewe-seesen.de, ☎ 0049 (0) 5381/9330, Fax 93 34 44.

⑥ D-38723 SEESEN
A 7 ab Ausfahrt 67 Seesen 3 km
Landhaus Zum alten Fritz – Hotel-Restaurant ★★★ 55 B, EZ € 42,– bis 52,–, DZ € 62,– bis 78,–, preiswerte Mehrbett-Zi, inkl. Frühstücksbuffet, alle Zi mit Du, WC, ☎ und TV, Lift, Tagungsräume mit Technik bis 70 Personen, Sauna, Solarium, ☐, 🍴, 🚲, -Zi, P, Frankfurter Str. 2, @, www.zum-alten-fritz-in-seesen.de, ☎ 0049 (0) 5381/9493-0 +1811, Fax 94 93-40.

⑦ D-38723 SEESEN A 7 ab Ausfahrt 67 Seesen, am Ortseingang Seesen rechts
Hotel Wilhelmsbad ★★★ 33 B, EZ € 45,– bis 75,–, DZ € 62,– bis 88,–, inkl. Frühstücksbuffet, alle Zi mit Du, WC, ☎ und Kabel-TV, Restaurant „Schlemmer Stübchen" mit ausgezeichneter Küche, Biergarten, Räume für 15 bis 500 Personen, Kegelbahnen, HotSpot, ☐, 🚲, G, P, Frankfurter Straße 10, @, www.hotel-wilhelmsbad.de, ☎ 0049 (0) 5381/1035, Fax 47590.

⑧ D-38723 SEESEN A 7 ab Ausfahrt 67 Seesen ca. 4 km, in Seesen 2. Ampel rechts, hinter der Bahnbrücke links noch 1 km
Hotel Görtler ★★★ sehr ruhige Lage mit Blick auf die Stadt, 30 B, EZ € 45,– bis 65,–, DZ € 70,– bis 75,–, inkl. Frühstücksbuffet, alle Zi mit Du, WC, ☎ und TV, Abendkarte, ☐, 🍴, P, Bulkstraße 1, info@hotel-goertler.de, www.hotel-goertler.de, ☎ 0049 (0) 5381/7887-7, Fax 78 87-99.

⑨ D-38723 SEESEN A 7 ab Ausfahrt 67 Seesen (Harz), Stadtmitte
Hotel-Restaurant Seesener Hof ★★ 13 B, EZ € 45,–, DZ € 66,–, inkl. Frühstück, alle Zi mit Du, WC und TV, ausgezeichnete Küche, ☐, P, Petersilienstr. 7, ☎ 0049 (0) 5381/3644, Fax 490525.

⑩ D-37539 BAD GRUND
A 7 ab Ausfahrt 67 Seesen, B 242 → Clausthal-Zellerfeld → Bad Grund 12 km
Parkhotel Flora ★★★★ 40 B, EZ € 59,–, DZ € 85,–, ab 5 Übernachtungen 10 % Rabatt, inkl. Frühstücksbuffet, alle Zi sind Appartements mit separatem Schlaf-Zi (42-70 qm) Du, WC, ☎ und TV, Restaurant, Solehallenbadnutzung, Sauna, Solarium, schöne Gartenanlage, ☐, 🍴, P, Schurfbergstr. 1, @, www.ParkhotelFlora.de, ☎ 0049 (0) 5327/8391-0, Fax 83 91-40.

② Hotel-Wirtshaus Sauer, Bockenem

⑩ Parkhotel Flora, Bad Grund

⑪ D-37589 OLDENRODE
A 7 ab Ausfahrt 68 Echte ca. 4 km → Echte, B 248 → Seesen
Gasthaus-Hotel-Restaurant A. Zwickert ★★ 25 B, EZ € 36,–, DZ € 56,–, inkl. Frühstück, alle Zi mit Du, WC und TV, 🖥, 🍴, 🛏, G, P, Oldenroder Straße 15, @, www.gasthaus-zwickert.de, ☎ 0049 (0) 55 53/18 26, Fax 5 15.

⑫ D-37589 OLDERSHAUSEN
A 7 ab Ausfahrt 68 Echte 2 km → Osterode
Hotel-Restaurant Zur Altenburg ★★ ruhige Lage, 20 B, EZ € 43,–, DZ € 62,–, inkl. Frühstück, alle Zi mit Du und TV, moderne saisonale Küche, Terrasse, WLAN, 🖥, 🍴, 🛏, G, P, Schloßstr. 14, @, www.hotelzuraltenburg.de, ☎ 0049 (0) 55 53/8 55, Fax 0049 (0) 32 12/12 03 3 07.

⑬ D-37574 EINBECK A 7 ab Ausfahrt 69 Northeim-Nord → Einbeck 13 km
Hotel Panorama ★★★★ ruhige Lage, 70 B, EZ € 75,– bis 85,–, DZ € 98,– bis 113,–, inkl. Frühstücksbuffet, alle Zi mit Du, WC, Fön, ☎, TV und WLAN, Lift, gehobene Küche, 🖥, 🍴, 🛏, G, Mozartstr. 2, @, www.panorama-einbeck.de, ☎ 0049 (0) 55 61/9 37 70, Fax 9 37 7 55.

⑭ D-37154 NORTHEIM A 7 ab Ausfahrt 70 Northeim 2,5 km
Hotel-Restaurant Schere ★★★★ ruhige Lage im Zentrum (Hotelroute), 75 B, EZ € 69,– bis 86,–, DZ € 95,– bis 112,–, inkl. Frühstücksbuffet, alle Zi mit Bad/Du, WC, ☎, TV, Minibar und Highspeed-Internetanschluss, vorzügliche Küche, Bar, 🖥, 🍴, 🛏, ♿ -Zi, G, P, Breite Straße 24, @, www.hotel-schere.de, ☎ 0049 (0) 55 51/96 90, Fax 96 91 96.

⑮ D-37186 GROSSENRODE A 7 ab Ausfahrten 70 oder 71 je 5 km
Hotel-Gasthof Zum stillen Winkel ★★ ruhige Lage, 20 B, EZ ab € 39,–, DZ ab € 68,–, Mehrbett-Zi, inkl. Frühstück, alle Zi mit Du, WC und Sat-TV, gutbürgerliche Küche, 80 Sitzplätze, 🖥, 🛏, G, P, Am Pfingstanger 1, @, www.hotel-zum-stillen-winkel.de, ☎ 0049 (0) 55 03/22 19, Fax 4 92 41.

⑯ D-37176 NÖRTEN-HARDENBERG-RODETAL
A 7 ab Ausfahrt 71 Nörten-Hardenberg ca. 4,5 km → Duderstadt
Hotel-Restaurant Rodetal ★★★ ruhige Lage am Wald, 20 B, EZ € 47,– bis 50,–, DZ € 75,– bis 85,–, inkl. Frühstück, alle Zi mit Du, WC, ☎, TV und WLAN, rustikal und modern eingerichtet, internationale Küche mit südlichen Akzenten, Wildspezialitäten, 250 Sitzplätze, Tagungsräume bis 40 Personen, Terrasse und Steingarten, 🖥, 🛏, P, @, www.rodetal.de, ☎ 0049 (0) 55 94/95 22-0, Fax 95 22-20.

⑰ D-37176 LÜTGENRODE A 7 ab Ausfahrt 71 → Hardegsen 600 m
Hotel-Restaurant Zum Sachsenross ★★★ 20 B, EZ ab € 44,–, DZ ab € 78,–, inkl. Frühstücksbuffet, alle Zi mit Du, WC, ☎ und TV, Festscheune für 150 Personen, 80 Sitzplätze, 🖥, 🛏, G, P, Obere Dorfstr. 32, @, www.sachsenross.com, ☎ 0049 (0) 55 03/80 03-0, Fax 80 03-22.

⑱ D-37181 HARDEGSEN A 7 ab Ausfahrt 71 ca. 6 km westlich → Hardegsen
Hotel-Restaurant Illemann ★★★ in verkehrsberuhigter Zone in Ortsmitte, 38 B, EZ € 39,– bis 42,–, DZ € 67,– bis 71,–, 3- und 4-Bett-Zi, inkl. Frühstücksbuffet, Zi mit Du, WC, ☎, TV und WLAN, regionale Küche, Hausschlachtung, Gesellschaftsräume für 20-200 Personen, Gartenterrasse, 🛏 -P, G, P, Fr ./., Lange Straße 32-34, @, www.hotel-illemann.de, ☎ 0049 (0) 55 05/94 54-0, Fax 94 54-50.

⑲ D-37176 NÖRTEN-HARDENBERG A 7 ab Ausfahrt 71 ca. 500 m
Shell-SB-Station ⛽ Tag und Nacht geöffnet, 🖥, Lauenförder Str. 3, ☎ 0049 (0) 55 03/5 32, Fax 83 89.

⑳ D-37127 DRANSFELD A 7 ab Ausfahrt 73 Göttingen → Dransfeld 8 km
Landhotel zur Krone ★★★ 18 B, EZ € 36,– bis 42,–, DZ € 72,– bis 78,–, Familien-Zi € 108,–, inkl. Frühstücksbuffet, alle Zi mit Du, WC, ☎, TV und WLAN, regionale und mediterrane Küche, Hofgarten, 🖥, P im Hof, Langestr. 38-40, @, www.zurkrone-dransfeld.de, ☎ 0049 (0) 55 02/35 17, Fax 34 61.

㉑ D-37077 GÖTTINGEN-NIKOLAUSBERG
A 7 ab Ausfahrt 72 ABD Göttingen-Nord/Braunlage 5 km, 4. Ampel links
Hotel Beckmann ★★ ruhige Lage, 52 B, EZ € 34,– bis 52,–, DZ € 55,– bis 80,–, 3- und 4-Bett-Zi, inkl. Frühstück, alle Zi mit Du, WC, ☎, TV und Minibar, 🖥, 🍴, G, P, Ulrideshuser Str. 44, @, www.hotel-beckmann.de, ☎ 0049 (0) 551/2 09 08-0, Fax 2 09 08-10.

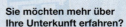

⑮ Hotel-Gasthof Zum stillen Winkel, Großenrode

❻ Landhaus Zum alten Fritz – Hotel-Restaurant, Seesen

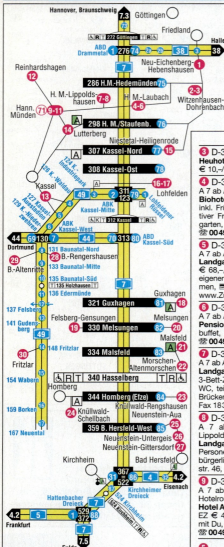

❶ D-37249 NEU-EICHENBERG-HEBENSHAUSEN
A 7 ab ABD Drammetal, A 38 ab Ausfahrt 3 Friedland → Neu Eichenberg B 27
Gasthaus Waldmann ★★ 18 B, EZ € 26,– bis 30,–, DZ € 48,– bis 50,–, inkl. Frühstück, alle Zi mit Du, WC und TV, Räume für 30-120 Personen, Kegelbahn, Biergarten, 🛏, großer P, Lange Straße 30, @, www.gasthaus-waldmann.de, ☎ 0049 (0) 5504/633, Fax 290.

❷ D-37216 WITZENHAUSEN-DOHRENBACH
A 7 ab Ausfahrt 75 H.M.-Hedemünden → Witzenhausen → Großalmerode und A 38 ab Ausfahrt 3 Friedland → Witzenhausen je 15 km
Land-gut-Hotel Zur Warte, Restaurant ★★★★ 38 B, EZ € 40,– bis 50,–, DZ € 64,– bis 70,–, inkl. Frühstücksbuffet, alle Zi mit Du, WC, ☎, TV und Balkon, Räume bis 150 Personen, Hallenbad, Sauna, Solarium, Motorradfahrer willkommen, „Froschkönig" Deutsches Froschmuseum, 🛏, 🍴, 🚌, G, großer P, Warteweg 1, @, www.hotelzurwarte.de, ☎ 0049 (0) 5542/3090, Fax 6681.
Unter gleicher Leitung:

❸ D-37216 WITZENHAUSEN-DOHRENBACH
Heuhotel „Märchenscheune" ★★★ Fachwerkscheune, 25 B, Übernachtung ab € 10,–/Person, moderne Sanitäranlagen, Aufenthaltsraum, Gartenanlage mit Grillplatz, P.

❹ D-34346 HANN. MÜNDEN-LAUBACH
A 7 ab Ausfahrt 75 H.M.-Hedemünden 4 km → Hann. Münden
Biohotel Werratal ★★★★ 80 B, EZ € 65,–, DZ ab € 85,–, Nichtraucher-Zi, inkl. Frühstück, alle Zi mit Bad oder Du, WC, ☎ und Sat-TV, Restaurant mit kreativer Frischküche, Bio zertifiziert, Tagungsräume bis 80 Personen, Terrasse, Biergarten, Sauna, 🛏, 🚌, ♿, großer P, Buschweg 40, @, www.werratalhotel.de, ☎ 0049 (0) 5541/998-0, Fax 998-140.

❺ D-34346 HANN. MÜNDEN-LAUBACH
A 7 ab Ausfahrt 75 H.M.-Hedemünden 5 km → Hann. Münden (im Ortsteil Laubach)
Landgasthaus Zum Braunen Hirsch ★★★ 18 B, EZ € 38,–, DZ € 58,–, 3-Bett-Zi € 68,–, inkl. Frühstück, alle Zi mit Du, WC und TV, gutbürgerliche Küche, Wurst aus eigener Schlachtung, Räume für 40-90 Personen, Rad- und Motorrad-Fahrer willkommen, 🛏, 🍴, 🚌, P, Di ./., Laubacher Straße 39, Zum.Braunen.Hirsch@t-online.de, www.Zum-Braunen-Hirsch.com, ☎ 0049 (0) 5541/3290 4, Fax 34647.

❻ D-34346 HANN. MÜNDEN-LAUBACH
A 7 ab Ausfahrt 75 H.M.-Hedemünden → Laubach 5 km
Pension Haus Werrablick ★★ 12 B, EZ € 35,–, DZ € 45,–, inkl. Frühstücksbuffet, alle Zi mit Du, WC und TV, teils Balkon, Teeküche, P, Uhleneike 7, @, ☎ 0049 (0) 5541/90660, Fax 906633.

❼ D-34346 HANN. MÜNDEN-LIPPOLDSHAUSEN
A 7 ab Ausfahrt 75 H.M.-Hedemünden 6 km → Hann. Münden → rechts Lippoldshausen
Landgasthaus Zur Brücke ★★★ 27 B, EZ € 27,50 bis 31,–, DZ € 47,– bis 55,–, 3-Bett-Zi ab € 69,–, 4-Bett-Zi € 78,– bis 85,–, inkl. Frühstück, alle Zi mit Du und WC, teils TV, Restaurant mit regionaler Küche, Hausschlachtung, 🛏, 🚌, P, An der Brückenecke 2, info@zurbruecke.com, www.zurbruecke.com, ☎ 0049 (0) 5541/6375, Fax 1832.

❽ D-34346 HANN. MÜNDEN-LIPPOLDSHAUSEN
A 7 ab Ausfahrt 75 H.M.-Hedemünden 6 km → Hann. Münden (im Ortsteil Lippoldshausen)
Landgasthaus Zum Krug ★★ 28 B, EZ ab € 28,–, DZ ab € 50,–, Familien-Zi bis 6 Personen von € 70,– bis 110,–, inkl. Frühstück, alle Zi mit Du, WC, gutbürgerliche Küche, Räume bis 100 Personen, Hausschlachtung, 🍴, 🚌, G, Ilksbachstr. 46, @, www.landgasthauszumkrug.de, ☎ 0049 (0) 5541/5768, Fax 12239.

❾ D-34346 HANN. MÜNDEN
A 7 ab Ausfahrten 75 H.M.-Hedemünden und 76 H. M.-Staufenberg → Zentrum, Hotelroute
Hotel Aegidienhof Garni ★★★ stilvoll renoviertes Fachwerkhaus in Altstadtlage, 36 B, EZ € 43,–, DZ € 63,–, Familien-Zi, inkl. Frühstücksbuffet, alle Zi allergikergeeignet mit Du, WC und TV, teils WLAN, 🛏, G, P, Aegidiistr. 9, @, www.hotel-aegidienhof.de, ☎ 0049 (0) 5541/98460, Fax 98620.

❺

Landgasthaus
Zum Braunen
Hirsch,
Hann. Münden
Laubach

⑩ D-34346 HANN. MÜNDEN
A 7 ab Ausfahrt 75 H.M.-Hedemünden ca. 9 km (Ortseingang 2. Straße rechts)
Gasthof Zur Querenburg ★★★ 21 B, EZ € 39,–, DZ € 62,–, inkl. Frühstücksbuffet, alle Zi mit Du, WC, ☎ und TV, regionale Küche, Saisonspezialitäten, Biergarten, ☳, 🚐, P, Wiershäuser Weg 15, @, www.gasthof-zur-querenburg.de, ☎ 0049 (0) 5541/4380, Fax 12661.

⑪ D-34346 HANN. MÜNDEN
A 7 ab Ausfahrten 75 H.M.-Hedemünden und 76 H.M.-Staufenberg → Zentrum, Hotelroute
Gästehaus Musmann, garni ★★★ in historischer Altstadt gelegen, Nichtraucherhaus, 20 B, EZ € 80,–, DZ € 100,–, inkl. Frühstück, alle Zi mit Bad/Du, WC, Bidet, ☎ und TV, Hot-Spot, Park mit Terrasse, ☳, kein ./., ganzjährig offen, P, Wilhelmstr. 14, @, www.gaestehausmusmann.de, ☎ 0049 (0) 5541/956953, Fax 903315 (siehe auch Seite 119).

⑫ D-34359 REINHARDSHAGEN A 7 ab Ausfahrt 75 ca. 20 km B 80, in Hann. Münden B 80 → Bad Karlshafen (Ortsmitte Veckerhagen)
Hotel Historisches Brauhaus ★★ ruhige Lage, 18 B, EZ € 36,–, DZ € 58,– bis 68,–, inkl. Frühstück, alle Zi mit Du, WC und ☎, frische Küche, TV-Raum, Dachterrasse, eigene Bierherstellung, 🚐, P, Anreise bis 18 Uhr, Kirchplatz 9, @, www.historisches-brauhaus.de, ☎ 0049 (0) 5544/227, Fax 7794.

⑬ D-34134 KASSEL
A 49 ab Ausfahrt 5 ca. 1 km, 4. Ampel links
Hotel-Restaurant Lenz ★★ 21 B, EZ € 45,–, DZ € 65,–, inkl. Frühstücksbuffet, alle Zi mit Du, WC, TV und WLAN, teils ☎, gutbürgerliche Küche, Gesellschaftsraum für 60 Personen, ☳, P, Frankfurter Straße 176, @, www.hotel-lenz-kassel.de, ☎ 0049 (0) 561/43373, Fax 41188.

⑭ D-34355 LUTTERBERG
A 7 ab Ausfahrt 76 ca. 1,5 km
Gasthaus-Hotel Zum weißen Roß ★★ 17 B, EZ € 39,50, DZ € 58,–, inkl. Frühstück, alle Zi mit Du, WC, TV und WLAN, gutbürgerliche Küche, Räume bis 150 Personen, Golfplatz 2 km, ☳, 🚐, P, kein ./., Lange Str. 6, @, www.zum-weissen-ross.de, ☎ 0049 (0) 5543/2252, Fax 4442.

⑮ D-34266 NIESTETAL-HEILIGENRODE
A 7 ab Ausfahrt 77 Kassel-Nord → Heiligenrode, 400 m
Hotel Garni Althans, Cafe-Konditorei ★★ 27 B, EZ € 41,– bis 46,–, DZ € 68,– bis 74,–, Nichtraucher Zi, inkl. Frühstück, alle Zi mit Du, WC, ☎ und TV, Cafe mit 40 Plätzen, ☳, 🚐, P, Friedrich-Ebert-Str. 65, @, www.hotel-althans.de, ☎ 0049 (0) 561/525061, Fax 526981.

⑯ D-34253 LOHFELDEN A 49 ab Ausfahrt 3 ca. 1 km
Hotel-Restaurant „Zur Post" ★★★ 90 B, EZ € 52,60 und 58,10, DZ € 80,70 und 87,70, inkl. Frühstücksbuffet, 3-Bett-Zi, alle Zi mit Bad/Du, WC, ☎ und TV, gutbürgerliche und gehobene Küche, Restaurationsräume bis 250 Personen, ☳, 🚐, ♿, G, großer P, Hauptstraße 29, @, www.post-lohfelden.de, ☎ 0049 (0) 561/95100, Fax 5101698.

⑰ D-34253 LOHFELDEN A 49 ab Ausfahrt 3 ca. 1 km
Hotel-Restaurant Kulturhalle ★★ ruhige Lage, 10 B, EZ € 45,–, DZ € 78,–, inkl. Frühstücksbuffet, alle Zi mit Du, WC und TV, gutbürgerliche Küche, Räume bis 90 Personen, ☳, 🚐, P, Friedrich-Ebert-Ring 25 a, @, www.kulturhalle-lohfelden.de, ☎ 0049 (0) 561/5102122, Fax 5102642.

⑱ D-34302 GUXHAGEN
(bei Kassel) A 7 ab Ausfahrt 81 Guxhagen ca. 500 m
Hotel Montana ★★★★ 80 B, EZ € 51,50 bis 59,50, DZ € 66,– bis 74,–, 3-Bett-Zi € 89,–, 4-Bett-Zi € 122,–, Nichtraucher-Zi, Familien-Zi, Frühstücksbuffet € 8,–, alle Zi mit Du, WC, Fön, ☎, TV und Radio, kostenfreies WLAN, Restaurant, Tagungsräume bis 60 Personen, Hotelbar, Sauna, Fitness, ☳, ♿, ♿-Zi, G, P, Rezeption tägl. bis 24 Uhr, Ellenberger Str. 12, @, www.montana-hotels.de, ☎ 0049 (0) 5665/9465-0, Fax 9465-100.

⑲ D-34587 FELSBERG-GENSUNGEN
A 7 ab Ausfahrt 82 Melsungen ca. 1 km
Burg-Hotel Heiligenberg Restaurant-Café ★★★ ruhige Lage im Wald, schöner Fernblick, 50 B, EZ € 46,–, DZ € 68,– bis 75,–, inkl. Frühstück, Zi mit Bad, Du, WC, WLAN und TV, Räume bis 100 Personen, Terrassen, ☳, 🚐, G, P, burg-hotel_heiligenberg@t-online.de, ☎ 0049 (0) 5662/831, Fax 2550.

⑳ D-34212 MELSUNGEN A 7 ab Ausfahrt 82 Melsungen ca. 4 km, im Ort 1. Ampel rechts, nächste Ampel links, 500 m linke Seite
Hotel-Gasthaus Ellenberger ★★★ zentral gelegen, 18 B, EZ € 49,90, DZ € 69,–, inkl. Frühstücksbuffet, Zi mit Du, WC und TV, Restaurant mit deutscher regionaler Küche für 100 Personen, Biergarten, ☳, G, P, Bahnhofstr. 14, @, www.hotel-ellenberger.de, ☎ 0049 (0) 5661/5149, Fax 2223.

㉑ D-34323 MALSFELD A 7 ab Ausfahrt 83 Malsfeld → Malsfeld 5 km
Landhotel Jägerhof ★★★ 50 B, EZ € 38,–, DZ € 65,–, inkl. Frühstücksbuffet, alle Zi mit Du, WC, Fön und TV, Lift, gutbürgerliche Küche, Terrasse, Räume bis 150 Personen, ☳, 🚐, ♿, P, Kirchstr. 1, www.jaegerhof-malsfeld.de, ☎ 0049 (0) 5661/2155, Fax 739818.

㉒ D-34326 MORSCHEN-ALTMORSCHEN
A 7 ab Ausfahrt 83 Malsfeld
Landhotel-Restaurant Poststation Zum Alten Forstamt ★★★★ historisches Gebäude mit modernem Komfort, 25 B, EZ € 67,50, DZ € 88,– bis 99,–, Nichtraucher-Zi, inkl. Frühstück, alle Zi mit Du, WC und TV, frische regionale und saisonale Küche, ☳, ♿-Zi, P, Nürnberger Landstr. 13, poststation-raabe@onlinehome.de, www.poststation-raabe.de, ☎ 0049 (0) 5664/93930, Fax 93930.

㉓ D-34593 KNÜLLWALD-RENGSHAUSEN
A 7 ab Ausfahrt 84 Homberg → Rotenburg 6 km
Hotel Sonneck ★★★★ sehr ruhiges Haus, 80 B, EZ € 59,– bis 76,–, DZ € 80,– bis 105,–, Familien-Zi, inkl. Frühstück, alle Zi mit Bad/Du, WC, ☎ und TV, Lift, Tagungsraum bis 80 Personen, Schwimmbad, Sauna, ☳, ♨, 🚐, G, P, Zu den einzelnen Bäumen 8, @, www.hotel-sonneck.com, ☎ 0049 (0) 5685/99957, Fax 9995601.

㉔–㉚ + ㉛ Einträge siehe Seite 118

㉒ Landhotel-Restaurant Poststation Zum Alten Forstamt, Morschen-Altmorschen

Landgasthof

Hotel Hess

❶–㉓ Einträge siehe Seiten 116 + 117

㉔ D-34593 KNÜLLWALD-SCHELLBACH
A 7 ab Ausfahrt 84 Homberg (Efze) links → Remsfeld, Hotelroute
Knüllhotel Tann-Eck, Restaurant ★★★ 36 B, EZ € 48,– bis 60,–, DZ € 78,– bis 95,–, 3 Bett-Zi € 92,–, 4 Bett-Zi € 105,–, inkl. Frühstücksbuffet, alle Zi mit Du, WC, Fön, ☏ und Sat-TV, 70 Sitzplätze, Wildspezialitäten, Hausschlachtung, Tagungsräume bis 30 Personen, Terrasse, Sauna, Solarium, ▭, 🍴, 🚌, P, Burgenweg 2, @, www.hoteltanneck.de, ☏ 0049 (0) 5681/9 92 10, Fax 99 21 97.

㉕ D-36286 NEUENSTEIN-AUA
A 7 ab Ausfahrt 85 Bad Hersfeld-West ca. 500 m
Landgasthof Hotel Hess ★★★ 90 B, EZ € 52,– bis 72,–, DZ € 72,– bis 98,–, inkl. Frühstücksbuffet, alle Zi mit Bad/Du, WC, ☏ und TV, hervorragende Küche mit saisonalen Spezialitäten, ▭, 🍴, 🚌, G, P, Geistalstr. 8, hotel-hess@t-online.de, www.landgasthof-hess.de, ☏ 0049 (0) 66 77/9 20 80, Fax 13 22 (siehe auch diese Seite).

㉖ D-36286 NEUENSTEIN-UNTERGEIS
ab Ausfahrt 85 → Bad Hersfeld 3 km (B 324)
Landgasthof-Hotel Will ★★☆ 35 B, EZ € 32,– bis 35,–, DZ € 47,– bis 50,–, inkl. Frühstücksbuffet, alle Zi mit Du, WC und ☏, auf Wunsch Sat-TV, Küche mit Hausmacher Spezialitäten, Hausschlachtung von eigener Tierhaltung, Räume bis 60 Personen, Biergarten, ▭, 🍴 (kleine), 🚌, großer P, Am Sportplatz 1, @, www.landgasthof-will.de, ☏ 0049 (0) 66 21/1 53 44, Fax 7 88 97.

㉗ D-36286 NEUENSTEIN-GITTERSDORF A 7 ab Ausfahrt 85 Bad Hersfeld-West ca. 4 km und A 4 Ausfahrt 32 Bad Hersfeld ca. 6 km
Hotel-Pension Waldblick ★★ ruhig gelegen am Wald, 28 B, EZ € 35,– bis 45,–, DZ € 55,– bis 75,–, inkl. Frühstück, alle Zi mit Du, WC, ☏ und Sat-TV, Sauna, Aufenthaltsraum, Terrasse, Hausschlachtung, ▭, 🍴, großer P, Hählganser Straße 45, info@hotel-pension-waldblick.de, www.hotel-pension-waldblick.de, ☏ 0049 (0) 66 21/4 00 8-0, Fax 4008-20.

㉘ D-34225 BAUNATAL-RENGERSHAUSEN
A 49 ab Ausfahrt 8 Baunatal-Nord → Rengershausen/Knallhütte 600 m
Landgasthaus-Hotel Bonn ★★★ 40 B, EZ € 60,– bis 75,–, DZ € 80,– bis 95,–, Suite ab € 100,–, Nichtraucher Zi, ruhige Zi mit Du, WC, Fön, ☏, TV und WLAN, Restaurant mit regionaler und internationaler Küche, Bierstube, Terrasse, mehrfach ausgezeichnetes Haus, ▭, 🚌, G, P, Guntershäuser Straße 4-6, info@hotel-bonn.de, www.hotel-bonn.de, ☏ 0049 (0) 561/9 49 76-0, Fax 49 89 99.

㉙ D-34225 BAUNATAL-ALTENRITTE
A 49 ab Ausfahrt 8 Baunatal-Nord → Baunatal-Stadtmitte, Hotelroute folgen
Hotel-Restaurant Stadt Baunatal ★★★ 120 B, EZ € 49,– bis 55,–, DZ € 82,– bis 100,–, Mehrbett- und Nichtraucher-Zi, inkl. Frühstücksbuffet, alle Zi mit Bad/Du, WC, ☏ und TV, internationale Küche, Biergarten, ▭, 🍴, 🚌, P, Wilhelmshöher Str. 5, hotel-stadt-baunatal@t-online.de, www.hotel-stadt-baunatal.de, ☏ 0049 (0) 561/9 48 80, Fax 9 48 81 00.

㉚ D-34560 FRITZLAR
A 49 ab Ausfahrt 14 Fritzlar ca. 5 km, am Hospital z. Hl. Geist
Hotel-Restaurant Café Kaiserpfalz ★★★ 38 B, EZ € 40,– bis 55,–, DZ € 70,– bis 85,–, Familien-Zi, inkl. Frühstück, alle Zi mit Du, WC, ☏ und TV, Lift, internationale Küche, Sauna, Tief-G, Gießener Str. 20, @, www.kaiserpfalz.com, ☏ 0049 (0) 56 22/9 93 77 0, Fax 9 93 5 70.

㉑ HANN. MÜNDEN – DREIFLÜSSESTADT UND FACHWERKJUWEL IM WESERBERGLAND

Fachwerkstadt von europäischem Rang, mittelalterliches Stadtbild, Weserrenaissance-Rathaus mit Doktor-Eisenbart-Glockenspiel, Welfenschloss, Weserstein, Drei-Flüsse-Rundfahrten, legendärer Barockarzt Doktor Eisenbart (Auftritte im Sommer), von Mai bis Oktober täglich 10 und 14 Uhr öffentlicher Stadtrundgang, Drehscheibe der Radfernwege an Werra, Fulda und Weser, Weser-Harz-Heide-Radweg, Kanufahren, Wandern, Golfspielen.

Blick auf die Werrabrücke und Doktorwerder von oben (© Burkhardt-Touristik Naturpark Münden e.V.)

Informationen:
Touristik Naturpark Münden e.V.,
Rathaus/Lotzestraße,
D-34346 Hann. Münden,
tourist-info@hann.muenden.de, www.hann.muenden-tourismus.de,
☏ 0049 (0) 55 41/75-3 13 oder -3 43, Fax 75-4 04.

Traditionsreich – familiär – ländlich. Das sind die charakteristischen Merkmale des Landgasthofes Hess, dessen Geschicke seit mehr als 100 Jahren in den Händen unserer Familie liegen.

Jedes unserer 45 Zimmer ist liebevoll eingerichtet und verströmt den ländlichen Charme der Region. Dusche und WC, Schreibtisch, ISDN-Anschluss, W-LAN, Sat-TV gehören zur selbstverständlichen Ausstattung unserer Hotelzimmer.

Frische und Qualität stehen in unserer Küche an erster Stelle. So weit wie möglich nutzen wir regionale Produkte wie zum Beispiel das Wild aus den Wäldern des Knülls oder die Weidelämmer unserer eigenen Herde.

Unser Gasthof liegt im malerischen Fachwerkdorf Aua in der waldreichen Mittelgebirgslandschaft des Knülls. Hier werden Sie traumhaft ruhig schlafen und können einmal richtig abschalten.

Landgasthof Hotel Hess
Geistalstraße 8, 36286 Neuenstein-Aua
Tel. 0 66 77/9 20 80, Fax 13 22
hotel-hess@t-online.de
www.landgasthof-hess.de

Gästehaus Musmann

Wohlfühlen - Entspannen - Genießen

Genießen Sie am Morgen ein reichhaltiges Frühstück in angenehmem Ambiente. Nehmen Sie Platz an einem liebevoll gedeckten Tisch mit ausgesuchtem Fürstenberger Porzellan.

Unser Gästehaus liegt inmitten der grünen „Wallanlagen" von Hann. Münden, nur wenige Gehminuten von Restaurants, Geschäften und Sehenswürdigkeiten in der romantischen Altstadt entfernt. Der Bahnhof von dem wir Sie auch gern abholen ist ebenfalls nur ca. 600m entfernt.

In nächster Umgebung finden Sie viele Ausflugsziele wie das Dornröschenschloss, den Tierpark Sababurg, den Herkules in Kassel sowie einen Golfclub, ein Freibad und vieles mehr.

Wir bieten Ihnen Sitzgelegenheiten in unserem großen Garten, unter Bäumen und Pflanzen zum Ausruhen und Entspannen.

Wir sind ein Nichtraucher-Haus. Unsere rauchenden Gäste bitten wir auf die Terrasse oder in den Garten. Es bestehen ausreichend Parkmöglichkeiten auf unserem Grundstück und für Ihre Fahrräder gibt es einen sicheren Abstellraum.

Erleben Sie die herzliche Gastfreundschaft unseres Hauses mit gediegenem Komfort zu vernünftigen Preisen.

HotSpot
··· T··Mobile·

Gästehaus Musmann
Wilhelmstraße 14
34346 Hann. Münden
Tel. 05541-956953
Fax 05541-903315
www.gaestehausmusmann.de
(siehe auch Route 7.4)

❶ D-36286 NEUENSTEIN-AUA A 7 ab Ausfahrt 85 Bad Hersfeld-West ca. 500 m
Landgasthof Hotel Hess ★★★ 90 B, EZ € 52,– bis 72,–, DZ € 72,– bis 98,–, inkl. Frühstücksbuffet, alle Zi mit Bad/Du, WC, ☎ und TV, hervorragende Küche mit saisonalen Spezialitäten, ☐, ⛽, 🅿, G, P, Geistalstr. 8, @, www.landgasthof-hess.de, ☎ 0049 (0) 6677/92080, Fax 1322 **(siehe auch Seite 118)**.

❷ D-36286 NEUENSTEIN-UNTERGEIS
ab Ausfahrt 85 → Bad Hersfeld 3 km (B 324)
Landgasthof-Hotel Will ★★ 35 B, EZ € 32,– bis 35,–, DZ € 47,– bis 50,–, inkl. Frühstücksbuffet, alle Zi mit Du, WC und ☎, auf Wunsch Sat-TV, Küche mit Hausmacher Spezialitäten, Hausschlachtung von eigener Tierhaltung, Räume bis 60 Personen, ☐, ⛽ (kleine), ⛽, großer P, Am Sportplatz 1, @, www.landgasthof-will.de, ☎ 0049 (0) 6621/15344, Fax 78897.

❸ D-36286 NEUENSTEIN-GITTERSDORF A 7 ab Ausfahrt 85 Bad Hersfeld-West ca. 4 km und A 4 Ausfahrt 32 Bad Hersfeld ca. 6 km
Hotel-Pension Waldblick ★★ ruhig gelegen am Wald, 28 B, EZ € 35,– bis 45,–, DZ € 55,– bis 75,–, inkl. Frühstück, alle Zi mit Du, WC, Sauna, Aufenthaltsraum, Terrasse, Hausschlachtung, ☐, ⛽, großer P, Hählganser Straße 45, @, www.hotel-pension-waldblick.de, ☎ 0049 (0) 6621/4008-0, Fax 4008-20.

❹ D-36275 KIRCHHEIM ab Ausfahrt 87 Kirchheim → blaue Beschilderung Motel
Motel Roadhouse ★★★ 308 B, EZ € 59,–, DZ € 82,–, 3-Bett-Zi € 94,–, 4-Bett-Zi € 106,–, Familien-Zi mit Babybett, ohne Frühstück, alle Zi mit Bad/Du, WC, ☎, Sat-/Pay-TV und Minibar, 3 Restaurants für 400 Personen, Internet-Terminal, WLAN, Hallenbad, Sauna, Solarium, Wellness, ☐, ♿-Zi, P, Motelstr. 5, @, www.roadhouse-kirchheim.de, ☎ 0049 (0) 6625/1080, Fax 8656.

❺ D-36275 KIRCHHEIM A 7 ab Ausfahrt ABD Kirchheim 400 m
Hotel Eydt – Restaurant Kupferspiegel und Hotel Hattenberg ★★★ gesamt 200 B, EZ € 49,– bis 65,–, DZ € 59,90 bis 89,90, Mehrbett-Zi, inkl. Frühstücksbuffet, alle Zi mit Bad/Du, WC, ☎ und Sat-TV, Tagungsräume mit Technik bis 100 Personen, ☐, ⛽, großer P, Hauptstr. 19/Am Hattenberg 1, info@eydt.de, www.eydt.de, ☎ 0049 (0) 6625/9225-0 + 9226-0, Fax 9225-70.

❻ D-36287 BREITENBACH-OBERJOSSA
A 7 ab Ausfahrt 89 Niederaula ca. 3 km und A 5 ab Ausfahrt 2 Alsfeld-Ost → Bad Hersfeld ca. 18 km
Landgasthof und Hotel Zum Jossatal ★★ ruhige Lage, 60 B, EZ € 35,– bis 40,–, DZ € 56,– bis 60,–, 3- und 4-Bett-Zi, inkl. Frühstücksbuffet, alle Zi mit Du, WC, TV und Balkon, 2 Gästehäuser, frische saisonale Küche, Räume bis 80 Personen, Kutschfahrten, ☐, ⛽, Hersfelder Str. 10, @, www.jossatal.de, ☎ 0049 (0) 6675/227, Fax 1589.

❼ D-36272 NIEDERJOSSA A 7 ab Ausfahrt 89 Niederaula 1 km → Alsfeld
Pension Eckhardt (★★★) 14 B, EZ € 32,–, DZ € 49,–, (Familien-Zi), inkl. Frühstück, alle Zi mit Du und WC, teils TV, P, Jossastr. 7, @, www.heubett.com, ☎ 0049 (0) 6625/1861, Fax 9150090.

❽ D-36272 NIEDERAULA-NIEDERJOSSA
A 7 ab Ausfahrt 87 Kirchheim, 3,5 km und Ausfahrt 89 Niederaula, 1,2 km → Alsfeld
Hotel Eydt-Block ★★ 56 B, EZ € 30,– bis 35,–, DZ € 58,– bis 65,–, 3-Bett-Zi € 85,–, 4-Bett-Zi € 95,–, inkl. Frühstück, alle Zi mit Du und WC, gutbürgerliche Küche, TV-Raum, Räume bis 100 Personen, Café-Terrasse, ⛽ nach Anmeldung, P, Jossastr. 44, @, www.hotel-eydt.de, ☎ 0049 (0) 6625/343240, Fax 343241.

❾ D-36110 SCHLITZ
A 7 ab Ausfahrten 89 Niederaula und 90 Hünfeld/Schlitz → Schlitz
Hotel-Restaurant Vorderburg ★★ wohnen im romantischen Burgring, 43 B, EZ € 45,– bis 48,–, DZ € 70,– bis 75,–, inkl. Frühstück, alle Zi mit Du, WC, ☎ und TV, Lift, HotSpot, ☐, ⛽, P, Mi ./., An der Vorderburg 1, @, www.hotel-vorderburg.de, ☎ 0049 (0) 6642/96300, Fax 963080.

❿ D-36110 SCHLITZ A 7 ab Ausfahrten 89 Niederaula und 90 Hünfeld/Schlitz
Gasthof-Pension Lenk „Zum Auerhahn" (★★) ruhige Lage in Ortsmitte, 18 B, EZ € 30,– bis 33,–, DZ € 58,–, inkl. Frühstück, alle Zi mit Du, WC, ☎, TV und WLAN, gutbürgerliche Küche, Biergarten, Räume für 20-45 Personen, Zweiradfahrer willkommen, ⛽, Untergasse 1, @, www.lenk-schlitz.de, ☎ 0049 (0) 6642/5031, Fax 5034.

Hohmanns Brauhaus – Altstadthotel Arte, Fulda

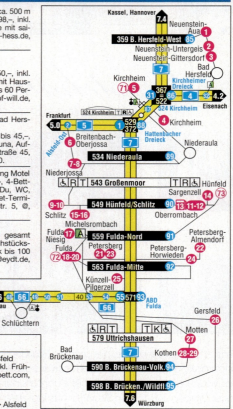

⓫ D-36088 HÜNFELD-OBERROMBACH
A 7 ab Ausfahrt 90 Hünfeld/Schlitz → Hünfeld ca. 300 m
Landgasthof-Hotel Rhönhof ★★☆ unter neuer Leitung, 34 B, EZ € 45,–, DZ € 65,–, 3-Bett-Zi, inkl. Frühstücksbuffet, alle Zi mit Du, WC, ☎ und TV, Terrasse, Motorradfahrer willkommen, ☐, ⛽, großer P, Forsthausstr. 20, @, www.rhoenhof-hotel.de, ☎ 0049 (0) 6652/96510, Fax 965144.

⓬ D-36088 OBERROMBACH
A 7 ab Ausfahrt 90 Hünfeld/Schlitz ca. 500 m
Georgshof Landhotel-Restaurant ★★☆ 22 B, EZ ab € 45,–, DZ ab € 72,–, Familien-Zi ab € 96,–, inkl. Frühstücksbuffet, alle Zi mit Du, WC, ☎, Kabel-TV und WLAN, Räume bis 90 Personen, Biergarten, ☐, ⛽, G, großer P, Forsthausstr. 9, @, www.georgshof.net, ☎ 0049 (0) 6652/2605, Fax 8828.

⓭ D-36088 OBERROMBACH
A 7 ab Ausfahrt 90 Hünfeld/Schlitz ca. 250 m
Shell-SB-Tankstelle ♦ Shell-Shop, geöffnet Mo-Fr 6-23.59 Uhr, Sa 6-21 Uhr, So 8-23 Uhr, ☐, Forsthausstr. 22, ☎ 0049 (0) 6652/2656, Fax 73917.

⓮ D-36088 SARGENZELL
ab Ausfahrt 90 Hünfeld/Schlitz nach links → Hünfeld 5 km
Hotel-Gasthof Plumhoff ★★ sehr ruhige Lage, 22 B, EZ € 35,– bis 45,–, DZ € 50,– bis 70,–, Familien-Zi, inkl. Frühstücksbuffet, alle Zi mit Du, teils Du und WC, gutbürgerliche Küche, Räume für 20-50-100 Personen, TV-Raum, ADAC empfohlen, ⛽, P, kein ./., Blaue Lieth 13, @, www.gasthof-plumhoff.de, ☎ 0049 (0) 6652/2942, Fax 73316.

⑮ D-36088 MICHELSROMBACH A 7 ab Ausfahrt 90 Hünfeld/Schlitz ca. 1 km
Gasthof Zum Stern ★★ ruhige Lage in Ortsmitte, 50 B, EZ € 36,–, DZ
€ 58,–, inkl. Frühstück, alle Zi mit Du, WC und TV, gutbürgerliche Küche, eigene Wurstwaren, Räume für 20 bis 150 Personen, 🚌, G, P, Biebergasse 2, @,
www.landgasthof-zumstern.de, ☎ **0049(0)6652/2575**, Fax 72851.

⑯ D-36088 MICHELSROMBACH A 7 ab Ausfahrt 90 Hünfeld/Schlitz ca. 1 km
Gasthaus Zum Hirsch ★ 12 B, EZ € 26,–, DZ € 45,–, inkl. Frühstück, Zi mit Du, WC
und TV, gutbürgerliche Küche, Hausmacher Wurstwaren, Gesellschaftsräume bis 120
Personen, 🚌, P, Kallbachstraße 7, ☎ **0049(0)6652/2979**.

⑰ D-36039 FULDA-NIESIG
A 7 ab Ausfahrt 91 Fulda-Nord
Restaurant Hohmanns Brauhaus am Lotterberg ✕ frische, abwechslungsreiche deut-
sche Küche, hauseigene Bierspezialitäten, großer Biergarten bis 500 Personen, Winter-
garten, Pavillon, Räume bis 250 Personen, Kinderspielplatz, Streichelzoo, 🚌, 🚐, großer
P, Michelsrombacher Str. 51, @, www.hohmanns-brauhaus.de, ☎ **0049(0)661/65032**.
Unter gleicher Leitung:

⑱ D-36037 FULDA A 7 ab Ausfahrten 91 Fulda-Nord und 92 Fulda-Mitte
Hohmanns Brauhaus – Altstadthotel Arte ★★★⚘ zentrale Lage, 140 B, EZ
€ 45,– bis 85,–, DZ € 65,– bis 100,–, inkl. Frühstücksbuffet, alle Zi mit Du, WC,
Fön, TV, Radio, kostenfreiem @ und Internet, Lift, regionale Küche, Tagungsräume
bis 90 Personen, selbstgebaute Spezialitäten, 🚌, 🚐, Tief-G, Bus-P, Doll 2-4, @,
www.altstadthotel-arte.de, ☎ **0049(0)661/25029880**, Fax 25029888.

⑲ D-36041 FULDA
A 7 ab Ausfahrt 91 Fulda-Nord → B 27 → Fulda, B 458 → Zentrum und Ausfahrt
92 Fulda-Mitte → B 458 → Zentrum, Hotelroute folgen
Hotel am Rosenbad ★★★ 33 B, EZ € 65,– bis 69,–, DZ € 82,– bis 89,–, Familien-
Zi, inkl. Frühstücksbuffet, alle Zi mit Du, Bad, WC, 🕿, TV und WLAN, 🚐, P, Johan-
nisstr. 5, @, www.hotel-am-rosenbad.de, ☎ **0049(0)661/928260**, Fax 9282648.

⑳ D-36037 FULDA
A 7 ab Ausfahrt 92 Fulda-Mitte → Innenstadt, Hotelbeschilderung folgen
Hotel Peterchens Mondfahrt, garni ★★★ Nähe Stadtschloss und Schlossgarten,
100 B, EZ € 54,– bis 76,–, DZ € 78,– bis 98,–, Familien-Zi bis 6 Personen, inkl. Frühstücksbuffet, ruhige Zi mit Du, WC, 🕿, TV und kostenfreiem WLAN, Lift, 🚌, 🍴, P,
24-Stunden Check-In, Rabanusstraße 7, @, www.hotel-peterchens-mondfahrt.de,
☎ **0049(0)661/90235-0**, Fax 90235-799.

㉑ D-36100 PETERSBERG
A 7 ab Ausfahrt 92 Fulda-Mitte → Petersberg
Gasthof Altes Casino ★★★ ruhige Lage, Panoramablick auf die Rhön, 22 B,
EZ € 52,–, DZ € 78,–, inkl. Frühstück, alle Zi mit Du, WC, 🕿, TV und Minibar,
bekannt gute Küche, 🚌, 🍴, 🚐, P, Langenburg 1, @, www.gasthof-casino.de,
☎ **0049(0)661/969070**, Fax 9690725.

㉒ D-36100 PETERSBERG-ALMENDORF
A 7 ab Ausfahrten 91 und 92 → B 27 → Petersberg, Abfahrt Petersberg (B 458), in
Petersberg → Stöckels/Almendorf (beschildert)
Hotel-Restaurant Berghof ★★★ ruhige Lage, 95 B, EZ € 55,– bis 60,–,
DZ € 80,–, inkl. Frühstück, alle Zi mit Du, WC, 🕿, TV und Balkon,
Lift, Tagungsräume für 30-90 Personen, Badelandschaft mit Sauna/Dampf-
bädern, für Hotelgäste frei, Bar, Kegelbahnen, 🚌, 🚐, P, Almendorfer Stra-
ße 1–3, www.berghof-almendorf.de, ☎ **0049(0)661/967900**, Fax 9679088.
Unter gleicher Leitung:

㉓ D-36100 PETERSBERG
A 7 ab Ausfahrt 91 Fulda-Nord
Hotel am Rathaus ★★★ 35 B, EZ € 42,– bis 45,–, DZ € 58,– bis 62,–, inkl. Frühstück,
alle Zi mit Du, WC, 🕿 und TV, Am neuen Garten 1, ☎ **0049(0)661/69003**, Fax 63257.

㉔ D-36100 PETERSBERG-HORWIEDEN
A 7 ab Ausfahrt 92 Fulda-Mitte → Petersberg
Landgasthof Horwieden ★★★ ruhige Lage, 40 B, EZ ab € 45,–, DZ ab € 65,–,
inkl. Frühstück, alle Zi mit Du, WC, 🕿 und TV, regionale und saisonale Spezialitäten, Biergarten, Tagungsräume, Kegelbahn, 🚌, 🚐, P, Tannenküppel 2, @,
www.landgasthof-horwieden.de, ☎ **0049(0)661/969240**, Fax 96924300.

㉕ D-36093 KÜNZELL-PILGERZELL
A 7 ab Ausfahrt 92 Fulda-Mitte → B 458 → Dipperz, rechts → Wissels → Dirlos →
Pilgerzell, 4 km
Gasthof „Zur Linde" ★★★ 40 B, EZ € 39,–, DZ € 60,–, 3-Bett-Zi € 79,–, inkl.
Frühstücksbuffet, alle Zi mit Du, WC, Fön, 🕿, TV und WLAN, gutbürgerliche Küche,
Biergarten-Terrasse, Räume bis 100 Personen, 4 Kegelbahnen, Schwimmbad,
Sauna, 🚌, 🍴, 🚐, Wernaustr. 7, info@gasthofzurlinde.de, www.gasthofzurlinde.de,
☎ **0049(0)661/34167**, Fax 302240.

㉖ D-36129 GERSFELD
(Nähe Wasserkuppe) A 7 ab Ausfahrten 93 und 95
Hotel Sonne ★★★ 50 B, EZ € 33,– bis 36,–, DZ € 54,– bis 60,–, inkl. Früh-
stücksbuffet, alle Zi mit Du, WC, 🕿, TV und WLAN, Restaurant bis 100 Personen,
Rhön-Spezialitäten, Sauna, 🚐, G, P, Amelungstraße 1, @, www.sonniges.de,
☎ **0049(0)6654/96270**, Fax 7649.

㉗ –㉙ +⑦¹–⑦³ Einträge siehe Seite 122

㉑ **Gasthof Altes Casino, Petersberg**

㉒ **Hotel-Restaurant Berghof,
Petersberg-Almendorf**

Tipps zur Route

Die Rhön-Autobahn mit ihren vielen eleganten Brücken beginnt ihren Lauf am Hattenbacher Dreieck. Dieses Teilstück der A 7 führt zunächst durch das waldreiche Schlitzer Land, erreicht nach 32 km die alte Bischofsstadt Fulda und bald auch die imposante, 930 m lange Fulda-Talbrücke. Inmitten der reizvollen Mittelgebirgslandschaft des Naturparks Hessische Rhön überquert sie drei gewaltige Viadukte, die Döllbach-Talbrücke, die Talbrücke Ulrichshausen und die Grenzwaldbrücke, die längste der zahlreichen Brücken der Autobahn.

Ausfahrt Kirchheim: Im Schnittpunkt der Verkehrswege A 7 und A 4, am Kirchheimer Dreieck, liegt Kirchheim/Hessen. Die Infrastruktur des Ortes ist an den Bedürfnissen der Reisenden orientiert: Raststätten, Autohöfe, Tankstellen, Fast-Food-Ketten und Hotels mit 24-Stunden-Service. In den Seitentälern und den Ortsteilen der 4 000-Seelen-Gemeinde Kirchheim wird es idyllischer: Wald und Wiesen prägen das Bild. Der Freizeitwert wird durch die Freizeitanlage Seepark Kirchheim noch gesteigert. Die Wasserskianlage ist bei Urlaubern, Wochenendgästen und Einheimischen gleichermaßen beliebt. Zum Sonntagskaffee empfiehlt sich ein Besuch in der Museumsscheune „Scheune an der Aula": selbstgebackener Kuchen in historischem Ambiente!

Ausfahrt Hünfeld/Schlitz: Schlitz ist uralt. Ein malerischer Stadtkern hat die Zeiten überdauert. Vier Burgen gibt es hier, und die Stadtkirche geht in ihrem Ursprung auf das Jahr 812 zurück. Ein Aufenthalt in Schlitz wird Ihnen viel Freude bereiten.

Ausfahrt Fulda-Nord: Die Wasserkuppe, 950 m hoch, ist für einen Ausflug nahe genug. Über die gut ausgebaute B 458 brauchen Sie bis Dietges keine 30 Minuten, und von da bis zum Gipfel sind es noch 7 km. Berghotel, Segelfliegermuseum. Die Weite der Landschaft mit ihren urwüchsigen Basaltkegeln, diese unvergleichliche Fernsicht macht den Besuch der Rhön zu einem echten Erlebnis.

① – ㉖ Einträge siehe Seiten 120 + 121

㉗ D-97786 MOTTEN
A 7 ab Ausfahrten 93 und 94 je 11 km (B 27)
Sportgasthof „Zur Grünen Au" ★ 20 B, EZ € 25,–, DZ € 46,–, inkl. Frühstück, alle Zi mit Du und WC, auf Wunsch TV, durchgehende gutbürgerliche Küche, Wurstspezialitäten aus eigener Schlachtung, Räume für 100 Personen, Kegelbahnen, 🛏, G, P, Fuldaer Str. 16, @, www.gruene-au-motten.de, ☎ 0049 (0) 9748/285, Fax 930667.

㉘ D-97786 KOTHEN
A 7 ab Ausfahrt 94 → B 27 → Fulda Motten 6 km
Gasthof & Hotel „Rhönperle" ★★☆ 36 B, EZ ab € 29,–, DZ € 49,– bis 53,–, Nichtraucher-Zi, inkl. Frühstücksbuffet, alle Zi mit Du und WC, teils TV und Balkon, gutbürgerliche Küche, regionale Spezialitäten, Terrasse, WLAN, Tagungs- und Gesellschaftsräume für 80 Personen, 🛏, großer P, Zum Schmelzhof 32, @, www.rhoenperle-kothen.de, ☎ 0049 (0) 9748/515, Fax 353.

㉙ D-97786 KOTHEN
A 7 ab Ausfahrt 94 Bad Brückenau-Volkers 5 km
Gasthof Postkutsche ★★ 27 B, EZ € 23,50, DZ € 44,–, 3-Bett-Zi € 66,–, inkl. Frühstück, alle Zi mit Du und WC, gutbürgerliche Küche mit regionalen Spezialitäten, Zum Schmelzhof 4, @, www.gasthof-postkutsche.de, ☎ 0049 (0) 9748/326, Fax 866.

⑦① KIRCHHEIM/HESSEN

Direkt am Kirchheimer Dreieck finden Sie (fast) rund um die Uhr alles, was man unterwegs so braucht: Raststätten, Restaurants, Tankstellen, Outlets und Einkaufsmärkte. Für eine Erfrischungspause gibt es ein Autobahnschwimmbad, für die geistige Einkehr eine Autobahnkapelle. Legen Sie in der Mitte Deutschlands eine Pause ein: Entdecken und Wohlfühlen im Rotkäppchenland, wo die Brüder Grimm ihr Rotkäppchen fanden. Gepflegte Hotels, ländliche Pensionen und eine großzügige Ferienanlage erwarten Sie! Genießen Sie aktive Freizeit in herrlicher Natur beim Wasserski, Bootfahren, Wandern, Radfahren oder Nordic Walking. Wochenendangebote: Radelspaß mit GPS, Wandern mit Qualitätssiegel, Nordic Walking auf geheimnisvollen Wegen, u.a.

Informationen, Prospekte und Zimmervermittlung:
Touristik-Service Kirchheim, Hauptstr. 2 a, D-36275 Kirchheim/Hessen, kirchheim@rotkaeppchenland.de, www.kirchheim.de,
☎ 0049 (0) 6625/91 95 95, Fax 91 95 96.

⑦② FULDA - DIE BAROCKSTADT

In der Barockstadt Fulda gibt es einiges zu entdecken. Den Mittelpunkt unter den imposanten Bauwerken bildet das Stadtschloss, die Residenz der Fuldaer Fürstäbte und Fürstbischöfe. Auch der Dom ist als die bedeutendste Barockkirche Hessens einen Besuch wert. Fulda ist auch bei den Kleinen ganz groß, denn spielerisch wird die Stadt bei speziellen Veranstaltungen für Kinder erklärt. Die „Großen" kommen derzeit in einem der vielen interessanten Museen auf Ihre Kosten.

Informationen und Prospekte:
Tourismus und Kongressmanagement, Bonifatiusplatz 1,
Palais Buttlar, D-36037 Fulda, tourismus@fulda.de, www.fulda.de,
☎ 0049 (0) 661/1 02-18 10, Fax 1 02-28 11.

⑦③ HÜNFELD – Das Tor zur Rhön

In reizvoller Vorderrhönlandschaft wird viel geboten: Freibad Haselgrund (beheizt), Hallenbad. Reiten: turnierfähige Großreithalle (60 x 20 m Parcour). Golf: 27-Loch Golfanlage. Skateanlage. Segelfliegen: Gastflüge a. d. Flugplatz „Plätzer". Naherholungsanlage Haselgrund mit Haselsee, Tennis (12 Plätze). Erholung: Camping, Bootsfahren, Kleingolf, Nordic Walking, Radwandern, Wandern, Trimm-Dich-Sportpfade. Museen: „Modern Art", Stadt- und Kreisgeschichtliches Museum, im Museum „Konrad Zuse-Erfinder des Computers", Galerie im Bahnhof.

Information und Prospekte: Stadtverwaltung Hünfeld,
Konrad-Adenauer-Platz 1, D-36088 Hünfeld, stadt@huenfeld.de,
www.huenfeld.de, ☎ 0049 (0) 6652/1 80-0, Fax 180188.

❶ – ㉓ Einträge siehe Seiten 124 + 125

㉔ D-97440 WERNECK A 7 ab ABD Schweinfurt/Werneck und A 70 ab ABD Werntal je 6 km und ab Ausfahrt 3 Werneck 3 km (B 19)
Hotel-Gasthof Krone-Post ★★★ direkt am Schloss, 69 B, EZ € 58,– bis 90,–, DZ € 80,– bis 110,–, inkl. Frühstück, alle Zi mit Du, WC, ☏, TV und WLAN, teils Minibar, Lift, 120 Plätze im Hotelrestaurant, 3 Tagungsräume (8/12/24 Personen), Sauna, großer P, Balthasar-Neumann-Straße 1/3, @, www.kronepost.de, ☎ **0049 (0) 97 22/50 90**, Fax 50 91 99.

㉕ D-97440 WERNECK
A 7 ab Ausfahrt 101 Würzburg/Estenfeld und A 70 Ausfahrt 3 Werneck
Brauereigasthof ★★ 20 B, EZ € 45,–, DZ € 70,–, inkl. Frühstück, alle Zi Nichtraucher-Zi mit Du, WC, ☏ und TV, durchgehend Küche, gut bürgerlich, täglich geöffnet von 11.30-21.30 Uhr, Raum für 50 Personen, Biergarten, ▭, ⊟, 🚲, ⓰ -Restaurant, P, Schönbornstraße 2, @, www.brauereigasthof-werneck.de, ☎ **0049 (0) 97 22/91 0 80**, Fax 91 08 10.

㉖ D-97440 WERNECK-ZEUZLEBEN
A 70 ab Ausfahrt 3 Werneck → Werneck, Kreisverkehr → Zeuzleben
Gasthof Zum Auerhahn ★★ 17 B, EZ € 35,– bis 39,–, DZ € 54,– bis 58,–, Familien-Zi, inkl. Frühstück, alle Zi mit Du und WC, auf Wunsch TV, zertifizierter Öko-Metzger mit eigener Schlachtung, Holzbackofen, echt fränkische Atmosphäre, 🚲 nach Vereinbarung, P, Di ./., Oberes Tor 9, www.zum-auerhahn.de, ☎ **0049 (0) 97 22/33 44**, Fax 94 82 24.

㉗ D-97440 WERNECK-ESSLEBEN
A 70 ab Ausfahrt 3 Werneck, B 19 → Würzburg ca. 6 km
Landgasthof zum Goldenen Stern ★★ 17 B, EZ € 25,– bis 35,–, DZ € 50,– bis 60,–, inkl. Frühstück, alle Zi mit Du, WC und TV, regionale Küche, Biergarten, 🚲, P im Hof, Hauptstr. 15, @, www.lgzgs.de, ☎ **0049 (0) 97 22/9 44 65-0**, Fax 9 44 65-199.

㉘ D-97262 HAUSEN A 7 ab Ausfahrt 100 Gramschatzer Wald ca. 200 m
Hotel Am Wiesenweg ★★★ 33 B, EZ € 35,– bis 39,–, DZ € 62,–, 3-Bett Zi € 82,–, 4-Bett Zi € 98,–, inkl. Frühstücksbuffet, alle Zi mit Du, WC, ☏, PC-Anschluss und Sat-TV, Nichtrauch-Hotel, ▭, P, Am Wiesenweg 9, webmaster@hotel-am-wiesenweg.de, www.hotel-am-wiesenweg.de, ☎ **0049 (0) 93 67/98 37-0**, Fax 98 37-19.

㉙ D-97241 BERGTHEIM
A 7 ab Ausfahrt 100 Gramschatzer Wald ca. 7 km, Kreuzung links 20 m
Gasthof Zum goldenen Löwen ★★ 54 B, EZ € 32,– bis 38,–, DZ € 46,– bis 56,–, Familien-Zi, inkl. Frühstücksbuffet, alle Zi mit Du, WC und TV, Abendtisch, Räume und Saal bis 190 Personen, ⊟, 🚲, großer P, Würzburger Str. 19, @, www.zum-goldenen-loewen.fwo.de, ☎ **0049 (0) 93 67/86 37**, Fax 84 37.

㉚ D-97279 PROSSELSHEIM
A 7 ab Ausfahrt 101 Würzburg/Estenfeld ca. 8 km → Volkach
Gasthof Schwarzer Adler ★ 44 B, EZ € 21,– bis 40,–, DZ € 38,– bis 60,–, 3-Bett-Zi € 48,– bis 80,–, 4-Bett-Zi € 65,– bis 100,–, inkl. Frühstück, Zi mit Du, WC und TV, gutbürgerliche Küche, Gesellschaftsräume bis 120 Personen, Biergarten, ▭, 🚲, G, P im Hof, Restaurant Mi ./., Würzburger Str. 39, @, ☎ **0049 (0) 93 86/2 32**, Fax 238.

㉔ Hotel-Gasthof Krone-Post, Werneck

㋛ HAMMELBURG

Urkundlich älteste Weinstadt Frankens. Eingebettet in die romantische Schönheit der typischen Hügellandschaft von Südrhön und Saaletal zeugt Hammelburg von einer über 1200 Jahre alten Rebkultur. Neben dem Rathaus mit Weinkellerei (siehe Bild), Schloss Saaleck, dem Kellereischloss mit Winzerkeller und dem Stadtmuseum Herrenmühle (Brot & Wein) laden zahlreiche Sehenswürdigkeiten und Freizeitmöglichkeiten zum Verweilen ein.

Information und Prospekte:
Tourist-Information Hammelburg, Kirchgasse 4, D-97762 Hammelburg, touristik@hammelburg.de, www.hammelburg.de,
☎ **0049 (0) 97 32/9 02-4 30**, Fax 0049 (0) 97 32/9 02-54 30.

Tipps zur Route

Auch in der Bayerischen Rhön überwindet die A 7 Täler und Flüsse mit Hilfe großartiger Viadukte. Durch die reizvolle Südrhön mit ihren Bergen und riesigen Wäldern, über die Talbrücken von Thulba und Fränkischer Saale gelangt man nach Hammelburg.

Ausfahrt Bad Brückenau/Wildflecken: Wer sich einen besonderen Nachmittag schenken möchte, der besuche die Mönche auf dem Kreuzberg. 30 km sind es ab Ausfahrt am 928 m hohen, heiligen Berg der Franken. Anfahrt über Riedenberg-Wildflecken-Bischofsheim. Eine zünftige Brotzeit und dunkles Bier, das die Mönche seit 250 Jahren brauen, werden Ihnen hier oben besonders gut munden. Vom Kloster zum Gipfel sind es nur wenige Gehminuten. Falls Sie Bad Brückenau ansteuern: Sie besuchen Zwillinge, nämlich das Bayerische Staatsbad Brückenau und das durch Straße und schöne Spazierwege verbundene Heilbad Brückenau. Kurpark und Kurgarten werden Ihre Rast angenehm machen, eine gute Gastronomie versteht sich von selbst. In der Altstadt finden Sie hübsche Fachwerk- und Schindelhäuser.

Ausfahrt Hammelburg: Eine Seitenroute nach Würzburg führt von Hammelburg über Gmünden am Main entlang. In Hammelburg, ab Ausfahrt 5 km, baut man seit dem Jahre 777 Wein an. Falls Ihr Weinkeller der Ergänzung bedarf: Die Verkaufsstelle des Weinguts im Rathaus führt manchen guten Tropfen. Rasten können Sie auch auf Schloss Saaleck an der B 27, 1 km westlich der Stadt. Hotel, Gutsschänke, Aussichtsturm. Bis zur Stadt Gmünden/Main mit ihren hübschen Fachwerkhäusern sind es 18 km. Nach weiteren 15 sehr reizvollen Kilometern den Main entlang kommen Sie nach Karlstadt. Hier sollten Sie sich Zeit nehmen für einen Spaziergang: Sie werden eine Stadt mit vollständig erhaltenem Mauerring und vielen baulichen Kostbarkeiten kennenlernen. Bis Würzburg sind es noch 24 km.

Ausfahrt Würzburg/Estenfeld: Ein alter Pilgerweg mit Stationsbildern um 1520/21 führt auf den Kirchberg nordwestlich der Stadt (1 km) zur Wallfahrtskirche „Maria im Weingarten", der Urpfarrkirche der Mainschleife (1158 erwähnt); im 14. und 15. Jahrhundert Neubau der jetzigen, spätgotischen Kirche. Sehenswert ist das Schelfenhaus, das der Handelsmann und Ratsherr Johann Georg Adam Schelf 1719/20 als ein barockes „Stadtpalais" als Zeugnis bürgerlicher Prachtentfaltung errichten ließ. Im malerischen Weinort Astheim gegenüber von Volkach gelegen befindet sich die 1409 gegründete Kartause „Marienbrück". Nach der Säkularisation im Jahre 1803 wurde der Kreuzgang mit den Mönchszell abgerissen. Die verbliebenen Gebäude prägen bis heute noch das Bild des Dorfes.

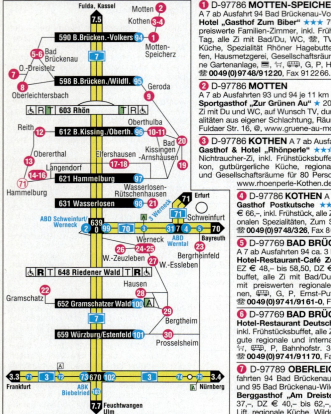

❶ D-97786 MOTTEN-SPEICHERZ
A 7 ab Ausfahrt 94 Bad Brückenau-Volkers ca. 3,5 km
Hotel „Gasthof Zum Biber" ★★★ 79 B, EZ € 37,– bis 46,–, DZ € 60,– bis 68,–, preiswerte Familien-Zimmer, inkl. Frühstück, HP ab 5 Tage € 38,– pro Person und Tag, alle Zi mit Bad/Du, WC, ☏, TV und WLAN, frische regionale und saisonale Küche, Spezialität Rhöner Hagebuttenwein, Hagebuttenlikör und Hagebuttentropfen, Hausmetzgerei, Gesellschaftsräume für 18-130 Personen, 300 Sitzplätze, schöne Gartenanlage, ☏, 🚲, G, P, Hauptstraße 17, @, www.gasthof-zum-biber.de, ☏ 0049 (0) 97 48/9 12 20, Fax 91 22 66.

❷ D-97786 MOTTEN
A 7 ab Ausfahrten 93 und 94 je 11 km (B 27)
Sportgasthof „Zur Grünen Au" ★ 20 B, EZ € 25,–, DZ € 46,–, inkl. Frühstück, alle Zi mit Du und WC, auf Wunsch TV, durchgehende gutbürgerliche Küche, Wurstspezialitäten aus eigener Schlachtung, Räume für 100 Personen, Kegelbahnen, 🚲, G, P, Fuldaer Str. 16, @, www.gruene-au-motten.de, ☏ 0049 (0) 97 48/285, Fax 93 06 67.

❸ D-97786 KOTHEN A 7 ab Ausfahrt 94 → B 27 → Fulda Motten 6 km
Gasthof & Hotel „Rhönperle" ★★★ 36 B, EZ € 29,–, DZ € 49,– bis 53,–, Nichtraucher-Zi, inkl. Frühstücksbuffet, alle Zi mit Du und WC, teils TV und Balkon, gutbürgerliche Küche, regionale Spezialitäten, Terrasse, WLAN, Tagungs- und Gesellschaftsräume für 80 Personen, 🚲, großer P, Zum Schmelzhof 32, @, www.rhoenperle-Kothen.de, ☏ 0049 (0) 97 48/5 15, Fax 3 53.

❹ D-97786 KOTHEN A 7 ab Ausfahrt 94 Bad Brückenau-Volkers 5 km
Gasthof Postkutsche ★★ 27 B, EZ € 23,50, DZ € 44,–, 3-Bett-Zi € 66,–, inkl. Frühstück, alle Zi mit Du und WC, gutbürgerliche Küche mit regionalen Spezialitäten, Zum Schmelzhof 4, @, www.gasthof-postkutsche.de, ☏ 0049 (0) 97 48/3 26, Fax 8 66.

❺ D-97769 BAD BRÜCKENAU
A 7 ab Ausfahrten 94 ca. 3 km und 95 ca. 4 km
Hotel-Restaurant-Café Zur Mühle ★★★ ruhige zentrale Lage, 70 B, EZ € 48,– bis 58,50, DZ € 87,– bis 91,50, Familien-Zi, inkl. Frühstücksbuffet, alle Zi mit Bad/Du, WC, ☏, TV und Fax-Modem, gute Küche mit preiswerten regionalen Gerichten, Tagungsräume bis 50 Personen, 🚲, G, P, Ernst-Putz-Straße 17, @, www.hotel-zur-muehle.com, ☏ 0049 (0) 97 41/91 61-0, Fax 91 61-91.

❻ D-97769 BAD BRÜCKENAU A 7 ab Ausfahrt 94 ca. 4 km
Hotel-Restaurant Deutsches Haus ★★★ 25 B, EZ € 43,–, DZ € 65,–, inkl. Frühstücksbuffet, alle Zi mit Du, Bad, WC, ☏, TV, Premiere und Safe, gute regionale und internationale Küche, Räume bis 60 Personen, ☏, 🍴, 🚲, P, Bahnhofstr. 3, @, www.hotel-restaurant-deutscheshaus.de, ☏ 0049 (0) 97 41/91 70, Fax 91 17 17.

❼ D-97789 OBERLEICHTERSBACH-DREISTELZ A 7 ab Ausfahrten 94 Bad Brückenau-Volkers → B 27 → Hammelburg → Dreistelz und 95 Bad Brückenau-Wildflecken → Oberleichtersbach je ca. 7 km
Berggasthof „Am Dreistelz" ★★ ruhige Lage, 35 B, EZ € 21,– bis 37,–, DZ € 40,– bis 62,–, inkl. Frühstück, Zi mit Du, WC, ☏ und TV, Lift, regionale Küche, Wildgerichte, Räume für 30 bis 80 Personen, Biergarten, ☏, 🚲, ♿, G, P, Mo ./., Dreistelz 5, @, www.dreistelzhof.de, ☏ 0049 (0) 97 41/91 15 00, Fax 91 15 30.

❽ D-97789 OBERLEICHTERSBACH
A 7 ab Ausfahrt 95 Bad Brückenau-Wildflecken ca. 4 km
Hotel Rhön-Hof ★★★ 60 B, EZ € 44,– bis 48,–, DZ € 80,– bis 84,–, 3-Bett-Zi, inkl. Frühstücksbuffet, alle Zi mit Bad/Du, WC, ☏, TV und Balkon, Lift, anerkannt gute Küche, Gerichte € 7,– bis 16,–, Seminarräume für 20-150 Personen, Café-Terrasse, Hausmacher Wurst- und Schinkenspezialitäten, Hallenbad 10x6 m, Sauna, Solarium, 🍴, G, P, Hammelburger Str. 4, @, www.hotel-rhoenhof.de, ☏ 0049 (0) 97 41/93 790, Fax 50 94.

❾ D-97779 GERODA A 7 ab Ausfahrt 95 Bad Brückenau-Wildflecken → B 286 → Kissingen 5 km
Gasthof Grünes Tal ★★ 21 B, EZ € 22,– bis 30,–, DZ € 40,– bis 52,–, inkl. Frühstück, Zi mit Du,WC und WLAN, Gaststätte mit 90 Sitzplätzen, wechselnde Speisekarte mit Saisonspezialitäten, Terrasse, ☏, 🍴, 🚲, P, Di ./., Kissinger Str. 21, @, www.gasthof-gruenes-tal.de, ☏ 0049 (0) 97 47/8 90, Fax 16 22.

❿ D-97723 OBERTHULBA
A 7 ab Ausfahrt 96 Bad Kissingen/Oberthulba → Bad Kissingen 800 m
Hotel-Café-Restaurant Rhöner Land ★★★ ruhige Lage am Ortsrand, 60 B, EZ € 57,– bis 72,–, DZ € 82,– bis 104,–, 4-Bett-Zi (45 qm), Nichtraucher-Zi, inkl. Frühstücksbuffet, alle Zi mit Bad/Du, WC, ☏, Großbild-LCD-TV (Premiere/Sky gratis inkl. Filme D + E, Bundesliga und Spitzensport international) und Safe in Laptopgröße, nationale und internationale Küche, Pizzeria, 2 Sonnenterrassen, 5 Tagungsräume für 8-60 Personen, Sauna, 🚲, P, kein ./., Zum weißen Kreuz 20, info@hotelrhoenerland.de, www.hotelrhoenerland.de, ☏ 0049 (0) 97 36/7 07-0, Fax 707-444.

⓫ D-97723 OBERTHULBA A 7 ab Ausfahrt 96 Bad Kissingen/Oberthulba ca. 1 km
Gasthaus Zum Grünen Kranz ★★ 20 B, EZ € 30,–, DZ € 50,–, 3-Bett-Zi € 61,–, Nichtraucher-Zi, inkl. reichhaltigem Frühstückbuffet, alle Zi mit Du, WC, TV und WLAN, gutbürgerliche Küche, Wildgerichte, fränkische Spezialitäten, Räume bis 100 Personen, ☏, 🚲, P, Obere Torstraße 11, @, www.zumgruenenkranz.net, ☏ 0049 (0) 97 36/40 14, Fax 3 33.

❶ Hotel „Gasthof Zum Biber", Motten-Speicherz

⑫ D-97723 REITH
A 7 ab Ausfahrt 96 Bad Kissingen/Oberthulba ca. 1 km
Gasthof Waldeck ★★ ruhige Lage, 45 B, EZ € 25,– bis 30,–, DZ € 50,– bis 55,–, inkl. Frühstücksbuffet, alle Zi mit Du, WC und TV, gutbürgerliche Küche, Gerichte von € 6,– bis 15,–, Saal für 100 Personen, Terrasse, Liegewiese, Kinderspielplatz, Kegelbahnen, ⌫, ⌫, ⌧, G, großer P, Engersbrunn 5, @, www.rhoenhotel.net, ☎ 0049 (0) 97 36/245, Fax 98 30.

⑬ D-97762 OBERERTHAL
A 7 ab Ausfahrt 96 Bad Kissingen/Oberthulba 5 km → Hammelburg
Gasthof Zum Stern ★★ 42 B, EZ € 33,–, DZ € 55,–, Familien-Zi, inkl. Frühstücksbuffet, alle Zi mit Du, WC und TV, regionale und saisonale Küche, Tagungs- und Gesellschaftsräume für 150 Personen, ⌫, ⌫, P, Obererthaler Straße 23, @, www.landgasthof-stern.com, ☎ 0049 (0) 97 32/47 07, Fax 54 00.

⑭ D-97725 LANGENDORF
A 7 ab Ausfahrt 97 Hammelburg
Gasthaus goldener Stern ★★ ruhige Lage, 30 B, EZ € 27,–, DZ € 48,–, Mehr-Bett-Zi, inkl. reichhaltigem Frühstück, alle Zi mit Du und WC, auf Wunsch TV, gutbürgerliche Küche, Wildgerichte, fränkische Spezialitäten, Räume bis 45 Personen, ⌫, ⌫, ⌫, P, Hauptstr. 18, ☎ 0049 (0) 97 32/2521, Fax 2505.

⑮ D-97725 LANGENDORF
A 7 ab Ausfahrt 97 Hammelburg 600 m
Gasthaus zum Adler ★★☆ ruhige Lage, 18 B, EZ € 20,– bis 28,–, DZ € 40,– bis 48,–, Familien-Zi, inkl. reichhaltiges Frühstück, Zi mit Du, WC und TV, gute Küche mit umfangreicher Speisekarte, Gesellschaftsräume bis 80 Personen, hauseigene Brennerei, Biergarten, kinder- und bikerfreundlich, ⌫, ⌫, ⌫, P, Hauptstr. 17, @, www.adler-langendorf.de, ☎ 0049 (0) 97 32/2563, Fax 6278.

⑯ D-97725 LANGENDORF
A 7 ab Ausfahrt 97 Hammelburg
Haus „Armella", Pension Preißler ★★ ruhige Lage, 8 B, EZ € 18,– bis 21,–, DZ € 36,– bis 40,– (auch für 1 Nacht), Familien-Zi, inkl. reichhaltigem Frühstück, alle Zi mit Du, WC und TV, Ferienwohnung, G, P, Am Heerweg 24, @, ☎ 0049 (0) 97 32/3637, 0049 (0) 1 70/2 135095, Fax 0049 (0) 97 32/3637.

⑰ D-97725 ELFERSHAUSEN A 7 ab Ausfahrt 97 Hammelburg 3 km
Tagungshotel-Restaurant Ullrich ★★★★ 120 B, EZ € 70,– bis 80,–, DZ € 99,– bis 127,–, Nichtraucher-Zi, inkl. Vital-Frühstücksbuffet, alle Zi mit Du, WC, ☎ TV und WLAN, Lift, kreative Vitalküche, 7 Seminarräume bis 100 Personen, Sonnenterrasse, Fitnessraum, Sauna, Kneippbecken, ⌫, ⌫, (Bus-P kostenfrei), ⌫, P, August-Ullrich-Str. 42, @, www.hotel-ullrich.de, ☎ 0049 (0) 97 04/9 13 00, Fax 9 13 03 00.

⑱ D-97725 ELFERSHAUSEN A 7 ab Ausfahrt 97 Hammelburg ca. 3 km
Landgasthof Zum Stern ★★ 40 B, EZ € 35,–, DZ € 48,–, inkl. Frühstück, alle Zi mit Du und WC, teilweise ⌫ und TV, gutbürgerliche Küche, Spezialitätenbrennerei, 120 Sitzplätze, ⌫, ⌫, abgeschlossener P, August-Ullrich-Straße 5, info@landgasthof-zum-stern.de, www.landgasthof-zum-stern.de, ☎ 0049 (0) 97 04/274, Fax 7371.

⑲ D-97688 BAD KISSINGEN-ARNSHAUSEN
A 7 ab Ausfahrt 96 Bad Kissingen B 286 → Schweinfurt
Gasthof Körner ★★ 12 B, EZ € 35,–, DZ € 65,–, Familien-Zi, inkl. Frühstücksbuffet, alle Zi mit Du, WC und TV, einfallsreiche regionale und mediterran akzentuierte Küche, Biergarten, Festsaal, ⌫, P, Mo und Di ./., Iringstr. 5-7, @, www.gasthof-koerner.de, ☎ 0049 (0) 971/28 09, Fax 7 85 15 20.
Unter gleicher Leitung:

⑳ D-97688 BAD KISSINGEN
Hotel Körner am Park garni ★★★ 15 B, EZ € 44,– bis 49,–, DZ € 85,– bis 95,–, inkl. Frühstücksbuffet, Weinstube Rebstock, ⌫, Kurhaus Str. 14, @, www.hotel-koerner.de, ☎ 0049 (0) 971/6 99 18 80, Fax 6 99 18 81.

㉑ D-97535 WASSERLOSEN-RÜTSCHENHAUSEN
A 7 ab Ausfahrt 98 Wasserlosen → Wasserlosen → rechts → Rütschenhausen, 1 km
Motel La Casa Frankentor ★★ 52 B, EZ € 39,–, DZ € 65,– bis 70,–, Mehrbett-Zi, inkl. Frühstücksbuffet, alle Zi mit Du, WC, TV und HotSpot, Mittagstisch, regionale und mediterrane Küche, Räume bis 150 Personen, Terrasse, ⌫, ⌫, ⌫, großer P, Weiherstr. 2, @, www.motel-la-casa.de, ☎ 0049 (0) 97 26/794, Fax 2629.

㉒ D-97222 GRAMSCHATZ
A 7 ab Ausfahrt 100 Gramschatzer Wald 4 km
Altfränkischer Gasthof Goldener Hirschen ★ 25 B, EZ € 30,– bis 38,–, DZ € 49,– bis 56,–, 3-Bett-Zi € 72,– bis 85,–, 4-Bett-Zi € 88,– bis 95,–, Familien-Zi, Babybett-Reservierung, inkl. Frühstück, alle Zi mit Du, WC und TV, ⌫, G, P, kein ./., Arnsteiner Str. 1, info@goldener-hirsch-gramschatz.de, www.goldener-hirschen-gramschatz.de, ☎ 0049 (0) 93 63/17 44, Fax 6528.

㉓ D-97493 BERGRHEINFELD
A 70 ab Ausfahrt 5 Schweinfurt/Bergrheinfeld ca. 1 km
Gasthof Zum Weißen Ross ★★ 80 B, EZ € 44,– bis 54,–, DZ € 74,– bis 82,–, Mehrbett-Zi, inkl. Frühstücksbuffet, alle Zi mit Du, WC und TV, fränkische Küche, Metzgerei mit eigener Schlachtung und Wild, Biergarten, Räume für 40-80 Personen, ⌫, ⌫, großer P, Hauptstr. 65, www.weissesrossrudloff.de, ☎ 0049 (0) 97 21/78 97 00, Fax 78 97 89.

㉔ – ㉚ + ⑦¹ Einträge siehe Seite 123

⑧ Hotel Rhön-Hof, Oberleichtersbach

⑩ Hotel-Café-Restaurant Rhöner Land, Oberthulba

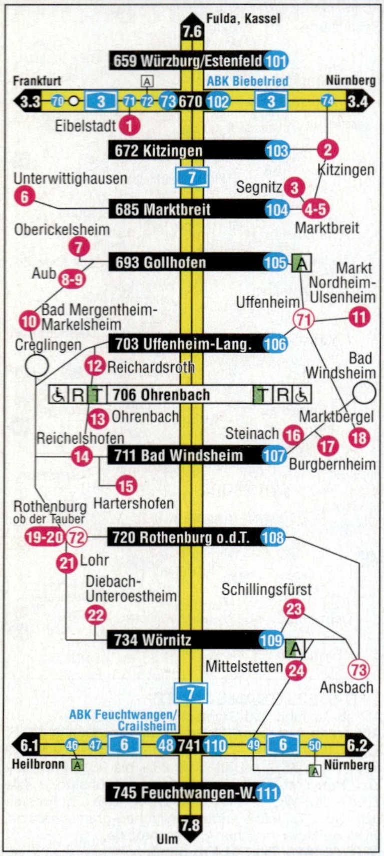
Fulda, Kassel
7.6
659 Würzburg/Estenfeld 101
Frankfurt
ABK Biebelried
Nürnberg
3.3
70
3
71
72
73 670 102
3
74
3.4
Eibelstadt 1
672 Kitzingen 103
2 Kitzingen
7
Unterwittighausen
6
Segnitz 3
685 Marktbreit 104
4-5 Marktbreit
Oberickelsheim
7
693 Gollhofen 105
Aub 8-9
Markt Nordheim-Ulsenheim
Bad Mergentheim-Markelsheim 10
Uffenheim 71
11
Creglingen
703 Uffenheim-Lang. 106
12 Reichardsroth
Bad Windsheim
706 Ohrenbach
13 Ohrenbach
Marktbergel
Reichelshofen
Steinach 16
18
17
14
711 Bad Windsheim 107
Burgbernheim
15 Hartershofen
Rothenburg ob der Tauber
19-20 72
720 Rothenburg o.d.T. 108
21 Lohr
Diebach-Unteroestheim
Schillingsfürst
23
22
734 Wörnitz 109
Mittelstetten 24
73 Ansbach
7
ABK Feuchtwangen/Crailsheim
6.1
46
47
6
48 741 110
49
6
50
6.2
Heilbronn
Nürnberg
745 Feuchtwangen-W. 111
7.8
Ulm

Stimmt die Telefonnummer oder E-Mail-Adresse eines Hotels nicht?
www.autobahn-guide.com
bietet Ihnen stets aktualisierte Daten der Hotels.

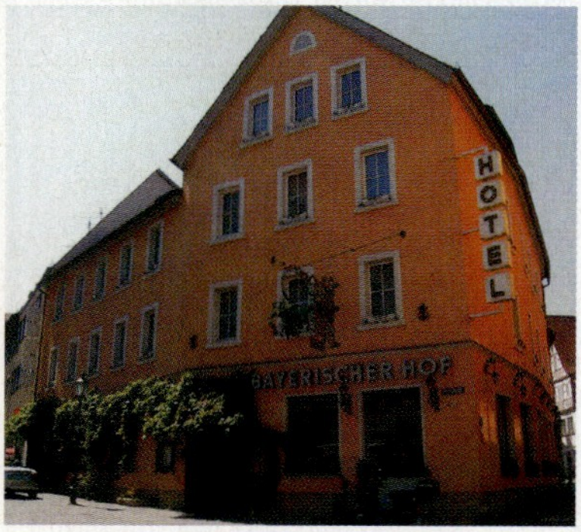
HOTEL
BAYERISCHER HOF

2 Hotel Bayerischer Hof, Kitzingen

1 D-97246 **EIBELSTADT**
A 3 ab Ausfahrt 71 Würzburg/Randersacker → Eibelstadt 1,5 km
Hotel-Restaurant-Vinothek Weinforum Franken ★★★☆ 36 B, EZ € 53,–, DZ € 81,– bis 125,–, Familien-Zi, inkl. Frühstücksbuffet, alle Zi mit Du, WC, ☎, TV und Internet, fränkische Küche mit Pfiff, große Auswahl fränkischer Weine, romantischer Innenhof, 70 Sitzplätze, 💳, ✈, 🚌, P, Hauptstr. 37, @, www.weinforum-franken.de, ☎ **0049(0)9303/9845090**, Fax 98450911.

2 D-97318 **KITZINGEN**
A 3 ab Ausfahrt 74 Kitzingen/Schwarzach und A 7 ab Ausfahrt 103 Kitzingen je 6,5 km
Hotel Bayerischer Hof ★★☆ ruhige Lage in Stadtmitte, 52 B, EZ € 49,50 bis 68,–, DZ € 69,50 bis 85,–, inkl. Frühstücksbuffet, alle Zi mit Du, WC, ☎, TV und Minibar, original fränkische Weinstuben, 🚌, G, Herrnstraße 2, @, www.bayerischerhof.info, ☎ **0049(0)9321/1440**, Fax 14488.

3 D-97340 **SEGNITZ**
A 7 ab Ausfahrt 104 Marktbreit 2 km → Kitzingen
Gasthaus „Zum Goldenen Anker" ★★ schön gelegen am Main, 24 B, EZ € 35,–, DZ € 56,–, inkl. Frühstück, Zi mit Du und WC, gehobene Küche, Veranstaltungen bis 70 Personen, Sommergarten, 💳, 🚌, großer P, Mainstraße 8, @, www.goldenen-anker-segnitz.de, ☎ **0049(0)9332/3079**, Fax 4434.

4 D-97340 **MARKTBREIT** A 7 ab Ausfahrt 104 Marktbreit 2 km und A 3 ab Ausfahrt 74 Kitzingen/Schwarzach ca. 10 km
Ringhotel Löwen ★★★☆ 70 B, EZ € 62,– bis 68,–, DZ € 86,– bis 96,–, inkl. Frühstücksbuffet, alle Zi mit Bad/Du, WC, Fön, ☎, Kabel-TV, WLAN und Radio, anerkannt gute Küche, Räume bis 80 Personen, historische Gaststätte, 🚌, G, P, Marktstr. 8, reservierung@loewen-marktbreit.de, www.loewen-marktbreit.de, ☎ **0049(0)9332/5054-0**, Fax 9438.

5 D-97340 **MARKTBREIT** A 7 ab Ausfahrt 104 Marktbreit 2 km und A 3 ab Ausfahrt 74 Kitzingen/Schwarzach 10 km
Michel's Stern ★★★ 43 B, EZ € 25,– bis 49,–, DZ € 44,– bis 74,–, inkl. Frühstück, alle Zi mit ☎, Kabel-TV und Minibar, teils Du, WC, gutbürgerliche Küche, G, P, Bahnhofstr. 9, post@michelsstern.de, www.michelsstern.de, ☎ **0049(0)9332/1316**, Fax 1399.

6 D-97957 **UNTERWITTIGHAUSEN**
A 7 ab Ausfahrt 104 Marktbreit und A 81 ab Ausfahrt 3 Tauberbischofsheim 8 km
Gasthaus „Zum Bären" mit Gästehaus/Cafè-Bistro ★★★ 22 B, EZ € 30,– bis 38,–, DZ € 46,– bis 56,–, inkl. Frühstücksbuffet, alle Zi mit Du und WC, teils TV, gute Küche, ♿, P, Königstr. 9, @, www.gasthaus-zum-baeren.de, ☎ **0049(0)9347/246**, Fax 95023.

7 D-97258 **OBERICKELSHEIM**
A 7 ab Ausfahrt 105 Gollhofen → Würzburg 3 km
Gasthof-Metzgerei „Zum Rappen" ★★ 40 B, EZ € 27,– bis 30,–, DZ € 47,– bis 50,–, inkl. Frühstück, Zi mit Du, WC und TV, gutbürgerliche Küche (durchgehend), Gerichte von € 3,– bis 14,–, Gesellschaftsräume für 30 bis 120 Personen, Biergarten, Fernfahrerwaschraum, 🚌, G, großer P (auch für Lkw), Hauptstraße 19, @, www.zum-Rappen.de, ☎ **0049(0)9339/99899**, Fax 99898.

8 D-97239 **AUB**
A 7 ab Ausfahrt 105 Gollhofen 10 km
Gasthof „Goldenes Lamm" ★★ 20 B, EZ € 35,– bis 40,–, DZ € 45,– bis 55,–, Familien-Zi, inkl. reichhaltigem Frühstück, alle Zi mit Du, WC und WLAN, gutbürgerliche Küche, Terrasse, P, Marktplatz 6, @, www.goldenes-lamm.de, ☎ **0049(0)9335/90106**, Fax 90107.

9 D-97239 **AUB** A 7 ab Ausfahrt 105 Gollhofen 10 km
Gasthof Weißes Roß ★★ 23 B, EZ € 33,– bis 37,–, DZ € 49,– bis 52,–, inkl. reichhaltigem Frühstück, alle Zi mit Du, WC und TV, fränkische Küche, Räume bis 150 Personen, Terrasse, 🚌, Marktplatz 2, @, www.gasthof-weisses-ross.de, ☎ **0049(0)9335/287**, Fax 1827.

10 D-97980 **BAD MERGENTHEIM-MARKELSHEIM** Weinort an der Romantischen Straße, A 7 ab Ausfahrt 108 Rothenburg o.d. Tauber ca. 25 km
Flair-Hotel-Restaurant „Weinstube Lochner" ★★★☆ 100 B, EZ € 58,– bis 103,–, DZ € 93,– bis 123,–, inkl. Frühstücksbuffet, alle Zi mit Bad/Du, WC, ☎ und Balkon, Lift, Küche bietet Spargel-, Wild- und Fischspezialitäten, 4 Restaurationsräume für 300 Personen, 4 Tagungsräume, Hallenbad, Sauna, Spa-Wellness-Bereich, 🚌, G, großer P, Hauptstraße 39, @, www.weinstube-lochner.de, ☎ **0049(0)7931/939-0**, Fax 939-193.

5

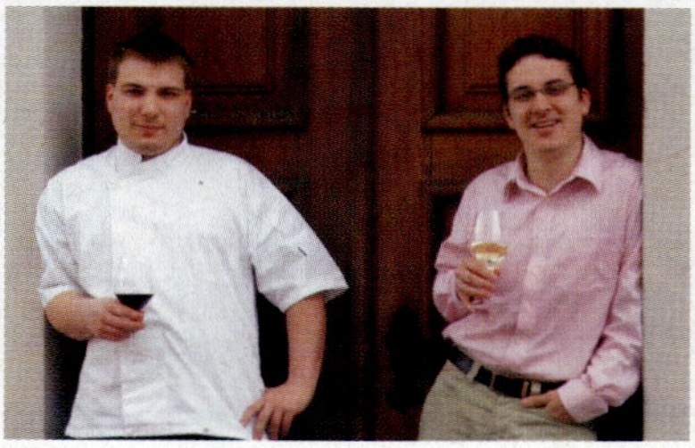

Michel's Stern, Marktbreit

⓫ D-91487 MARKT NORDHEIM-ULSENHEIM
A 7 ab Ausfahrten 105 Gollhofen und 106 Uffenheim je 10 km
Landgasthof Schwarzer Adler ★★★⭑ 20 B, EZ € 35,– bis
60,–, inkl. Frühstücksbuffet, alle Zi mit Du, WC, ☎, TV und WLAN, gute regionale Küche, Tagungsräume, Wellnessoase, schöner Innenhof, P, Ulsenheim 97, @, www.frankenurlaub.de, ☎ 0049 (0) 9842/8206, Fax 7800.

⓬ D-91620 REICHARDSROTH
A 7 ab Ausfahrt 106 Uffenheim-Langensteinach → Bad Mergentheim,
Rothenburg o. d. Tauber 3 km
Gasthof „Zur frohen Einkehr" ★ 18 B, EZ € 25,– bis 35,– DZ € 44,– bis
60,–, inkl. Frühstück, überwiegend Zi mit Du und WC, auf Wunsch TV, gutbürgerliche Küche, Hausschlachtung, Terrasse, 🚲, G, P, Reichardsroth
Nr. 17, @, www.zur-frohen-einkehr.de, ☎ 0049 (0) 9865/301, Fax 986587.

⓭ D-91620 OHRENBACH
A 7 ab Ausfahrten 106 Uffenheim-Langensteinach und 107 Bad
Windsheim ca. 5 km
Gasthaus Rotes Roß ★★ 10 B, EZ € 32,–, DZ € 52,–, inkl. Frühstück,
alle Zi mit Du und WC, regionale Küche, eigene Hausschlachtung, großer
Biergarten, Spielplatz, P, Haus Nr. 21, @, www.gasthaus-rotes-ross.de,
☎ 0049 (0) 9865/311, Fax 1889.

⓮ D-91628 REICHELSHOFEN
A 7 ab Ausfahrt 107 Bad Windsheim 2 km
Flair-Hotel „Brauereigasthof Landwehr Bräu" ★★★⭑ 65 B, EZ € 57,–
bis 76,–, DZ € 69,– bis 106,–, inkl. Frühstücksbuffet, alle Zi mit Bad/Du,
WC, ☎, TV, Radio und Minibar, fränkische und bayerische Spezialitäten, 160 Sitzplätze, G, P, Reichelshofen 31, @, www.landwehr-braeu.de,
☎ 0049 (0) 9865/989-0, Fax 989-686.

⓯ D-91628 HARTERSHOFEN
A 7 ab Ausfahrt 107 Bad Windsheim ca. 5 km → Rothenburg o. d. T.
Gasthof „Zum Schwan" ★★ ruhige Lage, 26 B, EZ € 38,–, DZ € 54,–
bis 65,–, Nichtraucher-Zi, inkl. Frühstück, Zi mit Du, WC und TV, sehr
gute Küche, G, P, Hartershofen 39, zumschwan-Schaumann@t-online.de,
www.ZumSchwan.Rothenburg-online.de, ☎ 0049 (0) 9861/3387, Fax 3087.

⓰ D-91605 STEINACH
A 7 ab Ausfahrt 107 Bad Windsheim → Bad Windsheim 1 km
Landgasthof Sämann ★★★ renoviert, 50 B, EZ € 30,– bis 46,–, DZ
€ 56,– bis 68,–, inkl. Frühstücksbuffet, alle Zi mit Du, WC, ☎, TV und
WLAN, teilweise Minibar, 2 DZ mit Wasserbett, Lift, gutbürgerliche Küche,
Gerichte von € 5,– bis 15,–, eigene Metzgerei, Räume bis 150 Personen, Terrasse, Sauna, Solarium, 🚲, G, großer P, Bahnhofstraße 18, @,
www.landgasthof-saemann.de, ☎ 0049 (0) 9843/9370, Fax 937222.

⓱ D-91593 BURGBERNHEIM
A 7 ab Ausfahrt 107 Bad Windsheim 8 km
Waldgasthof Wildbad ★★ idyllische Einzellage, 40 B, EZ € 33,– bis 38,–,
DZ € 60,– bis 65,–, 3-Bett-Zi € 80,–, inkl. Frühstücksbuffet, alle Zi mit Du
und WC, teils ☎, TV und WLAN, regionale Küche, Forellen, Jagdsaal für 70
Personen, Café, große Terrasse, Kinderspielplatz, 🚲, großer P, Di ./., Wildbad 1-3, @, www.waldgasthof-wildbad.de, ☎ 0049 (0) 9843/1321, Fax 2877.

⓲ D-91613 MARKTBERGEL
A 7 ab Ausfahrt 107 Bad Windsheim 10 km → Ansbach
Rotes Ross Marktbergel – Landhotel ★★★ restauriert, 22 B, EZ
€ 40,– DZ € 55,– bis 75,–, inkl. Frühstück, alle Zi mit Du, WC, ☎ und
kostenfreiem WLAN, feine fränkische Küche, Gewölbekeller, Gartenterrasse, ♿, P, Würzburger Str. 1, @, www.rotes-ross-marktbergel.de,
☎ 0049 (0) 9843/936600, Fax 9366010.

⓳ D-91541 ROTHENBURG O. D. TAUBER
A 7 ab Ausfahrt 108 Rothenburg o. d. T. 2 km
Hotel Merian ★★★ 64 B, EZ € 62,– bis 76,–, DZ € 85,– bis 115,–,
inkl. Frühstücksbuffet, alle Zi mit Du, WC, ☎, TV und WLAN, Lift, kleine Gerichte auf Wunsch, Bar, 🚲, großer P, Ansbacher Str. 42, @,
www.hotel-merian.de, ☎ 0049 (0) 9861/87590, Fax 86787.

⓴ D-91541 ROTHENBURG O. D. TAUBER
ab Ausfahrt 108 ca. 3 km (GPS: N 49° 22.803´ E 010° 11.181)
Hotel Gasthof zur Linde ★★ 60 B, EZ € 40,– bis 42,–, DZ € 52,– bis
80,–, Mehrbett-Zi, inkl. Frühstücksbuffet, Zi mit Bad, Du, WC, ☎ und
Kabel-TV, anerkannt gute Küche, Gerichte von € 6,– bis 18,–, 3 Räume
für 200 Personen, 🚲 (leicht erreichbar), großer P, Vorm Würzburger
Tor 12, @, www.hotel-linde-rothenburg.de, ☎ 0049 (0) 9861/9469-0,
Fax 9469-690.

㉑ D-91610 LOHR
A 7 ab Ausfahrten 108 Rothenburg o.d.T. und 109 Wörnitz je 7 km (B 25)
Pension Gundel ★★★ 15 B, EZ € 24,–, DZ € 42,–, Appartement,
inkl. reichhaltigem Frühstück, alle Zi mit Du und WC, gemütliche Aufenthaltsräume, G, großer P (auch LKW), Bockenfelder Str. 1, @,
www.pension-gundel.de, ☎ 0049 (0) 9861/2716, Fax 709326.

㉒ D-91583 DIEBACH-UNTEROESTHEIM A 7 ab Ausfahrt 109 Wörnitz 3 km → Rothenburg und Dorfgütingen 10 km
Landgasthof „Schwarzer Adler" ★★ 31 B, EZ € 35,–, DZ €
52,– bis 55,–, Mehr-Bett-Zi ab € 18,– pro Person, inkl. Frühstück, HP-Zuschlag (ab 3 Tage) € 9,–, Zi mit Du, WC, ☎ und
TV, fränkische Küche, eigene Schlachtung, Räume für 30 bis 100
Personen, Wirtsgarten, Sauna, P, Mo ./., Würzburger Straße 8, @,
www.landgasthof-schwarzeradler.de, ☎ 0049 (0) 9868/845, Fax 7374.

㉓ + ㉔ + ㉛ – ㉝ **Einträge siehe Seite 128**

⓮ Flair-Hotel „Brauereigasthof Landwehr Bräu",
Reichelshofen

⓰ Landgasthof Sämann, Steinach

Tipps zur Route

Ausfahrt Bad Windsheim: Hier wird Gesundheit groß geschrieben: Die schöne alte Reichsstadt mit dem prächtigen Rathaus, der Seekapelle und dem Fränkischen Freilandmuseum mit seinen historischen Bauernhäusern verfügt über Deutschlands stärkste Solequelle (26,5 % Salzgehalt), oder fahren Sie nach Adelshofen, die Landlehge von Rothenburg ob der Tauber, wo alte Befestigungsanlagen und Türme der Ritter des Mittelalters zu besichtigen sind. Dazu der Weinberg „Hasennestle" im Ortsteil Tauberzell mit einem Altar im Weinberg, welcher für Hochzeiten unter freiem Himmel sehr beliebt ist. Besenwirtschaften haben im Winter und Frühjahr geöffnet, wo der neue Wein ausgeschenkt wird. Dies ist sehr beliebt und wird vielfältig wahrgenommen.

Ausfahrt Rothenburg ob der Tauber: Weilten Sie schon als Gast in den Mauern dieser einzigartigen Stadt? Das Rathaus mit seinem Kaisersaal, den Historien-Gewölben und seinen mittelalterlichen Verliesen ist besonders interessant. Aber was wäre in dieser Stadt nicht interessant? Die Sankt-Jakobs-Kirche mit dem Heilig-Blut-Altar Tilman Riemenschneiders zählt zu den ganz besonderen Kleinoden. Die Befestigungen stammen noch aus der Zeit um 1350.

Ausfahrt Wörnitz: Schillingsfürst, einst Residenzstadt, ist heute ein staatlich anerkannter Erholungsort mitten im Naturpark Frankenhöhe. Wahrzeichen der Stadt ist das Barockschloss des Hauses Hohenlohe, das sich dem Besucher als Museum mit kostbaren Prunkräumen darbietet.

Ausfahrt Feuchtwangen: Der große Marktplatz im kleinen Feuchtwangen ist typisch für die mittelalterlichen, so liebenswerten Städtchen dieser Region. Neben stattlichen Bürgerhäusern bestimmt die mächtige Stiftskirche das Bild des Marktes. Der romantische Kreuzgang am Kirchplatz wird alljährlich zur Kulisse gepflegter Sommerfestspiele. Und noch etwas: Wer es mit der Historie hält, genehmige sich den Besuch alter Handwerksstuben, der Schuster, Zuckerbäcker, Weber, Töpfer und Zinngießer. Wo? Im Heimatmuseum, Museumstraße 19.

❶–㉒ Einträge siehe Seiten 126 + 127

㉓ D-91583 **SCHILLINGSFÜRST**
A 7 ab Ausfahrt 109 Wörnitz 4 km und A 6 ab Ausfahrt 49 Dorfgütingen 8 km
Flair-Hotel „Die Post" ★★★ direkt an der Romantischen Straße, 27 B, EZ € 42,– bis 60,–, DZ € 57,– bis 99,50, Nichtraucher- und Raucher-Zi, inkl. Frühstücksbuffet, Zi mit Bad/Du, WC, ☎ und TV, teils Minibar, vorzügliche fränkische Küche, Nichtraucher- und Raucher-Restaurant, Café-Terrasse, Biergarten, Schnapsbrennerei, 4 Gasträume für 8-80 Personen, G, P, Rothenburger Str. 1, @, www.flairhotel-diepost.de, ☎ 0049 (0) 9868/9500, Fax 9500250.

㉔ D-91637 **MITTELSTETTEN** A 7 ab Ausfahrt 109 Wörnitz 2 km → Feuchtwangen und A 6 ab Ausfahrt 49 Feuchtwangen-Nord → Schillingsfürst 2 km
Gasthof-Pension „Zur Romantischen Straße" ★★ 30 B, EZ € 30,–, DZ € 58,–, inkl. Frühstück, alle Zi mit Du, WC und TV, gutbürgerliche preiswerte Küche, Saal für 150 Personen, Waschraum für Fahrerinnen und Fahrer, 🚿, großer P für Lkw, Mittelstetten 4, @, www.hofmann-mittelstetten.de, ☎ 0049 (0) 9868/9864-0, Fax 5158.

㉓

**Flair-Hotel „Die Post",
Schillingsfürst**

㉛ UFFENHEIM
..., im Schnittpunkt der BAB 7 und der B 13 gelegen, ist eine alte Markgrafenstadt, die 1349 zur Stadt erhoben wurde. Davon zeugen die noch gut erhaltenen Tortürme und Stadtmauern. Die reizvolle Landschaft des Naturparks „Steigerwald", zahlreiche Freizeiteinrichtungen, markierte Rad- und Wanderwege, ein sehenswertes Heimatmuseum, vielfältige Einkaufsmöglichkeiten und eine leistungsfähige Gastronomie ermöglichen einen abwechslungsreichen Aufenthalt. Naturcampingplatz neben beheizbarem Erlebnis-Freibad.
Information und Prospekte:
Fremdenverkehrsamt, Marktplatz 16, D-97215 Uffenheim, fremdenverkehrsamt@uffenheim.de, www.uffenheim.de, ☎ 0049 (0) 9842/20721, Fax 20732.

㉜ ROTHENBURG OB DER TAUBER
Die ehemalige Freie Reichsstadt darf sich zu den bekanntesten deutschen Städten zählen. Wo sonst kann der Gast auf so kleinem Raum eine solche Fülle an Sehenswürdigkeiten und Kunstschätzen erleben. Die traditionelle fränkische Gastlichkeit tut ihr Übriges dazu.

Information und Prospekte:
Rothenburg Tourismus Service,
Marktplatz,
D-91541 Rothenburg o. d. Tauber,
info@rothenburg.de,
www.rothenburg.de,
☎ 0049 (0) 9861/404-800,
Fax 404-529.

**Markusturm
mit Röderbogen**

㉝ ANSBACH – an der Burgenstraße
A 6 ab Ausfahrt 51 Ansbach-West (B14), Ausfahrt 52 -Süd und Ausfahrt 53 -Ost/Lichtenau
Einstige Residenz des Markgraftums Brandenburg-Ansbach. Markgräfliche Residenz mit interessanten Prunkräumen, imposante Kirchen, reizvoller Hofgarten mit Orangerie. Fränkische Küche mit typischen Ansbacher Bratwürsten.

Information und Prospekte:
Stadt Ansbach, Amt für Kultur und Touristik,
Postfach 6 07, D-91511 Ansbach,
akut@ansbach.de, www.ansbach.de,
☎ 0049 (0) 981/51243, Fax 51365.

AALENER RÖMERHOTEL
AM WELTKULTURERBE LIMES

★ ★ ★ ★

In 7 Minuten zu Ihrem 4-Sterne-Hotel an der A7
ab Ausfahrt Aalen-Westhausen Richtung Aalen (B29), ab Ausfahrt Aalen-Nord, Affalterried, Treppach

Aalener Römerhotel a. W. L. Haupthaus (Nichtraucher) Preise inkl. Frühstücksbuffet	Mo.–Do.	Fr.–Mo.
Einzelzimmerstudio	79,00 €	59,00 €
Einzelzimmerstudio mit Balkon oder Terrasse	89,00 €	69,00 €
Doppelzimmerstudio	104,00 €	75,00 €
Doppelzimmerstudio mit Balkon oder Terrasse	114,00 €	85,00 €
Familienzimmer (2 Doppelzimmerstudios mit Verbindungstüre, 2 Bädern, 2 Balkonen)	228,00 €	170,00 €
Twin-Zimmerstudio (Doppelzimmer mit getrennten Betten)	104,00 €	75,00 €
Twin-Zimmerstudio mit Balkon oder Terrasse	114,00 €	75,00 €
Wellness pro Person		
(Sauna, Dampfbad, Fitness, Wärmebank mit Wechselfußbecken)	kostenlos	10,00 €
Solarium (jew. 4 Minuten)	2,00 €	2,00 €

Stammhaus (Raucher/Nichtraucher) Preise inkl. Frühstücksbuffet	Mo.–Do.	Fr.–Mo.
Einzelzimmer	59,00 €	59,00 €
großes Einzelzimmer	68,00 €	59,00 €
Doppelzimmer	85,00 €	75,00 €
Twin-Zimmer (Doppelzimmer mit getrennten Betten)	85,00 €	75,00 €
Wellness pro Person und Tag		
(Sauna, Dampfbad, Fitness, Wärmebank mit Wechselfußbecken)	10,00 €	10,00 €
Solarium (jew. 4 Minuten)	2,00 €	2,00 €

Appartementhaus (Nichtraucher) Preise ohne Frühstück und Wellness	Mo.–So.
1 Person	40,00 €
2 Personen	50,00 €
3 Personen	60,00 €
4 Personen	70,00 €

Kleine Küche, separates Bad, TV, W-Lan, Gästewaschmaschine und -trockner vorhanden, Lebensmitteldiscounter in nächster Nähe. Langzeitappartements ab 950,00 € mtl.

4-Bett-Zimmer inkl. Frühstücksbuffet	111,00 €

Aalener Römerhotel a.W.L. · Fam. Hans-Jörg Opferkuch · Bodenbachstr. 8/1 · 73433 Aalen-Treppach
Telefon: + 49 (0) 73 61 / 91 97 6 - 2 00 · info@aalener-roemerhotel.de · www.aalener-roemerhotel.de
siehe auch Route 7.8

129

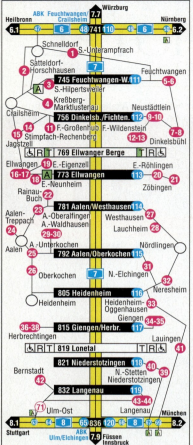

ABK Feuchtwangen/Crailsheim **7.7**

Heilbronn — Würzburg — Nürnberg

6.1 47 · **6** · 48 741 110 · 49 · **6** · 50 **6.2**

Schnelldorf
S.-Unterampfrach **1**

Satteldorf-Horschhausen **2**

7 Feuchtwangen

745 Feuchtwangen-W. 111 **5-6**

A **3** S.-Hilpertsweiler

Kreßberg-Marktlustenau **4** Neustädtlein

Crailsheim

756 Dinkelsb./Fichten. 112 **9-10**

15 **14** **11** F.-Großenhub F.-Wildenstein **7-8**
Stimpfach-Rechenberg **12-13** Dinkelsbühl
Jagstzell

769 Ellwanger Berge

Ellwangen **19** E.-Eigenzell E.-Röhlingen
16-17 **A** **773 Ellwangen** 113 **20** **21**
E.-Neunheim Zöbingen
Rainau-Buch **22**

781 Aalen/Westhausen 114
Aalen-Treppach **23** A.-Oberalfingen Westhausen **27**
24 A.-Waldhausen Lauchheim **28**
29-30
A.-Unterkochen Nördlingen
Aalen **25** **792 Aalen/Oberkochen** 115 **31**
26 Oberkochen **7** N.-Elchingen **32**
Neresheim
805 Heidenheim 116
Heidenheim Heidenheim-Oggenhausen **33**
Giengen **34-35**
36-38 **815 Giengen/Herbr.** 117
Herbrechtingen Lauingen
819 Lonetal **41**
821 Niederstotzingen 118 **40**
Bernstadt N.-Stetten **39**
Niederstotzingen
42
832 Langenau 119
43-44
71 Ulm-Ost Langenau München
8.1 63 · 64 · **8** · 65 836 120 · 66 · **8** · 67 · 68 **8.2**
Stuttgart ABK Ulm/Elchingen **7.9** Füssen Innsbruck

14 D-74597 **STIMPFACH-RECHENBERG** A 7 ab Ausfahrt 112 Dinkelsbühl/Fichtenau 8 km → Stimpfach
Landgasthof Rössle ★★★ 140 B, EZ € 55,–, DZ € 85,–, inkl. Frühstücksbuffet, alle Zi mit Du, WC, 📺 und TV, teils Balkon, gutbürgerliche Küche, 8 Seminarräume, großer Biergarten, Sauna, Dampfbad, Solarium, Tennisplatz, 🛏, großer P, Ortsstraße 22, @, www.roessle-rechenberg.de, ☎ **0049 (0) 7967/9 00 40**, Fax 1387.

8 Flair Hotel-Gasthof Weißes Ross – Malerheim, Dinkelsbühl

1 D-91625 **SCHNELLDORF-UNTERAMPFRACH**
A 6 ab Ausfahrt 47 Schnelldorf 5 km und A 7 ab Ausfahrt 111 Feuchtwangen-West 2 km
Landgasthof Klotz ✕ , gutbürgerliche Küche, fränkische Wurstspezialitäten, Gerichte von € 4,– bis 13,–, Räume für 180 Personen, Saal für 200 Personen, 🛏, großer P, Schützenstraße 30, www.landgasthof-klotz.de, ☎ **0049 (0) 79 50/14 18**, Fax 2923.

2 D-74589 **SATTELDORF-HORSCHHAUSEN** A 6 ab Ausfahrt 47 Schnelldorf 4 km und A 7 Ausfahrt 111 Feuchtwangen 8 km → Crailsheim
Landhaus Nadler garni ★★ ruhig gelegen am Waldrand, 12 B, EZ € 23,50, DZ € 47,–, inkl. reichhaltiges Frühstück, alle Zi mit Du, WC, 📺 und TV, teilweise Balkon, Abendessen auf Wunsch, gemütlicher Aufenthaltsraum, Sauna, P, Im Beegfeld 11, 📞 **0049 (0) 79 50/591**, Fax 92 57 65.

3 D-91625 **SCHNELLDORF-HILPERTSWEILER**
A 7 ab Ausfahrt 111 Feuchtwangen-West 500 m → Crailsheim/Autohof
Hotel Residenz ★★★ 180 B, EZ € 69,–, DZ € 69,– bis 89,–, exkl. Frühstück, Zi mit Du, WC, Fön und 📺, TV auf Wunsch, 🛏, großer P kostenfrei, Restaurant 24 Stunden geöffnet, Rudolf-Diesel-Str. 3, @, www.hotel-residenz.de, ☎ **0049 (0) 79 50/9 70-0**, Fax 9 70-100.

4 D-74594 **KRESSBERG-MARKTLUSTENAU**
A 7 ab Ausfahrten 111 Feuchtwangen-West und 112 Dinkelsbühl/Fichtenau je 6 km
Hotel Hirsch ★★★ ruhige Lage, 23 B, EZ € 49,–, DZ € 78,–, inkl. Frühstück, Zi mit Du, WC, Fön, 📺, TV und WLAN, Restaurant, Biergarten, Sauna, 🛁, 🛏, P, Marktstr. 38, @, www.landgasthof-hotel-hirsch.de, ☎ **0049 (0) 79 57/216**, Fax 1533.

5 D-91555 **FEUCHTWANGEN** A 7 ab Ausfahrt 111 Feuchtwangen-West und A 6 ab Ausfahrt 49 Feuchtwangen-Nord je 8 km
Land-Gast-Hof Walkmühle ★★★ ruhige Einzellage, 41 B, EZ ab € 48,–, DZ ab € 78,–, Aufbettung als 3- und 4-Bett-Zi möglich, inkl. Frühstücksbuffet, alle Zi mit Du, WC, 📺 und Kabel-TV, gute regionale Küche, großer Biergarten, Kinderspielplatz, 🛏, großer P, Walkmühle 1, @, www.walkmuehle-feuchtwangen.de, ☎ **0049 (0) 98 52/6 79 99-0**, Fax 6 79 99-67.

6 D-91555 **FEUCHTWANGEN** A 7 ab Ausfahrt 111 Feuchtwangen-West und A 6 ab Ausfahrt 49 Feuchtwangen-Nord je 4 km
Gasthaus Sindel-Buckel ★★★ 24 B, EZ € 45,–, DZ € 64,–, inkl. Frühstücksbuffet, alle Zi mit Bad/Du, WC und TV, sehr gute, regionale Küche mit Fisch, Wild, Geflügel, Lamm, vegetarisch, großer Biergarten, Wintergarten, Räume für 40 bis 120 Personen, 🛏, P, Spitalstr. 28, @, www.sindel-buckel.de, ☎ **0049 (0) 98 52/25 94**, Fax 34 62.

7 D-91550 **DINKELSBÜHL** A 7 ab Ausfahrt 112 Dinkelsbühl/Fichtenau ca. 10 km
Historisches Hotel Goldene Rose (anno 1450) ★★★ im Zentrum der Altstadt mit ruhig gelegenem Gästehaus, 63 B, EZ € 60,– bis 86,–, DZ € 76,– bis 130,–, Junior Suite € 170,– bis 180,–, inkl. Frühstücksbuffet, alle Zi mit Bad, Du, WC, 📺, TV und Minibar, ausgezeichnete Küche mit ständig wechselnden Spezialitätenwochen, G, P, Marktplatz 4, @, www.hotel-goldene-rose.com, ☎ **0049 (0) 98 51/57 75-0**, Fax 57 75-755.

8 D-91550 **DINKELSBÜHL** A 7 ab Ausfahrt 112 Dinkelsbühl/Fichtenau
Flair Hotel-Gasthof Weißes Ross – Malerheim ★★★ ruhig gelegen im Zentrum, 43 B, EZ € 47,– bis 68,–, DZ € 75,– bis 99,–, inkl. Frühstücksbuffet, 2-Tage-Arrangement, alle Zi mit Du, WC, 📺 und TV, überwiegend WLAN, Suiten, urgemütliche Gaststube, fränkisch-schwäbische Küche, öffentlicher P vor dem Haus, Steingasse 12/17, @, www.hotel-weisses-ross.de, ☎ **0049 (0) 98 51/5 79 89-0**, Fax 67 70.

9 D-74579 **NEUSTÄDTLEIN** A 7 ab Ausfahrt 112 Dinkelsbühl/Fichtenau ca. 500 m
Vital-Hotel Meiser mit Gästehaus ★★★★ Ihr Wohlfühlhotel, 80 B, EZ € 58,– bis 98,–, DZ € 88,– bis 138,–, inkl. Frühstücksbuffet, alle Zi mit Du, WC, 📺, TV und WLAN, Lift, feine, regionale Küche, Räume bis 150 Personen, Tagungsbereich, große Sonnenterrasse, Wellnessbereich, Veitswender Str. 10, @, www.vitalhotel-meiser.de, ☎ **0049 (0) 79 62/71 194-0**, Fax 71 194-444.

10 D-74579 **NEUSTÄDTLEIN** A 7 ab Ausfahrt 112 Dinkelsbühl/Fichtenau ca. 500 m
Haus am Wiesengrund ★★ 8 B, EZ € 30,–, DZ € 44,–, bis 50,–, Appartement für 4 Personen € 88,–, inkl. reichhaltigem Frühstücksbuffet, alle Zi mit Du, WC und TV, G, P, Veitswenderstr. 18, info@gast-im-wiesengrund.de, www.gast-im-wiesengrund.de, ☎ **0049 (0) 79 62/85 97**, Fax 71 17 79.

11 D-74579 **FICHTENAU-GROSSENHUB**
A 7 ab Ausfahrt 112 Dinkelsbühl/Fichtenau 5 km
Landgasthof Rose ★★★ neu erbaut, 15 B, EZ € 42,–, DZ € 66,–, Familien-Zi, inkl. Frühstücksbuffet, alle Zi mit Du, WC, Flachbild-TV und Balkon, gute bürgerliche Küche, Räume bis 100 Personen, Biergarten, Sonnenterrasse, 🛏, G, P, Kohlbergweg 8, @, www.landgasthof-rose-kohlberg.de, ☎ **0049 (0) 79 62/393**, Fax 71 22 31.

12 D-74579 **FICHTENAU-WILDENSTEIN**
A 7 ab Ausfahrt 112 Dinkelsbühl/Fichtenau ca. 5 km
Landgasthof zum Hirsch ★★★ 15 B, EZ € 39,–, DZ € 50,–, 3-Bett-Zi € 70,–, 4-Bett-Zi € 80,–, Zusatzbett € 15,–, inkl. Frühstück, alle Zi mit Du, WC und TV, gutbürgerliche Küche, Metzgerei, ✂, Forsthausweg 9, @, www.landgasthof-fichtenau.de, ☎ **0049 (0) 79 62/376**, Fax 71 10 33.

13 D-74579 **FICHTENAU-WILDENSTEIN**
A 7 ab Ausfahrt 112 Dinkelsbühl/Fichtenau → Dinkelsbühl 7 km
Lamm, das Gasthaus auf dem Lande ★★ 12 B, EZ € 30,–, DZ ab € 60,–, inkl. Frühstück, alle Zi mit Du, WC und TV, P, Hauptstr. 17, @, www.lamm-fichtenau.de, ☎ **0049 (0) 79 62/545**.

⑮ D-73489 JAGSTZELL
A 7 ab Ausfahrten 111 Feuchtwangen-West 25 km und 113 Ellwangen 13 km
Gasthof Zum Rössle ★ 18 B, EZ € 25,–, DZ € 42,–, inkl. Frühstück, alle Zi mit Du und WC, bürgerliche Küche, Gerichte € 2,30 bis 12,–, Räume für 35 bis 165 Personen, Hauptstr. 1, @, www.roessle-jagstzell.de, ☎ **0049(0) 7967/ 217**, Fax 565.

⑯ D-73479 ELLWANGEN A 7 ab Ausfahrt 113 Ellwangen 4 km
Brauereigasthof-Hotel Roter Ochsen ★★★ 60 B, EZ € 45,– bis 68,–, DZ € 75,– bis 95,–, inkl. Frühstücksbuffet, alle Zi mit Du, WC, ☎ und TV, Lift, Räume für 20-150 Personen, 🍴, 🚱, Tief-G, Aalener Str. 1, @, www.roter-ochsen-ellwangen.de, ☎ **0049(0) 7961/4071**, Fax 53613.

⑰ D-73479 ELLWANGEN A 7 ab Ausfahrt 113 Ellwangen ca. 4 km
Gasthof Kronprinzen ★★☆ 35 B, EZ € 48,– bis 58,–, DZ € 72,– bis 84,–, Familien-Zi, Appartements, inkl. Frühstücksbuffet, alle Zi mit Du, WC, TV und Internetanschluss, Lift, gutbürgerliche Küche, Gartenterrasse, Räume für 20 bis 100 Personen, Tagungsraum, 🍴, G, P, Sebastiansgraben 1, @, www.kronprinzen-ellwangen.de, ☎ **0049(0) 7961/3540**, Fax 563665.

⑱ D-73479 ELLWANGEN-NEUNHEIM
A 7 ab Ausfahrt 113 Ellwangen 2 km → Ellwangen
Landgasthof Hirsch ★★★ 19 B, EZ € 45,– DZ € 69,– bis 72,–, inkl. Frühstücksbuffet, alle Zi mit Du, WC, ☎ und TV HotSpot, deutsche gehobene gutbürgerliche Küche, eigene Schlachtung, Räume für 10 bis 200 Personen, Terrasse, Biergarten, Kinderspielplatz, 🍴 -P, Maierstr. 2, @, www.hirsch-landgasthof.de, ☎ **0049(0) 7961/91980**, Fax 919870.

⑲ D-73479 ELLWANGEN-EIGENZELL A 7 ab Ausfahrt 113 Ellwangen 5 km
Pension und Gästehaus Eichert ★★ ruhig gelegen, 14 B, EZ € 25,–, DZ € 50,–, inkl. Frühstück, alle Zi mit Du, WC und TV, gutbürgerliche Küche, Kaffee und Kuchen, P, Hornbergstr. 36, @, www.zimmervermietung-ellwangen.de, ☎ **0049(0) 7961/6226**, Fax 560585.

⑳ D-73479 ELLWANGEN-RÖHLINGEN
A 7 ab Ausfahrt 113 Ellwangen ca. 3 km
Hotel Konle ★★★ ruhige Lage, 30 B, EZ € 40,– bis 45,–, DZ € 55,– bis 70,–, inkl. Frühstücksbuffet, alle Zi mit Du, WC, ☎, TV und Minibar, kleine Abendkarte, Kamin-Zi, Terrasse, Sauna, Dampfbad, Thermarium, Reitanlage, P, Hofackerstr. 20, info@reiterhof-konle.de, www.reiterhof-konle.de, ☎ **0049(0) 7965/9003-0**, Fax 9003-31 **(Bild siehe Seite 133)**.

㉑ D-73485 ZÖBINGEN A 7 ab Ausfahrt 113 Ellwangen → Unterschneidheim 10 km
Landgasthaus Grüner Baum ★★ 10 B, EZ € 35,–, DZ € 60,– bis 65,–, Nichtraucher-Zi, inkl. reichhaltigem Frühstücksbuffet, alle Zi mit Du, WC und TV, gutbürgerliche Küche, Räume bis 70 Personen, P, Bopfinger Str. 1, @, www.landgasthaus-gruener-baum.de, ☎ **0049(0) 7966/727**, Fax 741.

㉒ D-73492 RAINAU-BUCH
A 7 ab Ausfahrt 114 Aalen-Westhausen
Gästehaus Stetter ★★★ sehr ruhig am Ortsrand, direkt am Limespark Rainau (UNESCO-Welterbe), EZ € 40,–, DZ € 60,–, inkl. reichhaltigem Frühstück, Zi mit Du, WC, Sat-TV und Balkon, Badesee 5 Minuten, großer P, Dorfstr. 22, @, www.stetter-boden.de, ☎ **0049(0) 7961/91250**, Fax 9125-19.

㉓ D-73433 AALEN-OBERALFINGEN
A 7 ab Ausfahrt 114 Aalen/Westhausen 2 km → Aalen
Gasthof-Hotel Kellerhaus ★★★ Neubau, 27 B, EZ € 36,– bis 48,–, DZ € 74,–, inkl. Frühstück, Zi mit Du, WC und TV, gutbürgerliche Küche, Gerichte € 5,50 bis 18,–, Räume bis 200 Personen, 🍴, G, Nördlinger Str. 1, @, www.Kellerhaus-Oberalfingen.de, ☎ **0049(0) 7361/74150**, Fax 79157.

㉔ D-73433 AALEN-TREPPACH
A 7 ab Ausfahrt 114 Aalen/Westhausen ca. 5 km über B 29 Abfahrt Aalen-Nord
Aalener Römerhotel am Weltkulturerbe Limes ★★★★ neu erbaut, 130 B, EZ € 49,– bis 89,–, DZ € 75,– bis 114,–, Appartement ab € 40,–, 3-Bett-Zi ab € 93,–, 4-Bett-Zi ab € 111,–, 5-Bett-Zi ab € 126,–, 6-Bett-Zi ab € 143,–, alle Zi mit Bad/Du, WC, TV und WLAN, teils Balkon, Restaurant, Tagungsräume, Sauna, Solarium, Dampfbad, Fitness, Kinderspielplatz, Nähe Legoland, 🍴, G, 80 eigene P, kein ./., Bodenbachstr. 8/1, @, www.aalener-roemerhotel.de, ☎ **0049(0) 7361/901976200**, Fax 9197619 **(siehe auch Seite 129)**.

㉕ D-73432 AALEN-UNTERKOCHEN
A 7 ab Ausfahrt 115 Aalen/Oberkochen ca. 7 km
Das Goldene Lamm – Hotel und Restaurant ★★★★ 73 B, EZ € 58,– bis 119,–, DZ € 129,– bis 149,–, inkl. Frühstücksbuffet, Wochenendpreise (Fr-So) EZ € 65,–, DZ € 98,– bis 118,–, ruhige Zi mit Bad/Du, ☎, TV und Minibar, gepflegte Küche, schwäbische Köstlichkeiten, kulinarische Leckerbissen, 3 Salons bis 160 Personen, G, P, Kocherstr. 8, @, www.das-goldene-lamm.de, ☎ **0049(0) 7361/9868-0**, Fax 9868-98.
Unter gleicher Leitung:

㉖ D-73447 OBERKOCHEN
A 7 ab Ausfahrten 115 Aalen/Oberkochen ca. 11 km und 116 Heidenheim ca. 15 km
Hotel am Rathaus ★★★ sehr ruhig gelegen, 52 B, EZ € 59,– bis 99,–, DZ € 99,– bis 119,–, inkl. Frühstücksbuffet, Wochenendpreise (Fr-So) EZ € 49,– bis 69,–, DZ € 79,– bis 99,–, alle Zi mit Bad/Du, WC, ☎ und TV, Lift, sinnliches Saison-Restaurant, Sonnenterrasse, 🍴, Tief-G, großer P, Eugen-Bolz-Platz 2, @, www.hotel-oberkochen.de, ☎ **0049(0) 7364/9633-0**, Fax 9633-77.

㉗ D-73463 WESTHAUSEN
A 7 ab Ausfahrt 114 Aalen/Westhausen 1 km
Hotel-Restaurant Adler ★★★☆ ruhige Lage, 82 B, EZ ab € 49,–, DZ ab € 69,–, alle EZ mit King-Size Bett, 3-Bett-Zi € 88,–, 4-Bett-Zi € 99,–, 5-Bett-Appartement € 115,–, inkl. Frühstück, Zi mit Bad/Du, WC, LCD-TV, WLAN (kostenfrei) und Minibar, teils Balkon, sehr gute Küche, Wellness mit Bauernsauna, Massage, Ruheraum etc., Tankstelle und Discounter 300 m, G, großer P, Aalener Straße 16, @, www.adler-westhausen.de, ☎ **0049(0) 7363/952940**, Fax 9529445.

㉘ –㊹ +㉛ Einträge siehe Seiten 132 + 133

Weitere Informationen finden Sie unter

www.autobahn-guide.com

⑰ Gasthof Kronprinzen, Ellwangen

Tipps zur Route

Nach Schließung der Lücke Feuchtwangen-Heidenheim lässt sich die Autobahn A 7 auf ganzer Strecke zwischen Flensburg und dem Allgäu befahren. Geblieben ist leider noch eine Lücke von ca. 14 km zwischen Marktoberdorf bei Nesselwang und Füssen. Zwischen Füssen und der Grenze zu Österreich ist die Autobahn fertig. Bei Feuchtwangen verlässt diese schöne neue Strecke den Freistaat Bayern, wechselt ins Württembergische hinüber, quert, teils untertunnelt, das karge Hügelland der Schwäbischen Alb und senkt sich in sanften Schwüngen hinab ins Tal der Donau.

Ausfahrt Crailsheim-Dinkelsbühl: Sie sehen das Dinkelsbühl von einst: Vier Stadttore, vierzehn Wehrtürme, enge Gassen und wunderschöne alte Fachwerkhäuser, Stadtmauer und Wehrgang sind lückenlos. Fahren Sie hin!

Ausfahrt Ellwangen: „Unsere Gute Stadt Ellwangen" schrieb König Friedrich von Württemberg anno 1811, aber Ellwangen ist auch eine sehr malerische Stadt mit vielen romantischen Winkeln und einer schönen Kirche auf dem Schönenberg.

Ausfahrt Aalen-Oberkochen: Ein ganz besonderer Rastplatz ist die Abtei Neresheim. Mit ihren sieben Kuppeln nimmt die Abteikirche unter den Barockkirchen Europas eine Spitzenstellung ein. Im Kloster finden Sie ein Hotel-Restaurant.

Ausfahrt Giengen/Herbrechtingen: In der herben Landschaft der Ostalb, zwischen Hügeln, Wald und Wachholderheide, liegt im Tal der Brenz das hübsche Giengen. Wenige Fahrminuten außerhalb finden Sie die Charlottenhöhle und an anderer Stelle die Eselsburger Jungfrauen, zwei „echt steile Zähne". Es handelt sich allerdings nicht um Mädchen im Minirock, sondern um steil aufragende Kalksteinfelsen im Naturschutzgebiet Engelsburger Tal.

㉙ Hotel-Restaurant Adler, Aalen-Waldhausen

❶ – ㉗ Einträge siehe Seiten 130 + 131

㉘ D-73466 LAUCHHEIM
A 7 ab Ausfahrt 114 Aalen/Westhausen 5 km → Bopfingen
Hotel Restaurant Roter Ochsen ★★★ 28 B, EZ € 45,– bis 58,–, DZ € 68,– bis 88,–, inkl. Frühstücksbuffet, alle Zi mit Du, WC, 🕿 und Kabel-TV, Lift, regionale und mediterrane Küche, Tagungsraum, Räume bis 100 Personen, Terrasse, HotSpot, 🖵, P, Hauptstr. 24, @, www.roter-ochsen-lauchheim.de, 🕿 **0049 (0) 73 63/53 29**, Fax 73 24.

㉙ D-73432 AALEN-WALDHAUSEN
A 7 ab Ausfahrt 115 Aalen/Oberkochen ca. 2 km
Hotel-Restaurant Adler ★★★★ ruhige Lage, 70 B, EZ € 60,– bis 84,–, DZ € 80,– bis 115,–, 3-Bett-Zi € 102,– 4-Bett-Zi € 120,–, inkl. Frühstück, alle Zi mit Bad/Du, WC, Fön, Kabel-TV, kostenfreiem WLAN am Minibar, Lift, Konferenzräume, Terrasse, Erlebnishallenbad, römisches Dampfbad, finnische Sauna, Kosmetikstudio, Massage, Solarium, Steiff Museum 15 Minuten, Thermalbad „Limes-Thermen" 10 Minuten, Legoland 45 Minuten, 🖵, G, P, Deutschordenstr. 8, @, www.adler-aalen.de, 🕿 **0049 (0) 73 67/9 50-0**, Fax 9 50-4 00.

㉚ D-73432 AALEN-WALDHAUSEN
A 7 ab Ausfahrt 115 Aalen/Oberkochen ca. 2 km
Hotel-Gasthof „Alte Linde" ★★★ 37 B, EZ € 52,– bis 75,–, DZ € 75,– bis 92,–, 3-Bett-Zi ab € 85,–, Appartement (bis 5 Personen) ab € 120,–, inkl. Frühstücksbuffet, alle Zi mit Du, WC, 🕿, Kabel-TV und Internet (WLAN), gute Küche, Räume für 110 Personen, Tagungsräume, Biergarten, P, Albstraße 121, @, www.hotel-altelinde.de, 🕿 **0049 (0) 73 67/2001**, Fax 2003.

㉛ D-73450 NERESHEIM-ELCHINGEN
A 7 ab Ausfahrt 115 Aalen/Oberkochen ca. 3 km
Landgasthof und Metzgerei Ochsen ★★★ 28 B, EZ € 30,– DZ € 50,–, inkl. reichhaltigem Frühstück, alle Zi mit Du, WC, 🕿 und Sat-TV, gutbürgerliche Küche, Neben-Zi für 40 Personen, Biergarten, nach Aalen 15 Minuten, 🖵, P, Bahnhofstr. 2, www.ochsen-elchingen.de, 🕿 **0049 (0) 73 67/26 47**, Fax 92 25 31.

㉜ D-73450 NERESHEIM
A 7 ab Ausfahrten 115 Aalen/Oberkochen und 116 Heidenheim je 12 km
Gasthof-Metzgerei Zur Krone ★★★ 30 B, EZ ab € 30,– DZ ab € 50,–, inkl. Frühstück, alle Zi mit Du, WC, 🕿 und TV, gutbürgerliche schwäbische Küche, Räume für 110 Personen, Sonnenterrasse, 🖵, P, Hauptstr. 13, @, www.Neresheim-Krone.de, 🕿 **0049 (0) 73 26/9 63 90-0**, Fax 9 63 90-25.

㉝ D-89522 HEIDENHEIM-OGGENHAUSEN
A 7 ab Ausfahrt 116 Heidenheim links, nach 800 m rechts 2 km
Landgasthof-Metzgerei Traube ★★★ ruhige Lage, 30 B, EZ € 48,– bis 52,–, DZ € 68,– bis 75,–, inkl. Frühstücksbuffet, alle Zi mit Du, WC, 🕿 und TV, WLAN, neues Gästehaus, gute schwäbische Küche, Gaststätte für 90 Personen, Gerichte von € 4,– bis 15,–, Tagungsraum, Raum für 50 Personen, 🖵, P, Oggenhauser Hauptstraße 27, @, www.traube-oggenhausen.de, 🕿 **0049 (0) 73 21/9 78 70**, Fax 97 87 48.

㉞ D-89537 GIENGEN A 7 ab Ausfahrt 117 Giengen 1,8 km → Dillingen, Giengen
Lobinger Parkhotel ★★★★ ruhig gelegen, 150 B, EZ € 72,– bis 99,–, DZ € 81,– bis 129,–, Familien-Zi ab € 99,–, inkl. Frühstücksbuffet, alle Zi mit Du, WC, 🕿, TV und WLAN kostenfrei, Abendrestaurant, gutbürgerliche und gehobene Küche, Gartenrestaurant, 🖵, großer P, 24 h geöffnet, Steigstr. 110, @, www.lobinger-hotels.de, 🕿 **0049 (0) 73 22/95 30**, Fax 95 31 11.

㉟ D-89537 GIENGEN
A 7 ab Ausfahrt 117 Giengen 3 km
Ambient Hotel Salzburger Hof ★★★ 47 B, EZ € 48,– bis 62,–, DZ € 83,– bis 95,–, inkl. Frühstücksbuffet, nur Wochenende € 70,–, 3. Person € 14,–, 4-Bett-Zi € 107,–, alle Zi mit Du, WC, Fön, 🕿 und TV, Lift, feine Küche, Konferenzraum, Gartenterrasse, WLAN, 🖵, G, P, Richard-Wagner-Str. 5, @, www.salzburger-hof.de, 🕿 **0049 (0) 73 22/9 68 80**, Fax 96 88 88.

㊱ D-89542 HERBRECHTINGEN A 7 ab Ausfahrt 117 Giengen/Herbrechtingen 4 km → Herbrechtingen, gegenüber Bahnhof
Brenz-Hotel ★★★ 45 B, EZ € 54,– bis 58,–, DZ € 82,–, 3-Bett-Zi € 94,–, inkl. Frühstücksbuffet, alle Zi mit Du, WC, 🕿 und TV, South West Steakhouse, Terrasse, Tief-G, Bahnhofstraße 17, @, www.Brenz-Hotel.de, 🕿 **0049 (0) 73 24/98 59 80**, Fax 9 85 98 51.

㊲ D-89542 HERBRECHTINGEN
A 7 ab Ausfahrt 117 Giengen/Herbrechtigen ca. 4 km
Hotel-Gasthof Zum Grünen Baum ★★ 60 B, EZ € 56,– bis 58,–, DZ € 85,– bis 90,–, inkl. Frühstücksbuffet, Zi mit Bad/Du, WC, 🕿 und TV, gutbürgerliche Küche, Gerichte € 4,40 bis 13,–, 5 Governance bis 250 Personen, Gartenbewirtung, 🖵, großer P, Restaurant So /., Lange Straße 46, @, www.gruener-baum-gigler.de, 🕿 **0049 (0) 73 24/9 54-0**, Fax 9 54-4 00.

㊳ D-89542 HERBRECHTINGEN
A 7 ab Ausfahrt 117 Giengen/Herbrechtingen
Hotel-Restaurant Hoffmann ★★ 21 B, EZ € 44,– bis 46,–, DZ € 64,– bis 68,–, inkl. Frühstücksbuffet, alle Zi mit Du, WC, 🕿 und TV, gutbürgerliche und feine Küche, 🍴, 🖵, G, P, Ostpreußenstraße 1, @, www.hotel-hoffmann.de, 🕿 **0049 (0) 73 24/9 61 20**, Fax 9 61 22 30.

39 D-89168 **NIEDERSTOTZINGEN**
A 7 ab Ausfahrt 118 Niederstotzingen 8 km
Krone Landgasthof Hotel ★★★ 60 B, EZ € 49,– bis 69,–, DZ € 78,– bis 98,–, inkl. Frühstücksbuffet, alle Zi mit Du, WC, ☎, TV und Internetanschluss, regionale Küche, großer Biergarten, Räume für 20 bis 200 Personen, Konferenzräume, bis Legoland Deutschland 10 km, ⌷, G, P, Im Städtle 9, mail@krone-niederstotzingen.de, www.krone-niederstotzingen.de, ☎ **00 49 (0) 73 25/92 39 80**, Fax 9 23 98 50.

40 D-89168 **NIEDERSTOTZINGEN-STETTEN**
A 7 ab Ausfahrt 118 Niederstotzingen 3 km und A 8 ab Ausfahrt 67 Günzburg 15 km
Gasthaus Hotel Zum Mohren ★★★ ruhige Lage, 40 B, EZ € 53,50 bis 65,–, DZ € 72,50 bis 99,–, Familien-Zi ab € 99,–, Nichtraucher-Zi, inkl. Frühstücksbuffet, alle Zi mit Du, WC, ☎, TV und Internet, bekannt gute regionale und internationale Küche, Räume bis 150 Personen, Terrasse, ⌷, großer P, Oberdorfstr. 31, @, www.gasthaushotelmohren.de, ☎ **00 49 (0) 73 25/92 24 71 1**.

41 D-89415 **LAUINGEN**
A 8 ab Ausfahrt 69 Burgau und A 7 ab Ausfahrt 116 Heidenheim je 25 km (auf der Fahrt Würzburg–München 50 km Ersparnis bei Fahrt über Lauingen)
Hotel-Restaurant Kannenkeller ★★★★ 60 B, EZ € 68,–, DZ € 88,– bis 98,–, Suite € 150,–, inkl. Frühstücksbuffet, alle Zi mit Du, WC, ☎, TV und WLAN, regionale und feine Küche, Wintergarten, Biergarten, Tief-G, P, Dillinger Straße 26, info@hotel-kannenkeller.de, www.hotel-kannenkeller.de, ☎ **00 49 (0) 90 72/7 07-0**, Fax 7 07-7 07.

42 D-89182 **BERNSTADT**
A 7 ab Ausfahrt 119 Langenau ca. 6 km
Landgasthof Waldhorn ★★ neu erbaut, ruhig gelegen, 19 B, EZ € 43,–, DZ € 60,–, Familien-Zi, inkl. Frühstück, alle Zi mit Du, WC, ☎, TV und Internetanschluss, gutbürgerliche Küche, eigene Metzgerei, Räume bis ca. 130 Personen, überdachte Terrasse, Bier- und Wintergarten, ⌷, großer P, Herdgasse 22, @, www.landgasthof-waldhorn-noller.de, ☎ **00 49 (0) 73 48/94 99 00**, Fax 94 99 09.

43 D-89129 **LANGENAU**
A 7 ab Ausfahrt 119 Langenau 2 km und A 8 ab Ausfahrt 63 Ulm-Ost 8 km
Lobinger Hotel – Weißes Ross ★★★☆ 80 B, EZ € 59,– bis 79,–, DZ € 79,– bis 99,–, Familien-Zi ab € 99,–, inkl. Frühstücksbuffet, alle Zi mit Du, WC, ☎ und TV, nur 14 km bis Legoland, ⌷, großer P, Hindenburgstr. 29-31, mail@lobinger-hotels.de, www.lobinger-hotels.de, ☎ **00 49 (0) 73 45/80 10**, Fax 80 15 51.

44 D-89129 **LANGENAU**
A 7 ab Ausfahrt 119 Langenau 2 km und A 8 ab Ausfahrt 63 Ulm-Ost 8 km
Hotel-Gasthof Linde ★★★ 34 B, EZ € 48,– bis 50,–, DZ € 74,– bis 78,–, Mehrbett-Zi, inkl. Frühstücksbuffet, alle Zi mit Du, WC, ☎, TV und WLAN, schwäbische und bayerische Küche, Räume bis 150 Personen, Biergarten, ⌷, P, Angertorstr. 24, @, www.linde-langenau.de, ☎ **00 49 (0) 73 45/91 31 40**, Fax 9 13 14 55.

20 **Hotel Konle, Ellwangen-Röhlingen** (Text siehe Seite 131)

71 **ULM-OST** A 8 an der Autobahn-Ausfahrt Ulm-Ost

Hotel-Rasthaus Seligweiler
★★★ 200 Betten, EZ Euro 53,– bis 65,–, DZ Euro 73,– bis 85,–, inkl. Frühstück, Zi mit Bad oder Du, WC, Tel, TV und Minibar, moderne Restauranträume, 450 Plätze, Küche von 6 bis 24 Uhr geöffnet, Cafébar, Reiseshop, Terrasse, Konferenzräume, Hallenbad, ⌷, großer P mit Esso-Service und Burger-King-Restaurant.

Information und Prospekte:
Hotel-Rasthaus Seligweiler, D-89081 Ulm-Ost, info@seligweiler.de, www.seligweiler.de, ☎ **00 49 (0) 731/2 05 40**, Fax 2 05 44 00.

Tipps zur Route

Feuchtwangen – Festspielstadt und Erholungsort an der Romantischen Straße: Kultur und Erholung, verbunden mit fränkischer Gastlichkeit sind typisch für Feuchtwangen. Die Stadt ist idealer Ausgangspunkt für Ausflüge und lockt im Sommer mit seinen bekannten Freilichtspielen im Klosterhof.

Ellwangen – Ein Kunstwerk in heiler Landschaft: Erholungsort und bedeutendste Kunststätte mit zahlreichen kulturhistorischen Sehenswürdigkeiten. Besonders eindrucksvoll ist der großangelegte Marktplatz, einer der schönsten Stadtplätze Deutschlands, umrahmt von einer romantischen Basilika und herrlichen Stiftsherrenhäusern. Hoher Freizeitwert und gepflegte Gastronomie.

41 **Hotel-Restaurant Kannenkeller, Lauingen**

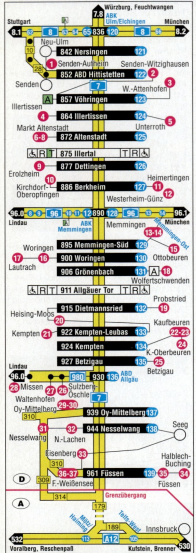

1 **D-89250 SENDEN-AUFHEIM**
A 7 ab Ausfahrt Senden → Möbel Innhofer, Pfaffenhofen/Holzschwang 1,5 km
Hotel-Gasthof Rössle ★★★ 47 B, EZ € 52,– bis 62,–, DZ € 79,– bis 92,–, Familien-Zi, inkl. Frühstücksbuffet, alle Zi mit Bad/Du, WC, ☎, TV und Internet (DSL), Lift, Restaurant, gute regionale, saisonale Küche, moderne Tagungsräume, Wintergarten, Biergarten, Sauna, Solarium, P, Unterdorf 12, @, www.gasthof-roessle.com, ☎ 0049 (0) 7307/986 00, Fax 21288.

2 **D-89250 SENDEN-WITZIGHAUSEN** A 7 ab Ausfahrt 123 Vöhringen 3 km
Gasthaus Zur Goldenen Traube ★★★ 38 B, EZ € 35,– bis 50,– DZ € 50,– bis 59,–, inkl. Frühstück, alle Zi mit Du und WC, teils TV, gute regionale Küche, Räume bis 140 Personen, großer Biergarten, 🛏, P, Dahlienstr. 2, @, www.gasthaus-goldenetraube.de, ☎ 0049 (0) 7309/23 22, Fax 92 10 17.

3 **D-89264 WEISSENHORN-ATTENHOFEN**
A 7 ab Ausfahrt 123 Vöhringen 5 km → Weißenhorn, Günzburg
Gasthof Hirsch, **Neumaiers Landhotel** ★★★ 60 B, EZ € 52,90, DZ € 79,– bis 109,–, inkl. Frühstücksbuffet, alle Zi mit Du, WC, ☎, TV und Internetanschluss, 8 Zi mit King-Size-Betten, regionale, feine Küche, Tagungsräume für 10 bis 150 Personen, Biergarten, 🛏, großer P, Römerstr. 31, info@neumaiers-landhotel.de, www.neumaiers-landhotel.de, ☎ 0049 (0) 7309/4 29 70, Fax 42 97 42.

4 **D-89257 ILLERTISSEN** A 7 ab Ausfahrt 124 Illertissen ca. 2 km
Hotel-Restaurant Kolb ★★★ 80 B, EZ € 58,– bis 98,–, 3-Bett-Zi € 110,–, inkl. Frühstück, Zi mit Bad/Du, WC, ☎, WLAN und Kabel-TV, frische, regionale und internationale Küche, Tagungsräume, G, großer P, Bahnhofstraße 11, @, www.hotel-kolb-illertissen.de, ☎ 0049 (0) 7303/9613-0, Fax 96 13 99.

5 **D-89299 UNTERROTH** A 7 ab Ausfahrt 124 Illertissen 6 km → Babenhausen
Gasthof Hotel Linde Blum ★★★ 30 B, EZ ab € 46,–, DZ ab € 70,–, inkl. Frühstücksbuffet, alle Zi mit Du, WC, Fön, ☎, TV, Fax, WLAN und Minibar, schwäbisch-bayerische Küche, Saal für 120 Personen, hauseigene Metzgerei, Gartenterrasse, Biergarten, Sauna, Solarium, Buskarte, Legoland 25 km, Bodensee, Allgäu 1 Std., 🛏, G, großer P, Oberrother Str. 17, blum.hotel.gasthof@t-online.de, www.blum-hotel-gasthof.de, ☎ 0049 (0) 7343/9600-55 + 9600-0, Fax 96 00-50.

6 **D-89281 MARKT ALTENSTADT** A 7 ab Ausfahrt 125 Altenstadt
Hotel Gasthof „Zum Rössle" ★★★ 42 B, EZ € 47,– bis 54,–, DZ € 70,– bis 80,–, Familien-Zi, Nichtraucher-Zi, inkl. Frühstücksbuffet, alle Zi mit Du, WC, ☎, TV und kostenfreiem WLAN, gute Küche, Räume bis 100 Personen, 🛏, ⚹ -WC, G, P, Do ./., Memminger Str. 62, @, www.gasthof-roessle.de, ☎ 0049 (0) 8337/74 03 33-0, Fax 74 03 33-309.

7 **D-89281 MARKT ALTENSTADT** A 7 ab Ausfahrt 125 Altenstadt 1800 m
Hotel Landgasthof Fischer ★★★ 29 B, EZ ab € 51,–, DZ ab € 75,–, Pilger-Zi ab € 30,– (mit Etagen-Du und WC), inkl. reichhaltigem Frühstücksbuffet, Zi mit Du, WC, TV und Internet, feine regionale Küche, Räume bis 150 Personen, Biergarten, 🛏, großer P, Memminger Str. 35, @, www.hotelfischer.de, ☎ 0049 (0) 8337/90 01 12, Fax 90 05 400.

8 **D-89281 MARKT ALTENSTADT** A 7 ab Ausfahrt 125 Altenstadt
Hotel Restaurant Bürgerstuben ★★ 36 B, EZ € 42,–, DZ € 62,–, inkl. Frühstück, alle Zi mit Du, WC und TV, gutbürgerliche Küche, Räume für 80 Personen, WLAN, Biergarten, 🛏, P, Memminger Str. 77, @, www.hotelbuergerstuben.de, ☎ 0049 (0) 8337/7 54 54, Fax 75456.

9 **D-88453 EROLZHEIM** A 7 ab Ausfahrt 126 Dettingen ca. 4 km
Gaststätte Marktschmiede ★★★ neu erbaut, ruhige Lage im Ortszentrum, 28 B, EZ € 49,– bis 59,–, DZ € 69,– bis 79,–, inkl. Frühstücksbuffet, Zi mit Du, WC, Kabel-TV und kostenfreiem WLAN, G, P, Marktplatz 8, info@marktschmie.de, www.marktschmie.de, ☎ 0049 (0) 7354/405, Fax 25 05.

10 **D-88457 KIRCHDORF-OBEROPFINGEN** A 7 ab Ausfahrt 127 Berkheim 800 m
Landgasthof Löwen ★★★ neu erbaut, 18 B, EZ € 35,– bis 42,–, DZ € 58,– bis 64,–, inkl. Frühstück, alle Zi mit Du, WC, ☎, TV und WLAN, gute Küche, Räume bis 200 Personen, Terrasse, 🛏, P, Kirchdorfer Str. 8, @, www.landgasthof-loewen.info, ☎ 0049 (0) 8395/667, Fax 911728.

11 **D-87751 HEIMERTINGEN** A 7 ab Ausfahrt 127 Berkheim → Heimertingen 2 km
Gasthof und Metzgerei Lamm ★ 35 B, EZ € 35,–, DZ bis € 55,–, Zusatz-Bett € 15,–, inkl. Frühstück, alle Zi mit Du, WC, ☎, TV und WLAN, gutbürgerliche Küche, Biergarten, Gerichte von € 5,50 bis 17,–, Räume bis 130 Personen, 🛏, G, P, Memminger Str. 1, @, www.gasthof-metzgerei-lamm.de, ☎ 0049 (0) 8335/256, Fax 989785.

12 **D-87784 WESTERHEIM-GÜNZ** ab ABK Memmingen ca. 15 km
Brauereigasthof Laupheimer ★★★ 15 B, EZ € 53,– bis 57,–, DZ € 85,– bis 93,–, inkl. Frühstücksbuffet, alle Zi mit Du, WC, TV und WLAN, regionale gehobene Küche, großer Biergarten, 🛏, großer P, Dorfstr. 19, @, www.laupheimer.de, ☎ 0049 (0) 8336/76 63, Fax 7693.

13 **D-87700 MEMMINGEN** A 7 ab Ausfahrt 129 Memmingen-Süd und A 96 ab Ausfahrt 14 Memmingen-Ost je 2 km (Stadtmitte)
Engelkeller, Restaurant & Hotel ★★★★ neu erbaut, 42 B, EZ € 82,–, DZ € 118,–, inkl. Frühstücksbuffet, alle Zi mit Du, WC, ☎, TV und WLAN, Lift, regionale gehobene Küche, Terrasse, 🛏, großer P, Königsgraben 9, @, www.engelkeller.de, ☎ 0049 (0) 8331/9 84 44 90.

9 **Gaststätte Marktschmiede, Erolzheim**

14 D-87700 **MEMMINGEN** A 7 ab Ausfahrt 129 Memmingen-Süd und A 96 ab Ausfahrt 14 Memmingen-Ost je 2 km (Stadtmitte)
Hotel Weisses Ross ★★★★ 90 B, EZ € 62,– bis 82,–, DZ € 95,– bis 115,–, inkl. Frühstücksbuffet, ruhige Zi mit Du, WC, ☎ und TV, Lift, Restaurant, historisches Haus, G, Salzstr. 12, @, www.hotelweissesross.de, ☎ **0049(0)8331/9360**, Fax 936150.

15 D-87724 **OTTOBEUREN** A 7 ab Ausfahrt 129 Memmingen-Süd und A 96 ab Ausfahrten 13 Memmingen-Nord und 14 -Ost je 11 km
Hotel St. Ulrich ★★★ sehr ruhige Waldrandlage, 36 B, EZ € 54,– bis 65,–, DZ € 78,– bis 94,–, inkl. Frühstücksbuffet, Pauschalangebote, alle Zi mit Du, WC, ☎ und TV, Lift, Restaurant für Hausgäste, Konferenzraum, Gartenterrasse, Hallenbad, Sauna, Solarium, großer P, Bannwaldweg 10, @, www.hotel-st-ulrich.com, ☎ **0049(0)8332/92352-0**, Fax 92352-70.

16 D-87789 **WORINGEN** A 7 ab Ausfahrt 130 Woringen 1,5 km
Gästehaus Susanne ★★★ 11 B, EZ € 35,– bis 42,–, DZ € 66,– bis 74,–, Familien-Zi, inkl. Frühstück, alle Zi mit Du, WC, TV und Radio, großer P im Hof, Altvaterstraße 8, @, www.gaestehaus-susanne.de, ☎ **0049(0)8331/4987330**, Fax 49176.

17 D-87763 **LAUTRACH**
A 7 ab Ausfahrt 130 Woringen 9 km und A 96 ab Ausfahrt 11 Aitrach 6 km
Gasthof Rössle ★★ 16 B, EZ € 35,–, DZ € 65,–, inkl. Frühstück, alle Zi mit Du, WC, und TV, schwäbische Küche, Räume für 50 bis 220 Personen, großer Biergarten, 🚌, P, Deybachstr. 16, @, www.roessle-lautrach.de, ☎ **0049(0)8394/284**, Fax 941935.

18 D-87787 **WOLFERTSCHWENDEN** A 7 ab Ausfahrt 131 Grönenbach 2 km
Landhotel Weißenhorn ★★★ 27 B, EZ ab € 49,50, DZ € 79,–, inkl. reichhaltigem Frühstück, alle Zi sind Nichtraucher-Zi mit Du, WC, TV und WLAN, gutbürgerliche und gehobene Küche, Gartenterrasse, 🚌, G, großer P, Hauptstr. 4, info@hotel-weissenhorn.de, www.hotel-weissenhorn.de, ☎ **0049(0)8334/220**, Fax 406.

19 D-87463 **PROBSTRIED** ab Ausfahrt 132 Dietmannsried ca. 3 km → Probstried
Pension und Gästehaus Sonner ★★★ ruhig gelegen, 20 B, EZ € 38,– bis 42,–, DZ € 60,– bis 68,–, Kinderermäßigung, Zi mit Du, WC, ☎, TV und WLAN, 5 Ferienwohnungen von 2 bis 6 Personen (auch für eine Nacht), regionale Küche, P, Mühlenweg 6, @, www.pension-sonner.de, ☎ **0049(0)8374/390**, Fax 5899479.

20 D-87493 **HEISING-MOOS** A 7 ab Ausfahrten 132 Dietmannsried der U 22 folgen und 133 Leubas der U 81 folgen, je 3 km
Hotel Andreashof ★★★★ 94 B, EZ ab € 65,–, DZ ab € 92,–, Familien-Zi (ab 3 Personen) € 40,– pro Person, inkl. Frühstücksbuffet, alle Zi mit Du, WC, ☎, und Kabel-TV, Restaurant, 3 Tagungsräume bis 110 Personen, WLAN, Bar, Sportplatzstr. 15, @, www.hotel-andreashof.de, ☎ **0049(0)8374/9302-0**, Fax 9302-300.

21 D-87437 **KEMPTEN** A 7 ab Ausfahrt 133 Kempten-Leubas
Smart Motel ★★★ comfort motels, 89 B, EZ € 45,–, DZ € 65,–, Appartement ab € 85,–, Frühstücksbuffet € 7,– pro Person, alle Zi mit Du, WC, TV und Internet WLAN (kostenfrei), Lift, ♿ -Zi, Tief-G, P, 24 h Check in (Hotelomat), Edisonstr. 4, info@smartmotel.de, www.smartmotel.de, ☎ **0049(0)831/200600**, Fax 2006060.

22 D-87600 **KAUFBEUREN** A 96 ab Ausfahrt 20 Bad Wörishofen → Kempten
Hotel Goldener Hirsch, Hotel-Restaurant-Café ★★★☆ in der Stadtmitte gelegen, 70 B, EZ € 44,– bis 84,–, DZ € 75,– bis 110,–, inkl. Frühstück, alle Zi mit Du, WC, ☎, TV und kostenlosem Internetanschluss, ausgezeichnete Küche, Räume bis 150 Personen, Biergarten, 🚌, @, www.goldener-hirsch-kaufbeuren.de, ☎ **0049(0)8341/43030**.
Unter gleicher Leitung:

23 D-87600 **KAUFBEUREN** A 96 ab Ausfahrt 20 Bad Wörishofen → Kempten
Restaurant Sudhaus ✕ uriges Brauereigasthaus mit Biergarten, info@sudhaus-kaufbeuren.de, www.sudhaus-kaufbeuren.de, ☎ **0049(0)8341/988488.**
Unter gleicher Leitung:

24 D-87600 **KAUFBEUREN-OBERBEUREN**
A 96 ab Ausfahrt 20 Bad Wörishofen ca. 15 km
Hotel Grüner Baum ★★★☆ neu erbaut, ruhige Lage, 51 B, EZ € 49,– bis 55,–, DZ € 79,– bis 85,–, inkl. Frühstücksbuffet, alle Zi mit Bad/Du, WC, ☎ mit Voice-Mailbox, TV, Radio und Internet-Anschluss, Sauna, 💳, 🚌, ♿, G, P, Obere Gasse 4, @, www.gruener-baum-hotel.com, ☎ **0049(0)8341/96611-0**, Fax 96611-79.

25 – 37 Einträge siehe Seite 136

20

Hotel Andreashof, Heising-Moos

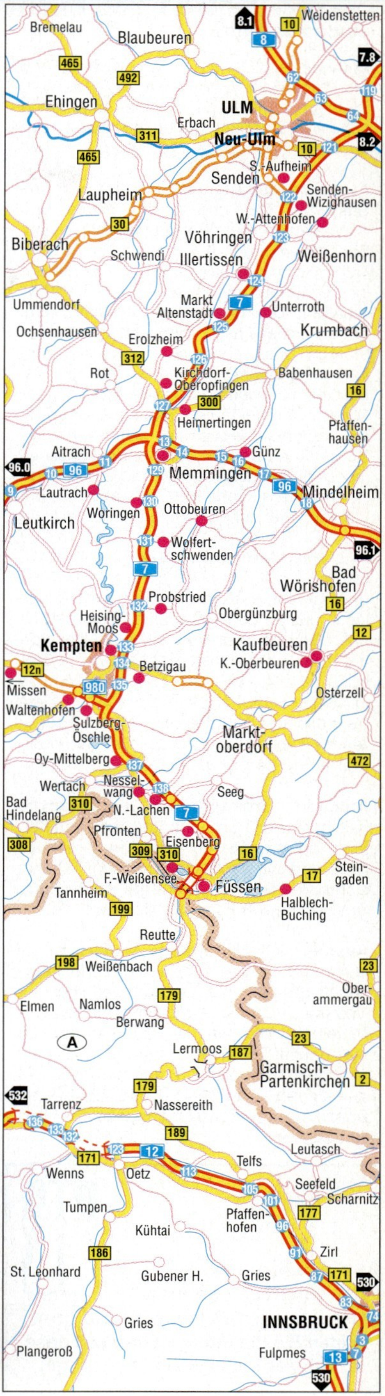

Tipps zur Route

Ende der Autobahn A 7 derzeit bei km 946 Marktoberdorf. Grenzübergang Pfronten/ Steinach. Anschluss an die österreichische A 12 über den gut ausgebauten, wintersicheren Fernpass (B 314).

Ausfahrt Memmingen: Memmingen, die Stadt der Tore und Türme, Giebel und Fassaden liegt am Rande des Allgäus an Schnittpunkt der Autobahnen A 96 und A 7. Durch die Jahrhunderte konnte sie ihr schönes mittelalterliches Stadtbild erhalten. Die historische Altstadt bietet neben vielen reizenden und idyllischen Plätzen auch zahlreiche Sehenswürdigkeiten. Ehrwürdige Kirchen wie die St. Martin mit einem der großartigsten gotischen Chorgestühle Deutschlands oder die Frauenkirche mit Malereien der Familie Strigel aus dem 15. Jahrhundert erfreuen jeden Kulturliebhaber. Die neu restaurierte Kreuzherrnkirche stellt ein Juwel an der Oberschwäbischen Barockstraße dar.

Ausfahrt Memmingen-Süd: An Ottobeuren sollten Sie nicht vorüberfahren. Die fast unvorstellbare Pracht dieser Klosterkirche lässt niemanden unberührt. Dem stattlichen Geviert einer Benediktiner-Abtei vorgelagert, zählt diese doppeltürmige Basilika zu den Meisterwerken des Barocks in Deutschland. Ottobeuren selbst ist ein freundlicher Marktflecken und ein bedeutender Kneipp-Kurort dazu. Der Naturheilpfarrer wurde hier geboren.

Ausfahrt Grönenbach: Der bekannte Kneipp-Kurort Grönenbach liegt inmitten jener grünen Wiesen und Hügel, die das Alpenvorland so reizvoll machen. Weithin sichtbares Schloss, moderne Kuranlagen, Spazierwege entlang der Illerstaustufe.

Ausfahrt Oy-Mittelberg: Mitten im Urlaubsland Allgäu und der Ferienlandschaft der Oberallgäuer Voralpen liegt der Kneippkur-, Luftkur- und Erholungsort Oy-Mittelberg. Wer will, der kann hier günstig zur Pause übergehen: Oy-Mittelberg ist ein idealer Etappenort auf dem Weg in den Urlaub. Unternehmen Sie lieber einen Spaziergang um den Grüntensee oder den Rottachsee.

Sie möchten mehr über Ihre Unterkunft erfahren? Unter *www.autobahn-guide.com* finden Sie die Internetadressen unserer Häuser mit Link zur Homepage.

---

①–㉔ Einträge siehe Seiten 134 + 135

㉕ D-87488 BETZIGAU
A 7 ab Ausfahrt 135 Betzigau 2 km
Gasthof Hirsch ★★☆ 17 B, EZ € 35,–, DZ € 50,–, inkl. Frühstück, alle Zi mit Du, WC und TV, gute Küche, regionale Spezialitäten, Saal bis 260 Personen, Terrasse, Biergarten, P, Hauptstr. 7, @, www.hirsch-betzigau.de, ☎ 0049(0)831/5239853, Fax 5239927.

㉖ D-87477 SULZBERG-ÖSCHLE
A 980 ab Ausfahrt Sulzberg 500 m
Gasthof Seerose ★★★ 24 B, EZ € 39,–, DZ € 66,–, inkl. Frühstück, alle Zi mit Du, WC und TV, regionale Küche, Fisch- und Wildspezialitäten, Chef kocht selbst, Terrasse, Öschle See in unmittelbarer Nähe, großer P, Di ./., Burgratzer Str. 4, @, www.Seerose-Sulzberg.de, ☎ 0049(0)8376/287, Fax 8108.

㉗ D-87448 WALTENHOFEN
A 980 ab Autobahnende 1 km
Gasthaus Krone ★★ 13 B, EZ € 33,–, DZ € 66,–, inkl. Frühstücksbuffet, Zi mit Du, WC und TV, gute Küche, Räume für 30-150 Personen, Terrasse, großer P, Restaurant Mo ./., Bahnhofstr. 14, www.krone-waltenhofen.de, ☎ 0049(0)8303/218, Fax 1588.

㉘ D-87547 MISSEN A 980 ab Ausfahrt 1 Waltenhofen → Isny (B12)
Brauerei & Gasthof Schäfflerbräu ★★★ 12 B, EZ ab € 41,–, DZ ab € 69,–, inkl. reichhaltigem Frühstück und Kurtaxe, alle Zi mit Du, WC und TV, regionale Küche, Gasträume mit besonderem Flair, Mini-Schaubrauerei und Schaubrennerei sowie Zapfwinkel und Brutzeleck, Biergarten, Wintergarten, Bräu-Saal, großer P, Hauptstr. 15, @, www.schaeffler-braeu.de, ☎ 0049(0)8320/920-15, Fax 920-16.

㉙ D-87466 OY-MITTELBERG A 7 ab Ausfahrt 137 Oy-Mittelberg 1000 m in Oy → Mittelberg, an der Bäckerei Schuster (blaue Säulen) rechts
Hotel Kurhaus Allgayer ★★☆ 35 B, EZ € 34,– bis 41,–, DZ € 68,– bis 80,–, inkl. Frühstücksbuffet, alle Zi mit Du, WC und TV, teils , gute Küche, regionale Spezialitäten, P, Auenweg 3-5, @, www.kurhaus-allgayer.de, ☎ 0049(0)8366/9810, Fax 1407.

㉚ D-87466 OY-MITTELBERG A 7 ab Ausfahrt 137 Oy-Mittelberg 1000 m
Pension Allgäu ★ 16 B, EZ € 26,–, DZ € 52,–, inkl. Frühstücksbuffet, alle Zi mit Du und WC, für Hausgäste HP, Garten, P, Maria-Rainer-Str. 7, pensionallgaeu@t-online.de, www.pensionallgaeu.de, ☎ 0049(0)8366/1221, Fax 988667.

㉛ D-87484 NESSELWANG ab Ausfahrt 138 ca. 5 km
Brauerei-Gasthof Flair Hotel Post ★★★ 50 B, EZ € 49,–, DZ ab € 83,–, inkl. Frühstücksbuffet, alle Zi mit Bad oder Du, WC, , TV und Radio, bayerische Schmankerlküche, vegetarische Gerichte, gemütliche Gaststuben, Tagungsräume, sonniger Biergarten, Brauereimuseum, Bierseminare, G, Hauptstraße 25, @, www.hotel-post-nesselwang.de, ☎ 0049(0)8361/30910, Fax 30973.

㉜ D-87484 NESSELWANG-LACHEN
A 7 ab Ausfahrt 138 Nesselwang/Marktoberdorf 800 m rechts
Landgasthof Löwen ★★★ allein stehend, mit Bergblick, 60 B, EZ € 39,– bis 44,–, DZ € 69,– bis 74,–, inkl. Frühstücksbuffet, alle Zi mit Bad/Du, WC und TV, Lift, gutbürgerliche Küche, Hallenbad, , (€ 4,– Aufschlag), (Anmeldung erwünscht), , großer P, Lachen 1, @, www.loewen-nesselwang.de, ☎ 0049(0)8361/640, Fax 1752.

㉝ D-87637 EISENBERG
A 7 ab Ausfahrt 139 Füssen 12 km, in Eisenberg → Pfronten 200 m
Landgasthof Gockelwirt ★★★ ruhige, schöne Aussichtslage, 50 B, EZ € 48,– bis 70,–, DZ € 84,– bis 118,–, inkl. Frühstücksbuffet, alle Zi mit Bad oder Du, und TV, teils Balkon, gehobene regionale Küche, Gartenterrasse, Hallenbad, Sauna, P, Pröbstener Str. 23, @, www.gockelwirt.de, ☎ 0049(0)8364/83-0, Fax 83-20.

㉞ D-87642 HALBLECH-BUCHING
ab Ausfahrt Seeg 22 km (B 309) und Ausfahrt Unterpinswang 16 km (B 314)
Gasthof Geiselstein ★★ 37 B, EZ € 40,–, DZ € 55,– bis 60,–, inkl. Frühstück, Zi mit Du, WC und TV, sehr gute Küche, günstige Lage zum Besuch von Neuschwanstein, Hohenschwangau und Wieskirche, , G, großer P, Füssener Straße 26, @, www.alpengasthof-geiselstein.de, ☎ 0049(0)8368/620, Fax 885.

㉟ D-87629 FÜSSEN A 7 ab Ausfahrt 139 Füssen 2 km
Hotel Hirsch ★★★★ traditionelles Haus in der Stadtmitte, 90 B, EZ € 60,– bis 85,–, DZ € 85,– bis 170,–, inkl. Allgäuer Frühstücksbuffet, alle Zi mit Du, WC, TV, stimmungsvolle Restaurants, Bierstüberl, , kostenfreie P auch für Busse, Kaiser-Maximilian-Platz 7, @, www.hotelhirsch.de, ☎ 0049(0)8362/93980, Fax 939877.

㊱ D-87629 FÜSSEN-WEISSENSEE A 7 ab Ausfahrt 139 Füssen
Appartementhotel Seespitz ★★★★ schöne Aussichtslage, direkt am Weißensee, 32 Appartements, 1-Zi-Appartement ab € 80,–, 3-Zi-Appartement ab € 100,–, Frühstück € 15,– pro Person, alle Zi mit Du, WC und TV, Restaurant, Seminarraum, Seeterrasse, Hallenbad, Sauna, Massagepraxis, Fitnessraum, Tief-G, @, Pfrontener Str. 45, @, www.seespitz.com, ☎ 0049(0)8362/38899, Fax 38890.

㊲ D-87629 FÜSSEN-WEISSENSEE A 7 ab Ausfahrt 139 Füssen
Hotel Dreimäderlhaus ★★★ direkt am Weissensee mit schöner Aussichtslage, 25 B, EZ ab € 43,–, DZ ab € 68,–, Familienappartements ab € 120,–, inkl. Frühstück, alle Zi mit Du, WC, und TV, Seeterrasse, großer P, Pfrontener Str. 43, @, www.dreimaederlhaus.de, ☎ 0049(0)8362/91900, Fax 919030.

Lausers ADLER

Lausers Adler
Hotel Restaurant
Inhaber Helmut Lauser
Zeller Straße 2
73101 Aichelberg
Tel. 00 49/0 71 64/90 28 29
Fax 90 28 30
www.LausersAdler.de
info@LausersAdler.de

17 Betten, 3 Sterne

Einzelzimmer
incl. „GENIESSER-FRÜHSTÜCK" € 65,–
Doppelzimmer
incl. „GENIESSER-FRÜHSTÜCK" € 85,–

Siehe auch Route 8.1
(ab Ausfahrt 58 Aichelberg ca. 200 m)

Sich wohl fühlen wie zu Hause...

Das ist unser Motto und darum bemühen wir uns!
Bei uns gehört der Gast zur Familie!
In unseren Einzel- und Doppelzimmern werden Sie
sich deshalb rundum wohl fühlen.
Sie sind modern, trotzdem ist die Gemütlichkeit
des Hauses deutlich spürbar.
Am Morgen erwartet Sie dann ein feines
mediterranes Frühstück.

Kunst kommt von Können

Mit viel Liebe wird bei uns im ADLER gekocht.
Von ausgefallener schwäbischer bis zu mediterraner Küche ist alles
raffiniert zubereitet, dafür kaufe ich als Chef persönlich ein.
Eine unserer Spezialitäten ist artgerecht gehaltenes BIOLAND-LAMM von
unserem Nachbarn.

Der Gruß aus der Küche: *„Unsere edlen Süppchen
im Cappuchino-Tässchen sind schon jetzt eine Legende."*

Mit Liebe gekocht, und mehr...

Klassisch gehalten ist die ADLER-Stube, mediterran
eingerichtet der Wintergarten, rustikal das Kaminzimmer, genauso wie unser schönes Nebenzimmer
mit 40 Sitzplätzen. Überall werden Sie begeistert
sein von der Liebe zum Detail.
Durch Küchen- und Kochgeschirr aus Großmutters
Zeit, das überall auf Schränken und Vitrinen dekoriert ist, entsteht die unverwechselbar gemütliche
Atmosphäre in allen Räumen.

Der Küchenmeister tischt für Sie auf

An jedem Ort – zu jeder Zeit!
Und das vom Feinsten. In Ihrer Küche, Ihrem Garten, bei Ihrer Firmenfei-
er oder Ihrer Hochzeit. Für alle Anlässe das passende Essen, von 5 bis
1000 Personen. Sie werden staunen, was unser Gourmet-Service
Ihnen alles anbietet: Die Planung des Events, die Organisation der
Räumlichkeiten, die Buchungen von Künstlern und Musikern. Und natürlich
alles für Tisch und Raum, einfach alles, was ein schönes Fest ausmacht.
Hier zeigen sich die Vorteile unserer Logistik und unsere über 20-jährige
Erfahrung. Bei uns sind Sie in den besten Händen! Auf Wunsch erhalten
Sie auch unsere *Kochkunstartistik* – speziell für Ihren Anlass. Und zum
Schluss ist alles wieder sauber! Was bleibt, ist eine schöne Erinnerung.

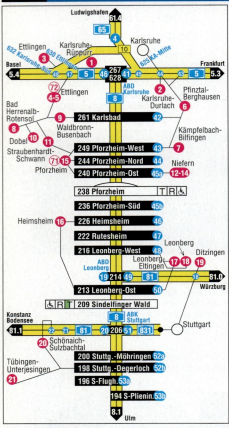

① D-76199 KARLSRUHE-RÜPPURR

A 5 ab Ausfahrt 47 Ettlingen ca. 1 km (2. Ampel links)

Kofflers Heuriger & Landhaus-Hotel ★★★ 22 B, EZ € 49,– bis 65,–, DZ € 99,– bis 109,–, inkl. Frühstücksbuffet, Zi mit Du, WC und TV, kostenfreies WLAN im Restaurant, Landhaus-Restaurant, Wochenendangebote, Hausmetzgerei, schöner Winzergarten, Familienbetrieb, großer P, Lange Str. 1, @, www.Kofflers-heuriger.de, ☎ 0049 (0) 7 21/89 02 02, Fax 88 29 22.

② D-76227 KARLSRUHE-DURLACH

A 5 ab Ausfahrt 44 Karlsruhe-Durlach ca. 1500 m

Hotel Maison Suisse ★★★ 23 B, EZ € 88,– bis 135,–, DZ € 118,– bis 186,–, Suite € 186,– bis 238,–, inkl. Frühstück, alle Zi mit Bad/Du, WC, Fön, Kosmetikspiegel, Waage, ☎, Fax/Modem-Anschluss, Sat-TV, Radio-Wecker, Safe und Minibar, teils Balkon, Terrasse, Solarium, Fahrradverleih, WLAN, öffentliches Internetterminal, ☎, G, Hildebrandtstr. 24, @, www.maison-suisse.de, ☎ 0049 (0) 7 21/40 60 48 + 40 60 49, Fax 49 59 96.

③ D-76275 ETTLINGEN A 5 ab Ausfahrt 48 Karlsruhe-Süd nur 100 m

Radisson Blu Hotel ★★★★ 199 Zi, EZ ab € 94,–, DZ ab € 113,–, Familien-Zi € 120,–, inkl. Frühstücksbuffet, alle Zi mit Bad/Du, WC, Fön, Kosmetikspiegel, TV, Radio, WLAN (kostenfrei), Minibar und Safe, teils Safe, Lift, Restaurant mit Terrasse, Wickelraum, Kegelbahn, Premiere/Sky Sport-Bar, kostenfrei: Schwimmbad, Sauna, Fitness, ☎, 🚗, ⚒, P (Busse frei), Am Hardtwald 10, @, www.radissonblu.de/hotel-karlsruhe, ☎ 0049 (0) 7243/38 00, Fax 38 06 66.

④ D-76275 ETTLINGEN

A 5 ab Ausfahrt 48 Karlsruhe-Süd ca. 1000 m

Stadthotel Engel garni ★★★ in verkehrsberuhigter Altstadt, 140 B, EZ € 80,– bis 100,–, DZ € 100,– bis 140,–, inkl. Frühstücksbuffet, alle Zi mit Du, WC, ☎ und TV, 🚗, ⚒, -Zi, Tief-G, Kronenstr. 13, @, www.Stadthotel-engel.de, ☎ 0049 (0) 7243/330-0, Fax 330-199, **Unter gleicher Leitung:**

⑤ D-76275 ETTLINGEN

A 5 ab Ausfahrt 48 Karlsruhe-Süd

Hotel-Gästehaus Sonne garni ★★ 45 B, EZ € 40,– bis 65,–, DZ € 65,– bis 85,–, günstige Familien-Zi, inkl. Frühstück, Zi mit Du, WC, ☎, TV und Lärmschutzfenster, 🚗 (Reisegruppen willkommen), 3 G, P für Busse, Pforzheimer Str. 21, @, ☎ 0049 (0) 7243/77 430, Fax 330-199.

⑥ D-76327 PFINZTAL-BERGHAUSEN

A 8 ab Ausfahrten 42 Karlsbad 12 km und 43 Pforzheim-West 15 km → B 10 Karlsruhe → Pfinztal → Berghausen (B 293) und A 5 ab Ausfahrten 43 Karlsruhe-Nord und 44 Karsruhe-Durlach 6 km → Bretten → B 10 P

Hotel Zur Linde mit Gastronomie Bistrorant yellow ★★★☆ EZ ab € 45,– bis 59,–, DZ € 65,– bis 79,–, Mehrbett-Zi ab € 85,– bis 99,–, gehobenes Frühstück, Zi mit Du, WC, ☎ und Kabel-TV, Stadtbahnverbindung, 🚗, An der Bahn 1, @, www.hotel-linde-karlsruhe.de, ☎ 0049 (0) 7 21/46 1 18, Fax 46 36 30 **(Bild siehe Route 5.3)**. **Unter gleicher Leitung:**

⑦ D-75236 KÄMPFELBACH-BILFINGEN

von Stuttgart: A 8 ab Ausfahrt 43 Pforzheim West 8 km → B 10 Karlsruhe → Kämpfelbach → Ersingen → Bilfingen und von Frankfurt: A 5 ab Ausfahrt 43 Karlsruhe-Nord 18 km → Pfinztal → B 10 Pfor

Apart Hotel Linde und Hotel Kämpfelbacher Hof ★★★ ruhige Lage, 85 B, EZ € 55,– bis 60,–, DZ € 75,– bis 80,–, 3- und 4-Bett-Zi, Familien-Zi, inkl. Frühstück, Kinder bis 12 Jahre im Eltern-DZ frei, alle Zi mit Du, WC, ☎ und TV, feine deutsche Küche, Chef kocht selbst, Terrasse, Stadtbahnverbindung nach Karlsruhe und Pforzheim, 🚗, Tief-G, großer P, Schopfwiesenstr. 1, @, www.kämpfelbacher-hof.de, ☎ 0049 (0) 7232/3 04 30, Fax 4 04 20.

⑧ D-76332 BAD HERRENALB-ROTENSOL

A 5 ab Ausfahrt 47 Ettlingen 20 km → Ettlingen

Hotel-Restaurant-Vinothek Lamm ★★★ 50 B, EZ € 46,– bis 85,–, DZ € 84,– bis 98,–, Suiten € 115,– bis 140,–, inkl. Frühstücksbuffet, alle Zi mit Du, WC und ☎, teils TV, Safe und Balkon, Lift, gute Küche, gemütliche Bauernstube, eigene Brennereiprodukte, Weinkeller mit Vinothek, Konferenzraum, Terrasse, G, P, Mönchstr. 31, schwemmle@lamm-rotensol.de, www.lamm-rotensol.de, ☎ 0049 (0) 70 83/92 44-0, Fax 92 44-44.

⑧ Hotel-Restaurant-Vinothek Lamm, Bad Herrenalb-Rotensol

⑦ Apart Hotel Linde und Hotel Kämpfelbacher Hof, Kämpfelbach-Bilfingen

⑨ D-76337 WALDBRONN-BUSENBACH
A 8 ab Ausfahrt 42 Karlsbad 2,3 km und A 5 ab Ausfahrt 47 Ettlingen ca. 7 km
Hotel „La Cigogne" ★★★ 18 B, EZ € 67,–, DZ € 97,–, inkl. Frühstücksbuffet, alle Zi mit Bad/Du, WC, ☎, TV, Fax-Anschluss und Balkon, Lift, Abendrestaurant, französisch-elsässische Küche, Räume bis 120 Personen, Tagungen, Tief-G, P, Ettlinger Straße 97, @, www.la-cigogne.de, ☎ 0049 (0) 7243/5 65 20, Fax 56 52 56.

⑩ D-75335 DOBEL
A 8 ab Ausfahrt 43 Pforzheim-West 25 km und A 5 ab Ausfahrt 47 Ettlingen 23 km
Gasthof-Pension Linde ★★★ 31 B, EZ € 25,– bis 32,–, DZ € 46,– bis 56,–, inkl. Frühstück, überwiegend Zi mit Du, WC und TV, gutbürgerliche Küche, Räume bis 140 Personen, Sonnenterrasse, 🍴, G, P, Hauptstr. 19, @, www.linde-dobel.de, ☎ 0049 (0) 7083/8873, Fax 52 2 34.

⑪ D-75334 STRAUBENHARDT-SCHWANN
A 8 ab Ausfahrt 43 Pforzheim-West 10 km → Birkenfeld
Relais du Silence Landhotel Adlerhof ★★★★ Waldrandlage, 37 B, EZ ab € 73,50, DZ ab € 96,–, inkl. Frühstücksbuffet, alle Zi mit Du, WC, ☎, Kabel-TV und Balkon, gute Küche, Konferenzraum, Freiterrasse, 🍴, P, Mo ./., Mönchstraße 14, info@adlerhof.de, www.Adlerhof.de, ☎ 0049 (0) 7082/9 23 40, Fax 9 23 41 30.

⑫ D-75223 NIEFERN
A 8 ab Ausfahrt 45 a Pforzheim-Ost, an 1. Ampel links, 1. Straße rechts
Best Western Queens Hotel Pforzheim Niefern ★★★★ 66 Zi, EZ € 74,– bis 95,–, DZ € 94,– bis 108,–, inkl. Frühstücksbuffet, alle Zi mit Bad/Du, WC, Kabel- und Pay-TV und kostenfreies WLAN und DSL, Restaurant, Pforzheimer Str. 52, @, www.queens-pforzheim.de, ☎ 0049 (0) 7233/7 09 90, Fax 7 09 100.

⑬ D-75223 NIEFERN
A 8 ab Ausfahrt 45 a Pforzheim-Ost links, an 2. Ampel rechts 1 km
Hotel Krone ★★★✫ 90 B, EZ € 71,– bis 84,–, DZ € 92,– bis 105,–, inkl. Frühstücksbuffet, alle Zi mit Bad/Du, WC, Kabel-TV und Internet (DSL), Restaurant, Tagungsräume, Wellness-Sauna, Schloßstr. 1, @, www.krone-pforzheim.de, ☎ 0049 (0) 7233/7070, Fax 7 07 99.

⑭ D-75223 NIEFERN
A 8 ab Ausfahrt 45 a Pforzheim-Ost → Niefern-Öschelbronn 1,9 km
Hotel Bürkl's Kirnbachtal ★★★ 30 B, EZ € 42,– bis 55,–, DZ € 53,– bis 68,–, inkl. Frühstück, Zi mit Du, WC, ☎, TV und WLAN, traditionelle Küche, Restaurant 79 Plätze, Konferenzräume, G, P, Hauptstraße 123, @, www.buerkls.de, ☎ 0049 (0) 7233/9 64 00, Fax 96 40 40.

⑮ D-75177 PFORZHEIM
A 8 ab Ausfahrt 44 Pforzheim-Nord 1 km
Hotel Hasenmayer ★★★ 75 B, EZ € 49,– bis 75,–, DZ € 79,– bis 90,–, inkl. Frühstücksbuffet, alle Zi mit Du, WC, ☎, TV und WLAN, Lift, badisch-schwäbische Küche, 150 Plätze, Konferenzraum, 🍴, großer P, Heinrich-Wieland-Allee 105, info@hotel-hasenmayer.de, www.hasenmayer.de, ☎ 0049 (0) 7231/31 10, Fax 31 13 45.

⑯ D-71296 HEIMSHEIM
A 8 ab Ausfahrt 46 Heimsheim ca. 1000 m
Motel Drei König ★★ neu erbaut, 76 B, EZ € 35,–, DZ € 40,–, Frühstück € 4,– pro Person, alle Zi mit Du, WC und TV, Lift, ♿, ♿-Zi, Tief-G, P, Gottlob-Armbrust-Straße 3, @, www.motel3koenig.de, ☎ 0049 (0) 7033/32 170, Fax 3 65 94.

⑰ D-71229 LEONBERG-ELTINGEN
A 8 ab Ausfahrten 48 Leonberg-West und 50 -Ost 1,5 km
Hotel-Restaurant Kirchner ★★★ 54 B, EZ € 55,– bis 75,–, DZ € 75,– bis 100,–, inkl. Frühstücksbuffet, alle Zi mit Du, WC, Lift, gutbürgerliche Küche, schwäbisch-regionale Gerichte, Konferenzraum bis 60 Personen, Terrasse, 🍴, großer P, Leonberger Straße 14-16, @, www.hotel-kirchner.de, ☎ 0049 (0) 71 52/60 63-0, Fax 60 63-60.

⑱ D-71229 LEONBERG
A 8 ab Ausfahrten 48 Leonberg-West und 50 Leonberg-Ost 3 km → Stadtmitte
Amber Hotel Leonberg/Stuttgart ★★★★ 139 Zi, EZ ab € 51,–, DZ ab € 72,– (Wochenend- und Happy Day-Raten), Komfort-Zi, 3 Appartements, inkl. Frühstück, alle Zi mit Du/Bad, WC, Fön, ☎, Movie-TV, WLAN und Minibar, Lift, regionale und internationale Küche, Biergarten, Hotelbar, Sauna, 🍴, 🍴, Tief-G, P, Römerstr. 102, @, www.amber-hotels.de, ☎ 0049 (0) 71 52/30 33, Fax 30 34 99.

⑲ D-71254 DITZINGEN
A 81 ab Ausfahrt 18 Stuttgart-Feuerbach ca. 900 m (S-Bahn 150 m)
Blankenburg Hotel Ditzingen ★★★✫ 123 B, EZ € 60,– bis 110,–, DZ € 60,– bis 130,–, inkl. Frühstücksbuffet, alle Zi mit Du, WC, ☎, TV, WLAN-Hotspot, Minibar und Klimaanlage, Lift, Restaurant, Bar, Konferenzraum, 🍴, Tief-G, Gerlinger Straße 27, BlankenburgHotel@t-online.de, www.blankenburghotel.de, ☎ 0049 (0) 71 56/932-0, Fax 932-190.

⑳ D-71101 SCHÖNAICH-SULZBACHTAL
A 81 ab Ausfahrten 22 Böblingen-Ost (vom Stuttgarter Kreuz) und 21 Sindelfingen-Ost (von Singen/Bodensee) je 8 km → Steinenbronn/Nürtingen
Waldhotel Sulzbachtal ★★★ ruhig gelegen, 32 B, EZ € 70,– bis 80,–, DZ € 89,– bis 115,–, inkl. Frühstücksbuffet, alle Zi mit Du, WC, ☎, TV und WLAN, Restaurant, Gartenterrasse, großer P, Mo ./., Im Sulzbachtal 2, @, www.sulzbachtal.com, ☎ 0049 (0) 7031/7578-0 (Hotel) + 7548-0 (Restaurant), Fax 75 78-10.

㉑ D-72070 TÜBINGEN-UNTERJESINGEN
A 8 ab Ausfahrt 53 a Stuttgart-Flughafen 34 km
Gasthof-Hotel Lamm ★★★ 39 B, EZ ab € 45,–, DZ ab € 60,–, inkl. reichhaltigem Frühstücksbuffet, ruhige Zi, alle Zi mit Bad/Du, WC, ☎, TV und WLAN, ausgezeichnete Küche, Internetzugang kostenfrei, Tagungsraum, eigene Whisky- und Obstbrennerei, Weinbau, familiäre Atmosphäre, 🍴, G, großer P, Jesinger Hauptstraße 55/57, @, www.Lamm-tuebingen.de, ☎ 0049 (0) 7073/9 18 20, Fax 9 18 2 99.

㉗¹ Pforzheim siehe Route 5.4

㉗² Ettlingen siehe Route 61.4

⑲ Blankenburg Hotel, Ditzingen

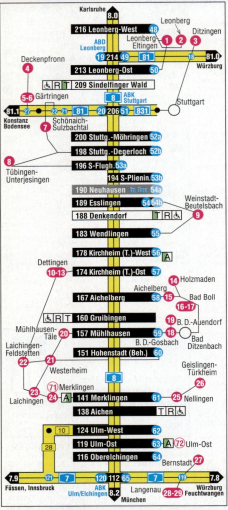

18 Gasthof Hirsch, Bad Ditzenbach-Gosbach

1 D-71229 **LEONBERG-ELTINGEN**
A 8 ab Ausfahrten 48 Leonberg-West und 50 -Ost 1,5 km
Hotel-Restaurant Kirchner ★★★ 54 B, EZ € 55,– bis 75,–, DZ € 75,– bis 100,–, inkl. Frühstücksbuffet, alle Zi mit Du, WC, ☏ und TV, Lift, gutbürgerliche Küche, schwäbisch-regionale Gerichte, Konferenzräume bis 60 Personen, Terrasse, ꜛ, großer P, Leonberger Straße 14-16, @, www.hotel-kirchner.de, ☏ 0049 (0) 7152/6063-0, Fax 6063-60.

2 D-71229 **LEONBERG** A 8 ab Ausfahrten 48 Leonberg-West und 50 Leonberg-Ost 3 km → Stadtmitte
Amber Hotel Leonberg/Stuttgart ★★★★ 139 Zi, EZ ab € 51,–, DZ ab € 72,– (Wochenend- und Happy Day-Raten), Komfort-Zi, 3 Appartements, inkl. Frühstück, alle Zi mit Du/Bad, WC, Fön, ☏, Movie-TV, WLAN und Minibar, Lift, regionale und internationale Küche, Biergarten, Hotelbar, Sauna, ꜛ, ↑, ꜛ, Tief-G, P, Römerstr. 102, @, www.amber-hotels.de, ☏ 0049 (0) 7152/3033, Fax 303499.

3 D-71254 **DITZINGEN**
A 81 ab Ausfahrt 18 Stuttgart-Feuerbach ca. 900 m (S-Bahn 150 m)
Blankenburg Hotel Ditzingen ★★★☆ 123 B, EZ € 60,– bis 110,–, DZ € 60,– bis 130,–, inkl. Frühstücksbuffet, alle Zi mit Du, WC, ☏, TV, WLAN-Hotspot, Minibar und Klimaanlage, Lift, Restaurant, Bar, Konferenzräume, ꜛ, Tief-G, Gerlinger Straße 27, BlankenburgHotel@t-online.de, www.blankenburghotel.de, ☏ 0049 (0) 7156/932-0, Fax 932-190 (**Bild siehe Route 81.0**).

4 D-75392 **DECKENPFRONN** A 81 ab Ausfahrt 27 Gärtringen 7 km
Hotel-Gasthof Krone mit Metzgerei ★★ 28 B, EZ € 44,– bis 55,–, DZ € 66,– bis 72,–, inkl. Frühstücksbuffet, alle Zi mit Du, WC, ☏, TV, Radio und kostenfreiem WLAN, Lift, Sauna, Solarium, Tief-G, Marktplatz 10, dongus@Krone-Deckenpfronn.de, www.Krone-Deckenpfronn.de, ☏ 0049 (0) 7056/9299-0, Fax 9299-40.

5 D-71116 **GÄRTRINGEN**
A 81 ab Ausfahrt 27 Gärtringen ca. 1000 m
Hotel Bären garni ★★★ 56 B, EZ € 50,– bis 72,–, DZ € 75,– bis 92,–, Nichtraucher-Zi, inkl. Frühstücksbuffet, Wochenendpreise, alle Zi mit Du, WC, ☏, TV und Minibar, WLAN kostenfrei, S-Bahn Anschluss zur Messe Stuttgart, ꜛ, ↑, ꜛ, Daimlerstr. 11, hotel-baeren@t-online.de, www.hotel-baeren-gaertringen.de, ☏ 0049 (0) 7034/2760, Fax 276222.

6 D-71116 **GÄRTRINGEN** A 81 ab Ausfahrt 27 Gärtringen 200 m
Hotel-Restaurant Kerzenstüble ★★ 39 B, EZ € 65,– bis 72,–, DZ € 83,– bis 90,–, inkl. Frühstücksbuffet, alle Zi mit Du, WC, ☏, TV, Faxanschluss und Minibar, saisonale, gute Küche, Gartenwirtschaft, Konferenzraum, ↑, ꜛ, großer P, Böblingerstr. 2-4, info@kerzenstueble.de, www.kerzenstueble.de, ☏ 0049 (0) 7034/92400, Fax 924040.

7 D-71101 **SCHÖNAICH-SULZBACHTAL**
A 8 ab Ausfahrt 52 b Degerloch 11 km → Echterdingen → Steinenbronn → Schönaich und A 81 ab Ausfahrt 22 Böblingen-Ost ca. 8 km → Steinenbronn
Waldhotel Sulzbachtal ★★★ ruhig gelegen, 32 B, EZ € 70,– bis 80,–, DZ € 89,– bis 115,–, inkl. Frühstücksbuffet, alle Zi mit Du, WC, ☏, TV und WLAN, Restaurant, Gartenterrasse, großer P, Mo ./., Im Sulzbachtal 2, @, www.sulzbachtal.com, ☏ 0049 (0) 7031/7578-0 (Hotel) + 7548-0 (Restaurant), Fax 7578-10.

8 D-72070 **TÜBINGEN-UNTERJESINGEN**
A 8 ab Ausfahrt 53 a Stuttgart-Flughafen 34 km
Gasthof-Hotel Lamm ★★☆ 39 B, EZ ab € 45,–, DZ ab € 60,–, inkl. reichhaltigem Frühstücksbuffet, ruhige Zi, alle Zi mit Bad/Du, WC, ☏, TV und WLAN, ausgezeichnete Küche, Internetzugang kostenfrei, Tagungsraum, eigene Whisky- und Obstbrennerei, Weinbau, familiäre Atmosphäre, ꜛ, G, großer P, Jesinger Hauptstraße 55/57, @, www.Lamm-tuebingen.de, ☏ 0049 (0) 7073/91820, Fax 918299.

9 D-71384 **WEINSTADT-BEUTELSBACH**
A 8 ab Ausfahrt 55 Wendlingen 25 km → Waiblingen
Weinstadt Hotel ★★★ 62 B, EZ € 65,– DZ € 95,–, inkl. Frühstücksbuffet, alle Zi mit Bad/Du, WC und Kabel-TV, Lift, schwäbisch-französische Spezialitäten, Räume bis 120 Personen, Gartenwirtschaft, ꜛ, Tief-G, Marktstr. 39-41, @, www.weinstadt-hotel.de, ☏ 0049 (0) 7151/99701-0, Fax 99701-11.

10 D-73265 **DETTINGEN** A 8 ab Ausfahrt 57 Kirchheim/Teck 1 km
Hotel Rössle garni ★★★ 80 B, EZ € 49,50 bis 57,–, DZ € 69,– bis 78,–, inkl. reichhaltigem Frühstücksbuffet, alle Zi mit Du, WC, ☏ und TV, Hotelbar, Tief-G, Austr. 32, www.roessle-dettingen.de, ☏ 0049 (0) 7021/98490, Fax 9849150.
Unter gleicher Leitung:

11 D-73265 **DETTINGEN** A 8 ab Ausfahrt 57 Kirchheim (T.)-Ost
Gasthof Zum Rössle ★★ 90 B, EZ € 35,– bis 42,–, DZ € 50,– bis 62,–, inkl. Frühstück, Zi mit Du und WC, gutbürgerliche Küche, Räume für 70 und 130 Personen, ꜛ, Hintere Straße 98, ☏ 0049 (0) 7021/55162, Fax 54342.

⑫ D-73265 DETTINGEN
A 8 ab Ausfahrt 57 Kirchheim (T.)-Ost
Hotel Restaurant Teckblick ★★ ruhige Aussichtslage, 40 B, EZ € 40,– DZ € 55,–, inkl. Frühstücksbuffet, alle Zi mit Du, WC und WLAN, schwäbische Küche, Räume von 10 bis 50 Personen, Gartenterrasse, Biker welcome, 15 Minuten bis Messe und Flughafen, Freizeitangebot für Kinder, 🚲, großer P (Bus und LKW), Teckstraße 44, @, www.Teckblick.de, ☎ 0049 (0) 7021/83048, Fax 53024.

⑬ D-73265 DETTINGEN
A 8 ab Ausfahrt 57 Kirchheim (T.)-Ost
Gasthof zur Teck ★★ 26 B, EZ € 44,– DZ € 64,–, inkl. Frühstücksbuffet, Zi mit Du, WC, 📺 und TV, gutbürgerliche Küche, Räume bis 130 Personen, Gartenterrasse, P, So ab 15 Uhr geschlossen, Mo ./., Obere Str. 3, kontakt@gasthofzurteck.de, www.gasthofzurteck.de, ☎ 0049 (0) 7021/94150, Fax 941533.

⑭ D-73271 HOLZMADEN
A 8 ab Ausfahrt 58 Aichelberg 3 km
Hotel-Restaurant Maxi Holzmaden ★★★ 30 B, EZ € 48,– bis 58,–, DZ € 78,– bis 88,–, inkl. reichhaltigem Frühstück, alle Zi mit Bad/Du, WC, 📺 und TV, teils WLAN, schwäbische Küche, Gartenterrasse, 15 Minuten bis Flughafen und Messe Stuttgart, 🚲, großer P, Bahnhofstr. 26, www.hotel-maxi-holzmaden.de, ☎ 0049 (0) 7023/95160 +6733, Fax 951620.

⑮ D-73101 AICHELBERG
A 8 ab Ausfahrt 58 Aichelberg ca. 200 m
Lausers Adler Hotel Restaurant ★★★ 17 B, EZ € 65,– DZ € 85,–, inkl. Frühstücksbuffet, alle Zi mit Du und WC, gehobene Küche, Gartenterrasse, P, Zeller Straße 2, @, www.LausersAdler.de, ☎ 0049 (0) 7164/902829, Fax 902830 **(siehe auch Seite 137)**.

⑯ D-73087 BAD BOLL A 8 ab Ausfahrt 58 Aichelberg 3 km
Seminaris Hotel Bad Boll ★★★★ ruhige Ortsrandlage, 254 B, EZ ab € 87,–, DZ ab € 122,–, inkl. Frühstücksbuffet, alle Zi mit Bad/Du und WC, ausgezeichnete Küche, Schwimmbad, Sauna, 20 Minuten bis Messe, Parkdeck, Michael-Hörauf-Weg 2, @, www.seminaris.de/badboll, ☎ 0049 (0) 7164/8050, Fax 12886.

⑰ D-73087 BAD BOLL A 8 ab Ausfahrt 58 Aichelberg 5 km
Gasthof-Café Rosenau ★★ 10 B, EZ € 45,– bis 53,–, DZ € 80,-, Familien Zi € 95,– bis 120,– nur Nichtraucher-Zi, inkl. Frühstücksbuffet, alle Zi mit Du, WC und TV, Ferienwohnungen bis 7 Personen, schwäbische Küche, Gaststube bis 85 Personen, Biergarten, 🚲, Rosenweg 1, ☎ 0049 (0) 7164/12064, Fax 12463.

⑱ D-73342 BAD DITZENBACH-GOSBACH
A 8 ab Ausfahrt 59 Mühlhausen ca. 2 km
Gasthof Hirsch ★★ 14 B, EZ € 48,– DZ € 68,–, inkl. reichhaltigem Frühstück, Zi mit Du, WC, 📺 und TV, gemütliches Restaurant, feine Küche mit Spezialitäten, eigene Destillerie mit prämierten Destillaten, Thermalbad 1 km entfernt, 🛏, 🍴, großer P, Restaurant ./.: Mo ganztägig und Di bis 17 Uhr, Unterdorfstraße 2, @, www.hirsch-badditzenbach.de, ☎ 0049 (0) 7335/9630-0, Fax 9630-30.

⑲ D-73342 BAD DITZENBACH-AUENDORF
A 8 ab Ausfahrt 59 Mühlhausen 7 km
Hotel Talblick ★★★ ruhig gelegen, neu erbaut, ökologische Holzbauweise, 60 B, EZ € 64,– DZ € 89,–, inkl. Frühstücksbuffet, alle Zi mit Bad/Du, WC, TV, kostenfreiem WLAN und Balkon, regionale und gehobene Küche, Räume bis 100 Personen, große Terrasse, 🚲, Ditzenbacher Straße 85, info@talblick-auendorf.de, www.talblick-auendorf.de, ☎ 0049 (0) 7334/92123-0, Fax 92123-10.

⑳ D-73347 MÜHLHAUSEN-TÄLE A 8 ab Ausfahrt 59 Mühlhausen ca. 400 m
Hotel-Restaurant Höhenblick mit Gästehaus ★★★½ ruhige Lage am Berg, schöne Aussicht, 120 B, 55 Zi, EZ ab € 49,– DZ ab € 88,–, Familien-Zi bis 5 Personen, inkl. Frühstücksbuffet, alle Zi mit Bad/Du, WC, TV und Radio, Lift, Jahreszeitenküche, Aussichtsterrasse, Sauna, Whirlpool, Kegelbahn, Spielplatz, 🚲, G, P, Obere Sommerbergstr. 10, @, www.hotel-hoehenblick.de, ☎ 0049 (0) 7335/96990-0, Fax 96990-13.

㉑ D-72589 WESTERHEIM
A 8 ab Behelfsausfahrt 60 Hohenstadt 5 km
Hotel Gasthof Rössle ★★ 35 B, EZ ab € 45,– DZ ab € 70,–, Familien-Zi, inkl. Frühstücksbuffet, alle Zi mit Du, WC, 📺 und TV, schwäbische Küche, 140 Sitzplätze, Biergarten, 🚲, G, P, Donnstetter Str. 10, @, www.roessle-westerheim.de, ☎ 0049 (0) 7333/6794, Fax 7311.

㉒ D-89150 LAICHINGEN-FELDSTETTEN
A 8 ab Ausfahrten 61 Merklingen 7,5 km und 57 Kirchheim (T.)-Ost 25 km
Gasthof-Hotel Post ★★★ 90 B, EZ € 45,– bis 50,–, DZ € 68,– bis 83,–, inkl. reichhaltigem Frühstücksbuffet, Zi mit Bad, Du, WC, 📺, TV und Radio, teils Minibar und Balkon, Ferienwohnungen, Lift, Spezialitätenküche, eigene Kinderkarte, Gerichte von € 5,– bis 15,–, 5 Tagungsräume, Wellnessbereich, 🚲, Lange Straße 60, @, www.gasthof-hotel-post.de, ☎ 0049 (0) 7333/9635-0, Fax 9635-20.

㉓ D-89150 LAICHINGEN
A 8 ab Ausfahrten 60 Hohenstadt/Laichingen und 61 Merklingen je 7 km
Hotel Krehl ★★★ 55 B, EZ € 48,– bis 58,–, DZ € 75,– bis 82,–, Familien-Zi (3-5 B) € 99,– bis 135,–, inkl. leckerem Frühstücksbuffet, alle Zi mit Du, WC, 📺, TV und Minibar, unterwegs daheim im familiengeführten Hotel, sehr gute Küche, Gerichte € 9,– bis 19,–, 🛏, 🚲, P, Radstr. 7, @, www.hotel-krehl.de, ☎ 0049 (0) 7333/96650, Fax 966511.

㉔ – ㉙ + ⑺ – ⑺② Einträge siehe Seite 142

⑭ Hotel-Restaurant Maxi Holzmaden, Holzmaden

Tipps zur Route

Ausfahrt Kirchheim/Teck: Kirchheim/Teck besitzt einen historischen Stadtkern und schmucke Läden in der Fußgängerzone. Ein hübscher Rastplatz nur 2 km ab Ausfahrt. Parallel zur Autobahn fahren Sie auf schöner Strecke, B 465 und B 28 benutzend, über die Hochfläche der Schwäbischen Alb nach Ulm. Die Laichinger Tiefenhöhle mit dem Museum für Höhlenkunde liegt am Wege, geöffnet April bis Oktober täglich 9-18 Uhr. Besuchen Sie auch Blaubeuren (spätgotische Klosterkirche mit Hochaltar, Heimatmuseum und Urgeschichtlichem Museum) und den Blautopf, Deutschlands schönste Quelle, die durch ihr unwahrscheinlich blaues Wasser eine große Sehenswürdigkeit darstellt.

Ausfahrt Aichelberg: Falls Sie hier rasten: Das kleine Museum Hauff zeigt frühgeschichtliche Funde. Im Mittelpunkt der Sammlung stehen die 140 Millionen Jahre alten versteinerten Skelette zweier Ichthyosaurier.

Tiefenhöhle bei Laichingen: Einem Zufall verdankt die Höhle ihre Entdeckung: Der Sandgräber Mack wollte es nicht einfach hinnehmen, dass von seinen Sandvorräten ständig größere Mengen verschwanden und so ging er der Sache nach. Er entdeckte einen Spalt, von dem aus ein tiefer Schacht abwärts führte. Heute führen betonierte und eiserne Treppen in die Tiefe. In unmittelbarer Nachbarschaft mit Höhleneingang befindet sich das Museum für Höhlenkunde, das einzige seiner Art in Deutschland. In den Vitrinen werden Gesteine, Tropfsteine und Kristalle gezeigt.

Schwäbische Alb: Die Schwäbische Alb, in Jahrmillionen aus einem gewaltigen Meer emporgestiegen, ist bis heute eine von der Natur verwöhnte, vielfältige Region. Tief im Inneren des Karstgebirges verstecken sich riesige Höhlen und Tropfsteindome. Von den über 200 bekannten Höhlen ist ein gutes Dutzend für die Öffentlichkeit zugänglich. Wer seinen Urlaub nicht unter der Erde verbringen will, hat drei Freizeitarten zur Wahl: Wandern, Rad fahren und Reiten. 20 000 Kilometer ausgezeichnete Wanderwege führen kreuz und quer durch das Mittelgebirge. Auf wenig befahrenen Sträßchen und befestigten landwirtschaftlichen Wegen erstreckt sich ein weites Wegenetz über das Gebirge. Hier finden Radfahrer abwechslungsreiche Routen für ausgedehnte Fahrten durch die Alb. Schließlich das Reiten: Immer mehr Reiterhöfe sind in den letzten Jahren entstanden, die sowohl Ausritte als auch Kurse anbieten. Interessant nicht nur für Reiter ist das weltbekannte Haupt- und Landgestüt Marbach, die Kinderstube ganzer Generationen edler Pferde.

❶–㉓ Einträge siehe Seiten 140 + 141

㉔ D-89188 MERKLINGEN

A 8 ab Ausfahrt 61 Merklingen 800 m
Hotel Ochsen ★★★ 60 B, EZ € 51,– bis 65,–, DZ € 79,– bis 96,–, 3-Bett-Zi € 105,– bis 115,–, 4-Bett-Zi € 119,– bis 135,–, inkl. Frühstück, Komfort-Zi mit Bad, Du, WC, ☏, Flat-TV, Radio und WLAN, Lift, Restaurant mittags und abends geöffnet, Raucherbar, Kinderspielplatz, Terrasse, P, Hauptstraße 12, ochsen-merklingen@t-online.de, www.hotel-ochsen-merklingen.de, ☏ 0049 (0) 73 37/96 18-0, Fax 96 18-200.

㉕ D-89191 NELLINGEN

A 8 ab Ausfahrt 61 Merklingen 3 km
Landgasthof-Hotel Krone ★★★ 80 B, EZ € 40,– bis 59,–, DZ € 66,– bis 85,–, Familien-Zi (4 B) ab € 98,–, inkl. Frühstücksbuffet, Zi mit Du, WC, ☏, TV und Balkon, Lift, Spezialitätenküche, Gerichte € 8,– bis 15,–, 3 Tagungsräume, Brennerei, Bauernhof, Hofladen (Shop), eigene Metzgerei, Weinfachhandel, neue Komfortzimmer, ⌑, G, P (auch Wohnmobile), Restaurant geöffnet 11-23 Uhr, Aicherstraße 7, @, www.landgasthof-krone.eu, ☏ 0049 (0) 73 37/96 96-0, Fax 96 96-96.

㉖ D-73312 GEISLINGEN-TÜRKHEIM

A 8 ab Ausfahrt 61 Merklingen 11 km → Geislingen
Landgasthof Rössle ★★ 30 B, EZ € 38,– bis 45,–, DZ € 64,– bis 85,–, 3-Bett-Zi € 85,–, inkl. Frühstück, alle Zi mit Du, WC und TV, gutbürgerliche Küche, Räume bis 150 Personen, Biergarten, ⌑, großer P, Geislinger Str. 26, @, www.roessle-tuerkheim.de, ☏ 0049 (0) 73 31/4 19 78, Fax 4 53 17.

㉗ D-89182 BERNSTADT

A 7 ab Ausfahrt 119 Langenau ca. 6 km
Landgasthof Waldhorn ★★ neu erbaut, ruhig gelegen, 19 B, EZ € 43,– DZ € 60,–, Familien-Zi, inkl. Frühstück, alle Zi mit Du, WC, ☏, TV und Internetanschluss, gutbürgerliche Küche, eigene Metzgerei, Räume bis ca. 130 Personen, überdachte Terrasse, Bier- und Wintergarten, ⌑, großer P, Herdgasse 22, @, www.landgasthof-waldhorn-noller.de, ☏ 0049 (0) 73 48/94 99 00, Fax 94 99 099.

㉘ D-89129 LANGENAU

A 7 ab Ausfahrt 119 Langenau 2 km und A 8 ab Ausfahrt 63 Ulm-Ost 8 km
Lobinger Hotel – Weißes Ross ★★★☆ 80 B, EZ € 59,– bis 79,–, DZ € 79,– bis 99,–, Familien-Zi bis 6 B ab € 99,–, inkl. Frühstücksbuffet, alle Zi mit Du, WC, ☏ und TV, nur 14 km bis Legoland, ⌑, großer P, Hindenburgstr. 29-31, mail@ lobinger-hotels.de, www.lobinger-hotels.de, ☏ 0049 (0) 73 45/80 10, Fax 80 15 51.

㉙ D-89129 LANGENAU

A 7 ab Ausfahrt 119 Langenau 2 km und A 8 ab Ausfahrt 63 Ulm-Ost 8 km
Hotel-Gasthof Linde ★★★ 34 B, EZ € 48,– bis 50,–, DZ € 74,– bis 78,–, Mehrbett-Zi, inkl. Frühstücksbuffet, alle Zi mit Du, WC, ☏, TV und WLAN, schwäbische und bayerische Küche, Räume bis 150 Personen, Biergarten, ⌑, P, Angertorstr. 24, @, www.linde-langenau.de, ☏ 0049 (0) 73 45/91 31 40, Fax 9 13 14 55.

㋱ MERKLINGEN – Restaurant Gaumenschmaus

direkt an der Autobahn

Restaurant Gaumenschmaus ✕ bietet Ihnen viele kulinarische Köstlichkeiten. Schwäbische und internationale Küche, Vegetarisches, Pasta, Steaks, Fisch. Küche von 11.30–14 Uhr und 18–22 Uhr, 170 Sitzplätze, Terrasse, ⌑, P.

Information und Prospekte:
Restaurant Gaumenschmaus, Siemensstraße 2, D-89188 Merklingen, info@gaumenschmaus.de, www.gaumenschmaus.info, ☏ 0049 (0) 73 37/3 94, Fax 9 23 30 03.

㋲ ULM-OST

A 8 an der Autobahn-Ausfahrt 63 Ulm-Ost
Hotel-Rasthaus Seligweiler ★★★ 200 Betten, EZ € 55,– bis 65,–, DZ € 75,– bis 85,–, inkl. Frühstück, Zi mit Bad oder Du, WC, Tel, TV und Minibar, moderne Restauranträume, 450 Plätze, Küche von 6 bis 24 Uhr geöffnet, Cafébar, Reiseshop, Terrasse, Konferenzräume, Hallenbad, ⌑, großer P mit Esso-Service und Burger-King-Restaurant.

Information und Prospekte:
Hotel-Rasthaus Seligweiler, D-89081 Ulm-Ost, info@seligweiler.de, www.seligweiler.de, ☏ 0049 (0) 7 31/2 05 40, Fax 2 05 44 00.

①–㉗ Einträge siehe Seiten 144 + 145

㉘ D-85254 SULZEMOOS
A 8 ab Ausfahrt 77 Sulzemoos 300 m
Gut Schloss Sulzemoos ✕ Restaurant und Regionalmarkt, Mittagstisch, frische saisonale Küche, Kaffe und Kuchen, Frühstück, Gartenterrasse, Einkaufen in der Markthalle, großer P, täglich geöffnet von 6.30 Uhr bis 18 Uhr, Hirschbergstr. 10, ☎ 0049 (0) 8135/938921, Fax 938921.

㉙ D-82216 MAISACH
A 8 ab Ausfahrt 77 Sulzemoos/Maisach 8 km
Hotel Strobel garni ★★ ruhige Lage, 35 Zi, EZ € 25,– bis 45,–, DZ € 55,– bis 70,–, 3-Bett-Zi € 66,–, 4-Bett-Zi € 80,–, inkl. Frühstück, Zi mit Du, WC und TV, 📺, G, P, Josef-Sedlmayr-Straße 6, Hotel-Strobel@t-online.de, ☎ 0049 (0) 8141/90531, Fax 95119.

㉚ D-85232 BERGKIRCHEN
A 8 ab Ausfahrt 78 Dachau/Fürstenfeldbruck 2 km ➞ Dachau, Feldgeding
Hotel-Gasthof Groß ★★★ Hotelneubau, 120 B, EZ € 75,– bis 115,–, DZ € 99,– bis 150,–, Mehrbett-Zi, inkl. Frühstücksbuffet, Zi mit Du, WC, 📺, TV und WLAN, gutbürgerliche Küche, Biergarten, großer P, Mühlstr. 2, @, www.hotel-gasthof-gross.de, ☎ 0049 (0) 8131/27209-0, Fax 27209-133.

㉛ D-85258 AUFHAUSEN
A 8 ab Ausfahrt 76 Odelzhausen und A 9 ab Ausfahrt 67 Allershausen je 20 km
Hotel-Gasthof Langenegger ★★ 30 B, EZ € 40,–, DZ € 65,–, inkl. Frühstücksbuffet, alle Zi mit Du, WC, 📺 und TV, gutbürgerliche und regionale Küche, Gartenterrasse, P, Hauptstr. 12, @, www.gasthof-langenegger.de, ☎ 0049 (0) 8137/5264, Fax 5079.

㉜ D-85229 MARKT INDERSDORF-GLONN
A 8 ab Ausfahrt 76 Odelzhausen und A 9 ab Ausfahrt 67 Allershausen je 20 km
Gästehaus Zur Mühle ★★ 41 B, EZ € 42,– bis 48,–, DZ € 65,– bis 75,–, inkl. Frühstücksbuffet, alle Zi mit Du, WC, TV und WLAN, Lift, gutbürgerliche Küche, großer P, Mühlweg 4, @, www.gaestehaus-zur-muehle.de, ☎ 0049 (0) 8136/99999, Fax 9830.

㉝ D-80999 MÜNCHEN-ALLACH
A 99 ab Ausfahrt 10 München-Ludwigsfeld ➞ MAN, MTU, T-Systems, Otto-Warburg-Straße ca. 3 km
Westside Hotel garni ★★★ 32 B, EZ ab € 79,–, DZ ab € 108,–, Appartement ab € 135,–, inkl. Frühstücksbuffet, alle Zi mit Du, WC, TV, WLAN und Minibar, P, Eversbuschstr. 192, @, www.westside-hotel.de, ☎ 0049 (0) 89/8926850, Fax 89268533.

㉞ D-80335 MÜNCHEN
ab Ausfahrten ➞ Zentrum, Nähe Hauptbahnhof
Hotel Jedermann garni ★★★⁺ 99 B, EZ € 35,– bis 155,–, DZ € 49,– bis 210,–, inkl. Frühstücksbuffet, überwiegend Zi mit Du, WC, 📺, TV, Modemanschluss und kostenfreiem WLAN, teils Klimaanlage und Wellnessdusche, freier Internetzugang in der Lobby, G, Bayerstr. 95, info@hotel-jedermann.de, www.hotel-jedermann.de, ☎ 0049 (0) 89/543240, Fax 54324111.

㉟ D-81243 MÜNCHEN
A 96 am ABD München-Südwest und A 8, A 9 und A 92 am ABK München-West jeweils ➞ 99 West ab Ausfahrt 5 München-Freiham-Mitte, München-Seestraße 1,5 km, A 8 (Salzburg) am ABK München-West ➞ A 99 ➞ Stuttgart ab Ausfahrt 5 München
Superior Econtel München ★★★ 69 Zi, EZ € 70,–, DZ ab € 81,– (Wochenend- und Happy Day-Raten), Familien-Zi, inkl. Frühstücksbuffet, alle Zi mit Bad, WC, 📺 und TV, teils WLAN, Lift, Skype kostenfrei, 🚐, 🚲, 📺, Tief-G, Bodenseestr. 227, @, www.amber-hotels.de, ☎ 0049 (0) 89/871890, Fax 87189400.

㊱ D-81247 MÜNCHEN
A 8 ab Autobahnende ➞ Zentrum 2 km
Hotel Amalienburg ★★★ 50 B, EZ € 72,– bis 210,–, DZ € 92,– bis 210,–, inkl. Frühstücksbuffet, komfortable Zi mit Du, WC, 📺, TV und WLAN, Appartements mit Küche, günstige Langzeitangebote, Tief-G, Amalienburgstr. 24-26, @, www.amalienburg.de, ☎ 0049 (0) 89/8911550, Fax 89115511.

㉛ ULM-OST
A 8 an der Autobahn-Ausfahrt 63 Ulm-Ost
Hotel-Rasthaus Seligweiler ★★★ 200 Betten, EZ € 55,– bis 75,– DZ € 75,– bis 88,–, inkl. Frühstück, Zi mit Bad oder Du, WC, Tel, TV und Minibar, moderne Restauranträume, 450 Plätze, Küche von 6 bis 24 Uhr geöffnet, Cafébar, Reiseshop, Terrasse, Konferenzräume, Hallenbad, 🚐, großer P mit Esso-Service und Burger-King-Restaurant.

Information und Prospekte:
Hotel-Rasthaus Seligweiler,
D-89081 Ulm-Ost,
info@seligweiler.de,
www.seligweiler.de,
☎ 0049 (0) 731/20540,
Fax 2054400.

㉜ München siehe Route 99

München siehe Route 99

Tipps zur Route

Ausfahrt Ulm-West: 513 Jahre lang, von 1377 bis 1890, bauten die Ulmer an ihrem Münster, und nun erblickt man in Ulm, um Ulm und um Ulm herum den höchsten Kirchturm der Welt. Die Schwaben konnten sich dieses gewaltige Gotteshaus mit Plätzen für 20.000 Gläubige leisten, standen sie doch früher zeitweilig in Macht und Reichtum an der Spitze aller oberdeutschen Städte. Im alten Ulm blieb manch heimeliger Winkel erhalten, im Fischer- und Gerberviertel gibt es Fotomotive genug. Sehenswert ist auch das Rathaus. Drinnen steht das Fluggerät des „Schneiders von Ulm" aus dem Jahre 1811, der eine Art Großvater der Drachenfliegerei war. Und noch ein Tipp für Sportliche: Der Blick vom 161 m hohen Münstertum ist überwältigend. Nach 768 Stufen hätten Sie's bis zur Plattform geschafft.

Ausfahrt Oberelchingen: Schon mancher Autofahrer hielt 500 m neben der Ausfahrt friedliche Rast im viel besuchten Biergarten des Klostergasthofs Oberelchingen. Weniger friedlich ging es zu, als anno 1805 Michel Ney, der französiche Marschall aus Saarlouis, im Kampf um diesen Höhenzug den Ehrentitel eines Herzogs von Elchingen erwarb. Vielleicht zeigt Ihnen jemand das Ney-Loch in der Klostermauer. Wohl von selbst finden Sie in der Basilika nebenan jenes wundersame Bild der Muttergottes, das ein grimmiger alter Schwede anno 1634 partout von der Wand schießen wollte. Die Inschrift ist gut zu entziffern.

Ausfahrt Günzburg: Im bayerischen Günzburg haben Sie Gelegenheit, sich bei einem raschen Einkauf die Füße zu vertreten. Schönes altes Stadtbild, ab Ausfahrt 2 km.

Ausfahrt Zusmarshausen: Haben Sie heute schon gepicknickt? Am Ortsrand von Zusmarshausen, ein Stück hinter dem Schloss, hat man das Flüsschen Roth zu einem hübschen Badesee angestaut. Ab Ausfahrt 2 km.

Ausfahrt Augsburg-West: Im Jahre 1985 konnte Augsburg 2000-jähriges Stadtjubiläum feiern. Gehen Sie einmal die Maximilianstraße hinunter, die Mittelachse Alt-Augsburgs, die zu den größten und schönsten mittelalterlichen Straßenzügen Europas zählt. Betrachten Sie neben allen baulichen Kostbarkeiten die Brunnen, ein stattliche 400 Jahre alt. Der 76 m hohe Perlachturm neben dem Rathaus des Elias Holl gewährt einen herrlichen Rundblick. Besuchen Sie die Fuggerei, die älteste Sozialsiedlung der Welt. Von reichen Handelsherren, den Gebrüdern Fugger, anno 1519 für arme Augsburger Bürger gestiftet, beträgt die Jahresmiete in den 150 Wohnungen noch immer einen Rheinischen Gulden.

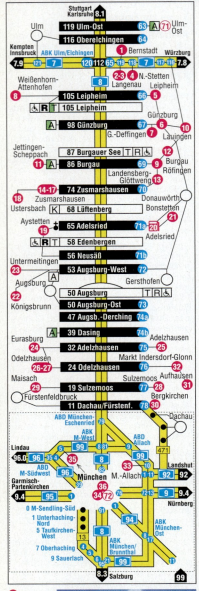

❶ D-89182 BERNSTADT A 7 ab Ausfahrt 119 Langenau ca. 6 km
Landgasthof Waldhorn ★★ neu erbaut, ruhig gelegen, 19 B, EZ € 43,– DZ
€ 60,–, Familien-Zi, inkl. Frühstück, alle Zi mit Du, WC, ☎, TV und Internetanschluss, gutbürgerliche Küche, eigene Metzgerei, Räume bis ca. 130 Personen,
überdachte Terrasse, Bier- und Wintergarten, 🍴, großer P, Herdgasse 22, @,
www.landgasthof-waldhorn-noller.de, ☎ **0049 (0) 73 48/94 99 00**, Fax 94 99 09.

❷ D-89129 LANGENAU
A 7 ab Ausfahrt 119 Langenau 2 km und A 8 ab Ausfahrt 63 Ulm-Ost 8 km
Lobinger Hotel – Weißes Ross ★★★☆ 80 B, EZ € 59,– bis 79,–, DZ € 79,– bis 99,–,
Familien-Zi 6 B ab € 99,–, inkl. Frühstücksbuffet, alle Zi mit Du, WC, ☎ und TV,
nur 14 km bis Legoland, 🍴, großer P, Bernhardinustr. 29-31, mail@lobinger-hotels.de,
www.lobinger-hotels.de, ☎ **0049 (0) 73 45/80 10**, Fax 80 15 51.

❸ D-89129 LANGENAU
A 7 ab Ausfahrt 119 Langenau 2 km und A 8 ab Ausfahrt 63 Ulm-Ost 8 km
Hotel-Gasthof Linde ★★★ 34 B, EZ € 48,– bis 50,–, DZ € 74,– bis 78,–, Mehrbett-
Zi, inkl. Frühstücksbuffet, alle Zi mit Du, WC, ☎, TV und WLAN, schwäbische und
bayerische Küche, Räume bis 150 Personen, Biergarten, 🍴, P, Angertorstr. 24, @,
www.linde-langenau.de, ☎ **0049 (0) 73 45/91 31 40**, Fax 9 13 14 55.

❹ D-89168 NIEDERSTOTZINGEN-STETTEN
A 7 ab Ausfahrt 118 Niederstotzingen 3 km und A 8 ab Ausfahrt 67 Günzburg 15 km
Gasthaus Hotel Zum Mohren ★★★ ruhige Lage, 40 B, EZ € 53,50 bis 65,–, DZ
€ 72,50 bis 99,–, Familien-Zi ab € 99,–, Nichtraucher-Zi, inkl. Frühstücksbuffet,
alle Zi mit Du, WC, ☎, TV und Internet, bekannt gute regionale und internationale
Küche, Räume bis 150 Personen, Terrasse, 🍴, großer P, Oberdorfstr. 31, @,
www.gasthaushotelmohren.de, ☎ **0049 (0) 73 25/9 22 47 11**.

❺ D-89340 LEIPHEIM A 8 ab Ausfahrt 66 Leipheim 1200 m → Bubesheim
Landgasthof Waldvogel ★★★ 40 B, EZ € 58,–, DZ € 92,–, 3-Bett-Zi € 110,–,
4-Bett-Zi € 140,–, inkl. Frühstück, alle Zi mit Du, WC, ☎, TV und Radio, Konferenzraum, Biergärten, 🍴, großer P, Grüner Weg 1, @, www.wald-vogel.de,
☎ **0049 (0) 82 21/2 79 70**, Fax 2 79 734.

❻ D-89312 GÜNZBURG A 8 ab Ausfahrt 67 Günzburg 2 km
Hotel Römer garni ★★★ 44 B, EZ € 65,–, DZ ab € 89,–, Familien-Zi ab € 112,–,
inkl. Frühstücksbuffet, alle Zi mit Du, WC, ☎, TV und Internet, Lift, Bar, WLAN (kostenfrei), Sauna, P, Ulmer Str. 26, @, www.hotel-roemer.de, ☎ **0049 (0) 82 21/3 67 38-0**,
Fax 3 67 38-77.

❼ D-89312 GÜNZBURG-DEFFINGEN A 8 ab Ausfahrt 67 Günzburg 1500 m
Landgasthof Linde und Euro Hotel 🍴 60 komfortable Zi, Restaurant, Bier- und Jagd-
stube, gute Küche, gute Biergarten, Räume bis 200 Personen, spezielle Buskarte, 🍴,
großer P, Hauptstr. 2, @, www.linde-gasthof.de, ☎ **0049 (0) 82 21/3 67 400**, Fax 3 67 40 20.

❽ D-89264 WEISSENHORN-ATTENHOFEN ab Ausfahrt 66 Leipheim 15 km
Gasthof Hirsch, Neumaiers Landhotel ★★★ 60 B, EZ ab € 52,90, DZ € 79,–
bis 109,–, inkl. Frühstücksbuffet, alle Zi mit Du, WC, ☎, TV und Internetanschluss,
8 Zi mit King-Size-Betten, regionale, feine Küche, Tagungsräume für 10 bis 150
Personen, Biergarten, 🍴, großer P, Römerstr. 31, info@neumaiers-landhotel.de,
www.neumaiers-landhotel.de, ☎ **0049 (0) 73 09/4 29 70**, Fax 4 29 742.

❾ D-89365 RÖFINGEN A 8 ab Ausfahrt 69 Burgau ca. 2 km → Burgau
Gasthof Zahler ★★☆ 30 B, EZ € 35,–, DZ € 57,–, 3-Bett-Zi € 70,–, Familien-Zi
€ 80,–, inkl. Frühstück, alle Zi mit Du, WC, ☎ und Kabel-TV, preiswerte schwäbische Küche, Räume bis 200 Personen, Terrasse, 🍴, P, Augsburger Str. 69, @,
www.gasthof-zahler.de, ☎ **0049 (0) 82 22/9 69 90**, Fax 96 99 13.

❿ D-89415 LAUINGEN A 8 ab Ausfahrt 69 Burgau und A 7 ab Ausfahrt 116 Heidenheim je 25 km (auf der Fahrt Würzburg-München 50 km Ersparnis bei Fahrt über Lauingen)
Hotel-Restaurant Kannenkeller ★★★★ 60 B, EZ € 68,–, DZ € 88,– bis 98,–, Suite
€ 150,–, inkl. Frühstücksbuffet, alle Zi mit Du, WC, ☎, TV und WLAN, regionale und feine
Küche, Wintergarten, Biergarten, Treff-G, P, Dillinger Straße 26, info@hotel-kannenkeller.de,
www.hotel-kannenkeller.de, ☎ **0049 (0) 90 72/7 07-0**, Fax 7 07-707 **(Bild siehe Route 7.8)**.

⓫ D-89343 JETTINGEN-SCHEPPACH A 8 ab Ausfahrt 69 Burgau 300 m
Best Hotel Mindeltal ★★★☆ 74 Zi, EZ € 49,– bis 79,–, DZ € 69,– bis 99,–,
Familien-Zi ab € 89,–, inkl. Frühstücksbuffet, alle Zi mit Du, WC, ☎ und TV, Inter-
net, WLAN, Hotelbar, großer P auch für Busse, Robert-Bosch-Str. 3, Besthotel@
Besthotel.de, www.Besthotel.de, ☎ **0049 (0) 82 25/9 97-0**, Fax 9 97-100.

⓬ D-89331 BURGAU A 8 ab Ausfahrt 69 Burgau 5 km → Therapiezentrum
Hotel-Pension Futterknecht ★★★ 40 B, EZ € 48,–, DZ € 68,–, Familien-Zi, inkl.
Frühstücksbuffet, alle Zi mit Du, WC, ☎, TV und kostenfreiem WLAN, Terrasse, P,
Dillinger Str. 7, @, www.pension-futterknecht.de, ☎ **0049 (0) 82 22/9 00 63**, Fax 9 00 65.

⓭ D-89361 LANDENSBERG-GLÖTTWENG
A 8 ab Ausfahrten 69 Burgau und 70 Zusmarshausen je 8 km (B 10)
Gasthof Adler ★★ 12 B, EZ € 25,– bis 32,–, DZ € 44,– bis 52,–, 3-Bett-Zi € 60,– bis
70,–, inkl. Frühstück, alle Zi mit Du, WC und TV, gutbürgerliche Küche, Biergarten, großer P, Dorfstr. 4, @, www.adler-gloettweng.de, ☎ **0049 (0) 82 22/13 03**, Fax 96 53 55.

⓮ D-86441 ZUSMARSHAUSEN A 8 ab Ausfahrt 70 Zusmarshausen 1 km
Hotel-Restaurant Die Post ★★★ 55 B, EZ € 51,– bis 66,–, DZ € 84,– bis 114,–,
Suiten ab € 64,–, inkl. Frühstücksbuffet, alle Zi mit Bad/Du, WC, Fön, ☎ und TV, Lift,
gehobene Küche, Konferenzräume, Schwimmbad mit Badelandschaft, 🍴 € 5,–, P,
Augsburger Str. 2, @, www.hotel-die-post.de, ☎ **0049 (0) 82 91/1 88 00**, Fax 83 63.

❻ Hotel
Römer
garni,
Günzburg

⑮ D-86441 ZUSMARSHAUSEN
A 8 ab Ausfahrt 70 Zusmarshausen 1000 m
Schlossgasthof Strasser ★★ 90 B, EZ € 34,– bis DZ € 54,–, Familien-Zi, inkl. Frühstücksbuffet, HP auf Wunsch, alle Zi mit Du, WC, TV und kostenfreiem WLAN, regionale, bayrisch-schwäbische Küche, eigene Metzgerei, Terrasse, Räume für 30 bis 400 Personen, nahe Legoland, 🚌, großer P, Schlossstr. 2, @, www.schlossgasthof-strasser.de, ☎ **0049 (0) 8291/1259**, Fax 9301.

⑯ D-86441 ZUSMARSHAUSEN A 8 ab Ausfahrt 70 Zusmarshausen ca. 1100 m
Hotel Krone ★★ 100 B, EZ € 34,– bis 52,–, DZ € 44,– bis 62,–, viele Familien-Zi, inkl. Frühstücksbuffet, Zi mit Du, WC und WLAN, gutbürgerliche und internationale Küche, Sauna, Nähe Legoland, 🚌, G, P, Augsburger Str. 9, @, www.Krone-Zusmarshausen.de, ☎ **0049 (0) 8291/212**, Fax 8232.

⑰ D-86441 ZUSMARSHAUSEN A 8 ab Ausfahrt 70 Zusmarshausen ca. 700 m
Gasthof Adler ★★ 23 B, EZ € 36,– bis 39,–, DZ € 54,– bis 57,–, 3-Bett-Zi € 63,– bis 69,–, viele Familien-Zi, inkl. reichhaltigem Frühstück, alle Zi mit Du, WC, TV und WLAN, gutbürgerliche Küche, bayerische Schmankerln, Biergarten, Kinderspielplatz, Hüpfburg, P, Ulmer Str. 19, @, www.adler-zusmarshausen.de, ☎ **0049 (0) 8291/237**, Fax 858948.

⑱ D-86514 USTERSBACH A 8 ab Ausfahrt 70 Zusmarshausen-Dinkelscherben → Fischach → B 300 (Memmingen) 18 km (Firma Müller-Milch 1 km)
Hotel Reischenau garni ★★ 23 B, EZ € 34,–, DZ € 66,–, inkl. Frühstücksbuffet, alle Zi mit Du, WC und TV, Abendessen für Hausgäste, Biergarten, großer P, Hauptstraße 56, @, www.hotel-reischenau.de, ☎ **0049 (0) 8236/1462**, Fax 959610.

⑲ D-86482 AYSTETTEN
A 8 ab Ausfahrten 71 a Adelsried 2 km → Augsburg und 71 b Neusäß 2 km
Hotel Söhnel – Restaurant am Sonnengrund ★★★ 105 B, EZ € 48,–, DZ € 70,–, 3-Bett-Zi € 85,–, 4-Bett-Zi € 100,–, 5-Bett-Zi € 115,–, 3 Suiten, inkl. Frühstücksbuffet, alle Zi mit Du, WC, ☏ und TV, Lift, gutbürgerliche Küche, Konferenzraum, Neben-Zi, Café, große Terrasse, 🚌 auch ohne Voranmeldung, ♿, Tief-G, P, Hauptstr. 89, @, www.hotel-soehnel.de, ☎ **0049 (0) 821/48065-0**, Fax 48065-100.

⑳ D-86477 ADELSRIED A 8 ab Ausfahrt 71 a Adelsried
Aral-Tankstelle ⛽ Shop, Reifendienst, Autoservice, ☏, Mo–Sa 7–20 Uhr, So 8.30-19 Uhr, Augsburger Str. 25, ☎ **0049 (0) 8294/1411**, Fax 8049562.

㉑ D-86486 BONSTETTEN A 8 ab Ausfahrt 71 a Adelsried (Autobahnkapelle) 3 km
Hotel Bräu-Stüble Bonstetten ★★ 22 B, EZ ab € 35,–, DZ ab € 55,–, inkl. Frühstück, alle Zi mit Bad/Du, WC und TV, gutbürgerliche Küche, Biergarten, Räume für 180 Personen, Kegelbahnen, 🚌, Hauptstr. 11, @, www.braeustueble-bonstetten.de, ☎ **0049 (0) 8293/909204**, Fax 909206.

㉒ D-86343 KÖNIGSBRUNN A 8 ab Ausfahrt 72 Augsburg-West über autobahnähnliche B 17 (15 Autominuten) → Königsbrunn-Nord
Best Hotel Zeller ★★★ 130 B, EZ € 55,– bis 129,–, DZ € 75,– bis 149,–, inkl. Frühstücksbuffet, moderne und komfortable Zi mit Du, WC, ☏, TV und WLAN, teils Minibar und Balkon, 2 Lifte, regionale gehobene Küche, Tagungsräume, Gartenterrasse, Sauna-Vital-Bereich, Rezeption 24 Stunden, 🚌, großer P auch für 🚌, Bgm.-Wohlfarth-Straße 78, @, www.hotelzeller.de, ☎ **0049 (0) 8231/996-0**, Fax 996-222.

㉓ D-86836 UNTERMEITINGEN A 96 ab Ausfahrt 25 Landsberg-Nord → Augsburg und A 8 ab Ausfahrt 72 Augsburg-West je 25 km
Lechpark Hotel ★★★☆ 110 B, EZ € 57,– bis 92,–, DZ € 77,– bis 125,–, Familien-Zi, inkl. Frühstücksbuffet, alle Zi mit Du/Bad, WC, ☏, TV und Internet, italienisches Restaurant Da'Aldo, Konferenzräume, Sauna, Tief-G, Bus-P, Lagerfelder Str. 28, @, www.lechpark-hotel.de, ☎ **0049 (0) 8232/9980**, Fax 998100 **(Bild siehe Route 96.0)**.

㉔ D-86495 EURASBURG
A 8 ab Ausfahrten 75 ca. 6 km und 76 ca. 9 km
Gasthof zur Post ★★★ ruhige Lage, 13 B, EZ € 42,–, DZ € 69,–, 3-Bett-Zi € 89,–, inkl. Genießer-Frühstück, alle Zi mit Du, WC, ISDN, ☏ und TV, regional betonte und gehobene Küche, Bierspezialitäten aus der Schlossbrauerei Odelzhausen, herrlicher Kastanien-Biergarten, geschmackvolles Ambiente, 🚌, ♿, Hauptstr. 14, @, www.zurpost-eurasburg.de, ☎ **0049 (0) 8208/96030**, Fax 960322.

㉕ D-86559 ADELZHAUSEN A 8 ab Ausfahrt 75 Adelzhausen ca. 250 m
Gasthof zur Linde ★★ ruhige ländliche Lage, Waldnähe (300 m), 26 B, EZ € 31,– DZ € 50,–, 3-Bett-Zi € 66,–, 4-Bett-Zi € 86,–, inkl. reichhaltigem Frühstück, Zi mit Du, WC und TV, gutbürgerliche Küche, Terrasse, ☏, P, Bergstraße 4, @, www.hotel-gasthof-linde.de, ☎ **0049 (0) 8258/457**, Fax 1564.

㉖ D-85235 ODELZHAUSEN A 8 ab Ausfahrt 76 Odelzhausen ca. 1 km
Schlosshotel und Bräustuberl ★★★★ 10 B, EZ € 75,–, DZ € 100,– bis 120,–, inkl. Frühstücksbuffet, alle Zi mit Bad/Du, WC, ☏ und TV, gutbürgerliche Küche, gut sortierter Weinkeller, Biergarten, 🚌, großer P, Am Schlossberg 3, @, www.schlosshotel-odelzhausen.de, ☎ **0049 (0) 8134/55550**, Fax 555520.

㉗ D-85235 ODELZHAUSEN A 8 ab Ausfahrt 76 Odelzhausen 500 m
Hotel Staffler garni ★★★ 50 B, EZ € 58,–, DZ € 78,–, 3-Bett-Zi € 99,–, inkl. Frühstücksbuffet, alle Zi mit Bad/Du, WC, ☏, WLAN, TV und Radio, ☏, P, Hauptstraße 3, @, www.hotel-staffler.de, ☎ **0049 (0) 8134/55390**, Fax 55539390.

㉘ – ㊱ + ㉑ – ㉒ Einträge siehe Seite 143

㉑ Hotel Bräu-Stüble Bonstetten, Bonstetten

❶ D-85653 AYING A 8 ab Ausfahrt 96 Hofoldinger Forst 8 km
Brauereigasthof-Hotel Aying ★★★★ 73 B, EZ € 98,– bis 173,–, DZ € 140,– bis 186,–, DZ Komfort Superior € 200,– bis Suite 280,–, inkl. Frühstück, Zi mit Bad, Du, WC, ☎, TV und Radio, Spezialitäten aus eigener Landwirtschaft und Jagd, eigene Brauerei, gemütliche Räume für 20 bis 200 Personen, schöner Garten, Sauna und Fitnessbereich kostenfrei, P, Zornedinger Straße 2, @, www.ayinger.de, ☎ 0049 (0) 8095/9065-0, Fax 9065-66.

❷ D-83620 FELDKIRCHEN-WESTERHAM-ASCHBACH
A 8 ab Ausfahrt 96 Feldkirchen ca. 8 km und 96 Hofoldinger Forst ca. 15 km
Berghotel Aschbach ★★★★ herrliche Aussicht auf die Alpen, 40 B, EZ € 67,– bis 85,–, DZ € 86,– bis 115,–, inkl. Frühstück, alle Zi mit Bad oder Du, WC, ☎, TV und kostenfreiem WLAN, Tagungsräume für 5-30 Personen, Gesellschaftsräume für 15-120 Personen, P, kein ./., Aschbach 3, @, www.Berghotel-Aschbach.de, ☎ 0049 (0) 8063/8066-0, Fax 8066-20.

❸ D-83629 WEYARN
A 8 ab Ausfahrt 98 Weyarn ca. 800 m
Hotel Landgasthof Alter Wirt ★★★½ 100 B, EZ ab € 69,–, DZ ab € 99,–, inkl. Frühstück, alle Zi mit Du, WC, ☎ und Sat-TV, bayerische Küche, Biergarten, ⌂, ◫, P, Miesbacher Str. 2, @, www.alter-wirt.com, ☎ 0049 (0) 8020/907-0, Fax 1515.

❹ D-83629 WEYARN
A 8 ab Ausfahrt 98 Weyarn ca. 1 km
Pension Schweizerhaus ★★★ ruhige Lage, 25 B, DZ € 73,–, Appartements 3-4 B € 105,– bis 128,–, inkl. Frühstücksbuffet, alle Zi mit Bad oder Du, WC, TV und WLAN, ⌂, P, Weyarner Str. 8, @, www.pensionschweizerhaus.de, ☎ 0049 (0) 8020/1290, Fax 908844.

❺ D-83629 WEYARN-THALHAM
A 8 ab Ausfahrt 98 Weyarn ca. 3 km
Gasthof und Gästehaus Pritzl ★★ ruhige Lage, 28 B, EZ € 47,–, DZ € 70,–, 3-Bett-Zi € 90,–, 4-Bett-Zi auf Anfrage, inkl. Frühstück, alle Zi mit Du, WC, Sat-TV und WLAN, Restaurant, gute Küche, Biergarten, ⌂, ◫, P, Schliersser Str. 6, info@gasthof-pritzl.de, www.gasthof-pritzl.de, ☎ 0049 (0) 8020/1349, Fax 908882.

❻ D-83737 IRSCHENBERG A 8 ab Ausfahrt 99, rechts nach Irschenberg 1 km bis zur Kirche, dann scharf links abbiegen, nach 100 m auf der rechten Seite
Landhotel Irschenberg ★★★★½ ruhige Innenortslage, 55 B, EZ € 45,– bis 75,–, DZ € 50,– bis 86,–, 3- und 4-Bett-Zi auf Anfrage, inkl. Frühstücksbuffet, alle Zi mit Bad/Du, WC, ☎, Sat-TV, Minibar und Safe, Restaurant, Tagungen bis 25 Personen, Internet, Bar, ⌂, ◫, P, Loiderdinger Straße 12, @, www.landhotel-irschenberg.de, ☎ 0049 (0) 8062/8600, Fax 8418 (siehe auch Seite 4).

❼ D-83737 IRSCHENBERG A 8 ab Ausfahrt 99 Irschenberg ca. 500 m
Hotel-Restaurant Kramerwirt ★★★ 70 B, EZ € 39,– bis 44,–, DZ € 68,– bis 75,–, 3-Bett-Zi € 88,–, 4-Bett-Zi € 98,–, 5-Bett-Zi € 110,–, Familien-Suite (4-8 B) € 115,– bis 185,–, Ni, inkl. Frühstücksbuffet, alle Zi mit Du, WC, TV und WLAN, ⌂ + ec-Karte, ⌂, ◫, -Zi, Tief-G, P, Wendelsteinstr. 1, @, www.kramerwirt-irschenberg.de, ☎ 0049 (0) 8062/1531, Fax 6652 (siehe auch Seite 4).

❽ D-83737 IRSCHENBERG
A 8 ab Ausfahrt 99 Irschenberg → Miesbach 3 km, nach 600 m rechts
Hotel Auerschmiede ★★ ruhige Lage, 50 B, EZ € 40,–, DZ € 65,–, Mehrbett-Zi, inkl. Frühstücksbuffet, alle Zi mit Du, WC und TV, gemütliche Gaststube, ⌂, ◫, P, Auerschmied 2, @, www.auerschmied.de, ☎ 0049 (0) 8025/1380, Fax 1215.

❾ D-83734 HAUSHAM A 8 ab Ausfahrt 99 Irschenberg ca. 13 km
Haus Helga ★★ ruhige Lage, 8 B, EZ € 35,–, DZ € 56,–, inkl. Frühstück, alle Zi mit Bad/Du, WC und Sat-TV, warmes Abendessen möglich, ⌂, P, Moosrainer Weg 2 b, ☎ 0049 (0) 8026/8459, Fax 8018.

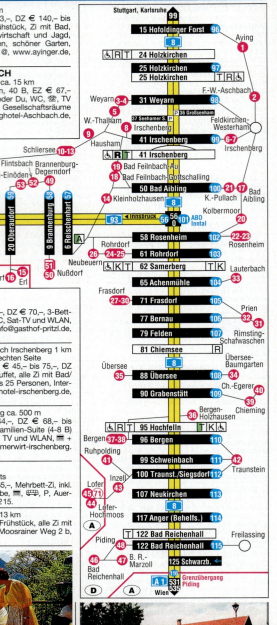

Stuttgart, Karlsruhe | 99

15 Hofoldinger Forst | 96 — Aying ❶
8
24 Holzkirchen
25 Holzkirchen | 97
25 Holzkirchen
F.-W.-Aschbach
Weyarn ❸-❹ | 31 Weyarn | 98 — ❷
W.-Thalham ❺ | 37 Seehamer S. | 36 Großseeham | Feldkirchen-Westerham
❾ | 8 Irschenberg
Schliersee ❿-⓭ | Hausham | 41 Irschenberg | 99 — ❻-❼
Irschenberg
41 Irschenberg
Flintsbach | Brannenburg
Fischbach-Einöden | Degerndorf | 19 Bad Feilnbach-Au
⓮ ⓮ ❹❾ | 18 Bad Feilnbach-Gottschalling
⓭ ⓬ | 59 | 50 Bad Aibling | 100 ㉑ ⓱ Bad Aibling
Innsbruck Brenner | 14 Kleinholzhausen | K.-Pullach
530 | 8 | Kolbermoor
A 12 | ◄ Innsbruck | 56 | 101 ABD Inntal | ⓴
Grenzübergang Kiefersfelden | 93 | 56 0 | Inntal
24 Inntal | 23 Kiefersfelden 60 | 20 Oberaudorf | 9 Brannenburg | 6 Reischenhart 57 | 58 Rosenheim | 102 ㉒-㉓ Rosenheim
Rohrdorf
Neubeuern | 61 Rohrdorf | 103
❷❻ | ㉔-㉕
A | 62 Samerberg | Lauterbach
⑮ | 65 Achenmühle | 104 ㉝
Niederndorf ⑯ | ⑤⑤ Nußdorf | Frasdorf
Erl | ⑤⓪ | 71 Frasdorf | 105 Prien
㉗-㉚ | 77 Bernau | 106 ㉜ ㉛
79 Felden | 107 | Rimsting-Schafwaschen
81 Chiemsee | Übersee-Baumgarten
8
Übersee ㉟ | 88 Übersee | 108 ㉞
90 Grabenstätt | 109 Ch.-Egerer ㊵
㊱ Bergen-Holzhausen | Chieming ㊴
95 Hochfelln
Bergen ㊲-㊳ | 96 Bergen | 110
Ruhpolding
㊶ | 99 Schweinbach | 111 ㊷
Inzell | 100 Traunst./Siegsdorf 112 Traunstein
Lofer
㊺ ㋑ | ㊸ | 107 Neukirchen | 113
㊹ | 8
Lofer-Hochmoos | 117 Anger (Behelfs.) | 114
A
Piding | 122 Bad Reichenhall | Freilassing
122 Bad Reichenhall | 115
㊸ | B. R.-Marzoll
㊻ ㊼ | 125 Schwarzb.
Bad Reichenhall | A 1 531 Grenzübergang Piding
D | A | 535 | Wien

㉖ Ausblick vom Burghotel Burgdacherl, Neubeuern (Text siehe Seite 148)

❼ Hotel-Restaurant Kramerwirt, Irschenberg

⑩ D-83727 SCHLIERSEE
A 8 ab Ausfahrt 99 Irschenberg und A 12 ab Ausfahrt Kufstein (A) ca. 20 km
Gästehaus Hubertus Hotel ★★★✓ 40 B, EZ € 49,– bis 55,–, DZ € 69,– bis 89,–, inkl. Frühstücksbuffet, alle Zi mit Du, WC, TV und WLAN, Restaurant, 🛏, &, P, Bayrischzeller Str. 8, @, www.sachs-hubertus.de, ☎ 0049 (0) 80 26/7 10-35, Fax 7 10-36.

⑪ D-83727 SCHLIERSEE
A 8 ab Ausfahrt 99 Irschenberg ca. 20 km (durch herrliche Landschaft)
Landhaus Igler ★★★ (F F F) ruhige Lage am Ortseingang, 14 B, EZ € 35,–, DZ € 60,–, inkl. Frühstück, weitere Nächte günstiger, alle Zi mit Bad/Du, WC und Sat-TV, Ferienwohnungen bis 6 Betten € 30,– pro Person, Wandergebiet, P, Miesbacher Straße 29 a, @, www.christa-igler.de, ☎ 0049 (0) 80 26/25 39, Fax 65 53.

⑫ D-83727 SCHLIERSEE
A 8 ab Ausfahrt 98 Weyarn 15 km, am Ortseingang nach 300 m rechts
Gästehaus „Sigrid" ★★ 20 B, EZ € 35,–, DZ € 60,–, inkl. Frühstück, alle Zi mit Du, WC und Sat-TV, Breitenbachstr. 10, @, www.gaestehaus-sigrid.de, ☎ 0049 (0) 80 26/44 64, Fax 92 05 90.

⑬ D-83727 SCHLIERSEE A 8 ab Ausfahrt 98 Weyarn 19 km
Haus Seegarten ★★ ruhige Lage am See, 30 B, EZ € 32,–, DZ € 56,–, inkl. Frühstück, alle Zi mit Du und WC, gemütlicher Aufenthaltsraum, Fischhauser Str. 4 b, baart@t-online.de, ☎ 0049 (0) 80 26/92 05 87.

⑭ D-83064 KLEINHOLZHAUSEN
A 8 ab Ausfahrt 100 Bad Aibling → Urweltmuseum (500 Millionen Jahre Erdgeschichte) und A 93 ab Ausfahrt 57 Reischenhart → Bad Aibling
Landgasthof Neiderhell ★★★ ruhige Lage, 60 B, EZ € 43,–, DZ € 72,–, inkl. Frühstück, alle Zi mit Du, WC, TV, WLAN und Balkon, Spezialität: Steaks vom heißen Stein, bayerische und internationale Spezialitäten, Biergarten, 🍴, P, Steinbrucker Str. 4, @, www.neiderhell.de, ☎ 0049 (0) 80 34/18 94, Fax 3 09 144.

⑮ A-6343 ERL A 93 ab Ausfahrten 58 Nussdorf 10 km und 59 Oberaudorf 4 km
„Beim Dresch" ★★★ 22 B, EZ € 30,– bis 45,–, DZ € 56,– bis 98,–, inkl. Frühstücksbuffet, alle Zi mit Bad/Du, WC, ☎, Internet und Sat-TV, teils Minibar und Balkon, Restaurant, 🍴, 🛏, &, P, Mi ./., Oberweidau 2, @, www.dresch.at, ☎ 00 43 (0) 53 73/81 29, Fax 81 293.

⑯ A-6342 NIEDERNDORF A 93 ab Ausfahrt 59 Oberaudorf 1 km
Gasthof-Pension Gradlwirt ★★★ 54 B, EZ € 38,– bis 50,–, DZ € 64,– bis Appartement € 100,–, inkl. Frühstück, alle Zi mit Bad/Du, WC, ☎ und Sat-TV, G, P, Dorf 47, @, www.gradl.com, ☎ 00 43 (0) 53 73/6 12 73, Fax 6 16 86.

⑰ D-83043 BAD AIBLING
A 8 ab Ausfahrt 100 Bad Aibling → Zentrum, nach Bahnübergang rechts 800 m
Hotel St. Georg ★★★★ ruhige Waldrandlage, 420 B, EZ € 65,– bis 79,–, DZ € 104,– bis 125,–, inkl. Frühstücksbuffet, alle Zi mit Bad/Du, WC, ☎ und Sat-TV, Restaurant, Tagungscentrum bis 300 Personen, Hallenbad, Wellness, 🛏, 🍴, 🛏, &, G, P, Ghersburgstr. 18, @, www.sanktgeorg.net, ☎ 0049 (0) 80 61/4 97-0, Fax 4 97-1 05.

⑱ D-83075 BAD FEILNBACH-GOTTSCHALLING
A 8 ab Ausfahrt 100 Bad Aibling 5,5 km → Au → Gottschalling
Rothhof ★★★ 12 B, EZ € 46,– bis 53,–, DZ € 60,– bis 75,–, inkl. Frühstück, Zi mit Du, WC, ☎ und TV, Ferienwohnungen (2-5 B), Gottschalling 2, @, www.rothhof.de, ☎ 0049 (0) 80 64/220, Fax 18 47.

⑲ D-83075 BAD FEILNBACH-AU
(bei Bad Aibling) A 8 ab Ausfahrt 100 Bad Aibling → Au 3 km
Pension Riedlhof ★★ ruhige Lage, 27 B, EZ € 26,– bis 37,–, DZ € 52,– bis 74,–, inkl. Frühstück und Kurtaxe, Zi mit Du, WC, Sat-TV und WLAN, P, Hauptstr. 49, @, www.pension-riedlhof.de, ☎ 0049 (0) 80 64/379, Fax 90 98 73.

⑳ D-83059 KOLBERMOOR ab Ausfahrten 100 und 102 je 7 km
Hotel zur Post ★★★ im Zentrum, 60 B, EZ ab € 55,–, DZ ab € 90,–, Mehrbett-Zi ab € 109,–, inkl. Frühstücksbuffet, alle Zi mit Bad, WC und Sat-TV, Restaurant, 🍴, &, P, Gehrerstr. 2, @, www.hotel-kolbermoor.de, ☎ 0049 (0) 80 31/9 10 85, Fax 58 95 12.

㉑ D-83059 KOLBERMOOR-PULLACH
A 8 ab Ausfahrt 100 Bad Aibling ca. 1 km
Gästehaus Ester am Pullacher Schloss ★★★ 26 B, EZ € 49,–, DZ € 79,–, inkl. Frühstück, alle Zi mit Bad/Du, WC, ☎, Sat-TV und WLAN, 🛏, 🍴, P, Pullach 11, info@gaestehaus.de, www.ester.de, ☎ 0049 (0) 80 61/3 50 90, Fax 35 09 35.

㉒ D-83022 ROSENHEIM
A 8 ab Ausfahrt 102 Rosenheim 5 km
Hotel Goldener Hirsch ★★★ 54 B, EZ ab € 75,–, DZ ab € 105,–, inkl. Frühstück, alle Zi mit Du, WC und TV, Restaurant, 🛏, 🍴, &, P, Münchener Str. 40, @, www.goldenerhirsch.net, ☎ 0049 (0) 80 20/90 70, Fax 15 15.

㉓ D-83026 ROSENHEIM
A 8 ab Ausfahrt 102 Rosenheim ca. 2 km
Hotel Ariadne ★★★ 60 B, EZ € 50,– bis 65,–, DZ € 75,– bis 90,–, inkl. Frühstück, alle Zi mit Bad/Du, WC, ☎, Sat-TV und Internet, Lift, Abendrestaurant, 🛏, 🍴, (an der B 15), G, P, kein ./., Kirchenweg 38, @, www.hotel-ariadne.de, ☎ 0049 (0) 80 31/2 65 00, Fax 26 50 50.

㉔ – ㉝ + ㉗ Einträge siehe Seiten 148 + 149

㉕ Hotel Zur Post, Rohrdorf (Text siehe Seite 148)

㉓ Hotel Ariadne, Rosenheim

Tipps zur Route

Ausfahrt München: Mit mehr als einer Million Einwohnern ist München die größte Stadt Süddeutschlands. Bekannt ist es vor allem aufgrund des Oktoberfestes, dem größten Volksfest der Welt, das jedes Jahr im Herbst stattfindet. München wurde 1158 gegründet und hatte schon zu Beginn des 19. Jahrhunderts 500 000 Einwohner. Die Stadt am Fuße der Alpen besticht vor allem durch die gute Mischung aus Weltstadtflair und Urigkeit. München verfügt über eine vielzahl an Wahrzeichen aus allen Epochen, egal ob das Olympiastadion aus dem vergangenen Jahrhundert oder die bedeutend ältere Frauenkirche – in der bayrischen Landeshauptstadt ist jeder Geschichtsabschnitt vertreten. Besonders an warmen Sommertagen erfährt man, was bayrische Kultur bedeutet. Man muss sich lediglich in eines der Brauhäuser oder einen der Biergärten begeben und bei einem kühlen Weißbier den Tag genießen. Empfehlenswert ist auch ein Besuch des Deutschen Museums, dem größten technisch- und naturwissenschaftlichen Museum der Welt. Wer es lieber etwas ruhiger mag, begibt sich in eine der größten und schönsten Parkanlagen Deutschlands, den Englischen Garten. Der Blick vom Monopteros ist ein Erlebnis – so wie die ganze Stadt ein Erlebnis für jeden Besucher ist.

Parkplatz km 35: An diesem Parkplatz in Fahrtrichtung Österreich steht man direkt am Seehamer See. Unverwüstliche können hier schwimmen, segeln oder mit dem Surfbrett üben.

Ausfahrt Weyarn und Irschenberg: Ein Abstecher zum Schliersee gefällig? Bis zu diesem außerordentlich beliebten Ferienziel sind es ab Ausfahrt ganze 13 km. Vom Ort Schliersee führt eine 820 m lange Gondelbahn zur Bergstation Schliersberg, 1063 Meter hoch gelegen.

Ausfahrt Rohrdorf: Neubeuern, als „schönstes Dorf in Oberbayern" ausgezeichnet, erreichen Sie ab Ausfahrt nach 5 km. Ein historischer Marktplatz, hübsch bemalte alpenländische Häuser, in der Pfarrkirche eine Glocke aus dem Jahre 1075 – da schreibt man gerne Ansichtskarten.

49 **Posthotel Brannenburg, Brannenburg-Degerndorf**

①–㉓ Einträge siehe Seiten 146 + 147

㉔ D-83101 ROHRDORF A 8 ab Ausfahrt 103 Rohrdorf ca. 400 m
Hotel garni Christl ★★★ 60 B, EZ € 48,– bis 53,–, DZ € 65,– bis 75,–, Familien-Zi für 3-4 Personen, inkl. Frühstücksbuffet, alle Zi mit Du, WC, ☎, TV und Internetanschluss (DSL), Anzengruberstraße 10, @, www.hotel-christl.de, ☎ 0049 (0) 8032/9565-0, Fax 9565-66.

㉕ D-83101 ROHRDORF A 8 ab Ausfahrt 103 Rohrdorf 800 m → Zentrum
Hotel Zur Post ★★★ 220 B, EZ € 45,– bis 69,–, DZ € 59,– bis 89,–, Zi mit Bad, Du, WC, ☎, TV und Radio, Küche bis 23.30 Uhr, Räume für 30-200 Personen, gemütlicher Landgasthof mit eigener Metzgerei, ☎, ⤚, P, Dorfplatz 14, @, www.post-rohrdorf.de, ☎ 0049 (0) 8032/183-0, Fax 5844 **(Bild siehe Seite 147)**.

㉖ D-83115 NEUBEUERN A 8 ab Ausfahrt 103 Rohrdorf ca. 4 km
Burghotel Burgdacherl ★★★ am historischen Marktplatz, ruhige Lage, 30 B, EZ € 49,– bis 75,–, DZ € 79,– bis 105,–, inkl. Frühstücksbuffet, alle Zi mit Bad, Du, WC, ☎, TV und WLAN, Lift, Dachterrasse, Goldmedaille „Schönstes Dorf Deutschlands", P, Marktplatz 23, @, www.burgdacherl.de, ☎ 0049 (0) 8035/2456, Fax 1312 **(Bild siehe Seite 146)**.

㉗ D-83112 FRASDORF
A 8 ab Ausfahrt 105 Frasdorf ca. 1 km → Rosenheim, dann links 200 m
Karner Flair Hotel + Restaurant ★★★★☆ ruhige Lage, 70 B, EZ € 95,–, DZ ab € 125,–, Suiten € 180,– bis 325,–, inkl. Frühstück, alle Zi mit Bad/Du, WC, ☎ und Sat-TV, gehobene Küche, Internet, Wellnessanlage, Hallenbad, Sauna, ☎, G, P, Nussbaumstr. 6, @, www.Landgasthof-Karner.de, ☎ 0049 (0) 8052/4071 + 19970, Fax 4711.

㉘ D-83112 FRASDORF A 8 ab Ausfahrt 105 Frasdorf ca. 800 m → Ortsmitte rechts
Pension Kampenwand ★★ Nichtraucherhaus, 16 B, EZ € 42,–, DZ € 68,– bis 72,–, Familien-Zi € 90,– bis 139,–, inkl. Frühstücksbuffet, Zi mit Du, WC und Sat-TV, ⤚, P, Simsseestr. 18, info@pension-kampenwand.de, www.pension-kampenwand.de, ☎ 0049 (0) 8052/1418, Fax 5542.

㉙ D-83112 FRASDORF A 8 ab Ausfahrt 105 Frasdorf ca. 400 m
Gasthof Hochries ★★ 60 B, EZ € 40,–, DZ € 63,–, 3-Bett-Zi € 90,–, 4-Bett-Zi € 100,–, inkl. Frühstück, Zi mit Du und WC, teils TV, Biergarten, 2 Kegelbahnen, ⛄, P, Hauptstraße 3, @, www.gasthofhochries.de, ☎ 0049 (0) 8052/1473, Fax 5243.

㉚ D-83112 FRASDORF
A 8 ab Ausfahrt 105 Frasdorf, vor Kirche links 3 km → Sagberg
Gasthof Sagberg ★★★ 20 B, EZ € 39,–, DZ € 66,–, inkl. Frühstücksbuffet, alle Zi mit Du, WC und Sat-TV, Hausbar, P, Sagberg 2, sagberg@t-online.de, www.sagberg.de, ☎ 0049 (0) 8052/620, Fax 1297.

㉛ D-83253 RIMSTING-SCHAFWASCHEN
A 8 ab Ausfahrten 105 Frasdorf ca. 10 km und 106 Bernau ca. 8 km
Gasthof Seehof ★★★ ruhige Lage am See, 32 B, EZ € 28,– bis 48,–, DZ € 58,– bis 80,–, inkl. Frühstücksbuffet, alle Zi mit Du, WC und DVB-T-TV, gutbürgerliche Küche, Terrasse zum See, Strandbad, Ruderbootverleih, es wird slowenisch gesprochen, ☎, ⤚, ⛄, G, P am Haus, Schafwaschen 6, @, www.gasthof-seehof.de, ☎ 0049 (0) 8051/1697, Fax 1698.

㉜ D-83209 PRIEN A 8 ab Ausfahrt 106 Bernau → Prien 6 km
Hotel Bayerischer Hof ★★★ Ortsmitte, 85 B, EZ € 60,– bis 70,–, DZ € 90,– bis 120,–, Nichtraucher-Zi, inkl. Frühstück, alle Zi mit Bad/Du, WC, ☎, Kabel-TV, Radio und Safe, bekannt gute Küche, Räume für 30-100 Personen, Tief-G, P, Mo ./., Bernauer Straße 3, @, www.bayerischerhof-prien.de, ☎ 0049 (0) 8051/6030, Fax 62917.

㉝ D-83101 LAUTERBACH
A 8 ab Ausfahrt 104 Achenmühle ca. 300 m, dann rechts → Apfelkam 1,5 km
Pension Mariandl ★★★ ruhige Lage, 32 B, EZ € 45,–, DZ € 65,–, Appartements (2-6 Personen) € 79,– bis 149,–, je Zusatzbett € 24,–, inkl. Frühstücksbuffet, alle Zi mit Du, WC, ☎ und Sat-TV, ⤚, ⛄, P, Hartseestraße 2, @, www.pensionmariandl.de, ☎ 0049 (0) 8032/5537, Fax 1031.

㉞ D-83236 ÜBERSEE-BAUMGARTEN
A 8 ab Ausfahrt 108 Übersee 250 m → Baumgarten (Seeseite)
Chiemsee Klause, garni ★★ 20 B, EZ € 33,– bis 45,–, DZ € 59,–, inkl. Frühstück, alle Zi mit Du und WC, teils TV, schallgeschützt, kleine Abendkarte, Tagungsraum bis 25 Personen, G, P, Baumgarten 1, info@fmcag.com, ☎ 0049 (0) 8642/414, Fax 784.

㉟ D-83236 ÜBERSEE
A 8 ab Ausfahrt 108 Übersee ca. 1 km (nach 300 m links abbiegen)
Haus Waldesruh ★★ ruhige Waldlage, 30 B, EZ € 35,50 bis 45,–, DZ € 67,– bis 77,–, inkl. Frühstück, Zi mit Du, WC und Balkon, Restaurant, ⛄, ⤚, P, Mo ./., Waldweg 20, @, www.waldesruh-chiemsee.de, ☎ 0049 (0) 8642/6712, Fax 6194.

㊱ D-83346 BERGEN-HOLZHAUSEN
A 8 ab Ausfahrt 110 Bergen ca. 2,4 km → Holzhausen
Hotel Gasthof Alpenblick ★★★ 34 B, EZ € 35,– bis 52,–, DZ € 60,– bis 90,–, inkl. Frühstück, alle Zi mit Du, WC, TV, ☎ mit Internet und Balkon, gemütliches Restaurant, Alpenpanorama, Biergarten, ☎ (nur deutsche ec-Karte), ⤚, G, P, Di ./. im Restaurant, November Betriebsferien, Schönblick Str. 6, @, www.gasthofalpenblick.de, ☎ 0049 (0) 8661/318, Fax 8056.

㊲ D-83346 BERGEN
A 8 ab Ausfahrt 110 Bergen → Bergen 2 km, bei Esso-Tankstelle links
Hotel Restaurant Salzburger Hof ★★★ ruhige Lage, 60 B, EZ € 53,–, DZ € 73,–, Mehrbett-Zi, inkl. Frühstück, alle Zi mit Bad/Du, WC und Sat-TV, ☎, ⛄, G, P, Brunnweg 4, @, www.bergen-hotels.de, ☎ 0049 (0) 8662/48840, Fax 488488.

38 D-83346 BERGEN
A 8 ab Ausfahrt 110 Bergen 3,7 km, durch den Ort → Hochfelln
Pension Bergener Hof ✪✪✪ 28 B, EZ € 35,– bis 42,–, DZ € 60,– bis 72,–, inkl. Frühstück, alle Zi mit Du, WC, Kabel-TV und Balkon, gemütliches Café-Bistro, Staudacher Str. 12, @, www.bergenerhof.de, ☎ 0049 (0) 86 62/66 48 52, Fax 66 51 42.

39 D-83339 CHIEMING A 8 ab Ausfahrt 109 Grabenstätt ca. 8 km
Unterwirt zu Chieming ✪✪✪ am See, 30 B, EZ € 48,– DZ € 68,–, inkl. Frühstücksbuffet, alle Zi mit Bad/Du, WC, ☎ und Sat-TV, Restaurant, Biergarten, ⚲, 🚲, P, Hauptstr. 32, @, www.unterwirt-chieming.de, ☎ 0049 (0) 86 64/9 84 60, Fax 98 46 29.

40 D-83339 CHIEMING-EGERER
A 8 ab Ausfahrt 109 Grabenstätt ca. 8,5 km
Gasthof Goriwirt ✪✪✪ ⚑ 36 B, EZ € 42,– bis 50,–, DZ € 50,– bis 75,–, inkl. Frühstück, alle DZ mit Du, WC und ☎, teils TV, gutbürgerliche Küche, 🚲, P, Truchtlachinger Str. 1, @, www.goriwirt.de, ☎ 0049 (0) 86 64/9 8 43-0, Fax 98 43-55.

41 D-83324 RUHPOLDING A 8 ab Ausfahrt 109 Traunstein/Siegsdorf 9 km
Tip Top Hotel Diana ✪✪✪ 44 B, EZ € 33,– bis 40,–, DZ € 66,– bis 85,–, Familien-Zi (4 B) € 85,– bis 120,–, inkl. Frühstücksbuffet, alle Zi mit Du, WC und Kabel-TV, Restaurant, 🚲, G, P, Kurhausstr. 1, @, www.hoteldiana-ruhpolding.de, ☎ 0049 (0) 86 63/4 17 55-0, Fax 4 17 55-11.

42 D-83278 TRAUNSTEIN A 8 ab Ausfahrt 112 Traunstein/Siegsdorf 8 km
Parkhotel Traunsteiner Hof ✪✪✪✪ 77 B, EZ € 59,–, DZ € 85,– bis 99,–, Suite € 105,–, inkl. Frühstück, Zi mit Bad, Du, WC, ☎, TV und WLAN, Lift, gutbürgerliche Küche, Konferenzraum bis 30 Personen, Bar, Biergarten, Sauna, Dampfbad, G, P, Bahnhofstr. 11, @, www.parkhotel-traunstein.de, ☎ 0049 (0) 8 61/98 88 20, Fax 85 12.

43 D-83334 INZELL A 8 ab Ausfahrt 112 Traunstein/Siegsdorf 10 km
Landhotel Binderhäusl ✪✪✪ sehr ruhige Lage, 16 B, EZ ab € 39,–, DZ ab € 78,–, inkl. Frühstück, alle Zi mit Bad/Du, WC, Sat-TV und Internet, ⚲, P, Bichlstr. 43, mail@familie-keller.de, www.familie-keller.de, ☎ 0049 (0) 86 65/4 61.

44 A-5092 LOFER-HOCHMOOS
A 8 ab Ausfahrt 112 Traunstein/Siegsdorf → Zell am See 30 km
Gasthof Bad Hochmoos ✪✪✪ ruhige Lage, 100 B, EZ € 45,– bis 68,–, DZ € 82,– bis 130,–, inkl. Frühstücksbuffet, alle Zi mit Bad/Du, WC und Sat-TV, Restaurant, im Preis inkl.: Hallenbad, Sauna und Tennis, Internet gegen Gebühr, 🚲, 🚲, G (kostenpflichtig), P, Lofer 3, @, www.hochmoos.at, ☎ 00 43 (0) 65 88/82 26, Fax 82 26 23.

45 A-5090 LOFER
A 8 ab Ausfahrten 112 Traunstein/Siegsdorf und 115 Bad Reichenhall je 30 km
Hotel Restaurant Café Dankl ✪✪✪ 40 B, EZ € 42,– bis 50,–, DZ € 70,– bis 92,–, inkl. Frühstück, alle Zi mit Bad/Du, WC, ☎, Sat-TV und Internet, teils Kühlschrank und Balkon, ⚲, ⚲, 🚲, P, Lofer 207, @, www.cafedankl.at, ☎ 00 43 (0) 65 88/86 25-0, Fax 86 25-5.

46 D-83435 BAD REICHENHALL A 8 ab Ausfahrt 115 Bad Reichenhall 6 km → Bad Reichenhall B 20 ab Ausfahrt Kurgebiet Hotelroute
Hotel Residenz Bavaria ✪✪✪✪ zentral und ruhig gelegen, 170 Zi und Suiten, EZ ab € 58,–, DZ ab € 89,– (Wochenend- und Happy Day-Raten), inkl. Frühstück, alle Zi mit Bad, WC, ☎, TV, Safe und Balkon, Lift, Restaurant mit regionaler und internationaler Küche, Hotelbar, Terrasse, Wellnessbereich mit Schwimmbad, Sauna, Fitnessraum, Massage, Physiotherapie, Motorradfahrer willkommen, ⚲, 🚲, Tief-G, Am Münster 3, @, www.amber-hotels.de, ☎ 0049 (0) 8 51/77 60, Fax 77 67 76.

47 D-83435 BAD REICHENHALL-MARZOLL
A 8 ab Ausfahrt 115 Bad Reichenhall 4 km
Hotel-Restaurant Schlossberghof Marzoll ✪✪✪ 50 B, EZ € 65,–, DZ € 102,–, inkl. Frühstücksbuffet, alle Zi mit Bad, Du, WC, ☎, und Sat-TV, Restaurant, Biergarten, Hallenbad, Saunalandschaft, Schlossberg 5, @, www.schlossberghof.de, ☎ 0049 (0) 8 51/7 00 50, Fax 7 00 548.

48 D-83451 PIDING
A 8 ab Ausfahrt 115 Bad Reichenhall → Bad Reichenhall 850 m, BMW-Händler links ab
Hotel-Restaurant-Café Alpenblick ✪✪✪ ruhige Lage, 30 B, EZ € 44,– bis 47,–, DZ € 67,– bis 84,–, Mehrbett-Zi ab € 96,–, inkl. Frühstücksbuffet, alle Zi mit Bad/Du, WC, ☎, TV, Internet und Balkon oder Terrasse, ab 17.30 Uhr frische vitale Küche, Hotelbar und Lounge mit offenem Kamin, ⚲ auf Anfrage, P am Haus, Gaisbergstr. 9, @, www.hotel-cafe-alpenblick.de, ☎ 0049 (0) 8 51/9 88 70, Fax 9 887 1 11.

49 D-83098 BRANNENBURG-DEGERNDORF
A 93 ab Ausfahrt 58 Brannenburg ca. 2 km
Posthotel Brannenburg ✪✪✪ 70 B, EZ € 37,– bis 47,– DZ € 68,– bis 78,–, inkl. Frühstücksbuffet, alle Zi mit Du, WC, ☎, TV und Internet, bekannt gute Küche, Sauna, Solarium, 🚲, G, P, Sudelfeldstr. 18-20, @, www.posthotel-brannenburg.de, ☎ 0049 (0) 80 34/90 67-0, Fax 18 64.

50 D-83131 NUSSDORF A 93 ab Ausfahrt 58 Brannenburg 2,5 km → Erl
Hotel Schneiderwirt ✪✪✪ 54 B, EZ € 54,–, DZ € 78,–, Familien-Zi ab € 95,–, inkl. Frühstück, alle Zi mit Du, WC, TV, WLAN, Safe und Balkon, gutbürgerliche Küche, hauseigene Metzgerei, Biergarten, Kinderspielplatz, 🚲, P, Hauptstr. 8/13, info@schneiderwirt.de, www.schneiderwirt.de, ☎ 0049 (0) 80 34/45 27, Fax 26 24.

51 D-83131 NUSSDORF
A 93 ab Ausfahrt 58 Brannenburg → Nußdorf 1,9 km
Agip Tankstelle, VW-Audi Autohaus Schnellbögl 🚗 Pannen- und Abschleppdienst, Brannenburger Str. 12, ☎ 0049 (0) 80 34/92 16, Fax 79 80.

Tipps zur Route

Ausfahrt Übersee: Hitze, Stau, ein Königreich für ein kühles Bad! An dieser Ausfahrt sind es nur wenige Meter bis zum Badestrand Seethal am Chiemsee.

Ausfahrt Grabenstätt: Wer es mit dem Schwimmen nicht ganz so eilig hat: Bis Chieming, einem hübschen Erholungsort am Ufer des Chiemsees, sind es 9 km. Gepflegter Badestrand, Anlegestelle der Chiemsee-Schifffahrt. Von hier aus können Sie zur Insel Frauenchiemsee übersetzen. Ein herrlicher Spaziergang führt Sie in einer halben Stunde um die ganze Insel.

52 D-83126 FLINTSBACH
A 93 ab Ausfahrten 58 Brannenburg ca. 1,5 km und 59 Oberaudorf ca. 11 km
Gasthof Dannerwirt ✪✪✪ 42 B, EZ € 40,– bis 43,–, DZ € 65,– bis 68,–, inkl. Frühstücksbuffet, alle Zi mit Du, WC, ☎, Sat-TV und kostenpflichtiges WLAN, gemütliches Restaurant, Biergarten, ⚲, 🚲, P, Kirchplatz 4, @, www.dannerwirt.de, ☎ 0049 (0) 80 34/9 06 00, Fax 90 60 50.

53 D-83126 FISCHBACH-EINÖDEN
A 93 ab Ausfahrt 58 Brannenburg ca. 5 km → Fischbach, 1 km nach Fischbach
Gasthof „Heubergstüberl" ✪ 160 Jahre alter Bauernhof, 16 B, EZ € 34,–, DZ € 46,– bis 59,–, Familien-Zi, inkl. Frühstück, Restaurant, Biergarten, ⚑, 🚲, großer P, Kufsteiner Str. 155, @, www.heubergstueberl.de, ☎ 0049 (0) 80 34/44 18, Fax 44 02.

71 SALZBURGER SAALACHTAL
Das Salzburger Saalachtal mit den vier Orten Lofer, St. Martin, Unken und Weißbach liegt zentral im Dreiländereck Salzburg, Tirol und Bayern. Genießen Sie herrliche Wanderungen über Berg und Tal, begeben Sie sich auf spannende Touren mit dem Mountainbike oder nutzen Sie im Winter die beiden Skigebiete. Ein Besuch der Vorderkaserklamm, der Lamprechtshöhle oder der Seisenbergklamm sind nur einige von vielen Ausflugsmöglichkeiten. Die Loferer Alm mit imposantem Panorama ist zu jeder Jahreszeit einen Ausflug wert.

Information und Prospekte:
Tourismusverband Salzburger Saalachtal, Lofer 310, A-5090 Lofer, info@lofer.com, www.lofer.com, ☎ 00 43 (0) 65 88/83 21-0, Fax 74 64.

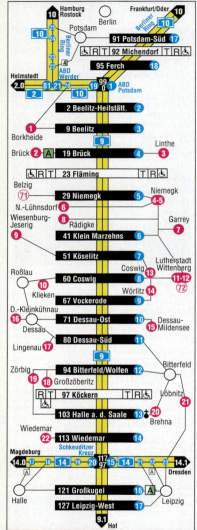

❶ D-14822 BORKHEIDE
A 9 ab Ausfahrt 3 Beelitz 4 km und A 10 ab Ausfahrt 20 Glindow 8 km
Hotel-Restaurant Kieltyka ★★★ 14 B, EZ € 40,– bis 50,–, DZ € 60,– bis 78,–, inkl. Frühstück, alle Zi mit Du, WC, Fön, ☏ und TV, ⊠, ⋈, P, Friedrich-Engels-Straße 45, @, www.kieltyka.de, ☏ 0049 (0) 33845/40315, Fax 41163.

❷ D-14822 BRÜCK
A 9 ab Ausfahrt 4 Brück 5 km (Ortsmitte)
Hotel Schützenhaus ★★★ 25 B, EZ € 41,–, DZ € 56,–, inkl. Frühstück, alle Zi mit Du, WC und Sat-TV, Raum für 25-150 Personen, Sauna, Solarium, Bowlingbahn, ⛳, großer P, Ernst-Thälmann-Straße 11, @, www.schuetzenhaus.eu, ☏ 0049 (0) 33844/337, Fax 337.

❸ D-14822 LINTHE
A 9 ab Ausfahrt 4 Brück 500 m
Hotel-Restaurant Linther Hof ★★★ 40 B, EZ € 55,– bis 63,–, DZ € 75,– bis 85,–, inkl. Frühstücksbuffet, alle Zi mit Du, WC, ☏ und Sat-TV, gutbürgerliche Küche, Räume für Tagungen und Festlichkeiten, Biergarten, Solarium, ⊠, ⛳, P, Chaussestr. 20, @, www.linther-hof.de, ☏ 0049 (0) 33844/767-0, Fax 767-22.

❹ D-14823 NIEMEGK
A 9 ab Ausfahrt 5 Niemegk ca. 1,5 km, Ortseinfahrt rechts
Hotel „Zum Alten Ponyhof" ★★★ 35 B, EZ € 49,–, DZ € 72,–, inkl. Frühstücksbuffet, alle Zi mit Bad/Du, WC, ☏ und Sat-TV, ⊠, ⋈, ⛳, P, Bahnhofstraße 20, www.zum-alten-ponyhof.de, ☏ 0049 (0) 33843/3070, Fax 30720.

❺ D-14823 NIEMEGK A 9 ab Ausfahrt 5 Niemegk 2 km (in den Ort hinein)
Hotel-Restaurant „Zum Alten Brauhaus" ★★ 28 B, EZ € 37,–, DZ € 50,–, 3-Bett-Zi € 62,–, 4-Bett-Zi € 75,– bis 80,–, große Familien auf Anfrage, inkl. Frühstücksbuffet, alle Zi mit Du, WC, ☏, Sat-TV und WLAN, preiswertes und gutes Essen, Spielecke, ⊠, P im Hof, Lindenstr. 1, @, www.brauhaus-niemegk.de, ☏ 0049 (0) 33843/51394.

❻ D-14823 NIEMEGK-LÜHNSDORF
A 9 ab Ausfahrt 5 Niemegk → Niemegk-Lühnsdorf, Hinweisschildern folgen
Landhaus Alte Schmiede ★★★ idyllische Hofanlage, 31 B, EZ € 53,– bis 63,–, DZ € 82,– bis 94,–, inkl. Frühstücksbuffet, alle Zi mit Du, WC, ☏ und Sat-TV, Dorfstr. 13, @, www.landhausalteschmiede.de, ☏ 0049 (0) 33843/922-0, Fax 922-10.

❼ D-14823 GARREY
A 9 ab Ausfahrten 5 Niemegk ca. 10 km und 6 Klein Marzehns ca. 5 km
Pension & Eiscafe Lehmann ★★ 10 B, EZ € 35,–, DZ € 48,–, inkl. Frühstück, alle Zi mit Du, WC und TV, Café, P, Dorfstr. 24, ☏ 0049 (0) 33843/51290, Fax 51290.

❽ D-14823 RÄDIGKE
A 9 ab Ausfahrt 6 Klein Marzehns durch Klein Marzehns → Rädigke 7 km oder durch Raben → Niemegk 7 km
Gasthof Moritz ★★ Deutschlands 1. Bibliotheksgasthof, 10 B, EZ € 33,–, DZ € 52,–, inkl. Frühstück, ruhige Zi im historischen Hof mit Du, WC und Sat-TV, ⋈, P im geschlossenen Hof, Hauptstr. 40, @, www.raedigke.de, ☏ 0049 (0) 33848/60292.

❾ D-14827 WIESENBURG-JESERIG
A 9 ab Ausfahrt 5 Niemegk und 7 Köselitz → Wiesenburg je 14 km
Familienhotel Brandtsheide ★★ 30 B, EZ € 43,–, DZ € 68,– bis 80,–, inkl. Frühstücksbuffet, alle Zi mit Du, WC, teils Balkon, Restaurant, Gartenterrasse, Sauna, Fahrradverleih, Caravanstellplatz, ⋈ € 6,–, ⛳, ♿, ab 7 Uhr geöffnet, Bahnhofsallee 8 c, @, www.brandtsheide.de, ☏ 0049 (0) 33849/7960, Fax 79645.

❿ D-06869 KLIEKEN A 9 ab Ausfahrt 8 Coswig → Roßlau 2 km
Hotel-Restaurant Waldschlösschen ★★★ 55 B, EZ € 45,–, DZ € 58,–, inkl. Frühstücksbuffet, alle Zi mit Du, WC, ☏, Sat-TV und WLAN, Tagungsräume, Biergarten, Whirlpool, Sauna, Fahrradverleih, Bowlingbahn, P, Hauptstraße 10, 1076-908@online.de, www.hotel-waldschloesschen.com, ☏ 0049 (0) 34903/68480, Fax 62502.

⓫ D-06886 LUTHERSTADT WITTENBERG
A 9 ab Ausfahrt 8 Coswig → Zentrum, Hotelbeschilderung
Luther-Hotel Wittenberg ★★★★ 165 Zi, EZ € 69,– bis 104,–, DZ € 85,– bis 122,–, Familien- und Nichtraucher-Zi, inkl. Frühstücksbuffet, alle Zi mit Du, WC, ☏, TV und Minibar, Lift, Restaurant, Tagungsräume, Bar, Sauna, ♿, Tief-G, Neustr. 7-10, @, www.luther-hotel-wittenberg.de, ☏ 0049 (0) 3491/4580, Fax 458100.

⓬ D-06886 LUTHERSTADT WITTENBERG A 9 ab Ausfahrt 8 Coswig 16 km
Stadthotel Wittenberg ★★★ in der Innenstadt, 40 B, EZ € 49,– bis 61,–, DZ € 69,– bis 89,–, inkl. Frühstücksbuffet, alle Zi mit Bad/Du, WC, ☏, Sat-TV und WLAN, Restaurant „Schwarzer Baer", ⊠, G, P, Schloßstr. 2, koppe@stadthotel-wittenberg.de, www.stadthotel-wittenberg.de, ☏ 0049 (0) 3491/4204344, Fax 4204345.

⓭ D-06869 COSWIG
A 9 ab Ausfahrt 7 Köselitz → Coswig 5 km
Hotel-Restaurant „Liebchens Waldschlösschen" ★★★ 20 B, EZ € 26,– bis 38,–, DZ € 41,– bis 52,–, inkl. Frühstücksbuffet, alle Zi mit Du, WC, ☏, Sat-TV und WLAN, Sauna, P, @, www.bahn-restaurant.de, ☏ 0049 (0) 34903/62568, Fax 67158.

⓮ D-06786 WÖRLITZ
A 9 ab Ausfahrt 8 Coswig → Coswig → Elbfähre 5 km
Coswiger Elbterrasse ★★★ ruhige Lage direkt an der Elbfähre Coswig, 35 B, EZ € 45,– bis 69,–, DZ € 65,– bis 86,–, alle Zi mit Du, WC, TV und WLAN, Restaurant, Elbterrasse 1, @, www.elbterrasse.com, ☏ 0049 (0) 34903/89095.

⑰ Landgasthof Lingenau, Lingenau

⑮ D-06842 DESSAU-MILDENSEE
A 9 ab Ausfahrt 10 Dessau-Ost ca. 500 m
Parkhotel Dessau ★★★ 202 B, EZ € 54,– bis 74,–, DZ € 68,– bis 88,–, inkl. Frühstück, alle Zi mit Du, WC, ☏, Sat-TV und Minibar, Restaurant, Konferenzräume, Sauna, Solarium, ☒, 🚌, P, Sonnenallee 4, @, www.grandcity-hotel-dessau.de, ☎ 0049 (0) 340/21000, Fax 210 02 50.

⑯ D-06846 DESSAU-KLEINKÜHNAU A 9 ab Ausfahrt 10 Dessau-Ost 11 km
Hotel Thüringer Hof ★★★ 15 B, EZ € 47,–, DZ € 67,–, inkl. Frühstück, alle Zi mit Du, WC, ☏ und TV, gemütliches Restaurant mit traditioneller Küche, Hauptstr. 179, @, www.dessauer-thueringer-hof.de, ☎ 0049 (0) 340/63 15 05, Fax 63 15 06.

⑰ D-06779 LINGENAU A 9 ab Ausfahrt 11 Dessau-Süd 4 km
Landgasthof Lingenau ★★★ ruhig gelegen, 38 B, EZ € 35,– bis 45,–, DZ € 55,–, inkl. reichhaltigem Frühstück, alle Zi mit Du, WC und TV, gutbürgerliche Küche, Räume bis 120 Personen, Konferenzraum, Biergarten, 🚌, P, Lingenau 15, @, www.landgasthof-lingenau.de, ☎ 0049 (0) 34906/20634, Fax 21106.

⑱ D-06780 GROSSZÖBERITZ
A 9 ab Ausfahrt 12 Bitterfeld/Wolfen → Zörbig 1,6 km
Hotel garni Gut Tannepöls ★★ 24 B, EZ € 46,– bis 62,–, DZ € 72,– bis 82,–, inkl. Frühstück, alle Zi mit Du, WC, Fön, ☏ und Digital-TV, ⤙ € 5,–, P, Bitterfelder Str. 7, @, www.hotel-gut-tannepoels.de, ☎ 0049 (0) 34956/64880, Fax 392 42.

⑲ D-06780 ZÖRBIG A 9 ab Ausfahrt 12 Bitterfeld/Wolfen 7 km
Gasthaus Zum Löwen ★★ 20 B, EZ € 40,–, DZ € 65,–, inkl. Frühstück, alle Zi mit Du, WC, ☏ und Sat-TV, Restaurant, P, Ägypten 2 - 3, @, www.hotelgasthauszumloewen.de, ☎ 0049 (0) 34956/25564, Fax 200 52.

⑳ D-06796 BREHNA
A 9 ab Ausfahrt 13 Halle a. d. Saale → B 100 → Gewerbegebiet 3,5 km
Hotel Anhalt ★★ 122 B, EZ € 34,–, DZ € 49,–, inkl. Frühstück, alle Zi mit Du, WC und Sat-TV, ☒, ⤙, 🚌, ♿, großer P, Max-Planck-Straße 19, @, www.hotel-anhalt.de, ☎ 0049 (0) 34954/491 80, Fax 491 81.

㉑ D-04509 LÖBNITZ
A 9 ab Ausfahrt 12 b (B 183) 25 km und A 14 ab Ausfahrt 17 a (B 2) 22 km
Pension Bechtloff ★★ ruhige Lage, 11 B, EZ € 26,– bis 31,–, DZ € 41,– bis 46,–, inkl. Frühstück, alle Zi mit Du, WC, ☏ und Sat-TV, P, Am Wolfsgraben 3, www.pension-bechtloff.de, ☎ 0049 (0) 342 08/72 577, Fax 0049 (0) 342 08/7 05 34.

㉒ D-04509 WIEDEMAR A 9 ab Ausfahrt 14 Wiedemar 1,5 km
Hotel Belmondo ★★★★ ruhige Lage, 200 B, EZ € 56,–, DZ € 79,–, inkl. Frühstück, alle Zi mit Bad/Du, WC, ☏, Sat-TV und Internet, Restaurant, Tagungen bis 380 Personen, Sauna, Solarium, Dampfbad, Fitnessgeräte, Fahrräder, ☒, ⤙, 🚌, ♿, P, Junkerstr. 1, @, www.hotel-belmondo.com, ☎ 0049 (0) 34207/45 90, Fax 45988.

Hotel-Restaurant Linther Hof, Linthe

Hotel „Zum Alten Ponyhof", Niemegk

㉑ BELZIG

Die fast 1000-jährige Stadt bildet mit der Burg Eisenhardt in Belzig, der Burg Rabenstein in Raben sowie der zum Schloss umgebauten Anlage in Wiesenburg das bekannte Burgendreieck des Brandenburger Landes. Sehenswert sind die schönen Fachwerk- und Giebelhäuser, das Rathaus und die im 13. Jahrhundert errichtete St. Marien Kirche.

Information und Prospekte:
Tourist Information Belzig, Marktplatz 1, D-14806 Belzig, info@belzig.com, www.belzig.com, ☎ 0049 (0) 33841/3 87 99 10, Fax 3 87 99 99.

㉒ LUTHERSTADT WITTENBERG

Erleben Sie ein Stück Weltgeschichte und begegnen Sie auf Ihrer Erkundungstour durch unsere Homepage dem berühmten Reformator Dr. Martin Luther und seinen Zeitgenossen, deren Spuren bis heute in der Wittenberger Altstadt nachvollziehbar sind. Neben den zum UNESCO-Welterbe gehörenden Luthergedenkstätten gibt es aber noch mehr zu entdecken. Überzeugen Sie sich mit Hilfe unserer Internetseite selbst vom kontrastreichen Angebot, das diese Stadt für Sie bereithält! Sämtliche Unterkünfte und Stadtführungen können Sie auf unserem Portal auch online buchen!

Informationen:
Tourist Information Lutherstadt Wittenberg, Schlossplatz 2, D-06886 Lutherstadt Wittenberg, info@wittenberg-information.de, www.wittenberg.de, ☎ 0049 (0) 3491/49 86 10 +12 +18, Fax 49 86 11.

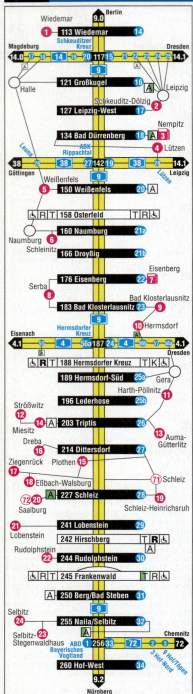

❶ D-04509 WIEDEMAR
A 9 ab Ausfahrt 14 Wiedemar 1 km
Grünes Hotel ★★ 90 B, EZ € 45,–, DZ € 60,–, inkl. Frühstücksbuffet, alle Zi mit Bad/Du, WC und Sat-TV, ▭, ✂, 🍴, 🚌, ♿, großer P, Zeppelinstraße 16, @, www.motel-a9.de, ☎ **0049(0)34207/470**, Fax 41316.

❷ D-04435 SCHKEUDITZ-DÖLZIG
A 9 ab Ausfahrt 17 Leipzig-West 3 km → Leipzig, dann links
Pension Graf ★★ 19 B, EZ € 39,–, DZ € 49,–, inkl. Frühstück, alle Zi mit Du, WC und Sat-TV, P, Südstr. 8, @, www.gastronomie-graf.de, ☎ **0049(0)34205/85705**, Fax 85705.

❸ D-06231 NEMPITZ
A 9 ab Ausfahrt 18 Bad Dürrenberg
Autohof Bad Dürrenberg ✕🏪 Service, Lebensmittel, Zubehör, Caféteria, 24 Stunden geöffnet, An der BAB 9, @, ☎ **0049(0)3462/542160**, Fax 542169.

❹ D-06686 LÜTZEN
A 9 ab Ausfahrt 18 Bad Dürrenberg und A 38 ab Ausfahrt 28 Lützen je 4 km
Landhaus-Pension Fleischhauer ★★ 20 B, EZ € 35,– bis 59,–, DZ € 45,– bis 69,–, inkl. Frühstück, alle Zi mit Du, WC, ☎ und TV, P, Starsiedeler Str. 2, @, www.Landhaus-fleischhauer.de, ☎ **0049(0)34444/20495**, Fax 20098.

❺ D-06667 WEISSENFELS
A 9 ab Ausfahrt 20 Weißenfels ca. 3 km → Zentrum
Hotel-Restaurant Jägerhof ★★★ historisches Gebäude, 60 B, EZ ab € 54,90, DZ ab € 84,90, 3-Bett-Zi ab € 114,90, inkl. Frühstück, alle Zi mit Du, WC, ☎, TV und WLAN, gutbürgerliche und gehobene Küche, Tagungs- und Veranstaltungsräume, Biergarten, Gewölbekeller, 🚌, P, Nikolaistr. 51, @, www.jaegerhof-weissenfels.de, ☎ **0049(0)3443/3340**, Fax 334100.

❻ D-06727 SCHLEINITZ
A 9 ab Ausfahrt 21 a Naumburg 1 km → Osterfeld
Landgasthof Zum Kronprinz ★★ 30 B, EZ € 30,–, DZ € 45,–, Familien-Zi (3-6 Personen) ab € 60,–, inkl. Frühstück, alle Zi mit Du, WC und TV, Ferienwohnung (3-6 Personen) ab € 60,–, 🚌 im Restaurant bis 100 Personen, P, Osterfelder Str. 16, ☎ **0049(0)344/2221594**, Fax 2221594.

❼ D-07607 EISENBERG
A 9 ab Ausfahrt 22 Eisenberg
Agip Service Station 🏪 Lebensmittel, 24 Stunden geöffnet, Jenaer Str. 71, ☎ **0049(0)36691/56180**.

❽ D-07616 SERBA
A 9 ab Ausfahrten 22 Eisenberg und 23 Bad Klosterlausnitz je 3 km
Waldhotel „Zu den drei grauen Ziegenböcken" ★★★ ruhige Lage, 12 B, EZ € 37,– bis 42,–, DZ € 50,–, inkl. Frühstücksbuffet, alle Zi mit Du, WC, ☎ und TV, Restaurant, Abenteuerspielplatz, Dorfstr. 48, @, www.waldhotel-ziegenboecke.de, ☎ **0049(0)36601/5227-7**, Fax 5227-8.

❾ D-07639 BAD KLOSTERLAUSNITZ
A 9 ab Ausfahrt 23 Bad Klosterlausnitz 1,5 km
Hotel Waldhaus „Zur Köppe" ★★ 25 B, EZ € 35,– bis 42,–, DZ € 50,– bis 59,–, inkl. Frühstück, alle Zi mit Du, WC und TV, Restaurant, ▭, 🍴, 🚌, ♿, P, Jenaer Str. 21, @, www.hotel-zur-koeppe.de, ☎ **0049(0)36601/9011-69**, Fax 9011-72.

❿ D-07629 HERMSDORF
A 9 ab Ausfahrt Hermsdorf Beschilderung folgen 1 km
Gasthof Zur Linde ★★★ 34 B, EZ € 40,– bis 50,–, DZ € 60,– bis 75,–, inkl. Frühstücksbuffet, alle Zi mit Bad/Du, WC, ☎ und Sat-TV, Restaurant, ▭, 🍴, 🚌, P, Alte Regensburger Str. 45, gasthaus@linde-hermsdorf.de, 🖨, ☎ **0049(0)36601/40509**, Fax 83695.

⓫ D-07570 HARTH-PÖLLNITZ/GROSSEBERSDORF A 9 ab Ausfahrten 25 b Lederhose 5 km, 25 a Hermsdorf-Süd 12 km und 26 Triptis 8 km
Adler Golf- & Tagungshotel ★★★ 84 B, EZ € 75,–, DZ € 95,–, inkl. Frühstücksbuffet, alle Zi mit Bad oder Du, WC, ☎ und TV, gehobene Küche, Seminarräume bis 60 Personen, Gartenterrasse, Sauna, Golf, Fahrradverleih, 🚌, G, Großebersdorf 22, @, www.logis-adler.de, ☎ **0049(0)36607/5000**, Fax 50100.

⓬ D-07806 STRÖSSWITZ
A 9 ab Ausfahrt 26 Triptis → Neustadt
Landgasthof Heideperle ★★ ruhige Lage, 14 B, EZ € 25,–, DZ € 44,–, inkl. Frühstück, alle Zi mit Du, WC und TV, Restaurant, Ortsstr. 3, @, www.heideperle-stroeswitz.de, ☎ **0049(0)36481/28222**, Fax 28370.

⓭ D-07955 AUMA-GÜTTERLITZ
A 9 ab Ausfahrt 26 Triptis → Triptis Zentrum, 1. Ampel rechts 6 km
Gasthof-Hotel Zur Linde ★★ 23 B, EZ € 42,–, DZ € 61,–, Familien-Zi € 76,– (3 B), inkl. Frühstücksbuffet, alle Zi mit Du, WC und TV, gute Küche, ▭, 🚌, P, Ortsstr. 26/30, @, www.einmallebenpur.de, ☎ **0049(0)36626/20367**, Fax 20660.

⓮ D-07819 MIESITZ A 9 ab Ausfahrt 26 Triptis 2,2 km → Saalfeld → Miesitz
Hotel Wutzler ★★★ 1993 erbaut, familiengeführt, 66 B, EZ € 46,– bis 50,–, DZ € 73,– bis 76,–, inkl. Frühstücksbuffet, alle Zi mit Bad/Du, WC, ☎ und TV, Lift, Restaurant, Thüringer und internationale Küche, Konferenzräume von 6-35 Personen, Bar, Biergarten, Fahrradverleih, 🚌, großer P, Ortsstraße 2, @, www.hotel-wutzler.de, ☎ **0049(0)36482/30847**, Fax 30848.

⑮ D-07907 PLOTHEN
A 9 ab Ausfahrt 27 Dittersdorf → Dittersdorf 6 km
Gasthaus „Zum Plothenteich" ★★ 26 B, EZ ab € 30,–, DZ ab € 48,–, inkl. Frühstück, alle Zi mit Du und WC, teils TV, Thüringer Küche, ▭, 🍴, G, P, Ortsstr. 50, @, www.zum-plothenteich.de, ☎ 0049 (0) 36648/22243, Fax 22243.

⑯ D-07806 DREBA
A 9 ab Ausfahrt 27 Dittersdorf → Neustadt → Knau 7 km
Landgasthof „Zur Linde" ★★ 32 B, EZ € 27,–, DZ € 44,–, inkl. Frühstück, alle Zi mit Bad/Du, WC und TV, ▭, 🍴, P, Ortsstr. 43, @, www.landgasthof-dreba.de, ☎ 0049 (0) 36484/2033-0, Fax 2033-3.

⑰ D-07924 ZIEGENRÜCK
A 9 ab Ausfahrt 27 Dittersdorf und 28 Schleiz → Schleiz je 15 km
Hotel „Am Schlossberg" – Hotel mit Herz ★★★ ruhig gelegen an der Saale, 80 B, EZ ab € 45,–, DZ ab € 70,–, inkl. Frühstücksbuffet, alle Zi mit Bad/Du, WC, ☎ und Sat-TV, Lift, 4 Restaurants, gutbürgerliche Küche, Räume bis 150 Personen, Sauna, Solarium, Whirlpool, 🍴, G, großer P, Paskaer Str. 1, @, www.hotel-am-schlossberg-ziegenrueck.de, ☎ 0049 (0) 36483/750, Fax 75150.

⑱ D-07924 ESSBACH-WALSBURG
A 9 ab Ausfahrt 28 Schleiz → Ziegenrück 15 km
Hotel Fuchsbau ★★ ruhige Lage, 28 B, EZ € 32,–, DZ € 50,–, inkl. Frühstück, alle Zi mit Du, WC, ☎ und Sat-TV, Restaurant, gutbürgerliche Küche, Räume bis 50 Personen, Konferenzraum bis 25 Personen, Sauna, Solarium, 🍴, P, Walsburg Nr. 10, @, www.gasthof-fuchsbau.de, ☎ 0049 (0) 36483/22390, Fax 73533.

⑲ D-07907 SCHLEIZ-HEINRICHSRUH
A 9 ab Ausfahrt 28 Schleiz ca. 1 km
Flair Hotel-Restaurant „Luginsland" ★★★ 25 B, EZ € 57,– bis 67,–, DZ € 85,– bis 98,–, Familien-Zi, inkl. Frühstücksbuffet, alle Zi mit Bad/Du, WC, ☎, TV und WLAN, Thüringer Küche, Tagungsraum, Biergarten, 🍴, P, Heinrichsruh 8, @, www.hotel-luginsland-schleiz.de, ☎ 0049 (0) 3663/48050, Fax 480540.

⑳ D-07929 SAALBURG A 9 ab Ausfahrt 28 Schleiz 8 km
Hotel Fürstenhöhe ★★★ schöne ruhige Aussichtslage mit Blick auf Stausee, 80 B, EZ € 41,– bis 46,–, DZ € 58,– bis 74,–, inkl. Frühstücksbuffet, alle Zi mit Bad oder Du, WC, ☎ und Sat-TV, gutbürgerliche Küche, Räume bis 150 Personen, Café, große Terrasse, 🍴, großer P, Am Kulmberg 2, @, www.saalburg.de, ☎ 0049 (0) 36647/299-0, Fax 299-117.

㉑ D-07356 LOBENSTEIN A 9 ab Ausfahrt 29 Lobenstein ca. 12 km
Hotel „Oberland" ★★★ ruhige Lage, 36 B, EZ € 39,–, DZ € 65,–, inkl. reichhaltigem Frühstücksbuffet, alle Zi mit Bad/Du, WC, ☎ und Sat-TV, gehobene Küche, 2 Konferenzräume, 2 Minuten bis Kurpark und Ardesia-Therme, 🍴, ♿, P, Topfmarkt 2, @, www.hoteloberland.de, ☎ 0049 (0) 36651/65990, Fax 65991.

㉒ D-95180 RUDOLPHSTEIN A 9 ab Ausfahrt 30 Rudolphstein 300 m
Saale Hotel ★★★★ verkehrsgünstige Lage, 128 B, EZ € 59,– bis 84,–, DZ € 79,– bis 104,–, inkl. Frühstück, alle Zi mit Du, WC, Minibar und Balkon, Tagungsraum bis 70 Personen, Terrasse, Hallenbad, Sauna, Dampfbad, Whirlpool, 🍴, großer P, Panoramastraße 2, @, www.saale-hotel.de, ☎ 0049 (0) 9293/941-0, Fax 941-666.

㉓ D-95152 SELBITZ-STEGENWALDHAUS
A 9 ab Ausfahrt 32 Naila/Selbitz ca. 2,5 km → Autohof
Hotel-Gasthof Leupold ★★ 22 B, EZ € 27,– bis 36,–, DZ € 45,– bis 51,–, inkl. Frühstück, alle Zi mit Du, teils WC und TV, 🍴, ⛾, G, P, Leupoldsgrünerstr. 1, hotel-leupold@t-online.de, www.hotel-leupold.de, ☎ 0049 (0) 9280/272, Fax 8164.

㉔ D-95152 SELBITZ A 9 ab Ausfahrt 32 Naila/Selbitz 2,5 km
Hotel Napoleon's ★★★ 12 B, EZ € 28,-, DZ € 46,–, inkl. Frühstück, alle Zi mit Du, WC, Sat-TV, Internet und Minibar, teils Balkon, Restaurant, P, Mühlberg 4, @, www.napoleons.de, ☎ 0049 (0) 9280/1660, Fax 981281.

㉛ SCHLEIZ

Die bedeutendste Attraktion der Stadt Schleiz, die weit über die Landesgrenze hinaus bekannt ist, ist das „Schleizer Dreieck". Auf diesem Naturkurs finden das ganze Jahr über zahlreiche verschiedene internationale Rennsportveranstaltungen statt. Schleiz ist aber nicht nur im Motorrennsport ein Begriff, auch die Radrennfahrer kennen Schleiz sehr gut. Schließlich ist die Stadt jedes Jahr Etappenort der „Thüringer Radrundfahrt der Frauen". In unserem neu gestalteten Freibad „Wisenta Perle" beginnt am 15. Mai nicht nur die Bade-, sondern auch die Veranstaltungssaison. Hier finden jedes Jahr ein Kinderfest, Open Air usw. statt. Auf dem Neumarkt, dem zentralen Mittelpunkt der Stadt, werden Märkte, wie Wochenmarkt und Weihnachtsmarkt, durchgeführt. Dort findet man auch die „Alte Münze". Ein Wahrzeichen der Stadt, in dem neben der Touristeninformation auch der Kulturbund zu Hause ist. Hier werden in der kleinen Galerie wechselnde Ausstellungen präsentiert.

Informationen und Prospekte:
Stadtinformation Schleiz, Amt für Wirtschaft und Kultur, Neumarkt 13, D-07907 Schleiz, tourist-info@schleiz.de, www.schleiz.de, ☎ 0049 (0) 3663/428735, Fax 424288.

㉜ SAALBURG – Fahrgastschifffahrt Saalburg
Ab Ausfahrt Schleiz 8 km
1-stündige Stausee-Rundfahrten, mehrmals täglich von April bis Oktober. Auch Kaffee- und Mondscheinfahrten auf dem Bleilochstausee.

Information und Prospekte:
Fahrgastschifffahrt Saalburg, Am Torbogen 1, D-07929 Saalburg, www.saalburg.de, ☎ 0049 (0) 36647/22250, Fax 23967.

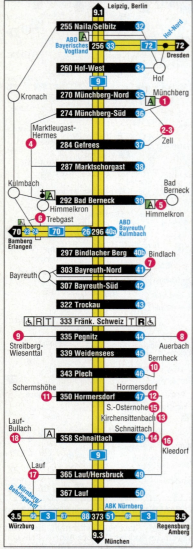

Leipzig, Berlin

9.1

255 Naila/Selbitz **32**

Hof-Nord

A

ABD Bayerisches Vogtland

256 **33** | **72** | **72**

Dresden

260 Hof-West **34**

9

Hof

270 Münchberg-Nord **35** **A** ❶

Kronach

Münchberg

274 Münchberg-Süd **36**

Marktleugast-Hermes

❹

❷-❸

Zell

284 Gefrees **37**

287 Marktschorgast **38**

Kulmbach

Bad Berneck

292 Bad Berneck **39** **A**

Himmelkron

❻

Himmelkron

Trebgast

ABD Bayreuth/Kulmbach

70 **23-24** | **70** | **26** 296 **40a**

Bamberg Erlangen

297 Bindlacher Berg **40b** Bindlach

❼

303 Bayreuth-Nord **41**

Bayreuth

307 Bayreuth-Süd **42**

322 Trockau **43**

333 Fränk. Schweiz

❾ 335 Pegnitz **44** ❽

Streitberg-Wiesenttal

Auerbach

339 Weidensees **45**

Bernheck

343 Plech **46** ❿

Schermshöhe

Hormersdorf

⓫ 350 Hormersdorf **47** ⓬

S.-Osternohe ⓯

Kirchensittenbach ⓭

Lauf-Bullach

Schnaittach

A 358 Schnaittach **48** ⓮ ⓰

⓲

Kleedorf

9

Lauf

⓱ 365 Lauf/Hersbruck **49**

Nürnberg/Behringersdf.

367 Lauf **50**

ABK Nürnberg

3.5 **86** | **3** | **87** | **88** 373 **51** | **89** | **3** 3.5

Würzburg

Regensburg Amberg

9.3

München

❶ **D-95213 MÜNCHBERG** A 9 ab Ausfahrt 35 Münchberg-Nord ca. 3 km
Hotel Roßner ★★★ 35 B, EZ € 44,– bis 64,–, DZ € 64,– bis 80,–, inkl. Frühstück, Zi mit Du, WC, 📺, TV, Minibar und Balkon, gutbürgerliches Restaurant, Terrasse, Biergarten, G, P, Kulmbacher Str. 16, @, www.hotel-rossner.de, ☎ **0049(0)9251/1510**, Fax 80662.

❷ **D-95239 ZELL** A 9 ab Ausfahrten 36 und 37 je 8 km
Gasthof Zum Waldstein ★★★½ 32 B, EZ ab € 32,–, DZ ab € 48,–, 3- und 4-Bett-Zi, Frühstücksbuffet, Zi mit Du und WC, teils TV, mehrfach ausgezeichnete fränkische Küche, Räume bis 80 Personen, WLAN, 🚐, P, Marktplatz 16, @, www.gasthof-zum-waldstein.de, ☎ **0049(0)9257/501**, **0049170/1933611**, Fax 0049(0)9257/7119.

❸ **D-95239 ZELL**
A 9 ab Ausfahrten 36 und 37 je 8 km
Gasthof Rotes Ross ★★★ 38 B, EZ € 26,– bis 31,–, DZ € 38,– bis 48,–, inkl. Frühstück, Zi mit Du und WC, teils TV, gutbürgerliche Küche, Gerichte € 5,– bis 12,–, Räume für 65 Personen, 🚐, G, P, Marktplatz 10, @, www.gasthof-rotes-ross.de, ☎ **0049(0)9257/249**, Fax 1530.

❹ **D-95352 MARKTLEUGAST-HERMES**
A 9 ab Ausfahrt 36 Münchberg-Süd links 12 km → Kulmbach (4 km nach Marktleugast, links) oder Ausfahrt 39 Bad Berneck → Kulmbach → Münchberg (B 289)
Landgasthof Haueis ★★ sehr ruhige Lage, 70 B, EZ € 30,– bis 38,–, DZ € 50,– bis 60,–, inkl. Frühstücksbuffet, Zi mit Du, WC, 📺 und Sat-TV, gute fränkische Küche, mehrfach ausgezeichnet, Gerichte von € 5,– bis 16,–, Hausschlachtung, eigene Konditorei, 🚐, G, großer P, Hermes 1, @, www.landgut-hermes.de, ☎ **0049(0)9255/245**, Fax 7263.

❺ **D-95502 HIMMELKRON**
A 9 ab Ausfahrt 39 Bad Berneck → Himmelkron-Ost 300 m
Fichtelgebirgshof Hotel und Rasthaus ★★★ 40 Zi, EZ ab € 45,–, DZ ab € 65,–, inkl. Frühstücksbuffet, komfortabel eingerichtete Zi mit Du, WC, 📺, Sat-TV und kostenfreiem WLAN, Schallisolierung, Lift, verschiedene Restaurants mit Wintergarten und neu gestalteter Seeterrasse, Bistro 24 Stunden, Konferenzräume, Einkaufsshop, familiengeführt, 🚐, großer P (PKW und Bus), Check In 24 Stunden, Frankenring 1, info@fichtelgebirgshof.de, www.fichtelgebirgshof.de, ☎ **0049(0)9273/9900**, Fax 99090.

❻ **D-95367 TREBGAST**
A 9 ab Ausfahrt 39 Bad Berneck → Wirsberg 7 km und A 70 ab Ausfahrt 24 Kulmbach → Kulmbach 8 km
Landgasthof Friedrich ★★ 28 B, EZ € 31,– bis 40,–, DZ € 42,– bis 57,–, inkl. Frühstücksbuffet, alle Zi mit Du, WC, 📺 und TV, gutbürgerliche, preiswerte Küche, Räume bis 150 Personen, köstliche Spezialitäten aus eigener Metzgerei (auch zum Mitnehmen), Biergarten, 🚐, großer P, Restaurant Mo ./., Kulmbacher Str. 2, @, www.landgasthof-friedrich.de, ☎ **0049(0)9227/94150**, Fax 941550 **(Bild siehe Route 70)**.

❼ **D-95463 BINDLACH**
A 9 ab Ausfahrt 41 Bayreuth-Nord 500 m
Best Western Transmar Hotel ★★★★ 115 Zi, EZ ab € 61,–, DZ ab € 81,–, inkl. Frühstücksbuffet, alle Zi mit Du, WC, 📺, TV und WLAN, Lift, regionale und internationale Küche, Bistro, Bar, 12 Tagungsräume, 🚐, G, großer P, Bühlstr. 12, info@transmarhotel.de, www.transmarhotel.de, ☎ **0049(0)9208/6860**, Fax 686100.

❽ **D-91275 AUERBACH** A 9 ab Ausfahrt 44 Pegnitz → Anberg 10 km
Hotel Goldner Löwe ★★★ 50 B, EZ € 50,– bis 83,–, DZ € 87,– bis 128,–, Suiten € 138,– bis 154,–, inkl. Frühstücksbuffet, alle Zi mit Bad, WC, 📺, TV und WLAN, Lift, 3 Restaurants, Räume bis 100 Personen, Kegelbahn, 🚐, G, P, Unterer Markt 9, @, www.goldner-loewe.de, ☎ **0049(0)9643/1765**, Fax 4670.

❾ **D-91346 STREITBERG-WIESENTTAL**
A 9 ab Ausfahrt 44 Pegnitz und A 73 ab Ausfahrt 28 Fochheim-Süd je 20 km (B 470)
Hotel Schwarzer Adler ★★★½ 14 B, EZ € 38,–, DZ € 58,–, inkl. Frühstücksbuffet, alle Zi mit Du, WC, 📺 und Sat-TV, Ferienwohnung (85 qm), gute Küche, Räume bis 100 Personen, 🚐, P, Dorfplatz 7, info@hotel-schwarzer-adler.eu, www.hotel-schwarzer-adler.eu, ☎ **0049(0)9196/929490**, Fax 9294929.

❹ **Landgasthof Haueis, Marktleugast-Hermes**

❺

Seeterrasse Fichtelgebirgshof Hotel und Rasthaus, Himmelkron

⑩ D-91287 BERNHECK A 9 ab Ausfahrt 46 Plech ca. 2 km → Plech
Ferienhotel Veldensteiner Forst ★★★ 52 B, EZ € 49,– bis 58,–, DZ € 88,– bis 100,–, Suiten, inkl. Frühstücksbuffet, alle Zi mit Du, WC und TV, Lift, fränkische und leichte Küche, Terrasse, Hallenbad, Naturbadeteich mit Blockhaussauna, Wellness-Oase, G, P, Bernheck 38, @, www.veldensteiner-forst.de, ☎ 0049 (0) 9244/981-111, Fax 981-189.

⑪ D-91282 SCHERMSHÖHE
A 9 ab Ausfahrt 47 Hormersdorf ca. 1 km
Gasthof Schermshöhe ★★ – **Hotel Berghof** ★★★ ruhige Waldrandlage, 86 B, EZ € 36,– bis 44,–, DZ € 66,– bis 84,–, inkl. Frühstücksbuffet, HP/VP möglich, alle Zi mit Bad/Du, WC und TV, durchgehend warme Küche, Produkte aus eigenem ökologischen Anbau, Konferenzräume, Biergarten, Hallenbad, Sauna, Solarium, Kegelbahn, ▭, ☷, G, P, kein ./., Schermshöhe 1, @, www.schermshoehe.de, ☎ 0049 (0) 9244/466, Fax 1644.

⑫ D-91220 HORMERSDORF A 9 ab Ausfahrt 47 Hormersdorf 800 m
Motel Hormersdorf ★★ 66 B, EZ ab € 47,–, DZ ab € 64,–, 3-Bett-Zi ab € 78,–, inkl. Frühstücksbuffet, alle Zi mit Du, WC, ☎ und TV, Restaurant à la carte, ▭, ☷, 🚿, P, Arzbühlerstr. 8, @, www.motel-hormersdorf.de, ☎ 0049 (0) 9152/9296-0, Fax 9296-54.

⑬ D-91241 KIRCHENSITTENBACH
A 9 ab Ausfahrt 47 Hormersdorf 7 km → Lauf und ab Ausfahrt 49 Lauf/Hersbruck 15 km
Landpension Postwirt ★★★ neu erbaut, 56 B, EZ € 48,– bis 65,–, DZ € 70,– bis 95,–, inkl. Frühstücksbuffet, alle Zi mit Du, WC, ☎, TV, kostenfreiem WLAN und Balkon, Lift, fränkische Küche, Konferenzräume, hauseigene Metzgerei, Biergarten, Wellness, Fitnessgeräte, Sauna, Whirlpool, Dampfbad, Infrarot-Kabine, 🚿, G, P, Hauptstr. 21, @, www.post-wirt.de, ☎ 0049 (0) 9151/83 00 40, Fax 83 00 419 **(siehe auch Seite 156).**

⑭ D-91220 SCHNAITTACH
A 9 ab Ausfahrt 48 Schnaittach ca. 1 km
Gasthof Kampfer ★★ ruhige Lage, 45 B, EZ bis € 50,–, DZ ab € 69,–, inkl. Frühstücksbuffet, HP möglich, Zi mit Bad/Du, WC, ☎, TV und WLAN, frische regionale Küche, gemütliche Gasträume bis 80 Personen, schöner Biergarten, 🚿, G, P, Fröschau 1, @, www.hotel-gasthof-kampfer.de, ☎ 0049 (0) 9153/9292 13, Fax 9292 45.

⑮ D-91220 SCHNAITTACH-OSTERNOHE A 9 ab Ausfahrt 48 Schnaittach ca. 4 km → Schnaittach → Simmelsdorf, rechts → Osternohe
Berggasthof-Hotel Igelwirt ★★★ neu erbautes Hotel, mit einzigartigem, idyllischem Rundblick, 55 B, EZ € 49,– bis 65,–, DZ ab € 76,– bis 95,–, inkl. Frühstücksbuffet, Zi mit Du, WC, ☎, TV und WLAN, fränkische Küche, Konferenzräume, Biergarten, Kachelofenstube, 🚿, G, P am Schlossberg, Igelweg 6, @, www.igelwirt.de, ☎ 0049 (0) 9153/406-0, Fax 406-166.

⑯ D-91241 KLEEDORF
A 9 ab Ausfahrten 47 Hormersdorf ca. 10 km und 49 Lauf/Hersbruck ca. 15 km
Hotel-Restaurant Zum Alten Schloss ★★★ sehr ruhige Lage, 110 B, EZ € 55,– bis 63,–, DZ € 76,– bis 84,–, allergikerfreundliche Zi, inkl. Frühstücksbuffet, alle Zi mit Du, WC, ☎ und TV, teils Balkon, Lift, fränkische und gehobene Küche, Tagungszentrum, Sauna, Solarium, Dampfbad, 🚿, G, P, kein ./., Haus Nr. 5, @, www.zum-alten-schloss.de, ☎ 0049 (0) 9151/860-0, Fax 860-146.

⑰ D-91207 LAUF A 9 ab Ausfahrt 49 Lauf/Hersbruck 2 km
Hotel-Gasthof Zur Post ★★★⭐ 64 B, EZ ab € 72,–, DZ ab € 96,–, inkl. Frühstücksbuffet, alle Zi mit Du, WC, ☎, Flachbild-TV, kostenfreiem WLAN und Minibar, Lift, gutbürgerliche und gehobene Küche, Konferenzräume, Messe Nürnberg 25 Minuten, Nichtraucherhotel, 🚿, P, Friedensplatz 8, @, www.hotelzurpost-lauf.de, ☎ 0049 (0) 9123/959-0, Fax 959-400.

⑱ D-91207 LAUF-BULLACH A 9 ab Ausfahrt 48 Schnaittach → Eckental 6 km und A 3 ab Ausfahrt 85 Nürnberg-Nord → Eckental → Gräfenberg → Lauf
Gasthof Grüner Baum ★★ ruhige Lage, 36 B, EZ € 43,– bis 50,–, DZ € 59,– bis 70,–, inkl. Frühstücksbuffet, Zi mit Du, WC, ☎ und TV, Lift, fränkische Küche, Tagungsraum, Räume bis 100 Personen, Biergarten, 🚿, G, P, Untere Eisenstraße 3, @, www.gruener-baum-lauf.de, ☎ 0049 (0) 9126/257 60, Fax 257642.

⑮

Berggasthof-Hotel Igelwirt, Schnaittach-Osternohe

⑰ Hotel-Gasthof Zur Post, Lauf

Landpension Postwirt
neu erbaut

Erleben und genießen Sie in unserem traditions-bewussten Familienbetrieb herzliche Gastfreundschaft

- 56 Betten in komfortablen, großzügig und geschmackvoll eingerichteten Zimmern, Ferienwohnung, Appartement, alle im Landhausstil, hell und freundlich, mit DU/WC, Balkon, Telefon und Sat-TV, Schreibtisch und W-LAN kostenlos

- Reichhaltiges Frühstücksbuffet

- 5 moderne Tagungsräume für 10–80 Personen

- Wellness-Oase mit Sauna, Röm. Dampfbad, Infrarotkabine Whirlpool, Wellnessliege und Fitnessgeräte

- Günstige Anbindung zur Messe Nürnberg

- Viele Freizeitangebote und Sehenswürdigkeiten in unmittelbarer Nähe – im idyllischen Sittenbachtal finden Sie ihre wohlverdiente Ruhe und Erholung

- Hauseigene Metzgerei, gutbürgerliche Küche, Räumlichkeiten für Familienfeiern, Hausmannskost ist unsere Spezialität

Wir freuen uns auf ihren Besuch in der „Landpension Postwirt" und im Gasthof „Postwirt". Mit herzlichen Grüßen.

Ihre Familie Kraus

Familie Kraus • Hauptstraße 21 • 91241 Kirchensittenbach
Tel. 09151/830040 • Fax 09151/8300419 info@post-wirt.de • **www.post-wirt.de**

156

㉗ D-85125 KINDING

A 9 ab Ausfahrt 58 Altmühltal ca. 900 m
Hotel-Gasthof Krone ★★★ 50 B, EZ ab € 43,–, DZ ab € 70,–, inkl. Frühstücksbuffet, alle Zi mit Du, WC, Fön, ☎, TV und WLAN, Silbermedaille Wettbewerb Bayrische Küche, Gerichte von € 5,– bis 23,50, gemütliche Stüberl von 30-100 Personen, eigene Wurst- und Teigwaren, ⛽, Bus-P, Marktplatz 14, @, www.krone-kinding.de, ☎ 0049 (0) 8467/80 10 30, Fax 8010 3-33.

㉘ D-85125 KINDING

A 9 ab Ausfahrt 58 Altmühltal 900 m
Gasthof zum Krebs ★★ 80 B, EZ € 36,50, DZ € 55,50, 3-Bett-Zi € 68,50, inkl. Frühstücksbuffet, alle Zi mit Du, WC und TV, bekannt gute Küche, eigene Hausschlachtung, Tagungsräume, 🖼, 🍴, ⛽, G, Marktplatz 1, @, www.gasthof-zum-krebs.de, ☎ 0049 (0) 8467/339, Fax 207.

㉙ D-85110 PFAHLDORF

A 9 ab Ausfahrt 58 Altmühltal 4 km → Eichstätt
Landhotel Geyer ★★★★✦ ruhige Lage, mitten im Naturpark Altmühltal, Mittelpunkt von Bayern, 50 Zi, EZ € 45,– bis 65,–, DZ € 70,– bis 95,–, Familien-Zi, Studios & Suite, inkl. Frühstücksbuffet, Zi mit Du, WC, ☎, TV, DSL-Anschluss und Radio, Lift, ausgezeichnetes Restaurant für 160 Personen, Bar & Lounge, Biergarten, Internetterminal, Konferenzbereich, Wellnessresort mit Saunen, Dampfbad, Schwimmbad, ⛽, ♿, G, P, Alte Hauptstraße 10, @, www.landhotel-geyer.de, ☎ 0049 (0) 8465/17 30 60 30, Fax 17 30 63 64.

㉚ D-92339 PAULUSHOFEN

A 9 ab Ausfahrt 59 Denkendorf 10 km und Ausfahrt 58 Altmühltal 12 km
Landgasthof Metzgerei Euringer ★★★✦ ruhige Lage, 60 B, EZ € 40,– bis 44,–, DZ € 60,– bis 70,–, inkl. Frühstücksbuffet, Zi mit Bad/Du, WC, ☎ und TV, Lift, preiswerte, gutbürgerliche Küche, Räume für 10 bis 250 Personen für Tagungen: alle technischen Einrichtungen vorhanden, uriger Biergarten, ⛽, großer P, Dorfstraße 23, @, www.landgasthof-euringer.de, ☎ 0049 (0) 8461/651-0, Fax 9143.

㉛ D-92339 PAULUSHOFEN

A 9 ab Ausfahrt 59 Denkendorf 10 km und Ausfahrt 58 Altmühltal 12 km
Hotel Restaurant „Altmühlberg" ★★★ 1998 erbaut, 70 B, EZ € 45,– DZ € 65,–, 3-Bett-Zi, Nichtraucher-Zi, inkl. Frühstücksbuffet, alle Zi mit Du, WC, ☎, TV und Safe, Lift, Restaurant, Bar, Spiel-Zi, ⛽, großer P, Dorfstraße 4 a, info@altmuehlberg.de, www.altmuehlberg.de, ☎ 0049 (0) 8461/60 53 00, Fax 60 54 07.

㉜ D-92339 BEILNGRIES

A 9 ab Ausfahrten 58 Altmühltal und 59 Denkendorf je 12 km
Romantikhotel-Gasthof-Metzgerei „Der Millipp" ★★★★ liebevoll restauriert, 40 B, EZ € 67,– bis 98,–, DZ € 85,– bis 105,–, inkl. Frühstück, alle Zi mit Du, WC, ☎, TV und ISDN-Anschluss, teils Balkon, Lift, gepflegte regionale Küche, bayrische Spezialitäten, Konferenzraum, Biergarten, Hauptstr. 9, @, www.der.millipp.de, ☎ 0049 (0) 8461/1203, Fax 7870.

㉝ D-92339 BEILNGRIES

A 9 ab Ausfahrten 58 Altmühltal und 59 Denkendorf je 12 km
Hotel-Gasthof „Zur Krone" ★★★ Ortsmitte, 90 B, EZ € 48,– bis 68,–, DZ € 70,– bis 88,–, inkl. Frühstücksbuffet, HP möglich, alle Zi mit Du, WC, ☎ und TV, teils Balkon, Lift, traditionsreiche Küche, Tagungsräume, Internet (kostenfrei), Wintergarten, Terrasse, Sauna, Solarium, Dampfbad, 🍴, ⛽, P im Hof, Hauptstr. 20, @, www.krone-beilngries.de, ☎ 0049 (0) 8461/6530 + 7380, Fax 6531 90.

㉞ D-85095 DÖRNDORF

A 9 ab Ausfahrt 59 Denkendorf 1 km
Hotel Sonnenhang Restaurant ★★ mit Gästehaus, 70 B, EZ € 31,– bis 45,–, DZ € 45,– bis 59,–, Familien-Zi € 70,– bis 89,–, inkl. Frühstück, alle Zi mit Du, WC und TV, 250 Sitzplätze, Sauna/Solarium, Biergarten, Kiosk, Terrasse, 🍴, G, großer P, Hauptstraße 8, info@hotel-sonnenhang.de, www.hotel-sonnenhang.de, ☎ 0049 (0) 8466/476, Fax 1093.

㉟ D-85095 DENKENDORF

A 9 direkt bei der Ausfahrt 59 Denkendorf
Hotel-Restaurant Mozartstuben ★★★★✦ 80 B, EZ € 49,– bis 59,–, DZ € 69,– bis 79,–, inkl. Frühstücksbuffet, alle Zi mit Du, WC, ☎ und TV, klassische Küche, Räume bis 100 Personen, Terrasse, 🍴, ⛽, G, P, Mozartstraße 12, mozartstub@aol.com, www.mozartstuben.de, ☎ 0049 (0) 8466/90 41 90, Fax 90 41 94 19.

㊱ D-85095 DENKENDORF

A 9 ab Ausfahrt 59 Denkendorf ca. 800 m
Gasthof Lindenwirt ★★★ ruhige Lage, 22 B, EZ € 35,– bis 45,–, DZ € 55,– bis 65,–, Familien-Zi, inkl. reichhaltigem Frühstücksbuffet, alle Zi mit Du, WC und TV, gute bayerische Küche, Tagungsraum mit Technik, Räume bis 300 Personen, Bier- und Wintergarten, ⛽, P, Hauptstraße 43, @, www.gasthof-lindenwirt.de, ☎ 0049 (0) 8466/349, Fax 1336.

㊲ D-85095 DENKENDORF A 9 ab Ausfahrt 59 Denkendorf 250 m

Gasthof Pension Post ★★ 130 B, EZ € 43,–, DZ € 62,–, 3-Bett-Zi € 86,–, inkl. Frühstück, Zi mit Du, WC und TV, gutbürgerliche Küche, eigene Metzgerei, Tagungsräume bis 320 Personen und Speisesaal mit 320 Plätzen, Schützenstube, Sonnenterrasse, 🍴, G, P, Hauptstr. 14, @, www.gasthof-pension-post.de, ☎ 0049 (0) 8466/236, Fax 1645.

Tipps zur Route

Ausfahrt Allersberg: Bei Tempo 60 erreichen Sie Allersberg in nur einer Minute. Sie finden eine schöne Raststation mit schönem Marktplatz. Torturm, das schlossartige Gilardihaus, das Heckelhaus und die reich ausgestattete Pfarrkirche Maria Himmelfahrt bilden ein hübsches Ensemble aus früherer Zeit. Beheiztes Freibad ab Ausfahrt 1,5 km. Allersberg bildet mit den Orten Roth und Hilpoltstein ein recht interessantes Dreieck: Das Fränkische Seenland. Die ehemalige Markgrafenstadt Roth an der Rednitz ist in schöne Grün- und Parkanlagen eingebettet. Aushängeschild der Stadt ist sicherlich das Renaissanceschloss Ratibor aus dem 16. Jahrhundert. Im Sommer finden hier regelmäßig Schlosshofspiele statt. Neben dem Heimat- und dem Industriemuseum erfreut sich Roth auch eines der schönsten Fachwerkbauten Frankens, des Riffelmacher-Hauses.

Ausfahrt Hilpoltstein: Hilpoltstein, ebenfalls im Fränkischen Seenland gelegen, gewährt vor allem von der Burgruine aus dem 11. Jahrhundert einen reizvollen Blick über Stadt und Land. Den mittelalterlichen Mauerring begleitet ein breiter Grüngürtel mit dem malerischen Stadtweiher. Um die barocke Pfarrkirche scharen sich alte Bürgerhäuser. Sehenswert ist auch das Rathaus mit dem Brunnenmännlein, eine Arbeit des Erzgießers Labenwolf.

㉚ Landgasthof Metzgerei Euringer, Paulushofen

㉙ Landhotel Geyer, Pfahldorf

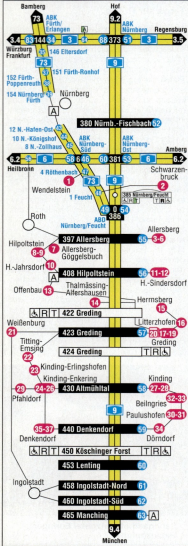

1 D-90530 **WENDELSTEIN** A 73 ab Ausfahrt 47 Röthenbach 2,5 km
Gasthaus-Hotel zum Wenden ★★★ 36 B, EZ ab € 49,–, DZ ab € 79,–, Appartements € 100,–, inkl. Frühstücksbuffet, Wochenendpauschalpreise, alle Zi mit Du, WC, ☎ und TV, frische regionale Küche, Konferenzräume, Biergarten, G, P, Hauptstraße 30/32, @, www.hotel-zum-wenden.de, ☎ **0049 (0) 91 29/90 13 0**, Fax 90 13 16.

2 D-90592 **SCHWARZENBRUCK** A 3 ab Ausfahrt 90 Altdorf/Burgthann → Burgthann 10 km und A 73 ab Ausfahrt 48 Feucht → Neumarkt (B 8) 5 km
Waldhotel Rummelsberg ★★★ schöne ruhige Lage, 28 B, Zi ab € 45,–, inkl. Frühstücksbuffet, alle Zi mit Du, WC, ☎ und TV, gute regionale Küche, Tagungsraum, Terrasse, kostenfreier P, Rummelsberg 61, waldhotel@rummelsberger.net, www.waldhotel-rummelsberg.de, ☎ **0049 (0) 91 28/91 92-0**, Fax 91 92-50.

3 D-90584 **ALLERSBERG**
A 9 ab Ausfahrt 55 Allersberg ca. 500 m, vor der OMV-Tankstelle links
Hotel Schneider mit Gästehaus Sperling ★★★ 70 B, EZ € 38,– bis 45,–, DZ € 58,– bis 70,–, Mehrbett-Zi ab € 70,–, inkl. Frühstück, Zi mit Du, WC und WLAN, teils ☎, TV und Balkon, Abendessen für Hausgäste, ⌖, G, großer P, Sperlingstraße 4+5, @, www.hotel-pension-schneider.de, ☎ **0049 (0) 91 76/16 88**, Fax 79 72.

4 D-90584 **ALLERSBERG** A 9 ab Ausfahrt 55 Allersberg 1 km
Hotel Kattenbeck Garni ★★ 46 B, EZ € 46,– bis 65,–, DZ € 66,– bis 85,–, Mehrbett-Zi ab € 95,–, inkl. Frühstücksbuffet, alle Zi mit Du, WC und ☎, auf Wunsch TV, Räume für 50 Personen, ⌖, P, Marktplatz 12, @, www.hotel-kattenbeck.de, ☎ **0049 (0) 91 76/98 30-0**, Fax 17 02.

5 D-90584 **ALLERSBERG**
A 9 ab Ausfahrt 55 Allersberg 1 km
Hotel-Café-Konditorei Weißes Lamm ★★ 41 B, EZ ab € 39,–, DZ ab € 59,–, Mehrbett-Zi ab € 79,–, Zi mit Bad/Du, WC und WLAN, teils TV, 90 Sitzplätze, Caféterrasse, Frühstück und Café auch für ⌖, 15 Minuten bis Messezentrum Nürnberg, P, Marktplatz 15, @, www.weisseslamm-allersberg.de, ☎ **0049 (0) 91 76/9 88 50**, Fax 98 85 80.

6 D-90584 **ALLERSBERG**
A 9 ab Ausfahrt 55 Allersberg ca. 500 m, nach der OMV-Tankstelle 2. Straße links
Pension Marga ★★ 16 B, EZ ab € 39,–, DZ ab € 59,–, Mehrbett-Zi ab € 85,–, inkl. Frühstück, Zi mit Bad/Du und WC, teils TV, separate Unterkünfte für Montagegruppen, Preise auf Anfrage, 15 Minuten bis Messezentrum Nürnberg, G, P, Schulstr. 13, @, www.pension-marga.de, ☎ **0049 (0) 91 76/8 33**, Fax 99 71 11.

7 D-90584 **ALLERSBERG-GÖGGELSBUCH**
A 9 ab Ausfahrt 55 Allersberg → Hilpoltstein, nach 2 km links
Gasthof Endres ★★★ neu erbaut, 66 B, EZ ab € 33,–, DZ ab € 48,–, 3-Bett-Zi ab € 66,–, 4-Bett-Zi ab € 78,–, inkl. Frühstücksbuffet, Ferienwohnungen, alle Zi mit Du, WC, ☎ und Kabel-TV, gute fränkische Küche, 100 Sitzplätze, Räume bis 60 Personen, Wintergarten, Sauna, Solarium, ⌖, ⌖, G, P, Göggelsbucher Hauptstr. 27, info@gasthof-endres.de, www.gasthof-endres.de, ☎ **0049 (0) 91 74/90 52**, Fax 90 51.

8 D-91161 **HILPOLTSTEIN**
A 9 ab Ausfahrten 55 Allersberg und 56 Hilpoltstein je 5 km
Gasthof Hotel Zur Post ★★★ 30 B, EZ € 49,–, DZ € 69,–, 3-Bett-Zi € 85,–, inkl. Frühstück, alle Zi renoviert mit Du, WC, ☎, TV und Internet, gute regionale Küche, 60 Sitzplätze, Biergarten, ⌖, P, Marktstr. 8, @, www.hotel-post-hip.com, ☎ **0049 (0) 91 74/9 76 98 0**, Fax 9 76 98 50.

9 D-91161 **HILPOLTSTEIN**
A 9 ab Ausfahrt 56 Hilpoltstein 5 km
Hotel Zur Krone garni ★★★ 29 B, EZ € 41,– bis 56,–, DZ € 58,– bis 75,–, Familien-Zi, inkl. reichhaltigem Frühstück, alle Zi mit Du, WC, ☎, TV und WLAN, P, Christoph-Sturm-Str. 39, @, www.pension-zur-krone.de, ☎ **0049 (0) 91 74/14 94**, Fax 30 10.

10 D-91161 **HILPOLTSTEIN-JAHRSDORF**
A 9 ab Ausfahrt 56 Hilpoltstein → Hilpoltstein 1 km
Gasthof-Pension Waldmüller ★★ ruhige Lage, kein Durchgangsverkehr, EZ € 31,– bis 35,–, DZ € 55,–, 3-Bett-Zi € 65,–, Mehr-Bett-Zi € 75,–, inkl. Frühstücksbuffet, Zi mit Du und WC, teils TV, gutbürgerliche Küche, Räume für 70 bis 180 Personen, Terrasse, ⌖, G, großer P, Jahrsdorf A 15, ☎ **0049 (0) 91 74/8 45**, Fax 27 34.

11 D-91161 **HILPOLTSTEIN-SINDERSDORF**
A 9 ab Ausfahrt 56 Hilpoltstein ca. 300 m
Hotel-Restaurant „Sindersdorfer Hof" ★★★ neu eingerichtet, 41 B, EZ € 44,– bis 50,–, DZ € 59,– bis 74,–, inkl. Frühstück, Zi mit Du und WC, teils ☎, TV und Radio, gutbürgerliche Küche, 100 Sitzplätze, Konferenzraum bis 40 Personen, Terrasse, Tankstelle, ⌖, G, P, Mo ./., Sindersdorf 26, @, www.sindersdorferhof.de, ☎ **0049 (0) 91 79/62 56**, Fax 65 49.

12 D-91161 **HILPOLTSTEIN-SINDERSDORF**
A 9 ab Ausfahrt 56 Hilpoltstein ca. 500 m
Gästehaus Baumann ★★★ Appartements, 8 B, EZ € 30,–, DZ € 42,–, inkl. Frühstück, alle Zi mit Du, WC und TV, Mehrbett-Zi, teilweise Terrasse, Balkon, Kinderspielplatz, ⌖, G, P, Sindersdorf Nr. 28, @, ☎ **0049 (0) 91 79/64 65**, Fax 9 64 69 06.

13 D-91177 **OFFENBAU**
A 9 ab Ausfahrt 56 Hilpoltstein 4 km (Weinsfeld, Offenbau) und Ausfahrt 57 Greding 12 km
Gasthof Zur Linde ★ 9 B, EZ € 25,–, DZ € 38,–, inkl. Frühstück, alle Zi mit Du und WC, gute Küche, Gerichte € 4,– bis 8,–, Haus Nr. 29, ☎ **0049 (0) 91 73/4 06**.

25 Hotel Heckl Gasthof „Zum Schinkenkönig", Kinding-Enkering

14 D-91177 **THALMÄSSING-ALFERSHAUSEN**
A 9 ab Ausfahrten 56 Hilpoltstein 10 km und 57 Greding 15 km
Gasthof Winkler ★★☆ historischer Gasthof seit 1471, 33 B, EZ € 33,– bis 35,–, DZ € 50,– bis 55,–, inkl. Frühstücksbuffet, alle Zi mit Du, WC, TV und WLAN, Lift, gute, regionale Küche, Produkte vom eigenen Bauernhof, Hausschlachtung, Räume für 15-140 Personen, Terrasse, 🚌, großer P, Alfershausen 187, @, www.gasthof-winkler.de, ☏ **0049(0)9173/660**, Fax 621.

15 D-91171 **HERRNSBERG**
A 9 ab Ausfahrt 57 Greding 5 km → WTD 81
Gasthof Schmidt ★ 20 B, EZ ab € 29,–, DZ ab € 49,–, Familien-Zi (4 B) € 88,–, inkl. Frühstück, Zi mit Du und WC, gute Küche, G, P, Di ./., Kirchstraße 1, info@herrnsberger-hof.de, www.herrnsberger-hof.de, ☏ **0049(0)8463/316**, Fax 8548.

16 D-92339 **LITTERZHOFEN**
A 9 ab Ausfahrt 57 Greding 5 km → Berching-Landerzhofen
Landgasthof Alberter ★ ruhige Lage, 16 B, EZ € 28,–, DZ € 45,–, inkl. Frühstück, Zi mit Du und WC € 52,–, Restaurant mit 80 Sitzplätzen, großer P, Litterzhofen 7, @, ☏ **0049(0)8463/9964**, Fax 605810.

17 D-91171 **GREDING** A 9 ab Ausfahrt 57 Greding ca. 500 m
Hotel Schuster ★★★ Stadtmitte, 120 B, EZ € 49,– bis 95,–, DZ € 69,– bis 120,–, Mehrbett-Zi, inkl. Frühstück, Zi mit Du, WC und ☏, teils TV, gutbürgerliche und gehobene Küche, 4 Restaurationsräume bis 250 Personen, Konferenzräume bis 90 Personen, Terrasse, Hallenbad, Sauna und Pool, 🚌, ♿, G, großer P, ganzjährig geöffnet, Marktplatz 23, @, www.hotel-schuster-greding.de, ☏ **0049(0)8463/9030+275**, Fax 788.

18 D-91171 **GREDING**
A 9 ab Ausfahrt 57 Greding ca. 500 m
Hotel Gasthof Krone ★★★ 33 B, EZ € 45,- bis 50.-, DZ € 65,- bis 75,-, inkl. Frühstück, alle Zi mit Du, WC, ☏, TV und WLAN, regionale Küche, Räume bis 100 Personen, 🚌, G, P, Am Marktplatz 1, @, www.Krone-Greding.de, ☏ **0049(0)8463/65280**, Fax 6528290.

19 D-91171 **GREDING**
A 9 ab Ausfahrt 57 Greding ca. 100 m
Hotel-Restaurant Bauer-Keller ★★ 41 B, EZ € 43,–, DZ € 67,–, Familien-Zi, Nichtraucher-Zi, inkl. Frühstücksbuffet, alle Zi mit Du, WC, ☏ und TV, gutbürgerliche Küche, 190 Sitzplätze, Biergarten, Campingplatz, 💳, 🚌, G, großer P, Kraftsbucher Straße 1, @, www.hotel-bauer-keller.de, ☏ **0049(0)8463/64000**, Fax 640033.

20 D-91171 **GREDING**
A 9 ab Ausfahrt 57 Greding wenige Meter
BayWa Tankstelle mit Flüssiggas, Waschanlage, Bistro, 💳, 24 h geöffnet, Bahnhofstr. 21, @, www.baywa-standorte.de, ☏ **0049(0)8463/9774**, Fax 8439.

21 D-91781 **WEISSENBURG**
A 9 ab Ausfahrten 57 Greding und 58 Altmühltal je 40 km (kaum Umweg bei Weiterreise → Heilbronn)
Flair Hotel-Restaurant Am Ellinger Tor ★★★☆ romantisches Fachwerkhaus, 50 B, EZ € 42,– bis 65,–, DZ € 69,– bis 88,–, inkl. Frühstücksbuffet, alle Zi mit Bad oder Du, WC, ☏, Sat-TV und WLAN, Gartenrestaurant, vorzügliche Küche, G, P, Ellinger Str. 5-7, ellingertor@t-online.de, www.ellingertor.de, ☏ **0049(0)9141/86460**, Fax 864650.

22 D-85135 **TITTING-EMSING**
A 9 ab Ausfahrten 58 Altmühltal und 57 Greding je 10 km
Hotel-Gasthof Dirsch ★★★★ ruhige Lage, 174 B, EZ € 68,– bis 85,–, DZ € 96,– bis 120,–, Landhausstudio € 104,- bis 120,–, Landhaussuite € 140,- bis 160,–, inkl. Frühstücksbuffet, Zi mit Du, WC, ☏, TV und Radio, Lift, Restaurant, 12 Konferenzräume bis 120 Personen, Bar, Kegelbahnen, 1000 qm Wellnesslandschaft mit Hallenbad (30 °C), Frei- und Kneippbecken, Erlebnisduschen, Fitnessbereich, 2 Saunen, 2 Dampfbädern, Solarium, Whirlpool, Salz-Sole-Stollen, Kosmetik- und Massageabteilung, 🚌, G, P, Hauptstr. 13, @, www.hotel-dirsch.de, ☏ **0049(0)8423/1890**, Fax 1370.

23 D-85125 **KINDING-ERLINGSHOFEN**
A 9 ab Ausfahrt 58 Altmühltal 6 km → Titting
Gasthof-Pension Rundeck ★★ sehr ruhige Lage, 26 B, EZ € 27,–, DZ € 50,–, teils Nichtraucher-Zi, inkl. Frühstücksbuffet, alle Zi mit Du, WC und TV, gutbürgerliche Küche, Gerichte von € 5,– bis 12,–, eigene Hausschlachtung, Biergarten, Kinderspielplatz, 🚌, G, P, Erlingshofen 24, @, www.gasthof-rundeck.de, ☏ **0049(0)8423/488**, Fax 98230.

24 D-85125 **KINDING-ENKERING**
A 9 ab Ausfahrt 58 Altmühltal 1 km → Eichstätt
Hotel Gasthof zum Bräu ★★★ ruhig gelegen, 35 B, EZ € 46,– bis 51,–, DZ € 69,– bis 75,–, inkl. Frühstücksbuffet, alle Zi mit Du, WC, ☏, TV und WLAN, Lift, preiswerte, gutbürgerliche Küche, Räume von 40 bis 140 Personen, Biergarten, Bahnhof Kinding-Altmühltal 1,5 km entfehrnt, 🚌, ♿, großer P im Hof, Rumburgstraße 1 a, @, www.hotel-zum-braeu.de, ☏ **0049(0)8467/850-0**, Fax 850-57.

25 D-85125 **KINDING-ENKERING**
A 9 ab Ausfahrt 58 Altmühltal 1 km → Eichstätt
Hotel Heckl Gasthof „Zum Schinkenkönig" ★★★ familiär geführtes Haus, 90 B, EZ ab € 50,–, DZ ab € 60,–, inkl. Frühstücksbuffet, alle Zi mit Du, WC, TV und kostenfreiem DSL, teils Balkon, Restaurant 200 Sitzplätze mit großem lichtdurchflutetem Wintergarten, urgemütliche Vinothek in Moier's Weinkeller, 🚌, G, P, Hauptstr. 25, @, www.hotel-heckl.de, ☏ **0049(0)8467/80104-0**, Fax 80104-9.

27–37 Einträge siehe Seite 157

26 D-85125 **KINDING-ENKERING**
A 9 ab Ausfahrt 58 Altmühltal 1 km → Eichstätt
Landgasthof Zum alten Wirt am Schellenberg ★★ 450 Jahre Wirtshaus-Tradition, 50 B, EZ ab € 41,–, DZ ab € 56,–, Familien-Zi ab € 68,–, inkl. Frühstücksbuffet, Zi mit Du, WC und Balkon, 135 Sitzplätze, Biergarten, Sonnenterrasse, Unterstellmöglichkeiten für Wanderreiter, Motorrad- und Radfahrer, 🚌, P, Hauptstraße 22 (im Ortsteil Enkering), @, www.gasthof-schellenberg.de, ☏ **0049(0)8467/243**, Fax 726.

26 **Landgasthof Zum alten Wirt am Schellenberg, Kinding-Enkering**

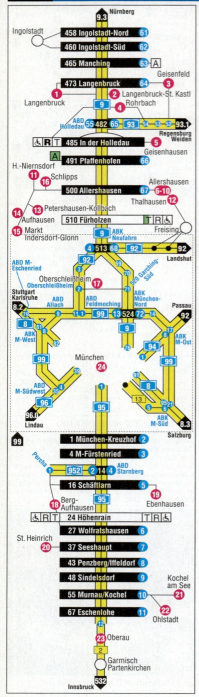

❶ D-85084 LANGENBRUCK A 9 ab Ausfahrt 64 Langenbruck 1000 m
Hotel Häußler ★★★ 50 B, EZ € 49,– DZ € 62,– bis 78,– 3-Bett-Zi € 89,–, 4-Bett-Zi € 99,–, Familien-Zi, inkl. Frühstücksbuffet, alle Zi mit Du, WC und TV, teils ☎ und Internet, Ferienwohnung, gutbürgerliche Küche, Räume bis 130 Personen, Terrasse, 🍺, G, P, Pörnbacher Straße 28, @, www.hotel-haeussler.de, ☎ 0049(0)8453/7284.

❷ D-85084 LANGENBRUCK-ST. KASTL
A 9 ab Ausfahrt 64 Langenbruck 4 km → Langenbruck
Waldgasthof St. Kastl ★★ ruhige Waldlage, 85 B, EZ € 41,– bis 46,–, DZ € 58,– bis 66,–, Familien-Zi, inkl. Frühstücksbuffet, Zi mit Du und WC, teils TV, gutbürgerliche Küche, Räume für 470 Personen, Terrasse, 🍺, großer P, St. Kastl 22, @, www.sankt-kastl.de, ☎ 0049(0)8446/832, 0049(0)172/8151191, Fax 0049(0)8446/397.

❸ D-85290 GEISENFELD
A 9 ab Ausfahrt 64 Langenbruck 8 km und A 93 ab Ausfahrt 52 Aiglsbach
KH-Hotel ★★★★ neu erbautes Designhotel, 48 B, EZ € 68,– DZ € 96,–, inkl. Frühstück, Wochenendpauschalpreise, alle Zi mit Du, WC, ☎, TV mit Flachbildschirm und WLAN, gute frische Küche, Tagungsräume, Terrasse, Tief-G kostenfrei, Augsburger Str. 11, @, www.khhotel.de, ☎ 0049(0)8452/735800, Fax 73580199.

❹ D-85296 ROHRBACH
A 9 ab Ausfahrten 64 Langenbruck und Rasthaus In der Holledau je 8 km
Landgasthof Zeidlmaier ★★★ 20 B, EZ ab € 53,– DZ ab € 76,–, inkl. Frühstück, alle Zi mit Du, WC, ☎ und TV, bayrische regionale und internationale Küche, Räume bis 200 Personen, Biergarten, 🍺, großer P, Bahnhofstraße 55, info@zeidlmaier.de, www.zeidlmaier.de, ☎ 0049(0)8442/8428, Fax 8382.

❺ D-85301 GEISENHAUSEN
A 9 ab Ausfahrt Rasthaus-Tankstelle In der Holledau 200 m
Hotel-Gasthof „Liebhardt" ★ 24 B, EZ € 26,– bis 32,–, DZ € 45,– bis 55,–, inkl. Frühstück, Zi mit Du und WC, gutbürgerliche Küche, Gerichte von € 7,– bis 15,–, großer P, Holledaustr. 3, liebhardt.geisenhausen@t-online.de, ☎ 0049(0)8441/5020, Fax 83536.

❻ D-85391 ALLERSHAUSEN-OST A 9 ab Ausfahrt 67 Allershausen ca. 1 km
Gasthof Fuchswirt ★★★ 15 Zi, EZ € 59,– bis 75,– DZ € 78,– bis 90,–, 3-Bett-Zi € 95,–, inkl. Frühstück, alle Zi mit Du, WC, ☎ und TV, gutbürgerliche Küche, Räume bis 300 Personen, große Terrasse, 🍺, P, Ampertalstraße 4, mail@fuchswirt.de, www.fuchswirt.de, ☎ 0049(0)8166/991990, Fax 9919929.

❼ D-85391 ALLERSHAUSEN-OST A 9 ab Ausfahrt 67 Allershausen 700 m
Hotel-Gasthof Obermeier ★★★ 60 B, EZ € 52,– bis 56,–, DZ € 72,– bis 80,–, Familien-Zi bis 5 Personen, inkl. Frühstücksbffet, alle Zi mit Du, WC, ☎ und TV, Internet, durchgehend gute regionale und internationale Küche, schattige Terrasse, Räume bis 200 Personen, 🍺, großer P, Münchener Straße 1, @, www.hotel-gasthof-obermeier.de, ☎ 0049(0)8166/5551, Fax 5552.

❽ D-85391 ALLERSHAUSEN-OST A 9 ab Ausfahrt 67 Allershausen 800 m
Hotel „Huberhof" ★★★ neu erbaut, 100 B, EZ € 50,– bis 80,–, DZ € 70,– bis 90,–, 3- und 4-Bett-Zi-Preise auf Anfrage, inkl. Frühstücksbuffet, alle Zi mit Du, WC, Fön, ☎, TV, WLAN (kostenfrei) und Balkon, 25 Nichtraucher-Zi, Abendkarte von 18-21 Uhr, Terrasse, 🍺, G, P, Freisinger Straße 18, info@Hotel-Huberhof.de, www.Hotel-Huberhof.de, ☎ 0049(0)8166/687120, Fax 687168.

❾ D-85391 ALLERSHAUSEN-OST A 9 ab Ausfahrt 67 Allershausen 1000 m
Hotel Zum Gockl ★★★ ruhige Lage, 48 B, EZ € 50,– bis 85,–, DZ € 65,– bis 110,–, 3 Bett-Zi € 28,– bis 45,– pro Person, inkl. Frühstücksbuffet, alle Zi mit Du, WC, Fön, ☎, TV und kostenfreiem WLAN, teils mit Kochgelegenheit, kleine Abendkarte, Dart, Billard, Tischtennis, 🍺, kostenlose Tief-G, Breimannweg 19, @, www.hotelpension-zum-gockl.de, ☎ 0049(0)8166/8178, Fax 3614.

❿ D-85391 ALLERSHAUSEN-OST
A 9 ab Ausfahrt 67 Allershausen ca. 300 m
Hotel an der Glonn ★★★ 32 B, EZ € 45,– bis 75,–, DZ € 60,– bis 105,–, inkl. Frühstücksbuffet, alle Zi mit Du, WC, ☎ und TV, 5 Appartements, Bistro, P, Robert-Koch-Str. 2, @, www.hotelanderglonn.de, ☎ 0049(0)8166/6761-0, Fax 6761-150.

❽

Hotel „Huberhof", Allershausen-Ost

⑪ D-85411 HOHENKAMMER-NIERNSDORF
A 9 ab Ausfahrt 67 Allershausen 8 km (B 13)
Hotel-Restaurant Waldhof-Café ★★★ mit neuem Hotelanbau, 30 B, EZ € 36,– bis 46,–, DZ € 56,– bis 72,–, inkl. Frühstücksbuffet, alle Zi mit Du, WC und TV, gutbürgerliche, regionale Küche, Terrasse, Kinderspielplatz, großer P, Niernsdorf 10, @, www.hotel-waldcafe.de, ☎ 0049 (0) 81 37/93 99 12, Fax 93 99 13.

⑫ D-85402 THALHAUSEN A 9 ab Ausfahrt 67 Allershausen 5 km → Freising und A 92 ab Ausfahrt 7 Freising-Mitte 8 km → Allershausen
Hotel zum Forst ★★★ ruhige Lage, 65 B, EZ € 50,– bis 65,–, DZ € 70,– bis 85,–, inkl. Frühstücksbuffet, alle Zi mit Du, WC und TV, gutbürgerliche Küche, Räume bis 150 Personen, große Terrasse, 🍴, P, An der Lahn 6, @, www.hotel-zum-forst.de, ☎ 0049 (0) 81 66/94 56, Fax 14 22.

⑬ D-85238 PETERSHAUSEN-KOLLBACH A 9 ab Ausfahrt 67 Allershausen 10 km → Hohenkammer → Petershausen-Kollbach
Landgasthof Ostermair ★★ 60 B, EZ € 35,–, DZ € 56,–, inkl. Frühstücksbuffet, Kinderermäßigung, alle Zi mit Du und WC, auf Wunsch TV, gutbürgerliche Küche, Biergarten, großer P, Dachauer Str. 1, @, www.landgasthof-ostermair.de, ☎ 0049 (0) 81 37/52 33, Fax 86 91.

⑭ D-85258 AUFHAUSEN
A 8 ab Ausfahrt 76 Odelzhausen und A 9 ab Ausfahrt 67 Allershausen je 20 km
Hotel-Gasthof Langenegger ★★ 30 B, EZ € 40,–, DZ € 65,–, inkl. Frühstücksbuffet, alle Zi mit Du, WC, ☎ und TV, gutbürgerliche und regionale Küche, Gartenterrasse, P, Hauptstr. 12, @, www.gasthof-langenegger.de, ☎ 0049 (0) 81 37/52 64, Fax 50 79.

⑮ D-85229 MARKT INDERSDORF-GLONN
A 9 ab Ausfahrt 67 Allershausen und A 8 Ausfahrt 76 Odelzhausen je 20 km
Gästehaus Zur Mühle ★★ 41 B, EZ € 42,– bis 48,–, DZ € 65,– bis 95,–, inkl. Frühstücksbuffet, alle Zi mit Du, WC, TV und WLAN, Lift, gutbürgerliche Küche, großer P, Mühlberg 4, @, www.gaestehaus-zur-muehle.de, ☎ 0049 (0) 81 36/99 99 9, Fax 98 30.

⑯ D-85411 SCHLIPPS A 9 ab Ausfahrt 67 Allershausen ca. 8 km
Gästehaus Bail ★★ 19 B, EZ € 35,–, DZ € 58,–, inkl. reichhaltigem Frühstücksbuffet, alle Zi mit Du, WC, ☎ und TV, gutbürgerliche Küche, Schlipps 11, @, www.gaestehaus-bail.de, ☎ 0049 (0) 81 66/67 91-0, Fax 67 91-25.

⑰ D-85764 OBERSCHLEISSHEIM A 92 ab Ausfahrt 2 Oberschleißheim 1 km, A 99 ab Ausfahrt 12a Neuherberg 2 km und A 9 ab Ausfahrt 71 Garching-Süd 6 km
Hotel Blauer Karpfen ★★★ 62 B, EZ € 50,– bis 85,–, DZ € 70,– bis 135,–, inkl. Frühstück, alle Zi mit Du, WC, ☎, TV und WLAN, griechische und internationale Küche, Biergarten, 🍴, Dachauer Straße 1, @, www.hotel-blauer-karpfen.de, ☎ 0049 (0) 89 315/71 50, Fax 31 57 15 50.

⑱ D-82335 BERG-AUFHAUSEN
A 95 ab Ausfahrten 4 Starnberg und 6 Wolfratshausen je 6 km
Landhotel Lechnerhof ★★★ 18 B, EZ € 55,– bis 79,–, DZ € 95,– bis 125,–, inkl. Frühstück ohne Zeitbegrenzung, alle Zi mit Bad oder Du, WC, ☎, TV, WLAN und Minibar, Ferienwohnung, 🍴, 🛒, P, Oberlandstraße 25-27, @, www.lechnerhof.de, ☎ 0049 (0) 81 51/5 05 08, 0049 (0) 1 75/1 71 74 52, Fax 0049 (0) 81 51/5 03 32.

⑲ D-82067 EBENHAUSEN A 95 ab Ausfahrt 5 Schäftlarn 3 km
Hotel Gut Schwaige ★★★ ruhige Lage, 45 B, EZ € 45,– bis 85,–, DZ € 60,– bis 135,–, inkl. Frühstücksbuffet, alle Zi mit Du, WC, ☎, TV, WLAN und Minibar, S-Bahn-Anschluss nach München, P, Rodelweg 7, @, www.hotel-gutschwaige.de, ☎ 0049 (0) 81 78/93 000, Fax 40 54.

⑳ D-82541 ST. HEINRICH A 95 ab Ausfahrt 7 Seeshaupt → Seeshaupt 1,5 km
Hotel-Restaurant Schöntag ★★ 30 B, EZ € 46,– bis 65,–, DZ € 75,– bis 95,–, inkl. Frühstücksbuffet, alle Zi mit Du, WC, ☎, TV und WLAN, teilweise Balkon oder Terrasse, bürgerliche Küche, Räume bis 80 Personen, Steakhouse, Hotelbar, Gartenterrasse, Sauna, Solarium, 🍴, großer P, Beuerberger Straße 7, @, www.hotel-schoentag.de, ☎ 0049 (0) 88 01/9 06 10, Fax 90 61 33.

㉑ D-82431 KOCHEL AM SEE
A 95 ab Ausfahrt 10 Murnau/Kochel 9 km
Hotel Alpenhof Postillion ★★★ 70 B, EZ € 49,– bis 79,– DZ € 89,– bis 120,–, Appartements, Ferienwohnungen, inkl. Frühstücksbuffet, Felsenhallenbad- und Saunabenutzung, alle Zi mit Du, WC, TV, WLAN und Balkon, Lift, Restaurants, mediterrane und bayerische Küche, Tagungsräume, Café, Bar, 🍴, G, P, Kalmbachstr. 1, @, www.alpenhofpostillion.de, ☎ 0049 (0) 88 51/1 82-0, Fax 1 82-161.

㉒ D-82441 OHLSTADT
A 95 ab Ausfahrt 10 Murnau/Kochel 5 km
Hotel „Alpengasthof Ohlstadt" ★★★ 58 B, EZ € 45,– bis 58,–, DZ € 63,– bis 100,–, inkl. Frühstücksbuffet, alle Zi mit Du, WC, ☎, TV, Safe und Minibar, teils Balkon, gutbürgerliche Küche, Terrasse, Hallenbad, Sauna, 🍴, P, Weichser Str. 5-7, @, www.Alpengasthof-Ohlstadt.de, ☎ 0049 (0) 88 41/67 07 0, Fax 67 07 66.

㉓ D-82496 OBERAU
A 95 ab Ausfahrt 12 ca. 1,5 km, an der B 2
Hotel „Forsthaus" ★★★ Ausblick auf Zugspitze, 80 B, EZ € 49,– bis 52,–, DZ € 65,– bis 79,–, inkl. Frühstück, Zi mit Bad, WC, ☎ und TV, Sauna, Whirlpool, 🍴, P, Hauptstraße 1, hotel@forsthaus-oberau.de, www.forsthaus-oberau.de, ☎ 0049 (0) 88 24/91 20, Fax 91 2 14.

㉔ Raum München und Umgebung siehe Route 99

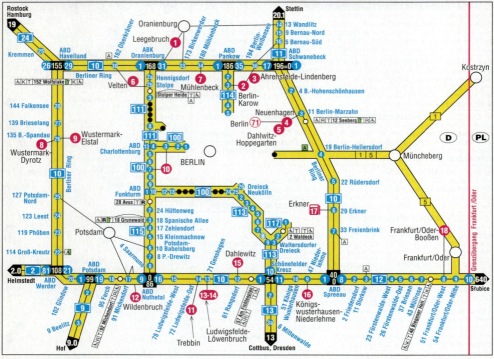

❶ D-16767 LEEGEBRUCH
A 10 ab Ausfahrt 31 Kreuz Oranienburg → Oranienburg, Ausfahrt Leegebruch 3 km
Hotel Leegebruch ★★★ 54 B, EZ € 48,– bis 60,– bis 95,–, inkl. Frühstücksbuffet, alle Zi mit Du, WC, ☏, Sat-TV und WLAN, Restaurant, Bar, Raucherlounge, 🖥, ⌂, 🍴, P, Eichenhof 3, @, www.hotel-leegebruch.de, ☏ **0049(0)3304/2060-0**, Fax 2060-19.

❷ D-13125 BERLIN-KAROW
A 114 ab Ausfahrt 3 → Bucher Straße 250 m rechts, 2 km und A 10 ab Ausfahrt 36 Berlin-Weißensee → Zentrum, Ortseingang Malchow rechts (beschildert)
Hotel Bel Air ★★★↑ ruhige Lage, 28 B, EZ € 63,– bis 77,–, DZ € 84,– bis 98,–, inkl. Frühstücksbuffet, alle Zi mit Du, WC, Fön, ☏, Sat-TV, Radio, WLAN und Minibar, Lift, kleine Abendkarte, 🖥, P, Hagenstraße 1a, @, www.hotel-belair.de, ☏ **0049(0)30/9420090**, Fax 94200913.

❸ D-16356 AHRENSFELDE-LINDENBERG
A 10 ab Ausfahrt 36 Berlin-Weißensee (B 2) → Bernau und A 11 ab Ausfahrt 16 Bernau-Süd (B 2) → Berlin
Hotel Lindenberger Hof ★★★ 139 B, EZ € 55,–, DZ € 70,–, inkl. Frühstück, alle Zi mit Du, WC, ☏ und TV, 🖥, 🍴, Karl-Marx-Str. 4, @, www.lindenberger-hof.de, ☏ **0049(0)30/940030**, Fax 94003333.

❹ D-15366 NEUENHAGEN
A 10 ab Ausfahrt 3 Berlin-Marzahn → Berlin 4 km
Hotel Lindenstraße ★★★ ruhige Lage, 27 B, EZ € 38,– bis 45,–, DZ € 49,– bis 56,–, inkl. Frühstück, alle Zi mit Bad/Du, WC, ☏ und Sat-TV, Sauna, Fitness, 🖥, P, Lindenstr. 75, @, www.hotel-lindenstrasse.de, ☏ **0049(0)3342/24850**, Fax 2485190.

❺ D-15366 DAHLWITZ-HOPPEGARTEN
A 10 ab Ausfahrt 4 Berlin-Hellersdorf → Berlin 10 km
Hotel „Zum Grünen Tor" 28 B, EZ € 47,–, DZ € 71,–, inkl. Frühstücksbuffet, alle Zi mit Du, WC, ☏, Sat-TV und Safe, auf Wunsch Fön, Restaurant, 3 Konferenzräume, Sauna, 🚲, P, Carena-15, hotelzumgruenentor@web.de, www.hotel-zum-gruenen-tor.de, ☏ **0049(0)3342/357510**, Fax 357512.

❻ D-16727 VELTEN
A 10 ab Ausfahrt 30 Oberkrämer ca. 5 km und A 111 ab Ausfahrt 2 a Hennigsdorf/Velten ca. 5 km
Gasthof Hotel Zur alten Weide ★★★ 25 B, EZ € 40,–, DZ € 60,–, inkl. Frühstück, alle Zi mit Du, WC, ☏ und Sat-TV, durchgehend warme Küche, Sauna, Fitnessstudio, 🚲, P im Hof, Mühlenstr. 8-9, @, www.hotel-velten.de, ☏ **0049(0)3304/33465**, Fax 33466.

❼ D-16567 MÜHLENBECK
A 10 ab Ausfahrt 34 Mühlenbeck ca. 800 m
Waldhaus Mühlenbeck ★★★ 28 B, EZ € 25,– bis 40,–, DZ € 35,– bis 50,–, Frühstück € 5,– pro Person, alle Zi mit Bad/Du, WC, ☏, Sat-TV und Balkon, 🖥, 🍴, P, Föhrenweg 6, @, www.BerlinerRing.de, ☏ **0049(0)30/81356**, Fax 81956.

❽ D-14641 WUSTERMARK-DYROTZ
A 10 ab Ausfahrt 26 Berlin-Spandau → Wustermark 3 km
Hotel-Pension Hansen ★★ 30 B, EZ € 37,–, DZ € 50,–, inkl. Frühstück, alle Zi mit Du, WC und Sat-TV, Sauna, Swimmingpool, 🚲, P, Berliner Allee 9, hotel-pension-hansen@gmx.de, www.hotel-pension-hansen.de, ☏ **0049(0)33234/60425**, ☏ **0049(0)171/8077865**, Fax 0049(0)33234/90958.

❾ D-14641 WUSTERMARK-ELSTAL
A 10 ab Ausfahrt 26 Berlin-Spandau
Hotel-Pension Restaurant Kastanienhof ★★ ruhige Lage, 17 B, EZ ab € 39,–, DZ ab € 58,–, Nichtraucher-Zi, inkl. Frühstück, alle Zi mit Du, WC, WLAN kostenfrei, Menü ab € 15,–, Tagungen, Feiern, Sommergarten, 🖥, ♿, P, Ernst-Walter-Weg 3, @, www.kastanienhof-elstal.de, ☏ **0049(0)33234/22222**, Fax 22237.

❿ D-10589 BERLIN
A 100 ab Ausfahrten 3 Jakob-Kaiser-Platz 1,8 km und 7 Kaiserdamm 4 km
Superior Econtel Hotel Berlin Charlottenburg ★★★ 205 Zi, EZ ab € 51,–, DZ ab € 72,– (Wochenend- und Happy Day-Raten), Economy-, Business-, Comfort- und Familien-Zi, inkl. Frühstücksbuffet, alle Zi mit Du/Bad, WC, Fön, ☏, TV, WLAN und Minibar, Lift, regionale und internationale Küche, Hotelbar, 🖥, 🍴, 🚲, Tief-G, Sömmeringstr. 24-26, @, www.amber-hotels.de, ☏ **0049(0)30/346810**, Fax 34681063.

11 D-14959 **TREBBIN** A 10 ab Ausfahrt 14 Ludwigsfelde-Ost →
B 101 ca. 13 km, Bahnhofstr. rechts
Hotel Rose ★★ 50 B, EZ € 39,50, DZ € 58,–, inkl. Frühstücks-
buffet, alle Zi mit Du, WC und Sat-TV, Restaurant, 📠, 🛏, P,
Baruther Str. 34, @, www.hotel-rose-trebbin.de, ☎ **0049 (0) 33731/8460**,
Fax 804-77.

12 D-14552 **WILDENBRUCH** A 10 ab Ausfahrt 17 ca. 1500 m
Hotel Am Wald ★★★ 30 B, EZ € 57,– bis 62,–, DZ € 75,–, inkl.
Frühstück, alle Zi mit Du, WC, ☎, Sat-TV, WLAN und Radio, Restaurant, Konferenzraum, 📠, 🛏, P, Luckenwalder Straße 118, @,
www.Hotel-Am-Wald.de, ☎ **0049 (0) 33205/46840**, Fax 46841.

13 D-14974 **LUDWIGSFELDE-LÖWENBRUCH**
A 10 ab Ausfahrt 13 Genshagen → Löwenbruch
Landhotel Löwenbruch, Hotel-Restaurant-Café ★★★ ruhige
Lage, 60 B, EZ ab € 57,00, DZ ab € 69,90, inkl. Frühstücksbuffet,
alle Zi mit Bad/Du, WC, ☎ und Sat-TV, Balkon, Restaurant 80 Plätze,
Konferenzräume, 📠, 🛏, &, P, Alt-Löwenbruch 57, @,
www.landhotel-loewenbruch.de, ☎ **0049 (0) 3378/86270**, Fax 862777.

14 D-14974 **LUDWIGSFELDE-LÖWENBRUCH**
A 10 ab Ausfahrt 13 Genshagen → Löwenbruch 1,5 km
Gasthof und Pension „Zum Löwen" ★★★ ruhige Lage, 12 B,
EZ € 41,–, DZ € 62,–, inkl. Frühstücksbuffet, alle Zi mit Du, WC,
☎, Sat-TV und Balkon, Restaurant, 150 Plätze, Konferenzräume,
Internet, 📠, 🛏, P, Alt-Löwenbruch 31, @, www.zum-loewen.net,
☎ **0049 (0) 3378/202880**, Fax 202889.

15 D-15827 **BLANKENFELDE-MAHLOW-DAHLEWITZ**
A 10 ab Ausfahrt 12 Rangsdorf 500 m
Van der Valk Hotel Berliner Ring ★★★★ 550 B, EZ ab € 95,–,
DZ ab € 130,–, inkl. Frühstücksbuffet, Schwimmbadbenutzung,
Fitness und Parkplatz, alle Zi mit Bad/Du, WC, Sat-/Pay-TV
und Internet, Havanna Bar, Congress Center, Sauna,
WLAN, 📠, 🛏, P, Eschenweg 18, @, www.hotel-berliner-ring.de,
☎ **0049 (0) 33708/58-0**, Fax 58-888.

16 D-15713 **KÖNIGSWUSTERHAUSEN-NIEDERLEHME**
A 10 ab Ausfahrt 9 Niederlehme → Möllenberg 2 km
Hotel „Am Möllenberg" ★★ 30 B, EZ € 45,– DZ € 65,–, inkl.
Frühstücksbuffet, alle Zi mit Du, WC, ☎, Sat-TV, gemüt-
liches Restaurant, Terrasse, 📠, 🛏, P, Am Möllenberg 29, @,
www.hotel-am-moellenberg.de, ☎ **0049 (0) 3375/5658-0**, Fax 565866.

17 D-15537 **ERKNER** A 10 ab Ausfahrt 6 Erkner
Aral-Tankstelle ▶ Shop, Bistro, Waschanlage, 📠, 24 h geöffnet,
Berliner Str. 11, ☎ **03362/24701**, Fax 24702.

18 D-15234 **FRANKFURT/BOOSSEN**
A 10 ab Ausfahrt 8 ABD Spreeau ca. 7,5 km
Hotel am Schloss ★★★ 20 B, EZ € 45,– bis 47,–, DZ € 60,– bis 64,–,
inkl. Frühstücksbuffet, alle Zi mit Du, WC, ☎, TV und WLAN, Restaurant, 📠, 🛏, G, P, Berliner Str. 48, @, www.hotel-am-schloss-ffo.de,
☎ **0049 (0) 335/6801841**, Fax 65427.

71 **GÄRTEN DER WELT IM ERHOLUNGSPARK MARZAHN**
A 10 ab Ausfahrt 3 Berlin-Marzahn → Zentrum ca. 7 km

Acht fremde Gartenwelten laden zum Staunen ein: Gärten
aus China (mit seinen 2,7 ha der größte Chinesische Garten Europas), Japan, Korea, dem Orient und Bali sowie der
Karl-Foerster-Staudengarten und der Italienische Renais-
sancegarten. Bei Kindern ganz besonders beliebt sind das
Labyrinth und der Heckenirrgarten, der zu eigenen Erkun-
dungen einlädt. Im Jahr 2010 wird ein Christlicher Klostergarten eröffnet.
Für das leibliche Wohl wird von April bis Oktober im Chinesi-
schen Teehaus und im Café „aux jardins" gesorgt. Für die Kinder gibt es unter anderem einen Spielplatz mit Matschanlage .

© Steffen Hauser

Preise: April – Okt.: 3,00 €/ermäßigt 1,50 €
Nov. – März: 2,00 €/ermäßigt 1,00 €
Kassenöffnung: täglich ab 9 Uhr
Eingänge: Eisenacher Straße 99, Blumberger Damm

Informationen und Buchung von Führungen:
Gärten der Welt, Eisenacher Str. 99,
Blumberger Damm, D-12685 Berlin,
info@gaerten-der-welt.de, www.gaerten-der-welt.de,
☎ **0049 (0) 30/7009 06-699**, Fax 7009 06-610.

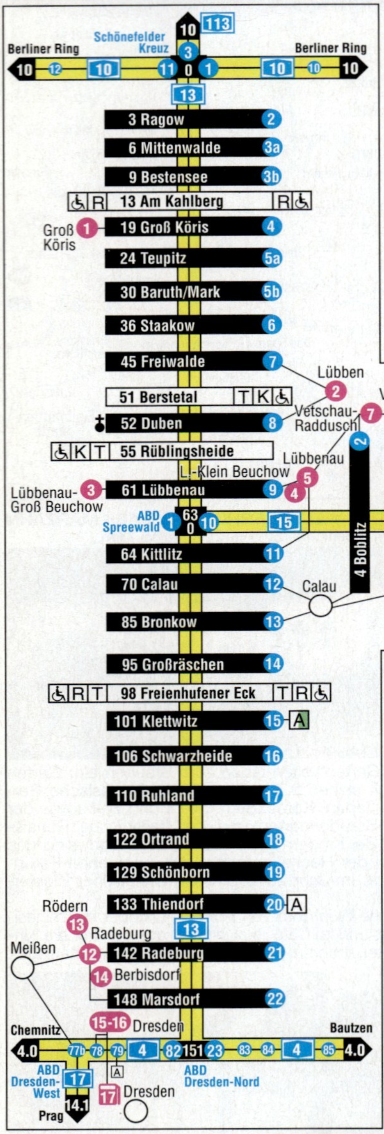

Schönefelder Kreuz
Berliner Ring
Berliner Ring
10 113 3 12 10 11 0 1 10 10 10
13
3 Ragow 2
6 Mittenwalde 3a
9 Bestensee 3b
R 13 Am Kahlberg R
Groß Köris 1 19 Groß Köris 4
24 Teupitz 5a
30 Baruth/Mark 5b
36 Staakow 6
45 Freiwalde 7
Lübben 2
51 Berstetal T K
52 Duben 8
Vetschau-Radduschl 7
Vetschau 6
Cottbus 8-9 71
Forst 11
D PL
55 Rüblingsheide K T
Lübbenau
L.-Klein Beuchow 5
Lübbenau-Groß Beuchow 3 61 Lübbenau 9 4
ABD Spreewald 1 63 0 10 15
2 4 Boblitz
3 12 Vetschau
4 31 Cottbus-West
5 34 Cottbus-Süd
6 43 Roggosen
7 53 Forst
8 63 Bademeusel
Grenzübergang Forst
9 640 Legnica
64 Kittlitz 11
70 Calau 12 Calau
85 Bronkow 13
10 Roggosen
95 Großräschen 14
R T 98 Freienhufener Eck T R
101 Klettwitz 15 A
106 Schwarzheide 16
110 Ruhland 17
122 Ortrand 18
129 Schönborn 19
Rödern 133 Thiendorf 20 A
13 Radeburg 13
Meißen 12 142 Radeburg 21
14 Berbisdorf
148 Marsdorf 22
15-16 Dresden
Chemnitz Bautzen
4.0 77b 78 79 4 82 151 23 83 84 4 85 4.0
A
ABD Dresden-West 17
ABD Dresden-Nord
17 Dresden
Prag 14.1

8

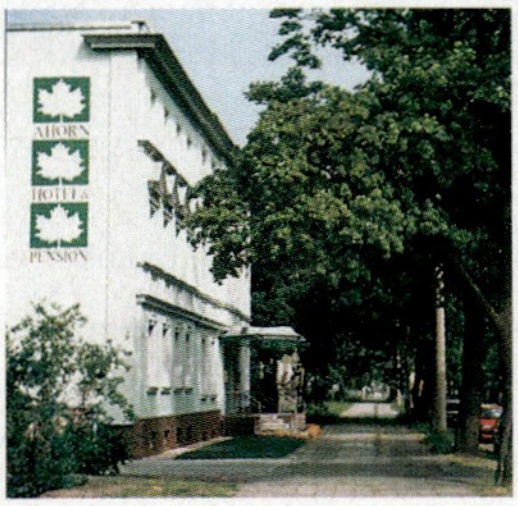

Ahorn-Hotel & Restaurant, Cottbus

1 D-15746 **GROSS KÖRIS** A 13 ab Ausfahrt 4 Groß Köris 50 m
Hotel-Restaurant Seeschlösschen ★★★ idyllische Seelage, 70 B, EZ € 49,– bis 59,–, DZ € 69,– bis 89,–, Mehrbett-Zi € 94,– bis 132,–, inkl. Frühstücksbuffet, alle Zi mit Du, WC, ☎ und TV, teils Balkon und Seeblick, regionale Küche mit Wild- und Fischspezialitäten, Terrasse, Bootsverleih, 🚌, P, Berliner Str. 41, @, www.seeschloesschen-koeris.de, ☎ **0049(0)33766/625-16**, Fax 417-38.

2 D-15907 **LÜBBEN**
A 13 ab Ausfahrten 8 Duben 6 km und 7 Freiwalde 8 km (im Ort → Zentrum)
Hotel-Restaurant Spreeblick ★★★☆ neu umgebaut, 58 B, EZ € 55,–, DZ € 85,–, inkl. Frühstücksbuffet, alle Zi mit Du, WC, ☎ und Sat-TV, Restaurant, frische regionale Küche, Konferenzraum für 45 Personen, Terrasse, Dachgarten, Fahrradraum, Sauna, Solarium, 💳, 🚌, P, Gubener Straße 53, @, www.hotel-spreeblick.de, ☎ **0049(0)3546/2320**, Fax 232200.

3 D-03222 **LÜBBENAU-GROSS BEUCHOW** A 13 ab Ausfahrt 9 Lübbenau 500 m
Treff Landhaushotel Lübbenau ★★★ 170 B, EZ € 61,–, DZ € 82,–, inkl. Frühstücksbuffet, Saison- und Gruppenangebote, alle Zi mit Du, WC, ☎, TV und WLAN, Lift, Restaurant mit Spreewälder Spezialitäten, Veranstaltungsräume, Kaminbar, Biergarten, Kurtaxe € 1,–, 💳, 🚌, ♿, großer P, ganzjährig geöffnet, LPG-Straße, @, www.treff-landhaushotel.de, ☎ **0049(0)3542/8750**, Fax 875125.

4 D-03222 **LÜBBENAU-KLEIN BEUCHOW**
A 13 ab Ausfahrt 9 → Lübbenau 600 m
Hotel und Pension „Am Mühlberg" ★★☆ 65 B, EZ € 46,–, DZ € 65,–, Mehrbett-Zi, inkl. Frühstücksbuffet, alle Zi mit Du, WC, TV und HotSpot, regionale Küche, Räume bis 100 Personen, Biergarten, 💳, 🐕, 🚌, ♿, großer P, Luckauer Landstr. 12, muehlberg-spreewald@gmx.de, www.muehlberg-spreewald.de, ☎ **0049(0)3542/875695**, Fax 875697.

5 D-03222 **LÜBBENAU**
A 13 ab Ausfahrten 9 Lübbenau und 11 Kittlitz/Lübbenau-Süd, Hotelroute
Hotel-Restaurant Turmhotel-Lausitzhof ★★★ 37 B, EZ € 49,– bis 60,–, DZ € 69,– bis 89,–, inkl. Frühstücksbuffet, alle Zi mit Du/Bad, WC, TV, WLAN und Minibar, Biergarten, 💳, 🐕, P, Nach Stottoff 1, @, www.turmhotel-luebbenau.de, ☎ **0049(0)3542/87580**, Fax 875817.

6 D-03226 **VETSCHAU**
A 15 ab Ausfahrt 3 Vetschau → Burg Babow 2 km
Hotel-Pension Märkischheide ★★ 40 B, EZ € 30,– bis 37,–, DZ € 51,– bis 57,–, Appartement € 60,–, inkl. Frühstücksbuffet, alle Zi mit Du, WC, ☎ und TV, Restaurant, Sauna, Bowling, Fahrradverleih, 💳, P, Lindenallee 2, @, www.hotel-maerkischheide.de, ☎ **0049(0)35433/560**, Fax 56222.

7 D-03226 **VETSCHAU-RADDUSCH**
A 15 ab Ausfahrt 2, B 115 → Raddusch
Hotel-Restaurant Spreewaldhafen ★★★ 95 B, EZ ab € 45,–, DZ ab € 75,–, inkl. Frühstücksbuffet, alle Zi mit Bad/Du, WC, Fön, ☎, TV, Fax- und ISDN-Anschluss, spreewald-typische Küche, Biergarten, Räume bis 200 Personen, 💳, 🐕, 🚌, P, Radduscher Dorfstr. 10, @, www.hotel-spreewaldhafen.de, ☎ **0049(0)35433/7860**, Fax 786444.

8 D-03050 **COTTBUS**
A 15 ab Ausfahrten 4 Cottbus-West und 5 -Süd je 4 km (Route beschildert)
Ahorn-Hotel & Restaurant ★★★ 32 B, EZ € 49,– bis 72,–, DZ € 59,– bis 90,–, inkl. Frühstücksbuffet, ruhige Zi, alle Zi mit Bad oder Du, WC, ☎, Sat-TV und WLAN, Restaurant, Biergarten, 💳, 🚌, P, 24 h Zugang, Bautzener Straße 135, @, www.ahornhotel.com, ☎ **0049(0)355/47800-0**, Fax 47800-40.

9 D-03046 **COTTBUS**
A 15 ab Ausfahrt 3 Vetschau , in Vetschau → Cottbus B 115
Hotel am Theater ★★★ 35 B, EZ € 49,–, DZ € 59,–, inkl. Frühstück, alle Zi mit Du, WC, ☎ und TV, Hotel-Bar „Othello", italienischer Weingarten, Konferenzräume, Bahnhofstr. 57, @, www.hotel-am-theater.com, ☎ **0049(0)355/494380**, Fax 49438400.

10 D-03058 **ROGGOSEN** A 15 ab Ausfahrt 6 Roggosen → B 115
Waldhotel Roggosen ★★★ EZ € 55,– bis 95,–, DZ € 85,– bis 125,–, Suite, inkl. Frühstücksbuffet, alle Zi mit Du, WC, Fön, ☎, Radio und Sat-TV, Restaurant, Veranstaltungsräume, Tagungen, Internet kostenfrei, Biergarten, Freiterrasse, Wellness, 🐕 € 6-10,– (nicht im Restaurant), Roggosener Hauptstr. 1, @, www.waldhotel-roggosen.de, ☎ **0049(0)35605/4260**, Fax 40502.

11 D-03149 **FORST** A 15 ab Ausfahrt 7 Forst ca. 600 m
Hotel Wiwo ★★★ 105 B, EZ € 55,–, DZ € 75,–, inkl. Frühstück, alle Zi mit Bad/Du, WC, ☎, Sat-TV, WLAN und Minibar, Lift, Restaurant, Tagungsräume, Saal für 150 Personen, Bar, Terrasse, Leihräder, Saison- und Gruppenangebote, radfahrerfreundliches Haus, letztes Haus vor Polen, 💳, 🚌, ♿, P, Wohnmobil-P, Domsdorfer Kirchweg 14, @, www.hotel-wiwo.de, ☎ **0049(0)3562/9510**, Fax 984379.

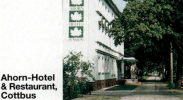

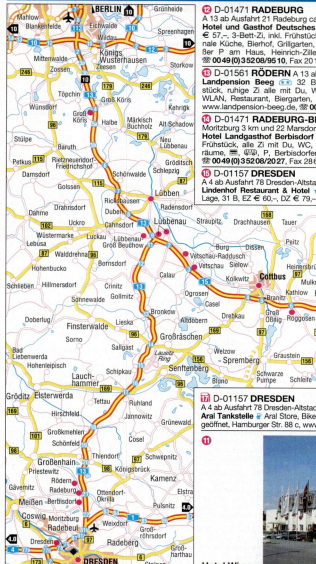

12 D-01471 RADEBURG
A 13 ab Ausfahrt 21 Radeburg ca. 1 km
Hotel und Gasthof Deutsches Haus ★★★ zentrale Lage, 30 B, EZ € 42,–, DZ € 57,–, 3-Bett-Zi, inkl. Frühstück, Zi mit Du, WC, ☎, TV und WLAN, frische regionale Küche, Bierhof, Grillgarten, familiäre Atmosphäre, ⌷ (Kleintiere), 🚐 großer P am Haus, Heinrich-Zille-Straße 5, @, www.deutsches-haus-radeburg.de, ☎ 0049 (0) 35208/9510, Fax 2014.

13 D-01561 RÖDERN A 13 ab Ausfahrt 21 Radeburg → Großenhain 3 km
Landpension Beeg ★★ 32 B, EZ € 37,–, DZ € 55,–, 3-Bett-Zi, inkl. Frühstück, ruhige Zi alle mit Du, WC, ☎ und Sat-TV, teils Balkon, Ferienwohnung, WLAN, Restaurant, Biergarten, Terrasse, ⌷, 🚐, P, Radeburger Str. 27, @, www.landpension-beeg.de, ☎ 0049 (0) 35208/2893, Fax 2417.

14 D-01471 RADEBURG-BERBISDORF A 13 ab Ausfahrten 21 Radeburg → Moritzburg 3 km und 22 Marsdorf über Bärnsdorf 5 km
Hotel Landgasthof Berbisdorf ★★★ 22 B, EZ € 47,–, DZ € 54,– bis 72,–, inkl. Frühstück, alle Zi mit Du, WC, ☎, Sat-TV und WLAN, Weinstube, Gesellschaftsräume, ⌷, 🚐, P, Berbisdorfer Hauptstr. 38, @, www.landgasthof-berbisdorf.de, ☎ 0049 (0) 35208/2027, Fax 2866.

15 D-01157 DRESDEN
A 4 ab Ausfahrt 78 Dresden-Altstadt 1000 m → Meißen B 6
Lindenhof Restaurant & Hotel ★★★ gemütliches, persönlich geführtes Haus, ruhige Lage, 31 B, EZ € 60,–, DZ € 79,– bis 89,–, inkl. Frühstück, Zustellbett € 18,–, alle Zi mit Bad/Du, WC, ☎, Sat-TV und Minibar, Biergarten, sächsische Weine, Dresdner Bierspezialitäten, Festsaal, gute Verkehrsverbindung zum Zentrum, P im Hof, Podemusstraße 9, @, www.lindenhof-dresden.de, ☎ 0049 (0) 351/454490, Fax 4544930.

16 D-01157 DRESDEN
A 4 ab Ausfahrt 78 Dresden-Altstadt 800 m → Meißen
Hotel & Café Zur Post ★★★ Nichtraucher-Hotel, 21 B, EZ € 56,– bis 69,–, DZ € 69,– bis 79,–, inkl. Frühstücksbuffet, Rabatt für Gruppen, alle Zi mit Du, WC, Fön, ☎, Sat-TV, Minibar und Safe, Abendkarte, Sauna, Terrasse, direkte Buslinie bis Zentrum, 🚐, ⌷, großer P, Meißner Landstr. 125, @, www.zur-post-dresden.de, ☎ 0049 (0) 351/4520040, Fax 4538662.

17 D-01157 DRESDEN
A 4 ab Ausfahrt 78 Dresden-Altstadt → Zentrum
Aral Tankstelle 🚗 Aral Store, Biker Station, Geldautomat, Waschanlage, 🚐, 24 Stunden geöffnet, Hamburger Str. 88 c, www.aral.de, ☎ 0049 (0) 351/4226969, Fax 4273840.

11

Hotel Wiwo,
Forst

71 COTTBUS
Südlich vom Spreewald liegt die 840-jährige Universitäts- und Kongress-Stadt Cottbus, die Metropole der Niederlausitz. Die in Europa einmaligen Pyramiden im Fürst-Pückler-Park Branitz, die 1996 sein 150. Jubiläum feierte, das Theatergebäude im Spätjugendstil (siehe Bild) als architektonische Kostbarkeit, der mittelalterliche Stadtkern mit seinen historischen Bauten oder Bräuche der in dieser Region beheimateten Sorben verleihen der Stadt eine eigene Anmutung.

Information und Prospekte:
Cottbus-Service, Berliner Platz 6/Stadthalle, D-03046 Cottbus,
cottbus-service@cmt-cottbus.de, www.cottbus.de,
☎ 0049 (0) 355/75420, Fax 7542455.

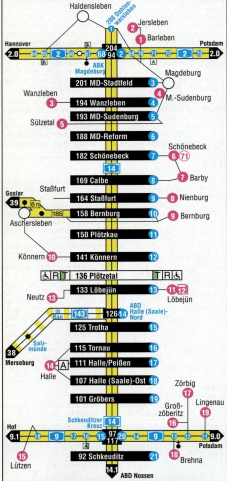

❶ D-39179 **BARLEBEN**
A 2 ab Ausfahrt 70 Magdeburg-Zentrum 2 km
Gasthof Pension Goldene Kugel ⭐⭐ 18 B, EZ € 34,–, DZ € 48,–, 3-Bett-Zi € 63,–, inkl. Frühstück, Zi mit Bad/Du, WC, ☎ und TV, Raum für 30 Personen, 🍽, ⛽, P, Breiteweg 41, ☎ **0049(0)39203/5438**, Fax 5438.

❷ D-39326 **JERSLEBEN**
A 2 ab Ausfahrt 70 Magdeburg-Zentrum, B 189 → Stendal, Ausfahrt Jersleben 8 km
Hotel Landhof Jersleben ⭐⭐ ruhige Lage, 22 B, EZ € 44,–, DZ € 67,–, inkl. Frühstücksbuffet, alle Zi mit Du, WC, ☎ und TV, Abendkarte für Hausgäste, Biergarten, WLAN (DSL), 🖥, P, Alte Dorfstr. 3, ☎ **0049(0)39201/25473**, Fax 27521.

❸ D-39164 **WANZLEBEN**
A 14 ab Ausfahrt 4 Wanzleben → Wanzleben 8 km
Hotel-Restaurant Sokuwa ⭐⭐⭐⭐ 30 B, EZ € 49,– bis 55,–, DZ € 72,– bis 79,–, inkl. Frühstück, alle Zi mit Du, WC, Fön, Radio und TV, kreative Küche, Tagungsräume bis 130 Personen, Wellnessbereich mit Sauna, 🖥, P, Bucher Weg 8, @, www.hotel-sokuwa.de, ☎ **0049(0)39209/693-0**, Fax 69320.

❹ D-39112 **MAGDEBURG-SUDENBURG**
A 14 ab Ausfahrt 6 Magdeburg-Reform → Zentrum → B 71 → Sudenburg und A 2 ab Ausfahrt 70 Magdeburg-Zentrum → Zentrum, B 189 ab Ausfahrt Sudenburg
Plaza Hotel Magdeburg ⭐⭐⭐⭐ 276 B, EZ € 63,– bis 70,–, DZ € 75,– bis 88,–, Mehrbett-Zi, Allergiker-Zi, inkl. Frühstücksbuffet, alle Zi mit Bad/Du, WC, Fön, ☎, TV und Minibar, teils WLAN, Lift, Restaurant, Tagungsräume für 5 bis 100 Personen, Terrasse, Sauna, 🖥, 🍽, 🚌, ♿, Tief-G, P, Halberstädter Str. 146, @, www.plazahotelmagdeburg.de, ☎ **0049(0)391/60510**, Fax 6051100.

❺ D-39171 **SÜLZETAL**
A 14 ab Ausfahrt 5 Sudenburg 300 m, B 81 → Magdeburg, 1. Abfahrt Osterweddingen
Landhotel Schwarzer Adler ⭐⭐⭐ 22 B, EZ € 56,– bis 69,–, DZ € 79,– bis 89,–, inkl. Frühstück, alle Zi mit Du, WC, ☎, Sat-TV und WLAN, Terrasse, Saunaanlage, 🖥, geschlossener P im Hof, Alte Dorfstraße 2, @, www.hotel-osterweddingen.de, ☎ **0049(0)39205/6520**, Fax 6528.

❻ D-39218 **SCHÖNEBECK**
A 14 ab Ausfahrt 7 Schönebeck nach 300 m links → Bad Salzelmen, 3 km geradeaus, im Ort Beschilderung folgen
Hotel Pension Tannenhof ⭐⭐⭐ ruhige Lage, 26 B, EZ € 35,– bis 47,–, DZ € 51,– bis 60,–, inkl. Frühstück, alle Zi mit Bad/Du, WC, ☎ und Kabel-TV, Sauna, Solarium, Garten, 🖥, P im Hof, Luisenstraße 8/10, @, www.hotel-tannenhof-schoenebeck.de, ☎ **0049(0)3928/65565**, Fax 65563.

❼ D-39249 **BARBY**
A 14 ab Ausfahrt 7 Schönebeck → Schönebeck → Barby und ab Ausfahrt 8 Calbe → Calbe → Barby
Gasthof zum Rautenkranz ⭐⭐ 24 B, EZ € 38,– bis 45,–, DZ € 58,– bis 70,–, inkl. Frühstücksbuffet, alle Zi mit Du und WC, frische regionale Küche, Biergarten, 🖥, 🍽, 🚌, P, Schloßstraße 29, @, www.rautenkranz-barby.de, ☎ **0049(0)39298/3396**, Fax 28602.

❽ D-06429 **NIENBURG**
A 14 ab Ausfahrt 9 Staßfurt, B 71 → Neugattersleben 7 km
Hotel zum Löwen ⭐⭐⭐ 35 B, EZ € 53,– DZ € 69,–, inkl. Frühstück, alle Zi mit Du, WC, ☎, Sat-TV und WLAN, Restaurant, Räume bis 80 Personen, Terrasse, 🖥, 🚌, P, Schloss-Straße 27, @, www.nienburg-zumloewen.de, ☎ **0049(0)34721/41450**, Fax 414533.

❾ D-06406 **BERNBURG**
A 14 ab Ausfahrt 10 Bernburg ca. 1,5 km
Hotel-Restaurant Askania ⭐⭐⭐⭐ ruhige stadtzentrale Lage, 72 B, EZ € 57,–, DZ € 71,–, inkl. Frühstücksbuffet, alle Zi mit Du, WC, ☎, TV, WLAN (kostenfrei) und Minibar, 🖥, 🚌, abgeschlossener P, Breite Str. 2-3, @, www.askania-hotel-bernburg.de, ☎ **0049(0)3471/354-0**, Fax 354-135.

❿ D-06420 **KÖNNERN**
A 14 ab Ausfahrt 12 Können ca. 800 m
Hotel Goldener Ring ⭐⭐⭐ 27 B, EZ € 40,–, DZ € 60,–, inkl. Frühstücksbuffet, alle Zi mit Du, WC, ☎, Sat-TV und Internetanschluss, internationale Küche, Räume bis 140 Personen, 🖥, 🚌, G, P, BernburgerStr.4, hotel-goldener-ring@web.de, www.hotel-goldener-ring.de, ☎ **0049(0)34691/4310**, Fax 43133.

⓫ D-06193 **LÖBEJÜN**
A 14 ab Ausfahrt 13 Löbejün ca. 3 km
Gasthaus-Pension Werbig ⭐⭐ 10 B, EZ € 29,–, DZ € 45,–, Familien-Zi, inkl. Frühstück, alle Zi mit Du, WC und TV, deutsch-italienische Küche, P, Burgstr. 29, Gasthaus-werbig@web.de, www.gasthaus-werbig.de, ☎ **0049(0)34603/78271 + 77662**, Fax 77662.

❹ **Plaza Hotel Magdeburg, Magdeburg-Sudenburg**

12 D-06193 **LÖBEJÜN** A 14 ab Ausfahrt 13 Löbejün
GO-Tankstelle Erbarth ⛽ GO-Market, 🛒, 24 h geöffnet, Plötzer Chaussee, ☎ 0049(0)34603/77030.

13 D-06198 **NEUTZ**
A 14 ab Ausfahrten 13 Löbejün B 6 → Halle 4 km und 15 Trotha B 6 → Könnern 500 m
Landgasthof Sattelhof ★★★ 70 B, EZ € 55,– DZ € 85,–, inkl. Frühstücksbuffet, alle Zi mit Du, WC, ☎, TV und Minibar, teils WLAN, moderne Küche, Tagungsräume bis 120 Personen, Sanitärstation, 🛒, 🚐, P, @, www.sattelhof-aktuell.de, ☎ 0049(0)34603/3190, Fax 31929.

14 D-06110 **HALLE/SAALE**
A 14 ab Ausfahrt 17 Halle/Peißen, B 100 → Zentrum
Galeriehotel-Restaurant Esprit ★★★ zentrale Lage, , EZ € 46,– DZ € 68,–, inkl. Frühstück, alle Zi mit Du, WC, Fön, ☎, TV und Safe, Tagungsraum, 🛒, P € 3,–, Restaurant So ./., Torstr. 7, @, www.esprit-hotel.de, ☎ 0049(0)345/212200, Fax 2122022.

15 D-06686 **LÜTZEN**
A 9 ab Ausfahrt 18 Bad Dürrenberg und A 38 ab Ausfahrt 28 Lützen je 4 km
Landhaus-Pension Fleischhauer ★★ 20 B, EZ € 35,– bis 59,–, DZ € 45,– bis 69,–, inkl. Frühstück, alle Zi mit Du, WC, ☎ und TV, P, Starsiedeler Str. 2, @, www.Landhaus-fleischhauer.de, ☎ 0049(0)34444/20495, Fax 20098.

16 D-06780 **GROSSZÖBERITZ**
A 9 ab Ausfahrt 12 Bitterfeld/Wolfen → Zörbig 1,6 km
Hotel garni Gut Tannepöls ★★ 24 B, EZ € 46,– bis 62,–, DZ € 72,– bis 82,–, inkl. Frühstück, alle Zi mit Du, WC, ☎ und Digital-TV, 🍴 € 5,–, P, Bitterfelder Str. 7, @, www.hotel-gut-tannepoels.de, ☎ 0049(0)34956/64880, Fax 39242.

17 D-06780 **ZÖRBIG**
A 9 ab Ausfahrt 12 Bitterfeld/Wolfen 7 km
Gasthaus Zum Löwen ★★ 20 B, EZ € 40,– DZ € 65,–, inkl. Frühstück, alle Zi mit Du, WC, ☎ und Sat-TV, Restaurant, P, Ägypten 2 - 3, @, www.hotelgasthauszumloewen.de, ☎ 0049(0)34956/25564, Fax 20052.

18 D-06796 **BREHNA**
A 9 ab Ausfahrt 13 Halle a. d. Saale → B 100 → Gewerbegebiet 3,5 km
Hotel Anhalt ★★ 122 B, EZ € 34,– DZ € 49,–, inkl. Frühstück, alle Zi mit Du, WC und Sat-TV, 🛒, 🍴, 🚐, ♿, großer P, Max-Planck-Straße 19, @, www.hotel-anhalt.de, ☎ 0049(0)34954/49180, Fax 49181.

19 D-06779 **LINGENAU**
A 9 ab Ausfahrt 11 Dessau-Süd 4 km
Landgasthof Lingenau ★★★ ruhig gelegen, 38 B, EZ € 35,– bis 45,–, DZ € 55,–, inkl. reichhaltigem Frühstück, alle Zi mit Du, WC und TV, gutbürgerliche Küche, Räume bis 120 Personen, Konferenzraum, Biergarten, 🚐, P, Lingenau 15, @, www.landgasthof-lingenau.de, ☎ 0049(0)34906/20634, Fax 21106.

8

Hotel Zum Löwen, Nienburg

71 **SCHÖNEBECK**
Vermittlung von Stadtführungen, Verkauf von Souvenirs und Publikationen, Eintrittskarten für Veranstaltungen, kostenlose Zimmervermittlung.

Information und Prospekte:
Stadtinformation, Badepark 1, D-39218 Schönebeck, www.schoenebeck.de, ☎ 0049(0)3928/7055-0, Fax 7055-42.

19 Landgasthof Lingenau, Lingenau

167

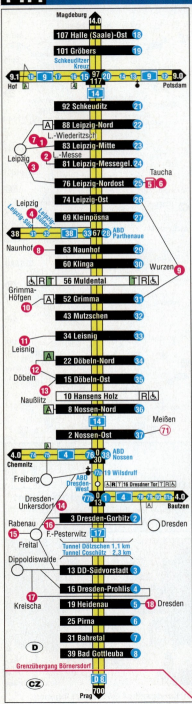

❶ D-04158 LEIPZIG-WIEDERITZSCH
A 14 ab Ausfahrt 22 Leipzig-Nord → Leipzig, 3. Ampel links 3 km
Hotel-Restaurant Hiemann ★★★⚑ 80 B, EZ € 62,– bis 79,–, DZ € 77,– bis 95,–, inkl. Frühstücksbuffet, alle Zi mit Du, WC, ☎, Sat-TV, WLAN und Hot-Spot, Lift, Konferenzraum, Sauna, ▦, 🍴, Tief-G, P, Delitzscher Landstraße 75, @, www.hotel-hiemann.de, ☎ 0049 (0) 341/5 25 30, Fax 5 25 31 54.

❷ D-04356 LEIPZIG-MESSE
A 14 ab Ausfahrt 24 Leipzig-Messegelände → Messegelände 1 km
Hotel im Sachsenpark ★★★★ 112 Zi, EZ € 65,– bis 150,–, DZ € 80,– bis 180,–, inkl. Bio-Frühstücksbuffet, alle Zi mit Bad/Du, WC, TV, WLAN kostenfrei, Klimaanlage und Minibar, Restaurant, Tagungsräume, Sauna, Solarium, Golfplatz 18 Loch 500 m, BMW-Werk 1 km, ▦, 🍴, ♿, kostenfreier P, Walter-Köhn-Straße 3, @, www.sachsenparkhotel.de, ☎ 0049 (0) 341/52 52-0, Fax 52 52-5 28.

❸ D-04277 LEIPZIG
A 38 ab Ausfahrt 31 Leipzig-Süd → B 2 Abfahrt Koburger Str., 2 x rechts
Flair-Hotel Restaurant Alt-Connewitz ★★★ 60 B, EZ € 49,– bis 67,–, DZ € 72,– bis 107,–, Mehrbett-Zi, inkl. Frühstücksbuffet, alle Zi mit Bad/Du, WC, TV und WLAN, Lift, Sauna, ▦, 🍴, 🍴, P, Meusdorfer Str. 47 a, @, www.alt-connewitz.de, ☎ 0049 (0) 341/30 13 70, Fax 30 13 800.

❹ D-04279 LEIPZIG A 38 ab Ausfahrt 31 Leipzig-Süd → B 2 ab Ausfahrt Markkleeberg-Ost, 1. Ampel links, Ortseingang Leipzig 1. rechts
Pension Petit ★★★ ruhige Lage, 18 B, EZ € 30,– bis 40,–, DZ € 45,– bis 60,–, inkl. Frühstücksbuffet, Zi mit Du, WC und TV, P, Am Eichwinkel 8 b, @, www.pension-petit-leipzig.de, ☎ 0049 (0) 170/2 90 22 85.

❺ D-04425 TAUCHA A 14 ab Ausfahrt 25 Leipzig-Nordost ca. 800 m
Aral-Tankstelle ⚑ Bistro, Waschanlage, 24 Stunden geöffnet, Leipziger Straße, ☎ 0049 (0) 3 42 98/3 45 95.

❻ D-04425 TAUCHA A 14 ab Ausfahrt 25 Leipzig-Nordost → Taucha 500 m
Ibis Hotel ★★★ 103 Zi, EZ und DZ ab € 39,–, Frühstück € 10,–, alle Zi mit Du, WC, Fön, ☎ und TV, Bistro, ▦, 🍴, P, Leipziger Str. 125, @, www.messe-hotel-leipzig.de, ☎ 0049 (0) 3 42 98/39 71 00, Fax 39 72 99.
Unter gleicher Leitung:

❼ D-04158 LEIPZIG-WIEDERITZSCH
A 14 ab Ausfahrt 23 B 2 → Leipzig-Zentrum
Grand City Hotel Messe ★★★ 54 Zi, EZ ab € 39,–, DZ ab € 39,–, alle Zi mit Du, WC, ☎ und TV, WLAN im öffentlichen Bereich, Seehausener Str. 29, @, www.grandcity-hotel-leipzig-messe.de, ☎ 0049 (0) 341/520 1 30, Fax 52 01 31 33.

❽ D-04683 NAUNHOF
A 14 ab Ausfahrt 29 Naunhof → Naunhof/Bahnhof 3 km
Hotel Carolinenhof ★★★ 51 B, EZ ab € 45,–, DZ ab € 65,–, inkl. Frühstücksbuffet, alle Zi mit Du, WC, TV und WLAN, Restaurant, Tagungsräume, Sauna, Messe Leipzig 13 km, Leipzig Zentrum 15 km, 🍴, Tief-G, Bahnhofstr. 32, @, www.carolinenhof-hotel.de, ☎ 0049 (0) 3 42 93/47 77 11, Fax 47 77 13.

❾ D-04808 WURZEN A 14 ab Ausfahrten 26 Leipzig-Ost und 31 Grimma je ca. 15 km, Ortseingang (B 6) 1. Ampel rechts
Hotel Zur Post mit Restaurant Bella Italia ★★★ 31 B, EZ € 43,–, DZ € 63,–, 3-Bett-Zi € 83,–, Familien-Zi € 99,–, inkl. regionalen Frühstücksbuffet, alle Zi mit Du, WC, TV und Minibar, WLAN, Biergarten, Motorradfahrer willkommen, ▦, 🍴, G, P, Bahnhofstr. 23, @, www.hotel-wurzen.de, ☎ 0049 (0) 34 25/81 24 05, Fax 85 45 65.

❿ D-04668 GRIMMA-HÖFGEN
A 14 ab Ausfahrt 31 Grimma → Grimma → Mutzschen 7,5 km
Erlebnishotel Zur Schiffsmühle ★★★ idyllisch an der Mulde gelegen, 63 B, Ferienwohnungen, EZ € 50,–, DZ € 78,–, inkl. Frühstück, alle Zi mit Bad/Du, WC, ☎ und TV, sächsische und internationale Küche, Tagungsräume, Ausflugsziel, ▦, 🍴, 🍴, P, Zur Schiffsmühle 2, @, www.hotel-zur-schiffsmuehle.de, ☎ 0049 (0) 34 37/76 02-0, Fax 91 02 87.

⓫ D-04703 LEISNIG
A 14 ab Ausfahrt 33 Leisnig, 9 km, Ausschilderung folgen
Hotel Restaurant Bastei ★★ 38 B, EZ € 29,– bis 35,–, DZ € 42,– bis 49,–, Familien-Zi, inkl. Frühstück, alle Zi mit Du, WC, ☎ und TV, Saal bis 70 Personen, ▦, 🍴, P, Muldenstr. 17, www.hotelbasteileisnig.de, ☎ 0049 (0) 3 42 21/6 58 0, Fax 6 58 55.

❷

Hotel im Sachsenpark, Leipzig-Messe

⑫ D-04720 DÖBELN
A 14 ab Ausfahrten 34 Döbeln-Nord und 35 Döbeln-Ost → Döbeln-Zentrum
Hotel-Restaurant Döbelner Hof ★★★ 70 B, EZ € 49,– bis 63,–, DZ € 70,– bis 75,–, Appartement € 82,– bis 93,–, inkl. Frühstücksbuffet, alle Zi mit Bad/Du, WC, Fön, 📺, TV, Radio und Minibar, 2 Konferenzräume, Terrasse, 🍴, 🍴 € 7,–, P, Bäckerstr. 8-9, www.doebelner-hof.de, ☎ 0049(0)3431/60250, Fax 6025600.

⑬ D-04741 NAUSSLITZ ab Ausfahrt 35 Döbeln-Ost 2 km → Roßwein
Waldgasthof Margarethenmühle ★★★ ruhige Waldlage, 32 B, EZ € 35,–, DZ € 55,–, inkl. Frühstück, alle Zi mit Du und WC, teils 📺 und TV, saisonale Küche, Wild- und Fischspezialitäten, Sauna, Wandermöglichkeiten, 🍴, 🍴, 🍴 (nach Anmeldung), P, Naußlitz 24, @, www.margarethenmuehle.de, ☎ 0049(0)3431/702843, Fax 702840.

⑭ D-01156 DRESDEN-UNKERSDORF
A 4 ab Ausfahrt 77 a Wilsdruff → Freital 5 km und ab ABD 77 b → A 17 ab Ausfahrt 2 Dresden-Gorbitz ca. 3 km
Landhotel + Gaststätte Unkersdorfer Hof ★★ absolut ruhige Lage, 60 B, EZ € 38,– bis 45,–, DZ € 52,– bis 68,–, inkl. Frühstücksbuffet, alle Zi mit Du, WC, 📺 und TV, angenehme Küche, 3 Räume bis zu 50 Personen, Biergarten, Sauna, 🍴, ♿ -Zi, P, Am Schreiberbach 3, @, www.unkersdorferhof.de, ☎ 0049(0)35204/98040, Fax 98042.

⑮ D-01734 RABENAU A 4 ab Ausfahrt 77 a Wilsdruff 15 km → Tharandt, Freital und A 17 ab Ausfahrt 2 Dresden-Gorbitz 13 km → Freital
Hotel-Restaurant Rabennest ★★★ neu gebaut, schöne, ruhige Aussichtslage, 20 B, EZ € 39,– bis 47,–, DZ € 61,– bis 71,–, inkl. Frühstücksbuffet, alle Zi mit Du, WC, 📺, Sat-TV und Minibar, gutbürgerliche, preiswerte Küche, Neben-Zi bis 50 Personen, Gartenterrasse, Bowlingbahn, 🍴, großer P, Nordstr. 8, @, www.hotel-rabennest.de, ☎ 0049(0)351/4760322, Fax 4760325.

⑯ D-01705 FREITAL-PESTERWITZ A 14 ab Ausfahrt 2 Dresden-Gorbitz 4,5 km und A 4 ab Ausfahrt 78 Dresden-Altstadt 6 km
Hotel Pesterwitzer Siegel ★★★ 52 B, EZ ab € 56,–, DZ ab € 74,–, inkl. Frühstück, alle Zi mit Fön, Sat-TV, WLAN und Minibar, Lift, Restaurant, Biergarten, Tagungsraum, Sauna, Whirlpool, Stadtbusanbindung, Shuttle-Service, Bus-P, Dresdner Str. 23, @, www.pesterwitzersiegel.de, ☎ 0049(0)351/6506367, Fax 6506369.

⑰ D-01731 KREISCHA
A 17 ab Ausfahrt 3 Dresden-Südvorstadt 8 km → Dippoldiswalde (B 170) und Ausfahrt 4 Dresden-Prohlis 6 km (Beschilderung folgen)
Hotel Kreischaer Hof ★★★ ruhig gelegen, 98 B, EZ € 51,– bis 56,–, DZ € 72,– bis 82,–, inkl. Frühstücksbuffet, alle Zi mit Du, WC, 📺 und TV, Lift, Abendrestaurant, Terrasse, Räume bis 100 Personen, Anschluss an Dresdner Liniennetz (40 Minuten bis Zentrum), 🍴, 🍴, ♿-freundlich, großer P, Alte Straße 4, @, www.hotel-kreischaer-hof.de, ☎ 0049(0)35206/22051, Fax 22051.

⑱ D-01257 DRESDEN
A 17 ab Ausfahrt 5 Heidenau → Dresden Lockwitz ca. 1 km
Hotel Residenz am Schloss ★★★ Hotel Garni mit Wohlfühl-Ambiente, 21 B, EZ € 45,– DZ ab € 76,–, Familien-Zi ab € 90,–, inkl. Frühstücksbuffet, auch glutenfrei, alle Zi mit Du, WC, Fön, 📺, Sat-TV, Internet und Wasserkocher, teils Balkon, große Terrasse, Garten mit Grill, Seminarraum bis 8 Personen und bis 35 Personen, direkte Busanbindung, 20 Minuten bis ins Zentrum, P, Am Plan 2, @, www.dresden-residenz.de, ☎ 0049(0)351/2709280, Fax 2709282.

⑧

Hotel Carolinenhof, Naunhof

㉑ MEISSEN
Die 1000-jährige Dom- und Weinstadt an der Elbe, die Stadt des weltberühmten Meissner Porzellans. Nehmen Sie sich Zeit für einen Besuch im Museum der Porzellan-Manufaktur und der Schauwerkstatt, für den Besuch im ersten Schloss auf deutschem Boden, für eine Stadtführung durch das mittelalterliche Stadtzentrum oder für einen Schoppen Elbtalwein in einer historischen Weinstube.

Information und Prospekte:
Tourist-Information Meißen, Markt 3, D-01662 Meißen, service@touristinfo-meissen.de, www.touristinfo-meissen.de, ☎ 0049(0)3521/41940, Fax 41949.

Blick auf den Burgberg mit Albrechtsburg und Dom, Meißen

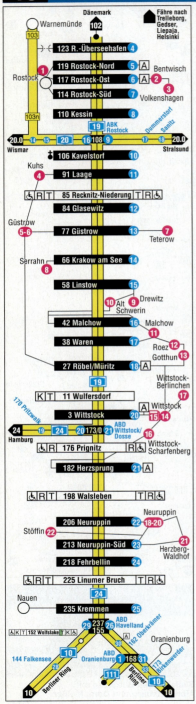

Dänemark

Warnemünde **102**

Fähre nach Trelleborg, Gedser, Liepaja, Helsinki

103

123 R.-Überseehafen **4**

Rostock **1**

119 Rostock-Nord **5** A Bentwisch

117 Rostock-Ost **6** A **2**

114 Rostock-Süd **7** **3** Volkenshagen

110 Kessin

103n

19 ABK Rostock

20.0 14 15 **20** 16 108 9 17 18 **20.0**
Wismar Stralsund
Dummerstorf Sanitz

106 Kavelstorf **10**

Kuhs **4**

91 Laage **11**

85 Recknitz-Niederung

84 Glasewitz **12**

Güstrow **5-6**

77 Güstrow **13** **7** Teterow

66 Krakow am See **14**

Serrahn **8**

58 Linstow **15**

10 Alt **9** Drewitz Schwerin

42 Malchow **16** Malchow **11**

38 Waren **17** Roez **12**

Gotthun **13**

27 Röbel/Müritz **18** A

19 Wittstock-Berlinchen

11 Wulfersdorf **17**

3 Wittstock A Wittstock
20 **15** **14**

24 19 **24** **20** 173/0 **21** ABD Wittstock/Dosse
Hamburg **16** Wittstock-Scharfenberg

176 Prignitz

182 Herzsprung **21** A

198 Walsleben

Neuruppin

206 Neuruppin **22** **18-20**
Stöffin **22**

213 Neuruppin-Süd **23** **21** Herzberg-Waldhof

218 Fehrbellin **24**

225 Linumer Bruch

Nauen **24**

235 Kremmen **25**

29 237 26 ABD Havelland
30 155 152 Wolfslake 162 Oberkrämer
Oranienburg

144 Falkensee **10** ABD Oranienburg **1** 168 **31** 173 Birkenwerder
28 **111**
10 Berliner Ring **10** Berliner Ring **10**

---

1 D-18069 **ROSTOCK**
A 19 ab Ausfahrt 5 Rostock-Nord → Warnemünde und A 20 ab Ausfahrt 14 Rostock-West
Hotel elbotel ★★★ ruhige zentrale Lage, 230 B, EZ € 49,– bis 136,–, DZ € 49,– bis 145,–, Frühstücksbuffet € 9,– pro Person, alle Zi mit Du, WC, ☎, Sat-TV und Minibar, Restaurant, Bar, Biergarten, Sauna, Solarium, Fitnessraum, ▦, ⌂, 🅿, Fritz-Triddelfitz-Weg 2, @, www.elbotel.de, ☎ 0049 (0)381/80880, Fax 8088708.

2 D-18182 **BENTWISCH**
A 19 ab Ausfahrt 6 Rostock-Ost ca. 5 km, durch den Ort → Marlow
Land-gut-Hotel Hermann ★★★ ruhige Lage, 200 B, EZ € 52,– bis 60,–, DZ € 70,– bis 90,–, inkl. Frühstück, alle Zi mit Bad/Du, WC, ☎, Sat-TV und WLAN, Restaurant, Konferenzräume, Wellnessbereich (kostenfrei), ▦, ⌂, 🅿, Albertsdorf 13, @, www.land-gut-hotel.de, ☎ 0049 (0)381/6667666, Fax 6667668.

3 D-18184 **VOLKENSHAGEN/KLEIN KUSSEWITZ**
A 19 ab Ausfahrt 6 Rostock-Ost → Stralsund (B 105) 11 km
Landhotel Pathes Hof ★★ ruhige Lage, 21 B, EZ € 37,– bis 48,–, DZ € 54,– bis 72,–, inkl. Frühstück, alle Zi mit Du, WC und TV, Restaurant, Sauna, 🅿, Auf der Heide 18, @, www.pathes-hof.de, ☎ 0049 (0)38202/30606, Fax 30605.

4 D-18276 **KUHS** A 19 ab Ausfahrt 11 Laage ca. 3 km → B 103 Güstrow
Landhotel Kuhs ★★★ 40 B, EZ € 45,– bis 55,–, DZ € 68,– bis 70,–, Familien-Zi € 75,– bis 90,–, inkl. Frühstück, alle Zi mit Du, WC, ☎, TV und WLAN, Restaurant, Konferenzen bis 55 Personen, Tennis, Ponyreiten, ⌂, Rostocker Chaussee 39, @, www.landhotel-kuhs.m-vp.de, ☎ 0049 (0)38454/3100 + 20238, Fax 20760.

5 D-18273 **GÜSTROW**
A 19 ab Ausfahrt 13 Güstrow ca. 8 km (Inselsee beschildert)
Hotel-Restaurant „Kurhaus am Inselsee" ★★★★☆ zwischen Heidberg und Inselsee gelegen, 77 B, EZ € 75,– bis 105,–, DZ € 110,– bis 145,–, Suiten ab € 160,–, inkl. Frühstücksbuffet, alle Zi mit Du, WC, ☎ und TV, teils Balkon, Restaurant, Cafégarten mit Seeblick, Saal, Pianobar, Wellnessbereich mit Schwimmbad, 300 m zum Barlach-Atelierhaus, ⌂, 🅿, Heidberg 1, @, www.kurhaus-guestrow.de, ☎ 0049 (0)3843/850-0, Fax 850-100.

6 D-18273 **GÜSTROW** A 19 ab Ausfahrt 13 Güstrow
Upstalsboom Hotel Stadt Güstrow ★★★★ 111 B, EZ € 65,– bis 85,–, DZ € 85,– bis 125,–, inkl. Frühstücksbuffet, alle Zi mit Bad/Du, WC, ☎ und Sat-TV, Lift, Restaurant, Lobby-Bar, Internet, Terrasse, Tagungen, Gästehaus Altstadt 250 m, 🅿, Baustr. 10, @, www.nordik-hotels.de, ☎ 0049 (0)3843/7800, Fax 780100.

7 D-17166 **TETEROW** A 19 ab Ausfahrt 13 Güstrow B 104 ca. 19 km
Motel Zur Goldenen Krone ★★ 28 B, EZ € 47,50, DZ € 75,–, inkl. Frühstück, alle Zi mit Du, WC und TV, 🅿, Const.-Kirchhoff-Str. 2, @, www.motel-teterow.de, ☎ 0049 (0)3996/187215, Fax 187136.

8 D-18292 **SERRAHN** ab Ausfahrt 14 ca. 4,2 km
Van der Valk Landhaus Serrahn ★★★ ruhige Lage, 55 B, EZ € 50,– bis 70,–, DZ € 65,– bis € 100,–, inkl. Frühstücksbuffet, alle Zi mit Du, WC, Fön, ☎ und Sat-TV, gehobenes Restaurant, Golf, Tennis, Reiten, Angeln, Jagen, ▦, ⌂, 🅿, Dobbiner Weg 24, @, www.vandervalk.de, ☎ 0049 (0)38456/66920, Fax 6692200.

9 D-17214 **DREWITZ** A 19 ab Ausfahrt 15 Linstow → Bornkrug 8 km
Jagd- und Naturpark Residenz ★★★★ ruhige Lage am See, 218 B, EZ € 57,- bis 77,-, DZ € 74,- bis 114,-, inkl. Frühstücksbuffet, alle Zi mit Bad/Du, WC, ☎ und Sat-TV, komplett ausgestattete Ferienhäuser (1-6 B) € 32,- bis 199,-, ▦, ⌂, ⚘, 🅿, Am Drewitzer See 1, @, www.jagdresidenz.de, ☎ 0049 (0)39927/7670, Fax 76719.

10 D-17214 **ALT SCHWERIN**
A 19 ab Ausfahrt 16 Malchow 12 km und ab Ausfahrt 15 Linstow 9 km
Kiwi Hotel ★★★★☆ Seelage, 43 B, EZ € 45,– bis 57,–, DZ € 72,– bis 92,–, inkl. Frühstück, alle Zi mit Du, WC, ☎, Sat-TV, DSL und Minibar, Restaurant und Seeterrasse, ▦, ⌂, ⚘, 🅿, Fischweg 1, @, www.kiwi-hotel.de, ☎ 0049 (0)39932/46122, Fax 46123.

11 D-17213 **MALCHOW** A 19 ab Ausfahrt 16 Malchow 5 km
Hotel am Fleesensee ★★ 21 B, EZ € 46,–, DZ € 68,– bis 85,–, inkl. Frühstücksbuffet, Ferienwohnungen für 2 und 4 Personen € 55,– bis 75,–, alle Zi mit Du, WC, ☎, TV, WLAN und Minibar, teils Balkon, Seeterrasse, Restaurant Café direkt am Seeufer, Strandstr. 4 a, @, www.haf.m-vp.de, ☎ 0049 (0)39932/1630, Fax 16310.

5

Hotel-Restaurant „Kurhaus am Inselsee", Güstrow

⑫ D-17213 ROEZ

A 19 ab Ausfahrt 17 Waren 9 km → Waren

Hotel-Restaurant Zur Schmiede ★★★☆ 36 B, EZ ab € 47,–, DZ ab € 57,–, inkl. Frühstücksbuffet, alle Zi mit Du, WC, ☎, TV und Minibar, Ferienhaus, Schmiede-Zi, Mecklenburger Kucherle, P, Bus-P, Malchower Str. 6, info@schmiede-roez.de, www.schmiede-roez.de, ☎ 0049 (0) 39 932/47 88-0, Fax 47 88-29.

⑬ D-17207 GOTTHUN

A 19 ab Ausfahrt 17 Waren und 18 Röbel je 15 km

Müritz-Landhotel „Grüner Baum" ★★★ ruhige Lage, 56 B, EZ € 40,– bis 50,–, DZ € 55,– bis 84,–, inkl. Frühstücksbuffet, alle Zi mit Du, WC, ☎ und Sat-TV, Mecklenburg, ⊞, P, Dorfstr. 6, @, www.gruener-baum-Gotthun.m-vp.de, ☎ 0049 (0) 3 99 31/5 26 69, Fax 5 97 54.

⑭ D-16909 WITTSTOCK

A 19 ab Ausfahrt 20 Wittstock 3 km

Hotel-Restaurant Röbler Thor ★★★ ruhige Lage im Stadtpark, 23 B, EZ € 52,– bis 55,–, DZ € 78,–, inkl. Frühstücksbuffet, alle Zi mit Du, WC, ☎, TV und Minibar, Restaurant für 30 Personen, Tagungsraum mit moderner Technik für 36 Personen, Wintergarten, Terrasse, P am Haus, Am Dosseteich 1, @, www.prignitz-hotels.com, ☎ 0049 (0) 33 94/4 00 46 + 4 33 56, Fax 44 33 22.

⑮ D-16909 WITTSTOCK A 19 ab Ausfahrt 20 Wittstock

Shell Station ⛽ ⊞, Mo-Fr 5-23 Uhr, Sa 6-22 Uhr, So 7-22 Uhr, Uetersener Str. 1, ☎ 0049 (0) 33 94/4 331 96.

⑯ D-16909 WITTSTOCK-SCHARFENBERG

A 24 ab Ausfahrt 21 ABD Wittstock/Dosse → Herzsprung → Wittstock 10 km und A 19 ab Ausfahrt 20 Wittstock → Kyritz 4 km

Gasthof Scharfenberger Krug ★★ Ferienhaus am See, 26 B, EZ € 45,–, DZ € 60,–, inkl. Frühstücksbuffet, alle Zi mit Bad oder Du und Sat-TV, Restaurant 70 Sitzplätze, durchgehend warme Küche, Tagungen bis 20 Personen, Terrasse, Sauna nebenan, großer P, Scharfenberg 28, @, www.scharfenberger-krug.de, ☎ 0049 (0) 33 94/712 4 17, Fax 44 37 15.

⑰ D-16909 WITTSTOCK-BERLINCHEN

A 19 ab Ausfahrt 20 Wittstock → Sewekow 15 km

Hotel Reiterhof Berlinchen ★★★ ruhige Lage, 43 B, EZ € 31,– bis 44,–, DZ € 51,– bis 75,–, inkl. Frühstücksbuffet, alle Zi mit Du, WC, ☎ und Sat-TV, Restaurant, ⊞, P, Dorfplatz 3, @, www.hotel-berlinchen.de, ☎ 0049 (0) 3 39 66/6 02 09, Fax 6 02 91.

⑱ D-16816 NEURUPPIN A 24 ab Ausfahrt 22 Neuruppin 5,4 km

Hotel Ruppiner Speisegaststätte ★★ ruhige Lage, 23 B, EZ € 32,– bis 53,–, DZ € 53,– bis 72,–, inkl. Frühstück, alle Zi mit TV, teils Du und WC, ⊞, ⍨, P, August-Bebel-Str. 37, www.ruppiner-speisegaststaette.de, ☎ 0049 (0) 3 3 91/29 44, Fax 29 44.

⑲ D-16816 NEURUPPIN

A 24 ab Ausfahrt 22 Neuruppin oder 23 Neuruppin-Süd ca. 8 km, ab Zentrum → der Hotel-Route folgend Richtung Wuthenow

Hotel-Restaurant Waldfrieden ★★★ am Ruppiner See, 46 B, EZ € 50,– bis 60,–, DZ € 80,– bis 90,–, inkl. Frühstück, alle Zi mit Du, WC, ☎ und Sat-TV, ⊞, ♿, P, Lindenallee 48, @, www.waldfrieden-neuruppin.de, ☎ 0049 (0) 3 3 91/37 93, Fax 37 98.

⑳ D-16816 NEURUPPIN A 24 ab Ausfahrt 23 Neuruppin-Süd → Zentrum 8 km

Pension zur Mühle ★★ 26 B, EZ € 36,–, DZ € 54,–, inkl. Frühstück, alle Zi mit Du, WC, ☎ und Sat-TV, auf Wunsch Abendbrot, ⊞, ⍨, P, Fehrbelliner Str. 9 b, @, www.pensionmuehle-neuruppin.de, ☎ 0049 (0) 3 3 91/5 94 30, Fax 5 94 340.

㉑ D-16835 HERZBERG-WALDHOF

A 24 ab Ausfahrt 22 Neuruppin, B 167 → Löwenberg 18 km und Ausfahrt 23 Neuruppin-Süd → 14 km

Waldhof Pension & Restaurant ★★ ruhige Lage, 14 B, EZ € 35,–, DZ € 60,– bis 80,–, inkl. Frühstück, alle Zi mit Du, WC, ☎ und Sat-TV, Wald-Erlebnis-Pfad, ⛺, P, Di ./., Wulkower Chaussee 1, @, www.waldhof-herzberg.de, ☎ 0049 (0) 3 39 26/7 02 10, Fax 7 06 84.

㉒ D-16833 STÖFFIN

A 24 ab Ausfahrt 23 Neuruppin-Süd → Neuruppin, nach 3 km links ab

Hotel-Restaurant Landhaus Wittemans ★★ ruhige Lage, 24 B, EZ € 46,– bis 50,–, DZ € 70,–, inkl. Frühstücksbuffet, alle Zi mit Du, WC, ☎ und TV, ⊞, P, Dorfstraße 23 a, @, www.landhaus-wittemans.de, ☎ 0049 (0) 3 39 32/7 11 68, Fax 6 04 81.

Upstalsboom
Hotel Stadt Güstrow,
Güstrow

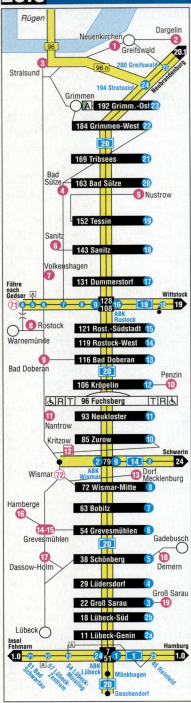

1 D-17498 **NEUENKIRCHEN/GREIFSWALD**
A 20 ab Ausfahrt 25 Greifswald → Zentrum und B 96 ab Ausfahrt Nord 1 km
Hotel Stettiner Hof ★★★★ 44 B, EZ € 45,– bis 60,–, DZ € 65,– bis 80,–, inkl. Frühstücksbuffet, alle Zi mit Bad/Du, WC, ☎, Sat-TV, Internet und Minibar, Restaurant, ☞, ⛽, P, Th.-Körner-Str. 20, @, www.hotel-stettiner-hof.de, ☎ 0049 (0) 3834/89 96 24, Fax 89 96 27.

2 D-17498 **DARGELIN** ab B 96 ca. 400 m
Landhaus Pension & Restaurant Dargelin ★★★ ruhige Lage, 20 B, EZ ab € 38,–, DZ ab € 54,–, inkl. Frühstück, alle Zi mit Du, WC, Sat-TV und WLAN, ☞, P, Teichstr. 19, @, www.landhaus-dargelin.de, ☎ 0049 (0) 38356/370, Fax 51846.

3 D-18437 **STRALSUND** A 20 ab Ausfahrt 23 Grimmen-Ost → Bahnhof
Hotel am Jungfernstieg ★★★ 72 B, EZ € 55,– bis 99,–, DZ € 75,– bis 129,–, inkl. Frühstück, alle Zi mit Bad/Du, WC, ☎ und Sat-TV, ☞, ☞, ⛽, P € 5,–, Jungfernstieg 1 b, @, www.hotel-am-jungfernstieg.de, ☎ 0049 (0) 3831/44 38-0, Fax 44 38-19.

4 D-18334 **BAD SÜLZE** A 20 ab Ausfahrt 20 Bad Sülze → Zentrum 4,5 km
Gästehaus Mühlenstein ★★★ 16 B, EZ € 30,– bis 35,–, DZ € 40,– bis 45,–, Frühstück € 5,– pro Person, alle Zi mit Du, WC, ☎, Sat-TV und Radio, Restaurant, Konferenzraum, Internet, Sauna, Fitness, ☞, ⛽, P, Recknitzallee 1 a, ☎ 0049 (0) 38229/70 4 40, Fax 70 4 44.

5 D-18195 **NUSTROW**
A 20 ab Ausfahrt 19 Tessin, B 110 → Tessin → Kowalz
Rittergut Nustrow ★★★ 72 B, EZ € 60,– bis 77,–, DZ € 75,– bis 92,–, inkl. Frühstücksbuffet, alle Zi mit Du, WC, ☎, Sat-TV, Radio und WLAN, Ferienwohnung 2-5 Betten € 65,– bis 150,–, Restaurant, Konferenzraum, Golf, Reiten, Angeln, Jagd, Wandern, Kanu- und Fahrradverleih, ☞, ☞, ⛽, P, Dorfstr. 45, info@nustrow.de, www.nustrow.de, ☎ 0049 (0) 38205/78 60, Fax 80 80 01.

6 D-18190 **SANITZ**
A 20 ab Ausfahrt 18 Sanitz → Sanitz, B 110, Kreisverkehr → Bad Sülze → Wendorf
Hotel und Pension Gutshaus Neu Wendorf ★★★ absolut ruhige Lage, EZ € 48,– bis 70,–, DZ € 68,– bis 90,–, inkl. Frühstück, alle Zi mit Du, WC, ☎ und Sat-TV, Ferienwohnungen und -haus, traditionelle Küche, Wildspezialitäten, Konferenzen bis 30 Personen, Kamin-Zi, Wintergarten, Park, ☞ € 4,–, Am Gutshaus 7, @, www.gutshaus-neu-wendorf.de, ☎ 0049 (0) 38209/340 + 80 2 70, Fax 80 271.

7 D-18184 **VOLKENSHAGEN/KLEIN KUSSEWITZ**
A 19 ab Ausfahrt 6 Rostock-Ost → Stralsund (B 105) 11 km
Landhotel Pathes Hof ★★ ruhige Lage, 21 B, EZ € 37,– bis 48,–, DZ € 54,– bis 72,–, inkl. Frühstück, alle Zi mit Du, WC und TV, Restaurant, Sauna, P, Auf der Heide 18, @, www.pathes-hof.de, ☎ 0049 (0) 38202/3 06 06, Fax 3 06 05.

8 D-18069 **ROSTOCK** A 20 ab Ausfahrt 14 Rostock-West und A 19 ab Ausfahrt 5 Rostock-Nord → Warnemünde
Hotel elbotel ★★★ ruhige zentrale Lage, 230 B, EZ € 49,– bis 136,–, DZ € 49,– bis 145,–, Frühstücksbuffet € 9,– pro Person, alle Zi mit Du, WC, ☎, Sat-TV und Minibar, Restaurant, Bar, Biergarten, Sauna, Solarium, Fitnessraum, ☞, ☞, ⛽, P, Fritz-Triddelfitz-Weg 2, @, www.elbotel.de, ☎ 0049 (0) 381/80 8 80, Fax 80 88 7 08.

9 D-18209 **BAD DOBERAN**
A 20 ab Ausfahrt 12 Bad Doberan → Zentrum, rechts
Hotel Friedrich-Franz-Palais ★★★★ 96 B, EZ ab € 55,–, DZ ab € 70,–, inkl. Frühstücksbuffet, alle Zi mit Du, WC, ☎, Kabel-TV und WLAN, Restaurant, Wellness, Sauna, Internet, ☞, ☞, ⛽, ♿, P, August-Bebel-Str. 2, info@friedrich-franz-palais.de, www.friedrich-franz-palais.de, ☎ 0049 (0) 38203/6 03 36, Fax 6 2126.

10 D-18249 **PENZIN**
A 20 ab Ausfahrt 12 Kröpelin → Bützkow ca. 4 km
Landhotel Constien ★★ idyllische Lage, 18 B, EZ € 35,–, DZ € 52,–, 3-Bett-Zi € 65,–, inkl. Frühstück, alle Zi mit Bad, WC und TV, regionale Wild- und Fischküche, P, Dorfstr. 28, www.wild-fisch-weliness.de, ☎ 0049 (0) 38464/2 07 60, Fax 2 2479.

11 D-23974 **NANTROW** ab B 105 → 400 m
Pension Prill ⬡ ruhige ländliche Lage, 18 B, EZ € 25,– bis 30,–, DZ ab € 40,– bis 50,–, inkl. Frühstück, alle Zi mit Du, 2 Zi mit Du und WC, Kochgelegenheit, P, Dorfstr. 18, @, www.pension-prill.de, ☎ 0049 (0) 38426/2 04 05, Fax 40 19.

12 D-23970 **KRITZOW**
A 20 ab ABK Ausfahrt Wismar-Ost 1,5 km
HEM Tankstelle ⬡ Waschanlage, Shop, Bistro, Du, ☞, ⛽, großer P, 24 Stunden geöffnet, Karpendiek 1, ☎ 0049 (0) 3841/21 39 90, Fax 21 39 90.

13 D-23972 **DORF MECKLENBURG**
A 20 ab Ausfahrt 8 Wismar-Mitte → Schwerin (B 106) 4 km
Hotel-Restaurant Mecklenburger Mühle ★★★ ruhige Lage, 80 B, EZ € 50,– bis 64,–, DZ € 72,– bis 82,–, Appartement € 98,– bis 149,–, Nichtraucher-Zi, inkl. Frühstück, alle Zi mit Du, WC, ☎, TV und Fax, Sauna, Solarium, Fitnessraum, Spielplatz, ☞, ☞, ⛽, ♿, P, @, www.hotel-mecklenburger-muehle.m-vp.de, ☎ 0049 (0) 3841/39 80, Fax 39 81 98.

14 D-23936 **GREVESMÜHLEN**
A 20 ab Ausfahrt 6 Grevesmühlen 4 km
Gasthof Altes Rathaus ★★★ zentrale Lage, 16 B, EZ € 50,–, DZ € 70,– bis 80,–, inkl. Frühstück, alle Zi mit Du, WC und TV, regionale Küche, Terrasse, HotSpot, P, August-Bebel-Str. 1, @, www.gasthof-altes-rathaus.de, ☎ 0049 (0) 3881/7 58 80, Fax 75 88 20.

⑮ D-23936 GREVESMÜHLEN
A 20 ab Ausfahrt 6 Grevesmühlen 4 km
Pension Seba ★★ 20 B, EZ € 35,– bis 45,–, DZ € 55,– bis 70,–, 4-Bett-Zi, inkl. Frühstücksbuffet, alle Zi mit Du, WC und TV, Große Alleestr. 51/53, @, www.pension-seba.de, ☎ 0049(0)3881/755810, Fax 755812.

⑯ D-23936 HAMBERGE/GREVESMÜHLEN
A 20 ab Ausfahrt 6 Grevesmühle ca. 5 km, B 105 → Wismar 3 km
Pension Rabe ★★ ruhige Lage, 20 B, EZ € 30,– bis 35,–, DZ € 48,– bis 55,–, inkl. Frühstück, Familien-Zi € 55,– bis 65,–, alle Zi mit Du, WC, und TV, Gaststätte, 🍴, 🚌, P, Dorfstr. 3, @, www.pension-rabe.de, ☎ 0049(0)3881/711494, Fax 710611.

⑰ D-23942 DASSOW-HOLM
A 20 ab Ausfahrt 5 Schönberg → Schönberg → Dassow 10 km
Hotel Jägerhof Ostsee ★★★ ruhige Lage, 40 B, EZ € 40,– bis 50,–, DZ € 50,– bis 60,–, inkl. Frühstücksbuffet, alle Zi mit Du, WC und TV, regionale Küche mit Wild- und Fischspezialitäten, Terrasse, P, Ausbau 1, @, www.jagdhotel-ostsee.de, ☎ 0049(0)38826/89464, Fax 89467.

⑱ D-19217 DEMERN
A 20 ab Ausfahrt 5 Schönberg → Rehna → Demern ca. 10 km
Hotel-Restaurant Alter Gutshof ★★★ idyllische Lage, 37 B, EZ € 43,– DZ € 63,– bis 76,–, 3-Bett-Zi € 84,–, inkl. Frühstücksbuffet, alle Zi mit Bad, WC, TV und Internetanschluss, frische regionale und saisonale Küche, Tagungsräume, bis 90 Personen, Terrasse, Wintergarten, Wellnessbereich, 🚌, P, Dorfstr. 28, @, www.alter-gutshof.de, ☎ 0049(0)38872/672-0, Fax 672-29.

⑲ D-23627 GROSS SARAU
A 20 ab Ausfahrt 3 Groß Sarau 2 km
Nobis Krug ★★ ruhige Lage, 16 B, EZ € 35,– bis 49,–, DZ € 49,– bis 69,–, inkl. Frühstück, Zi mit Du, WC und DVB-T, Restaurant, Badeplatz in der Nähe, 🚌, 🍴, P, Tüschenbecker Weg 1 a, @, www.nobis-krug.de, ☎ 0049(0)4509/8086, Fax 8086.

㉛ SCANDLINES Rostock-Gedser
Die Linie Rostock-Gedser ist die direkte Verbindung zwischen Berlin und Kopenhagen sowie eine effektive Verbindung zwischen Süd- und Osteuropa und Skandinavien. Mit den beiden modernisierten Fähren „Prins Joachim" und „Kronprins Frederik" bietet Scandlines jetzt alle zwei Stunden Abfahrten von beiden Häfen an. Die Überfahrt dauert nur 105 Minuten. Auf den neu eingerichteten Fähren gibt es eine Vielzahl von Angeboten in Restaurant und Cafeteria sowie in den Shops an Bord.

Information und Reservierung:
Scandlines Deutschland GmbH, D-18147 Rostock-Warnemünde,
www.scandlines.de, ☎ 0049(0)1805/116688
(0,12 Euro/Min. aus dem deutschen Festnetz).

㉜ HANSESTADT WISMAR

Alter Hafen, Wismar

Wismar (1229) ist als traditionsreicher Handelsplatz geprägt von der Lage an der südlichen Ostsee und der maritimen Wirtschaft. Städtebauliche Einmaligkeit erlangt Wismar durch die auf mittelalterlichem Stadtgrundriss erhaltene historische Altstadt mit einem der größten quadratischen Märkte Nordeuropas. Durch diese Besonderheiten und die mittelalterliche Authentizität ist Wismar mit seinen weit mehr als 400 Einzeldenkmalen von der UNESCO zum Welterbe der Menschheit erklärt worden.

Information, Prospekte und Zimmervermittlung:
Tourist-Information Wismar (täglich 9-18 Uhr), Markt 11,
D-23966 Wismar, touristinfo@wismar.de, www.wismar.de,
☎ 0049(0)3841/19433, Fax 251-3091.

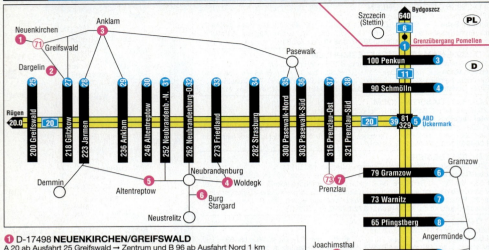

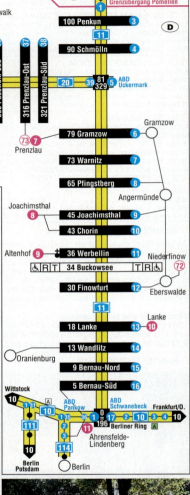

❶ D-17498 NEUENKIRCHEN/GREIFSWALD
A 20 ab Ausfahrt 25 Greifswald → Zentrum und B 96 ab Ausfahrt Nord 1 km
Hotel Stettiner Hof ★★★★ 44 B, EZ € 45,– bis 60,–, DZ € 65,– bis 80,–, inkl. Frühstücksbuffet, alle Zi mit Bad/Du, WC, ☎, Sat-TV, Internet und Minibar, Restaurant, ▭, ⚑, 🚌, P, Th.-Körner-Str. 20, @, www.hotel-stettiner-hof.de, ☎ 0049 (0) 38 34/89 96 24, Fax 89 96 27.

❷ D-17498 DARGELIN
ab B 96 ca. 400 m
Landhaus Pension & Restaurant Dargelin ★★ ruhige Lage, 20 B, EZ ab € 38,–, DZ ab € 54,–, inkl. Frühstück, alle Zi mit Du, WC, Sat-TV und WLAN, ⚑, P, Teichstr. 19, @, www.landhaus-dargelin.de, ☎ 0049 (0) 3 83 56/3 70, Fax 51 8 46.

❸ D-17389 ANKLAM
aus Hamburg: A 20 ab Ausfahrt 28 Jarmen, aus Berlin: A 20 ab Ausfahrt 36 Pasewalk-Süd
Hotel Pommernland ★★★ 59 B, EZ € 50,– bis 57,–, DZ € 65,– bis 81,–, inkl. Frühstücksbuffet, alle Zi mit Du, WC, ☎, Kabel-TV und Internet, P, Friedländer Landstraße 20 c, @, www.hotel-pommernland.de, ☎ 0049 (0) 39 71/29 18-0, Fax 29 18-18.

❹ D-17348 WOLDEGK
A 20 ab Ausfahrt 33 Friedland 9 km
Mühlenstadthotel ★★ 30 B, EZ € 34,–, DZ € 48,–, inkl. Frühstücksbuffet, alle Zi mit Du, WC, ☎ und TV, Restaurant, ▭, 🚌, P, August-Bebel-Str. 15, @, www.muehlenstadthotel.eu, ☎ 0049 (0) 39 63/21 13 44, Fax 21 13 27.

❺ D-17087 ALTENTREPTOW
A 20 ab Ausfahrt 30 Altentreptow, an der B 96
Hotel am Markt ★★★ ruhige, zentrale Lage, 57 B, EZ ab € 49,–, DZ ab € 69,–, inkl. Frühstücksbuffet, alle Zi mit Du, WC, ☎, Sat-TV und Internet, Restaurant, ▭, ⚑, 🚌, ♿, P, Am Markt 1, @, www.ferienhotel-vorpommern.de, ☎ 0049 (0) 39 61/25 82-0, Fax 25 82-99.

❻ D-17094 BURG STARGARD
ab B 96 → 4 km
Hotel Zur Burg ★★★ 50 B, EZ € 55,–, DZ € 70,– bis 95,–, inkl. Frühstück, alle Zi mit Du, WC, ☎ und Sat-TV, rustikales Restaurant, Konferenzräume, ▭, ⚑ € 8,–, 🚌, P, Am Markt 10/11, @, www.hotel-zur-burg.com, ☎ 0049 (0) 39 603/26 50, Fax 2 65 55.

❼ D-17291 PRENZLAU
A 20 ab Ausfahrt 37 Prenzlau 15 km (an der B 198)
Hotel-Restaurant Wendenkönig ★★★ Stadthotel im Grünen, 70 B, EZ € 48,– bis 53,–, DZ € 68,– bis 75,–, inkl. Frühstücksbuffet, alle Zi mit Du, WC, ☎, TV, Radio und kostenfreiem WLAN, Raum für 30 Personen, Gartenterrasse, ▭, 🚌, P, Neubrandenburger Str. 66, @, www.hotel-wendenkoenig.de, ☎ 0049 (0) 39 84/86 00, Fax 86 01 51.

❽ D-16247 JOACHIMSTHAL
A 11 ab Ausfahrten 10 Chorin und 9 Joachimsthal je 6 km
Hotel Wenzelhof ★★★ idyllisch ruhige und zentrale Lage, 24 B, EZ € 37,–, DZ € 53,– bis 68,–, inkl. Frühstücksbuffet, alle Zi mit Du, WC, ☎ und Sat-TV, Restaurant, ▭, P, Schönebecker Str. 24, @, www.hotel-wenzelhof.de, ☎ 0049 (0) 3 33 61/62 90, Fax 62 913.

❾ D-16244 ALTENHOF
A 11 ab Ausfahrt 11 Werbellin 2 km bis zum Hotel
Hotel Kaiserhof am Werbellinsee ★★★ 35 B, EZ ab € 42,–, DZ ab € 62,–, alle Zi mit Du und WC, Restaurant, ▭, 🚌, P, Dorfstr. 41, @, www.kaiserhof-werbellinsee.de, ☎ 0049 (0) 3 33 63/40 20, Fax 5 24 26.

❿ Hotel-Restaurant Seeschloss, Lanke

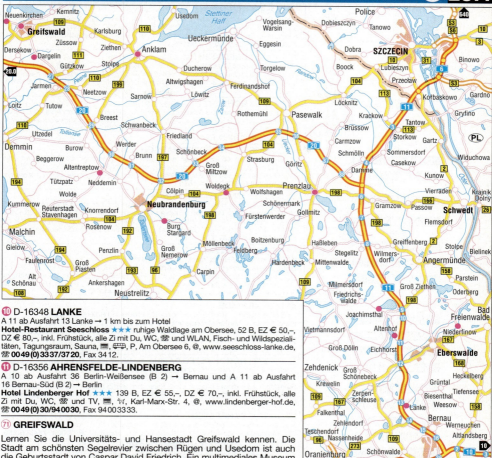

Neuenkirchen · Kemnitz · Usedom · Stettiner Haff · Police · Police

Greifswald · Karlsburg · Vogelsang-Warsin · Dobieszczyn · Tanowo

Züssow · Ziethen · Anklam · Ueckermünde · Eggesin · SZCZECIN

Dersekow · Dargelin · Gützkow · Stolpe · Ducherow · Torgelow · Boock · Lubieszyn · Binowo

Jarmen · Neetzow · Altwigshagen · Ferdinandshof · Przecław

Loitz · Tutow · Breest · Sarnow · Löwitz · Löcknitz · Krackow · Tantow · Storkow · Gartz · Gryfino

Demmin · Burow · Werder · Brunn · Schönbeck · Rothemühl · Pasewalk · Brüssow · Schmölln · Sommersdorf · Casekow · Widuchowa

Beggerow · Altentreptow · Groß Miltzow · Strasburg · Göritz · Carmzow · Damme · Kunow

Tützpatz · Neddemin · Cölpin · Woldegk · Wolfshagen · Prenzlau · Vierraden · Krajnik Dolny

Utzedel · Wolde · Knorrendorf · Neubrandenburg · Schönermark · Gollmitz · Gramzow · Passow · Schwedt

Kummerow · Reuterstadt Stavenhagen · Rosenow · Fürstenwerder · Haßleben · Greiffenberg · Flemsdorf

Malchin · Penzlin · Burg Stargard · Möllenbeck · Boitzenburg · Stegelitz · Wilmers-dorf · Stolpe · Bielinek

Gielow · Groß Nemerow · Feldberg · Hardenbeck · Mittenwalde · Angermünde · Parstein

Faulenrost · Groß Plasten · Carpin · Milmersdorf · Friedrichs-walde · Groß Ziethen · Oderberg

Alt Schönau · Ankershagen · Neustrelitz · Joachimsthal · Bad Freienwalde

Vietmannsdorf · Altenhof · Niederfinow · Eberswalde

Zehdenick · Groß Dölln · Eichhorst · Gründtal · Heckelberg · Tiefensee

Krewelin · Groß Schönebeck · Zerpen-schleuse · Biesenthal · Weesow

Falkenthal · Zehlendorf · Lanke · Bernau · Werneuchen · Altlandsberg

Teschendorf · Nassenheide · Schönwalde · Ahrensfelde-Lindenberg

Oranienburg · BERLIN

---

⑩ D-16348 **LANKE**

A 11 ab Ausfahrt 13 Lanke → 1 km bis zum Hotel

Hotel-Restaurant Seeschloss ★★★ ruhige Waldlage am Obersee, 52 B, EZ € 50,–, DZ € 80,–, inkl. Frühstück, alle Zi mit Du, WC, ☎ und WLAN, Fisch- und Wildspezialitäten, Tagungsraum, Sauna, 🖥, 🍴, P, Am Obersee 6, @, www.seeschloss-lanke.de, ☎ **0049(0)3337/3720**, Fax 3412.

⑪ D-16356 **AHRENSFELDE-LINDENBERG**

A 10 ab Ausfahrt 36 Berlin-Weißensee (B 2) → Bernau und A 11 ab Ausfahrt 16 Bernau-Süd (B 2) → Berlin

Hotel Lindenberger Hof ★★★ 139 B, EZ € 55,–, DZ € 70,–, inkl. Frühstück, alle Zi mit Du, WC, ☎ und TV, 🖥, 🍴, Karl-Marx-Str. 4, @, www.lindenberger-hof.de, ☎ **0049(0)30/940030**, Fax 94003333.

⑦¹ **GREIFSWALD**

Lernen Sie die Universitäts- und Hansestadt Greifswald kennen. Die Stadt am schönsten Segelrevier zwischen Rügen und Usedom ist auch die Geburtsstadt von Caspar David Friedrich. Ein multimediales Museum über den Maler der deutschen Romantik und die Schauwerkstatt einer Seifensiederei und Kerzenzieherei lädt zum Staunen ein. Des Weiteren findet man Festivals, Theateraufführungen, Literaturveranstaltungen, Konzerte, Volksfeste und Themenmärkte. Greifswald gilt als Kulturstadt im Nordosten. Sichern Sie sich rechtzeitig Eintrittskarten und Unterkunft!

Informationen und Prospekte:
Greifswald-Information, Rathaus/Markt, D-17489 Greifswald, greifswald-information@t-online.de, www.greifswald-tourismus.de, ☎ **0049(0)3834/521380**, Fax 521382.

⑦² **NIEDERFINOW – SCHIFFSHEBEWERK**

Das Schiffshebewerk Niederfinow ist ein technisches Denkmal aus dem Jahr 1934.

Öffnungszeiten:
1.4. bis 30.9. täglich von 9 bis 18 Uhr.

Information und Prospekte:
Schiffshebewerk Niederfinow, Hebewerkstr. 69, D-16248 Niederfinow, www.schiffshebewerk-niederfinow.de, ☎ **0049(0)33362/215**, Fax 215.

⑦³ **PRENZLAU**

Uckermärkische Kreisstadt am Ufer des Unteruckersees mit sehenswerten Resten der mittelalterlichen Stadtbefestigung. Marienkirche, herausragendes Beispiel norddeutscher Backsteingotik.

Information und Prospekte:
Stadtinformation, Marktberg 11, D-17291 Prenzlau, stadtinfo@prenzlau.de, www.prenzlau-tourismus.de, ☎ **0049(0)3984/833952**, Fax 833954.

Esbjerg
101
Tønder ○ **11** Grenzübergang
Niebüll **1**
5
2 Bredstedt
Hattstedtermarsch
4 **3** Bohmstedt
Husum **71** **5**
Tönning **6** Immenstedt
95 Heide-West **2** Heide
7
91 Heide-Süd **3**
8
Nordhastedt
77 Albersdorf **4**
Hanerau-
Hademarschen
72 Schafstedt **5 9** **10**
23 Schafstedt
66 Hanerau-Hadem. **6**
Schenefeld
60 Schenefeld **7** **11**
51 Itzehoe-Nord **8**
48-Itzehoe- Kellinghusen
Heiligenstedten **12** **5** West **13** **72**
43 Itzehoe-Süd **10** Itzehoe
39 Lägerdorf **11**
35 Hohenfelde **12**
29 Horst/Elmshorn **13**
Elmshorn
14-15 **21 Elmshorn** **14**
16 **17 Tornesch** **15 A**
Tornesch
12 Pinneberg-Nord
Pinneberg
8 Pinneberg-Mitte **17** Pinneberg
18 **17**
7 Pinneberg-Süd
Halstenbek
19 **6 Halstenbek/Rell.** **19**
4 Halst.-Krupunder **20**
Rellingen-
Krupunder **20** **23**
1 HH-Eidelstedt **21**
21 Hamburg-Neugraben
1.1 **27** **7** **26** 148 **22** **24** **7** **23** **7.0**
Hamburg ABD Hamburg-Nordwest Kiel

21

Hotel Århus, Hamburg-Neugraben

176

---

1 D-25899 **NIEBÜLL** B 5 ab Ausfahrt Niebüll
Hotel Restaurant Zur alten Schmiede ★★ 19 B, EZ € 40,–, DZ € 65,–, 3-Bett-Zi € 80,–, inkl. Frühstück, alle Zi mit Du, WC, Wecker, ☎ und TV, Bar, Festräume, Terrasse, P, Hauptstraße 27, @, www.zur-alten-schmiede-niebuell.de, ☎ 0049 (0) 4661/96150, Fax 961550.

2 D-25821 **BREDSTEDT** ab Ausfahrt B 5 (500 m)
Hotel-Restaurant Ulmenhof ★★ 50 B, EZ ab € 59,–, DZ ab € 84,–, Junior-Suite ab € 105,–, inkl. Frühstücksbuffet, alle Zi mit Du, WC, ☎, TV und Radio, Badehaus, ⛏ € 8,50, P, Tondernsche Str. 4, @, www.ulmenhof.de, ☎ 0049 (0) 4671/9181-0, Fax 918171.

3 D-25853 **BOHMSTEDT** ab B 5 ca. 3 km
Paulsen's Landhotel und Restaurant ★★★ ruhige Lage, 11 B, ab April 2009 neues Gästehaus mit 48 B, EZ € 55,–, DZ € 76,–, inkl. Friesen-Frühstück vom Buffet, alle Zi mit Du, WC und Sat-TV, à la carte, Norderende 8, @, www.paulsens-hotel.de, ☎ 0049 (0) 4671/1560, Fax 1555.

4 D-25856 **HATTSTEDTERMARSCH** ab Ausfahrt 5 km
Hotel-Restaurant Arlauschleuse ★★★ sehr ruhige Einzellage, 80 B, EZ € 44,– bis 52,–, DZ € 82,– bis 98,–, Nichtraucher-Zi, inkl. Frühstück, alle Zi mit Du, WC, ☎ und TV, Raum bis 80 Personen, Sauna, Solarium, ⚓ (nur ec), P, @, www.arlau-schleuse.de, ☎ 0049 (0) 4846/69900, Fax 1095.

5 D-25885 **IMMENSTEDT/HUSUM**
A 7 und A 23/B 5 → Husum → B 200 → Flensburg ca. 8 km, links Olderuperstr.
Hotel Immenstedt Bahnhof ★ ruhige Lage, bei Husum, 23 B, EZ € 30,–, DZ € 60,– bis 70,–, inkl. Frühstück, alle Zi mit Du, WC und TV, warme Küche ab 18 Uhr, ☎, ⛏, großer P, Olderuperstr. 1, @, www.hotel-immenstedt-bahnhof.de, ☎ 0049 (0) 4843/1331, Fax 1304.

6 D-25832 **TÖNNING**
A 23 ab Ausfahrt 2 Heide/West, 1 km abseits der B 5
Hotel Restaurant zum goldenen Anker ★★★ 18 B, EZ € 45,–, DZ € 65,– bis 75,–, inkl. Frühstück, alle Zi mit Du, WC, Fön, ☎, Radio, TV und WLAN, Mittags- und Abendkarte, frischer Fisch, Schwimmbad, Sauna, ☎, P, Am Hafen 32, @, www.hotel-goldener-anker.de, ☎ 0049 (0) 4861/218, Fax 5053.

7 D-25746 **HEIDE**
A 23 ab Ausfahrt 3 Heide-Süd → Heide, Beschilderung Hotelroute folgen
Hotel Berlin – Ringhotel Heide ★★★★ 110 B, EZ € 72,– bis 114,–, DZ € 145,– bis 155,–, inkl. Frühstücksbuffet, alle Zi mit Bad/Du, WC, ☎, TV und WLAN, Restaurant, Tagungsräume, Wellness-Bereich, Beauty-Farm, Schwimmbad, ☎, G, P, Öster- str. 18, @, www.hotel-berlin.com, ☎ 0049 (0) 481/8545-0, Fax 8545-300.

8 D-25785 **NORDHASTEDT** A 23 ab Ausfahrt 4 Albersdorf 10 km → Heide und Ausfahrt 2 Heide-West → Hamburg (an der B 204)
Hotel-Restaurant Karstens ★★★ 34 B, EZ € 46,– bis 55,–, DZ € 69,– bis 79,–, inkl. Frühstück, 4 Ferienwohnungen bis 6 Personen, alle Zi mit Du, WC, ☎, Sat-TV und WLAN, Biergarten, ☎, ⛏, ♿, G, P, Heider Straße 9, @, www.karstens-gasthof.de, ☎ 0049 (0) 4804/267, Fax 542.

9 D-25725 **SCHAFSTEDT**
A 23 ab Ausfahrt 5 Schafstedt ca. 1 km → Schafstedt
OIL Tankstelle ⚒ Mo-Fr 6-20 Uhr, Sa+So 7-20 Uhr, Hauptstr. 16, ☎ 0049 (0) 4805/350.

10 D-25557 **HANERAU-HADEMARSCHEN**
A 23 ab Ausfahrt 6 Hanerau-Hademarschen ca. 8 km
Landgasthof Köhlbarg ★★ 20 B, EZ € 39,– bis 46,–, DZ € 65,– bis 74,–, inkl. Frühstück, alle Zi mit Du, WC, ☎ und TV-Anschluss, ☎, ⛏, P, Kaiserstraße 33, @, www.koehlbarg.de, ☎ 0049 (0) 4872/3333, Fax 9119.

11 D-25560 **SCHENEFELD** A 23 ab Ausfahrt 7 Schenefeld/Wacken 4 km
Hotel Restaurant Zum Nordpol ★★ 25 B, EZ € 40,– bis 50,–, DZ € 65,– bis 75,–, inkl. Frühstück, alle Zi mit Du, WC, ☎ und Kabel-TV, Restaurant, gutbürgerliche Küche mit Fischmenüs mittags und abends, 3 Gesellschaftsräume für 250 Personen, ⛏, P, Holstenstraße 11, @, www.hotel-zum-nordpol.de, ☎ 0049 (0) 4892/301+80300, Fax 8125.

12 D-25524 **HEILIGENSTEDTEN** B 5 ab Ausfahrt Itzehohe-West ca. 1 km
Gasthof zur Erholung ✕ feinbürgerliche Küche, Kaffee und Kuchen, Teespezi- alitäten, großer Biergarten, Räume bis 160 Personen, Kinderspielplatz, 3 Dop- pelkegelbahnen, ☎, ⛏, ♿, großer P, durchgehend geöffnet, Hauptstr. 29, @, www.zur-erholung-heiligenstedten.de, ☎ 0049 (0) 4821/40350 0, Fax 40350 6.

13 D-25524 **ITZEHOE**
B 5 ab Ausfahrt Itzehohe-West → Mitte 1,2 km
Hotel-Restaurant Adler ★★★ EZ € 49,– bis 65,–, DZ € 85,– bis 95,–, inkl. Frühstücksbuffet, alle Zi mit Du, WC, ☎, TV, WLAN und Minibar, regiona- le und internationale Küche und Buffets, Gartenterrasse, ☎, P, Lindenstr. 72, @, www.hotel-adler-itzehoe.de, ☎ 0049 (0) 4821/1 34 20, Fax 7 2033.

14 D-25335 **ELMSHORN**
A 23 ab Ausfahrt 14 Elmshorn
Hotel Royal ★★★ 80 B, EZ € 62,–, DZ € 92,–, Nichtraucher-Zi, inkl. Frühstücks- buffet, alle Zi mit Bad/Du, WC, Fön, ☎, TV und HotSpot, Restaurant, Schwimmbad, Sauna, ☎, Lönsweg 5, @, www.hotel-royal-elmshorn.de, ☎ 0049 (0) 4121/4264-0, Fax 4264-94.

⑮ D-25335 **ELMSHORN**
A 23 ab Ausfahrt 14 Elmshorn
Hotel-Restaurant Drei Kronen ★★★ 50 B, EZ € 60,– bis 65,–, DZ € 80,– bis 90,–, 3-Bett-Zi € 95,–, inkl. reichhaltigem Frühstücksbuffet, alle Zi mit Bad/Du, WC, ☎, TV und WLAN, Räume für 120 Personen, 🚗, 🍴, 🚲, G, P, Gärtnerstr. 92, @, www.hotel-drei-kronen-elmshorn.de, ☎ **0049 (0) 41 21/42 19-0**, Fax 42 19 50.

⑯ D-25436 **TORNESCH**
A 23 ab Ausfahrt 15 Tornesch 5 km, dann → Pinneberg 1,8 km links
Hotel Esinger Hof garni ★★★ ruhige Lage, 43 B, EZ € 40,– bis 48,–, DZ € 60,– bis 70,–, Appartement ab € 20,– pro Person, inkl. Frühstücksbuffet, alle Zi mit Du, WC, ☎, TV und Radio, kostenfreier Internetzugang, 🚗, 🍴, P, kein ✄, Denkmalstraße 7, @, www.esingerhof.de, ☎ **00 49 (0) 41 22/9 52 70**, Fax 95 27 69.

⑰ D-25421 **PINNEBERG**
A 23 ab Ausfahrt 16 Pinneberg-Nord
Hotel-Restaurant Maximo ★★ 56 B, EZ € 45,–, DZ € 70,–, 4-Bett-Zi € 100,–, inkl. Frühstück, Zi mit Du und WC, Buffet im Restaurant, Kamin, 🚗, P, Haderslebener Str. 5, @, www.hotel-maximo-restaurant.de, ☎ **00 49 (0) 41 01/80 81 28**, Fax 80 82 63.

⑱ D-25421 **PINNEBERG**
A 23 ab Ausfahrt 18 Pinneberg-Süd
Hotel Thesdorfer Hof garni ★★★ 44 B, EZ € 66,– bis 81,–, DZ € 77,– bis 102,–, inkl. Frühstücksbuffet, alle Zi mit Bad/Du, WC, ☎, Kabel-TV, Radiowecker, Safe und Minibar, Konferenzraum, Sauna, Whirlpool, 🚗, P, Rellinger Straße 35, @, www.thesdorferhof.de, ☎ **00 49 (0) 41 01/5 45 40**, Fax 54 54 54.

⑲ D-25469 **HALSTENBEK**
A 23 ab Ausfahrt 19 Halstenbek/Rellingen → Schenefeld 700 m
Shell-Station 🅿 Waschanlage, SB-Wäsche, 🚗, 24 Stunden geöffnet, Hartkirchener Chaussee 8, ☎ **00 49 (0) 41 01/4 49 00**.

⑳ D-25462 **RELLINGEN-KRUPUNDER**
A 23 ab Ausfahrt 20 Halstenbek-Krupunder 400 m → Krupunder
Hotel-Restaurant Fuchsbau ★★★ 60 B, EZ € 71,50 bis 75,50, DZ € 92,50 bis 97,50, inkl. Frühstücksbuffet, alle Zi mit Du, WC, Fön, ☎, TV, Premiere, Modeman-schluss, WLAN, Radio, Minibar und Hosenbügler, großer Garten mit Terrasse, 🍴, P, Altonaer Str. 357, @, www.hotel-fuchsbau.de, ☎ **00 49 (0) 41 01/3 82 50**, Fax 33 9 52.

㉑ D-21149 **HAMBURG-NEUGRABEN**
A 7 ab Ausfahrt 32 Hamburg-Heimfeld 4,5 km (B 73) → Cuxhaven, nach 2 Brücken 2 x links
Hotel Århus ★★★ ruhige Lage, Einkaufszentrum, 32 B, EZ € 75,–, DZ € 95,–, inkl. gutem Frühstück, alle Zi mit Du, WC, Kabel-TV und Radio, Lift, Terrassen, 3 Gehminuten DB-, S- und Busbahnhof Hamburg-Neugraben, Fahrt nach Hamburg-Mitte 20 Minuten, 🚗, kostenlose G, Marktpassage 9 (Anfahrt Süderelbering), @, www.hotel-aarhus.de, ☎ **00 49 (0) 40/70 29 28-0**, Fax 70 29 28-58.

㉛ **HUSUM — anerkannter Erholungsort**

Zentrum der Husumer Bucht und Kreisstadt des Kreises Nordfriesland. Sehenswert: Nordfriesisches Museum Nissenhaus mit Sammlungen zur Kulturgeschichte Nordfrieslands, Storm-Haus, ein Museum zur Erinnerung an Leben und Werk des in Husum geborenen Dichters Theodor Storm, Freilichtmuseum Ostenfelder Bauernhaus, Schifffahrtsmuseum und Badestrand Dockkoog (3 km), Schloss vor Husum, Rad- und Wanderwege.

Hafen, Zentrum Husum

Information und Prospekte:
Tourismus und Stadtmarketing Husum GmbH, Großstraße 27, D-25813 Husum, info@husum-tourismus.de, www.husum-tourismus.de, ☎ **0049 (0) 48 41/89 87-0**, Fax 89 87-90.

㉜ **KELLINGHUSEN – Ferienregion Stör-Bramautal**

Der Luftkurort Kellinghusen gilt als die Töpferstadt in Schleswig-Holstein. Idealer Ferienort für Wanderer, Radwanderer und Flusswanderer; Wohnmobilparkplatz am Schwimmbad; Gasthöfe, Hotels, Ferienwohnungen, Bed and Breakfast. Man spricht englisch und schwedisch.

Informationen und zentrale Zimmervermittlung:
Tourismusbüro (auch nach 18 Uhr und am Wochenende), Hauptstr. 15a, D-25548 Kellinghusen, tourismus-kulturbuero@kellinghusen.de, www.kellinghusen.de, ☎ **0049 (0) 48 22/37 17 07**, Fax 37 62 15.

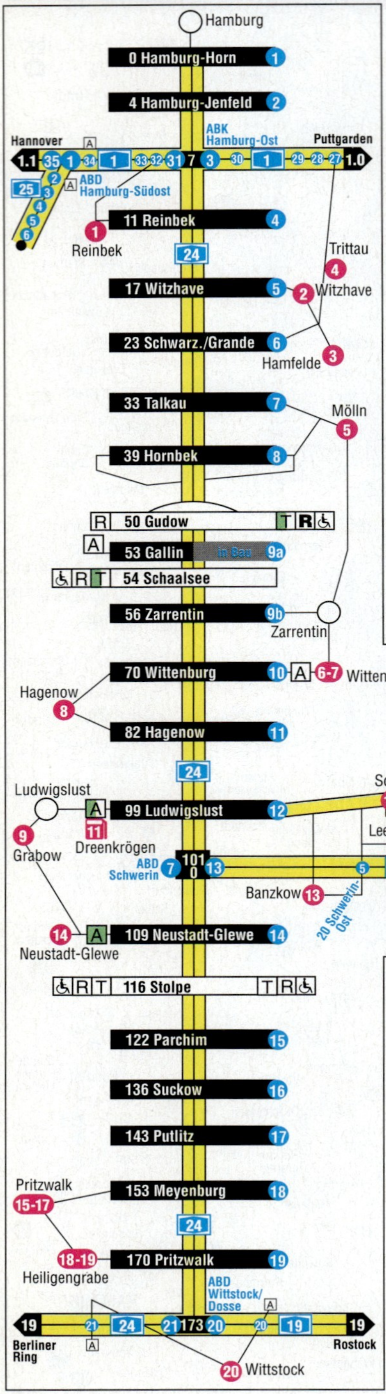

Hamburg
0 Hamburg-Horn 1
4 Hamburg-Jenfeld 2
Hannover
ABK Hamburg-Ost
Puttgarden
1.1 35 1 34 1 33 32 31 7 3 30 1 29 28 27 1.0
25
ABD Hamburg-Südost
11 Reinbek 4
Reinbek
24
Trittau
17 Witzhave 5
Witzhave
23 Schwarz./Grande 6
Hamfelde
33 Talkau 7
Mölln
39 Hornbek 8
50 Gudow
53 Gallin in Bau 9a
54 Schaalsee
56 Zarrentin 9b
Zarrentin
70 Wittenburg 10
Wittenburg
Hagenow
82 Hagenow 11
24
Ludwigslust
99 Ludwigslust 12
Grabow
Dreenkrögen
ABD Schwerin
101 0
Banzkow
109 Neustadt-Glewe 14
Neustadt-Glewe
116 Stolpe
122 Parchim 15
136 Suckow 16
143 Putlitz 17
Pritzwalk
153 Meyenburg 18
24
170 Pritzwalk 19
Heiligengrabe
ABD Wittstock/ Dosse
19 21 24 21 173 20 20 19 19
Berliner Ring
Rostock
Wittstock

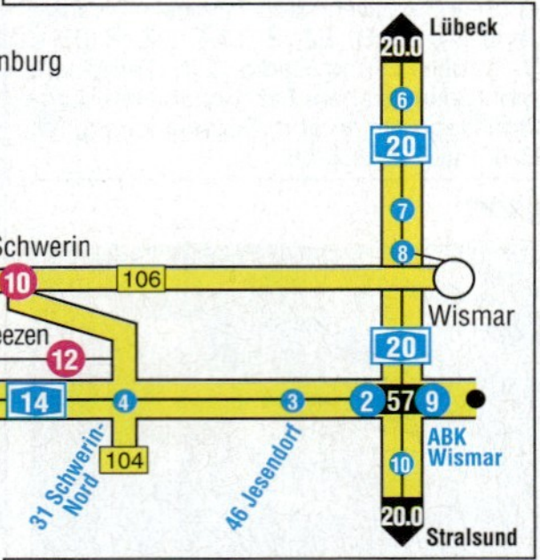

Lübeck
20.0
20
Schwerin
106
Wismar
Leezen
20
14
57
104
20 Schwerin-Ost
31 Schwerin-Nord
46 Jesendorf
ABK Wismar
20.0
Stralsund

1 D-21465 **REINBEK**
A 24 ab Ausfahrt 4 Reinbek 2,5 km und A 1 ab Ausfahrt 32 Hamburg-Öjendorf
Pension Haidhus ★★★ 16 B, EZ € 40,–, DZ € 54,– bis 64,–, Frühstück € 6,– pro Person, alle Zi mit Du, WC, TV und WLAN, 💳, P, Möllner Landstraße 12 a, info@haidhus.de, www.haidhus.de, ☎ **0049(0)40/7111645**, Fax 25482310.

2 D-22969 **WITZHAVE** A 24 ab Ausfahrt 5 Witzhave → Witzhave 500 m
Hotel Pünjer-Restaurant ★★★ ruhige Lage, 62 B, EZ € 45,– bis 56,–, DZ € 70,– bis 76,–, inkl. Frühstücksbuffet, alle Zi mit Du, WC, Fön, ☎, TV, WLAN und Minibar, gute Küche, Sauna und Dampfsauna, Telecash, 💳 (Visa + Eurocard), P, Möllner Landstraße 9, @, www.hotel-puenjer.de, ☎ **0049(0)4104/9777-0**, Fax 9777-55.

3 D-22929 **HAMFELDE**
→ Süden A 1 Ausfahrt 27 Bargteheide B 404 → Trittau → Hamfelde; → Norden A 24 Ausfahrt 6 Schwarzenbek/Grande B 404 Kiel, dann Ausfahrt Trittau weiter nach Hamfelde
Romantikanlage Hotel Pirsch-Mühle ★★★ ruhige Lage, 24 B, EZ € 49,50, DZ € 78,–, ab 3 Nächten € 73,–, inkl. Frühstücksbuffet, alle Zi mit Du, WC, ☎, Flatscreen-TV und WLAN, gehobenes Windmühlen-Restaurant und uriges Kneipenrestaurant direkt nebenan, Sauna, P, Möllner Str. 2, @, www.hotel-pirsch-muehle.de, ☎ **0049(0)4154/2300**, Fax 4203.

4 D-22946 **TRITTAU**
A 24 ab Ausfahrt 6 ca. 6 km und A 1 Ausfahrt 27, B 404 → Schwarzenbek 15 km
Hotel Restaurant Lauenburger Hof ★★ 22 B, EZ € 40,– bis 46,–, DZ € 59,– bis 65,–, inkl. Frühstück, alle Zi mit Du, WC, ☎, Sat-TV und Internet, Vorburgstr. 8, @, www.hotel-lauenburger-hof.de, ☎ **0049(0)4154/99350**, Fax 993529.

5 D-23879 **MÖLLN** B 207 ab Ausfahrten 11 km, Mölln-Süd 2 km → Zentrum
Hotel beim Wasserkrüger garni ★★★ 48 B, EZ € 45,– bis 48,–, DZ € 68,– bis 74,–, 3- und 4-Bett-Zi, inkl. Frühstücksbuffet, Zi mit Du, WC, ☎, Kabel-TV und Minibar, G, P, Wasserkrüger Weg 115, @, www.beim-wasserkrueger.de, ☎ **0049(0)4542/7091**, Fax 1811.

6 D-19243 **WITTENBURG**
A 24 ab Ausfahrt 10 Wittenburg ca. 1 km vor der 2. Ampel
Hotel-Restaurant Landhaus Wittenburg ★★★ 40 B, DZ als EZ € 55,– bis 65,–, DZ € 79,– bis 98,–, inkl. Frühstücksbuffet, alle Zi mit Bad/Du, WC, ☎, Sat-TV, Internet und Minibar, Räume für Konferenzen und Feste, Solarium, 💳, 🛒, 🚌, großer P, Steintor 41, @, www.landhaus-wittenburg.de, ☎ **0049(0)38852/655-0**, Fax 655-55.

7 D-19243 **WITTENBURG**
A 24 ab Ausfahrt 10 Wittenburg ca. 1,5 km → Zentrum, 3. Ampel rechts
Hotel Schwanenhof ★★★ 40 B, EZ € 49,–, DZ € 68,– bis 90,–, inkl. Frühstücksbuffet, alle Zi mit Du, WC, ☎ und TV, 💳, 🚌, P, Bahnhofstr. 12, @, www.hotel-A24.de,
☎ **0049(0)38852/6180**, Fax 61830.

8 D-19230 **HAGENOW**
A 24 ab Ausfahrten 10 Wittenburg und 11 Hagenow je 10 km
Hotel Restaurant „Roseneck" ★★★ 40 B, EZ € 45,– bis 65,–, DZ € 60,– bis 80,–, inkl. Frühstücksbuffet, alle Zi mit Bad/Du, WC, TV und WLAN, französische Küche, 💳, P, Löwenhelmstr. 2, www.hotel-roseneck.m-vp.de,
☎ **0049(0)3883/61170**, Fax 724073.

9 D-19300 **GRABOW**
A 24 ab Ausfahrten 12 Ludwigslust oder 14 Neustadt-Glewe je 20 km
Hotel „Stadt Hamburg" ★★ ruhige Lage im Stadtkern, 16 B, EZ € 28,–, DZ € 42,–, inkl. Frühstück, alle Zi mit Bad oder Du, WC und Kabel-TV, Restaurant, Biergarten, 4 Kegelbahnen, 💳, 🛒, Große Straße 28, @, www.hotel-stadt-h.de, ☎ **0049(0)38756/22233**, Fax 23763.

15

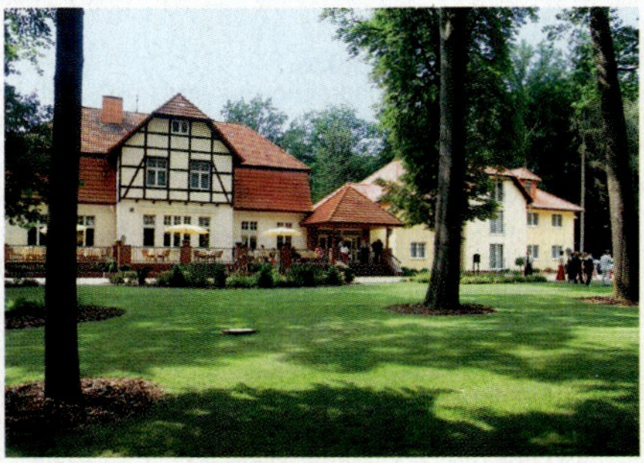

Waldhotel Forsthaus Hainholz, Pritzwalk

⑩ D-19061 SCHWERIN A 24 ab Ausfahrt 11 Hagenow und 12 Ludwigslust, B 106 → Hamburg → Krebsfördern Dorf 20 km

Fritz Hotel ★★★ ruhige Lage, 50 B, EZ € 65,– DZ € 84,–, inkl. Frühstücksbuffet, alle Zi mit Du, WC, ☎ und Sat-TV, teils Minibar, Restaurant, ▭, ⊁, ⊞, P, Dorfstr. 03 B, @, www.fritz-hotel.de, ☎ **0049(0)385/646370**, Fax 646 37 99.

⑪ D-19288 DREENKRÖGEN ab Ausfahrt 12 ca. 500 m, an der B 106

LTG Autohof ⊁⊞ Du, WC, Wickelraum, Zubehör, DKV, UTA, Lomo, Restaurant, ▭, ⅍, großer P, 24 Stunden geöffnet, Straße des Friedens 14, ☎ **0049(0)38753/88488**, Fax 8 84 77.

⑫ D-19067 LEEZEN A 14 ab Ausfahrten 4 Schwerin-Nord und 5 Schwerin-Ost

Koch's Hotel ★★★ ruhige Lage, 96 B, EZ € 42,– DZ ab € 62,50, inkl. Frühstück, spezielle Bus- und Winterpreise, alle Zi mit Du, WC, ☎ und Sat-TV, erstklassiges Restaurant mit Terrassen und Aussicht auf den Schweriner See, Konferenzraum, ▭, ⅍, ⊞, G, P, Seestr. 19, @, www.kochs-hotel-leezen.de, ☎ **0049(0)3866/4050**, Fax 4052 01.

⑬ D-19079 BANZKOW A 24 ab Ausfahrt 12 Ludwigslust (B 106) → Schwerin 10 km, dann rechts → Banzkow 4 km

Trend Hotel ★★★ ruhige Zi, 130 B, EZ € 44,– bis 51,– DZ € 68,– bis 79,– Suite € 110,– bis 140,–, inkl. Frühstück, alle Zi mit Bad/Du, WC, ☎ und Sat-TV, Restaurant, Tagungsräume bis 200 Personen, Saunalandschaft, ▭, ⊞, ⅍, P, Platerstr. 1, @, www.trendhotel.de, ☎ **0049(0)3861/5000**, Fax 7334.

⑭ D-19306 NEUSTADT-GLEWE A 24 ab Ausfahrt 14 Neustadt-Glewe ca. 3 km → Zentrum, Kreisverkehr rechts 1 km

Pension am See ★★ ruhige Lage, 12 B, EZ € 25,– bis 34,– DZ € 39,– bis 46,–, inkl. Frühstück, alle Zi mit Du, WC, ☎, Sat-TV und Internet, Ferienhaus, Ferienwagen, kleine Abendküche 300 m, Campingwiese, ⅍, P, Schäferkamp 6, @, www.pension-am-see.de, ☎ **0049(0)38757/23248**, Fax 23265.

⑮ D-16928 PRITZWALK

A 24 ab Ausfahrt 18 Meyenburg ca. 5 km (vor Pritzwalk links ab)

Waldhotel Forsthaus Hainholz ★★★ absolut ruhige Waldlage, 47 B, EZ € 55,– DZ € 78,– bis 85,–, inkl. Frühstücksbuffet, alle Zi mit Du, WC, ☎, TV und Minibar, Restaurant-Café-Terrasse, ⊞, P, Hainholz 2, @, www.prignitz-hotels.com, ☎ **0049(0)3395/30079-0**, Fax 30079-38.

⑯ D-16928 PRITZWALK A 24 ab Ausfahrt 18 Meyenburg 3 km → Pritzwalk

Hotel-Restaurant Falkenhagen/Prignitz ★★★ 82 B, EZ € 52,– bis 55,– DZ € 66,– bis 72,–, inkl. Frühstücksbuffet, alle Zi mit Du, WC, ☎, TV und Minibar, 2 Konferenzräume, Bus-P, Rapshagener Straße 2, @, www.prignitz-hotels.com, ☎ **0049(0)33986/82123**, Fax 821 25.

⑰ D-16928 PRITZWALK

A 24 ab Ausfahrten 18 Meyenburg/Pritzwalk/Nord 9 km und 19 Pritzwalk ca. 16 km

Gasthaus und Hotel „Zum Torwächter" ★★ 9 B, EZ € 40,– DZ € 55,–, inkl. Frühstück, alle Zi mit Du, WC, ☎ und TV, gutbürgerliche Küche mittags und abends, Restaurant 52 Plätze, Spezialität: Essen vom „Heißen Stein", Meyenburger Tor 24, @, www.zumtorwaechter.de, ☎ **0049(0)3395/7596-0**, Fax 7596-22.

⑱ D-16909 HEILIGENGRABE A 24 ab Ausfahrt 19 Pritzwalk ca. 2,8 km

Motel-Restaurant Heiligengraber Kreuz ★★ 28 B, EZ € 34,– bis 36,– DZ € 51,–, inkl. Frühstücksbuffet, alle Zi mit Du, WC, ☎ und TV, Restaurant, P, Am Birkenwäldchen 1, ☎ **0049(0)33962/7090**, Fax 709 126.

⑲ D-16909 HEILIGENGRABE A 24 ab Ausfahrt 19 Pritzwalk 3 km

Gasthof Zum Erbhof ★★ 22 B, EZ € 34,– DZ € 50,–, inkl. Frühstück, alle Zi mit Du, WC und TV, Sauna, Badeteich, P im Hof, Küche von 11.00 bis 23.00 Uhr, Wittstocker Straße 11, @, ☎ **0049(0)33962/50903+50284**, Fax 504 03.

⑳ D-16909 WITTSTOCK A 19 ab Ausfahrt 20 Wittstock 3 km

Hotel-Restaurant Rößler Thor ★★★ ruhige Lage im Stadtpark, 23 B, EZ € 52,– bis 55,– DZ € 78,–, inkl. Frühstücksbuffet, alle Zi mit Du, WC, ☎, TV und Minibar, Restaurant für 30 Personen, Tagungsraum mit moderner Technik für 36 Personen, Wintergarten, Terrasse, P am Haus, Am Dosseteich 1, @, www.prignitz-hotels.com, ☎ **0049(0)3394/40046+433556**, Fax 443822.

⑯

Hotel-Restaurant Falkenhagen/ Prignitz, Pritzwalk

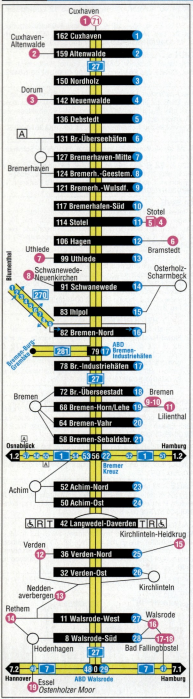

❶ D-27476 CUXHAVEN
A 27 ab Ausfahrt 1 Cuxhaven → Zentrum → Döse 4 km
Seehotel Neue Liebe ★★★ ruhige Lage mit Seeblick, 70 B, EZ € 48,– bis 72,–, DZ € 77,– bis 130,–, inkl. Frühstücksbuffet, alle Zi mit Du, WC, ☎, TV, Internet und Minibar, Lift, Restaurant, ▭, G, P, Prinzessinnintrift 12-14, @, www.seehotel-neue-liebe.de, ☎ 0049 (0) 47 21/7 97 40, Fax 79 74 60.

❷ D-27478 CUXHAVEN-ALTENWALDE
A 27 ab Ausfahrt 2 Altenwalde → Altenwalde
Hotel-Restaurant Neuses ★★★ ruhige Lage, 58 B, EZ € 48,– bis 60,–, DZ € 78,– bis 95,–, inkl. Frühstücksbuffet, alle Zi mit Du, WC, ☎ und TV, regionale und internationale Küche, Tagungsmöglichkeit, Terrasse, Garten, ⚲, kostenfreier P, Schmetterlingweg 6, @, www.hotel-neuses.de, ☎ 0049 (0) 47 23/41 69, Fax 46 65.

❸ D-27632 DORUM
A 27 ab Ausfahrt 4 Neuenwalde 12 km Ortsteil Neufeld
Deichhotel Grube garni ★★ direkt am Wattenmeer, 25 B, EZ € 40,– bis 50,–, DZ € 66,–, inkl. Frühstück, alle Zi mit Du, WC, TV und Radio, Restaurants in der Nähe, P, Am neuen Deich 2, @, www.deichhotel-grube.de, ☎ 0049 (0) 47 41/96 97-0, Fax 96 97-30.

❹ D-27612 STOTEL
A 27 ab Ausfahrt 11 Stotel 1 km
Hotel Haus am See ★★ ruhige Lage, 12 B, EZ ab € 35,–, DZ ab € 47,50, inkl. Frühstück, alle Zi mit Du, WC und ☎, teils TV, Konferenzraum, P für Busse und LKW, Schulstr. 75, www.hotel-haus-am-see-stotel.de, ☎ 0049 (0) 47 44/54 07, Fax 50 38.

⑤ D-27612 STOTEL
A 27 ab Ausfahrt 11 Stotel → Stotel 1 km
OIL Tankstelle ⛽ Mo bis Sa von 6.00 bis 20.00 Uhr, Burgstr. 64, ☎ 0049 (0) 47 44/50 49.

❻ D-27628 BRAMSTEDT
A 27 ab Ausfahrt 12 Hagen 7 km
Landhaus Ahrens – Hotel-Restaurant-Bauernschänke ★★★ 20 B, EZ € 45,–, DZ € 65,– bis 70,–, inkl. Frühstück, alle Zi mit Du, WC, ☎, TV, WLAN und Minibar, Business-Zi mit Internet, Konferenzräume bis 200 Personen, Saal mit Tanz bis 180 Personen, Sommergarten, Fahrradverleih kostenlos, ▭, ⛟, ♿-Zi, P, Dorfstraße 31, @, www.landhaus-ahrens.de, ☎ 0049 (0) 47 46/60 61, Fax 68 12.

❼ D-27628 UTHLEDE
A 27 ab Ausfahrt 13 Uthlede 2 km
Gasthof „Würger" ★★ 20 B, EZ € 40,–, DZ € 70,–, inkl. Frühstück, alle Zi mit Du, WC und TV, gute Küche, Gesellschaftsräume für 20 bis 130 Personen, 2 Bundeskegelbahnen, ▭, ⛟, G, großer P, Ellhornstraße 21, @, www.Uthlede.de/wuerger, ☎ 0049 (0) 42 96/3 41, Fax 74 81 03.

❽ D-28790 SCHWANEWEDE-NEUENKIRCHEN
A 27 ab Ausfahrt 14 Schwanewede 6 km (in Schwanewede 1. Ampel rechts, 1. Ampel links)
Stüve`s Motel ★★ 24 B, EZ € 38,–, DZ € 58,–, inkl. Frühstück, alle Zi mit Du, WC, TV und Kühlschrank, auf Wunsch ☎ und Internet (DSL), Restaurant, ▭ (nur Master- und Visacard), P, Am Schillingshof 8/10, @, www.stueves-motel.de, ☎ 0049 (0) 4 21/6 98 48 0, Fax 6 98 48 48.

❾ D-28357 BREMEN
A 27 ab Ausfahrt 19 Bremen-Horn/Lehe → Horn-Lehe/Lilienthal 1,3 km
Hotel Horner Eiche ★★★ 124 B, EZ € 70,– bis 79,–, DZ € 90,– bis 99,–, inkl. Frühstücksbuffet, alle Zi mit Bad/Du, WC, Fön, ☎, Kabel-TV und Internet, Restaurant, Tagungen, Bar, ▭, ⛟ € 3,50, Im Hollergrund 1, @, www.hotel-horner-eiche.de, ☎ 0049 (0) 4 21/27 82 0, Fax 2 76 96 66.

❿ D-28357 BREMEN
A 27 ab Ausfahrt 19 Bremen-Horn/Lehe → Horn-Lehe/Lilienthal 1,3 km
Hotel Deutsche Eiche ★★★ 73 B, EZ € 70,– bis 79,–, DZ € 90,– bis 99,–, inkl. Frühstücksbuffet, alle Zi mit Bad/Du, WC, Fön, ☎, Kabel-TV, WLAN und Safe, kreative und gutbürgerliche Küche, Tagungsräume, Hotelbar mit Raucherbereich, Kegelbahn, ⛟ € 3,50, Lilienthaler Heerstr. 174-176, @, www.hotel-deutsche-eiche-hb.de, ☎ 0049 (0) 4 21/25 10 11, Fax 25 10 14.

⓫ D-28865 LILIENTHAL
A 27 ab Ausfahrt 19 Bremen-Horn/Lehe, A 1 ab Ausfahrt 50 Stuckenborstel → Ottersberg, Kreisverkehr → Lilienthal 16 km
Land-gut-Hotel Rohdenburg ★★★ 43 B, EZ € 57,– bis 70,–, DZ € 86,– bis 100,–, inkl. Frühstück, alle Zi mit Bad/Du, WC, TV, regionale Küche, Räume für 30 bis 180 Personen, ▭, ⛟, ♿, P, Trupermoorer Landstr. 28, info@hotel-rohdenburg.de, www.hotel-rohdenburg.de, ☎ 0049 (0) 42 98/36 10, Fax 32 69.

⓬ D-27283 VERDEN
A 27 ab Ausfahrt 25 Verden-Nord 3 km → Zentrum
Parkhotel Grüner Jäger ★★★ 76 B, EZ € 50,– bis 59,–, DZ € 75,– bis 89,–, inkl. Frühstücksbuffet, alle Zi mit Bad oder Du, WC, ☎, TV und WLAN, Lift, Restaurant mit 100 Plätzen, Tagungsräume bis 500 Personen, Biergarten, ▭, ⛟, ⛟, P, Bremer Str. 48, @, www.parkhotel-verden.de, ☎ 0049 (0) 42 31/76 50, Fax 76 45.

⑬ D-27308 NEDDENAVERBERGEN
A 27 ab Ausfahrt 26 Verden-Ost 9 km, in Kirchlinteln rechts → Weitzmühlen (dann beschildert) und Ausfahrt 27 Walsrode-West über Kirchboitzen → Verden 16 km
Hotel-Restaurant „Zur Linde" ★★★ ruhige Lage, 15 B, EZ € 45,– DZ € 63,– bis 68,– inkl. Frühstück, alle Zi mit Du, WC, Fön, ☎ und TV, Club-Zi bis 60 Personen, beheizter Pool, 🖥, 🍴, 🚐, G, P, Neddener Dorfstraße 33, @, www.zurlinde-nedden.de, ☎ **00 49 (0) 42 38/94 29-0**, Fax 94 29-29.

⑭ D-27336 RETHEM
A 27 ab Ausfahrt 27 Walsrode-West 12 km (B 209)
Helms-Hotel ★★ 11 B, EZ € 28,– bis 35,–, DZ € 48,– bis 60,– inkl. Frühstück, Zi teils mit Du, WC und TV, gutbürgerliche Küche, Räume bis 100 Personen, TV-Raum, 🚐, G, P, Bahnhofstr. 26, @, www.helms-hotel.de, ☎ **00 49 (0) 51 65/9 89 00**, Fax 98 90 20.

⑮ D-27308 KIRCHLINTELN-HEIDKRUG A 27 ab Ausfahrt 25 Verden-Nord 8 km → Rotenburg 5,5 km und A 1 ab Ausfahrt 51 Posthausen → Völkersen → Rotenburg 11 km
Hotel-Restaurant Heidkrug ★★ 16 B, EZ € 39,– bis 43,50, DZ € 66,50, inkl. Frühstück, alle Zi mit Du, WC, ☎ und Sat-TV, Räume für 90 Personen, 🖥, 🍴, 🚐, großer P, Restaurant Mo-Fr 14-17 Uhr geschlossen, Heidkrug 3, @, www.der-heidkrug.de, ☎ **00 49 (0) 42 30/9 32 30**, Fax 93 23 20.

⑯ D-29664 WALSRODE
A 7 ab Ausfahrt 47 Fallingbostel ca. 6 km
Hotel-Restaurant Hannover ★★ 40 B, EZ € 50,– bis 57,–, DZ € 70,– bis 76,–, inkl. Frühstück, alle Zi mit Du und WC, teils ☎ und TV, Räume für 10 bis 120 Personen, 🚐, P, Lange Straße 5, @, ☎ **00 49 (0) 51 61/55 16**, Fax 55 13.

⑰ D-29683 BAD FALLINGBOSTEL
A 7 ab Ausfahrt 47 Bad Fallingbostel ca. 2,5 km
Hotel Berlin Restaurant-Cafe ★★★ 40 B, EZ € 49,– bis 82,–, DZ € 62,– bis 97,–, inkl. Frühstücksbuffet, ruhige Zi mit Du, WC, ☎, TV, Radio und kostenfreiem WLAN, teils mit Balkon, deutsch-mediterrane Küche, Terrasse, Tennisplätze, 🚐, G, großer P, Düshorner Str. 7, @, www.hotel-berlin-online.de, ☎ **00 49 (0) 51 62/90 00 60**, Fax 90 00 6 25.

⑱ D-29683 BAD FALLINGBOSTEL
A 7 ab Ausfahrten 46 Dorfmark und 47 Bad Fallingbostel
Hotel-Restaurant Schnehagen ★★★ ruhige zentrale Lage, 57 B, EZ € 35,– bis 48,–, DZ € 58,– bis 78,–, Nichtraucher-Zi, inkl. Frühstücksbuffet, HP/VP, Overnight, alle Zi mit Du, WC, ☎, Kabel-TV und kostenfreiem WLAN, Mittagstisch, Räume für 5 bis 250 Personen, 🖥, 🍴, 🚐, P, Bus-P, Adolphsheider Str. 33, @, www.hotel-schnehagen.de, ☎ **00 49 (0) 51 62/98 16-0**, Fax 98 16 66.

⑲ D-29690 SCHWARMSTEDT/ESSEL
A 7 ab Ausfahrt 49 Westenholz 8 km und Ausfahrt Rasthaus Allertal 5 km
Akzent-Hotel Heide-Kröpke ★★★★ sehr ruhige Lage, 125 B, EZ € 60,– bis 98,–, DZ € 110,– bis 135,–, inkl. Frühstücksbuffet, Zi mit Bad, Du, WC, Bidet, ☎, Sat-TV, Internet, Minibar, Balkon und Solarium, Lift, stilvolles Restaurant mit Spezialitätenküche, Bar, Hallenbad 6x12 m, Sauna, Tennisplatz, 🖥, G, P, Esseler Damm 1, @, www.heide-kroepke.de, ☎ **00 49 (0) 51 67/97 95 75**, Fax 97 92 91.

⑺ CUXLAND
Die Küsten der Nordsee, Elbe und Weser sind die nassen Grenzen des Landkreises. Und die sind immerhin von Bremerhaven bis zur Ostemündung 61 km lang. Zum Baden, für den Wassersport, zum Strand- und Sandbummel langt es reichlich. Natürlich gibt es im Cuxland mehr als nur Wasser, selbst wenn es im Binnenland nochmal ca. 3000 qm birgt.

Information und Prospekte:
Nordseeheilbad Cuxhaven GmbH,
Cuxhavener Str. 92, D-27476 Cuxhaven,
info@tourismus.cuxhaven.de, www.cuxhaven.de,
☎ **00 49 (0) 47 21/40 41 42**, Fax 40 41 98.

⑺ **Nordseeküste im Landkreis Cuxland**

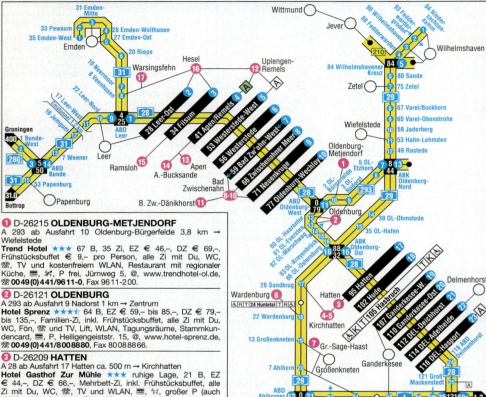

① D-26215 OLDENBURG-METJENDORF
A 293 ab Ausfahrt 10 Oldenburg-Bürgerfelde 3,8 km →
Wiefelstede
Trend Hotel ★★★ 67 B, 35 Zi, EZ € 46,–, DZ € 69,–,
Frühstücksbuffet € 9,– pro Person, alle Zi mit Du, WC,
☏, TV und kostenfreiem WLAN, Restaurant mit regionaler
Küche, 🖳, 🍴, P frei, Jürnweg 5, @, www.trendhotel-ol.de,
☏ 0049 (0) 441/9611-0, Fax 9611-200.

② D-26121 OLDENBURG
A 293 ab Ausfahrt 9 Nadorst 1 km → Zentrum
Hotel Sprenz ★★★☆ 64 B, EZ € 59,– bis 85,–, DZ € 79,–
bis 135,–, Familien-Zi, inkl. Frühstücksbuffet, alle Zi mit Du,
WC, Fön, ☏ und TV, Lift, WLAN, Tagungsräume, Stammkun-
dencard, 🖳, P, Heiligengeiststr. 15, @, www.hotel-sprenz.de,
☏ 0049 (0) 441/8008880, Fax 80088866.

③ D-26209 HATTEN
A 28 ab Ausfahrt 17 Hatten ca. 500 m → Kirchhatten
Hotel Gasthof Zur Mühle ★★★ ruhige Lage, 21 B, EZ
€ 44,–, DZ € 66,–, Mehrbett-Zi, inkl. Frühstücksbuffet, alle
Zi mit Du, WC, ☏, TV und WLAN, Restaurant, 🖳, großer P (auch
LKW), Munderloher Str. 39, www.hotel-zur-muehle.info,
☏ 0049 (0) 4482/97410, Fax 333.

④ D-26209 KIRCHHATTEN A 28 ab Ausfahrt 17 Kirch-
hatten 4,5 km → Kirchhatten (Ortsmitte)
Hotel und Restaurant „Zum Deutschen Haus" ★★★ abso-
lut ruhige Lage, 36 B, EZ € 50,– bis 55,–, DZ € 70,– bis 80,–,
Familien-Zi, inkl. Frühstücksbuffet, alle Zi mit Du, WC, ☏, TV,
WLAN und Balkon oder Terrasse, Golfhotel, Tagungsraum, Saal,
Freizeitreisen, liegt günstig zu Oldenburg, 🖳, großer P, Markt-
platz 2, @, www.zum-deutsche-hause.de, ☏ 0049 (0) 4482/322,
Fax 8791.

⑤ D-26209 KIRCHHATTEN
A 28 ab Ausfahrt 17 Hatten 5 km → Kirchhatten (Ortsmitte)
Hotel-Restaurant Schützenhof ★★ 30 B, EZ € 42,–, DZ
€ 64,–, inkl. Frühstücksbuffet, alle Zi mit Du, WC, ☏ und TV,
Räume bis 200 Personen, 🖳, 🍴, 🚐, P, Dingsteder Str. 27,
www.schuetzenhof-kirchhatten.de, ☏ 0049 (0) 4482/92840,
Fax 1666.

⑥ D-26203 WARDENBURG
A 29 ab Ausfahrt 18 Wardenburg ca. 3 km (Ortsmitte)
Hotel „Wardenburger Hof" & Restaurant „Watt Hus" ★★★☆
52 B, EZ € 52,50 bis 59,50, DZ € 79,50 bis 89,50, inkl. Frühstücksbuffet, alle Zi mit Du, WC, ☏, TV und WLAN, täglich
durchgehend warme Küche, Biergarten, Tagungsräume, 🖳, 🍴,
🚐, P, Oldenburger Straße 255, @, www.wardenburger-hof.de,
☏ 0049 (0) 4407/92100, Fax 20710.

⑦ D-26197 GROSSENKNETEN-SAGE-HAAST
A 29 Ausfahrt 19 Großenkneten → Großenkneten 350 m und
A 1 ab Ausfahrt 61 Wildeshausen-West →Ahlhorn→ Sage 14 km
Hotel Restaurant Haaster Krug ★★★ 20 B, EZ € 35,–, DZ
€ 65,–, inkl. Frühstück, alle Zi mit Du, WC und TV, Konferenz-
räume, 🖳, P, Schwalbenweg 2 b, ☏ 0049 (0) 4435/961635,
Fax 961636.

⑧ Ringhotel Amsterdam, Bad Zwischenahn

❽ D-26160 BAD ZWISCHENAHN

A 28 ab Ausfahrt 9 Neuenkruge 5 km, vor Bad Zwischenahn rechts und ab Ausfahrt 8 Zwischenahner Meer 3 km
Ringhotel Amsterdam ★★★★ im Grünen gelegen, 85 B, EZ € 61,– bis 75,–, DZ € 79,– bis 90,–, inkl. Frühstück, alle Zi mit Du, WC, Fön, ☎, TV und Safe, Lift, regionale Küche, 2 Tagungsräume, Sauna, Solarium, großer Garten und Terrasse, Internet, WLAN, 🖳, 🍴, 🖥, 🚭, P, Wiefelstelder Str. 18, info@Hotel-Amsterdam.de, www.Hotel-Amsterdam.de,
☎ **0049 (0) 44 03/93 40**, Fax 93 42 34.

❾ D-26160 BAD ZWISCHENAHN

A 28 ab Ausfahrt 9 Neuenkruge ca. 7 km und Ausfahrt 7 Bad Zwischenahn-West ca. 9 km
Ringhotel Am Badepark ★★★★ Ortsmitte, 100 m vom Marktplatz, sehr ruhige Lage am Badepark, 100 B, 50 Zi, EZ € 61,– bis 80,–, DZ € 85,– bis 95,–, Suite € 119,– bis 125,–, inkl. Frühstück, alle Zi mit Bad, Du, WC, Fön, ☎, Kabel-TV, Sky-TV, Minibar und Safe, Lift, Restaurant „Galerie", Hotelbar, Sauna, Solarium, Freibad, Biergarten, Internet, WLAN, 🖳, 🍴, 🖥, G, P, Am Badepark 5, @, www.HotelAmBadepark.de,
☎ **0049 (0) 44 03/696-0**, Fax 696-373.

❿ D-26160 BAD ZWISCHENAHN

A 28 ab Ausfahrt 8 Zwischenahner Meer ca. 10 km, Hotelroute
Hotel-Restaurant Kämper ★★★ Ortsmitte, 55 B, EZ € 58,– bis 71,–, DZ € 87,– bis 107,–, inkl. Frühstücksbuffet, alle Zi mit Du, WC, ☎, TV und Radio, Tagungsräume mit ausgezeichneter Küche (mittags und abends), Tagungsräume für 10 bis 60 Personen, Sauna, Solarium, 🖳, 🚭, Carport, P, Georgstr. 12, @, www.hotel-kaemper.de,
☎ **0049 44 03/92 60**, Fax 637 97.

⓫ D-26160 BAD ZWISCHENAHN-DÄNIKHORST

A 28 ab Ausfahrten 7 Bad Zwischenahn-West und 9 Neuenkruge ca. 12 km
Hotel Am Kamin ★★★ 21 B, EZ € 40,– bis 50,–, DZ € 75,– bis 85,–, inkl. Frühstücksbuffet, Schwimmbad- und Saunabenutzung, alle Zi mit Du, WC, ☎ und TV, Abendessen, 🖳, 🍴, P, Ohlenkamp 3, @, www.gaestehaus-am-kamin.de,
☎ **0049 (0) 44 03/43 12**, Fax 62 90 55.

⓬ D-26670 UPLENGEN-REMELS

ab Ausfahrt 4 Apen/Remels ca. 5 km
Hotel-Restaurant Uplengener Hof ★★ 12 B, EZ € 37,–, DZ € 70,– bis 82,–, inkl. Frühstücksbuffet, alle Zi mit Du, WC, ☎ und TV, teils Minibar und Balkon, Räume für 150 Personen, 🖳, 🖥, großer P, Ostertorstr. 57, @, www.uplengener-hof.de,
☎ **0049 (0) 49 56/12 25**, Fax 45 55.

⓭ D-26689 APEN

A 28 ab Ausfahrt 4 Apen/Remels 5 km
Hotel-Restaurant Am Deich ★★★ sehr ruhige Lage, 19 B, EZ € 35,–, DZ € 56,–, inkl. Frühstücksbuffet, alle Zi mit Du, WC, ☎, TV und Radio, Mittags- und Abendkarte, täglich Kuchen, 🖥-P, geöffnet: Mo-Fr 7.30-10.00 Uhr und 15.00-23.00 Uhr, Sa, So und feiertags durchgehend, An der Wiek 42, @, www.hotel-garni-am-deich.de,
☎ **0049 (0) 44 89/52 10**, Fax 65 50.

⓮ D-26689 APEN-BUCKSANDE

A 28 ab Ausfahrt 4 Apen/Remels → Barßel ca. 8 km
Hotel-Restaurant Gasthof Bucksande ★★★ ruhige Lage, 48 B, EZ € 35,– bis 49,–, DZ € 59,– bis 75,–, 3-Bett-Zi, inkl. Frühstücksbuffet, alle Zi mit Du, WC, TV und WLAN, regionale und saisonale Küche, Terrasse, Tagungsräume für 300 Personen, 🖳, 🖥, großer P, Bucksande 1, @, www.bucksande.de, ☎ **0049 (0) 44 99/15 30**, Fax 71 71.

⓯ D-26683 RAMSLOH

A 28 ab Ausfahrt 3 Filsum → Cloppenburg B 72 ab Ausfahrt Scharrel-Ramsloh 12 km
Landgasthof Dockemeyer ★★★ ruhige Lage am Ortsrand, 19 B, EZ € 41,–, DZ € 66,–, inkl. Frühstücksbuffet, alle Zi mit Du, WC, ☎, Sat-TV und WLAN, regionale und saisonale Küche, Räume bis 200 Personen, Sommerterrasse, 🖳, 🖥, großer P, Hauptstr. 433, @, www.landgasthof-dockemeyer.de, ☎ **0049 (0) 44 98/92 550**, Fax 640.

⓰ D-26835 HESEL

A 28 ab Ausfahrt 2 Leer-Ost 4,5 km → Aurich/Hesel
Hotel-Restaurant Jagdhaus Kloster Barthe ★★ 70 B, EZ € 36,– bis 52,–, inkl. Frühstücksbuffet, alle Zi mit Du, WC und ☎, 3 Konferenzräume und Saal bis 350 Personen, 2 Kegelbahnen, 🖳, 🖥, P, Stikelkamper Str. 21, @, www.jagdhaus-hesel.de, ☎ **0049 (0) 49 50/93 960**, Fax 93 96 96.

⓱ D-26802 WARSINGSFEHN A 31 ab Ausfahrt 8 Veenhusen, 3 x rechts → Kanalbrücke, rechts
Hotel-Restaurant up't Fehn ★★★ ruhige Lage, 65 B, EZ € 49,–, DZ € 80,–, inkl. reichhaltigem Frühstücksbuffet, alle Zi mit Du, WC, ☎, TV und WLAN, Lift, 🍴, 🖥 auf Anmeldung, 🚭, großer P, Rudolf-Eucken-Str. 24, info@hotel-upt-fehn.de, www.hotel-upt-fehn.de, ☎ **0049 (0) 49 54/9 50 50**, Fax 95 05 49.

❸ Hotel Gasthof Zur Mühle, Hatten

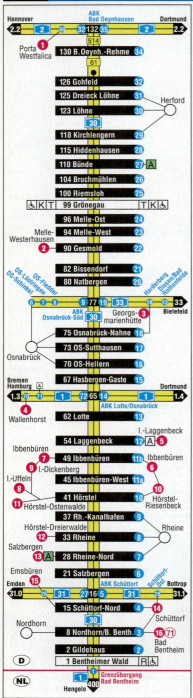

Hannover — ABK Bad Oeynhausen — Dortmund
2.2 — 2 — 00 — 32 132 35 — 2 — 2.2
Porta Westfalica ❶
130 B.Oeynh.-Rehme 34
61
126 Gohfeld 32
125 Dreieck Löhne 31 — Herford
123 Löhne 30
30
118 Kirchlengern 29
115 Hiddenhausen 28
110 Bünde 27 A
104 Bruchmühlen 26
100 Riemsloh 25
99 Grönegau
96 Melle-Ost 24
94 Melle-West 23 — Melle-Westerhausen ❷
90 Gesmold 22
82 Bissendorf 21
80 Natbergen 20
6 7 8 — 9 77 19 33 — 10 13 33
Bielefeld
ABK Osnabrück-Süd 30 — Georgs-marienhütte ❸
75 Osnabrück-Nahne 18
73 OS-Sutthausen 17 — Osnabrück
70 OS-Hellern 16
67 Hasbergen-Gaste 15
Bremen Hamburg A — Dortmund
1.3 70 71 — 1 72 65 14 — 1 — 1.4
ABK Lotte/Osnabrück
62 Lotte 13 — Wallenhorst ❹
I.-Laggenbeck
54 Laggenbeck 12 A ❺
49 Ibbenbüren 11b — Ibbenbüren ❼ ❻
I.-Dickenberg
45 Ibbenbüren-West 11a
41 Hörstel 10 — Hörstel-Riesenbeck ❿
Hörstel-Ostenwalde ⓫
37 Rh.-Kanalhafen 9
Hörstel-Dreierwalde — Rheine
33 Rheine 8 ⓬
28 Rheine-Nord 7 — Salzbergen ⓭ A
21 Salzbergen 6 — Emsbüren
ABK Schüttorf
Emden ⓯ — Schüttorf-Ost — Bottrop
31.0 26 31 27 16 5 31 28 31.1
15 Schüttorf-Nord 4 — Schüttorf
Nordhorn — 8 Nordhorn/B. Benth. 3 16 71 — Bad Bentheim
2 Gildehaus 2
D — 1 Bentheimer Wald
NL — 1 Grenzübergang Bad Bentheim
400 — Hengelo

---

❶ D-32457 PORTA WESTFALICA
A 2 ab Ausfahrt 33, B 482 → Minden
Porta Berghotel ★★★★ ruhige Lage, 200 B, EZ € 69,– bis 119,–, DZ € 127,– bis 177,–, Mehrbett-Zi, inkl. Frühstücksbuffet, alle Zi mit Du/Bad, WC, Fön, ☎, TV und WLAN, Lift, gehobene Küche, Schwimmbad und Sauna € 5,–, ☒, ⛟ € 8,–, ☷, ᕱ, P, Hauptstraße 1, @, www.porta-berghotel.de, ☎ **0049(0)571/79090**, Fax 7909789.

❷ D-49324 MELLE-WESTERHAUSEN
A 30 ab Ausfahrt 22 Gesmold 2 m
Hotel Restaurant Hubertus ★★★⊣ 41 Zi, EZ € 42,– bis 79,–, DZ € 73,– bis 99,–, Familien- und Nichtraucher-Zi, inkl. Frühstücksbuffet, alle Zi mit Du/Bad, WC, Fön und WLAN (DSL frei), reichhaltige Speisekarte mittags und abends, Tagungsräume, Festsaal für 200 Personen, Biergarten, ☒, ⛟, ᕱ, ᕱ, G, P, Westerhausener Str. 50, @, www.hubertus-melle.de, ☎ **0049(0)5422/9829-0**, Fax 9829-29.

❸ D-49124 GEORGSMARIENHÜTTE
A 30 ab Ausfahrt 18 Osnabrück-Nahne → Bad Iburg 200 m (Wegweiser: Franziskus-Hospital) und A 33 Ausfahrt 10 Harderberg
Hotel-Restaurant Waldesruh ★★ ruhige Waldlage am Harderberg, 42 B, EZ € 37,– bis 70,–, DZ € 60,– bis 90,–, inkl. Frühstück, alle Zi mit Bad/Du, WC, ☎ und TV, Räume bis 120 Personen, WLAN, ☒, ᕱ, G, P, Zur Waldesruh 30, @, www.hotel-waldesruh-gmhuette.de, ☎ **0049(0)541/54323**, Fax 54376.

❹ D-49134 WALLENHORST
A 1 ab Ausfahrt 70 → Ostercappeln 3 km links
Hotel Lingemann ★★★ ruhige Lage, 86 B, EZ € 49,–, DZ € 70,–, Appartements 3-4 B € 88,– bis 96,–, Suite 3-5 B € 100,– bis € 124,–, inkl. Frühstück, alle Zi mit Du, WC, ☎ und Minibar, deutsche Küche, WLAN im Restaurantbereich, ☒, P, Vehrter Landstr. 21, @, www.hotel-lingemann.de, ☎ **0049(0)5407/6126**, Fax 7913 **(Bild siehe Route 1.3).**

❺ D-49479 IBBENBÜREN-LAGGENBECK
A 30 ab Ausfahrt 12 Laggenbeck → Tecklenburg 1 km
Hotel Landgasthof Mühlenkamp ★★★ 25 B, EZ € 40,– bis 45,–, DZ € 60,– bis 70,–, Familien-Zi (bis 5 B), inkl. Frühstück, alle Zi mit Du, WC, Fön, ☎, TV und kostenfreiem WLAN, Kamin-Zi, Räume bis 100 Personen, Biergarten, Spielplatz, ☒, ⛟, ᕱ, P, Bocketaler Straße 142, @, www.landgasthof-muehlenkamp.de, ☎ **0049(0)5451/99 6420**, Fax 99 6419.

❻ D-49479 IBBENBÜREN A 30 Abfahrt 11 b Ibbenbüren → Münster 400 m
Hotel-Residence Hubertushof ★★★⊣ 45 B, EZ € 53,– bis 81,–, DZ € 78,– bis 108,–, inkl. Frühstück, alle Zi mit Bad/Du, WC, Fön, ☎, TV, WLAN und Minibar, Restaurant, Tagungsräume, Garten, Terrasse, ☒, ⛟, G, P, Münsterstr. 222, @, www.HotelHubertushof.de, ☎ **0049(0)5451/9410-0**, Fax 9410-90.

❼ D-49479 IBBENBÜREN
A 30 ab Ausfahrt 11 b Ibbenbüren ca. 200 m → Ibbenbüren
Hotel-Restaurant Brügge ★★★ 59 B, EZ € 48,– bis 68,–, DZ € 62,– bis 92,–, Familien-Zi, inkl. Frühstück, alle Zi mit Bad/Du und WC, teils mit Fön, ☎, TV, WLAN und Minibar, reichhaltige Speisekarte, Räume von 20 bis 90 Personen, Tagungsmöglichkeiten, Gartenterrasse, ☒, ⛟, ᕱ, P, Münsterstraße 201, @, www.hotel-bruegge.de, ☎ **0049(0)5451/94050**, Fax 940532.

❽ D-49479 IBBENBÜREN-UFFELN
A 30 ab Ausfahrt 10 Hörstel → Recke 6 km
Landhotel Gasthof „Mutter Bahr" ★★★ 54 B, EZ € 38,–, DZ € 69,–, inkl. Frühstücksbuffet, alle Zi mit Du, WC, ☎ und TV, Tagungsräume für 400 Personen, Kegelbahn, Spielplatz, Sauna, (Pferdehotel), Gartencafé, ☒, ⛟, P, Nordbahnstraße 39, @, www.mutter-bahr.de, ☎ **0049(0)5459/80360**, Fax 803615.

❾ D-49479 IBBENBÜREN-DICKENBERG A 30 ab Ausfahrten 10 Hörstel → Hörstel → Ibbenbüren und 11 a Ibbenbüren-West → Recke → Rheine
Hotel-Restaurant Gasthof Dickenberg ★★★ 20 B, EZ € 38,–, DZ € 70,–, inkl. Frühstück, alle Zi mit Du, WC und TV, Ferienhäuser, frische regionale Küche, Tagungs- und Gesellschaftsräume bis 300 Personen, Biergarten, Wellnessbereich, ☒, P, Rheiner Str. 324, @, www.gasthof-dickenberg.de, ☎ **0049(0)5451/74463**, Fax 49799.

❽ Landhotel Gasthof „Mutter Bahr", Ibbenbüren-Uffeln

⑩ D-48477 HÖRSTEL-RIESENBECK
A 30 ab Ausfahrten 10 Hörstel und 11 b Ibbenbüren
Hotel-Restaurant Stratmann ★★★ 48 B, EZ € 52,– bis 56,–, DZ € 83,– bis 87,–, inkl. Frühstücksbuffet, alle Zi mit Du, WC, Fön, ☎, TV und WLAN, klassische Küche, Biergarten, Räume bis 250 Personen, ☒, 🍴, 🚐, P, Sünte-Rendel-Str. 5, @, www.hotelstratmann.de, ☎ **0049(0)5454/93070**, Fax 930726.

⑪ D-48477 HÖRSTEL-OSTENWALDE A 30 ab Ausfahrt 10 Hörstel ca. 5 km
Café-Restaurant Landhotel Altmann ★★★ ruhige Lage, 8 B, EZ € 35,–, DZ € 60,–, inkl. Frühstück, alle Zi mit Du, WC, ISDN-☎ und Sat-TV, Räume für 200 Personen, Café, Biergarten, ☒, 🚐, P, Ostenwalder Straße 109, @, www.landhotel-altmann.de, ☎ **0049(0)5459/97120-0**, Fax 4710.

⑫ D-48477 HÖRSTEL-DREIERWALDE A 30 ab Ausfahrt 8 Rheine ca. 4 km
Hotel-Restaurant Wenninghoff ★★★ 19 B, EZ € 42,–, DZ € 67,–, Familien-Zi, inkl. Frühstück, alle Zi mit Du, WC, Fön, TV und WLAN, Räume bis 180 Personen, Biergarten, ☒ (EC), 🚐, P, Hauptstr. 13, @, www.hotel-wenninghoff.de, ☎ **0049(0)5978/233**, Fax 1441.

⑬ D-48499 SALZBERGEN A 30 ab Ausfahrt 7 Rheine-Nord 200 m
Motel Autohof Salzbergen ★★ 🅿 88 B, EZ € 49,50, DZ € 65,–, 3-Bett-Zi € 80,–, 4-Bett-Zi € 95,–, Frühstücksbuffet € 8,95 pro Person, alle Zi mit Du, WC, TV und Internetanschluss, Konferenzraum mit Technik, 24 Stunden geöffnetes Restaurant, Kaffeebar und Shop, ☒, 🍴, 🚐, ♿, P, Holsterfeld 2, @, www.autohofsalzbergen.de, ☎ **0049(0)5971/97260**, Fax 972631.

⑭ D-48465 SCHÜTTORF
A 30 ab Ausfahrten 3 Nordhorn/Bad Bentheim und 4 Schüttorf-Nord und A 31 ab Ausfahrt 28 Schüttorf-Ost je ca. 2 km → Zentrum → Nordhorn
Hotel-Restaurant Nickisch ★★★★ 70 B, EZ € 74,– bis 84,–, DZ € 98,– bis 114,–, Mehrbett-Zi, inkl. Frühstücksbuffet, alle Zi mit Du, WC, Fön, TV und WLAN, Lift, regionale und internationale Küche, Tagungsräume, ☒, großer P, Nordhorner Straße 71, @, www.hotel-nickisch.de, ☎ **0049(0)5923/9660-0**, Fax 9660-66.

⑮ D-48488 EMSBÜREN A 30 ab Ausfahrt 4 Schüttorf-Nord 3 km und A 31 ab Ausfahrt 26 Emsbüren → Emsbüren 3 km
Landgasthof Evering ★★★ 15 B, EZ € 40,–, DZ € 65,–, inkl. Frühstück, alle Zi mit Du, WC, ☎ und TV, teils WLAN, Restaurant (täglich ab 18 Uhr, außer Montag), klimatisierte Räume bis 350 Personen, Biergarten, Kinderspielplatz, Kegelbahn, ☒, 🚐, großer P, Lange Str. 24, @, www.landgasthof-evering.de, ☎ **0049(0)5903/294**, Fax 7499.

⑯ D-48455 BAD BENTHEIM
A 30 ab Ausfahrt 3 Nordhorn/Bad Bentheim → Bad Bentheim
Hampshire Inn Bentheimer Hof ★★★ 43 B, EZ € 69,– bis 79,–, DZ € 89,– bis 99,–, Frühstücksbuffet € 7,50 pro Person (Winteraktion bis 31.03.2009), alle Zi mit Du, WC, Fön, ☎, TV und WLAN, Lift, regionale Küche, Tagungsraum, Bahnhof Nord 1, @, www.bentheimer-hof.de, ☎ **0049(0)5922/98380**, Fax 98314.

⑬ Motel Autohof Salzbergen

㉛ BAD BENTHEIM
Als Wahrzeichen der Stadt mit ihrem Museum und den Prunkräumen gibt die Burg Bentheim **(siehe Foto)** einen Einblick in die Geschichte des Fürstenhauses, die eng mit der Stadtgeschichte verbunden ist. Weitere Museen wie das Museum für Radio- und Funkgeschichte, das Brasilienmuseum und das Briefmarkenmuseum im Kloster Bardel sowie das Otto-Pankok-Museum, das Friedrich-Hartmann-Museum und das Geologische Freilichtmuseum im Stadtteil Gildehaus bieten genügend Anlaufstellen für Kulturliebhaber. Lieben Sie die Natur? Entdecken Sie zauberhafte Landschaften auf über 550 Kilometern Radwegen. Schlendern Sie durch den Ort oder lassen Sie sich ein Stück Geschichte vom Nachtwächter erklären. Tolle Veranstaltungen locken: Lampionfest, Gourmet- oder Weinfest, dass Oldtimertreffen im Kurpark und der Bad Bentheimer Weihnachtsmarkt in der Adventszeit. Wellness und Beauty wird groß geschrieben; baden Sie Gesundheit in der Bentheimer Mineral Therme.

Informationen und Prospekte:
Touristinformation Bad Bentheim,
Schlossstr. 18, D-48445 Bad Bentheim,
info@badbentheim.de, www.badbentheim.de,
☎ **0049(0)5922/9833-0**, Fax 9833-20.

Burg Bentheim

❶ D-26670 UPLENGEN-REMELS
ab Ausfahrt 4 Apen/Remels ca. 5 km
Hotel-Restaurant Uplengener Hof ★★ 12 B, EZ € 37,–, DZ € 70,– bis 82,–, inkl. Frühstücksbuffet, alle Zi mit Du, WC, ☎ und TV, teils Minibar und Balkon, Räume für 150 Personen, ☰, 🚲, großer P, Ostertorstr. 57, @, www.uplengener-hof.de, ☎ 0049 (0) 4956/1225, Fax 4555.

❷ D-26683 RAMSLOH A 28 ab Ausfahrt 3 Filsum → Cloppenburg B 72 ab Ausfahrt Scharrel-Ramsloh 12 km
Landgasthof Dockemeyer ★★★ ruhige Lage am Ortsrand, 19 B, EZ € 41,–, DZ € 66,–, inkl. Frühstück, alle Zi mit Du, Sat-TV und WLAN, regionale und saisonale Küche, Räume bis 200 Personen, Sommerterrasse, ☰, 🚲, großer P, Hauptstr. 433, @, www.landgasthof-dockemeyer.de, ☎ 0049 (0) 4498/9 25 50, Fax 640.

❸ D-26789 LEER
A 28 ab Ausfahrt 2 Leer-Ost → Leer, B 70 → Papenburg (Hotel beschildert)
Hotel-Restaurant Lange ★★★★ 48 Zi, EZ € 59,– bis 78,–, DZ € 95,– bis 108,–, 3-Bett-Zi € 125,–, inkl. Frühstücksbuffet, alle Zi mit Bad, WC, Fön, ☎, TV und WLAN, Sauna, Solarium, Schwimmbad und Fitnessraum im Zi-Preis enthalten, Tagungsräume, ☰, P, Zum Schöpfwerk 1-3, @, www.hotel-lange-leer.de, ☎ 0049 (0) 491/91 92 80, Fax 91 92 816.

❹ D-26789 LEER A 28 ab Ausfahrt 2 Leer-Ost 2 km
Hotel Waldkur ★★★ 39 Zi, EZ € 49,– bis 55,–, DZ € 76,– bis 82,–, Extra-B € 16,–, Nichtraucher-Zi, inkl. Frühstücksbuffet, alle Zi mit Du, WC, kostenfreiem ☎, TV und kostenfreiem WLAN, Räume für Tagungen und Feiern, ☰, 🚲, P, Zoostraße 14, @, www.hotel-waldkur.de, ☎ 0049 (0) 491/9 76 98 00.

❺ D-26835 HESEL
A 28 ab Ausfahrt 2 Leer-Ost 4,5 km → Aurich/Hesel
Hotel-Restaurant Jagdhaus Kloster Barthe ★★ 70 B, EZ € 36,–, DZ € 62,–, inkl. Frühstücksbuffet, alle Zi mit Du, WC und ☎, 3 Konferenzräume und Saal bis 350 Personen, 2 Kegelbahnen, ☰, 🚲, P, Stikelkamper Str. 21, @, www.jagdhaus-hesel.de, ☎ 0049 (0) 4950/9 39 60, Fax 9 39 696.

❻ D-26802 WARSINGSFEHN
A 31 ab Ausfahrt 8 Veenhusen, 3 x rechts → Kanalbrücke, rechts
Hotel-Restaurant up't Fehn ★★★ ruhige Lage, 65 B, EZ € 49,–, DZ € 80,–, inkl. reichhaltigem Frühstücksbuffet, alle Zi mit Du, WC, ☎, TV und WLAN, Lift, ☰, 🚲, 🚲 auf Anmeldung, ♿, großer P, Rudolf-Eucken-Str. 24, info@hotel-upt-fehn.de, www.hotel-upt-fehn.de, ☎ 0049 (0) 4954/9 50 50, Fax 95 05 49.

❼ D-26725 EMDEN
A 31 ab Ausfahrt 5 Emden-Ost → Zentrum
Heerens Hotel ★★★ 33 B, EZ € 55,– bis 75,–, DZ € 95,– bis 103,–, Suite € 128, inkl. Frühstück, alle Zi mit Bad/Du, WC, Fön, ☎ und Kabel-TV, WLAN/Hot Spot, Konferenzraum, ☰, P, Friedrich-Ebert-Straße 67, @, www.heerenshotel.de, ☎ 0049 (0) 4921/2 37 40, Fax 2 31 58.

❽ D-26759 HINTE-LOPPERSUM
A 31 ab Ausfahrt 3 Emden-Mitte, B 210 3 km
Hotel-Restaurant Zur Jungmühle ★★ 16 B, EZ € 45,–, DZ € 65,–, inkl. Frühstück, Zi mit Du, WC und TV, P, Auricher Straße 307, @, www.jungmuehle.de, ☎ 0049 (0) 4925/3 44, Fax 83 32.

❾ D-26844 JEMGUM-DITZUM
A 31 ab Ausfahrt 12 Jemgum 15 km → Jemgum/Ditzum
Hotel am Fischerhafen ★★★ 32 B, EZ € 60,– bis 65,–, DZ € 88,– bis 110,–, inkl. reichhaltigem Frühstücksbuffet, alle Zi mit Du, WC, Fön, ☎, TV und WLAN, Safe, Bar, Seminare, Sauna, P, Am Tief 1, @, www.hotel-am-fischerhafen.de, ☎ 0049 (0) 4902/98 99 90, Fax 98 99 20.

❿ D-26871 PAPENBURG-HERBRUM
A 31 ab Ausfahrten 16 Rhede (Ems) und 17 Dörpen
Hotel-Restaurant Emsblick ★★★ 41 B, EZ € 55,– bis 75,–, DZ € 73,– bis 80,–, inkl. Frühstücksbuffet, alle Zi mit Du, WC, ☎ und Sat-TV, teils Balkon/Terrasse, Konferenzraum, Veranstaltungsräume bis 80 Personen, Saunabereich, P, Fährstr. 31, @, www.emsblick.de, ☎ 0049 (0) 4962/91 30-0, Fax 91 30-415.

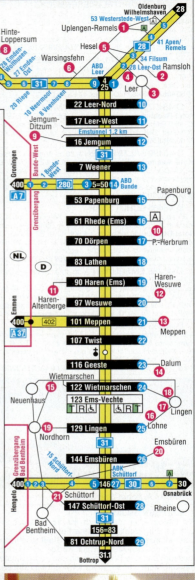

12
Hotel-Restaurant
Gut Düneburg,
Haren-Wesuwe

⑪ D-49733 HAREN-ALTENBERGE
A 31 ab Ausfahrt 19 Haren → Rütenbruck/Stadskanaal, dann 1. Kreuzung links, 1. Kreuzung rechts 4 km
Hotel Mäsker ★★ 30 B, EZ € 38,– bis 42,–, DZ € 66,– bis 76,–, inkl. Frühstück, alle Zi mit Du, WC, ☎, TV und WLAN, ▨, ⌂, Dorfstr. 83, @, www.hotel-maesker.de, ☎ 0049 (0) 5934/934567, Fax 934560.

⑫ D-49733 HAREN-WESUWE
A 31 ab Ausfahrt 20 Wesuwe/Hebelermeer rechts, den Hinweisschildern folgen (ca. 4 km)
Hotel-Restaurant Gut Düneburg ★★★ äußerst ruhig gelegen, EZ € 60,– bis 65,–, DZ ab € 85,– bis 95,–, inkl. Frühstücksbuffet, alle Zi mit Du, WC, ☎ und TV, Spargelspezialitäten aus eigenem Anbau, Gutsrestaurant, Konferenzräume, Golfanlage, Radfahrer willkommen (direkt am R 5 gelegen), ▨, ⟐, Düneburg 1, @, www.gut-dueneburg.de, ☎ 0049 (0) 5932/72740, Fax 6686.

⑬ D-49716 MEPPEN
A 31 ab Ausfahrten 21 Meppen und 22 Twist
Hotel Pöker ★★★↓ 85 B, EZ € 50,– bis 65,–, DZ € 75,– bis 88,–, Nichtraucher-/ Allergiker-Zi, inkl. Frühstücksbuffet, alle Zi mit Du, WC, ☎, Kabel-TV, WLAN (kostenfrei), Schreibtisch und Minibar, Tagungen, ▨, G, P, Herzog-Arenberg-Str. 15, @, www.hotel-poeker.de, ☎ 0049 (0) 5931/491-0, Fax 491-100.

⑭ D-49744 DALUM
A 31 ab Ausfahrt 23 Geeste → Dalum 4 km
Hotel-Gasthof Aepken-Heidekrug ★★★ neu erbaut, 30 B, EZ € 39,– bis 48,–, DZ € 58,– bis 76,–, Familien- und Nichtraucher-Zi, inkl. Frühstücksbuffet, alle Zi mit Du, WC, Fön, ☎ und TV, Lift, regionale Küche, Konferenzräume bis 200 Personen, Gartenterrasse, Solarium, Fahrradverleih, ▨ (nur ec), ⟐, P, Wietmarscher Damm 10-12, @, www.aepken.de, ☎ 0049 (0) 5937/98750, Fax 98752.

⑮ D-49835 WIETMARSCHEN
A 31 ab Ausfahrten 24 Wietmarschen 5 km → Neuenhaus und 25 Lingen ca. 8 km
Hotel-Restaurant Heilemann ★★★ Hotel neu erbaut, 66 B, EZ € 37,–, DZ € 58,–, inkl. Frühstücksbuffet, alle Zi mit Du, WC, ☎, TV-Anschluss und WLAN, Mittagstisch (außer Di), Biergarten, Sauna, Solarium, Spielplatz, Wohnmobilstellplatz, ⟐, P, Neuenhauser Straße 4, @, www.hotel-heilemann.de, ☎ 0049 (0) 5925/255, Fax 1752.

⑯ D-49835 LOHNE
A 31 ab Ausfahrt 25 Lingen → Lingen → Lohne 1 km
Hotel-Restaurant Lüken ★★★ 30 B, EZ € 38,–, DZ € 58,–, Mehrbett- und Nichtraucher-Zi, inkl. Frühstück, alle Zi mit Du, WC, ☎, TV, WLAN, Minibar und Klimaanlage, Räume bis 80 Personen, ▨, ⟐, Baierort 5, @, www.hotel-lueken.de, ☎ 0049 (0) 5908/93000, Fax 930001.

⑰ D-49808 LINGEN
A 31 ab Ausfahrt 25 Lingen
Waldhotel ★★★ 43 B, EZ € 48,–, DZ € 68,–, inkl. Frühstücksbuffet, alle Zi mit Du, WC, ☎, TV und Internetanschluss, abwechslungsreiche bodenständige Küche, Räume bis 200 Personen, ▨, ⟐, G, P, Lohner Str. 1, @, www.waldhotel-lingen.de, ☎ 0049 (0) 591/80031-0, Fax 80031-51.

⑱ D-49808 LINGEN
A 31 ab Ausfahrt 25 Lingen
Hotel Ewald – Restaurant „La Taverna" ★★★ 30 B, EZ € 49,–, DZ € 60,– bis 72,–, 3-Bett-Zi € 84,–, inkl. Frühstück, alle Zi mit Du, WC, ☎, Kabel-TV und WLAN, ▨, P, Waldstr. 90, @, www.hotel-ewald.de, ☎ 0049 (0) 591/963150, Fax 63924.

⑲ D-48531 NORDHORN
A 31 ab Ausfahrt 25 Lingen → Nordhorn 7 km
Hotel-Restaurant Rammelkamp ★★★↓ 40 B, EZ € 38,–, DZ € 62,–, 3-Bett-Zi € 79,–, 4-Bett-Zi € 92,–, inkl. Frühstücksbuffet, alle Zi mit Du, WC, ☎ und TV, gutbürgerliche Küche, Terrasse, Spielplatz, ▨, G, großer P, Lingener Straße 306, @, www.hotel-rammelkamp.de, ☎ 0049 (0) 5921/35201, Fax 33572.

⑳ D-48488 EMSBÜREN
A 31 ab Ausfahrt 26 Emsbüren → Emsbüren 3 km und A 30 ab Ausfahrt 4 Schüttorf-Nord 3 km
Landgasthof Evering ★★★ 15 B, EZ € 40,–, DZ € 65,–, inkl. Frühstück, alle Zi mit Du, WC, ☎ und TV, teils WLAN, Restaurant (täglich ab 18 Uhr, außer Montag), klimatisierte Räume bis 350 Personen, Biergarten, Kinderspielplatz, Kegelbahn, ▨, großer P, Lange Str. 24, @, www.landgasthof-evering.de, ☎ 0049 (0) 5903/294, Fax 7499.

㉑ D-48465 SCHÜTTORF
A 30 ab Ausfahrten 3 Nordhorn/Bad Bentheim und 4 Schüttorf-Nord und A 31 ab Ausfahrt 28 Schüttorf-Ost je ca. 2 km → Zentrum → Nordhorn
Hotel-Restaurant Nickisch ★★★★ 70 B, EZ € 54,– bis 84,–, DZ € 98,– bis 114,–, Mehrbett-Zi, inkl. Frühstücksbuffet, alle Zi mit Du, WC, Fön, TV und WLAN, Lift, regionale und internationale Küche, Tagungsräume, ▨, großer P, Nordhorner Straße 71, @, www.hotel-nickisch.de, ☎ 0049 (0) 5923/9660-0, Fax 9660-66.

⑭ Hotel-Gasthof Aepken-Heidekrug, Dalum

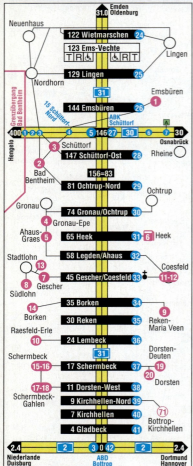

1 D-48488 **EMSBÜREN** A 31 ab Ausfahrt 26 Emsbüren → Emsbüren 3 km und A 30 ab Ausfahrt 4 Schüttorf-Nord 3 km
Landgasthof Evering ★★★ 15 B, EZ € 40,–, DZ € 65,–, inkl. Frühstück, alle Zi mit Du, WC, ☎ und TV, teils WLAN, Restaurant (täglich ab 18 Uhr, außer Montag), klimatisierte Räume bis 350 Personen, Biergarten, Kinderspielplatz, Kegelbahn, ☒, großer P, Lange Str. 24, @, www.landgasthof-evering.de, ☎ 0049 (0) 59 03/294, Fax 74 99.

2 D-48455 **BAD BENTHEIM**
A 30 ab Ausfahrt 3 Nordhorn/Bad Bentheim → Bad Bentheim
Hampshire Inn Bentheimer Hof ★★★ 43 B, EZ € 69,– bis 79,–, DZ € 89,– bis 99,–, Frühstücksbuffet € 7,50 pro Person (Winteraktion bis 31.03.2009), alle Zi mit Du, WC, Fön, ☎, TV und WLAN, Lift, regionale Küche, Tagungsraum, Bahnhof Nord 1, @, www.bentheimer-hof.de, ☎ 0049 (0) 59 22/9 83 80, Fax 98 38 14.

3 D-48465 **SCHÜTTORF**
A 30 ab Ausfahrten 3 Nordhorn/Bad Bentheim und 4 Schüttorf-Nord und A 31 ab Ausfahrt 28 Schüttorf-Ost je ca. 2 km → Zentrum → Nordhorn
Hotel-Restaurant Nickisch ★★★★ 70 B, EZ € 74,– bis 84,–, DZ € 98,– bis 114,–, Mehrbett-Zi, inkl. Frühstücksbuffet, alle Zi mit Du, WC, ☎, großer P, Nordhorner Straße 71, @, www.hotel-nickisch.de, ☎ 0049 (0) 59 23/96 60-0, Fax 96 60-66.

4 D-48599 **GRONAU-EPE**
A 31 ab Ausfahrt 30 Gronau/Ochtrup → Gronau ca. 5 km über B 54
Hotel Kegelhof Bügener ★★★ 200 B, EZ € 35,– bis 40,–, DZ € 65,– bis 75,–, inkl. Frühstücksbuffet, alle Zi mit Du, WC und TV, überwiegend ☎, Lift, gutbürgerliche Küche, Gesellschaftsräume für 40-400 Personen, organisierte Kegelwochenenden all inclusive, ☒, &, -Zi, Gildehauser Damm 85, @, www.hotel-buegener.de, ☎ 0049 (0) 25 65/1207, Fax 15 52.

5 D-49683 **AHAUS-GRAES**
A 31 ab Ausfahrt 32 Legden/Ahaus → B 474 → Ahaus → Gronau ca. 10 km
Landhotel-Restaurant Elkemann ★★★ 69 B, EZ € 37,50 bis 47,–, DZ € 65,– bis 85,40, inkl. Frühstück, alle Zi mit Du, WC, ☎ und WLAN, teils Sat-TV, regionale Spezialitäten, Tagungsraum, Kegelbahn, Fahrradverleih, ☒, großer P, Eper Str. 2, @, www.landhotel-elkemann.de, ☎ 0049 (0) 25 61/93 41-0, Fax 93 41-88.

6 D-48619 **HEEK** ab Ausfahrt 31 ca. 2 km
Shell-Tankstelle ☒ mit Shop und Poststelle, ☒, Ludgeristr. 34, ☎ 0049 (0) 25 68/7 36, Fax 33 67.

7 D-48712 **GESCHER**
A 31 ab Ausfahrt 33 Gescher ca. 3 km (Ortsmitte Parkplatz 7)
Hotel-Restaurant Zur Krone ★★ seit 1780, 21 B, EZ € 35,– bis 42,–, DZ € 67,– bis 73,–, inkl. Frühstück, alle Zi mit Du, WC, ☎, TV und kostenfreiem WLAN, westfälische Spezialitäten, Biergarten, ☒, P, Hauptstraße 39, @, www.zur-krone-gescher.de, ☎ 0049 (0) 25 42/1050, Fax 5010.

8 D-46354 **SÜDLOHN** A 31 ab Ausfahrt 33 Gescher → Südlohn
Hotel-Restaurant Nagel ★★★ an der Kirche, 55 B, EZ € 48,– bis 56,–, DZ € 70,– bis 85,–, inkl. Frühstück, alle Zi mit Du, WC, Sat-TV und WLAN, 100 Sitzplätze, ☒, ☒, P, Kirchplatz 8, @, www.hotel-nagel.de, ☎ 0049 (0) 28 62/9 80 40, Fax 98 04 44.

9 D-48734 **REKEN-MARIA VEEN**
A 31 ab Ausfahrt 34 Borken, B 67 n → Dülmen, Abfahrt Maria Veen ca. 6 km und A 43 ab Ausfahrt 6 Dülmen → Lette, in Lette → Reken ca. 15 km → Maria Veen, Hotelbeschilderung
Hotel-Restaurant Lütkebohmert ★★★ 22 B, EZ € 36,– bis 39,–, DZ € 66,– bis 70,–, Familien-Zi, inkl. Frühstück, alle Zi mit Du, WC, TV und WLAN, frische kreative Küche, ☒, ☒, P, Landsbergstr. 25, @, www.hotel-luetkebohmert.de, ☎ 0049 (0) 28 64/1232, Fax 71 79.

10 D-46348 **RAESFELD-ERLE**
A 31 ab Ausfahrt 36 Lembeck → Raesfeld 7,8 km
Hotel-Restaurant Brömmel-Wilms ★☆ 13 B, EZ € 36,–, DZ € 66,–, inkl. Frühstück, alle Zi mit Du, WC, TV und WLAN, regionale und internationale Küche, Biergarten, 180 Sitzplätze, ☒, ☒, G, P, Schermbecker Str. 20, @, www.broemmel-wilms.de, ☎ 0049 (0) 28 65/82 35, Fax 2 67.

11 D-48653 **COESFELD**
A 31 ab Ausfahrt 33 Gescher/Coesfeld
Hotel Restaurant Zur Mühle ★★★ 54 B, EZ € 54,– bis 65,–, DZ € 79,– bis 97,–, inkl. Frühstücksbuffet, alle Zi mit Du, WC, Fön, ☎, Kabel-TV, WLAN, Minibar und Schreibtisch, Mühlenschänke, Tagungen, Veranstaltungsräume, ☒, Tief-G, P, Mühlenstr. 23, hotel.zur.muehle-info@t-online.de, www.hotelzurmuehle-coesfeld.de, ☎ 0049 (0) 25 41/91 30, Fax 65 77.

12 D-48653 **COESFELD**
A 31 ab Ausfahrt 33 Gescher/Coesfeld
Hotel Restaurant Am Münstertor ★★☆ 30 B, EZ € 45,–, DZ € 75,–, 3-Bett-Zi € 100,–, inkl. Frühstück, alle Zi mit Du, WC und TV, Sportsbar, Kamin-Zi, Gesellschaftsraum, Kegelbahn, P, Münsterstraße 59, @, www.hotel-am-muenstertor.de, ☎ 0049 (0) 25 41/34 62, Fax 7 00 48.

4

Hotel Kegelhof Bügener, Gronau-Epe

⑬ D-48703 STADTLOHN A 31 ab Ausfahrt 33 Gescher/Coesfeld, B 525
Land-gut-Hotel-Restaurant Ritter ★★★ ruhige Lage, 50 B, EZ € 43,–, DZ € 74,–, Dreibett-Zi € 99,–, inkl. Frühstücksbuffet, alle Zi mit Du, WC und TV, kreative vielseitige Küche, Mittagstisch, Biergarten, Tagungs- und Gesellschaftsräume, ▨, 🚌, P, Almsick 59, @, www.landgut-ritter.de, ☎ 0049 (0) 2563/84 05, Fax 68 24.

⑭ D-46325 BORKEN A 31 ab Ausfahrt 34 Borken B 67 n → Borken
Hotel-Restaurant Waldesruh ★★★ 36 B, EZ € 50,– bis 65,–, DZ € 85,– bis 100,–, inkl. Frühstücksbuffet, alle Zi mit Du, WC, Fön und ☎, teils Minibar, auf Wunsch Sat-TV, Gesellschaftsräume bis 200 Personen, ▨, 🚌, P, Dülmener Weg 278, @, www.haus-waldesruh.de, ☎ 0049 (0) 2861/9400-0, Fax 94 00-94.

⑮ D-46514 SCHERMBECK A 3 ab Ausfahrt 6 Wesel
Ecco Hotel Schermbeck ★★★ 84 B, EZ € 49,– bis 79,–, DZ € 69,– bis 99,–, inkl. Frühstücksbuffet, alle Zi mit Bad/Du, WC, ☎, Sat-/Pay-TV, PC- und Fax-Anschluss und WLAN, Hotelbar, Snacks, Schwimmbad 20 m, 10 Minuten bis Movie Park Germany, ▨, 🍴, 🚌, ♿, Tief-G, Maassenstr. 1 + 3, @, www.comfort-hotel-schermbeck.de, ☎ 0049 (0) 2853/91 93-0, Fax 91 93-11.

⑯ D-46514 SCHERMBECK A 31 ab Ausfahrt 37 Schermbeck → Schermbeck 3 km und A 3 ab Ausfahrt 7 Hünxe → Schermbeck 10 km
Hotel-Restaurant Schermbecker Mitte ★★★⯪ ruhige zentrale Lage, 12 B, EZ € 38,–, DZ € 62,–, inkl. Frühstück, alle Zi mit Du, WC, TV und WLAN, mediterrane Küche, Fischspezialitäten, Mittagstisch, Terrasse, ▨, P, Mittelstr. 28, @, www.schermbecker-mitte.de, ☎ 0049 (0) 2853/21 33.

⑰ D-46514 SCHERMBECK-GAHLEN
A 31 ab Ausfahrt 38 Dorsten-West 4,8 km und A 3 ab Ausfahrt 7 Hünxe 10 km
Gasthaus Op den Hövel ★★★, EZ ab € 45,–, DZ ab € 70,–, 3-Bett-Zi ab € 87,–, 4-Bett-Zi ab € 100,–, inkl. Frühstücksbuffet, alle Zi mit Bad/Du, WC, ☎, TV und WLAN, Restaurant mit guter Küche, 150 Sitzplätze, eigenes Hallenbad, Sauna, Solarium, ▨ (ec), 🍴, 🚌, G, P, Kirchstr. 71, www.hotel-op-den-hoevel.de, ☎ 0049 (0) 2853/9140 0, Fax 91 40 50.

⑱ D-46514 SCHERMBECK-GAHLEN A 31 ab Ausfahrt 38 Dorsten-West 4,8 km und A 3 ab Ausfahrt 7 Hünxe 10 km
Hotel-Restaurant Zur Mühle ★★ 45 B, EZ € 29,– bis 41,–, DZ € 54,– bis 62,–, Familien-Zi, inkl. Frühstück, alle Zi mit Du, WC, ☎ und TV, 10 Auto-Minuten bis Movie Park Germany, ▨, P, Kirchstr. 78, @, www.gaststaette-zur-muehle.de, ☎ 0049 (0) 2853/91 84 00, Fax 91 84 49.

⑲ D-46286 DORSTEN-DEUTEN A 31 ab Ausfahrt 37 Schermbeck ca. 3 km → Haltern (B 58)
Hotel-Restaurant Grewer ★★ 23 B, EZ € 38,– bis 45,–, DZ € 65,– bis 72,–, inkl. Frühstücksbuffet, Zi mit Du, WC, ☎ und TV, Tagungsraum bis 120 Personen, Gartenterrasse, 🚌, Weseler Straße 351, @, www.Hotel-Grewer.de, ☎ 0049 (0) 2369/209800, Fax 20 98 20.

⑳ D-46284 DORSTEN A 31 ab Ausfahrt 37 Schermbeck → Dorsten, Ortseingang ca. 3 km
Hotel-Restaurant Albert ★★★⯪ zentrale Lage, 60 B, EZ € 65,– bis 75,–, DZ € 85,– bis 98,–, Familien-Zi, inkl. Frühstücksbuffet, alle Zi mit Du, WC, Fön, ☎, TV, WLAN, Minibar und Safe, Lift, saisonale Küche, Biergarten, Sauna, Solarium, ▨, 🍴, Tief-G, P, Borkener Str. 199, @, www.hotel-albert.de, ☎ 0049 (0) 2362/947 90, Fax 94 79 19.

㉑ MOVIE PARK GERMANY – „Hurra, ich bin im Film"

A 31 ab Ausfahrt 39 Kirchhellen-Nord, ausgeschildert

Im Movie Park Germany lassen sich nicht nur SpongeBob im 30.000 qm großen NICKland und Shrek, der tollkühne Held, knuddeln, sondern viele filmbezogene Abenteuer erleben. In der Stunt-Show wird gezeigt, welche Kapriolen ein Filmdreh mit sich bringt, natürlich gepaart mit halsbrecherischen Stunts und spannungsgeladenen Actionszenen. Im Film-Museum lassen exklusive Film-Exponate, wie z.B. die Ohrringe von Kate Winslet aus „Titanic" oder die Turnschuhe von Tom Hanks aus „Forrest Gump" bestaunen oder die besten Filmtricks aus Hollywood erleben. Die Show „Movie Magic" bietet einen interaktiven Einblick hinter die Kulissen der Filmproduktion.

Die Holz-achterbahn „Bandit" bietet eine rasante Fahrt

2007 entstand im Movie Park Germany der Santa Monica Pier Themenbereich in Anlehnung an einen der beliebtesten Filmschauplätze, das Wahrzeichen der kalifornischen Stadt Santa Monica. Die Gäste können nun am See spazieren gehen, den Ausblick vom neuen Riesenrad genießen, die rasante Attraktion „Crazy Surfer" nutzen oder sich auf dem Spielplatz austoben.

NICKland

Movie Park Germany wurde vom Deutschen Kinderschutzbund NRW und dem TÜV Nord mit dem Prädikat „OK für Kids" ausgezeichnet. Außerdem wurde Movie Park Germany in jüngster Vergangenheit für „Die freundlichsten Mitarbeiter in einem Freizeitpark" und „Die besten Innovationen in einem Freizeitpark" ausgezeichnet. Vom 4. April bis zum 1. November hat der Park in der Regel von 10-18 Uhr geöffnet.

Informationen und Prospekte:
Movie Park Germany, Warner Allee 1, D-46244 Bottrop-Kirchhellen, info@moviepark.de, www.moviepark.de, ☎ 0049 (0) 2045/89 90, Fax 89 97 06.

Santa Monica Pier

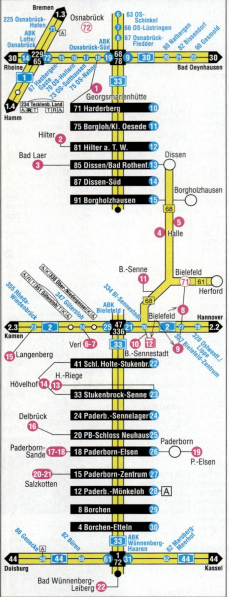

❶ D-49124 GEORGSMARIENHÜTTE
A 33 ab Ausfahrt 10 Harderberg und A 30 ab Ausfahrt 18 Osnabrück-Nahne → Bad Iburg 200 m (Wegweiser: Franziskus-Hospital)
Hotel-Restaurant Waldesruh ★★ ruhige Waldlage am Harderberg, 42 B, EZ € 37,– bis 70,–, DZ € 60,– bis 90,–, inkl. Frühstück, alle Zi mit Bad/Du, WC, ☎ und TV, Räume bis 120 Personen, WLAN, ▭, 🖭, G, P, Zur Waldesruh 30, @, www.hotel-waldesruh-gmhuette.de, ☎ 0049 (0) 541/543 23, Fax 543 76.

❷ D-49176 HILTER
A 33 ab Ausfahrt 12 Hilter a. T. W. rechts ca. 1,5 km
Altes Gasthaus Ellerweg ★★ ruhige Lage, 28 B, EZ € 37,– bis 40,–, DZ € 65,– bis 70,–, inkl. Frühstück, alle Zi mit Du, WC, ☎ und TV, Ferienwohnung, Räume bis 150 Personen, Biergarten, Spielplatz, ▭ (nur EC), 🖭, G, P, Osnabrücker Str. 45, @, www.altes-gasthaus-ellerweg.de, ☎ 0049 (0) 5409/321, Fax 49 42.

❸ D-49196 BAD LAER A 33 ab Ausfahrten 12 Hilter a. T. W. und 13 Dissen/Bad Rothenfelde → Bad Laer je 7 km
Landhaus Meyer zum Alten Borgloh ★★★ ruhige Lage, 38 B, EZ € 41,– bis 46,–, DZ € 69,– bis 79,–, Nichtraucher-Zi, inkl. Frühstücksbuffet, alle Zi mit Du, WC, Fön, ☎, TV und kostenfreiem WLAN, Karte für Hausgäste, Biergarten, Räume bis 30 Personen, Sauna, Solarium, ▭, 🖭, P, Iburger Str. 23, @, www.hotel-mzab.de, ☎ 0049 (0) 5424/292 10, Fax 292 155.

❹ D-33790 HALLE
an der B 68, Hotelroute folgen
Gasthof Jäckel ★★★ 21 B, EZ € 59,– bis 85,–, DZ € 89,– bis 139,–, inkl. Frühstücksbuffet, alle Zi mit Bad/Du, WC, ☎, TV, WLAN und Safe, Lift, regionale und saisonale Küche, Räume bis 250 Personen, Biergarten, ▭, P, Dürkoppstr. 8, @, www.gasthof-jaeckel.de, ☎ 0049 (0) 5201/97 133-0, Fax 97 133-55.

❺ D-33790 HALLE an der B 68, Hotelroute
Hotel-Restaurant Buchenkrug ★★ 28 B, EZ € 42,50, DZ € 75,–, inkl. Frühstück, alle Zi mit Du, WC und Sat-TV, Restaurant mit Nichtraucher-Bereich, regionale Küche, Osnabrücker Str. 52, @, www.buchenkrug.de, ☎ 0049 (0) 5201/25 26.

❻ D-33415 VERL A 2 ab Ausfahrt 24 Gütersloh 5 km
Landhotel Altdeutsche ★★★★ 84 B, EZ € 78,– bis 99,–, DZ € 122,– bis 132,–, inkl. Frühstück, alle Zi mit Du, WC, ☎, TV, DSL und Minibar, Lift, Restaurant „Altdeutsche Gaststätte" und „Blaue Donau", Räume bis 250 Personen, Biergarten, Therme mit Sauna, Dampfbad, Whirlpool, Solarium, Kegelbahn, günstige Wochenendpreise, ▭, P, Sender Straße 23, @, www.altdeutsche.de, ☎ 0049 (0) 5246/96 60, Fax 96 62 99.

❼ D-33415 VERL A 2 ab Ausfahrt 24 Gütersloh 4 km → Verl
Hotel Papenbreer ★★★ 30 B, EZ € 48,– bis 61,–, DZ € 74,– bis 89,–, inkl. reichhaltigem Frühstücksbuffet, alle Zi mit Du, WC, ☎ und Sat-TV, Bar, Konferenzraum für 25 Personen, ▭, P, Gütersloher Str. 82, @, www.hotel-papenbreer.de, ☎ 0049 (0) 5246/920 40, Fax 920 420.

❽ D-33699 BIELEFELD
A 2 ab Ausfahrt 27 Bielefeld-Zentrum, im Zentrum 2. Ampel links, 3 km
Hotel Schweizer Haus – Ristorante Rossini ★★★ ruhige Lage, 32 B, EZ € 48,– bis 60,–, DZ € 68,– bis 78,–, inkl. Frühstück, Wochenendtarife, alle Zi mit Du, WC, ☎, TV und WLAN, Mittagstisch, Gartenterrasse, ▭, P, Christophorusstr. 23, @, www.hotel-schweizer-haus.de, ☎ 0049 (0) 521/924 290, Fax 2061 12.

❾ D-33699 BIELEFELD A 2 ab Ausfahrt 27 Bielefeld-Zentrum, B 66 → Oerlinghausen, 1. Kreuzung rechts 3 km
Hotel Alexander der Große ★★ 28 B, EZ € 45,– DZ € 65,–, inkl. Frühstücksbuffet, alle Zi mit Du, WC, TV und WLAN, Abendkarte für Hausgäste, ▭, P, Detmolder Str. 781, @, www.hotelalexandergrosse.de, ☎ 0049 (0) 5202/800 64, Fax 993 201.

❿ D-33689 BIELEFELD-SENNESTADT
A 2 ab Ausfahrt 26 Bielefeld-Sennestadt, Hotelausschilderung 2 km
Hotel Wintersmühle ★★ idyllische Lage, 22 B, EZ € 54,– bis 64,–, DZ € 74,– bis 89,–, inkl. Frühstück, alle Zi mit Du, WC, Fön, TV, WLAN und Minibar, ▭, P, Mo-Do Restaurant bis 18 Uhr, Sender Str. 6, @, www.wintersmuehle.de, ☎ 0049 (0) 5205/98 250, Fax 98 25 33.

⓫ D-33659 BIELEFELD-SENNE
A 2 ab Ausfahrt 26 Bielefeld-Sennestadt
Hotel zur Spitze ★★ 30 B, EZ € 28,– bis 42,–, DZ € 42,– bis 56,–, inkl. Frühstück, Zi mit Du, WC, ☎ und TV, Bistro, Biergarten, Kegelbahn, ▭, Windelsbleicher Str. 215, @, www.hotel-zur-spitze.de, ☎ 0049 (0) 521/950 020, Fax 95 00 214.

⓬ D-33699 BIELEFELD
A 2 ab Ausfahrt 26 Bielefeld-Sennestadt 3 km → Paderborn
Westfalen-Tankstelle Detlev Höpker 🅿 DKV, UTA, Lomo, PAN, Shop, Reifendienst, Kfz-Meister, Trucker willkommen, täglich geöffnet von 0 bis 24 Uhr, Paderborner Str. 319, www.autohaus-hoepker.de/westfal.htm, ☎ 0049 (0) 5205/71 560.

⓭ D-33161 HÖVELHOF-RIEGE A 33 ab Ausfahrt 23 Stukenbrock-Senne → Stukenbrock 700 m, links, 4 km
Gasthaus Spieker ★★★ ruhige Lage, 22 B, EZ € 45,– bis 50,–, DZ € 75,– bis 80,–, inkl. Frühstück, alle Zi mit Du, WC, Fön, ☎ und TV, exzellente Küche, Landhausstil mit besonderem Flair, ▭, P, Detmolder Straße 86, info@gasthaus-spieker.de, www.gasthaus-spieker.de, ☎ 0049 (0) 5257/2222, Fax 4178.

www.autobahn-guide.com

⑭ D-33161 HÖVELHOF A 33 ab Ausfahrten 23 Stukenbrock-Senne und 24 Paderborn-Sennelager → Hövelhof, Kreisverkehr → Verl je 8 km
Hotel-Restaurant Piärdestall ★★★ 13 B, EZ € 45,– bis 50,–, DZ € 75,–, inkl. Frühstück, alle Zi mit Du, WC, TV und WLAN, klassische Küche mit französischem Akzent, Gartenterrasse, 🍴, Gütersloher Str. 245, @, www.piaerdestall.de, ☎ 0049 (0) 5257/2244, Fax 6880.

⑮ D-33449 LANGENBERG
A 2 ab Ausfahrt 23 Rheda-Wiedenbrück → Lippstadt 7 km
Hotel-Restaurant Otterpohl ★★ 30 B, EZ € 24,– bis 39,–, DZ € 72,–, inkl. Frühstück, Zi mit Du, WC, ☎, Kabel-TV und WLAN, Biergarten, 🍴, G, P (Bus, Lkw), Hauptstraße 1, @, www.hotel-otterpohl.de, ☎ 0049 (0) 5248/80080, Fax 80084.

⑯ D-33129 DELBRÜCK
A 33 ab Ausfahrt 25 Paderborn-Schloss Neuhaus/Delbrück 10 km
Flair Hotel Waldkrug ★★★★ ruhige Lage am Ortsrand, 93 B, EZ ab € 74,50, DZ ab € 104,–, inkl. Frühstücksbuffet, alle Zi mit Du, WC, 📺, TV und Internet, Lift, regionale und gehobene Küche, Tagungsräume, Festsaal, Gartenterrasse, Wellness, Beauty, Bade- und Saunalandschaft (für Hotelgäste frei), 🍴, P, Graf-Sporck-Str. 34, @, www.waldkrug.de, ☎ 0049 (0) 5250/9888-0, Fax 9888-77.

⑰ D-33106 PADERBORN-SANDE A 33 ab Ausfahrt 26 Paderborn-Elsen → Sande
Hotel Heide Residenz ★★★☆ 60 B, EZ € 65,– bis 79,–, DZ € 79,– bis 110,–, Mehrbett-Zi auf Anfrage, inkl. Frühstücksbuffet, alle Zi mit Du, WC, Fön, ☎, Kabel-TV, Video, WLAN, Minibar, Safe und Balkon, rustikale Küche mit mediterranem Flair, Tagungsräume, Wellnessangebote, 🍴, P, Sander Str. 37, @, www.heideresidenz.de, ☎ 0049 (0) 5254/9565-0, Fax 9565-950.

⑱ D-33106 PADERBORN-SANDE
A 33 ab Ausfahrt 26 Paderborn-Elsen 3,5 km → Elsen
Landgasthof Alt-Enginger Mühle ★★★ 30 B, EZ € 65,–, DZ € 85,–, Nichtraucher-Zi, inkl. Frühstücksbuffet, alle Zi mit Du, WC, Fön, ☎, Sat-TV und WLAN, regionale und gehobene Küche, Konferenzraum, Biergarten, 🍴, 🐎 auf Anfrage, 🚲, P, Sander Str. 105, @, www.alt-engingermuehle.de, ☎ 0049 (0) 5254/933778, Fax 933782.

⑲ D-33100 PADERBORN-ELSEN
A 33 ab Ausfahrt 26 Paderborn-Elsen → Detmold → B 1 → Paderborn
Hotel Manu ★★★ 30 B, EZ € 55,– bis 70,–, DZ € 75,– bis 90,–, inkl. Frühstück, alle Zi mit Du, WC, Fön, Sat-TV, Radio, WLAN und Minibar, internationale und italienische Küche, Bar, Biergarten, P, Tag- und Nachtempfang, Detmolder Str. 196, @, www.hotel-manu.de, ☎ 0049 (0) 5251/180830 (Hotel) + 407201 (Restaurant), Fax 1808329.

⑳ D-33154 SALZKOTTEN A 33 ab Ausfahrt 27 Paderborn-Zentrum, B 1 → Paderborn
Hotel-Restaurant Walz ★★★ 49 B, EZ € 59,–, DZ € 88,–, Appartement, inkl. Frühstück, alle Zi mit Du, WC, ☎, TV und WLAN (kostenfrei), Gesellschaftsraum, Paderborner Str. 21, @, www.hotel-walz.de, ☎ 0049 (0) 5258/9880, Fax 4849.

㉑ D-33154 SALZKOTTEN
A 44 ab Ausfahrt 58 Erwitte/Anröchte → B 1 → Erwitte → Salzkotten
Westfälischer Hof ★★★☆ 13 Zi, EZ € 46,–, DZ € 64,–, inkl. Frühstück, alle Zi mit Du, WC, Fön, 📺, TV und WLAN, regionale und internationale Küche, Veranstaltungsräume, 🚲, Lange Str. 4, www.hotel-westfaelischer-hof.de, ☎ 0049 (0) 5258/98610, Fax 98614 0.

㉒ D-33181 BAD WÜNNENBERG-LEIBERG
A 44 ab ABK Wünnenberg-Haaren → Bad Wünnenberg → Haaren → Leiberg 9 km
Landgasthof Kaiser ★★★☆ ruhige Lage, 15 B, EZ € 42,–, DZ € 68,–, Familien-Zi, inkl. Frühstücksbuffet, alle Zi mit Du, WC, TV und WLAN, saisonale und regionale Küche, Biergarten, 🍴, 🚲, P, Hauptstr. 42, @, www.landgasthof-kaiser.de, ☎ 0049 (0) 2953/407, Fax 99013.

㉗ BIELEFELD
Historisch industrielle Baukultur prägen das heutige Stadtbild ebenso wie moderne Architektur. Bielefeld verbindet als kulturelles und wirtschaftliches Oberzentrum die Vorzüge einer Großstadt mit (ent)spannenden Freizeitmöglichkeiten im Teutoburger Wald. Die ostwestfälische Metropole bietet gute Verkehrsanbindungen, eine breit gefächerte Gastronomie und ein gut strukturiertes Beherbergungsangebot.

Information und Prospekte: Tourist-Information im Neuen Rathaus, Niederwall 23, D-33602 Bielefeld, touristinfo@bielefeld-marketing.de, www.bielefeld.de, ☎ 0049 (0) 521/516999, Fax 17881 1.

㉘ DAS OSNABRÜCKER LAND
... ist zum überwiegenden Teil Bestandteil des waldreichen Naturparks Teutoburger Wald/Wiehengebirge mit interessanten Wasserschlössern, Burgen und Klöstern. Die attraktive Bischofs- und Universitätsstadt Osnabrück ist Zentrum dieser Reiseregion. Im Süden des Osnabrücker Landes trifft man auf eine Vielzahl attraktiver sowie traditionsreicher Heilbäder und Luftkurorte. Entlang der Abfahrten der A 1/A 30 bestehen hervorragende Möglichkeiten für Zwischenstopps, zum Beispiel für Fahrpausen oder Übernachtungen. Fordern Sie den kostenlosen Reise-Ratgeber-Katalog mit der kompletten Übersicht dieser Betriebe an.

Information und Prospekte: Tourismusverband Osnabrücker Land e.V., Krahnstraße 52/53, D-49031 Osnabrück, team@tvosl.de, www.osnabruecker-land.de, ☎ 0049 (0) 541/95111-0, Fax 95111-22.

⑥ Landhotel Altdeutsche, Verl

Gut Ostenwalde, Melle

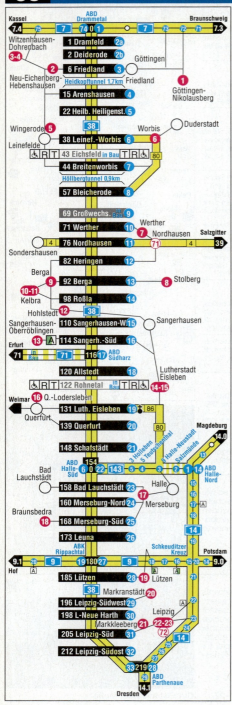

❶ D-37077 GÖTTINGEN-NIKOLAUSBERG
A 7 ab Ausfahrt 72 ABD Göttingen-Nord/Braunlage 5 km, 4. Ampel links
Hotel Beckmann ★★ ruhige Lage, 52 B, EZ € 34,– bis 52,–, DZ € 55,–
bis 80,–, 3- und 4-Bett-Zi, inkl. Frühstück, alle Zi mit Du, WC, ☎, TV und
Minibar, ▨, ⊨, G, P, Ulrideshuser Str. 44, @, www.hotel-beckmann.de,
☎ 0049 (0) 551/20908-0, Fax 20908-10.

❷ D-37249 NEU-EICHENBERG-HEBENSHAUSEN A 38 ab
Ausfahrt 3 Friedland → Neu Eichenberg B 27 und A 7 ab ABD Drammetal
Gasthaus Waldmann ★★ 18 B, EZ € 26,– bis 30,–, DZ € 48,– bis
50,–, inkl. Frühstück, alle Zi mit Du, WC und TV, Räume für 30-120 Personen, Kegelbahn, Biergarten, ▥, großer P, Lange Straße 30, @,
www.gasthaus-waldmann.de, ☎ 0049 (0) 5504/633, Fax 290.

❸ D-37216 WITZENHAUSEN-DOHRENBACH
A 38 ab Ausfahrt 3 Friedland → Witzenhausen und A 7 ab Ausfahrt
75 Hedemünden → Witzenhausen → Großalmerode je 15 km
Land-gut-Hotel Zur Warte, Restaurant ★★★✦ 38 B, EZ € 40,–
bis 50,–, DZ € 64,– bis 70,–, inkl. Frühstücksbuffet, alle Zi mit Du, WC,
☎, TV und Balkon, Räume bis 150 Personen, Hallenbad, Sauna, Solarium, Motorradfahrer willkommen, „Froschkönig" Deutsches Froschmuseum, ▨, ⊨, ▥, G, großer P, Warteweg 1, @, www.hotelzurwarte.de,
☎ 0049 (0) 5542/3090, Fax 6681.
Unter gleicher Leitung:

❹ D-37216 WITZENHAUSEN-DOHRENBACH
Heuhotel „Märchenscheune" ★★★ Fachwerkscheune, 25 B, Über-
nachtung ab € 10,–/Person, moderne Sanitäranlagen, Aufenthaltsraum,
Gartenanlage mit Grillplatz, P.

❺ D-37327 WINGERODE A 38 ab Ausfahrten 5 Heilbad Heiligen-
stadt → Leinefelde und 6 Leinefelde-Worbis → Heiligenstadt je ca. 5 km
Hotel und Beautyfarm Keppler's Ecke ★★★ 25 B, EZ € 37,– bis 46,–,
DZ € 54,– bis 62,–, inkl. Frühstück, alle Zi mit Du, WC und TV, feine regio-
nale Küche, Tagungs- und Festräume, Eiscafé, Solarium, Hofgarten, ▥,
P, Hauptstr. 52, @, www.kepplers-ecke.de, ☎ 0049 (0) 3605/501666,
Fax 501668.

❻ D-37339 WORBIS A 38 ab Ausfahrt 6 Leinefelde-Worbis
Hotel „Zur Wipper" ★★ 24 B, EZ € 42,– DZ € 60,–, inkl. Frühstück,
alle Zi mit Du, WC, ☎, Sat-TV und Minibar, teils Balkon, Restaurant,
Gesellschaftsräume bis 70 Personen, ▥, P, Nordhäuser Str. 43, @,
www.hotel-zur-wipper.de, ☎ 0049 (0) 36074/31212, Fax 30775.

❼ D-99735 WERTHER
(bei Nordhausen) an der B 80/B 243 und A 38 ab Ausfahrt 10 Werther
Hotel-Restaurant Zur Hoffnung ★★★ 90 B, EZ € 36,– bis 40,–, DZ
€ 58,– bis 63,–, inkl. Frühstücksbuffet, alle Zi mit Du, WC, ☎ und TV,
gutbürgliche Küche, Tagungen bis 200 Personen, Sauna, Solarium,
Whirlpool, Kegelbahn, Du für Kraftfahrer, ▨, ▥, &, G, P, An der B 80, @,
www.hotel-zur-hoffnung.de, ☎ 0049 (0) 3631/601216, Fax 600826.

❽ D-06547 STOLBERG
A 38 ab Ausfahrt 13 Berga → Stolberg, Stadtmitte
Hotel-Restaurant Stolberger Hof ★★★✦ 35 B, EZ € 45,– DZ € 76,–
bis 86,–, inkl. Frühstücksbuffet, alle Zi mit Du, WC, ☎, TV und Minibar,
Lift, regionale Küche, Räume bis 70 Personen, Wellnessoase, P, Markt 6,
@, www.stolberger-hof.de, ☎ 0049 (0) 34654/320, Fax 437.

❾ D-06536 BERGA A 38 ab Ausfahrt 13 Berga
Landhaus Blei ★★✦ 24 B, EZ € 42,– DZ € 62,–, 3-Bett-Zi € 73,–,
4-Bett-Zi € 85,–, inkl. Frühstücksbuffet, alle Zi mit Du, WC und TV, Thü-
ringische Küche, Räume bis 50 Personen, Terrasse, Biergarten, Sauna,
P, Stolberger Str. 26, @, www.landhaus-blei.de, ☎ 0049 (0) 34651/4890,
Fax 48925.

❿ D-06537 KELBRA/KYFFHÄUSER
A 38 ab Ausfahrten 13 Berga und 14 Roßla
Hotel Barbarossa ★★★ 60 B, EZ € 44,– DZ € 65,–, inkl. Frühstück, alle Zi mit Du, WC und ☎, ⊨ € 6,–, Am Stausee, @,
www.barbarossahotel-kelbra.de, ☎ 0049 (0) 34651/420, Fax 4233.

⓫ D-06537 KELBRA/KYFFHÄUSER
A 38 ab Ausfahrten 13 Berga und 14 Roßla
Pension-Restaurant Weidemühle ★★ 40 B, EZ € 40,– DZ € 60,–,
inkl. Frühstücksbuffet, alle Zi mit Du, WC, ☎ und TV, Saal bis 100
Personen, ▨, ⊨, ▥, G für Motorräder, P, Nordhäuser Str. 3, @,
www.pension-weidemuehle.de, ☎ 0049 (0) 34651/3740, Fax 37499.

⓬ D-06528 HOHLSTEDT
A 38 ab Ausfahrt 14 Roßla → Sangerhausen 4 km und ab Ausfahrt
15 Sangerhausen-West → Wallhausen → Nordhausen 7 km
Hotel Landgasthaus Hufenhäuser und Hofmann ★★★ 12 B, EZ € 33,–,
DZ € 54,–, inkl. Frühstück, alle Zi mit Du, WC, ☎ und TV, Mittagstisch
außer montags, Hausschlachtung, Räume bis 70 Personen, ▨, ⊨, ▥,
P, Chaussee 11, @, www.hotel-fleischerei.de, ☎ 0049 (0) 34656/20321,
Fax 59726.

⑬ D-06526 SANGERHAUSEN-OBERRÖBLINGEN
A 38 aus Ausfahrt 16 Sangerhausen-Süd, B 86 → Heldrungen
Hotel Restaurant Zum Löwen ★★★ 44 B, EZ € 40,– bis 49,–, DZ € 65,– bis 75,–, inkl. Frühstücksbuffet, alle Zi mit Du, WC, Fön, ☏, Sat-TV und WLAN, moderne deutsche Küche, Tagungsräume bis 50 Personen, Biergarten, ▭, großer P, Sangerhäuser Str. 24, @, www.zum-loewen-hotel.de, ☎ 0049(0)3464/54500, Fax 674230.

⑭ D-06295 LUTHERSTADT EISLEBEN
A 38 aus Ausfahrt 19 → Eisleben Zentrum
Hotel Graf von Mansfeld ★★★★ historisches Stadtschloss, 50 Zi, EZ ab € 65,–, DZ ab € 95,–, Suite ab € 125,– bis 145,–, inkl. Frühstücksbuffet, alle Zi mit Bad oder Du, WC, Fön, ☏ und TV, Tagungsräume bis 60 Personen, ▭, P, Markt 56, @, www.hotel-eisleben.de, ☎ 0049(0)3475/6630-0, Fax 250723.

⑮ D-06295 LUTHERSTADT EISLEBEN A 38 ab Ausfahrt 19 Lutherstadt Eisleben → B 80 und A 9 ab Schkeuditzer Kreuz → B 80 → Halle
Hotel Mansfelder Hof ★★ 50 B, EZ € 49,–, DZ € 69,–, inkl. Frühstück, alle Zi mit Du, WC und Fön, griechisches Restaurant "Athos", Terrasse, Hallesche Straße 33, @, www.mansfelderhof.de, ☎ 0049(0)3475/612602-0, Fax 612 62-99.

⑯ D-06263 QUERFURT-LODERSLEBEN
A 38 aus Ausfahrt 20 Querfurt, B 180, in Querfurt → Lodersleben
Landhotel Quernetal ★★☆ ruhige Lage, 12 B, EZ € 39,–, DZ € 49,–, inkl. Frühstück, alle Zi mit Du, WC, Fön und TV, teils Balkon, Terrasse, Biergarten, großer P, Parkstr. 15, @, www.quernetal.de, ☎ 0049(0)34771/23134, Fax 41353.

⑰ D-06217 MERSEBURG A 38 aus Ausfahrt 24 Merseburg-Nord → Merseburg
Hotel Wettiner Hof ★★★ zentrale Lage, 20 B, EZ € 42,50 bis 45,–, DZ € 65,– bis 70,–, inkl. Frühstücksbuffet, alle Zi mit Du, WC, Fön, TV und WLAN, P, Hallesche Str. 53, @, www.wettiner-hof.eu, ☎ 0049(0)3461/204621, Fax 249816.

⑱ D-06242 BRAUNSBEDRA A 38 aus Ausfahrt 25 Merseburg-Süd
Hotel Restaurant "Am Markt" ★★★ 46 B, EZ ab € 45,–, DZ ab € 70,–, Nichtraucher-Zi, inkl. Frühstück, alle Zi mit Du, WC, ☏ und WLAN, teils Balkon, Biergarten, Terrasse, 2 Mehrzweckräume, Bowling, Markt 14, @, www.hotel-braunsbedra.de, ☎ 0049(0)34633/909-0, Fax 909-55.

⑲ D-06686 LÜTZEN
A 38 aus Ausfahrt 28 Lützen und A 9 aus Ausfahrt 18 Bad Dürrenberg je 4 km
Landhaus-Pension Fleischhauer ★★ 20 B, EZ € 35,– bis 59,–, DZ € 45,– bis 69,–, inkl. Frühstück, alle Zi mit Du, WC, Fön und TV, P, Starsiedeler Str. 2, @, www.Landhaus-fleischhauer.de, ☎ 0049(0)34444/20495, Fax 20098.

⑳ D-04420 MARKRANSTÄDT A 38 aus Ausfahrt 29 Leipzig-Südwest
Hotel-Restaurant Rosenkranz ★★★ 37 B, EZ € 45,–, DZ € 65,–, inkl. Frühstück, alle Zi mit Du, WC und TV, gutbürgerliche Küche, Restaurant ab 11.30 Uhr, Markt 4, @, www.hotel-rosenkranz.de, ☎ 0049(0)34205/87495, Fax 87497.

㉑ D-04416 MARKKLEEBERG A 38 aus Ausfahrt 31 Leipzig-Süd
Markkleeberger Hof ★★★★ 107 B, EZ € 68,– bis 93,–, DZ € 78,– bis 108,–, inkl. Frühstück, alle Zi mit Bad/Du, WC, Fön, ☏, Radio, TV mit Premiere und Internet, Restaurant "Me gusta", Terrasse, Veranstaltungsraum, Städtelner Str. 122-124, @, www.markkleebergerhof.de, ☎ 0049(0)34299/120, Fax 12201.

㉒ D-04277 LEIPZIG
A 38 aus Ausfahrt 31 Leipzig-Süd → B 2 Abfahrt Koburger Str., 2 x rechts
Flair-Hotel Restaurant Alt-Connewitz ★★★ 60 B, EZ € 49,– bis 67,–, DZ € 72,– bis 107,–, Mehrbett-Zi, inkl. Frühstücksbuffet, alle Zi mit Bad, Du, WC, Fön, ☏, TV und WLAN, Lift, Sauna, ▭, ⬍, ▣, P, Meusdorfer Str. 47 a, @, www.alt-connewitz.de, ☎ 0049(0)341/3013770, Fax 3013800.

㉓ D-04279 LEIPZIG A 38 aus Ausfahrt 31 Leipzig-Süd → B 2 ab Ausfahrt Markkleeberg-Ost, 1. Ampel links, Ortseingang Leipzig 1. rechts
Pension Petit ★★★ ruhige Lage, 18 B, EZ € 30,– bis 40,–, DZ € 45,– bis 60,–, inkl. Frühstücksbuffet, Zi mit Du, WC und TV, P, Am Eichwinkel 8 b, @, www.pension-petit-leipzig.de, ☎ 0049(0)170/2902285.

⑺¹ NORDHAUSEN
Die tausendjährige Stadt mit Ihren 44.000 Einwohnern ist das Thüringer Tor zum Harz. Die neue Stadtmitte, die herrliche Umgebung, das breite Freizeitangebot und die Vielfalt an Kunst und Kultur verleihen der Stadt einen besonderen Charme. Der Dom "Zum heiligen Kreuz" und die Blasil-Kirche verleihen der Stadt ihr unverwechselbares Profil. Seit Generationen wird hier der berühmte "Nordhäuser Doppelkorn" gebrannt, auf dessen Spuren sich erlebnisreich die Stadtgeschichte entdecken lässt.

Rathaus

Information und Prospekte:
Stadt Nordhausen, Markt 1, D-99734 Nordhausen, rathaus@nordhausen.de, www.nordhausen.de, ☎ 0049(0)3631/6960, Fax 696150.

⑺² Leipzig siehe Route 14.1

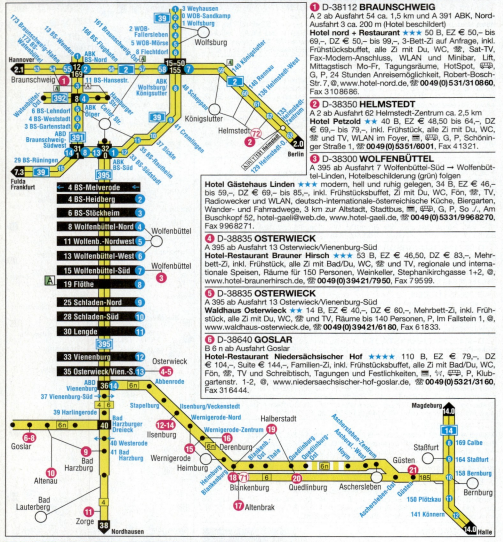

❶ D-38112 BRAUNSCHWEIG
A 2 ab Ausfahrt 54 ca. 1,5 km und A 391 ABK, Nord-Ausfahrt 3 ca. 200 m (Hotel beschildert)
Hotel nord + Restaurant ★★★ 50 B, EZ € 50,– bis 69,–, DZ € 50,– bis 99,–, 3-Bett-Zi auf Anfrage, inkl. Frühstücksbuffet, alle Zi mit Du, WC, ☎, Sat-TV, Fax-Modem-Anschluss, WLAN und Minibar, Lift, Mittagstisch Mo-Fr, Tagungsräume, HotSpot, 🚲, G, P, 24 Stunden Anreisemöglichkeit, Robert-Bosch-Str. 7, @, www.hotel-nord.de, ☎ 0049 (0) 531/31 08 60, Fax 31 08 686.

❷ D-38350 HELMSTEDT
A 2 ab Ausfahrt 62 Helmstedt-Zentrum ca. 2,5 km
Hotel Petzold ★★ 40 B, EZ € 48,50 bis 64,–, DZ € 69,– bis 79,–, inkl. Frühstück, alle Zi mit Du, WC, und TV, WLAN im Foyer, ☎, 🚲, G, P, Schöninger Straße 1, @, ☎ 0049 (0) 5351/60 01, Fax 41 321.

❸ D-38300 WOLFENBÜTTEL
A 395 ab Ausfahrt 7 Wolfenbüttel-Süd → Wolfenbüttel-Linden, Hotelbeschilderung (grün) folgen
Hotel Gästehaus Linden ★★★ modern, hell und ruhig gelegen, 34 B, EZ € 46,– bis 59,–, DZ € 69,– bis 85,–, inkl. Frühstücksbuffet, Zi mit Du, WC, Fön, ☎, TV, Radiowecker und WLAN, deutsch-internationale-österreichische Küche, Biergarten, Wander- und Fahrradwege, 3 km zur Altstadt, Stadtbus, 🚲, 🚲, G, P, So ./., Am Buschkopf 52, hotel-gaeli@web.de, www.hotel-gaeli.de, ☎ 0049 (0) 5331/99 68 270, Fax 99 68 271.

❹ D-38835 OSTERWIECK
A 395 ab Ausfahrt 13 Osterwieck/Vienenburg-Süd
Hotel-Restaurant Brauner Hirsch ★★★ 53 B, EZ € 46,50, DZ € 83,–, Mehrbett-Zi, inkl. Frühstück, alle Zi mit Bad/Du, WC, und TV, regionale und internationale Speisen, Räume für 150 Personen, Weinkeller, Stephanikirchgasse 1+2, @, www.hotel-braunerhirsch.de, ☎ 0049 (0) 394 21/79 50, Fax 79 599.

❺ D-38835 OSTERWIECK
A 395 ab Ausfahrt 13 Osterwieck/Vienenburg-Süd
Waldhaus Osterwieck ★★ 14 B, EZ € 40,–, DZ € 60,–, Mehrbett-Zi, inkl. Frühstück, alle Zi mit Du, WC, und TV, Räume bis 140 Personen, P, Im Fallstein 1, @, www.waldhaus-osterwieck.de, ☎ 0049 (0) 394 21/61 80, Fax 61 833.

❻ D-38640 GOSLAR
B 6 n ab Ausfahrt Goslar
Hotel-Restaurant Niedersächsischer Hof ★★★★ 110 B, EZ € 79,–, DZ € 104,–, Suite € 144,–, Familien-Zi, inkl. Frühstücksbuffet, alle Zi mit Bad/Du, WC, Fön, ☎, TV und Schreibtisch, Tagungen und Festlichkeiten, 🚲, ☎, 🚲, P, Klubgartenstr. 1-2, @, www.niedersaechsischer-hof-goslar.de, ☎ 0049 (0) 5321/31 60, Fax 31 64 44.

❼ D-38640 GOSLAR B 6 n ab Ausfahrt Goslar
Altstadt Hotel und Restaurant Gosequell ★★★ EZ € 44,– bis 59,–, DZ € 64,– bis 85,–, Mehrbett-Zi ab € 99,–, inkl. Frühstück, alle Zi mit Bad/Du, WC, ☎, Kabel-TV und WLAN (kostenfrei), Harzer Küche, Wildspezialitäten, 🚲, P, An der Gose 23, @, www.hotel-gosequell.de, ☎ 0049 (0) 5321/34 05 0, Fax 34 05 49.

❽ D-38644 GOSLAR B 6 n ab Ausfahrt Goslar
Hotel Restaurant Haus Gosetal ★★ ruhige Lage im Grünen, 28 B, EZ € 29,– bis 50,–, DZ € 59,– bis 80,–, Familien-Zi € 79,– bis 120,–, inkl. Frühstück, alle Zi mit Du, WC und TV, kostenfrei: ☎, Fax, WLAN und Safe, Restaurant mit saisonaler Küche, Biergarten, 🚲, großer P, Restaurant Mi ./., Clausthaler Str. 39, @, www.gosetal.de, ☎ 0049 (0) 5321/2 56 98, Fax 2 21 04.

❾ D-38667 BAD HARZBURG B 4 ab Ausfahrt 41 Bad Harzburg
Hotel-Garni Kammerkrug ★★ 15 B, EZ € 40,–, DZ € 60,–, Extra-Bett € 18,–, inkl. Frühstücksbuffet, alle Zi mit Du, WC und TV, Biergarten, P, Herzog-Julius-Str. 28, @, www.hotel-kammerkrug.harz.de, ☎ 0049 (0) 5322/20 34, 0049 (0) 174/9 43 69 96 (mobil), Fax 0049 (0) 5322/20 34.

⑩ **D-38707 ALTENAU**
an der B 498
Harzhotel Zur Schmiede ★★ EZ € 39,– bis 45,–, DZ € 66,– bis 74,–, Familien-Zi ab € 70,–, inkl. Frühstücksbuffet, alle Zi mit Du, WC, Fön und Kabel-TV, Seminarraum, Terrasse, Sauna, Solarium, 🍴, 🚋, G, P, Bergstr. 36 a, @, www.harzhotel-zurschmiede.de, ☎ 0049 (0) 5328/230, Fax 8241.

⑪ **D-37449 ZORGE**
4 km abseits der B 4
Hotel-Pension-Café Wolfsbach ★★ 26 B, EZ € 32,– bis 35,–, DZ € 56,– bis 62,–, Nichtraucher-Zi, inkl. Frühstück, alle Zi mit Du, WC, Fön, ☎, Radio und TV, P, Hohegeißer Str. 25, @, www.hotel-wolfsbach.de, ☎ 0049 (0) 5586/80470, Fax 971246.

⑫ **D-38871 ILSENBURG**
B 6 ab Ausfahrt Ilsenburg/Veckenstedt
Kurparkhotel Im Ilsetal ★★★★ 58 B, EZ € 50,– bis 56,–, DZ € 83,– bis 94,–, Mehrbett- und Nichtraucher-Zi, inkl. Frühstücksbuffet, alle Zi mit Bad/Du, WC, ☎, TV und WLAN, Restaurant, Tagungsraum, Terrasse, Biergarten, Wellness, Sauna, Solarium, 🍴, P, Ilsetal 16, @, www.kurparkhotel-ilsenburg.de, ☎ 0049 (0) 39452/956-0, Fax 956-66.

⑬ **D-38871 ILSENBURG**
B 6 ab Ausfahrt Ilsenburg/Veckenstedt
Waldhotel am Ilsestein ★★★★ 115 B, EZ € 45,– DZ € 90,–, Familien- und Nichtraucher-Zi, inkl. Frühstück, alle Zi mit Du, WC und TV, Restaurant, Tagungsraum, Terrasse, Hallenbad, Sauna, Solarium, 🍴, 🚋, 🚫, -Zi, P, Ilsetal 9, @, www.ilsenburg-waldhotel.de, ☎ 0049 (0) 39452/9520, Fax 95266.

⑭ **D-38871 ILSENBURG**
B 6 ab Ausfahrt Ilsenburg/Veckenstedt ca. 2 km
Altstadthotel ★★★ 57 B, EZ € 35,– bis 39,–, DZ € 64,– bis 70,–, Familien-Zi, Kinder (bis 6 Jahre frei) € 17,–, inkl. Frühstück, alle Zi mit Du, WC und TV, Restaurant, Fahrrad- und Motorradfahrer willkommen, 🍴, 🚋, P, Wernigeröder Str. 1, @, www.altstadthotel-ilsenburg.de, ☎ 0049 (0) 39452/4899-0, Fax 4899-22.

⑮ **D-38855 WERNIGERODE**
B 6 n ab Ausfahrt Wernigerode-Zentrum
Apart Hotel Wernigerode ★★★ EZ € 50,–, DZ € 70,–, Familien-Zi € 132,–, inkl. Frühstücksbuffet, alle Zi mit Du, WC und TV, 🚋, P, Breite Str. 48, ☎ 0049 (0) 3943/626121, Fax 694820.

⑯ **D-38895 DERENBURG**
B 6 ab Ausfahrt Wernigerode-Zentrum
Schlossvilla Derenburg ★★★★ 30 B, EZ € 55,– bis 65,–, DZ € 85,–, Mehrbett-Zi, inkl. Frühstücksbuffet, alle Zi mit Bad/Du, WC, Fön, ☎, TV und Internet, regionale und internationale Küche, Konferenzen, Wellness, Fahrradverleih, P, Schloßstr. 15, @, www.schlossvilla-derenburg.de, ☎ 0049 (0) 39453/6780, Fax 67850.

⑰ **D-38889 ALTENBRAK**
B 6 n ab Ausfahrt Blankenburg
Pension-Restaurant Zum Harzer Jodler ★★ 50 B, EZ € 45,–, DZ € 65,–, Mehrbett-Zi ab € 79,–, inkl. Frühstück, alle Zi mit Du, WC, ☎ und Sat-TV, Räume für 60 Personen, Terrasse, 🚋, P, Sankt Ritter 26 a, @, www.zum-harzer-jodlermeister.de, ☎ 0049 (0) 39456/5680, Fax 56850.

⑱ **D-38889 BLANKENBURG** B 6 n ab Ausfahrt Blankenburg
Hotel-Pension am Kurpark ★★★ 16 B, EZ € 36,– bis 41,–, DZ € 58,– bis 68,–, Familien-Zi, inkl. Frühstücksbuffet, alle Zi mit Du, WC, ☎, Radiowecker und Kabel-TV, P, Alexander-Schneider-Str. 4, @, www.hotel-pension-am-kurpark.de, ☎ 0049 (0) 3944/90080, Fax 900833.

⑲ **D-38820 HALBERSTADT** B 6 n ab Ausfahrten Blankenburg und Quedlinburg
Hotel Abtshof ★★★ 39 B, EZ € 45,–, DZ € 65,–, 3-Bett-Zi € 75,–, Appartement € 109,–, inkl. Frühstücksbuffet, alle Zi mit Du, WC, ☎ und TV, Biergarten, 🚋, P, Abtshof 27 a, @, www.abtshof-halberstadt.de, ☎ 0049 (0) 3941/6883-0, Fax 6883-68.

⑳ **D-06484 QUEDLINBURG** B 6 n ab Ausfahrt Quedlinburg-Ost
Hotel-Restaurant Quedlinburger Hof ★★★ 60 B, EZ € 48,– bis 52,–, DZ € 72,– bis 75,–, inkl. Frühstücksbuffet, alle Zi mit Du, WC, Radio, TV und WLAN, Lift, Konferenzraum, Terrasse, 🚋, P, Harzweg 1, @, www.quedlinburgerhof.de, ☎ 0049 (0) 3946/77870, Fax 778719.

㉑ **D-39439 GÜSTEN**
B 185 ab Ausfahrt Güsten
Hotel-Restaurant Bürgerhaus Güsten ★★★★ , EZ € 50,–, DZ € 75,–, 3-Bett-Zi € 109,–, inkl. Frühstück, alle Zi mit Du, WC, Fön, ☎, Kabel-TV und Minibar, Abendrestaurant im Landhausstil, Tagungen, Wellnessbehandlungen, 🚋, P, Am Ratsteich 8, @, www.buergerhaus-guesten.de, ☎ 0049 (0) 39262/9310, Fax 931-33.

㉑ **BLANKENBURG —**
zentral im Harz gelegen

Sehenswürdigkeiten: Traumhafte, barocke Schlossgärten und Parks, Burg und Festung Regenstein mit ritterlichem Adler- und Falkenhof, Klosteranlage Michaelstein, Deutschlands einziges Herbergsmuseum, sagenumwobene Felsen.

Freizeitangebot: Die modernen Kur- und Wellness-Einrichtungen, der 1. offizielle Park im Harz für Nordic Fitness sowie ein Veranstaltungskalender voller Events versprechen einen abwechslungsreichen Aufenthalt für die ganze Familie.

Information:
Tourist- und Kurinformation,
Markt 3, D-38889 Blankenburg,
touristinfo@blankenburg.de,
www.blankenburg.de,
☎ 0049 3944/2898, Fax 63102.

Kleines Schloss in Blankenburg

㉒ **Helmstedt siehe Route 2.1**

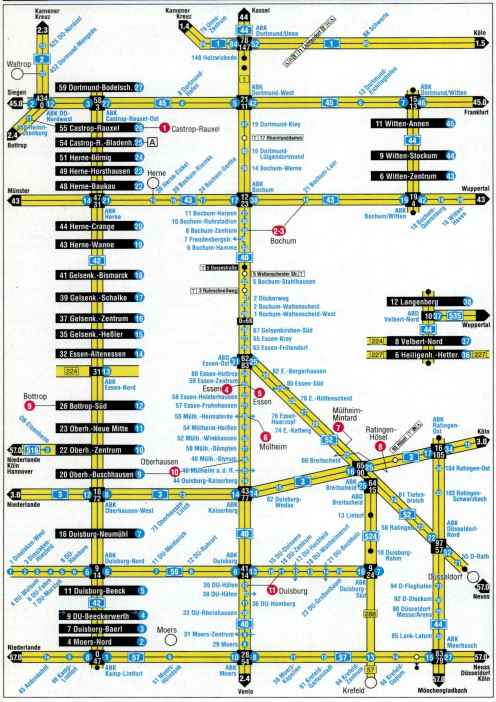

❶ D-44575 CASTROP-RAUXEL
A 42 ab Ausfahrt 26 Castrop-Rauxel und A 2 ab Ausfahrt 11 Henrichenburg
Brauhaus Rütershoff ★★★ 22 B, EZ € 49,–, DZ € 79,–, inkl. Frühstück, alle Zi mit Du, WC, ☎, Sat-TV und WLAN, Räume bis 90 Personen, ☎, P, Schillerstr. 13, @, www.brauhaus-ruetershoff.de, ☎ **0049 (0) 23 05/2 49 23**, Fax 54 25 95.

❷ D-44787 BOCHUM
A 40 ab Ausfahrten → Zentrum, Innenring B 51
art Hotel Tucholsky ★★★, EZ € 59,– bis 85,–, DZ € 85,– bis 105,–, inkl. Frühstück à la carte, alle Zi mit Du, WC, ☎, Kabel-TV, Fax- und PC-Anschluss und WLAN, Restaurant/Bistro, ☎, Viktoriastr. 73, @, www.art-hotel-tucholsky.de, ☎ **0049 (0) 2 34/9 64 36-0**, Fax 9 64 36-4 36.

❸ D-44789 BOCHUM
A 40 ab Ausfahrt 32 Bochum-Stahlhausen → Bochum-Weitmar
Hotel Schmidt-Mönnikes ★★★ 32 Zi, EZ € 58,– bis 89,–, DZ € 80,– bis 120,–, Mehrbett-Zi € 99,– bis 140,–, inkl. Frühstück, alle Zi mit Du, WC, ☎, TV und WLAN, anspruchsvolle kreative deutsche Küche, Gesellschaftsraum für 35 Personen, G € 2,50, P, Drusenbergstr. 164, @, www.schmidt-moennikes.de, ☎ **0049 (0) 2 34/3 33 96-0**, Fax 3 33 96-66.

❹ D-45127 ESSEN
A 40 ab Ausfahrt 23 Essen-Zentrum → Zentrum/Beschilderung
Hotel Korn ★★★★ ruhige Lage, 65 Zi, EZ ab € 69,–, DZ ab € 85,–, inkl. Frühstücksbuffet, alle Zi mit Bad, WC, Fön, ☎, Kabel-TV, Premiere, Radiowecker und WLAN, Restaurant „Rendezvous", internationale frische Küche, Tagungsräume, Hoffnungstr. 19, @, www.hotel-korn.de, ☎ **0049 (0) 2 01/22 14 14**, Fax 22 14 00.

❺ D-45130 ESSEN
A 40 ab Ausfahrt 23 Essen-Zentrum
Hotel Rheinischer Hof – Bistro Mephisto ★★★ 51 B, EZ € 60,–, DZ € 82,–, 3-Bett-Zi € 89,–, Extra-Bett € 20,–, inkl. reichhaltigem Frühstücksbuffet, alle Zi mit Du, WC, Fön, ☎, Kabel-, Pay-TV und Sky, WLAN, Tagungen, Hedwigstr. 11, @, www.rheinischer-hof-essen.de, ☎ **0049 (0) 2 01/78 10 74**, Fax 79 78 67.

❻ D-45468 MÜLHEIM
A 40 ab Ausfahrt 20 Mülheim-Heimaterde
Garni Hotel Leineweber ★★★ 34 B, EZ € 63,– bis 68,–, DZ € 75,– bis 80,–, inkl. Frühstücksbuffet, Messepreise, alle Zi mit Du, WC, ☎, Kabel-TV und WLAN, Leineweberstr. 65, @, www.hotel-leineweber.com, ☎ **0049 (0) 2 08/44 52 44 + 44 52 45**, Fax 44 52 46.

❼ D-45481 MÜLHEIM-MINTARD A 52 aus Norden: ab Ausfahrt 25 ABK Breitscheid → Mülheim-Süd und A 52 aus Süden: ab Ausfahrt 25 ABK Breitscheid → Ratingen/Breitscheid; A 3 aus Norden und Süden: ABK Breitscheid → Essen → Rating
Hotel-Restaurant „Mintarder Wasserbahnhof" ★★★ ruhige Lage, 42 B, EZ € 44,– bis 49,–, DZ € 69,– bis 77,–, inkl. Frühstück, alle Zi mit Bad, WC, ☎, TV, Radio, WLAN (kostenfrei) und Minibar, Tagungsräume, ☎, G, P, August-Thyssen-Straße 129, @, www.hotel-wasserbahnhof.de, ☎ **0049 (0) 20 54/95 95-0**, Fax 95 95-55.

❽ D-40883 RATINGEN-HÖSEL
A 3 oder A 52 ab ABK Breitscheid 6,5 km über die B 227 → Velbert
Hotel Haus Nussbaum – garni ★★ ruhige Lage am Ortsende im Grünen, 20 B, EZ € 49,– bis 56,–, DZ € 56,– bis 88,–, inkl. Frühstück, alle Zi mit WLAN, teils Du, WC, ☎ und TV, G, P, Messepreis auf Anfrage, Pirolweg 1, @, www.hotel-haus-nussbaum.de, ☎ **0049 (0) 21 02/6 01 23**, Fax 6 90 27.

❾ D-46236 BOTTROP
A 42 ab Ausfahrt 12 Bottrop-Süd
Hotel Brauhaus mit Restaurant Bottich ★★★ 46 B, EZ € 58,– bis 70,–, DZ € 75,– bis 90,–, Familien-Zi € 92,– bis 102,–, inkl. Frühstücksbuffet, Wochenendpreise, alle Zi mit Du, WC, ☎ und Kabel-TV, ☎, P, Gladbecker Str. 78, info@brauhaus-bottrop.de, www.brauhaus-bottrop.de, ☎ **0049 (0) 20 41/77 44 60**, Fax 7 74 46 39.

❿ D-46045 OBERHAUSEN
A 40 ab Ausfahrt 16 Mülheim-Styrum und A 42 ab Ausfahrt 9 Oberhausen-Buschhausen
Hotel Gasthof zum Rathaus ★★★ 36 B, EZ € 58,– DZ € 79,–, Familien-Zi, inkl. Frühstück, alle Zi mit Du, WC, ☎, Kabel-TV, Internet und Schreibtisch, Restaurant, Bierstube, Terrasse, ☎, ⚘, P, Freiherr-vom-Stein-Str. 41, @, www.hotel-zum-rathaus.com, ☎ **0049 (0) 2 08/8 58 37 0**, Fax 8 58 37 97.

⓫ D-47051 DUISBURG
A 40 ab Ausfahrt 12 Duisburg-Häfen 200 m und A 59 ab Ausfahrt 11 Duisburg-Zentrum 500 m
Hotel-Restaurant Zum Löwen ★★★ 30 B, EZ € 57,– DZ € 78,–, inkl. Frühstück, Messepreise, alle Zi mit Du, WC, ☎ und Sat-TV, ☎, P, Kremerstr. 21, @, www.hotel-zumloewen.de, ☎ **0049 (0) 2 03/28 54 92 00**, Fax 28 54 92 09.

Maßstab 1 : 300.000

❶ D-48308 SENDEN
A 43 ab Ausfahrt 3 Senden 6 km → Reiterhof (Industriegebiet)
Parkhotel Senden ★★★ 36 B, EZ € 45,–, DZ € 70,–, 3-Bett-Zi. inkl. Frühstücksbuffet, alle Zi mit Bad/Du, WC, TV und WLAN, Tagungsräume, 🖼, 🍴, 🖥, P, Industriestr. 19, @, www.parkhotel-senden.de, ☎ 0049 (0) 2597/5085, Fax 692090.

❷ D-48308 SENDEN-BÖSENSELL
A 43 ab Ausfahrt 3 Senden, an Ampel → Bösensell 100 m
Hotel Montana ★★★ 100 B, EZ € 48,–, DZ € 64,–, Nichtraucher-Zi, Frühstück € 8,– pro Person, alle Zi mit Du, WC, Fön, 🕿, TV und Fax-/Computeranschluss, Restaurant am Haus, Tagungsraum, Hot Spot, Premiere Hotel-TV, 🖼, 🍴, 🖥, großer P, Am Dorn 3, @, www.montana-hotels.de, ☎ 0049 (0) 2536/34350, Fax 343515.

❸ D-48301 NOTTULN-SCHAPDETTEN
A 43 ab Ausfahrt 4 Nottuln ca. 3,5 km
Hotel-Restaurant Zur alten Post ★★★ ruhige Lage, 60 B, EZ € 42,–, DZ € 69,– bis 74,–, Familien-Zi (3-4 B) € 90,– bis 98,–, inkl. Frühstücksbuffet, alle Zi mit Du, WC, 🕿 und TV, Gesellschaftsräume für 30 bis 200 Personen, Tagungsräume, Fahrradverleih, Biergarten, 🖼, 🍴, 🖥, G, P, Roxeler Straße 5, @, www.zuraltenpost.de, ☎ 0049 (0) 2509/9919-0, Fax 9919-19.

❹ D-48301 NOTTULN-SCHAPDETTEN
A 43 ab Ausfahrt 4 Nottuln ca. 3,5 km
Hotel-Restaurant Landhaus Schapdetten ★★★ 38 B, EZ € 41,– bis 45,–, DZ € 70,– bis 77,–, Familien-Zi, inkl. Frühstücksbuffet, alle Zi mit Du, WC, 🕿 und Sat-TV, Tagungsraum, Räume für 150 Personen, Gartenterrasse, Fahrradverleih, 🍴, 🖥, P, kein ./., Roxeler Straße 7, @, www.landhaus-schapdetten.de, ☎ 0049 (0) 2509/99050, Fax 990533.

❺ D-48301 NOTTULN
A 43 ab Ausfahrt 4 Nottuln 5 km → Krankenhaus
Hotel-Gasthaus Kruse ★★ 34 B, EZ € 35,– bis 40,–, DZ € 55,– bis 65,–, inkl. Frühstücksbuffet, alle Zi mit Du, WC und TV, kleine Abendkarte, Gartenterrasse, Fahrradverleih, 🖼, �, 🗐, -Zi, P, Hagenstr. 50, @, www.hotel-kruse.de, ☎ 0049 (0) 2502/7377, Fax 7932.

❻ D-48727 BILLERBECK
A 43 ab Ausfahrt 4 Nottuln 9 km
Hotel-Restaurant Domschenke ★★★★ 65 B, EZ € 51,– bis 70,–, DZ € 75,– bis 120,–, Suite € 120,–, Familien-Zi, inkl. Frühstücksbuffet, alle Zi mit Bad/Du, WC, 🕿, TV und WLAN, anerkannt gute Küche, Markt 6, @, www.domschenke-billerbeck.de, ☎ 0049 (0) 2543/93200, Fax 932030.

❼ D-48249 DÜLMEN
A 43 ab Ausfahrt 5 Dülmen-Nord 50 m
Westfalen-Tankstelle Volker Schmidt 🚗 Bistro, Reifenservice, Waschstraße, Autogas, 🖼, Mo-Fr 6-22 Uhr, Sa 7-22 Uhr, 8-22 Uhr, Coesfelder Str. 182, @, www.westfalen-tankstellen.de, ☎ 0049 (0) 2594/1507, Fax 948478.

❽ D-59348 LÜDINGHAUSEN
A 43 ab Ausfahrten 3 Senden und 6 Dülmen und A 1 ab Ausfahrt 79 je 12,5 km
Hotel Zur Post ★★★ ruhige Lage, 50 B, EZ € 46,– bis 64,–, DZ € 59,– bis 84,–, 3-Bett-Zi € 99,–, inkl. Frühstücksbuffet, alle Zi mit Bad oder Du, WC, 🕿, TV, Radio und kostenfreiem WLAN, Lift, internationale Küche, Tagungsräume für 10 bis 40 Personen, Kegelbahn, 🖼, 🍴, Wolfsberger Str. 11, @, www.hotel-zur-post-lh.de, ☎ 0049 (0) 2591/9190-0, Fax 9190-190.

❾ D-59348 LÜDINGHAUSEN-ERMEN
A 1 ab Ausfahrt 79 Ascheberg → Lüdinghausen, Hotelroute ca. 13 km
Hotel-Restaurant Zum Steverstrand ★★★ 50 B, EZ € 45,– bis 60,–, DZ € 70,– bis 90,–, inkl. Frühstücksbuffet, ruhige Zi mit Du, WC, Fön, 🕿 und TV, regionale Küche, Cafégarten, Räume bis 120 Personen, Tagungsräume bis 60 Personen, 🖼, 🖥, großer P, Ermen 60, @, www.zum-steverstrand.de, ☎ 0049 (0) 2591/3121, Fax 3251.

❿ D-48734 REKEN-MARIA VEEN
A 43 ab Ausfahrt 6 Dülmen → Lette, in Lette → Reken ca. 15 km → Maria Veen und A 31 ab Ausfahrt 34 Borken, B 67 n → Dülmen, Abfahrt Maria Veen ca. 6 km, Hotelausschilderung
Hotel-Restaurant Lütkebohmert ★★★ 22 B, EZ € 36,– bis 39,–, DZ € 66,– bis 70,–, Familien-Zi, inkl. Frühstück, alle Zi mit Du, WC, TV und WLAN, frische kreative Küche, Mittagstisch, Gartenterrasse, 🖼, 🍴, P, Landsbergstr. 25, @, www.hotel-luetkebohmert.de, ☎ 0049 (0) 2864/1232, Fax 7179.

⓫ D-46286 WULFEN
A 43 ab Ausfahrt 8 Haltern 7 km (B 58) → Wesel
Team Hotel und Restaurant Humbert ★★★ 28 B, EZ € 35,– bis 45,–, DZ € 64,– bis 78,–, inkl. Frühstück, alle Zi mit Du, WC, 🕿 und TV, Räumlichkeiten von 10 bis 200 Personen, Kamin-Zi, Biergarten, Bundeskegelbahn, 🖥, G, P, Dülmener Str. 1, @, www.hotel-humbert.de, ☎ 0049 (0) 2369/4109, Fax 6853.

⓬ D-45699 HERTEN
A 43 ab Ausfahrt 11 Recklinghausen/Herten und A 2 ab Ausfahrt 7 Herten → Zentrum/Schloss/Krankenhaus 3,5 km
City Partner Hotel Am Schlosspark ★★★★ 90 B, EZ € 55,– bis 75,–, DZ € 66,– bis 87,–, Suiten, Frühstücksbuffet € 10,–, alle Zi mit Du, WC, 🕿, TV und WLAN, Konferenzraum, Terrasse, T-Mobile Hotspot, 🖼, P, Resser Weg 36, @, www.hotelherten.de, ☎ 0049 (0) 2366/80050, Fax 83496.

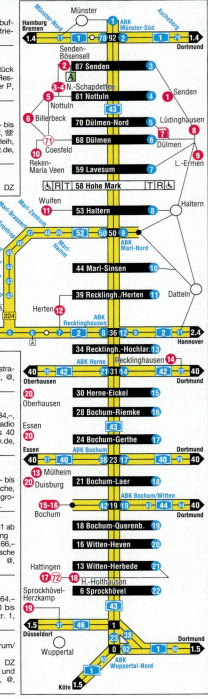

⑬ D-45468 MÜLHEIM
A 40 ab Ausfahrt 20 Mülheim-Heimaterde
Garni Hotel Leineweber ★★★ 34 B, EZ € 63,– bis 68,–, DZ € 75,–
bis 80,–, inkl. Frühstücksbuffet, Messepreise, alle Zi mit Du, WC, ☎,
Kabel-TV und WLAN, Leineweberstr. 65, @, www.hotel-leineweber.com,
☎ **0049(0)208/445244+445245**, Fax 445246.

⑭ D-45661 RECKLINGHAUSEN
A 42 ab Ausfahrt 22 Herne-Baukau, durch Herne → Recklinghausen
Hotel Bergedick ★★★★ direkt an der Vest Arena gelegen, 56 B, EZ
€ 73,–, DZ € 99,–, inkl. Frühstück, Wochenendpreise, alle Zi mit Du, WC, ☎,
Kabel-TV mit Premiere Sport, internationale Spezialitäten, Tagungen, original
Paulaner Biergarten, Hochlarmarkstrasse 66, @, www.hotel-bergedick.de,
☎ **0049(0)2361/666-0**, Fax 666-250.

⑮ D-44787 BOCHUM
A 40 ab Ausfahrten → Zentrum, Innenring B 51
art Hotel Tucholsky ★★★☆, EZ € 59,– bis 85,–, DZ € 85,– bis 105,–,
inkl. Frühstück à la carte, alle Zi mit Du, WC, ☎, Kabel-TV, Fax- und
PC-Anschluss und WLAN, Restaurant/Bistro, ☎, Viktoriastr. 73, @,
www.art-hotel-tucholsky.de, ☎ **0049(0)234/96436-0**, Fax 96436-436.

⑯ D-44789 BOCHUM
A 40 ab Ausfahrt 32 Bochum-Stahlhausen → Bochum-Weitmar
Hotel Schmidt-Mönnikes ★★★ 32 Zi, EZ € 58,– bis 89,–, DZ € 80,– bis
120,–, Mehrbett-Zi € 99,– bis 140,–, inkl. Frühstück, alle Zi mit Du, WC,
☎, TV und ISDN, Restaurant, anspruchsvolle kreative deutsche Küche,
Gesellschaftsraum für 35 Personen, G € 2,50, P, Drusenbergstr. 164, @,
www.schmidt-moennikes.de, ☎ **0049(0)234/33396-0**, Fax 33396-66.

⑰ D-45525 HATTINGEN
A 43 ab Ausfahrt 21 Witten-Herbede ca. 6 km → Hattingen, ab Ortsein-
gang beschildert
Avantgarde Hotel ★★★ ruhig und zentral, 10 Minuten zur historischen
Altstadt, 3 Minuten zum Industriemuseum, 80 B, EZ € 57,– bis 85,–, DZ
€ 79,– bis 130,–, inkl. Frühstücksbuffet, alle Zi mit Du, WC, Fön, ☎,
Kabel-TV, Radio, WLAN, Schreibtisch und Minibar, Tagungsräume bis 40
Personen, Sauna, Fitnessraum, fahrradfreundlich, ☎, eigener P, Welper-
str. 49, @, www.avantgarde-hotel.de, ☎ **0049(0)2324/50970**, Fax 23827.

⑱ D-45527 HATTINGEN-HOLTHAUSEN
A 43 ab Ausfahrt 21 Witten-Herbede → Hattingen → Holthausen 6 km
Hotel-Restaurant an de Krüpe ★★★ 38 B, EZ € 56,– DZ € 85,– Fami-
lien-Zi, inkl. Frühstück, alle Zi mit Du, WC, ☎ und TV, leichte saisonale
Küche, Terrasse, Spielplatz, ☆, P, Dorfstr. 27, @, www.hotel-kruepe.de,
☎ **0049(0)2324/93350**, Fax 933555.

⑲ D-45549 SPROCKHÖVEL-HERZKAMP
A 46 ab Ausfahrt 37 Wuppertal-Oberbarmen → Mollenkotten, rechts
Barmer Str. → Herzkamp
Landgasthof auf dem Brink ★★ ruhige Lage, 14 B, EZ ab € 40,– DZ
ab € 50,–, inkl. Frühstück, alle Zi mit Du, WC, ☎ und TV, moderne regionale Küche, Terrasse, Elberfelder Str. 100, @, www.auf-dem-brink.de,
☎ **0049(0)202/252620**, Fax 2526240.

⑳ Oberhausen, Duisburg und Essen siehe Route 40

⑰

**Avantgarde Hotel,
Hattingen**

㉑ COESFELD

Coesfeld, zweitälteste Stadt des Münsterlandes, bestand als
Dorf schon um das Jahr 800, Stadtrecht seit 1197. Bedeu-
tende Handelsstadt des 15./16. Jahrhunderts, Mitglied der
Hanse. Sehenswürdigkeiten: Walkenbrückentor, Pulverturm,
Lambertikirche von 1483 mit dem Coesfelder Kreuz.

Information und Prospekte:
Stadtmarketing Verein Coesfeld & Partner e.V., Markt 8,
D-48653 Coesfeld, info@coesfeld.de, www.coesfeld.de,
☎ **0049(0)2541/939100 9**, Fax 9394009.

㉒ HATTINGEN

Hattingen bietet eine Fülle von Kom-
binationen intakter Erholungsland-
schaften mit der Infrastruktur am
Rande des stärksten Wirtschafts-
raumes Europas. Das Nebeneinan-
der von Moderne und Mittelalter
macht den besonderen Reiz der
Stadt aus. Im Herzen der Altstadt
steht seit 1576 das alte Rathaus, was
heute als Ort für kulturelle Veranstaltungen dient. 143 Fachwerkhäuser
sind als Ensemble rund um die St.
Georgs-Kirche erhalten geblieben
und wurden liebevoll restauriert. Das
Auffälligste unter ihnen ist das 1611
erbaute Bügeleisenhaus, das heute
Ausgrabungsfunde der Isenburg und
die letzte Wohnstätte des Heimat-
dichters Otto Wohlgemuth beherbergt.

**Das
Bügeleisenhaus**

Information und Prospekte:
Verkehrsverein Hattingen e.V., Langenberger Str. 2,
D-45525 Hattingen, info@verkehrsverein-hattingen.de,
www.verkehrsverein-hattingen.de,
☎ **0049(0)2324/951395**, Fax 951394.

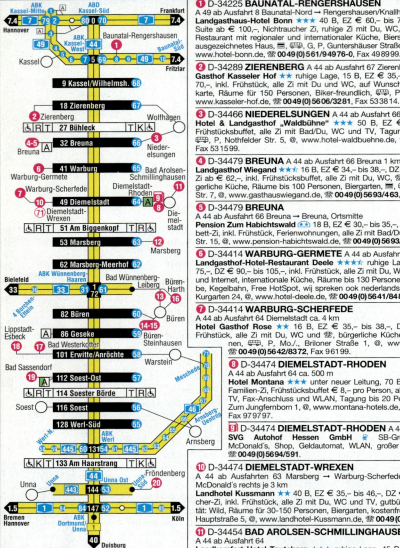

❶ D-34225 BAUNATAL-RENGERSHAUSEN
A 49 ab Ausfahrt 8 Baunatal-Nord → Rengershausen/Knallhütte 600 m
Landgasthaus-Hotel Bonn ★★★ 40 B, EZ € 60,– bis 75,–, DZ € 80,– bis 95,–, Suite ab € 100,–, Nichtraucher Zi, ruhige Zi mit Du, WC, Fön, ☎, TV und WLAN, Restaurant mit regionaler und internationaler Küche, Bierstube, Terrasse, mehrfach ausgezeichnetes Haus, 🖵, 🖶, G, P, Guntershäuser Straße 4-6, info@hotel-bonn.de, www.hotel-bonn.de, ☎ 0049 (0) 561/94976-0, Fax 498999.

❷ D-34289 ZIERENBERG A 44 ab Ausfahrt 67 Zierenberg 6 km
Gasthof Kasseler Hof ★★ ruhige Lage, 15 B, EZ € 35,– bis 42,–, DZ € 56,– bis 70,–, inkl. Frühstück, alle Zi mit Du und WC, auf Wunsch TV, reichhaltige Speisekarte, Räume für 150 Personen, Biker-freundlich, 🖵, P, Mi ./., Marktplatz 2, @, www.kasseler-hof.de, ☎ 0049 (0) 5606/3281, Fax 533814.

❸ D-34466 NIEDERELSUNGEN A 44 ab Ausfahrt 66 → Niederelsungen 2 km
Hotel & Landgasthof „Waldbühne" ★★★ 50 B, EZ € 49,–, DZ € 69,–, inkl. Frühstücksbuffet, alle Zi mit Bad/Du, WC und TV, Tagungsräume, Biergarten, 🖵, 🖶, P, Nothfelder Str. 5, @, www.hotel-waldbuehne.de, ☎ 0049 (0) 5606/531590, Fax 531599.

❹ D-34479 BREUNA A 44 ab Ausfahrt 66 Breuna 1 km
Landgasthof Wiegand ★★★ 16 B, EZ € 34,– bis 38,–, DZ € 56,– bis 64,–, Familien-Zi ab € 62,–, inkl. Frühstücksbuffet, alle Zi mit Du, WC und WLAN, gutbürgerliche Küche, Räume bis 100 Personen, Biergarten, 🖵, 🖶, &, G, P, Escheberger Str. 7, @, www.gasthauswiegand.de, ☎ 0049 (0) 5693/463, Fax 915035.

❺ D-34479 BREUNA
A 44 ab Ausfahrt 66 Breuna → Breuna, Ortsmitte
Pension Zum Habichtswald ★★ 18 B, EZ € 30,– bis 35,–, DZ € 50,– bis 55,–, Mehrbett-Zi, inkl. Frühstück, Ferienwohnungen, alle Zi mit Bad/Du, WC und TV, P, Kasseler Str. 15, @, www.pension-habichtswald.de, ☎ 0049 (0) 5693/426, Fax 915410.

❻ D-34414 WARBURG-GERMETE A 44 ab Ausfahrt 65 Warburg ca. 4 km
Landgasthof-Hotel-Restaurant Deele ★★★★ ruhige Lage, 25 B, EZ € 60,– bis 75,–, DZ € 90,– bis 105,–, inkl. Frühstück, alle Zi mit Du, WC, Fön, ☎, Sat-TV, Radio und Internet, internationale Küche, Räume bis 130 Personen, Café-Terrasse, Bierstube, Kegelbahn, Free HotSpot, wij spreken ook nederlands, 🖵, 🖶, P, kein ./., Zum Kurgarten 24, @, www.hotel-deele.de, ☎ 0049 (0) 5641/8483, Fax 4164.

❼ D-34414 WARBURG-SCHERFEDE
A 44 ab Ausfahrt 64 Diemelstadt ca. 4 km
Hotel Gasthof Rose ★★ 16 B, EZ € 35,– bis 38,–, DZ € 60,– bis 65,–, inkl. Frühstück, alle Zi mit Du, WC und ☎, bürgerliche Küche, Räume bis 150 Personen, 🖵, P, Mo./., Briloner Straße 1, @, www.Hotel-Gasthof-Rose.de, ☎ 0049 (0) 5642/8372, Fax 96199.

❽ D-34474 DIEMELSTADT-RHODEN
A 44 ab Ausfahrt 64 ca. 500 m
Hotel Montana ★★★ unter neuer Leitung, 70 B, EZ € 48,–, DZ € 64,–, Familien-Zi, Frühstücksbuffet € 8,– pro Person, alle Zi mit Du, WC, Fön, ☎, TV, Fax-Anschluss und WLAN, Tagung bis 20 Personen, 🖵, ⚑, großer P, Zum Jungfernborn 1, @, www.montana-hotels.de, ☎ 0049 (0) 5694/9797-0, Fax 979797.

❾ D-34474 DIEMELSTADT-RHODEN A 44 ab Ausfahrt 64 ca. 300 m
SVG Autohof Hessen GmbH ⛽ SB-Großtankstelle, Restaurant, McDonald's, Shop, Geldautomat, WLAN, großer P, 24 Stunden geöffnet, ☎ 0049 (0) 5694/591.

❿ D-34474 DIEMELSTADT-WREXEN
A 44 ab Ausfahrten 63 Marsberg → Warburg-Scherfede und 64 Diemelstadt → McDonald's rechts je 3 km
Landhotel Kussmann ★★ 40 B, EZ € 35,– bis 46,–, DZ € 64,– bis 76,–, Nichtraucher-Zi, inkl. Frühstück, alle Zi mit Du, WC und TV, gutbürgerliche Küche, Spezialität: Wild, Räume für 30-150 Personen, Biergarten, kostenfreies WLAN, 🖵, 🖶, G, P, Hauptstraße 5, @, www.landhotel-Kussmann.de, ☎ 0049 (0) 5642/8415, Fax 8765.

⓫ D-34454 BAD AROLSEN-SCHMILLINGHAUSEN
A 44 ab Ausfahrt 64
Landkomfort Hotel Teuteberg ★★★ ruhige Lage, 45 B, EZ € 38,– bis 45,–, DZ € 66,– bis 76,–, Mehrbett-Zi, inkl. Frühstück, HP+VP auf Anfrage, alle Zi mit Du und WC, teils ☎, TV und Balkon, kreative Landküche, Räume für 20 bis 100 Personen, Solarium, Sauna, Dampfbad, Whirlpool, 🖵, 🖶, G, P, So Abend ./., Rhoder Straße 8, @, www.Landgasthof-Teuteberg.de, ☎ 0049 (0) 5691/5961, Fax 50303.

⓬ D-34431 MARSBERG
A 44 ab Ausfahrt 63 Marsberg → B 7, Beschilderung folgen
Landgasthof Mücke ★★★ , EZ € 43,– bis 45,–, DZ € 76,– bis 79,–, inkl. Frühstück, alle Zi mit Du, WC und Kabel-TV, frische Küche mit regionalen Speisen, Mo ./., Stobkeweg 8, @, www.landgasthofmuecke.de, ☎ 0049 (0) 2992/2629, Fax 2771.

⓭ D-33181 BAD WÜNNENBERG-LEIBERG
A 44 ab ABK Wünnenberg-Haaren → Wünnenberg → Haaren → Leiberg 9 km
Landgasthof Kaiser ★★★ ruhige Lage, 15 B, EZ € 42,–, DZ € 68,–, Familien-Zi, inkl. Frühstücksbuffet, alle Zi mit Du, WC, TV und WLAN, saisonale und regionale Küche, Biergarten, 🖵, 🍴, 🖶, P, Hauptstr. 42, @, www.landgasthof-kaiser.de, ☎ 0049 (0) 2953/407, Fax 99013.

❻ Landgasthof-Hotel-Restaurant Deele, Warburg-Germete

⑭ D-33142 BÜREN-STEINHAUSEN
A 44 ab Ausfahrt 59 Geseke → Steinhausen 900 m
Hotel-Restaurant Lenniger ★★★ ruhige Lage, 23 B, EZ ab € 45,–, DZ ab
€ 75,–, inkl. reichhaltigem Landfrühstück, alle Zi mit Du, WC, TV und WLAN, saisonale und regionale Küche, Biergarten, 📷, P, Marienstr. 59, @, www.hotel-lenniger.de,
☎ **0049(0)2951/92424**, Fax 92426.

⑮ D-33142 BÜREN-STEINHAUSEN
A 44 ab Ausfahrt 59 Geseke → Steinhausen, Ausschilderung folgen, ca. 1,2 km
Landgasthof Zunftstube ★★ 12 B, EZ € 28,– bis 32,–, DZ € 56,– bis 64,–,
inkl. Frühstück, alle Zi mit Du, WC und TV, 🍴, P, Eringerfelder Str. 8-10, @,
☎ **0049(0)2951/1873**, Fax 937874.

⑯ D-33142 BÜREN-HARTH
A 44 ab Ausfahrt 59 rechts → Büren → Harth 12 km und A 33 ab ABD Wünnenberg
B 480 → Büren Hegensdorf → Weiberg 13 km
Gasthof Happe ★★ ruhige Lage, 30 B, EZ € 16,– bis 24,–, DZ € 30,– bis 44,–,
inkl. Frühstück, Zi mit Du und WLAN, teils TV, gutbürgliche Küche, Biergarten, 🍴, bei Voranmeldung, P, Kirchplatz 7, @, www.gasthofhappe.de,
☎ **0049(0)2958/227**, Fax 997237.

⑰ D-59597 BAD WESTERNKOTTEN
A 44 ab Ausfahrt 58 Erwitte/Anröchte B 55 → Lippstadt → Bad Westernkotten
Ringhotel Bad Westernkotten ★★★★ 59 B, EZ € 60,– bis 85,–, DZ € 85,– bis
115,–, Suiten € 116,– bis 136,–, inkl. Frühstücksbuffet, alle Zi mit Du, WC, Fön, 📷,
TV und WLAN, Lift, regionale und saisonale Küche, Tagungs- und Gesellschafts-
räume für 10 bis 150 Personen, Biergarten, Terrasse, Sauna, Solarium, Fitness,
Wellness, Kosmetik, 📷, 🍴, 🛏, P, Weringhauser Str. 9, @, www.hotelkurhaus.de,
☎ **0049(0)2943/97000**, Fax 970050.

⑱ D-59558 LIPPSTADT-ESBECK
A 44 ab Ausfahrt 58 Erwitte/Anröchte → Lippstadt → Salzkotten ca. 11 km
Gasthof Brinkmeier ★★★ 16 B, EZ € 32,– bis 37,–, DZ € 60,– bis 70,–, inkl. Früh-
stück, alle Zi mit Du, WC, Fön, TV und WLAN, Terrasse, Freisitz, 📷, P, Salzkottener
Str. 112, @, www.gasthof-brinkmeier.de, ☎ **0049(0)2941/3484**, Fax 288844.

⑲ D-59505 BAD SASSENDORF A 44 ab Ausfahrt 57 Soest-Ost 5 km
Hotel Haus Böhm ★★★ 50 B, EZ € 39,50, DZ € 60,– bis 75,–, Suiten, Nichtraucher-Zi, inkl. Frühstück, alle Zi mit Bad oder Du, WC, 📷, TV, WLAN, Fax-
Anschluss und Minibar, 📷, 🍴, 🛏, P, Rennweg 7, @, www.hotel-boehm.de,
☎ **0049(0)2921/5904-0**, Fax 5904-53.

⑳ D-58730 FRÖNDENBERG A 44 ab Ausfahrt 53 Unna-Ost 8 km
Hotel Haus Ruhrbrücke ★★ idyllische Lage an der Ruhr, 60 B, EZ € 40,– bis 50,–,
DZ € 60,– bis 75,–, Familien-Zi, inkl. Frühstück, Zi mit Bad/Du, WC und TV, regionale
und saisonale Küche, Räume bis 140 Personen, Biergarten, 🛏, G, P, Ruhrstr. 20,
@, www.hotel-haus-ruhrbruecke.de, ☎ **0049(0)2373/72169**, Fax 70283.

⑭

Hotel-
Restaurant
Lenniger,
Büren-
Steinhausen

㉛ DIEMELSTADT –
   Erholsame Rast vom Arbeits- und Verkehrsstress

…auf halbem Weg von Holland nach Dresden oder vom Ruhrgebiet bis Thüringen – da bietet sich Diemelstadt an! Ganz gleich, ob im
Rahmen einer Kurzpause oder zur Übernachtung, stets wird in Diemelstadt gepflegte Atmosphäre mit äußerst günstigen Preisen im rustikalen
kleinstädtischen Ambiente vom gehobenen bis gutbürgerlichen Niveau
geboten. In Diemelstadt lohnt es, sich ein Wochenende oder einen
Urlaub in ländlicher Ruhe mit Touren in stille Wälder und Täler zu gönnen
und sich an den anheimelnden Fachwerk-Ensembles zu erfreuen. Dabei
können die vielen Freizeiteinrichtungen (beheizte Freibäder, Hallenbäder
der Pensionen, Sport- und Tennisanlagen, Trimmpfade oder Segelfliegen)
genutzt werden.

Information und Prospekte:
Verkehrsamt, Lange Straße 6, D-34474 Diemelstadt-Rhoden,
info@diemelstadt.de, www.diemelstadt.de,
☎ **0049(0)5642/97980**, Fax 97926.

Fachwerk-Ensembles, Diemelstadt

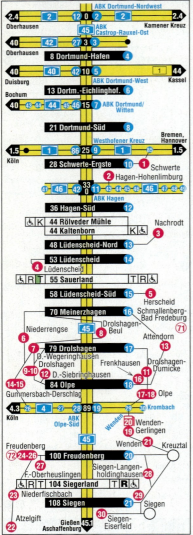

① D-58239 SCHWERTE A 1 ab Ausfahrt 85 Schwerte ca. 1,5 km
Hotel Reichshof ★★ 24 B, EZ € 42,– bis 68,–, DZ € 81,– bis 99,–, Familien-Zi, inkl. Frühstücksbuffet, Zi mit Bad/Du, WC, ☎, TV, WLAN (kostenfrei) und Kinderbett, ▭, ✗, P, Check-In bis 22 Uhr oder nach Vereinbarung, Bahnhofstr. 32, @, www.Hotel-Reichshof.de, ☎ 0049(0)2304/16004, Fax 18939.

② D-58119 HAGEN-HOHENLIMBURG A 46 ab Ausfahrt 43 Reh 600 m
Hotel Restaurant Reher Hof ★★★ ruhige Lage, 33 B, EZ € 55,– bis 75,–, DZ € 80,– bis 95,–, inkl. Frühstück, Zi mit Du, WC, ☎ und TV, ▭ (EC), ✗, G, P, Alter Reher Weg 13, @, www.Reher-Hof.de, ☎ 0049(0)2334/50350, Fax 51881.

③ D-58769 NACHRODT
A 45 ab Ausfahrt 13 Lüdenscheid-Nord 10 km → Nachrodt-Verserde/Wiblingwerde
Schloss Hotel Holzrichter ★★★★↓, EZ € 88,– bis 120,–, DZ € 145,– bis 180,–, Appartements, Suiten, inkl. Frühstücksbuffet, alle Zi mit Bad/Du, WC, ☎, Sat-TV mit Premiere, WLAN und Minibar, Restaurant, Wildspezialitäten, Schlossgarten, Terrasse, Tagungsräume mit moderner Technik, Hohenlimburger Str. 15, @, www.hotel-holzrichter.de, ☎ 0049(0)2334/929960, Fax 1515.

④ D-58511 LÜDENSCHEID A 45 ab Ausfahrt 14 Lüdenscheid rechts, nächste Kreuzung links, nächste Ampel rechts, 2. Ampel links, nach 50 m links in die Leifringhauser Straße (gesamt 10 Minuten, ca. 5 km)
Hotel Kattenbusch ★★★ 56 Zi, EZ € 69,– bis 99,–, DZ € 85,– bis 115,–, Suiten und Wochenendarrangement auf Anfrage, inkl. Frühstücksbuffet, alle Zi mit Bad oder Du, WC, Fön, ☎ und TV, teils Schreibtisch und Sitzecke, stilvolles Restaurant, saisonale und regionale Küche, Tagungsraum, Hotelbar, Pub, G, P, Leifringhauser Str. 53, @, www.hotel-kattenbusch.de, ☎ 0049(0)2351/94920, Fax 949294.

⑤ D-58849 HERSCHEID A 45 ab Ausfahrt 15 Lüdenscheid-Süd 4,5 km
Landhotel Herscheider Mühle ★★↓ im Grünen gelegen, 15 B, EZ € 49,50 bis 55,–, DZ € 82,– bis 92,–, inkl. Frühstück, alle Zi mit Bad, Du, WC, ☎, TV, Fax- und Internetanschluss, HP möglich, Restaurant für 80 Personen, Biergarten, Tagungsraum bis 15 Personen, WLAN, G, P, 8-23 Uhr geöffnet, Restaurant Fr ./., Herscheider Mühle 1, @, www.herscheider-muehle.de, ☎ 0049(0)2357/2325, Fax 2305.

⑥ D-51702 NIEDERRENGSE
A 45 ab Ausfahrten 16 Meinerzhagen 8 km (B 54 Siegen ca. 4 km, dann rechts ab) über Piene und 17 Drolshagen (B 55 Köln ca. 4 km, dann rechts ab)
Romantic „Rengser Mühle" ★★★ idyllisch gelegen, 8 B, EZ € 65,–, DZ € 90,–, inkl. reichhaltigem Frühstück, Nichtraucher-Zi mit Du, WC, ☎, Sat-TV und Minibar, Landesspezialitäten, Cafégarten, Gesellschaftsräume, ✗, ▭, P, Niederrengse 4, @, www.rengser-muehle.de, ☎ 0049(0)2763/91450, Fax 914520.

⑦ D-57489 DROLSHAGEN-WEGERINGHAUSEN
A 45 ab Ausfahrt 17 Drolshagen → Wegeringhausen 500 m
Landgasthof Hotel Schweizer Stübli ★★★ 9 B, EZ € 40,–, DZ € 55,– bis 59,–, inkl. Frühstück, alle Zi mit Du, WC, TV und WLAN, Restaurant mit Schweizer Spezialitäten, ✗, P, Kölner Str. 4, @, ☎ 0049(0)2763/214508, Fax 214509.

⑧ D-57489 DROLSHAGEN-BEUL A 45 ab Ausfahrt 17 Drolshagen ca. 2,4 km → Bergneustadt (nach 400 m rechts ab/über Scheda nach Beul)
Gasthof-Pension Stahlhacke ★★ ruhige Lage, 17 B, EZ € 32,– bis 35,–, DZ € 62,– bis 64,–, inkl. reichhaltigem Frühstück, Zi mit Du, WC, bekannt gute Küche, Räume bis 100 Personen, ▭, großer P, Heerstr. 43, ☎ 0049(0)2763/325, Fax 7074.

⑨ D-57489 DROLSHAGEN A 45 ab Ausfahrt 17 Drolshagen ca. 3 km
Land-gut-Hotel Zur Brücke ★★★ traditionsreicher Familienbetrieb, 12 Zi, EZ € 48,–, DZ € 82,–, Familien-Zi, Frühstücksbuffet, HP € 16,–, alle Zi mit Bad, Du, WC, Fön, ☎, TV und WLAN, Restaurant mit saisonal orientierter frischer Küche, verschiedene Arrangements auf Anfrage, Biker willkommen, ▭, P, Hagener Str. 12, @, www.hotelzurbruecke.de, ☎ 0049(0)2761/7548, Fax 7540.

⑩ D-57489 DROLSHAGEN A 45 ab Ausfahrt 17 Drolshagen ca. 3,5 km
Hotel-Restaurant Zur alten Quelle ★★★ Stadtmitte, 17 B, EZ € 49,– bis 54,–, DZ € 78,– bis 80,–, inkl. Frühstück, Zi mit Du, WC, Fön, TV und Radio, gutbürgerliche Küche, Räume bis 80 Personen, Kegelbahn, ▭, G, P, Do./., Hagener Str. 40, @, www.hotel-zuraltenquelle.de, ☎ 0049(0)2761/71001, Fax 73007.

⑪ D-57489 DROLSHAGEN-DUMICKE
A 45 ab Ausfahrten 17 Drolshagen und 18 Olpe je 5 km
Hotel Haus Dumicketal ★★★ 22 B, EZ € 48,– bis 54,–, DZ € 74,– bis 80,–, inkl. Frühstücksbuffet, alle Zi mit Du, WC, ☎, TV und WLAN, teils Balkon, Spezialitätenrestaurant, Motorrad-Partner-Haus, ▭, P, Dumicker Str. 11, @, www.hausdumicketal.de, ☎ 0049(0)2761/62424, Fax 66791.

⑫ D-57489 DROLSHAGEN-SIEBRINGHAUSEN
A 45 ab Ausfahrt 18 Olpe → Drolshagen 5 Minuten
Hotel Restaurant Halbfas-Alterauge ★★ EZ € 37,– bis 40,–, DZ € 68,–, inkl. Frühstück, alle Zi mit Du, WC und Kabel-TV, HP € 13,50/Tag, regionale und internationale Küche, Wildgehege, Siebringhausen 2, @, www.halbfas-alterauge.de, ☎ 0049(0)2761/71180, Fax 836234.

⑬ D-57439 ATTENDORN A 45 ab Ausfahrten 16 ca. 15 km und 18 ca. 9 km
Hotel-Panorama-Restaurant-Café Schnütgenhof ★★★ 22 B, EZ ab € 42,–, DZ ab € 84,–, Appartements, alle Zi mit Du, WC und TV, sehr gute Küche, Sonnenterrasse am Biggesee, ▭, P, Listertalstraße 1, @, www.schnuetgenhof.de, ☎ 0049(0)2722/7502+7854 (Reservierung), Fax 70413.

㉔ Hotel Zum Alten Flecken, Freudenberg

⑭ D-51645 **GUMMERSBACH-DERSCHLAG**
A 4 ab Ausfahrt 26 Reichshof-Bergneustadt
Land-Gut-Hotel Huland ★★ 25 B, EZ € 35,– bis 50,–, DZ € 63,– bis 80,–, inkl. Frühstück, alle Zi mit Du, teils mit WC, ☏, Kabel-TV und Fax-Anschluss, regionale und saisonale Küche, Tagungsräume, 3 Ferienwohnungen, 🚌, P, Kölner Str. 26, @, www.hotelhuland.de, ☏ **0049(0)2261/53151+91086-0**, Fax 53153.

⑮ D-51645 **GUMMERSBACH-DERSCHLAG**
(250-450 m ü. d. M.), A 4 ab Ausfahrt 26 Reichshof-Bergneustadt 4 km → Bergneustadt → Derschlag
Hotel garni Haus Charlotte ★★ ruhige Lage, 20 B, EZ € 25,– bis 45,–, DZ € 48,– bis 78,–, inkl. Frühstück, Zi mit Bad oder Du, WC und TV, G, P, Kirchweg 3, ☏ **0049(0)2261/52111**, Fax 59218.

⑯ D-57489 **FRENKHAUSEN**
A 45 ab Ausfahrt 18 Olpe → Olpe 300 m, rechts ab 1,5 km (ausgeschildert)
Gasthaus Zum Hobel ★★ ruhige Lage, 20 B, EZ € 39,–, DZ € 65,–, inkl. Frühstück, alle Zi mit Du, WC, TV und Radio, gutbürgerliche Küche, Biggeseestr. 4, @, ☏ **0049(0)2761/2582**, Fax 2291.

⑰ D-57462 **OLPE**
A 4 ab Ausfahrt 28 ABK Olpe-Süd/Wenden und A 45 ab Ausfahrt 18 Olpe je 3 km
Koch's Hotel „Altes Olpe" und Koch's Hotel „Im Roten" ★★★★ 73 B, EZ € 59,50 bis 108,–, DZ € 98,– bis 165,–, Mehrbett-Zi, Appartements auf Anfrage, inkl. Frühstücksbuffet, alle Zi mit Bad/Du, WC, ☏ und Kabel-TV, teils Wasserbett, Internet und Sauna im Zi, 2 Häuser zum Wohlfühlen, Bruchstr. 16, @, www.kochs-hotel.de, ☏ **0049(0)2761/8252-0**, Fax 8252-99.

⑱ D-57462 **OLPE**
A 45 ab Ausfahrt 18 Olpe ca. 3 km → Kreishaus
Hotel-Restaurant zum Schwanen ★★★ in Ortsmitte, 45 B, EZ € 70,– bis 78,–, DZ € 90,– bis 98,–, inkl. Frühstücksbuffet, alle Zi mit Du, WC, Fön, ☏, Kabel-TV, Radio und Minibar, Lift, gutbürgerliche bis gehobene Küche, Räume bis 100 Personen, 4 Kegelbahnen, 🚌, P, Westfälische Straße 26, @, www.schwanen-olpe.de, ☏ **0049(0)2761/9389-0**, Fax 9389-48.

⑲ D-57482 **WENDEN-GERLINGEN**
A 4 ab Ausfahrt 28 Wenden 600 m
Hotel Zum Landmann ★★☆ 18 B, EZ € 38,– bis 42,–, DZ € 56,– bis 62,–, inkl. Frühstück, alle Zi mit Du, WC, Fön, ☏ und Kabel-TV, feinbürgerliche Küche, Biergarten, 💳, 🚌, P, Di ./., Koblenzer Straße 38, @, www.zum-landmann.de, ☏ **0049(0)2762/92460**, Fax 924644.

⑳ D-57482 **WENDEN-GERLINGEN**
A 4 ab Ausfahrt 28 Wenden → Gerlingen
Shell-Station Waschanlage, 💳, Mo-Fr 5-22, Sa 7-22 Uhr, So 8-22 Uhr, Koblenzer Str. 22, ☏ **0049(0)2762/929676**, Fax 400654.

㉑ D-57482 **WENDEN**
A 4/A 45 ab Ausfahrt 28 Olpe-Süd/Wenden 6 km
Hotel Landhaus Berghof ★★★ sehr ruhige Waldlage, 26 B, EZ € 59,– bis 68,–, DZ € 90,– Familien-Zi € 99,–, inkl. Frühstücksbuffet, alle Zi mit Du, WC, ☏, Sat-TV und WLAN, engagierte Küche, Waldterrasse, Café, G € 5,–, großer P, Mo ./. im Restaurant, Berghof 1, @, www.landhaus-berghof.de, ☏ **0049(0)2762/5088**, Fax 3708.

㉒ D-57629 **ATZELGIFT/HACHENBURG** A 45 aus Dortmund Ausfahrt 20 Freudenberg → Betzdorf → Hachenburg 30 km und aus Frankfurt Ausfahrt 26 Herborn-West → Altenkirchen B 414/Betzdorf L 288, Atzelgift 40 km
Comforthotel Birkenhof ★★★ Auszeichnung bei Zoover.com, 40 B, EZ € 30,–, DZ € 54,–, inkl. Frühstück, Zi mit Du, WC, Fön und TV, frische Küche, separate Räume für Raucher/Nichtraucher, Kaminzimmer, Bibliothek, Biergarten, Pils, Kölsch, Alt vom Fass, Hallenbad, Dampfbad, Sauna, Massagen, Tennis, Golf, Surfen, Westerwald-Steig 300 m, wir sprechen NL, F, GB, ESP, Kleine Nister Str. 11, @, www.comforthotel-birkenhof.de, ☏ **0049(0)2662/6531**, Fax 6531.

㉓ D-57572 **NIEDERFISCHBACH**
A 45 ab Ausfahrt 20 Freudenberg über Freudenberg → Betzdorf
Hotel Restaurant Fuchshof ★★★ 48 B, EZ € 43,– bis 48,–, DZ € 86,– bis 96,–, inkl. Frühstücksbuffet und Hallenbad- und Kneipptretbeckenbenutzung, alle Zi mit Du, WC, TV und Internet, Wellnessinsel, Terrasse, P, Siegener Straße 22, @, www.hotel-fuchshof.de, ☏ **0049(0)2734/5477**, Fax 60948.

㉔ D-57258 **FREUDENBERG**
A 45 ab Ausfahrt 20 Freudenberg 3 km
Hotel Zum Alten Flecken ★★★☆ in der historischen Altstadt gelegen, 27 B, EZ € 60,– bis 65,–, DZ € 80,– bis 90,–, 3-Bett-Zi, inkl. Frühstücksbuffet, alle Zi mit Bad/Du, WC, ☏, Kabel-TV und Internetzugang, Restaurant mit mediterraner Küche, Solarium, Sauna, Gaststube, Tagungsraum für 10 bis 100 Personen, Golfplatz 10 km, 🐕, 🚌, P, Marktstraße 11+13, @, www.alter-flecken.de, ☏ **0049(0)2734/27680**, Fax 276899.

㉕ D-57258 **FREUDENBERG**
A 45 ab Ausfahrt 20 Freudenberg ca. 300 m
Waldhotel Wilhelmshöhe ★★★ 60 B, EZ € 59,– bis 69,–, DZ € 76,– bis 88,–, Appartements € 96,– bis 108,–, inkl. Frühstück, alle Zi mit Du, WC, ☏, TV und Minibar, Restaurant: frische, leichte deutsche und internationale Küche, Tagungsräume bis 30 Personen, Biergarten, Sauna, Solarium, 🚌, großer P am Haus, 7 Tage geöffnet, Krumme Birke 7, @, www.waldhotel-freudenberg.de, ☏ **0049(0)2734/278-0**, Fax 278-100.

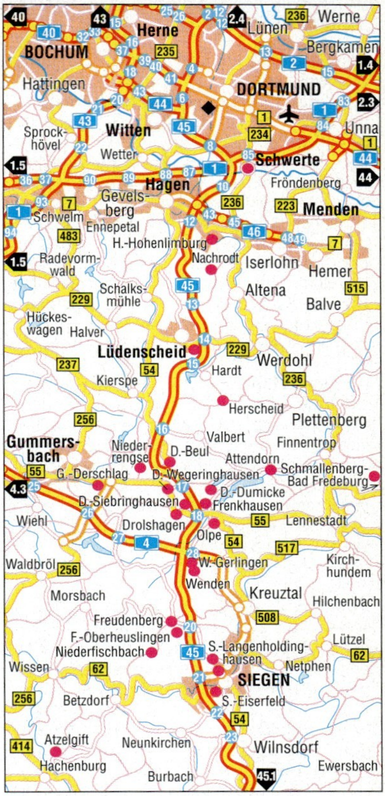

㉖ D-57258 **FREUDENBERG**
A 45 ab Ausfahrt 20 Freudenberg 4 km
Siegerland Hotel Köhler's Haus im Walde ★★★ sehr ruhige Lage, 100 B, EZ € 50,– bis 85,–, DZ € 76,– bis 120,–, inkl. Frühstücksbuffet bis 11 Uhr, Zi mit Du, WC, ☏ und Sat-TV, Lift, Restaurant bis 130 Personen, Abendbuffet zu moderaten Preisen, separater Raucherbereich, Tagungsäume für 10-40 Personen, Sauna, Solarium, 10 Fußminuten zur historischen Altstadt, G, Schützenstraße 31, info@siegerland-hotel.de, www.siegerland-hotel.de, ☏ **0049(0)2734/4670**, Fax 467251.

㉗–㉚ + (71)–(72) Einträge siehe Seite 204

㉕ **Waldhotel Wilhelmshöhe, Freudenberg**

① – ㉖ Einträge siehe Seiten 202 + 203

Tipps zur Route

Die A 45, mit km 0 am ABK Dortmund-Nordwest beginnend, ist dem Autoreisenden unter dem Namen Sauerlandlinie als moderner und landschaftlich sehr schöner Streckenabschnitt längst ein Begriff. Mittelgebirgslandschaft und zahlreiche Viadukte machten Baukosten in Höhe von 1,5 Milliarden erforderlich. Die Autobahn überbrückt zunächst die Flüsse Emscher, Ruhr und Lenne, ehe sie bei Lüdenscheid zum Kamm des waldreichen Ebbegebirges aufsteigt. Als Kammlinie geführt, durchzieht sie das schöne Sauerland, streift den Biggesee, Westfalens größte Talsperre, und erreicht nach ca. 108 km die Ausfahrt Siegen.

Ausfahrt Hagen-Süd: Im Süden Hagens, im Ortsteil Selbecke, liegt das sehenswerte Westfälische Freilichtmuseum technischer Kulturdenkmäler. Zu den hierhin versetzten Häusern und Werkstätten gehören u. a. eine Huf- und Wagenschmiede, ein Hammerwerk, eine Großdrahtzieherei, eine Tabakfabrik, ein Sensenhammer, ein Walzwerk und der Gasthof „Zur Post" aus dem Jahre 1797.

Ausfahrt Lüdenscheid-Nord: Die Burg Altena, die sich hoch über dem Tal der Lenne erhebt, wird von Ausflüglern gerne angesteuert, nicht nur wegen der Burggaststätte. In der Burg befinden sich das Museum der Grafschaft Mark, Märkisches Schmiedemuseum, das Deutsche Draht- und Wandermuseum sowie die Weltjugendherberge.

Ausfahrt Meinerzhagen: Ein Stündchen ohne Autobahn? Drehen Sie zwischen zwei Ausfahrten eine Runde um den Aggersee, 25 km anstelle von 10. Fahren Sie von Meinerzhagen, einer Sommerfrische mit hübschen Parkanlagen und schönen Freibad, in Richtung Süden über Lieberhausen – Westufer Aggersee (vorher Strandbad Deitenbach) nach Hackenberg. Dort rechts ab und über Niederrengse – B 55 – Wegeringhausen zurück zur A 45, Ausfahrt Drolshagen. Falls Sie einkehren: Die Eierkuchen in der Rengser Mühle werden Ihnen besonders gut schmecken.

Ausfahrt Olpe: Wenn Sie Ferien im Sauerland machen, sollte eigentlich auch ein Besuch des Panorama-Parks Sauerland in Kirchhundem auf dem Programm stehen. Von Olpe sind es rund 30 km bis zu diesem großangelegten Wild- und Erlebnispark.

Ausfahrt ABK Olpe-Süd: Der buchtenreiche, stark gewundene Biggestausee ist ein Ort, an dem Sie fast alle Möglichkeiten der Freizeitgestaltung finden: Baden, Segeln, Surfen, Minigolf, romantische Dampferfahrten.

㉗ D-57258 FREUDENBERG-OBERHEUSLINGEN
A 45 ab Ausfahrt 20 ca. 4 km, erste Ampel links → Oberheuslingen
Haus Althaus ★★ sehr ruhige Lage am Walde, 20 B, EZ € 30,–, inkl. Frühstück, alle Zi mit Du, WC und TV, gutbürgerliche Küche, Räume bis 70 Personen, Café-Terrasse, Kegelbahn, 🚪, P, Rimbergstraße 57, @, www.haus-althaus.de, ☎ 0049 (0) 27 34/48 97 70, Fax 48 97 72.

㉘ D-57078 SIEGEN-LANGENHOLDINGHAUSEN
A 45 ab Ausfahrten 20 Freudenberg → Freudenberg ca. 500 m → Oberholzklau → Niederholzklau 6 km und 21 Siegen Stadtautobahn → Siegen → Geisweid
Hotel Garni-Tell ★★ liebevoll renoviert, 13 Zi, 2 Appartements, EZ € 24,– bis 40,–, DZ € 50,– bis 60,–, Appartement € 64,–, reichhaltiges Frühstücksbuffet € 6,– pro Person, alle Zi mit TV, teils mit Bad/Du und WC, Aufenthaltsraum mit Küche, Olper Str. 38, @, www.garni-tell.de, ☎ 0049 (0) 271/7 41 18 64.

㉙ D-57072 SIEGEN B 62 ab Ausfahrt 21 Siegen-Eiserfeld 1. Abfahrt → Achenbach
Berghotel Johanneshöhe ★★★ Panoramablick, 46 B, EZ € 50,– bis 95,–, DZ € 81,– bis 120,–, inkl. Frühstück, alle Zi mit Du, WC, 🚪, Sat-TV und WLAN kostenfrei, Panoramarestaurant, Tagungsräume für 10-50 Personen, 🚪, P, Wallhausenstr. 1, @, www.johanneshoehe.de, ☎ 0049 (0) 271/3878790, Fax 3878743.

㉚ D-57080 SIEGEN-EISERFELD
A 45 ab Ausfahrt 21 Siegen-Eiserfeld (B 62) → Eiserfeld 500 m
Stadt-gut-Hotel Siegboot und Tommis Restaurant ★★★ 48 B, EZ € 65,–, DZ € 85,–, inkl. Frühstücksbuffet, ruhige Zi, alle mit Du, WC, Fön, 🚪, Sat-TV und Radioweckuhr, Lift, junge deutsche Küche, Tagungsraum für 30 Personen, WLAN, 🚪, G, großer P, Eiserfelder Straße 230-232, @, www.hotels-siegen.de, ☎ 0049 (0) 271/359030, Fax 359 03 55.

㊲ NATURPARK EBBEGEBIRGE

Der 65.000 Hektar große Naturpark Ebbegebirge besitzt zwei Hauptanziehungspunkte: Riesige Wälder und nicht weniger als neun Stauseen. Die Aussichtstürme auf der Nordhelle (663 m) und auf der Hohen Bracht (584 m) mit ihrer großartigen Rundsicht sind beliebte Wanderziele. Von den 9 Stauseen ist der Biggesee der größte und wohl auch der schönste. 5 modern ausgestattete Campingplätze, zahlreiche Freizeitmöglichkeiten, Wildgehege, viele Ausflugslokale.

Biggesee

Information und Prospekte:
Sauerland Tourismus e.V. Bad Fredeburg, Johannes-Hummel-Weg 1, D-57392 Schmallenberg, info@sauerland.com, www.sauerland.com, ☎ 0049 (0) 29 74/9 69 80, Fax 96 98 33.

㊷ FREUDENBERG – Staatlich anerkannter Luftkurort

(250 – 500 m ü. NN) zwischen Rothaargebirge und Westerwald.
Ruhe – Entspannung – Erholung in reizvoller Mittelgebirgslandschaft. „Alter Flecken", Baudenkmal von internationaler Bedeutung, Freilichtbühne, viele Sport-, Spiel- und Freizeiteinrichtungen, Kurpark, großes Wanderwegenetz, Radweg, Tennishallen und Freiplätze, Kegelbahnen, Reitzentrum, Technikmuseum, Standplätze für Wohnmobile.

Freudenberg

Information und Prospekte:
Kultur- und Touristikamt, Verkehrsverein Luftkurort Freudenberg e.V., D-57251 Freudenberg, info@freudenberg-stadt.de, www.freudenberg-stadt.de, ☎ 0049 (0) 27 34/4 31 64 + 4 31 20, Fax 4 31 22.

①–㉔ Einträge siehe Seiten 206 + 207

㉕ D-63867 JOHANNESBERG-RÜCKERSBACH
A 45 ab Ausfahrt 46 Karlstein → Mömbris → Johannesberg 8 km
Landgasthof Rückersbacher Schlucht ★★★ 22 B, EZ € 40,– bis 54,–, DZ € 60,– bis 78,–, inkl. Frühstücksbuffet, alle Zi mit Du, WC, ☎ und TV, regionale frische Küche, Gesellschafts- und Konferenzräume für 40 bis 65 Personen, Terrasse, ▭, 🖵, P, Hörsteiner Str. 33, @, www.rueckersbacher-schlucht.de, ☎ 0049 (0) 60 29/99 88-0, Fax 99 88-77.

㉖ D-63791 KARLSTEIN
A 45 ab Ausfahrt 46 Karlstein ca. 3,5 km
Hotel-Restaurant Mainperle mit Gästehaus ★ ruhige Lage, 60 B, EZ € 35,– DZ € 56,–, inkl. Frühstück, Zi mit Du und WC, bürgerliche Küche, Terrasse, 🖵, P, Obergartenweg 5, @, www.hotel-hausmainperle.de, ☎ 0049 (0) 61 88/50 98, Fax 54 45.

㉗ D-63791 KARLSTEIN-DETTINGEN
A 45 ab Ausfahrt 47 Kleinostheim → Karlstein 1 km
Mediterran Hotel Juwel ★★★★ eröffnet 2003, ruhige Lage, 46 B, EZ ab € 51,– DZ ab € 68,–, Frühstücksbuffet € 8,– pro Person, helle Zi mit Bad/Du, ☎, TV, WLAN und Minibar, Seminar- und Gasträume bis 50 Personen, Sonnenterrasse, Biergarten, Nähe zur Messe Frankfurt, ▭, 🍴, 🖵, großer P, Am Sportplatz 23, @, www.mediterran-hotel-juwel.de, ☎ 0049 (0) 61 88/44 60, Fax 44 62 26.

㉘ D-63178 OBERTSHAUSEN
A 45 ab Ausfahrt 43 Hanauer Kreuz und A 3 ab Ausfahrten 53 Obertshausen und 54 Hanau
Abant Hotel ★★★ 26 Zi, EZ € 49,–, DZ € 69,–, Familien-Zi € 79,–, inkl. Frühstück, Messepreise, alle Zi mit Bad/Du, WC, Fön, ☎, TV, WLAN und Balkon, Lift, Restaurant, Hotelbar, Café, Bistro, Sauna, Fitnessraum, Shuttleservice, nahe Frankfurt-City, 🍴, P kostenfrei, Robert-Schumann-Str. 2, @, www.abanthotel.de, ☎ 0049 (0) 61 04/95 48-0, Fax 49 01 98.

㉙ D-63179 OBERTSHAUSEN
A 45 ab Hanauer Kreuz über die B 43 a und B 45 und A 3 ab Ausfahrten 53 Obertshausen und 54 Hanau ca. 3 Minuten
i-Motel ★★★ Nichtraucherhotel, direkt am Naturpark Rhein/Main, 30 B, Zi ab € 29,–, Frühstücksbuffet € 7,– pro Person, allergikerfreundliche Zi mit Du, WC und Internetanschluss, teils TV, ca. 15 Minuten bis Frankfurt und Flughafen, 🚭-Zi, P, Birkenwaldstr. 46, info@i-motel.de, www.i-motel.de, ☎ 0049 (0) 61 04/9 48 08-10, Fax 9 48 08-19.

㉚ D-63768 HÖSBACH-BAHNHOF
A 3 ab Ausfahrten 61 Hösbach und 62 Bessenbach-Waldaschaff
Gasthaus „Zum Specht" ★★★ 50 B, EZ € 45,– bis 60,–, DZ € 65,– bis 80,–, inkl. Frühstücksbuffet, alle Zi mit Du, WC, ☎, TV und WLAN, regionale Küche mit saisonalen Spezialitäten, Tagungsräume, ▭, 🖵, P, Sa + So ./., Aschaffenburger Str. 22, info@gasthaus-specht.de, www.gasthaus-specht.de, ☎ 0049 (0) 60 21/5 96 00, Fax 59 60 60.

㉛ D-63768 HÖSBACH-WINZENHOHL
A 3 ab Ausfahrt 61 Hösbach 5 km
Landhotel Klingerhof ★★★🍴 naturnahe Lage, 82 Zi, EZ ab € 63,–, DZ ab € 86,–, Mehrbett-Zi, inkl. Frühstücksbuffet, alle Zi mit Bad/Du, WC, ☎ und TV, 2 Restaurants bis 200 Personen, Sauna, Hallenbad, Hochseilgarten, Kletterwand, ▭, 🖵, großer P, Am Hügel 7, @, www.hotels-aschaffenburg.de, ☎ 0049 (0) 60 21/64 60, Fax 64 61 80 **(Bild siehe Route 3.3)**

㉜ D-63825 BLANKENBACH
A 3 ab Ausfahrt 61 Hösbach ca. 8 km
Hotel Brennhaus Behl ★★★★ komfortabel schlafen im neuen Brennhaus, 36 B, EZ € 63,–, DZ € 88,–, Familien-Zi, Junior-Suiten, inkl. umfangreichem Vital-Landfrühstück, alle Zi mit Bad/Du, WC, Fön, ☎, TV, Internet und Frischluft-Klimaanlage, saisonale frische Küche, hauseigene Destille, Destillengarten, Terrasse, Räume bis 120 Personen, P, Krombacher Str. 2, @, www.behl.de, ☎ 0049 (0) 60 24/47 66, Fax 63 92 87 13.

㉝ D-63829 KROMBACH
A 3 ab Ausfahrt 61 Hösbach → Schöllkrippen, Blankenbach links → Krombach 10 km
Kleines Landhotel „Windlicht" ★★★ sehr ruhig am Waldrand, 25 B, EZ € 46,– bis 51,–, DZ € 78,– bis 82,–, Familien-Zi, inkl. reichhaltigem Frühstück, alle Zi mit Du, WC, ☎, TV und WLAN, teils Balkon, Café, Restaurant ab 18 Uhr, gutbürgerliche und gehobene Küche, 🍴, P, Tannenstr. 1, @, www.kleines-landhotel.de, ☎ 0049 (0) 60 24/69 03 00, Fax 69 03 036 **(Bild siehe Route 3.3)**

㉞ D-63825 SCHÖLLKRIPPEN-LANGENBORN
A 3 ab Ausfahrt 61 Hösbach → Schöllkrippen 15 km
Hotel-Restaurant Villa am Sattelberg ★★★ 26 B, EZ € 55,– bis 75,–, DZ € 85,– bis 105,–, Mehrbett-Zi, inkl. Frühstück, alle Zi mit Du, WC, TV, Safe und Kitchenette, Biergarten, Terrasse, Hofladen, ▭, 🍴, 🖵, ♿, P, Im Langenborn 17, @, www.villa-am-sattelberg.de, ☎ 0049 (0) 60 24/67 54 33, Fax 67 54 3 48.

㉟ D-97833 FRAMMERSBACH
A 3 ab Ausfahrten 61 Hösbach ca. 29 km und 65 Marktheidenfeld ca. 32 km, A 66 ab Ausfahrt 45 Bad Orb/Wächtersbach, an der B 276
Landhotel-Gasthof Spessartruh ★★★ Panoramalage, 80 B, EZ ab € 32,– DZ ab € 60,–, inkl. Frühstück, alle Zi mit Du, WC und TV, Lift, 180 Sitzplätze, Terrasse, Hallenbad, Solarium, seniorengerecht, ▭, G, P, Wiesenerstr. 129, @, www.spessartruh.de, ☎ 0049 (0) 93 55/74 43, Fax 73 00.

---

① *Qualitel Hotel Wilnsdorf*

🛏 Preiswert übernachten – aber mit Niveau!

🛏 Ruhig schlafen - und trotzdem nahe der Autobahn!

🛏 Verkehrsgünstig tagen - aber dennoch im Grünen!

🛏 Genießen Sie moderne Räume in frisch-fröhlichem Design! Nutzen Sie Tagungsräume mit High-End-Technikausstattung!

🛏 Sleep with style - Willkommen im Qualitel!

Das Qualitel garantiert ungestörten Schlaf. Seine 44 Zimmer sind mit einem aufwändigen Schallschutz ausgestattet – auch zwischen den Räumen. Die Zimmer bieten außerdem funkelnden Sanitärkomfort sowie Unterhaltungs- und Kommunikationstechnik der Extra-Klasse.

Das reichhaltige Frühstücksbuffet mit einer Auswahl an Getränken, frischen Backwaren mit Marmelade oder Aufschnitt, Joghurt und Müsli mit gesunden Früchten sorgt für einen gelungenen Start in den nächsten Tag.

Qualitel Hotel Wilnsdorf
Elkersberg 4
57234 Wilnsdorf
Tel. 02739 / 3015-0
Fax 02739 / 3015-11
wilnsdorf@qualitel-hotel.de
www.qualitel-hotel.de

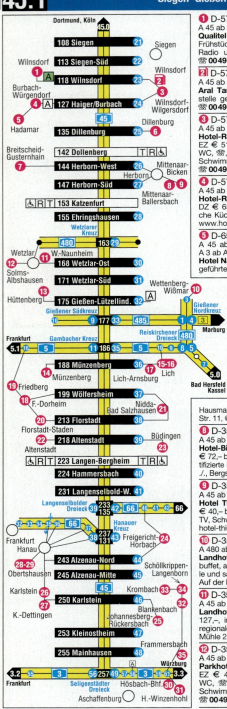

❶ D-57234 WILNSDORF
A 45 ab Ausfahrt 23 Wilnsdorf ca. 1 km
Qualitel Hotel Wilnsdorf ★★★ 44 schalldichte Zi, EZ ab € 65,–, DZ ab € 85,–, Frühstück € 7,50 pro Person, alle Zi mit Du, WC, Fön, ☎, Sat- und Pay-TV, Radio und WLAN, Tagungsräume, ☶, Elkersberg 4, @, www.qualitel-hotel.de, ☎ 0049(0)2739/3015-0, Fax 3015-11 **(weitere Informationen siehe Seite 205).**

❷ D-57234 WILNSDORF
A 45 ab Ausfahrt 23 Wilnsdorf 1000 m → Wilnsdorf
Aral Tankstelle 🅿 mit Diesel, ADAC-Abschleppdienst Tag und Nacht, ☎, Tankstelle geöffnet: Mo-Fr 6-22 Uhr, Sa 7-22 Uhr, So 9-22 Uhr, Hagener Straße 19, ☎ 0049(0)2739/87330, Fax 4615.

❸ D-57234 WILNSDORF-WILGERSDORF
A 45 ab Ausfahrten 23 Wilnsdorf und 24 Haiger/Burbach je 5 km
Hotel-Restaurant Gästehaus Wilgersdorf ★★★ ruhige Lage am Waldrand, 60 B, EZ € 51,– bis 59,–, DZ € 84,– bis 98,–, inkl. Frühstücksbuffet, alle Zi mit Bad/Du, WC, ☎, TV und WLAN, durchgehend warme Küche, Tagungsräume, Wintergarten, Schwimmbad, Sauna, 🍴, großer P, Kalkhain 23, @, www.gaestehaus-wilgersdorf.de, ☎ 0049(0)2739/89690, Fax 896960.

❹ D-57299 BURBACH-WÜRGENDORF
A 45 ab Ausfahrt 24 Haiger/Burbach ca. 1,5 km
Hotel-Restaurant Windeck ★★★ in ruhiger Waldrandlage, 31 B, EZ € 40,– bis 60,–, DZ € 65,– bis 90,–, inkl. Frühstücksbuffet, alle Zi mit Du, WC und TV, gutbürgerliche Küche, Raum bis 50 Personen, Familienbetrieb, ☎, 🚌, G, P, Bogenstr. 8, @, www.hotel-windeck.de, ☎ 0049(0)2736/1640, Fax 57375.

❺ D-65589 HADAMAR
A 45 ab Ausfahrt 24 Haiger/Burbach über B 54 → Limburg/Lahn ca. 40 km und A 3 ab Ausfahrt 42 Limburg-Nord über B 49/B 54 → Hadamar 8 km
Hotel Nassau-Oranien ★★★★ historisches, denkmalgeschütztes Gebäude, familiär geführtes Haus, 61 Zi, EZ € 79,– bis 105,–, DZ € 90,– bis 120,–, Suite ab € 140,–, inkl. Frühstück und Nutzung von Schwimmbad, Whirlpool, Dampfbad und Sauna, alle Zi mit Bad, Du, WC, ISDN-☎, Sat-/Pay-TV, Fax-/Modemanschluss, WLAN und Minibar, 2 Restaurants, Hotelbar, Tagungsräume, Beauty- und Wellnessprogramme, 🍴 € 6,–, P, Am Elbbachufer 12, @, www.nassau-oranien.de, ☎ 0049(0)6433/919-0, Fax 919-100.

❻ D-35683 DILLENBURG
A 45 ab Ausfahrt 25 Dillenburg
Hotel Oranien-Garni Dillenburg ★★★ im Zentrum, 44 B, EZ € 49,– bis 59,– DZ € 79,– bis 89,–, inkl. Frühstücksbuffet, alle Zi mit Du, WC, ☎, TV und Minibar, ☎, G, P, Untertor 1, @, www.hoteloranien.de, ☎ 0049(0)2771/26490, Fax 22951.

❼ D-35767 BREITSCHEID-GUSTERNHAIN A 45 ab Ausfahrt 26 Herborn-West 9 km, B 255 → Montabaur, 5. Abfahrt Gusternhain
Hotel Landgasthaus – Metzgerei Ströhmann ★★★ 20 B, EZ € 40,– DZ € 70,–, inkl. Frühstücksbuffet, alle Zi mit Du, WC, TV, deftige Hausmannskost, Räume für 10-120 Personen, ☎, G, P, Restaurant Mi ./., Gusternhainer Str. 11, @, www.hotel-stroehmann.de, ☎ 0049(0)2777/9170, Fax 91719.

❽ D-35756 MITTENAAR-BALLERSBACH
A 45 ab Ausfahrt 27 Herborn-Süd → Marburg (über B 277 und B 255) 8 km
Hotel-Biorestaurant Berghof ★★★ herrliche Aussicht, 24 B, EZ € 42,– bis 47,–, DZ € 72,– bis 75,–, inkl. Frühstücksbuffet, alle Zi mit Du/Bad, WC, ☎, TV und Minibar, biozertifizierte Küche, Tagungsraum bis 30 Personen, Terrasse, Sauna, Solarium, ☎, 🍴, P, So ./., Bergstr. 4, @, www.berghof-mittenaar.de, ☎ 0049(0)2772/58225-0, Fax 58225-99.

❾ D-35756 MITTENAAR-BICKEN
A 45 ab Ausfahrt 27 Herborn-Süd → Marburg (über B 277 und B 255) 9 km
Hotel Thielmann – Walliser Stuben ★★★ ruhige Lage Nähe Aartalsee, 25 B, EZ € 40,– bis 50,–, DZ € 57,– bis 77,–, inkl. Frühstücksbuffet, Zi mit Bad/Du, WC, ☎ und TV, Schweizer Küche, Tagungsraum mit Technik, WLAN, 🚌, G, P, Wiesenstr. 5, info@hotel-thielmann.de, www.hotel-thielmann.de, ☎ 0049(0)2772/659020, Fax 6590244.

❿ D-35435 WETTENBERG-WISSMAR
A 480 ab Ausfahrt 3 Wettenberg → Krofdorf-Gleiberg, rechts → Wißmar 4 km
Landhotel Wißmar ★★★ 27 B, EZ € 49,–, DZ € 69,– bis 75,–, inkl. Frühstücksbuffet, alle Zi mit Du, WC, Sat-TV, Internet, Schreibtisch und Kingsize-Betten, regionale und saisonale Küche, Räume bis 40 Personen, Terrasse, ☎, 🍴, 🚌 auf Anfrage, P, Auf der Höll 1, www.landhotel-wissmar.de, ☎ 0049(0)6406/908747, Fax 835062.

⓫ D-35584 WETZLAR-NAUNHEIM
A 45 ab Ausfahrt 30 Wetzlar-Ost → Lahnau, in Dorlar → Neunheim
Landhotel Naunheimer Mühle ★★★★ 55 B, EZ € 49,– bis 80,–, DZ € 92,– bis 127,–, inkl. Frühstücksbuffet, alle Zi mit Du, WC, ☎, TV und Minibar kostenfrei, regionale und internationale Spezialitäten, Veranstaltungs- und Tagungsräume, 🍴, Mühle 2, @, www.naunheimer-muehle.de, ☎ 0049(0)6441/93530, Fax 935393

⓬ D-35606 SOLMS-ALBSHAUSEN
A 45 ab Ausfahrt 30 Wetzlar-Ost → Wetzlar/Limburg ca. 12 km
Parkhotel-Parksauna-Restaurant ★★★ ruhige Lage in eigenem Park, 20 B, EZ € 48,– bis 68,–, DZ € 84,– bis 94,–, inkl. Frühstücksbuffet, Zi mit Bad/Du, WC, ☎, TV und WLAN, Bar, 2 Saunen (gratis), FKK-Park, Whirlpool, beheiztes Schwimmbad, Solarium, P, Laubacher Weg 23, @, www.parkhotel-parksauna.de, ☎ 0049(0)6441/92910+24892, Fax 929149.

⑬ D-35625 HÜTTENBERG A 45 ab Ausfahrt 32 Gießen-Lützellinden → Rechtenbach 2 km, 2. Kreisverkehr rechts → Wetzlar
Hotel-Restaurant Zur Linde ★★★☆ 30 B, EZ € 39,– bis 55,–, DZ € 55,– bis 70,–, inkl. Frühstücksbuffet, alle Zi mit Du, WC, ☎ und TV, teils Internetanschluss, internationale Küche, Terrasse, ▣, ⌐, P, Am Lindenberg 15, @, www.hotelzur-linde.de, ☎ 0049 (0) 6441/67 92 10-0, Fax 67 92 10-20.

⑭ D-35516 MÜNZENBERG A 45 ab Ausfahrt 36 Münzenberg ca. 2 km und A 5 ab Ausfahrt 12 Butzbach → Münzenberg 8 km, 2 km vom Gambacher Kreuz entfernt
Burghotel Münzenberg ★★★ ruhige Lage, 28 B, EZ € 54,– bis 60,–, DZ € 80,– bis 90,–, Nichtraucher Zi, inkl. Schlemmer Frühstück, alle Zi mit Du, WC und TV, Lift, frische regionale Küche mit mediterranem Flair, Biergarten, ▣, ⌐, ⌂ auf Anfrage, ♿, großer P, Wohnbacher Str. 1, @, www.burghotelmuenzenberg.de, ☎ 0049 (0) 6004/91 57 00, Fax 91 57 09.

⑮ D-35423 LICH
A 5 ab Ausfahrt 10 Fernwald
Hotel Schneider Metzgerei Speisegaststätte ★★ ruhige Lage in der Altstadt, 40 B, EZ € 28,– bis 38,–, DZ € 50,– bis 60,–, inkl. Frühstück, Zi mit Kabel-TV und WLAN, deutsche Küche, Tagungsräume für 20-70 Personen, ▣, ⌐, P, Oberstadt 25, @, www.hotel-schneider.de, ☎ 0049 (0) 6404/24 08, Fax 64561 (Bild siehe Route 5.0).
Unter gleicher Leitung:

⑯ D-35423 LICH
A 5 ab Ausfahrt 10 Fernwald/Gießen-Ost 4 km
Hotel Holländischer Hof ★★ 47 B, EZ € 28,– bis 38,–, DZ € 50,– bis 60,–, inkl. Frühstück, Zi mit Du, WC und TV, Saal, ▣, ⌐, G, P, Braugasse 8, @, www.hotel-schneider.de, ☎ 0049 (0) 6404/23 76, Fax 64561.

⑰ D-35423 LICH-ARNSBURG
A 45 ab Ausfahrt 36 Münzenberg → Lich 2 km und A 5 ab Ausfahrt 10 Fernwald → Lich → Butzbach 6 km
Hotel-Restaurant Landhaus Klosterwald ★★★☆ 33 B, EZ € 68,– bis 72,–, DZ € 98,– bis 103,–, inkl. Frühstücksbuffet, alle Zi mit Du, WC, Fön, ☎, TV und WLAN, Gartenterrasse, ▣, ⌐, ♿, großer P, An der B 488, @, www.landhaus-klosterwald.de, ☎ 0049 (0) 6404/91010, Fax 91 91 34.

⑱ D-61169 FRIEDBERG-DORHEIM
A 45 ab Ausfahrt 37 Wölfersheim und A 5 ab Ausfahrt 16 Friedberg je 10 km (B 455)
Hotel-Restaurant Dorheimer Hof ★★★ 30 B, EZ € 50,– bis 57,–, DZ € 70,– bis 80,–, inkl. Frühstücksbuffet, alle Zi mit Du, WC, ☎, TV, Radio und WLAN, Räumlichkeiten für bis zu 40 Personen, ▣, P, Wetteraustraße 70, @, www.dorheimerhof.de, ☎ 0049 (0) 6031/7 37 00, Fax 73 70 40.

⑲ D-61169 FRIEDBERG
A 45 ab Ausfahrt 38 Florstadt
Goldnes Fass – Hotel-Restaurant-Metzgerei ★★★ 45 B, EZ € 49,– bis 80,–, DZ € 80,– bis 128,–, inkl. reichhaltigem Frühstücksbuffet, alle Zi mit allem Komfort, deutsche Küche, Räume bis 100 Personen, 5 Minuten bis S-Bahn, DB direkt zur Internationalen Messe Frankfurt/M., ▣, ⌐, P, Cityparkhaus, Restaurant Mo ./., Haagstraße 43-47, @, www.goldnes-fass.de, ☎ 0049 (0) 6031/16 88-0, Fax 16 88-16 (Bild siehe Route 5.1).

⑳ D-61197 FLORSTADT-STADEN
A 45 ab Ausfahrt 38 Florstadt ca. 1 km
Hotel-Restaurant-Café Schloss Ysenburg ★★★ ruhige Lage in Ortsmitte, 20 B, EZ € 59,– bis 65,–, DZ € 85,– bis 90,–, inkl. Frühstück, alle Zi mit Bad oder Du, WC, ☎, TV und WLAN, traditionelle deutsche Küche, Café-Terrasse, ⌐, großer P im Hof, Restaurant Mo ./., Parkstraße 20, @, www.schloss-ysenburg.de, ☎ 0049 (0) 6035/9 67 60, Fax 96 76 29.

㉑ D-63667 NIDDA-BAD SALZHAUSEN
A 45 ab Ausfahrten 37 Wölfersheim ca. 10 km und 38 Florstadt ca. 13 km
Hotel Eiser ★★★ 16 B, EZ € 39,– bis 58,–, DZ € 69,– bis 84,–, inkl. Frühstücksbuffet, alle Zi mit Du, WC, Fön, ☎ und TV, Kurallee 5, @, www.hotel-eiser.de, ☎ 0049 (0) 6043/96 660, Fax 96 66-29.

㉒ D-63674 ALTENSTADT
A 45 ab Ausfahrt 39 Altenstadt ca. 1,5 km
Hotel garni Altenstädter Mönchhof ★★ ruhige Lage, 24 B, EZ ab € 49,50, DZ € 76,–, inkl. Frühstück, alle Zi mit Du, WC, ☎, Kabel-TV und Minibar, 5 Minuten bis S-Bahn, P im Hof, Mönchgasse 5, @, www.altenstaedter-moenchhof.de, ☎ 0049 (0) 6047/96 350, Fax 96 35 35.

㉓ D-63654 BÜDINGEN
A 45 ab Ausfahrt 39 Altenstadt ca. 10 km
Hotel Sonnenberg ★★★ ruhige Lage, 26 B, EZ € 65,– bis 69,–, DZ € 88,– bis 96,–, inkl. Frühstück, alle Zi mit Du, WC, ☎ und WLAN, gutbürgerliche und internationale Küche, Raum bis 250 Personen, klimatisierter Wintergarten, Solarium, ▣, ⌐, Sudetenstr. 4, @, www.sonnenberg-buedingen.de, ☎ 0049 (0) 6042/30 51, Fax 18 23.

㉔ D-63579 FREIGERICHT-HORBACH
A 45 ab Ausfahrt 44 Alzenau-Nord und A 66 ab Ausfahrt 40 Langenselbold
Hotel Zur Linde ★★ 35 B, EZ € 30,50 bis 40,–, DZ € 52,– bis 67,–, inkl. reichhaltigem Frühstücksbuffet, alle Zi mit Du, WC, ☎, TV und Radio, Tagungsraum bis 20 Personen, G, P, Hauptstraße 1, www.hotel-pension-zur-linde.de, ☎ 0049 (0) 6055/91 3 30, Fax 83 1 69.

㉕–㉟ Einträge siehe Seite 205

⑭ Burghotel Münzenberg, Münzenberg

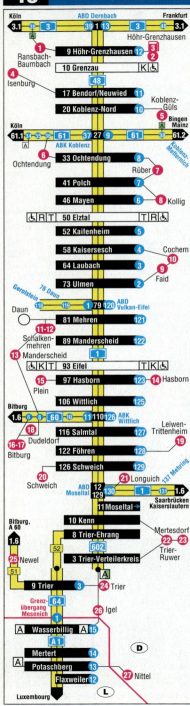

❶ D-56235 RANSBACH-BAUMBACH A 48 ab Ausfahrt 12 Höhr-Grenzhausen und A 3 ab Ausfahrt 38 Ransbach-Baumbach

Hotel Eisbach ★★★ 49 B, EZ € 42,– bis 61,–, DZ € 72,– bis 88,–, Juniorsuite € 103,–, inkl. Frühstücksbuffet, alle Zi mit Du, WC, TV und ISDN, Restaurant mit kreativer Saisonküche, Garten, Veranstaltungsräume, Schulstr. 2, @, www.hotel-eisbach.de, ☎ 0049 (0) 26 23/88 13 30, Fax 8 81 33 98.

Unter gleicher Leitung:

❷ D-56203 HÖHR-GRENZHAUSEN A 48 ab Ausfahrt 12 Höhr-Grenzhausen
Hotel Silicium ★★★ Business-Design-Hotel, 95 B, EZ ab € 60,–, DZ ab € 80,–, inkl. Frühstücksbuffet, alle Zi mit Du, WC, Flat-TV und WLAN, Restaurant, Bar, Schillerstr. 2-4, @, www.hotel-silicium.de, ☎ 0049 (0) 26 24/94 16 80, Fax 9 43 09 59.

❸ D-56203 HÖHR-GRENZHAUSEN A 48 ab Ausfahrt 12 Höhr-Grenzhausen
Shell Station Buhr GmbH 🅿 Autoschnellservice, Motordiagnose, Reifen, Öffnungszeiten: Mo-Sa von 7-20 Uhr, So von 9-20 Uhr, Am Autobahnzubringer, ☎ 0049 (0) 26 24/40 58.

❹ D-56271 ISENBURG
A 3 ab Ausfahrt 37 Dierdorf 8 km über B 413 → Bendorf
Hotel-Restaurant „Haus Maria" ★★★ ruhige Lage im Grünen, 21 B, EZ € 40,– bis 45,–, DZ € 70,– bis 75,–, inkl. Frühstück, Zi mit Bad/Du, WC und TV, feine Küche, P, Caaner Str. 6, @, www.hotel-haus-maria.de, ☎ 0049 (0) 26 01/29 80, Fax 29 64.

❺ D-56072 KOBLENZ-GÜLS
A 61 ab Ausfahrt 38 Koblenz-Metternich 5 km
Mosel-Hotel Hähn Restaurant ★★★☆ ruhige Lage, 122 B, EZ € 56,– bis 79,–, DZ € 79,– bis 110,–, inkl. Frühstücksbuffet, alle Zi mit Du, WC und TV, Lift, gehobene und reichhaltige Küche, 5 verschiedene Räume für insgesamt 400 Personen, Wintergarten, 🖥, G, großer P, Wolfskaulstr. 4, @, www.moselhotel-haehn.de, ☎ 0049 (0) 261/9 47 2 30, Fax 94 7 23 1 00 **(Bild siehe Route 61.1)**.

❻ D-56299 OCHTENDUNG
A 48 ab Ausfahrt 8 Ochtendung oder A 61 Ausfahrt 36 Plaidt je 3 km
Gutshof Hotel Arosa ★★★ 18 B, EZ € 41,–, DZ € 78,–, inkl. Frühstück, renovierte Zi, alle Zi mit Bad/Du, WC und ☎, überregionale Küche, Konferenzraum für 50 Personen, Gartenlokal, G, P, Mo ./., Koblenzer Str. 2, @, www.gutshofhotelarosa.de, ☎ 0049 (0) 26 25/44 71, Fax 52 61.

❼ D-56295 RÜBER
A 48 ab Ausfahrt 8 Ochtendung → Kobern-Gondorf, dann → Münstermaifeld und Ausfahrt 7 Polch → Polch, in Polch → Münstermaifeld je ca. 7 km
Gasthof zur Erholung ★★ 32 B, EZ € 30,– bis 40,–, DZ € 60,– bis 80,–, inkl. Frühstück, alle Zi mit Du, WC, TV und WLAN, Ferienwohnungen mit Klimaanlage, familienfreundlich, Räume bis 70 Personen, Biergarten, 5 Kegelbahnen, großer P, Am Dorfplatz 9, @, www.gaststätte-zur-erholung.de, ☎ 0049 (0) 26 54/96 06 42, 0049 (0) 1 71/3 53 63 24, Fax 0049 (0) 26 54/96 06 43 **(Bild siehe Route 61.1)**.

❽ D-56751 KOLLIG
A 48 ab Ausfahrt 6 Mayen 3 km → Burg Eltz
Hotel Restaurant Gilles ★★ ruhige Lage, 28 B, EZ € 35,–, DZ € 50,– bis 60,–, inkl. Frühstück, alle Zi mit Du und WC, Räume und Saal für 30 bis 150 Personen, Kegelbahn, 🖥, 🖥, G, P, Schulstr. 5, HotelRestaurantGilles@gmx.de, ☎ 0049 (0) 26 54/75 10, Fax 79 67.

❾ D-56814 FAID
A 48 ab Ausfahrt 2 Ulmen → Cochem ca. 10 km
Gasthaus Pension Zur Post ★★ mit neu erbautem Gästehaus, Familienbetrieb, 24 B, EZ € 35,–, DZ € 60,–, inkl. Frühstück, alle Zi mit Du und WC, teils Balkon, Restaurant mit gutbürgerlicher Küche, Saal bis 150 Personen, P, Kelberger Str. 32, @, www.gasthaus-pension-zur-post.de, ☎ 0049 (0) 26 71/37 42, Fax 57 25.

❿ D-56812 COCHEM
A 48 ab Ausfahrt 4 Kaisersesch ca. 12 km
Burg-Hotel ★★★ herrliche Aussicht, 100 B, EZ € 40,– bis 62,–, DZ € 55,– bis 140,–, 3-Bett-Zi ab € 75,–, 4-Bett-Zi ab € 120,–, inkl. Frühstück, alle Zi mit Du, WC und TV, Lift, kleines Gästehaus mit Du, WC und TV, DZ ab € 45,–, 3-Bett-Zi ab € 70,–, 4-Bett-Zi ab € 72,–, Ferienwohnung (2-5 B) ab € 42,–, historisches Restaurant, eigene Konditorei, großes Terrassen-Café-Restaurant, Gerichte ab € 7,50, Kinderteller ab € 3,75, Hallenbad, Sauna, Solarium, 🖥, P, geöffnet 15.3.-15.12., Moselpromenade 23, @, www.burghotel-cochem-mosel.de, ☎ 0049 (0) 26 71/71 17 + 13 17, Fax 83 36.

❿

Burg-Hotel, Cochem an der Mosel

⑪ D-54552 SCHALKENMEHREN
A 1 ab Ausfahrt 121 Mehren ca. 3 km
Landidyll-Wohlfühlhotel & Restaurant Michels ★★★★ 94 B, EZ € 62,– bis 85,–, DZ € 90,– bis 140,–, Familien-Zi, inkl. Frühstücksbuffet, alle Zi mit Bad oder Du, WC, ☎, Sat-TV und Radio, Lift, Spezialitäten-Küche, Tagungsraum, Gartenterrasse, Hallenbad, Saunalandschaft mit Lavagrotte, Dampfbad „Wellness Nest" und Beauty, Solarium, P, St.-Martin-Str. 9, @, www.landgasthof-michels.de, ☎ 0049(0)6592/9280, Fax 928160.

⑫ D-54552 SCHALKENMEHREN
A 1 ab Ausfahrt 121 Mehren 3 km
Hotel garni Kraterblick ★★★ herrliche Einzellage am Südrand des Kratersees, in absoluter Ruhe gelegen, 20 B, EZ € 40,– bis 43,–, DZ € 78,– bis 99,–, inkl. Frühstücksbuffet, Ermäßigung und Angebote auf Anfrage, alle Zi mit Bad/Du, WC, ☎, Sat-TV und direkter Vulkanseeblick, Liegewiese, Spielplatz, P, Auf Kopp 6, info@kraterblick.de, www.kraterblick.de, ☎ 0049(0)6592/3943+95729-0, Fax 2719.

⑬ D-54531 MANDERSCHEID
A 48/A 1 ab Ausfahrt 122 Manderscheid und A 60 ab Ausfahrt 8 Spangdahlem
Hotel Café Restaurant Heidsmühle ★★★ Familienbetrieb, 28 B, EZ € 44,– DZ € 76,–, Familien-Zi € 88,–, Pauschalangebote, inkl. Frühstück, alle Zi mit Du, WC, ☎ und TV, Restaurant durchgehend ab 11.30 Uhr geöffnet, ⌑, ⌑, P, Mosenbergstr. 22, @, www.heidsmuehle.de, ☎ 0049(0)6572/747, Fax 530.

⑭ D-54533 HASBORN A 1 ab Ausfahrt 123 Hasborn 2 km
Hotel-Restaurant Thomas ★★ 30 B, EZ € 33,–, DZ € 60,–, inkl. Frühstück, HP € 35,– pro Person (ab 2 Tage), Zi mit Du, WC und TV, Räume bis 150 Personen (auch für ⌑ zum Mittag- und Abendessen), Biergarten, Sauna, Kegelbahn, G, großer P, Hauptstraße 10, @, www.hotel-thomas.com, ☎ 0049(0)6574/341, Fax 8882.

⑮ D-54518 PLEIN A 1 ab Ausfahrt 123 Hasborn 4 km → Wittlich
Hotel-Restaurant Waldschlösschen ★★ ruhige Waldlage, 18 B, EZ € 26,– bis 35,–, DZ € 46,– bis 56,–, inkl. Frühstück, HP-Zuschlag € 17,– (ab 3 Tagen), Zi mit Du, WC, ☎, TV und Radio, frische Landhausküche, Räume bis 70 Personen, Terrasse, Kinderspielplatz, direkt am Mosel-Maare-Radweg, kinderfreundlich, ⌑, ⌑, P, Mi ./., Zum Waldschlösschen 3, @, www.waldschloesschen-plein.de, ☎ 0049(0)6571/8706, Fax 2371.

⑯ D-54634 BITBURG A 60 ab Ausfahrt 6 Bitburg
Hotel Bitburger Hof ★★ 69 B, EZ ab € 54,–, DZ ab € 75,–, Familien-Zi, inkl. Frühstück, alle Zi mit Du, WC, ☎, Kabel-TV und WLAN, Lift, Tagungs- und Veranstaltungsraum, ⌑ -Zi, P, Trierer Str. 23, @, www.bitburger-hof.de, ☎ 0049(0)6561/94520.

⑰ D-54634 BITBURG A 60 ab Ausfahrt 6 Bitburg
Hotel Restaurant Leander ★★★ 27 B, EZ € 45,– bis 52,–, DZ € 68,– bis 85,–, 3-Bett-Zi € 93,–, Appartement € 120,–, inkl. Frühstück, alle Zi mit Du, WC, ☎, TV und WLAN, HP € 15/Person, Bistro, Biergarten, ⌑, P, Am Markt 2, @, www.hotel-leander.de, ☎ 0049(0)6561/3422, Fax 940118.

⑱ D-54647 DUDELDORF A 60 ab Ausfahrt 7 Badem und 8 Spangdahlem
Hotel Zum Alten Brauhaus ★★★ 15 Zi, EZ € 50,– DZ € 74,– bis 77,–, Familien-Zi € 128,–, inkl. Frühstücksbuffet, alle Zi mit Bad/Du und WC, teils Balkon, ländliche französisch-europäische Küche, Tagungsraum, Garten mit Pavillon, Herrengasse 2, @, wwww.brauhaus-dudeldorf.de, ☎ 0049(0)6565/936988, Fax 936989.

⑲ D-54340 LEIWEN-TRITTENHEIM A 1 ab Ausfahrt 128 Föhren → Leiwen
Hotel Zummethof ★★★ schön gelegen über der berühmten Moselschleife bei Trittenheim, 52 B, EZ € 45,– bis 52,–, DZ € 70,– bis 84,–, inkl. Frühstück, alle Zi sehr ruhig mit Du, WC, ☎ und TV, teils Radio und Balkon, empfohlene Küche, Panoramaterrasse mit schöner Aussicht auf die Moselschleife, ⌑, kein ./., Betriebsferien 27.12.-28.02., Panoramaweg 1-3, @, www.hotel-zummethof.de, ☎ 0049(0)6507/93550, Fax 935544 **(Bild siehe Seite 210)**.

⑳ D-54338 SCHWEICH A 1 ab Ausfahrt 129 Schweich ca. 1,2 km (Ortsmitte)
Hotel „Zum Stern" ★★ 26 B, EZ € 36,– bis 45,–, DZ € 65,– bis 80,–, inkl. Frühstücksbuffet, alle Zi mit Bad/Du, WC, Fön, ☎ und Minibar, teils TV, Räume bis 40 Personen, Terrasse, Restaurant um Haus bis 60 Personen, kein ./., Brückenstr. 60, @, www.hotel-zumstern.de, ☎ 0049(0)6502/910020, Fax 9100225.

㉑ – ㉗ Einträge siehe Seite 210

⑪

Landidyll-Wohlfühlhotel & Restaurant Michels, Schalkenmehren

㉔ Berghotel Kockelsberg, Trier (Text s. S. 210)

Tipps zur Route

Die A 48, auch „Eifel-Autobahn" genannt, verbindet den Großraum Koblenz mit der deutsch-luxemburgischen Grenze bei Trier. Sie beginnt ihren Lauf am Autobahndreieck Dernbach, führt durch das Kannenbäckerland und überquert den Rhein nördlich von Koblenz auf einer 1000 m langen Brücke. Über das Maifeld um Mayen, die Voreifel und die Vulkan-Eifel mit ihren Basaltkuppen und Maaren, immer in reizvoller Umgebung, nähert sich die Autobahn der Mosel bei Trier und überquert sie auf einem fast 1000 m langen Viadukt.

Ausfahrt Höhr-Grenzhausen: Das hübsche Höhr-Grenzhausen am Naturpark Nassau ist das Zentrum des Kannenbäckerlandes, benannt nach den etwa 300 Töpfereien, die hier ihre „Kannen" brennen. Ein gutes Stück direkt von der Töpferscheibe – da hat schon mancher zugegriffen.

Ausfahrt Koblenz-Nord: Koblenz, am Zusammenfluss von Rhein und Mosel besonders schön gelegen, zählt zu den großen Zentren moderner Touristik. Die Stadt ist eine der ältesten Deutschlands. Von den Römern gegründet, besitzt sie neben allen landschaftlichen Vorzügen eine baugeschichtlich interessante Altstadt mit vielen Sehenswürdigkeiten. Ob Sie am Deutschen Eck stehen, mit der Sesselbahn zum Ehrenbreitstein hinauffahren oder im Weindorf Koblenz Ihren Schoppen trinken – Sie werden gerne wiederkommen wollen.

Ausfahrt Ochtendung: Von hier aus sind Sie schnell in Kobern an der Mosel, einem Weinort, der einst drei Burgen und das Haupt des Apostels Mathias vorweisen konnte. Heute befindet sich die Reliquie zu St. Mathias in Trier, das Land zwischen Koblenz und Cochem aber nennt man noch immer das Burgenland.

Ausfahrt Trier: Zwei Zahlen: Trier an der Mosel hatte im Jahre 350 etwa 70 000 Einwohner, im Jahre 1651 nur 3600. Von den Römern 16 v. Chr. gegründet, im 4. Jahrhundert Residenz von sechs römischen Kaisern, kann die Stadt noch heute die Bauten dieser mächtigen Herrscher vorweisen: die Porta Nigra, die Kaiserthermen, Konstantinbasilika, Amphitheater, Römerbrücke. In Trier erleben Sie mit 2000 Schritten 2000 Jahre Geschichte. Das Rheinische Landesmuseum zeigt ungewöhnlich reichhaltige Sammlungen aus jenen Tagen, ebenfalls das Dom- und Diözesanmuseum. Moselrundfahrten mit den Fahrgastschiffen sind immer ein Erlebnis.

❶–⓴ Einträge siehe Seiten 208 + 209

㉑ D-54340 LONGUICH A 1 ab Ausfahrt 130 ABD Moseltal ca. 500 m
Hotel-Restaurant Zur Linde ★★ 24 B, EZ € 40,–, DZ € 62,–, inkl. Frühstück, alle Zi mit Du und WC, teils ☎ und TV, frische Küche mit saisonalen Spezialitäten, Terrasse, ☎, großer P, Mo./., Cerisierstr. 10, @, www.hotelzurlinde-longuich.de, ☎ 0049 (0) 6502/5582, Fax 7817.

㉒ D-54292 TRIER-RUWER A 602 ab Ausfahrten 10 Kenn und 3 Trier je 3 km
Hotel-Restaurant Zur Post ★★★ 37 B (18 DZ und 1 EZ), EZ € 49,– bis 65,–, DZ € 69,– bis 85,–, inkl. Frühstücksbuffet, Zi mit Bad, Du und WC, teils ☎ und TV, Lift, Gartenrestaurant, WLAN, ▭, ▱, P, Ruwerer Str. 18, @, www.hotel-zur-post-trier.de, ☎ 0049 (0) 651 5777 73 **(Bild siehe Route 1.6).**

㉓ D-55318 MERTESDORF
A 1 ab ABD Moseltal → A 602 ab Ausfahrt 2 Trier-Ehrang ca. 4 km, B 52 → Hermeskeil
Hotel-Restaurant Karlsmühle ★★★ ruhige Lage, 86 B, EZ € 49,–, DZ € 49,– bis 96,–, Mehrbett-Zi, inkl. Frühstück, alle Zi mit Bad/Du, WC, ☎ und TV, teils WLAN, lokale und internationale Spezialitäten, Tagungsräume, ☆ € 9,–, Restaurant Di ./., Im Mühlengrund 2, @, www.karlsmuehle.de, ☎ 0049 (0) 651/5123, Fax 52016.

㉔ D-54293 TRIER A 602 ab Ausfahrt Trier-Verteilerkreis → Trier-Aach 2,5 km
Berghotel Kockelsberg ★★★ ruhige Einzellage mit spektakulärem Panoramablick, 70 B, EZ € 49,–, DZ € 69,–, DZ € 61,– bis 99,–, inkl. Frühstücksbuffet, alle Zi mit Du, WC, ☎ und TV, gutbürgerliche und gehobene Küche, Caféterrasse, ▱, großer P, Kockelsberg 1, @, www.kockelsberg.de, ☎ 0049 (0) 651/8248000, Fax 8248290 **(siehe auch Seite 35 und Bild siehe Seite 209).**

㉕ D-54309 NEWEL
A 64 ab Ausfahrt 3 Trier über B 51 ab Ausfahrt Olk → Bitburg ca. 5 km
Zenner's Landhotel ★★★ direkt an der B 51 gelegen, 70 B, EZ € 45,– bis 55,–, DZ € 60,– bis 85,–, Familien-Zi, inkl. reichhaltigem Frühstück, alle Zi mit Du, WC, ☎ und TV-Anschluss, teils Balkon, Lift, Restaurant 18-21 Uhr, Tagungsräume, ☎ 0049 (0) 6585/99 2188-0, Fax 13 13.

㉖ D-54298 IGEL A 1 ab Ausfahrt 15 Wasserbillig → Deutschland, A 602 ab Autobahnende über B 49 → Trier/ Luxemburg
Hotel-Restaurant Igeler Säule ★★★ direkt neben der weltberühmten Igeler Säule, 60 B, EZ € 45,– bis 75,–, DZ € 75,– bis 110,–, Familien-Zi, Appartement, inkl. Frühstücksbuffet und Hallenbadnutzung, Monteurpauschale, alle Zi mit Du, WC, ☎, TV und WLAN, Lift, frische, saisonale Küche, Wildspezialitäten, Tagungsräume für 10 bis 100 Personen, Terrasse, Sauna, Kegelbahn, ▭, ☆, ▱, &, -Zi, G, P, Trierer Str. 41, @, www.Igeler-Saeule.de, ☎ 0049 (0) 6501/9261-0, Fax 9261-40.

㉗ D-54453 NITTEL
A 1 ab Ausfahrt 13 Potaschberg, in Grevenmacher B 419 → Wellen 8 km
Hampshire Moselhotel – Nitteler Hof ★★★ 70 B, EZ € 55,–, DZ € 85,–, inkl. Frühstücksbuffet, alle Nichtraucher-Zi mit Bad/Du, WC, Fön, ☎ und TV (mit DVD), Restaurant mit Holzkohlengrill, Konferenzraum bis 40 Personen, Bar, Terrasse, Sauna, Schwimmbad, Fahrradverleih, kinderfreundlich, ☆, P, Weinstr. 42, @, www.hotelnittelerhof.eu, ☎ 0049 (0) 6584/99360, Fax 99360.

⑲

Hotel Zummethof, Leiwen-Trittenheim
(Text s. S. 209)

㉕ Zenner's Landhotel, Newel

1–**13** Einträge siehe Seite 213

14 D-47877 **WILLICH-NEERSEN**
A 52/A 44 im ABK-Neersen → Neersen (B 7 → Viersen) 1 km
Landgut Ramshof Hotel & Küchenmeisterey ★★★ 52 B, EZ € 72,– bis 95,–, DZ
€ 95,– bis 120,–, inkl. Frühstücksbuffet, Extra-Bett € 30,–, alle Zi mit Du, WC, ☎,
TV und Minibar, Tagungsraum, 🖥, G, P, Ramshof 1, @, www.landgut-ramshof.de,
☎ 0049(0)2156/9589-0, Fax 60829.

15 D-47877 **WILLICH-NEERSEN** ab Ausfahrt A 52/A 44 ca. 200 m
Hotel Alt Stocks ★★ 12 B, EZ € 39,–, DZ € 65,–, 3-Bett-Zi € 90,–, inkl. Früh-
stücksbuffet, alle Zi mit Du, WC, TV und Radio, Restaurant im Hause, P, Venloer
Str. 1, @, www.hotelaltstocks.de, ☎ 0049(0)2156/600460, Fax 600464.

16 D-47877 **WILLICH-NEERSEN**
ab Ausfahrt A 52/A 44 im ABK-Neersen → Neersen 700 m
Hotel Garni Noever ★★ 14 B, EZ € 40,–, DZ € 65,–, inkl. Frühstücksbuffet, alle Zi
mit Du, WC, ☎, TV, WLAN und Minibar, Hauptstraße 110, @, www.hotel-noever.de,
☎ 0049(0)2156/9587-0, Fax 9587-44.

17 D-47877 **WILLICH-MÜNCHHEIDE**
A 44 ab Ausfahrt 23 Münchheide ca. 800 m → Willich
Landhotel Classhof ★★★★ 60 B, EZ, Komfort-Zi € 76,–, Themen-Zi € 120,–, Sui-
ten, inkl. Frühstück, alle Zi mit Bad/Du, WC, Fön, ☎, Sat-TV, WLAN und Safe, auf
Wunsch Klimaanlage, teils mit antiken Möbeln eingerichtet, Restaurant, Biergarten,
Sauna, ca. 12 Autominuten bis Düsseldorf-Messe und -Flughafen, Neubusschweg 2,
@, www.landhotel-classhof.de, ☎ 0049(0)2154/95 3178-0, Fax 95 3178-200.

18 D-47800 **KREFELD** A 57 ab Ausfahrt 13 → Krefeld-Mitte 1,5 km, unmittelbar
rechter Hand Schönwasserstraße 12 a
Garden Hotel Krefeld ★★★ 50 Zi, EZ ab € 81,–, DZ ab € 111,–, inkl. Frühstücksbuffet bis 11 Uhr, günstige Weekendangebote, alle Zi mit Bad/Du, WC, ☎,
TV, kostenfreier Minibar, Modemport, WLAN, kein Restaurant, aber gerne Pizza-
Taxi ins Hotel (italienisch, chinesisch, türkisch) bis spät abends, G, P gratis, kein
./., 24-Stunden-Rezeption, Schönwasserstraße 12 a, @, www.gardenhotel.de,
☎ 0049(0)2151/53523-0, Fax 53523-999.

19 D-47800 **KREFELD-BOCKUM**
A 57 ab Ausfahrt 13 Krefeld-Zentrum → Zentrum 1,5 km
Hotel-Restaurant Benger ★★★ 30 B, EZ € 50,– bis 65,–, DZ € 70,– bis 95,–,
3-Bett-Zi, inkl. Frühstücksbuffet, Messepreise, alle Zi mit Bad/Du, WC, Fön, ☎ und
TV, saisonale gutbürgerliche Küche, Biergarten, WLAN, P, Restaurant Fr ./., Uer-
dinger Str. 620, @, www.hotel-benger.de, ☎ 0049(0)2151/9554-0, Fax 9554-44.

20 D-47829 **KREFELD-UERDINGEN**
A 57 ab Ausfahrt 13 Krefeld-Zentrum → Duisburg-Süd (B 288) ca. 2 km
Hotel-Restaurant Zur Brücke ★★ 30 B, EZ € 33,– bis 60,–, DZ € 60,– bis 90,–, inkl.
Frühstücksbuffet, Zi mit Du, WC, ☎, TV, Radio und Internet, 🖥, P kostenfrei, Viktor-
Jakubowicz-Str. 11, @, www.hzb-restaurant.de, ☎ 0049(0)2151/42666, Fax 42038.

21 D-41747 **VIERSEN** A 52 ab Ausfahrt 8 Mönchengladbach-Nord ca. 5 km,
14. Ampel links und A 61 ab Ausfahrt 7 Viersen ca. 1 km, 3. Ampel rechts
Gasthof Kaisermühle ★★★ 21 B, EZ € 72,– bis 91,–, DZ € 120,–, inkl. Frühstücksbuffet, alle Zi mit Bad/Du, WC, ☎, TV, WLAN (kostenfrei) und Minibar,
regionale Küche, Seminare, 🖥, 🍴 auf Anfrage, P, An der Kaisermühle 20, @,
www.kaisermuehle-viersen.de, ☎ 0049(0)2162/2490240, Fax 24902424.

22 D-41564 **KAARST-BÜTTGEN** A 57 ab Ausfahrt 19 Neuss-Büttgen 4 km
Hotel Restaurant Jan van Werth und Brauhaus ★★★ 40 B, EZ € 56,– bis 75,–,
DZ € 84,–, inkl. Frühstücksbuffet, günstigere Wochenendpreise, alle Zi mit Du,
WC, ☎ und TV, urige Gemütlichkeit eines Brauhauses mit typischem Rheinischem
Charme, G, P, Holzbüttger Str. 2, @, www.hotel-kaarst.de, ☎ 0049(0)2131/7588-0,
Fax 511433.

23 D-41541 **DORMAGEN**
A 57 bis ABD Neuss-Süd, dann → Wuppertal und A 46 Ausfahrt 22 Neuss-
Uedesheim → Dormagen 3,8 km, dann Ampel rechts
Hotel Stadt Dormagen ★★★ ruhige Lage, 20 B, EZ € 55,–, DZ € 75,–, inkl.
Frühstück, alle Zi mit Du, WC, ☎, TV und WLAN, Sauna, Solarium, Fitness, 🖥,
🐕 Hunde erlaubt, P, Robert-Bosch-Straße 2, @, www.hotel-stadt-dormagen.de,
☎ 0049(0)2133/97600, Fax 70940.

71 **MOERS**

Die über 700 Jahre alte Stadt zählt zu den beliebtesten am linken
Niederrhein. Die historische und autofreie Altstadt erfreut nicht nur
geschichtsbegeisterte, sondern lädt auch zum entspannten Bummeln und Shoppen ein. Als Kulturfreund sollte man eine der kleinsten
Bühnen der Republik, das Schlosstheater, oder eine der zahlreichen Veranstaltungen in und um Moers besuchen. Moers lockt auch jedes Jahr
zu Pfingsten tausende Besucher zum Internationalen New Jazz Festival.

Information und Prospekte::
Stadtinformation, Neuer Wall 10 (altes Rathaus), D-47441 Moers,
info@moers.de, www.moers.de, ☎ 0049(0)2841/201-777, Fax 201-888.

Tipps zur Route

Ausfahrt Krefeld-Zentrum: Die Metropole des linken Niederrheins, Krefeld, erreicht
man über die A 57. Krefeld trägt den Titel
„Stadt wie Samt und Seide", der auf die
lange Tradition der Stadt als Textilzentrum
zurückgeht. Auch heute noch werden in
verschiedenen Krefelder Fabriken Tücher
und vor allem Krawatten aus edlen Stoffen
gefertigt. Das Rathaus, ehemaliges Stadtpalais der Seidenbarone Von der Leyen,
die Statue des „Meister Ponzelaer" am
Südwall und die denkmalgeschützten We-
berhäuser in Inrath sind einige Zeugen der
industriellen Vergangenheit. Heute genießt
Krefeld als Modestadt einen ausgezeich-
neten Ruf: Die überdachte Königstraße ist
eine Einkaufsstraße mit exklusiven Läden
und u.a. Veranstaltungsort der jährlich
stattfindenden größten Straßenmoden-
schau der Welt. Die mittelalterliche Wasserburg Linn, die als Rittersitz der kölni-
schen Kurfürsten errichtet wurde, ist eine
besondere Sehenswürdigkeit.

Ausfahrt Sonsbeck: Wenn Sie mit offenen
Augen durch Xanten gehen, werden Sie
erkennen, dass vergangene Epochen hier
nach wie vor gegenwärtig sind. Der liebevoll restaurierte Stadtkern und die Relikte
aus römischer Zeit laden zu einem Spaziergang durch die lebendig gebliebene
Geschichte ein. Im archäologischen Park
wird die Zeit bis 100 Jahre vor Christus zu-
rückgedreht. Die von Kaiser Traian errichtete Stadt mit Stadtmauer, Forum, Tempel,
Thermen und sogar einem Amphitheater
wurde teilrekonstruiert oder als Modell in
einstiger Originalgröße an Ort und Stelle
aufgebaut und ausgestattet. Aber auch
originale Reste der römischen Anlagen
sind zu sehen. Schauen Sie dem Archäo-
logen bei "Grabung live" über die Schulter,
sehen Sie sich in römischen Wohnräumern
um oder nehmen Sie an den zahlreichen
angebotenen Aktionen teil! Ein faszinierendes Ausflugsziel ist auch der Dom St. Vik-
tor. Heute ist der Dom nicht nur Ort göttli-
cher Anbetung, sondern auch vielgenutzter
Raum für kulturelle Veranstaltungen. Über
Xantens Grenzen hinaus bekannt sind die
monatlich stattfindenden Domkonzerte.

Ausfahrten Duisburg: Duisburg, größter
Binnenhafen Europas, bietet nicht nur im
Hafengebiet touristische Anziehungspunkte. Dem Kunstinteressierten öffnen sich
Museen mit unterschiedlichen Ausstellungen. Dem Naturliebhaber stehen reizvolle
Freizeitanlagen zur Verfügung. Der Landschaftspark Nord bietet neben Veranstaltungen jeglicher Art besondere Einblicke
in die Industriegeschichte und viele Möglichkeiten für Freizeit, Erholung, Sport und
Kultur. Abends findet nachts eine beeindruckende Lichtinszenierung statt.

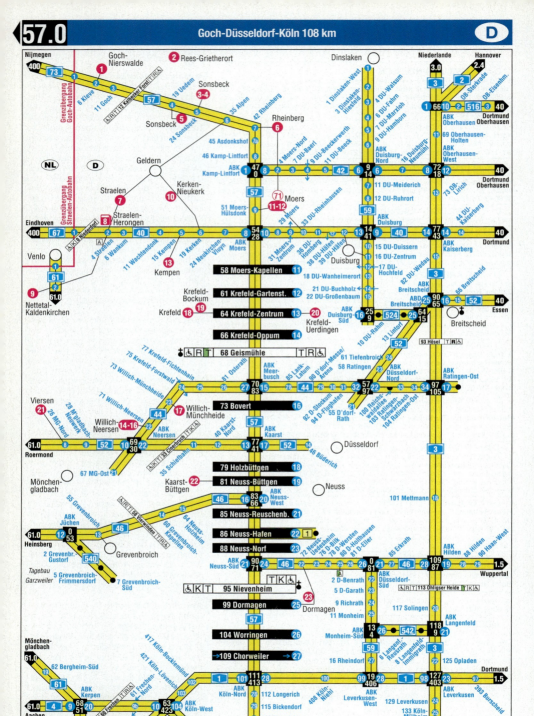

❶ D-47574 GOCH-NIERSWALDE A 57 ab Ausfahrt 2 Kleve → Kleve (B 9)
6 km, dann 3 x rechts → Goch/Pfalzdorf → Asperden → Nierswalde (gesamt 7 km)
Hotel-Restaurant Nierswalder Landhaus ★★★ ruhig gelegen, 28 B, EZ € 44,–, DZ
€ 68,–, Appartement (4 B) € 115,–, inkl. Frühstück, alle Zi mit Du, WC, ☏, TV und
WLAN, Biergarten, Kaminzimmer, P, Dorfstr. 2, @, www.nierswalder-landhaus.de,
☏ 0049 (0) 2823/9288833, Fax 9288834.

❷ D-46459 REES-GRIETHERORT
A 3 ab Ausfahrt 4 Rees → Rees, Kreisverkehr B 8 → Emmerich → Grietherort ca. 10 km
Insel-Gasthof ★★★ ruhige Lage, 16 B, EZ € 40,–, DZ € 80,–, 1 Suite € 100,–, inkl.
Frühstück, alle Zi mit Du, WC und TV, Aussicht auf den Rhein, Spezial-Fischrestaurant,
Gartenterrasse mit Rheinblick, P, Mo ./., Grietherort 1, @, www.inselgasthof-nass.de,
☏ 0049 (0) 2851/6324, Fax 6015.

❸ D-47665 SONSBECK
A 57 ab Ausfahrt 5 Sonsbeck 3 x → Xanten, in Sonsbeck 2. Straße links
Komfort-Hotel Specht mit Römerturm garni ★★★ 25 B, EZ € 35,– bis 57,–, DZ
€ 60,– bis 93,–, inkl. Frühstücksbuffet, alle Zi mit Du, WC, ☏, TV und Minibar,
Gesellschaftsraum für 120 Personen, Hausbar, P (auch für Lkw), Dassendaler
Weg 13, @, www.hotelspecht.de, ☏ 0049 (0) 2838/9120, Fax 2791.

❹ D-47665 SONSBECK
A 57 ab Ausfahrt 5 Sonsbeck → Xanten ca. 6 km und A 3 ab Ausfahrt 6 Wesel ca. 23 km
Raymakershof ★★★ Ferienwohnung + Gästezimmer ★★ 6 B, EZ € 35,–, DZ ab
€ 45,–, inkl. Frühstück, alle Zi mit Du, WC und TV, Ferienwohnung für 4 bis 8 Personen,
P, Xantener Str. 181, @, www.raymakershof.de, ☏ 0049 (0) 2801/985646, Fax 985645.

❺ D-47665 SONSBECK A 57 ab Ausfahrt 4 Uedem → Kervenheim/Flughafen,
nach 700 m links → Sonsbeck 1,5 km
Bossenhof Ferienwohnung & Gästezimmer ★★★ 8 B, EZ € 30,–, DZ ab
€ 50,–, inkl. Frühstück, alle Zi mit Du, WC und ☏, Flughafen 11 km, ⌂, P, Balberger
Str. 153, @, www.bossenhof.de, ☏ 0049 (0) 2838/3834, Fax 96638.

❻ D-47495 RHEINBERG
A 57 ab Ausfahrt 7 Rheinberg ca. 1 km und A 42 ab Ausfahrt 2 Moers-Nord 6 km
Hotel Restaurant Rheintor ★★★ 24 Zi, EZ ab € 50,–, DZ ab € 70,–, inkl. Früh-
stück, alle Zi mit Bad/Du, WC, ☏, TV, Fax- und Modemanschluss und Radiowe-
cker, Hausbar, Gesellschaftsräume, Kegelbahn, Flughafen ca. 25 km, ⌂, ⌂, P,
Rheinstraße 63, @, www.hotel-rheintor.de, ☏ 0049 (0) 2843/959380, Fax 9593810.

❼ D-47638 STRAELEN A 40 ab Ausfahrt 3 Wankum-Grefrath 8 km → Straelen
Hotel-Restaurant Straelener Hof ★★★★ 95 B, EZ € 62,50 bis 99,–, DZ
€ 80,– bis 135,–, inkl. Frühstücksbuffet, alle Zi mit Du, WC, Fön ☏, TV und WLAN,
Sauna- und Fitnessbereich, Gesellschafts- und Tagungsräume für 120 Personen,
⌂, ⌂, Tief-G, P, Annastraße 68, info@straelenerhof.de, www.straelenerhof.de,
☏ 0049 (0) 2834/9141-0, Fax 9141-47.

❽ D-47638 STRAELEN-HERONGEN
A 40 ab Ausfahrt 2 Straelen (B 221) → Nettetal 1 km, dann rechts → Herongen
bft Tankstelle Herongen ⛽ Shop, Restaurant, Fax-Service, Copy-Shop, Dusche,
Waschstraße, Tankautomat, ⌂, ⌂, großer P am Waldrand, geöffnet von 6 - 22 Uhr,
Louisenburgstr. 17, @, www.bft-herongen.de, ☏ 0049 (0) 2839/1432, Fax 560988.

❾ D-41334 NETTETAL-KALDENKIRCHEN
A 40 ab Ausfahrt 2 Straelen über B 221 → Nettetal ca. 7 km
Hotel Restaurant Zur Post ★★★ 16 B, EZ € 45,–, DZ € 80,–, inkl. Frühstück, alle Zi
mit Du, WC, ☏ und TV, ⌂, ⌂, P, Bahnhofstr. 10, @, www.hotelzurpost-nettetal.de,
☏ 0049 (0) 2157/8157-0, Fax 8157-14.

❿ D-47647 KERKEN-NIEUKERK
A 40 ab Ausfahrt 6 Kerken → Geldern
Landgasthaus Wolters ★★★ 30 B, EZ € 40,– bis 53,–, DZ € 60,– bis 78,–,
inkl. Frühstücksbuffet, alle Zi mit Bad, Du, WC, ☏, TV und WLAN, feine deutsche
Küche, Biergarten, ⌂, ⌂, P, Sevelener Straße 15, @, www.landgasthaus-wolters.de,
☏ 0049 (0) 2833/2206, Fax 5154.

⓫ D-47441 MOERS A 40 und A 57 ab Ausfahrt ABK-Moers 4 km und A 42 ab
Ausfahrt 2 Moers-Rheinberg 2 km
City-Hotel-Restaurant ★★★ ruhige zentrale Lage, 42 B, EZ € 52,50, DZ € 75,– bis
91,–, inkl. Frühstücksbuffet, alle Zi mit Bad/Du, WC, ☏, TV, Fax-/Modem-Anschluss
und Hausbar, Flughafen ca. 30 km, ⌂, ⌂, G, P, Rheinberger Straße 93 a, @,
www.city-hotel-moers.de, ☏ 0049 (0) 2841/7909-0, Fax 7909-44.

⓬ D-47441 MOERS
A 40 ab Ausfahrt 10 Moers-Ost auf die Autostraße, nächste Abfahrt → Kerken, dann
100 m hinter der Ampel rechts oder ab ABK Moers → Duisburg 2 km
Hotel Asberger Hof ★★ 44 B, EZ € 45,–, DZ € 60,–, Aufbettung zzgl. € 20,–, inkl.
Frühstücksbuffet, alle Zi mit Du, WC, ☏, TV und WLAN, einige Restaurants in wenigen
Minuten Fußweg zu erreichen, P, Asberger Str. 199, @, www.hotel-asbergerhof.de,
☏ 0049 (0) 2841/51170, Fax 55155 (Bild siehe Route 2.4).

⓭ D-47906 KEMPEN
A 40 ab Ausfahrt 5 Kempen 4 km
Hotel Restaurant Papillon ★★★ 40 B, EZ € 59,–, DZ € 88,–, Suite/Appartement
€ 127,–, inkl. Frühstück, Messepreise, alle Zi mit Bad/Du, WC, Fön, ☏, TV, Fax-/
Internetanschluss und Minbar, Tagungen, Feiern bis 60 Personen, ⌂, ⌂, P, Thomas-
str. 9, @, www.hotel-papillon.com, ☏ 0049 (0) 2152/1415-0, Fax 1415-90.

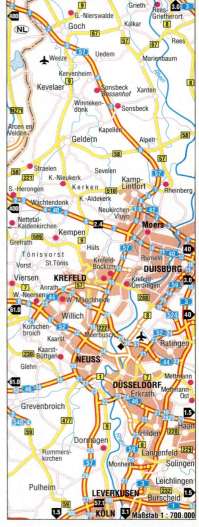

Maßstab 1 : 700.000

⓮ – ㉓ + � Einträge siehe Seite 211

213

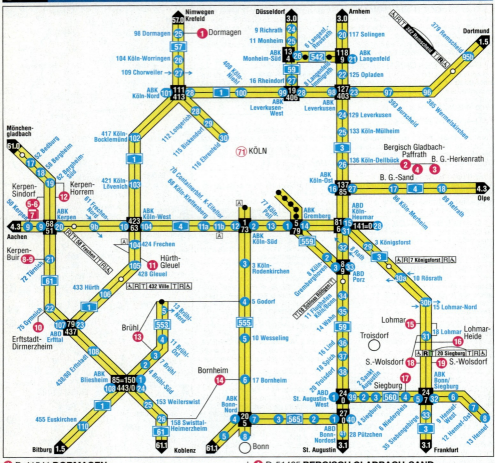

① D-41541 DORMAGEN

A 57 bis ABD Neuss-Süd, dann → Wuppertal und A 46 Ausfahrt 22 Neuss-Uedesheim → Dormagen 3,8 km, dann Ampel rechts

Hotel Stadt Dormagen ★★★ ruhige Lage, 20 B, EZ € 55,– DZ € 75,– inkl. Frühstück, alle Zi mit Du, WC, ☎, TV und WLAN, Sauna, Solarium, Fitness, 🖨, 🍴, P, Robert-Bosch-Straße 2, @, www.hotel-stadt-dormagen.de, ☎ 0049 (0) 21 33/9 76 00, Fax 7 09 40.

② D-51469 BERGISCH GLADBACH-PAFFRATH

A 3 ab Ausfahrt 26 Köln-Dellbrück über B 506 ca. 7 km

Hotel Hansen, Restaurant Großer Kurfürst ★★★ 31 B, EZ € 62,– bis 105,–, DZ € 88,– bis 135,–, Mehrbett-Zi, inkl. Frühstücksbuffet, alle Zi mit Du, WC, 🖨, Kabel-TV und Internet, 🍴, P, Paffrather Str. 309, @, www.hotel-hansen.de, ☎ 0049 (0) 22 02/95 7 70, Fax 5 99 39.

③ D-51429 BERGISCH GLADBACH-HERKENRATH

A 4 ab Ausfahrt 20 Moitzfeld ca. 4 km

Gasthof und Pension Am Alten Fronhof ★★★ historisches Gebäude, Familienbetrieb, 6 B, EZ € 80,– bis 95,–, DZ € 95,– bis 110,–, inkl. Frühstück, stilvoll eingerichtete Zi mit Bad, DU, WC und TV, Gasthof mit gutbürgerlicher Küche, verkehrsnah zur Köln Messe, 🖨, 🍴, 🛏, P am Haus, Im Fronhof 21, @, www.am-alten-fronhof.de, ☎ 0049 (0) 22 04/8 15 68, Fax 98 22 75.

④ D-51465 BERGISCH GLADBACH-SAND

A 4 ab Ausfahrt 20 Moitzfeld 3,5 km → Herkenrath, in Herkenrath links → Bergisch Gladbach Zentrum, nach ca. 3 km rechts

Privathotel Bremer ★★★★ 42 B, EZ € 79,– bis 150,–, DZ € 99,– bis 195,–, Junior Suite € 129,– bis 250,–, inkl. Frühstücksbuffet, alle Zi mit Bad/Du, WC, ISDN-☎ und Kabel-TV, Nichtraucheretage, Betten 100 x 220 cm, Allergikerbettwäsche auf Anfrage, Dombach-Sander-Straße 72, @, www.privathotel-bremer.com, ☎ 0049 (0) 22 02/93 50-0, Fax 93 50-50.

⑤ D-50170 KERPEN-SINDORF A 4 ab Ausfahrt 9 Kerpen

Hotel Europarc ★★★ 55 B, EZ € 55,– bis 105,–, DZ € 75,– bis 125,–, Allergiker-Zi, inkl. Frühstücksbuffet, alle Zi mit Du, WC, ☎, TV und Fax-/Modemanschluss, Restaurant, Tagungsräume bis 100 Personen, WLAN, Biergarten, Biker willkommen, Shuttle-Service, 🚲, G, P, Siemensstr. 19, @, www.hotel-europarc.de, ☎ 0049 (0) 22 73/9 99 70, Fax 9 99 710.

⑥ D-50170 KERPEN-SINDORF

A 4 ab Ausfahrt 9 Kerpen ca. 500 m

Parkhotel garni ★★★ 98 B, EZ € 55,– bis 90,–, DZ € 75,– bis 120,–, inkl. Frühstücksbuffet, alle Zi mit Du, WC, ☎, TV und WLAN, Lift, Restaurant, Tagungsmöglichkeit bis 20 Personen, P, Kerpener Str. 183, @, info@parkhotel-kerpen.de, www.parkhotel-kerpen.de, ☎ 0049 (0) 22 73/9 85 80, Fax 5 49 85.

⑦ D-50170 KERPEN-SINDORF

A 4 ab Ausfahrt 9 Kerpen → Sindorf 700 m

Aral-Tankstelle 🔧 Flüssiggas, 🖨, 24 Stunden geöffnet, Kerpener Str. 185, ☎ 0049 (0) 22 73/5 17 65, Fax 5 78 01.

8 **D-50170 KERPEN-BUIR** A 4 ab Ausfahrt
8 Buir 2 km und A 61 ab Ausfahrt 21 Türnich 9 km
Landhotel Floris ★★★ 8 Zi, EZ € 55,– bis 60,–, DZ
€ 75,– bis 80,–, inkl. Frühstück, 1 Appartement, alle
Zi mit Bad oder Du, WC, ☏, TV, WLAN und Radio,
Nichtraucher-Hotel, Tankstelle im Ort, S-Bahn-
Anschluss Köln/Aachen in unmittelbarer Nähe, ▭,
☕, ♿, -Zi, P, Bahnstr. 34, @, www.landhotelfloris.de,
☎ **0049 (0) 2275/91580**, Fax 915829.

9 **D-50170 KERPEN-BUIR**
A 4 ab Ausfahrt 8 Buir 2 km (im Ort ausgeschildert)
Hotel Schmidt mit Gästehaus Am Vogelsang
★★★ sehr ruhige Lage, 16 B, EZ € 49,– bis 57,–,
DZ € 65,– bis 86,–, Mehrbett-Zi € 93,–, Appartement bis 4 Personen € 120,–, Appartement bis 6
Personen € 150,–, inkl. Frühstücksbuffet, alle Zi
mit Bad/Du, WC, Fön, ☏, TV, WLAN, Safe, Minibar und Balkon, Garten, ▭, ☕, P am Haus, Am
Vogelsang 37, @, www.hotel-am-vogelsang.de,
☎ **0049 (0) 2275/911700**, Fax 911702.

10 **D-50374 ERFTSTADT-DIRMERZHEIM**
A 61 ab Ausfahrt 22 Gymnich 2 km
Hotel Restaurant Haus Barion ★★★ 8 Zi, EZ
€ 49,–, DZ € 69,–, 3-Bett-Zi € 89,–, inkl. Frühstück,
alle Zi mit Du, WC, TV, Klimaanlage und Safe, Restaurant, P, Platzstr. 7 a, @, www.haus-barion.de,
☎ **0049 (0) 2235/74380**, Fax 687947.

11 **D-50354 HÜRTH-GLEUEL**
A 1 ab Ausfahrt 104 Frechen → Frechen, 2. Ampel
links, 2. Ampel rechts 3 km
Hotel Am Freischütz ★★★ 89 B, EZ € 50,– bis
110,–, DZ € 65,– bis 150,–, 3-Bett-Zi € 90,– bis
180,–, inkl. Frühstück, alle Zi mit Du, WC, ☏ und TV,
WLAN, ▭, ☕, P, Innungstraße/Zunftweg 1, info@
hotel-am-freischuetz.de, www.hotel-am-freischuetz.de,
☎ **0049 (0) 2233/93233-0**, Fax 93233-100.

12 **D-50169 KERPEN-HORREM**
A 61 ab Ausfahrten 19 Bergheim-Süd ca. 5 km und
9 ABK Kerpen ca. 3,5 km
Hotel Rosenhof ★★★ 31 B, EZ ab € 49,50, DZ ab
€ 75,–, inkl. Frühstücksbuffet, alle Zi mit Du, WC, ☏,
TV und kostenfreiem WLAN, Restaurant, Tagungsräume bis 90 Personen, Direktverbindung nach Köln,
☕, ☕, P, Hauptstr. 119, @, www.hotel-rosenhof.info,
☎ **0049 (0) 2273/4581+93440**, Fax 934449.

13 **D-50321 BRÜHL** A 553 ab Ausfahrt 3 Brühl/Born-
heim 2 km und A 555 Ausfahrt 4 Godorf/Brühl ca. 7 km
Hotel am Stern ★★★ 69 B, EZ € 70,–, DZ
€ 100,–, inkl. Frühstücksbuffet, alle Zi mit Du, WC,
☏, TV, Minibar und Pay-TV, P, Uhlstraße 101, @,
www.hotel-am-stern.de, ☎ **0049 (0) 2232/18000**,
Fax 180055.

14 **D-53332 BORNHEIM**
A 61 ab Ausfahrt 26 Swisttal-Heimerzheim 10 km
Garni-Hotel Bonnem-Inn ★★★ 33 B, EZ € 40,– bis
60,–, DZ € 60,– bis 80,–, inkl. Frühstück, alle Zi mit
Du, WC, ☏, TV, Radio und Minibar, P, Kalkstraße 4,
@, www.bonnem-inn.de, ☎ **0049 (0) 2222/9405-0**,
Fax 9405-29.

15 **D-53797 LOHMAR**
A 3 ab Ausfahrt 31 Lohmar ca. 1 km
Hotel-Restaurant Zur Alten Fähre ★★★ 12 B,
EZ € 50,– bis 55,–, DZ € 80,–, Nichtraucher-Zi,
inkl. Frühstück, alle Zi mit WC und TV, teils Minibar, Restaurant mit gutbürgerlicher Küche, Speisen ab € 3,50, Saal bis 95 Personen, Biergarten, Wintergarten, ☕, ☕, großer P,
Brückenstr. 18, @, www.hotel-zur-alten-faehre.eu,
☎ **0049 (0) 2246/4561**, Fax 3414.

16 **D-53797 LOHMAR-HEIDE** A 3 ab Ausfahrt
31 Lohmar 400 m → Siegburg → Much (B 56) ca. 4 km
Hotel Restaurant Franzhäuschen ★★★ 15 B, EZ
€ 48,–, DZ € 68,– bis 78,–, 3-Bett-Zi, inkl. Frühstück, alle Zi mit Bad/Du, WC, ☏ und TV, Restaurant mit ausgezeichneter Küche, Sommergarten,
☕ auf Anfrage, ☕, P, Franzhäuschenstr. 67, @,
www.franzhaeuschen.de, ☎ **0049 (0) 2241/388900**,
Fax 382319.

17 **D-53721 SIEGBURG**
ab ABK Bonn-Siegburg (A 3 und A 560) → Siegburg 400 m, 1. Ausfahrt 4 Niederpleis-
Buisdorf links → Hennef, B 8 → Siegburg, hinter Siegbrücke rechts, nach 900 m links
Hotel-Restaurant-Siegblick ★★★ im Grünen gelegen, 40 B, EZ € 55,– bis 70,–, DZ
€ 75,– bis 95,–, inkl. Frühstücksbuffet, alle Zi mit Bad/Du, WC, ☏ und TV, Gesellschaftsräume und Speiserestaurant mit insgesamt 150 Plätzen, Chef kocht selbst, Aussichtsterrasse, Minigolf, Familienbetrieb, ☕, G, P, geöffnet von 7-23 Uhr, So und feiertags bis 17.30 Uhr, Nachtigallenweg 1, @, www.siegblick.de, ☎ **0049 (0) 2241/127333**,
Fax 1273350.

18 **D-53721 SIEGBURG-WOLSDORF**
A 3 ab Ausfahrt 31 Lohmar → Siegburg 2. Ampel links → Alte Poststr./Bernhardstr./Am
Stadion, dann links, sofort rechts
Hotel-Restaurant Kasserolle ★★★ ruhige Lage, 30 B, EZ € 55,– bis 58,–, DZ € 75,–
bis 78,–, inkl. Frühstück, alle Zi mit Du, WC, ☏ und TV, Minibar auf Anfrage, saisonale
Spezialitäten, Küche bis 24 Uhr geöffnet, Räume bis 120 Personen, Terrasse, ☕, gro-
ßer P, Seidenbergstr. 64, @, www.Kasserolle.de, ☎ **0049 (0) 2241/62608**, Fax 52407.

19 **D-53721 SIEGBURG-WOLSDORF**
A 3 ab Ausfahrt 31 Lohmar → Siegburg, B 56 → Much 1. Ausfahrt, dann → Stallberg
(insgesamt 3 km)
Hotel-Restaurant Jagdhaus ★★ ruhige Lage im Wald, 26 B, EZ € 48,– bis 52,–, DZ
€ 72,– bis 75,–, ♿-Zi, inkl. Frühstück, alle Zi mit Du, WC und ☏, täglich frische Wild- und
Fischgerichte, P, Restaurant Mo und Di ./., Viehtrifft 21, @, www.jagdhaus-siegburg.de,
☎ **0049 (0) 2241/388900**, Fax 384729.

71 **KÖLN**

Was soll man in Köln besichtigen, in einer Stadt, deren Bürgerschaft in den
Jahren von 1150-1250 nicht weniger als 28 Kirchen erbaute? Dreimal war
Köln Weltstadt: in der Römerzeit, im Mittelalter als stärkste Festung Europas und heute. Hier stehen so berühmte Gotteshäuser wie der Dom, Groß-
St. Martin, St. Pantaleon und St. Gereon, dessen älteste Teile aus der Zeit
um 390 stammen. Hier gibt es gleich neben dem Dom das Römisch-Germanische Museum und in der Cäcilienkirche das Schnütgen-Museum für
mittelalterliche Kunst. Am Dom, Roncalliplatz 2, finden Sie auch das Erzbischöfliche Diözesanmuseum, geöffnet täglich außer donnerstags ab 11
Uhr. Parken bei einem Kurzbesuch können Sie in der Tiefgarage unter den
Domterrassen, direkt am Dom, Einfahrten Trankgasse und Bechergasse.

Information und Prospekte:
KölnTourismus GmbH,
Kardinal-Höffner-Platz 1, D-50667 Köln,
info@koelntourismus.de, www.koelntourismus.de,
☎ **0049 (0) 221/221-30400**, Fax 221-30410.

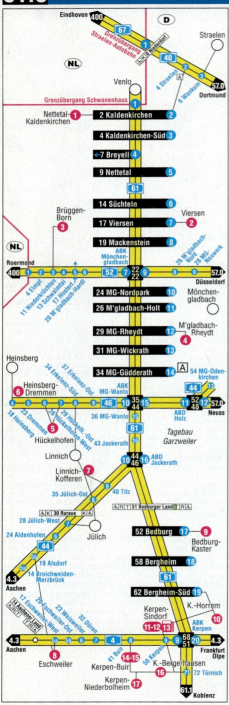

❶ D-41334 NETTETAL-KALDENKIRCHEN
A 61 ab Ausfahrt 2 Kaldenkirchen ca. 1 km und A 40 ab Ausfahrt 2 Straelen über B 221 → Nettetal ca. 7 km
Hotel Restaurant Zur Post ★★★ 16 B, EZ € 45,–, DZ € 80,–, inkl. Frühstück, alle Zi mit Du, WC, ☎ und TV, ▭, 🚌, P, Bahnhofstr. 10, info@hotelzurpost-nettetal.de, www.hotelzurpost-nettetal.de, ☎ 0049(0)2157/8157-0, Fax 8157-14.

❷ D-41747 VIERSEN
A 61 ab Ausfahrt 7 Viersen ca. 1 km, 3. Ampel rechts und A 52 ab Ausfahrt 8 Mönchengladbach-Nord ca. 5 km, 14. Ampel links
Gasthof Kaisermühle ★★★ 21 B, EZ € 91,–, DZ € 120,–, inkl. Frühstücksbuffet, alle Zi mit Bad/Du, WC, ☎, TV, WLAN (kostenfrei) und Minibar, regionale Küche, Seminare, ▭, 🍴 auf Anfrage, P, An der Kaisermühle 20, @, www.kaisermuehle-viersen.de, ☎ 0049(0)2162/2490240, Fax 24902424.

❸ D-41379 BRÜGGEN-BORN
A 61 ab Ausfahrt 3 Kaldenkirchen-Süd, Kreisverkehr geradeaus, 4. Ampel links, 1. Ampel links 300 m, rechts ab und A 52 → Roermond ab Ausfahrt 3 Niederkrüchten links, 3. Ampel rechts 300 m Hinweisschild Borner Mühle rechts
Landhotel Borner Mühle ★★★ ruhige Lage am Borner See, 60 B, EZ € 53,– bis 78,–, DZ € 83,– bis 130,–, Appartement € 98,– bis 165,–, Hochzeitszimmer mit Himmelbett, inkl. Genießer-Frühstücksbuffet, alle Zi mit Bad/Du, WC, ☎ und TV, Lift, Panorama-Restaurant, saisonale Spezialitäten, Gartenterrasse, Tagungs- und Gesellschaftsräume, großer kostenfreier P, Borner Mühle 22-24, @, www.landhotel-borner-muehle.de, ☎ 0049(0)2163/955950, Fax 59003.

❹ D-41239 MÖNCHENGLADBACH-RHEYDT
A 61 ab Ausfahrt 12 Mönchengladbach-Rheydt → Rheydt, 1. Ampel rechts 1,5 km
freiRaum stattHotel ★★★ 28 moderne Komfort-Zi, 12 Appartements, EZ und DZ € 89,–, Appartements (auch längerfristig) ab € 69,–, Frühstücksbuffet € 7,50, alle Zi mit Bad/Du, WC, ☎, LCD-TV und WLAN, teils DVD-Player, Restaurant mit abwechslungsreicher Küche, Tagungsräume, Bar, Terrasse, Garten, Parkanlage, Ausflugsmöglichkeiten in der Nähe, Böningstr. 151, @, www.freiraum-stattHotel.de, ☎ 0049(0)2166/97000, Fax 9700200.

❺ D-41836 HÜCKELHOVEN
A 46 ab Ausfahrt 7 Hückelhoven-Ost und 6 -West 1 km
friends hotel Niederrhein ★★★ 36 Zi, EZ € 55,– bis 95,–, DZ € 65,– bis 95,–, Suiten, Themen-Zi, Frühstück € 10,– pro Person, Messepreise, alle Zi mit Du, WC, TV und WLAN, Tagungen, ▭, Berresheimring 1, niederrhein@hotelfriends.de, www.hotel-friends.de, ☎ 0049(0)2433/8370, Fax 837101.

❻ D-52525 HEINSBERG-DREMMEN
A 46 ab Ausfahrt 5 Dremmen ca. 800 m (2 Minuten)
Hotel Hansen ★★★ 32 B, EZ € 49,– bis 59,–, DZ € 89,– bis 98,–, inkl. Frühstücksbuffet, alle Zi mit Du, WC, ☎, TV und kostenfreiem Internet, Zi teils mit Wasserbetten, gemütlich eingerichtet mit Hansen Rattan Möbeln, kleine Abendkarte, Kegelbahn, Biergarten, 🚌, P am Haus, Erkelenzer Straße 59, @, www.hotel-hansen.eu, ☎ 0049(0)2452/9585-0, Fax 9585-85.

❼ D-52441 LINNICH-KOFFERN
A 44 ab Ausfahrt 7 Jülich-Ost und 9 Titz ca. 6 km und A 46 ab Ausfahrt 8 Erkelenz-Süd ca. 8 km (B 57) → Glimbach
Landgasthof McMüller's Irish American Pub ★★ 11 B, EZ € 49,– bis 59,–, DZ € 79,– bis 89,–, Nichtraucher-Zi, inkl. Frühstück, alle Zi mit Du und WC, uriger Pub mit eigener Gasthausbrauerei und internationaler Küche, Biergarten, Reiterhof, 🚌, P, Neusser Str. 54, info@mcmuellers.de, www.mcmuellers.de, ☎ 0049(0)2462/4457, Fax 4593.

❸

Landhotel
Borner Mühle,
Brüggen-Born

8 D-52249 **ESCHWEILER**
A 44 ab Ausfahrt 5 b Alsdorf 6 km und A 4 ab Ausfahrt 5 a Eschweiler-West ca. 500 m
Hotel Restaurant Mykonos ★★★ 12 B, EZ € 55,–, DZ € 75,–, inkl. Frühstück, Wochenendangebote, alle Zi mit Du, WC, Fön, ☎ kostenlos in D, Sat-TV, Internet, Minibar und Safe, Restaurant mit griechischen Spezialitäten, 🍴, 🚌, P kostenfrei, Dreieckstr. 2, @, www.hotel-mykonos.de, ☎ **0049 (0) 24 03/74 88 70**, Fax 74 88 71 09.

9 D-50181 **BEDBURG-KASTER**
A 61 ab Ausfahrt 17 Bedburg → Bedburg-Kaster 2,5 km
Hotel-Restaurant Landhaus Danielshof ★★★★ 70 B, EZ € 73,– bis 93,–, DZ € 119,– bis 123,–, Nichtraucher-Zi, inkl. Frühstücksbuffet, alle Zi mit Du, WC, ☎, TV und WLAN, Konferenzräume mit Technik, Hauptstraße 3, @, www.danielshof.de, ☎ **0049 (0) 22 72/98 00**, Fax 98 02 00.

10 D-50169 **KERPEN-HORREM**
A 61 ab Ausfahrt 19 Bergheim-Süd ca. 5 km und 9 ABK Kerpen ca. 3,5 km
Hotel Rosenhof ★★★ 31 B, EZ ab € 49,50, DZ ab € 75,–, inkl. Frühstücksbuffet, alle Zi mit Du, WC, ☎, TV und kostenfreiem WLAN, Restaurant, Tagungsräume bis 60 Personen, Direktverbindung Messe Köln, 🍴, 🚌, P, Hauptstr. 119, @, www.hotel-rosenhof.info, ☎ **0049 (0) 22 73/45 81 + 9 34 40**, Fax 93 44 49.

11 D-50170 **KERPEN-SINDORF** A 4 ab Ausfahrt 9 Kerpen
Hotel Europarc ★★★ 55 B, EZ € 75,– bis 105,–, DZ € 75,– bis 125,–, Allergiker-Zi, inkl. Frühstücksbuffet, alle Zi mit Du, WC, ☎, TV und Fax-/Modemanschluss, Restaurant, Tagungsräume bis 100 Personen, WLAN, Biergarten, Biker willkommen, Shuttle-Service, 🚌, G, P, Siemensstr. 19, @, www.hotel-europarc.de, ☎ **0049 (0) 22 73/9 99 70**, Fax 99 97 10.

12 D-50170 **KERPEN-SINDORF** A 4 ab Ausfahrt 9 Kerpen ca. 500 m
Parkhotel garni ★★★ 98 B, EZ € 55,– bis 90,–, DZ € 75,– bis 120,–, inkl. Frühstücksbuffet, alle Zi mit Du, WC, ☎, TV und WLAN, Lift, Restaurant, Tagungsmöglichkeit bis 20 Personen, 🚌, P, Kerpener Str. 183, info@parkhotel-kerpen.de, www.parkhotel-kerpen.de, ☎ **0049 (0) 22 73/9 85 80**, Fax 5 49 85.

13 D-50170 **KERPEN-SINDORF**
A 4 ab Ausfahrt 9 Kerpen → Sindorf 700 m
Aral-Tankstelle 🅿 Flüssiggas, ⛽, 24 Stunden geöffnet, Kerpener Str. 185, ☎ **0049 (0) 22 73/5 17 65**, Fax 5 78 01.

14 D-50170 **KERPEN-BUIR**
A 61 ab Ausfahrt 21 Türnich 9 km und A 4 ab Ausfahrt 8 Buir 2 km
Landhotel Floris ★★★ 8 Zi, EZ € 55,– bis 60,–, DZ € 75,– bis 80,–, inkl. Frühstück, 1 Appartement, alle Zi mit Bad oder Du, WC, ☎, TV, WLAN und Radio, Nichtraucher-Hotel, Tankstelle im Ort, S-Bahn-Anschluss Köln/Aachen in unmittelbarer Nähe, 🚌, 🍴, ♿ -Zi, P, Bahnstr. 34, @, www.landhotelfloris.de, ☎ **0049 (0) 22 75/9 15 80**, Fax 91 58 29.

15 D-50170 **KERPEN-BUIR** A 4 ab Ausfahrt 8 Buir 2 km (im Ort ausgeschildert)
Hotel Schmidt mit Gästehaus Am Vogelsang ★★★ sehr ruhige Lage, 16 B, EZ € 49,– bis 57,–, DZ € 65,– bis 86,–, Mehrbett-Zi € 93,–, Appartement bis 4 Personen € 120,–, Appartement bis 6 Personen € 150,–, inkl. Frühstücksbuffet, alle Zi mit Bad/Du, WC, Fön, ☎, TV, WLAN, Safe, Minibar und Balkon, Garten, 🚌, 🍴, P am Haus, Am Vogelsang 37, @, www.hotel-am-vogelsang.de, ☎ **0049 (0) 22 75/91 17 00**, Fax 91 17 02.

16 D-50171 **KERPEN-BERGERHAUSEN**
A 4 ABK Kerpen ab Ausfahrt 9 über B 264 → Blatzheim
Hotel Zur Wasserburg ★★★ 9 Zi, EZ € 49,–, DZ € 72,–, 3-Bett-Zi € 89,–, inkl. Frühstücksbuffet, alle Zi mit Du, WC, Fön, ☎, TV und Radio, ♿ -Zi, P, Am Hubertushof 1, @, www.hotel-zur-wasserburg.de, ☎ **0049 (0) 22 75/91 99 00**, Fax 91 99 10.

17 D-50171 **KERPEN-NIEDERBOLHEIM**
A 4 ab Ausfahrt 8 Buir, in Buir → Blatzheim, vor Blatzheim → Nörvenich 6 km und A 61 ab Ausfahrt 21 Türnich (B 264) → Kerpen-Süd → Düren → Nörvenich ca. 7 km
Hotel & Restaurant Villa Sophienhöhe ★★★★ ruhig im Grünen gelegen, 39 B, EZ € 75,– bis 85,–, DZ € 97,– bis 164,–, inkl. Frühstücksbuffet, alle Zi mit Du, WC, Fön, ☎, WLAN, Hosenbügler und Kosmetikspiegel, stilvolles Restaurant mit saisonfrischer Küche, Tagungsräume mit Technik, Räume bis 120 Personen, Außenterrasse für 50 Personen, 🍴, P, Sophienhöhe 1, kontakt@villa-sophienhoehe.de, www.villa-sophienhoehe.de, ☎ **0049 (0) 22 75/9 22 80**, Fax 92 28 49 (**Bild siehe Route 61.1**).

6 Hotel Hansen, Heinsberg-Dremmen

9

Hotel-Restaurant Landhaus Danielshof, Bedburg-Kaster

61.1 Köln–Koblenz 94 km

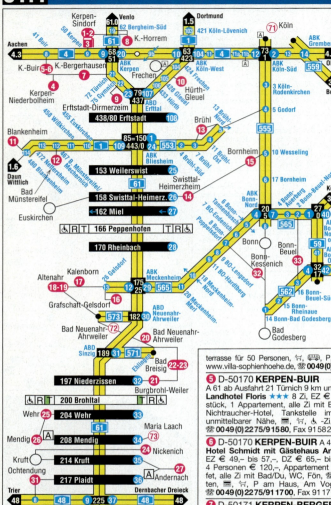

① D-50170 KERPEN-SINDORF
A 4 ab Ausfahrt 9 Kerpen
Hotel Europarc ★★★ 55 B, EZ € 55,– bis 105,–, DZ € 75,– bis 125,–, Allergiker-Zi, inkl. Frühstücksbuffet, alle Zi mit Du, WC, ☎, TV und Fax-/Modemanschluss, Restaurant, Tagungsräume bis 100 Personen, WLAN, Biergarten, Biker willkommen, Shuttle-Service, ⛽, G, P, Siemensstr. 19, ☎ 0049(0)2273/99970, Fax 999710.

② D-50170 KERPEN-SINDORF
A 4 ab Ausfahrt 9 Kerpen ca. 500 m
Parkhotel garni ★★★ 98 B, EZ € 55,– bis 90,–, DZ € 75,– bis 120,–, inkl. Frühstücksbuffet, alle Zi mit Du, WC, ☎, TV und WLAN, Lift, Restaurant, Tagungsmöglichkeit bis 20 Personen, P, Kerpener Str. 183, info@parkhotel-kerpen.de, www.parkhotel-kerpen.de, ☎ 0049(0)2273/98580, Fax 54985.

③ D-50170 KERPEN-SINDORF
A 4 ab Ausfahrt 9 Kerpen → Sindorf 700 m
Aral-Tankstelle ⛽ Flüssiggas, ☎, 24 Stunden geöffnet, Kerpener Str. 185, ☎ 0049(0)2273/51765, Fax 57801.

④ D-50171 KERPEN-NIEDERBOLHEIM
A 61 ab Ausfahrt 21 Türnich (B 264) → Kerpen-Süd → Düren → Nörvenich ca. 7 km und A 4 ab Ausfahrt 8 Buir, in Buir → Blatzheim, vor Blatzheim → Nörvenich 6 km
Hotel & Restaurant Villa Sophienhöhe ★★★★ ruhig im Grünen gelegen, 39 B, EZ € 75,– bis 85,–, DZ € 97,– bis 164,–, inkl. Frühstücksbuffet, alle Zi mit Du, WC, Fön, ☎, TV, WLAN, Hosenbügler und Kosmetikspiegel, stilvolles Restaurant mit saisonfrischer Küche, Tagungsräume mit Technik, Räume bis 120 Personen, Außenterrasse für 50 Personen, ⛽, P, Sophienhöhe 1, kontakt@villa-sophienhoehe.de, www.villa-sophienhoehe.de, ☎ 0049(0)2275/9280, Fax 922849.

⑤ D-50170 KERPEN-BUIR
A 61 ab Ausfahrt 21 Türnich 9 km und A 4 ab Ausfahrt 8 Buir 2 km
Landhotel Floris ★★★ 8 Zi, EZ € 55,– bis 60,–, DZ € 75,– bis 80,–, inkl. Frühstück, 1 Appartement, alle Zi mit Bad oder Du, WC, ☎, TV, WLAN und Radio, Nichtraucher-Hotel, Tankstelle im Ort, S-Bahn-Anschluss Köln/Aachen in unmittelbarer Nähe, ☎, ⚿, -Zi, P, Bahnstr. 34, @, www.landhotelfloris.de, ☎ 0049(0)2275/9580, Fax 915829.

⑥ D-50170 KERPEN-BUIR A 4 ab Ausfahrt 8 Buir 2 km (im Ort ausgeschildert)
Hotel Schmidt mit Gästehaus Am Vogelsang ★★★ sehr ruhige Lage, 16 B, EZ € 49,– bis 57,–, DZ € 65,– bis 86,–, Mehrbett € 93,–, Appartement bis 4 Personen € 120,–, Appartement bis 6 Personen € 150,–, inkl. Frühstücksbuffet, alle Zi mit Bad/Du, WC, Fön, ☎, TV, WLAN, Safe, Minibar und Balkon, Garten, ☎, ⚿, P am Haus, Am Vogelsang 37, @, www.hotel-am-vogelsang.de, ☎ 0049(0)2275/91700, Fax 911702.

⑦ D-50171 KERPEN-BERGERHAUSEN
A 4 ABK Kerpen ab Ausfahrt 9 über B 264 → Blatzheim
Hotel Zur Wasserburg ★★★ 9 Zi, EZ € 49,–, DZ € 72,–, 3-Bett-Zi € 89,–, inkl. Frühstücksbuffet, alle Zi mit Du, WC, Fön, ☎, TV und Radio, ⚿, -Zi, P, Am Hubertushof 1, @, www.hotel-zur-wasserburg.de, ☎ 0049(0)2275/91990, Fax 919910.

⑧ D-50169 KERPEN-HORREM
A 61 ab Ausfahrten 19 Bergheim-Süd ca. 5 km und 9 ABK Kerpen ca. 3,5 km
Hotel Rosenhof ★★★ 31 B, EZ ab € 49,50, DZ ab € 75,–, inkl. Frühstücksbuffet, alle Zi mit Du, WC, ☎, TV und kostenfreiem WLAN, Restaurant, Tagungsräume bis 60 Personen, Direktverbindung Messe Köln, ⚿, ⛽, P, Hauptstr. 119, @, www.hotel-rosenhof.info, ☎ 0049(0)2273/4581+93440, Fax 93449.

⑨ D-50374 ERFTSTADT-DIRMERZHEIM
A 61 ab Ausfahrt 22 Gymnich 2 km
Hotel Restaurant Haus Barion ★★★ 8 Zi, EZ € 49,–, DZ € 69,–, 3-Bett-Zi € 89,–, inkl. Frühstück, alle Zi mit Du, WC, TV, Klimaanlage und Safe, Restaurant, P, Platzstr. 7 a, @, www.haus-barion.de, ☎ 0049(0)2235/74380, Fax 687947.

⑩ D-50354 HÜRTH-GLEUEL
A 1 ab Ausfahrt 104 Frechen → Frechen, 2. Ampel links, 2. Ampel rechts 3 km
Hotel Am Freischütz ★★★ 89 B, EZ € 50,– bis 110,–, DZ € 65,– bis 150,–, 3-Bett-Zi € 90,–, inkl. Frühstück, alle Zi mit Du, WC, ☎ und TV, WLAN, ☎, ⚿, P, Innungstraße/Zunftweg 1, info@hotel-am-freischuetz.de, www.hotel-am-freischuetz.de, ☎ 0049(0)2233/93233-0, Fax 932331-00.

Hotel & Restaurant Villa Sophienhöhe, Kerpen-Niederbolheim

⑪ D-53945 BLANKENHEIM
A 1 ab Ausfahrt 114 Blankenheim Autobahnende ca. 3 km
Hotel-Restaurant Schlossblick ★★★ 50 B, EZ € 41,– bis 52,– DZ € 62,– bis 76,–, inkl. Frühstücksbuffet, Zi mit Du, WC und ☎, teils TV und Minibar, Lift, Hallenbad, Sauna, ☏, Nonnenbacher Weg 4-6, @, www.hotel-schlossblick.de, ☎ **0049 (0) 2449/9550-0**, Fax 9550-50.

⑫ D-53902 BAD MÜNSTEREIFEL
A 1 ab Ausfahrt 112
Hotel Kurhaus Uhlenberg ★★★ am Waldrand, 36 B, EZ € 55,– bis 60,– DZ € 90,– bis 110,–, inkl. Frühstücksbuffet, Pauschalangebote, alle Zi mit Bad/Du, WC, Fön, ☎, Kabel-TV und Internet, medizinische Bäderabteilung, Hallenbad, Sauna, Solarium, Fahrradverleih, ☏, P, Uhlenbergweg 1-7, @, www.kurhaus-uhlenberg.de, ☎ **0049 (0) 2253/54270**, Fax 54 27 13.

⑬ D-50321 BRÜHL
A 553 ab Ausfahrt 3 Brühl/Bornheim 2 km und A 555 Ausfahrt 4 Godorf/Brühl ca. 7 km
Hotel am Stern ★★★ 69 B, EZ € 70,– DZ € 100,–, inkl. Frühstücksbuffet, alle Zi mit Du, WC, ☎, TV, Minibar und Pay-TV, P, Uhlstraße 101, @, www.hotel-am-stern.de, ☎ **0049 (0) 2232/18000**, Fax 18 00 55.

⑭ D-53913 SWISTTAL-HEIMERZHEIM
A 61 ab Ausfahrt 26 Swisttal-Heimerzheim 1,5 km → Hauptschule
Hotel Weidenbrück ★★★★ sehr ruhige Lage, 70 B, EZ € 55,– bis 89,– DZ € 85,– bis 129,–, Appartement € 125,– bis 200,–, inkl. Frühstücksbuffet, Zi mit Du, WC, TV und Balkon, Lift, gemütliches Restaurant, neue, klimatisierte Tagungs- und Banketträume bis 120 Personen, kostenfreies WLAN, ☏, großer P, Nachtigallenweg 27, @, www.hotel-weidenbrueck.de, ☎ **0049 (0) 2254/603-0**, Fax 603-408.

⑮ D-53332 BORNHEIM
A 61 ab Ausfahrt 26 Swisttal-Heimerzheim 10 km
Garni-Hotel Bonnem-Inn ★★★ 33 B, EZ € 40,– bis 60,– DZ € 60,– bis 80,–, inkl. Frühstück, alle Zi mit Du, WC, ☎, TV, Radio und Minibar, P, Kalkstraße 4, @, www.bonnem-inn.de, ☎ **0049 (0) 2222/9405-0**, Fax 9405-29.

⑯ D-53501 GRAFSCHAFT-GELSDORF
A 61 ab Ausfahrt ABK Meckenheim → Altenahr, A 565 ab Ausfahrt 13 Gelsdorf ca. 500 m
Restaurant Korfu im Gelsdorfer Hof ★★ ✕ 18 B, EZ € 35,– DZ ab € 55,–, inkl. Frühstück, alle Zi mit Du, WC und TV, Restaurant mit griechischen und deutschen Spezialitäten, Saal, Kegelbahn, ☏, ☏, Bonner Str. 64, @, www.gelsdorfer-hof.de, ☎ **0049 (0) 2225/708855**, Fax 70 88 56.

⑰ D-53505 KALENBORN
A 61 ab Ausfahrt ABK Meckenheim 3,5 km
Hotel-Restaurant-Kalenborner-Höhe ★★★ schöne Aussicht, 18 B, EZ € 36,50 DZ ab € 73,–, inkl. Frühstück, alle Zi mit Du, WC, ☎, TV und Safe, Restaurant für 130 Personen, gutbürgerliche Küche, Wildspezialitäten, Biergarten, Grill, Wanderwege, eigene Nordic-Walking-Route, 500 m bis Sommerrodelbahn, großer P, Gelsdorfer Str. 11, info@hotel-ahr.de, www.hotel-ahr.de, ☎ **0049 (0) 2643/8131**, Fax 81 38.

⑱ D-53505 ALTENAHR A 61 ab ABK Meckenheim ca. 7 km, im Ortskern an der T-Kreuzung rechts abbiegen, hinter Ahrbrücke 1. Haus linke Seite
Hotel Lang ★★★ 74 B, EZ € 35,– bis 43,– DZ € 70,– bis 76,–, Mehrbett-Zi, inkl. Frühstücksbuffet, alle Zi mit Du, WC, ☎, Sat-TV, Minibar und Safe, Restaurant mit regional geprägter Küche, Live Musik im Kristallspiegelsaal, WLAN im öffentlichen Bereich, Fahrradverleih, ☏, P, Altenburger Str. 1, @, www.hotel-lang.de, ☎ **0049 (0) 2643/93730**, Fax 93 73 73.

⑲ D-53505 ALTENAHR
A 61 ab Ausfahrt ABK Meckenheim 7,5 km
Hotel-Restaurant Ruland ★★★ 56 B, EZ € 30,– bis 40,– DZ € 60,– bis 70,–, inkl. Frühstücksbuffet, alle Zi mit Bad/Du, WC und TV, Lift, Räume bis 200 Personen, ☏, ☏, G, P, Brückenstraße 6, @, www.hotel-ruland.de, ☎ **0049 (0) 2643/8318**, Fax 31 62.

⑳ D-53474 BAD NEUENAHR-AHRWEILER A 571 ab Ausfahrt 2 km (im Ortsteil Gimmigen), Hinweisschilder an den Zufahrtsstraßen beachten
Hotel Haus am Berg ★★★ ruhiges Haus, Nähe Golfplatz und Rotweinwanderweg, 26 B, EZ € 53,– bis 83,– DZ € 85,– bis 135,–, inkl. Frühstücksbuffet (ab 6 Uhr), Zi mit Du, WC, Fön, ☎, Fax-Anschluss, Minibar, Wecker und Balkon, teils TV, Biker willkommen, großer P, Bonner Straße 12, @, www.hotel-haus-am-berg.de, ☎ **0049 (0) 2641/95060-0**, Fax 9 50 60-25.

㉑ D-56659 BURGBROHL-WEILER
A 61 ab Ausfahrt 32 Niederzissen ca. 2,5 km
Landgasthaus-Restaurant Rothbrust ★★ 22 B, EZ € 30,– DZ € 60,–, inkl. Frühstück, alle Zi mit Du, WC und TV, teils Balkon, gutbürgerliche Küche, Räumlichkeiten bis 100 Personen, ☏, ☏, P, Brohltalstraße 245, @, www.landgasthaus-rothbrust.de, ☎ **0049 (0) 2636/2594**, Fax 43 92.

㉒ D-53498 BAD BREISIG
A 61 ab Ausfahrten 31 ABD Sinzig und 32 Niederzissen je ca. 10 km
Hotel „Zur Mühle" ★★★ sehr ruhige Parklage am Rhein, 47 B, EZ € 53,50 bis 69,– DZ € 86,– bis 111,–, inkl. Frühstücksbuffet, alle Zi mit Du, WC und TV, teils Balkon, Lift, gute Küche, Hallenschwimmbad mit Liegewiese, Aromamassagen, ☏, G, P, Koblenzer Str. 15, @, www.zurmuehlebreisig.de, ☎ **0049 (0) 2633/2006-0**, Fax 2006-60.

㉓ D-53498 BAD BREISIG A 61 ab Ausfahrten 31 ABD Sinzig und 32 Niederzissen je ca. 10 km
Hotel-Restaurant Niederée ★★ zentrale Lage in der Nähe des Rheins, 44 B, EZ € 36,– bis 39,– DZ € 67,– bis 72,–, Suite € 90,–, inkl. Frühstücksbuffet, alle Zi mit Du, WC, ISDN-☎ und TV, Lift, Restaurant, Räume bis 45 Personen, Gartenlokal, ☏, ☏, Di ./., Schmittgasse 2, @, www.hotel-niederee.de, ☎ **0049 (0) 2633/4570-0**, Fax 96766.

㉔ D-56645 NICKENICH
A 61 ab Ausfahrt 35 Kruft ca. 4 km (über Kruft)
Hotel Burgklause ★★★ 61 B, EZ € 44,– bis 46,– DZ € 65,– bis 67,–, inkl. Frühstück, Zi mit Du, WC, ☎, TV und Radio, gutbürgerliche Küche, Räume für 20-60 Personen, ☏, P, Hauptstraße 78, @, www.hotel-burgklause.de, ☎ **0049 (0) 2632/9833-0**, Fax 9833-33.

㉕ –㉝ +㉛ –㉝ Einträge siehe Seiten 220+221

㉔ Hotel Burgklause, Nickenich

㉘ **Mosel-Hotel-Hähn**

Verkehrsgünstig, ruhig und sonnig gelegen in der herrlichen Landschaft von Mosel und Rhein. Steht Ihnen der Sinn nach Erlebnis, so bieten sich hier für Sie viele Freizeit- und Sportmöglichkeiten wie z.B. Wandern, Reiten, Angeln, Tennis, Kegeln, Segel- und Motorflug.

Die Rhein-Mosel Region mit ihren Burgen, idyllischen Tälern und erlesenen Weinen lädt Sie zu einem unvergesslichen Aufenthalt ein, bei dessen Planung wir Ihnen gern behilflich sind. Herzlich willkommen sind bei uns auch Reisegruppen. Unsere Gäste überraschen wir mit einer kleinen Geschenkboutique in der Hotel-Lobby. Wir freuen uns sehr auf Ihren Besuch.

Moderne, freundliche und behagliche Einzel- und Doppelzimmer mit DU/WC und Telefon vermitteln Ihnen ein zweites Zuhause. Sie werden sich rundum wohlfühlen. Und wenn Sie morgens erwachen, wartet schon ein reichhaltiges Frühstück auf Sie.

Ein neuer, erlebnisreicher Tag kann beginnen.

Mosel-Hotel-Hähn
Wolfskaulstr. 94
56072 Koblenz
Tel: 0261 947230
Fax: 0261 947230
info@moselhotel-haehn.de
www.moselhotel-haehn.de

㉕ **D-56653 WEHR**
A 61 ab Ausfahrt 33 Wehr ca. 2,5 km Wehr, Nürburgring, Maria Laach
Landgasthof Laacher See ✕ Restaurant mit gutbürgerlicher bis feiner Küche, Räume für Feste und Tagungen für 50 bis 120 Personen, Biergarten, Bundeskegelbahn, ⚑, ⬛ nach Vereinbarung, P, Mo ./., Hauptstr. 34, @, www.landgasthof-laacher-see.de, ☎ 0049 (0) 2636/9689360, Fax 968769.

㉖ **D-56743 MENDIG**
A 61 ab Ausfahrt 34 Mendig links 100 m, 1. Einfahrt links
Hotel-Restaurant Hansa ★★★ 54 B, EZ € 49,– bis 56,–, DZ € 79,– bis 86,–, Familien-Zi, inkl. Frühstücksbuffet, Zi mit Du, WC, ☎, Sat-TV, WLAN, Minibar und Safe, 150 Sitzplätze, Biergarten, Minigolf, ⬛, ♿ -Zi, G, P, Do ./., Laacher-See-Str. 11, @, www.Hansa-Hotel-Mendig.de, ☎ 0049 (0) 2652/97080, Fax 970813.

㉗ **D-56626 ANDERNACH**
A 61 ab Ausfahrt 35 Kruft ca. 9 km und Ausfahrt 36 Plaidt ca. 7 km
Hotel-Restaurant Andernacher Hof ★★ 40 B, EZ € 34,–, DZ € 56,–, inkl. Frühstück, alle Zi mit Du und WC, teils TV, gutbürgliche Küche, Breite Straße 83, ☎ 0049 (0) 2632/43175, Fax 492658.

㉘ **D-56072 KOBLENZ-GÜLS**
A 61 ab Ausfahrt 38 Koblenz-Metternich 5 km
Mosel-Hotel Hähn Restaurant ★★★✝ ruhige Lage, 122 B, EZ € 56,– bis 79,–, DZ € 79,– bis 110,–, inkl. Frühstücksbuffet, alle Zi mit Du, WC, ☎ und Kabel-TV, Lift, gehobene und reichhaltige Küche, 5 verschiedene Räume für insgesamt 400 Personen, Wintergarten, ⬛, G, großer P, Wolfskaulstr. 94, @, www.moselhotel-haehn.de, ☎ 0049 (0) 261/947230, Fax 94723100 **(siehe auch Info diese Seite)**.

㉙ **D-56333 WINNINGEN**
A 61 ab Ausfahrt 38 Koblenz-Metternich ca. 5 km
Hotel Moselblick ★★★★ 35 Zi, EZ ab € 65,–, DZ ab € 105,–, inkl. Frühstücksbuffet, alle Zi mit Du, WC, ☎, Kabel-TV, Radio, Internet und Balkon, Lift, Restaurant mit traditionellen und moselländischen Spezialitäten, Tagungs- und Seminarräume, Kosmetikprogramme, P, An der B 416, @, www.hotel-moselblick.de, ☎ 0049 (0) 2606/920810, Fax 9208157.

㉚ **D-56295 RÜBER**
A 61 ab Ausfahrt 38 Koblenz-Metternich ca. 12 km
Gasthof zur Erholung ★★★ 32 B, EZ € 30,– bis 40,–, DZ € 60,– bis 80,–, inkl. Frühstück, alle Zi mit Du, WC, TV und WLAN, Ferienwohnungen mit Klimaanlage, familienfreundlich, Räume bis 70 Personen, Biergarten, 5 Kegelbahnen, großer P, Am Dorfplatz 9, @, www.gaststätte-zur-erholung.de, ☎ 0049 (0) 2654/960642, 0049 (0) 171/3536324, Fax 0049 (0) 2654/960643.

㉛ **D-56299 OCHTENDUNG**
A 61 ab Ausfahrt 36 Plaidt und A 48 ab Ausfahrt 8 Ochtendrung je 3 km
Gutshof Hotel Arosa ★★★ 18 B, EZ € 41,–, DZ € 78,–, inkl. Frühstück, renovierte Zi, alle Zi mit Bad/Du, WC und ☎, überregionale Küche, Konferenzraum für 50 Personen, Gartenlokal, G, P, Mo ./., Koblenzer Str. 2, @, www.gutshofhotelarosa.de, ☎ 0049 (0) 2625/4471, Fax 5261.

㉜ **D-53129 BONN-KESSENICH**
A 565 ab Ausfahrt 7 → Bad Godesberg 3 km
Hotel Astoria ★★★ 66 B, EZ € 59,– bis 99,–, DZ € 79,– bis 109,–, inkl. Frühstücksbuffet, alle Zi mit Bad/Du, WC, Fön, ☎, TV, Radio und WLAN, Lift, Bistro, Sauna, Tagungen, Haus-P, Hausdorffstraße 105-113, @, www.hotel-astoria.de, ☎ 0049 (0) 228/9696490, Fax 96964 9999.

㉝ **D-53227 BONN-BEUEL**
A 59 ab Ausfahrt Bonn-Süd 1 km
Hotel Restaurant Zur Post ★★★★✝ 125 B, EZ € 60,– bis 110,–, DZ € 80,– bis 130,–, inkl. Frühstück, alle Zi mit Bad, WC, Fön, Kosmetikspiegel, ☎, TV, WLAN und Minibar, Lift, Restaurant mit Saal und Wintergarten, ⬛, Bus-P, Königswinterer Str. 309, @, www.hotelinbonn.com, ☎ 0049 (0) 228/972940, Fax 9729410.

㉚

Gasthof zur Erholung, Rüber

⑦¹ KÖLN

Was soll man in Köln besichtigen, in einer Stadt, deren Bürgerschaft in den Jahren von 1150-1250 nicht weniger als 28 Kirchen erbaute? Dreimal war Köln Weltstadt: in der Römerzeit, im Mittelalter als stärkste Festung Europas und heute. Hier stehen so berühmte Gotteshäuser wie der Dom, Groß-St. Martin, St. Pantaleon und St. Gereon, dessen älteste Teile aus der Zeit um 390 stammen. Hier gibt es gleich neben dem Dom das Römisch-Germanische Museum und in der Cäcilienkirche das Schnütgen-Museum für mittelalterliche Kunst. Am Dom, Roncalliplatz 2, finden Sie auch das Erzbischöfliche Diözesanmuseum, geöffnet täglich außer donnerstags ab 11 Uhr. Parken bei einem Kurzbesuch können Sie in der Tiefgarage unter dem Domterrassen, direkt am Dom, Einfahrten Trankgasse und Bechergasse.

Information und Prospekte:
KölnTourismus GmbH, Unter Fettenhennen 19, D-50667 Köln, info@koelntourismus.de, www.koelntourismus.de,
☎ **0049(0)221/221-30400**, Fax 221-30410.

⑦² BAD NEUENAHR-AHRWEILER

Umgeben von den Weinbergen des Ahrtals befindet sich Bad Neuenahr-Ahrweiler mit seinen romantischen Fachwerkhäusern inmitten eines mittelalterlichen Mauerrings. Die Altstadt ist autofrei, dort kann man also nach Herzenslust die Seele baumeln lassen. Die Hallenkirche St. Laurentius und das alte Rathaus sind dabei besonders nennenswert. Statten Sie unbedingt auch dem Wolffschen Haus mit seinen Verzierungen und dem Blankartshof einen Besuch ab. Lassen Sie sich zu jeder Jahreszeit von der atemberaubenden Sicht und den Weinbergen verzaubern und erfahren Sie Wissenswertes auf dem Weinlehrpfad. Berühmt ist Bad Neuenahr nicht zuletzt aufgrund der Heilkraft der Bad Neuenahrer Quellen und der vielen Ärzte, die sich kompetent um Ihre Gesundheit kümmern. Damit man stets gesund bleibt, bietet der Standort ein ausgefeiltes Wellnessprogramm für Jedermann an.

Informationen und Prospekte:
Ahrtal-Tourismus Bad Neuenahr-Ahrweiler e.V., Hauptstr. 80, D-53474 Bad Neuenahr-Ahrweiler, info@ahrtaltourismus.de, www.ahrtaltourismus.de, ☎ **0049(0)2641/9171-0**, Fax 9171-51.

⑦³ MARIA LAACH

Maria Laach, Benediktiner-Abtei und Abteikirche am Südwestufer des Laacher Sees. Die sechstürmige Abteikirche gehört zu den am besten erhaltenen romanischen Bauwerken Deutschlands. Die Anlage mit ihrem burgartigen Charakter (Grundsteinlegung 1093) wurde bereits 1230 in ihrer heutigen Form fertiggestellt. Die Ausstattung des Kircheninneren stammt ebenfalls noch aus der Entstehungszeit. Der Baldachinaltar gilt als einzigartiges Meisterwerk romanischer Bildhauerkunst.

Information und Prospekte:
Benediktinerabtei Maria Laach, D-56653 Maria Laach, Abtei@maria-laach.de, www.maria-laach.de,
☎ **0049(0)2652/59-0**, Fax 59-359.

Tipps zur Route

Die linksrheinische A 61 ist zwischen Köln und Frankfurt längst zur großen Entlastungsstrecke der viel befahrenen A 3 geworden. Südlich von Köln führt dieses moderne Straßenstück durch die fruchtbare Zülpicher Börde. Über das Ahrgebirge, ein waldreiches Hügelland, und die Ahrtalbrücke bei Bad Neuenahr-Ahrweiler (1520 m lang und 50 m hoch) erreicht man dann das Gebiet der Voreifel. Der vulkanische Ursprung dieser Landschaft brachte vor etwa 10 000 Jahren die Krater der Maare hervor. Jenseits der Ausfahrten Kruft und Plaidt – hier werden Basalt sowie Lava- und Bimsfelder abgebaut – endet dieser interessante Streckenabschnitt am ABK Koblenz.

Ausfahrt ABK Meckenheim: Von Bonn, ab Ausfahrt über A 565, hat mancher eine ganz bestimmte Vorstellung: Bundeshaus, Palais Schaumburg und Villa Hammerschmidt. Aber auch das alte Bonn ist sehenswert. Bummeln Sie durch die Fußgängerzone am Markt. Das Geburtshaus Ludwig van Beethovens ist nur wenige Schritte entfernt. Es ist heute Museum mit der größten Beethovensammlung der Welt. Genießen Sie vom Alten Zoll am Rhein, diesem Überbleibsel der Stadtbefestigung, den herrlichen Ausblick über Strom und Siebengebirge. Bonns „Weiße Flotte" offeriert eine Vielzahl verschiedener Fahrten auf dem Rhein, Anlegestelle nahe der Kennedybrücke.

Ausfahrt ABD Sinzig: An dieser Ausfahrt bietet sich ein Abstecher in das Rheintal an. Etwas landeinwärts liegt Sinzig. Falls Sie aussteigen: In der weithin sichtbaren Pfarrkirche St.-Peter sind als besondere Merkwürdigkeite die Mumie des Vogts von Sinzig zu sehen. Bummeln am Rhein, vielleicht baden und bleiben, können Sie dann in Bad Breisig, einem beliebten Mineralheilbad.

Ausfahrt Wehr: Hinter dem Laacher Kopf, liegt das Naturschutzgebiet Maria Laach mit dem größten Kratersee der Eifel. Einen Besuch der sechstürmigen romanischen Basilika der Benediktinerabtei Maria Laach sollten Sie sich nicht entgehen lassen. Von 1093-1230 aus braun-gelbem Tuff vom Laacher See und dunkler Basaltlava erbaut, präsentiert sich der Bau noch heute, wie ihn sein Gründer Pfalzgraf Heinrich II. von Laach geplant hat. Auf über 1000 Quadratmeter Ausstellungsfläche zeigt das Naturkundemuseum Säugetiere, Vögel, Schmetterlinge und Insekten aus aller Welt. Eine umfangreiche Stein- und Mineraliensammlung aus dem Laacher-See-Gebiet ergänzt die Ausstellung.

Ausfahrt Mendig: Zum Freibad am Südwestufer des Laacher Sees (2400x1800 m) sind es ab Ausfahrt 3 km.

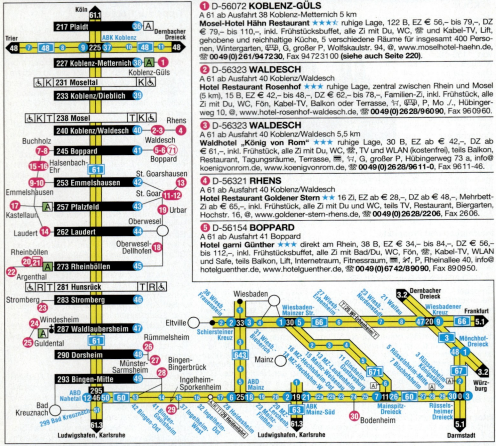

❶ D-56072 KOBLENZ-GÜLS
A 61 ab Ausfahrt 38 Koblenz-Metternich 5 km
Mosel-Hotel Hähn Restaurant ★★★ ruhige Lage, 122 B, EZ € 56,– bis 79,–, DZ € 79,– bis 110,–, inkl. Frühstücksbuffet, alle Zi mit Du, WC, 📺 und Kabel-TV, Lift, gehobene und reichhaltige Küche, 5 verschiedene Räume für insgesamt 400 Personen, Wintergarten, 🍴, G, großer P, Wolfskaulstr. 94, @, www.moselhotel-haehn.de, ☎ 0049 (0) 261/947230, Fax 94703100 **(siehe auch Seite 220)**.

❷ D-56323 WALDESCH
A 61 ab Ausfahrt 40 Koblenz/Waldesch
Hotel Restaurant Rosenhof ★★★ ruhige Lage, zentral zwischen Rhein und Mosel (5 km), 15 B, EZ € 42,– bis 48,–, DZ € 62,– bis 78,–, Familien-Zi, inkl. Frühstück, alle Zi mit Du, WC, Fön, Kabel-TV, Balkon oder Terrasse, 🍴, 🚐, P, Mo ./., Hübingerweg 10, @, www.hotel-rosenhof-waldesch.de, ☎ 0049 (0) 2628/96090, Fax 960960.

❸ D-56323 WALDESCH
A 61 ab Ausfahrt 40 Koblenz/Waldesch 5,5 km
Waldhotel „König von Rom" ★★★ ruhige Lage, 30 B, EZ ab € 42,–, DZ ab € 61,–, inkl. Frühstück, alle Zi mit Du, WC, 📺, TV und WLAN (kostenfrei), teils Balkon, Restaurant, Tagungsräume, Terrasse, 🖥, 🍴, G, großer P, Hübingerweg 73 a, info@koenigvonrom.de, www.koenigvonrom.de, ☎ 0049 (0) 2628/9611-0, Fax 9611-46.

❹ D-56321 RHENS
A 61 ab Ausfahrt 40 Koblenz/Waldesch
Hotel Restaurant Goldener Stern ★★ 16 Zi, EZ ab € 28,–, DZ ab € 48,–, Mehrbett-Zi ab € 65,–, inkl. Frühstück, alle Zi mit Du und WC, teils TV, Restaurant, Biergarten, Hochstr. 16, @, www.goldener-stern-rhens.de, ☎ 0049 (0) 2628/2206, Fax 2606.

❺ D-56154 BOPPARD
A 61 ab Ausfahrt 41 Boppard
Hotel garni Günther ★★★ direkt am Rhein, 38 B, EZ € 34,– bis 84,–, DZ € 56,– bis 112,–, inkl. Frühstücksbuffet, alle Zi mit Du/Bad, WC, 📺, Kabel-TV, WLAN und Safe, teils Balkon, Lift, Internetraum, Fitnessraum, 🖥, 🍴, P, Rheinallee 40, info@hotelguenther.de, www.hotelguenther.de, ☎ 0049 (0) 6742/89090, Fax 890950.

❻ D-56154 BOPPARD
A 61 ab Ausfahrt 41 Boppard
Hotel Rebstock ★★★ direkt an der Autofähre am Rhein, 27 B, EZ € 33,– bis 46,–, DZ € 55,– bis 77,–, inkl. Frühstücksbuffet, alle Zi mit Bad/Du, WC, 📺, TV, Radiowecker, Minibar und Minisafe, Restaurant mit bekannt guter Küche, 🖥, 🍴, Rheinallee 31, @, www.rheinhotel-rebstock.de, ☎ 0049 (0) 6742/4876, Fax 4877.

❼ D-56154 BUCHHOLZ
A 61 ab Ausfahrt 41 Boppard, rechts ca. 200 m auf linker Seite
Hotel garni Johanny Römerstuben ★★ 8 B, EZ € 26,–, DZ € 44,–, 3-Bett-Zi, inkl. Frühstück, alle Zi mit Du, WC, TV, großer Garten mit Terrasse, 🍴, 🚐, P, Hunsrückhöhenstr. 2, ☎ 0049 (0) 6742/3157, Fax 3157.

❽ D-56154 BUCHHOLZ
A 61 ab Ausfahrt 41 Boppard 300 m links
Hotel Tannenheim ★★ behaglich eingerichtet, 15 B, EZ € 48,50 bis 57,–, DZ € 79,– bis 90,–, inkl. Frühstück, Zi mit Du und WC, Restaurant, Räume für 25-60 Personen, 🖥, 🍴, G, P, Do ./., Bahnhof Buchholz 3, @, www.Hotel-Tannenheim.de, ☎ 0049 (0) 6742/2281, Fax 2432.

❾ D-56281 EMMELSHAUSEN A 61 ab Ausfahrt 42 Emmelshausen 3 km
Hotel Münster ★★★ 35 B, EZ € 44,– bis 48,–, DZ € 64,– bis 71,–, inkl. Frühstücksbuffet, alle Zi mit Du, WC, Fön, 📺, TV, WLAN, Minibar und Balkon, 🚐, G, P, Waldstr. 3 a, @, www.hotel-muenster.de, ☎ 0049 (0) 6747/93940, Fax 939413.

❿ D-56281 EMMELSHAUSEN A 61 ab Ausfahrt 42 Emmelshausen 2,5 km
Hotel Waldfrieden mit Gästehaus ★★ Waldlage, 20 B, EZ € 42,–, DZ € 65,–, inkl. Frühstück, alle Zi mit Du, WC, TV und WLAN (kostenfrei), gutbürgerliche Küche, Veranstaltungsräume, großer P, Bopparder Str. 12, @, www.hotel-waldfrieden-emmelshausen.de, ☎ 0049 (0) 6747/244, Fax 96122.

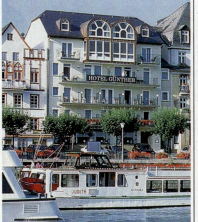
❺ Hotel garni Günther, Boppard

⑪ D-56329 ST. GOAR A 61 ab Ausfahrten 42 Emmelshausen und 43 Pfalzfeld
Hotel Café Restaurant Loreleyblick ★★★ gegenüber der Loreley am Rhein, 58 B, EZ € 38,– bis 48,–, DZ € 60,– bis 84,–, inkl. Frühstücksbuffet, alle Zi mit Du, WC und TV, eigene Metzgerei und Weine, Rheinterrasse, WLAN, Sauna, Wellness, Fitness, ⚞, 🍴, G, P kostenfrei, An der Loreley 37-39, @, www.loreleyblick.de, ☎ 0049 (0) 67 41/76 73, Fax 76 75.

⑫ D-56329 ST. GOAR A 61 ab Ausfahrt 43 Pfalzfeld ca. 12 km
Hotel-Restaurant-Café Hauser ★★ 37 B, EZ € 25,– bis 50,–, DZ € 50,– bis 70,–, inkl. Frühstück, HP-Aufschlag € 13,– pro Person, Vor- und Nachsaisonpreise (1.2.-30.3. und 1.11.-15.12.), alle Zi mit Du und WC, teils Balkon, nationale und internationale Küche, Fischspezialitäten, Rheinterrasse, ⚞, P, 15.12. bis 1.2. ./., Heerstraße 77, @, www.hotelhauser.de, ☎ 0049 (0) 67 41/3 33, Fax 14 64.

⑬ D-56346 ST. GOARSHAUSEN
A 61 ab Ausfahrt 43 Pfalzfeld → St. Goar, Rheinfähre (im Winter bis 21 Uhr) und A 48 ab Ausfahrt 11 Bendorf/Neuwied, über B 42
Hotel Nassauer Hof ★★ direkt an der Loreley und am Rheinsteig, 16 B, EZ € 38,– bis 49,–, DZ € 55,– bis 65,–, inkl. Frühstück, alle Zi mit Du, WC, TV und WLAN, Restaurant, regionale Spezialitäten, Weinwirtschaft, Räume für 30 bis 80 Personen, Bahnhofstr. 22, @, www.nassauer-hof-loreley.de, ☎ 0049 (0) 67 71/80 28 40.

⑭ D-56291 LAUDERT A 61 ab Ausfahrt 44 Laudert 1 km
Gasthaus-Pension Lauderter Hof ★ 12 B, EZ € 20,–, DZ € 40,–, inkl. Frühstück, alle Zi mit Du, WC und TV, Ferienwohnung, gutbürgerliche Küche, 60 Sitzplätze, Terrasse, Biergarten, ⚞, G, P, Rhein-Mosel-Str. 24, ☎ 0049 (0) 67 46/3 30.

⑮ D-56283 HALSENBACH-EHR
A 61 ab Ausfahrt 42 Emmelshausen → Koblenz B 327 ca. 2 km
Landhotel und Restaurant „Zur Katz" ★★★ ruhige Lage am Waldrand, Familienbetrieb, 30 B, EZ € 45,–, DZ € 70,–, inkl. Frühstücksbuffet, alle Zi mit Du, WC, ⚞, TV und WLAN, teils Balkon, frische deutsche Küche, Hallenbad, Sauna, ⚞, G, P, Auf der Katz 6, @, www.HotelzurKatz.de, ☎ 0049 (0) 67 47/66 26, Fax 66 25.

⑯ D-56283 HALSENBACH-EHR
A 61 ab Ausfahrt 42 Emmelshausen ca. 2 km → Koblenz B 327
Hotel Restaurant Alter Posthof ★★ 20 B, EZ € 20,– bis 25,–, DZ € 40,– bis 47,–, inkl. Frühstücksbuffet, ruhige Zi mit Du und WC, Hunsrücker Spezialitäten, 120 Sitzplätze, ⚞, G, P, Hunsrückhöhenstraße 3, @, www.alter-posthof-ehr.de, ☎ 0049 (0) 67 47/62 76, Fax 59 76 60.

⑰ D-56288 KASTELLAUN
A 61 ab Ausfahrten 42 Emmelshausen, 43 Pfalzfeld und 44 Laudert
Flairhotel und Restaurant zum Rehberg ★★★ ruhige Lage, 100 B, EZ € 50,– bis 75,–, DZ € 80,– bis 130,–, Mehrbett-Zi, inkl. Frühstücksbuffet, alle Zi mit Du, WC, ⚞ und Kabel-TV, Appartements und Suiten, Konferenzräume bis 70 Personen, Internet, Sauna, Solarium, ⚞, ⚞, kostenfreier P, Mühlenweg 1, info@hotel-rehberg.de, www.hotel-rehberg.de, ☎ 0049 (0) 67 62/13 31, Fax 26 40.

⑱ D-55430 OBERWESEL-DELLHOFEN
A 61 ab Ausfahrt 44 Laudert ca. 6 km
Landhotel-Restaurant Zum Kronprinzen ★★★ 30 B, EZ € 38,– bis 48,–, DZ € 70,– bis 86,–, inkl. Frühstücksbuffet, alle Zi mit Du, WC, Fön, ⚞, Internet, Sat-TV und Radio, Gastgeber des Jahres, Biergarten, kostenfreier P, Rheinhöhenstr. 45, @, www.zumkronprinzen.de, ☎ 0049 (0) 67 44/9 43 19 (siehe auch Seite 225).

⑲ D-55430 URBAR
A 61 ab Ausfahrt 43 Pfalzfeld → St. Goar 9 km
Hotel-Restaurant Winzerhaus-Urbar ★★ gegenüber Loreley gelegen, 62 B, EZ € 38,–, DZ € 64,–, inkl. Frühstücksbuffet, Pauschalangebote, alle Zi mit Du, WC und TV, Restaurant mit regionalen und saisonalen Spezialitäten, Räumlichkeiten bis zu 170 Personen, Tagungen, Sommerterrasse, ⚞, P, Rheingoldstraße 8, @, www.loreleyreisen.de, ☎ 0049 (0) 67 41/13 66, Fax 75 08.

⑳ D-55494 RHEINBÖLLEN A 61 ab Ausfahrt 45 Rheinböllen 1 km
Hotel Berz Gaststube ★★★ 35 B, EZ € 42,– bis 48,–, DZ € 70,– bis 78,–, Mehrbett-Zi € 90,– bis 105,–, Nichtraucher-Zi, inkl. Frühstücksbuffet, alle Zi mit Du, WC, ⚞, TV und WLAN, teils Balkon, ⚞, 🍴, G, P, Gaststube (bis Ruhetag), Marktstraße 16 a, info@hotel-berz.de, www.hotel-berz.de, ☎ 0049 (0) 67 64/92 29-0, Fax 92 29-49.

㉑ D-55494 RHEINBÖLLEN A 61 ab Ausfahrt 45 Rheinböllen
Autohof Rheinböllen ⛽ Großtankstelle mit Rasthaus und Shop, 220 Sitzplätze, 24-Stunden-Service, Erdgas, ⚞, Bahnhofstraße, ☎ 0049 (0) 67 64/30 00, Fax 3 00 18.

㉒ D-55496 ARGENTHAL
A 61 ab Ausfahrt 45 Rheinböllen → Simmen (B 50) 6 km
Hotel-Pension Krämer ★★ 20 B, EZ € 31,– bis 41,–, DZ € 57,– bis 66,–, inkl. Frühstück, Zi mit Du, WC, Fön und TV, gutbürgerliche Küche, ⚞, P, Bingener Str. 6, @, www.hotel-kraemer.de, ☎ 0049 (0) 67 61/34 32, Fax 30 49.

㉓ D-55442 STROMBERG
A 61 ab Ausfahrt 46 Stromberg 5 km
Land & Golf Hotel Stromberg ★★★★ᶠ 360 B, EZ € 115,– bis 140,–, DZ € 150,– bis 200,–, inkl. Frühstücksbuffet, Kinder bis 12 Jahre frei, komfortable Zi mit Bad/Du, WC, Fön, ISDN-☎, TV, PC-Anschluss und WLAN, 2 Landhaus-Restaurants, Braustüberl, Sonnenterrasse, Tagungs- und Konferenzräume, Schwimmbad, Solarium, Sauna, Massage, Fitness- und Beautycenter, Am Buchenring 10, @, www.golfhotel-stromberg.de, ☎ 0049 (0) 67 24/60 00, Fax 60 04 33.

㉔ D-55452 WINDESHEIM
A 61 ab Ausfahrt 47 Waldlaubersheim ca. 2 km
Gästehaus Stempel mit Speisegaststätte „Zur Stadt Bingen" ★★★ 26 B, EZ € 40,–, DZ € 62,–, inkl. Frühstück, alle Zi mit Du, WC und Sat-TV, Ferienwohnungen bis 5 Personen, gutbürgerliche deutsche Küche, Räume für 60 Personen, vollautomatische Kegelbahn, P, Di ./., Hauptstraße 33, @, www.gasthaus-stempel.de, ☎ 0049 (0) 67 07/91 31-0, Fax 91 31-35.

㉕–㉚ + ⑦① Einträge siehe Seite 224

⑪ Hotel Café Restaurant Loreleyblick, St. Goar

223

Tipps zur Route

Ausfahrt Koblenz-Metternich: Am weltweit bekannten Deutschen Eck, wo Rhein und Mosel zusammenfließen, liegt Koblenz. Wald-, Grün- und Wasserflächen prägen die einzigartige Kulisse um die über 2000 Jahre alte Stadt. Kirchen, Schlösser, ehemalige Adelshöfe und herrschaftliche Bürgerhäuser, enge Gassen, romantische Winkel und einladende Plätze bezaubern Besucherinnen und Besucher aus der ganzen Welt. Zertifizierte Gästeführer zeigen gern ihre Stadt bei Erlebnis-, Themen- und Szenenführungen. Für Romantiker: Der Abschnitt über 65 km des oberen Mittelrheintals zwischen Koblenz-Bingen-Rüdesheim hat sich 2002 in die Liste der Weltkulturerbestätten eingereiht. Das Reiterstandbild, das Kaiser Wilhelm I. mit einer Siegesgöttin zeigt, ist heute Besuchermagnet für mehr als 2 Millionen Menschen jährlich.

Ausfahrt Bad Kreuznach Bad Kreuznach blickt auf eine bewegte Vergangenheit zurück. Verfolgen Sie die Spuren der Römer. Oceanusmosaik und Gladiatorenmosaik aus der römischen Villa, die zwischen dem 2. und 4.Jahrhundert nahe der Römerhalle stand, sind vorzüglich erhalten. Lernen Sie das Kurgebiet bei einem entspannten Spaziergang auf dem Panoramaweg kennen. Der neu angelegte Spazierweg im Osthang des Kauzenberges mit einer Länge von ca. 1 Kilometer reaktiviert einen Teil des alten Weges, der durch das Stadttor der mittelalterlichen Stadtmauer der Nahe entlang, Richtung Ebernburg führte, ohne die Nahe zu queren.

Ausfahrten Ingelheim-Ost und -West: Die Rotweinstadt Ingelheim ist vor allem durch den berühmten Ingelheimer Spätburgunder bekannt. Alljährlich wird am letzten Wochenende im September das beliebte Ingelheimer Rotweinfest mit der Krönung der Rotweinkönigin feierlich eröffnet. Das im romantischen Burgkirchengelände gelegene Rotweindorf bietet eine Woche lang für die Besucher ein buntes, abwechslungsreiches und anspruchsvolles Festprogramm. Die Stadt hat auch kulturell etwas zu bieten. Seit fast fünf Jahrzehnten bieten die „Internationalen Tage" in Ingelheim besondere Einblicke in Kunst und Kultur, das Werk einzelner Künstler oder bedeutender Kunstströmungen.

❶ – ㉔ **Einträge siehe Seiten 222 + 223**

㉕ **D-55452 GULDENTAL**
A 61 ab Ausfahrt 47 Waldlaubersheim → Windesheim/Guldental 5 km
Hotel Enk „Das Hotel im Weingut" ★★ 35 B, EZ € 48,–, DZ € 76,–, 3-Bett-Zi € 100,–, 4-Bett-Zi € 125,–, inkl. Frühstück, alle Nichtraucher-Zi mit Du, WC, ☎ und TV, 🖥️, P, Naheweinstraße 36, @, www.hotel-enk.de, ☎ **0049(0)6707/9120**, Fax 91241.

㉖ **D-55452 RÜMMELSHEIM** A 61 ab Ausfahrt 48 Dorsheim 2 km
Ferienresidenz Schlossmühle Dr. Höfer ★★★ historische Burglage, 3 Appartements, EZ € 45,–, DZ € 70,–, inkl. Frühstück, alle Zi mit Du, WC und TV, Terrasse mit Burgblick, Naheweinstr. 2, @, www.wein-schlossmuehle.de, ☎ **0049(0)6721/45000**, **0049(0)176/50042504**, Fax 0049(0)6721/49646.

㉗ **D-55424 MÜNSTER-SARMSHEIM**
A 61 ab Ausfahrt 48 Dorsheim 4 x rechts
Hotel Restaurant Trollmühle ★★★ 42 B, EZ € 54,–, DZ € 63,– bis 85,–, 3-Bett-Zi € 100,–, inkl. Frühstück, alle Zi mit Du, WC, ☎, TV und Minibar, gutbürgerliche und feine Küche, Tagungsräume, 🖥️, großer P, Rheinstraße 199, www.hotel-trollmuehle.de, ☎ **0049(0)6721/44066**, Fax 43719.

㉘ **D-55411 BINGEN-BINGERBRÜCK**
A 61 ab Ausfahrt 49 Bingen-Mitte ca. 3 km
Hotel Römerhof ★★ 50 B, EZ € 45,– bis 55,–, DZ € 65,– bis 80,–, inkl. Frühstücksbuffet, Zi mit Du, WC, ☎ Anschluss, P, Am Rupertsberg 10, @, www.servicehotel.org, ☎ **0049(0)6721/32248**, Fax 993365.

㉙ **D-55218 INGELHEIM-SPORKENHEIM** A 60 ab Ausfahrt 15 Ingelheim-West ca. 1,5 km → Gau-Algesheim → Bingen, nach 550 m rechts nach Sporkenheim
Landhotel Fetzer ★★★★ 33 B, EZ € 75,–, DZ € 97,–, Familien-Zi, inkl. Frühstücksbuffet, alle Zi mit Du, WC, ☎ und Sat-TV, Restaurant mit regionaler und internationaler Küche, Café, Seminarraum, Sauna, Solarium, viele Ausflugsmöglichkeiten am Rhein, P, Gaulsheimer Str. 14 + 19, @, www.landhotel-fetzer.de, ☎ **0049(0)6725/30130**, Fax 3013-26.

㉚ **D-55294 BODENHEIM**
A 60 ab Ausfahrt 24 Mainz-Laubenheim → Nierstein/Oppenheim (B 9)
Gästehaus May – Weingut ★★★ ruhige Lage, 30 B, EZ € 30,– bis 50,–, DZ € 50,– bis 75,–, inkl. Frühstück, alle Zi mit Du, WC, ☎ und TV, gutbürgerliche und gehobene Küche, Räume bis 60 Personen, 🖥️, P, Kapellenstr. 42, @, www.info-mainz.de/gaestehaus-helgamay, ☎ **0049(0)6135/93380**, Fax 8423.

⑦ **BOPPARD – IM TAL DER LORELEY**

Vielfalt zum Träumen! Die Stadt Boppard mit ihren zehn Stadtteilen bildet eine eigene Urlaubswelt, die Berg und Tal umspannt, stille Winkel mit lebhaften Plätzen und Gassen verbindet, und auf schönste Weise Natur und Kultur zu einem unvergesslichen Urlaubserlebnis vereint. Bunte Facetten einer Ferienregion – von der Sonne verwöhnt und mit Einzigartigkeit gesegnet. Bad Salzig, Mineralheilbad, Boppard, Kneipp-Heilbad und 8 weitere Stadtteile laden Sie ein zu Rheinromantik und Erholung. Großzügiges

Alte Burg Severus

Freizeitangebot, 3 km Rheinpromenade, vielerlei Wandermöglichkeiten im 3000 ha großen Stadtwald. Sehenswürdigkeiten: Reste eines Römerkastells, mittelalterliche Stadtbefestigungen, romanische Pfeilerbasilika aus dem 12. Jahrhundert, gotische Karmeliterkirche (13. Jahrhundert, Kurfürstliche Burg (14. Jahrhundert).

Information und Prospekte:
Stadtverwaltung Boppard, Karmeliterstr. 2, D-56154 Boppard/Rhein, stadt@boppard.de, www.boppard.de, ☎ **0049(0)6742/3888**, Fax 81402.

Entspannen, genießen, wohlfühlen
– im Tal der Loreley –
Landhotel Zum Kronprinzen

Unser freundliches Landhotel Zum Kronprinzen ist mit 3 Sterne superior für spürbaren Wohlfühl-Komfort ausgezeichnet!

Unser kleines Hotel liegt fernab von Lärm und Stress des Alltags und dennoch zentral. Erleben Sie alle Schönheiten dieser einzigartigen Naturlandschaft inmitten des UNESCO-Welterbes „Im Tal der Loreley."

Genießer sind bei uns genau richtig!

Höchstes Wohlfühl-Gefühl trifft ebenso auf unsere überregional sehr gut bekannte Küche zu. Beste Qualität, auch von heimischen Produkten, überzeugt! Der zuvorkommende Service verwöhnt Sie sehr freundlich und kompetent.

Auch in der Kochschule im hauseigenen Kochstudio kocht der Chef persönlich. Nehmen Sie sich Zeit und erlernen und schmecken Sie die hohe Kunst des Kochens!

Sie möchten sich im Urlaub erholen!

Genießen Sie das „süße" Nichtstun auf unserer Liegewiese mit wunderschönem Weitblick, oder entspannen Sie bei einer Schifffahrt und lassen Sie sich von der Umgebung beeindrucken.

Sie wünschen sich einen Aktiv-Urlaub!

Wir heißen Sie herzlich willkommen in unserem Wanderparadies. Hier finden Sie über 320 km neugestaltete Wanderwege.

Fahren Sie Rad entlang des Rheins oder auf einer stillgelegten Bahntrasse mit über 60 km Länge durch den Hunsrück – ein unvergessliches Erlebnis!

Das freundliche
Landhotel Zum Kronprinzen
... weil es für Qualität
keine Kompromisse gibt!

Information und Prospekt:
Landhotel Zum Kronprinzen
Rheinhöhenstraße 43–45
D-55430 Oberwesel-Dellhofen
Tel. 00 49/67 44/9 43 19 · Fax 00 49/67 44/9 43 17
info@zumkronprinzen.de · www.zumkronprinzen.de

(siehe auch Route 61.2)

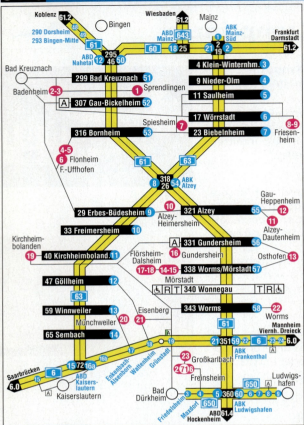

Map labels:
- Koblenz 61.2
- Bingen
- Wiesbaden 61.2
- Mainz
- ABK Mainz-Süd
- Frankfurt Darmstadt
- 290 Dorsheim 48/49
- 293 Bingen-Mitte
- 61
- ABD Mainz 643
- 60 18 25
- 21 2 19
- 61.2
- ABD Nahetal 12 / 295 46 50
- 4 Klein-Winternhm. 3
- Bad Kreuznach
- 299 Bad Kreuznach 51
- 9 Nieder-Olm 4
- Badenheim 2-3
- 1 Sprendlingen
- 11 Saulheim 5
- A 307 Gau-Bickelheim 52
- 17 Wörrstadt 6
- Spiesheim 7
- 316 Bornheim 53
- 23 Biebelnheim 7
- 8-9 Friesenheim
- 4-5
- 6 Flonheim F.-Uffhofen
- 61 / 63
- 318 26 54 ABK Alzey
- Gau-Heppenheim
- 29 Erbes-Büdesheim 9
- 10 / 321 Alzey
- 55 12
- Alzey-Heimersheim
- 11 Alzey-Dautenheim
- 33 Freimersheim 10
- Kirchheimbolanden
- A 331 Gundersheim 56
- 19 / 40 Kirchheimboland.11
- Flörsheim-Dalsheim
- 16 Gundersheim
- Osthofen 13
- 17-18 14-15
- 338 Worms/Mörstadt 57
- Mörstadt
- 47 Göllheim 12
- R T 340 Wonnegau T R
- 63
- 59 Winnweiler 13
- 343 Worms
- 58 22 Worms
- Eisenberg
- Münchweiler 20 21
- Mannheim Viernh. Dreieck
- 65 Sembach 14
- 61
- 17 19
- 21 35 159 6 23-24 6.0
- ABK Frankenthal
- 15 72 16a
- 16b
- 23 Großkarlbach
- Enkenbach Alsenborn Wattenheim Grünstadt
- 2 71 6
- Freinsheim
- Ludwigshafen
- Saarbrücken 6.0
- 15 / 6
- ABD Kaiserslautern
- Kaiserslautern
- Bad Dürkheim
- 3 / 5 360 60 6 7 8 9
- 650 A
- 650
- ABK Ludwigshafen 61.4
- Friedelsheim Maxdorf Hockenheim
- ABD Ludwigshafen

---

1 D-55576 **SPRENDLINGEN** A 61 ab Ausfahrt 52 Gau-Bickelheim → 3 km und Ausfahrt 51 Bad Kreuznach → 4 km
Apart Hotel Blessing Garni ★★★ neu erbaut, 38 B, EZ € 48,– bis 55,–, DZ € 78,– bis 85,–, inkl. Frühstücksbuffet, alle Zi mit Du, WC, ☎ und Kabel-TV, großer P, Bahnhofstr. 39, info@apart-hotel-blessing.de, www.apart-hotel-blessing.de, ☎ 0049(0)6701/93010, Fax 930150.

2 D-55576 **BADENHEIM** A 61 ab Ausfahrt 52 Gau-Bickelheim 2 km → Sprendlingen
Weingut-Gästehaus Kitzer ★★★★ 14 B, EZ € 36,– bis 40,–, DZ € 55,– bis 65,–, inkl. Schlemmerfrühstück, alle Zi mit Du, WC, TV und Internet, Weinprobe, Garten, Finnische Grillkota, großer P, Ernst-Ludwig Str. 26-28, www.weingut-kitzer.de, ☎ 0049(0)6701/2449, Fax 2490.

3 D-55576 **BADENHEIM** A 61 ab Ausfahrt 52 Gau-Bickelheim → Sprendlingen 2 km
Weingut Gästehaus Fuhr ★★★ 12 B, EZ ab € 37,– bis 40,–, DZ € 55,– bis 60,–, inkl. Frühstück, alle Zi mit Du, WC und TV, Innenhof, Weinprobe, P, kein ./., Ernst-Ludwig-Straße 2, @, www.weingut-fuhr.de, ☎ 0049(0)6701/9309-0, Fax 9309-15.

4 D-55237 **FLONHEIM** ab Ausfahrt 53 Bornheim 2 km und A 63 ab Ausfahrt 7 Biebelnheim 5 km
Landhotel im Klostereck ★★★ neu erbaut, 24 B, EZ € 53,50, DZ € 83,– bis 87,–, Appartements als DZ € 90,– bis 95,–, inkl. Frühstücksbuffet im Wintergarten mit Blick auf die historische Klostermauer, alle Zi mit Bad oder Du, WC, Sat-TV und Internet, idyllischer Innenhof, Weingut, Weinproben, P, Klostereck 7, @, www.strubel-roos.de, ☎ 0049(0)6734/589+962422, Fax 960181.

5 D-55237 **FLONHEIM** A 61 ab Ausfahrt 53 Bornheim → Flonheim 1,5 km
Gästehaus Weingut Wörner ★★★ 25 B, EZ € 45,–, DZ € 70,–, inkl. Frühstück, alle Zi mit Du, WC, ☎ und TV, Alzeyer Str. 25, @, www.weingut-woerner.de, ☎ 0049(0)6734/8271, Fax 8318.

6 D-55237 **FLONHEIM-UFFHOFEN** A 61 ab Ausfahrt 53 Bornheim → Flonheim 1,5 km und A 63 ab Ausfahrt 7 Biebelnheim → Flonheim 6 km → Bad Kreuznach
Landhotel Weinrestaurant Espenhof ★★★ 26 B, EZ € 67,– bis 79,–, DZ € 94,– bis 105,–, inkl. Frühstücksbuffet, alle Zi mit Du, WC, ☎ und Sat-TV, junge moderne Gourmetküche, feine Landküche, Appartements, schöner Innenhof, eigenes Weingut, Vinothek, P, Poststraße 1, @, www.espenhof.com, ☎ 0049(0)6734/962730, Fax 940450.

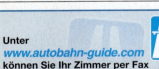

7 D-55288 **SPIESHEIM** A 61 ab Ausfahrt 53 Bornheim 4 km, A 63 ab Ausfahrten 7 Biebelnheim 2 km und 6 Wörrstadt 3 km
Weingut-Gästehaus Jung, Nichtraucherhaus ★★ neu erbaut, 6 B, EZ € 36,–, DZ € 52,–, inkl. reichhaltigem Frühstück, alle Zi mit Du, WC und TV, P, Oberstraße 55, @, www.jung-wein.de, ☎ 0049(0)6732/8391, Fax 963969.

8 D-55278 **FRIESENHEIM**
A 63 ab Ausfahrt 6 Wörrstadt, B 420 → Oppenheim → Friesenheim
Weingut & Gästehaus Henrici ★★★★ inmitten der Weinberge, 12 B, EZ € 48,–, DZ € 65,–, Appartement, inkl. reichhaltigem Frühstücksbuffet, alle Zi mit Du, WC, TV und Internet, teils Küche, Weinproben nach Absprache, Hauptstr. 29 a, @, www.weingut-henrici.de, ☎ 0049(0)6737/8543, Fax 9254.

9 D-55278 **FRIESENHEIM** ab Ausfahrt 6 Wörrstadt 8 km → Nierstein (B 420)
Bioweingut und Gästehaus Lorenz ★★★ ruhig am Ortsrand gelegen, Nichtraucherhaus, 14 B, EZ € 60,–, DZ € 70,–, inkl. Schlemmerfrühstück, alle Zi mit Du, WC, ☎ und TV, handgemachte stilvolle Möbel, Bio-Spitzenweingut, Bio-Weinprobe, wunderschöne Hofanlage, Betriebs- und Kellerführungen nach Absprache, viel Natur, P, Gaustraße 28, @, www.bioweingut-lorenz.de, ☎ 0049(0)6737/9703, Fax 1448.

10 D-55232 **ALZEY-HEIMERSHEIM** A 61 ab Ausfahrt 55 Alzey 4 km → Bad Kreuznach oder A 63 ab Ausfahrt 9 Erbes-Büdesheim 2 km → Alzey
Gästehaus Rabennest im Winzerhof Koehler ★★★ 10 B, EZ € 39,50 bis 48,–, DZ € 54,– bis 63,–, inkl. Frühstücksbuffet, alle Zi mit Du, WC, ☎ und TV, Garten, P, Hintergasse 2, @, www.gaestehaus-rabennest.de, ☎ 0049(0)6731/96120, Fax 46725.

11 D-55232 **ALZEY-DAUTENHEIM** A 61 ab Ausfahrt 55 Alzey 1 km
Winzerhotel Himmelacker garni ★★★★ 30 B, EZ € 35,– bis 40,–, DZ € 60,–, inkl. Frühstücksbuffet, alle Zi mit Du, WC, ☎ und Sat-TV, teils Bad, Ferienhaus, Probierstube, Weinprobe und -seminare, Theaterscheune, P, Westhofer Straße 1, Winzerhotel.Storr@t-online.de, www.winzerhotel.com, ☎ 0049(0)6731/42112, Fax 42680.

22 **Hagenbräu Wormser Gasthausbrauerei**

⑫ D-55234 GAU-HEPPENHEIM
A 61 ab Ausfahrt 55 Alzey → Gau-Odernheim → Framersheim 5 km
Weingut Mohrenmühle ★★ Einzellage, 10 B, EZ € 32,– bis € 52,–, inkl. Frühstück, alle Zi mit Du, WC und TV, Gartenterrasse, Weinprobe, P, Mohrenmühle 2, @, www.mohrenmuehle.de, ☎ 0049(0)6731/998612, Fax 55736.

⑬ D-67574 OSTHOFEN
A 61 ab Ausfahrten 56 Gundersheim und 57 Worms/Mörstadt je 7 km
Landgut Schill ★★★ ruhige Lage auf einer Anhöhe inmitten der Weinberge, 4 Zi und 4 Appartements, EZ € 67,– bis 81,–, DZ € 79,–, Appartements € 95,–, inkl. Frühstück, alle Zi mit Du, WC und TV, Restaurant Landgut Schill, P, Mi ./., Am Mühlpfad 10, @, www.landgut-schill.de, ☎ 0049(0)6242/822+9134066(Restaurant), Fax 911787.

⑭ D-67591 MÖRSTADT A 61 ab Ausfahrt 57 Worms/Mörstadt ca. 1500 m
Wonnegauer Hotel und Landgasthof ★★★ ruhige Lage, 58 B, EZ € 48,– DZ € 75,–, 3-Bett-Zi € 100,–, inkl. Frühstücksbuffet, alle Zi mit Du, WC, ☏ und Kabel-TV, gutbürgerliche Küche, gemütliche Restaurationsräume, Tagungen, 2 Bundeskegelbahnen, 🖨, G, P, für 🖨 und Restaurant, Mo ./., Kriegsheimer Str. 17, @, www.wonnegauerhotel.de, ☎ 0049(0)6247/1051, Fax 6914.

⑮ D-67591 MÖRSTADT
A 61 ab Ausfahrt 57 Worms/Mörstadt 2 km
Winzerhotel-Weingut Weinrestaurant zum Saalbau ★★★ Hotel erbaut 1996, Ortsmitte, 37 B, EZ € 46,– bis 52,–, DZ € 75,– bis 80,–, inkl. Frühstücksbuffet, gepflegte Zi mit Du, WC, ☏ und TV, Internet, regionale und saisonale Küche, Räume bis 200 Personen, Appartements/Ferienwohnungen, Weinprobe, Flaschenweinverkauf, 🖨, P, Langgasse 30, @, www.winzerhotel.de, ☎ 0049(0)6247/377, Fax 1067.

⑯ D-67598 GUNDERSHEIM
A 61 ab Ausfahrt 56 Gundersheim, 3 x links 100 m
Kraft-Hotel ★★ 32 B, EZ € 36,– bis 45,–, DZ € 56,– bis 65,–, inkl. Frühstücksbuffet, alle Zi mit Du, WC, Fön, Kaffee- und Teebereiter, auf Wunsch Babybett, TV und Weinprobe, Restaurant, Freibad, Spielplatz, Grill, Gartenlaube, P, Rezeption 6-24 Uhr, Gewerbegebiet An der Weidenmühle 9, info@kraft-hotel.de, www.kraft-hotel.de, ☎ 0049(0)6244/57632, 0049/, Fax 907246.

⑰ D-67592 FLÖRSHEIM-DALSHEIM
ab Ausfahrt 57 Worms-Mörstadt 4 km
Gästehaus Jutta Peth ★★★ ruhig gelegen im Weingut, 16 B, EZ € 62,– bis 70,–, DZ € 82,– bis 90,–, 3-Bett-Zi € 120,–, inkl. Frühstücksbuffet, alle Zi mit Bad/Du, WC, ☏, Sat-TV und WLAN, Ferienwohnungen, Terrasse, Weinprobe, teilweise ♿, G, P im Hof, Alzeyer Str. 28, @, www.peth.de, ☎ 0049(0)6243/908800, Fax 9088090.

⑱ D-67592 FLÖRSHEIM-DALSHEIM
A 61 ab Ausfahrt 57 Worms/Mörstadt 4 km → Alzey (B 271)
Gästehaus Jost ★★★ 16 B, EZ ab € 34,–, DZ ab € 56,–, inkl. reichhaltigem Frühstück, alle Zi mit Du, WC, ☏ und Kabel-TV, Am Obertor 18, @, www.hotel-jost.de, ☎ 0049(0)6243/911800, Fax 911823.

⑲ D-67292 KIRCHHEIMBOLANDEN
A 61 ab Ausfahrten 56 Gundersheim 13 km, 57 Worms/Mörstadt und A 63 ab Ausfahrt 11 Kirchheimbolanden 1 km
Hotel „Braun" ★★★ 68 B, EZ € 54,– bis 95,–, DZ € 79,– bis 125,–, Hochzeits-Zi, inkl. Frühstücksbuffet, alle Zi mit Du, WC, ☏, TV, WLAN und Radio, Lift, Räume für 50 und Konferenzraum für 25 Personen, Bar, Wellness, Kegelbahn, 🖨, Uhlandstr. 1, @, www.hotelbraun.de, ☎ 0049(0)6352/4006-0, Fax 4006-99.

⑳ D-67728 MÜNCHWEILER
A 63 ab Ausfahrt 3 Winnweiler 1 km und A 6 ab Ausfahrt 17 Enkenbach-Alsenborn 10 km
Landidyll Hotel Klostermühle ★★★ ruhig gelegen, 52 B, EZ € 58,– bis 64,– DZ € 98,– bis 108,–, inkl. Frühstücksbuffet, alle Zi mit Bad oder Du, WC, ☏, TV und WLAN, regionale mediterrane Küche, Gartenrestaurant, Wohlfühlrefugium, Tagungsräume, G, P, Mühlstr. 19, @, www.klostermuehle.com, ☎ 0049(0)6302/92200, Fax 922020.

㉑ D-67304 EISENBERG
A 6 ab Ausfahrt 18 Wattenheim und A 63 Ausfahrt 12 Göllheim je ca. 5 km
Natur und Sport Waldhotel ★★★ sehr ruhig gelegen, 59 B, EZ € 60,– bis 125,–, DZ € 90,– bis 155,–, inkl. Frühstücksbuffet, alle Zi mit Du, WC, ☏, Sat-TV, WLAN und Minibar, Lift, Spezialitätenrestaurant, Konferenzraum, Sauna, Solarium, Kegelbahnen, Hotelbar, Massage, 💻, 🍴, 🖨, G, P, Martin-Luther-Straße 20, @, www.waldhotel-eisenberg.de, ☎ 0049(0)6351/124703, Fax 124705.

㉒ D-67547 WORMS
A 61 ab Ausfahrt 58 Worms 3 km
Hagenbräu Wormser Gasthausbrauerei 🍴 schöne Aussichtslage direkt am Rhein (Schiffsanlegestelle), gutbürgerliche Küche, Restaurant für 30-400 Personen, Café, eigene Metzgerei und Brauerei (Führungen), große Rheinterrasse für 600 Personen, 🖨, großer P, Am Rhein 3, @, www.hagenbraeu.de, ☎ 0049(0)6241/921 10-0, Fax 92110-33.

㉓ D-67229 GROSSKARLBACH
A 6 ab Ausfahrt 19 Grünstadt 6 km und A 650 ab Ausfahrt 4 Maxdorf 10 km
Hotel-Restaurant „Winzergarten" ★★ 110 B, EZ € 46,– bis 63,–, DZ € 66,– bis 93,–, inkl. Frühstück, alle Zi mit Du, WC, ☏ und überwiegend TV, Tagungen, Festlichkeiten bis 100 Personen, Gartenterrasse, Gewölbekeller, 🖨, großer P, Hauptstraße 17, @, www.hotel-winzergarten.de, ☎ 0049(0)6238/926800, Fax 9268090.

⑲

Hotel „Braun", Kirchheimbolanden

㉛ FREINSHEIM

Unweit der deutschen Weinstraße gelegen, hat sich Freinsheim aus einer Reihe reizvoller Orte als Geheimtipp herauskristallisiert.

Die erhaltene mittelalterliche Stadtmauer, das Wahrzeichen Freinsheims, umschließt unzählige, liebevoll restaurierte Bauwerke.

Die weit über die kommunalen Grenzen hinaus zur Tradition gewordenen Weinfeste sind es, die regelmäßig ihre Freunde anziehen.

Information und Prospekte:
Tourist Information, Hauptstraße 2,
D-67251 Freinsheim,
touristik@vg-freinsheim.de, www.freinsheim.de,
☎ 0049(0)6353/989294, Fax 989904.

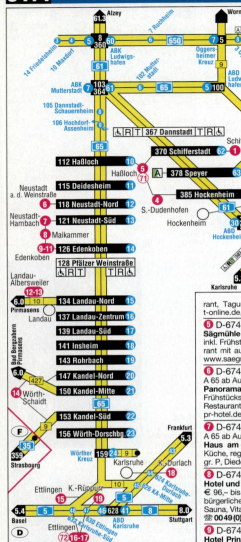

❶ D-67105 SCHIFFERSTADT
A 61 ab Ausfahrt 62 Schifferstadt 2 km
Hotel Kaufmann ★★★ 70 B, EZ € 50,– bis 89,–, DZ € 82,– bis 125,–, inkl. Frühstücksbuffet, alle Zi mit Du, WC, Fön, ☎, Kabel-TV, Radiowecker, WLAN (kostenfrei) und Minibar, Bistro, Biergarten, Konferenzräume, 🚲, G, P, Bahnhofstr. 81, @, www.kaufmann-hotel.de, ☎ 0049 (0) 6235/92540, Fax 9254299.

❷ D-67166 OTTERSTADT/SPEYER
A 61 ab Ausfahrt 63 ABK Speyer → Ludwigshafen
Hotel-Restaurant Linde ★★★ 50 B, EZ € 29,– bis 69,–, DZ € 49,– bis 89,–, inkl. Frühstücksbuffet, Zi mit Du, WC, ☎ und TV, Familien-Zi, feine Küche, Sitzplätze für 80 Personen, 🚲, Luitpoldstraße 31, @, info@hotel-restaurant-linde.de, www.hotel-restaurant-linde.de, ☎ 0049 (0) 6232/6990-0, Fax 6990-40.

❸ D-67165 WALDSEE
A 61 ab Ausfahrt 63 ABK Speyer 4 km → Ludwigshafen
Hotel-Restaurant Oberst ★★ 70 B, EZ € 40,– bis 50,–, DZ € 65,– bis 78,–, inkl. Frühstücksbuffet, alle Zi mit Du, WC, ☎ und TV, gutbürgerliche, gehobene, preiswerte Küche, Räume bis 200 Personen, Tagungsräume, 🚲, ♿, G, großer P, Neuhofener Straße 54, @, www.hotel-oberst.de, ☎ 0049 (0) 6236/4300, Fax 430200.

❹ D-67373 SPEYER-DUDENHOFEN A 61 ab Ausfahrt 64 Hockenheim 5 km → Haßloch (B 39)
Hotel Zum Goldenen Lamm ★★★ renoviert, 62 B, EZ ab € 49,90, DZ ab € 69,90, Nichtraucher-Zi, inkl. Frühstücksbuffet, ruhige Zi, alle Zi mit Du, WC, ☎ und TV, mehrfach ausgezeichnetes Feinschmeckerrestaurant, Gartenrestaurant, Tagungsräume, ☎, 🍴, 🚲, ♿, G, großer P, Landauer Str. 2, info-lamm@t-online.de, www.info-lamm.de, ☎ 0049 (0) 6232/95001, Fax 98502.

❺ D-67454 HASSLOCH A 61 ab Ausfahrt 62 Schifferstadt 9 km
Sägmühle ★★★★ ruhig gelegen am Waldrand, 49 B, EZ ab € 74,–, DZ ab € 110,–, inkl. Frühstücksbuffet, alle Zi mit Bad/Du, WC, ☎, TV und WLAN, stilvolles Restaurant mit ausgezeichneter Küche, Freiterrasse, kostenfreier P, Sägmühlweg 140, @, www.saegmuehle-pfalz.de, ☎ 0049 (0) 6324/9291-0, Fax 9291-60.

❻ D-67433 NEUSTADT AN DER WEINSTRASSE
A 65 ab Ausfahrt 12 Neustadt-Nord 2 km
Panorama Hotel am Rosengarten ★★★★ 200 B, EZ ab € 55,–, DZ ab € 69,–, inkl. Frühstücksbuffet, neu eingerichtete Zi mit Bad/Du, WC, ☎, Kabel-TV und WLAN, Lift, Restaurant, Tagungsraum, Biergarten, 🚲, Tief-G, P, Mußbacher Landstr. 2, info@pr-hotel.de, www.pr-hotel.de, ☎ 0049 (0) 6321/3992-0, Fax 3992-39.

❼ D-67434 NEUSTADT AN DER WEINSTRASSE-HAMBACH
A 65 ab Ausfahrt 13 Neustadt-Süd 5 km → Hambacher Schloss
Haus am Weinberg ✕ idealer Zwischenstopp für Reisegruppen, gutbürgerliche Küche, regionale Pfälzer Spezialitäten, Räume bis 60 Personen, 2 Terrassen, ☎, 🚲, gr. P, Diedesfelder Weg 89, ☎ 0049 (0) 6321/80111.

❽ D-67487 MAIKAMMER A 65 ab Ausfahrt 14 Edenkoben 2 km → Neustadt/W.
Hotel und Residenz Immenhof ★★★★ ruhige Lage, 100 B, EZ € 62,– bis 66,–, DZ € 96,– bis 112,–, inkl. Frühstücksbuffet, alle Zi mit Du, WC, ☎ und TV und Minibar, gutbürgerliche Küche, Hotelbar, Raucher Lounge, Gartenterrasse, Hallenschwimmbad, Sauna, Vital-Oase, Tief-G, großer P, Immengartenstr. 26, @, www.hotel-immenhof.de, ☎ 0049 (0) 6321/9550, Fax 955200.

❾ D-67480 EDENKOBEN A 65 ab Ausfahrt 14 Edenkoben 2 km
Hotel Prinzregent ★★★★ ruhig gelegen, 44 Zi, EZ € 60,– bis 80,–, DZ € 95,– bis 130,–, inkl. Frühstücksbuffet, alle Zi mit Du, WC, ☎, TV und WLAN, frische feine Küche, große Terrasse, Tagungsräume, Hallenbad, Wellness, 🚲, großer P, Unter dem Kloster 1, @, www.prinzregent-edenkoben.de, ☎ 0049 (0) 6323/9520, Fax 952222.

❿ D-67480 EDENKOBEN A 65 ab Ausfahrt 14 Edenkoben
Hotel-Restaurant Pfälzer Hof ★★★★ 20 B, EZ € 55,– bis 70,–, DZ € 70,– bis 110,–, inkl. Frühstücksbuffet, alle Zi mit Du, WC, Fön, ISDN-☎, TV, WLAN und Safe, ausgezeichnete leichte Pfälzer Küche, Räume für 25-150 Personen, Weinkeller, romantischer Innenhof, am Abend spezielle Sommerangebote, 🚲, P, Do ./. (an Feiertagen geöffnet), Weinstr. 85, @, www.simma-pfaelzer-hof.de, ☎ 0049 (0) 6323/2941, Fax 980505.

⓫ D-67480 EDENKOBEN
A 65 ab Ausfahrt 14 Edenkoben ca. 1500 m
Jugendstilvilla Oberhofer ⓕⓕⓕⓕ zentrale Lage, 6 B, EZ € 40,– bis 45,–, DZ € 65,– bis 68,–, inkl. Frühstücksbuffet, alle Zi mit Du, WC, Fön, TV und Minibar, historischer Sonneninnenhof, optimaler Ausgangspunkt für Wanderungen, großer P, Weinstr. 36, @, www.jugendstilvilla-oberhofer.de, ☎ 0049 (0) 6323/704660, 0049 (0) 173/7864236, Fax 0049 (0)6323/704772.

❾ Hotel Prinzregent, Edenkoben

⑫ **D-76857 LANDAU-ALBERSWEILER**
A 65 ab Ausfahrt 15 Landau-Nord 12 km → Pirmasens
Landhotel Annahof ★★★ ruhige, schöne Aussichtslage, 34 B, EZ € 50,- bis
80,-, inkl. Frühstücksbuffet, alle Zi mit Du, WC, Fön, ☎ und TV, Panorama-Restaurant,
leichte Küche, regionale Produkte, 🍴 € 4,-, P, Pauschalangebote, Schloßstr. 36, @,
www.annahof-albersweiler.de, ☎ 0049 (0) 6345/94 94 50, Fax 94 94 520.

⑬ **D-76857 LANDAU-ALBERSWEILER**
A 65 ab Ausfahrt 15 Landau-Nord → Pirmasens, B 10 die 2. Abfahrt
Hotel garni Traube ★★★ komfortabel, ruhig, toller Blick, 25 B, EZ € 45,- bis 49,-, DZ
€ 69,- bis 79,-, inkl. Frühstücksbuffet, Zi mit Du, WC, Fön, Sat-TV (Flatscreen), WLAN
und Minibar, meist Balkon, Freibad, P, Trifelsring 11, @, www.hotel-garni-traube.de,
☎ 0049 (0) 6345/95 95 10, Fax 95 95 280.

⑭ **D-76744 WÖRTH-SCHAIDT** A 65 ab Ausfahrten 21 Kandel-Mitte, 22 Kan-
del-Süd und 23 Wörth-Dörschberg ca. 8-10 km
Landgasthof-Hotel-Restaurant „Zur Linde" ★★★ 18 B, EZ € 40,-, DZ € 70,-, inkl.
reichhaltigem Frühstück, alle Zi mit Du, WC, Sat-TV und Internet, gutbürgerliche Küche
mit saisonalen Spezialitäten, sonn- und feiertags „Feinschmeckerbuffet", großer P im
Hof, Hauptstr. 104, @, www.linde-schaidt.de, ☎ 0049 (0) 6340/81 36, Fax 81 77.

⑮ **D-76275 ETTLINGEN** A 5 ab Ausfahrt 48 Karlsruhe-Süd nur 100 m
Radisson Blu Hotel ★★★★ 199 Zi, EZ € 94,-, DZ € 113,-, Familien-Zi
€ 120,-, inkl. Frühstücksbuffet, alle Zi mit Bad/Du, WC, Fön, Kosmetikspiegel, TV,
Radio, WLAN (kostenfrei), Minibar und Klimaanlage, teils Safe, Lift, Restaurant mit
Terrasse, Wickelraum, Kegelbahn, Premiere/Sky Sport-Bar, kostenlos: Schwimmbad,
Sauna, Fitness, 🖨, 🚌, ♿, P (Busse frei), Am Hardtwald 10, @, www.radissonblu/
hotel-karlsruhe, ☎ 0049 (0) 7243/38 00 66, Fax 38 06 66.

⑯ **D-76275 ETTLINGEN** A 5 ab Ausfahrt 48 Karlsruhe-Süd ca. 1000 m
Stadthotel Engel garni ★★★ in verkehrsberuhigter Altstadt, 140 B, EZ
€ 80,- bis 100,-, DZ € 100,- bis 120,-, inkl. Frühstücksbuffet, alle Zi mit Du,
WC, ☎ und TV, 🚌, ♿, -Zi, Tief-G, Kronenstr. 13, @, www.stadthotel-engel.de,
☎ 0049 (0) 7243/330-0, Fax 330-199.
Unter gleicher Leitung:

⑰ **D-76275 ETTLINGEN** A 5 ab Ausfahrt 48 Karlsruhe-Süd
Hotel-Gästehaus Sonne garni ★★ 45 B, EZ € 40,- bis 65,-, DZ € 65,- bis 85,-,
günstige Familien-Zi, inkl. Frühstück, Zi mit Du, WC, ☎, TV und Lärmschutzfenster, 🚌 (Reisegruppen willkommen), 3 G, P für Busse, Pforzheimer Str. 21,
☎ 0049 (0) 7243/7 74 30, Fax 330-199.

⑱ **D-76227 KARLSRUHE-DURLACH**
A 5 ab Ausfahrt 44 Karlsruhe-Durlach ca. 1500 m
Hotel Maison Suisse ★★★ 23 B, EZ € 88,- bis 135,-, DZ € 118,- bis 186,-, Suite
€ 186,- bis 238,-, inkl. Frühstück, alle Zi mit Du, WC, Fön, Kosmetikspiegel, Waage,
☎, Fax/Modem-Anschluss, Sat-TV, Radio-Wecker, Safe und Minibar, teils Balkon, Terrasse, Solarium, Fahrradverleih, WLAN, öffentliches Internetterminal, 🖨, G, Hildebrandstr. 24, @, www.maison-suisse.de, ☎ 0049 (0) 7 21/40 60 48 + 40 60 49, Fax 49 59 96.

⑲ **D-76199 KARLSRUHE-RÜPPURR**
A 5 ab Ausfahrt 47 Ettlingen ca. 1 km (2. Ampel links)
Kofflers Heuriger & Landhaus-Hotel ★★★ 22 B, EZ € 49,- bis 65,-, DZ € 99,-
bis 109,-, inkl. Frühstücksbuffet, Zi mit Du, WC und TV, kostenfreies WLAN im
Restaurant, Landhaus-Restaurant, Wochenendangebote, Hausmetzgerei, schöner
Winzergarten, Familienbetrieb, großer P, Lange Str. 1, @, www.kofflers-heuriger.de,
☎ 0049 (0) 7 21/89 02 02, Fax 88 29 22.

㉑ **HASSLOCH**
Anerkannter Fremdenverkehrsort in der Nähe der Deutschen Weinstraße. In
einem der ältesten Fachwerkhäuser der Region befindet sich ein Heimatmuseum. Freizeiteinrichtungen, wie Holiday-Park (mit der einzigen Was-
serski-Show Europas), Vogel-Park, Mühlenwanderweg, Badepark-Haßloch
(ganzjährig geöffnet) und zahlreiche Spazier-, Rad-, Reit-und Wanderwege
laden zur Erholung und Entspannung ein. Für Sportbegeisterte stehen ein
18-Loch Golfplatz und zahlreiche Sportstätten zur Verfügung. Auf der idyllisch gelegenen Pferderennbahn finden jährlich bis zu vier Renntage statt.
Information und Prospekte:
Tourist-Information, Rathausplatz 1, D-67454 Haßloch,
touristinfo@hassloch.de, www.hassloch.de,
☎ 0049 (0) 63 24/935-225, Fax 935-335.

㉒ **ETTLINGEN**
Mit der Landesgartenschau 1988 entstand ein Grüngürtel, der das aufstrebende
Ettlingen mit seinem malerischen, liebevoll sanierten Altstadtkern in die vielfältige Landschaft am Rande des nördlichen Schwarzwaldes einbettet. Sehenswert
sind das Schloss mit dem berühmten Asam-Saal, Rathaus, St.-Martins-Kirche
und schöne Brunnen. Zum besonderen Erlebnis werden die Schlossfestspiele
(siehe Bild), die alljährlich im Juli und August stattfinden.
Information und Prospekte:
Stadtinformation Ettlingen, Schloss, D-76275 Ettlingen,
info@ettlingen.de, www.ettlingen.de,
☎ 0049 (0) 7243/101-221, Fax 101-430.

❹ **Hotel Zum Goldenen Lamm,
Speyer-Dudenhofen**

❶ D-65795 HATTERSHEIM A 66 ab Ausfahrt 12 Hattersheim-West
Parkhotel am Posthof ★★★ 58 Zi, EZ € 64,– bis 145,–, DZ € 84,– bis 165,–, inkl. Frühstücksbuffet, alle Zi mit Bad/Du, WC, Fön, ☎, Kabel-TV, WLAN und Minibar, teils Balkon, Lift, Restaurant, Bar, Seminarräume, Am Markt 17, @, www.parkhotel-ffm.de, ☎ 0049 (0) 6190/89990, Fax 899999.

❷ D-65719 HOFHEIM A 66 ab Ausfahrt 11 Hofheim am Taunus
Hotel Burkartsmühle ★★★ 28 Zi, EZ € 85,– bis 105,–, DZ € 105,– bis 135,–, Suiten, inkl. Frühstück, alle Zi mit Bad/Du, WC, ☎ und TV, Lift, Restaurant mit regionalen und internationalen Speisen, Konferenzraum, Sauna, Tennisplatz, Rezeption 24 Stunden geöffnet, Kurhausstr. 71, @, www.burkartsmuehle.com, ☎ 0049 (0) 6192/9680, Fax 968261.

❸ D-65719 HOFHEIM A 66 ab Ausfahrt 14 Frankfurt-Zeilsheim → Hofheim
Hotel Haus Dreispitz ★★★ 34 B, EZ € 68,– bis 92,– DZ € 95,– bis 115,–, inkl. Frühstück, alle Zi mit Bad/Du, WC, Fön, Kabel, ☎, TV und WLAN, teils Balkon, Restaurant mit gutbürgerlicher Küche, Terrasse, 🍴, P, In der Dreispitz 6, @, www.hotel-dreispitz.de, ☎ 0049 (0) 6192/96520, Fax 26910.

❹ D-65812 BAD SODEN A 66 ab Ausfahrt 16 Frankfurt-Hoechst 5 km
Hotel-Garni Sprudel ★★ am Kurpark, 7 B, EZ € 50,– bis 80,–, DZ € 75,– bis 120,–, inkl. Frühstücksbuffet, alle Zi mit Du, WC, TV und Radio, P, Freiherr-vom-Stein-Str. 2, @, www.hotel-sprudel.de, ☎ 0049 (0) 6196/766689-0, Fax 766689-44.

❺ D-65929 FRANKFURT-HÖCHST A 66 abb Ausfahrt 16 Frankfurt-Höchst
Lindner Kongress Hotel ★★★★ 285 Zi, EZ € 140,– bis 160,–, DZ € 280,– bis 320,–, inkl. Frühstück, Wochenendpreise, alle Zi mit Bad/Du, WC, Fön, ☎, LCD-TV, ISDN, WLAN, Klimaanlage und Safe, mediterranes Restaurant „Alegria", Bolongarostr. 100, @, www.lindner.de, ☎ 0049 (0) 69/3300200, Fax 33002999.

❻ D-65760 ESCHBORN A 66 ab Ausfahrt 17 Eschborn
Central Hotel Eschborn ★★★ 34 Zi, EZ € 85,– bis 90,–, DZ € 105,– bis 110,–, inkl. Frühstück, Messepreise, alle Zi mit Bad/Du, WC, Fön, ☎, Kabel-TV, WLAN, Minibar und Safe, Bar und Bistrorant, P, Berliner Str. 31-35, @, www.central-hotel-eschborn.de, ☎ 0049 (0) 6196/930590, Fax 93059444.

❼ D-63303 DREIEICH-SPRENDLINGEN
A 661 ab Ausfahrt 19 Dreieich ca. 5 km
Hotel L'Escala ★★★ 75 Zi, EZ € 59,– bis 75,–, DZ € 79,– bis 95,–, Nichtraucher-Zi, Appartement, inkl. Frühstücksbuffet, Messepreise, alle Zi mit Bad/Du, WC, 👁, Plasma-TV, WLAN, Safe und Klimaanlage, Café-Bistro, Tapas Bar, Bier- und Weinstube, Tagungsräume, ca. 10 Minuten bis Flughafen Frankfurt, ♿, kostenfreier P, Hauptstr. 47-51, @, www.hotel-escala.de, ☎ 0049 (0) 6103/804870, Fax 80487777.

❽ D-63303 DREIEICH A 661 ab Ausfahrt 19 Dreieich ca. 3 km und A 5 ab Ausfahrt 23 Zeppelinheim ca. 2 km
Endstation Bahnhof Buchschlag, Bed & Breakfast ★★★ historisches Gebäude, 6 Zi, EZ € 45,–, DZ € 82,–, Frühstück € 5,– pro Person, alle Zi mit Bad/Du, WC, TV, Internet und Minibar, 2 Restaurants, Biergarten, 🍴, P, Buchschlager Allee 2, @, www.endstation.eu, ☎ 0049 (0) 6103/61919, Fax 63349.

❾ D-63303 DREIEICH-GÖTZENHAIN A 661 ab Ausfahrt 19 Dreieich ca. 2 km und A 5 ab Ausfahrt 24 Langen/Mörfelden ca. 8 km
Hotel Krone ★★ 59 B, EZ € 46,50 bis 51,50, DZ € 68,– bis 78,–, inkl. Frühstück, alle Zi mit Du, WC und TV, Lift, regionale Küche, 🍴, P, Betriebsferien vom 15.7.-15.8., Wallstraße 2, @, www.hotel-krone-dreieich.de, ☎ 0049 (0) 6103/84115+81451, Fax 88970.

❿ D-63322 RÖDERMARK
A 3 ab Ausfahrt 54 Hanau über B 45 → Dieburg, A 5 ab Ausfahrt 24 Langen/Mörfelden und A 661 ab Ausfahrt 20 Langen
Hotel Lindenhof ★★★☆ 36 B, EZ € 51,– bis 68,–, DZ € 67,– bis 88,–, Appartement, inkl. Frühstücksbuffet, Messepreise, alle Zi mit Bad/Du, WC, ☎, Sat-TV, Radio und Schreibtisch, Bistro, Internet, Seminarraum, Nieder Röder Str. 22, @, www.hotel-lindenhof.com, ☎ 0049 (0) 6074/8990, Fax 899100.

⓫ D-63128 DIETZENBACH
A 661 ab Ausfahrt 18 Neu-Isenburg ca. 7 km, in Dietzenbach → Steinberg 500 m
Hotel Mainstreet ★★★ 64 Zi, EZ € 49,–, DZ € 69,–, Frühstück € 5,– pro Person, alle Zi mit Du, WC, Fön, ☎, TV, Pay-TV und WLAN, Lift, Restaurant, Tagungsräume bis 60 Personen, ca. 15 Minuten bis Frankfurt-Zentrum, S-Bahn-Anschluss, 🍴, Tief-G, Offenbacher Str. 35, @, www.hotel-mainstreet.de, ☎ 0049 (0) 6074/481030, Fax 4810333.

⓬ D-63450 HANAU
A 66 ab Ausfahrt 36 Hanau-Nord 3 km und A 3 ab Ausfahrt 54 Hanau 7 km
Hotel Zum Riesen ★★★☆ Stadtmitte, 95 B, EZ € 85,– bis 195,–, DZ € 105,– bis 250,–, Suite € 140,– bis 300,–, inkl. Frühstücksbuffet, alle Zi mit Bad/Du, WC, Fön, Kosmetikspiegel, ☎, Kabel-TV, Radio, Safe und Hosenbügler, Tagungsräume für 10-40 Personen, Sauna, 🖨, 🍴, Tief-G, Heumarkt 8, @, www.HanauHotel.de, ☎ 0049 (0) 6181/250250, Fax 250259.
Im gleichen Haus:

⓭ D-63450 HANAU
Riesenjunior ★★ EZ ab € 45,–, DZ € 57,–, zzgl. Frühstück.

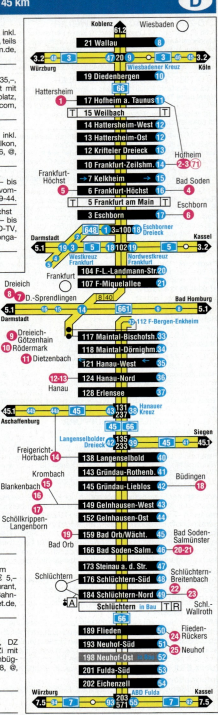

⑭ D-63579 FREIGERICHT-HORBACH
A 66 ab Ausfahrt 40 Langenselbold und A 45 ab Ausfahrt 44 Alzenau
Hotel Zur Linde ★★ 35 B, EZ € 30,50 bis 40,–, DZ € 52,– bis 67,–, inkl. reichhaltigem Frühstücksbuffet, alle Zi mit Du, WC, ☎, TV und Radio, Tagungsraum bis 20 Personen, G, P, Hauptstraße 1, www.hotel-pension-zur-linde.de, ☎ **0049 (0) 6055/9 13 30**, Fax 8 31 69.

⑮ D-63829 KROMBACH
A 3 ab Ausfahrt 61 Hösbach → Schöllkrippen, Blankenbach links → Krombach 10 km
Kleines Landhotel „Windlicht" ★★★ sehr ruhig am Waldrand, 25 B, EZ € 46,– bis 51,–, DZ € 71,– bis 82,–, Familien-Zi, inkl. reichhaltigem Frühstück, alle Zi mit Du, WC, ☎, TV und WLAN, teils Balkon, Café, Restaurant ab 18 Uhr, gutbürgerliche und gehobene Küche, ☎, ☷, P, Tannenstr. 1, @, www.kleines-landhotel.de, ☎ **0049 (0) 6024/69 03 06** (Bild siehe Route 3.3).

⑯ D-63825 BLANKENBACH
A 3 ab Ausfahrt 61 Hösbach ca. 8 km
Hotel Brennhaus Behl ★★★★ komfortabel schlafen im neuen Brennhaus, 36 B, EZ € 63,–, DZ € 88,–, Familien-Zi, Junior-Suiten, inkl. umfangreichem Vital-Landfrühstück, alle Zi mit Bad/Du, WC, Fön, ☎, TV, Internet und Frischluft-Klimaanlage, saisonale frische Küche, hauseigene Destille, Destillengarten, Terrasse, Räume bis 120 Personen, P, Krombacher Str. 2, @, www.behl.de, ☎ **0049 (0) 6024/47 66**, Fax 63 92 87 13.

⑰ D-63825 SCHÖLLKRIPPEN-LANGENBORN
A 3 ab Ausfahrt 61 Hösbach → Schöllkrippen 15 km
Hotel-Restaurant Villa am Sattelberg ★★★ 26 B, EZ € 55,– bis 75,–, DZ € 85,– bis 105,–, Mehrbett-Zi, inkl. Frühstück, alle Zi mit Du, WC, TV, Safe und Kitchenette, Biergarten, Terrasse, Hofladen, ☎, ☷, ☷, ⚿, P, Im Langenborn 17, @, www.villa-am-sattelberg.de, ☎ **0049 (0) 6024/67 54 33**, Fax 67 54 34 68.

⑱ D-63654 BÜDINGEN
A 45 ab Ausfahrt 39 Altenstadt ca. 10 km
Hotel Sonnenberg ★★★ ruhige Lage, 26 B, EZ € 65,– bis 69,–, DZ € 88,– bis 96,–, inkl. Frühstück, alle Zi mit Du, WC, ☎ und WLAN, gutbürgerliche und internationale Küche, Raum bis 250 Personen, klimatisierter Wintergarten, Solarium, ☷, ☷, P, Sudetenstr. 4, @, www.sonnenberg-buedingen.de, ☎ **0049 (0) 6042/30 51**, Fax 18 23.

⑲ D-63619 BAD ORB
A 66 ab Ausfahrt 45 Bad Orb/Wächtersbach ca. 5 km
Hotel Rheinland ★★★★ ruhige Lage am Kurpark, 50 B, EZ € 50,–, DZ € 90,–, inkl. Frühstücksbuffet, HP € 12,– pro Person, alle Zi mit Du, WC, Fön, ☎, TV, Safe und Minibar, Lift, frische Küche — auch Diät, Bar, Terrasse, Liegewiese, Sauna, Solarium, Massage, Sauerstoff-Anwendungen, G, P, Mitte Januar bis Mitte Februar ./., Lindenallee 36, @, www.hotel-rheinland.de, ☎ **0049 (0) 6052/9 14 90**, Fax 91 49 88.

⑳ D-63628 BAD SODEN-SALMÜNSTER
ab Ausfahrt 46 Bad Soden-Salmünster ca. 1,5 km
Landhotel Betz ★★★★ Panoramalage, 95 B, EZ € 55,– bis 68,–, DZ € 74,– bis 92,–, inkl. Frühstücksbuffet, alle Zi mit Bad/Du, WC, ☎ und TV, Restaurant, Bierstube, Tagungsräume, WLAN, Hallenbad, Sauna, Wellness, ☷, ☷, Brüder-Grimm-Str. 21, @, www.landhotel-betz.de, ☎ **0049 (0) 6056/73 90**, Fax 80 80.

㉑ D-63628 BAD SODEN-SALMÜNSTER
A 66 ab Ausfahrt 46 Bad Soden-Salmünster ca. 1,5 km (Kurgebiet)
Hotel Birkenhof ★★★★ 60 B, EZ € 50,– bis 63,–, DZ € 80,– bis 110,–, Suiten, Nichtraucher-Zi, inkl. Frühstücksbuffet, alle Zi mit Du, WC, Fön, Bademantel, ☎, TV, WLAN (kostenfrei) und Safe, kleine Karte bis 22 Uhr, Bar, Smokerslounge, Fitnessbereich, Sauna, Solarium, Kosmetik, König-Heinrich-Weg 1, @, www.hotel-birkenhof-am-park.de, ☎ **0049 (0) 6056/9 16 90**, Fax 91 69 59.

㉒ D-36381 SCHLÜCHTERN-BREITENBACH
A 66 ab Ausfahrt 49 Schlüchtern-Nord → Hotelroute 7 km
Landhotel Weining ★★ ruhige Lage, 28 B, EZ € 35,– bis 40,–, DZ € 60,– bis 70,–, Familien-Zi, inkl. Frühstück, alle Zi mit Du, WC, ☎ und TV, gutbürgerliche Küche, Terrasse, WLAN, ☷, ⚿, ⚿, P, Lange Str. 12, @, www.landhotel-weining.de, ☎ **0049 (0) 6661/9 66 60**, Fax 9 66 6 31.

㉓ D-36381 SCHLÜCHTERN-WALLROTH
A 66 ab Ausfahrt 49 Schlüchtern-Nord → Hintersteinau/Wallroth
Landgasthof Druschel ★★★ 22 B, EZ ab € 35,–, DZ ab € 56,–, inkl. Frühstück, alle Zi mit Du, WC, und TV, Restaurant, Wintergarten, Veranstaltungsräume, Terrasse, Kegelbahn, ☷ € 5,–, ☷, P, Restaurant Di ./., Hochstr. 14, @, www.landgasthof-druschel.de, ☎ **0049 (0) 6661/9 23 10**, Fax 9 62 3 15.

㉔ D-36103 FLIEDEN-RÜCKERS
A 66 ab Ausfahrt 50 Flieden → Rückers, Ortsmitte bei der Kirche
Landgasthof Zum grünen Baum ★★ 21 B, EZ € 28,– bis 30,–, DZ € 56,– bis 60,–, 3-Bett-Zi, inkl. Frühstück, alle Zi mit Du, WC und TV, eigene Landküche, Hausschlachtung, uriger Biergarten, Biker willkommen, ☷, ☷, P, Mittelstr. 9, @, www.gruener-baum-rueckers.de, ☎ **0049 (0) 6655/24 92**, Fax 9 11 64 06.

㉕ D-36119 NEUHOF
A 66 ab Ausfahrt 51 Neuhof-Süd 500 m und A 7 ab Ausfahrt 93 ABD Fulda ca. 8,5 km
Gasthof Schützenhof ★★★ 30 B, EZ € 27,– bis 34,50, DZ € 47,– bis 60,–, inkl. Frühstück, alle Zi mit Du und WC, teils TV, gute Küche (Spezialitäten), Räume für 10-170 Personen, Kegelbahn, Sauna, Solarium, ☷, ☷, G, P, dide P, Gieseler Str. 2, @, www.schuetzenhof-neuhof.de, ☎ **0049 (0) 6655/20 71**, Fax 7 25 55.

㊱ HOFHEIM AM TAUNUS

Hofheim bildet eine perfekte Mischung aus Erholung und geschäftigem Treiben. Als grüne Insel der Rhein-Main-Region kann man entspannt tief durchatmen. Nicht nur die zahlreichen Waldgebiete, sondern auch die schmucke Hofheimer Altstadt bietet Ihnen Abwechslung. Tradition und Moderne liegen nah beieinander: Bistros, Straßencafés, gemütliche Weinstuben und Restaurants - hier gibt es alles von rustikal bis „Nouvelle Cuisine". Kulturelles Leben finden Sie im Theater, in Konzerten, im Stadtmuseum und den zahlreichen attraktiven Ausstellungen. Besuchen Sie die Rhein-Main-Therme, den Golfplatz und den neuen Soccerpark Taunus-Hills.

Informationen und Prospekte:
Taunus Touristik Service,
Chinonplatz 2,
D-65719 Hofheim am Taunus,
www.hofheim.de,
☎ **0049 (0) 6192/2 02-0**, Fax 7 6 54.

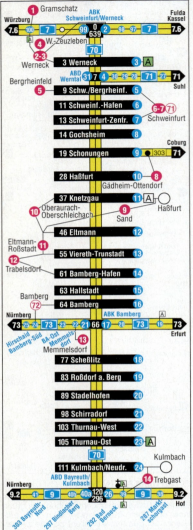

1 D-97222 GRAMSCHATZ
A 7 ab Ausfahrt 100 Gramschatzer Wald 4 km
Altfränkischer Gasthof Goldener Hirschen ★ 25 B, EZ € 30,– bis 38,–, DZ € 49,– bis 56,–, 3-Bett-Zi € 72,– bis 85,–, 4-Bett-Zi € 88,– bis 95,–, Familien-Zi, Babybett-Reservierung, alle Zi mit Du, WC und TV, 🍴, G, P, kein ./., Arnsteiner Str. 1, @, www.goldener-hirschen-gramschatz.de, ☎ 0049 (0) 9363/1744, Fax 6528.

2 D-97440 WERNECK A 70 ab Ausfahrt 3 Werneck 3 km (über B 19) und A 7 ab ABD Schweinfurt/Werneck und ABD Werntal je 6 km
Hotel-Gasthof Krone-Post ★★★ direkt am Schloss, 69 B, EZ € 58,– bis 90,–, DZ € 80,– bis 110,–, inkl. Frühstück, alle Zi mit Du, WC, 🕿, TV und WLAN, teils Minibar, Lift, 120 Plätze im Hotelrestaurant, 3 Tagungsräume (8/12/24 Personen), Sauna, großer P, Balthasar-Neumann-Straße 1/3, @, www.kronepost.de, ☎ 0049 (0) 9722/5090, Fax 509199 **(Bild siehe Route 7.6)**.

3 D-97440 WERNECK
A 70 ab Ausfahrt 3 Werneck und A 7 ab Ausfahrt 101 Würzburg/Estenfeld
Brauereigasthof ★★ 20 B, EZ € 45,–, DZ € 70,–, inkl. Frühstück, alle Zi Nichtraucher-Zi mit Du, WC, 🕿 und TV, durchgehend Küche, gut bürgerlich, täglich geöffnet von 11.30-21.30 Uhr, Raum für 50 Personen, Biergarten, 🍴, 🛏, 🚌, 🚻, ♿-Restaurant, P, Schönbornstraße 2, @, www.brauereigasthof-werneck.de, ☎ 0049 (0) 9722/91080, Fax 910810.

4 D-97440 WERNECK-ZEUZLEBEN
A 70 ab Ausfahrt 3 Werneck → Werneck, Kreisverkehr → Zeuzleben
Gasthof Zum Auerhahn ★★ 17 B, EZ € 35,– bis 39,–, DZ € 54,– bis 58,–, Familien-Zi, inkl. Frühstück, alle Zi mit Du und WC, auf Wunsch TV, zertifizierter Öko-Metzger mit eigener Schlachtung, Holzbackofen, echt fränkische Atmosphäre, P nach Vereinbarung, P, Di ./., Oberes Tor 9, www.zum-auerhahn.de, ☎ 0049 (0) 9722/3344, Fax 948224.

5 D-97493 BERGRHEINFELD
A 70 ab Ausfahrt 5 Schweinfurt/Bergrheinfeld ca. 1 km
Gasthof Zum Weißen Ross ★★ 80 B, EZ € 44,– bis 54,–, DZ € 74,– bis 82,–, Mehrbett-Zi, inkl. Frühstücksbuffet, alle Zi mit Du, WC und TV, fränkische Küche, Metzgerei mit eigener Schlachtung und Wild, Biergarten, Räume für 40-80 Personen, 🛏, 🚌, großer P, Hauptstr. 65, www.weissesrossrudloff.de, ☎ 0049 (0) 9721/78970 0, Fax 789789.

6 D-97424 SCHWEINFURT
A 70 ab Ausfahrt 7 Schweinfurt-Zentrum → Hafen-Ost 1,5 km
Hotel Primula ★★★ 62 Zi, 86 B, EZ € 59,50 bis 76,50, DZ € 69,50 bis 85,50, inkl. Frühstücksbuffet, alle Zi mit Du, WC, 🕿, TV und WLAN, gute Küche, Terrasse, 🚌, großer P, Friedrich-Rätzer-Str. 11, @, www.hotel-primula.de, ☎ 0049 (0) 9721/7790, Fax 0049 (0)9721/779200.

7 D-97421 SCHWEINFURT A 70 ab Ausfahrt 7 Schweinfurt-Zentrum → Zentrum 3 km und A 71 ab Ausfahrt 30 Schweinfurt-West → Zentrum 3 km
Kolping Hotel und Restaurant Zum Gesellen ★★★ 54 B, EZ € 54,–, DZ € 71,–, inkl. Frühstücksbuffet, alle Zi mit Du, WC, 🕿, TV und Internet, frische gute bürgerliche Küche, Räume für 35-50-70 Personen, Biergarten, 🚌, großer P, Moritz-Fischer-Str. 3, @, www.kolpinghotel-schweinfurt.de, ☎ 0049 (0) 9721/4765633, Fax 4765634.

8 D-97503 GÄDHEIM-OTTENDORF
A 70 ab Ausfahrten 9 Schonungen und 10 Haßfurt je 4 km
Hotel-Gasthof Zur Linde ★★ 29 B, EZ € 40,–, DZ € 66,–, inkl. Frühstücksbuffet, alle Zi mit Du, WC, 🕿 und TV, gutbürgerliche fränkische Küche mit Produkten aus Direktvermarktung, Räume bis 80 Personen, ec-cash, 🛏, 🚌, P, Restaurant Mo bis Sa ab 17 Uhr und So von 11 bis 14 Uhr geöffnet, Lindenplatz 1, @, www.Linde-Hotel.de, ☎ 0049 (0) 9727/91010, Fax 910140.

9 D-97522 SAND
A 70 ab Ausfahrt 12 Eltmann 5 km und Ausfahrt 11 Knetzgau 3 km
Hotel Weingut Goger ★★ 60 B, EZ € 33,–, DZ € 55,–, inkl. Frühstücksbuffet, Zi mit Du, WC, Fön, TV und Internet, teils 🕿, gutbürgerliche Küche, Räume bis 500 Personen, Bier- und Weingarten, eigener Weinanbau, Weinprobe möglich, 🚌, P, Hauptstraße 28, @, www.hotel-weingut-goger.de, ☎ 0049 (0) 9524/227, Fax 207.

12 Gasthof-Landhotel Altes Kurhaus, Trabelsdorf

10 Hotel Landhaus Oberaurach, Restaurant-Café, Oberaurach-Oberschleichach

⑩ D-97514 OBERAURACH-OBERSCHLEICHACH

A 70 ab Ausfahrt 11 Knetzgau 5 km und Ausfahrt 12 Eltmann 6 km
Hotel Landhaus Oberaurach, Restaurant-Café ★★★ ruhige schöne Lage, 25 B, EZ ab € 45,–, DZ ab € 74,–, Suite € 95,–, inkl. Frühstücksbuffet, alle Zi mit Du, WC, 📺 und TV, sehr gute Küche, Terrasse, Hallenbad, Sauna, großer P, Steigerwaldstr. 23, @, www.Landhaus-Oberaurach.de, ☎ **0049 (0) 95 29/92 20-0**, Fax 92 20-60.

⑪ D-97483 ELTMANN-ROSSSTADT

A 70 ab Ausfahrten 12 Eltmann oder 13 Viereth-Trunstadt je 5 km
Landgasthof Schramm ★★ 34 B, EZ € 34,–, DZ € 55,–, inkl. Frühstücksbuffet, überwiegend Zi mit Du, WC, 📺 und TV, Lift, gutbürgerliche fränkische Küche, Räume von 50 bis 100 Personen, 🍴, ♿ -Zi, P, Frankenstraße 24, @, www.schramm-landgasthof.de, ☎ **0049 (0) 95 22/3 99**, Fax 7 04 21.

⑫ D-96170 TRABELSDORF

A 70 ab Ausfahrt 14 Bamberg-Hafen 10 km und Ausfahrt 13 Viereth-Trunstadt 7 km → Bamberg, A 73 ab Ausfahrt 24 Bamberg-Süd
Gasthof-Landhotel Altes Kurhaus ★★★ ruhig gelegen am Weiher, 50 B, EZ € 42,– bis 48,–, DZ € 64,– bis 78,–, inkl. Frühstücksbuffet, alle Zi mit Du, WC, Lift, gutbürgerliche und gehobene Küche, Fischspezialitäten, Tagungsraum, Räume bis 300 Personen, große Terrasse, Biergarten, Gartenanlage, 🍴, großer P, Seelleite 1, @, www.Altes-Kurhaus.de, ☎ **0049 (0) 95 49/12 47**, Fax 70 79.

⑬ D-96117 MEMMELSDORF

A 73 ab Ausfahrt 22 Memmelsdorf 1,5 km
Brauerei-Gasthof Höhn ★★★ seit 1783 in Familienbesitz, 47 B, EZ € 51,– bis 59,–, DZ € 79,– bis 85,–, inkl. Frühstücksbuffet, Zi mit Du, WC, 📺, TV und Internet, fränkische und gehobene Küche, Tagungsraum bis 25 Personen, Räume bis 190 Personen, Hofgarten, 🍴, großer P, Hauptstraße 11, @, www.gasthof-hoehn.de, ☎ **0049 (0) 9 51/40 61 40**, Fax 4 06 14 44.

⑭ D-95367 TREBGAST

A 70 ab Ausfahrt 24 Kulmbach → Kulmbach 8 km und A 9 ab Ausfahrt 39 Bad Berneck → Wirsberg 7 km
Landgasthof Friedrich ★★ 28 B, EZ € 31,– bis 40,–, DZ € 42,– bis 57,–, inkl. Frühstücksbuffet, alle Zi mit Du, WC, 📺 und TV, gutbürgerliche, preiswerte Küche, Räume bis 150 Personen, köstliche Spezialitäten aus eigener Metzgerei (auch zum Mitnehmen), Biergarten, 🍴, großer P, Restaurant Mo ./., Kulmbacher Str. 2, @, www.landgasthof-friedrich.de, ☎ **0049 (0) 92 27/9 41 50**, Fax 94 15 50.

⑭

Landgasthof Friedrich, Trebgast

㉑ SCHWEINFURT

– eine Stadt, die vieles ins Rollen bringt. Industriestadt am Main, Zentrum der europäischen Wälzlagerfertigung. Erstmals 791 urkundlich erwähnt. Imposantes Rathaus von 1570 im Stil der Frührenaissance, Stadtmuseum in der alten Lateinschule, erbaut 1581, moderne Freizeitanlagen, Schwimmbad, Erholungsanlage Baggersee. Weinproben, Schweinfurter Schlachtschüssel.

Information und Prospekte:
Touristinformation im Museum Georg Schäfer,
Brückenstraße 20, D-97421 Schweinfurt,
tourismus@schweinfurt.de, www.schweinfurt.de,
☎ **0049 (0) 97 21/5 14 98**, Fax 5 15 88.

Rathaus, Schweinfurt

㉒ BAMBERG

Bischofsstadt mit großartigen Zeugnissen aus einem Jahrtausend abendländischer Kunst und Kultur. Das „Fränkische Rom" ist eine Stadt wie aus dem Bilderbuch, mit stolzen Kirchen, schönen Bürgerhäusern, verträumten Gassen und malerischen Winkeln. Preisgünstige Pauschalangebote und abwechslungsreiches Jahresprogramm.
Information und Prospekte: Tourismus und Kongress Service, Geyerswörthstraße 3, D-96047 Bamberg, tourist-info@bamberg.info, www.bamberg.info, ☎ **0049 (0) 9 51/2 97 62 00**, Fax 2 97 62 22.

Blick auf Bambergs Altstadt und Dom

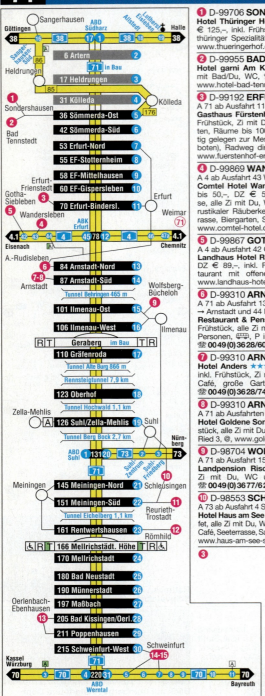

① **D-99706 SONDERSHAUSEN** an der B 4
Hotel Thüringer Hof ★★★ 69 B, EZ € 46,– bis 70,–, DZ € 65,– bis 97,–, Suite € 125,–, inkl. Frühstück, alle Zi mit Bad/Du, WC und ☎, teils TV und Radio, Lift, thüringer Spezialitäten, Café, Bar, Pub, ▦, 🍴, 🚐, ♿, P, Hauptstraße 30-32, @, www.thueringerhof.com, ☎ 0049 (0) 3632/6560, Fax 65611.

② **D-99955 BAD TENNSTEDT** 10 km abseits der B 4
Hotel garni Am Kurpark ★★ 22 B, EZ € 35,–, DZ € 52,–, inkl. Frühstück, Zi mit Bad/Du, WC, ☎, TV und Minibar, € 5,–, ♿, P, Am Osthöfer Tor 1, @, www.hotel-bad-tennstedt.de, ☎ 0049 (0) 36041/3700.

③ **D-99192 ERFURT-FRIENSTEDT**
A 71 ab Ausfahrt 11 Erfurt-Frienstedt → Gotha 1,5 km
Gasthaus Fürstenhof ★★ 26 B, EZ ab € 34,–, DZ ab € 58,–, inkl. reichhaltigem Frühstück, Zi mit Du, WC, ☎ und TV, gutbürgerliche Küche, Thüringer Spezialitäten, Räume bis 100 Personen für Tagungen und Reisegruppen, Biergarten, günstig gelegen zur Messe, zum Flughafen und zur EGA (Park & fly-Service wird angeboten), Radweg direkt vor dem Haus, großer P, Dietendorfer Straße 50, @, www.fuerstenhof-erfurt.de, ☎ 0049 (0) 36208/81920, Fax 81922.

④ **D-99869 WANDERSLEBEN**
A 4 ab Ausfahrt 43 Wandersleben ca. 3 km
Comtel Hotel Wandersleben + Gasthaus Burgenlandung ★★ 35 B, EZ € 40,– bis 50,–, DZ € 55,– bis 60,–, inkl. Frühstücksbuffet, Wochenendpauschalpreise, rustikaler Räuberkeller mit Räubermenü, Konferenzraum für 20-40 Personen, Terrasse, Biergarten, Solarium, Rundflüge auf Wunsch, 🚐, P, Mühlberger Str. 13, @, www.comtel-hotel.de, ☎ 0049 (0) 36202/82375, Fax 82376.

⑤ **D-99867 GOTHA-SIEBLEBEN**
A 4 ab Ausfahrt 42 Gotha → Erfurt 7 km (B 7)
Landhaus Hotel Romantik ★★★ ruhiges Haus im Landhausstil, 14 Zi, EZ € 65,–, DZ € 89,–, inkl. Frühstücksbuffet, alle Zi mit Du, WC, ☎, Radio und TV, Restaurant mit offenem Kaminfeuer, G, kostenfreier P, Salzgitterstraße 76, @, www.landhaus-hotel-romantik.de, ☎ 0049 (0) 3621/36490, Fax 364949.

⑥ **D-99310 ARNSTADT-RUDISLEBEN**
A 71 ab Ausfahrt 13 Arnstadt-Nord 3 km und A 4 ab Ausfahrten 46 Erfurt-West 7 km → Arnstadt und 44 Neudietendorf 4 km
Restaurant & Pension Schiefes Eck ★ 26 B, EZ ab € 33,–, DZ ab € 50,–, inkl. Frühstück, alle Zi mit Du, WC und TV, preiswerte, regionale Küche, Räume für 100 Personen, 🚐, P im Hof, Hauptstr. 60, info@schiefeseck.de, www.schiefeseck.de, ☎ 0049 (0) 3628/603249 (wird weitergeleitet).

⑦ **D-99310 ARNSTADT** A 71 ab Ausfahrt 14 Arnstadt-Süd 5 km
Hotel Anders ★★★ ruhige Lage im Grünen, 73 B, EZ ab € 55,–, DZ ab € 79,–, inkl. Frühstück, Zi mit Du, WC, ☎, TV und WLAN, rustikale und gehobene Küche, Café, große Gartenterrasse, P, Gehrener Str. 22, @, www.hotel-anders.de, ☎ 0049 (0) 3628/7453, Fax 745444.

⑧ **D-99310 ARNSTADT**
A 71 ab Ausfahrten 13 Arnstadt-Nord und 14 Arnstadt-Süd je 6 km
Hotel Goldene Sonne ★★★ 40 B, EZ € 30,– bis 50,–, DZ € 50,– bis 99,–, inkl. Frühstück, alle Zi mit Du, WC, ☎ und TV, gutbürgerliche Küche, Tagungsräume, großer P, Ried 3, @, www.goldene-sonne.arnstadt.de, ☎ 0049 (0) 3628/602776, Fax 45975.

⑨ **D-98704 WOLFSBERG-BÜCHELOH**
A 71 ab Ausfahrt 15 Ilmenau-Ost ca. 1200 m → Stadtilm
Landpension Risch ★★★ 18 B, EZ € 37,–, DZ € 50,–, inkl. Frühstück, alle Zi mit Du, WC und TV, P, Ilmenauer Straße 42, @, www.pension-risch.de, ☎ 0049 (0) 3677/62855, 0049 (0) 170/8355737, Fax 0049 (0) 3677/895384.

⑩ **D-98553 SCHLEUSINGEN**
A 73 ab Ausfahrt 4 Schleusingen 2 km (B 4 und B 247)
Hotel Haus am See ★★★ ruhig gelegen, 46 B, EZ € 62,–, DZ € 85,–, inkl. Frühstücksbuffet, alle Zi mit Du, WC, ☎, TV und WLAN, regionale Küche, Wild- und Fischspezialitäten, Café, Seeterrasse, Sauna, 🍴, 🚐, Am Langen Teich 3, info@haus-am-see-schleusingen.de, www.haus-am-see-schleusingen.de, ☎ 0049 (0) 36841/3370, Fax 33737.

③

Gasthaus Fürstenhof, Erfurt-Frienstedt

⑪ D-98646 REURIETH-TROSTADT
A 71 ab Ausfahrt 22 Meiningen-Süd 15 km ab B 89 → Hildburghausen und A 73 ab
Ausfahrten 4 Schleusingen 12 km und 5 Eisfeld-Nord auf B 89 → Hildburghausen
Landhotel Klostermühle ★★★ liebevoll restauriert, ruhige Lage, 30 B, EZ € 39,–, DZ
€ 49,– bis 61,–, inkl. Frühstücksbuffet, alle Zi mit Du, WC, ☎ und TV, Appartements,
gute Küche, Fisch- und Wildspezialitäten, Räume für 60 Personen, Wirtsgarten,
🚌, P, Dorfstraße 2, @, www.landhotel-klostermuehle.de, ☎ **0049(0)36873/24690**,
Fax 246999.

⑫ D-98631 RÖMHILD
ab Ausfahrten Römhild/Rentwertshausen 10 km
Hotel Restaurant „Zum Hirsch" ★★★ 52 B, EZ € 42,–, DZ € 72,–, inkl. Frühstücksbuffet, alle Zi mit Du, WC, ☎ und TV, Lift, gutbürgliche Küche, italienische Eisbar, Terrasse, Sauna, Wellnessbereich, 🚌, ♿, P, Heurichstr. 32, @,
www.hotel-hirsch-prediger.de, ☎ **0049(0)36948/8680**, Fax 868333.

⑬ D-97714 OERLENBACH-EBENHAUSEN
A 71 ab Ausfahrten 28 Bad Kissingen/Oerlenbach und 29 Poppenhausen je 2 km
Landgasthof zum Hirschen ★★ 21 B, EZ € 30,– bis 35,–, DZ € 50,– bis 58,–,
3-Bett-Zi, inkl. Frühstück, alle Zi mit Du, WC, ☎, TV und WLAN, gutbürgliche bis
feine Küche, Räume bis 120 Personen, eigene Brennerei, Kegelbahn, Kegelwo-
chenende, 🚌, großer P, Raiffeisenstraße 2, @, www.Hirschen-Ebenhausen.de,
☎ **0049(0)9725/9389**, Fax 3356.

⑭ D-97424 SCHWEINFURT
A 70 ab Ausfahrt 7 Schweinfurt-Zentrum → Hafen-Ost 1,5 km
Hotel Primula ★★★ 62 Zi, 86 B, EZ € 59,50 bis 76,50, DZ € 69,50 bis 85,50, inkl.
Frühstücksbuffet, alle Zi mit Du, WC, ☎, TV und WLAN, gute Küche, Terrasse, 🚌,
großer P, Friedrich-Rätzer-Str. 11, @, www.hotel-primula.de, ☎ **0049(0)9721/7790**,
Fax 0049(0)9721/779200.

⑮ D-97421 SCHWEINFURT A 70 ab Ausfahrt 7 Schweinfurt-Zentrum → Zentrum 3 km und A 71 ab Ausfahrt 30 Schweinfurt-West → Zentrum 3 km
Kolping Hotel und Restaurant Zum Gesellen ★★★ 54 B, EZ € 54,–, DZ € 71,–,
inkl. Frühstücksbuffet, alle Zi mit Du, WC, ☎, TV und Internet, frische gute bürgliche
Küche, Räume für 35-50-70 Personen, Biergarten, 🚌, großer P, Moritz-Fischer-Str. 3,
@, www.kolpinghotel-schweinfurt.de, ☎ **0049(0)9721/476563**, Fax 476534.

⑦ WEIMAR
Die Klassiker- und Kulturstadt Weimar ist so berühmt wie Goethe und
Schiller. Eine wunderschöne Altstadt mit zahlreichen Museen, Parks und
Schlössern in und um Weimar verzaubern die Besucher. Wer auf den
Spuren der Moderne wandelt, findet im Bauhaus-Museum und im Haus
am Horn die Zeugnisse von berühmten Künstlern der Avantgarde. Wei-
mar ist eine Stadt für Entdeckungswillige: Die Fülle der kulturellen Ange-
bote lässt sich mit denen einer Metropole vergleichen. Weimar ist ein
Besuchermagnet und bleibt trotzdem authentisch und sympatisch.

Informationen und Prospekte:
Tourist-Information Weimar, Markt 10, D-99423 Weimar,
tourist-info@weimar.de, www.weimar.de,
☎ **0049(0)3643/7450**, Fax 745420.

**Hotel
Haus am See,
Schleusingen**

**Hotel Anders,
Arnstadt**

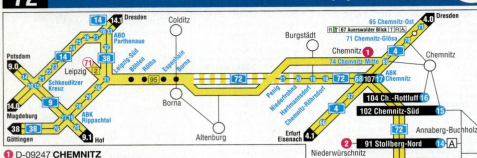

❶ D-09247 CHEMNITZ
A 4 ab Ausfahrt 69 Chemnitz-Mitte 2 km → Leipzig
Amber Hotel Chemnitz Park ★★★★ 103 Zi, EZ ab € 49,– DZ ab € 68,– (Wochen-end- und Happy Day-Raten), inkl. Frühstück, alle Zi mit Bad/Du, WC, ☎ und TV, teils WLAN, Lift, regionale und internationale Küche, Hotelbar, Terrasse, Sauna, Dampf-bad, Solarium, 🖥, 🍴, 🛗, P kostenfrei, Wildparkstr. 6, @, www.amber-hotels.de, ☎ 0049 (0) 37 22/51 30, Fax 51 31 00.

❷ D-09399 NIEDERWÜRSCHNITZ
A 72 ab Ausfahrt 14 Stollberg-Nord 0,8 km
Hotel Vinum ★★★★⚝ 22 B, EZ ab € 57,– DZ ab € 75,– inkl. Frühstücksbuffet, alle Zi mit Bad, Du, WC, ☎ und TV, top in Keller und Küche, Kamin-Zi, großer Garten, Schwimmteich, Sauna, Pool, G, P, Chemnitzer Straße 29, @, www.hotel-vinum.de, ☎ 0049 (0) 37296/93 17 50, Fax 1 51 29.

❸ D-08297 ZWÖNITZ
A 72 ab Ausfahrt 13 Stollberg-West 9 km
Hotel Ross ★★★ 40 B, EZ ab € 50,– DZ ab € 78,– inkl. Frühstücksbuffet, alle Zi mit Bad/Du, WC und ☎, sehr gute Küche, historische Gasträume, Sauna, Kosmetik, Massage, Garten, Markt 1, @, www.hotelross-erzgebirge.de, ☎ 0049 (0) 37 54/22 52, Fax 7 75 33.

❹ D-08297 ZWÖNITZ
A 72 ab Ausfahrt 13 Stollberg-West ca. 12 km und ab Ausfahrt 12 Hartenstein ca. 15 km
Hotel Stadt Zwönitz ★★★ ruhig gelegen, neu erbaut, 76 B, EZ € 50,– DZ € 68,– bis 76,– inkl. Frühstücksbuffet, alle Zi mit Du, WC, ☎, TV und Minibar, Lift, Garten-terrasse, Konferenzraum, Fitnessraum, Sauna, Solarium, 🖥, 🍴 € 6,–, 🛗, großer P, Rezeption 24 Stunden geöffnet, Am Mühlgraben 10, @, www.Hotel-Stadt-Zwoenitz.de, ☎ 0049 (0) 37 54/72-0, Fax 72-4 04.

❺ D-08280 AUE
A 72 ab Ausfahrt 12 Hartenstein ca. 14 km
Flair-Hotel Blauer Engel ★★★ 90 B, EZ € 55,– bis 105,– DZ € 80,– bis 110,– inkl. reichhaltigem Frühstücksbuffet, alle Zi mit Du, WC, ☎, TV und Minibar, Lift, bekannt gute Küche, Tagungsräume, Weinstube, selbst gebrautes Bier, Sauna- und Fitness-landschaft, 🛗, P, Altmarkt 1, @, www.hotel-blauerengel.de, ☎ 0049 (0) 37 71/59 20, Fax 2 31 73.

❻ D-08606 OELSNITZ
A 72 ab Ausfahrt 6 Plauen-Süd 4 km
Hotel Altdeutsche Bierstube ★★★ 34 B, EZ € 45,– bis 48,– DZ € 55,– bis 80,–, Nicht-raucher-Zi, inkl. Frühstücksbuffet, alle Zi mit Du, WC, ☎ und TV, Lift, gutbürgerliche Küche, ♿-Zi, großer Hotel-P für Busse und LKW, Feldstr. 9, kontakt@altdeutschebierstube.de, www.altdeutschebierstube.de, ☎ 0049 (0) 37 421/22 248, Fax 2 76 64.

❼ D-95173 SCHÖNWALD A 93 ab Ausfahrt 7 Schönwald 300 m
Landgasthof Ploss ★★★ 70 B, EZ € 45,– bis 52,– DZ € 68,– bis 78,–, inkl. Früh-stücksbuffet, Kinderermäßigung, alle Zi mit Du, WC, ☎, TV und WLAN, Lift, regio-nale und internationale Küche, 180 Sitzplätze, Badelandschaft mit Sauna, römischem Dampfbad, Solarien und Whirlpools, Biergarten, Wintergarten, G € 4,– pro Tag, großer P, Grünhaid 1, @, www.landgasthofploss.de, ☎ 0049 (0) 9287/80 06 30, Fax 5 91 87.

❽ D-95173 SCHÖNWALD A 93 ab Ausfahrt 7 Schönwald 300 m
Hotel-Gasthof Turm ★★ 50 B, EZ € 33,– DZ € 48,– bis 56,–, inkl. Frühstücksbuf-fet, alle Zi mit Du, WC und TV, regionale und internationale Küche, 110 Sitzplätze, Saunaoase, Dampfbad, Solarium, Whirlpool, Fitnessraum, Massage, Freizeitpark, P, Grünhaid 4, www.gasthofturm.de, ☎ 0049 (0) 9287/5 03 64, Fax 95 44 16.

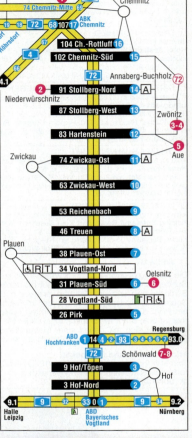

❻ Hotel Altdeutsche Bierstube, Oelsnitz

⑦ LEIPZIG

Leipzigs Reiz wird wesentlich von seiner zu Fuß erlebbaren Innenstadt bestimmt. Zu den Sehenswürdigkeiten gehören neben dem Alten Rathaus die barocke Alte Börse, die wiederentstandenen Patrizierhäuser und die imposanten Bauten der Gründerzeit. Die Kirchen in Leipzig haben aus unterschiedlichem Anlass Weltberühmtheit erlangt. Die Thomaskirche und ihr Knabenchor haben Leipzigs Rang als Musikstadt begründet. Der klassizistische Innenraum der Nikolaikirche ist ein besonderes Erlebnis für den Betrachter. Ein Besuchermagnet ist gleichfalls das Mahnmal zur Völkerschlacht, dessen Aussichtsplattform einen Blick auf Leipzig und die Region bietet.

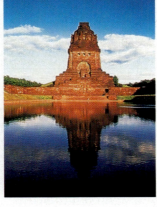

Information und Prospekte:
Leipzig Tourist Service e.V., Richard-Wagner-Str.1, D-04109 Leipzig, info@ltm-leipzig.de, www.leipzig.de, ☎ **0049(0)341/7104265**, Fax 7104271.

⑦ DAS ERZGEBIRGE

Reiche Erzfunde gaben dem Mittelgebirge einst seinen Namen. Die vom Jahrhundertе langen Bergbau geprägte Kulturlandschaft zieht Jahr für Jahr Millionen Ausflügler und Urlauber an. Der Tourismusverband bietet dem Gast ein breites Angebot vom Schnitz- und Klöppelurlaub über Wanderprogramme bis zu Fitness-Ferien. Die höchste Erhebung auf sächsischer Seite ist der Fichtelberg (1214 m). An dessen Fuß liegt Oberwiesenthal, Deutschlands höchstgelegene Stadt. Große Teile der abwechslungsreichen Erzgebirgslandschaft gehören

Zschopau, Schloss Wildeck

zum „Naturpark Erzgebirge/Vogtland", dem waldreichsten Naturpark der Bundesrepublik. Das Erzgebirge durchziehen 5000 km ausgebaute Wanderwege mit über 60 Lehrpfaden. Zahlreiche Bergbaudenkmale verbindet die 170 km lange „Ferienstraße Silberstraße" zwischen Schnee-berg, Annaberg-Buchholz, Marienberg und Freiberg. An zahlreichen Orten des historischen Bergbaus finden heute kulturelle Höhepunkte und Veranstaltungen statt. „Alle Jahre wieder" begeistert die Region zum Jahresausklang ihre Besucher mit typisch erzgebirgischen Weihnachtsmärkten und Traditionsfesten, Bergparaden und Hutzenabenden, Adventskonzerten und Mettenschichten.

Information und Prospekte:
Tourismusverband Erzgebirge e.V., Adam-Ries-Straße 16, D-09456 Annaberg-Buchholz, info@erzgebirge-tourismus.de, www.erzgebirge-tourismus.de, ☎ **0049(0)3733/18800-0**, Fax 18800-20.

❹ **Hotel Stadt Zwönitz, Zwönitz**

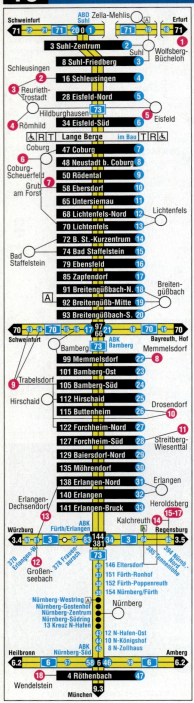

Map / route column (left):

Schweinfurt — ABD Zella-Mehlis — Erfurt
Suhl
71 — 22 — 21 — 71 — 20 — 1 — 71 — 19 — 18 — 71

3 Suhl-Zentrum ② — Suhl — Wolfsberg-Bücheloh ❶

8 Suhl-Friedberg ③

Schleusingen
❷ 16 Schleusingen ④

❸ Reurieth-Trostadt — 28 Eisfeld-Nord ⑤

Hildburghausen — 73 — ⑤ Eisfeld

❹ Römhild — 34 Eisfeld-Süd ⑥

Lange Berge — im Bau

Coburg — 47 Coburg ⑦

Coburg-Scheuerfeld — 48 Neustadt b. Coburg ⑧
❻
Grub am Forst — 50 Rödental ⑨
❼
58 Ebersdorf ⑩

65 Untersiemau ⑪

68 Lichtenfels-Nord ⑫ — Lichtenfels

70 Lichtenfels ⑬

72 B. St.-Kurzentrum ⑭

Bad Staffelstein — 74 Bad Staffelstein ⑮

79 Ebensfeld ⑯

85 Zapfendorf ⑰

91 Breitengüßbach-N. ⑱ — Breitengüßbach

92 Breitengüß-Mitte ⑲

93 Breitengüßbach-S. ⑳

97 / 66
Schweinfurt — 70 — 13 — 14 — 70 — 15 — 16 — 17 — 21 — 70 — 19 — 70 — Bayreuth, Hof
ABK Bamberg
Bamberg — 73 — Memmelsdorf

99 Memmelsdorf ㉒ — ⑧

❾ Trabelsdorf — 101 Bamberg-Ost ㉓

105 Bamberg-Süd ㉔

Hirschaid — 112 Hirschaid ㉕ — Drosendorf

115 Buttenheim ㉖ — ⑩

122 Forchheim-Nord ㉗ — ⑪

127 Forchheim-Süd ㉘ — Streitberg-Wiesenttal

129 Baiersdorf-Nord ㉙

135 Möhrendorf ㉚

138 Erlangen-Nord ㉛ — Erlangen

140 Erlangen ㉜

Erlangen-Dechsendorf — 141 Erlangen-Bruck ㉝ — Heroldsberg

15-17
❶❸ — Kalchreuth ❶❹
Würzburg — ABK Fürth/Erlangen — Regensburg
3.4 — 3 — 82 — 83 — 34 — 3 — 8 — 3.5
370 Erlangen-W. — 378 Frauenaurach — 394 Nürnb.-Nord / 305 Tennenlohe
❶❷ Großenseebach — 73 — 146 Eltersdorf
35
37 — 151 Fürth-Ronhof
39 — 152 Fürth-Poppenreuth
154 Nürnberg/Fürth

Nürnberg-Westring
Nürnberg-Gostenhof
Nürnberg-Zentrum — Nürnberg
Nürnberg-Südring
13 Kreuz N-Hafen

43 — 12 N-Hafen-Ost
44 — 10 N-Königshof
45 — 8 N-Zollhaus
ABK
Heilbronn — Nürnberg-Süd — Amberg
6.2 — 6 — 6 — 5 — 46 — 59 — 6 — 6.2
❶❽ — 4 Röthenbach ㉟
Wendelstein
9.3
München

Hotel listings (right):

❶ D-98704 WOLFSBERG-BÜCHELOH
A 71 ab Ausfahrt 15 Ilmenau-Ost ca. 1200 m → Stadtilm
Landpension Risch ★★★ 18 B, EZ € 37,–, DZ € 50,–, inkl. Frühstück, alle Zi mit Du, WC und TV, P, Ilmenauer Straße 42, @, www.pension-risch.de, ☎ 00 49 (0) 36 77/6 28 55, 00 49 (0) 170/8 35 57 37, Fax 00 49 (0) 36 77/89 53 84.

❷ D-98553 SCHLEUSINGEN
A 73 ab Ausfahrt 4 Schleusingen 2 km (B 4 und B 247)
Hotel Haus am See ★★★ ruhig gelegen, 46 B, EZ € 62,–, DZ € 85,–, inkl. Frühstücksbuffet, alle Zi mit Du, WC, ☎, TV und WLAN, regionale Küche, Wild- und Fischspezialitäten, Café, Seeterrasse, Sauna, ⌂, 🍺, Am Langen Teich 3, info@haus-am-see-schleusingen.de, www.haus-am-see-schleusingen.de, ☎ 00 49 (0) 3 68 41/33 70, Fax 33 737.

❸ D-98646 REURIETH-TROSTADT
A 73 ab Ausfahrt 4 Schleusingen 12 km und 5 Eisfeld-Nord → Meiningen (B 89) und A 71 ab Ausfahrt 22 Meiningen-Süd 15 km auf B 89 → Hildburghausen
Landhotel Klostermühle ★★★ liebevoll restauriert, ruhige Lage, 30 B, EZ € 39,–, DZ € 49,– bis 61,–, inkl. Frühstücksbuffet, alle Zi mit Du, WC, ☎ und TV, Appartements, gute Küche, Fisch- und Wildspezialitäten, Räume für 60 Personen, Wirtsgarten, 🍺, P, Dorfstraße 2, @, www.landhotel-klostermuehle.de, ☎ 00 49 (0) 3 68 73/2 46 90, Fax 24 69 99.

❹ D-98631 RÖMHILD
ab Ausfahrt Römhild/Rentwertshausen 10 km
Hotel Restaurant „Zum Hirsch" ★★★ 52 B, EZ € 42,–, DZ € 72,–, inkl. Frühstücksbuffet, alle Zi mit Du, WC, ☎ und TV, Lift, gutbürgerliche Küche, italienische Eisbar, Terrasse, Sauna, Wellnessbereich, ⌂, ♿, P, Heurichstr. 32, @, www.hotel-hirsch-prediger.de, ☎ 00 49 (0) 3 69 48/86 80, Fax 86 83 33.

❺ D-98673 EISFELD
A 73 ab Ausfahrt 6 Eisfeld-Süd 800 m
Waldhotel-Rasthof Hubertus ★★★ ruhig gelegen mitten im Wald, 30 B, EZ € 46,–, DZ € 69,–, 3-Bett-Zi € 79,–, inkl. Frühstück, alle Zi mit Du, WC, ☎, TV und WLAN, thüringische Küche, internationale Spezialitäten, Seminarraum, Räume für 45 und 90 Personen, große Terrasse, 🍺, großer P, Coburger Str. 501, @, www.waldhotel-hubertus.de, ☎ 00 49 (0) 3 68 6/61 88 80, Fax 61 88 16.

❻ D-96450 COBURG-SCHEUERFELD
B 4 ab Ausfahrt 3 km
Hotel-Gasthof Löhnert ★★ 82 B, EZ ab € 42,–, DZ ab € 53,–, Mehrbett-Zi, inkl. Frühstücksbuffet, alle Zi mit Du, WC, ☎ und TV, gute Küche, Räumlichkeiten bis 55 Personen, Biergarten, Sauna, ⌂ € 3,–, 🍺, P, Schusterdamm 28, @, www.hotel-loehnert.de, ☎ 00 49 (0) 95 61/8 33 60, Fax 83 36 99.

❼ D-96271 GRUB AM FORST
A 73 ab Ausfahrt 10 Ebersdorf 2 km
Landgasthof Goldene Rose ★★★ , EZ ab € 35,–, DZ ab € 56,–, inkl. Frühstücksbuffet, alle Zi mit Du, WC, ☎, TV und WLAN, fränkische Gastlichkeit seit 1730, familieneigene Metzgerei, verschiedene Räume bis 180 Personen, Gartenwirtschaft, Kegelbahn, 🍺, großer P am Haus, Coburger Str. 31, @, www.goldene-rose.de, ☎ 00 49 (0) 95 60/9 22 50, Fax 14 23.

❽ D-96117 MEMMELSDORF
A 73 ab Ausfahrt 22 Memmelsdorf 1,5 km
Brauerei-Gasthof Höhn ★★★ seit 1783 in Familienbesitz, 47 B, EZ € 51,– bis 59,–, DZ € 79,– bis 85,–, inkl. Frühstücksbuffet, Zi mit Du, WC, ☎, TV und Internet, fränkische und gehobene Küche, Tagungsraum bis 25 Personen, Räume bis 190 Personen, Hofgarten, 🍺, großer P, Hauptstraße 11, @, www.gasthof-hoehn.de, ☎ 00 49 (0) 9 51/4 06 1 40, Fax 4 06 14 44.

❾ D-96170 TRABELSDORF
A 73 ab Ausfahrt 24 Bamberg-Süd und A 70 ab Ausfahrten 14 Bamberg-Hafen 10 km und 13 Viereth-Trunstadt 7 km → Bamberg
Gasthof-Landhotel Altes Kurhaus ★★★ ruhig gelegen am Weiher, 50 B, EZ € 42,– bis 48,–, DZ € 64,– bis 78,–, inkl. Frühstücksbuffet, alle Zi mit Du, WC, Lift, gutbürgerliche und gehobene Küche, Fischspezialitäten, Tagungsraum, Räume bis 300 Personen, große Terrasse, Biergarten, Gartenanlage, 🍺, großer P, Seeleite 1, @, www.Altes-Kurhaus.de, ☎ 00 49 (0) 95 49/12 47, Fax 70 79 **(Bild siehe Route 70)**.

❷

Hotel Haus am See, Schleusingen

⑩ D-91330 DROSENDORF
A 73 ab Ausfahrten 26 Buttenheim → Ebermannstadt Abfahrt Drügendorf und 27 Forchheim-Nord → Eggolsheim → Drügendorf je 10 km
Landgasthof Zehner ★★☆ ruhige Lage, 12 B, EZ € 32,– bis 42,–, DZ € 55,– bis 62,–, inkl. Frühstücksbuffet, alle Zi mit Du, WC und TV, Abendkarte, gutbürgerliche Küche, Biergarten, eigene Brennerei, P, Feuersteinstr. 55, @, www.landgasthof-zehner.de, ☎ 0049(0)9545/950264, Fax 950265.

⑪ D-91346 STREITBERG-WIESENTTAL
A 73 ab Ausfahrt 28 Forchheim-Süd und A 9 ab Ausfahrt 44 Pegnitz je 20 km (B 470)
Hotel Schwarzer Adler ★★★ 14 B, EZ € 38,–, DZ € 58,–, inkl. Frühstücksbuffet, alle Zi mit Du, WC, ☎ und Sat-TV, Ferienwohnung (85 qm), gute Küche, Räume bis 100 Personen, P, Dorfplatz 7, info@hotel-schwarzer-adler.eu, www.hotel-schwarzer-adler.eu, ☎ 0049(0)9196/929490, Fax 9294929.

⑫ D-91091 GROSSENSEEBACH
A 3 ab Ausfahrt 81 Erlangen-West → Weisendorf 3 km
Hotel Restaurant Seebach ★★★ 30 B, EZ € 55,– bis 65,–, DZ € 69,– bis 85,–, Familien-Zi € 75,– bis 95,–, inkl. Frühstücksbuffet, alle Zi mit Du, WC, ☎, Sat-TV, WLAN und Minibar, teils Balkon, ▤, 🍴, &, P, Hauptstr. 2, @, www.hotel-seebach.de, ☎ 0049(0)9135/7160, Fax 716105.

⑬ D-91056 ERLANGEN-DECHSENDORF
A 73 ab Ausfahrt 31 Erlangen-Nord 3 km
Hotel Gasthof Rangau ★★★ seit 1520 in Familienbesitz, ruhige Lage in Ortsmitte, 100 B, EZ € 35,– bis 45,–, DZ € 50,– bis 70,–, inkl. Frühstücksbuffet, alle Zi mit Du, WC, Fön, Sat-TV und Internet, Familien-Zi mit Du, WC, Fön, Sat-TV und Frühstück € 20,– bis 25,– pro Person, Lift, gutbürgerliche Küche, gemütliche rustikale Räume für 50-150 Personen, Internet, ca. 500 m zum Erholungsgebiet Bischofsweiher, 🍴, P, Röttenbacher Str. 9, info@hotel-rangau.de, www.hotel-rangau.de, Fax 551 **(siehe auch Seite 61)**.

⑭ D-90562 KALCHREUTH
A 3 ab Ausfahrten 85 Nürnberg-Nord und 84 Tennenlohe 11 km
Landgasthof Metzgerei Meisel ★★☆ 60 B, EZ € 28,– bis 55,–, DZ € 48,– bis 78,–, Familien-Zi, inkl. Frühstücksbuffet, überwiegend Zi mit Du, WC, ☎, TV und Internet, gutbürgerliche regionale Küche, 3 Räume für 40 bis 60 Personen, Biergarten, Flughafen 10 km, 🍴, Dorfplatz 1, @, www.landgasthof-meisel.de, ☎ 0049(0)911/5626955, Fax 5626990.

⑮ D-90562 HEROLDSBERG
A 3 ab Ausfahrt 85 Nürnberg-Nord 5 km
Flair Hotel Gelber Löwe ★★★ 70 B, EZ € 49,– bis 70,–, DZ € 64,– bis 100,–, Familien-Zi, inkl. Frühstücksbuffet, alle Zi mit Du, WC, ☎, TV und kostenfreiem WLAN, Lift, kreative fränkische Küche, Räume bis 100 Personen, Terrasse, 🍴, G, P, Hauptstraße 42, @, www.hotel-gelber-loewe.de, ☎ 0049(0)911/956580, Fax 9565888.

⑯ D-90562 HEROLDSBERG
A 3 ab Ausfahrt 85 Nürnberg-Nord 5 km
Hotel-Gasthof Rotes Ross ★★★ seit 1623, 70 B, EZ ab € 54,–, DZ ab € 75,–, inkl. Frühstücksbuffet, Wochenendpauschalpreise, Zi mit Du, WC, Fön, ☎, TV, WLAN und Radio, Staatsehrenpreis im Wettbewerb Bayerische Küche, 5 Tagungsräume von 5 bis 150 Personen, Biergarten, Flughafen 8 km, ▤, 🍴, G, großer P, Fr./. (Hotel geöffnet), Hauptstr. 10, @, www.rotesross-heroldsberg.de, ☎ 0049(0)911/9565-0, Fax 9565-200 **(Bild siehe Route 3.5)**.

⑰ D-90562 HEROLDSBERG
A 3 ab Ausfahrt 85 Nürnberg-Nord 4 km, Umgehungsstraße Heroldsberg 2. Abfahrt
Waldgasthof Föhren-Hof ★★ 35 B, EZ € 47,– bis 70,–, DZ € 78,– bis 100,–, inkl. Frühstücksbuffet, alle Zi mit Du, WC, ☎ und TV, gutbürgerliche, preiswerte Küche, Nebenzimmer bis 90 Personen, Sonnenterrasse, 🍴, G, großer P, Lauferweg 33, @, www.foehren-hof.de, ☎ 0049(0)911/51830, Fax 5188314 **(Bild siehe Route 3.5)**.

⑱ D-90530 WENDELSTEIN
A 73 ab Ausfahrt 47 Röthenbach 2,5 km
Gasthaus-Hotel zum Wenden ★★★ 36 B, EZ ab € 49,–, DZ ab € 79,–, Appartements € 100,–, inkl. Frühstücksbuffet, Wochenendpauschalpreise, alle Zi mit Du, WC, ☎ und TV, frische regionale Küche, Konferenzräume, Biergarten, G, P, Hauptstraße 30/32, @, www.hotel-zum-wenden.de, ☎ 0049(0)9129/90130, Fax 901316.

⑬
Hotel Gasthof
Rangau,
Erlangen-Dechsendorf

⑭
Landgasthof
Metzgerei
Meisel,
Kalchreuth

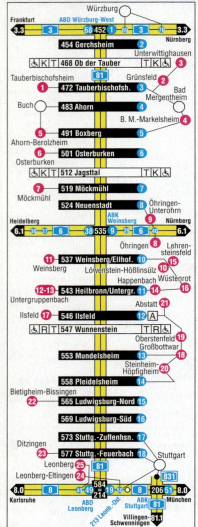

❶ Hotel Raitelberg, Wüstenrot

❶ D-97941 TAUBERBISCHOFSHEIM
A 81 ab Ausfahrt 3 Tauberbischofsheim ca. 2 km, 2. Ampel halb rechts
Hotel-Restaurant „Am Brenner" ★★★ ruhige Aussichtslage, 60 B, EZ € 51,– bis 59,–, DZ € 71,– bis 79,–, inkl. Frühstück, alle Zi mit Du, WC, ☎, TV und WLAN, bürgerliche und gehobene Küche, Konferenzraum, Appartements, 🖥, ⛛, G, P, Goethestr. 10, @, www.hotel-am-brenner.de, ☎ 0049 (0) 93 41/9 21 30, Fax 92 13 34.

❷ D-97947 GRÜNSFELD
A 81 ab Ausfahrt 3 Tauberbischofsheim ca. 5 km
Gästehaus Eisner Mühle ★★★ ruhige Lage, 15 B, EZ € 44,–, DZ € 66,–, inkl. reichhaltigem Frühstück, alle Zi mit Du, WC, ☎, Kabel-TV und Radio, gutbürgerliche Küche, Biergarten, großer P, Steinbachstraße 7, www.gaestehaus-eisner-muehle.de, ☎ 0049 (0) 93 46/9 23 26, Fax 92 33 10.

❸ D-97957 UNTERWITTIGHAUSEN
A 81 ab Ausfahrt 3 Tauberbischofsheim 8 km und A 7 ab Ausfahrt 104 Marktbreit
Gasthaus „Zum Bären" mit Gästehaus/Cafè-Bistro ★★★ 22 B, EZ € 30,– bis 38,–, DZ € 46,– bis 56,–, inkl. Frühstücksbuffet, alle Zi mit Du und WC, teils TV, gute Küche, ♿, P, Königstr. 9, @, www.gasthaus-zum-baeren.de, ☎ 0049 (0) 93 47/2 46, Fax 9 50 23.

❹ D-97980 BAD MERGENTHEIM-MARKELSHEIM Weinort an der Romantischen Straße, A 7 ab Ausfahrt 108 Rothenburg o.d. Tauber ca. 25 km
Flair-Hotel-Restaurant „Weinstube Lochner" ★★★★ 100 B, EZ € 58,– bis 103,–, DZ € 93,–, inkl. Frühstücksbuffet, alle Zi mit Bad/Du, WC, ☎ und Balkon, Lift, Küche bietet Spargel-, Wild- und Fischspezialitäten, 4 Restaurationsräume für 300 Personen, 4 Tagungsräume, Hallenbad, Sauna, Spa-Wellness-Bereich, 🚲, G, großer P, Hauptstraße 39, @, www.weinstube-lochner.de, ☎ 0049 (0) 79 31/939-0, Fax 939-193.

❺ D-74744 AHORN-BEROLZHEIM
A 81 ab Ausfahrt 5 Boxberg 1200 m
Gasthof „Engel" ★★ 18 B, EZ € 30,–, DZ € 55,–, inkl. Frühstück, alle Zi mit Du, WC und Sat-TV und Balkon, gutbürgerliche Küche, Gerichte für € 6,– bis 10,–, Räume für 80 Personen, Terrasse, 🚲, G, P, Mi und Do ./., Kirchbrunnenstraße 3, ☎ 0049 (0) 62 96/5 11, Fax 92 94 40.

❻ D-74706 OSTERBURKEN
A 81 ab Ausfahrt 6 Osterburken 5 km, Esso Tankstelle rechts → Bad Mergentheim
Hotel-Restaurant Märchenwald ★★★★ ruhige Waldlage, 36 B, EZ € 49,– bis 60,–, DZ € 79,– bis 94,–, inkl. Frühstücksbuffet, alle Zi mit Bad/Du, WC, ☎ und TV, gehobene Küche, Tagungsraum, Sauna, Dampfbad, Solarium, P, Boschstr. 14, @, www.hotelmaerchenwald.de, ☎ 0049 (0) 62 91/6 42 00, Fax 64 20 40.

❼ D-74219 MÖCKMÜHL
A 81 ab Ausfahrt 7 Möckmühl ca. 6 km
Hotel Restaurant „Württemberger Hof" ★★ 28 B, EZ € 46,–, DZ € 71,–, inkl. Frühstück, Zi mit Du, WC, ☎ und TV, Biergarten, 🖥, ⛛, G, P, Fr ./., Sa ab 18 Uhr geöffnet (Hotel geöffnet), Bahnhofstr. 11, www.wuerttemberger-hof-moeckmuehl.de, ☎ 0049 (0) 62 98/50 02, Fax 77 79.

❽ D-74613 ÖHRINGEN
A 6 ab Ausfahrt 40 Öhringen 1 km
Hotel Württemberger Hof ★★★★ 80 B, EZ € 88,–, DZ € 104,– bis 130,–, inkl. Frühstück, 24 EZ, 28 DZ, Zi mit Bad/Du, WC und Kabel-TV, gehobene deutsche Küche, Tagungsräume bis 100 Personen, Tief-G, P, Karlsvorstadt 4, @, www.wuerttemberger-hof.de, ☎ 0049 (0) 79 41/9 20 00, Fax 92 00 80.

❾ D-74613 ÖHRINGEN-UNTEROHRN
A 6 ab Ausfahrt 40 Öhringen 500 m → Neuenstadt
Hotel Gasthaus Krone ★★★ neu erbaut, 24 B, EZ € 52,–, DZ € 78,–, inkl. Frühstücksbuffet, alle Zi mit Du, WC, ☎, TV und Internet, regionale gute Küche, Biergarten, 🚲, ♿, Neuenstadter Str. 101, www.krone-unterohrn.de, ☎ 0049 (0) 79 41/3 66 31, Fax 60 61 95.

❿ D-74245 LÖWENSTEIN-HÖSSLINSÜLZ A 81 ab Ausfahrt 10 Weinsberg-Ellhofen 6 km an der B 39 entlang und A 6 ab Ausfahrt 39 Bretzfeld ca. 12 km
Flair Hotel Landgasthof Roger ★★★☆ 130 B, EZ € 44,– bis 99,–, DZ € 93,– bis 150,–, inkl. Frühstück, alle Zi mit Bad/Du, WC, ☎, TV und ISDN, Lift, schwäbische Küche, Weinstube, Räume für Tagungen und Feiern bis 220 Personen, Sauna, Whirlpool, Solarium, 🚲, ♿, G, P, Heiligenfeld 56, @, www.landgasthof-roger.de, ☎ 0049 (0) 71 30/230, Fax 6033 (Bild siehe Route 6.1).

⓫ D-74189 WEINSBERG
A 81 ab Ausfahrt 10 Weinsberg-Ellhofen ca. 1 km, siehe Hinweisschild
Hotel und Gutsgaststätte Rappenhof ★★★☆ ruhige Aussichtslage, 59 B, EZ € 94,– bis 104,–, DZ € 114,– bis 124,–, Suite € 150,–, inkl. Frühstücksbuffet, Zi mit Du, WC, ☎ und Balkon, Bio-zertifiziertes Restaurant mit Wintergarten bis 100 Personen, Räume für Tagungen bis 40 Personen, Gartenterrasse, Spielplatz, Kutschfahrten, 🚲, P, @, www.rappenhof.de, ☎ 0049 (0) 71 34/519-0, Fax 519-55 (Bild siehe Route 6.1).

⓬ D-74199 UNTERGRUPPENBACH
A 81 ab Ausfahrt 11 ca. 500 m
Hotel Landgasthof „Fromm" ★★★ 24 B, EZ € 34,– bis 46,–, DZ € 58,– bis 70,–, inkl. Frühstücksbuffet, Zi mit Du, WC, ☎, Kabel-TV mit Premiere und Internet (DSL), gute Küche, ⛛, G, großer P (auch kleine LKW), Happenbacher Str. 54, www.hotel-fromm.de, ☎ 0049 (0) 71 31/70 20 40, Fax 97 02 49.

⑬ D-74199 UNTERGRUPPENBACH
A 81 ab Ausfahrt 11 Heilbronn/Untergruppenbach ca. 400 m
Gästehaus „Hartwig" ★★ 17 B, EZ € 35,– bis 42,–, DZ € 60,– bis 70,–, inkl. reichhaltigem Frühstück, mit Du, WC und WLAN, gemütlicher Aufenthaltsraum, P, Happenbacher Str. 88, @, www.hotel-hartwig.de, ☎ 0049 (0) 71 31/70 23 33, Fax 7 07 81.

⑭ D-74232 HAPPENBACH
A 81 ab Ausfahrt 11 Heilbronn/Untergruppenbach → Löwenstein 500 m
Landgasthof Sonne ★★★ 28 B, EZ € 42,–, DZ € 60,–, inkl. Frühstücksbuffet, alle Zi mit Du, WC, ☎, TV und Fax-Anschluss, gutbürgerliche Küche, eigener Weinbau, Solarium, 🛏, P, Gottlieb-Härle-Straße 6, ☎ 0049 (0) 70 62/90 50-0, Fax 90 50-50.

⑮ D-74251 LEHRENSTEINSFELD
A 81 ab Ausfahrt 10 Weinsberg/Ellhofen ca. 2 km, Hinweisschild folgen
Gästehaus „Zum Wolffenturm" ★★★ Neueröffnung Juni 2008, ruhige Aussichtslage, 15 B, EZ € 49,–, DZ € 75,–, inkl. reichhaltigem Frühstücksbuffet, alle Zi mit Du, WC, TV und WLAN, Forellenhof 1, @, www.wolffenturm.de, ☎ 0049 (0) 71 34/1 51 42, Fax 91 01 33.

⑯ D-71543 WÜSTENROT A 81 ab Ausfahrt 10 Weinsberg/Ellhofen ca. 16 km, Ausfahrt 11 Heilbronn/Untergruppenbach ca. 14 km
Hotel Raitelberg ★★★★ absolut ruhige Lage mit weiter Fernsicht, 60 B, EZ € 80,– bis 95,–, DZ € 120,– bis 150,–, inkl. Frühstück, Zi mit Bad, Du, WC, ☎, TV, Minibar und Balkon, Restaurant mit Bar, Kamin, 6 Konferenzräume für 10-150 Personen, Wintergarten, Sauna, Solarium, Hallenbad, Wellnessbereich, 🛏, G, P, Schönblick Str. 39, @, www.raitelberg.de, ☎ 0049 (0) 79 45/930-0, Fax 930-100.

⑰ D-74360 ILSFELD A 81 ab Ausfahrt 12 Ilsfeld ca. 1000 m
Hotel-Gasthof „Häußermann's Ochsen" ★★ 55 B, EZ ab € 45,–, DZ ab € 63,–, inkl. Frühstück, Zi mit Du, WC, ☎, TV und kostenfreiem WLAN, Lift, regionale schwäbische und internationale Küche, Wildgerichte, Hausmetzgerei, Tagungsraum, Raum für 110 Personen, 🛏, G, P, König-Wilhelm-Str. 31, gasthof-ochsen@gmx.de, www.ochsen-ilsfeld.de, ☎ 0049 (0) 70 62/67 90-0, Fax 6 49 96.

⑱ D-71723 GROSSBOTTWAR A 81 ab Ausfahrt 13 Mundelsheim 4 km
Hotel-Weingut Bruker ★★★ neu erbaut, 42 B, EZ € 44,–, DZ € 72,–, inkl. Frühstücksbuffet, alle Zi mit Du, WC, ☎, Flachbild-TV und Minibar, Lift, Tagungsraum, Sauna, Solarium, Außenpool auf der Terrasse, P, Kleinaspacher Straße 18, www.hotel-bruker.de, ☎ 0049 (0) 71 48/92 10 5 99.

⑲ D-71720 OBERSTENFELD A 81 ab Ausfahrten 12 ca. 6 km und 13 ca. 8 km
Restaurant-Gasthof Orakel ★★★ 15 B, EZ € 40,– bis 48,–, DZ € 65,– bis 75,–, inkl. Frühstück, alle Zi mit Du, WC, ☎, TV und WLAN, griechisches Restaurant bis 24 Uhr geöffnet, Terrasse, 🛏, G, P, Großbottwarer Str. 1, @, www.restaurant-orakel.de, ☎ 0049 (0) 70 62/23 2 94, Fax 2 33 83.

⑳ D-71711 STEINHEIM-HÖPFIGHEIM A 81 ab Ausfahrt 14 Pleidelsheim → Murr, im Ort → Höpfigheim 5 km und Ausfahrt 13 → Mundelsheim → Höpfigheim
Hotel Höpfigheimer Hof garni ★★★ Bio-zertifiziert, 30 B, EZ € 60,– bis 75,–, DZ € 95,– bis 110,–, inkl. Frühstücksbuffet aus Bio-Produkten, alle Zi allergikergerecht mit Du, WC, ☎, TV und PC-Anschluss, Konferenzraum, Hotelomat, ♿, G, P, Backhausstraße 5, @, www.hoepfigheimerhof.de, ☎ 0049 (0) 71 44/28 18 08, Fax 28 18 09.

㉑ D-74232 ABSTATT A 81 ab Ausfahrt 12 Ilsfeld 2 km
Hotel-Gasthof Hiller ★★★☆ 51 B, EZ € 65,– bis 85,–, DZ € 90,– bis 110,–, Wochenendpreise auf Anfrage, inkl. Frühstücksbuffet, alle Zi mit Du, WC, ☎ und TV, hausgemachte schwäbische Spezialitäten, Tagungsraum, Terrasse, 🛏, P, Beilsteiner Str. 20, @, www.Hotel-Hiller.de, ☎ 0049 (0) 70 62/97 88 00, Fax 9 78 80 20.

㉒ D-74321 BIETIGHEIM-BISSINGEN
A 81 ab Ausfahrt 15 Ludwigsburg-Nord 3 km (Ortsteil Buch → Freiberg)
Parkhotel „Bietigheim" ★★★ ruhige Waldlage, 100 B, EZ € 57,– bis 73,–, DZ € 80,– bis 95,–, inkl. Frühstücksbuffet, Zi mit Bad, Du, WC und ☎, Restaurant, 🛏, G, P, Freiberger Str. 71, @, www.parkhotel-bietigheim.de, ☎ 0049 (0) 71 42/7 70 60, Fax 5 40 99.

㉓ D-71254 DITZINGEN
A 81 ab Ausfahrt 18 Stuttgart-Feuerbach ca. 900 m (S-Bahn 150 m)
Blankenburg Hotel Ditzingen ★★★★ 123 B, EZ € 60,– bis 110,–, DZ € 60,– bis 130,–, inkl. Frühstücksbuffet, alle Zi mit Du, WC, ☎, TV, WLAN-Hotspot, Minibar und Klimaanlage, Lift, Restaurant, Bar, Konferenzräume, 🛏, Tief-G, Gerlinger Straße 27, BlankenburgHotel@t-online.de, www.blankenburghotel.de, ☎ 0049 (0) 71 56/9 32-0, Fax 9 32-1 90.

㉔ D-71229 LEONBERG-ELTINGEN
A 8 ab Ausfahrten 48 Leonberg-West und 50 -Ost 1,5 km
Hotel-Restaurant Kirchner ★★★ 54 B, EZ € 55,– bis 75,–, DZ € 75,– bis 100,–, inkl. Frühstücksbuffet, alle Zi mit Du, WC, ☎ und TV, Lift, gutbürgerliche Küche, schwäbisch-regionale Gerichte, Konferenzraum bis 60 Personen, Terrasse, 🛏, großer P, Leonberger Straße 14-16, @, www.hotel-kirchner.de, ☎ 0049 (0) 71 52/60 63-0, Fax 60 63-60.

㉕ D-71229 LEONBERG
A 8 ab Ausfahrten 48 Leonberg-West und 50 Leonberg-Ost 3 km → Stadtmitte
Amber Hotel Leonberg/Stuttgart ★★★★ 139 Zi, EZ ab € 51,–, DZ ab € 72,– (Wochenend- und Happy Day-Raten), Komfort-Zi, 3 Appartements, inkl. Frühstück, alle Zi mit Du/Bad, WC, Fön, ☎, Movie-TV, WLAN und Minibar, Lift, regionale und internationale Küche, Biergarten, Hotelbar, Sauna, 🛏, ♿, 🛏, Tief-G, P, Römerstr. 102, @, www.amber-hotels.de, ☎ 0049 (0) 71 52/30 33, Fax 30 34 99.

㉓ Blankenburg Hotel Ditzingen, Ditzingen

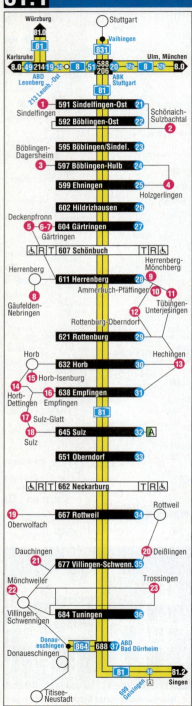

❶ D-71065 SINDELFINGEN
A 81 ab Ausfahrt 21 Sindelfingen-Ost 2 km → Stadtmitte
Hotel-Restaurant Sonnenhof ★★★ 26 B, EZ € 54,– DZ € 73,–, 3-Bett-Zi. inkl. Frühstücksbuffet, alle Zi mit Du, WC und kostenfreiem WLAN, kleine Abendkarte, P, Königsknollstraße 2, @, www.hotel-sonnenhof.org, ☎ 0049(0)7031/633616, Fax 633617.

❷ D-71101 SCHÖNAICH-SULZBACHTAL
A 81 ab Ausfahrten 22 Böblingen-Ost (vom Stuttgarter Kreuz) und 21 Sindelfingen-Ost (von Singen/Bodensee) je 8 km → Steinenbronn/Nürtingen
Waldhotel Sulzbachtal ★★★ ruhig gelegen, 32 B, EZ € 70,– bis 80,–, DZ € 89,– bis 115,–, inkl. Frühstücksbuffet, alle Zi mit Du, WC, ☎, TV und WLAN, Restaurant, Gartenterrasse, großer P, Mo ./., Im Sulzbachtal 2, @, www.sulzbachtal.com, ☎ 0049(0)7031/7578-0(Hotel)+7548-0(Restaurant), Fax 7578-10.

❸ D-71034 BÖBLINGEN-DAGERSHEIM
A 81 ab Ausfahrt 24 Böblingen-Ost 1 km → Calw
Hotel Waldhorn ★★★½ 53 B, EZ ab € 55,–, DZ ab € 75,–, inkl. Frühstücksbuffet, alle Zi mit Du, WC, ☎, TV und WLAN, gutbürgliche und gehobene Küche, im Restaurant Schlapphüadle schwäbische Küche, Tagungsräume, Terrasse, großer P, Böblinger Str. 1, @, www.hotel-waldhorn.de, ☎ 0049(0)7031/76720, Fax 767266.

❹ D-71088 HOLZGERLINGEN
A 81 ab Ausfahrt 24 Böblingen-Hulb 5 km → Holzgerlingen → Kreisverkehr links ab → Freibad
Hotel garni Bühleneck ★★★ sehr ruhige Lage, 24 B, EZ € 58,– bis 65,–, DZ € 84,– bis 94,–, inkl. Frühstücksbuffet, alle Zi mit Du, WC, ☎, TV, WLAN und Minibar, Appartement, Sauna, Solarium, Fitnessraum, P, Bühlenstraße 81, @, www.buehleneck.de, ☎ 0049(0)7031/7475-0, Fax 7475-30.

❺ D-75392 DECKENPFRONN
A 81 ab Ausfahrt 27 Gärtringen 7 km
Hotel-Gasthof Krone mit Metzgerei ★★ 28 B, EZ € 44,– bis 55,–, DZ € 66,– bis 72,–, inkl. Frühstücksbuffet, alle Zi mit Du, WC, ☎, TV, Radio und kostenfreiem WLAN, Lift, Sauna, Solarium, Tief-G, Marktplatz 10, dongus@Krone-Deckenpfronn.de, www.Krone-Deckenpfronn.de, ☎ 0049(0)7056/9299-0, Fax 9299-40.

❻ D-71116 GÄRTRINGEN
A 81 ab Ausfahrt 27 Gärtringen ca. 1000 m
Hotel Bären garni ★★★ 56 B, EZ € 50,– bis 72,–, DZ € 75,– bis 92,–, Nichtraucher-Zi, inkl. Frühstücksbuffet, Wochenendpreise, alle Zi mit Du, WC, ☎, TV und Minibar, WLAN kostenfrei, S-Bahn Anschluss zur Messe Stuttgart, ☎, ☝, ☕, Daimlerstr. 11, hotel-baeren@t-online.de, www.hotel-baeren-gaertringen.de, ☎ 0049(0)7034/2760, Fax 276222.

❼ D-71116 GÄRTRINGEN
A 81 ab Ausfahrt 27 Gärtringen 200 m
Hotel-Restaurant Kerzenstüble ★★ 39 B, EZ € 65,– bis 72,–, DZ € 83,– bis 90,–, inkl. Frühstücksbuffet, alle Zi mit Du, WC, ☎, TV, Faxanschluss und Minibar, saisonale, gute Küche, regionale Spezialitäten, Gartenwirtschaft, Konferenzraum, ☝, ☕, großer P, Böblingerstr. 2-4, info@kerzenstueble.de, www.kerzenstueble.de, ☎ 0049(0)7034/92400, Fax 924040.

❽ D-71126 GÄUFELDEN-NEBRINGEN
A 81 ab Ausfahrt 28 Herrenberg → Gäufelden (B 14) 5 km
Aramis Hotel & Tagungen & Wellness & Sport ★★★★ ruhige Aussichtslage, 91 Zi, EZ € 65,– bis 114,–, DZ € 90,– bis 116,–, inkl. Frühstücksbuffet, alle Zi mit Premiere-TV kostenfrei, Restaurant mit Terrassen, 10 Tagungsräume, Fitness-Studio und Sauna kostenfrei, Natur-Badesee, 250 kostenfreie P, Siedlerstr. 40-44, @, www.aramis.de, ☎ 0049(0)7032/781-0, Fax 781-1555.

❾ D-71083 HERRENBERG-MÖNCHBERG
A 81 ab Ausfahrt 28 Herrenberg ca. 1200 m → Mönchberg
Hotel Restaurant Kaiser ★★★ ruhige Aussichtslage, 45 B, EZ € 55,– bis 79,–, DZ € 79,– bis 99,–, inkl. Frühstücksbuffet, Zi mit Du, WC, ☎, Premiere-TV kostenfrei und WLAN (Betten 2-2,20 m), frische Küche, Hauptgericht € 8,– bis 22,–, Sauna, Solarium, Wochenendpauschale, ☎, ☝, ☕, großer P, Kirchstraße 10, hotel.kaiser@t-online.de, www.HotelKaiser-online.de, ☎ 0049(0)7032/9788-0, Fax 9788-30.

❷

**Waldhotel
Sulzbachtal,
Schönaich-
Sulzbachtal**

10 D-72119 AMMERBUCH-PFÄFFINGEN
A 81 ab Ausfahrt 28 Herrenberg 7 km
Hotel-Gasthof Lamm ★★★ ruhige Lage, 35 B, EZ € 49,– bis 59,–, DZ € 70,– bis 80,–, inkl. Frühstücksbuffet, alle Zi mit Du, WC, ☎ und TV, gepflegte Küche, Gerichte von € 6,50 bis 21,50, Tagungsräume bis 40 Personen, Caféterrasse, ⬛ großer P, Dorfstraße 42, lammhotel@t-online.de, www.Lamm-hotel.com, ☎ **0049 (0) 7073/305-0**, Fax 305-13.

11 D-72070 TÜBINGEN-UNTERJESINGEN
A 81 ab Ausfahrt 28 Herrenberg 7 km → Tübingen
Gasthof-Hotel Lamm ★★★ 39 B, EZ ab € 45,–, DZ ab € 60,–, inkl. reichhaltigem Frühstücksbuffet, ruhige Zi, alle Zi mit Bad/Du, WC, ☎, TV und WLAN, ausgezeichnete Küche, Internetzugang kostenfrei, Tagungsraum, eigene Whisky- und Obstbrennerei, Weinbau, familiäre Atmosphäre, ⬛ G, großer P, Jesinger Hauptstraße 55/57, @, www.Lamm-tuebingen.de, ☎ **0049 (0) 7073/91820**, Fax 918299.

12 D-72108 ROTTENBURG-OBERNDORF A 81 ab Ausfahrten 28 Herrenberg → Tübingen, Pfäffingen und 29 Rottenburg → Rottenburg je 11 km
Hotel-Gasthof Rössle ★★★ 17 B, EZ € 39,– bis 44,–, DZ € 68,– bis 74,–, inkl. Frühstück, alle Zi mit Du, WC, ☎ und TV, regionale frische Küche, Räume bis 100 Personen, ⬛ großer P, Poltringer Str. 14/1, @, www.roessle-rottenburg.de, ☎ **0049 (0) 7073/7590**, Fax 4002.

13 D-72379 HECHINGEN A 81 ab Ausfahrten 29 Rottenburg und 30 Horb je 15 km
Hotel Klaiber ★★★ 41 B, EZ € 50,– bis 59,–, DZ € 82,–, inkl. Frühstücksbuffet, alle Zi mit Du, WC und TV, Restaurant, Cafe, P, Obertorplatz 11, @, www.hotel-klaiber.de, ☎ **0049 (0) 7471/2257**, Fax 13918.

14 D-72160 HORB-DETTINGEN
A 81 ab Ausfahrt 30 Horb 10 km → Rottweil und 31 Empfingen 8 km
Gasthof Adler ★★ 25 B, EZ € 30,– bis 35,–, DZ € 45,– bis 60,–, inkl. Frühstück, Zi mit Bad/Du, WC und TV, gutbürgerliche Küche, Hauptgericht € 7,– bis 14,–, Raum für 40 Personen, Saal für 200 Personen, ⬛ 🛏, Alte Straße 3, @, www.adler-dettingen.de, ☎ **0049 (0) 7482/230**, Fax 7580.

15 D-72160 HORB-ISENBURG A 81 ab Ausfahrt 30 Horb 6 km
Forellengasthof Waldeck ★★★ ruhige Lage, 45 B, EZ € 43,– bis 57,–, DZ € 59,– bis 80,–, inkl. Frühstücksbuffet, Zi mit Bad/Du, WC, ☎, TV, Balkon und Minibar, Lift, gepflegte Küche, Forellenspezialitäten, Gerichte von € 6,– bis 17,–, Konferenzräume von 20-130 Personen, Sauna, Solarium, ⬛ großer P, Mo ./., Mühlsteige 33, @, www.forellengasthof-waldeck.de, ☎ **0049 (0) 7451/3880**, Fax 4950.

16 D-72186 EMPFINGEN A 81 ab Ausfahrt 31 Empfingen 200 m
Sporthotel Ammann ★★★★ 66 B, EZ € 71,– bis 79,–, DZ € 95,–, Mehrbett-Zi, inkl. Frühstück, alle Zi mit Bad/Du, WC, ☎ und Kabel-TV, schwäbische und internationale Spezialitäten, Terrasse, Wintergarten, Sauna, Tennis, Fitness, großer P, Haigerlocher Str. 110, @, www.hotel-ammann.de, ☎ **0049 (0) 7485/9983-0**, Fax 1472.

17 D-72172 SULZ-GLATT A 81 ab Ausfahrten 31 Empfingen und 32 Sulz je 8 km
Pension Himmelreich ⬡ schöne ruhige Aussichtslage, 30 B, EZ € 32,–, DZ € 55,–, inkl. Frühstücksbuffet, alle Zi mit Bad oder Du, WC, TV und Balkon, Terrasse, Weinbergstraße 74, @, www.pensionhimmelreich.de, ☎ **0049 (0) 7482/328**, Fax 913194.

18 D-72172 SULZ A 81 ab Ausfahrt 32 Sulz ca. 5 km
Gasthof Lamm ★★★ renoviert, 20 B, EZ € 39,– bis 45,–, DZ € 72,– bis 80,–, Nichtraucher-Zi, inkl. reichhaltigem Frühstück, alle Zi mit Du, WC und TV, gutbürgerliche Küche, großer Biergarten, ⬛ auf Anfrage, P, Fr ./., Marktplatz 5, @, www.gasthof-lamm.info, ☎ **0049 (0) 7454/96260**, Fax 962626.

19 D-77709 OBERWOLFACH
A 81 ab Ausfahrt 34 Rottweil → Schramberg B 462→ Wolfach B 294 und A 5 ab Ausfahrt 55 Offenburg → Haslach B 33 → Wolfach B 294 je 30 Autominuten
3 Könige Hotel-Restaurant ★★★ 80 B, EZ € 55,– bis 65,–, DZ € 82,– bis 90,–, inkl. Frühstücksbuffet, alle Zi mit Du, WC, ☎, TV und WLAN, kreative regionale Küche, Tagungsräume für 180 Personen, Biergarten, Unterstellplätze, ⬛ P, Wolftalstr. 28, @, www.3koenige.de, ☎ **0049 (0) 7834/83800**, Fax 8380285.

20 D-78652 DEISSLINGEN
A 81 ab Ausfahrt 35 Villingen-Schwenningen ca. 1 km → Deißlingen
Hotel Hirt ★★★ ruhige Lage, 66 B, EZ ab € 45,–, DZ ab € 72,–, inkl. Frühstücksbuffet, alle Zi mit Du, WC und, gutbürgerliche und gehobene Küche, 2 Tagungsräume, Räume für 45 und 130 Personen, Bar, Café, ⬛ Oberhofenstraße 5, info@hotel-hirt.de, www.hotel-hirt.de, ☎ **0049 (0) 7420/92910**, Fax 9291333.

21 D-78083 DAUCHINGEN
A 81 ab Ausfahrt 35 Villingen-Schwenningen ca. 4,5 km → Villingen-Schwenningen
Hotel-Restaurant Schwarzwälder Hof ★★ 50 B, EZ € 32,–, DZ € 52,–, inkl. Frühstücksbuffet, alle Zi mit Du, WC, ☎ und TV, Lift, gutbürgerliche und gehobene Küche, Räume von 50-100 Personen, Sauna, ⬛ 🚲, Schwenninger Straße 3, @, ☎ **0049 (0) 7720/947-0 (Hotel) + 947-155 (Restaurant)**, Fax 947-160.

22 D-78087 MÖNCHWEILER
A 81 ab Ausfahrt 35 Villingen-Schwenningen (B 33), dann 3 km → Mönchweiler und Ausfahrt 36 Tuningen (ca. 15 km) auf der B 33 → Villingen → Mönchweiler, Triberg
Hotel Gasthof Zum Hirschen ★★★ ruhige Lage, 35 B, EZ € 36,– bis 45,–, DZ € 58,– bis 72,–, 2-Zi-Appartement € 68,– bis 72,–, inkl. Frühstücksbuffet, Zi mit Du, WC, ☎, TV, Minibar und Balkon, gutbürgerliche und feine Küche, Spezialitäten Wild und Fisch, große Gartenanlage mit Terrasse, althistorischer Gasthof mit Gästehaus, ⬛ G, großer P, Herdstraße 21-23, @, www.hirschen-moenchweiler.de, ☎ **0049 (0) 7721/71391 + 2029880**, Fax 72934.

23 D-78647 TROSSINGEN
A 81 ab Ausfahrten 36 Tuningen ca. 5 km und 35 Villingen-Schwenningen ca. 3 km
Hotel Schoch ★★★ 35 B, EZ € 49,– bis 55,–, DZ € 75,– bis 78,–, inkl. Frühstück, alle Zi mit Du, WC, ☎, Kabel-TV und WLAN, gemütliche Gasträume, erstklassige Küche (Diät), Neben-Zi für 25 Personen, G, P, Eberhardstraße 20, @, www.hotel-schoch.com, ☎ **0049 (0) 7425/940020**, Fax 9400255.

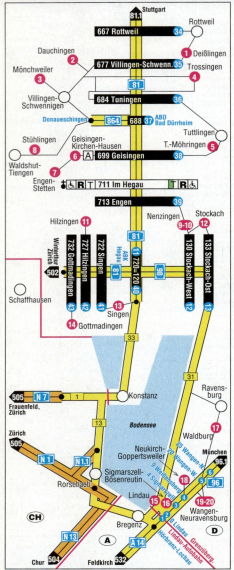

Map labels:
Stuttgart
81.1
Rottweil
667 Rottweil — 34
Dauchingen
1 Deißlingen
677 Villingen-Schwenn. 35
Mönchweiler
Trossingen
4
81
Villingen-Schwenningen
684 Tuningen — 36
Donaueschingen
864 688 37 ABD Bad Dürrheim
Tuttlingen
Stühlingen
Geisingen-Kirchen-Hausen
8
6 A 699 Geisingen — 38 T.-Möhringen 5
7
Waldshut-Tiengen
Engen-Stetten
711 Im Hegau T R
713 Engen — 39
Nenzingen Stockach
Hilzingen 11
9-10 12
732 Gottmadingen 727 Hilzingen 722 Singen
130 Stockach-West 133 Stockach-Ost
Winterthur Zürich
502
81 11 720-120 40 98
Schaffhausen
13
Singen 12 13
43 42 41
14 Gottmadingen
33
31
Ravensburg
505 N 7 1 Konstanz
Frauenfeld, Zürich
13 Bodensee
Zürich
505
Waldburg 17
München 96.1
N 1
Neukirch-Goppertsweiler
N 1.1
Sigmarszell-Bösenreutin 18
6 96
Rorschach
15 16 19-20
Lindau
CH
Wangen-Neuravensburg
Bregenz
N 13 A A 14 D
Chur 504 Feldkirch 532

6 Hotel Sternen, Geisingen-Kirchen-Hausen

---

1 D-78652 DEISSLINGEN
A 81 ab Ausfahrt 35 Villingen-Schwenningen ca. 1 km → Deißlingen
Hotel Hirt ★★★ ruhige Lage, 66 B, EZ ab € 45,–, DZ ab € 72,–, inkl. Frühstücksbuffet, alle Zi mit Du, WC und ☎, gutbürgerliche und gehobene Küche, 2 Tagungsräume, Räume von 45 und 130 Personen, Bar, Café, 🚌, Oberhofenstraße 5, info@hotel-hirt.de, www.hotel-hirt.de, ☎ 0049 (0) 74 20/9 29 10, Fax 9 29 13 33.

2 D-78083 DAUCHINGEN A 81 ab Ausfahrt 35 Villingen-Schwenningen ca. 4,5 km → Villingen-Schwenningen
Hotel-Restaurant Schwarzwälder Hof ★★ 50 B, EZ € 32,–, DZ € 52,–, inkl. Frühstücksbuffet, alle Zi mit Du, WC, ☎ und TV, Lift, gutbürgerliche und gehobene Küche, Räume von 50-100 Personen, Sauna, 🚌, ♿, Schwenninger Straße 3, ☎ 0049 (0) 77 20/9 47-0 (Hotel) + 9 47-1 55 (Restaurant), Fax 9 47-1 60.

3 D-78087 MÖNCHWEILER
A 81 ab Ausfahrt 35 Villingen-Schwenningen (B 33), dann 3 km → Mönchweiler und Ausfahrt 36 Tuningen (ca. 15 km) auf der B 33 → Villingen → Mönchweiler, Triberg
Hotel Gasthof Zum Hirschen ★★★ ruhige Lage, 35 B, EZ € 36,– bis 45,–, DZ € 58,– bis 72,–, 2-Zi-Appartement € 68,– bis 72,–, inkl. Frühstücksbuffet, alle Zi mit Du, WC, ☎, TV, Minibar und Balkon, gutbürgerliche und feine Küche, Spezialitäten Wild und Fisch, große Gartenanlage mit Terrasse, althistorischer Gasthof mit Gästehaus, 🚌, 🚐, G, großer P, Herdstraße 21-23, @, www.hirschen-moenchweiler.de, ☎ 0049 (0) 77 21/7 13 91 + 2 02 98 80, Fax 7 29 34.

4 D-78647 TROSSINGEN
A 81 ab Ausfahrten 36 Tuningen ca. 5 km und 35 Villingen-Schwenningen ca. 3 km
Hotel Schoch ★★★ 35 B, EZ € 49,– bis 55,–, DZ € 75,– bis 78,–, inkl. Frühstück, alle Zi mit Du, WC, ☎, Kabel-TV und WLAN, gemütliche Gasträume, erstklassige Küche (Diät), Neben-Zi für 25 Personen, 🚌, G, P, Eberhardstraße 20, @, www.hotel-schoch.com, ☎ 0049 (0) 74 25/94 00 20, Fax 94 00 2 55.

5 D-78532 TUTTLINGEN-MÖHRINGEN
A 81 ab Ausfahrt 38 Geisingen ca. 12 km
Gasthof Löwen mit Gästehaus ★★★ 25 B, EZ € 41,– bis 46,–, DZ € 66,– bis 76,–, inkl. Frühstücksbuffet, alle Zi mit Du, WC, ☎ und TV, regionale und saisonale Küche, Räume bis 130 Personen, Sonnenterrasse, 🚐, G, P, Mittlere Gasse 4, Loewen-moehringen@t-online.de, www.loewen-moehringen.de, ☎ 0049 (0) 74 62/62 77, Fax 70 50.

6 D-78187 GEISINGEN-KIRCHEN-HAUSEN
A 81 ab Ausfahrt 38 Geisingen ca. 2 km
Hotel Sternen ★★★ 160 B, EZ ab € 48,–, DZ € 70,– bis 90,–, inkl. Frühstück, Zi mit Du, WC, ☎ und TV, Lift, gute Küche, 5 Restaurationsräume bis 250 Personen, Hausbar, 4 Tagungsräume, Terrasse, Wellness, Tankstelle 1 km, 🖥, 🍴, 🚐, ♿, -Zi, Tief-G, Ringstr. 1-4, @, www.hotel-sternen.de, ☎ 0049 (0) 77 04/80 39, Fax 80 38 88.
Unter gleicher Leitung:

7 D-78234 ENGEN-STETTEN
A 81 ab Ausfahrt 38 Geisingen 8 km → Engen
Restaurant-Café Hegaustern ✕ herrliche Aussicht, EZ € 30,– bis 38,–, DZ € 50,– bis 54,–, inkl. Frühstück, alle Zi mit Du, WC und TV, Ferienwohnungen, gute preiswerte Küche, Räume bis 210 Personen, Tagungsräume, Biergarten mit Zelt, 🚐, Hegaublick 4, @, www.hegaustern.de, ☎ 0049 (0) 77 33/87 54, Fax 32 63.

8 D-79780 STÜHLINGEN
A 81 ab Ausfahrt 38 Geisingen → Waldshut-Tiengen B 14
Landgasthof Rebstock ★★½ 55 B, EZ € 41,– bis 43,–, DZ € 68,– bis 72,–, inkl. Frühstücksbuffet, alle Zi mit Du, WC, ☎, TV und WLAN (kostenfrei), regionale gutbürgerliche Küche, Biergarten, Bauern- und Bulldogmuseum, P, Schloßstr. 10, Hotel@Rebstock.eu, www.rebstock.eu, ☎ 0049 (0) 77 44/92 1 20, Fax 92 12 99.

9 D-78359 NENZINGEN
A 81 ab Ausfahrt 39 Engen ca. 11 km und A 98 Ausfahrt 12 Stockach-West ca. 4 km
Landgasthof Ritter ★★★ 40 B, EZ € 40,– bis 42,–, DZ € 80,– bis 84,–, inkl. Frühstücksbuffet, Zi mit Du, WC, ☎, TV und kostenfreiem WLAN-Anschluss, Lift, Restaurant mit Sitzplätzen für 130 Personen, anerkannt gute Spezialitätenküche, Sauna, Solarium, 🚐, großer P, Stockacher Straße 69, @, www.ritter-nenzingen.de, ☎ 0049 (0) 77 71/93 8 80, Fax 57 69.

10 D-78359 NENZINGEN
A 81 ab Ausfahrt 39 Engen ca. 11 km und A 98 Ausfahrt 12 Stockach-West ca. 4 km
Gasthof Auer ★★ 8 B, EZ € 29,– bis 35,–, DZ € 58,– bis 64,–, inkl. Frühstück, alle Zi mit Du, WC und Kabel-TV, regionale, saisonale Küche, Gartenwirtschaft, P, Stockacher Str. 62, @, www.auer-nenzingen.de, ☎ 0049 (0) 77 71/24 97, Fax 87 50 86.

⑪ D-78247 HILZINGEN
A 81 ab Ausfahrt 42 Hilzingen 1500 m
Landhotel Dietrich ★★ 40 B, EZ € 35,– bis 50,–, DZ € 55,– bis 75,–, inkl. Frühstücksbuffet, Zi mit Du, WC, ☎ und TV, Restaurant mit gutbürgerlicher und marktfrischer Küche, Gartenterrasse, Kinderspielplatz, beheiztes Schwimmbad 50 m entfernt, großer P, Riedheimer Straße 1, hoteldietrich@web.de, www.landhotel-dietrich.de, ☎ 0049 (0) 7731/9903-0, Fax 9903-33.

⑫ D-78333 STOCKACH
A 98 ab Ausfahrten 12 Stockach-West 1,5 km und 13 Stockach-Ost 700 m
Hotel Fortuna ★★★ 70 B, EZ € 45,–, DZ € 75,– bis 85,–, inkl. Frühstücksbuffet, ruhige Zi, alle Zi mit Bad oder Du, WC und TV-Anschluss, teils ☎ und Balkon, Lift, gutbürgerliche bis feine Küche, Sauna, ⊞, G, P, Bahnhofstr. 8, info@hotel-fortuna-stockach.de, www.hotel-fortuna-stockach.de, ☎ 0049 (0) 7771/91848-0, Fax 91848-103.

⑬ D-78224 SINGEN
A 81 ab Ausfahrt 41 Singen ca. 5 km → Konstanz
Hotel-Restaurant Jägerhaus ★★★ 46 B, EZ € 64,– bis 72,–, DZ € 86,– bis 95,–, inkl. Frühstück, alle Zi mit Bad oder Du, WC und TV, Minibar, Lift, Fisch- und Wild-Spezialitätenrestaurant, warme Küche von 17 bis 22 Uhr, Sitzplätze für 140 Personen, Gerichte ab € 12,–, Konferenzräume bis 70 Personen, ⊞ (Sonderpreise), G, P, Restaurant So ./., Hotel kein ./., Ekkehardstraße 84-86, @, www.hotel-jaegerhaus.com, ☎ 0049 (0) 7731/14390, Fax 143966.
Unter gleicher Leitung:

⑭ D-78244 GOTTMADINGEN
A 81 ab Ausfahrt 43 Gottmadingen 3 km → Hilzingen
Heilsberg-Bistro-Hotel ★★ ruhige Lage, 20 B, EZ € 35,– bis 45,–, DZ € 60,– bis 72,–, inkl. Frühstücksbuffet, alle Zi mit Du, WC, ☎ und Kabel-TV, mediterrane Küche, G, P, Heilsbergweg 2, @, www.Hotel-Heilsberg.com, ☎ 0049 (0) 7731/71664.

⑮ D-88131 LINDAU
A 96 ab Ausfahrt 2 Lindau 1 km, im Kreisverkehr rechts → Gewerbegebiet, 2. Straße rechts, Kreuzung links, 2. Straße rechts
Hotel garni Reulein ★★★★ sehr ruhige Lage mit See- und Bergsicht, 44 B, EZ € 79,– bis 99,–, DZ € 116,– bis 158,–, Zusatzbett € 25,–, inkl. Frühstücksbuffet, alle Zi mit Bad/Du, WC, ☎, LCD-TV (32 Zoll), kostenfreiem WLAN, Minibar und Terrasse oder Balkon, Lift, Hotelbar, Golf, Tennis, Wassersport, ⊞, ⚃, P, 18.12.-3.1. ./., Steigstraße 28, @, www.Hotel-Reulein.de, ☎ 0049 (0) 8382/9645-0, Fax 75262.

⑯ D-88138 SIGMARSZELL-BÖSENREUTIN
A 96 ab Ausfahrt 2 Lindau 3 km
Landgasthof Engel ★★ 15 B, EZ € 35,–, DZ € 60,–, inkl. reichhaltigem Frühstück, alle Zi mit Du, WC und TV, gutbürgerliche Küche, Biergarten, ⊞, P, Bodenseestr. 156, @, www.engel-boesenreutin.de, ☎ 0049 (0) 8382/78474, Fax /2734096.

⑰ D-88289 WALDBURG
A 96 ab Ausfahrt 5 Wangen-West ca. 10 km → Ravensburg (B 32)
Hotel am Schlossberg ★★ bei der Kirche und der Burg, 21 B, EZ € 33,50, DZ € 67,–, inkl. Frühstücksbuffet, alle Zi mit Du, WC und TV, gute Küche, große Terrasse, ⊞, große kostenlose G für Motorräder, P, Kirchsteige 6, @, www.e-biz.de/reisen/waldburg.htm, ☎ 0049 (0) 7529/3699, Fax 3706.

 ⑰

Hotel am Schlossberg, Waldburg

⑱ D-88099 NEUKIRCH-GOPPERTSWEILER
A 96 ab Ausfahrten 5 Wangen-West und 4 Weißensberg je 6 km
Gasthof zum Hirsch ★★★ 25 B, EZ € 57,–, DZ € 78,–, Familien-Zi, inkl. Frühstück, alle Zi mit Du, WC und TV, ausgezeichnete Küche, Gartenterrasse, ⊞, P, Argenstr. 29, @, www.Gasthof-zum-Hirsch.com, ☎ 0049 (0) 7528/17165, Fax 1706.

⑲ D-88239 WANGEN-NEURAVENSBURG
A 96 ab Ausfahrten 5 Wangen-West und 4 Weißensberg je 5 km
Hotel Waldgasthof Zum Hirschen ★★★ ruhige Aussichtslage, 17 B, EZ € 55,– bis 65,–, DZ € 79,– bis 99,–, Nichtraucher-Zi, inkl. Frühstücksbuffet, alle Zi mit Du, WC, ☎, TV und WLAN, Terrasse, Tennisplatz, großer P, Grub-Neuravensburg 1, @, www.waldgasthof-hirschen.de, ☎ 0049 (0) 7528/95140, Fax 95141.

⑳ D-88239 WANGEN-NEURAVENSBURG
A 96 ab Ausfahrt 4 Weißensberg ca. 5 km
Hotel-Landgasthof Mohren ★★★ 65 B, EZ € 56,– bis 65,–, DZ € 88,– bis 96,–, inkl. Frühstücksbuffet, alle Zi mit Du, WC, ☎, TV, WLAN und Safe, Lift, gutbürgerliche, regionale Küche, Gartenterrasse, Hallenbad, Sauna, ⊞, G, großer P, Bodenseestraße 7, @, www.landgasthof-mohren.de, ☎ 0049 (0) 7528/950-0, Fax 950-95.

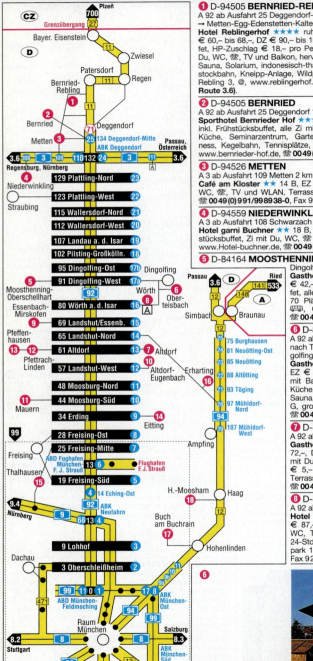

❶ D-94505 BERNRIED-REBLING

A 92 ab Ausfahrt 25 Deggendorf-Mitte 12 km und A 3 ab Ausfahrt 109 Metten 12 km → Metten-Egg-Edenstetten-Kalteck

Hotel Reblingerhof ★★★★ ruhige Lage mit Blick über das Donautal, 55 B, EZ € 60,– bis 68,–, DZ € 90,– bis 106,–, Suiten € 110,– bis 142,–, inkl. Frühstücksbuffet, HP-Zuschlag € 18,– pro Person, Wochenpauschalen, sehr schöne Zi, alle mit Du, WC, ☎, TV und Balkon, hervorragende Küche, neue Tagungsräume, Hallenbad, Sauna, Solarium, indonesisch-thailändischer Wellnessbereich, Tennis, Minigolf, Eisstockbahn, Kneipp-Anlage, Wildpark, Liegewiese, Öko-Schwimmweiher, ▭, ⛻, P, Rebling 3, @, www.reblingerhof.de, ☎ 0049 (0) 9905/555, Fax 1839 **(Bilder siehe Route 3.6).**

❷ D-94505 BERNRIED

A 92 ab Ausfahrt 25 Deggendorf 10 km und A 3 ab Ausfahrt 108 Schwarzach 7 km

Sporthotel Bernrieder Hof ★★★ 70 B, EZ € 38,– bis 62,–, DZ € 70,– bis 88,–, inkl. Frühstücksbuffet, alle Zi mit Du, WC, ☎, und TV, Restaurant, gutbürgerliche Küche, Seminarzentrum, Gartenterrasse, Hallenbad, Sauna, Dampfbad, Wellness, Kegelbahn, Tennisplätze, Liegewiese, Grillstube, G, P, Bogener Str. 9, @, www.bernrieder-hof.de, ☎ 0049 (0) 9905/74090, Fax 74 09 12.

❸ D-94526 METTEN

A 3 ab Ausfahrt 109 Metten 2 km

Café am Kloster ★★ 14 B, EZ € 35,–, DZ € 55,–, inkl. Frühstück, alle Zi mit Du, WC, ☎, TV und WLAN, Terrasse, ▭, Marktplatz 1, @, www.cafeamkloster.com, ☎ 0049 (0) 991/998938-0, Fax 998938-90.

❹ D-94559 NIEDERWINKLING

A 3 ab Ausfahrt 108 Schwarzach ca. 1,5 km

Hotel garni Buchner ★★ 18 B, EZ € 28,– bis 38,–, DZ € 48,– bis 62,–, inkl. Frühstücksbuffet, Zi mit Du, WC, ☎ und Sat-TV, Gastgarten, G, P, Hauptstraße 28, @, www.Hotel-buchner.de, ☎ 0049 (0) 9962/202010, Fax 26 19.

❺ D-84164 MOOSTHENNING-OBERSCHELLHART A 92 ab Ausfahrt 17 a Dingolfing-West 3 km → Straubing (nicht abbiegen)

Gasthof-Hotel Sigle ★★★ Aussichtslage, 25 B, EZ € 42,– bis 58,–, DZ € 62,– bis 76,–, inkl. Frühstücksbuffet, alle Zi mit Du, WC, ☎ und TV, gutbürgerliche Küche, 70 Plätze, große Gartenterrasse, Sauna, Solarium, ▭, ⛻, G, P, Oberschellhart 1, @, www.hotel-sigle.de, ☎ 0049 (0) 8733/92090, Fax 9209 16.

❻ D-84180 OBERTEISBACH

A 92 ab Ausfahrt 16 Wörth B 11 → Dingolfing, Höfen rechts nach Teisbach → Oberteisbach oder ab Ausfahrt 17 b Dingolfing-Ost → Landshut bis Höfen, links nach Teisbach

Gasthof Räucherhansl ★★★ sehr ruhig gelegen, 107 B, EZ € 58,– bis 63,–, DZ € 83,–, inkl. Frühstück, alle Zi mit Du/Bad, WC, ☎, TV und bayerische Küche, Konferenzräume, eigene Metzgerei, Terrasse, Sauna, Whirlpool, Solarium, Kegelbahnen, ▭, ⛻, ▭, G, großer P, Oberteisbach 2, @, www.raeucherhansl.de, ☎ 0049 (0) 8731/320-0, Fax 4 06 70.

❼ D-84032 ALTDORF

A 92 ab Ausfahrt 13 Altdorf 1 km

Gasthof Wadenspanner ★★★ 28 B, EZ € 50,– bis 72,–, DZ € 81,– bis 98,–, inkl. Frühstücksbuffet, alle Zi mit Du, WC, ☎ und TV, bayerische Küche, Gerichte von € 5,– bis 15,–, Gesellschaftsräume bis 180 Personen, Terrasse, P, Kirchgasse 2, @, www.wadenspanner.de, ☎ 0049 (0) 871/932130, Fax 932 1370.

❽ D-84109 WÖRTH

A 92 ab Ausfahrt 16 Wörth a. d. Isar 200 m

Hotel Wörth ★★★ 152 B, EZ € 60,– bis 110,–, DZ € 87,– bis 160,–, inkl. Frühstücksbuffet, alle Zi mit Du, WC, TV und Minibar, Lift, Tagungsräume, Bar, Sauna, 24-Std-Service, Internetterminal, ▭, Tief-G, P, Luitpoldpark 1, @, www.hotel-woerth.de, ☎ 0049 (0) 8702/920-0, Fax 920-400.

Gasthof Räucherhansl, Oberteisbach

⑨ D-84051 ESSENBACH-MIRSKOFEN
A 92 ab Ausfahrt 15 Landshut/Essenbach → Essenbach 1,5 km
Gasthof Luginger ★★ 34 B, EZ € 35,– bis 45,–, DZ € 60,– bis 70,–, inkl. Frühstücksbuffet, überwiegend Zi mit Du, WC und TV, bayerische gutbürgerliche Küche, Räume von 10 bis 500 Personen, großer Biergarten, großer P, Obere Sendlbachstr. 11, @, www.luginger.de, ☎ 0049 (0) 87 03/9 33 00, Fax 93 30 66.

⑩ D-84032 ALTDORF-EUGENBACH
A 92 ab Ausfahrt 12 Landshut-West → Landshut 2,5 km
Pension-Landgasthof Lainer ★★ ruhige Lage, 26 B, EZ € 47,–, DZ € 79,–, inkl. Frühstücksbuffet, alle Zi mit Du, WC, ☎, TV, Radio und WLAN, teils Balkon, abends warme Küche, Räume bis 200 Personen, Tagungsraum, ▭, P, Bucherstraße 28, @, www.pension-lainer.de, ☎ 0049 (0) 871/9 32 16-0, Fax 93 21 6-16.

⑪ D-85419 MAUERN
A 92 ab Ausfahrt 10 Moosburg-Süd 10 km
Gasthof zum alten Wirt ★★ neu ausgestattet, 8 B, EZ € 25,– bis 35,–, DZ € 50,–, inkl. Frühstück, alle Zi mit Du, WC und ☎, bayerische Küche, Räume für 20 bis 250 Personen, Biergarten, ▭, P, Hauptstr. 15, ☎ 00 49 87 64/3 18, Fax 94 97 36.

⑫ D-84095 PFETTRACH-LINDEN
A 92 ab Ausfahrt 13 Altdorf 3 km
Landgasthof Linden ★★★ ruhige Lage, 80 B, EZ € 49,– bis 55,–, DZ € 78,– bis 90,–, inkl. Frühstücksbuffet, Zi mit Du, WC, ☎ und TV, gutbürgerliche Küche, Terrasse, ▭, G, großer P, Fr. /., Haus Nr. 8, @, www.Landgasthof-Linden.de, ☎ 0049 (0) 87 04/92 12-0, Fax 92 12-60.

⑬ D-84076 PFEFFENHAUSEN
A 93 Ausfahrt 50 Siegenburg 13 km und A 92 ab Ausfahrt 13 Altdorf 18 km
Brauerei-Gasthof Pöllinger ★★ 40 B, EZ € 32,–, DZ € 58,–, inkl. Frühstück, alle Zi mit Bad/Du, WC und TV, gutbürgerliche, preiswerte Küche, Räume von 30-500 Personen, Tagungsraum, Gartenterrasse, Gastgarten, ▭, Moosburger Straße 23, hotelpoellinger@t-online.de, ☎ 0049 (0) 87 82/16 70, Fax 97 85 67.

⑭ D-85462 EITTING
A 92 ab Ausfahrt 9 Erding 7 km → Eitting
Hotel-Pension Scharl am Maibaum ★★★ Nähe Flughafen und S-Bahn, 29 B, EZ € 45,–, DZ € 68,–, Nichtraucher-Zi, inkl. Frühstücksbuffet, alle Zi mit Du, WC, ☎, TV und ISDN-Anschluss, HotSpot, Therme Erding 5 Minuten, großer P, Obere Hauptstr. 19 a, @, www.pensionscharl.de, ☎ 0049 (0) 81 22/95 92 20, Fax 9 59 22 29.

⑮ D-85402 THALHAUSEN
A 92 ab Ausfahrt 7 Freising-Mitte 8 km → Allershausen und A 9 ab Ausfahrt 67 Allershausen 5 km → Freising
Hotel zum Forst ★★★ ruhige Lage, 65 B, EZ € 50,– bis 65,–, DZ € 70,– bis 85,–, inkl. Frühstücksbuffet, alle Zi mit Du und TV, gutbürgerliche Küche, Räume bis 150 Personen, große Terrasse, ▭, P, An der Lahn 6, @, www.hotel-zum-forst.de, ☎ 0049 (0) 81 66/9 4 56, Fax 14 22.

⑯ D-84513 ERHARTING
A 94 ab Ausfahrt 20 Mühldorf-Nord, Landshut 500 m (die A 94 und B 12 verkürzen die Reise gegenüber der Route Passau-Deggendorf-München)
Landgasthof Pauliwirt ★★★ liebevoll gestaltet, 49 B, EZ € 45,– bis 60,–, DZ € 80,– bis 90,–, Appartements € 140,–, inkl. Frühstücksbuffet, alle Zi mit Du, WC, ☎, TV, Radio und WLAN, gutbürgerliche und feine Küche, Biergarten, ca. 15 km bis Altötting, ▭, großer P, Neuhäusl 1, @, www.pauliwirt.de, ☎ 0049 (0) 86 31/3 78 20, Fax 37 82 30.

⑰ D-85656 BUCH AM BUCHRAIN
A 94 ab Ausfahrt Pastetten 2 km
Villa Silence Hotel garni ★★★ ruhig gelegen, 40 B, EZ € 69,–, DZ € 89,–, inkl. Frühstücksbuffet, alle Zi mit Du, WC, ☎, TV und Internet, nur wenige Autominuten zur Therme Erding (10), Messe und Flughafen (20), S-Bahn-Anschluss nach München, P, Martin-Greckl-Str. 1, @, www.villasilence.de, ☎ 0049 (0) 81 24/90 77 00, Fax 9 07 70 50.

⑱ D-83527 HAAG-MOOSHAM
A 94 ab Autobahnende → Passau B 12, Landshut (B 15) 20 km
Hotel Wirth z' Moosham ★★★ ruhig gelegen, 53 B, EZ € 47,–, DZ € 72,–, inkl. Frühstücksbuffet, alle Zi mit Du, WC, ☎, TV und DSL-Verbindung, Lift, Abendrestaurant, bayerische moderne Küche, Räume bis 300 Personen, Biergarten, großer P, Isener Str. 4, @, www.wirth-z-moosham.de, ☎ 0049 (0) 80 72/95 82-0, Fax 95 82-13.

㉛ Deggendorf siehe Route 3.6

❶ D-08606 OELSNITZ
A 72 ab Ausfahrt 6 Plauen-Süd 4 km
Hotel Altdeutsche Bierstube ★★★ 34 B, EZ € 45,– bis 48,–, DZ € 55,– bis 80,–, Nichtraucher-Zi, inkl. Frühstücksbuffet, alle Zi mit Du, WC, ☎ und TV, Lift, gutbürgerliche Küche, ♿ -Zi, großer Hotel-P für Busse und LKW, Feldstr. 9, kontakt@altdeutschebierstube.de, www.altdeutschebierstube.de, ☎ 0049 (0) 37421/22248, Fax 27664 **(Bild siehe Route 72)**

❷ D-95239 ZELL A 9 ab Ausfahrten 36 und 37 je 8 km
Gasthof Zum Waldstein ★★☆ 32 B, EZ ab € 32,–, DZ ab € 48,–, 3- und 4-Bett-Zi, Frühstücksbuffet, Zi mit Du und WC, teils TV, mehrfach ausgezeichnete fränkische Küche, Räume bis 80 Personen, WLAN, 🚌, P, Marktplatz 16, @, www.gasthof-zum-waldstein.de, ☎ 0049 (0) 9257/501, 0049 (0) 170/1933611, Fax 0049 (0) 9257/7119.

❸ D-95239 ZELL A 9 ab Ausfahrten 36 und 37 je 8 km
Gasthof Rotes Ross ★★ 38 B, EZ € 26,– bis 31,–, DZ € 38,– bis 48,–, inkl. Frühstück, Zi mit Du und WC, teils TV, gutbürgerliche Küche, Gerichte € 5,– bis 12,–, Räume für 65 Personen, 🚌, G, P, Marktplatz 10, @, www.gasthof-rotes-ross.de, ☎ 0049 (0) 9257/249, Fax 1530.

❹ D-95173 SCHÖNWALD A 93 ab Ausfahrt 7 Schönwald 300 m
Landgasthof Ploss ★★★ 70 B, EZ € 45,– bis 52,–, DZ € 68,– bis 78,–, inkl. Frühstücksbuffet, Kinderermäßigung, alle Zi mit Du, WC, ☎, TV und WLAN, Lift, regionale und internationale Küche, 180 Sitzplätze, Badelandschaft mit Sauna, römischen Dampfbad, Solarien und Whirlpools, Biergarten, Wintergarten, G € 4,– pro Tag, großer P, Grünhaid 1, @, www.landgasthofploss.de, ☎ 0049 (0) 9287/800630, Fax 59187.

❺ D-95173 SCHÖNWALD A 93 ab Ausfahrt 7 Schönwald 300 m
Hotel-Gasthof Turm ★★ 50 B, EZ € 33,–, DZ € 48,– bis 56,–, inkl. Frühstücksbuffet, alle Zi mit Du, WC und TV, regionale und internationale Küche, 110 Sitzplätze, Saunaoase, Dampfbad, Solarium, Whirlpool, Fitnessraum, Massage, Freizeitpark, P, Grünhaid 4, @, www.gasthofturm.de, ☎ 0049 (0) 9287/50364, Fax 954416.

❻ D-95632 WUNSIEDEL A 93 ab Ausfahrt 12 Wunsiedel 8 km
Wunsiedler Hof ★★★ 80 B, EZ € 45,– bis 51,–, DZ € 66,– bis 75,–, inkl. Frühstücksbuffet, alle Zi mit Du, WC, ☎, TV, WLAN, teils Minibar, Lift, saisonale Küche, Räume bis 500 Personen, Terrasse, Sauna, Kegelbahnen, 🚌, ♿ -Zi, G, P, Jean-Paul-Straße 4, @, www.wunsiedler-hof.de, ☎ 0049 (0) 9232/99880, Fax 2462.

❼ D-95680 BAD ALEXANDERBAD
A 93 ab Ausfahrt 13 Marktredwitz-Nord 10 km
Landhotel Riedelbauch ★★★ ruhig gelegen, 30 B, EZ € 27,– bis 39,–, DZ € 46,– bis 73,–, inkl. Frühstück, alle Zi mit Du und WC, 🚌, großer P, Kleinwendern 12, www.landhotel-pension-riedelbauch.de, www.landhotel-riedelbauch.de, ☎ 0049 (0) 9232/2559, Fax 70170.

❽ D-95692 KONNERSREUTH A 93 ab Ausfahrten 15 und 17 je 9 km
Gasthof-Hotel Weißes Ross ★★☆ 60 B, EZ € 25,– bis 30,–, DZ € 50,– bis 60,–, inkl. Frühstücksbuffet, alle Zi mit Du und WC, teils TV und WLAN (kostenfrei), regionale Küche, Räume bis 220 Personen, Biergarten, 🚌, großer P, Therese-Neumann-Platz 4-6, @, www.gasthof-schiml.de, ☎ 0049 (0) 9632/4114, Fax 1014.

❾ D-95652 WALDSASSEN
A 93 ab Ausfahrten 16 Mitterteich-Nord und 17 -Süd je 12 km
Königlich Bayrisches Forsthaus ★★★ direkt neben der Basilika, 40 B, EZ € 30,– bis 35,–, DZ € 52,–, inkl. Frühstücksbuffet, alle Zi mit Du, WC, ☎ und TV, gute Küche, schöner Biergarten, P, Basilikaplatz 5, @, www.koenigliches-forsthaus.de, ☎ 0049 (0) 9632/92040, Fax 920444.

❿ D-95666 MITTERTEICH-GROSSBÜCHELBERG
A 93 ab Ausfahrt 16 Mitterteich-Nord 5 km → Mitterteich, Arzberg
Bergpension Lang ★★★ sehr ruhig gelegen, herrlicher Panoramablick, 19 B, EZ € 29,– bis 32,–, DZ € 52,–, inkl. Frühstücksbuffet, alle Zi mit Du, WC, Fön, ☎, Sat-TV und Safe, Restaurant in unmittelbarer Nähe, Sommerrodelbahn, Minigolf, P, Großbüchelberg 25, @, www.freizeithugl.de, ☎ 0049 (0) 9633/923901, Fax 923902.

⓫ D-95666 MITTERTEICH A 93 ab Ausfahrt 17 Mitterteich-Süd
Hotel Miratel & Raststätte Mitterteich ★★★ 78 B, EZ € 45,–, DZ € 73,–, inkl. Frühstück, alle Zi mit Du, WC, ☎, TV, WLAN, ISDN und Minibar, 4 Restaurants mit 400 Sitzplätzen, gutbürgerliche Küche, Tagungsraum, 🚌, P, 365 Tage im Jahr geöffnet, Gottlieb-Daimler-Str. 4-6, @, www.a93.de, ☎ 0049 (0) 9633/9232-0, Fax 9232111.

❾

**Königlich Bayrisches
Forsthaus, Waldsassen**

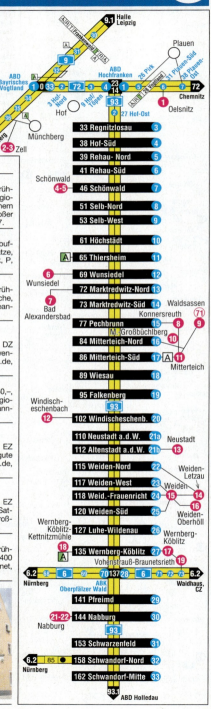

9.1 Halle / Leipzig

Plauen

ABD Bayrisches Vogtland — ABD Hochfranken

Chemnitz

Oelsnitz ❶

Hof — Münchberg

9.2 Nürnberg — Zell ❷-❸

33 Regnitzlosau ❸
38 Hof-Süd ❹
39 Rehau-Nord ❺
41 Rehau-Süd ❻
46 Schönwald ❹-❺ / Schönwald ❼
51 Selb-Nord ❽
53 Selb-West ❾
61 Höchstädt ❿
65 Thiersheim ⓫
69 Wunsiedel ⓬ / Wunsiedel ❻
72 Marktredwitz-Nord ⓭ / Bad Alexandersbad ❼
73 Marktredwitz-Süd ⓮ / Waldsassen, Konnersreuth (71)
77 Pechbrunn ⓯ / M.-Großbüchlein ❽ ❾
84 Mitterteich-Nord ⓰ ❿
86 Mitterteich-Süd ⓱ ⓫ / Mitterteich
89 Wiesau ⓲
95 Falkenberg ⓳
Windischeschenbach
102 Windischeschenb. ⓴ ⓬
110 Neustadt a.d.W. 21a / Neustadt
112 Altenstadt a.d.W. 21b ⓭
115 Weiden-Nord 22 / Weiden-Letzau
117 Weiden-West 23 / Weiden
118 Weid.-Frauenricht 24 ⓯ ⓮
120 Weiden-Süd 25 / Weiden-Oberhöll ⓰
Wernberg-Köblitz-Kettnitzmühle
127 Luhe-Wildenau 26 / Wernberg-Köblitz
135 Wernberg-Köblitz 27 ⓲ ⓱ ⓳ / Vohenstrauß-Braunetsrieth
6.2 Nürnberg — ABK Oberpfälzer Wald — 6.2 Waidhaus, CZ
141 Pfreimd 29
144 Nabburg 30 / Nabburg 21-22
153 Schwarzenfeld 31
158 Schwandorf-Nord 32 / Nürnberg 6.2
162 Schwandorf-Mitte 33
93.1 ABD Holledau

⑫ D-92670 WINDISCHESCHENBACH
A 93 ab Ausfahrt 20 Windischeschenbach ca. 2 km
Hotel Oberpfälzer Hof ★★★ 58 B, EZ ab € 35,– DZ ab € 55,–, inkl. Frühstücksbuffet, Gruppenpreise, alle Zi mit Du und WC, teils ☏ und TV, gepflegte Küche, Raum für 100 Personen, Biergarten, Terrasse, Zoiglbier-Kommunbrauer, 🍴 mit Pauschalpreisen, G, P, Hauptstr. 1, info@oberpfaelzer-hof.de, www.oberpfaelzer-hof.de, ☏ 0049 (0) 9681/788, Fax 8223.

⑬ D-92660 NEUSTADT
A 93 ab Ausfahrt 21 b Altenstadt 3 km
Flair Hotel Grader ★★★ 74 B, EZ € 48,– bis 75,–, DZ € 66,– bis 85,–, inkl. Frühstücksbuffet, alle Zi mit Du, WC und TV, 🍴, G, P, Freyung 39, @, www.hotel-grader.de, ☏ 0049 (0) 9602/94180, Fax 2842.

⑭ D-92637 WEIDEN-LETZAU
A 93 ab Ausfahrt 22 Weiden-Nord → Cham → Vohenstrauß 11 km
Gasthof-Pension Sparrer-Wirt ★★ neues Gästehaus, 20 B, EZ € 32,–, DZ € 50,–, inkl. Frühstücksbuffet, alle Zi mit Du, WC, Sat-TV und Balkon, kleine Abendkarte, Biergarten, großer P, Fr ./., Vohenstraußer Str. 3, @, www.sparrer-wirt.de, ☏ 0049 (0) 961/44863, Fax 4704694.

⑮ D-92637 WEIDEN
direkt an der Ausfahrt 24 Frauenricht
Hotel Europa ★★★ 39 B, EZ € 49,– bis 60,–, DZ € 69,– bis 79,–, inkl. Frühstücksbuffet, alle Zi mit Bad oder Du, WC, Fön, ☏, TV, WLAN und Minibar, Lift, Restaurant, G, P, Frauenrichter Str. 173, @, www.hotel-europa-weiden.de, ☏ 0049 (0) 961/67071-0, Fax 67071-14.

⑯ D-92637 WEIDEN-OBERHÖLL
A 93 ab Ausfahrt 25 Weiden-Süd-Weiden → Cham, B 22, Abfahrt Muglhof
Hotel-Restaurant-Café Hölltaler Hof ★★★ sehr ruhige Lage am Waldrand, 40 B, EZ € 39,– bis 55,–, DZ € 66,– bis 98,–, inkl. Frühstücksbuffet, alle Zi mit Bad/Du, WC, ☏ und TV, gute Oberpfälzer Küche, Kaminzimmer, Terrasse, G, großer P, Oberhöll 2, @, www.hoelltaler-hof.de, ☏ 0049 (0) 961/470394-0, Fax 45339.

⑰ D-92533 WERNBERG-KÖBLITZ
A 93 ab Ausfahrt 27 Wernberg-Köblitz ca. 2 km
Hotel-Landgasthof Burkhard ★★★★ mit Hotelneubau, 64 B, EZ € 59,– bis 72,–, DZ € 99,– bis 123,–, Suite € 123,– bis 149,–, inkl. Frühstücksbuffet, alle Zi mit Bad/Du, WC, ☏, Kabel-TV, Fax-Modem und WLAN, Lift, bürgerliche und gehobene Küche, Räume bis 250 Personen, Tagungsräume, 🍴, großer P, Marktplatz 10, @, www.hotel-burkhard.de, ☏ 0049 (0) 9604/92180, Fax 921850.

⑱ D-92533 WERNBERG-KÖBLITZ-KETTNITZMÜHLE
A 93 ab Ausfahrt 27 Wernberg-Köblitz 900 m → Amberg
Busgasthaus Born ✕ idealer Zwischenstopp für Reisegruppen, bayerische Küche, Wildspezialitäten, Hausmannskost, auch ohne Voranmeldung, großer Bus-P, Küche durchgehend geöffnet, kein ./., Kettnitzmühle, @, www.busgasthaus-born.de, ☏ 0049 (0) 9604/2624, Fax 3475.

⑲ D-92648 VOHENSTRAUSS-BRAUNETSRIETH A 93 ab ABK Oberpfälzer Wald → Vohenstrauß und A 6 ab Ausfahrt 74 Vohenstrauß-Ost
Landhotel Lindenhof ★★★ ruhig gelegen, 46 B, EZ € 46,–, DZ € 62,–, inkl. Frühstücksbuffet, alle Zi mit Du, WC, ☏ und Sat-TV, Restaurant, großer Garten, Biergarten, 🍴 (Voranmeldung), G, großer P, Braunetsrieth 12, @, www.landhotel-lindenhof-voh.de, ☏ 0049 (0) 9651/2220, Fax 4302.

⑳ D-92507 NABBURG
A 93 ab Ausfahrt 30 Nabburg ca. 1 km
Gasthof Stern ★★ 17 B, EZ € 30,–, DZ € 50,–, inkl. reichhaltigem Frühstück, alle Zi mit Du, WC, ☏ und Kabel-TV, gutbürgerliche Küche, Räume für 100 Personen, Biergarten, 🍴, großer P, Oberer Markt 6, @, www.gasthof-zum-stern-nab.de, ☏ 0049 (0) 9433/9628, Fax 901280.

㉑ D-92507 NABBURG
A 93 ab Ausfahrt 30 Nabburg 1 km
Gasthof Schwarzer Adler ★★ 13 B, EZ € 27,–, DZ € 50,–, inkl. Frühstücksbuffet, alle Zi mit Du, WC und Kabel-TV, ☏ auf Wunsch, gutbürgerliche Küche, Raum bis 60 Personen, Terrasse, 🍴, großer P im Hof, Obere Markt 5, @, www.gasthofschwarzeradler.com, ☏ 0049 (0) 9433/6736, Fax 901712.

 ⑰

Hotel-Landgasthof Burkhard, Wernberg-Köblitz

㉗ WALDSASSEN ...kommen und genießen

Direkt gegenüber dem böhmischen Eger liegt die Klosterstadt Waldsassen. Das Stadtbild wird geprägt von der Stiftsbasilika und der Zisterzienserinnenabtei mit dem Bibliotheksaal. Alles über die geschichtliche Vergangenheit des Stiftlandes erzählt das wunderschöne Stiftlandmuseum mit über 50 Abteilungen. Die Dreifaltigkeitskirche Kappl auf dem Glasberg ist ein lohnendes Wanderziel, das man von Waldsassen aus über den einzigartig in Europa existierenden "Rosenkranz-Stationsweg" erreicht.

Information und Prospekte:
Tourist-Info Waldsassen,
Johannisplatz 11, D-95652 Waldsassen,
tourist-info@waldsassen.de, www.waldsassen.de,
☏ 0049 (0) 9632/88160, Fax 5480.

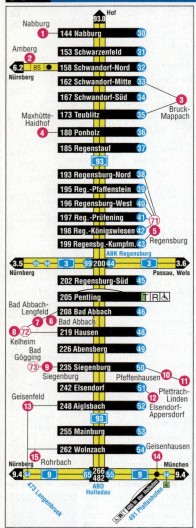

Hof
93.0
Nabburg
❶ 144 Nabburg · 30
Amberg
❷
6.2 · 85 · 158 Schwandorf-Nord · 32
Nürnberg
153 Schwarzenfeld · 31
162 Schwandorf-Mitte · 33
167 Schwandorf-Süd · 34
Maxhütte-
Haidhof
173 Teublitz · 35
❸
Bruck-
Mappach
❹ 180 Ponholz · 36
185 Regenstauf · 37
93
193 Regensburg-Nord · 38
195 Reg.-Pfaffenstein · 39
196 Regensburg-West · 40
197 Reg.-Prüfening · 41 · ⑦¹
198 Reg.-Königswiesen · 42 · ❺
Regensburg
199 Regensbg.-Kumpfm. · 43
ABK Regensburg
3.5 · 95 · 96 · 3 · 99 200 44 · 3 · 3.6
Nürnberg · Passau, Wels
202 Regensburg-Süd · 45
205 Pentling
Bad Abbach-
Lengfeld
208 Bad Abbach · 46
❼ ❻ Bad Abbach
❽ ⑦² 219 Hausen · 48
Kelheim
Bad
Gögging
226 Abensberg · 49
⑦³ ❾ 235 Siegenburg · 50
Siegenburg · Pfeffenhausen · ❿ · ⑪
242 Elsendorf · 51
Pfettrach-
Linden
Geisenfeld · ⑫ · 52
⑬ · Elsendorf-
Appersdorf
248 Aiglsbach
93
255 Mainburg · 53
262 Wolnzach · 54
Geisenhausen
⑮ Rohrbach · ⑭
München
9.4 · 64 · 9 · 266 482 · 55 · 9 · 9.4
Nürnberg · ABD Holledau · 473 Langenbruck · 491 Pfaffenhofen

⑪ Landgasthof Linden,
Pfettrach-Linden

❶ **D-92507 NABBURG**
A 93 ab Ausfahrt 30 Nabburg ca. 1 km
Gasthof Stern ★★ 17 B, EZ € 30,–, DZ € 50,–, inkl. reichhaltigem Frühstück, alle Zi mit Du, WC, 🕻 und Kabel-TV, gutbürgerliche Küche, Räume für 100 Personen, Biergarten, 🚌, großer P, Oberer Markt 6, @, www.gasthof-zum-stern-nab.de, ☎ 0049 (0) 94 33/96 28, Fax 90 12 80.

❷ **D-92224 AMBERG**
A 6 ab Ausfahrt 65 Amberg-West ca. 10 km → Bahnhof/Stadtmitte
Hotel Brunner garni ★★★ 63 B, EZ € 50,– bis 61,–, DZ € 84,– bis 100,–, inkl. Frühstücksbuffet, ruhige Zi, alle Zi mit Bad oder Du, WC, 🕻, TV und Minibar, Lift, kleine Imbisskarte, Terrasse, Tagungsräume, G, P, Batteriegasse 3, info@hotel-brunner.de, www.hotel-brunner.de, ☎ 0049 (0) 96 21/49 70, Fax 49 71 55.

❸ **D-92436 BRUCK-MAPPACH** A 93 ab Ausfahrten 33 Schwandorf-Mitte (B 85) und 35 Teublitz je 14 km → Cham (direkt an der B 85)
Landhotel Mappacher Hof ★★★ 50 B, EZ € 42,– bis 46,–, DZ € 64,–, inkl. Frühstücksbuffet, Zi mit Bad/Du, WC, 🕻, TV und Minibar, teils Balkon, regionale und internationale Küche, Terrasse, Spielplatz, 🕻 € 5,50, ⓰, G, P, Mappach 2, hotel@mappacher-hof.de, www.mappacher-hof.de, ☎ 0049 (0) 94 34/951-0, Fax 951-250.

❹ **D-93142 MAXHÜTTE-HAIDHOF**
A 93 ab Ausfahrt 36 Ponholz → Burglengenfeld 3 km
Hotel Garni Haidhof ★★★ ruhig gelegen, 35 B, EZ € 49,–, DZ € 69,–, inkl. Frühstücksbuffet, alle Zi mit Du, WC, TV und Internet, Tagungsraum, Restaurant in unmittelbarer Nähe, P, Amberger Str. 6, @, www.hotel-haidhof.de, ☎ 0049 (0) 94 71/30 85 10, Fax 30 85 29.

❺ **D-93047 REGENSBURG** A 3 ab Ausfahrt 101 Regensburg-Ost und A 93 ab Ausfahrten 41 Regensburg-Prüfening und 43 Regensburg-Kumpfmühl je 4 km
Hotel Münchner Hof ★★★ historisches Haus in der Altstadt, 98 B, EZ € 75,– bis 85,–, DZ € 95,– bis 105,–, 3-Bett-Zi € 117,– bis 127,–, inkl. Frühstück, alle Zi mit Du, WC, Fön, 🕻, Kabel-TV und Radio, gepflegte Küche, Parkhaus in der Nähe, Tändlergasse 9, @, www.muenchner-hof.de, ☎ 0049 (0) 9 41/5 84 40, Fax 56 17 09.

❻ **D-93077 BAD ABBACH**
A 93 ab Ausfahrt 46 Bad Abbach 5 km → Kurpark
Hotel Elisabeth garni ★★★ sehr ruhig neben dem Kurpark, 53 B, EZ € 49,50 bis 75,–, DZ € 89,50 bis 129,50, inkl. Frühstücksbuffet, alle Zi mit Du, WC, 🕻, Kabel-TV und WLAN, G, P, Ratsdienerweg 4-8, @, www.hotel-elisabeth.net, ☎ 0049 (0) 94 05/9 50 90, Fax 95 09 77.

❼ **D-93077 BAD ABBACH-LENGFELD**
A 93 ab Ausfahrt 46 Bad Abbach → Kehlheim 5 km
Landgasthof Gut Deutenhof ★★★★ 23 B, EZ € 69,– bis 79,–, DZ € 100,– bis 110,–, Suiten, Nichtraucher-Zi, inkl. Frühstücksbuffet, alle Zi mit Du, WC, 🕻 und TV, gehobene Küche, Konferenzräume, Terrasse, P, Deutenhof 2, reception@gut-deutenhof.de, www.gut-deutenhof.de, ☎ 0049 (0) 94 05/95 32 30, Fax 95 32 39.

❽ **D-93309 KELHEIM**
A 93 ab Ausfahrten 46 Bad Abbach und 48 Hausen je 10 km
Gasthof Stockhammer Ratskeller ★★★ 20 B, EZ € 43,50, DZ € 74,–, Appartements € 59,– bis 89,–, inkl. Frühstücksbuffet, alle Zi mit Bad/Du, WC, 🕻 und TV, gute bodenständige Küche, vegetarische Gerichte, Biergarten, 🚌 (nur EC), P, Am Oberen Zweck 2, @, www.gasthof-stockhammer.de, ☎ 0049 (0) 94 41/7 00 40, Fax 70 04 31.

❾ **D-93354 SIEGENBURG** A 93 ab Ausfahrt 50 Siegenburg 1 km
Café-Pension Maxi ★★★ neu restauriert, 18 B, EZ € 32,–, DZ € 58,–, inkl. Frühstück, alle Zi mit Du, WC, 🕻 und TV, Bistro mit gutbürgerlicher, regionaler Küche, 75 Sitzplätze, große Terrasse, 🚌, P, Marienplatz 3, ☎ 0049 (0) 94 44/9 77 03 30, Fax 97 70 33 19.

❿ **D-84076 PFEFFENHAUSEN**
A 93 Ausfahrt 50 Siegenburg 13 km und A 92 ab Ausfahrt 13 Altdorf 18 km
Brauerei-Gasthof Pöllinger ★★★ 40 B, EZ € 32,–, DZ € 58,–, inkl. Frühstück, alle Zi mit Bad/Du, WC und TV, gutbürgerliche, preiswerte Küche, Räume von 30-500 Personen, Tagungsraum, Gartenterrasse, Gastgarten, 🚌, Moosburger Straße 23, hotelpoellinger@t-online.de, ☎ 0049 (0) 87 82/16 70, Fax 9 78 5 67.

⑪ **D-84095 PFETTRACH-LINDEN**
A 92 ab Ausfahrt 13 Altdorf 3 km
Landgasthof Linden ★★★ ruhige Lage, 80 B, EZ € 49,– bis 55,–, DZ € 78,– bis 90,–, inkl. Frühstücksbuffet, Zi mit Du, WC, 🕻 und TV, gutbürgerliche Küche, Terrasse, G, großer P, Fr. ./., Haus Nr. 8, @, www.Landgasthof-Linden.de, ☎ 0049 (0) 87 04/92 12-0, Fax 92 12-60.

⑫ **D-84094 ELSENDORF-APPERSDORF**
A 93 ab Ausfahrt 51 Elsendorf 700 m
Landgasthof Bauer ★★ 25 B, EZ € 25.- bis 32.-, DZ € 52.- bis 64.-, inkl. Frühstück, Zi mit Du, WC und TV, gutbürgerliche Küche, Abendkarte, Hauptstr. 16, @, www.landgasthof-bauer.de, ☎ 0049 (0) 87 53/2 93, Fax 81 98.

⑬ **D-85290 GEISENFELD**
A 93 ab Ausfahrt 52 Aiglsbach und A 9 ab Ausfahrt 64 Langenbruck 8 km
KH-Hotel ★★★★ neu erbautes Designhotel, 48 B, EZ € 68,–, DZ € 96,–, inkl. Frühstück, Wochenendpauschalpreise, alle Zi mit Du, WC, 🕻, TV mit Flachbildschirm und WLAN, gute frische Küche, Tagungsräume, Terrasse, Tief-G kostenfrei, Augsburger Str. 11, @, www.khhotel.de, ☎ 0049 (0) 84 52/7 35 800, Fax 73 5 80 199.

14 D-85301 **GEISENHAUSEN**
A 9 ab Ausfahrt Rasthaus-Tankstelle In der Holledau 200 m
Hotel-Gasthof „Liebhardt" ★ 24 B, EZ € 26,– bis 32,–,
DZ € 45,– bis 55,–, inkl. Frühstück, Zi mit Du und WC,
gutbürgerliche Küche, Gerichte von € 7,– bis 15,–, großer
P, Holledaustraße 3, liebhardt.geisenhausen@t-online.de,
☎ 0049 (0) 8441/5020, Fax 83536.

15 D-85296 **ROHRBACH** A 9 ab Ausfahrten 64 Langenbruck und Rasthaus In der Holledau je 8 km
Landgasthof Zeidlmaier ★★★ 20 B, EZ ab € 53,–, DZ
ab € 76,–, inkl. Frühstück, alle Zi mit Du, WC, ☎ und TV,
bayrische regionale und internationale Küche, Räume
bis 200 Personen, Biergarten, 🍴, großer P, Bahnhofstraße 55, info@zeidlmaier.de, www.zeidlmaier.de,
☎ 0049 (0) 8442/8428, Fax 8382.

71 REGENSBURG …immer einladend

Regensburg ist eine moderne Stadt, bestens durch Autobahn und Schie-
ne an das europäische Verkehrsnetz angebunden. Als besterhaltene mittelalterliche Großstadt in Deutschland weist Regensburg weit über 1200
bedeutende Baudenkmäler auf, z.B.:

Dom St. Peter: Um 1250 begonnen, ein Meisterwerk der Gotik mit zwei
105 m hohen Türmen. Besonders eindrucksvoll sind die farbenprächtigen Glasfenster aus dem 14. Jahrhundert. Die klare Raumgliederung des
Inneren ist überwältigend.

Steinerne Brücke: Meisterwerk mittelalterlicher Baukunst (errichtet
1135–1146), Vorbild der Karlsbrücke in Prag.

Altes Rathaus: Prachtvoller Reichssaal, ursprünglich als Tanz- und
Festsaal des Rates gedacht. Hier tagte von 1663 bis 1806 der Immer-
während Reichstag, das erste deutsche Parlament. Täglich Stadtführungen, Schifffahrt, Einkaufserlebnis.

Information und Prospekte:
Tourist-Information,
Rathausplatz 1,
D-93047 Regensburg,
tourismus@regensburg.de,
www.regensburg.de,
☎ 0049 (0) 941/507-4410,
Fax 507-4418.

73 BAD GÖGGING

Bad Gögging, ein
Ortsteil von Neustadt,
bietet über 60 Über-
nachtungseinrichtun-
gen. Die berühmte
„Limes-Therme" mit
römischer Tradition
verfügt über 15 herr-
lich warme Innen-
und Außenbecken

(28 bis 36° C) sowie zahlreiche Wasserattraktionen. Mit vielen Angeboten im Gesundheitsbe-
reich von Fitness, über Massage, Schönheits-
pflege bis hin zu Therapiemaßnahmen ist sie
allein schon einen Ausflug oder Urlaub wert.
Neustadt an der Donau bietet Besuchern die
Einkaufsmöglichkeiten und eine Vielzahl von
Freizeit- und Sportangeboten. Hier wird mit
einer großen Geschichte aufgewartet, die heute
noch mit Mauern, Wallgräben und Tortürmen
das mittelalterliche Stadtbild prägt. Die Umgebung bietet zahlreiche Ausflugsmöglichkeiten in
die herrlichen, naturbelassenen Donauauen und
in die endlosen Hopfengärten der Hallertau.

Information und Prospekte:
Kurverwaltung Bad Gögging,
Heiligenstädterstraße 5, D-93333 Bad Gögging,
tourismus@bad-goegging.de,
www.bad-goegging.de,
☎ 0049 (0) 9445/9575-0, Fax 9575-33.

72 KELHEIM

In Bayern, an der Mündung der Altmühl in die Donau, liegt die Stadt
Kelheim. Von der alten Befestigung aus dem 13. Jahrhundert sind statt-
liche Teile der Mauer, vier Befestigungstürme, alle drei Tortürme und einige
Abschnitte des Stadtgrabens erhalten geblieben.

Das Wahrzeichen Kelheims, die Befreiungshalle, steht weithin sichtbar
in 100 m Höhe auf dem Michelsberg. Der 45 m hohe Monumentalbau
wurde zwischen 1842 und 1863 unter König Ludwig I. als Denkmal an die
Befreier Deutschlands aus der napoleonischen Besetzung erbaut.

Zu den Sehenswürdigkeiten Kelheims gehören neben der Befreiungshalle
das Archäologische Museum, Kloster Weltenburg und die Tropfsteinhöh-
le Schulerloch. Von Kelheim aus können viele Ausflüge zu Fuß oder per
Schiff auf dem Main-Donau-Kanal ins Altmühltal oder durch den Donau-
durchbruch unternommen werden.

Information und Prospekte: Touristik-Information, Ludwigsplatz 16,
D-93309 Kelheim, info@kelheim.de, www.kelheim.de,
☎ 0049 (0) 9441/701234, Fax 701207.

München

172 M-Sendling	38
171 München-Laim	38
169 M-Blumenau	37
167 Gräfelfing	36b

99
8 ABK München-West
8.2 99
96
164 München-Freiham 36a
163 0 35 ABD München-Südwest

| 161 Germering | 34 |
| 155 Gilching | 33 | Starnberg
| 153 Oberpfaffenhofen | 32 |
| 149 Wörthsee | 31 |

Bachern
96
143 Inning a. Ammersee 30 3

99
139 Greifenberg 29 71 Raisting
134 Windach 28
131 Schöffelding 27
Untermeitingen
6 124 Landsberg-Ost 26
Kaufering 4-5
120 Landsberg-Nord 25
R T 119 Lechwiesen T R
117 Landsberg-West 24
Waal
110 Buchloe-Ost 23 8
109 Jengen/Kaufbeuren 22 7
Buchloe Germaringen-Ketterschwang
9 107 Buchloe-West 21
Türkheim Kaufbeuren
13 A 100 Bad Wörishofen 20 10-11
12
Kammlach- 91 Mindelheim 19 Kaufbeuren-Oberbeuren
Oberkammlach
14 86 Stetten 18
78 Erkheim 17
15 74 Holzgünz 15
Westerheim- Ottobeuren
Günz 67 Memmingen-Ost 14 18
19 Memmingen
Heimertingen 64 Memmingen-Nord 13 16-17
Würzburg Kempten
Feuchtwangen 63 Innsbruck
7.9 127 128 890 12 7 129 130 7.9
20 ABK Memmingen 96
Kirchdorf-
Oberopfingen 55 Aitrach 11
Lindau 96.1
Bodensee

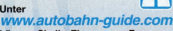
D

① D-80335 **MÜNCHEN** ab Ausfahrten → Zentrum, Nähe Hauptbahnhof
Hotel Jedermann garni ★★★ 99 B, EZ € 35,– bis 155,–, DZ € 49,– bis 210,–, inkl. Frühstücksbuffet, überwiegend Zi mit Du, WC, ☎, TV, Modemanschluss und kostenfreiem WLAN, teils Klimaanlage und Wellnessdusche, freier Internetzugang in der Lobby, B, Bayerstr. 95, info@hotel-jedermann.de, www.hotel-jedermann.de, ☎ 0049 (0)89/543240, Fax 54324111.

② D-81247 **MÜNCHEN** A 8 ab Autobahnende → Zentrum 2 km
Hotel Amalienburg ★★★ 50 B, EZ € 72,– bis 210,–, DZ € 92,– bis 210,–, inkl. Frühstücksbuffet, komfortable Zi mit Du, WC, ☎, TV und WLAN, Appartements mit Küche, günstige Langzeitangebote, Tief-G, Amalienburgstr. 24-26, @, www.amalienburg.de, ☎ 0049 (0)89/891 1550, Fax 891 15511.

③ D-82266 **BACHERN** A 96 ab Ausfahrt 30 Inning 2 km
Hotel Mutz ★★ ruhige Lage am Wörthsee, 31 B, EZ € 60,– bis 95,–, DZ € 85,– bis 105,–, Ferienwohnung € 75,– bis 145,–, inkl. Frühstücksbuffet, alle Zi mit Du, WC, ☎ und TV, teils Balkon, Abendkarte, Terrasse, Kinderspielplatz, Bootsverleih, P, Fischerstr. 14-16, info@hotel-mutz.de, www.hotel-mutz.de, ☎ 0049 (0)8143/93070, Fax 9307 10.

④ D-86916 **KAUFERING** A 96 ab Ausfahrt 25 Landsberg-Nord 2 km → Augsburg
Hotel Rid ★★★ 150 B, EZ € 45,– bis 56,–, DZ € 70,– bis 90,–, inkl. Frühstücksbuffet, 10 Appartements, alle Zi mit Du, WC und ☎, teils TV, gutbürgerliche, gehobene Küche, Räume von 20 bis 50 Personen, 5 Tagungsräume, Terrasse, Zugverbindung alle 40 Minuten nach München, 🚐, G, P, Bahnhofstraße 24, mail@hotel-rid.de, www.Hotel-Rid.de, ☎ 0049 (0)8191/6580, Fax 658329.

⑤ D-86916 **KAUFERING** A 96 ab Ausfahrt 25 Landsberg-Nord 4 km → B 17 Augsburg oder Ausfahrt 24 Landsberg-West 7 km → B 17n Augsburg
Gasthof zur Brücke ★★☆ 27 B, EZ € 41,–, DZ € 66,–, Ferienwohnungen, inkl. Frühstücksbuffet, alle Zi mit Du, WC, ☎ und TV, gutbürgerliche Küche, Räume bis 150 Personen, Biergarten, G, P, Brückenring 1, info@gasthofzurbruecke.de, www.gasthofzurbruecke.de, ☎ 0049 (0)8191/657 1180, Fax 657 11821.

⑥ D-86836 **UNTERMEITINGEN** A 96 ab Ausfahrt 25 Landsberg-Nord → Augsburg und A 8 ab Ausfahrt 72 Augsburg-West je 25 km
Lechpark Hotel ★★★ 110 B, EZ € 57,– bis 92,–, DZ € 77,– bis 125,–, Familien-Zi, inkl. Frühstücksbuffet, alle Zi mit Du, WC, ☎, TV und Internet, italienisches Restaurant Da'Aldo, Konferenzräume, Sauna, Tief-G, Bus-P, Lagerlechfelder Str. 28, @, www.lechpark-hotel.de, ☎ 0049 (0)8232/9980, Fax 998100.

⑦ D-87656 **GERMARINGEN-KETTERSCHWANG**
A 96 ab Ausfahrt 23 Buchloe-Ost → Kempten (B 12), Abfahrt Jengen 3 km
Landgasthof Brem ★★★ ruhig gelegen, 90 B, EZ € 39,–, DZ € 70,–, inkl. Frühstück, alle Zi mit Du, WC, ☎, TV, WLAN und Balkon, Lift, gute saisonale Küche, eigene Hausschlachtung, Räume von 20 bis 200 Personen, Biergarten, 🚐, ఉ, großer P, Landstr. 11, @, www.landgasthof-brem.de, ☎ 0049 (0)8344/92060, Fax 229.

⑧ D-86875 **WAAL**
A 96 ab Ausfahrt 22 Jengen/Kaufbeuren → Kempten (B 12) 4 km
Gasthaus zur Post ★★ 25 B, EZ € 26,– bis 49,–, DZ € 46,– bis 75,–, neue Suiten, inkl. Frühstück, überwiegend Zi mit Du und WC, regionale Küche, Räume bis 200 Personen, großer Biergarten, Kinderspielplatz, P, Ritter-von-Herkomer-Str. 40, @, www.gasthauspostwaal.de, ☎ 0049 (0)8246/264, Fax 231980.

⑨ D-86807 **BUCHLOE** A 96 ab Ausfahrt 21 Buchloe-West ca. 2 km
Stadthotel, Tagungshotel-Restaurant ★★★★ 88 B, EZ € 55,– bis 67,–, DZ € 85,– bis 97,–, inkl. Frühstücksbuffet, alle Zi mit Bad/Du, WC, Fön, ☎, Radio, TV, Video, Minibar, Modem- und Faxanschluss, gepflegtes Restaurant, schwäbische und internationale Küche, Bar, Sauna, Fitnessraum, Biergarten (Münchener Str. 44), 🚐 (ab 25 Personen Ermäßigung), Tief-G, P, Bahnhofstraße 47, @, www.stadthotel-buchloe.de, ☎ 0049 (0)8241/5060, Fax 506135. **Unter gleicher Leitung**

⑩ D-87600 **KAUFBEUREN** A 96 ab Ausfahrt 20 Bad Wörishofen → Kempten
Hotel Goldener Hirsch, Hotel-Restaurant-Café ★★★☆ in der Stadtmitte gelegen, 70 B, EZ € 44,– bis 84,–, DZ € 75,– bis 110,–, inkl. Frühstück, alle Zi mit Du, WC, ☎, TV und kostenlosem Internetanschluss, ausgezeichnete Küche, Räume bis 150 Personen, Biergarten, 🚐, @, www.goldener-hirsch-kaufbeuren.de, ☎ 0049 (0)8341/43030. **Unter gleicher Leitung**

⑪ D-87600 **KAUFBEUREN** A 96 ab Ausfahrt 20 Bad Wörishofen → Kempten
Restaurant Sudhaus ✕ uriges Brauereigasthaus mit Biergarten, info@sudhaus-kaufbeuren.de, www.sudhaus-kaufbeuren.de, ☎ 0049 (0)8341/98 8488. **Unter gleicher Leitung**

⑫ D-87600 **KAUFBEUREN-OBERBEUREN**
A 96 ab Ausfahrt 20 Bad Wörishofen ca. 15 km
Hotel Grüner Baum ★★★☆ neu erbaut, ruhige Lage, 51 B, EZ € 49,– bis 55,–, DZ € 79,– bis 85,–, inkl. Frühstücksbuffet, alle Zi mit Bad/Du, WC, ☎ mit Voice-Mail-box, TV, Radio und Internet-Anschluss, Sauna, 🚐, ఉ, G, P, Obere Gasse 4, @, www.gruener-baum-hotel.com, ☎ 0049 (0)8341/96611-0, Fax 96611-79. **Unter gleicher Leitung**

⑬ D-86842 **TÜRKHEIM** A 96 ab Ausfahrt 20 Bad Wörishofen ca. 2 km
Restaurant-Café Schlossgarten ✕ Biergarten im Schloßpark, @, www.schloss-garten.de, ☎ 0049 (0)8245/904090.

D — München-Memmingen — 96.0

⑭ D-87754 KAMMLACH-OBERKAMMLACH
A 96 ab Ausfahrt 18 Stetten ca. 3 km
Gasthof Schwanen ★ 12 B, EZ € 30,– bis, DZ € 52,–, inkl. reichhaltigem Frühstück, alle Zi mit Du, WC und TV, Ferienwohnung bis 5 Personen, preiswerte, regionale Küche, Räume von 40 bis 200 Personen, Biergarten, 🍴, P, Reichsstraße 12, @, www.zumschwanen-demmler.de, ☎ 0049 (0) 8261/4267, Fax 8238.

⑮ D-87784 WESTERHEIM-GÜNZ
A 96 ab Ausfahrten 17 Erkheim und 16 Holzgünz je 2 km
Brauereigasthof Laupheimer ★★★ 15 B, EZ € 53,– bis 57,–, DZ € 85,– bis 93,–, inkl. Frühstücksbuffet, alle Zi mit Du, WC, TV und WLAN, regionale gehobene Küche, großer Biergarten, 🍴, großer P, Dorfstr. 19, @, www.laupheimer.de, ☎ 0049 (0) 8336/7663, Fax 7693.

⑯ D-87700 MEMMINGEN A 96 ab Ausfahrt 14 Memmingen-Ost je 2 km (Stadtmitte) und A 7 ab Ausfahrt 129 Memmingen-Süd
Hotel Weisses Ross ★★★★ 90 B, EZ € 62,– bis 82,–, DZ € 95,– bis 115,–, inkl. Frühstücksbuffet, ruhige Zi mit Du, WC, ☎, TV, Lift, Restaurant, historisches Haus, G, Salzstr. 12, @, www.hotelweissesross.de, ☎ 0049 (0) 8331/9360, Fax 936150.

⑰ D-87700 MEMMINGEN A 96 ab Ausfahrt 14 Memmingen-Ost und A 7 ab Ausfahrt 129 Memmingen-Süd je 2 km (Stadtmitte)
Engelkeller, Restaurant & Hotel ★★★★ neu erbaut, 42 B, EZ € 82,– DZ € 118,–, inkl. Frühstücksbuffet, alle Zi mit Du, WC, ☎, TV und WLAN, Lift, regionale gehobene Küche, großer Biergarten, 🍴, großer P, Königsgraben 9, @, www.engelkeller.de, ☎ 0049 (0) 8331/984 44 90.

⑱ D-87724 OTTOBEUREN A 96 ab Ausfahrten 13 Memmingen-Nord und 14 -Ost je 11 km und A 7 ab Ausfahrt 129 Memmingen-Süd
Hotel St. Ulrich ★★★ sehr ruhige Waldrandlage, 36 B, EZ € 54,– bis 65,–, DZ € 78,– bis 94,–, inkl. Frühstücksbuffet, Pauschalangebote, alle Zi mit Du, WC, ☎ und TV, Lift, Restaurant für Hausgäste, Konferenzraum, Gartenterrasse, Hallenbad, Sauna, Solarium, großer P, Bannwaldweg 10, @, www.hotel-st-ulrich.com, ☎ 0049 (0) 8332/923 52-0, Fax 923 52-70.

⑲ D-87751 HEIMERTINGEN
A 7 ab Ausfahrt 127 Berkheim → Heimertingen 2 km
Gasthof und Metzgerei Lamm ★ 35 B, EZ € 35,–, DZ bis € 55,–, Zusatz-Bett € 15,–, inkl. Frühstück, Zi mit Du, WC und TV, gutbürgliche Küche, Biergarten, Gerichte von € 5,50 bis 17,–, Räume bis 130 Personen, 🍴, G, P, Memminger Str. 1, @, www.gasthof-metzgerei-lamm.de, ☎ 0049 (0) 8335/256, Fax 989785.

⑳ D-88457 KIRCHDORF-OBEROPFINGEN
A 7 ab Ausfahrt 127 Berkheim 800 m
Landgasthof Löwen ★★★ neu erbaut, 18 B, EZ € 35,– bis 42,–, DZ € 58,– bis 64,–, inkl. Frühstück, alle Zi mit Du, WC, ☎, TV und WLAN, gute Küche, Räume bis 200 Personen, Terrasse, 🍴, großer P, Kirchdorfer Str. 8, @, www.landgasthof-loewen.info, ☎ 0049 (0) 8395/667, Fax 911728.

⑥ Lechpark Hotel, Untermeitingen

⑦① DER AMMERSEE – Bauernsee, Künstlersee, Genießersee
Am westlichen Rand des bayerischen Fünfseenlandes, zu Füßen des „Heiligen Bergs" mit dem weit hin sichtbaren Kloster Andechs, liegt der Ammersee. Er ist nach dem Chiemsee und dem Starnberger See der drittgrößte See in Bayern – und blieb trotzdem lange relativ unbekannt. Während sich am Starnberger See schon längst Münchner Erholungssuchende tummeln, Zweitwohnungen und -häuser errichteten, Wochenenden und Sommermonate mit Trubel erfüllten, lag der Ammersee bis zum vorletzten Jahrhundert im tiefen Dornröschenschlaf. Geheimnisvolle Moore, ausgedehnte Wälder mit alten Buchen- und Eichenriesen, friedlich weidende Kühe auf grünen Wiesen, Alpenpanorama und die wechselnden Stimmungen und Lichter des Ammersees: Künstler kommen, sehen, fühlen sich inspiriert und bleiben.
Sport und Spaß am Ammersee: Wassersport, Segeln, Surfen, Fischerei. Schifffahrt. Ausflüge mit der Kutsche oder dem Pferdeschlitten. Ausgedehntes Rad- und Wanderwegenetz.
Sehenswürdigkeiten rund um den Ammersee: Ammersee-Ostufer: Kloster Andechs auf dem Heiligen Berg, Herrsching mit der längsten Binnenseepromenade Deutschlands und den schönsten Sonnenuntergängen.
(Foto & Text: www.ammersee-region.de)
Informationen und Prospekte: ammersee-region eG, Kirchenweg 23 a, D-82399 Raisting, schmitt@ammersee-region.de, www.ammersee-region.de, ☎ 0049 (0) 8807/206945, Fax 214767.

❶ D-87700 MEMMINGEN A 7 ab Ausfahrt 129 Memmingen-Süd und A 96 ab Ausfahrt 14 Memmingen-Ost je 2 km (Stadtmitte)
Engelkeller, Restaurant & Hotel ★★★★ neu erbaut, 42 B, EZ € 82,– DZ € 118,–, inkl. Frühstücksbuffet, alle Zi mit Du, WC, ☎, TV und WLAN, Lift, regionale gehobene Küche, großer P, Königsgraben 9, @, www.engelkeller.de, ☎ 0049 (0) 8331/98 44 90.

❷ D-87700 MEMMINGEN A 7 ab Ausfahrt 129 Memmingen-Süd und A 96 ab Ausfahrt 14 Memmingen-Ost je 2 km (Stadtmitte)
Hotel Weisses Ross ★★★★ 90 B, EZ € 62,– bis 82,–, DZ € 95,– bis 115,–, inkl. Frühstücksbuffet, ruhige Zi mit Du, WC, ☎ und TV, Lift, Restaurant, historisches Haus, G, Salzstr. 12, @, www.hotelweissesross.de, ☎ 0049 (0) 8331/9360, Fax 936150.

❸ D-87751 HEIMERTINGEN A 7 ab Ausfahrt 127 Berkheim → Heimertingen 2 km
Gasthof und Metzgerei Lamm ★ 35 B, EZ € 35,–, DZ bis € 55,–, Zusatz-Bett € 15,–, inkl. Frühstück, alle Zi mit Du, WC, gutbürgerliche Küche, Biergarten, Gerichte von € 5,50 bis 17,–, Räume bis 130 Personen, 🍴, G, P, Memminger Str. 1, @, www.gasthof-metzgerei-lamm.de, ☎ 0049 (0) 8335/256, Fax 989785.

❹ D-88457 KIRCHDORF-OBEROPFINGEN
A 7 ab Ausfahrt 127 ca. 800 m
Landgasthof Löwen ★★★ neu erbaut, 18 B, EZ € 35,– bis 42,– DZ € 58,– bis 64,–, inkl. Frühstück, alle Zi mit Du, WC, TV und WLAN, gute Küche, Räume bis 200 Personen, Terrasse, 🍴, großer P, Kirchdorfer Str. 8, @, www.landgasthof-loewen.info, ☎ 0049 (0) 8395/667, Fax 911728.

❺ D-87724 OTTOBEUREN
A 7 ab Ausfahrt 129 Memmingen-Süd und A 96 ab Ausfahrten 13 Memmingen-Nord und 14 -Ost je 2 km
Hotel St. Ulrich ★★★ sehr ruhige Waldrandlage, 36 B, EZ € 54,– bis 65,–, DZ € 78,– bis 94,–, inkl. Frühstücksbuffet, Pauschalangebote, alle Zi mit Du, WC, ☎ und TV, Lift, Restaurant für Hausgäste, Konferenzraum, Gartenterrasse, Hallenbad, Sauna, Solarium, großer P, Bannwaldweg 10, @, www.hotel-st-ulrich.com, ☎ 0049 (0) 8332/9 23 52-0, Fax 9 23 52-70.

❻ D-87763 LAUTRACH
A 96 ab Ausfahrt 11 Aitrach 6 km und A 7 ab Ausfahrt 130 Woringen 9 km
Gasthof Rössle ★★ 16 B, EZ € 35,–, DZ € 65,–, inkl. Frühstück, alle Zi mit Du, WC, und TV, schwäbische Küche, Räume bis 220 Personen, große Biergarten, 🍴, P, Deybachstr. 16, @, www.roessle-lautrach.de, ☎ 0049 (0) 8394/284, Fax 941935.

❼ D-87547 MISSEN
A 980 ab Ausfahrt 1 Waltenhofen → Isny (B12)
Brauerei & Gasthof Schäfflerbräu ★★ 12 B, EZ ab € 41,–, DZ ab € 69,–, inkl. reichhaltigem Frühstück und Kurtaxe, alle Zi mit Du, WC und TV, regionale Küche, Gasträume mit besonderem Flair, Mini-Schaubrauerei und Schaubrennerei sowie Zapfwinkel und Brutzeleck, Biergarten, Wintergarten, Bräu-Saal, 🍴, großer P, Hauptstr. 15, @, www.schaeffler-braeu.de, ☎ 0049 (0) 8320/9 20-15, Fax 9 20-16.

❽ D-88299 LEUTKIRCH
A 96 ab Ausfahrten 9 Leutkirch-West und 8 Leutkirch-Süd je 3 km
Hotel Linde ★★ 16 B, EZ € 49,– bis 57,– DZ € 69,– bis 79,–, inkl. Frühstück, alle Zi mit Du, WC, ☎ und TV, Restaurant im Hause, Haus renoviert, G, P, Lindenstr. 10, Hotel-Linde-Leutkirch@t-online.de, ☎ 0049 (0) 7561/91 39 70, Fax 9139722.

❾ D-88299 LEUTKIRCH
A 96 ab Ausfahrt 9 Leutkirch-West und 8 Leutkirch-Süd je 3 km
Hotel Post ★★ 50 B, EZ € 30,– bis 49,–, DZ € 55,– bis 70,–, inkl. reichhaltigem Frühstück, alle Zi mit Du, WC, ☎ und TV, gutbürgerliche Küche, 🍴, P, Obere Vorstadtstr. 1, @, www.hotel-post-leutkirch.de, ☎ 0049 (0) 7561/4201, Fax 72341.

16

Hotel am Schlossberg,
Waldburg

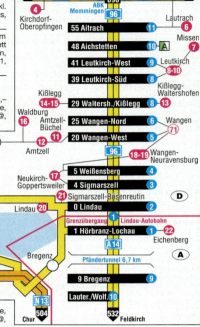

❿ D-88299 LEUTKIRCH A 96 ab Ausfahrten 9 Leutkirch-West und 8 Leutkirch-Süd je 3 km
Gasthof Rad ★★ 39 B, EZ € 30,– bis 49,–, DZ € 50,– bis 84,–, Zi mit Du, WC und TV, Gerichte von € 7,50 bis 15,–, 🍴, G, P, Restaurant Fr. ../., Obere Vorstadtstr. 5, @, www.rad-leutkirch.de, ☎ 0049 (0) 7561/98 56-0, Fax 2067.

⓫ D-88279 AMTZELL-BÜCHEL
A 96 ab Ausfahrt 5 Wangen-West 3 km → Ravensburg, in Geiselharz → Büchel
Landgasthof Adler ★★ sehr ruhig gelegen, 11 B, EZ € 30,– bis 36,–, DZ € 50,– bis 64,–, inkl. Frühstück, günstige Wochenpreise, Zi mit Du und WC, gutbürgerliche Küche, Gartenterrasse, Kinderspielplatz, Wohnmobilanlage, 🍴, G, P, Büchel 3, @, www.Landgasthof-Adler-Amtzell.de, ☎ 0049 (0) 75 22/33 11, Fax 55 20.

⓬ D-88279 AMTZELL A 96 ab Ausfahrt 5 Wangen-West ca. 5 km (Ortsmitte, gegenüber der Kirche)
Gasthof Zum Schloss ★★ 21 B, EZ € 33,– bis 37,–, DZ € 66,– bis 74,–, inkl. reichhaltigem Frühstück, alle Zi mit Du, WC und Kabel-TV, gutbürgerliche Küche, stilvolle Zirbelstube, Biergarten, G, P, Haslacher Str. 5, @, www.gasthofzumschloss.de, ☎ 0049 (0) 75 20/62 13, Fax 53 47.

⓭ D-88353 KISSLEGG-WALTERSHOFEN
A 96 ab Ausfahrt 7 ca. 500 m → Waltershofen
Landhotel zum Neubau ★ 22 Zi, EZ € 33,– DZ € 55,–, Familien-Zi € 70,– bis 99,–, inkl. Frühstück, alle Zi mit Du und WC, regionale Küche, diverse Räumlichkeiten, bis zu 120 Sitzplätze, großer P, Leutkircher Straße 31, @, www.landhotel-neubau.de, ☎ 0049 (0) 7563/91 28 81, Fax 8095.

⑭ D-88353 KISSLEGG ab Ausfahrt Waltershofen 5 km
Gasthof Schlosskeller ★★★ ruhige Lage, 18 B, EZ € 45,– bis 50,–, DZ € 66,– bis 70,–, inkl. Frühstücksbuffet, alle Zi mit Du, WC, ☎ und TV, gutbürgliche Küche, Gartenterrasse, Kegelbahnen, Kinderspielplatz, G, P, Fürst-Maximilian-Str. 3, @, www.schlosskeller-Kisslegg.de, ☎ 0049 (0) 7563 / 180 60, Fax 18 06 20.

⑮ D-88353 KISSLEGG ab Ausfahrt Waltershofen 5 km
Gasthof zum Löwen ★★ 16 B, EZ € 40,–, DZ € 59,–, 3-Bett-Zi € 84,–, 4-Bett-Zi € 108,–, Zusatzbett € 27,–, inkl. reichhaltigem Frühstück, alle Zi mit Du, WC und TV, erstklassige Küche, Gastro Gold Sieger (www.gastro-gold-europa.com), P, Herrenstr. 15, @, www.gasthaus-loewen-kisslegg.de, ☎ 0049 (0) 7563 / 82 26, Fax 38 42.

⑯ D-88289 WALDBURG
A 96 ab Ausfahrt 5 Wangen-West ca. 10 km → Ravensburg (B 32)
Hotel am Schlossberg ★★ bei der Kirche und der Burg, 21 B, EZ € 33,50, DZ € 67,–, inkl. Frühstücksbuffet, alle Zi mit Du, WC und TV, gute Küche, große Terrasse, große kostenlose G für Motorräder, P, Kirchsteige 6, @, www.e-biz.de/reisen/waldburg.htm, ☎ 0049 (0) 7529 / 36 99, Fax 37 06.

⑰ D-88099 NEUKIRCH-GOPPERTS-WEILER A 96 ab Ausfahrten 5 Wangen-West und 4 Weißensberg je 6 km
Gasthof zum Hirsch ★★★ 25 B, EZ € 57,–, DZ € 78,–, Familien-Zi, inkl. Frühstück, alle Zi mit Du, WC und TV, ausgezeichnete Küche, Gartenterrasse, 🍴, P, Argenstr. 29, @, www.gasthof-zum-hirsch.com, ☎ 0049 (0) 7528 / 17 65, Fax 17 06.

⑱ D-88239 WANGEN-NEURAVENS-BURG A 96 ab Ausfahrten 5 Wangen-West und 4 Weißensberg je 5 km
Hotel Waldgasthof Zum Hirschen ★★★ ruhige Aussichtslage, 17 B, EZ € 55,– bis 65,–, DZ € 74,– bis 99,–, Nichtraucher-Zi, inkl. Frühstücksbuffet, alle Zi mit Du, WC, ☎, TV und WLAN, Terrasse, Tennisplatz, großer P, Grub-Neuravensburg 1, @, www.waldgasthof-hirschen.de, ☎ 0049 (0) 7528 / 95 140, Fax 95 14 14.

⑲ D-88239 WANGEN-NEURAVENSBURG
A 96 ab Ausfahrt 4 Weißensberg ca. 5 km
Hotel-Landgasthof Mohren ★★★ 65 B, EZ € 56,– bis 65,–, DZ € 88,– bis 96,–, inkl. Frühstücksbuffet, alle Zi mit Du, WC, ☎, TV, WLAN und Safe, Lift, gutbürgliche, regionale Küche, Gartenterrasse, Hallenbad, Sauna, 🍴, G, großer P, Bodenseestraße 7, @, www.landgasthof-mohren.de, ☎ 0049 (0) 7528 / 9 50-0, Fax 9 50-95.

⑳ D-88131 LINDAU
A 96 ab Ausfahrt 2 Lindau 1 km, im Kreisverkehr rechts → Gewerbegebiet, 2. Straße rechts, Kreuzung links, 2. Straße rechts
Hotel garni Reulein ★★★★ sehr ruhige Lage mit See- und Bergsicht, 44 B, EZ € 79,– bis 99,–, DZ € 116,– bis 153,–, Zusatzbett € 25,–, inkl. Frühstücksbuffet, alle Zi mit Bad/Du, WC, ☎, LCD-TV (32 Zoll), kostenfreiem WLAN, Minibar und Terrasse oder Balkon, Lift, Hotelbar, Golf, Tennis, Wassersport, 🍴, &, P, 18.12.-3.1. ./., Steigstraße 28, @, www.Hotel-Reulein.de, ☎ 0049 (0) 8382 / 96 45-0, Fax 75 2 62.

㉑ D-88138 SIGMARSZELL-BÖSENREUTIN
A 96 ab Ausfahrt 2 Lindau 3 km
Landgasthof Engel ★★ 15 B, EZ € 35,–, DZ € 60,–, inkl. reichhaltigem Frühstück, alle Zi mit Du, WC und TV, gutbürgliche Küche, Biergarten, ✍, P, Bodenseestr. 156, @, www.engel-boesenreutin.de, ☎ 0049 (0) 8382 / 7 84 74, Fax 27 34 096.

㉒ A-6911 EICHENBERG
A 14 ab Ausfahrt 1 Lochau 500 m, dann links 4 km
Hotel Schönblick ★★★★ mit Blick auf den Bodensee, Lindau und die Schweizer Berge, 40 B, EZ € 74,– bis 122,–, DZ € 110,– bis 148,–, inkl. reichhaltigem Frühstücksbuffet und Benutzung von Hallenbad, Sauna, Dampfbad und Infrarotkabine, Wohnappartements € 120,– bis 172,–, 6 Komfort Appartements (Nebenhaus) € 120,– bis 148,–, alle Zi mit Bad oder Du, WC, ☎, Sat-TV und Kühlschrank, Lift, gehobene regionale Küche, Aussichts-Terrasse, Solarium, Wohlfühl-Oase, Massagen, Beauty-Anwendungen, Weinkeller, 🍴, G, P, Restaurant Mo ./., Di ab 17 Uhr, Dorf 6, @, www.schoenblick.at, ☎ 0043 (0) 5574 / 4 59 65, Fax 4 59 65-7.

㉓ D-78359 NENZINGEN
A 81 ab Ausfahrt 39 Engen ca. 11 km und A 98 Ausfahrt 12 Stockach-West ca. 4 km
Landgasthof Ritter ★★★ 40 B, EZ € 40,– bis 42,–, DZ € 80,– bis 84,–, inkl. Frühstücksbuffet, Zi mit Du, WC, Fön, ☎, TV und kostenfreiem WLAN-Anschluss, Lift, Restaurant mit Sitzplätzen für 130 Personen, anerkannt gute Spezialitätenküche, Sauna, Solarium, 🍴, großer P, Stockacher Straße 69, @, www.ritter-nenzingen.de, ☎ 0049 (0) 7771 / 9 38 80, Fax 57 69.

㉔ D-78359 NENZINGEN
A 81 ab Ausfahrt 39 Engen ca. 11 km und A 98 Ausfahrt 12 Stockach-West ca. 4 km
Gasthof Auer ★★ 18 B, EZ € 29,– bis 35,–, DZ € 58,– bis 64,–, inkl. Frühstück, alle Zi mit Du, WC und Kabel-TV, regionale, saisonale Küche, Gartenwirtschaft, P, Stockacher Str. 62, @, www.auer-nenzingen.de, ☎ 0049 (0) 7771 / 24 97, Fax 87 50 86.

㉛ WANGEN IM ALLGÄU/Luftkurort

Eingebettet in das Westallgäuer Hügelland und umgeben von Mooren und Rieden liegt die ehemalige freie Reichsstadt Wangen im Allgäu.

Malerisch und sorgfältig restauriert präsentiert sich die Stadt mit einem der schönsten Straßenbilder Süddeutschlands. Die unter Denkmal- und Ensembleschutz stehende historische Altstadt lädt zum Erkundungsgang ein. Mit interessanten Gebäuden, mit einer Vielzahl lustiger Brunnen und mit einer Museumslandschaft, die ihresgleichen sucht, begeistert Wangen seine Besucher und Gäste. Stadtführung jeden Donnerstag um 15.30 Uhr, Treffpunkt Gästeamt.

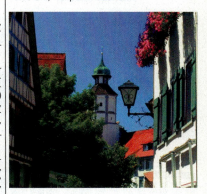

Information:
Gästeamt - Tourist Information, Marktplatz 1, D-88239 Wangen im Allgäu, info@wangen.de, www.wangen.de, ☎ 0049 (0) 7522 / 7 42 11, Fax 7 42 14.

❶ D-85402 THALHAUSEN
A 9 ab Ausfahrt 67 ca. 5 km → Freising und A 92 ab Ausfahrt 7 ca. 8 km → Allershausen
Hotel zum Forst ★★★ ruhige Lage, 65 B, EZ € 50,– bis 65,–, DZ € 70,– bis 85,–, inkl. Frühstücksbuffet, alle Zi mit Du, WC und TV, gutbürgerliche Küche, Räume bis 150 Personen, große Terrasse, P, An der Lahn 6, @, www.hotel-zum-forst.de, ☎ 0049 (0) 81 66/94 56, Fax 14 22.

❷ D-85391 ALLERSHAUSEN-OST
A 9 ab Ausfahrt 67 ca. 800 m
Hotel „Huberhof" ★★★ neu erbaut, 100 B, EZ € 50,– bis 80,–, DZ € 70,– bis 90,–, 3- und 4-Bett-Zi-Preise auf Anfrage, inkl. Frühstücksbuffet, alle Zi mit Du, WC, Fön, ☎, TV, WLAN (kostenfrei) und Balkon, 25 Nichtraucher-Zi, Abendkarte von 18-21 Uhr, Terrasse, ☎, G, P, Freisinger Straße 18, info@Hotel-Huberhof.de, www.Hotel-Huberhof.de, ☎ 0049 (0) 81 66/68 71 20, Fax 68 71 68.

❷ Hotel „Huberhof", Allershausen-Ost

❸ D-85391 ALLERSHAUSEN-OST
A 9 ab Ausfahrt 67 Allershausen 700 m
Hotel-Gasthof Obermeier ★★★ 60 B, EZ € 52,– bis 56,–, DZ € 72,– bis 80,–, Familien-Zi bis 5 Personen, inkl. Frühstücksbffet, alle Zi mit Du, WC, ☎ und TV, Internet, durchgehend gute regionale und internationale Küche, schattige Terrasse, Räume bis 200 Personen, ☎, großer P, Münchener Straße 1, info@hotel-gasthof-obermeier.de, www.hotel-gasthof-obermeier.de, ☎ 0049 (0) 81 66/55 51, Fax 55 52.

❹ D-85391 ALLERSHAUSEN-OST
A 9 ab Ausfahrt 67 Allershausen ca. 1 km
Gasthof Fuchswirt ★★★ 15 Zi, EZ € 59,– bis 75,–, DZ € 78,– bis 90,–, 3-Bett-Zi € 95,–, inkl. Frühstück, alle Zi mit Du, WC, ☎ und TV, gutbürgerliche Küche, Räume bis 300 Personen, große Terrasse, ☎, P, Ampertalstraße 4, mail@fuchswirt.de, www.fuchswirt.de, ☎ 0049 (0) 81 66/99 19 90, Fax 99 19 29.

❺ D-85391 ALLERSHAUSEN-OST
A 9 ab Ausfahrt 67 Allershausen 1000 m
Hotel Zum Gockl ★★★ ruhige Lage, 48 B, EZ € 50,– bis 85,–, DZ € 65,– bis 110,–, 3 Bett-Zi € 28,– bis 45,– pro Person, inkl. Frühstücksbuffet, alle Zi mit Du, WC, Fön, ☎, TV und kostenfreiem WLAN, teils mit Kochgelegenheit, kleine Abendkarte, Dart, Billard, Tischtennis, ☎, kostenlose Tief-G, Breimannweg 19, info@hotelpension-zum-gockl.de, www.hotelpension-zum-gockl.de, ☎ 0049 (0) 81 66/81 78, Fax 36 14.

❻ D-85391 ALLERSHAUSEN-OST
A 9 ab Ausfahrt 67 Allershausen ca. 300 m
Hotel an der Glonn ★★★ 32 B, EZ € 45,– bis 75,–, DZ € 60,– bis 105,–, inkl. Frühstücksbuffet, alle Zi mit Du, WC, ☎ und TV, 5 Appartements, Bistro, P, Robert-Koch-Str. 2, info@hotelanderglonn.de, www.hotelanderglonn.de, ☎ 0049 (0) 81 66/67 61-0, Fax 67 61-150.

⑦ MÜNCHEN

Lassen Sie den Verkehrsstau links liegen und starten Sie Ihre Erholung mit einem Stopp im schönen München! Speziell mit dem für Autofahrer zusammengestellten Pauschal-Arrangement „Münchener Schlüssel" tanken Sie hier Kunst, Kultur und Lebensfreude. Öffnungszeiten des Info-Schalters am Hauptbahnhof: Mo–Sa von 9 bis 20 Uhr und So von 10 bis 18 Uhr; von November bis März: Mo-Sa von 9.30 bis 18.30 Uhr.

Information und Prospekte:
Tourismusamt München,
Sendlinger Straße 1, D-80331 München,
tourismus@muenchen.de,
www.muenchen-tourist.de,
☎ **00 49 (0) 89/23 39 65 00**, Fax 23 33 02 33.

Leopoldstraße mit Blick auf das Siegestor, München

⑦ D-85411 SCHLIPPS

Gästehaus Bail ★★ 19 B, EZ € 35,–, DZ € 58,–, inkl. reichhaltigem Frühstücksbuffet, alle Zi mit Du, WC, ☎ und TV, gutbürgerliche Küche, Schlipps 11, @, www.gaestehaus-bail.de, ☎ 00 49 (0) 81 66/67 91-0, Fax 67 91-25.

⑧ D-85411 HOHENKAMMER-NIERNSDORF

A 9 ab Ausfahrt 67 Allershausen 8 km (B 13)
Hotel-Restaurant Waldhof-Café ★★★ mit neuem Hotelanbau, 30 B, EZ € 36,– bis 46,–, DZ € 56,– bis 72,–, inkl. Frühstücksbuffet, alle Zi mit Du, WC und TV, gutbürgerliche, regionale Küche, Terrasse, Kinderspielplatz, großer P, Niernsdorf 10, @, www.hotel-waldcafe.de, ☎ 00 49 (0) 81 37/93 99 12, Fax 93 99 13.

⑨ D-85764 OBERSCHLEISSHEIM

A 92 ab Ausfahrt 2 Oberschleißheim 1 km, A 99 ab Ausfahrt 12a Neuherberg 2 km und A 9 ab Ausfahrt 71 Garching-Süd 6 km
Hotel Blauer Karpfen ★★★ 62 B, EZ € 50,– bis 85,–, DZ € 70,– bis 135,–, inkl. Frühstück, alle Zi mit Du, WC, ☎, TV und WLAN, griechische und internationale Küche, Biergarten, 🚌, Dachauer Straße 1, @, www.hotel-blauer-karpfen.de, ☎ 00 49 (0) 89 315/71 50, Fax 31 57 15 50.

⑩ D-85221 DACHAU

A 8 ab Ausfahrt 78 Dachau/Fürstenfeldbruck → B 471 Dachau → B 304 Dachau-Mitte
Hotel Central Dachau ★★★★ zentrale Lage, 100 B, EZ € 75,– bis 89,–, DZ € 89,– bis 119,–, Mehrbett-Zi, Suiten, inkl. Frühstücksbuffet, Messepreise, alle Zi mit Du, WC, ☎, TV und Minibar, HP möglich, Tagungs- und Veranstaltungsräume, @, spezielle Angebote für 📖, Münchner Strasse 44, @, www.hotel-central-dachau.de, ☎ 00 49 (0) 81 31/564-0, Fax 564-121.

⑪ D-80999 MÜNCHEN-ALLACH

A 99 ab Ausfahrt 10 München-Ludwigsfeld → MAN, MTU, T-Systems, Otto-Warburg-Straße ca. 3 km
Westside Hotel garni ★★★ 32 B, EZ ab € 79,–, DZ ab € 108,–, Appartement ab € 135,–, inkl. Frühstücksbuffet, alle Zi mit Du, WC, TV, WLAN und Minibar, P, Eversbuschstr. 192, @, www.westside-hotel.de, ☎ 00 49 (0) 89/8 92 68 50, Fax 8 92 68 53 33.

⑫ D-81247 MÜNCHEN

A 8 ab Autobahnende → Zentrum 2 km
Hotel Amalienburg ★★★ 50 B, EZ € 72,– bis 210,–, DZ € 92,– bis 210,–, inkl. Frühstücksbuffet, komfortable Zi mit Du, WC, ☎, TV und WLAN, Appartements mit Küche, günstige Langzeitangebote, Tief-G, Amalienburgstr. 24-26, @, www.amalienburg.de, ☎ 00 49 (0) 89/8 91 15 50, Fax 89 11 55 11.

⑬ D-81243 MÜNCHEN

A 96 am ABD München-Südwest und A 8, A 9 und A 92 am ABK München-West jeweils → A 99 West ab Ausfahrt 5 München-Freiham-Mitte, Bodenseestraße 1,5 km, A 8 (Salzburg) am ABK München-Süd → A 99 → Stuttgart ab Ausfahrt 5 München
Superior Econtel München ★★★ 69 Zi, EZ ab € 70,–, DZ ab € 81,– (Wochenend- und Happy Day-Raten), Familien-Zi, inkl. Frühstücksbuffet, alle Zi mit Bad, WC, ☎ und TV, teils WLAN, Lift, Skype kostenfrei, 🚊, 🚉, 🚌, Tief-G, Bodenseestr. 227, @, www.amber-hotels.de, ☎ 00 49 (0) 89/87 18 90, Fax 87 18 94 00.

⑭ D-82266 BACHERN A 96 ab Ausfahrt 30 Inning 2 km

Hotel Mutz ★★ ruhige Lage am Wörthsee, 31 B, EZ € 60,– bis 95,–, DZ € 85,– bis 105,–, Ferienwohnung € 95,– bis 145,–, inkl. Frühstücksbuffet, alle Zi mit Du, WC, ☎ und TV, teils Balkon, Abendkarte, Terrasse, Kinderspielplatz, Bootsverleih, P, Fischerstr. 14-16, @, www.hotel-mutz.de, ☎ 00 49 (0) 81 43/93 0 70, Fax 93 07 10.

⑮ D-82335 BERG-AUFHAUSEN

A 95 ab Ausfahrten 4 Starnberg und 6 Wolfratshausen je 6 km
Landhotel Lechnerhof ★★★ 18 B, EZ € 72,– bis 95,–, DZ € 95,– bis 125,–, inkl. Frühstück ohne Zeitbegrenzung, alle Zi mit Bad oder Du, WC, ☎, TV, WLAN und Minibar, Ferienwohnung, 🚊, 🚉, P, Oberlandstraße 25-27, @, www.lechnerhof.de, ☎ 00 49 (0) 81 51/5 05 08, 00 49 (0) 1 75/1 71 74 52, Fax 00 49 (0) 81 51/5 03 32.

⑯ D-82541 ST. HEINRICH

A 95 ab Ausfahrt 7 Seeshaupt → Seeshaupt 1,5 km
Hotel-Restaurant Schöntag ★★ 30 B, EZ € 46,– bis 65,–, DZ € 75,– bis 95,–, inkl. Frühstücksbuffet, alle Zi mit Du, WC, ☎, TV und WLAN, teilweise Balkon oder Terrasse, bürgerliche Küche, Räume bis 80 Personen, Steakhouse, Hotelbar, Gartenterrasse, Sauna, Solarium, 🚌, großer P, Beuerberger Straße 7, @, www.hotel-schoentag.de, ☎ 00 49 (0) 88 01/9 06 10, Fax 90 61 33.

⑰ – ㉟ **Einträge siehe Seiten 258 + 259**

Tipps zur Route

Ausfahrt Dachau/Fürstenfeldbruck:

Fahren Sie ein Stück abseits der Autobahn über die B 471 nach Dachau. Hier finden Sie viel mehr Stadt als Sie denken! Den zentralen europäischen Lern- und Erinnerungsort besuchen jährlich mehr als 600.000 an der Zeitgeschichte interessierte Menschen aus der ganzen Welt. Mit ihrer 1200-jährigen Geschichte und ihrer renommierten Kunst- und Kulturszene ist die ehemalige Künstlerkolonie Dachau gleichzeitig die Kulturstadt im Münchner Norden und bietet vielfältige Sehenswürdigkeiten, zahlreiche kulturelle Veranstaltungen und einen idealen Ausgangspunkt zur Erkundung des reizvollen Umlandes. Von den berühmten Schlosskonzerten über den Dachauer Musiksommer bis hin zum traditionellen Dachauer Volksfest – Dachau ist das ganze Jahr über einen Besuch wert. Als Mahnmal an die dunkle Vergangenheit des Krieges steht hier eine KZ-Gedenkstätte mit Museum, Archiv und Bibliothek, die am 9. Mai 1965 – zum 20. Jahrestag der Befreiung des Lagers durch amerikanische Soldaten am 29. April 1945 – als Lernort eröffnet wurde.

Ausfahrt Erding:

Die altbayerische Herzogstadt Erding zählt zu den zukunftsträchtigsten Regionen Deutschlands – weil sie ihre Wurzeln nicht vergisst. Größte Arbeitgeber der Stadt selbst sind der Fliegerhorst, der Erdinger Weißbräu und das Rechenzentrum Amadeus, einer der führenden EDV-Dienstleister der Touristikbranche weltweit. Besuchen Sie die aufwendig sanierte Altstadt, die Stadtpfarrkirche St. Johann, den Schönen Turm, die Stadtmauer, der Schrannenplatz oder das Frauenkircherl und besonders das städtische Heimatmuseum in der Prielmayerstraße. Dies ist ein beredtes Zeugnis von der turbulenten Geschichte der Herzogstadt, einem der großen Schauplätze des 30-jährigen Kriegs in Oberbayern und eines der ältesten Museen in Bayern. Wussten Sie: Erding ist eine Badestadt! Mit dem Kronthaler Weiher im Norden der Stadt verfügt Erding über ein Naherholungsgebiet, das in der Zwischenzeit Besucher aus der gesamten Umgebung anzieht. Der kleine See und die Spiel- und Liegewiesen mit den Parkwegen, einer Minigolf-Anlage und mehreren Kiosken erstrecken sich auf einer Fläche von etwa 45 Hektar. Im Kulturbereich locken in erster Linie drei große Veranstaltungen jedes Jahr viele Besucher in die Kreisstadt: Sowohl bei „Sinnflut", dem zehntägigen Kultur-Festival im Sommer, als auch bei den Erdinger Orgelwochen im Oktober und den Jazz Tagen im November sind regelmäßig international bekannte Künstler zu Gast.

① – **⑯** + **㉑** Einträge siehe Seiten 256 + 257

⑰ D-82067 **EBENHAUSEN** A 95 ab Ausfahrt 5 Schäftlarn 3 km
Hotel Gut Schwaige ★★★ ruhige Lage, 45 B, EZ € 45,– bis 85,–, DZ € 60,– bis 135,–, inkl. Frühstücksbuffet, alle Zi mit Du, WC, TV, WLAN und Minibar, S-Bahn-Anschluss nach München, P, Rodelweg 7, @, www.hotel-gutschwaige.de, ☎ 0049 (0) 8178/9 30 00, Fax 40 54.

⑱ D-82041 **OBERHACHING** A 995 ab Ausfahrt 4 Oberhaching
Hotel Hachinger Hof ★★★ ruhige Lage, 125 B, EZ € 83,– bis 102,–, DZ € 102,– bis 130,–, 3-Bett-Zi € 110,– bis 150,–, inkl. Frühstücksbuffet, Wochen-end- und Messepreise, alle Zi mit Bad/Du, WC, Fön, ISDN-☎, Kabel-TV und Minibar, bayerische Küche, Sauna, Dampfbad, Fitnessraum, Pfarrer-Socher-Str. 39, @, www.hachinger-hof.de, ☎ 0049 (0) 89/61 37 80, Fax 61 37 82 00.

⑲ D-80335 **MÜNCHEN** ab Ausfahrten → Zentrum, Nähe Hauptbahnhof
Hotel Jedermann garni ★★★⁺ 99 B, EZ € 35,– bis 155,–, DZ € 49,– bis 210,–, inkl. Frühstücksbuffet, überwiegend Zi mit Du, WC, ☎, TV, Modemanschluss und kostenfreiem WLAN, teils Klimaanlage und Wellnessdusche, freier Internetzugang in der Lobby, G, Bayerstr. 95, info@hotel-jedermann.de, www.hotel-jedermann.de, ☎ 0049 (0) 89/54 32 40, Fax 54 32 41 11.

⑳ D-85649 **BRUNNTHAL**
A 8 ab Ausfahrt 94 Taufkirchen-Ost B 471 → Hohenbrunn 900 m
Stay2Munich ★★★ 184 Zi, EZ € 59,– bis 159,– DZ € 79,– bis 159,–, Appartements à € 144,–, inkl. Frühstücksbuffet, alle Zi mit Bad und Du, WC, Sat-TV und Sky, ☎ auf Wunsch, Internet kostenfrei, Restaurant mit interregionaler Alpenküche, Sauna auf der Dachterrasse, Fitnessraum, 🖾, kostenfreie G, Zugerstraße 1, welcome@stay2munich.de, www.stay2munich.de, ☎ 0049 (0) 89/6 89 06 60 66, Fax 6 89 06 60 99.

㉑ D-85667 **OBERPFRAMMERN**
A 99 ab Ausfahrt 19 Hohenbrunn-Putzbrunn 9 km → Glonn
Hotel Bockmaier ★★★ 50 B, EZ € 49,– bis 55,–, DZ € 69,– bis 75,–, Familien-Zi bis 5 Personen, inkl. Frühstücksbuffet, alle Zi mit Du, WC, ☎ und TV, Gaststätte im Haus, 20 Autominuten bis zur Messe, großer P, Münchner Straße 3, @, www.bockmaier.de, ☎ 0049 (0) 8093/578-0, Fax 578-50.

㉒ D-85658 **EGMATING-MÜNSTER**
A 99 ab Ausfahrt 19 Hohenbrunn und A 8 ab Ausfahrt 96 Hofoldinger Forst je 12 km
Landgasthof Haflhof ★★★ ruhige ländliche Lage, 19 B, EZ € 59,– DZ € 80,–, inkl. Frühstücksbuffet, alle Zi mit Du, WC, ☎ und TV, eine regionale Küche, Biergarten, Hotspot, P, Killistr. 6, info@haflhof.de, www.haflhof.de, ☎ 0049 (0) 8093/53 36, Fax 23 14.

㉓ D-85653 **AYING** A 8 ab Ausfahrt 96 Hofoldinger Forst 8 km
Brauereigasthof-Hotel Aying ★★★★ 73 B, EZ € 98,– bis 173,–, DZ € 140,– bis 186,–, DZ Komfort Superior € 200,– bis Suite 280,–, inkl. Frühstück, alle Zi mit Bad, Du, WC, 🖾, TV und Radio, Spezialitäten aus eigener Landwirtschaft und Jagd, eigene Brauerei, gemütliche Räume für 20 bis 200 Personen, schöner Garten, Sauna und Fitnessbereich kostenfrei, P, Zornedinger Straße 2, @, www.ayinger.de, ☎ 0049 (0) 8095/9065-0, Fax 9065-66.

㉔ D-83620 **FELDKIRCHEN-WESTERHAM-ASCHBACH**
A 8 ab Ausfahrt 98 Weyarn ca. 8 km und 96 Hofoldinger Forst ca. 15 km
Berghotel Aschbach ★★★⁺ herrliche Aussicht auf die Alpen, 40 B, EZ € 67,– bis 95,–, DZ € 86,– bis 115,–, inkl. Frühstück, alle Zi mit Bad oder Du, WC, ☎, TV und kostenfreiem WLAN, Tagungsräume für 5-30 Personen, Gesellschaftsräume für 15-120 Personen, P, kein ./., Aschbach 3, @, www.Berghotel-Aschbach.de, ☎ 0049 (0) 8063/8066-0, Fax 8066-20.

㉕ D-81829 **MÜNCHEN-TRUDERING**
A 94 ab Ausfahrt 4 Am Moosfeld 800 m → Moosfeld
Hotel Am Moosfeld ★★★★ 221 Zi, EZ € 90,– bis 115,–, DZ € 106,– bis 135,–, Appartements, inkl. Frühstücksbuffet, alle Zi mit Bad/Du, WC, Fön, ☎, TV, DSL, Schreibtisch und 1 Flasche Wasser, nationale und internationale Spezialitäten, Bistro, Bar, Tagungsräume, Hallenbad, Sauna, Dampfbad, Fitnessraum, Shuttleservice, nahe Messe, 🍴 € 8,– pro Aufenthalt, 🚗, G, großer P, 24 Stunden Rezeption, Am Moosfeld 33-41, @, www.hotel-am-moosfeld.de, ☎ 0049 (0) 89/42 91 90, Fax 42 46 62.

㉗

Hotel Pension Jagermo garni, Grasbrunn

㉖ D-85540 HAAR A 99 ab Ausfahrten 18 Haar → B 304
Hotel Wiesbacher ★★★ 54 B, EZ € 69,– bis 110,–, DZ € 115,– bis 155,–, 3-Bett-Zi € 125,– bis 175,–, inkl. Frühstück, alle Zi mit Bad oder Du, WC, ☎, TV, WLAN (kostenfrei) und Minibar, bayerische und internationale Küche, Vinothek, Konferenzraum bis 20 Personen, Waldluststraße 25, @, www.wiesbacher.de, ☎ 0049 (0)89/456 04 40, Fax 45 60 44 60.

㉗ D-85630 GRASBRUNN A 99 ab Ausfahrt 18 Haar 2,5 km → Wasserburg, nächste Ampel rechts, 2 km → Grasbrunn
Hotel Pension Jagermo garni ★★★ 25 B, EZ € 55,– bis 75,–, DZ € 70,– bis 130,–, Familien-Zi, inkl. Frühstücksbuffet, alle Zi mit Du, WC, ☎, TV und WLAN, 10 Autominuten bis zur Messe, @, großer P, Gramanstraße 2, @, www.jagermo.de, ☎ 0049 (0)89/462 616-0, Fax 462 616-150.

㉘ D-85604 ZORNEDING A 99 ab Ausfahrt 18 Haar 5 km → Wasserburg
Glasl's Landhotel ★★★★ 90 B, EZ € 60,– bis 125,–, DZ € 85,– bis 155,–, Appartements € 95,– bis 175,–, inkl. Frühstücksbuffet, alle Zi mit Du, WC, ☎, TV, Internet und Minibar, großer Wellnessbereich, P, Münchner Str. 11 a, @, www.glasls-landhotel.de, ☎ 0049 (0)89/90 504 562, Fax 90 44 64 22.

㉙ D-85551 KIRCHHEIM-HEIMSTETTEN A 99 ab Ausfahrt 15 Kirchheim bei München 1 km → Kirchheim, nach 100 m 1. Straße rechts, nach 900 m links
Räter-Park Hotel ★★★★ ruhig im Grünen, 261 B, EZ € 60,– bis 95,–, DZ € 72,– bis 125,–, Kinder 2-6 Jahre frei im Eltern-Zi, alle Zi mit Bad/Du, WC, ☎, TV, Radio und Minibar, Restaurant in bayerischem Ambiente, Bar, sehr schöner Sommergarten, exklusiver Wellnessbereich, Sauna, Dampfbad, Fitnessraum, Badesee fast vor der Haustür, kostenfreie Tief-G, Räterstr. 9, @, www.raeter-park-hotel.de, ☎ 0049 (0)89/904 46 42.

㉚ D-85551 KIRCHHEIM-HEIMSTETTEN
A 99 ab Ausfahrt 15 Kirchheim und A 94 ab Ausfahrt 8 Heimstetten je 3 km
Gasthof Eberle ★★★ 25 B, EZ € 79,–, DZ € 107,–, inkl. Frühstücksbuffet, Sonder- und Wochenendpreise auf Anfrage, alle Zi mit Du, WC, ☎, TV und WLAN, gutbürgerliche und gehobene Küche, Räume bis 120 Personen, 2 Terrassen, S-Bahn-Anschluss, wenige Autominuten bis Messe, 🚃, Bahnhofstr. 8, @, www.gasthof-eberle.de, ☎ 0049 (0)89/9006 86 90, Fax 90 31 855.

㉛ D-85599 PARSDORF A 94 ab Ausfahrt 9 a Parsdorf → Gewerbegebiet
Best Western Hotel Erb ★★★★ 140 B, EZ € 60,– bis 125,–, DZ ab € 70,–, inkl. Frühstücksbuffet, alle Zi mit Bad/Du, WC, ☎ und TV, Konferenzräume, Wellness, 🚃, G, P, Posthalterring 1, @, www.hotel-erb.bestwestern.de, ☎ 0049 (0)89/991 10-0, Fax 991 10-155.

㉜ D-85656 BUCH AM BUCHRAIN A 94 ab Ausfahrt Pastetten 2 km
Villa Silence Hotel garni ★★★ ruhig gelegen, 40 B, EZ € 69,–, DZ € 89,–, inkl. Frühstücksbuffet, alle Zi mit Du, WC, ☎, TV und Internet, nur wenige Autominuten zur Therme Erding (20), Messe und Flughafen (20), S-Bahn-Anschluss nach München, P, Martin-Greckl-Str. 1, @, www.villasilence.de, ☎ 0049 (0)81 24/90 77 00, Fax 90 77 050.

㉝ D-83527 HAAG-MOOSHAM
A 94 ab Autobahnende → Passau B 12, Landshut (B 15) 20 km
Hotel Wirth z' Moosham ★★★ ruhig gelegen, 53 B, EZ € 47,–, DZ € 72,–, inkl. Frühstücksbuffet, alle Zi mit Du, WC, ☎, TV und DSL-Verbindung, Lift, Abendrestaurant, bayerisch moderne Küche, Räume bis 300 Personen, Biergarten, 🚃, großer P, Isener Str. 4, @, www.wirth-z-moosham.de, ☎ 0049 (0)80 72/95 82-0, Fax 95 82-13.

㉞ D-85737 ISMANING
A 9 ab Ausfahrt 71 Garching-Süd und A 99 ab Ausfahrt 14 Aschheim-Ismaning je 6 km
Hotel Fischerwirt ★★★ 70 B, EZ € 60,– bis 120,–, DZ € 80,– bis 160,–, inkl. Frühstücksbuffet, alle Zi mit Bad oder Du, WC, ☎, Kabel-TV und kostenfreiem WLAN, Lift, Restaurant, Tagungsräume, Garten, P, Schloss-Str. 17, @, www.fischerwirt.de, ☎ 0049 (0)89/96 26 26 0, Fax 96 26 26 10.

㉟ D-85462 EITTING A 92 ab Ausfahrt 9 Erding 7 km → Eitting
Hotel-Pension Scharl am Maibaum ★★★ Nähe Flughafen und S-Bahn, 29 B, EZ € 45,–, DZ € 68,–, Nichtraucher-Zi, inkl. Frühstücksbuffet, alle Zi mit Du, WC, ☎, TV und ISDN-Anschluss, HotSpot, Therme Erding 5 Minuten, großer P, Obere Hauptstr. 19 a, @, www.pensionscharl.de, ☎ 0049 (0)81 22/95 92 20, Fax 9 59 22 29.

Tipps zur Route

Ausfahrt Parsdorf: Ein lohnenswerter Abstecher ist der Wildpark Poing. Ausgezeichnet mit der Plakette „fachlich geprüftes deutsches Wildgehege" und der „Bayerischen Umweltmedaille" liegt der Park in einer leicht hügeligen reizvollen Landschaft mit Wald, Wiesen und Wasserflächen. Hier lebt einheimisches Rot-, Dam-, Reh-, Muffel- und Schwarzwild fast wie in freier Wildbahn. Sogar Eichhörnchen fressen den Besuchern hier aus der Hand. Des Weiteren wandert man vorbei am Ponyzuchthof, den Teichanlagen, Fischbecken und der Feuchtbiotopanlage, am großen Taubenhaus, der ungarischen Schafzucht, am Geflügelhof, dem Hängebauchschwein- und Zwergziegengehege sowie an vielen Volieren mit Füchsen, Sumpfbibern, Waschbären, Greifvögeln, Wölfen und Luchsen uvm. Ausruhen kann man auf der Picknick-Wiese im Zentrum des Wildparks. Der Spielplatz mit Kiosk lässt für Jung und Alt keine Wünsche offen – langweilig wird es garantiert nicht.

Ausfahrt Seeshaupt: Fast unmittelbar vor den Toren Münchens erwartet Sie das Fünf-Seen-Land. Ihren Namen prägen die fünf größten der „Eiszeitgeschwister": der Starnberger See im Osten, der Ammersee im Westen, Wörth- und Pilsensee als dessen kleinere Nachbarn und der Weßlinger See als der nördlichste und kleinste von allen. Die abwechslungsreiche Hügel- und Seenlandschaft zählt wohl zu den begehrtesten Naherholungsregionen für die Münchner. Baden, Schwimmen und Tauchen machen in den klaren Wasser der fünf Seen viel Spaß. Surfen und Segeln kann man als „Profi" genießen oder in etlichen Schulen erlernen. Auf Wander- und Radwegen können Besucher die hügelige Landschaft vor dem beeindruckenden Alpenpanorama unbeschwert erkunden. Viele einmalige Veranstaltungen wie die Tutzinger Fischerhochzeit oder die Brahmstage finden hier statt. Das Fünf-Seen-Land ist auch kulinarisch ein Hochgenuss.

Gasthof Eberle, Kirchheim-Heimstetten

㉘ Glasl's Landhotel, Zorneding

Reisen nach Dänemark

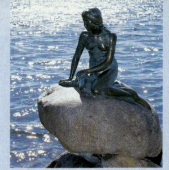

Die kleine Meerjungfrau, København

Dänemark

Dänemark, längst zu einem außerordentlich beliebten Reiseziel geworden, praktiziert als Land mit parlamentarisch-demokratischer Monarchie eine sehr volksnahe Demokratie. Weibliche Thronfolge ist selbstverständlich, und Königin Margrethe II als derzeitige Monarchin gilt bei ihren über fünf Millionen Bürgern als volkstümlich und sehr beliebt. Zu Dänemark gehören Grönland (größte Insel der Welt) und die Faröer-Inseln. Das Kernland besteht aus der Halbinsel Jütland und neben den Hauptinseln Seeland, Fünen, Lolland, Falster und Møn aus weiteren mehr als 400 Inseln. Davon sind 72 bewohnt. Hauptstadt ist København mit 1,6 Millionen Einwohnern; 86 % der Dänen leben in Städten. Das Land besitzt keine großen Ströme, aber eine abwechslungsreiche Landschaft mit Hügeln, Wäldern, Seen und einer Küstenlänge von 7300 km. Die höchste Erhebung misst 170 Meter. Das Skagerrak trennt Dänemark von Norwegen, das Kattegatt von Schweden. Der dänische Lebensstandard ist der zweithöchste in der EU. Älteste touristische Anziehungspunkte sind zahlreiche Hünengräber. Glanzpunkte aus romanischer Zeit sind die Dome zu Viborg und Ribe sowie die Kirchen von Ringstedt und Sorø. Der prachtvolle Dom zu Roskilde stammt aus der Gotik, das herrliche Schloss Kronborg in Helsingør aus der Renaissance. Abseits der großen Straßen stehen die beliebten Kroer, Landgasthöfe, in denen sich vorzüglich speisen lässt. Das ausgezeichnete dänische Bier gilt geradezu als Nationalgetränk.

Einreise

Zur Einreise nach Dänemark werden benötigt: Reisepass oder Personalausweis, Führerschein, Kfz-Schein und Nationalitätskennzeichen (nur wenn das Auto nicht das Euro-Nummernschild hat). Die „Grüne Versicherungskarte" ist empfehlenswert. Nicht vergessen sollte man einen Anspruchsausweis der Krankenkasse.

Währung

1 DDK (Dänische Krone) = 100 Öre
1 € (Euro) = 7,44 DKK
(Stand Oktober 2009)

Besondere Verkehrsbestimmungen

Es besteht Anschnallpflicht. Bei einer Promillegrenze ab 0,5 drohen strenge Strafen. Autofahrer müssen ganzjährig auch tagsüber mit Abblendlicht fahren. Ein Warndreieck muss mitgeführt werden. Das Mitführen von zwei Warnwesten wird empfohlen. Ein weißes Dreieck an der Straßeneinmündung bedeutet „Vorfahrt gewähren". Kreisverkehr hat Vorfahrt. Motorrad- und Mopedfahrer müssen Schutzhelm tragen. Auf öffentlichen Straßen und Parkplätzen sowie in Strandnähe ist das Übernachten in Wohnfahrzeugen nicht gestattet. Die Mitnahme gefüllter Kraftstoffkanister auf Fährschiffen ist auf Grund von Seetransportbestimmungen generell verboten. Zur Beachtung: Verkehrsübertretungen haben in Dänemark empfindliche Geld- oder Freiheitsstrafen zur Folge.

Autobahn

Die Benutzung dänischer Autobahnen ist gebührenfrei. Mautgebühren werden nur an den beiden Brücken Fünen-Seeland und Kopenhagen-Malmö verlangt. Notrufsäulen stehen im Abstand von zwei Kilometern.

Höchstgeschwindigkeiten

Autobahn 110/130 km/h, innerorts 50 km/h, sonst 80 km/h; Pkw mit Anhänger und Wohnmobile über 3,5 t außerorts 70 km/h, Autobahn 80 km/h.

Pannenhilfe

Notrufnummer für Polizei, Notarzt und Unfallhilfe (gebührenfrei) Tel. 112. Der Falck-Dienst Tel. 33 13 75 55 leistet rund um die Uhr gebührenpflichtige Pannenhilfe.

Tanken

In Dänemark ist das Tanken nachts nur an Automaten möglich.

Fähren

Die wichtigsten Fährverbindungen von Deutschland nach Dänemark:
– Puttgarden/Fehmarn
– Rødby (Abfahrt alle halbe Stunde, Überfahrt 45 Minuten)
– Rostock – Gedser (Überfahrt 1 Stunde 45 Minuten)
– Sassnitz – Rønne (Überfahrt 3 Stunden 30 Minuten)

Telefonieren

Internationale Ländervorwahl nach Dänemark: 00 45.

Legoland, Billund

Kontakt: VisitDenmark, Islands Brygge 43, DK-2300 København S, contact@visitdenmark.com, www.visitdenmark.com, Tel. 00 45/32 88 99 00, Fax 32 88 99 01

Vertretung in Deutschland: Dänische Tourismuszentrale, Glockengießerwall 2, D-20095 Hamburg, daninfo@visitdenmark.com, www.visitdenmark.com, Tel. 00 49 (0)18 05/32 64 63 (E 0,14/Minute), Fax 00 49 (0) 40/65 03 19 30

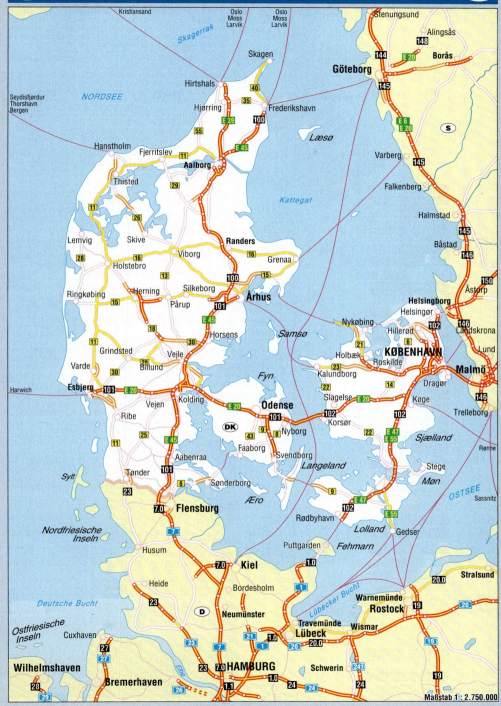

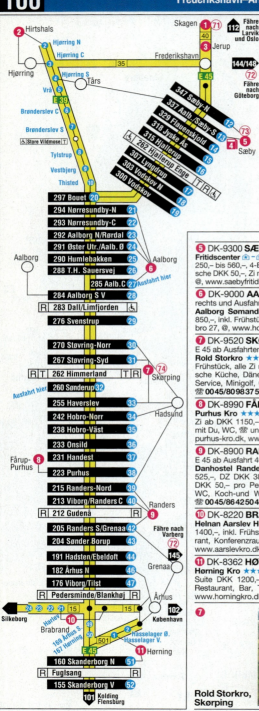

❶ DK-9990 SKAGEN 40 km nördlich von Frederikshavn
Skagen Motel ★★★ 5 Gehminuten vom Zentrum und Hafen gelegen, 120 B, EZ DKK 505,–, DZ DKK 725,–, inkl. Frühstück, alle Zi mit Du, WC und Sat-TV, 🚌, P, Frederikshavnsvej 8-10, ☎ 0045/98 44 45 35, Fax 98 45 06 20.

❷ DK-9850 HIRTSHALS E 39 ab Ausfahrten 2 Hjørring N und 3 Hjørring C, beim Nordseemuseum
Montra Skaga Hotel ★★★★ 214 B, EZ DKK 895,– bis 1095,–, DZ DKK 1095,– bis 1295,–, inkl. Frühstück, alle Zi mit Du, WC, 🕾 und Sat-TV, Restaurant, Pianocafé, Fitness, Spaßbad, Solarium, Sauna, Pool, Billard, 🍴, 🚌, 🅿, Willemoesvej 1, @, www.skagahotel.dk, ☎ 0045/98 94 55 00, Fax 98 94 55 55.

❸ DK-9981 JERUP an der B 40
Pension Stengrillen 🏠 12 B, EZ DKK 300,–, DZ DKK 500,–, Frühstück DKK 50,–, Du und WC im Korridor, Ferienwohnung (4 B) DKK 3800,– pro Woche + Stromkosten, mit Du, WC, TV und Küche, Caféteria, Hüpfland, Minigolf, Skagenvej 406, @, www.stengrillen.dk, ☎ 0045/98 48 38 28, Fax 96 21 00 20.

❹ DK-9300 SÆBY
Trafikcenter Sæby-Syd ab Ausfahrt 13 Sæby-Syd
Tankstelle, Kiosk & Restaurant ★★ 🍴🏠 20 B, EZ DKK 395,–, DZ DKK 495,–, inkl. Frühstück, Zi mit Du, WC, 🕾 und Sat-TV, Konferenzmöglichkeit, Waschgelegenheit für LKW und 🚌, Spielplatz, 🛒, 🍴, 🚌, ♿, P, @, www.tcss.dk, ☎ 0045/98 89 66 69, Fax 96 89 66 67.

❺ DK-9300 SÆBY A 45 ab Ausfahrten 13 Sæby-Süd 5 km und 12 Sæby-Nord 9 km
Fritidscenter 🏠 – ★★🏠 ruhige Lage, 156 B, 1-6-Bett-Zi, EZ DKK 150,– bis 560,–, DZ DKK 250,– bis 560,–, 4-Bett-Zi DKK 360,– bis 500,–, Frühstück DKK 50,– pro Person, Bettwäsche DKK 50,–, Zi mit Du, WC, 🕾 und TV, SB-Restaurant, 🚌, ♿, P, Sæbygaardsvej 32, @, www.saebyfritidscenter.dk, ☎ 0045/98 46 36 50, Fax 98 46 76 30.

❻ DK-9000 AALBORG E 45 ab Ausfahrt 27 Aalborg-Center ca. 5 km, 5. Ampel rechts und Ausfahrt 23 Aalborg-Nord/Rordal ca. 2,5 km
Aalborg Sømandshjem ★★★ am Tivoli gelegen, 86 B, EZ DKK 650,–, DZ DKK 850,–, inkl. Frühstück, alle Zi mit Du, WC, 🕾 und Sat-TV, Frühstückraum, 🚌, P, Østenbro 27, @, www.hotel-aalborg.com, ☎ 0045/98 12 19 00, Fax 98 11 76 97.

❼ DK-9520 SKØRPING
E 45 ab Ausfahrten 31 Støvring-Syd 9 km und 33 Haverslev 14 km
Rold Storkro ★★★★ 49 Zi, EZ DKK 550,- bis 845,-, DZ DKK 650,- bis 945,-, inkl. Frühstück, alle Zi mit Du, WC und Sat-TV, „Panoramarestaurant", dänisch-französische Küche, Dänemarks größter Wald- und Nationalpark, Hallenbad, Terrasse mit Service, Minigolf, Golf 7 km, 🛒, 🍴, 🚌, ♿, P, Vælderskoven 13, @, www.rold.dk, ☎ 0045/98 37 52 50, Fax 98 37 52 00.

❽ DK-8990 FÅRUP-PURHUS E 45 ab Ausfahrt 38 Purhus ca. 1800 m
Purhus Kro ★★★ ruhige Lage, 62 B, EZ ab DKK 695,–, DZ ab DKK 895,–, 4-Bett-Zi ab DKK 1150,–, inkl. Frühstück, auf Vorweis dieses Buches 10% Rabatt, alle Zi mit Du, WC, 🕾 und TV, gutbürgerliche dänische Küche, Præstevejen 6, purhus-kro@purhus-kro.dk, www.purhus-kro.dk, ☎ 0045/86 45 28 55, Fax 86 45 22 08.

❾ DK-8900 RANDERS
E 45 ab Ausfahrt 40 Viborg/Randers C → Zentrum, 4. Ampel links, 2,9 km
Danhostel Randers 🏠 – ★★🏠 ruhige Lage, 136 B, 1-6-Bett-Zi, EZ DKK 335,– bis 525,–, DZ DKK 386,– bis 550,–, 4- bis 6-Bett-Zi DKK 538,– bis 798,–, Frühstück DKK 50,– pro Person (Kinder KK 25,–), Wäschepaket DKK 48,–, Zi mit Du und WC, Koch-und Waschgelegenheit, 🚌, ♿, P, Gethersvej 1, @, www.BBBB.dk, ☎ 0045/86 42 50 44, Fax 98 12 47 11.

❿ DK-8220 BRABRAND E 45 ab Ausfahrt 46 Århus, 2 km → B 15 → Århus
Helnan Aarslev Hotel ★★★★ 150 B, EZ DKK 950,– bis 1095,–, DZ DKK 1050,– bis 1400,–, inkl. Frühstück, alle Zi mit Du, WC, 🕾 und Sat-Pay-TV, gehobenes Restaurant, Konferenzraum, Pool, Sauna, Spielplatz, 🍴, 🚌, ♿, P, Silkeborgvej 900, @, www.aarslevhotel.dk, ☎ 0045/86 26 05 77, Fax 86 26 07 65.

⓫ DK-8362 HØRNING E 45 ab Ausfahrt 51 Skanderborg N ca. 2 km
Hørning Kro ★★★ 76 B, EZ DKK 695,–, DZ DKK 850,–, Appartement DKK 1200,–, Suite DKK 1200,–, inkl. Frühstück, alle Zi mit Du, WC, 🕾, Sat-TV und WLAN, Restaurant, Bar, Tagungsräume, Fitnessraum, 🍴, 🚌, ♿, G, P, Århusvej 4, @, www.horningkro.dk, ☎ 0045/86 92 13 11, Fax 86 92 33 09.

❼

Rold Storkro, Skørping

71 SKAGEN

Nur auf dem Seeweg kommt man auf dem Kontinent Richtung Norden weiter. Skagen hinterlässt einen bleibenden Eindruck mit Kunst, Kultur, Natur und einer ganz besonderen Atmosphäre. Hier kann man durch die idyllischen Gassen mit den berühmten gelbgetünchten Häusern schlendern. In der Fußgängerzone gibt es eine Vielzahl von interessanten Läden und Fachgeschäften. Am Hafen, mit dem schönen Segelboothafen, stehen die roten Fischpackhäuser, die heute als Fischrestaurants und Fischgeschäfte eingerichtet sind. In Gl. Skagen findet man schöne Badehotels und gute Restaurants. Die flachen weißen Skagener Strände am Kattegat eignen sich besonders gut für Familien.

Bei Gl. Skagen kann man dagegen die Wogen der Nordsee genießen. Vor den Landspitzen Grenen treffen die beiden Meere Kattegat und Skagerrak aufeinander, so dass man sich den Spaß gönnen kann, mit einem Bein in jedem Meer zu stehen. Das großartige Naturerlebnis an Dänemarks nördlichstem Punkt ist fantastisch, auch wenn die Winterstürme toben.

Informationen und Prospekte: Skagen Turistforening, Vestre Strandvej 10, DK-9990 Skagen, @, www.skagen-tourist.dk, ☎ **0045 (0) 98/44 13 77.**

72 Stena Line siehe Route 145

73 SÆBY

...zu besuchen ist wie in einem spannenden, historischen Bilderbuch zu blättern. Mit seinen gelbgetünchten Häusern und mittelalterlichen Gebäuden ist das Städtchen ein wahres Idyll. Im Hafen herrscht reges Leben mit Fischkuttern, Segelbooten, einer Räucherei, Fischhandlungen und Restaurants. Schloss Sæbygård ist ein erstklassiges Beispiel eines dänischen Herrensitzes.

Information und Prospekte: Sæby Turistbureau, Krystalgade 3, DK-9300 Sæby, turist@visitsaeby.dk, www.visitsaeby.dk, ☎ **0045/98 46 12 44**, Fax 98 46 18 81.

74 SKØRPING Thingbæk Kalkminer

Kaum eine Kunstgalerie ist so außergewöhnlich wie die Thingbæk Kalkminer in der Nähe von Rebild, 25 km südlich von Aalborg. Hier sind in einer früheren Kalkmine rund 100 Standbilder ausgestellt. Diese Skulpturen, die meisten aus Gips, sind die originalen Modelle zu den fertigen, aus Bronze gegossenen Standbildern, die man in Städten überall in Dänemark sieht. Das eindrucksvollste Werk ist vielleicht der kimbrische Stier (siehe Bild). Die verlassene Mine ist auch Aufenthaltsort fünf verschiedener Arten von Fledermäusen.

Öffnungszeiten: 1.5. bis 31.8. täglich 10–17 Uhr, Juli täglich 9–18 Uhr, April, September und Oktober Sa und So 10–17 Uhr, Gruppen nach Anmeldung das ganze Jahr.

Information und Prospekte:
Thingbæk Kalkminer, Rødemøllevej 4, DK-9520 Skørping, niels@moes.dk, www.roldskovmuseerne.dk, ☎ **0045/98 37 55 00**, Fax 0045/98 37 53 00.

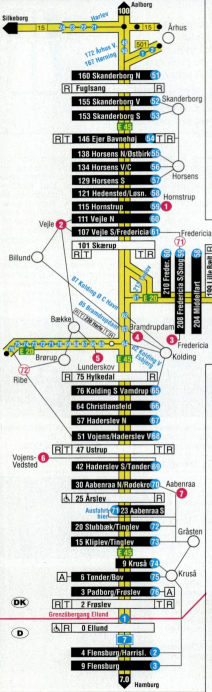

❶ DK-7100 VEJLE-HORNSTRUP E 45 an der Ausfahrt 59 Hornstrup
Motel 59, Gateway E45 ★★ 32 B, EZ DKK 585,–, DZ DKK 785,–, alle Zi mit Du, WC, ☎ und TV, SB-Caféteria bis 150 Plätze, Minimarkt, Sauna, Großtankstelle, @, www.gatewayE45.dk, ☎ 0045/75725800, Fax 75725801.

❷ DK-7100 VEJLE E 45 ab Ausfahrt 60 Vejle N ca. 500 m
Hotel Hedegaarden ★★★ ruhige Lage, 250 B, EZ DKK 850,–, DZ DKK 950,–, 3-Bett-Zi DKK 1000,–, 4-Bett-Zi DKK 1100,–, inkl. Frühstück, Zi mit Du, WC, ☎ und TV, Restaurant, 🍴, 🚌, ♿, P, Vald Poulsensv. 4, @, www.hotel-hedegaarden.dk, ☎ 0045/75820833, Fax 75721326.

❸ DK-7000 FREDERICIA
ab Ausfahrt 59 Hornstrup links, nächste rechts 1 km
Hotel Medio ★★★ 42 B, EZ DKK 525,–, DZ DKK 650,–, Familien-Zi (4 B) DKK 890,–, inkl. Frühstück, alle Zi mit Du, WC, TV und WLAN, Restaurant, 🍴, 🚌, ♿, P, Kolding Landevej 6, @, www.postgaarden.dk, ☎ 0045/75942238, Fax 75940760.

❹ DK-6000 KOLDING E 45 ab Ausfahrt 63 Bramdrupdam → Kolding
Hotel Bramdrupdam Kro ★★★ 38 B, EZ DKK 610,–, DZ DKK 730,–, Frühstück DKK 65,– pro Person, Kinder 1/2 Preis, alle Zi mit Du, WC, ☎, Sat-TV und WLAN, Restaurants, Terrasse, 🍴, 🚌, ♿, P, Vejlevej 332, hotel@bramdrupdamkro.dk, ☎ 0045/75568288, Fax 75568288.

❺ DK-6640 LUNDERSKOV E 45 ab Ausfahrt 66 Christiansfeld ca. 5 km
Hotel Lunderskov ★★ 17 B, EZ DKK 525,–, DZ DKK 725,–, inkl. Frühstück, alle Zi mit Du, WC und Sat-TV, Restaurant, 🍴, 🚌, P, Storegade 1, www.hotel-lunderskov.dk, ☎ 0045/75585035, Fax 76840180.

❻ DK-6500 VOJENS
E 45 ab Ausfahrt 69 Haderslev S/Tønder ca. 4 km
Slukefter Kro ★★★ ruhige Lage, 110 B, EZ DKK 550,–, DZ DKK 700,–, inkl. Frühstück, alle Zi mit Du, WC, ☎ und TV, gemütliches Restaurant, 🚌, ♿, P, Vedsted, @, www.slukefter-kro.dk, ☎ 0045/74545230, Fax 74545376.

❼ DK-6200 AABENRAA E 45 ab Ausfahrt 72 Stubbæk/Tinglev ca. 10 km und ab Ausfahrt 70 Aabenraa N/Rødekro ca. 4,5 km
Best Western Hotel Europa ★★★★ 80 B, EZ DKK 895,– bis DZ DKK 1235,–, Sommer: EZ DKK 895,– bis DZ DKK 1095,–, Extra-Bett DKK 200,–, inkl. Frühstück, alle Zi mit Bad/Du, WC, ☎, TV, Videokanäle, kostenfreiem DSL, Minibar und Klimaanlage, Restaurant, schottischer Pub, 🚌, P, H.P. Hansens Gade 10, info@europahotel.dk, www.hotel-europa.dk, ☎ 0045/74622622, Fax 74620416.

❽ DK-5800 NYBORG
E 20 ab Ausfahrt 45 Nyborg Ø/Korsør ca. 1 km
Best Western Nyborg Strand ★★★★ direkt am Wald und Badestrand, nahe der großen Beltbrücke gelegen, 650 B, große DZ (Sommer und Wochenende) DKK 945,–, inkl. Frühstücksbuffet, 1-2 Kinder DKK 50,– im DZ der Eltern, alle Zi mit Bad/Du, WC, ☎ und TV, Tennisplätze, Schloss, Museum und historische Bauten, 🍴, 🚌, ♿, G, P, @, www.nyborgstrand.dk, ☎ 0045/65313131, Fax 65313701.

❹ Hotel Bramdrupdam Kro, Kolding

9 DK-5800 **NYBORG**

E 20 ab Ausfahrt 45 Nyborg Ø/Korsør

Hotel Storebælt ★★★ ruhige Strandlage, 142 B, EZ DKK 900,–, DZ DKK 1150,–, alle Zi mit Du, WC, Sat-TV, ☏ und WLAN, Restaurant, Østerøvej 121, storebaelt@sinatur.dk, www.sinatur.dk, ☏ **0045/6531 40 02**, Fax 65 30 25 44.

10 DK-5800 **NYBORG**

E 20 ab Ausfahrt 45 Nyborg Ø/Korsør → Zentrum 1 km

Hotel Villa Gulle ★★ im Zentrum, am Hafen gelegen, 40 B, EZ DKK 475,– bis 675,–, DZ DKK 775,– bis 875,–, inkl. Frühstück, alle Zi mit Du, WC und Sat-TV, Abendrestaurant, ☏, ☏, P im Hof, Østervoldgade 44, @, www.villa-gulle.dk, ☏ **0045/65 30 11 88**, Fax 65 30 11 33.

71 **FREDERICIA**

E 20 ab Ausfahrt 59

Das kinderfreundliche Zentrum Dänemarks mit Dänemarks größtem kostenlosen Spielpark, tropischem Badeland, historischer Ministadt mit mehr als 600 Liliputhäusern, historischer Wallanlage mit Kanonen und Kugeln, kinderfreundlichen Stränden, schönen Wäldern und Fahrradrouten.

Information und Prospekte:
Fredericia Turistbureau, Vendersgade 30 D, DK-7000 Fredericia, turisme@fredericiakom.dk, www.fredericia.dk, ☏ **0045/72 11 35 11**, Fax 72 11 35 20.

72 **RIBE – Die älteste Stadt Dänemarks**

Der mittelalterliche Kern von Ribe mit dem Dom als Mittelpunkt präsentiert sich wie eine Märchenstadt – wunderbar erhalten und mit einer authentischen Atmosphäre, die uns zu einer romantischen Entdeckungsreise einlädt. Hier bilden Vergangenheit und moderne Dynamik eine harmonische Einheit und die malerische alte Kulisse verleiht den jähr-lichen Veranstaltungen Seele und Charme.

Information und Prospekte:
Ribe Turistbureau, Torvet 3, DK-6760 Ribe, info@visitribe.dk, www.visitribe.dk, ☏ **0045/75 42 15 00**, Fax 75 42 40 78.

6 Slukefter Kro, Vojens

❶ DK-3490 KVISTGÅRD
E 47 ab Ausfahrt 5 Humlebæk 1,5 km → Humlebæk, links → Kvistgård, nach 500 m links
Golf-Hotel-Restaurant Nybogaard ★★★ ⒻⒻⒻ 36 Zi (4-8 B), Zi DKK 500,– bis 1800,–, Frühstücksbuffet DKK 75,–, alle Zi mit Du, WC, ☏ und Sat-TV, ▭, 🛏, ♿, P, Hørsholmvej 1-3, @, www.nybogaard.dk, ☏ 0045/49 16 16 60, Fax 49 16 16 80.

❷ DK-3400 HILLERØD
B 16 ab Ausfahrt ca. 3 km → Centrum
Hotel Hillerød ★★★★ 268 B, EZ DKK 825,–, DZ DKK 990,–, Familien-Zi DKK 1220,– bis 1520,–, inkl. Frühstück, alle Zi mit Du, WC, ☏, Sat-TV, Minibar, Kitchenette und Terrasse, à la carte Restaurant, ▭, 🛏, P, Milnersvej 41, hotel@hotelhillerod.dk, www.hotelhillerod.dk, ☏ 0045/48 24 08 00, Fax 48 24 08 74.

❸ DK-2620 ALBERTSLUND
B 21 ab Ausfahrt 4 oder 5 ca. 1 km
Wittrup Motel ★★ 137 B, EZ DKK 550,– bis 670,–, DZ DKK 670,– bis 790,–, Frühstück DKK 69,–, alle Zi mit Du, WC und TV, Restaurant, ▭, 🛏, ♿, P, Roskildev. 251, @, www.wittrupmotel.dk, ☏ 0045/43 64 95 51, Fax 43 64 88 90.

❹ DK-2820 GENTOFTE-KOBENHAVN
E 47 ab Ausfahrt 17 Gentofte → Ordrup 1,5 km
Schæffergården ★★★ ruhige Parkanlage am Teich, 124 B, EZ DKK 755,– bis 995,–, DZ DKK 1055,– bis 1350,–, im Juli DZ DKK 850,–, inkl. Frühstück, alle Zi mit Du, WC, ☏ und TV, 🛏, P, Jægersborg Allé 166, @, www.schaeffergaarden.dk, ☏ 0045/39 77 28 00, Fax 39 77 28 01.

❺ DK-4000 ROSKILDE
E 20 ab Ausfahrt 12
Svogerslev Kro ★★★ ruhige Lage, 35 B, EZ DKK 700,– DZ DKK 900,–, inkl. Frühstück, alle Zi mit Du, WC, ☏, TV und Internet, Restaurant 12-21.30 Uhr, ▭, 🛏, P, Svogerslev Hovedgade 45, @, www.svogerslevkro.dk, ☏ 0045/46 38 30 05, Fax 46 38 30 14.

❻ DK-4600 KØGE
E 47 ab Ausfahrt 33
Søvilla Kro & Hotel ★ – ★★ ruhige Lage, 35 B, EZ DKK 420,– bis 490,–, DZ DKK 520,– bis 590,–, inkl. Frühstück, alle Zi mit Sat-TV, teils mit Du und WC, Restaurant 17-21 Uhr, ▭, 🛏, P, Københavnsvej 255 a, @, www.soevilla.dk, ☏ 0045/56 66 15 14, Fax 56 66 15 24.

❼ DK-4600 KØGE
E 47 ab Ausfahrt 32 → Køge → Havn (am Hafen)
Hotel Niels Juel ★★★★ 123 B, EZ DKK 775,– bis 1145,–, DZ DKK 975,– bis 1345,–, inkl. Frühstück, alle Zi mit Du, WC, ☏, TV und Minibar, à la carte-Restaurant, 🛏, ♿, Toldbodvej 20, hotelnielsjuel@hotelnielsjuel.dk, www.hotelnielsjuel.dk, ☏ 0045/56 63 18 00, Fax 56 63 04 92.

❽ DK-4100 RINGSTED-SØRUP
E 20 ab Ausfahrt 35, B 14 → Næstved 10 km
Sørup Herregaard ★★★★ ruhige Lage in schöner Natur im Herrenhof Milieu, 203 B, bei Vorzeigen dieses Buches EZ und DZ mit Frühstück ab DKK 395,– pro Person (25.06–10.08.), alle Zi mit Du, WC, ☏, TV und Minibar, à la carte-Restaurant, ausgezeichnete Küche, Whirlpool, Sauna, Swimmingpool, Solarium, Tennis, Minigolf, 🛏, P, Sørupvej 26, @, www.sorup.dk, ☏ 0045/57 64 30 02, Fax 57 64 31 73.

❾ DK-4200 SLAGELSE
E 20 ab Ausfahrt 39 ca. 400 m
Hotel Frederik d. II ★★★★ nahe Einkaufszentrum, 144 B, EZ ab DKK 813,–, DZ ab DKK 945,–, inkl. Frühstück, günstige Sommerpreise, alle Zi mit Bad/Du, WC, Sat-TV und kostenfreiem Internet, 🛏, P, Restaurant geöffnet 11.30-23 Uhr, Idagårdsvej 3, @, www.frederik2.dk, ☏ 0045/58 53 03 22, Fax 58 53 46 22.

❶

Golf-Hotel-Restaurant Nybogaard, Kvistgård

⑩ DK-4200 SLAGELSE A 20 ab Ausfahrt 39 beim Trafikcenter
Hotel Antvorskov ★★★ 100 B, EZ DKK 525,–, DZ DKK 680,–, Frühstück DKK 45,–, alle Zi mit Du, WC, ☎ und Sat-TV, 🖳, 🖨, P, Trafikcenter Allé 4, @, www.hotelantvorskov.dk, ☎ **0045/58505360**, Fax 58505340.

⑪ DK-4690 DALBY ab Ausfahrten 35 und 36 je 2,5 km
Dalby Hotel ★★★ 60 B, EZ DKK 745,–, DZ DKK 995,–, inkl. Frühstück, alle Zi mit Du, WC und TV, à la carte-Restaurant, 🖳, 🖨, ♿, So ./., Vordingborgvej 425, @, www.dalbyhotel.dk, ☎ **0045/56398106**, Fax 56398160.

⑫ DK-4700 NÆSTVED ab Ausfahrt 20 km
Hotel Vinhuset ★★★ ruhige zentrale Lage, 115 B, EZ DKK 850,–, DZ DKK 1050,–, inkl. Frühstücksbuffet, alle Zi mit Bad/Du, WC, ☎, Sat-TV und Internet, Restaurant, 🖳, 🖨, P, Sct. Peders Kirkepl. 4, @, www.hotelvinhuset.dk, ☎ **0045/55720807**, Fax 55720335.

⑬ DK-4750 LUNDBY-UDBY ab Ausfahrt 40 ca. 500 m → Præstø und Ausfahrt 39 ca. 4 km
Udby Kro ✕ 🏠 von 1821, 14 B, EZ DKK 300,–, DZ DKK 495,–, inkl. Frühstück, Etagen-Du und -WC, Restaurant bis 80 Personen, 🖳, 🖨, P, Københavnsvej 588, @, www.udby-kro.dk, ☎ **0045/55981043**.

⑭ DK-4862 GULDBORG-MAJBØLLE E 47 ab Ausfahrt 45 ca. 1 km
Motel Majbølle ★★ ruhige Lage, 40 B, EZ DKK 445,–, DZ DKK 640,–, inkl. Frühstück, Familien-Zi 4 Betten ohne Frühstück DKK 800,–, Zi mit Du, WC und TV, Restaurant, preiswerte Tagesgerichte, Gamle Skole (nostalgische Einrichtung), freie Internetnutzung, Familienbetrieb, 🖨, P, @, www.motel.majbolle.dk, ☎ **0045/54770267**, Fax 54770284.

⑮ DK-4873 MARIELYST ab E 55 ca. 3 km
Hotel Nørrevang ★★★ ⟨ℙℙℙ⟩ ruhige Lage, 68 Zi und Bungalows, EZ DKK 845,–, DZ DKK 1045,–, inkl. Frühstücksbuffet, alle Zi und Bungalows mit Du, WC, ☎ und TV, gemütliches Restaurant, 🖨, P, Marielyst Strandvej 32, @, www.norrevang.dk, ☎ **0045/54136262**, Fax 54136272.

⑯ DK-4990 SAKSKØBING E 47 ab Ausfahrt 46 ca. 5 km
Oreby Mühle ★★ ruhige naturschöne Lage mit Seeblick neben dem Oreby Schloss, 20 B, EZ DKK 500,– bis 900,–, DZ DKK 650,– bis 1100,–, inkl. Frühstück, Zi mit Bad oder Du und WC, Seide- und Weinhandel, 🛥, 🖨, P, Orebygaard 2, info@orebymolle.dk, www.orebymolle.dk, ☎ **0045/54707088**, Fax 54707033.

⑰ DK-4990 SAKSKØBING
ab Ausfahrt 46 ca. 5 km und Ausfahrt 47 ca. 2 km
B&B Otel Våbensted 🏠 30 B, EZ DKK 275,– bis 325,–, DZ DKK 400,– bis 550,–, inkl. Frühstück, 2 Zi mit Du und WC, 4 km bis Golfplatz, 🖳, ♿, P, Kårup Møllevej 6, @, www.hotel-vaabensted.dk, ☎ **0045/54706363**.

⑱ DK-4970 RØDBY
E 47 ab Ausfahrt 49 ca. 200 m
Hotel E 4 ★★ 88 B, EZ DKK 550,–, DZ DKK 675,–, inkl. Frühstück, alle Zi mit Du, WC, ☎ und Sat-TV, Restaurant, 🖳, 🖨, ♿, P, Maribo Landevej 4, e4@mail.dk, www.HotelE4.dk, ☎ **0045/54601485**, Fax 54651485.

Sørup Herregaard, Ringsted-Sørup

⑦① Scandlines Puttgarden-Rødby siehe Route 1.0

⑦② Scandlines Helsingborg-Helsingør siehe Route 146

⑦③ Scandlines Rostock-Gedser siehe Route 20.0

⑦④ HH-Ferries siehe Route 146

⑦⑤ ROSKILDE

Besuchen Sie die 1.000-jährige Königs- und Wikingerstadt am blauen Fjord. Stadt und Umgebung bieten zahlreiche historische und kulturelle Sehenswürdigkeiten.

Information und Prospekte:
Roskilde Lejre Turistbureau,
Gullandstræde 15,
DK-4000 Roskilde,
visit@roskilde.dk,
www.visitroskilde.com,
☎ **0045/46316565**, Fax 46316560.

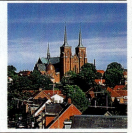

Reisen nach
Norwegen

Naturgewalt: Lysefjord

Norwegen
Norwegen, seit dem Jahre 1814 eine parlamentarische Monarchie, zählt über 4,5 Millionen Einwohner. Es ist rund 1619 km lang, besitzt eine gemeinsame Grenze von 1650 km Länge mit Schweden und eine Küstenlänge von 2650 km. Norwegen ist von großer landschaftlicher Schönheit. Majestätische Gebirgsketten, zerklüftete Küsten mit tief in das Land hineinragenden Fjorden, alte Bauernsitze und tosendes Wildwasser prägen das Bild der Landschaft. Das Naturwunder der Mitternachtssonne bewirkt selbst in Oslo noch eine Sonnenscheindauer von 19 Stunden. Touristische Zentren sind die Hauptstadt Oslo, das alte Bergen, Trondheim und natürlich das Nordkap.

Einreise
Zur Einreise nach Norwegen aus Deutschland, Österreich und der Schweiz werden benötigt: Reisepass oder Personalausweis (mindestens noch 2 Monate gültig), Führerschein, Kfz-Schein, grüne Versicherungskarte (empfohlen) und Nationalitätskennzeichen. Reisende anderer Länder sollten sich vorab über die Einreisebedingungen informieren. Wegen der Selbstbeteiligung an Arztkosten ist der Abschluss einer Auslandskrankenversicherung ratsam. Für die Mitnahme von Haustieren ist ein blauer EG-Pass, ausgestellt vom Tierarzt, erforderlich.

Währung
1 NOK (Norwegische Krone) = 100 Öre
1 € (Euro) = 8,34 NOK
(Stand Oktober 2009)

Besondere Verkehrsbestimmungen
Es besteht Anschnallpflicht. Die Promillegrenze liegt bei 0,2. Autofahrer müssen ganzjährig auch tagsüber mit Abblendlicht fahren. Ersatzglühbirnen müssen mitgeführt werden. Jedes Fahrzeug muss mit einem Warndreieck und einer Warnweste ausgestattet sein. Während der Autofahrt ist das Telefonieren mit Mobiltelefonen untersagt. Bergab fahrende Kfz müssen immer ausweichen. Nicht alle Straßen sind zur Benutzung von Wohnwagengespannen und Wohnmobilen geeignet: Auskünfte unbedingt einholen. Die Einfuhr von Kanistern mit Kraftstoff ist nur auf dem Landwege möglich, da die Mitnahme gefüllter Kanister auf Fährschiffen auf Grund der Seefahrtsbestimmungen generell verboten ist. Verkehrsübertretungen haben in Norwegen höchst empfindliche Geld- oder Freiheitsstrafen zur Folge. Dies gilt auch für Ausländer.

Höchstgeschwindigkeiten
Ortschaften 50 km/h, Landstraßen 80 km/h und Autobahnen 90-100 km/h, mit Anhänger oder Wohnmobil nur 80 km/h. Gespanne mit ungebremstem Anhänger (über 300 kg) dürfen nicht schneller als 60 km/h fahren.

Pannenhilfe
Auf Gebirgsstraßen und in Tunneln gibt es Notruftelefone. Polizeinotruf Tel. 112, Unfallrettung/Notarzt Tel. 113, Feuerwehr Tel. 110. Pannenhilfe des Norwegischen Automobilclubs NAF unter Tel. 81 00 05 05 rund um die Uhr. Straßeninformation Tel. 175.

Maut-Gebühren
Zur Finanzierung kostspieliger öffentlicher Projekte (Brücken, Straßen oder Tunnel) wird an einigen Stellen Weggeld ("bompenger") verlangt. Für sehr abgelegene Verbindungen und Privatstraßen wird ebenfalls eine Maut erhoben.

Tanken
In Norwegen kann nachts an Automaten getankt werden, doch rund 40 bis 50% der Tankstellen haben 24 Stunden geöffnet. Im dünn besiedelten Norden des Landes sollte man jede Möglichkeit zum Tanken nutzen.

Fährverbindungen
Von Deutschland:
• Kiel – Oslo

Von Dänemark:
• Frederikshaven – Oslo
• Hirtshals – Stavanger/Bergen
• Hirtshals – Langesund
• Hirtshals – Oslo
• Hirtshals – Kristiansand
• Hirtshals – Larvik
• Hanstholm – Egersund/Bergen
• Hanstholm – Kristiansand
• Kopenhagen – Helsingborg/Oslo

Von Schweden:
• Strömstad – Sandefjord
• Göteborg – Kristiansand

Von Großbritannien:
• Newcastle – Stavanger/Haugesund/Bergen

Telefonieren
Internationale Ländervorwahl nach Norwegen: 00 47.

Hurtigruten – eine der schönsten Seereisen der Welt

Kontakt: Innovasjon Norge, Akersgata 13, N-0158 Oslo, post@innovasjonnorge.no, www.visitnorway.com, Tel. 00 47/22 00 25 00, Fax 00 47/22 00 25 01

Vertretung in Deutschland: Innovation Norway, ABC-Str. 19, D-20354 Hamburg, germany@innovationnorway.no, www.visitnorway.com, Tel. 00 49 (0)18 05/00 15 48 (D 0,12/Minute), Fax 00 49 (0)40/22 94 15 88

❶ N-9845 TANA-LEVAJOK E 75, E 6
Levajok Fjellstue ⌂ ⒫ direkt am Tana-Fluss — einem der besten Lachsflüsse der Welt, 45 B, einfache Hütten NOK 280,– bis 800,– mit Du und WC im neuen Servicegebäude, @, www.levajok.no, ☎ **0047/78 92 87 14.**

❷ N-9713 RUSSENES
E 69, 500 m von der E 6, Das Tor zum Nordkap (129 km)
Olderfjord Hotel-Russenes Camping AS ★★ ⒡⒡ 118 B, EZ NOK 495,–, DZ NOK 695,–, inkl. Frühstücksbuffet, Zi mit Du und WC, Hütten NOK 360,– bis 690,– (2-6 B), Café, Sauna, ▭, ⌷⌷, ⌖ P, @, www.olderfjord.no, ☎ **0047/78 46 37 11,** Fax 78 46 37 91.

❸ N-9722 SKOGANVARRE E 6, 28 km südlich von Lakselv
Skoganvarre Turist & Camping AS ⒫–⒡⒡ 96 B, Hütten von NOK 340,– bis 900,– (2-4 Betten), Bettwäsche NOK 60,– teils mit Du und WC, Restaurant, Sauna, Fischen, Bootsverleih, @, www.skoganvarre.no, ☎ **0047/78 46 48 46+95 84 78 63,** Fax 78 46 48 97.

❹ N-9540 TALVIK A 6 → Skibotn
Talvik Rorbu og Sjøhus ⒡⒡ typisch norwegisches Fischerdorfhaus am Strand, 12 B, kleine Appartements mit Schlaf-Zi, Küche, Wohn-Zi, eigenem Eingang NOK 400,– bis 600,– (2-5 Personen), Bettwäsche NOK 50,–, Zustellbett NOK 50,–, Bootsverleih, @, ☎ **0047/78 43 22 72,** Fax 41 12 78 63.

❺ N-9169 BURFJORD 100 km westlich von Alta an der E 6
Kafé E 6 ✕⒫ warme Speisen, Statoil-Tankstelle, Auto-Service, ☎ **0047/77 76 84 40+77 76 84 21 (Autoservice).**

❻ N-9152 SØRKJOSEN ab E 6 → 1 km vom Flughafen
Reisafjord Hotel ★★★ schön gelegenes Strandhotel, 110 B, EZ NOK 1160,–, DZ NOK 1300,–, inkl. Frühstück, Zi mit Bad/Du, WC und Kabel-TV, Restaurant, 3 Konferenzräume, ▭, Nesseveien 32, @, www.reisafjord-hotel.com, ☎ **0047/77 76 60 00,** Fax 77 76 60 01.

❼ N-9143 SKIBOTN am Bootshafen an der E 6
Troll-Kafé, Restaurant + Café ✕ ★★ familiär geführt, EZ NOK 400,–, DZ NOK 500,–, Frühstück, HP oder VP auf Absprache, Zi mit Du und WC, Spezialitäten: Fisch- und Wildgerichte, Räucherfisch aus eigener Herstellung, selbstgebackener Kuchen, Angeln, ⟋, ⌁, ⌷⌷, geöffnet: täglich vom 1. Juni bis 30. September von 10-20 Uhr und nach Absprache, @, www.gittschau.no, ☎ **0047/77 71 41 75, 0047/97 65 80 48 (Mobil).**

❽ N-8502 NARVIK
Narvik Hotel ★★★ im Zentrum, 60 B, EZ NOK 850,– bis 1095,–, DZ NOK 1050,– bis 1650,–, inkl. Frühstücksbuffet, alle Zi mit Du, WC, ☎ und Sat-TV, Restaurant, Bar, ▭, ⌷⌷, ⌖, P, Kongensgt. 36, @, www.narvikhotel.no, ☎ **0047/76 97 79 50,** Fax 76 94 67 35.

❾ N-8540 BALLANGEN an der E 6
Ferienhäuser und Camping ⌂ ⒫–⒡⒡⒡ 45 Häuser, 4-6 B, NOK 375,– bis 890,–, teils mit Du, WC und TV, alle mit Kochgelegenheit, Bootsverleih und Angelmöglichkeit, ⌷⌷, ⌖, @, www.ballangen-camping.no, ☎ **0047/76 92 76 90,** Fax 76 92 76 92.

❿ N-8400 SORTLAND ab E 10 → 1,1 km
NAF-Camping & Motel ⒫ ⒫ ruhige Lage, 25 B, EZ NOK 650,–, DZ NOK 950,–, inkl. Frühstück, alle Zi mit Du und WC, 35 Hütten und Ferienhäuser, 2-6 Betten NOK 150,– bis 950,–, ⌷⌷, ⌖, P, @, www.sortland-camping.no, ☎ **0047/76 11 03 00,** Fax 76 12 25 78.

⓫ N-8260 INNHAVET an der E 6
Hamarøy Hotel ★★★ 66 B, EZ NOK 640,–, DZ NOK 1045,–, inkl. Frühstück, alle Zi mit Du, WC, ☎ und Sat-TV, Restaurant, Bar, Hallenbad, Bootsverleih, Angeln, ⌷⌷, @, www.hamaroyhotel.no, ☎ **0047/75 77 25 60,** Fax 75 77 26 22.

⓬ N-8260 INNHAVET an der E 6
Notvann Camping ⒫–⒡⒡⒡ am Fluss gelegen, 19 Hütten und Ferienhäuser, 2- bis 4-Bett-Zi NOK 250,– bis 600,–, teils mit Du und WC, Sat-TV, alle mit Kochgelegenheit, Angelmöglichkeit, ⌷⌷, ⌖, @, www.notvanncamping.com, ☎ **0047/75 77 25 36,** Fax 75 77 25 89.

Tipps zur Route

Die 300 km lange Strecke von Alta nach Skibotn entlang den grandiosen Lyngsalpen zählt zu den faszinierendsten Gegenden Norwegens. Das Alta Museum mit seinen bis zu 6500 Jahre alten Felszeichnungen gehört zum Weltkulturerbe der UNESCO. In Skibotn wachsen aufgrund eines speziellen Mikroklimas 14 verschiedene Orchideenarten und der Bootshafen ist durch den Golfstrom auch im Winter eisfrei. Von dort sind es nur 50 km zum Dreiländereck in Kilpisjärvi wo Norwegen, Schweden und Finnland aneinandergrenzen. Unvergessene Erlebnisse sind im Sommer die Mitternachtssonne und im Winter das Nordlicht.

Maßstab 1 : 4.500.000

Blick aus dem Troll-Zimmer auf den Hafen von Skibotn

Sortland
Gausvik
Narvik
Langøy
E10 110
Melbu
Lødingen
Forså
Hinnøy
Bognes
Svolvær
2-3 Innhavet
Lofoten
E10
Mørsvikbotn
Vestfjorden
Leknes
Bonnåsjøen
Moskenes
Røsvik
Å
Fauske
80
Bodø
Rognan
Junkerdal
Storjord
Lønsdal
Storforshei
Polarkreis
Arctic Circle
Mo i Rana
E12 Strimasund
Korgen
Västansjö
Sandnessjøen
Tärnaby
Mosjøen
140 S
Tjøtta
E6
Trofors
Horn
Namsskogan
Vennesund
Foldereid Trones
6 72
Gäddede
Grong
Harran
71
Eidet
8 7
Julseidet
Namsos Bjørgan
Namdalseid
9 Steinkjer
Inderøy
Sandvika
Järpen
Levanger
Åre
Meråker
Duved
10 E14
Enafors
Hommelvik
12 11
Trondheim
112
Maßstab 1 : 4.500.000

❶ N-8301 SVOLVÆR
800 m ab E 10, am äußersten Kai
Norlandia Vestfjord Hotel ★★★ 125 B, EZ NOK 695,– bis 1235,–, DZ NOK 780,– bis 1390,–, inkl. Frühstück, alle Zi mit Bad/Du, WC, ☎, Sat-TV und Internet, teils Minibar, Restaurant, Bar mit Seeblick, 🚐, ♿, P, service@vestfjord.norlandia.no, www.norlandia.no/vestfjord, ☎ **0047/76 07 08 70**, Fax 76 07 08 54.

❷ N-8260 INNHAVET
an der E 6
Hamarøy Hotel ★★★ 66 B, EZ NOK 640,–, DZ NOK 1045,–, inkl. Frühstück, alle Zi mit Du, WC, ☎ und Sat-TV, Restaurant, Bar, Hallenbad, Bootsverleih, Angeln, 🚐, ♿, P, @, www.hamaroyhotel.no, ☎ **0047/75 77 25 60**, Fax 75 77 26 22.

❸ N-8260 INNHAVET an der E 6
Notvann Camping Ⓟ–ⒻⒻⒻ am Fluss gelegen, 19 Hütten und Ferienhäuser, 2- bis 4-Bett-Zi NOK 250,– bis 600,–, teils mit Du, WC und Sat-TV, alle mit Kochgelegenheit, Angelmöglichkeit, 🚐, ♿, @, www.notvanncamping.com, ☎ **0047/75 77 25 36**, Fax 75 77 25 89.

❹ N-8250 ROGNAN
ab E 6 ca. 2 km
Rognan Camping & Turist Center Ⓟ–ⒻⒻⒻ ruhige Lage am Strand, 24 Hütten und Ferienhäuser, 2- bis 6-Betten NOK 300,– bis 900,–, teils mit Du, WC, Sat-TV und Küche, 🚐, ♿, P, @, www.fjordcamp.com, ☎ **0047/75 69 00 88**, Fax 75 69 14 77.

❺ N-8663 MOSJØEN an der E 6
Mosjøen Hotell B & B ★★★ 70 B, EZ NOK 400,– bis 890,–, DZ NOK 590,– bis 990,–, inkl. Frühstück, Zi mit Du und WC, Restaurant, Bootsverleih, ♿, P, Vollanvegen 35, @, www.mosjoenhotell.no, ☎ **0047/75 17 11 55**, Fax 75 17 49 93.

❻ N-7892 TRONES
an der E 6, gegenüber vom Familienpark
Namsskogan Hotel ★★★ ⒻⒻ–ⒻⒻⒻ EZ NOK 890,– bis 1190,–, DZ NOK 1040,– bis 1390,–, inkl. Frühstück, 47 Ferienwohnungen und Häuser, 2-5 B NOK 730,– bis 1190,–, alle mit Kochgelegenheit, Du und WC, Restaurant, Bar, Hallenbad, 🚐, ♿, P, @, www.namsskogan-familienpark.no, ☎ **0047/74 33 36 00**, Fax 74 33 40 24.

❼ N-7870 GRONG ab E 6 → Zentrum 300 m
Hotell-Vertshuset-Grong ★★★ Sommermotel, 40 B, EZ NOK 1095,– bis 1195,–, DZ NOK 1265,– bis 1365,–, inkl. Frühstück, alle Zi mit Bad/Du, ☎ und Sat-TV, Restaurant mit großer Kapazität bis 250 Personen, Bar, 🚐, ♿, P, @, www.vertshuset.com, ☎ **0047/74 31 20 00**, Fax 74 31 20 01.
Unter gleicher Leitung:

⑧ N-7870 GRONG
Hydro/Texaco ⛽ Benzin, Diesel, Lebensmittel, Zubehör, geöffnet 7-23 Uhr.

❾ N-7701 STEINKJER
ab E 6 → Ogndal 2,5 km
Guldbergaunet Wohnungshotel und Campinghütten ★★ Ⓟ–ⒻⒻⒻ ruhige Lage am Fluss, DZ NOK 725,–, inkl. Frühstück, 65 Wohnungen 2-6 B, NOK 720,– bis 1070,–, alle mit Du, WC, ausgestatteter Küche, Waschmaschine und Trockner, 13 Hütten mit 4-6 B, NOK 375,– bis 1800,–, Kühlschrank und Kochplatte, SB-Restaurant, 🚐, ♿, P, @, www.rv17.nl/guldbergaunet, ☎ **0047/74 16 20 45**, Fax 74 16 47 35.

❿ N-7530 MERÅKER an der E 14
Fonnfjell Hotel ★★★ 60 B, EZ NOK 500,–, DZ NOK 800,–, inkl. Frühstück, alle Zi mit Du, WC, ☎ und Sat-TV, à la carte Restaurant, Lachsangeln, 🚐, ♿, @, www.fonnfjell.no, ☎ **0047/74 81 29 90**, Fax 74 81 29 91.

⓫ N-7550 HOMMELVIK an der E 6
Stav Gjestegård ★★★ 150 B, EZ NOK 745,– bis 945,–, DZ NOK 945,– bis 1145,–, inkl. Frühstück, alle Zi mit Bad/Du, WC, Sat-TV und Internet, Restaurant, 🖥, 🚐, ♿, P, Sveberg, @, www.norlandia.no/stav, ☎ **0047/73 98 04 50**, Fax 73 98 04 41.

⓬ N-7550 HOMMELVIK an der E 6
Shell ⛽ Vollservice Station, 24 Stunden geöffnet.

---

72 NAMSSKOGAN
– Familienpark – Tierpark und Aktivitäten

Der Tierpark bietet eine einmalige Möglichkeit, die nordischen Tiere und Vögel in ihrer natürlichen Umgebung kennen zu lernen. Hier gibt es eine Menge Aktivitäten, z. B. Rodelbahn, Boote, Kanu, Goldschürfen, Tretautobahn und Pferdewagen.
Information und Prospekte:
Namsskogan Familiepark, N-7892 Trones, info@namsskogan-familiepark.no, www.namsskogan-familiepark.no, ☎ **0047/74 33 37 00**, Fax 74 33 37 13.

71 GRONG – Namsen Lachsaquarium Harran, ein Erlebnis unterwegs

Nur eine Glasscheibe trennt Sie vom König der Fische in allen Größen. Das Aquarium liegt am mächtigen Fiskumfoss. Hier stürzen sich zeitweise eine Million Liter Wasser pro Sekunde in die Tiefe. Am Wasserfall vorbei geht die längste Lachstreppe Europas. Es gibt auch ein Lachsmuseum und Lachsräucherei, Forellenangeln und Souvenirs. Im „Fossen Restaurant" steht auf dem Menü natürlich „Lachs".

Information und Prospekte:
Namsen Laksakvarium Harran, N-7870 Grong, post@grongfri.no, www.namsenlaksakvarium.no, ☎ **0047/74 31 27 00**, Fax 74 31 27 01.

Namsen Laksakvarium

❶ N-7550 **HOMMELVIK** an der E 6
Stav Gjestegård ★★★ 150 B, EZ NOK 745,– bis 945,–
bis 1145,–, inkl. Frühstück, alle Zi mit Bad/Du, WC, Sat-TV und Internet, Restaurant, ☎, 🚌, ♿, P, Sveberg, @, www.norlandia.no/stav,
☎ **0047/73980450**, Fax 73980441.

❷ N-7550 **HOMMELVIK** an der E 6
Shell ⛽ Vollservice Station, 24 Stunden geöffnet.

❸ N-7391 **RENNEBU-BERKÅK** an der E 6
Berkåk Veikro & Gjestegård ★★ 60 B, EZ NOK 390,– bis 750,–, DZ
NOK 650,– bis 970,–, 4-Bett-Zi NOK 850,– bis 1350,–, inkl. Frühstück,
alle Zi mit Du, WC und TV, teils Internet, Restaurant, ☎, 🚌, ♿, P, @,
www.berkaak-veikro.no, ☎ **0047/72427220**, Fax 72426101.

❹ N-2660 **DOMBÅS-VÅLÅSJØ**
Dovregubbens Hall (F F F) auf dem Dovrefjell, Frühstück NOK 85,–,
2-4 B NOK 400,– bis 800,–, 12 Ferienwohnungen mit Du, WC, Sat-
TV und Küche, Bettwäsche NOK 100,–, Restaurant, 🚌, ♿, P, @,
www.dovregubben.com, ☎ **0047/61242917**, Fax 61242967.

❺ N-7340 **OPPDAL-KONGSVOLD-DOVREFJELL**
an der E 6 ca. 38 km südlich von Oppdal
Historisches Hotel Kongsvold Fjeldstue ★★★ aus dem 17. Jahrhundert, im Nationalpark mit Moschusochsen und seltener Fauna,
70 B, EZ NOK 965,– bis 1235,–, DZ NOK 1230,– bis 1750,–, inkl.
Frühstück, Zi mit Du, WC und ☎, gute Küche, 3-Gänge-Menü ab
19 Uhr ab NOK 395,–, post@kongsvold.no, www.kongsvold.no,
☎ **0047/72404340**, Fax 72404341.

❻ N-2660 **DOMBÅS**
1 km nördlich, 500 m von der E 6
Trolltun Gjestegård ★★★ ⌂ (F F F) Ferienhäuser und Camping, am
Skilift und Loipe, 80 B, EZ NOK 850,–, DZ NOK 1090,–, inkl. Frühstück (10% Rabatt für Gäste mit Fjord Pass und NAF-Mitgliedern), alle
Zi mit Du, WC und Sat-TV, Ferienhäuser 6-8 Betten, NOK 950,–,
alle mit Du, WC und TV, à la carte und SB Restaurant, Bar, 🚌, ♿, P,
@, www.trolltun.no, ☎ **0047/61240960**, Fax 61241330.

❼ – **30** + **71** – **72** **Einträge siehe Seite 272**

① – ⑥ Einträge siehe Seite 271

⑦ N-2640 VINSTRA
ab Ausfahrt 50 m rechts, am Fluss
Hollandsk Gjestehus ★ ✕ (F F) 36 B, Sommer- und Wochenendpreise: EZ NOK 690,– bis 850,– DZ NOK 890,– bis 1350,–, inkl. Frühstück, Zi mit Du, WC und Internet, Ferienhaus mit 5 B NOK 690,– bis 1800,–, inkl. Frühstück, gepflegtes Restaurant, ▭, P, Nordre Byre 3, post@hollandskgjestehus.com, www.hollandskgjestehus.com, ☎ 0047/61 29 00 45.

⑧ N-2635 TRETTEN
ab Ausfahrt Skarsmoen 700 m
Skarsmoen Gård ★★ (F F) ruhige Waldlage, 20 B, EZ NOK 670,– DZ NOK 990,–, inkl. Frühstück, 8 Ferienhäuser, 2-8 B NOK 500,– bis 1200,–, alle mit Du, WC und Sat-TV, voll ausgestattet, ♿, P, ▭, www.skarsmoen.no, ☎ 0047/61 27 63 13, Fax 61 27 64 66.

⑨ N-2642 KVAM an der E 6
Hafjell Hotel & Apartments ★★★ 180 B, EZ NOK 690,– bis 960,–, DZ NOK 990,–, bis 1260,–, 3-4 Betten NOK 1165,– bis 1610,–, inkl. Frühstück, alle Zi mit Du, WC und Sat-TV, Restaurant, ▭, ▭, ♿, P, @, www.hafjellhotel.com, ☎ 0047/61 28 55 00, Fax 61 28 55 51.

⑩ N-2608 LILLEHAMMER an der E 6
Björn's Kro Hotell & Motell ★★★ 80 B, EZ (Sommer) NOK 680,– DZ NOK 980,–, inkl. Frühstücksbuffet, alle Zi mit Du, WC, ☎, Sat-TV und Internet, Restaurant, Souvenir-Boutique, ▭, ♿, P, Vingnesgata 24, @, www.bjornskro.com, ☎ 0047/61 05 38 00, Fax 61 25 55 17.

⑪ N-2321 HAMAR
ab E 6 → Vikingskipet 1,3 km
Vikingskipet Motell & Vandrerhjem ★★ (F F F) 150 B, EZ NOK 695,–, DZ NOK 840,–, inkl. Frühstück, alle Zi mit Du, WC und Sat-TV, Ferienwohnungen 1-6 Betten NOK 1190,– bis 2100,–, ▭, ▭, ♿, P, kersvikaveien 24, @, www.vikingskipet-motell.no, ☎ 0047/62 52 60 60, Fax 62 54 90 03.

⑫ N-2260 KIRKENÆR
am RV 20 (800 m nördlich)
Skaslien Gjestgiveri ★★ (F F) 21 B, EZ NOK 500,– bis 725,–, DZ NOK 700,– bis 950,–, inkl. Frühstück, alle Zi mit ☎, teils mit Du und WC, 20 Übernachtungshütten, 4 B, NOK 340,– bis 410,–, Restaurant, Bar, ▭, P, @, www.skaslien.no, ☎ 0047/62 94 66 66, Fax 62 94 13 03.

⑬ N-0159 OSLO
ab E 6 → Ring 1 → Ibsen-Parkhaus
Thon Hotel Stefan ★★★★ im Zentrum, 210 B, EZ NOK 895,– bis 2010,–, DZ NOK 1195,– bis 2195,–, inkl. Frühstück, alle Zi mit Bad oder Du, WC, ☎, Sat-TV und Minibar, ▭, ♿, G, P, Rosenkrantzgt. 1, @, www.thonhotels.no, ☎ 0047/23 31 55 00, Fax 23 31 55 55.

⑭ N-1870 ØRJE ab E 18 → Halden 2 km
Bed & Breakfast Solstrand Terrasse ★★ 65 B, EZ NOK 400,– bis 500,–, DZ NOK 500,– bis 800,–, inkl. Frühstück NOK 50,–, Zi mit Du, WC, Sat-TV und Internet, ▭, ☕, ▭, Haldenveien, @, www.solstrand-terrasse.no, ☎ 0047/69 81 21 37, Fax 69 81 11 92.

⑮ N-3535 KRØDEREN am RV 7
Kro og Motell ★★ am Strand gelegen, 25 B, EZ NOK 450,– DZ NOK 600,–, inkl. Frühstück, alle Zi mit Du, WC und Sat-TV, SB Restaurant, Badeplatz, ▭, P, @, ☎ 0047/32 14 78 77, Fax 32 14 78 81.

⑯ N-2985 TYINKRYSSET ab E 16 ca. 500 m
Filefjellstuen'e ★★ (F F) ruhige Hochalpen-Lage, EZ NOK 890,– DZ NOK 1290,–, inkl. Frühstück, 10 Ferienhäuser, 2 bis 8 B, 45 qm, NOK 795,– bis 1495,–, alle mit Du, WC und Küche, Restaurant, ▭, P, @, www.gudvangen.com, ☎ 0047/61 36 77 48, Fax 61 36 78 48.

⑰ N-5747 GUDVANGEN
am Fähranleger der E 16
Gudvangen Fjordtell (F F F) 17 Ferienwohnungen, 2-6 Bett-Zi NOK 980,– bis 1280,–, inkl. Frühstück, alle mit Du, WC, TV und Küche, Restaurant, Fjordterrasse, Café, Souvenir-Boutique, ▭, ♿, P, @, www.gudvangen.com, ☎ 0047/57 63 39 29, Fax 57 63 39 80.

⑱ N-5713 VOSSESTRAND ab Ausfahrt E 16 ca. 2,5 km
Brandseth Alpenpension ★★ ruhige Lage, 14 B, EZ NOK 450,–, DZ NOK 750,–, 3-4 Betten NOK 930,–, inkl. Frühstück, VP und HP möglich, alle Zi mit Du, WC und ☎, P, @, www.brandseth.no, ☎ 0047/56 53 05 00, Fax 56 53 05 01.

⑲ N-5722 KVAM
Dale Vertshus ★★ (F F) EZ NOK 420,–, DZ NOK 580,–, ohne Frühstück, 4 Ferienwohnungen und -Zi mit 3-4 Betten NOK 750,– bis 1200,–, alle Zi mit Du, WC und Kabel-TV, voll ausgestattet, SB-Restaurant, ▭, P, Ragnar Doggersgata 6, ☎ 0047/56 59 40 40, Fax 56 59 40 41.

⑳ N-5013 BERGEN
Strand Hotel ★★★ im Zentrum am Hafen, 160 B, EZ NOK 990,– bis 1290,–, DZ NOK 1240,– bis 1540,–, inkl. Frühstücksbuffet, alle Zi mit Du, WC, ☎ und Sat-TV, Restaurant und Bar, ▭, ▭, P, Strandkaien 2-4, @, www.strandhotel.no, ☎ 0047/55 31 08 15, Fax 55 31 00 17.

㉑ N-5268 HAUKELAND am RV 580 (E 16)
Lone Camping ⌂ (F-F F F) 30 Ferienwohnungen und Häuser mit 2-6 Betten NOK 510,– bis 1155,–, alle mit Kochgelegenheit, teils mit Du und Sat-TV, Restaurant, ▭, ▭, P, Hardangerveien 697, @, www.lonecamping.com, ☎ 0047/55 39 29 60, Fax 55 39 29 79.
Unter gleicher Leitung:

㉒ N-5268 HAUKELAND
Shell Tankstelle ⛽ Lebensmittel, Zubehör, ▭, ▭, geöffnet von 6-23 Uhr, Sa und So von 8-23 Uhr.

㉓ N-4070 RANDABERG ab E 39 ca. 2,8 km
Viste Strandhotel ★★★ ruhige Lage am Strand, 60 B, EZ NOK 650,– bis 1195,–, DZ NOK 800,– bis 1495,–, inkl. Frühstücksbuffet, alle Zi mit Bad/Du, WC, ☎ und Sat-TV, Restaurant, ▭, ▭, P, @, www.vistestrandhotell.no, ☎ 0047/51 73 30 50, Fax 51 73 30 51.

㉔ N-4380 HAUGE I DALANE ab B 44 ca. 2,5 km
Sogndalstrand Kulturhotell ★★★ im idyllischen Dorf, am Fjord und Fluss gelegen, 27 B, EZ NOK 1095,–, DZ NOK 1290,–, inkl. Frühstück, alle Zi mit Du, WC, TV und Miniküche, Café, gute Angelmöglichkeiten, P, www.sogndalstrand-kulturhotell.no, ☎ 0047/51 47 72 55, Fax 51 47 62 52.

㉕ N-4890 GRIMSTAD ab E 18 ca. 500 m
Bie Apartements (F-F F F F) 29 Ferienhäuser und -wohnungen mit 4 bis 10 B, NOK 490,– bis 2500,–, überwiegend mit Du, WC, Sat-TV, Küche, Schlaf-Zi und Wohn-Zi, Schwimmbad, ▭, @, www.bieapart.no, ☎ 0047/37 04 03 96.

㉖ N-4950 RISØR/BOSSVIKA ab Ausfahrt → Risør 4,5 km
Risør Gjestehus (F) 6 Ferienhäuser NOK 700,– bis 1500,–, Küche, Bad, WC und TV, Kanuverleih, ▭, P, @, www.home.no/risor-gjestehus, ☎ 0047/37 15 50 02, Fax 48 00 48 71.

㉗ N-3256 LARVIK
Hotell Greven ★★ im Zentrum gelegen, 48 B, EZ NOK 700,–, DZ NOK 900,–, inkl. Frühstück, Zi mit Du, WC und TV, Restaurant mit Schankrecht, Bar, ▭, P, Storg. 26, @, www.hotell-greven.no, ☎ 0047/33 18 25 26, Fax 33 180 4 94.

㉘ N-3080 HOLMESTRAND ab E 18 ca. 300 m
Holmestrand Fjordhotell am Strand ★★★ EZ NOK 950,–, DZ NOK 1300,– (Sommerpreise), inkl. Frühstücksbuffet, alle Zi mit Du, WC, ☎, Sat-TV und Minibar, Restaurant und Bar, ▭, ▭, P, @, www.holmestrandfjordhotell.no, ☎ 0047/33 09 81 00, Fax 33 09 81 01.

㉙ N-1747 SKJEBERG-INGEDAL ab Ausfahrt 700 m
Høk Motel und Übernachtungshütten ★★ (F) 53 B, EZ NOK 450,–, DZ NOK 650,–, inkl. Frühstück, alle Zi mit Du, WC und Sat-TV, à la carte und SB-Restaurant mit Schankrecht, 22 Hütten, 4-Bett-Hütten mit Kochmöglichkeit NOK 350,– bis 500,– pro Hütte, ▭, P, ☎ 0047/69 16 80 00, Fax 69 16 80 21.

㉚ N-1789 HALDEN-SVINESUNDSPARKEN
ab Ausfahrt 2, an der E 6
Svinesundsparken Motell ★★★ 2005 neu erbaut, 70 B, EZ NOK 795,–, DZ NOK 945,–, 3-Bett-Zi NOK 1145,–, inkl. Frühstück, alle Zi mit Du, WC, Sat-TV und Internet, 2 Restaurants, großer Kinderspielplatz, Touristinformation, Souvenirshop, tax-refund, ▭, P, Svinesundsparken 1, @, www.svinesundparkenmotell.no, ☎ 0047/69 19 09 90, Fax 0047/69 19 09 91.

㉑ HALDEN – an der Grenze nach Schweden
Wenn man auf der E 6 über die Svinesund Brücke fährt, ist man in Halden (28.000 Einwohner). Biegen Sie ab von der E 6 und besuchen Sie die Stadt unter der majestätischen Festung Fredriksten (Führungen, Museen, Info-Zentrum, Restaurants, Campingplatz, Golf). Sie stoßen auf ein genuines Stadtzentrum mit Gästehafen, Boutiquen, Restaurants und Hotels. Am Haldenkanal finden Sie Europas höchste Schleuse.

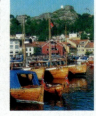

Information und Prospekte:
Halden Turist, Torget 2, N-1767 Halden, info@visithalden.com, www.visithalden.com, ☎ 0047/69 19 09 80, Fax 0047/69 19 09 81.

㉒ Stena Line siehe Route 145

Reisen nach
Schweden

Lappland

Schweden

Schweden, der östliche und größere Teil der skandinavischen Halbinsel, misst von Süd nach Nord 1572 km, in der Breite 300–400 km. Das Land ist fünfmal so groß wie Österreich und elfmal so groß wie die Schweiz. Seine Küstenlänge beträgt 3.218 km. In Schweden leben über 9 Millionen Menschen, davon im Großraum Stockholm allein 1,8 Millionen. Schweden ist das Land der 1000 Seen, riesigen Wälder, unzähligen Meeresbuchten und Felseninseln. Im südlichen Schweden wird die Landschaft durch kleinere Städte und hübsche Dörfer mit schönen alten Landsitzen geprägt, den Charakter des Nordens bestimmen raue Gebirge und die Mitternachtssonne. Idyllische Schären und romantische Fischerdörfer findet man im Westen zwischen Göteborg und der norwegischen Grenze, im Osten beiderseits Stockholm. Schweden besitzt einen hohen Lebensstandard. Touristische Anziehungspunkte sind besonders das alte Stockholm, die Dome zu Lund, Uppsala und Kalmar und natürlich das prachtvolle Schloss Gripsholm. In Schweden gibt es zum Mittagessen zwischen 12–14 Uhr Tagesgerichte in den verschiedenen Restaurants, welche in der Regel sehr preisgünstig sind.

Einreise

Zur Einreise nach Schweden werden benötigt: Reisepass oder Personalausweis, Führerschein, Kfz-Schein und Nationalitätskennzeichen. Alle Hunde, Katzen und Frettchen, die innerhalb der EU reisen, müssen einen Heimtierausweis haben. Eine Identitätskennzeichnung sowie verschiedene Impfungen müssen nachzuweisen sein. Weitere Informationen erhalten Sie unter www.sjv.se beim Jordbruksverket.

Währung

1 SEK (schwedische Krone) = 100 Öre
1 € (Euro) = 10,38 SEK
(Stand Oktober 2009)

Besondere Verkehrsbestimmungen

Es besteht Anschnallpflicht. Die Promillegrenze liegt bei 0,2. Autofahrer müssen ganzjährig auch tagsüber mit Abblendlicht fahren. Winterreifen sind für Fahrzeuge bis zu einem Gesamtgewicht von 3,5 t im Zeitraum vom 1. Dezember bis 31. März verpflichtend. Das Mitführen von zwei Warnwesten wird empfohlen. Helmpflicht für Motorrad- und Mopedfahrer. Kindern ist immer das Überqueren der Fahrbahn zu ermöglichen. Durchgehende gelbe Linien am Fahrbahnrand bedeuten Halteverbot, gestrichelte oder gezackte Linien Parkverbot. Im Abstand von 80 Metern vor und nach einem Bahnübergang darf nicht überholt werden. Vorfahrtsberechtigte verlieren durch Anhalten die Vorfahrt. Verkehrsübertretungen haben in Schweden empfindliche Geld- oder Freiheitsstrafen zur Folge. Die Mitnahme gefüllter Kraftstoffkanister auf Fährschiffen ist generell verboten.

Autobahn

Die Benutzung schwedischer Autobahnen ist gebührenfrei. Die neue Autobahnverbindung „Öresundsbronn" (16,4 km) – Dänemark-Schweden ist gebührenpflichtig.

Höchstgeschwindigkeiten

Autobahn 110 km/h, innerorts 30-50 km/h, sonst 70-110 km/h je nach Beschilderung, Gespanne außerorts und auf Autobahnen 80 km/h.

Pannenhilfe

Notrufnummer für Polizei, Notarzt und Unfallrettung Tel. 112. Pannenhilfe Tel. 020/912912 oder 020/91 0040 („M").

Tanken

Es gibt zahlreiche Automaten für Geldscheine oder Kreditkarten.

Fährverbindungen

- Travemünde (D) – Trelleborg
- Puttgarden (D) – Rødby (DK) dann Helsingør – Helsingborg
- Kiel (D) – Göteborg
- Rostock (D) – Trelleborg
- Sassnitz/Rügen (D) – Trelleborg
- Grenaa (DK) – Varberg
- Frederikshavn (DK) – Göteborg
- Swinemünde (PL) – Ystad
- Gdynja (PL) – Karlskrona
- Danzig (PL) – Nynäshamn
- Klaipeda (LT) – Karlshamn
- Ventspils (LV) – Nynäshamn
- Tallinn (EST) – Västervik

Telefonieren

Internationale Ländervorwahl nach Schweden: 0046.

Stockholm aus der Vogelperspektive

Kontakt: VisitSweden, Box 30 30, S-103 61 Stockholm, info@visitsweden.com, www.visitsweden.com, Tel. 0046(0)8/7 891000, Fax 7891031
Vertretung in Deutschland: VisitSweden GmbH, Stortorget 3, S-831 30 Östersund, germany@visitsweden.com, www.visitsweden.com, Tel. 0049(0)69/22 22 34 96, Fax 0046(0)63/128137

❶ S-980 13 LANNAVAARA
ab Rv. 45 ca. 9 km
Kristallen ⌂ ⲫⲫⲫ ruhige Lage in der Wildnis, 100 B in 1- bis 8-Bett-Zi und Hütten, SEK 150,– bis 860,–, alle mit Kochgelegenheit, teils mit Du, WC, ☎ und TV, SB-Restaurant mit Tagesgericht, Gold waschen und Mineralien sammeln, 🚌, ☎, P, www.kristallen.com, ☎ 0046 (0) 981/31060, Fax 31037.

❷ S-981 07 ABISKO
ab E 10 ca. 600 m
Abisko Mountain Lodge ★★★ ⲫ 58 B, EZ SEK 750,–, DZ SEK 950,–, inkl. Frühstück, 4 Ferienhäuser mit je 6 Betten SEK 1150,–, Bettwäsche SEK 115,–, VP und HP möglich, geführte Wanderungen mit Polarhunden, 🚌, P, @, www.abiskomountainlodge.se, ☎ 0046 (0) 980/40100.

❸ S-981 38 KIRUNA
Hotell E-10 ★★★ 110 B, EZ SEK 895,– bis 995,–, DZ SEK 1150,– bis 1250,–, 3-4 Betten SEK 1300,– bis 1750,–, inkl. Frühstücksbuffet, alle Zi mit Du, WC, ☎, Sat-TV und Internet, Restaurant, Bar, Sauna, 🚌, ☎, P, Lastvägen 9, info@e-10.se, www.e-10.se, ☎ 0046 (0) 980/84000, Fax 84343.

❹ S-982 35 GÄLLIVARE
ab Rv. 45 → Nedre Heden 200 m
Liza Hotell ★★★ ruhige und zentrale Lage, 60 B, EZ SEK 550,– bis 825,–, DZ SEK 650,– bis 950,–, inkl. Frühstück, alle Zi mit Du, WC, ☎ und TV, Sauna, WLAN, 🚌, ☎, P, info@lizahotell.se, www.lizahotell.se, ☎ 0046 (0) 970/16200, Fax 15545.

❺ S-953 91 HAPARANDA-KUKKOLA-FORSEN ab E 4 ca. 14 km
Kukkolaforsen ✕ ⲫⲫ ⲫⲫⲫ an der Kukkola-Stromschnelle, 22 Ferienhäuser mit 2-6 B, 2 Zi, Du, WC, TV und Wohnküche, teils Sauna, SEK 650,– bis 1090,– pro Haus, Restaurant à la carte und SB, ☎, 🍴, 🚌, Kukkolaforsen 184, @, www.kukkolaforsen.se, ☎ 0046 (0) 922/31000, Fax 31030.

❻ S-950 40 TÖRE
an der E 4 und E 10
Service Center ✕🚌 ⲫ 8 B + 12 B (Vandrarhem), EZ SEK 295,–, DZ SEK 495,–, Vandrarhem Zi SEK 170,– pro Person, 50 Plätze im SB Restaurant, Tagesgericht und à la carte, Tourist-Info, Erwerb von Angelberechtigungsscheinen, geöffnet von 7.00-22.00 Uhr, Euro Shell Tankstelle: Benzin, Diesel, Lebensmittel, Zubehör, Kartenautomat, ganzjährig von 7.00-24.00 Uhr geöffnet, 🚌, 🚌, ☎, P, Klippgränt 2, ☎ 0046 (0) 923/640410, Fax 640410.

❼ S-962 23 JOKKMOKK
ab Rv. 92 ca. 500 m
Hotel Jokkmokk ★★★ ruhige, zentrale Lage am See, 146 B, EZ (Sommer und Wochenende) SEK 810,–, DZ SEK 995,–, inkl. Frühstück, alle Zi mit Du, WC, ☎ und TV, Bar, Restaurant, Sauna, 🚌, ☎, P, @, www.hoteljokkmokk.se, ☎ 0046 (0) 971/77700, Fax 77790.

❽ S-931 57 SKELLEFTEÅ
ab E 4 ca. 300 m
Hotel Aurum ★★★★ 123 B, EZ (Sommer) SEK 790,–, DZ SEK 850,–, inkl. Frühstück und HP, alle Zi mit Du, WC, ☎, Sat-TV und Internet, Pool, 🚌, ☎, P, @, www.hotellaurum.se, ☎ 0046 (0) 910/88330, Fax 14910.

❾ S-972 54 LULEÅ-KALLAX
ab Ausfahrt 6 km → Flugplatz
Hotell Nordkalotten ★★★★ ruhige, schöne Lage, 342 B, EZ (Sommer) SEK 570,–, DZ SEK 690,– bis 990,–, inkl. Frühstück, alle Zi mit Du, WC, ☎, Sat-TV und Internet, teils Sauna, Restaurant, 🚌, ☎, P, @, www.nordkalotten.com, ☎ 0046 (0) 920/200000, Fax 200060.

⑩ S-933 33 ARVIDSJAUR ab Rv. 45 ca. 1,5 km
Laponia Hotel ★★★ im Zentrum gelegen, 450 B, EZ (Sommer) SEK 690,–, DZ SEK 690,– bis 990,–, inkl. Frühstück, alle Zi mit Du, WC, ☎, Sat-TV und Internet, Restaurant, Pub, Pool, Sauna, ⛽, ⛷, G, P, @, www.hotell-laponia.se, ☎ 0046 (0) 960/55500, Fax 55599.

⑪ S-930 47 BYSKE Ausfahrt Byske Süd, 500 m von der E 4
Byske Gästgiveri ★★★ 12 B, EZ SEK 225,– bis 495,–, DZ SEK 350,– bis 595,–, inkl. Frühstück, Zi mit Bad/Du, WC, ☎ und Sat-TV, Restaurant und Pub, Angelmöglichkeit im Lachsfluss vor der Haustür, ⛽, P, Hotellg. 6, ☎ 0046 (0) 912/61230, Fax 10050.

⑫ S-930 10 LÖVÅNGER ab E 4 ca. 1 km
Kyrkstad ⌂ ⒻⒻⒻ 75 Blockhäuschen, aus dem 18. Jahrhundert, modernisiert, EZ SEK 285,– bis 400,–, DZ SEK 600,–, 3- bis 6-Bett-Zi SEK 285,– pro Person, alle mit Du, WC und TV, Restaurant, P, @, www.lovangerkyrkstad.se, ☎ 0046 (0) 913/10395, Fax 10759.

⑬ S-901 84 UMEÅ-NYDALA ab E 4 Nord ca. 250 m
First Camp Umeå ⒻⒻⒻ im Freizeitgebiet, 54 Ferienhäuser, 4 B, voll ausgestattete Küche, Du, WC, ☎ und TV, SEK 690,– bis 990,– pro Haus, Tennis, Fußball, Baden und Angeln, ⛽, P, @, www.firstcamp.se/umea, ☎ 0046 (0) 90/702600, Fax 702610.

⑭ S-872 94 SANDÖVERKEN-NYADAL
an der „Hohe Küste"-Brücke Nord
Hotell Höga Kusten ★★★ 59 B, EZ (Sommer und Wochenende) SEK 600,–, DZ SEK 845,–, inkl. Frühstück, alle Zi mit Du, WC, ☎ und TV, Restaurant, Sauna, WLAN, ⛷, ⛽, P, @, www.hotellhoga-kusten.se, ☎ 0046 (0) 613/722270, Fax 722299.

⑮ S-824 32 HUDIKSVALL an der E 4
Shell Glada Hudik ★★ 25 B, EZ SEK 695,–, DZ SEK 895,–, inkl. Frühstücksbuffet, alle Zi mit Du, WC, TV und Internet, Restaurant, ▨, ⛽, P, Björnmyravägen, @, www.shellgladahudik.se, ☎ 0046 (0) 650/93725, Fax 14810. **Unter gleicher Leitung:**

⑯ S-824 32 HUDIKSVALL an der E 4
Euro Shell ⛽ Zubehör und Lebensmittel, geöffnet 7-24 Uhr, Björnmyravägen, @, www.shellgladahudik.se, ☎ 0046 (0) 650/93725, Fax 14810.

⑰ S-912 32 VILHELMINA
Lilla Hotellet ★★ im Zentrum gelegen, 16 B, EZ SEK 650,– bis 820,–, DZ SEK 800,– bis 1100,–, inkl. Frühstück, alle Zi mit Du, WC und Sat-TV, Abendkarte, P, Granvägen 1, @, www.lillahotellet.vilhelmina.se, ☎ 0046 (0) 940/15059, Fax 15042.

⑱ S-917 21 DOROTEA am Rv. 45
Hotel Nordica ★★★ ⒻⒻⒻ 50 m vom See, 76 B, EZ (Sommer) SEK 795,–, DZ SEK 895,–, inkl. Frühstück, alle Zi mit Bad/Du, WC, ☎ und TV, Ferienhäuser (2-6 B), Du, WC, ☎ und Sat-TV SEK 600,–, Restaurant mit nordischen Wildspezialitäten, ⛽, ⛷, P, Bergsvägen 2, @, www.hotelnordica.se, ☎ 0046 (0) 942/47780, Fax 47789.

⑲ S-872 43 KRAMFORS-FRÅNÖ ab E 4 ca. 5 km
Frånö Hotel-Restaurant ★★ ruhige Lage am See, 38 B, EZ SEK 400,– bis 790,–, DZ SEK 500,– bis 890,–, inkl. Frühstück, Zi mit Du, WC, ☎, TV, WLAN, P, Riksväg 25, @, www.franohotell.se, ☎ 0046 (0) 612/30520, Fax 30585.

⑳ S-831 38 ÖSTERSUND-KÖRFÄLTET
200 m von der E 14 und Rv. 45
First Hotell Ett ★★★ 136 B, EZ SEK 690,– bis 875,–, DZ SEK 790,– bis 1075,–, inkl. Frühstück, alle Zi mit Du, WC, ☎ und Sat-TV, Sauna, Solarium, WLAN, ⛷, ⛽, P, @, www.hotellett.com, ☎ 0046 (0) 63/127660, Fax 107671.

㉑ S-830 05 JÄRPEN an der E 14, 18 km östlich von Åre
Hotel Hållandsgården ★★ an der Wallfahrtsroute, St. Olavs Quelle und Rista Wasserfall, 110 B, EZ SEK 465,– bis 625,–, DZ SEK 625,– bis 950,–, inkl. Frühstück, Zi mit Du/WC, Restaurant, historische und kulturelle Führungen, Angeln, ⛷, ⛽, P, www.hallandsgarden.nu, ☎ 0046 (0) 647/31010, Fax 31345.

㉒ S-840 60 BRÄCKE an der E 14
Hotell Jämtkrogen ★★ 90 B, EZ (Sommer/Wochenende) SEK 780,–, DZ SEK 990,–, 4-Bett-Zi SEK 450,–, inkl. Frühstück, alle Zi mit Du, WC und TV, Ferienhäuser, ☎, P, Riksvägen 1, @, www.jamtkrogen.se, ☎ 0046 (0) 693/10505, Fax 71236.

㉓ S-840 43 SVENSTAVIK am Rv. 45
Sydjemten ★★ zentrale Lage, 33 B, EZ SEK 600,–, DZ SEK 700,–, inkl. Frühstück, alle Zi mit Du, WC und Sat-TV, ⛽, P, Centrum v. 5, ☎ 0046 (0) 687/10785.

㉔ S-842 94 SVEG ab Rv. 45 ca. 5 km
Ewertsgården ★★ am Golfplatz, 8 B, EZ SEK 590,–, DZ SEK 690,–, inkl. Frühstück, alle Zi mit Du, WC und TV, Restaurant, ▨, ⛽, P, Byvallen 609, ☎ 0046 (0) 680/33026, Fax 33002.

㉛ VILHELMINA

Ferienort in herrlicher Lage in der Wildmark Südlapplands, direkt an der Europastraße 45. Wanderparadies in unberührter Gebirgslandschaft, Freizeitmöglichkeiten aller Art: Angeln, Kanusafaris, Ausflüge über Schwedens schönste Gebirgsstraße (Stekenjokk). Unterkünfte aller Art im Feriengebiet.
Information und Prospekte: Vilhelmina Turistbyrå, Storgatan 9, S-912 33 Vilhelmina, tuby@vilhelmina.se, www.sodralappland.se, ☎ 0046 (0) 940/15270, Fax 10202.

㉜ VILHELMINA

Risfjells Sami Handwerk: Boutique, Werkstatt, Souvenire, Geschenke, das größte Sami-Messer der Welt, unike Elchhorn Trommel, Sami Museum, Informationen um die Sami Kultur, Guidening, Reiseservice, Besichtigung des Hofs von Familie Risfjell und Mattson (für Gruppen ab 10 Personen auf Vorbestellung).
Information und Prospekte:
Risfjells Sameslöjd, Storgatan 8, S-912 33 Vilhelmina, risfjell@telia.com, www.samihandicraft.com,
☎ 0046 (0) 940/15205, 0046 (0) 70/6679705.

㉝ DIE HOHE KÜSTE

Die Landschaft und Natur der „Hohen Küste" ist geprägt von 9.600 Jahren Landerhöhung durch das Inlandeis. Spuren hiervon kann man zum Beispiel vom Aussichtsplatz des Gipfels vom Skuleberg sehen. Sie können dorthin wandern, klettern oder mit einer Seilbahn hinfahren. Seit dem Jahr 2000 steht die „Hohe Küste" auf der Liste des Unesco Welterbes.
In Härnösand oder Örnsköldsvik wohnt man nahe am Meer. Besuchen Sie von hieraus die nahe gelegenen Sehenswürdigkeiten sowie das Freilichtmuseum „Murberget" in Härnösand, die 8-längste Hängebrücke der Welt „Högakustenbron", das Museumsdorf „Mannaminne" in Häggvik oder das „Paradies Bad" in Örnsköldsvik.

Information und Prospekte:
Mitt Sverige Turism, Gånsviksvägen 4, S-871 60 Härnösand, info@mittsverigeturism.se, www.visitmidsweden.com, ☎ 0046 (0) 611/557750, Fax 55757.

㉞ SUNDSVALL

Die Hafenstadt Sundsvall am Bottnischen Meerbusen, mit Bergen und Wäldern, mit unberührter Wildmark, den Flüssen von Indalsälven und Ljungan.
Ausflugsziele: Timrå, Delta und Tal des Indalsälven, Insel Alnö, Fischerdörfchen Lörudden. Wildmark-Wandern, Kanusafari mit Mietboot, Angeln, Baden in romantischen Meeresbuchten und unzähligen Seen.
Information und Prospekte: Turistbyrå, Stora torget, S-852 30 Sundsvall, info@sundsvallturism.com, www.sundsvallturism.com, ☎ 0046 (0) 60/610450, Fax 127272.

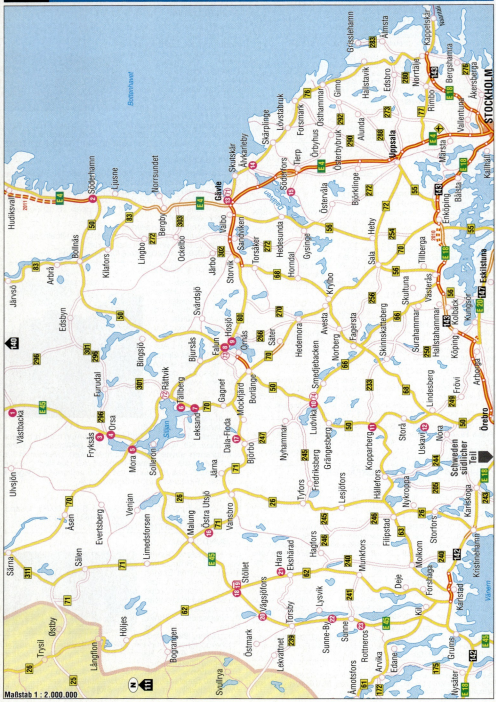

Maßstab 1 : 2.000.000

1 S-820 50 **VÄSTBACKA** am Rv. 45
Finnmarksbaren F-F-F am Fluss gelegen, 9 Ferienhäuser, 5 B, SEK 500,– bis 700,–, alle mit Du, WC, TV und Küche, SB-Restaurant, Schankrecht, Angeln, ☎ **0046(0)250/81045**, Fax 81065.

2 S-826 00 **SÖDERHAMN** an der E 4 (500 m)
Hotel Linblomman ★★★ 60 B, EZ SEK 495,– bis 795,–, DZ SEK 695,– bis 995,–, inkl. Frühstücksbuffet, alle Zi mit Du, WC, ☎, Sat-TV und WLAN, 💳, 🚌, P, Västra Tullg. 17, @, www.linblomman.se, ☎ **0046(0)270/41970**, Fax 12088.

3 S-794 00 **ORSA-FRYKSÅS**
ab E 45 → Våmhus → Grönklint 12 km
Fryksås Hotel ★★★ F-F-F ruhige Lage über Orsa und Siljansee, 30 B, EZ SEK 1050,–, DZ SEK 1475,–, Suiten SEK 2640,– bis 3320,–, inkl. Frühstücksbuffet, alle Zi mit Du, WC, ☎ und TV, 6 Ferienhäuser, 4-6 B, SEK 2000,– bis 2600,– für 2 Personen, alle mit 3-Sterne-Standard, teils mit Pool und Sauna, ausgezeichnete Küche, 🚌, P, @, www.fryksashotell.se, ☎ **0046(0)250/46020**, Fax 46090.

4 S-794 21 **ORSA**
Orsa Ferienhäuser F-F-F im Ort, am Strand und in der Wildnis, 200 Häuser, 4-6 B, SEK 595,– bis 850,–, alle mit Du, WC und TV, voll ausgestattet, 🚌, ♿, P, www.orsagronklit.se, ☎ **0046(0)250/46200**, Fax 42851.

5 S-792 32 **MORA** am Rv. 45 und 70
Hotel Kung Gösta ★★★ im östlichen Zentrum, 110 B, EZ (Sommer und Wochenende) SEK 895,–, DZ SEK 995,–, inkl. Frühstücksbuffet, alle Zi mit Du, WC, ☎ und Sat-TV, Pool, Fitness, 🚌, ♿, P, @, www.kunggosta.se, ☎ **0046(0)250/15070**, Fax 17078.

6 S-793 70 **TÄLLBERG** 4 km vom Rv. 70
Dalecarlia Hotel ★★★★ ruhige Lage mit Aussicht über der Siljan-See, 230 B, EZ SEK 845,–, DZ SEK 990,– bis 1590,–, inkl. Frühstück, alle Zi mit Du, WC, ☎ und Sat-TV, Schweden-Hotel-Pass, Restaurant, Cocktailbar, 🚌, P, @, www.dalecarlia.se, ☎ **0046(0)247/89100**, Fax 50240.

7 S-793 31 **LEKSAND**
Hotel Korstäppan ★★★ ruhige zentrale Lage, 66 B, EZ SEK 910,– bis 1065,–, DZ SEK 1390,– bis 1490,–, inkl. Frühstücksbuffet, alle Zi mit Du, WC, ☎ und TV, Restaurant, Konferenzraum, 💳, 🚌, P, Hjortnäsvägen 33, @, www.korstappan.se, ☎ **0046(0)247/12310**, Fax 14178.

8 S-791 71 **FALUN** ab Ausfahrt → Zentrum
Hotel Falun ★★ 47 B, EZ SEK 629,– bis 990,–, DZ SEK 720,– bis 1190,–, inkl. Frühstück, alle Zi mit Du, WC, ☎ und Kabel-TV, bei später Ankunft bitte anrufen, 💳, 🚌, G, P, Trotzgatan 16, mail@hotelfalun.nu, www.hotelfalun.nu, ☎ **0046(0)23/29180**, Fax 13006.

9 S-791 46 **FALUN-HOSJÖ** ab Rv. 80 → Uddnäs 2,5 km
Birgittagården ★★ Kloster mit Park am See, 30 B, EZ SEK 480,–, DZ SEK 900,–, inkl. Frühstück, HP und VP möglich, alle Zi mit Du, WC und ☎, 🚌, ♿, P, Uddnäsvägen 58, @, www.birgittasystrarna.se, ☎ **0046(0)23/32147**, Fax 32471.

10 S-771 31 **LUDVIKA** ab Ausfahrt → Zentrum
Best Western Grand Hotell Elektra ★★★★ 188 B, EZ SEK 895,– bis 1125,–, DZ SEK 895,– bis 1500,–, inkl. Frühstücksbuffet, alle Zi mit Bad/Du, WC, ☎ und Sat-TV, Restaurant, Konferenzraum, 💳, 🛒, 🚌, ♿, G, P, Eriksgatan 6, @, www.grand-elektra.se, ☎ **0046(0)240/18220**, Fax 611018.

11 S-714 22 **KOPPARBERG** ab Rv 50 ca. 2 km
Klacken Freizeitanlage ⛷ F-F-F ruhige Lage im Wander- und Skigebiet, 29 voll ausgestattete Ferienhäuser 4-6 B SEK 595,– bis 990,– mit Du, WC, Sat-TV, Küche und offenem Kamin, Bettwäsche SEK 100,–, Restaurant, 25-Meter-Hallenbad, Whirlpool, Sauna, Camping, @, www.klacken.com, ☎ **0046(0)580/12500**, Fax 12363.

12 S-713 94 **NORA-USKAVI** ab Ausfahrt Rv. 50 → Nora 5 km
Uskavigården F–F-F 48 B, Hütten mit 3 DZ, Stube und Küche SEK 800,– bis 1400,–, 2-4 Betten SEK 500,– bis 900,–, alle Zi mit Du und WC, Restaurant, 💳, 🛒, 🚌, ♿, P, Tre Sjöars Väg, @, www.uskavi.se, ☎ **0046(0)587/330025**, Fax 330370.

13 S-803 11 **GÄVLE**
ab Ausfahrt Zentrum, 4. Ampel links
Hotel Gävle Sweden Hotels ★★★ 105 B, EZ ab SEK 595,–, DZ ab SEK 750,–, Familien-Zi, inkl. Frühstücksbuffet, alle Zi mit Bad/Du, WC, ☎ und Sat-TV, Sauna, 💳, 🛒, G, P, Staketgatan 44, @, www.hotellgavle.se, ☎ **0046(0)26/665100**, Fax 665150.

14 S-810 70 **ÄLVKARLEBY** ab E 4 ca. 15 km
Fiskecamp ⌂ F-F 28 Ferienhäuser, 2-4 B, mit Du, WC und Küche, SEK 580,– bis 740,–, SB-Restaurant, Camping, 🚌, ♿, P, Campingv. 1, @, www.alvkarlebyfiskecamp.se, ☎ **0046(0)26/72792**, Fax 72130.

15 S-815 76 **SÖDERFORS** ab E 4 ca. 12 km
Söderfors Herrgård ★★★★ ruhige Lage am Fluss, 80 B, EZ (Sommer) SEK 800,– bis 1450,–, DZ SEK 1000,– bis 1700,–, inkl. Frühstück, alle Zi mit Du, WC, ☎, Sat-TV und Internet, Restaurant, Bar, Konferenzräume, 💳, 🚌, ♿, P, @, www.soderforsherrgard.se, ☎ **0046(0)293/31400**, Fax 31450.

16 S-782 91 **MALUNG-ÖSTRA UTSJÖ** am Rv. 71
Värdshuset Lugnet ★★★ am Strand gelegen, 20 B, EZ SEK 750,–, DZ SEK 895,– bis 1150,–, inkl. Frühstück, alle Zi mit Du, WC und TV, Restaurant, Konferenzräume, Golf, Fischen, 🛒, 🚌, P, Östra Utsjö, @, www.lugnethotel.se, ☎ **0046(0)280/42000**, Fax 42047.

17 S-785 44 **DALA-FLODA** ab Rv. 71 ca. 400 m
Dala-Floda Värdshus ★★★ ruhige Lage, 25 B, EZ SEK 750,–, DZ SEK 1000,– bis 1350,–, inkl. Frühstück, alle Zi mit Du und WC, Spezialitäten-Küche, 100 m zum Badestrand, Badvägen 6, @, www.dalafloda-vardshus.se, ☎ **0046(0)241/22050**, Fax 22038.

18 S-680 51 **STÖLLET** ab Rv. 45 ca. 200 m
Värmlandsporten ★★★ 150 B, EZ SEK 695,– bis 795,–, DZ SEK 895,– bis 995,–, Familien-Zi SEK 990,– bis 1040,–, inkl. Frühstück, alle Zi mit Du, WC, ☎ und Sat-TV, Restaurant, 🚌, ♿, P, Riksv. 45/62, @, www.varmlandsporten.se, ☎ **0046(0)563/81200**, Fax 81298.

19 S-680 51 **STÖLLET**
OK Q 8 Tankstelle ⛽ Kiosk, Werkstatt, geöffnet 8-21 Uhr.

20 S-685 94 **TORSBY-VÄGSJÖFORS**
Vägsjöfors Herrgård ★ 90 B, EZ SEK 555,– bis 755,–, DZ SEK 860,– bis 1060,–, inkl. Frühstück, Herberge SEK 180,– pro Person, 🚌, P, @, www.vagsjoforshergard.com, ☎ **0046(0)560/31330**, Fax 31142.

21 S-680 50 **EKSHÄRAD-HARA** am Rv. 62
Hedegårds Pension naturschöne Lage, 45 B, EZ SEK 500,– bis 700,–, DZ SEK 650,– bis 850,–, inkl. Frühstück, Zi mit Du, WC und TV, Restaurant, 🚌, G, P, Hara Hedegårds, @, www.hedegardspensionat.com, ☎ **0046(0)563/40024**.

22 S-686 93 **SUNNE-BY**
ab Rv. 45 ca. 200 m, 5 km nördlich von Sunne
Hotel Fryken Strand ★★★ 120 B, EZ SEK 1025,–, DZ SEK 1280,–, inkl. Frühstücksbuffet, alle Zi mit Du, WC, TV und Internet, Restaurant, 💳, 🚌, ♿, P, By 80, @, www.frykenstrand.se, ☎ **0046(0)565/13300**, Fax 711691.

23 S-686 94 **ROTTNEROS** an der E 45
Sunne Hotell & Camping ★★ 76 B, DZ SEK 750,–, inkl. Frühstück, alle Zi mit Du, WC und TV, Ferienwohnungen 4 B SEK 850,–, SB-Restaurant, 💳, 🚌, P, Ekebyvallen 4, @, www.sunnehotellcamping.se, ☎ **0046(0)565/60021**, Fax 60249.

71 GÄVLE — Älteste Stadt Nordschwedens
Sehenswert: Das schwedische Eisenbahnmuseum, südlich von Gävle liegt Furuvik, der größte Vergnügungs- und Tierpark Schwedens, die Altstadt „Gamla Gefle", das Fischerdorf Bönan an der Küste, der Elchpark Kybacka Gård.
Information und Prospekte:
Fremdenverkehrsbüro, Drottninggatan 9, Box 11 75, S-801 35 Gävle, turist@gavle.se, www.gastrikland.com, ☎ **0046(0)26/177117**, Fax 107831.

72 SILJAN TURISM
Sie können Unterkünfte buchen, Eintrittskarten zu den verschiedenen Veranstaltungen bestellen, Angelkarten und Souvenirs kaufen sowie Informationen erhalten:
Siljan Turism Leksand:
Turistbyrå, Norsgatan 40, S-793 30 Leksand, leksand@siljan.se, **Tel. 00 46 (0)2 47/79 61 30.**
Siljan Turism Mora:
Turistbyrå, Strandgatan 14, S-792 30 Mora, mora@siljan.se, **Tel. 00 46 (0)2 50/59 20 20.**
Siljan Turism Orsa:
Turistbyrå, Dalagatan 1, S-794 30 Orsa, orsa@siljan.se, **Tel. 00 46 (0)2 50/55 25 50.**
Siljan Turism Rättvik:
Turistbyrå, Riksvägen 40, S-795 32 Rättvik, rattvik@siljan.se, **Tel. 00 46 (0)2 48/79 72 10.**
Information und Prospekte:
Siljan Turism AB, Storgatan 17 b, S-795 30 Rättvik, siljan.turism@siljan.se, www.siljan.se, ☎ **0046(0)248/797200**, Fax 797221.

73 – 74 Einträge siehe Seite 278

Maßstab 1 : 4.500.000

①–㉓ + ㉑–㉒ Einträge siehe Seite 277

①–㉓ + ㉑–㉒ Einträge siehe Seite 277

㉓ MINE FALUN

In der Mine werden den Besuchern Stollen, Gruben und abfallende Schächte aus vergangenen Zeiten präsentiert. Man trifft auf schwindelerregende Tiefen und riesige unterirdische Kammern. Werkzeuge, Leitern und Stufen aus alten Tagen sind Zeugnisse der harten Arbeit. Um die gähnende Große Grube befinden sich wunderschöne Gebäude, Radhäuser und Schachtköpfe.

Geführte Touren unter Tage (1 Std.) auf deutsch, englisch und schwedisch.

Termine: 10.-31. August, Mo-Fr 10-16 Uhr, Sa-So 11-15 Uhr September bis Dezember, Mo-Fr 14 Uhr, Sa-So 12-14 Uhr

Preise: Erwachsene SEK 170,–, Kinder (3-15 Jahre) SEK 50,–, Privatführung SEK 1800,–

Informationen und Buchung:
Falu Gruva, Världsarvshuset,
Gruvgatan 44, S-791 61 Falun,
info@falugruva.se, www.falugruva.se,
☎ 0046 (0) 23/78 20 30

㉔ LUDVIKA

Schon hier fängt Dalarna/Dalecarlia an! Die heutige Kultur, die Kulturgeschichte und das Kunstgewerbe sind hier zu bewundern. Eine abwechslungsreiche Natur mit meilenweiten Wäldern, Bergen und hunderten von Seen warten auf Sie. Verpassen Sie nicht die Möglichkeit, spannende Abenteuer in Ludvika und Smedjebacken – zwei gastfreundschaftliche Kommunen in Dalarna – erleben zu können. Der Wald und die Bergwerke sind seit Jahrhunderten der Lebensnerv in Ludvika und Smedjebacken. In dem Ekomuseum Bergslagen werden die Sehenswürdigkeiten aus der Geschichte in ihrer natürlichen Umgebung gezeigt.

Außerdem müssen Sie unbedingt einen Besuch in der Finnmark einplanen, die von dem, in unserer Gegend, bekannten Dichter Dan Andersson so empfindsam dargestellt ist. Oder wählen Sie einfach etwas anderes aus unserem umfangreichen Veranstaltungskalender aus.

Information und Prospekte:
Ludvika Smedjebacken Turism (geöffnet Mo-Fr 10-18 Uhr, Sa 10-13 Uhr, So geschlossen), Fredsgatan 10,
S-771 82 Ludvika, turistinfo@ludvika.se,
www.visitludvika.se, ☎ 0046 (0) 240/8 60 50, Fax 80 354.

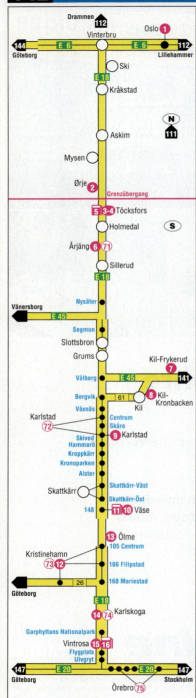

❶ N-0159 OSLO
ab E 6 → Ring 1 → Ibsen-Parkhaus
Thon Hotel Stefan ★★★★ im Zentrum, 210 B, EZ NOK 895,– bis 2010,–, DZ NOK 1195,– bis 2195,–, inkl. Frühstück, alle Zi mit Bad oder Du, WC, ☎, Sat-TV und Minibar, 🛏, ♿, G, P, Rosenkrantzgt. 1, @, www.thonhotels.no, ☎ **0047/23 31 55 00**, Fax 23 31 55 55.

❷ N-1870 ØRJE
ab E 18 → Halden 2 km
Bed & Breakfast Solstrand Terrasse ★★ 65 B, EZ NOK 400,– bis 500,–, DZ NOK 600,– bis 800,–, Frühstück NOK 50,–, Zi mit Du, WC, Sat-TV und Internet, 🛏, 🍴, 🚌, Haldenveien, @, www.solstrand-terrasse.no, ☎ **0047/69 81 21 37**, Fax 69 81 11 92.

❸ S-670 10 TÖCKSFORS
ab E 18 ca. 200 m
Gränshotellet ★★ ruhige Lage, 38 B, EZ SEK 650,– DZ SEK 850,–, inkl. Frühstück, alle Zi mit Du, WC, ☎, Sat-TV und Internet, à la carte Restaurant mit Schankrecht, Konferenzmöglichkeit, 🚌, P, @, ☎ **0046(0)573/2 15 00**, Fax 2 16 90.

❹ S-67010 TÖCKSFORS
an der E 18
Turistgården STF Vandrarhem ★★ 50 B, EZ SEK 300,– bis 500,–, DZ SEK 440,– bis 750,–, Frühstück SEK 60,–, Bettwäsche SEK 60,–, Zi mit Du, WC, TV und Internet, Elgerudsvägen, @, www.stfturistgarden.se, ☎ **0046(0)573/2 10 40**.

❺ S-670 10 TÖCKSFORS
Shell ⛽ Benzin und Diesel, Werkstatt, Waschanlage, geöffnet Mo-Fr 6.30-20 Uhr, Sa und So 8-22 Uhr, Sveavägen 30, ☎ **0046(0)573/2 12 00**, Fax 2 19 45.

❻ S-672 30 ÅRJÄNG
Best Western Hotel Årjäng ★★★★ 110 B, EZ SEK 790,– bis 1190,–, DZ SEK 990,– bis 1390,–, alle Zi mit Du, WC, Sat-TV und Minibar, Restaurant, Bar, 🛏, 🍴, 🚌, ♿, Claras Torg, service@hotelarjang.se, www.hotelarjang.se, ☎ **0046(0)573/1 30 59**.

❼ S-665 92 KIL-FRYKERUD
ab E 18 ca. 27 km, Rv. 45 ca. 200 m
Trösta Gästgifveri ★★ ruhige Lage, 24 B, EZ SEK 275,– bis 350,–, DZ SEK 550,– bis 700,–, inkl. Frühstück, Zi mit Du, WC und TV, Restaurant mit Schankrecht, Nichtraucherhaus, Konferenzraum, 🚌, P, Europaväg 45, @, www.trosta.se, ☎ **0046(0)554/2 50 80**, Fax 2 50 83.

❽ S-665 91 KIL
ab E 45 ca. 8 km
Kronbacken (F.F.) ruhige Lage, 14 Ferienhäuser, 2 und 4 B, Haus SEK 250,– bis 400,–, alle Häuser mit Du, WC und Küche, kronbacken@hotmail.com, www.kronbacken.se, ☎ **0046(0)554/1 49 08**.

❾ S-650 04 KARLSTAD ab Ausfahrt 700 m
Gustaf Fröding Hotel ★★★ ruhige Lage, 80 B, EZ SEK 680,– bis 1380,–, DZ SEK 880,– bis 1580,–, inkl. Frühstücksbuffet, alle Zi mit Bad/Du, WC, ☎ und Sat-TV, Bar, Pool, @, www.gustaffroding.se, ☎ **0046(0)54/67 00 00**, Fax 67 00 67.

❿ S-660 57 VÄSE an der E 18
Värmlands Rasta ★ 🍴 EZ SEK 250,– DZ SEK 400,– 4-Bett-Zi SEK 800,–, alle Zi mit TV, SB-Restaurant mit 150 Plätzen, günstige Tagesgerichte, Mo-Fr 6-24 Uhr, Sa 8-24 Uhr, So 9-24 Uhr, 🚌, vermlandsrasta@telia.com, www.varmlandsrasta.se, ☎ **0046(0)54/84 00 70**, Fax 84 00 86.
Unter gleicher Leitung:

⓫ S-660 57 VÄSE
Q 8 SB-Tankstelle ⛽ DKV, Truck-Bus-Center, Zubehör und Lebensmittel, Service 24 Stunden, Kraftfahrer-Dusche.

⓬ S-681 31 KRISTINEHAMN
Hotell Fröding ★★★ im Zentrum gelegen, 50 B, EZ SEK 640,– bis 795,–, DZ SEK 795,– bis 995,–, inkl. Frühstücksbuffet, alle Zi mit Du, WC, ☎, Sat-TV und Internet, 🛏, 🚌, ♿, P, Kungsgatan 44, @, www.hotellfroding.com, ☎ **0046(0)550/1 51 80**, Fax 1 01 30.

⓭ S-681 94 KRISTINEHAMN-ÖLME an der E 18
Ölme Prästgård ★★★ 12 B, EZ ab SEK 645,–, DZ ab SEK 745,–, Familien-Zi SEK 950,–, inkl. Frühstück, Zi mit Du, WC und TV, Restaurant, Konferenzen, 10 km westlich von Kristinehamn, 🛏, P, Ölme, @, www.olmeprastgard.se, ☎ **0046(0)550/33 333**.

⓮ S-691 33 KARLSKOGA an der E 18
Hotel Karlskoga ★★★ 134 B, EZ SEK 710,– bis 1100,–, DZ SEK 895,– bis 1315,–, inkl. Frühstücksbuffet, alle Zi mit Du, WC, TV und Minibar, Bar, Internet, Sauna, Hallenbad, Solarium, ♿ -Zi, Boåsvägen 2, @, www.karlskogahotel.se, ☎ **0046(0)586/637 40**, Fax 637 45.

⓯ S-710 15 VINTROSA ab Ausfahrt 500 m
Sanna-Kroa Motell ★★ 25 B, EZ SEK 530,– bis 620,–, DZ SEK 650,– bis 720,–, 3-Bett-Zi SEK 750,–, inkl. Frühstücksbuffet, alle Zi mit Du, WC, ☎, TV und Balkon, SB-Restaurant, P, www.sannakroa.com, ☎ **0046(0)19/29 44 14**, Fax 29 49 05.
Unter gleicher Leitung:

⓰ S-710 15 VINTROSA
Shell ⛽ Select, geöffnet Mo-Fr 6-24 Uhr, Sa und So 8-24 Uhr.

71 ÅRJÄNG

Die Grenzgemeinde nach Norwegen bietet eine Vielzahl von Freizeitaktivitäten wie Sportfischen, Draisinefahren (siehe Bild), Golf, Tennis,
Kanu- und Fahrradfahren. Im Naturschutzgebiet Glaskogen mit einer
Fläche von 28.000 Hektar und 300 km Wanderwegen gibt es Erholung
pur. Im Museum erfährt man, mit Hilfe
der modernsten Technik, Spannendes
über die Geschichte des Trabsports
und die Entwicklung der Pferde.

Information und Prospekte:
Turist Office Årjäng,
Torget Box 9 06, S-672 29 Årjäng,
turist@arjang.se, www.arjang.se/turism,
☎ **0046 (0) 573/14136**, Fax 14135.

72 KARLSTAD

Willkommen in Karlstad – hier findet man Badeplätze, Gästegärten,
Einkaufsstraßen und zahlreiche Veranstaltungen. Besuchen Sie Marie-
bergsskogen, das Värmlands Museum oder den Alsters Herrgård.
Erleben Sie eine Schiffstour auf dem Vänersee, eine Kanufahrt auf
dem Klarälven oder genießen Sie
einfach die „Värmländska-Delikates-
sen" in einem der Restaurants.

Information und Prospekte:
Karlstad-Hammarö Tourist Office,
Bibliotekshuset,
Västra Torggatan 26,
S-651 84 Karlstad,
tourist@karlstad.se, www.karlstad.se,
☎ **0046 (0) 54/298400**, Fax 298410.

73 KRISTINEHAMN

In der idyllischen Kleinstadt Kristinehamn finden Sie interessante Kunst-
museen, einen musealen Landhandel, ein gemütliches Künstlerviertel
und vieles mehr. Für alle Kunstinteressierten ist ein Abstecher zu einer
Landzunge am Vänersee Pflicht (ca. 7 km vom Zentrum): Hier sehen
Sie die Picassoskulptur – eine der weltweit
größten Skulpturen ihrer Art. Erleben Sie die
Schönheit der Väner-Schären. Für den aktiven
Urlaub ist das Angebot vielfältig: ideale Umgebung für Kanu- oder Kajak-Fahrten, Angeln,
Bootsausflüge, Wanderungen mit Führung und
eine Fahrt in der Draisinebahn.

Information, Prospekte und Buchung:
Touristenbüro (Turistbyrå),
Södra torget 3, S-681 84 Kristinehamn,
turist@kristinehamn.se,
www.kristinehamn.se,
☎ **0046 (0) 550/88187**, Fax 88196.

74 KARLSKOGA

Karlskoga ist eine Stadt in Naturnähe mit einem Bad, nur 5 Minuten Gehweg
vom Zentrum entfernt, ausgezeichnete Angel- und Kanugewässer.
Freizeitaktivitäten: Golf, Tennis, Badmintonhalle, Hallenbad, Kunsteis-
bahn, Sportstadion, Motorstadion mit Go-Kart-Verleih, Squash, Beachvolleyball, Reiten, Sommermusik.
Sehenswürdigkeiten: Nobelmuseum: Pfiffiges Haus mit Experimentier-
werkstatt für Kinder jeden Alters, Gråbo-Erinnerungs-Museum, Heimatmuseum, Kirche von 1586, Granbergsdals Hochofen, Natur- und Kulturge-
biet Lunedet/Knappfors, Kunsthandwerk, Kanonen auf Rävåskullen, König-
seiche, Karlsdals Hüttenruine und Bergslagskanal (65 km lange Wasser-
straße), Eisenhüttenfahrrad-Wan-
derweg, Valls Hof, Schulmuseum
Korpkullen, Gelleråsens Motorstadion, Abenteuerhaus Boda Borg.

Information und Prospekte:
Karlskoga Turistbyrå, Kyrkbacken 9,
S-691 83 Karlskoga,
turism@karlskoga.se,
www.karlskoga.se,
☎ **0046 (0) 586/61474**, Fax 61960.

75 Örebro siehe Route 147

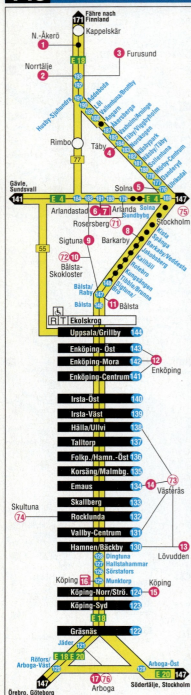

❶ S-761 40 NORRTÄLJE ab Ausfahrt 2. Ampel rechts 2 km
Pensionat Granparken ★★ zentrale, ruhige Lage, 32 B, EZ SEK 850,– bis DZ SEK 1000,– bis 1200,–, inkl. Frühstück, alle Zi mit Du, WC, ☎, Kabel-TV und Internet, Restaurant mit Schankrecht, Konferenzraum, Golfplatz in der Nähe, ⌧, P, Gjuterivägen 10, @, www.pensionatgranparken.se, ☎ 0046 (0) 176/10354, Fax 12502.

❷ S-761 94 NORRTÄLJE ab Ausfahrt 2 km
Åkerögården ★★ FF ruhige Lage, 75 B in Zi und Hütten, 1-5 B, Bett SEK 250,– bis 800,–, inkl. Frühstück, Hütten mit TV und TV, Restaurant geeignet für Gruppen, Konferenzen, ⌧, P, Åkerö 9300, @, www.akerogarden.com, ☎ 0046 (0) 176/41062, Fax 41155.

❸ S-760 99 FURUSUND E 18 ab Ausfahrt 20 km
Furusunds Värdshus ★★★ am Sund gelegen, 29 B, EZ SEK 995,– bis DZ SEK 1395,– bis Suite SEK 1995,–, inkl. Frühstück, alle Zi mit Du, WC, Sat-TV und WLAN, Restaurant mit Schankrecht, Konferenzraum, ⌧, P, Strandvägen 2, @, www.furusundsvardshus.se, ☎ 0046 (0) 176/80344, Fax 80342.

❹ S-183 79 TÄBY ab Ausfahrt Täby Viggbyholm 1,5 km, 1. Ampel links → Åkarby
Best Western Täby Park Hotel ★★★ 213 B, EZ SEK 745,– bis 1360,–, DZ SEK 845,– bis 1660,–, inkl. Frühstücksbuffet, alle Zi mit Du, WC, ☎ und Sat-TV, Restaurant, ⌧, ⌧, &, P, Kemistvägen 30, @, www.tabypark.se, ☎ 0046 (0) 8/50648300, Fax 50648393.

❺ S-170 79 SOLNA ab Ausfahrt Bergshamra Ulriksdal 1 km
Ulriksdals Wärdshus ✕ im Schlosspark, täglich zum Lunch die bekannten Smörgåsbord und à la carte oder das Monats-Menü, ⌧, P, geöffnet Mo bis Fr 12—22 Uhr, Sa 12.30—22 Uhr, So 12.30—18.30 Uhr, @, www.ulriksdalswardshus.se, ☎ 0046 (0) 8/850815, Fax 850858.

❻ S-195 80 ARLANDASTAD
Quality Eurostop Hotel Arlandastad ★★★ 605 B, EZ SEK 795,– bis 1295,–, DZ SEK 795,– bis 1395,–, inkl. Frühstück, alle Zi mit Du, WC, ☎ und TV, Restaurant à la carte, Sauna, Solarium, Bank, Post, Shopping, ⌧, P, Cederströmsslinga, @, www.qualityarlandastad.com, ☎ 0046 (0) 8/59511111, Fax 5951010.

❼ S-190 45 ARLANDA
Statoil Tankstelle ⌧ DKV, Diesel, Waschanlage, Werkstatt, 24 Stunden geöffnet.

❽ S-175 79 JÄRFÄLLA-BARKARBY ab Ausfahrt 1 km
Welcome Hotel ★★★ 368 B, EZ SEK 790,– bis 1095,–, DZ SEK 890,– bis 1245,–, inkl. Frühstück, alle Zi mit Du, WC, ☎ und Sat-TV, Restaurant, ⌧, ⌧, ⌧, &, P, Notarievägen 5, @, www.welcomehotel.se, ☎ 0046 (0) 8/6216100, Fax 365245.

❾ S-193 22 SIGTUNA ab E 18 → 22 km und E 4 → 12 km
Hotel Stora Brännbo ★★★ ruhige Lage, 122 B, Sommerpreise EZ SEK 550,–, DZ SEK 800,–, inkl. Frühstücksbuffet, alle Zi mit Du, WC, Sat-TV und Radio, Restaurant, Konferenzräume für 10 bis 120 Personen, Bar, ⌧, ⌧, &, P, Stora Brännbovägen 2-6, @, www.storabrannbo.se, ☎ 0046 (0) 8/59257500, Fax 59257599.

❿ S-746 96 SKOKLOSTER ab Ausfahrt 20 km
Skokloster Wärdshus und Hotel ★★★ beim Schloss gelegen, 117 B, EZ SEK 550,– bis 1550,–, DZ SEK 1100,– bis 3100,–, inkl. Frühstück, alle Zi mit Du, WC und ☎, Restaurant, Konferenzräume, Bar, großer P, &, www.skokloster.se, ☎ 0046 (0) 18/386100, Fax 386055.

⓫ S-746 21 BÅLSTA ab Ausfahrt 1,6 km Zentrum
Gästgivaregård ★★★★ ruhige Lage, 62 B, EZ SEK 1000,–, DZ SEK 1350,–, inkl. Frühstück, alle Zi mit Du, WC, ☎ und Sat-TV, Restaurant, Konferenzräume, Weinkeller, ⌧, &, Håbovägen 13, www.balstagastis.com, ☎ 0046 (0) 171/59740, Fax 50095.

⓬ S-745 31 ENKÖPING
First Hotel Park Astoria ★★★★ 260 B, EZ (Sommer und Wochenende) SEK 598,– bis 1198,–, DZ SEK 797,– bis 1398,–, inkl. Frühstücksbuffet, alle Zi mit Bad/Du, WC, ☎ und Sat-TV, Restaurant, ⌧, ⌧, &, P, Kyrkog. 7, @, www.firsthotels.se/park, ☎ 0046 (0) 171/478080, Fax 38780.

⓭ S-725 91 VÄSTERÅS-LÖVUDDEN ab Ausfahrt Bäckby → Hamnen 4,5 km
Lövudden Hotell und Vandrarhem ⌂ ruhige Lage am Strand, 55 B, im Hotel: EZ SEK 600,– bis 750,–, DZ SEK 900,– bis 1100,–, inkl. Frühstück, alle Zi mit Du, WC, ☎ und TV, im Vandrarhem: 82 B, SEK 160,– bis 195,–, pro Bett, Frühstück SEK 50,–, Bettwäsche SEK 70,–, Restaurant, ⌧, ⌧, ⌧, P, @, www.lovudden.se, ☎ 0046 (0) 21/185230, Fax 123036.

⓮ S-722 19 VÄSTERÅS ab Ausfahrt Emaus 200 m
Aabrin Lågprishotell ★★ 12 B, EZ SEK 545,–, DZ SEK 605,–, inkl. Frühstück, alle Zi mit Du, WC und Sat-TV, ⌧, P, Kopparbergsv. 47, ☎ 0046 (0) 21/143980, Fax 145701.

⓯ S-731 50 KÖPING ab Ausfahrt Köping-Norr/Strö. 1,5 km
Best Western Hotel Scheele ★★★ 150 B, EZ SEK 695,– bis 1045,–, DZ SEK 950,– bis 1675,–, inkl. Frühstücksbuffet, alle Zi mit Du, WC, ☎ und Sat-TV, Restaurant, Sauna, Solarium und Fitness, ⌧, ⌧, &, P, Hultgrensg. 10, @, www.hotelscheele.se, ☎ 0046 (0) 221/18120, Fax 10703.

⓰ S-731 92 KÖPING
Bilisten ⌧ Benzin, Diesel, Boutique geöffnet von 9-21 Uhr.

⑰ S-732 22 **ARBOGA** E 20 Östra Rondellen
Ekbackens Restaurang & Motell ★★★ 40 B, EZ SEK 430,– bis 495,–, DZ SEK 530,– bis 650,–, Mehrbett-Zi SEK 630,– bis 850,–, inkl. Frühstück, alle Zi mit Du, WC, TV und WLAN, 🚇, 🚌, ♿, P, @, www.restaurangekbacken.com, ☎ **0046 (0) 589/1 29 30**, Fax 1 44 30.

⑦① **SCHLOSS ROSERSBERG**

Das Schloss wurde um 1630 vom Grafen Gabriel Bengtsson Oxenstierna erbaut. Um 1680 erblühte Rosersberg zu einer der schönsten Barockanlagen des Landes. 1762 wurde im Staat als Lustschloss für den jüngeren Bruder von König Gustav III., Herzog Carl erworben, welcher es in der Periode von 1797–1818 neu einrichten ließ. Diese Einrichtung ist heute noch zu besichtigen. Geöffnet: Juni bis August, Mo–So. Im September geschlossen. Führungen von 11–16 Uhr jede volle Stunde. Andere Zeiten nach Vereinbarung.

Information und Prospekte:
Rosersberg Slott,
S-195 95 Rosersberg,
info.rosersbergs-slott@royalcourt.se,
www.royalcourt.se,
☎ **0046 (0) 8/590 35 039**,
Fax 590 35 039.

⑦② **SKOKLOSTER SCHLOSS**

Das Skokloster Schloss, am Mälarsee gelegen, ist eines der schönsten Barockmuseen der Welt. Es ist umgeben von einem Park mit Schlosskirche und herrlicher Natur. Feldmarschall Graf Carl Gustav Wrangel begann die Arbeit am Schloss 1654. Die Inneneinrichtung ist sehr gut erhalten. Das Museum besitzt zahlreiche Kunstsammlungen, Handwerke, Möbel, Waffen, Bücher, Werkzeuge, Wandwebereien und weitere kostbare Stoffe aus den Jahren 1550 bis 1850. Im Schloss gibt es ein Café und einen Souvenirladen. Campingmöglichkeiten findet man in der Nähe.

Information und Prospekte:
Skokloster Slott, S-746 96 Skokloster, skokloster@lsh.se, www.skoklostersslott.se, ☎ **0046 (0) 18/38 60 77 + 34 08 20**, Fax 38 64 46.

⑦③ **VÄSTERÅS-Västmanland**

Guter Standpunkt für Schiffsausflüge über den Mälarsee zu zahlreichen Inseln. Sehenswürdigkeiten: Anundshög (großer Hügel), Turbinenhaus (ca. 1890), Freilichtmuseum Vallby (altes Handwerk, Bauernhof, Wikingerhaus), Länsmuseum im Schloss von Västerås (moderne Kunst, kulturelle Veranstaltungen), Dom (13. Jahrhundert), Messinghütte von Skultuna (1607), Schloss Tidö mit Spielzeugmuseum. Viele Freizeitmöglichkeiten, gute Gastronomie, Souvenirläden.

Information und Prospekte:
Turistinformation, Kopparbergsvägen 3, S-72213 Västerås, malarstaden@vastmanland.se, www.vastmanland.se, ☎ **0046 (0) 21/10 38 00**, Fax 39 01 00.

⑦④ **SKULTUNA**

Skultuna Messingsbruk wurde 1607 gegründet und ist ein Unternehmen, in dem Geschichte mit zeitbewusstem Denken verknüpft wurde und seit Jahrhunderten Qualität und handwerkliches Können Maßstäbe gesetzt haben. Durch die Generation hindurch wurden die Tradition in dem vom Kunsthandwerk geprägten Skultuna weitergeführt. Heute hat das Skultunamessing nicht nur einen kulturhistorischen Wert, sondern auch bei Sammlern einen hohen Stellenwert. Hier werden Gegenstände aus Messing nach alten, überlieferten Modellen und auch im modernen Design hergestellt.

Öffnungszeiten: Täglich außer montags geöffnet von 10 bis 17 Uhr, Samstag und Sonntag 10 bis 16 Uhr.
Information und Prospekte:
Skultuna Messingsbruk AB, Bruksgatan 8, S-730 50 Skultuna, info@skultuna.com, www.skultuna.com, ☎ **0046 (0) 21/7 83 00**, Fax 7 08 08.

⑦⑤ **Stockholm siehe Route 147**

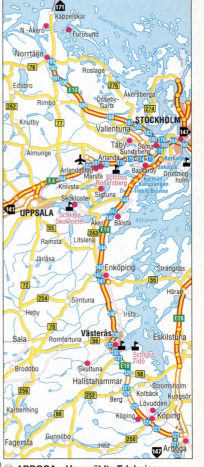

⑦⑥ **ARBOGA – Ungezählte Erlebnisse**

Entdecken Sie Arboga als kulturell wertvoll anerkannten, mittelalterlichen Stadtkern. Hier können Sie Golf spielen, mit dem Kanu oder dem Boot fahren, Reiten, Angeln, Baden und vieles mehr. In der Gegend gibt es viele gemütliche Geschäfte, Cafés, Restaurants und Übernachtungsalternativen. Es finden zahlreiche und abwechslungsreiche Veranstaltungen statt, wie zum Beispiel der Tag des Hjälmarekanals, der Karneval und die mittelalterlichen Tage.

Information und Prospekte:
Arboga Kommun, Turistbyrå, Centrumleden 6, S-732 30 Arboga, turistinfo@arboga.se, www.arboga.se, ☎ **0046 (0) 589/87 15 1.**

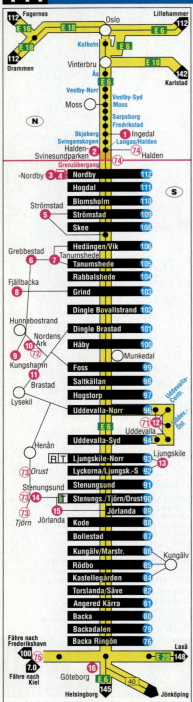

❶ N-1747 SKJEBERG-INGEDAL
ab Ausfahrt 700 m
Hok Motel und Übernachtungshütten ★★ ⓟ 53 B, EZ NOK 450,–, DZ NOK 650,–, inkl. Frühstück, alle Zi mit Du, WC und Sat-TV, à la carte und SB-Restaurant mit Schankrecht, 22 Hütten, 4-Bett-Hütten mit Kochmöglichkeit NOK 350,– bis 500,– pro Hütte, 🖭, P, ☎ 0047/69168000, Fax 69168021.

❷ N-1789 HALDEN-SVINESUNDSPARKEN
ab Ausfahrt 2, an der E 6
Svinesundsparken Motell ★★★ 2005 neu erbaut, 70 B, EZ NOK 795,–, DZ NOK 945,–, 3-Bett-Zi NOK 1145,–, inkl. Frühstück, alle Zi mit Du, WC, Sat-TV und Internet, 2 Restaurants, großer Kinderspielplatz, Touristinformation, Souvenirshop, tax-refund, 🖭, 🖭, P, Svinesundsparken 1, @, www.svinesundsparkenmotell.no, ☎ 0047/69190990, Fax 0047/69190991.

❸ S-452 00 STRÖMSTAD-NORDBY an der E 6
Rasta Nordby ★★★ 120 B, EZ SEK 695,– (Sommer und Wochenende), DZ SEK 845,–, inkl. Frühstück, alle Zi mit Du, WC, ☎ und Kabel-TV, Restaurant, P, www.rasta.se, ☎ 0046(0)526/40200, Fax 40405.
Unter gleicher Leitung:

❹ S-452 00 STRÖMSTAD-NORDBY
Q 8 Tankstelle ⓟ DKV, Zubehör, Lebensmittel, geöffnet 7-23 Uhr.

❺ S-452 30 STRÖMSTAD
Hotell Krabban ★★ im Zentrum gelegen, 26 B, EZ SEK 690,– bis 790,–, DZ SEK 890,– bis 990,–, inkl. Frühstück, alle Zi mit TV, teils mit Du und WC, Södra Bergsgatan 15, @, www.hotellkrabban.se, ☎ 0046(0)526/14200, Fax 14204.

❻ S-457 95 GREBBESTAD
E 6 ab Ausfahrt 105 Tanumshede 9,5 km
Pensionat Grebbestad ★★★ ruhige Lage, 74 B, EZ SEK 350,– bis 795,–, DZ SEK 550,– bis Suite 1700,–, teils inkl. Frühstück, alle Zi mit Du, WC und TV, 🖭, 🖭, & P, @, www.grebbestadfjorden.com, ☎ 0045(0)525/61211, Fax 14319.

❼ S-457 00 TANUMSHEDE ab E 6 ca. 800 m
Tanums Gestgifveri ★★★ 51 B, EZ SEK 790,– bis 990,–, DZ SEK 980,– bis 1480,–, inkl. Frühstück, alle Zi mit Bad/Du, WC, ☎ und TV, gehobenes Restaurant, Konferenzräume, 🖭, 🖭, & P, www.tanumsgestgifveri.com, ☎ 0046(0)525/29010, Fax 29571.

❽ S-450 71 FJÄLLBACKA
ab Ausfahrten 105 Tanumshede und 103 Grind je 15 km
Stora Hotellet ★★ ruhige Lage, 45 B, EZ SEK 800,– bis 1525,–, DZ SEK 1250,– bis Suite 2250,–, inkl. Frühstück, alle Zi mit Du, WC und TV, Restaurant, 🖭, 🖭, & P, Galärbacken, @, www.storahotellet-fjallbacka.se, ☎ 0046(0)525/31003, Fax 31093.

❾ S-456 32 KUNGSHAMN
E 6 ab Ausfahrt 105 Tanumshede 25 km
Hotell Fisketången ★★ ruhige zentrale Lage am Wasser, 50 B, EZ SEK 600,– bis 900,–, DZ SEK 800,– bis 1100,–, alle Zi mit Du, WC, Sat-TV und Minibar, P, Tångevägen 45, @, www.fisketangen.se, ☎ 0046(0)523/30200, Fax 30219.

❿ S-450 46 HUNNEBOSTRAND-ÅBY
ab E 6 ca. 18 m
Hotel Nordens Ark ★★★ 67 B, EZ SEK 1035,–, DZ SEK 1240, Familien-Zi SEK 1644,–, inkl. Frühstücksbuffet und Eintritt in Freizeitpark, alle Zi mit Du, WC, ☎ und TV, Restaurant, Åby Säteri, @, www.nordensark.se, ☎ 0046(0)523/79546, Fax 79788.

⓫ S-451 31 UDDEVALLA
Hotel Gyldenlöwe ★★★ im Zentrum gelegen, 88 B, EZ (Sommer und Wochenende) SEK 590,– bis 780,–, DZ SEK 700,– bis 950,–, inkl. Frühstück, alle Zi mit Bad/Du, WC, ☎ und Sat-TV, teils Kochgelegenheit, 🖭, G, P, Lagerbersgatan 8, @, www.hotelgyldenlowe.se, ☎ 0046(0)522/14610, Fax 17296.

⓬ S-459 32 LJUNGSKILE ab Ausfahrt 1,5 km
Turisthotellet ★★★ 35 B, EZ SEK 750,– bis 795,–, DZ SEK 895,– bis 995,–, inkl. Frühstück, alle Zi mit Du, WC und WLAN, 🖭, P, Hällelider 9, @, www.turisthotellet.nu, ☎ 0046(0)522/20039, Fax 20539.

⓭ S-444 31 STENUNGSUND ab Ausfahrt 5 km
Pensionat Solliden ★★★ ruhige Lage, 23 B, EZ SEK 795,–, DZ SEK 995,–, inkl. Frühstück, alle Zi mit Du, WC, Sat-TV und WLAN, Restaurant, Konferenzen bis 15 Personen, 🖭, P, Strandvägen 22-24, @, www.pensionatsolliden.se, ☎ 0046(0)303/69870, Fax 88700.

⓮ S-444 92 JÖRLANDA ab Ausfahrt 2 km
Hakefjordens Konferenshotel ★★★ ruhige Lage in Strandnähe, 40 B, EZ SEK 645,–, DZ SEK 850,–, inkl. Frühstück, alle Zi mit Bad/Du und WC, Restaurant mit Meerblick und Platz für 140 Gäste, Fischspezialitäten, 🖭, P, Källsby 340, @, www.hakefjorden.se, ☎ 0046(0)303/52138, Fax 52062.

⓯ S-416 64 GÖTEBORG
ab E 6, Ausfahrt Ullevi → Gårda N, 500 m
Spar Hotel Gårda ★★★ nahe Liseberg, 270 B, EZ SEK 595,– bis 895,–, DZ SEK 945,– bis 1295,–, inkl. Frühstück, ruhige Zi mit Du, WC, Sat-TV und Internet, Bistro, Bar, Sauna, Solarium, Fitness, 🖭, 🖭, G, P, Norra Kustbanegatan 15-17, @, www.sparhotel.se, ☎ 0046(0)31/7520310, Fax 7520399.

71 UDDEVALLA

...an der schmalen „Taille" der Küstenlandschaft Bohuslän. 11 Hotels, 4 schön gelegene Campingplätze, 10 Vandrarhem mit einzigartiger Lage und ein umgebautes Badehaus am Strand. Die Stadt bietet viele Einkaufsmöglichkeiten, interessante Museen und eine große Auswahl an Restaurants und Unterhaltung. Großes Freizeitangebot am 240 km langen Küstenstreifen.

Information und Prospekte:
Turistbyrån (ganzjährig geöffnet), Södra Hamnen, S-451 81 Uddevalla, info@uddevalla.com, www.uddevalla.com, ☎ 0046 (0) 522/997 20, 0046 (0) 522/997 10.

72 HUNNEBOSTRAND – Nordens Ark

Willkommen in der Arche des Nordens – dem Park für vom Aussterben bedrohte Tierarten. Hier findet man ca. 70 Arten wilder Haus- und exotischer Tiere aus Schweden und der ganzen Welt. Die Arche des Nordens besteht aus einem „wilden" und einem „zahmen" Teil. Im wilden Teil wandert man auf einem 2,5 km langen Wanderweg durch die Welt der Tiere. Der Bauernhof – der zahme Teil – zeigt Kühe, Pferde, Hühner, Schweine und Schafe aus der Nähe. Geöffnet: ganzjährig. Englisch- und deutschsprachige Führer.

Information und Prospekte:
Nordens Ark, Åby Säteri, Hunnebostrand, S-450 46 Hunnebostrand, nordensark@nordensark.se, www.nordensark.se, ☎ 0046 (0) 523/795 90, Fax 520 87.

73 DAS SÜDLICHE BOHUSLÄN – KUNGÄLV, MARSTRAND, TJÖRN, ORUST, STENUNGSUND

Die Küste für das ganze Jahr – kahle Felsen im Westen und waldreiches Inland im Osten. Fischerhäfen, Bootsbauer und Konservenindustrie. Hochtechnologische Industrie und Kunsthandwerk. Sonne, Baden, Bootsausflüge, Angeln, Golf, Segeln und andere Sportarten. Buchung von Ferienhäusern, Wohnungen und Zimmern in Bohuslän. Besuchen Sie die Bohus Festung in Kungälv aus dem 13. Jahrhundert und die Carlstens Festung in Marstrand aus dem 16. Jahrhundert. Angeln im Meer und im Süßwasser. Sie können im Meer baden und im Svartedalen Edelfisch angeln. Vermittlung von Ferienhäusern.

Marstrand

Information und Prospekte:
Södra Bohuslän Turist AB, Fregatten 2, S-444 30 Stenungsund, info@sodrabohuslan.com, www.sodrabohuslan.com, ☎ 0046 (0) 303/81 55 0, Fax 81 00 1.

74 **N-Halden siehe Route 112**
75 **Stena Line siehe Route 145**

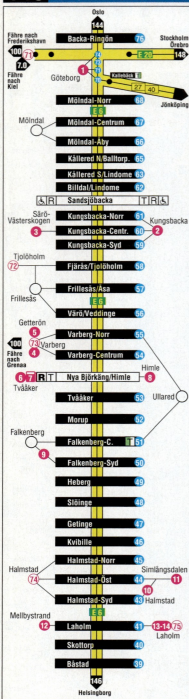

❶ S-416 64 GÖTEBORG
ab E 6, Ausfahrt Ullevi → Gårda N, 500 m
Spar Hotel Gårda ★★★ nahe Liseberg, 270 B, EZ SEK 595,– bis 895,–, DZ SEK 945,– bis 1295,–, inkl. Frühstück, ruhige Zi mit Du, WC, ☏, Sat-TV und Internet, Bistro, Bar, Sauna, Solarium, Fitness, ▭, ⟲, G, P, Norra Kustbanegatan 15-17, @, www.sparhotel.se, ☏ 0046 (0) 31/7 52 03 10, Fax 7 52 03 99.

❷ S-434 32 KUNGSBACKA
ab Ausfahrt → Zentrum 2 km
Hotel Halland mit Vandrarhem Nattmössan ★★★ 122 B, EZ SEK 795,–, DZ SEK 895,–, Gästehaus: EZ bis Familien-Zi SEK 1095,– bis 1295,–, inkl. Frühstücksbuffet, (Wochenendpreise), alle Zi mit Bad/Du, WC, ☏ und Sat-TV, Restaurant, Bar, in der Nähe Golf, Schwimmbad und Tennis, ▭, ⟲, G, P, Storg. 35, @, www.hotel-halland.se, ☏ 0046 (0) 300/7 75 30, Fax 1 62 25.

❸ S-429 43 SÄRÖ-VÄSTERSKOGEN
ab Ausfahrt 60 Kungsbacka-Centrum → 9,5 km
Säröhus Hotel ★★★★ ruhige Aussichtslage, 200 m vom Strand, 190 B, EZ (Wochenende) SEK 900,–, DZ SEK 1350,–, 3-4-Bett-Zi SEK 1550,– bis 1750,–, inkl. Frühstück, alle Zi mit Bad/Du, WC, ☏ und TV, Konferenzräume, Pool, Sauna, in der Nähe: Restaurant, Golf, Schwimmbad und Tennis, ▭, ⟲ (Voranmeldung), ⟲, ♿, P, Säröhusvägen 12, @, www.sarohus.se, ☏ 0046 (0) 31/93 60 90, Fax 9 36 185.

❹ S-432 53 VARBERG
ab Ausfahrt 53 Tvååker oder 54 Varberg-Centrum 8 km
Apelviken ★★★ 49 Ferienwohnungen und Hütten, 300 B, 1 bis 6 B SEK 375,– bis 1100,–, Juni bis August SEK 1500,– bis 9975,–/Woche, alle Zi mit Du und WC, Restaurant, Café, Pool, ▭, ⟲, P, Sanatorievägen 4, @, www.apelviken.se, ☏ 0046 (0) 340/64 13 00, Fax 1 26 96.

❺ S-432 93 VARBERG-GETTERÖN
ab Ausfahrt 54 → Getterön 7 km
Strandgården ★★ absolut ruhige Lage, 30 B, EZ SEK 700,– bis 750,–, DZ SEK 750,– bis 1200,–, inkl. Frühstück, Zi mit Du, WC und TV, teils Kochgelegenheit, ▭, ⟲, ⟲, P, @, www.getteronhotell.se, ☏ 0046 (0) 340/1 68 55, Fax 69 28 85.

❻ S-430 10 TVÅÅKER direkt an der E 6
Motel Björkäng ✕ Raststätte an der Autobahn, Restaurant (auch SB), Plätze für 250 Gäste, 20 Ferienhäuser, ⟲, P, @, www.bjorkangvagkrog.se, ☏ 0046 (0) 340/48 00 80, Fax 48 00 99.
Unter gleicher Leitung:

❼ S-430 10 TVÅÅKER
OK/Q 8 Tankstelle ⟲ DKV, IDS, Bus-Truck Center, Du, WC und Sauna, Tag und Nacht geöffnet (außer freitags und samstags).

❽ S-430 10 TVÅÅKER-HIMLE
direkt an der E 6
Himle Camping ⌂ 20 Ferienhäuser, 4 B SEK 210,– bis 4000,– pro Woche, alle mit Du, WC und komplett eingerichteter Kochnische, Campingplatz SEK 15,– bis 24,– pro Tag, Kärragård, @, www.himlecamping.se, ☏ 0046 (0) 340/4 30 16, Fax 4 33 45.

❾ S-311 42 FALKENBERG
ab Ausfahrt Falkenberg-Syd → Skrea Strand 6 km
Elite Hotel Strandbaden ★★★★ ruhige Lage am Strand, 250 B, EZ SEK 750,–, DZ SEK 950,–, inkl. Frühstücksbuffet, alle Zi mit Bad/Du, WC, ☏, Sat-TV und Minibar, Restaurant, Bar, Tennis, Salzwasser-Hallenbad, ▭, ⟲, ⟲, ♿, P, Havsbadsallén 2, @, www.strandbaden.elite.se, ☏ 0046 (0) 346/71 49 00, Fax 1 61 11.

❿ S-300 13 HALMSTAD an der Ausfahrt 43
Quality Hotel Halmstad ★★★ mit Seeblick, 312 B, EZ SEK 650,– bis 1300,–, DZ SEK 650,– bis 1300,–, inkl. Frühstücksbuffet, alle Zi mit Du, WC, ☏ und Sat-TV, Restaurant, Schwimmbad in der Nähe, ▭, ⟲, ♿, P, @, www.qhh.se, ☏ 0046 (0) 35/18 35 00, Fax 18 35 08.

⓫ S-310 38 SIMLÅNGSDALEN
E 6 ab Ausfahrt 44 ca. 14 km → Kalmar Rv. 25
Tallhöjdens Värdshus ★★★ 66 B, EZ SEK 800,–, DZ SEK 1300,–, Familien-Zi ab SEK 1600,–, inkl. Frühstück, alle Zi mit Du, WC und TV, Spezialitäten-Restaurant, Bar, privates Freibad, Sauna, Brearedsvägen 15, @, www.tallhojden.se, ☏ 0046 (0) 35/7 02 45, Fax 7 05 71.

⓬ S-312 60 MELLBYSTRAND ab Ausfahrt 41 → 500 m
Hotel Mellbystrand Tre Laxar ★★★ 52 B, EZ SEK 495,– bis 1140,–, DZ SEK 995,–, inkl. Frühstück, alle Zi mit Du, WC, ☏ und TV, ▭, ⟲, ♿, P, Norrleden 2, @, www.trelaxar.se, ☏ 0046 (0) 430/2 79 00, Fax 2 84 75.

⓭ S-312 39 LAHOLM ab Ausfahrt 6 km
Stadshotellet ★★★ renoviert, im Zentrum, 18 Zi, EZ SEK 750,– bis 900,–, DZ SEK 900,– bis 1100,–, inkl. Frühstücksbuffet, alle Zi mit Du, WC, ☏ und TV, Restaurant, WLAN, ⟲, P, Hästtorget 3, @, www.laholmsstadshotell.se, ☏ 0046 (0) 430/1 28 30, Fax 1 27 30.

⓮ S-312 30 LAHOLM ab Ausfahrt → Zentrum 5 km
STF Vandrarhem ⌂ 70 B, EZ SEK 230,– bis 280,–, DZ SEK 320,– bis 420,–, Frühstücksbuffet SEK 60,– pro Person, SEK 160,– pro Bett, Bettwäsche SEK 70,–, Konferenzen, ⟲, P, ganzjährig geöffnet, Tivolivägen 4, @, www.laholmsvandrarhem.se, ☏ 0046 (0) 430/1 33 18, Fax 1 53 25.

71 STENA LINE

Stena Line ist eines der größten Fährunternehmen der Welt, mit über 30 Jahren Erfahrung im Passagierverkehr.
Die Langstrecke in Skandinavien: Göteborg-Kiel. Abfahrt täglich von Göteborg bzw. Kiel um 19.30 Uhr mit Ankunft in Kiel bzw. Göteborg um 9 Uhr.
Die Kurzstrecke in Skandinavien: Göteborg-Frederikshavn. Täglich zahlreiche Überfahrten.
Andere Linien in Skandinavien: Varberg (S)-Grenaa (DK), Oslo (N)-Frederikshavn (DK) und Karlskrona (S)-Gdynia (PL).
Information und Buchung: Stena Line Scandinavia AB, Masthuggskaien, S-405 19 Göteborg, www.stenaline.se, ☎ **0046 (0)31/7040000.**

72 SCHLOSS TJOLÖHOLM ab Ausfahrt 58 → Åsa 5 km

Das englische Schloss in Halland war 1904 nach 6-jähriger Bauzeit fertig gestellt. Hinsichtlich des Stils, ganz in Übereinstimmung mit den Wünschen des Bauherrn, hat der Architekt vor allem dem Interieur einen reichen Einfluss des damaligen Jugendstils zugeführt. Schöner Park und Umgebung mit Spazierwegen. Badeplatz, Restaurant, Café, Kutschenmuseum und Kirche. Das Schloss ist samstags, sonn- und feiertags von April bis September und von Mitte Juni bis Ende August täglich von 11 – 16 Uhr geöffnet, im Oktober nur sonntags Gruppenführungen ganzjährig mit Voranmeldung, 🚌.
Information und Prospekte:
Tjolöholms slott, S-430 33 Fjärås, info@tjoloholm.se, www.tjoloholm.se, ☎ **0046 (0)300/404600,** Fax 404619.

73 VARBERG

Die Urlaubsstadt Varberg macht es Ihnen einfach, Ihre Freizeit zu genießen. Besuchen Sie das Mittelalter auf Varbergs Festung mit ihren dunklen Gefängnishöhlen und großen Festsälen. Lassen Sie Körper und Seele in Varbergs Kurort Hotel & Spa verwöhnen oder besuchen Sie den Societetspark. Dort findet man Musik und Restaurants, die auch schon 1920 das Publikum begeisterten.

Information und Prospekte: Turistbyrån, Marknad Varberg, Brunnsparken, Box 1 50, S-432 24 Varberg, turist@varberg.se, www.turist.varberg.se, ☎ **0046 (0)340/86800,** Fax 86807.

74 HALMSTAD

Residenzstadt Hallands und Großgemeinde mit 88.000 Einwohnern. Beliebtes Urlaubsziel am Kattegatt. Idyllische Innenstadt für Einkaufsbummler, Kunstliebhaber und Feinschmecker (Lachs). Schloss aus der dänischen Zeit (17. Jahrhundert), Strandbäder, Dünen und Golfplätze in Tylösand. Windsurfing. Wander- und Radwege durch wald- und seenreiches Binnenland. Tylösand, der berühmte Strand mit Schwedens erster blauer Flagge.

Information und Prospekte:
Halmstads Turistbyrå, Box 47, S-301 02 Halmstad, info@tourist.halmstad.se, www.halmstad.se, ☎ **0046 (0)35/132320,** Fax 158115.

75 LAHOLM

Die Stadt stellt ein kunstvolles Idyll dar. Lachszuchtanstalt sowie ausgezeichnete Lachsangelmöglichkeiten am Lagan. Im Bereich Mellbystrand/Skummeslövsstrand Schwedens längster Sandstrand.
Information und Prospekte:
Turistbyrå, Box 78, S-312 22 Laholm, turist@laholm.se, www.laholm.se, ☎ **0046 (0)430/15450,** Fax 16642.

3 Säröhus Hotel, Särö-Västerskogen

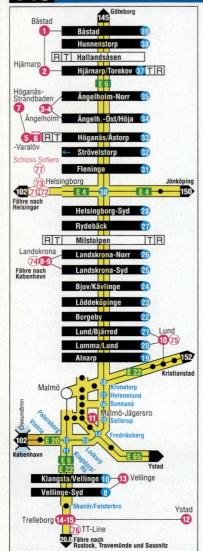

Route map showing stops along the line:

- Göteborg **145**
- Båstad **1**
  - Båstad **39**
  - Hunnenstorp **38**
  - R T Hallandsåsen
- Hjärnarp **2**
  - Hjärnarp/Torekov **37** T R
  - E 6
- Höganäs-Strandbaden **7**
  - Ängelholm-Norr **35**
  - **3-4**
- Ängelholm
  - Ängelh.-Öst/Höja **34**
- **5 6** R T
  - Höganäs/Åstorp **33**
- -Varalöv
  - Strövelstorp **32**
- Schloss Sofiero
  - Fleninge **31** **77**
- **73** Helsingborg — Jönköping
- **102 71 72** E 4 **30** E 4 **150**
- Fähre nach Helsingør
  - Helsingborg-Syd **28**
  - Rydebäck **27**
  - R T Milstolpen T R
- Landskrona
  - Landskrona-Norr **26** **74 8-9**
- Fähre nach København
  - Landskrona-Syd **25**
  - Bjuv/Kävlinge **24**
  - Löddeköpinge **23**
  - Borgeby **22**
  - Lund/Bjärred **21** Lund **10 75**
  - Lomma/Lund **20**
  - Alnarp **19** **152**
  - E 22 Kristianstad
- Malmö
  - Kronetorp **18**
  - Helenelund **17**
  - Sunnanå **16**
  - Malmö-Jägersro **15**
  - **11** Sallerup
- Petersborg / Vintrie
  - Fredriksberg **14**
- **102** E 20 **12** **13**
- København — Ystad
  - E 6 / E 22 / Krapsrorf Rd / Luckan E 65
  - Klangsta/Vellinge **10 13** Vellinge
  - Vellinge-Syd
  - Skanör/Falsterbro — Ystad
- Trelleborg **14-15** **12**
  - **76** TT-Line
  - **20.0** Fähre nach Rostock, Travemünde und Sassnitz

---

1 S-269 39 **BÅSTAD** ab Ausfahrt 4,5 km
Sommerhotel Riviera ★★ ruhige Lage am Strand, 100 B, 5 Ferienwohnungen, EZ SEK 1280,– bis 1480,–, DZ SEK 1445,– bis 1645,–, inkl. Frühstück, alle Zi mit Du, WC, ☎ und TV, Restaurant, Bar, Konferenzräume für 25 bis 100 Personen, 🖥, 🚐, ♿, P, Rivieravägen 33, @, www.hotelriviera.nu, ☎ 0046 (0) 431/36 90 50, Fax 7 61 00.

2 S-266 98 **HJÄRNARP** ab Ausfahrt 4,5 km
Margretetorps Gästgifvaregård ★★★★ ruhige naturschöne Lage, 130 B, EZ SEK 1350,–, DZ SEK 1850,–, inkl. Frühstück, Sommer- und Wochenendpreise EZ SEK 1145,–, DZ SEK 1600,–, alle Zi mit Du, WC, ☎, Kabel-TV, Internet und Minibar, Spezialitäten-Restaurant, „Smörgåsbord", 🚐, P, @, www.margretetorp.se, ☎ 0046 (0) 431/454 450, Fax 454 877.

3 S-262 63 **ÄNGELHOLM**
E 6 ab Ausfahrt 35 Ängelholm-Norr 4 km
Pension und Restaurant Klitterhus ★★★ ruhige Strandlage, 30 B, EZ SEK 950,– bis 1345,–, DZ SEK 1050,– bis 1445,–, inkl. Frühstück, alle Zi mit Du, WC, TV und kostenfreiem WLAN, 🖥, 🚐, P, Havsbaden, @, www.klitterhus.com, ☎ 0046 (0) 431/1 35-30, Fax 1 35-31.

4 S-262 74 **ÄNGELHOLM**
E 6 ab Ausfahrt 35 Ängelholm-Norr 6 km → Valhall Park
Hotell Flottiljen ★★★ ruhige Lage, 2 km vom Strand, 150 B, EZ SEK 750,– bis 1100,–, DZ SEK 900,– bis 1600,–, ermäßigte Familien-Zi, inkl. Frühstück, alle Zi mit Du, WC, TV und WLAN, 🖥, 🚐, P, Valhall Park, @, www.flottiljen.se, ☎ 0046 (0) 431/2 55 20, Fax 2 54 20.

5 S-262 96 **ÄNGELHOLM-VARALÖV**
E 6 ab Ausfahrt 33 Höganäs/Åstorp ca. 300 m
Hotel Erikslund ★★★★ 280 B, EZ ab SEK 795,–, DZ ab SEK 995,–, inkl. Frühstück, alle Zi mit Du, WC, ☎ und Sat-TV, Bar und 2 Restaurants, Konferenzräume, Sauna, Fitnesscenter mit Aktivitäten aller Art, Massage, Bäder, körperliches Training und SPA, 🖥, 🚐, ♿, P, 24 Stunden geöffnet, Touristinfo, @, www.hotellerikslund.se, ☎ 0046 (0) 431/41 57 00, Fax 41 57 10.
Unter gleicher Leitung:

6 S-262 96 **ÄNGELHOLM-VARALÖV**
Preem Automatstation ⛽ Shop, Benzin und Diesel, Rastplatz.

7 S-263 58 **HÖGANÄS-STRANDBADEN** 5 km nördlich von Höganäs
Pension Örestrand ♨ 114 B, 1-bis 4-Bett-Zi und Hütten SEK 215,– bis 710,–, Frühstück SEK 60,–, Bettwäsche SEK 70,–, Konferenzen, 🖥, 🚐, ♿, P, Strömstadsgatan 4, @, www.orestrand.nu, ☎ 0046 (0) 42/3 40-076, Fax 3 40-388.

8 S-261 34 **LANDSKRONA** ab Ausfahrt
Hotel Chaplin ★★ 50 B, EZ SEK 595,– bis 775,–, DZ SEK 750,– bis 875,–, inkl. Frühstück, alle Zi mit Du, WC, ☎, TV, WLAN und Minibar, kleine Abendküche, 🖥, P, Östergatan 108, @, www.hotelchaplin.se, ☎ 0046 (0) 418/1 63 35, Fax 2 22 16.

9 S-261 31 **LANDSKRONA** ab Ausfahrt 2 km
Borstahusens Feriendorf ♨ 100 m zum Strand, 81 Ferienhäuser 4-7 B SEK 3500,– bis 7600,– pro Woche, Häuser mit Küche, Du, WC, TV und Internet, Drottninggatan 7, @, www.borstahusensemesterby.se, ☎ 0046 (0) 418/47 47 30.

10 S-222 24 **LUND**
E 6 ab Ausfahrt 21 Lund → Sturup/E22 → Dalby → Centrum, Hotelbeschilderung
Hotel Concordia ★★★★ im Zentrum gelegen, 65 B, EZ SEK 795,– bis 1495,–, DZ SEK 995,– bis 1695,–, inkl. Frühstück, alle Zi mit Du, WC, Fön, ☎, Sat-TV, WLAN (kostenfrei) und Minibar, DVD-Player und Safe, Konferenzräume, Sauna, 🚐, P, Stålbrogatan 1, @, www.concordia.se, ☎ 0046 (0) 46/13 50 50, Fax 13 74 22.

11 S-212 37 **MALMÖ-JÄGERSRO** ab Ausfahrt Jägersro
Best Western Hotel Jägersro ★★★★ ruhige zentrale Lage, 100 B, EZ SEK 800,– bis 1705,–, DZ SEK 900,– bis 1885,–, inkl. Frühstück, alle Zi mit Bad/Du, WC, ☎, TV und WLAN, Restaurant, Konferenzen, 🖥, 🍴, 🚐, ♿, P, Jägersrovägen 160, @, www.hoteljagersro.com, ☎ 0046 (0) 40/6 71 75 00, Fax 6 71 75 10.

12 S-271 23 **YSTAD**
Anno 1793 Sekelgården ★★★ ruhige Lage Nähe Marktplatz, 46 B, EZ SEK 700,– bis 795,–, DZ SEK 800,– bis 1295,–, Karl XII-Suiten SEK 1895,–, inkl. Frühstücksbuffet, alle Zi mit Du, WC, ☎, TV und Radio, Konferenzraum, Långgatan 18, @, www.sekelgarden.se, ☎ 0046 (0) 411/7 39 00, Fax 1 89 97.

13 S-235 31 **VELLINGE** ab Ausfahrt 2 km, an der E6
WellingeHus ★★ 52 B, EZ ab SEK 485,–, DZ ab SEK 585,–, inkl. Frühstücksbuffet, alle Zi mit Du und WC, 🚐, P, Järnsvägsgatan 7, @, www.wellingehus.com, ☎ 0046 (0) 40/42 28 61, Fax 42 28 61.

14 S-231 62 **TRELLEBORG**
Dannegården ★★★★ im Zentrum gelegen, 38 B, EZ SEK 625,– bis 1260,–, DZ SEK 850,– bis 1350,–, inkl. Frühstück, alle Zi mit Du, WC, ☎ und TV, à la carte-Restaurant mit Schankrecht, 🚐, P, Strandg. 32, @, www.dannegarden.se, ☎ 0046 (0) 410/4 81 80, Fax 4 81 81.

15 S-231 32 **TRELLEBORG** ab Fährhafen → Ystad 3 km
Pensionat Dalköping ♨ 19 B, EZ SEK 490,–, DZ SEK 690,–, inkl. Frühstück, alle Zi mit Du und WC, P, Dalköping Strandväg 7, @, www.pensionatdalkoping.se, ☎ 0046 (0) 410/4 21 00, 0046 (0) 702/29 12 24.

2 **Margaretetorps Gästgifvaregård, Hjärnap**

9

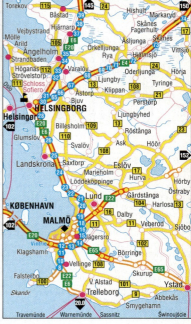

Borstahusens Feriendorf, Landskrona

71 HH-FERRIES HELSINGØR-HELSINGBORG

Die preiswerte Überfahrt nach Schweden
HH-Ferries ist die Reederei, die Sie preiswert und schnell nach Schweden bringt. Abfahrt tagsüber jede halbe und volle Stunde, nachts nur stündlich. Während der Überfahrt ist es möglich, sowohl vorteilhaft einzukaufen als zollfrei essen und trinken zu können. Wir heißen Sie willkommen an Bord.
Information und Prospekte: HH-Ferries, Atlantgatan, S-252 25 Helsingborg, info@hhferries.dk, www.hhferries.dk, ☎ **0045/49 26 01 55, 00 46 (0) 42 / 26 80 00.**

72 SCANDLINES HELSINGBORG-HELSINGØR

Zwischen den beiden Städten Helsingør, mit dem schönen Schloss Kronborg und Helsingborg, mit dem Turm Kärnan als Wahrzeichen über der Stadt, verkehren Scandlines Fähren Tag und Nacht. Die Fähren setzen ca. alle 15 Minuten über. Die Überfahrtzeit beträgt 20 Minuten. An Bord haben die Passagiere die Möglichkeit, einen Kaffee zu trinken oder eine Mahlzeit einzunehmen sowie im Shop einzukaufen. Herzlich Willkommen an Bord!
Buchung und Information: Scandlines Helsingborg-Helsingør, S-252 78 Helsingborg, www.scandlines.de, ☎ **0049 (0) 18 05 / 11 66 88 (0,12 Euro / Min. aus dem deutschen Festnetz).**

73 HELSINGBORG – DIE PERLE DES ÖRESUND

Helsingborg, an der schmalsten Stelle des Öresund (4 km), wurde 1085 gegründet und ist heute für ihre schöne Parkanlage am Sofiero Schloss und Fredriksdals Freilichtmuseum berühmt. Das schöne Henry Dunker Kulturhaus in der Stadtmitte enthält das Museum der Stadt, das Kunstmuseum, einen Konzertsaal, eine Bar und ein Restaurant. Der charakteristische Turm Kärnan hat mehr als 600 Jahre über die Stadt gewacht und von dort man eine ganz phantastische Aussicht.
Information und Prospekte:
Helsingborgs Turistbyrå, Rådhuset (Rathaus), S-251 89 Helsingborg, turistbyran@helsingborg.se, www.helsingborg.se, ☎ **00 46 (0) 42 / 10 43 50,** Fax 10 43 55.

74 LANDSKRONA

...an der Südwestküste gehört zu den am schönsten gelegenen Städten Schwedens. Ein ausgesprochener Touristenort mit kilometerlangen Badestränden, Feriendorf mit 81 Sommerhäuschen, 4 Golfplätze, Minigolfanlage, Drei-Sterne Campingplatz, Hotels und Schlosshotel. Fährverbindung mit der Insel Ven.
Information und Prospekte: Touristeninformation, Storgatan 36, S-261 31 Landskrona, tourism@landskrona.se, www.tourism.landskrona.se, ☎ **00 46 (0) 4 18 / 47 30 00,** Fax 47 30 02.

75 LUND

Lund hat viel zu bieten mit seiner 1000-jährigen Geschichte. Die Sehenswürdigkeiten und der Charme dieser Stadt bezaubern den Besucher das ganze Jahr! Überall in Lund findet man Gebäude und Gassen, die an die Vergangenheit erinnern. Auch in der Umgebung von Lund gibt es viel zu sehen. Etwa 10 km westlich lockt die Sundküste mit ihren Badestränden. Guter Ausgangspunkt für zahlreiche Ausflüge, großes Freizeitangebot, Sport und Erholungsgebiet in schöner Natur.
Information und Prospekte:
Lunds Turistbyrå, Kyrkogatan 11, S-222 00 Lund, turistbyran@lund.se, www.lund.se, ☎ **00 46 (0) 46 / 35 50 40,** Fax 12 59 63.

76 TT-Line siehe Seite 279

77 SOFIERO

Die Geschichte von Sofiero begann im Jahre 1864, als sich der Kronprinz Oscar und seine Gemahlin Sofia ein Sommerschloss am Strand von Öresund bauen ließen. Seit 1995, nach vollständiger Renovierung, kann man das Schloss mit seiner bekannten Bibliothek und den herrlichen Schlosspark besichtigen. Besonders bedeutend für Sofiero sind die zahlreichen Rhododendronsammlungen. Der Sommer im Schlosspark von Sofiero ist voller Ereignisse: Musik, Gartentage, Kunstausstellungen und vieles andere mehr. Schlossrestaurant, Café, Pflanzengeschäft und Geschenkartikel findet man ebenfalls im Schlosspark.

Information und Prospekte:
Sofiero Schloss und Schlosspark, S-251 89 Helsingborg, sofiero@helsingborg.se, www.sofiero.helsingborg.se, ☎ **00 46 (0) 42 / 13 74 00,** Fax 13 40 48.

3

Pension und Restaurant Klitterhus, Ängelholm

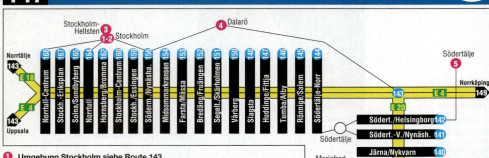

Stockholm-Hellsten 3 **Stockholm** 1-2 **Dalarö** 4

Norrtälje 143 E 18 · E 4 Uppsala

168 Norrtull-Centrum · 167 Stockh.-Eriksplan · 165 Solna/Sundbyberg · 164 Norrtull · 162 Hornsberg/Bromma · 160 Stockholm-Centrum · 159 Stockh./Essingen · 156 Söderm./Nynäsh. · 154 Midsommarkransen · 153 Farsta/Mässa · 152 Bredäng/Fruängen · 151 Segelt./Skärholmen · 150 Vårberg · 148 Slagsta · 147 Huddinge/Fittja · 146 Tumba/Alby · 145 Rönninge/Salem · 144 Södertälje-Norr

143 · E 4 · E 20 — Norrköping 149

Södertälje 5

Södertälje ○

1 Umgebung Stockholm siehe Route 143

2 S-102 34 **STOCKHOLM** E 4 ab Ausfahrt 164 Norrtull → Zentrum 2 km
Hotel Oden ★★★ 270 B, EZ (Sommer und Wochenende) SEK 920,–, DZ SEK 1110,–, inkl. Frühstücksbuffet, alle Zi mit Du, WC, ☎ und Sat-TV, 🚐, 🚌, ♿, G, P, Karlbergsvägen 24, @, www.hoteloden.se, ☎ 0046 (0) 8/45 79 70-00, Fax 45 79 70-10.

3 S-113 51 **STOCKHOLM-HELLSTEN** E 4 ab Ausfahrt 164 Norrtull ca. 2,2 km
Hotel Hellsten und Rex Hotel ★★★★ zentrale ruhige Lage, 184 B, EZ SEK 790,– bis 1490,–, DZ SEK 990,– bis 2490,–, inkl. Frühstücksbuffet, alle Zi mit Bad/Du, WC, ☎, Sat-TV und Internet, 🚐, 🍴, 🚌, ♿, Luntmakargatan 68, hotel@hellsten.se, www.hellsten.se, ☎ 0046 (0) 8/661 86 00, Fax 661 86 01.

4 S-13054 **DALARÖ** ab Ausfahrt 143 → Nynäshamn, 30 km
Dalarö Hotel Bellevue ★★★ ruhige Lage am Strand, 36 B, EZ SEK 790,– bis 990,–, DZ SEK 1190,– bis 1390,–, 4 Bett-Zi SEK 2050,–, alle Zi mit Bad/Du, WC, ☎, Sat-TV und Internet, 🚐, P, Wallinvägen 26, @, www.dalarohotel.com, ☎ 0046 (0) 8/50 150 410, Fax 50 150 473.

5 S-151 38 **SÖDERTÄLJE** ab Ausfahrt → Hamnen 3 km, dann ausgeschildert
Hotel Torpa Pensionat ★★★ romantische, ruhige Lage am Strand, 34 B, EZ SEK 925,–, DZ SEK 1045,–, inkl. Frühstück, alle Zi mit Du, WC, ☎ und Sat-TV, P, Torpavägen 4, @, www.torpapensionat.se, ☎ 0046 (0) 8/550 12 11, Fax 550 61 911.

6 S-633 49 **ESKILSTUNA**
E 20 ab Ausfahrt 133 Eskilstuna-Öst 3 km → Krankenhaus
Hotell Eskilstuna ★★★ EZ SEK 610,– bis 740,–, DZ SEK 610,– bis 740,–, Frühstück SEK 65,–, alle Zi mit Du, WC, ☎ und TV, Strängnäsvägen 10, @, www.hotelleskilstuna.se, ☎ 0046 (0) 16/51 04 10, Fax 148 710.

7 S-647 81 **MARIEFRED**
Hotel Gripsholms Viken ★★★★ ruhige Lage am See, 166 B, EZ SEK 495,– bis 1140,–, DZ SEK 660,– bis 1840,–, inkl. Frühstück, alle Zi mit Du, WC, TV und Internet, Restaurant, 🚐, 🚌, ♿, P, @, www.gripsholmsviken.se, ☎ 0046 (0) 159/367 00, Fax 367 01.

8 S-645 40 **STRÄNGNÄS** ab Ausfahrt 2 km
Ulvhälls Herrgård ★★★ ruhige Lage am See, 110 B, EZ SEK 1395,–, DZ SEK 1595,–, inkl. Frühstück, günstige Sommer- und Wochenendpreise, alle Zi mit Bad/Du, WC, ☎ und Sat-TV, Restaurant, Tennis, Sauna, Badestrand, Bootsverleih, 🚐, 🚌, P, Ulvhälls Allé, @, www.ulvhall.se, ☎ 0046 (0) 152/186 80, Fax 177 97.

9 S-736 32 **KUNGSÖR** ab Ausfahrt Eskilstuna-Väst → Köping 2 km, nach Eisenbahnbrücke rechts → Kungsörtrop
Kungsörtorp Hotel & Konferens ★★★ ruhige Aussichtslage am Mälarsee, 62 B, EZ SEK 886,– bis 996,–, DZ SEK 997,– bis 1297,–, inkl. Frühstücksbuffet, alle Zi mit Du, WC und TV, Restaurant, 🚐, 🚌, ♿, P, Juli ./., @, www.kungsortorp.se, ☎ 0046 (0) 227/130 60, Fax 290 90.

10 S-732 22 **ARBOGA** E 20 Östra Rondellen
Ekbackens Restaurang & Motell ★★★ 40 B, EZ SEK 430,– bis 495,–, DZ SEK 530,– bis 650,–, Mehrbett-Zi SEK 630,– bis 850,–, inkl. Frühstück, alle Zi mit Du, WC, TV und WLAN, 🚐, 🚌, P, @, www.restaurangekbacken.com, ☎ 0046 (0) 589/129 30, Fax 14 430.

4

Dalarö Hotel Bellevue, Dalarö

Norrköping 149
Södert./Helsingborg 142
Södert.-V./Nynäsh. 141
Järna/Nykvarn 140
Mariefred 74-75 7 — Mariefred 139
Åker/Styckebruk 138
Strängnäs 8 — Solberga 137
Lunda 136
Härad 135
Kjulaås 134
Eskilstuna-Öst 133 — Eskilstuna
Eskilts-C./Sundby. 132 — 6
Eskilstuna-Väst 131
Torshälla 130
Tumbo 129
Kungsör 9 — Kungsör-Väst
128 Arboga-Öst
Köping 71 — E 20
143 E 18 122 — 10 Arboga
Västerås Gräsnäs 73
121 Röfors/Arboga-Väst
Jäder 120
E 18 E 20
Slyte/Lillkyrka 118
Skölv 117
Munkatorp 116
Horsta 115
Örebro 12 13 — Örebro-Norr 114 — Örebro 72
Vivalla-Eurostop 113
11 — Örebro-Syd 112
Garphyttan-Väst 111
Garphyttan-Ånnaboda — Adolfsberg 110b
142 E 18 — 110a
Karlstad, Oslo
Marieberg 109
E 20
Kumla/Mosås 108
Kumla/Hallsberg 107
Åsbro/Brändåsen 106
Östansjö 105
Vretstorp/Viby 104
Fjugesta
14
Laxå 148 — Göteborg

⑪ S-710 16 GARPHYTTAN-ÅNNABODA ab Ausfahrt 20 km
Freizeitanlage F.F.F. in Wildmarknatur, 24 Zi, EZ SEK 795,– DZ SEK 996,–, inkl. Frühstück, 22 Ferienhäuser, 4-6 B SEK 900,– bis 1500,–, mit Du, WC, 📞 und TV, Restaurant, Wildspezialitäten, 🚌, ♿, Kilsbergen, @, www.kilsbergen.se, 📞 00 46 (0) 19/29 55 00, Fax 29 55 14.

⑫ S-701 10 ÖREBRO
Quality Eurostop Hotel ★★★ 333 B, EZ SEK 650,– bis 1350,–, DZ SEK 780,– bis 1350,–, inkl. Frühstück, alle Zi mit Du, WC, 📞 und TV, 🚌, www.choicehotels.se, 📞 00 46 (0) 19/20 50 00, Fax 20 52 99.

⑬ S-701 10 ÖREBRO
Statoil ⛽ DKV, Diesel, Waschanlage, Werkstatt, 24 Stunden geöffnet.

⑭ S-695 30 LAXÅ E 20 ab Ausfahrt Laxå
Rastpunkt Laxå Hotell & Vägkrog ★★ 64 B, EZ SEK 445,– bis 765,–, DZ SEK 545,– bis 895,–, inkl. Frühstücksbuffet, alle Zi mit Du, WC und TV, teils ADSL, Restaurant, Burger King, Sauna, Solarium, @, www.rast.laxa.se, 📞 00 46 (0) 584/1 40 10, Fax 1 40 11.

㉛ KÖPING

In Köping gibt es eine historische Auto- und Techniksammlung, die das Herz eines jeden Autointeressierten höher schlägen lässt. Stadt und Umgebung bieten einige sehenswürdige Kulturstätten wie Kirchen, Museen, Schlösser und Eisenhütten. In unmittelbarer Nähe des Stadtzentrums mit seinen Häusern der Jahrhundertwende gibt es viele Sport- und Freizeitmöglichkeiten in der Natur. Zwei Personen, die die schwedische Geschichte stark geprägt haben, sind der Wissenschaftler Carl Wilhelm Scheele und der Komponist der schwedischen Nationalhymne, Richard Dybeck. Öffnungszeiten: Montag-Freitag 10-12 Uhr, 13-17 Uhr.

Informationen und Prospekte:
Köpings Turistbyrå, Barnhemsgatan 2, S-731 85 Köping, tourist@koping.se, www.koping.se, 📞 00 46 (0) 221/2 56 55.

㉜ ÖREBRO

Imponierendes Wasaschloss aus dem 13. Jahrhundert, Freilichtmuseum „Wadköping", Wasser- und Aussichtsturm „Svampen" mit Restaurant, Nordeuropas größtes Frei- und Hallenbad „Gustavsvik".

Schloss Örebro

Information und Prospekte:
Örebrokompaniet AB, Olof Palmes Torg 3/Box 328 00, S-701 35 Örebro, destination@orebro.se, www.visitorebro.se, 📞 00 46 (0) 19/21 21 21, Fax 21 33 00.

㉝ Arboga siehe Route 143

㉞ STRÄNGNÄS-MARIEFRED

Domstadt Strängnäs und Mariefred mit Schloss Gripsholm liegen reizvoll am Mälarsee. Günstige Verbindungen nach Stockholm. Vielfältiges Freizeitangebot (u. a. Veteraneneisenbahn). Gepflegte Hotels und andere Unterkünfte.

Information und Prospekte:
Turistbyrå, Rådhuset, S-647 30 Mariefred, turism@strangnas.se, www.strangnas.se/turism, 📞 00 46 (0) 1 59/2 96 99 (Mariefred)
+ 📞 00 46 (0) 1 52/2 96 99 (Strängnäs), Fax 00 46 (0) 1 52/2 97 95.

Blick auf Strängnäs

㉟ MARIEFRED – Das 470-jährige Renaissanceschloss Gripsholm

Mit der Errichtung des Schlosses Gripsholm 1537 begann die Zeit der Wasas. Das Gebäude mit den imposanten Rundtürmen beherbergt gut erhaltenes Interieur aus der Zeit der Wasakönige (16. Jahrhundert). Weiterhin gibt es hier Gemächer aus den Tagen Gustavs III. und Räume, die von den ersten Bernadotte-Königen gestaltet wurden. Das Theater Gustav III. und die Portraitsammlung des schwedischen Staates zählen zu den Höhepunkten. Der deutsche Schriftsteller Kurt Tucholsky wohnte Ende der 1920er Jahre eine kurze Zeit in Mariefred. Hier schrieb er den Sommerroman „Schloss Gripsholm". Er ist auf dem Friedhof von Mariefred begraben. Englischsprachige Führung täglich um 13 Uhr, deutschsprachige auf Bestellung.

Information, Prospekte und Buchung:
Gripsholms slottsförvaltning, Gripsholms Slott, S-647 31 Mariefred, info.gripsholms-slott@royalcourt.se, www.kungahuset.se, 📞 00 46 (0) 1 59/1 01 94.

㉟ **Schloss Gripsholm, Mariefred**

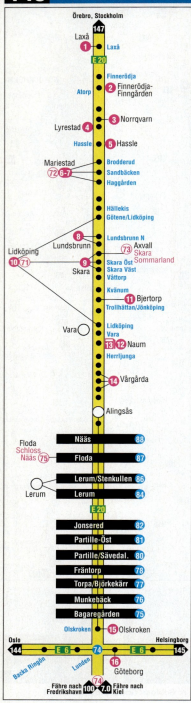

1 S-695 30 **LAXÅ** E 20 ab Ausfahrt Laxå
Rastpunkt Laxå Hotell & Vägkrog ★★ 44 B, EZ SEK 445,– bis 765,–, DZ SEK 545,– bis 895,–, inkl. Frühstücksbuffet, alle Zi mit Du, WC und TV, teils ADSL, Restaurant, Burger King, Sauna, Solarium, @, www.rast.laxa.se, ☎ 0046 (0) 584/1 40 10, Fax 1 40 11.

2 S-690 30 **FINNERÖDJA-FINNGÅRDEN** ab E 20 → 300 m
Finngårdens Värdshus ★ ruhige Lage, 7 B, EZ SEK 400,– DZ SEK 800,–, inkl. Frühstück, Restaurant, günstige Tagesgerichte und à la carte, ☐, 🚐, P, ☎ 0046 (0) 584/2 03 26, Fax 2 06 95.

3 S-548 93 **LYRESTAD** ab E 20 ca. 2 km
Baltzar von Platen Lodge ★★★ ruhige Lage an der Schleuse, 34 B, EZ SEK 790,– DZ SEK 1090,–, inkl. Frühstück, alle Zi mit Du und WC, Sat-TV, Restaurant, Fahrradverleih, Norrqvarns slussområde, @, www.norrqvarn.se, ☎ 0046 (0) 501/5 07 70, Fax 5 07 71.

4 S-501 06 **LYRESTAD** ab Ausfahrt 600 m
Åsgårdens Wärdshus ★★★ ruhige Lage nahe Göta Kanal, 18 B, EZ SEK 395,– bis 475,–, DZ SEK 760,– bis 790,–, inkl. Frühstücksbuffet, Zi teils mit Du, WC und Sat-TV, Restaurant mit Schankrecht, Konferenzen, ☐, 🚐, P, Järnvägsgatan 2, @, www.asgarden.se, ☎ 0046 (0) 501/5 01 06.

5 S-542 92 **MARIESTAD-HASSLE** an der E 20
Bed & Breakfast Meijers Place 🏠 30 B, EZ SEK 375,–, DZ SEK 500,–, 4-Bett-Zi SEK 800,–, inkl. Frühstück, Café, Shop, kinderfreundlich, 🚐, 24 Stunden geöffnet, Café 11-21 Uhr, Vallby 6, www.meijersplace.se, ☎ 0046 (0) 501/2 01 16, Fax 2 01 16.

6 S-542 30 **MARIESTAD** ab Ausfahrt 4 km → Hamnen
Hotell Vänerport ★★★ 50 B, EZ (Sommer und Wochenende) SEK 825,–, DZ SEK 950,–, inkl. Frühstück, alle Zi mit Du, WC und Sat-TV, ☐, 🚐, ♿, P, Hamngatan 32, www.vanerport.se, ☎ 0046 (0) 501/7 71 11, Fax 7 71 21.

7 S-542 01 **MARIESTAD**
ab Ausfahrt → Camping 6 km
Ekuddens Camping F.F. am Strand gelegen, 25 Ferienhäuser, 2-6 B, SEK 290,– bis 550,–, alle mit Kochgelegenheit, Ausrüstung und Kühlschrank, beheiztes Freibad, Minigolf, Kiosk und Lebensmittel, Pub, 🚐, P, Ekudden, www.ekuddenscamping.se, ☎ 0046 (0) 501/1 06 37, Fax 1 86 01.

8 S-533 72 **LUNDSBRUNN** ab E 20 → 2 km
Hotel Lundsbrunn ★★★ im Kurort, 300 B, EZ (Sommer) SEK 600,– bis 870,–, DZ SEK 500,– bis 1390,–, inkl. Frühstück, alle Zi mit Du, WC, ☎ und TV, Restaurant, Sauna, 18-Loch-Golf, 🚐, ♿, P, @, www.lundsbrunn.se, ☎ 0046 (0) 511/5 71 90, Fax 5 74 66.

9 S-532 37 **SKARA**
E 20 ab Ausfahrt Skara 200 m
Best Western Jula Hotell ★★★ 180 B, EZ SEK 795,– bis 995,–, DZ SEK 995,– bis 1195,–, inkl. Frühstücksbuffet, alle Zi mit Du, WC, TV und WLAN, Restaurant, Skybar, Konferenzmöglichkeit, Wellnessbereich, ☐, 🚐, ♿, P, Vilangatan 4, @, www.julahotell.se, ☎ 0046 (0) 511/3 100 00, Fax 3 100 09.

10 S-531 51 **LIDKÖPING**
ab E 20 Skara 23 km
Park-Hotel ★★ zentrale, ruhige Lage, 10 B, EZ SEK 695,– (Sommer und Wochenende), DZ SEK 895,–, inkl. Frühstück, Zi mit Du, WC und TV, P, Mellbygatan 24, @, www.parkhotell.org, ☎ 0046 (0) 510/2 43 90, Fax 6 11 50.

11 S-535 91 **BJERTORP**
ab Ausfahrt Bjertorp 4 km
Schlosshotel Bjertorp ★★★★ schöne Lage, 50 B, EZ SEK 1450,– bis 1925,–, inkl. Frühstück, alle Zi mit Bad/Du, WC, ☎ und TV, gutes Restaurant, Konferenzen, Golf, 🚐, P, @, www.bjertorpslott.se, ☎ 0046 (0) 512/2 03 90, Fax 2 00 77.

12 S-534 94 **VARA-NAUM** an der E 20
Motel Motoristen ★★ 38 B, EZ SEK 439,–, DZ SEK 595,–, inkl. Frühstück, alle Zi mit Du, WC, ☎ und Kabel-TV, Restaurant, günstige Tages- und à la carte-Gerichte, ♿, P, @, www.motoristen.com, ☎ 0046 (0) 512/3 41 35, Fax 3 40 38.

13 S-534 94 **VARA-NAUM**
Statoil 🏠 UTA und DKV, Kiosk, geöffnet 7-24 Uhr, ☎ 0046 (0) 512/3 41 36.

14 S-447 23 **VÅRGÅRDA**
ab Ausfahrt → Zentrum 2 km
Vårgårda Wärdshus ★★★ 50 B, EZ SEK 695,–, DZ SEK 945,–, inkl. Frühstück, alle Zi mit Du, WC, Sat-TV, WLAN und Minibar, Restaurant, Kungsgatan 45, @, www.vargardawardshus.com, ☎ 0046 (0) 322/6 230 20, Fax 6 237 65.

15 S-416 66 **GÖTEBORG-OLSKROKEN**
ab Ausfahrt Olskrogen 300 m
Best Western Tidbloms Hotel ★★★★ 72 B, EZ SEK 795,– bis 1295,–, DZ SEK 895,– bis 1535,–, inkl. Frühstück, alle Zi mit Du, WC, ☎, ISDN, TV und Minibar, gehobenes Restaurant, Konferenzraum, ☐, ✂, P, Olskroksgatan 23, @, www.tidbloms.com, ☎ 0046 (0) 31/7 075 000, Fax 7 075 099.

16 S-416 64 **GÖTEBORG**
ab E 6, Ausfahrt Ullevi → Gårda N, 500 m
Spar Hotel Gårda ★★★ nahe Liseberg, 270 B, EZ SEK 595,– bis 895,–, DZ SEK 945,– bis 1295,–, inkl. Frühstück, ruhige Zi mit Du, WC, ☐, Sat-TV und Internet, Bistro, Bar, Sauna, Solarium, Fitness, ☐, 🚐, G, P, Norra Kustbanegatan 15-17, @, www.sparhotel.se, ☎ 0046 (0) 31/7 520 310, Fax 7 520 399.

⑦ RÖRSTRAND – Fabriksbutiken

Die Porzellanfabrik Rörstrand wurde 1726 gegründet. Ab 1845 bekam die Keramik ihren schwedischen Stil. Im Fabrikladen erhält man Sortimente von BodaNova, Hackman, Höganäs Keramik, Iittala und Rörstrand mit kleineren Fabrikationsfehlern zu reduzierten Preisen mit einem Nachlass von 10-40 %.

Information und Prospekte:
Iittala Group, Norregatan 4, S-531 19 Lidköping, info@sweden.ittala.com, www.ittalaoutlet.com, ☎ 00 46 (0) 42/36 11 00, Fax 34 98 23.

⑦ MARIESTAD – die Perle am Vänernsee

Ein Erlebnis für alle! Torsö, die größte Insel des Vänersees, bietet dem Besucher zahlreiche Erlebnisse. Die Insel Brommö, ein weiteres attraktives Ausflugsziel im Schärengarten von Mariestad, kann man gut mit dem Fahrrad erkunden. Fahren Sie mit dem Boot, dem Pkw oder dem Fahrrad nach Sjötorp, wo der Göta-Kanal in den Vänern mündet. In unmittelbarer Nähe der Schleuse von Norrkvarn gibt es eine neue, spannende Attraktion für die ganze Familie – die Västgöta-Strecke des Kanals in Miniatur und ein Baumstumpf, in dem man wohnen kann!

Information und Prospekte:
Mariestads Turistbyrå, Hamnplan, S-542 30 Mariestad, turistbyran@mariestad.se, www.upplevgotakanal.com, ☎ 00 46 (0) 501/755 850.

⑦ SKARA SOMMARLAND

Das Skara Sommarland ist ein riesiger Erlebnis- und Vergnügungspark mit Karussells, einige Go-Kart-Bahnen, drei Moto-Cross-Bahnen, einer Wasser-Rutschbahn, einer Bootsstrecke, den Märchenpools mit Wasserfall und spannenden Höhlen, mit Kinderpools, mit der Nyagara-Stromschnellfahrt und vielen Restaurants und Cafés. Außerdem bietet der Park einen Grill-Hügel, eine Berg- und Talbahn sowie eine Spielhalle. Mit zum Sommarland gehört ein Camping-Platz mit Imbiss.
Öffnungszeiten: Ende Mai bis Mitte August.

Information und Prospekte:
Skara Sommarland Nöjes AB, S-532 92 Axvall, info@sommarland.se, www.sommarland.se, ☎ 00 46 (0) 5 11/77 03 00, Fax 6 41 07.

⑦ Stena Line siehe Route 145

Stena Line siehe Route 145

⑦ SCHLOSS NÄÄS

Der Großhändler Peter Wilhelm Berg erwarb den Besitz im Jahre 1824 und er machte aus dem Anwesen das, was man heute noch sehen kann. Im Roten Salon pflegte man den Umgang mit Mitgliedern des Königshauses, Politikern und Pädagogen aus aller Welt. Gegenüber des Herrenhauses auf der anderen Seite des Sees Sävelången liegt ein Seminargelände mit verschiedenen Gebäuden aus der Zeit von 1874 bis 1961. Im Frühling und Frühsommer betreibt der Kunsthandwerksbetrieb auf Nääs eine Verkaufsausstellung von Kunsthandwerk in Vänhem. Im Spätsommer und in der Vorweihnachtszeit verkauft die Firma AB Mellan-Nääs Kunsthandwerk aus dem Landkreis Älvsborg. Auf dem Pferderücken durch die Umgebung von Nääs. Angelsteg und Badeplatz für den Naturenthusiasten.
Im Lekhuset, dem „Spielhaus", finden Tanz- und Singspiele aus alten Zeiten statt, die auch den Höhepunkt des traditionellen Mittsommerfestes auf Nääs bilden. Ziehharmonikatreffen und Bauerntanz sind ebenfalls zur Tradition geworden.
Im Naturum auf Käll nääs stehen die Eiche und das Tal des Flüsschens Säveå im Mittelpunkt. Der Naturpfad und die Eichenhaine, z.B. der „Kullahagen", laden zu Streifzügen durch die Kulturlandschaft ein.
Information und Prospekte:
August Abrahamson-Stiftung, Nääs Slott, S-448 92 Floda, info@naas.se, www.naas.se, ☎ 00 46 (0) 302/31 8 39, Fax 30 4 44.

⑦ **Schloss Nääs**

Stockholm
Södertälje **147**
Söderälje-Torpa **143**
147 E 20 **1**
Örebro, Göteborg

Pershagen	142
Järna/Katrineholm	141
	E 4
Mörkö/Hölö	139	Trosa
Vagnhärad/Trosa	138	**2**
Sillekrog	R T
Lästeringe/Gnesta	137
Lästeri./Gärdesta	136
Tystberga/Horsvik	135
Nyköping-Öst/Studsvik	134	**3** Nyköping
Nyköping-Centrum	133
Nyköping-Oxelösund	132
Nyköpingsbro	R T
Bergshammar	131
Stigtomta Jönåker	129
Katrineh./Ålberga	128	Stavsjö
Stavsjö	127	**4 4** **71**
Kolmården Getå	126	Kolmården
Åby/Nylund	125
Åby/Katrineholm	124	**5** Getå
Loddby	122
Norrköping-N.	121	**7** N.-Marieborg
Norrköping-S.	119	**6** E 22 **151**
	Norrköping	Kalmar
Skärblacka	118
Lövstad/Kimstad	117
Norsholm	116
Norsh.S.-Linghem	115
Herrbeta	R T
Linköping-Öst	113	**10** Tallboda
Linköping-Centrum	112	**11** Linköping
Linköping-Väst	111	**72** Malmslätt
	E 4
Mantorp	110
Mjölby-Öst	109
Mjölby-Väst	T 108
Väderstad	107
Ödeshög	106
Ödeshög	R T
Vida Vättern	105
Brahehus	R T
Gränna/Tranås	104
Röttle	R T
Gyllene Uttern	103
Vätterleden	T R **17 16**
Vättersmålen	102	Vätterleden
Brunstorp/Aneby	101
Huskvarna	100
Österängen	99
Ekhagen/Nässjö	98
Jönköping/Nya A6	97
Ljungar.-Eurostop	96

150 Helsingborg

Örebro, Göteborg / Åby / Linghem-Norsholm / Herrbeta / Borensberg / Vida Vättern / Gränna / Jönköping

1 S-151 38 **SÖDERTÄLJE**
ab Ausfahrt → Hamnen 3 km, dann ausgeschildert
Hotel Torpa Pensionat ★★★ romantische, ruhige Lage am Strand, 34 B, EZ SEK 925,–, DZ SEK 1045,–, inkl. Frühstück, alle Zi mit Du, WC, ☏ und Sat-TV, P, Torpavägen 4, @, www.torpapensionat.se, ☏ **0046 (0) 8/550 21 11**, Fax 550 619 11.

2 S-619 30 **TROSA**
E 4 ab Ausfahrt 138 Vagnhärad/Trosa 10 km
Ågårdens Gästhem ★★★★ 18 B, EZ SEK 700,–, DZ SEK 900,–, Suite 1550,–, inkl. Frühstück, alle Zi mit Bad/Du, WC und TV, ▭, ⌕, P, Östra Långgatan 7, @, www.agardengasthem.se, ☏ **0046 (0) 156/40090**.

3 S-611 90 **NYKÖPING**
ab Ausfahrt Nyköping Oxelösund → Centrum, nach 2. Kreisverkehr, 2. Straße links
Hotell Wiktoria ★★★ ruhige, zentrale Lage, 26 B, EZ (Sommer und Wochenende) SEK 645,– bis 895,–, DZ SEK 745,– bis 1195,–, Familien-Zi SEK 1045,– bis 1345,–, inkl. Frühstücksbuffet, alle Zi mit Du, WC, ☏, TV, Minibar und Safe, 10 min. bis Flughafen, auch Hotel in Brasilien, G, P, Fruengatan 21, @, www.hotelwiktoria.com, ☏ **0046 (0) 155/21 75 80**, Fax 21 44 47.

4 S-618 95 **STAVSJÖ**
Stavsjo Krog & Kafé ⌖ Frühstück, schwedische Küche, à la carte, Hamburger, belegte Brote, Statoil Tankstelle, Lebensmittel, Zubehör, 24-Stunden-Service, ▭, ⌕, ⌕, P, geöffnet 7-22 Uhr, @, www.stavsjokrog.se, ☏ **0046 (0) 11/39 30 44**, Fax 393069.

5 S-616 90 **ÅBY-GETÅ**
ab Ausfahrt → Kolmården 4 km
Fredgagården ★★ ruhige Lage am Strand, 40 B, EZ SEK 495,– bis 625,–, DZ SEK 795,– bis 950,–, Familien-Zi, inkl. Frühstück, alle Zi mit Du, WC, TV und Internet, Restaurant, Whirlpool, ⌕, P, @, www.fredgas.e.se, ☏ **0046 (0) 11/6 20 36**, Fax 62114.

6 S-602 24 **NORRKÖPING** ab Ausfahrt → Zentrum
Hotel Centric ★★★ 69 B, EZ SEK 550,– bis 865,–, DZ SEK 650,– bis 1050,–, inkl. Frühstücksbuffet, alle Zi mit Du, WC, TV und WLAN, ▭, ⌕, ⌕, G, P, Rådstugugatan 18-20, @, www.centrichotel.se, ☏ **0046 (0) 11/12 90 30**, Fax 18 07 28.

7 S-601 16 **NORRKÖPING-MARIEBORG**
ab Ausfahrt 121 ca. 3 km
Marieborg ★★★ ruhige Lage am Bråviken, 36 B, EZ SEK 480,– bis 685,–, DZ SEK 760,– bis 1140,–, inkl. Frühstück, alle Zi mit Du und WC, teils TV, Restaurant, Konferenzen bis 200 Personen, ▭, ⌕, ⌕, P, Marieborgsvägen, @, www.marieborg.net, ☏ **0046 (0) 11/21 96 11**, Fax 21 96 28.

8 S-590 62 **LINGHEM-NORSHOLM**
Raststätte Norsholm ⌖ 180 Sitzplätze, Gastgarten 60 Plätze, Gruppenmenü, Statoil Servicestation (24 Stunden geöffnet), geöffnet 7-20 Uhr, @, www.motellfilbyter.se, ☏ **0046 (0) 11/5 43 66**, Fax 54003.

9 S-582 72 **LINKÖPING-HERRBETA**
Raststätte Herrbeta ⌖ 250 Sitzplätze, Gastgarten 40 Plätze, Gruppenmenü, Shell Servicestation (24 Stunden geöffnet), ▭, ⌕, P, geöffnet 7-22 Uhr, @, www.motellfilbyter.se, ☏ **0046 (0) 13/7 31 56**, Fax 73464.

10 S-582 72 **LINKÖPING-TALLBODA** ab Ausfahrt 1 km
Motel Filbyter ★★★ 60 B, EZ (Sommer und Wochenende) SEK 400,– bis 700,–, DZ SEK 500,– bis 900,–, inkl. Frühstück, alle Zi mit Du, WC, ☏ und Kabel-TV, Restaurant, Schankrecht, ⌕, ⌕, P, Tallstigen 2, @, www.motellfilbyter.se, ☏ **0046 (0) 13/27 00 27**, Fax 27 00 80.

11 S-582 22 **LINKÖPING**
ab Ausfahrt Öst → Centrum 3 km, nach Brücke 2. links
Stångå Hotell ★★★ zentrale Lage, 82 B, EZ (Sommer und Wochenende) SEK 695,–, DZ SEK 845,–, inkl. Frühstück, alle Zi mit Bad/Du, WC, ☏ und Sat-TV, ▭, ⌕, P, Tullgränd 4, @, www.stanga.se, ☏ **0046 (0) 13/31 12 75**, Fax 12 28 04.

12 S-590 77 **BORENSBERG** ab Ausfahrt B 36 → Borensberg 15 km
STF Vandrarhem Glasbruket ★★ ruhige Lage am Fluss, 70 B, 1- bis 4-Bett-Zi SEK 174,– bis 220,– pro Bett, 4-Bett-Zi mit Du, WC und Kochgelegenheit SEK 900,– bis Suite 1100,–, Frühstücksbuffet SEK 65,– pro Person, Bettwäsche SEK 65,–, ▭, ⌕, P, Kanalv. 17, @, www.glasbruket.com, ☏ **0046 (0) 141/4 08 20**, Fax 40820.

16

**Motell Vätterleden,
Gränna-Ölmstadt**

13 S-599 91 **ÖDESHÖG-VIDA VÄTTERN** ab Ausfahrt Vida Vättern 1 km
Matlust Vättern ★★★ F.F. 60 B, EZ SEK 705,–, DZ SEK 820,–, inkl. Frühstück, alle
Zi mit Du, WC, TV und Radio, 4-Bett-Hütten mit Du, WC, TV und Kochnische SEK
780,– je Hütte, SB-Restaurant für 200 Gäste, 🛏, 🚐, P, @, www.vidavattern.se,
☎ 00 46 (0) 1 44/40 0 54, Fax 4 01 25.
Unter gleicher Leitung:

14 S-599 91 **ÖDESHÖG-VIDA VÄTTERN**
Petrol Bensinstation 🛒 UTA, DKV, LOMO, 🛏, geöffnet von 8-21 Uhr,
☎ 00 46 (0) 1 44/40 0 56.

15 S-563 21 **GRÄNNA** ab Ausfahrt 104 Gränna/Tranås 2,5 km
Ribbagården Gästgifveri ★★★ ruhige zentrale Lage, 60 B, EZ SEK 650,– bis 775,–,
DZ SEK 890,– bis 995,–, inkl. Frühstücksbuffet, alle Zi mit Du, WC, ☎ und Sat-TV,
@, www.ribbagarden.se, ☎ 00 46 (0) 3 90/1 08 20, Fax 1 08 21.

16 S-563 93 **GRÄNNA-ÖLMSTAD** an der E 4
Motell Vätterleden ★★★ naturschöne Lage, 110 B, EZ ab SEK 385,–, DZ ab SEK
480,–, inkl. Frühstück, alle Zi mit Du, WC, ☎ und TV, à la carte-Restaurant und
SB, Kiosk (große Auswahl), 🚐, P, @, www.vatterleden.se, ☎ 00 46 (0) 36/5 22 30,
Fax 5 20 54.
Unter gleicher Leitung:

17 S-563 93 **GRÄNNA-ÖLMSTAD**
Preem Vätterleden 🛒 Lebensmittel, Fast Food und Zubehör, Benzin und Diesel,
UTA, DKV, 24 Stunden geöffnet, ☎ 00 46 (0) 36/5 22 30.

13

**Matlust Vättern,
Ödeshög-
Vida Vättern**

71 KOLMÅRDEN

Im Kolmården Tierpark treffen Sie auf über 750 einzigartige Geschöpfe
aus den Dschungeln, Bergen, Wäldern, Savannen und Meeren dieser
Welt. Nehmen Sie Platz im Delphinarium und sehen Sie eine einmali-
ge Vorstellung mit Delphinen. Im „Barnens Lantgård" (Bauernhof der
Kinder) können Sie sich den Tieren nähern und diese auch streicheln.
Im Safaripark wartet auf Sie das große Abenteuer. Nur das Fenster Ihres
Pkw's trennt Sie von den wilden Tieren, wie Bären, Wölfen, Löwen und
Zebras. Öffnungszeiten: Mai bis Juni von 10-17 Uhr, Juli bis Mitte August
von 10-18 Uhr und bis zum 1. Oktober von 10-17 Uhr.

Information und Prospekte:
Kolmårdens Djurpark, S-618 92 Kolmården, info@kolmarden.com,
www.kolmarden.com, ☎ 00 46 (0) 11/2 49 00-0, Fax 2 49 00-40.

72 LINKÖPING-MALMSLÄTT

In Linköping-Malmslätt, 5 km südlich der
Autobahn E 4, liegt das einzig schwedische Luftwaffenmuseum (beim Militär-
flughafen). Es werden ca. 80 Flugzeuge,
davon viele Unikate, gezeigt (z.B. Nieu-
port aus dem Jahr 1912, Spitfire, Storch,
„Tonne" und „Drachen"). Ein besonderes Erlebnis bietet der Flugsimulator des
Exportflugzeugs JAS Gripen jedem, der
einmal selber im Cockpit sitzen möchte.
Der Preis hierfür beträgt SEK 150,–. Dar-
über hinaus werden Motoren, Kameras,
Waffen, Rettungsmaterial und vieles mehr
gezeigt. Geöffnet: Juni bis August täglich
von 10–17 Uhr und September bis Mai
Di bis So von 12–16 Uhr. Café, ♿.

Information, Prospekte und Vorbestellung für Gruppenführungen:
Flygvapenmuseum, Carl Cederströms Gata, S-581 98 Linköping,
info@flygvapenmuseum.se, www.flygvapenmuseum.se,
☎ 00 46 (0) 13/28 3 5 67, Fax 29 93 04.

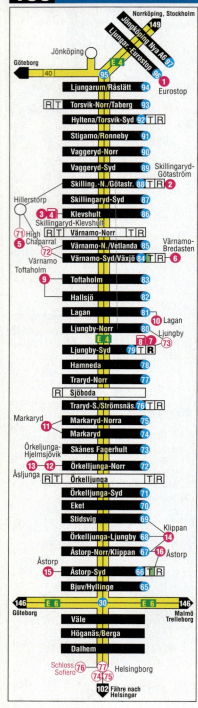

❶ S-550 00 JÖNKÖPING
Quality Eurostop Hotel Jönköping ★★★ 310 B, EZ SEK 995,– DZ SEK 1125,– inkl. Frühstück, alle Zi mit Du, WC, ☎ und TV, Restaurant à la carte, Sauna, Solarium, Shopping, kinderfreundlich, 🚌, P, Ryhovsgatan 3, @, www.choicehotels.no, ☎ 0046 (0) 36/18 36 00, Fax 18 36 87.

❷ S-568 23 SKILLINGARYD-GÖTASTRÖM an der E 4
Hotel Götaströms Värdshus ★★★ an Golfplatz und See gelegen, 40 B, EZ SEK 570,– bis 970,–, DZ SEK 720,– bis 1145,–, inkl. Frühstück, alle Zi mit Du, WC und TV, Restaurant, Gastgarten, Konferenzräume, Angelmöglichkeit, 🚌, ⅋, 🚌, &, P, Osbecksvägen 4, @, www.gotastromsvardshus.se, ☎ 0046 (0) 370/7 66 70, Fax 7 66 77.

❸ S-568 92 KLEVSHULT ab Ausfahrt Klevshult 500 m
Best Western Hotel Småland ★★★ 70 B, EZ (Sommer) SEK 690,– DZ SEK 790,– inkl. Frühstück, Wochenendpreis, Kinder unter 12 Jahren frei, alle Zi mit Du, WC, ☎ und TV, Restaurant mit 70 Sitzplätzen, Tagungsräume, P, durchgehend geöffnet, Åkaregatan 1, @, www.hotelsmaland.se, ☎ 0046 (0) 370/30 05 00, Fax 69 00 06.

❹ S-568 92 KLEVSHULT
Smålandsrasta 🍴 Restaurant und Hamburgare, Q 8 Tankstelle, SB, Truck-Bus Service, Lebensmittel und Zubehör, 🚌, 🚌, &, P, 24 Stunden geöffnet, Klevshult, @, www.smalandsrasta.se, ☎ 0046 (0) 370/30 05 10, Fax 69 03 54.

❺ S-330 33 HILLERSTORP ab E 4 ca. 25 km
Hotel und Ferienhäuser High Chaparral ★★ (F.F) 400 B, 1 Zi mit 2 Betten (Du und WC im Korridor) SEK 500,–, 4-Bett-Zi mit Du, WC und TV SEK 1000,–, Ferienhäuser 5-Bett mit Du, WC und TV SEK 1000,–, Frühstück Erwachsene SEK 75,– und Kinder bis 12 Jahre SEK 25,–, Restaurants mit Platz für bis zu 500 Gäste, 🚌, &, P, @, www.bhc.nu, ☎ 0046 (0) 370/8 27 85, Fax 8 24 85.

❻ S-331 30 VÄRNAMO-BREDASTEN ab Ausfahrt 84 ca. 300 m
Ibis Hotel Vidöstern ★★★ 114 B, EZ SEK 660,– bis 860,–, DZ SEK 725,– bis 925,–, inkl. Frühstücksbuffet, alle Zi mit Du, WC, ☎ und Kabel-TV, Restaurant, Sauna, 🚌, 🚌, &, P, Bredasten, @, www.ibishotel.com, ☎ 0046 (0) 370/37 11 00, Fax 37 11 29.

❼ S-341 32 LJUNGBY ab Ausfahrt 400 m
Motel Ljungby ★★★ 90 B, EZ SEK 660,– bis 790,–, DZ SEK 775,– bis 895,–, inkl. Frühstück, alle Zi mit Du, WC, ☎, Sat-TV und WLAN, Selbstbedienungs- und à la carte Restaurant, 🚌, P, @, www.motelljungby.se, ☎ 0046 (0) 372/8 25 00, Fax 8 43 63.
Unter gleicher Leitung:

❽ S-341 32 LJUNGBY
Statoil 🚗 Zubehör, Lebensmittel, 24 Stunden geöffnet.

❾ S-340 14 TOFTAHOLM ab Ausfahrten Norr 3 km und Ausfahrt Syd 7 km
Toftaholm Herrgård ★★★★ historischer Herrenhof, ruhige Lage direkt am See, 80 B, EZ SEK 1100,– bis 1600,–, DZ SEK 1700,– bis 2900,–, inkl. Frühstück, alle Zi mit Du, WC, ☎ und LCD-TV, first-class-Restaurant, Baden und Angeln, Mitglied Historic Hotels of Sweden, 🚌, P, @, www.toftaholm.se, ☎ 0046 (0) 370/4 40 55, Fax 4 40 45.

❿ S-340 14 LAGAN ab Ausfahrt 1 km im Zentrum
Hotel Lagadalen ★★★ 22 B, EZ SEK 520,–, DZ SEK 780,– 3-Bett-Zi SEK 780,–, inkl. Frühstück, alle Zi mit Du, WC und TV, Restaurant, 🚌, P, Storgatan 28, @, www.lagadalen.se, ☎ 0046 (0) 372/3 01 62, Fax 3 00 13.

⓫ S-285 00 MARKARYD ab Ausfahrt 2 km → Zentrum
Stora Hotellet ★★★ 50 B, EZ SEK 725,– bis 765,–, DZ SEK 795,– bis 945,–, inkl. Frühstück, Sommerpreise EZ SEK 625,–, DZ SEK 795,–, alle Zi mit Du, WC, ☎, TV und WLAN, à la carte-Restaurant, Konferenzraum, 🚌, P, Kungsgatan 3, @, www.storahotelletmarkaryd.se, ☎ 0046 (0) 433/1 07 30, Fax 1 01 34.

⓬ S-286 80 ÖRKELLJUNGA-HJELMSJÖVIK
ab Ausfahrt 72 Örkelljunga-Norr 900 m
Hotel Hjelmsjövik ★★★ ruhige Lage am See, 41 B, EZ SEK 675,– DZ SEK 850,– inkl. Frühstücksbuffet, alle Zi mit Du, WC und Sat-TV, Internet möglich, Restaurant, 🚌, ⅋, 🚌, &, P, @, www.hjelmsjovik.se, ☎ 0046 (0) 435/5 66 00, Fax 5 66 19.

⓭ S-286 72 ÅSLJUNGA
ab Ausfahrt Skåneporten/Åsljunga 3 km, Beschilderung → Åsljunga
Åsljungagården Hotell & Konferens ★★★★ ruhige Lage, 54 B, EZ ab SEK 650,– DZ ab SEK 825,–, inkl. Frühstück, alle Zi mit Du, WC, ☎ und Sat-TV, Restaurant, Bar, 🚌, 🚌, &, P, Friluftsvägen 31, @, www.asljungagarden.se, ☎ 0046 (0) 435/46 03 80, Fax 46 04 00.

⓮ S-264 33 KLIPPAN E 4 ab Ausfahrt 68 Örkelljunga-Syd → Zentrum 7,5 km
Klippans Gästis ★★★ 103 B, EZ SEK 595,– bis 695,–, DZ SEK 795,– bis Suite 1025,–, inkl. Frühstücksbuffet, alle Zi mit Du, WC und Kabel-TV, Restaurant, 🚌, &, P, Åbyplan 3, @, www.klippansgastis.se, ☎ 0046 (0) 435/1 20 10, Fax 1 09 49.

⓯ S-265 90 ÅSTORP ab Ausfahrt E 4 Ausfahrt 66 ?storp-Syd 500 m
Hotel HS Milton ★★★ 20 B, EZ SEK 350,–, DZ SEK 490,–, Frühstück SEK 75,– pro Person, alle Zi mit Du, WC, TV und Internet, italienisches Restaurant La Fontana, Bar, 🚌, 🚌, &, P, Brohagavägen 67, info@hotel-hs.com, www.hotel-hs.com, ☎ 0046 (0) 42/6 45 40.

⓰ S-265 33 ÅSTORP ab Ausfahrt Nord → Zentrum 1 km
Hotel Milano ★★ (F.F) 44 B, in 2 Zi und 4-Bett-Hütten, EZ SEK 350,–, DZ SEK 490,–, alle Zi mit Du, WC und Sat-TV, Restaurant, 🚌, &, P, Västra v. 16, @, www.hotelmilano.se, ☎ 0046 (0) 42/6 45 30, Fax 5 93 33.

❸ Best Western Hotel Småland, Klevshult

⑦ Die Westernstadt HIGH CHAPARRAL
ab Ausfahrt Värnamo 25 km mitten in der Wildnis von Småland

Im Eintrittspreis von SEK 160,– sind 15 Aktivitäten sowie eine große Westernshow inbegriffen. Es ist von 10–18 Uhr geöffnet (Mitte Mai bis Mitte August). Die Westernshow findet um 13 und 17 Uhr, Lucky Luke um 11.30 Uhr, die Indianershow um 15 Uhr und die Mexikoshow um 14 und 16 Uhr statt. Das ganze Jahr geöffnet sind das Einkaufszentrum, der Kleidermarkt, das Hotel und das Restaurant.

Information und Prospekte:
Brännehylte Handels AB, Box 56,
S-330 33 Hillerstorp, info@bhc.nu,
www.highchaparral.se,
☎ **00 46 (0) 370/8 27 00**, Fax 8 24 85.

⑦ VÄRNAMO

Mitten im schönen Småland, am Ufer des mächtigen Lagans, liegt Värnamo. Hier finden Sie Erholung, Kulturdenkmäler, zeitgenössische Kunst, ein reichhaltiges Angebot an Sehenswürdigkeiten und gute Einkaufsmöglichkeiten. Die naturschöne Gegend um Värnamo bietet zahlreiche Aktivitäts- und Erlebnismöglichkeiten, wie zum Beispiel Elchparks oder den Store Mosse Nationalpark.

Information und Prospekte:
Värnamo Turism, Storgatan 50, S-331 31 Värnamo,
info@visit-varnamo.com, www.visit-varnamo.com,
☎ **00 46 (0) 370/1 88 99**, Fax 1 57 11.

⑦ LJUNGBY – ein Stückchen Schweden

Die kleine Stadt ist von urwüchsigem Wald umgeben. Auf den endlosen Waldwegen gleitet man vorbei an den für die Landschaft typisch rotgestrichenen Häusern und einer Unzahl von kleinen Seen. Hier kann der Wanderer vielleicht auch einem Elch begegnen. Der größte See im südschwedischen Bolmen ist ein Paradies für Segler und Kanuten.

Information und Prospekte:
Ljungby Kommun Turistbyrå,
Stora Torget 6,
S-341 83 Ljungby,
turistbyran@ljungby.se,
www.ljungby.se,
☎ **00 46 (0) 372/78 92 20.**

⑦ HH-Ferries, Helsingør-Helsingborg siehe Route 146

⑦ Scandlines Helsingborg-Helsingør siehe Route 146

⑦ Helsingborg, Sofiero Schloss siehe Route 146

⑦ HELSINGBORG – Die Perle Öresund

Helsingborg, an der schmalsten Stelle des Öresund (4 km), wurde 1085 gegründet und ist heute für ihre schöne Parkanlage am Sofiero Schloss und Fredriksdals Freilichtmuseum berühmt. Das schöne Henry Dunker Kulturhaus in der Stadtmitte enthält das Museum der Stadt, das Kunstmuseum, einen Konzertsaal, eine Bar und ein Restaurant. Der charakteristische Turm Kärnan hat mehr als 600 Jahre über die Stadt gewacht und von dort hat man eine ganz phantastische Aussicht.

Information und Prospekte:
Helsingborgs Turistbyrå, Rådhuset (Rathaus),
S-251 89 Helsingborg, turistbyran@helsingborg.se,
www.helsingborg.se, ☎ **00 46 (0) 42/10 43 50**, Fax 10 43 55.

(Quelle: Birger Lallo)

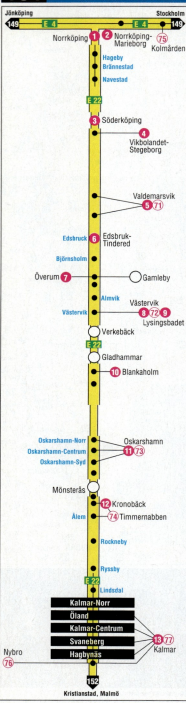

1 S-602 24 **NORRKÖPING**
ab Ausfahrt → Zentrum
Hotel Centric ★★★ 69 B, EZ SEK 550,– bis 865,–, DZ SEK 650,– bis 1050,–, inkl. Frühstücksbuffet, alle Zi mit Du, WC, TV und WLAN, ▭, ▭, ❧, G, P, Rådstugugatan 18-20, @, www.centrichotel.se, ☎ 0046 (0) 11/12 90 30, Fax 18 07 28.

2 S-601 16 **NORRKÖPING-MARIEBORG**
ab Ausfahrt 121 ca. 3 km
Marieborg ★★★ ruhige Lage am Bråviken, 65 B, EZ SEK 480,– bis 685,–, DZ SEK 760,– bis 1140,–, inkl. Frühstück, alle Zi mit Du und WC, teils TV, Restaurant, Konferenzen bis 200 Personen, ▭, ❧, ▭, ❧, P, Marieborgsvägen, @, www.marieborg.net, ☎ 0046 (0) 11/21 96 11, Fax 21 96 28.

3 S-614 21 **SÖDERKÖPING** 100 m von der E 22
Hotel Söderköpings Brunn ★★★★ ruhige Lage, 202 B, EZ SEK 800,– bis 1370,–, DZ SEK 920,– bis 1800,–, inkl. Frühstück, günstige Sommer- und Wochenendpreise, alle Zi mit Du, WC, ▭ und TV, Restaurant mit Gästegarten, Sauna, Solarium, Tennis, Golf, Hallen- und Freibad, ▭, G, P, Skönbergagatam 35, @, www.soderkopingsbrunn.se, ☎ 0046 (0) 121/1 09 00, Fax 1 39 41.

4 S-610 30 **VIKBOLANDET-STEGEBORG**
ab E 22 → Stegeborg 20 km
Stegeborgsgården ★★ ⌂ 98 B, 2-4-Bett-Zi und Übernachtungshütten SEK 120,– bis 280,– pro Person, Bettwäsche SEK 70,–, Zi mit Du und WC, Restaurant, Kiosk, eigener Badestrand, ❧, P, Norrkrog 11, @, www.stegeborgsgarden.nu, ☎ 0046 (0) 125/5 10 62, Fax 5 10 84.

5 S-615 30 **VALDEMARSVIK** ab Ausfahrt Nord 3 km
Hotell Viken ★★★ 40 B, EZ SEK 640,– bis 990,–, DZ SEK 790,– bis 1290,–, inkl. Frühstücksbuffet, Zi mit Du, WC, Fön, ▭, Kabel-TV und Internetanschluss, Restaurant, Konferenzraum, Sauna, Billard, Dart, Golf, Kajak, ▭, ▭, P, Storgatan 56, info@hotellviken.se, www.hotellviken.se, ☎ 0046 (0) 123/1 20 60, Fax 1 07 08.

6 S-590 98 **EDSBRUK-TINDERED** an der E 22
Restaurant Lantlif Tindered mit Qstar SB Tankstelle ✗▭ naturschöne Lage am See und Wanderweg, verschiedene gemütliche Räume bis 170 Personen, Rohstoffe aus eigener Produktion, Spiel- und Badeplatz, Bootsverleih, ▭, ▭, ❧, P, Mo-Fr 9-20 Uhr, Sa+So 9-21 Uhr, @, www.tindered.nu, ☎ 0046 (0) 493/7 00 40, Fax 7 00 01.

7 S-590 96 **ÖVERUM** ab E 22 9 km
Överum Vandrarhem ★★ ruhige zentrale Lage, 45 B, 1- bis 5-Bett-Zi SEK 290,– bis 1100,–, Bettwäsche SEK 72,–, Frühstück 65,–, alle Zi mit Du, WC und TV, Fahrrad- und Kanuverleih, ▭, ❧, ▭, P, Källarbacken 6, @, www.overum.se, ☎ 0046 (0) 493/3 03 02, Fax 3 03 50.

8 S-593 30 **VÄSTERVIK**
E 22 ab Ausfahrt Västervik → Zentrum
Hotell Nore ★★ 34 B, EZ SEK 650,– bis 950,–, DZ SEK 890,– bis 1090,–, 3-Bett-Zi SEK 1050,– bis 1240,–, 4-Bett-Zi SEK 1190,– bis 1390,–, inkl. Frühstück, alle Zi mit Du, WC, Fön, ▭ und Sat-TV, Sauna, G SEK 30,–, Bredgatan 13, @, www.hotellnore.se, ☎ 0046 (0) 490/1 32 95, Fax 1 99 74.

9 S-593 53 **VÄSTERVIK-LYSINGSBADET** ab E 22 → 5 km
Lysingsbadet ⌂ [FFF] 142 Ferienhäuser, Frühstück, 2-8 B € 23,– bis 219,–, 84 Häuser mit Du, WC, Küche und Kabel-TV, Übernachtungs-Zi 22 B, 2-Bett-Zi € 16,– bis 20,– pro Bett, Bettwäsche € 15,–, Restaurant, Pub, Sauna, Golf, Abenteuergolf, beheiztes Freibad, Wasserrutschbahn, ▭, P, @, www.lysingsbadet.se, ☎ 0046 (0) 490/25 48 50, Fax 25 48 55.

10 S-590 91 **BLANKAHOLM**
E 22 ab Ausfahrt 3 km
Blankaholms Gästgiveri ★★ ruhige Lage, 20 B, EZ SEK 650,– bis 950,–, DZ SEK 750,–, inkl. Frühstück, alle Zi mit Du und WC, 2 Hütten mit je 4 Betten und Kochgelegenheit SEK 500,–, Konferenzraum, ▭, P, Nedre Torget 5, @, www.blankaholmsgastgiveri.se, ☎ 0046 (0) 490/7 01 87, Fax 7 01 87.

11 S-572 31 **OSKARSHAMN**
E 22 ab Ausfahrt Oskarshamn-Centrum 1 km → Zentrum
Hotell Rum Oskar und STF Vandrarhem ★★★ ⌂ 64 B, EZ SEK 530,– bis 780,–, DZ SEK 715,– bis 1050,–, inkl. Frühstücksbuffet, alle Zi mit Du, WC, Sat-TV und Internet, Vandrarhem: 2- bis 4-Bett-Zi SEK 180,– bis 355,–/Bett, Bettwäsche SEK 60,–, Frühstück 50,–, alle Zi mit Du und WC, ▭, ▭, P, Södra Långgatan 15-17, @, www.forumoskarshamn.se, ☎ 0046 (0) 491/1 58 00, Fax 1 58 01.

12 S-383 92 **MÖNSTERÅS-KRONOBÄCK** an der E 22
Hotel Kronmunken ★★★ 74 B, EZ SEK 590,– bis 875,–, DZ SEK 690,– bis 975,–, inkl. Frühstück, alle Zi mit Du, WC, ▭ und Sat-TV, Restaurant, Konferenzraum, Sauna, Solarium, ▭, ❧, kostenfreier P, Timmernabbsvägen 22, @, www.kronmunken.se, ☎ 0046 (0) 499/4 41 35, Fax 1 38 40.

13 S-392 33 **KALMAR**
E 22 ab Ausfahrt Schloss
Slottshotellet ★★★★ 85 B, EZ SEK 1090,– bis 1390,–, DZ SEK 1390,– bis 1990,–, Junior-Suite SEK 1790,– bis 1990,–, inkl. Frühstück, alle Zi mit Du, WC, ▭ und Sat-TV, Restaurant, 2 Konferenzräume, Sauna, ▭, ▭, G, P, Slottsvägen 7, @, www.slottshotellet.se, ☎ 0046 (0) 480/88 26 00, Fax 8 82 66.

⑦ VALDEMARSVIK

Die Schären vor Valdemarsvik gelten als die schönsten der Welt. Sehenswürdigkeit: Lejonberget mit Aussicht über die rund 20 km lange Bucht. Hotels und Campingplätze. Bade- und Angelmöglichkeiten. Im Servicehaus des Fremdenverkehrsamtes sind Duschen, Toiletten und Wascheinrichtungen vorhanden.

Information und Prospekte:
Valdemarsviks Turistbyrå, Storgatan 16, S-615 30 Valdemarsvik, turistbyran@tb.valdemarsvik.se, www.valdemarsvik.se, ☎ **0046(0)123/12200**, Fax 12471.

⑦ VÄSTERVIK – Die Stadt mit kontinentaler Gelassenheit

Västervik, in einer der schönsten Schären Schwedens gelegen, bietet viele Sehenswürdigkeiten: Alte Båtsmanstugorna (Seemannshütten), Kirchen, vorgeschichtliche Stätten, die Naturereignisse sind unzählbar. Naturschutzgebiet und Schloss Gränsö, Bootstouren. Gute Bademöglichkeiten, Windsurfen und Segeln. Einmal jährlich findet das große und beliebte schwedische Musikfestival statt.

Information und Prospekte:
Västerviks Turistbyrå, Strömsholmen, S-593 30 Västervik, turistbyran@vastervik.se, www.vastervik.se/turist, ☎ **0046(0)490/88900**, Fax 88915.

⑦ OSKARSHAMN

Zentrum der schönen Smålandküste mit guten Möglichkeiten zum Baden und Fischen. Moderne Feriendörfer an der See. 160 km langer Wanderweg mit Übernachtungsmöglichkeit durch die småländische Waldlandschaft. Golfplatz. Das Döderhultarmuseum mit einzigartiger Sammlung von Holzskulpturen. Oskarshamn liegt in einer der schönsten Schärenlandschaften der Welt. Verschiedene Bootstouren. Fährverbindungen nach Gotland (ganzjährig) und Öland (Sommer). Schifffahrten zur Insel Blå Jungfrun (Naturschutzgebiet).

Information und Prospekte:
Oskarshamns Turistbyrå, Hantverksgatan 18, S-572 33 Oskarshamn, turism@oskarshamn.se, www.oskarshamn.se, ☎ **0046(0)491/88188**, Fax 88194.

⑦ TIMMERNABBEN

In Timmernabben an der Küste Smålands liegt Gabriel Keramik, einer der ältesten und ahnenreichsten Keramikbetriebe Schwedens. Hier wird bereits seit 1859 Qualitätskeramik hergestellt. Im Juli hat man die Möglichkeit die „edle Töpferkunst" an der Drehscheibe selbst auszuprobieren.

Öffnungszeiten: In den Sommerferien: werktags 9–18 Uhr, Sa 10–18 Uhr, So 11–18 Uhr, übrige Zeiten im Jahr: werktags 10–16 Uhr, Sa 10–14 Uhr, So 12–16 Uhr.

Information und Prospekte:
Gabriel Keramik AB, S-380 52 Timmernabben, info@gabriel-keramik.se, www.gabriel-keramik.se, ☎ **0046(0)499/23300**, Fax 23490.

⑦ Kolmården siehe Route 149

⑦ Nybro siehe Route 152

⑦ KALMAR

Kalmar, die reizvolle Stadt an der schönen schwedischen Südostküste, ist seit altersher Zentrum des Tourismus. Moderne Stadt, in der man Charakter und Charme einer Kleinstadt bewahrt hat. Schon im Mittelalter ein wichtiges Handelszentrum. Historische Denkmäler wie Mauern, Schloss und Barockdom prägen die hübsche Stadtbild.

Information und Prospekte: Kalmar Turistbyrå, Ölandskajen 9, Box 23, S-391 20 Kalmar, info@turistbyra.kalmar.se, www.kalmar.se, ☎ **0046(0)480/41770**, Fax 41720.

⑦ **Kalmar Schloss, Kalmar**

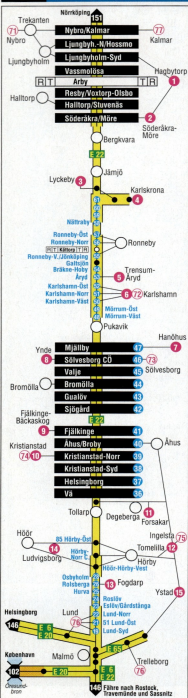

❶ S-388 96 LJUNGBYHOLM-HAGBYTORP
Kolbodagården ⌂–★★ 🏠 ruhige Lage am Strand, 74 B, EZ SEK 280,– bis 445,–, DZ SEK 360,– bis 590,–, Frühstück SEK 65,–, alle Zi, Wohnungen und Hütten mit TV, Sommerrestaurant, Hagbytorp, @, www.kolbodagarden.se, ☎ 0046 (0) 480/37302, Fax 37564.

❷ S-385 03 SÖDERÅKRA
E 22 ab Ausfahrt Söderåkra/Möre 500 m
Möre Hotell ★★★ 130 B, EZ (Sommer und Wochenende) SEK 735,– bis 845,–, DZ SEK 945,– bis 1045,–, inkl. Frühstück, alle Zi mit Du, WC, ☎ und Kabel-TV, Restaurant mit Schankrecht, Konferenzraum bis 200 Personen, Cocktailbar, Pool, Sauna, Whirlpool, Fitnessraum, 400 m bis 18-Loch-Golfplatz, 🚌, P, @, www.morehotell.se, ☎ 0046 (0) 486/21455, Fax 21291.

❸ S-371 63 LYCKEBY ab Ausfahrt Öst → Lyckeborg 800 m
Lyckåhem Logi ★ 50 B, EZ SEK 395,–, DZ SEK 395,–, inkl. Frühstück, Herberge ab SEK 145,– pro Bett in 4-Bett-Zi, 📺, 🚌, &, P, @, www.lyckohem.se, ☎ 0046 (0) 455/96000, 0046 (0) 481/29866, Fax 29866.

❹ S-371 33 KARLSKRONA ab Ausfahrt 6 km
Clarion Collection Hotel Carlskrona ★★★★ am Hafen gelegen, 142 B, EZ SEK 890,– bis 2100,–, DZ SEK 1110,– bis 2320,–, günstige Familien-Zi, inkl. Frühstück, Gruppenpreise, alle Zi mit Du, WC, ☎ und Sat-TV, Golfpaket, 🚌, G, P, Skeppsbrokajen, @, www.choicehotels.se, ☎ 0046 (0) 455/36 15 00, Fax 36 15 09.

❺ S-374 96 TRENSUM-ÅRYD E 22 ab Ausfahrt 53 Åryd
Guö Värdshus ★★★ ruhige Lage, an der Ostseeküste, EZ SEK 895,–, DZ SEK 995,–, Suite SEK 1400,–, inkl. Frühstück, alle Zi mit Du, WC, ☎ und TV, à la carte-Restaurant mit Schankrecht, 📺, 🚌, P, Guövägen 16, @, www.guo-vardshus.se, ☎ 0046 (0) 454/60300, Fax 60100.

❻ S-374 35 KARLSHAMN
E 22 ab Ausfahrt 51 Karlshamn-Norr 2 km → Zentrum
First Hotel Carlshamn ★★★★ Nichtraucherhaus, 99 Zi, EZ ab SEK 799,–, DZ ab SEK 999,–, Suite, inkl. Frühstück, alle Zi mit Du, WC, ☎, Sat-TV, Video und WiFi, erstklassiges Restaurant, Bar, Konferenzraum, &, Varvsgatan 1, @, www.firsthotels.se/carlshamn, ☎ 0046 (0) 454/89000, Fax 89150.

❼ S-294 72 HANÖHUS E 22 ab Ausfahrt 47 Mjällby 12 km
Hotel Hanöhus ★★★ ruhige Lage am Strand, 235 B, EZ SEK 890,–, DZ SEK 1180,–, Suite SEK 1900,–, inkl. Frühstücksbuffet, alle Zi mit Du, WC, ☎ und Sat-TV, Restaurant mit Abendunterhaltung, Konferenzraum, Wintergarten, Fitnessraum, Dampfbad, Whirlpool, Hütten SEK 995,– pro Nacht, 📺, 🚌, P, Hanöhusvägen 8-10, @, www.hanohus.se, ☎ 0046 (0) 456/52510, Fax 56224.

❽ S-29 492 SÖLVESBORG-YNDE E 22 ab Ausfahrt 45 Sölvesborg 400 m
Yndegården ⌂ ruhige Lage, 45 B, 1-6-Bett-Zi SEK 165,– bis 230,– pro Bett, Frühstück SEK 45,– pro Person, Bettwäsche SEK 50,–, Kochgelegenheit, Ynde Byväg 22, @, www.yndegarden.se, ☎ 0046 (0) 456/198 11, 0046 (0) 708/119 811.

❾ S-290 34 FJÄLKINGE-BÄCKASKOG 2 km nördlich → Bäckaskog Slott 6 km
Schloss Bäckaskog ★★★ ruhige Lage, 120 B, EZ SEK 400,– bis 1150,–, DZ SEK 600,– bis Suite 1950,–, inkl. Frühstück, alle Zi mit Du, WC und Radio, teils TV, Restaurant, Pub, Wellness, Sauna, Tennis, @, www.backaskogslott.se, ☎ 0046 (0) 44/53020, Fax 53220.

❿ S-291 21 KRISTIANSTAD im Zentrum gelegen
Quality Hotel Grand ★★★★ 225 B, EZ SEK 750,–, DZ SEK 830,–, inkl. Frühstück, alle Zi mit Du, WC, ☎ und Kabel-TV, Restaurant, Konferenzraum, 🚌, &, G, P, Storgatan 15, www.choicehotels.se, ☎ 0046 (0) 44/28 48 00, Fax 28 48 10.

⓫ S-297 94 DEGEBERGA ab E 22 ca. 10 km, Rv. 19 → Ystad
Forsakarsgårdens Restaurang & Hotell ★★ ruhige naturschöne Lage, 24 B, EZ SEK 450,–, DZ SEK 750,–, inkl. Frühstück, alle Zi mit Du, WC und TV, Konferenzraum, 📺, 🍴, 🚌, &, geöffnet Mai bis September, Forsakarsvägen 30 B, @, www.forsakarsgarden.se, ☎ 0046 (0) 44/35 02 00, Fax 35 09 65.

⓬ S-273 30 TOMELILLA
Stora Hotellet ★★★ am Marktplatz, 60 B, EZ SEK 395,– bis 795,–, DZ SEK 695,– bis 955,–, 3-Bett-Zi SEK 895,– bis 1055,–, inkl. Frühstück, Zi mit Du, WC, ☎ und TV, Restaurant, Konferenzraum, 📺, 🍴, 🚌, &, P, Torget 8, @, www.storahotellet.nu, ☎ 0046 (0) 417/13040, Fax 13041.

⓭ S-242 93 HÖRBY-FOGDARP E 22 ab Ausfahrt 200 m
Elisefarm Golf Club ★★★ ruhige Lage, 28 B, EZ SEK 650,– DZ SEK 995,–, inkl. Frühstücksbuffet, alle Zi mit Du, WC, ☎ und Internet, Restaurant, 📺, P, @, www.elisefarm.se, ☎ 0046 (0) 413/33070, Fax 33071.

⓮ S-243 94 HÖÖR-LUDVIGSBORG E 22 ab Ausfahrt Hörby-Süd 6 km
Pensionat Granliden ⌂ ruhige Lage, 13 B, EZ SEK 480,– DZ SEK 740,– bis 860,–, inkl. Frühstück, gemütlich und gepflegt, Küche, TV in Gesellschaftsraum, Konferenzraum, P, Fulltoftavägen 44, @, www.granliden.eu, ☎ 0046 (0) 415/51009, Fax 15850.

⓯ S-271 23 YSTAD
Anno 1793 Sekelgården ★★★ ruhige Lage Nähe Marktplatz, 46 B, EZ SEK 700,– bis 795,–, DZ SEK 800,– bis 1295,–, Karl XII-Suiten SEK 1895,–, inkl. Frühstücksbuffet, alle Zi mit Du, WC, ☎, TV und Radio, Konferenzraum, Långgatan 18, @, www.sekelgarden.se, ☎ 0046 (0) 411/73900, Fax 18997.

71 DAS „GLASREICH"

Inmitten der Region Småland, in den Bezirken Växjö und Kalmar, erstreckt sich über ein paar Dutzend Kilometer hinweg das „Glasreich". Hier befinden sich einige der berühmtesten Glashütten der Welt. Ohne weiteres kann man mehrere davon an einem einzigen Tag besuchen und vielleicht auch ein Schnäppchen in den Fabrikläden machen. Bis etwa 15 Uhr haben fast alle Glashütten ihre Pforten geöffnet (Mo–Fr). Dort kann man das faszinierende Schauspiel beobachten, wenn die glühende Glasmasse aus dem Ofen geholt werden und die geschickten Glasbläser diese sirupweichen Klumpen in herrliche Glaskunst verwandeln. Und am Abend bietet es sich an, als Gast ein Hyttsill-Essen mit traditionellem Menü, schäumendem Getränk und Gesang in der Glashütte mitzuerleben.

Information und Prospekte: Glasriket, S-382 80 Nybro, info@glasriket.se, www.glasriket.se, ☎ **0046 (0) 481/452 15**, Fax 457 00.

72 KARLSHAMN

Die Gemeinde ist ein Schweden in Miniatur, die Meer und Binnenseen, Berge, Waldgebiet, Ebene und Küstenlandschaft einschließt. Schärentouren, Lachsfang und das Haus des Lachses in Mörrum, Safari durch den Wild- und Naturpark Eriksberg, Kreativum, ein Entdeckerzentrum für die ganze Familie mit Mega Dom Kino, Erholungsgebiete und zahlreiche Sommerveranstaltungen.

Information und Prospekte: Karlshamns Turistbyrå, Ronnebygatan 1, S-374 81 Karlshamn, turistbyran@karlshamn.se, www.karlshamn.net, ☎ **0046 (0) 454/81 12 03**, Fax 812 25.

73 SÖLVESBORG

Sölvesborg mit seinen engen Gassen und malerischen Häusern erinnert den Besucher ständig an die mittelalterliche Vergangenheit der Stadt. Die St. Nicolei Kirche stammt aus der Hansazeit und ist das älteste noch bewahrte Gebäude. Nördlich vom Zentrum liegt die Schlossruine. Ihre Geschichte reicht zurück bis ins 14. Jahrhundert. Ein 150 Jahre altes, ehemaliges Lagerhaus für Branntwein und Getreide beherbergt heute das Sölvesborgs Museum. Sölvesborg hat dem „Aktiv-Urlauber" viel zu bieten. Listerlandet ist eine einmalige Ferienlandschaft mit einladenden Sandstränden und ungestörten Badebuchten.

Information und Prospekte: Sölvesborgs Turistbyrå, Stadshuset, S-294 80 Sölvesborg, turistbyran@solvesborg.se, www.solvesborg.se, ☎ **0046 (0) 456/100 88**, Fax 125 05.

74 KRISTIANSTAD

Alte Festungsstadt umgeben von einer Wasserwelt. Sehenwert: Die Altstadt mit wohlerhaltenen Bauten und renommierten Einkaufsgelegenheiten, 2 Stadttore, Dreifaltigkeitskirche, Tivolipark mit Bad und Schwimmhalle.

Information und Prospekte: Turistbyrå im Rathaus (Rådhuset), Stora Torg, S-291 80 Kristianstad, touristinfo@kristianstad.se, www.kristianstad.se, ☎ **0046 (0) 44/135 335**, Fax 120 898.

Kirche und Bahnhof vom Wasserturm aus gesehen

75 TOMELILLA

Es werden über 60 verschiedene Truthahn-Delikatessen angeboten, alle aus reinem Kalkonfleisch hergestellt. Mehrere dieser Produkte sind gluten- und laktosefrei.

Information und Prospekte: Ingelsta Kalkon AB, Brukstorp, S-273 94 Tomelilla, ferrius@ingelstakalkon.se, www.ingelstakalkon.se, ☎ **0046 (0) 414/285 00**, Fax 285 20.

76 **Trelleborg und Lund siehe Route 146**

77 **Kalmar siehe Route 151**

Reisen nach
Finnland

Finnland

Finnland mit dem Auto? Der nächste Weg führt über die Ostsee, und Bugwellen sind der einzige Stau, entweder ab Travemünde direkt oder via Schweden über Stockholm. Finnland, Natur pur auf 1160 km Länge und 540 km Breite, ist ein herrliches Ferienland und das siebtgrößte Land Europas. Von seinen über fünf Millionen stets gastfreundlichen Einwohnern leben 3 Millionen in der Stadt, alles in allem 15 Menschen auf dem Quadratkilometer. Helsinki, die Hauptstadt, zählt 560 000 Einwohner. Obwohl Finnland zu zwei Drittel von Wald bedeckt wird, führen alle Wege zum Wasser, entweder zur stark zerklüfteten Ostseeküste oder zu 188 000 Seen mit 180 000 Inseln. Das südfinnische Saima-Seenlabyrinth ist einmalig in Europa. Einmalig ist auch ein Urlaub in Finnisch-Lappland: Hotels und Ferienzentren am Rande der Wildmark, dazu Mitternachtssonne und Finnlands einziges Gedränge: Rentierherden. Eine charmante Untertreibung ist der Slogan: „In Lappland kann es Mücken geben". Unser Rat: Behalten Sie das Wort „Mückensalbe" gut im Gedächtnis. Die besten Monate zum Wandern und Angeln sind Juli/August. Die Berge, baumlos und von spröder Schönheit, reichen kaum über 1000 Meter hinaus. Besondere touristische Zentren des Landes sind die Alandsinseln und der süd-westliche Schärengürtel mit Myriaden von Inseln und Inselchen, die Seenplatte mit der wuchtigen Burg Olavlinna und ihren Festspielen, Polarkreis und Eismeerstraße.

Einreise

Zur Einreise nach Finnland mit Kraftfahrzeug werden benötigt: Reisepass oder Personalausweis, Führerschein, Kfz-Schein und Nationalitätsabzeichen. Die Mitnahme der grünen Versicherungskarte wird empfohlen.

Währung

1 € (Euro) = 100 Cent

Besondere Verkehrsbestimmungen

Es besteht Anschnallpflicht. Die Promillegrenze liegt bei 0,5. Autofahrer müssen ganzjährig auch tagsüber mit Abblendlicht fahren. Das Mitführen von zwei Warnwesten wird empfohlen. Helmpflicht für Motorrad- und Mopedfahrer. Im gesamten Straßenverkehr gilt rechts vor links. Straßenbahnen und Autobusse im Stadtverkehr haben stets Vorfahrt. Im Winter sind Winterreifen vorgeschrieben, die Benutzung von Schneeketten ist erlaubt. Zur Beachtung: Verkehrsübertretungen haben in Finnland empfindliche Geld- oder Freiheitsstrafen zur Folge, auch für Ausländer. Die Mitnahme gefüllter Kraftstoffkanister auf Fährschiffen ist auf Grund von Seetransportbestimmungen generell verboten.

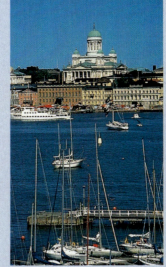

Helsinki

Autobahn

Die Benutzung finnischer Autobahnen ist gebührenfrei. Das Netz der Autobahnen ist noch lückenhaft.

Höchstgeschwindigkeiten

Autobahn 120 km/h, innerorts 50 km/h, sonst 80 bis 100 km/h. Für Pkw mit Anhänger und Wohnmobile außerorts überall 80 km/h.

Pannenhilfe

Notrufnummer für Polizei, Krankenwagen, Notarzt und Feuerwehr Tel. 112. Pannenhilfe vermittelt rund um die Uhr der finnische Automobilclub Autoliitto Tel. 09/77 47 64 00.

Fährverbindungen

Tallinn (EST) – Helsinki
Travemünde (D) – Helsinki
Rostock (D) – Helsinki
Grisslehamn (S) – Eckerö
Kapellskär (S) – Naantali
Kapellskär (S) – Mariehamn
Stockholm (S) – Mariehamn
Stockholm (S) – Helsinki
Stockholm (S) – Turku Åbo
Kapellskär (S) – Turku Åbo
Umeå (S) – Vaasa

Telefonieren

Internationale Ländervorwahl nach Finnland: 00 358.

Rentiere auf einem zugefrorenem See

Kontakt: Finnish Tourist Board, Box 6 25. FIN-00101 Helsinki, mek@mek.fi, www.visitfinland.com, Tel. 00 358 (0)10/6 05 80 00, Fax 00 358 (0)10/6 05 83 33
Vertretung in Deutschland: Finnische Zentrale für Tourismus, Lessingstr. 5, D-60325 Frankfurt, finnland.info@mek.fi, www.visitfinland.de, Tel. 00 49 (0)69/50 07 01 57, Fax 00 358 (0)10/6 05 83 33

1 FIN-99490 KILPISJÄRVI
Gasthaus Majatalo Haltinmaa
(F)(F)(F) im Zentrum, 60 B, sehr gut ausgestattete Doppelhäuser mit 2 Schlaf-Zi, Du, WC, Miniküche und eigener Sauna (1-6 B) € 65,– bis 117,–, Bettwäsche € 5,–, Selbstversorgung oder Vollpension im Restaurant, Naalitie 1, www.kilpisjarvi.com, ☏ 00358 (0) 16/53 77 93, Fax 53 77 93.

2 FIN-94440 LEPPÄJÄRVI
ab Ausfahrt 400 m
Kelotin Rantamajat ⌂ 40 B, gemütliche Hütten, direkt am See gelegen, 1-6 B € 20,– bis 70,–, kleines Café mit Hausmannskost, kelotin.rantamajat@co.inet.fi, www.kelotinrantamajat.com, ☏ 00358 (0) 16/52 73 03.

3 FIN-99870 INARI
Villa Lanca – personal & artistic village guesthouse (*)(*)(*) im Zentrum, 15 B, EZ € 43,– bis 53,–, DZ € 68,– bis 78,–, inkl. Frühstück, alle Zi mit Du und WC, teils voll eingerichteter Küche, Café & Wine Bar Lanca, Ausflugsprogramm für die Gäste, Kittilän ratsutie 2, @, www.villalanca.com, ☏ 00358 (0) 40/7 48 09 84.

4 FIN-99801 IVALO 10 km nördlich von Ivalo
Ukonjärvi ⌂ (F) 50 B, Hütten mit 1-4 B und einem offenen Kamin € 28,– bis 130,–, Restaurant, Camping mit Caravan-Stellplätzen, nuttu@ukolo.fi, www.ukolo.fi, ☏ 00358 (0) 16/66 75 01, Fax 66 75 16.

5 FIN-99400 ENONTEKIÖ-HETTA → Zentrum
Hotel Jussantupa (*)(*)(*) typisch lappländisches Hotel im Zentrum, 60 B, EZ € 75,– DZ € 110,–, inkl. Frühstück, alle Zi mit Du, WC, ☎, TV und Radio, Restaurant, Kamin-Zi, Schwimmbecken, Whirlpool, Sauna, Solarium, Strandsauna (im Sommer), Freizeitangebote aus dem Erlebniszentrum Vuollikka, Ounastie 140, @, www.jussantupa.fi, ☏ 00358 (0) 16/52 11 01, Fax 52 13 79.

6 FIN-95900 KOLARI
E 8, 1 km nördlich der Kreuzung Kolari
Hotel Kolari (*)(*)(*) 🅿 72 B, EZ ab € 70,–, DZ ab € 80,–, inkl. Frühstück und Sauna, alle Zi mit Du und WC, teils Duschraum, Restaurant, Café, traditionelles Lappenzelt für 60 Personen, Fliegenfischen, Lachsfang, Wander-, Ruder-, Wildnis- und Kanutouren, Muoniontie 1, @, www.hotellikolari.fi, ☏ 00358 (0) 16/31 37 11 + 31 37 33, 00358 (0) 400/12 74 63 (Nachtdienst), Fax 00358 (0) 16/31 37 22.

7 FIN-95900 KOLARI E 75 ca. 12 km nördlich von Kreuzung Kolari, am Muonio-Fluss
Rantalan Majat ⌂ 15 B, Zi (1-4 B) € 25,– bis 80,–, Selbstversorgung, Zi teils mit Du, WC und TV, Sauna auf Bestellung, schöne Caravanplätze, Muoniontie 120 a, @, ☏ 00358 (0) 16/56 71 03.

8 FIN-99600 SODANKYLÄ
E 75, hinter Kreisverkehr → Sodankylä-Nord
Majatalo Kolme Veljestä (*)(*) familiäres Gästehaus, 18 B, EZ € 46,– DZ € 58,–, inkl. Frühstück und Benutzung von Küche und Sauna, alle Zi mit Radio und TV, 24 Stunden erreichbar, Ivalontie 1, @, www.majatalokolmeveljesta.fi, ☏ 00358 (0) 400/53 90 75.

9 FIN-98360 VUOSTIMO
E 63, 75 km südlich von Sodankylä, 36 km nördlich von Kemijärvi
Feriendorf Kuukiuru ⌂ (F)(F)-(F)(F)(F) Gasthaus mit sehr gut ausgestatteten Zi und Kleinwohnungen im Hofbereich, 40 B, EZ € 45,–, DZ € 70,–, Doppelhaushälfte mit 2-4 B ab € 70,–, Frühstück € 7,50 pro Person, Bettwäsche € 5,–, alle Zi mit Du, WC, TV, Radio, Sauna, offenem Kamin und voll eingerichteter Küche, Caravanplatz, Kanu-Benutzung für Gäste kostenfrei, Minigolf, Kuukiuruntie 35, www.kuukiuru.fi, ☏ 00358 (0) 400/19 91 84, Fax 88 25 40.

10 FIN-99555 LUOSTO 100 km nördlich von Rovaniemi, Straße 64 rechts → Luosto 14 km
Hotel Luostotunturi Amethyst Bad (*)(*)(*)(*) (F)(F)(F)-(F)(F)(F)(F) im schönen Kelokiefer-Hütten-Dorf bei Luosto Fjäll gelegen, 170 B, EZ ab € 70,–, DZ ab € 90,–, inkl. Frühstück, 25 Kelokiefer-Hütten, Husky- und Rentier-Dorf Amethystmine, Luostontie 1, @, www.luostotunturi.com, ☏ 00358 (0) 16/62 04 00, Fax 6 20 45 00.

Maßstab 1 : 4.500.000

Weitere Informationen finden Sie unter www.autobahn-guide.com

9 Feriendorf Kuukiuru, Vuostimo

⑪ FIN-96200 **ROVANIEMI**
Clarion Hotel Santa Claus ★★★★ 306 B, EZ + DZ ab € 89,–, inkl. Frühstücksbuffet und Abendsauna, alle Zi mit Du, WC, ☎, TV und Wasserkocher, Restaurant, Sommerterrasse, ▨, kostenfreier P, Korkalonkatu 29, @, www.hotelsantaclaus.fi, ☎ 00358 (0) 16/32 13 21, Fax 32 13 22.

⑫ FIN-96100 **ROVANIEMI** 200 m vom Bahnhof entfernt
Guesthouse Borealis ⓐⓐ zentrumsnahe Lage, 40 B, EZ € 47,–, DZ ab € 63,–, 3-Bett-Zi ab € 86,–, inkl. Frühstück, alle Zi mit Du und WC, Appartement (7 B) mit Du, WC und TV ab € 185,–, Internetzugang, Asemiekatu 1, @, www.guesthouseborealis.com, ☎ 00358 (0) 16/3 420 130, Fax 31 02 61.

⑬ FIN-95300 **TERVOLA-PEURA**
Kemijoen Loma-Kemijoki Holiday ⓕ–ⓕⒻⒻⒻ liebevoll restauriertes 100-jähriges Haus, 35-40 B, EZ ab € 35,–, DZ ab € 50,–, moderne Ferienhäuser am Kemi-Fluss mit Du, WC, TV, voll eingerichteter Küche und offenem Kamin, Speiseservice nach Reservierung, Strandsauna mit Ruheraum, vielseitiges Freizeitangebot: Angeln, Beeren sammeln und Schwammel suchen, Reiten, Louentie 735, @, www.kemijokiholiday.com, ☎ 00358 (0) 40/5 95 71 15 (auf Englisch).

⑭ FIN-95600 **YLITORNIO**
Hotel Helenan Kievari ★★ im Zentrum gelegen, 52 B, EZ € 64,–, DZ € 84,–, inkl. Frühstück und Sauna, alle Zi mit Du, WC, ☎ und TV, Speiserestaurant "Helenan Kammari" für 40 Personen, Nachtclub für 130 Personen, Pub mit 40 Sitzplätzen, @, www.helenankievari.com, ☎ 00358 (0) 16/57 12 01, Fax 57 20 77.

⑮ FIN-93600 **KUUSAMO**
Sokos Hotel Kuusamo ★★★★ im Zentrum, am See gelegen, 400 B, DZ (1-2 Personen) ab € 108,–, inkl. Frühstücksbuffet, alle Zi mit Du, WC, ☎ und TV, teils mit eigener Sauna, Saunalandschaft mit 5 Saunen und Schwimmbad, Kinderspielraum, Freizeitprogramme, @, www.sokoshotels.fi, ☎ 00358 (0) 10/1 234 693, Fax 00358 (0) 8/7 63 36 20.

⑯ FIN-91100 **Ii** 40 km nördlich von Oulu
Gasthaus Ii ★ ⚔ ✕ 15 B, EZ € 55,–, DZ € 75,–, ohne Frühstück, schön eingerichtete Zi mit Du, WC und TV, finnische und internationale Küche, Freizeitprogramme für Sommer und Winter, Seurakuja 2, @, www.gasthaus.fi, ☎ 00358 (0) 8/8 17 62 25, 00358 (0) 50/3 43 15 50.

⑰ FIN-95400 **TORNIO**
E-City matkakoti – Bed & Breakfast ⓐⓐ EZ € 40,–, DZ € 60,– bis 70,–, Familien-Zi, inkl. ausgiebigem Frühstück im geräumigen Speisesaal, Zi mit Du und WC, Saunabereich, Nutzung von Kaffeemaschine, Wasserkocher, Mikrowelle und Kühlschrank für die Gäste, Saarenpäänkatu 39, @, www.ecitybedandbreakfast.com, ☎ 00358 (0) 44/5 09 03 58.

⑬ **Kemijoen Loma-Kemijoki Holiday, Tervola-Peura**

⑰ **E-City matkakoti – Bed & Breakfast, Tornio**

⑦⑴ **KILPISJÄRVI**

Das kleine Dorf Kilpisjärvi liegt am Fuße des Saana-Fjäll und zeigt im Besucherzentrum eine Ausstellung über die Natur und das Leben des Gebietes. Von dort beginnt die 55 km lange Wanderroute auf Halti, das höchste Fjäll Finnlands. Für kürzere Tagesausflüge führen mehrere kleine, markierte Wanderrouten durch die Fjäll-Landschaft. Mit dem Schiff und einem anschließenden kurzen Fußweg erreicht man das Dreiländereck Finnland-Norwegen-Schweden.

Information und Prospekte: The municipality of Enontekiö, Ounastie 165, FIN-99400 Enontekiö, www.tosilappi.fi, ☎ 00358 (0) 400/55 62 15.

⑦⑵ **SUOMUSSALMI**

Es gibt viele Gründe, weshalb Touristen nach Suomussalmi gelockt werden: Die lange und abwechslungsreiche Geschichte der Stadt (z.B. die steinzeitlichen Felsenmalereien in Hossa oder das Museum Raatteen Portti mit seinen Winterkriegskämpfen), die saubere Natur mit zahlreichen Aktivitäten im Wandergebiet Hossa und im Naturschutzgebiet Martinselkonen, die reiche Handarbeitstradition mit Verkaufs-Ausstellungen in den Häusern Oilola und Jalonniemi und das Außenkunstwerk „Das stille Volk" an der Hauptstraße 5.

Information und Prospekte: Fremdenverkehrsbüro Suomussalmi, Postfach 1 10 (c/o Haus Jalonniemi), FIN-89601 Suomussalmi, tourist.office@suomussalmi.fi, www.suomussalmi.fi, ☎ 00358 (0) 8/61 55 55 45, Fax 61 55 55 46.

Das stille Volk, Suomussalmi

⑯ **Gasthaus Ii, Ii**

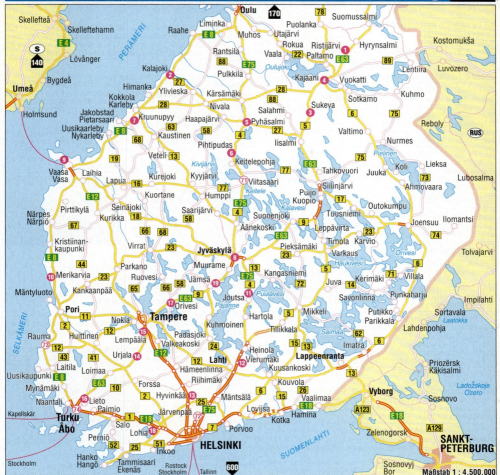

---

❶ FIN-88400 RISTIJÄRVI
E 63, 40 km nördlich von Kajaani
Ristijärven Pirtti 🏠 40 B, Hütten mit 2-6 B € 25,– bis 60,–, Frühstück € 4,50 bis 5,– pro Person, schöner und ruhiger Campingplatz mit 30 Caravan-Stellplätzen, 3 Saunen, Strand zum Schwimmen und Fischen, Speiseservice, www.ristijarvi.fi, ☎ 00 358 (0) 8/68 12 21.

❷ FIN-85100 KALAJOKI E 8
Fontana Hotel Rantakalla ★★★ 🏠 🅟-🄵🄵 direkt am Strand, 116 B, EZ € 74,– bis 87,–, DZ € 93,– bis 120,–, inkl. Frühstück, alle Zi mit Du, WC, ☎, Sat-TV und Radio, Hütten € 39,– bis 180,– (2-8 B), Abendsauna und -schwimmen, Matkailutie 150, @, www.rantakalla.fi, ☎ 00 358 (0) 8/46 66 42, Fax 46 66 17.

❺

**Hotel
Pyhäsalmi,
Pyhäsalmi**

❸ FIN-74340 SUKEVA E 63, 31 km nördlich von Iisalmi
Lohiranta Feriendorf 🅟-🄵🄵 am See gelegen, 12 Hütten für 1-6 Personen € 25,– bis 50,–, Tanzrestaurant mit Live-Musik (samstags), 2 Saunen, Lebensmittelverkauf, Caravan-Stellplätze, @, www.lohiranta.com, ☎ 00 358 (0) 17/71 21 25, 00 358 (0) 4 00/89 84 86.

❹ FIN-87700 KAJAANI E 63, 3 km südlich von Kajaani
Kainuun Portti ★★ 🛏 🅟 100 B, EZ € 50,–, DZ ab € 60,–, inkl. Frühstück und Sauna, alle Zi mit Du, WC und TV, teils eigener Sauna, Restaurant, Pub, Lebensmittelverkauf, Campingplatz mit Caravan-Stellplätzen, Tankstelle, großer P, ☎ 00 358 (0) 8/6 13 30 00, Fax 6 13 30 10.

❺ FIN-86800 PYHÄSALMI ab Ausfahrt → Zentrum 5 km
Hotel Pyhäsalmi ★★★ am Pyhäjärvi-See, 70 B, EZ € 70,– bis 80,–, DZ € 85,– bis 95,–, inkl. Frühstück, Speise- und Tanzrestaurant, gut ausgestattete Konferenzräume, Bar, 2 Terrassen, Sauna, Fitnessraum, Solarium, @, www.hotellipyhasalmi.com, ☎ 00 358 (0) 8/4 78 82 00, Fax 4 78 82 99.

❻ FIN-44800 PIHTIPUDAS E 75 ab Ausfahrt 400 m
Hotel Pihtipudas ★★ im Zentrum, günstiges Kleinstadthotel, 25 B, EZ € 49,–, DZ € 66,–, Suite € 78,–, inkl. Frühstück und Sauna, Zi mit Du, WC und TV, Restaurant (abends geöffnet), P, Keskustie 2, @, www.hotellipihtipudas.com, ☎ 00 358 (0) 14/56 21 10, 00 358 (0) 5 00/41 45 37, Fax 00 358 (0) 14/56 20 80.

❼ – ⑲ + ㉛ – ⑭ Einträge siehe Seite 306

❶ – ❻ **Einträge siehe Seite 305**

❼ FIN-68500 **KRUUNUPYY**
15 km nach Kokkola und 20 km nach Pietarsaari
Hotel Crone ★★★ im Zentrum, 20 B, EZ ab € 54,–, DZ ab € 79,–, Suite ab € 120,–, inkl. Frühstück, alle Zi mit Du, WC, TV und Internet, à la carte Restaurant mit Lunchbuffet, Saunabereich mit Kamin-Zi, Kirkkotie 8, @, www.hotelcrone.fi, ☎ 00358(0)6/8231100, 00358(0)40/5221874(Nachtdienst), Fax 00358(0)6/8231125.

❽ FIN-40100 **JYVÄSKYLÄ**
Sokos Hotel Alexandra ★★★★ im Zentrum, 50 m vom Bahnhof entfernt, 500 B, EZ € 56,– bis 125,–, DZ € 73,– bis 146,–, inkl. reichhaltigem Frühstück, Zi-Einrichtungen von Standard bis Superior, Gästesauna täglich von 15-19 Uhr sowie Di-So von 7-10 Uhr, P, Hannikaisenkatu 35, @, www.sokoshotels.fi, ☎ 00358(0)20/1234642, Fax 00358(0)14/2652000.

❾ FIN-65170 **VAASA**
ab Ausfahrt Centrum → Vaskilnoto 2 km
Hostel Vaasa ★ 60 B, EZ € 43,–, DZ € 53,–, Mehrbett-Zi, Frühstück € 6,–, alle Zi mit Du und WC, Restaurant, Bar, Sauna € 6,–, @, www.hostelvaasa.com, ☎ 00358(0)6/3241555, Fax 3241510.

❿ FIN-29900 **MERIKARVIA**
E 8, ca. 60 km nördlich von Pori
Vanha-Heikkilän Majatalo ja Leivintupa 🔲 im Zentrum gelegen, idyllisches Landhaus, 30 B, Zi € 30,– bis 36,– pro Person, inkl. reichhaltigem Frühstück und Sauna, Zi mit gemütlicher Einrichtung, WC außerhalb, eigene Bäckerei, Kaasmannintie 14 a, @, ☎ 00358(0)50/5337836.

⓫ FIN-19650 **JOUTSA** E 75
Lamminmäen Tilat – Restaurant, Hostel, Camping ★★ 🏕 EZ € 20,–, DZ € 30,–, Mehrbett-Zi ab € 60,– (2-4 B), Frühstück € 5,–, teils Zi mit Du und WC, Restaurant bis 100 Personen, Strandsauna, Naturpfad, Angeln, Lammintauksentie 29, @, www.lamminmaentilat.fi, ☎ 00358(0)40/5711006.

⓬ FIN-19120 **VIERUMÄKI** E 75 ab Ausfahrt 21 Vierumäki
Vierumäki – Finnisches Sportinstitut mit Hotel ★★★ 🅿 ⒻⒻⒻ 2000 B, EZ ab € 100,–, DZ ab € 130,–, inkl. Frühstück, alle Zi mit Du, WC, TV und Internet, Appartements und Ferienhäuser für 6-8 Personen ab € 250,–, Trockenraum, viele Sport- und Freizeitaktivitäten, Urheiluopistontie 373, @, ☎ 00358(0)3/842411, Fax 8424755.

⓭ FIN-05900 **HYVINKÄÄ**
E 12 ab Ausfahrt Hyvinkää
Sveitsin Maja Gästehaus 🔲 24 B, DZ € 78,–, 4-Bett-Zi € 128,–, Frühstück nach Absprache, Zi mit Du, WC und Internet, Restaurant, Saunabereich, Härkävehmaankatu 8, @, www.sveitsinmaja.fi, ☎ 00358(0)19/431911, Fax 431912.

⓮ FIN-31760 **URJALA** E 63, 100 km von Turku → Tampere
Motell Pentinkulma ★★ 🅿 20 B, EZ € 40,– bis 48,–, DZ € 60,– bis 65,–, inkl. Frühstück, Sauna, Tankstelle, ☎ 00358(0)3/5460980, Fax 5466380.

⓯ FIN-37500 **LEMPÄÄLÄ** E 12 ab Ausfahrt 34, Lempäälä E
Hotel-Restaurant Vaihmalan hovi ★★★ gepflegte Umgebung auf einem Gutshof, 36 B, EZ € 78,–, DZ € 98,–, Zi mit Du, WC, Fön und TV, EZ € 38,–, DZ € 58,–, Zi mit Etagen-Du/WC, inkl. Frühstück, Wellnessbereich, Dampf-/Infrarotsauna, Strandsauna, Whirlpool innen und außen, Bootsverleih, Golf, Reiten, Vaihmalantie 144, @, www.vaihmalanhovi.fi, ☎ 00358(0)20/7661810.

⓰ FIN-21360 **LIETO** E 63
„Zoolandia" – Tiergarten mit Hostel ★ 20 B, Zi ab € 50,–, Frühstück € 6,–, Zi mit Benutzung von Kühlschrank und Mikrowelle, Restaurant, Café, Zelt- und Caravanplätze, Eläintantie 51, www.zoolandia.fi, ☎ 00358(0)10/4234140.

⓫

Lamminmäen Tilat-Restaurant, Hostel, Camping, Joutsa

⓱ FIN-35300 **ORIVESI**
E 63, Zentrum
Hotel Orivesi ★★★ 90 B, EZ € 59,–, DZ ab € 79,–, inkl. Frühstück, Sauna und Fitnessraum, gemütliches Restaurant mit Tanzabenden am Wochenende, Auditorium für 100 Personen, Keskustie 40, @, www.hotelliorivesi.fi, ☎ 00358(0)3/3776400, Fax 3340667.

⓲ FIN-08350 **LOHJA**
E 18 ab Ausfahrt 22 ca. 500 m, gegenüber von ABC-Tankstelle
Koivulan Kartano 🔲 26 B, Zi ab € 60,– (1-4 B), alle Zi mit Du, WC und TV, Café, Shop, Badestrand, Sauna, Schmiede, Pub, 🍴, Karnaistentie 261, @, www.koivulankartano.fi, ☎ 00358(0)400/420445.

⓳ FIN-42100 **JÄMSÄ**
E 63 ca. 800 m ab der Kreuzung Himos → Jyväskylä
Uusi-Yiläläh Tila – Restaurant Patapirtti 🔲 15 B, EZ ab € 24,75, DZ ab € 99,–, Extra-Bett € 30,–, inkl. Frühstück und Sauna, alle Zi mit Du und WC, Aufenthaltsraum mit TV, Shop mit regionalen Produkten, biologische Beerenproduktion, eigene Beerenweine, Jyväskyläntie 848, @, www.patapirtti.fi, ☎ 00358(0)45/6511405.

㉑ **VIITASAARI** an der E 75
ABC-Tankstelle und Restaurant – eine Oase am See für die hungrigen und müden Autofahrer. Buffet-Restaurant mit 250 Sitzplätzen, Sommerterrasse direkt am See für 150 Personen, Lebensmittelmarkt, Autobedarf und Freizeitartikel.

Information und Prospekte: ABC-Tankstelle und Restaurant, FIN-44500 Viitasaari, www.abcasemat.fi, ☎ 00358(0)10/7675900, Fax 10/7675919.

㉒ **JÄRVENPÄÄ – die Sibeliusstadt**
Ein Muss für Musik- und Literaturfreunde. Nehmen Sie sich Zeit zu einem 2 km langen Kulturpfad, der Ihnen das Leben und Wohnen der berühmten Kulturgemeinschaft um den See Tuusulanjärvi zeigt.
In den **Wohnhäusern des Komponisten Jean Sibelius (siehe Bild)**, des Schriftstellers Juhani Aho, der Malerin Venny Soldan-Brofeldt und des Malers Eero Järnefelt erleben Sie den Alltag und die Festtage der Künstler vor hundert Jahren.

Information und Prospekte:
Fremdenverkehrsdienst Järvenpää, Hallintokatu 4, FIN-04400 Järvenpää, matkailu@jarvenpaa.fi, www.jarvenpaa.fi, ☎ 00358(0)9/2719 2718, Fax 00358(0)9/271 1199.

㉓ **RAUMA – Meer- und Weltkultur**
Das verführerische Schärengebiet rund um Rauma und das glitzernde Meer laden zu einer abenteuerlichen Kreuzfahrt zu den Urlaubsinseln ein. Einen Blick auf Geschichte und Kultur bietet das von der UNESCO zum Weltkulturerbe erklärte alte Rauma mit seinen schönen Holzhäusern, den Boutiquen, dem Alltagstreiben, den Sehenswürdigkeiten und – nicht zu vergessen – der alten Handwerkskunst.

Information und Prospekte:
Fremdenverkehrsbüro der Region Rauma, Valtakatu 2, FIN-26100 Rauma, matkailu@rsk.fi, www.visitrauma.fi, ☎ 00358(0)2/8378 7731, Fax 83787741.

㉔ **Turku siehe Seite 307**

● TURKU 2011 ●
EUROPÄISCHE KULTURHAUPTSTADT

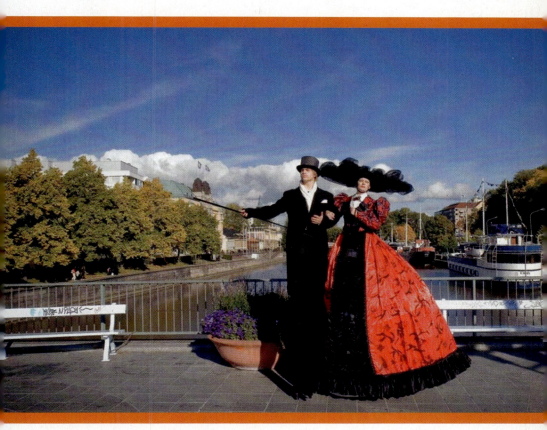

Das Kulturhauptstadtjahr bietet hunderte von interessanten Veranstaltungen an und repräsentiert die vielfältigsten kulturellen Bereiche und Künstler. Einwohner und Gäste werden Kultur rund um die Stadt auch an überraschenden Orten erleben können.

Das Turku 2011-Programm besteht aus 150 Einheiten, die in ihrer Dauer von einem Abend bis zu mehrjährigen Entwicklungsprojekten variieren. Das Programm wird in umfassender nationaler und internationaler Zusammenarbeit erstellt.

TURKU ● ÅBO 2011
FINLAND
www.turku2011.fi

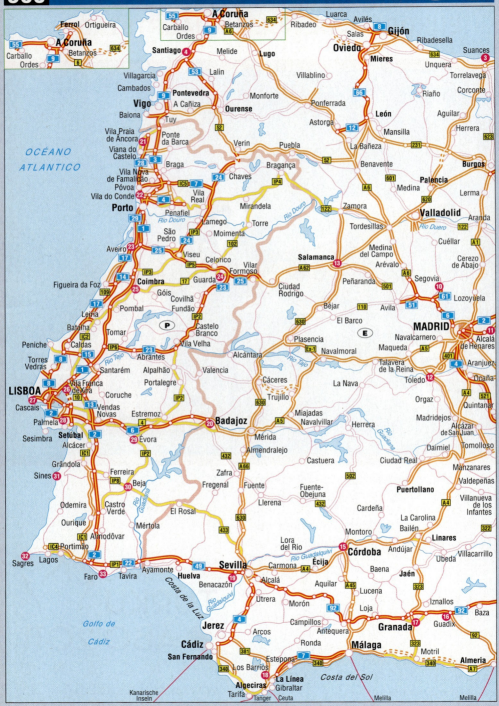

Reisen nach Spanien/Portugal

Einreise
Zur Einreise mit dem Kraftfahrzeug werden benötigt: Pass oder Personalausweis, Führerschein, Kfz-Schein, Nationalitätskennzeichen, Warnweste, grüne Versicherungskarte. Kraftfahrer ohne grüne Versicherungskarte müssen an der Grenze eine Versicherung abschließen.

Währung
1 € (Euro) = 100 Cent

Verkehrsbestimmungen
Gemäß internationalem Standard. Im Kreisverkehr gilt „rechts vor links". Gurtanschnallpflicht. Die Promillegrenze in Spanien und Portugal beträgt 0,5. Lichtpflicht in Portugal auf der Schnellstraße IP 5.

Höchstgeschwindigkeiten
Autobahnen 120 km/h, Landstraßen 90 bzw. 100 km/h, Ortschaften 50 km/h.

Pannenhilfe
Einheitliche Notrufnummer für Polizei, Notarzt und Feuerwehr unter Tel. 112. Pannenhilfe Automobilclub RACE (E) Tel. 915933333 und Automobilclub ACP (P) Tel. 00351/707509510.

Telefonieren
Internationale Ländervorwahl nach Spanien: 0034 und nach Portugal: 00351.

Maßstab 1 : 4.500.000

❶ AND-500 ANDORRA LA VELLA
an der Durchgangsstraße Spanien-Frankreich
Hotel Cérvol ★★★ 90 Zi, EZ ab € 38,– bis DZ € 109,–, inkl. Frühstück, alle Zi mit Du, WC, ☎, TV und Safe, Bar-Restaurant, Fitnesscenter, Sauna, Jacuzzi, familiäre Atmosphäre, G, Av. Santa Coloma, 46, @, www.sercotelhoteles.com, ☎ 00376 (0) 80/31 11, Fax 31 22.

❷ E-20280 HONDARRIBIA A-8 ab Ausfahrt ca. 2 km
Hotel Rio Bidasoa ★★★ 44 Zi, EZ ab € 87,– bis DZ € 185,–, inkl. Frühstück, alle Zi mit Bad, WC, ☎, TV, Internet, Minibar und Klimaanlage, Pool, ansprechende Anlage mit großzügigen Grünanlagen, Strandnähe, P, Nafarroa Behera, 1, @, www.sercotelhoteles.com, ☎ 0034 (0) 943/64 54 08, Fax 645170.

❸ E-39340 SUANCES E-70/A-8 → A-67 ab Ausfahrt 7 km
Hotel Albatros Suances ★★★ familiäres Hotel, 42 Zi, EZ € 48,– bis 85,05, DZ € 64,– bis 113,40, inkl. Frühstück, HP in der Hochsaison, alle Zi mit Bad, WC, ☎ und Sat-TV, Restaurant, Swimmingpool, Fitnessbereich mit Sauna und Whirlpool, Gartenanlagen, Strandnähe, Blick auf die kantabrische Felsküste, C/Madrid, s/n, @, www.hotelalbatros-suances.com, ☎ 0034 (0) 942/84 41 40, Fax 844112.

❹ E-15705 SANTIAGO DE COMPOSTELA
E 1/A-9 ab Ausfahrt Santiago de Compostela ca. 2 km
Hotel San Francisco Monumento ★★★★ restauriertes Franziskanerkloster, am Ende des Jakobswegs, 76 Zi, EZ € 90,– bis 98,–, DZ € 115,– bis 147,–, Suite ab € 145,–, inkl. Frühstück, alle Zi mit Bad, WC, Sat-TV, Internet, Minibar, Safe und Klimaanlage, Zimmerservice, Restaurant, Cafétéria, Konferenzräume, Hallenbad mit Hydromassage, ▤, ♿, G, Campillo San Francisco, 3, @, www.sanfranciscohm.com, ☎ 0034 (0) 981/58 16 34, Fax 571916.

❺ E-26120 ALBELDA DE IREGUA
A-68 ab Logroño N-111 → Soria ca. 15 km, in Albelda → Nalda
Bodega-Hotel La Casa del Cofrade ★★★ im Herzen des Weinanbaugebiets La Rioja, 18 Zi, EZ € 73,60 bis 82,40, DZ € 92,– bis 103,–, Extrabett € 27,– bis 32,–, Frühstück € 9,50 pro Person, Kinder bis 10 Jahre frei, alle Zi mit Du, WC, ☎, TV, Internet und Minibar, Bodegabesuche und Menüs für Gruppen im Bodega-Speisesaal auf Voranmeldung, Lounge im Turmzimmer mit Panoramablick, Besuch des renommierten Bodegas Vinícola Real und Weinprobe für Hotelgäste kostenfrei, idealer Ausgangspunkt für Ausflüge (Jakobsweg, Logroño, Route der Klöster), Ctra. De Nalda, 9, @, www.lacasadelcofrade.com, ☎ 0034 (0) 941/44 44 26, Fax 44 44 27.

❻ E-50012 ZARAGOZA
N-II Madrid-Barcelona ab Ausfahrt Zaragoza Zentrum ca. 3 km
Hotel AC Los Enlaces ★★★★ verkehrsgünstige Lage, 76 Zi, DZ € 60,– bis 95,–, inkl. Frühstück, Zi mit allem Komfort in ansprechendem, modernen Design, Restaurant, freier Coffeeshop, Fitnesscenter, Internet, P, C/Pilar Miró, 1, @, www.ac-hotels.com, ☎ 0034 (0) 976/48 92 22, Fax 76 83 81.

❼ E-17700 LA JONQUERA
AP-7 Kilometer 6, Autobahnraststätte La Jonquera
Hotel AS Porta Catalana ★★★ direkt am spanisch-französischen Grenzübergang, 81 Zi, EZ/DZ € 64,20, Frühstücksbuffet € 8,50, Babybett und Kinder bis 12 Jahre frei, Zi mit Du, WC, ☎, Sat-TV, WiFi und Klimaanlage, Cafetería, Spielzimmer, ♿, Área de La Jonquera, www.ashoteles.es, ☎ 0034 (0) 902/27 32 72 (aus Spanien), 0034 (0) 935/86 34 53 (intern.), Fax 0034 (0) 935/80 63 86.

❽ E-08940 CORNELLÀ DE LLOBREGAT
A-7 und A-2 → Ronda de Dalt ab Ausfahrt 15
Hotel Novotel Cornellà ★★★★ 153 Zi, DZ ab € 65,–, Schlafsofa kostenfrei, inkl. Frühstück, alle Zi mit Bad/Du, WC, TV, Radio, Internet, Klimaanlage, Minibar und Safe, Bar-Restaurant, Terrasse, Pool, ⚬, ♿, Tief-G, Avinguda del Maresme, @, www.accorhotels.com, ☎ 0034 (0) 934/74 70 00, Fax 74 26 29.

❾ E-46960 ALDAIA
A-3, Kilometer 345 ca. 800 m (Einkaufszentrum Bonaire)
Hotel Ibis Valencia Bonaire ★★ 106 Zi, Zi ab € 50,–, inkl. Frühstück, alle Zi klimatisiert mit Du und WC, Restaurant, Bar, WiFi, ⛽, Bus-P, Centro Comercial Bonaire, www.accorhotels.com, ☎ 0034 (0) 961/57 96 21, Fax 57 92 10.

❿ E-40001 SEGOVIA
A-6 ab Ausfahrt → Segovia ca. 30 km
Hotel Infanta Isabel ★★★ am historischen Hauptplatz der geschichtsträchtigen und malerisch gelegenen Stadt, 39 Zi, DZ € 70,– bis 95,–, inkl. Frühstück, alle Zi mit Bad, WC, ☎, Digital-TV, ADSL, Minibar, Safe und Klimaanlage, Cafetería-Restaurant, P in der Nähe, Plaza Mayor, 12, @, www.hotelinfantaisabel.com, ☎ 0034 (0) 921/46 13 00, Fax 46 22 17.

⓫ E-28801 ALCALÁ DE HENARES
A-2 ab Ausfahrt Alcalá de Henares ca. 3 km
Hotel Husa el Bedel ★★★ im Stadtkern gelegen, 50 Zi, DZ € 60,– bis 110,–, inkl. Frühstück, alle Zi mit Bad, WC, Fön, ☎, TV, Radio, Internet, Minibar, Safe und Klimaanlage, Bar-Cafeteria, G, Plaza San Diego, 6, @, www.husa.es, ☎ 0034 (0) 918/89 37 00, Fax 89 37 16.

⓬ E-45002 TOLEDO
ab N-401 ca. 1 km
Hotel San Juan de los Reyes ★★★★ renovierte ehemalige Schwertmanufaktur und Getreidemühle im neomaurischen Stil, DZ € 84,– bis 140,–, inkl. Frühstücksbuffet, alle Zi mit Bad, WC, Sat- und Digital-TV, ADSL, Minibar, Safe und Klimaanlage, Bar-Lounge, Konferenzräume, Hydromassage, G, C/Reyes Católicos, 5, @, www.hotel-sanjuandelosreyes.com, ☎ 0034 (0) 925/28 35 35, Fax 22 14 10.

⓭ E-37008 SALAMANCA
ab N-501 und N-620
Hotel Puente Romano Salamanca ★★★★ am Flussufer gegenüber der Altstadt gelegen, neu erbaut, 35 Zi, DZ € 66,– bis 125,–, inkl. Frühstück, alle Zi mit Bad, WC, Fön, ☎, Sat-TV, ADSL, Minibar, Klimaanlage und Balkon, Café-Restaurant, begrünter Patio mit Pool, G, Plaza Chica, 10, @, www.hotelpuenteromanodesalamanca.com, ☎ 0034 (0) 923/19 37 36, Fax 19 37 36.

⓮ E-03320 TORRELLANO-ELCHE
A-70, Kilometer 25, Autobahnraststätte Elche
Hotel AS Express Elche ★★★ 52 Zi, EZ/DZ € 55,64, Frühstücksbuffet € 8,50 pro Person, großzügige Zi mit Du, WC, ☎, Sat-TV, WiFi und Klimaanlage, Cafetería, ♿, Área de Elche, www.ashoteles.es, ☎ 0034 (0) 902/27 32 72 (aus Spanien), 0034 (0) 935/86 34 53 (international), Fax 0034 (0) 935/80 63 86.

⓯ E-14006 CÓRDOBA
N-IV ab Ausfahrt Córdoba-Zentrum ca. 5 km
Hotel AC Córdoba ★★★★ im modernen Stadtteil neben dem AVE-Bahnhof, 98 Zi, DZ € 60,– bis 165,–, inkl. Frühstück, Zi mit allem Komfort in ansprechendem modernen Design, Restaurant, Konferenzmöglichkeiten, freier Coffeeshop, Fitnesscenter, Internet, wenige Gehminuten von historischer Altstadt und Einkaufsstraßen entfernt, P, Avda. de la Libertad 24, s/n, @, www.ac-hotels.com, ☎ 0034 (0) 957/76 83 80, Fax 76 83 81.

⓰ E-18329 GUADIX
A-92 ab Ausfahrt 292
Hotel Abades Reina Maria ★★★★ 44 Zi, DZ € 60,– bis 85,–, inkl. Frühstück, alle Zi mit Bad, WC, ☎, Digital-TV, Internet und Minibar, Restaurant, Bar, Self-Service, Konferenzräume, Ladengalerie, ideal für Zwischenübernachtung oder als Ausgangspunkt für Erkundungstouren durch Ost-Andalusien, in der Nähe die bekannten Höhlenwohnungen, interessante Angebote für 🚐, P, @, www.abades.com, ☎ 0034 (0) 958/66 63 97, 0034 (0) 902/32 38 00 (nur aus Spanien), Fax 0034 (0) 902/32 38 04.

❺

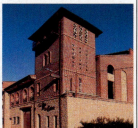

Bodega-Hotel La Casa del Cofrade, Albelda de Iregua

⓫

Hotel Husa el Bedel, Alcalá de Henares

⑲

**Hotel
Andalusí Park,
Benacazón**

⑰ E-18011 GRANADA
A-92 ab Ausfahrt Huétor-Santillán/El Fargue ca. 3 km
Hotel San Gabriel ★★★ ruhige Lage, 62 Zi, DZ ab € 46,73, inkl. Frühstück, alle Zi mit Bad, WC, ☎, Sat-TV und Klimaanlage, teils Balkon, Bar-Restaurant, Gartenanlagen mit Pool, geführte Alhambra-Besichtigung mit Transfer ab Hotel buchbar, G, Ctra. de Murcia, @, www.hoteles-ma.es, ☎ 0034(0)958/201211, Fax 201200.

⑱ E-11370 LOS BARRIOS
N-340 bei Kilometer 113
Hotel Guadacorte Park ★★★★ am Golf von Gibraltar, 116 Zi, DZ ab € 60,–, inkl. Frühstück, alle Zi mit Bad, WC, ☎, Sat-TV, Safe, Minibar und Klimaanlage, Bar-Restaurant, Konferenzräume für 15 bis 500 Personen, großzügige Parkanlage mit 2 Pools, in der Nähe des Fährhafens von Algeciras, Ctra. Cádiz-Málaga, @, www.hotelguadacortepark.com, ☎ 0034(0)956/677500, Fax 678600.

⑲ E-41805 BENACAZÓN A-49 bei Kilometer 16
Hotel Andalusí Park ★★★★ 200 Zi, EZ/DZ ab € 60,–, inkl. Frühstück, 1. Kind frei, alle Zi mit Bad, WC, Sat-TV, ADSL, Safe, Minibar, Klimaanlage und Balkon, Restaurant, Cafetería, Konferenzräume, Wellnessbereich, Pool, Hallenbad, Park, Friseur, freier Shuttleservice nach Sevilla, Angebote für 🚌, überwachter P, Autovía Sevilla-Huelva, @, www.hotelandalusipark.com, ☎ 0034(0)955/705600, Fax 705079.

⑳ E-06010 BADAJOZ ab N-V/E-90 ca. 1 km
Hotel Badajoz Center ★★★★ verkehrsgünstig im neuen Stadtteil gelegen, 88 Zi, DZ € 78,– bis 150,–, inkl. Frühstück, alle Zi mit Bad, WC, ☎, TV, Internet, Safe und Klimaanlage, Restaurant, Pool, wenige Gehminuten zur Altstadt, G, Av. Damián Tellez Lafuente, s/n, @, www.hotelescenter.es, ☎ 0034(0)924/212000, Fax 212002.

Portugal

㉑ P-4910 VILA PRAIA DE ÂNCORA
Hotel Meira ★★★ 52 Zi, EZ € 50,–, DZ € 60,–, inkl. Frühstück, alle Zi mit Bad/Du, WC und TV, Klimaanlage, Lift, Restaurant, Konferenzräume für 25-150 Personen, Schwimmbad, 🍴, ⚕, G, Rua 5 de Outubro 56, @, www.hotelmeira.com, ☎ 00351258/911111+912496, Fax 911489.

㉒ P-4480 VILA DO CONDE E 1 (30 km vor Porto)
Hotel Santana ★★★★ 75 Zi verschiedener Kategorien, EZ € 72,– bis 83,–, DZ € 95,– bis 109,–, 10 Suiten, Zi mit Bad, WC, Fön, Handtuch-Trockner, ☎, TV, Radio, Internet, Klimaanlage, Safe und Minibar, Restaurant, Bar, Festsaal bis 300 Personen, Konferenzraum bis 120 Personen, Wellnessbereich, ▣, 160 Vila do Conde, @, www.santanahotel.net, ☎ 00351252/640460, Fax 642693.

㉓ P-3800 AVEIRO
Hotel Imperial ★★★ 103 Zi, EZ € 45,– bis 55,–, DZ € 63,– bis 70,–, 4 Suiten, inkl. Frühstück, Zi mit Bad/Du, WC, ☎, TV, Internet, Minibar, Safe und Klimaanlage, Lift, Restaurant, Konferenzraum für 25 bis 250 Personen, ▣, ⚕, Rua Dr. Nascimento Leitão, @, www.hotelimperial.pt, ☎ 00351234/380150, Fax 380159.

㉔ P-6300 GUARDA
ab Grenze E 3 → Guarda 48 km
Hotel De Turismo ★★★ schöne Aussichtslage, 102 Zi, EZ € 77,–, DZ € 94,–, inkl. Frühstück, Zi mit Bad/Du, WC, ☎, TV, Radio, Internet, Klimaanlage und Minibar, Lift, Restaurant, Konferenzräume für 25 bis 300 Personen, Freibad, ▣, 🍴, G, Praça do Município, @, www.hturismoguarda.com, ☎ 00351271/223366, Fax 223399.

㉕ P-3000 COIMBRA
ab Ausfahrt 7 km
Hotel Tivoli Coimbra ★★★★ 100 Zi, EZ ab € 130,–, DZ ab € 150,–, 5 Suiten, inkl. Frühstück, Zi mit Bad/Du, WC, ☎, TV, Minibar, Safe und Klimaanlage, Lift, Restaurant, Bar, Internet, Konferenzräume für 25 bis 120 Personen, Fitnessraum, Hallenbad, ▣, 🍴, G, 4 Rua João Machado, @, www.tivolihotels.com, ☎ 00351239/858300, Fax 858345.

㉖ P-2600 VILA FRANCA DE XIRA
ab Ausfahrt 3 km
Hotel Flora ★ 21 Zi, EZ € 45,– DZ € 52,–, inkl. Frühstück, Zi mit Bad oder Du, WC, ☎ und TV, Restaurant, ▣, 🍴, 12 Rua Noel Perdigão, ☎ 00351263/271272, Fax 276538.

㉗ P-2754 CASCAIS
ab Ausfahrt 20 km
Hotel Baía ★★★ schöne Aussichtslage, 105 Zi, EZ € 55,– bis 150,–, DZ € 75,– bis 215,–, 8 Suiten, inkl. Frühstück, VP EZ ab € 123,–, DZ ab € 174,–, Zi mit Bad/Du, WC, ☎, TV und Klimaanlage, Lift, Restaurant, Konferenzräume bis 180 Personen, Hallenbad, ▣, 🍴, ⚕, P, Av. Marginal, @, www.hotelbaia.com, ☎ 00351214/831033, Fax 831095.

㉘ P-2950 PALMELA
ab Ausfahrt Palmela 3 km
Hotel Pousada de Palmela ★★★★ sehr ruhige Aussichtslage, 28 Zi, EZ € 166,– DZ € 176,–, inkl. Frühstück, Zi mit Bad/Du, WC, ☎, TV, Internet, Minibar, Safe und Klimaanlage, Lift, Restaurant, ▣, 🍴, P, Castelo de Palmela, @, www.pousadas.pt, ☎ 00351212/351226, Fax 330440.

㉙ P-7000 ÉVORA
ab E 4 → N 114 ca. 30 km
Hotel Santa Clara garni ★ komplett renoviert, 41 Zi, EZ € 44,–, DZ € 55,–, inkl. Frühstück, Zi mit Bad oder Du, WC, ☎, TV, kostenlose Internetverbindung und Klimaanlage, Lift, ▣, P, Travessa da Milheira, 19, @, www.hotelsantaclara.pt, ☎ 00351266/704141, Fax 706544.

㉚ P-7800 BEJA ab N 121 → 2 km
Pension Cristina ★★★★ 31 Zi, EZ € 40,–, DZ € 52,–, inkl. Frühstück, Zi mit Bad/Du, WC, ☎, TV und Klimaanlage, Lift, Bar, Fernsehraum, Safe, ▣, 🍴, Rua de Mértola, 71, ☎ 00351284/323035, Fax 320460.

㉛ P-7520 SINES ab Ausfahrt 1000 m
Pension Albergaria Dom Vasco ★★★ ruhige Lage, 27 Zi, EZ € 120,– bis 155,–, DZ € 140,– bis 190,–, inkl. Frühstück, Zi mit Bad oder Du, WC, ☎, TV und Klimaanlage, Lift, ▣, 🍴, ⚕, Rua do Parque, @, www.domvasco.com, ☎ 00351269/630960, Fax 630970.

㉜ P-8650 SAGRES ab Lagos 33 km
Hotel Memmo Baleeira ★★★★ ruhige Aussichtslage mit Blick auf das Meer, 105 Zi, EZ € 85,– bis 140,–, DZ € 95,–, Suite € 120,– bis 187,–, inkl. Frühstücksbuffet, Zi mit Bad/Du, WC, ☎, LCD-TV, Klimaanlage, Safe und Minibar, Restaurant, Café, Bar, Konferenzräume für 10 bis 120 Personen, Schwimmbad, ▣, P, @, www.memmobaleeira.com, ☎ 00351282/624212, Fax 624425.

㉝ P-8000 FARO ab N 125 ca. 1000 m
Hotel Faro ★★★★ 90 Zi, EZ € 75,– bis 123,–, DZ € 95,– bis 143,–, inkl. Frühstück, Zi mit Bad/Du, WC, ☎, Kabel-TV, Radio, Internet, Minibar, Safe, Klimaanlage und Zimmerservice, Restaurant, Bar, 6 Konferenzräume, Praca D. Francisco Gomes 800-162 Faro, @, www.hotelfaro.pt, ☎ 00351289/830830, Fax 830829.

Kontakt Spanien: Turespaña - Instituto de Turismo de España, C/José Lázaro Galdiano, 6, E-28071 Madrid, prensasegitur@spain.info, www.spain.info, Tel.00 34 (0)91/3 43 35 00
Vertretung in Deutschland: Spanisches Fremdenverkehrsamt, Kurfürstendamm 63, D-10707 Berlin, berlin@tourspain.es, www.spain.info, Tel. 00 49 (0)30/8 82 65 43, Fax 8 82 66 61
Kontakt Portugal: Turismo de Portugal, I.P., Rua Ivone Silvia, Lote 6, P-1050 Lisboa, correio@turismodeportugal.pt, www.turismodeportugal.pt, Tel. 00 351/2 17/81 00 00, Fax 93 75 37
Vertretung in Deutschland: ICEP Portugal Handels- und Touristikamt, Schäfergasse 17, D-60313 Frankfurt, info@visitportugal.com, www.visitportugal.com, Tel. 00 49 (0)1 80/5 00 49 30 (D 0,12/Minute), Fax 00 49 (0) 69/9 20 72 60

Reisen nach
Frankreich

Frankreich

In Frankreich, ca. 550 000 km² groß, leben über 60 Millionen Menschen, 110 auf dem Quadratkilometer und drei von vieren in der Stadt. Zu den Volksgruppen mit eigenständiger Sprache zählen Bretonen, Elsässer, Korsen und Basken. In Paris registriert man inzwischen über 2 Millionen Einwohner. Frankreich besitzt einen überwältigenden Reichtum an Kulturdenkmälern (wie die gotischen Kathedralen) aller Epochen und eine große Anzahl touristischer Attraktionen: das Tal der Loire mit seinen berühmten Schlössern, die französische Riviera, die Provence, Pyrenäen, Vogesen und Zentralmassiv, über hundert Heilbäder und die supermodernen Skiorte in Hochsavoyen und in der Dauphiné.

Einreise

Zur Einreise nach Frankreich mit Kraftfahrzeug werden benötigt: Reisepass oder Personalausweis, Führerschein, Kraftfahrzeugschein und Nationalitätskennzeichen sowie grüne Versicherungskarte.

Währung

1 € (Euro) = 100 Cent

Besondere Verkehrsbestimmungen

Es besteht Anschnallpflicht, sowie die Pflicht für das Mitführen von Warnwesten. Die Promillegrenze liegt bei 0,5. Autofahrern wird empfohlen, ganzjährig auch tagsüber mit Abblendlicht zu fahren (keine Pflicht). Motorradfahrer und Mopedfahrer müssen Schutzhelm tragen und auch am Tage mit Abblendlicht fahren. Lichtpflicht bei Regen und Schnee. Vorfahrtsstraßen enden an den Ortsschildern. Straßenbahnen haben immer Vorfahrt. Gelbe Streifen am Fahrbahnrand markieren Parkverbot. In der Zone Bleu darf nur mit Parkscheibe geparkt werden.

Autobahn

Französische Autobahnen sind meistens mautpflichtig. Die Bezahlung an der Mautstelle (Péage) erfolgt per Automat mit Kleingeld. Bezahlung mit ausländischen Banknoten oder Kreditkarten nur über das Péage-Personal (auf rechter Fahrspur einordnen).

Höchstgeschwindigkeiten

Autobahn 130 km/h, bei Regen 110 km/h. Schnellstraße 110 km/h, bei Regen 80 km/h, Landstraßen

Eiffelturm, Paris

90 km/h, bei Nässe 80 km/h, innerorts 50 km/h. Fahranfänger, die noch keine 2 Jahre die Fahrerlaubnis besitzen, fahren außerorts höchstens 80 km/h, auf Autobahnen höchstens 110 km/h.

Tunnel, gebührenpflichtig

- Fréjus-Tunnel
- Mont Blanc-Tunnel
- Eurotunnel: Calais - Folkestone (GB)

Pannenhilfe

Auf Autobahnen über Notrufsäule. Sie sind dann mit der Polizei verbunden. Die Polizei verständigt den offiziellen Abschleppdienst, der auch kleinere Fehler beheben kann. Pannenhilfe auf allen anderen Straßen über Polizeinotruf Tel. 17 oder AIT-Assistance Tel. 08 00/08 92 22, Feuerwehr Tel. 18, Rettungsdienst Tel. 15 oder 112.

Tanken, Ladenschluss

Frankreich besitzt kein Ladenschluss-Gesetz. Geschäfte halten meist bis 19 Uhr offen. Tankstellen auf Autobahnen sind durchgehend geöffnet. Dort werden auch Lebensmittel, Gemischtwaren und Zeitschriften angeboten.

Autofähren, ganzjährig

nach Großbritannien:
- Boulogne – Dover, täglich bis 5 x
- Calais – Dover (Hovercraft), täglich bis 30 x
- Le Havre – Portsmouth, 1 x täglich
zu den Kanal-Inseln:
- St. Malo – Jersey, täglich bis 2 x
- St. Malo – Guernsey, täglich bis 2 x
nach Korsika:
- www.corsicaferries.com

Telefonieren

Internationale Ländervorwahl nach Frankreich: 00 33.

Wasserschloss an der Loire

Kontakt: Maison de la France, 23, Place de Catalogne F-75685 Paris, service.info@franceguide.com, www.franceguide.com, Tel. 00 33 (0)1/42 96 70 00, Fax 42 96 70 71
Vertretung in Deutschland: Maison de la France, Zeppelinallee 37, D-60325 Frankfurt/Main, info.de@franceguide.com, www.franceguide.com/de, Tel. 00 49 (0)90 01/57 00 25*, Fax 59 90 61* (* € 0,49/Minute)

Maßstab 1 : 7.000.000

Beispiel: `1` Autobahn-Nummer → `351` + `352` Karten-Nummern

`1` → `351` + `352`	`11` → `350`	`35` → `359`	`52` → `363`	`81` → `350`	`352` → `359`
`2` → `351`	`12` → `352`	`36` → `360`	`54` → `362` + `364`	`83` → `350` + `353` + `354`	`404` → `361`
`3` → `352`	`13` → `350`	`38` → `360`	`55` → `362` + `363`	`84` → `350`	`430` → `361`
`4` → `352` + `358` + `359`	`14` → `352`	`39` → `360`	`57` → `363`	`85` → `350` + `353`	`432` → `361`
`5` → `352`	`15` → `352`	`40` → `361`	`61` → `364`	`86` → `352`	`480` → `361`
`5A` → `352`	`16` → `350` + `351`	`41` → `361`	`62` → `354`	`87` → `350`	`570` → `363`
`5B` → `352`	`19` → `352`	`42` → `361`	`63` → `365`	`89` → `356`	`620` → `356` + `364` + `365`
`6` → `352` + `360` + `361`	`20` → `355` + `356`	`43` → `361`	`64` → `365`	`103` → `352`	`630` → `354` + `365`
`6A` → `352`	`26` → `351` + `352`	`46` → `361`	`66` → `364`	`104` → `352`	`641` → `365`
`6B` → `352`	`28` → `350`	`47` → `357`	`68` → `364`	`115` → `352`	`660` → `354` + `365`
`7` → `361` + `362`	`29` → `350` + `351`	`48` → `361`	`71` → `350` + `353` + `355`	`140` → `352`	`710` → `355` + `356` + `357`
`8` → `363`	`30` → `358`	`49` → `361`	`72` → `357`	`320` → `359`	`711` → `355` + `356` + `357`
`9` → `362` + `364`	`31` → `358` + `360`	`50` → `363`	`75` → `357` + `364`	`350` → `359`	`719` → `355`
`10` → `350` + `353` + `354`	`33` → `358`	`51` → `362`	`77` → `355`	`351` → `359`	`837` → `354`

313

Maßstab 1 : 4.000.000

---

1 F-50220 **DUCEY**
A 84 ab Ausfahrten
Le Gué du Holme ★★★ 10 Zi, Zi € 65,– bis 95,–, Frühstück € 11,– pro Person, HP möglich, alle Zi mit Bad/Du, WC, 📞 und TV, Restaurant, Menü ab € 28,–, Garten, ▭, 📶, 👶, P, Saint-Quentin-sur-le-Homme, @, www.le-gue-du-holme.com, 📞 **0033(0)233606376**, Fax 0033(0)233600677.

2 F-76380 **MONTIGNY**
A 150 ab Ausfahrt Maromme
Le Relais de Montigny ★★★ im Grünen gelegen, 22 Zi, DZ € 86,– bis 96,–, Frühstück € 12,– pro Person, alle Zi mit Bad/Du, WC, 📞, Sat-TV und Internet, teils Terrasse, traditionelle Küche, 3 Seminarräume, ▭, G, P, Rue du Lieutenant Aubert, @, www.relais-de-montigny.com, 📞 **0033(0)235360597**, Fax 0033(0)235361960.

3 F-62200 **BOULOGNE-SUR-MER**
A 16 ab Ausfahrten 32 und 31
Hotel Métropole ★★ 25 Zi, EZ € 70,– bis 75,–, DZ € 89,– bis 97,–, Frühstück € 10,– pro Person, alle Zi mit Du, WC, 📞, TV, WLAN, Minibar und Klimaanlage, Lift, Restaurant, Garten, ▭, G € 9,–, 51, rue Thiers, @, www.hotel-metropole-boulogne.com, 📞 **0033(0)321315430**, Fax 0033(0)321304572.

4 F-62930 **WIMEREUX**
A 16 ab Ausfahrten 33 und 32
Hotel Cyprin ★★★ 24 renovierte Zi, EZ € 48,–, DZ € 58,– bis 76,–, Mehrbett-Zi € 68,– bis 110,–, Frühstück € 8,– pro Person, HP möglich, alle Zi mit Bad/Massage-Du oder Whirlpool, WC, 📞 und TV, teils Schreibtisch mit Laptop-Anschluss, Restaurant mit vielseitigen Speisen, Saal bis 80 Personen, 👶 € 6,50, 12, rue Carnot, @, www.hotel-cyprin-wimereux.com, 📞 **0033(0)321324104**, Fax 0033(0)321834555.

5 F-62231 **BLÉRIOT PLAGE** A 16 ab Ausfahrt 43
Hôtel-Restaurant Les Dunes ★★ Strandnähe, 9 Zi, Zi € 55,– bis 69,–, Familien-Zi € 95,– bis 122,–, Frühstück € 8,– pro Person, alle Zi mit Bad/Du, WC, 📞 und TV, Restaurant, Menü € 18,– bis 38,–, à la carte, Kinderspielplatz, ▭, 24 Stunden geöffnet, Restaurant September-Juli So Abend und Mo ./., 48, rte Nationale, www.les-dunes.com, 📞 **0033(0)321345430**, Fax 0033(0)321971763.

6 F-62100 **CALAIS** A 16 ab Ausfahrt 44 → centre ville → gare 1,5 km
Hotel Mercure ★★★ 41 Zi, renoviert, Zi € 75,– bis 105,–, Frühstücksbuffet € 14,– pro Person, alle Zi mit Bad/Du, WC, Fön, Minibar und Klimaanlage, klimatisiertes Restaurant, Menü ab € 18,50, Bar, Konferenzraum, ▭, 👶, 👶, geschlossener P frei, 36, rue Royale, @, 📞 **0033(0)321976800**, Fax 0033(0)321973473 **(Bild siehe Route 351)**.

Unter *www.autobahn-guide.com* können Sie Ihr Zimmer per Fax oder E-Mail reservieren.

❼ F-60000 BEAUVAIS
A 16 ab Ausfahrt 15 → Espace St. Germain 300 m
Hostellerie Saint Vincent ★★ 48 Zi, DZ € 69,– bis 95,–, Frühstücksbuffet € 9,– pro Person, alle Zi mit Bad/Du, WC, ☏ und Sat-TV, Restaurant, Menü ab € 13,–, Kindermenü ab € 9,–, Bar, Konferenzraum, Dampfbad, Whirlpool, Terrasse, Internet, ☏, ⚲, &, großer P, Rue de Clermont, @, www.stvincent-beauvais.com, ☏ **0033(0)344055294**, Fax 0033(0)344055294.

❽ F-75010 PARIS
Hôtel Aida-Marais ★★★ 51 Zi, EZ € 110,– bis 150,–, DZ € 120,– bis 180,–, Frühstücksbuffet € 12,–, alle Zi mit Bad/Du, WC, ☏, Sat-TV, Radio, WLAN und Safe, Restaurant, Bar, Billard, ☒, ☰, 19, rue du Château d'Eau, www.hotel-aida-marais-paris.com, ☏ **0033(0)142018420**, Fax 0033(0)142395512.

❾ F-35135 CHANTEPIE
Hôtel Restaurant Les Loges ★★ 46 Zi, EZ € 46,– bis 63,–, Zi € 48,– bis 84,–, Familien- und Nichtraucher-Zi, Frühstücksbuffet € 8,– pro Person, alle Zi mit Bad, WC, ☏, TV und WLAN, Restaurant, Bar, Seminarräume, Terrasse, ☰, ☒ € 4,–, &, -Zi, privater P, 8, Rue du Moulin, @, www.hotel-lesloges-rennes.fr, ☏ **0033(0)299416767**, Fax 0033(0)299414809.

❿ F-53000 LAVAL A 81 ab Ausfahrt
Hôtel du Centre Ville ★★ im Zentrum, 42 Zi, EZ € 47,–, DZ € 54,–, Familien-Zi, Frühstücksbuffet € 7,– pro Person, alle Zi mit Du, WC, ☏ und TV, 2 Seminarräume, G € 6,–, 8, Avenue Robert Buron, @, www.hotel-laval.com, ☏ **0033(0)243671925**, Fax 0033(0)243568283.

⓫ F-28400 NOGENT LE ROTROU
A 11 ab Ausfahrt 4 → Nogent-le-Rotrou → centre 22 km
Hotel au Lion d'Or ★★ 18 Zi, EZ € 48,–, DZ € 54,–, Mehrbett-Zi € 75,– bis 95,–, Nichtraucher-Zi, Frühstück € 6,50 pro Person, alle Zi mit Du, WC, Fön, ☏, Sat-TV und WiFi (CPL), ☒, ☰, P frei, 28 place du Général de St Pol, contact@hotel-chartres-le-mans.com, www.hotel-chartres-le-mans.com, ☏ **0033(0)237520160**, Fax 0033(0)237522382.

⓬ F-77300 FONTAINEBLEAU A 6 ab Ausfahrt Fontainebleau
Centrum oder A 5 Ausfahrt Melun → centre ville 10 km
Hotel Victoria ★★ ruhig gelegen, 20 Zi, EZ € 79,–, DZ € 97,–, Frühstück € 8,– pro Person, helle gemütliche Zi, alle Zi mit Bad/Du, WC, ☏, Sat-TV und WiFi, Bar, Garten, Terrasse, nach Paris 40 Minuten mit der Bahn, ☰, geschlossener P, 112, rue de France, @, www.hotelvictoria.com, ☏ **0033(0)160749000**, Fax 0033(0)160749010.

⓭ F-44000 NANTES
Hotel Pommeraye ★★★ 50 Zi, EZ € 54,– bis 94,–, DZ € 59,– bis 114,–, Mehrbett-Zi € 89,– bis 188,–, Frühstücksbuffet € 9,40 pro Person, alle Zi mit Bad, WC, ☏, Sat-TV und Internetanschluss, Lift, Konferenzraum bis 50 Personen, Bibliothek, ☰ € 5,–, kostenfreier P, 2 rue Boileau, @, www.hotel-pommeraye.com, ☏ **0033(0)240487879**, Fax 0033(0)240476375.

⓮ F-44150 ANCENIS A 11 ab Ausfahrt 20
Hotel Akwaba ★★ 56 Zi, EZ € 59,90 bis 69,90, DZ € 65,– bis 79,–, Suite, Pension, Frühstücksbuffet € 7,95 pro Person, alle Zi mit Du, WC und TV, teils Jacuzzi, Lift, Restaurant, 2 klimatisierte Seminarräume für 6-50 Personen, &, P, Restaurant Fr Abend bis So Abend geschlossen, Les Arcades, @, www.hotel-akwaba.com, ☏ **0033(0)240833030**, Fax 0033(0)240832510.

⓯ F-49000 ANGERS A 11, A 87 ab Ausfahrten
Le Relais d'Orgemont ★★ 42 Zi, EZ € 65,–, DZ € 78,–, Frühstück € 9,– pro Person, alle Zi mit Du, WC, Fön, ☏, Sat-TV und Canal+, Restaurant mit Klimaanlage, Menü ab € 18,50, Kindermenü € 8,–, Konferenzraum, kostenfreies WLAN, ☰, ☒, &, P, 8, rue de l'Hirondelle, @, www.relais-orgemont.fr, ☏ **0033(0)241663045**, Fax 0033(0)241676760.

⓰ F-49400 SAUMUR
A 11, A 87 ab Ausfahrten
Hotel Kyriad Saumur ★★★ 29 Zi, Zi € 58,– bis 99,–, Familien-Zi € 89,– bis 99,–, Frühstück € 8,– pro Person, alle Zi mit Bad/Du, WC, ☏ und TV (Canal+), WLAN, G € 7,–, 23, rue Daillé, @, www.central-kyriad.com, ☏ **0033(0)241510578**, Fax 0033(0)241678235.

⓱ F-41000 BLOIS
A 10 ab Ausfahrt 17 → Blois centre
Hôtel-Restaurant Le Monarque ★★ 24 Zi, EZ und DZ ab € 55,–, Frühstück € 7,– pro Person, alle Zi mit Bad/Du, WC, ☏ und TV, Restaurant mit regionaler Küche, Weine aus dem Loire-Tal, Bar, Terrasse, G, P, 61, rue Porte Chartraine, @, ☏ **0033(0)254780235**, Fax 0033(0)254748276.

⓲ F-45130 MEUNG-SUR-LOIRE
A 10 ab Ausfahrt 15 → Meung → centre 4 km
Auberge Saint Jacques ausgefallenes Gästehaus, 6 Zi, EZ und DZ € 60,– bis 100,–, inkl. Frühstück, individuelle und romantische Zi mit Du, WC, ☏ und TV, teils Kühlschrank, Beauty-Accessoires und Safe, klimatisiertes Restaurant, traditionelle leichte Küche, auf der „Route du Château de la Loire" gelegen, 60, rue Général de Gaulle, www.auberge-saint-jacques.com, ☏ **0033(0)238443039**.

⓳ F-85000 LA ROCHE-SUR-YON
A 83 ab Ausfahrten
Hotel Napoléon ★★★ 29 Zi, EZ € 56,– bis 61,–, DZ € 66,50 bis 71,50, Nichtraucher-Zi, inkl. Frühstück, alle Zi mit Bad oder Du, WC, ☏, Sat-TV, WLAN, Klimaanlage und Minibar, Lift, Konferenzraum bis 90 Personen, ☰, ☰, G, P, 50 Boulevard A. Briand, @, www.inter-hotel.com, ☏ **0033(0)251053356**, Fax 0033(0)251620169.

⓴ F-37210 ROCHECORBON
A 10 ab Ausfahrt 20
Les Hautes Roches ★★★★ schöne Aussicht, 15 Zi, DZ € 150,– bis € 295,–, Frühstück € 20,– pro Person, alle Zi mit Bad oder Du und TV, Lift, Garten- und Terrassenrestaurant, sehr gute Küche, Konferenzraum, Garten, Freibad, ☰, ☒, P, 86, Quai Loire, @, www.leshautesroches.com, ☏ **0033(0)247528888**, Fax 0033(0)247528130.

㉑ F-37000 TOURS
Hôtel Univers und Restaurant la Touraine ★★★ 85 Zi, EZ/DZ € 198,– bis 270,–, 8 Suiten, Nichtraucher-Zi, Frühstücksbuffet € 18,– pro Person, Zi mit Bad/Du, WC, ☏, TV, WLAN und Klimaanlage, Lift, Restaurant, Menü € 29,–, Konferenzräume, Festsäle, ☰, &, -Zi, G, 5 bd. Heurteloup, www.hotel-univers.fr, ☏ **0033(0)247053712**, Fax 0033(0)247651580.

㉒ F-37000 TOURS
A 10 ab Ausfahrt 21
Hotel Mirabeau ★★ 25 Zi, DZ € 47,– bis 58,–, Frühstück € 7,50 pro Person, alle Zi mit Bad/Du, WC, ☏-Anschluss und TV, Lift, ☰, ☒, G € 6,–, 89, bis bd Heurteloup, @, www.hotel-mirabeau.fr, ☏ **0033(0)247052460**, Fax 0033(0)247053109.

㉓ F-86100 CHÂTELLERAULT
A 10 ab Ausfahrt
Hotel-Restaurant L'Univers ★★ 29 Zi, DZ € 44,50 bis 54,–, Frühstück € 6,80 pro Person, alle Zi mit Bad/Du, WC, TV und Internet, Lift, Restaurant, Saal bis 200 Personen, ☒, &, privater P € 6,50, 4, Av. Georges Clémenceau, www.hotelrestaurantdelunivers.com, ☏ **0033(0)549212353**, Fax 0033(0)549210072.

㉔ F-36100 ISSOUDUN
A 20 ab Ausfahrten 9 und 12
Hôtel de La Gare mit Restaurant La Locomotive ★★ im Stadtzentrum, 14 Zi, Zi € 29,– bis 54,–, Frühstück € 6,– pro Person, alle Zi mit Bad, WC, TV und WLAN, Menü € 10,– bis 29,–, Kindermenüs, ☰, ☒, &, P, 7, bd Pierre Favreau, @, ☏ **0033(0)254211159**, Fax 0033(0)254217301.

㉕ F-45000 ORLÉANS
A 71 ab Ausfahrt 1 → Orléans centre 5 km
Inter Hotel Terminus ★★★ zentrale Lage, 47 ruhige Zi, EZ € 85,– bis 105,–, DZ € 90,– bis 110,–, Frühstücksbuffet € 10,– pro Person, alle Zi modernisiert mit Bad/Du, WC ☏ und Sat-TV, teils Balkon und Klimaanlage, Lift, Seminarräume, Freizeitmöglichkeiten in der Nähe, 50 m bis Bahnhof, ☰, ☰, 40, rue de la République, @, www.terminus-orleans.com ☏ **0033(0)238532464**, Fax 0033(0)238532418 (**Bild siehe Route 353**).

㉖ F-86000 POITIERS A 10 ab Ausfahrt 29
Hotel Come Inn ★★ 45 Zi, EZ € 45,– DZ € 52,–, Nichtraucher-Zi, Frühstück € 7,50 pro Person, alle Zi mit Bad/Du, WC, TV, Garten-, Terrassenrestaurant, Konferenzraum für 15 bis 30 Personen, Fitnessraum, ☰, &, P, 13, r. Albin Haller, Z.I. République 2, @, www.hotelcomeinn.com, ☏ **0033(0)549884242**, Fax 0033(0)549884244.

⓬

Hotel
Victoria,
Fontainebleau

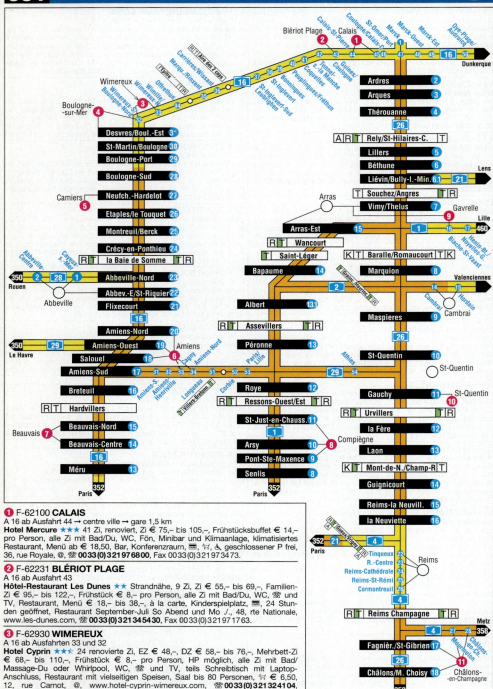

1 F-62100 **CALAIS**
A 16 ab Ausfahrt 44 → centre ville → gare 1,5 km
Hotel Mercure ★★★ 41 Zi, renoviert, Zi € 75,– bis 105,–, Frühstücksbuffet € 14,– pro Person, alle Zi mit Bad/Du, WC, Fön, Minibar und Klimaanlage, klimatisiertes Restaurant, Menü ab € 18,50, Bar, Konferenzraum, ☐, ⌂, ⌂, geschlossener P frei, 36, rue Royale, @, ☎ **0033(0)321976800**, Fax 0033(0)321973473.

2 F-62231 **BLÉRIOT PLAGE**
A 16 ab Ausfahrt 43
Hôtel-Restaurant Les Dunes ★★ Strandnähe, 9 Zi, Zi € 55,– bis 69,–, Familien-Zi € 95,– bis 122,–, Frühstück € 8,– pro Person, alle Zi mit Bad/Du, WC, ☎ und TV, Restaurant, Menü € 18,– bis 38,–, à la carte, Kinderspielplatz, ☐, 24 Stunden geöffnet, Restaurant September-Juli So Abend und Mo ./., 48, rte Nationale, www.les-dunes.com, ☎ **0033(0)321345430**, Fax 0033(0)321971763.

3 F-62930 **WIMEREUX**
A 16 ab Ausfahrten 33 und 32
Hotel Cyprin ★★★ 24 renovierte Zi, EZ € 48,–, DZ € 58,– bis 76,–, Mehrbett-Zi € 68,– bis 110,–, Frühstück € 8,– pro Person, HP möglich, alle Zi mit Bad/Massage-Du oder Whirlpool, WC, ☎ und TV, teils Schreibtisch mit Laptop-Anschluss, Restaurant mit vielseitigen Speisen, Saal bis 80 Personen, ⌂ € 6,50, 12, rue Carnot, @, www.hotel-cyprin-wimereux.com, ☎ **0033(0)321324104**, Fax 0033(0)321834555.

4 F-62200 **BOULOGNE-SUR-MER** A 16 ab Ausfahrten 32 und 31
Hotel Métropole ★★ 25 Zi, EZ € 70,– bis 75,–, DZ € 89,– bis 97,–, Frühstück € 10,– pro Person, alle Zi mit Du, WC, ☎, TV, WLAN, Minibar und Klimaanlage, Lift, Restaurant, Garten, ⊟, G € 9,–, 51, rue Thiers, @, www.hotel-metropole-boulogne.com, ☎ **0033(0)321315430**, Fax 0033(0)321304572.

5 F-62176 **CAMIERS** A 16 ab Ausfahrt 27
Hotel Les Cedres ★★ 27 Zi, Zi € 62,– bis 89,–, Mehrbett-Zi, Frühstücksbuffet € 8,– pro Person, alle Zi mit Du, WC und Sat-TV, Restaurant, Konferenzraum, Garten, Bar, Kinderspielplatz, ⊟, ╫, ᶜ, G, P, 64, rue du Vieux Moulin, www.hotel-cedres.com, ☎ **0033(0)321849454**, Fax 0033(0)321092329.

6 F-80000 **AMIENS** A 16 ab Ausfahrten 18 und 20, A 29 ab Ausfahrt 34
Hôtel Alsace Lorraine ★★★ ruhige Lage, 13 Zi, EZ € 47,– bis 57,–, DZ € 54,– bis 67,–, Mehrbett-Zi, Frühstück € 7,– pro Person, alle Zi mit Du, WC, Fön, ☎, TV und WLAN, ⊟, ╫, 18, rue de la Molière, @, www.alsace-lorraine.fr.st, ☎ **0033(0)322913571**, Fax 0033(0)322804390.

7 F-60000 **BEAUVAIS** A 16 ab Ausfahrt 15 → Espace St. Vincent 300 m
Hostellerie Saint Vincent ★★ 48 Zi, DZ € 69,– bis 95,–, Frühstücksbuffet € 9,– pro Person, alle Zi mit Bad/Du, WC, ☎ und Sat-TV, Restaurant, Menü ab € 13,–, Kindermenü ab € 9,–, Bar, Konferenzraum, Dampfbad, Whirlpool, Terrasse, Internet, ⊟, ╫, ᶜ, großer P, Rue de Clermont, @, www.stvincent-beauvais.com, ☎ **0033(0)344054999**, Fax 0033(0)344055294.

8 F-60200 **COMPIÈGNE** A 1 ab Ausfahrten 9 oder 10
Au Relais Napoleon ★★★ 48 Zi, EZ € 75,–, DZ € 90,–, Suite, Nichtraucher-Zi, Frühstück € 9,– pro Person, alle Zi mit Du, WC und Sat-TV, klimatisiertes Restaurant, Konferenzräume, Garten, Kinderspielplatz, Tennis, Squash, Badminton kostenfrei, ⊟, ╫ € 15,–, 🚚, P, Av. de l'Europe Quartier de Merciéres, @, www.hotel-compiegne.com, ☎ **0033(0)344234747**, Fax 0033(0)344204160.

9 F-62580 **GAVRELLE**
A 26 ab Ausfahrt 7 → Arras → Gavrelle centre und A 1 ab Ausfahrt 16 → Arras 1 km → Gavrelle centre
Le Manoir ★★ inmitten eines Parks gelegen, 19 Zi, Zi € 55,– bis 72,–, Frühstück € 7,– pro Person, renovierte Zi mit Bad/Du, WC, ☎, TV und kostenfreiem WLAN, raffinierte Küche, 3 Seminarräume, Terrasse, Garten, Volleyball, Tischtennis, Billard, Boule, ⊟, G, P, 35, RN 50, @, www.lemanoir62.com, ☎ **0033(0)321586858**, Fax 0033(0)321553787.

10 F-02100 **SAINT-QUENTIN**
A 26 ab Ausfahrt 11 → St Quentin → Laon (RN 1044) 2km → Neuville Saint Amend
Le Château de Neuville St Amand ★★★ ruhig, 15 Zi, EZ € 67,– DZ € 78,– Frühstück € 11,– pro Person, komfortable Zi mit Du, WC, Fön, ☎, Sat-TV und Minibar, traditionelle und saisonale Küche, Terrasse, Bar, Park, Tennis und Golf 800 m, ⊟, Mo ./., @, 🚚, ☎ **0033(0)323684182**, Fax 0033(0)323684602.

11 F-51000 **CHÂLONS-EN-CHAMPAGNE**
A 26 ab Ausfahrten 27 und 28
Hotel Restaurant Le Renard ★★★ im Zentrum, 35 Zi, Zi € 74,– bis 80,–, Frühstück € 10,70 pro Person, alle Zi mit Bad, WC, Fön, ☎ und TV, regionale Küche, Seminarraum, 24, place de la République, lerenard51@wanadoo.fr, www.le-renard.com, ☎ **0033(0)326680378**, Fax 0033(0)326645007.

1

Hotel
Mercure,
Calais

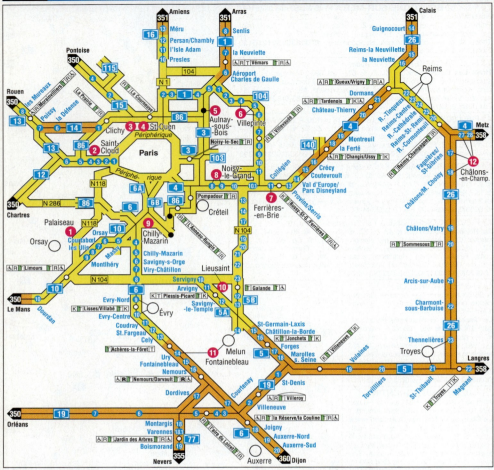

❶ F-91120 **PALAISEAU** A 10 ab Ausfahrt Palaiseau
Moulin de Lily et la Cabane ★★★ 32 B, Zi € 59,– bis 89,–, Mehrbett-Zi € 75,– bis 140,–, Frühstücksbuffet € 8,– pro Person, alle Zi mit Bad/Du, WC, ☎, Sat-TV und Internet, saisonale Küche, Seminarraum, 80, rue Léon Bourgeois, @, www.lemoulindelily.com, ☎ 0033 (0) 1 69 31 88 64, Fax 0033 (0) 1 69 31 29 21.

❷ F-92210 **SAINT-CLOUD** A 13 ab Ausfahrt Saint-Cloud
Hôtel Villa Henri IV ★★★⚜ altes französischen Bürgerhaus im Stil von Louis Philippe, 36 Zi, EZ € 130,–, DZ € 140,–, Frühstück € 8,50 pro Person, alle Zi mit Du, WC, Fön, ☎, Sat-TV und kostenfreies WLAN, Restaurant „Le Bourbon", Seminarräume, ⚷, kostenfreier P, 43 Bd de la République, @, www.villahenri4.com, ☎ 0033 (0) 1 46 02 59 30, Fax 0033 (0) 1 49 11 11 02.

❸ F-92110 **CLICHY** Périphérique ab Ausfahrt Porte de Clichy
Hotel Sovereign ★★★ 42 Zi, EZ und DZ ab € 49,–, 3-Bett-Zi € 109,–, Frühstücksbuffet € 9,– pro Person, alle Zi mit Du, WC, ☎, TV und Internet, Zimmerservice, Lift, WiFi, Bar, Billard, ▭, G, P, 14, rue Dagobert, @, www.hotel-paris-clichy.com, ☎ 0033 (0) 1 47 37 54 24, Fax 0033 (0) 1 47 30 05 80.

❹ F-93400 **SAINT OUEN** ab A 1 ca 2 km
Sovereign Hotel ★★ zentrale, ruhige Lage, 104 Zi, EZ und DZ ab € 70,–, 3-Bett Zi ab € 85,–, Frühstück € 7,– pro Person, alle Zi mit Du, WC, ☎, Sat-TV, Canal+ und WiFi, Restaurant, Bar, 2 große Seminarräume, ⚷, 54, quai de Seine, @, www.hotel-paris-sovereign.com, ☎ 0033 (0) 1 40 12 91 29, Fax (0) 1 40 10 89 49.

❺ F-93600 **AULNAY-SOUS-BOIS**
A 3 ab Ausfahrt Aulnay sous Bois → Zentrum/Bahnhof
Hotel du Parc ★★ 37 Zi, Zi € 60,– bis 95,–, Frühstück € 8,– pro Person, alle Zi mit Bad/Du, WC, ☎, Sat-TV und Internet, Lift, Park direkt gegenüber, ▭, ⚷, P, 16, avenue Dumont, @, www.hotelduparc-aulnay.com, ☎ 0033 (0) 1 48 66 63 05, Fax 0033 (0) 1 48 69 74 13.

❻ F-93420 **VILLEPINTE**
A 1 und A 3 → Parc-en-Expositions → A 104 ab Ausfahrt 4 → centre ville
Hôtel le Vert Galant ★★★ Zi ab € 39,–, Frühstück, alle Zi mit Bad/Du, WC, ☎ und TV, Konferenzräume, 7, Av. de la Gare, info@hotel-vert-galant.com, www.hotel-vert-galant.com, ☎ 0033 (0) 1 56 48 05 48, Fax 0033 (0) 1 56 48 05 58.

❼ F-77164 **FERRIÈRES-EN-BRIE** A 4 ab Ausfahrt 12
Hotel Saint Remy ★★★ 25 Zi, Zi ab € 70,–, Frühstück € 7,– pro Person, alle Zi mit Bad/Du, WC, ☎ und Sat-TV, Menüs, Konferenzräume, Garten, Kinderspielplatz, Tennis, ⚷, ⚷, P, 24, rue Jean Jaurès, @, www.hotel-st-remy.fr, ☎ 0033 (0) 1 64 76 74 00, Fax 0033 (0) 1 64 76 74 01.

❽ F-93160 **NOISY-LE-GRAND** A 4 ab Ausfahrten 8 und 9 → Centre Ville → Espace Michel Simon 800 m
Le Jardin Secret ★★★ ruhiges, komfortables Herrenhaus, 2 Zi, 2 Ferienwohnungen, Zi € 70,– bis 80,–, inkl. Frühstück, alle Zi mit Bad/Du, WC, TV, Internet und Minibar, Veranda, Garten, deutschsprachig, G, P, 34, av. Georges Clemenceau, @, www.jardin-secret-paris.com, ☎ 0033 / 1 45 92 39 11, 0033 / 6 15 02 87 20 (mobil).

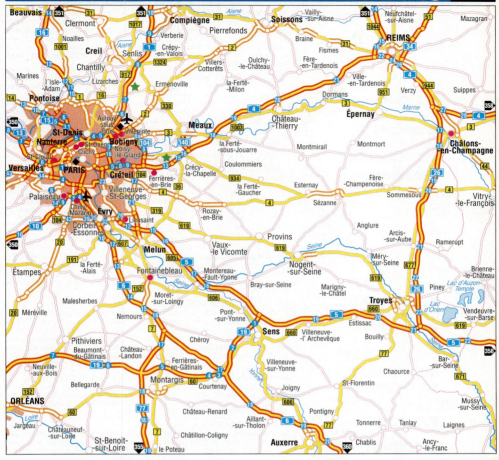

Map showing the area around Paris, Reims, Troyes and Auxerre with cities including Beauvais, Clermont, Compiègne, Soissons, Reims, Mazagran, Noailles, Senlis, Creil, Chantilly, Épernay, Châlons-en-Champagne, St-Denis, Bobigny, PARIS, Versailles, Créteil, Melun, Fontainebleau, Provins, Troyes, Sens, Montargis, ORLÉANS, Auxerre, and others.

---

⑨ F-91380 CHILLY-MAZARIN
A 10 ab Ausfahrt 5 Massy → Massy-Centre
Stars Paris Chilly-Mazarin ★★ 45 Zi, DZ ab € 54,–, zzgl. Frühstücksbuffet, alle Zi mit Du, WC und Sat-TV, Bar, ☵, P, 24 Std. geöffnet, 1 Rue Ampère, @, www.jjwhotels.com, ☎ 0033(0)160118898, Fax 0033(0)160112399.

⑩ F-77127 LIEUSAINT
A 5 ab Ausfahrt 10
Hotel Flamboyant ★★ 71 Zi, EZ € 57,–, DZ € 67,–, Frühstücksbuffet € 9,– pro Person, alle Zi mit Du, WC, ☎ und TV, Lift, klimatisiertes Restaurant (Garten/Terrasse), Konferenzräume bis 45 Personen, Freibad, Tennisplatz, ☐, ☵, &, P, 98, rue Paris, @, www.leflamboyant-hotel.com, ☎ 0033(0)160600560, Fax 0033(0)160600532.

⑪ F-77300 FONTAINEBLEAU
A 6 ab Ausfahrt Fontainebleau Centrum oder A 5 Ausfahrt Melun → centre ville 10 km
Hotel Victoria ★★ ruhig gelegen, 20 Zi, EZ € 79,–, DZ € 97,–, Frühstück € 8,– pro Person, helle gemütliche Zi, alle Zi mit Bad/Du, WC, ☎, Sat-TV und WiFi, Bar, Garten, Terrasse, nach Paris 40 Minuten mit der Bahn, ☐, geschlossener P, 112, rue de France, @, www.hotelvictoria.com, ☎ 0033(0)160749000, Fax 0033(0)160749010 **(Bild siehe Route 350)**.

⑫ F-51000 CHÂLONS-EN-CHAMPAGNE
A 26 ab Ausfahrten 27 und 28
Hotel Restaurant Le Renard ★★★ im Zentrum, 35 Zi, Zi € 74,– bis 80,–, Frühstück € 10,70 pro Person, alle Zi mit Bad, WC, Fön, ☎ und TV, regionale Küche, Seminarraum, 24, place de la République, lerenard51@wanadoo.fr, www.le-renard.com, ☎ 0033(0)326680378, Fax 0033(0)326645007.

⑧ Le Jardin Secret, Noisy-le-Grand

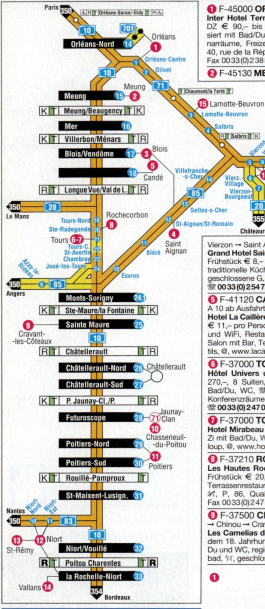

❶ F-45000 ORLÉANS A 71 ab Ausfahrt 1 → Orléans centre 5 km
Inter Hotel Terminus ★★★ zentrale Lage, 47 ruhige Zi, EZ € 85,– bis 105,–, DZ € 90,– bis 110,–, Frühstücksbuffet € 10,– pro Person, alle Zi modernisiert mit Bad/Du, WC, ☎ und Sat-TV, teils Balkon und Klimaanlage, Lift, Seminarräume, Freizeitmöglichkeiten in der Nähe, 50 m bis Bahnhof, ▭, ⊬, 🚐, 40, rue de la République, @, www.terminus-orleans.com, ☎ **0033(0)**238532464, Fax 0033(0)238532418.

❷ F-45130 MEUNG-SUR-LOIRE A 10 ab Ausfahrt 15 → Meung → centre 4 km
Auberge Saint Jacques ★★ ausgefallenes Gästehaus, 6 Zi, EZ und DZ € 60,– bis 100,–, inkl. Frühstück, individuelle und romantische Zi mit Du, WC, ☎ und TV, teils Kühlschrank, Beauty-Accessoires und Safe, klimatisiertes Restaurant, traditionelle leichte Küche, auf der „Route du Château de la Loire" gelegen, 60, rue de Général de Gaulle, www.auberge-saint-jacques.com, ☎ **0033(0)**238443039.

❸ F-41000 BLOIS A 10 ab Ausfahrt 17 → Blois centre
Hôtel-Restaurant Le Monarque ★★ 24 Zi, EZ und DZ ab € 55,–, Frühstück € 7,– pro Person, alle Zi mit Bad/Du, WC, ☎ und TV, Restaurant mit regionaler Küche, Weine aus dem Loire-Tal, Bar, Terrasse, G, P, 61, rue Porte Chartraine, @, ☎ **0033(0)**254780235, Fax 0033(0)254748276.

❹ F-41110 SAINT AIGNAN
A 10 ab Ausfahrt 17 Blois/Vendôme → Chateauroux Vierzon → Saint Aignan, vor Brücke links 150 m
Grand Hotel Saint-Aignan ★★ am Ufer des Cher, 18 Zi, EZ und DZ € 47,– bis 62,–, Frühstück € 8,– pro Person, alle Zi mit Du, WC und Sat-TV, WiFi, kreative und traditionelle Küche, Menüs € 17,– bis 37,–, Seminarraum, Sommergarten, ▭, ⊬, geschlossene G, P, 7-9, quai J.-J. Delorme, @, www.grand-hotel-saint-aignan.com, ☎ **0033(0)**254751804, Fax 0033(0)254751259.

❺ F-41120 CANDÉ SUR BEUVRON
A 10 ab Ausfahrt 17 → Blois centre ville, über Loire → D 751 → Chaumont 15 km
Hotel La Caillère ★★ 14 Zi, EZ und DZ € 62,– bis 68,–, Nichtraucher-Zi, Frühstück € 11,– pro Person, HP € 65,– pro Person/Tag, alle Zi mit Du, WC und ☎, teils TV und WiFi, Restaurant, Menü ab € 19,90, Gerichte serviert aur Terrasse/Garten, Salon mit Bar, Tennis, Golf, Angeln, Familien willkommen, ♿, P, 36, route des Montils, @, www.lacaillere.com, ☎ **0033(0)**254440308, Fax 0033(0)254440095.

❻ F-37000 TOURS
Hôtel Univers und Restaurant la Touraine ★★★ 85 Zi, EZ/DZ € 198,– bis 270,–, 8 Suiten, Nichtraucher-Zi, Frühstücksbuffet € 18,– pro Person, Zi mit Bad/Du, WC, ☎, TV, WLAN und Klimaanlage, Lift, Restaurant, Menü € 29,–, Konferenzräume, Festsäle, ▭, ♿ -Zi, G, 5 bd. Heurteloup, www.hotel-univers.fr, ☎ **0033(0)**247053712, Fax 0033(0)247615180.

❼ F-37000 TOURS A 10 ab Ausfahrt 21
Hotel Mirabeau ★★ 25 Zi, DZ € 47,– bis 58,–, Frühstück € 7,50 pro Person, alle Zi mit Bad/Du, WC, ☎-Anschluss und TV, Lift, ▭, ⊬, G € 6,–, 89, bis bd Heurteloup, @, www.hotel-mirabeau.fr, ☎ **0033(0)**247052460, Fax 0033(0)247053109.

❽ F-37210 ROCHECORBON A 10 ab Ausfahrt 20
Les Hautes Roches ★★★★ schöne Aussicht, 15 Zi, DZ € 150,– bis € 295,–, Frühstück € 20,– Person, alle Zi mit Du, WC, ☎ und TV, Lift, Garten- und Terrassenrestaurant, sehr gute Küche, Garten, Freibad, ⊬, P, 86, Quai Loire, @, www.leshautesroches.com, ☎ **0033(0)**247528888, Fax 0033(0)247528130.

❾ F-37500 CRAVANT-LES-CÔTEAUX A 10 ab Ausfahrt 25 Sainte Maure → Chinou → Cravant 21 km
Les Camelias de Pallus ★★★★ sehr ruhig gelegener umgebauter Bauernhof aus dem 18. Jahrhundert, 6 Zi, EZ € 75,–, DZ € 80,–, inkl. Frühstück, alle Zi mit Bad/Du und WC, regionale Küche, Dinner im großen Saal, Garten, Terrasse, Schwimmbad, ⊬, geschlossene P, @, www.lescamelias.fr, ☎ **0033(0)**247930894.

❶

Inter Hotel
Terminus,
Orléans

⑩ F-86360 CHASSENEUIL-DU-POITOU
A 10 ab Ausfahrt 28
Mercure Futuroscope Aquatis ★★★ 140 Zi, Zi € 70,– bis 77,–, Nichtraucher-Zi, Frühstück € 7,50 pro Person, alle Zi mit Bad/Du, WC, TV, WiFi und Klimaanlage, Lift, Restaurant, Konferenzräume, 🚗, ♿, P, Avenue Jean Monnet Teleport 3, @, www.abcsalles.com, ☎ **0033 (0) 5 49 49 55 00**, Fax 0033 (0) 5 49 49 55 01.

⑪ F-86000 POITIERS A 10 ab Ausfahrt 29
Hotel Come Inn ★★ 45 Zi, EZ € 45,–, DZ € 52,–, Nichtraucher-Zi, Frühstück € 7,50 pro Person, alle Zi mit Bad/Du, WC, TV, Garten-, Terrassenrestaurant, Konferenzraum für 15 bis 30 Personen, Fitnessraum, 🚗, ♿, P, 13, r. Albin Haller, Z.I. République 2, @, www.hotelcomeinn.com, ☎ **0033 (0) 5 49 88 42 42**, Fax 0033 (0) 5 49 88 42 44.

⑫ F-79000 NIORT
A 10 ab Ausfahrt 33, A 83 Ausfahrten 10 oder 11
Ivoire ★★ 46 Zi, EZ, EZ und DZ € 59,–, Frühstück ab € 6,70 pro Person, alle Zi mit Du, WC und Sat-TV, Seminarräume, 🚗, 🍽, ♿ -Zi, P, 25, rue Condorcet, @, www.hotelivoire.com, ☎ **0033 (0) 5 49 33 38 39**, Fax 0033 (0) 5 49 33 38 50.

⑬ F-79410 SAINT RÉMY/NIORT
A 83 ab Ausfahrt 9 → Niort centre → D 648 → Benet 3 km → St. Rémy
Hôtel le Relais du Poitou ★★ außerhalb des Ortes in ruhiger Lage, 20 Zi, EZ € 50,–, DZ € 53,–, Frühstücksbuffet € 6,– pro Person, HP ab € 100,– für 2 Personen, alle Zi mit Bad/Du, WC, 📺, Sat-TV und kostenfreiem WiFi, Restaurant mit regionalen Spezialitäten, Bar, Garten, Terrasse, 🚗, 🍽, ♿ im Restaurant, geschlossener P, D 648 le Clousis, @, www.lerelaisdupoitou.com, ☎ **0033 (0) 5 49 73 43 99**, Fax 0033 (0) 5 49 73 44 67.

⑭ F-79270 VALLANS
A 10 ab Ausfahrt 33 → N 248 → La Rochelle → Vallans 8 km
Le Logis d'Antan ★★★★ ruhiges, komfortables Herrenhaus, 7 Zi, Zi € 65,–, 3- bis 5-Bett-Zi € 65,– bis 113,–, inkl. Frühstücksbuffet, alle Zi mit Bad/Du, WC, 📺 und TV, teils Kamin, Restaurant, Terrasse, Garten, Schwimmbad, Fahrradverleih, 🍽, P, 140, rue Saint-Louis, @, www.logisdantan.com, ☎ **0033 (0) 5 49 04 86 75**, Fax 0033 (0) 5 49 32 85 05 **(Bild siehe Route 354)**.

⑮ F-41600 LAMOTTE-BEUVRON A 71 ab Ausfahrt 3
Tatin ★★ 14 Zi, Zi € 58,– bis € 131,–, Frühstück € 8,50 pro Person, alle Zi mit Du, WC, 📺, Sat-TV und Klimaanlage, Restaurant, Menü ab € 29,–, Kindermenü € 9,–, Konferenzräume, Garten, Kinderspielplatz, 🚗, 🍽, P, 5, av. de Vierzon, @, www.hotel-tatin.fr, ☎ **0033 (0) 2 54 88 00 03**, Fax 0033 (0) 2 54 88 96 73.

⑯ F-18100 VIERZON
A 20 ab Ausfahrt 5 und A 71 ab Ausfahrt 5 Chateauroux, Limoges, Toulouse
Le Chalet de la Forêt ★★ 30 Zi, Zi ab € 54,– bis 60,–, Frühstück € 7,– pro Person, alle Zi mit Bad/Du, WC und Sat-TV, Menü ab € 18,50, Kindermenü € 11,50, Konferenzräume, Garten, Schwimmbad, 🚗, 🍽, ♿ im Restaurant, G, P, 143, av. Edouard Vaillant, @, ☎ **0033 (0) 2 48 75 35 84**, Fax 0033 (0) 2 48 71 59 36.

⑤

Hotel La Caillère, Candé Sur Beuvron

㉛ JAUNAY-CLAN – Futuroscope
A 10 ab Ausfahrt 28 Futuroscope

Das Futuroscope, der europäische Park der Bilder, ist ein weltweit einzigartiger Erlebnispark, in dem man durch ausgeklügelter Technologien die erstaunlichsten Bilder sehen kann. Das Programm der mehr als 20 Pavillons ändert sich kontinuierlich. Dadurch wird das Futuroscope zu einem Ort der beständigen Erneuerung, den man nur zu gerne für einen oder zwei Tage besucht. Der Park ist ganzjährig geöffnet.

Information und Prospekte:
Futuroscope, F-86130 Jaunay-Clan, international@futuroscope.fr, www.futuroscope.com, ☎ **0033/5 49 49 59 08**, Fax 5 49 49 30 25.

Map labels (left column):

Orléans
353
St-Maixent-Lusignan 31
Nantes
350 10 11 83
❶ ❷ Niort 10
St-Rémy
Niort/Vouillé 32
❹ R T Poitou Charentes T R
La Flotte
❸ la Rochelle-Niort 33
Vallans
St-Jean-d'Angely 34
Fenioux
Rochefort
837
Saintes
Saintes 35a ❺
Saintes 35b
R T St-Léger T R
Pons 36 ❻ Pons
Mirambeau 37
Blaye-Montendre 38
❼ R T Saugon T R
Blaye 10
St-André/St-Antoine 39
Saintes/Royan 40b
St-André-de-Cubsac 40a
K T l'Estalot/Meillac T R
Ambès 41 St-Loubès
Ambarès/St-Loubès 42 ❽
Carbon-Blanc 43.1
Carbon-Bl. Bassens 44
Bordeaux- Lormont 45
Blanquefort 10
❾ Le Lac Périgueux
❼❻❺❹❸❷❶ 89
Bordeaux 27 ❶❷❸❹❺❻❼❽❾
26
Aquitaine 630 25
24 Gradignan 22
23
21
20
18 17 16 15
62
R T Bordeaux-Cestas T R
660 ❶ 63
❸ 21 365
Bayonne

Hotel listings (right column):

❶ F-79410 SAINT RÉMY/NIORT
A 83 ab Ausfahrt 9 → Niort centre → D 648 → Benet 3 km → St. Rémy
Hôtel le Relais du Poitou ★★ außerhalb des Ortes in ruhiger Lage, 20 Zi, EZ € 50,–, DZ € 53,–, Frühstücksbuffet € 6,– pro Person, HP ab € 100,– für 2 Personen, alle Zi mit Bad/Du, WC, 📺, Sat-TV und kostenfreiem WiFi, Restaurant mit regionalen Spezialitäten, Bar, Garten, Terrasse, 🖥, ☎, ♿ im Restaurant, geschlossener P, D 648 le Clousis, @, www.lerelaisdupoitou.com, ☎ 0033 (0) 5 49 73 43 99, Fax 0033 (0) 5 49 73 44 67

❷ F-79000 NIORT
A 10 ab Ausfahrt 33 , A 83 Ausfahrten 10 oder 11
Ivoire ★★ 46 Zi, EZ und DZ € 59,–, Frühstück ab € 6,70 pro Person, alle Zi mit Du, WC und Sat-TV, Seminarräume, 🖥, ☎, ♿ -Zi, P, 25, rue Condorcet, @, www.hotelivoire.com, ☎ 0033 (0) 5 49 33 38 39, Fax 0033 (0) 5 49 33 38 50.

❸ F-79270 VALLANS
A 10 ab Ausfahrt 33 → N 248 → La Rochelle → Vallans 8 km
Le Logis d'Antan ★★★★ ruhiges, komfortables Herrenhaus, 7 Zi, Zi € 65,–, 3- bis 5-Bett-Zi € 65,– bis 113,–, inkl. Frühstücksbuffet, alle Zi mit Bad/Du, WC, 📺 und TV, teils Kamin, Restaurant, Terrasse, Garten, Schwimmbad, Fahrradverleih, ☎, P, 140, rue Saint-Louis, @, www.logisdantan.com, ☎ 0033/5 49 04 86 75, Fax 0033/5 49 32 85 05.

❹ F-17630 LA FLOTTE
A 10 ab Ausfahrt 33 la Rochelle-Niort → E 601 → N 237 → D 735 → Il de Ré ca. 12 km
Hotel La Galiote ★★ eröffnet 2005, zentral gelegen, 21 Zi, Zi € 89,– bis 139,–, reichhaltiges Frühstück € 11,–, klimatisierte Zi mit Du/Bad, WC, Flat-Screen-TV und WLAN, ♿ -Zi auf Anfrage, privater P frei, Avenue du 8 Mai 1945, @, www.hotellagaliote.com, ☎ 0033 (0) 5 46 09 50 95, Fax 5 46 35 02 58.

❺ F-17100 SAINTES
ab Ausfahrt 35 → centre ville 4 km, gegenüber vom Bahnhof (gare S.N.C.F.)
Hotel De France ★★ 25 ruhige Zi, Zi € 48,– bis 70,–, Frühstück € 7,– bis 10,– pro Person, alle Zi mit Bad/Du, WC, 📺 und TV, Lift, Restaurant, Konferenzsaal, Terrasse, Garten, Bar, 🖥, ☎, 🚲, ♿, G, 56, rue Frédéric Mestreau, hotel-de-france.sarl@akeonet.com, www.hotel-restaurant-17.fr, ☎ 0033 (0) 5 46 93 01 16, Fax 0033 (0) 5 46 74 37 90.

❻ F-17800 PONS
A 10 ab Ausfahrt 36 Pons 5 km
Hôtel de Bordeaux ★★ zentrale Lage, 16 ruhige Zi, EZ € 53,–, DZ € 65,–, Frühstücksbuffet € 10,– pro Person, alle Zi mit Bad/Du, WC, 📺, Sat-TV, kostenfreiem WLAN und Klimaanlage, Restaurant, Bar, deutsch- und englischsprachig, G, 1, avenue Gambetta, @, www.hotel-de-bordeaux.com, ☎ 0033 (0) 5 46 91 31 12, Fax 0033 (0) 5 46 91 22 25.

❼ F-33390 BLAYE
A 10 ab Ausfahrt 38
Hotel-Restaurant La Citadelle ★★ 21 Zi, EZ und DZ € 80,–, 3-Bett-Zi € 90,–, 4-Bett-Zi € 95,–, Frühstücksbuffet € 10,– pro Person, alle Zi mit Bad/Du, WC und Kabel-TV, Restaurant für 200 Personen, Räume für Festlichkeiten, Terrasse, Garten, Schwimmbad, Place d'Armes, @, www.hotellacitadelle.com, ☎ 0033 (0) 5 57 42 17 10, Fax 0033/5 57 42 10 34.

❻

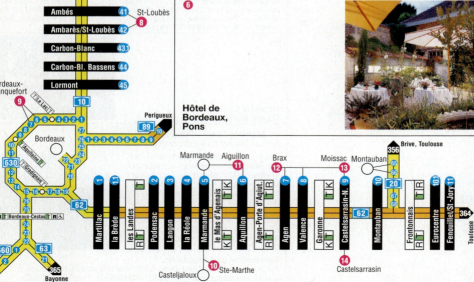

Hôtel de
Bordeaux,
Pons

Bottom map labels:

Brive, Toulouse
356
Marmande Aiguillon Brax Moissac Montauban
❶❶ ❶❷ ❶❸ 65 66
❶ 11 ❷ ❸ ❹ ❺ ❻ ❼ ❽ ❾ 10 20 67 68 101 11
Martillac la Brède les Landes R T Podensac Langon la Réole Marmande le Mas d'Agenais K T Aiguillon Agen-Porte d'Aquit. R T Agen Valence Garonne K T Castelsarrasin-N. 62 Montauban Frontonnais R T Eurocentre Fenouillet/St-Jory
364
Toulouse
❶❷ Ste-Marthe ❶❹
Casteljaloux Castelsarrasin

8 F-33450 **SAINT LOUBÈS**
ab Ausfahrt 42 → Saint Loubès → centre ville 2,5 km
Au Vieux Logis ★★★ Herrenhaus aus dem 19. Jahrhundert, 6 Zi, Zi € 65,– bis 75,–, Frühstück € 7,50 pro Person, alle Zi mit Bad/Du, WC, ☎ und Sat-TV, klimatisiertes Restaurant, regionale Küche, Terrasse, 🚗, 🏇, ♿ im Restaurant, 92, av. de la République, @, www.auvieuxlogis.fr.st, ☎ 0033(0)556789299, Fax 0033(0)556789118.

9 F-33290 **BORDEAUX-BLANQUEFORT**
A 630 ab Ausfahrten 6 oder 7
Hostellerie des Criquets ★★★ 21 Zi, EZ € 68,– DZ € 88,– 3-Bett-Zi € 10,– Suite € 130,– bis 170,–, Frühstücksbuffet € 12,– pro Person, alle Zi mit Bad/Du, WC, ☎, Sat-TV, Wi-Fi und Minibar, Restaurant, Seminarräume für 25 bis 30 Personen, Pool, 🚗, gesicherter P, 130, avenue du 11-Novembre, @, www.lescriquets.com, ☎ 0033(0)556350924, Fax 0033(0)556571383.

10 F-47430 **SAINTE-MARTHE/MARMANDE** A 62 ab Ausfahrt 5
Hotel Les Rives de l'Avance ★★ 16 Zi, EZ ab € 38,– DZ ab € 43,– Frühstück € 6,– pro Person, alle Zi mit Du, WC, ☎-Anschluss und TV, Park, P, Moulin de Trivail, ☎ 0033(0)553206022, Fax 0033(0)553209876.

11 F-47190 **AIGUILLON** A 62 ab Ausfahrt 6
Hotel-Restaurant La Terrasse de L'Étoile ★★ 17 Zi, Zi € 52,– bis 54,–, Familien-Zi (5 B) € 71,–, Frühstück ab € 8,– pro Person, alle Zi mit Bad/Du, WC, ☎, Canal+ und Kabel-TV, Restaurant, Schwimmbad, Terrasse, 🚗, 🏇, ♿, 8 cours Alsace Lorraine, @, www.laterrassedeletoile.com, ☎ 0033(0)553796464, Fax 0033(0)553794648.

12 F-47310 **BRAX/AGEN** A 62 ab Ausfahrt 7 → Mt. Marsan → Brax 8 km
Hotel au Colombier du Touron ★★ Logis de France, 9 Zi, EZ ab € 49,– DZ ab € 58,–, Frühstück ab € 8,– pro Person, alle Zi mit Du, WC, ☎, TV, kostenfreiem Internet und Klimaanlage, Restaurant mit regionaler Küche, Menü ab € 26,50, Kindermenü € 13,50, Park mit schattiger Sommerterrasse, 🚗, 🏇, ♿ im Restaurant, geschlossener P, 197, Av. des Landes, @, www.colombierdutouron.com, ☎ 0033(0)553878791, Fax 0033(0)553878237.

13 F-82200 **MOISSAC** A 62 ab Ausfahrten 8 oder 9
Hotel & Restaurant Le Moulin de Moissac ★★★ 33 Zi, EZ € 46,– DZ € 62,– bis 100,–, Frühstücksbuffet € 8,50 pro Person, alle Zi mit Bad/Du, WC, ☎, TV, WLAN, Klimaanlage und CD- und DVD-Player, Restaurant, Piano-Bar, Seminarräume, 🚗, 🏇, P, Esplanade du Moulin, @, www.lemoulindemoissac.com, ☎ 0033(0)563328888, Fax 0033(0)563320208.

14 F-82100 **CASTELSARRASIN** ab Ausfahrt 9 ca. 200 m
Hotel L'artel ★★ 29 Zi, Zi € 50,– bis 70,–, Frühstücksbuffet € 6,50 pro Person, alle Zi mit Bad/Du, WC, ☎, TV, Internet und Klimaanlage, klimatisiertes Restaurant mit regionaler Küche, Konferenzräume, Bar, Terrasse, Kinderspielplatz, Freibad, 🚗, 🏇, ♿ -Zi, großer P, sortie Autoroute A 62, www.artel-hotel.fr, ☎ 0033(0)563328686, Fax 0033(0)563323699.

4

Hotel La Galiote, La Flotte

355

Vierzon–Clermont–Ferrand 218 km • Vierzon-Limoges 184 km

F

❶ F-58320 POUGUES LES EAUX
A 77 ab Ausfahrt 31 → Pougues des Eaux
Hotel des Sources ★★ 29 Zi, EZ und DZ ab € 60,–, Familien-Zi € 68,– bis 150,–, Frühstück € 8,– pro Person, alle Zi mit Bad/Du, WC, ☎, Sat-TV und Internet, Lift, Bar, großer Garten, P, rue de la Mignarderie, @, www.hoteldessources.fr, ☎ 0033(0)386901190, Fax 0033(0)386901191.

❷ F-18500 MEHUN-SUR-YÈVRE
A 71 ab Ausfahrten 6 oder 7
Hotel La Croix Blanche ★ 13 Zi, EZ und DZ € 44,– bis 52,–, Frühstück € 8,– pro Person, alle Zi mit Du, WC und Sat-TV, Restaurant, Menü ab € 13,–, Kindermenü € 7,–, Konferenzräume, Garten, Kinderspielplatz, ▭, G, P, 164, rue Jeanne d'Arc, ☎ 0033(0)248573001, Fax 0033(0)248572966.

❸ F-18200 SAINT AMAND MONTROND
A 71 ab Ausfahrt 8
Hotel De la Poste ★★ 17 Zi, Zi € 50,– bis 52,–, Frühstück ab € 6,– pro Person, alle Zi mit Du, WC und Sat-TV, Restaurant, Menü ab € 18,–, Kindermenü € 10,–, Seminarräume, ▭, ☜, & im Restaurant, G, P, 9, rue du Docteur Vallet, ☎ 0033(0)248962714, Fax 0033(0)248969774.

❹ F-03390 MONTMARAULT
A 71 ab Ausfahrt 11
Hotel Centrotel ★★ 21 Zi, DZ ab € 50,– bis 70,–, Frühstück ab € 8,50 pro Person, alle Zi mit Du, WC und Sat-TV, Restaurant, Menü ab € 14,–, Kindermenü € 8,–, Konferenzräume, Garten, Kinderspielplatz, ▭, ☜, &, G, P, 26, route de Moulins, ☎ 0033(0)470026250, Fax 0033(0)470073128.

❺ F-03200 VICHY
A 71, A 719, N 209
Hotel Chambord ★★★ 27 Zi, DZ € 50,– bis 62,–, Frühstück ab € 9,50, alle Zi mit Du, WC und Sat-TV, Lift, Restaurant, Menü ab € 23,–, Kindermenü € 8,80, Konferenzräume, Klimaanlage, ▭, ☜, 84, rue de Paris, @, www.hotel-chambord-vichy.com, ☎ 0033(0)470301630, Fax 0033(0)470315492.

❻ F-63200 RIOM
A 71 ab Ausfahrt 13
Anemotel ★★ 43 Zi, Zi (1-3 Personen) € 69,–, Frühstück € 7,– pro Person, alle Zi mit Bad/Du, WC, Sat-TV, PC mit WiFi und Klimaanlage, Lift, Restaurant, Menü ab € 18,50, Kindermenü € 12,50, Konferenzräume, Garten, Kinderspielplatz, ▭, &, P, Restaurant 12-14 und 19-21 Uhr geöffnet, Les Portes de Riom, @, www.hotel-anemotel.com, ☎ 0033(0)473337100, Fax 0033(0)473640060.

❼ F-63000 CLERMONT-FERRAND
A 71 ab Ausfahrt 17, A 75 ab Ausfahrt 1
Hotel Des Puys Arverne ★★★ 47 Zi, 5 Suiten, EZ € 72,– bis 108,–, DZ € 72,– bis 139,–, Frühstück € 12,– pro Person, alle Zi mit Bad/Du, WC, Fön, ☎, Sat-TV, WiFi und Klimaanlage, Lift, Restaurant, ▭, ☜, Angebote für ♿, &, G € 9,–, 16, place Delille, @, www.hoteldespuys.fr, ☎ 0033(0)473919206, Fax 0033(0)473916025.

❽ F-63000 CLERMONT-FERRAND
A 71 ab Ausfahrt 17, A 75 Ausfahrt 1
Hotel Lafayette ★★ 48 Zi, Zi € 92,– bis 115,–, Frühstücksbuffet € 10,– pro Person, alle Zi mit Du, WC und Sat-TV, Klimaanlage Lift, Konferenzräume, ▭, ☜, P, 53, av. de l'Union Soviétique, @, www.hotel-le-lafayette.com, ☎ 0033(0)473918227, Fax 0033(0)473911726.

❶ Hotel des Sources, Pougues les Eaux

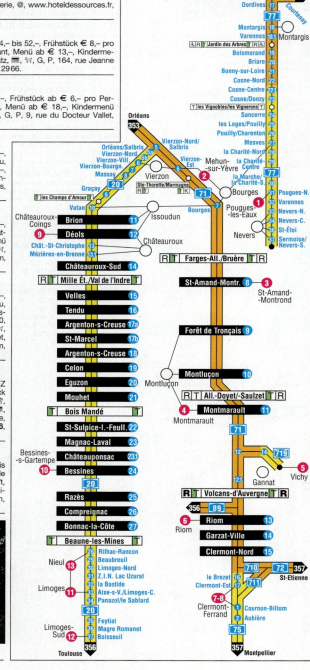

⑨ F-36130 CHÂTEAUROUX-COINGS
A 20 ab Ausfahrt 12
Hotel La Promenade ★★ 16 Zi, DZ ab € 40,– bis 54,–, Frühstück ab € 6,– bis 7,– pro Person, alle Zi mit Du, WC und Sat-TV, Restaurant, Menü ab € 13,–, Kindermenü € 7,–, Sauna, Dampfbad, Whirlpool, Freibad, Spielplatz, Garten, ⌂, ⌂, & im Restaurant, P, Lieu-dit Céré, ☎ 0033(0)254220400, Fax 0033(0)254075318.

⑩ F-87250 BESSINES-SUR-GARTEMPE A 20 ab Ausfahrt 24
Hotel Bellevue ★★ 12 Zi, DZ € 52,– bis 59,–, Frühstück € 6,50 pro Person, alle Zi mit Du, WC, ⌂ und Sat-TV, Restaurant, Menü ab € 11,–, Kindermenü € 8,–, ⌂, ⌂, &, P, 2, av. de Limoges, @, www.bellevue87.com, ☎ 0033(0)555760199, Fax 0033(0)555766881.

⑪ F-87000 LIMOGES A 20 ab Ausfahrt 33
Hotel Le Marceau ★★ 30 Zi, DZ ab € 56,–, Frühstück € 7,– pro Person, alle Zi mit Du, WC, ⌂ und TV, Restaurant, Menü ab € 14,–, Kindermenü € 15,–, Garten, Place Marceau, @, http://hotels-limoges.com, ☎ 0033(0)555772343, Fax 0033(0)555794260.

⑫ F-87000 LIMOGES-SUD A 20 ab Ausfahrt 37
Hotel Au Belvédère ★★ 22 Zi, DZ ab € 53,20 bis 61,90, Frühstück € 7,– pro Person, alle Zi mit Du, WC und TV, Restaurant, Menü ab € 13,30, Kindermenü € 9,80, Seminarräume, Garten, Kinderspielplatz, ⌂, ⌂, G, P, 264, rue de Toulouse, @, www.au-belvedere.fr, ☎ 0033(0)555305739, Fax 0033(0)555062351.

⑬ F-87510 NIEUL A 20 ab Ausfahrten 28 und 33
Hotel Chapelle St-Martin ★★★★ weite Sicht, sehr ruhiges Hotel, 10 Zi, Zi ab € 95,–, Frühstück € 16,– pro Person, alle Zi mit Du, WC, TV und Internet, Garten-, Terrassenrestaurant, Gerichte ab € 67,– Karte ab € 58,–, Konferenzräume für 25 Personen, hoteleigener Tennisplatz, Freibad, Park, ⌂, ⌂ im Restaurant, G, P, N 141 und D 20, @, www.chapellesaintmartin.com, ☎ 0033(0)555758017, Fax 0033(0)555758950.

Map stations (left column):

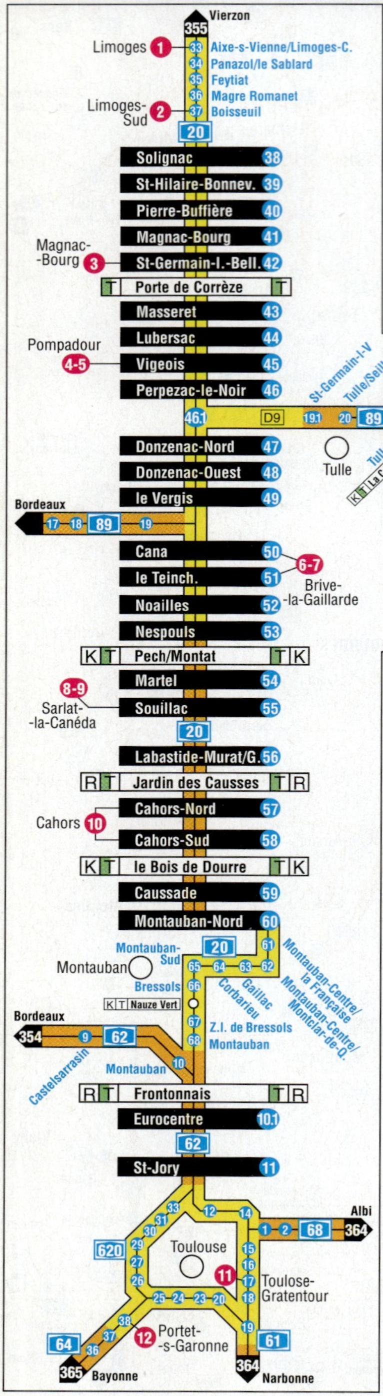

Vierzon

Limoges **1** — **33** Aixe-s-Vienne/Limoges-C.
— **34** Panazol/le Sablard
— **35** Feytiat
Limoges-Sud **2** — **36** Magre Romanet
— **37** Boisseuil
20

Solignac **38**
St-Hilaire-Bonnev. **39**
Pierre-Buffière **40**
Magnac-Bourg **41**
Magnac-Bourg **3** — St-Germain-l.-Bell. **42**
Porte de Corrèze **T**
Masseret **43**
Pompadour — Lubersac **44**
4-5 — Vigeois **45**
Perpezac-le-Noir **46**

461 **D9** **191** **20** **89**

Donzenac-Nord **47**
Donzenac-Ouest **48**
Bordeaux — le Vergis **49**
17 — **18** — **89** — **19**

Cana **50** **6-7**
le Teinch. **51**
Brive-la-Gaillarde
Noailles **52**
Nespouls **53**
K T Pech/Montat **T K**
8-9 — Martel **54**
Sarlat-la-Canéda — Souillac **55**
20

Labastide-Murat/G. **56**
R T Jardin des Causses **T R**
Cahors **10** — Cahors-Nord **57**
Cahors-Sud **58**
K T le Bois de Dourre **T K**
Caussade **59**
Montauban-Nord **60**
Montauban-Sud **20**
Montauban — **65** **64** **63** **62**
Bressols **66**
K T Nauze Vert **T K**
67 Z.I. de Bressols
Bordeaux — **68** Montauban
354 — **9** — **62**
Montauban **10**
R T Frontonnais **T R**
Eurocentre **10.1**
62
St-Jory **11**
Albi
53 **31** **12**
30 **1** **2** **68** **364**
620 **29** **15**
Toulouse **27** **14**
11 Toulose-Gratentour
26 **18** **17**
25 **24** **23** **20**
64 **38** **37** **12** Portet-s-Garonne **19** **61**
365 **36** Bayonne **364** Narbonne

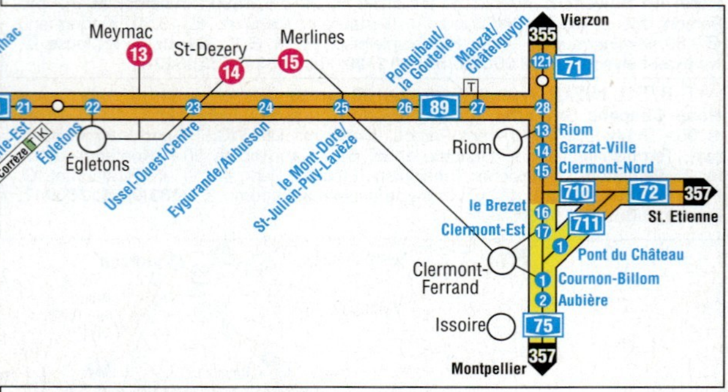

Map stations (right/center):

Meymac **13**
St-Dezery **14**
Merlines **15**
Pontgibaud/la Goutelle
Manzat/Châtelguyon
355 Vierzon
121 **71**
St-Germain-l-V
Tulle/Seilhac
D9 **191** **20** **89** **21** **22** **23** **24** **25** **26** **89** **27** **28**
Tulle
Tulle-Est
K T La Corrèze **T K**
Égletons
Égletons
Ussel-Ouest/Centre
Eygurande/Aubusson
le Mont-Dore/St-Julien-Puy-Lavèze
13 Riom
14 Garzat-Ville
15 Clermont-Nord
Riom
le Brezet
Clermont-Est
710 **72** **357**
711 St. Etienne
16 **1** Pont du Château
17 **1** Cournon-Billom
Clermont-Ferrand **2** Aubière
Issoire **75**
Montpellier **357**

11

Hotel Barry, Toulouse-Gratentour

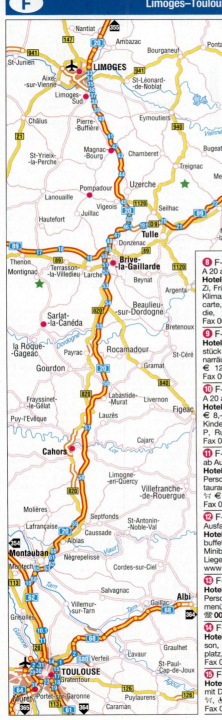

8 F-24200 **SARLAT-LA-CANÉDA**
A 20 ab Ausfahrt 55
Hotel Madeleine ★★★ 39 Zi, EZ € 62,– bis 76,–, DZ € 74,– bis 108,–, Mehrbett-Zi, Frühstücksbuffet € 9,– pro Person, alle Zi mit Du, WC, ☎, Sat-TV, Minibar und Klimaanlage, Lift, Restaurant, Menü ab € 23,70, Kindermenü € 11,–, Gerichte à la carte, Klimaanlage, Seminarräume, 🖵, ☜ € 8,–, ♿, P € 7,–, 1, pl. Petite Regaudie, @, www.lodgingfrance.com/Sarlat/delaMadeleine, ☎ **0033 (0) 553 59 10 41**, Fax 0033 (0) 553 31 03 62.

9 F-24200 **SARLAT-LA-CANÉDA** A 20 ab Ausfahrt 55
Hotel de Selves ★★★ 40 Zi, EZ € 80,– bis 120,–, DZ € 90,– bis 140,–, Frühstück € 12,– pro Person, alle Zi mit Du, WC, ☎ und TV, Lift, Klimaanlage, Seminarräume bis 40 Personen, WiFi, Swimmingpool, Garten, 🖵, ☜ € 15,–, ♿, G € 12,–, 93, av. de Selves, @, www.selves-sarlat.com, ☎ **0033 (0) 553 31 50 00**, Fax 0033 (0) 553 31 23 52.

10 F-46000 **CAHORS**
A 20 ab Ausfahrten 57 oder 58
Hotel Chartreuse ★★★ 50 Zi, EZ € 60,– bis 72,–, DZ € 65,– bis 80,–, Frühstück € 8,– pro Person, alle Zi mit Du, WC und TV, Lift, Restaurant, Menü ab € 15,–, Kindermenü € 7,–, Klimaanlage, Seminarräume, Freibad, Garten, 🖵, ☜, ♿ -Zi, G, P, Rue Saint-Georges, @, www.hotel-la-chartreuse.com, ☎ **0033 (0) 565 35 17 37**, Fax 0033 (0) 565 22 30 03.

11 F-31150 **TOULOUSE-GRATENTOUR**
ab Ausfahrt 11 → Bruguières → Gratentour 3 km
Hotel Barry ★★ 22 Zi, EZ € 53,–, DZ € 60,– bis 64,–, Frühstücksbuffet € 8,– pro Person, alle Zi mit Bad/Du, WC, ☎-Anschluss und TV, Garten- und Terrassenrestaurant, Gerichte € 13,40 bis € 29,–, Konferenzräume für 30 Personen, Freibad, 🖵, ☜ € 8,–, ♿ -Zi, großer P, 47, r. Barry, @, www.lebarry.fr, ☎ **0033 (0) 561 82 22 10**, Fax 0033 (0) 561 82 22 38.

12 F-31120 **PORTET-SUR-GARONNE**
Ausfahrt 38 → Muret → Portet sur Garonne 2 km
Hotel L'Hotan ★★★ 53 Zi, EZ € 92,– bis 99,–, DZ € 109,– bis 115,–, Frühstücksbuffet € 10,50 pro Person, alle Zi mit Bad/Du, WC, ☎, Sat-TV, Radio, WLAN und Minibar, Lift, Restaurant, Seminarräume bis 100 Personen, Terrasse, Bar, Garten, Liegewiese, 🖵, ☜, privater P, Rezeption 24 h geöffnet, 80, route d'Espagne, @, www.hotel-hotan.fr, ☎ **0033 (0) 562 87 14 14**, Fax 0033 (0) 562 20 02 36.

13 F-19250 **MEYMAC** A 89 ab Ausfahrten 22 oder 23
Hotel Le Limousin ★★ 15 Zi, DZ € 44,– bis 66,–, Frühstück ab € 6,– bis 8,– pro Person, alle Zi mit Du, WC und Sat-TV, Restaurant, Menü ab € 12,–, Kindermenü € 7,–, Spielplatz, Garten, 🖵, ☜, ♿ im Restaurant, P, 76, av. Limousine, ☎ **0033 (0) 555 46 12 11**, Fax 0033 (0) 555 46 12 12.

14 F-19200 **SAINT-DEZERY** A 89 ab Ausfahrt 23
Hotel Les Gravades ★★ 18 Zi, DZ ab € 48,– bis 60,–, Frühstück € 8,– pro Person, alle Zi mit Du, WC und Sat-TV, Restaurant, Menü ab € 15,–, Freibad, Spielplatz, Garten, 🖵, ☜, P, N.89, @, www.lesgravades.com, ☎ **0033 (0) 555 46 06 00**, Fax 0033 (0) 555 46 06 10.

15 F-19340 **MERLINES** A 89 ab Ausfahrt 23 Ussel-Ouest → Eygurande 8 km
Hotel Le Chavanon ★★ 33 Zi, Zi ab € 44,–, Frühstück € 6,50 pro Person, alle Zi mit Du, WC, ☎, TV und Internet, Restaurant, Konferenzräume, Terrasse, Garten, 🖵, ☜, ♿, P, 22, av. Paul Vergely, @, www.lechavanon.com, ☎ **0033 (0) 555 94 84 00**, Fax 0033 (0) 555 94 84 01.

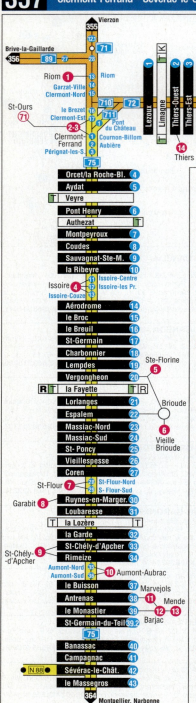

1 F-63200 **RIOM** A 71 ab Ausfahrt 13
Anemotel ★★ 43 Zi, Zi (1-3 Personen) € 69,–, Frühstück € 7,– pro Person, alle Zi mit Bad/Du, WC, Sat-TV, PC mit WiFi und Klimaanlage, Lift, Restaurant, Menü ab € 18,50, Kindermenü € 12,50, Konferenzplatz, 🖨, 🗁, &, P, Restaurant 12-14 und 19-21 Uhr geöffnet, Les Portes de Riom, @, www.hotel-anemotel.com, ☎ 0033(0)473337100, Fax 0033(0)473640060.

2 F-63000 **CLERMONT-FERRAND**
A 71 ab Ausfahrt 17, A 75 ab Ausfahrt 1
Hotel Des Puys Arverne ★★★ 47 Zi, 5 Suiten, EZ € 72,– bis 108,–, DZ € 72,– bis 139,–, Frühstück € 12,– pro Person, alle Zi mit Bad/Du, WC, Fön, 🕾, Sat-TV, WiFi und Klimaanlage, Lift, Restaurant, 🖨, 🗁, Angebote für 🚐, &, G € 9,–, 16, place Delille, @, www.hoteldespuys.fr, ☎ 0033(0)473919206, Fax 0033(0)473916025.

3 F-63000 **CLERMONT-FERRAND**
A 71 ab Ausfahrt 17, A 75 Ausfahrt 1
Hotel Lafayette ★★ 48 Zi, Zi € 92,– bis 115,–, Frühstücksbuffet € 10,– pro Person, alle Zi mit Du, WC und Sat-TV, Klimaanlage Lift, Konferenzräume, 🖨, 🗁, P, 53, av. de l'Union Soviétique, @, www.hotel-le-lafayette.com, ☎ 0033(0)473918227, Fax 0033(0)473911726.

4 F-63500 **ISSOIRE** A 75 ab Ausfahrten 12 oder 13
Hotel Pariou ★★★ 54 Zi, EZ € 75,– bis 85,–, DZ € 80,– bis 88,–, Frühstücksbuffet € 9,50 pro Person, alle Zi mit Bad/Du, WC, Sat-TV, Internet und Klimaanlage, Lift, Restaurant, Menü € 19,– bis 36,–, klimatisierter Seminarraum, Bar, Terrasse, Pool, 🖨, 🗁, 🚐, &, P, 18 Avenue John Kennedy, @, www.hotel-pariou.com, ☎ 0033(0)473559037, Fax 0033(0)473559616.

5 F-43250 **STE-FLORINE** A 75 ab Ausfahrt 20
Hotel Le Florina ★★ 14 Zi, EZ und DZ € 42,– bis 80,–, Familien-Zi, Frühstück € 6,50 pro Person, alle Zi mit Bad/Du, WC, Fön, TV und Klimaanlage, Restaurant, 🗁, &, Place de l'Hôtel de Ville, @, www.hotel-leflorina.com, ☎ 0033(0)473540445, Fax 0033(0)473540262.

6 F-43100 **VIEILLE BRIOUDE** A 75 → RN 102
L'Hôtel Restaurant Les Glycines ★★ 13 renovierte Zi, Zi € 47,– bis 69,–, Frühstücksbuffet € 7,– pro Person, alle Zi mit Bad/Du und WC, Restaurant, Menü € 15,– bis 36,–, Räume bis 120 Personen, Garten, 3 km von Brioude entfernt, privater P, Avenue de Versailles, @, www.lesglycines.fr, ☎ 0033(0)471509180, Fax 0033/471509290.

7 F-15100 **ST-FLOUR** A 75 ab Ausfahrten 28 oder 29
Auberge de La Providence ★★★ 12 Zi, EZ und DZ € 58,– bis 78,–, Mehrbett-Zi, Frühstück € 8,50 pro Person, alle Zi mit Bad/Du, WC, 🕾, Sat-TV und WLAN, Restaurant, Gerichte € 20,– bis 30,–, 🗁, &, P, 1, r. Château d'Alleuze, @, www.auberge-providence.com, ☎ 0033(0)471601205, Fax 0033(0)471603394.

8 F-15320 **GARABIT**
A 75 ab Ausfahrt 30 Ruynes-en Marger
Garabit Hotel ★★★ am Fuße des Garabit Viadukts, 40 Zi, Zi € 40,– bis 70,–, Familien-Zi € 68,– bis 80,–, Frühstück ab € 7,–, alle Zi mit Bad/Du, WC, 🕾 und TV, Lift, Restaurant, Schwimmbad, Garabit, @, www.garabit-hotel.com, ☎ 0033/471234275, Fax 471234960.

9 F-48200 **ST-CHÉLY-D'APCHER** A 75 ab Ausfahrt 32
Château d'Orfeuillette ★★★ 23 Zi, Zi € 85,– bis 188,– (Suite), Frühstück € 12,– pro Person, alle Zi mit Du, WC und Sat-TV, Lift, traditionelles Restaurant, Seminarräume, Schwimmbad, privater P, La Garde, @, www.chateauorfeuillette.com, ☎ 0033(0)466426565, Fax (0)466426566.

10 F-48130 **AUMONT-AUBRAC**
A 75 ab Ausfahrten 35 und 36 → Centre 3 km
Hôtel Chez Camillou ★★★ 39 Zi, Zi € 68,– bis 110,–, Frühstücksbuffet € 9,50 pro Person, alle Zi mit Bad/Du, WC und Sat-TV, Lift, Restaurant, Menü € 25,– bis 75,–, Kindermenü € 10,–, Seminarräume, Terrasse, Garten, Freibad, 🖨, 🗁, G, P, geöffnet von April bis Oktober, 10, route du Languedoc, @, www.hotel-camillou.com, ☎ 0033(0)466428022, Fax 0033(0)466429370.

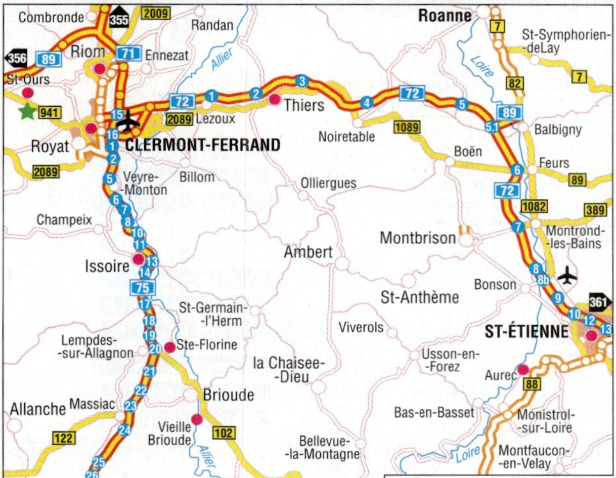

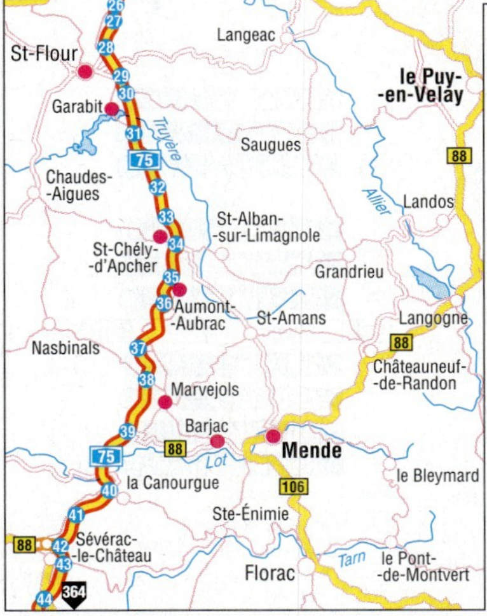

⑪ F-48100 MARVEJOLS
A 75 ab Ausfahrt 38 Antrenas
Hotel Restaurant Les Rochers ★★ 28 Zi, Zi € 44,– bis 55,–, Mehrbett-Zi, Frühstück € 7,– pro Person, alle Zi mit Du, WC und TV, Restaurant mit herrlichem Ausblick, traditionelle und regionale Küche, 💳, G, P, 27, av. Pierre Semard, @, www.hoteldesrochers.com, ☎ **0033/466321058**, Fax 466323063.

⑫ F-48000 BARJAC
A 75 ab Ausfahrten 38 Antrenas und 39 Le Monastier
Hôtel-Restaurant Au Pont de Ginèze ★★ 14 Zi, EZ € 44,50 bis 56,50, DZ € 53,– bis 65,–, inkl. Frühstück, alle Zi mit Bad/Du, WC und ☎, teils TV, regionale Küche, Garten, Angeln, P, Allée des Platanes, @, www.aupontdegineze.com, ☎ **0033/466470102**, Fax 466470707.

⑬ F-48000 MENDE
A 75 ab Ausfahrt 39
Hotel du Pont Roupt ★★★ 26 Zi, Zi € 69,– bis 99,–, Frühstück € 11,– pro Person, alle Zi mit Bad/Du, WC, ☎, Sat-TV, WLAN und Minibar, Lift, Restaurant, Menü € 25,– bis 55,–, Konferenzräume, Schwimmbad, Sauna, Whirlpool, 💳, 🛒, G, P, Av. du 11 Novembre, @, www.hotel-pont-roupt.com, ☎ **0033(0)466650143**, Fax 0033(0)466652296.

⑭ F-63300 THIERS A 72 ab Ausfahrt 2
Hotel-Restaurant „Chez la mère Dépalle" ★★☆ 10 Zi, EZ € 55,– bis 58,–, DZ € 60,– bis 70,–, Mehrbett-Zi € 70,– bis 80,–, Frühstück € 5,90 pro Person, alle Zi mit Bad oder Du, WC, ☎ und Sat-TV, Restaurant, traditionelle Küche, Seminarräume, Spielplatz, 🛒, P, Pont-de-Dore, @, www.chezlameredepalle.com, ☎ **0033(0)473801005**, Fax 0033(0)473805222.

⑮ F-42100 ST-ETIENNE
ab Ausfahrt 24 → Hôpital Bellevue 500 m
Hotel du Midi ★★★ altes modernisiertes Stadthaus des 20. Jahrhunderts, 33 Zi, EZ € 62,– bis 79,–, DZ € 75,– bis 100,–, Nichtraucher-Zi, Frühstück € 9,– pro Person, alle Zi mit Bad/Du, WC, ☎-Anschluss, Sat-TV, WLAN und Zimmerservice, teils klimatisiert, Lift, Menüs, Konferenzraum, 💳, G, großer P, 19, bd Pasteur, @, www.hotelmidi.fr, ☎ **0033(0)477573255**, Fax 0033(0)477572800.

⑯ F-43110 AUREC
Hotel-Restaurant Les Cèdres Bleus ★★ 15 Zi, EZ € 50,50, DZ € 82,– bis 85,–, 3-Bett-Zi, Frühstück € 8,– pro Person, alle Zi mit Bad/Du, WC, ☎, TV (Canal+) und WLAN, Restaurant, Terrasse, ♿, P, 23 rue de la rivière, @, www.lescedresbleus.com, ☎ **0033(0)477354848**, Fax 0033(0)477353704.

Unter
www.autobahn-guide.com
können Sie Ihr Zimmer per Fax oder E-Mail reservieren.

⑦① IM LAND DER VULKANE

Inmitten der einst größten vulkanischen Region Europas, der französischen Auvergne, gibt es seit einigen Jahren mit „Vulcania" auch den größten europäischen Vulkanismus-Park. Besucher gehen auf eine interaktive Reise durch die Zeit, die sich mit einem Besuch von Clermont-Ferrand und des 1.000 Meter hohen Puy de Dôme noch erweitern lässt. Weiter geht es vielleicht in die Rue de la Boucherie in Besseen-Chandesse mit ihren vollständig aus Lavagestein erbauten Häusern. Oder wie wäre es mit einem Fußmarsch auf den 1.885 Meter hohen Puy de Sancy – ab der Bergstation der Seilbahn.

Information und Prospekte:
Vulcania, S.E.M. Volcans,
Route de Mazayes,
F-63230 St.-Ours-les-Roches,
bienvenue@vulcania.com,
www.vulcania.com,
☎ **0033(0)820827828**,
Fax 0033(0)473197099.

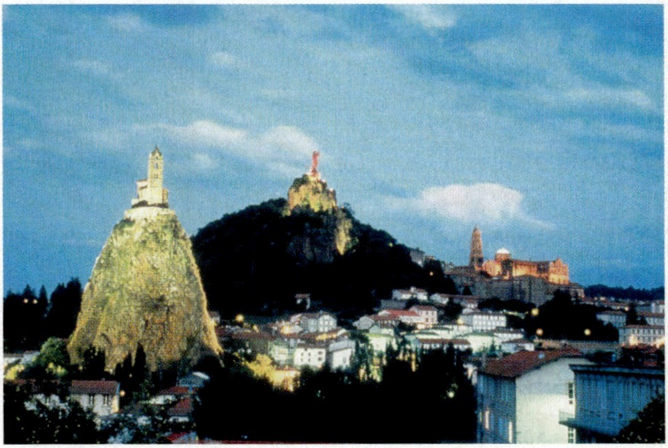

Vulcania

❶ F-54260 **LONGUYON**
A 30 ab Ausfahrt 6 → Longuyon → Zentrum 17 km
Hôtel-Restaurant Le Lutétia ★★ 23 Zi, Zi € 35,– bis 46,–, Familien-Zi, Frühstück € 6,– pro Person, Zi mit Bad/Du, WC und TV, Restaurant, Säle, 🚌, P, 54, rue de Deauville, www.hotelrestaurant-lutetia.com, ☎ **0033(0)382265070**, Fax 0033(0)382265907.

❷ F-57360 **AMNEVILLE-LES-THERMES**
A 31 ab Ausfahrt 37 Mondelange/Amnéville ca. 4 km
Hôtel Amnéville Plaza ★★★★ neues Design-Hotel (Eröffnung April 2010), im Herzen vom Parc de Coulange, ruhige Lage, 78 Zi, alle Zi mit Du, WC, Fön, ☎, Sat-TV, WLAN (kostenfrei) und Klimaanlage, Restaurant, Bar, 3 Seminarräume, Fitness, Sauna, Whirlpool, nur 0,5 km zu den Thermen, Golfplatz, Zoo, Casino, Adventure Park, Snowhall, es wird D, GB und F gesprochen, bitte Reservierungscode Links+Rechts angeben, kostenfreier P, Parc de Coulange, www.amneville-plaza.com, ☎ **0033(0)387718286**, Fax 0033(0)387718276.

❸ F-54150 **BRIEY-BAS-LE PLAN D'EAU**
ab Ausfahrt 33 und RN 643 ca. 6 km
Hôtel Aster ★★ 35 Zi, EZ ab € 51,– bis DZ € 57,–, 3-Bett-Zi € 75,–, Zustellbett € 12,–, Frühstücksbuffet € 7,– pro Person, alle Zi mit Bad/Du, WC, ☎ und TV, Restaurant, Bar, Seminare, Festlichkeiten, Konferenzen, 💳, 🚌 auf Anfrage, ♿ -Zi, P, spitoni@wanadoo.fr, www.hotel-ancona.fr, ☎ **0033(0)382466694**, Fax 0033(0)382209176.
Unter gleicher Leitung:

❹ F-54150 **BRIEY-BAS-LAC**
Hôtel Ancona Logis de France ★★ EZ € 43,–, DZ € 49,– bis 55,–, Frühstück € 6,50 pro Person, Restaurant aux Armes de Briey, Tagesmenü € 12,–, spitoni@wanadoo.fr, www.hotel-ancona.fr, ☎ **0033(0)382462100**, Fax 0033(0)382202985.

❺ F-51000 **CHÂLONS-EN-CHAMPAGNE** A 26 ab Ausfahrten 27 und 28
Hotel Restaurant Le Renard ★★★ im Zentrum, 35 Zi, Zi € 74,– bis 80,–, Frühstück € 10,70 pro Person, alle Zi mit Bad, WC, Fön, ☎ und TV, regionale Küche, Seminarraum, 24, place de la République, lerenard51@wanadoo.fr, www.le-renard.com, ☎ **0033(0)326680378**, Fax 0033(0)326645007.

❻ F-57420 **FEY** ab Ausfahrt 29 Fey/Pagny, Metz-Est → Fey 1 km
Hotel-Restaurant Les Tuileries ★★★ 41 Zi, EZ € 72,–, DZ € 82,–, Frühstücksbuffet € 11,– pro Person, alle Zi mit Bad/Du, WC, ☎, Sat-TV, Internet und Klimaanlage, Lift, Restaurant, Menü ab € 23,–, à la carte, Bar, neue Terrasse, Garten, Kinderspielplatz, großer geschlossener P, Route de Cuvry, info@hotel-lestuileries.fr, www.hotel-lestuileries.fr, ☎ **0033(0)387520303**, Fax (0)387528424.

❼ F-54700 **PONT-À-MOUSSON**
A 31 ab Ausfahrten 28 Lesmenils oder 26 Pont-à-Mousson 3 km
Hôtel-Européen ★★ 24 Zi, EZ und DZ € 36,– bis 44,–, 3-Bett-Zi € 56,–, Frühstück € 6,– pro Person, Extra-Bett € 7,50, Zi mit Bad/Du, WC, ☎ und TV, Terrasse, G, P, 162 Av. de Metz, ☎ **0033(0)383810757**, Fax 0033(0)383810733.

❽ F-88500 **BAUDRICOURT**
A 31 ab Ausfahrt 10 → Châtenois-Mirecourt D 166 → Mirecourt → Baudricourt 15 km
Auberge du Parc ★★ Logis de France, 17 Zi, EZ ab € 42,– bis DZ € 52,–, (Zuschlag) 3-Bett-Zi € 10,–, Frühstück € 7,– pro Person, Zi mit Du, WC, ☎ und TV, gepflegte Küche, Spezialitäten vom Bauernhof, Menü von € 9,– bis 40,–, Kindermenü ab € 8,–, Bar, Kinderspielplatz, großer Garten, Sommerterrasse, auberge.du.parc@wanadoo.fr, www.auberge-du-parc.fr, ☎ **0033(0)329656343**, Fax 0033(0)329377112.

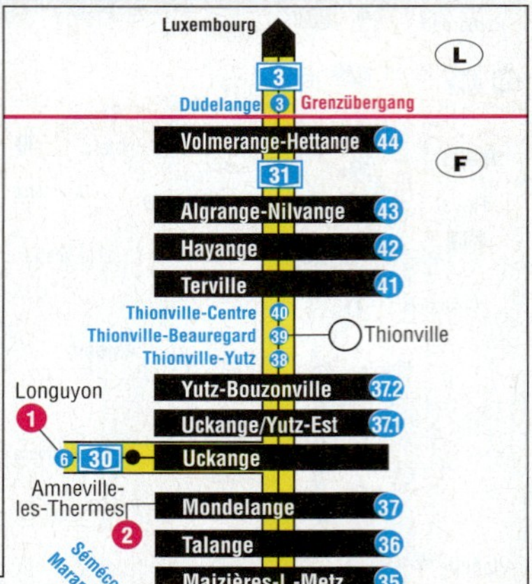
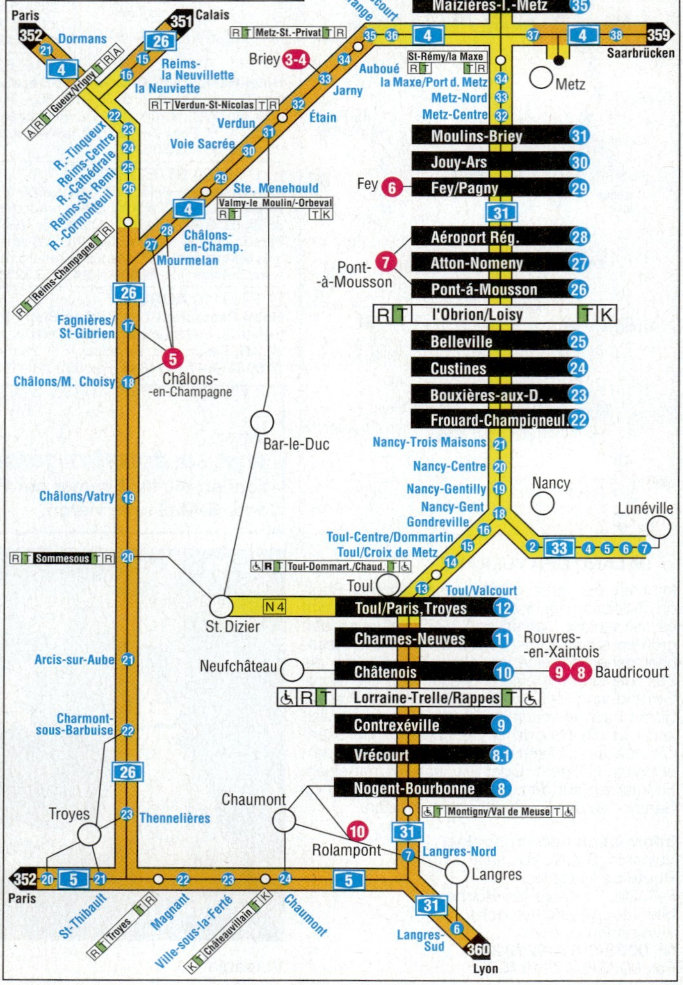

9 F-88500 **ROUVRES-EN-XANTOIS** ab Ausfahrt 10 → Châtenois → Mirecourt 12 km → centre village → quartier de l'église
Hotel Burnel und La clé des Champs ★★★ Logis de France, 21 Zi, EZ € 52,–, DZ € 69,–, Frühstücksbuffet € 9,– pro Person, Zi mit Bad/Du, WC, 🐾, TV, Internet (kostenfrei), Minibar und Sauna, teils Terrasse, Restaurant mit frischer Küche, Menü ab € 14,50, Bar, neue Terrasse, großer Garten, bewachter P, 22, rue Jeanne D'Arc, @, www.burnel.fr, ☎ 0033(0)329656410, Fax 0033(0)329656888.

10 F-52260 **ROLAMPONT**
A 31 ab Ausfahrt 7 → Chaumont 800 m
Hôtel-Restaurant de la Tuffière ★★ 21 Zi, EZ ab € 28,50 bis DZ € 50,–, Frühstücksbuffet € 6,50 pro Person, alle Zi mit Bad/Du, WC und TV, gepflegte Küche, Kinderspielplatz, Terrasse, Schwimmbad, 🚲, G, Rue Jean Moulin, @, www.la-tuffiere.com, ☎ 0033(0)325873252, Fax 0033(0)325873263.

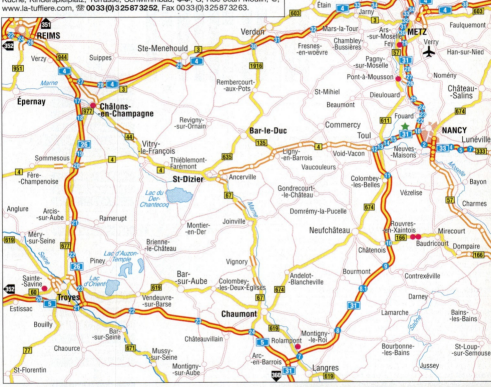

HAUTE-MARNE: Ausflugstipp für Naturverbundene

Ruhe, weites Land, klare Luft, dies sind die Charakterzüge der Region Haute Marne inmitten der Champagne. Als beliebte Wandergegend präsentiert sich diese vielfältige Landschaft. Freunde der Jagd oder der Fischerei kommen bei einem großen Angebot von Bergen, Wäldern und Seen voll und ganz auf ihre Kosten. Ob mit dem Fahrrad oder zu Fuß, ein Besuch in dieser pittoresken Welt der Hügel und Täler ist eine Erkundungstour wert. Lassen Sie sich von der typisch französischen Küche verwöhnen, die es zahlreich in kleinen Restaurants zu entdecken gilt. Auch in dieser Region erlernt man das „Savoir-vivre" und möchte es nicht mehr missen.

Information und Prospekte:
CDT Haute-Marne,
www.tourisme-hautemarne.com,
Tel. 00 33/3 25 30 39 00,
Fax 00 33/3 25 30 39 09.

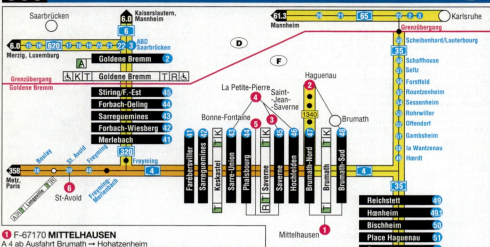

Saarbrücken · Kaiserslautern, Mannheim · 6.0 · **6**

Mannheim · 61.3 · 20 · 21 · **65** · 22 · 2 · 3 · Karlsruhe

Grenzübergang

6.0 · 15 · 16 · **620** · 17 · 18 · 19 · 20 · 21 · 22 · 3 · ABD Saarbrücken
Merzig, Luxemburg

59 · Scheibenhard/Lauterbourg · **35**

Goldene Bremm · 2

A — K T · **Goldene Bremm** · T R ♿

Grenzübergang Goldene Bremm

58 · Schaffhouse
57 · Seltz
56 · Forstfeld
55 · Rountzenheim
54 · Sessenheim
53 · Rohrwiller
52 · Offendorf
51 · Gambsheim
50 · la Wantzenau
49 · Hœrdt

Stiring/F.-Est · 45
Forbach-Oeling · 44
Sarreguemines · 43
Forbach-Wiesberg · 42
Merlebach · 41

La Petite-Pierre · Saint-Jean-Saverne · 4 · Haguenau · 2

Bonne-Fontaine · 1340 · Brumath

Boulay · St. Avold · Freyming · **320**

358 · 38 · 39 · 40 · **4** · Freyming Merlenbach
Metz, Paris

A R — R · **6** · St-Avold

Färebersviller 41 · Sarreguemines 42 · Keskastel T K · Sarre-Union 43 · Phalsbourg 44 · Saverne R T 45 · Saverne 46 · Hochfelden · Brumath-Nord 47 · Brumath — K · Brumath-Sud 48 · **4** · **35**

Mittelhausen · 1

Reichstett · 49
Hœnheim · 49.1
Bischheim · 50
Place Haguenau · 51
Cronenbourg · 1
Strasbourg-Wacken · **350**
Place des Halles · 2
35

5 · **351** · 4 · 3 · 2 · 1 · Porte Blanche · 3 · Strasbourg
Strasbourg-Centre · 4 · 71
Illkirch · 5
Strasbourg-Entzheim · 7 · T · Ostwald · T K
11 · **352** · 10 · 9 · 8 · Illkirch-Graffenstad. · 7
D500 · Duttlenheim/Duppigheim · Obernai · Obernai
Innenheim · 10
Krautergersheim · 11
11.1 · Obernai · Niedernai
Schirmeck · **35** · 1083 · Offenburg
Valff/Goxwiller · 12
8 · Valff
13 · Erstein · → 14
Scherw./Dambach-I. 15
Sélestad-C./Ebersm. 16
Ste Marie/Sélest.-O. 17
R T · Haut-Koenigsbourg · T K
St-Hippolyte · 9 · S-Hippolyte · 18

C.-Houssen/Kays. → 23
← Colmar-Nord ← 24 · Neuf-Brisach
Colmar · C.-S./Horbourg-Wihr 25 · 10
← Colmar-Centre ← 26
Ste Croix-en-Plaine 27
Niederhergheim 28
← Meyenheim ← 30
35
Ensisheim 31
Battenheim · T K
Bourtzwiller · Sausheim · 32 · Weil Freiburg · **36** · 5.6
360 · 18 · 19 · 26 · Ile Napoléon
Besançon · Mulhouse · Mulhouse-Centre · Rixheim 33 · Bartenheim 35 · Aéroport 36 · Saint-Louis 37 · F · D
3 · **500** · Basel · CH

---

1 F-67170 **MITTELHAUSEN**
A 4 ab Ausfahrt Brumath → Hohatzenheim
À L'Etoile ★★ 24 Zi, Zi € 55,– bis 65,–, Frühstück € 7,– pro Person, alle Zi mit Bad/Du, WC, ☎, Sat-TV und Internet, Balkon, Lift, traditionelle Küche, Seminarraum, Sauna, Solarium, Garten, Tennis, Fitnessraum, Spielplatz, 🖶, 🍴, 🅖, P, 01.-16. Januar ./., 12, rue de la Hey, @, ☎ 0033(0)388512844, Fax 0033(0)388512479.

2 F-67500 **HAGUENAU** A 4 ab Ausfahrten je 10 km
Hôtel-Restaurant „Europe" ★★ 71 Zi, Zi € 62,– bis 72,–, Familien-Zi, Frühstück € 7,– pro Person, alle Zi mit Bad/Du, WC, TV und Klimaanlage, Lift, Gerichte ab € 6,–, Sauna, 2 Pools (innen und außen), Gartenterrasse, 🚐, 🅖, P, 15, Avenue du Prof. R. Leriche, @, www.europehotel.fr, ☎ 0033(0)388935811, Fax 0033(0)388710543.

3 F-67700 **SAINT-JEAN-SAVERNE**
A 4 ab Ausfahrt 45 Saverne → Bouxwiller, links → Saint-Jean-Saverne 800 m
Hôtel Restaurant Kleiber ★★ 17 Zi, EZ € 48,– bis 75,–, DZ € 62,– bis 85,–, Appartement € 130,–, Frühstück € 10,50 pro Person, alle Zi mit Bad/Du, WC, ☎, TV und WiFi, regionale Spezialitäten, marktfrische Küche, Probiermenüs, Biogerichte und -weine, Seminarraum, Tennis, 🖶, 🍴 € 6,–, 🅖 € 8,–, P, 37, Grand-Rue, @, www.kleiber-fr.com, ☎ 0033(0)388911182, Fax 0033(0)388710964.

4 F-67290 **LA PETITE-PIERRE** A 4 ab Ausfahrten 43 und 46 je 20 km
Hôtel-Restaurant Au Lion d'Or ★★★ Logis de France, Biker-Hotel, 40 Zi, EZ ab € 57,–, DZ ab € 80,–, Frühstücksbuffet € 12,– pro Person, alle Zi mit Bad/Du, WC, ☎ und TV, Menü ab € 20,–, Gerichte à la carte, Tennis, Sauna, Hallenbad, Whirlpool, 🖶, 🍴, 15, rue Principale, contact@liondor.com, www.liondor.com, ☎ 0033(0)388014757, Fax 0033(0)388014750.

5 F-57370 **BONNE-FONTAINE**
A 4/E 25 ab Ausfahrten 44 → D 604, Danne-et-Quatre-Vents abbiegen ca. 4 km
Waldhotel-Restaurant Café „Notre Dame" ★★ sehr ruhige Lage mitten im Wald, 34 moderne Zi, Zi € 55,– bis 80,–, Frühstücksbuffet € 9,40 pro Person, alle Zi mit Bad/Du, WC, ☎ und TV, gute Küche mit Landesspezialitäten, Menü ab € 19,–, á la carte Gerichte, Kindermenü, Sauna, Hallenbad, 🚐, 🅟, P, 1 Bonne Fontaine, @, www.notredamebonnefontaine.com, ☎ 0033(0)387243433, Fax 0033(0)387242464.

4

Hôtel-Restaurant Au Lion d'Or, La Petite-Pierre

❻ F-57500 ST. AVOLD

A 4 ab Ausfahrt 39

Hotel Europe ★★★ nahe Zentrum, 34 Zi, EZ € 65,–, DZ € 70,– Frühstück € 9,50 pro Person, alle Zi mit Du, WC, ☎ und TV, Lift, Restaurant mit traditioneller Küche, gute Weinkarte, Konferenzraum bis 25 Personen, ▧, G, P, geschlossen 25. Juli bis 15. August, 7, rue Altmayer, sodextel@wanadoo.fr, ☎ **0033(0)387920033**, Fax 0033(0)387920123.

❼ F-67960 STRASBOURG-ENTZHEIM

A 352 ab Ausfahrt 8 Entzheim (Aéroport) → D 400 → D 392

Hôtel „Père Benôit", Restaurant „Steinkeller" ★★★ historischer Bauernhof aus dem 18. Jahrhundert, stilvoll und komfortabel modernisiert, 60 Zi, Zi € 59,– bis 91,– Frühstück € 8,50 pro Person, Zi mit Bad/Du, WC, ☎, TV und Internet, exquisite Spezialitäten-Küche, Sauna, 10 Minuten bis nach Strasbourg, ▧, ♿, P, 34, Route de Strasbourg, @, www.hotel-perebenoit.com, ☎ **0033(0)388689800**, Fax 0033(0)388686456.

❽ F-67210 VALFF

A 35 ab Ausfahrt 12 oder N 83 → D 206 ca. 2 km

Hôtel-Restaurant „Au Soleil" ★★ ruhig in der Ortsmitte gelegen, 55 B, EZ € 45,–, DZ € 55,– bis 59,– Frühstücksbuffet € 8,– pro Person, alle Zi mit Bad oder Du, WC, ☎ und TV, gehobene Küche, Terrasse, Schwimmbad, familiär geführtes Hotel, ▧, ♿, P, 114, rue Principal, @, www.hotel-au-soleil.com, ☎ **0033(0)388089258**, Fax 0033(0)388087062.

❾ F-68590 SAINT-HIPPOLYTE

A 35 ab Ausfahrt 18, an der Elsässischen Weinstraße am Fuße des Schlosses Ht. Königsburg 3 km

Hostellerie Munsch „Aux Ducs de Lorraine" ★★★ in ruhiger Lage mitten in Weinbergen, 40 Zi mit allem Komfort, Zi € 70,– bis 124,–, Appartement € 154,– bis 180,–, Frühstück € 12,– pro Person, vorzügliche Küche mit Fisch-, Wild- und Geflügelspezialitäten, Menü mittags ab € 16,– und abends ab € 23,–, schattige Terrasse, Mittagsbedienung, Gruppen auf Anfrage, ▭, ♿, @, www.hotel-munsch.com, ☎ **0033(0)389730009**, Fax 0033(0)389730546.

❿ F-68600 NEUF-BRISACH

A 35 ab Ausfahrt 25, ca. 5 km bis Deutschland

Hôtel Aux Deux Roses ★★ im Zentrum, 43 Zi, EZ € 40,50, DZ € 49,60, Familien-Zi € 59,– bis 62,– Frühstücksbuffet € 6,50 pro Person, Zi mit Bad/Du, WC, ☎ und TV, elsässische Gerichte und Karte, WiFi kostenfrei, Sommergarten, ▭, P, 11, Rue de Strasbourg, @, www.alsace2roses.fr, ☎ **0033(0)389725603**, Fax 0033(0)389729029.

❽

Hôtel-Restaurant „Au Soleil", Valff

❺

Waldhotel-Restaurant Café „Notre Dame", Bonne-Fontaine

㉛ STRASBOURG

Der Touristenpass berechtigt zu freiem Eintritt verschiedener Angebote und zum halben Preis für weitere Besichtigungen (zweites Museum, Rundfahrt mit dem Mini-Zug, geführter Stadtrundgang, Tonbandführung der Altstadt, Besuch des Naviscope Alsace). Audioführungen: Der Besucher kann Strasbourg erkunden, ganz ungezwungen, einfach mit einem Walkman und einer Karte des Besichtigungsweges ausgerüstet. Geführte Besichtigungen für Gruppen durch Strasbourg und die Umgebung.

Information und Prospekte:

Tourist-Info, 17, place de la Cathédrale, F-67082 Strasbourg, info@otstrasbourg.fr, www.otstrasbourg.fr, **0033(0)388522828**, Fax 0033(0)388522829.

❶ F-68520 BURNHAUPT-LE-HAUT
A 36 ab Ausfahrt 15, RN 83 → Belfort 1,5 km
Hôtel-Restaurant Le Coquelicot ★★★ Logis de France, 26 Zi, EZ und DZ € 68,– bis 85,–, Frühstücksbuffet € 11,– pro Person, Zi mit Bad/Du, WC, ☎ und TV, Restaurant, Menü, à la carte, Terrasse, Garten, ☎, Ⴠ, -Zi, großer bewachter P, Pont d'Asbach, @, www.lecoquelicot.fr, ☎ 0033(0)389831010, Fax 0033(0)389831033.

❷ F-25110 HYÈVRE-PAROISSE
A 36 ab Ausfahrten 5 und 6 → RN 83 ca. 5 km
Hotel-Restaurant „Relais de la Vallée" ★★★ abseits und ruhig gelegen, 21 Zi, EZ und DZ € 55,– bis 59,–, 3-Bett Zi + € 11,–, Frühstücksbuffet € 8,20 pro Person, Zi mit Bad/Du, WC, ☎ und TV, Restaurant, Menü € 15,–, @, http://perso.wanadoo.fr/relaisdelavallee, ☎ 0033(0)381844646, Fax 0033(0)381843752.

❸ F-25220 CHALEZEULE-BESANÇON
A 36 ab Ausfahrt 4 oder 4.1. → RN 83 → Thise → Chalezeule, ausgeschildert ca. 5 km
Hotel des 3 Iles, Logis de France ★★★ 17 Zi, EZ + DZ € 56,– bis € 80,–, 4-Bett-Zi € 96,–, Frühstück € 8,– pro Person, Zi mit Bad/Du, WC, ☎, Sat-TV und WiFi, Abend-Menü € 20,–, Bar, Terrasse, Schwimmbad in der Nähe, P, Rue des Vergers, @, www.hoteldes3iles.com, ☎ 0033(0)381610066, Fax 0033(0)381617309.

❹ F-39100 DOLE A 36 ab Ausfahrt 2 → Zentrum → RN 5 → Dijon oder A 39 ab Ausfahrt 6 → RN 5 → Dijon 5 km, ausgeschildert
Hôtel-Restaurant „Le Chalet du Mont-Roland" ★★ schöne Aussicht auf Dole, vom Mont-Jura bis zum Mont Blanc, 20 Zi, Zi ab € 47,–, Frühstück € 9,– pro Person, alle Zi mit Bad/Du, WC, ☎ und TV, traditionelle Küche und regionale Spezialitäten, Menü ab € 26,–, Terrasse, schöne Wandergegend, G, großer P, @, www.chalet-montroland.com, ☎ 0033(0)384720455, Fax 0033(0)384821497.

❺ F-21250 SEURRE A 36 ab Ausfahrt 1 Seurre → Centre ville 3 km
Hôtel des Négociants ★★ ruhige Lage im Zentrum von Seurre, 15 Zi, Zi € 41,– bis 45,–, 3-Bett-Zi € 49,–, Frühstück € 6,– pro Person, alle Zi mit Bad/Du, WC, ☎ und TV, Terrasse, 82 rue de la République, @, ☎ 0033/380211406, Fax 380211421.

❻ F-21160 COUCHEY
A 31 ab Ausfahrt 2 Dijon-Süd → Beaune RN 974 ca. 5 km
Hotel-Restaurant Hermes ★★ schallgeschützt, 58 Zi, Zi € 56,– bis € 79,–, Frühstücksbuffet € 8,20 pro Person, alle Zi mit Bad/Du, WC, ☎ und TV, traditionelle Küche, Kindermenü und Karte, Bar, Grill, Terrasse, Spielplatz, ⛽, privater P, rue du 8 Mai 1945, @, www.hermes-hotel.fr, ☎ 0033(0)380523536, Fax 0033(0)380524420.

❹

Hôtel-Restaurant „Le Chalet du Mont-Roland", Dole

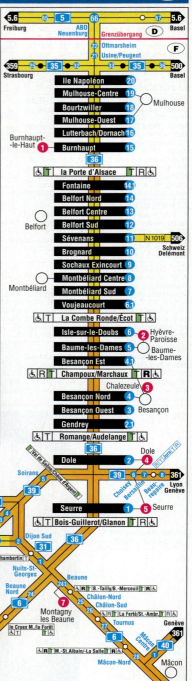

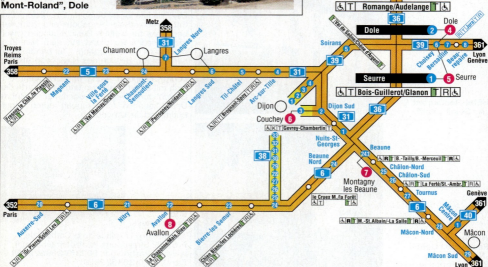

7 F-21200 **MONTAGNY LES BEAUNE**
A 6 ab Ausfahrt 24.1 Beaune → Montagny les Beaune, D 113 ca. 2 km
Hotel Adelie ★★★ ruhige Lage, 19 Zi, DZ € 62,– bis 67,–, Frühstück € 7,80, alle Zi mit Bad/Du, WC, ☎ und TV, Bar, Terrasse, beheiztes Schwimmbad, ⏰, G, P, D 113, @, www.hoteladelie.com, ☎ **0033(0)380223774**, Fax 0033(0)380242318.

8 F-89200 **AVALLON** A 6 ab Ausfahrt 22 → Avallon 2,5 km
Auberge du Relais Fleuri ★★★ in einer 4 ha großen Parkanlage, 48 Zi, DZ € 82,– bis 95,–, Frühstücksbuffet € 13,50, HP möglich, alle Zi klimatisiert mit Bad/Du, WC, ☎, Sat-TV, WiFi (kostenfrei), Radio und Minibar, Restaurant mit gehobener Küche, Menü und à la carte € 22,– bis 56,–, Konferenzräume bis 63 Personen, Park mit Freibad, Tennis, Gemüsegarten, Liegewiese, ⏰, ♿, -Zi, P, 1, La Cerce, @, www.relais-fleuri.com, ☎ **0033/386340285**, Fax 386340998.

7

**Hotel Adelie,
Montagny les Beaune**

8

**Auberge du Relais Fleuri,
Avallon**

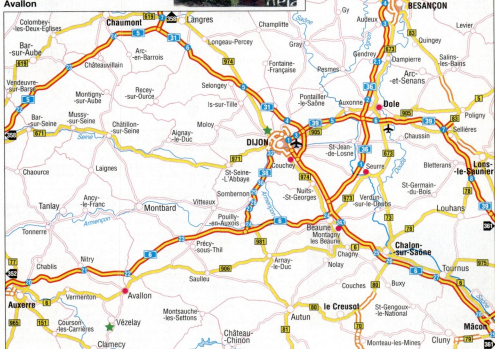

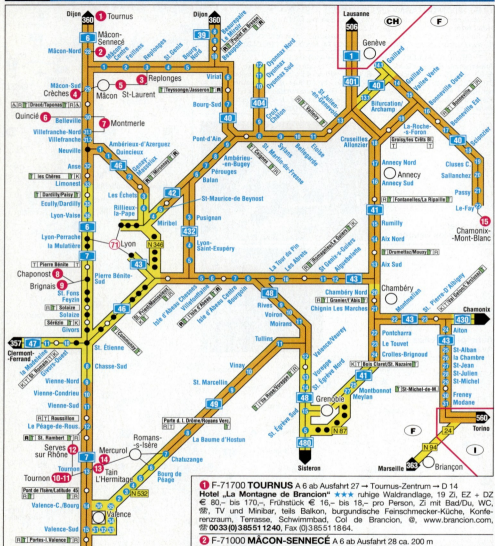

❶ Hotel „La Montagne de Brancion", Tournus

❶ F-71700 TOURNUS A 6 ab Ausfahrt 27 → Tournus-Zentrum → D 14
Hotel „La Montagne de Brancion" ★★★ ruhige Waldrandlage, 19 Zi, EZ + DZ € 80,– bis 170,–, Frühstück € 16,– bis 18,– pro Person, Zi mit Bad/Du, WC, ☎, TV und Minibar, teils Balkon, burgundische Feinschmecker-Küche, Konferenzraum, Terrasse, Schwimmbad, Col de Brancion, @, www.brancion.com, ☎ 0033(0)385511240, Fax (0)385511864.

❷ F-71000 MÂCON-SENNECÉ A 6 ab Ausfahrt 28 ca. 200 m
Hôtel Charme ★★ 40 Zi, Zi ab € 67,–, Frühstück € 6,50 pro Person, alle Zi mit Bad/Du, WC, ☎ und TV, Abendrestaurant, ⌂, 🍽 bis 87 Personen, ⚘, großer P am Haus, ☎ 0033(0)385238484, Fax 0033(0)385375825.

❸ F-01750 REPLONGES A 40 ab Ausfahrt 3 Replonges → Mâcon-Ost 100 m
Hotel-Restaurant Oréon ★★ ruhige Lage, 35 Zi, EZ € 63,– bis DZ € 73,–, Frühstücksbuffet € 7,50, HP ab € 39,– pro Person, alle Zi mit Bad/Du, WC, ☎ und TV, regionale Spezialitäten, à la carte, Menü € 14,– bis 40,–, Kindermenü, Terrasse, Schwimmbad, 5 km bis Zentrum von Mâcon, 🍽, ⚘ -Zi, überwachter P, Z.A. Mâcon-Est, @, www.hotel-oreon.fr, ☎ 0033(0)385310010, Fax 0033(0)385310090.

❹ F-71680 CRÈCHES SUR SAÔNE
A 6 ab Ausfahrt 29 Mâcon Sud → Vinzelles → Crèches sur Saône 5 km
Hostellerie Château de la Barge ★★★ inmitten von Weinbergen, 25 ruhige Zi, EZ € 85,– bis 90,–, DZ € 90,– bis 105,–, Suite € 160,– bis 200,–, Frühstücksbuffet € 12,– pro Person, alle Zi mit Bad/Du, WC, ☎, TV, WiFi und Minibar, Restaurant, Bar, Terrasse, Schwimmbad, Wellness-Spa auf Anfrage, 💳 (Visa), ⌂, 🍽, P, Chaintré - Route des Allemands, @, www.chateaudelabarge.fr, ☎ 0033/385239323, Fax 385239339.

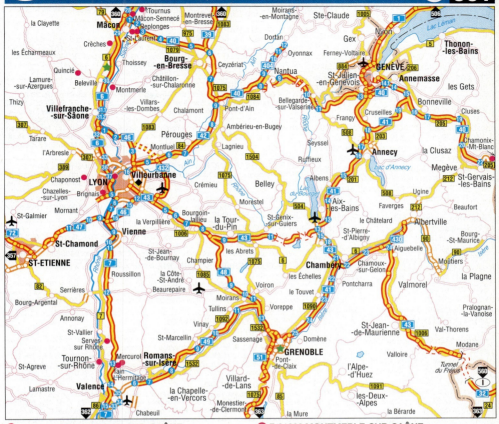

4

Hostellerie
Château de
la Barge,
Crèches sur
Saône

7 Hôtel Restaurant Emile Job, Montmerle-Sur-Saône

Tipps zur Route

Es sind die reizvollen Kontraste, die der Region Rhône-Alpes ihren Stempel aufdrücken: die gewaltigen Gebirgslandschaften in Savoyen, die goldenen Steine im Beaujolais und der Zauber des Renaissance im alten Lyon. Wer den Reiz mächtiger Flüsse liebt, ist mit Ardèche, Isère und Rhône bestens bedient. Wer sich vom Charme des Südens bezaubern lassen will, erfreut sich an den Weinen der Côte du Rhône und den Lavendelfeldern in der Drôme. Und wen es auf die höchsten Berge Europas zieht, trifft in Chamonix auf den 4.810 m hohen Mont Blanc, kann mit der Seilbahn auf den 3.841 m hohen Aiguille du Midi fahren, oder er erwandert die „Route des Grandes Alpes".

Ausfahrt Annecy: Mit seiner großartigen Bergkulisse und dem Lac d'Annecy im Hintergrund stellt sich Annecy (51.000 Einwohner) als einer der bezauberndsten Orte der französischen Alpen vor. Elegante Villen und Hotels erstrecken sich bis an die Ufer des Sees. Mit Blumen geschmückte Brücken und üppige Gärten machen die Hauptstadt des Départments Haute-Savoie bis spät in den Herbst hinein zu einer farbenprächtigen Stadt.

Ausfahrt Grenoble: Grenoble, die Hauptstadt des französischen Départements Isère und der Dauphiné und im Südosten Frankreichs, ist mit über 150.000 Einwohnern die größte Hochgebirgsstadt der Alpen. Diese pulsierende, moderne Stadt liegt an den Flüssen Isère und Drac ist bekannt für ihre vielseitigen Wintersportmöglichkeiten – von sanften Hügeln bis zu wilden Abfahrten abseits der Pisten. 1968 war Grenoble Austragungsort der X. Olympischen Winterspiele. Besuchen Sie die Basilika Sacré Coeur, das Lycée Stendhal (Fresco von 1673) und das Fort de la Bastille aus dem 16. Jahrhundert.

Ausfahrt Genf (Genève): Die Schweizer Metropole am Ausfluß der Rhône aus dem Genfer See (185.000 Einwohner), deren Wurzeln bis in die Keltenzeit zurückreichen, ist die zweitgrößte Stadt der Schweiz und Sitz zahlreicher internationaler Organisationen. Die „Hauptstadt des Friedens", wie der europäische Sitz der UNO auch genannt wird, glänzt mit weltstädtischem Flair. Quais, Seepromenaden, Parks, belebte Altstadtgassen und elegante Geschäfte laden ein zum Flanieren, der See und die Rhône locken mit Schifffahrten. Stets sind die Alpen zum Greifen nah, und die Szenerie ist atemberaubend: mit fürstlichen Landsitzen, ein wenig verborgen hinter uralten Eichenbeständen im Südosten bis zu den beschaulichen Weindörfern im Norden.

❶–❼ Einträge siehe Seiten 336 + 337

❽ F-69630 CHAPONOST
A 7 ab Ausfahrt Pierre Bénite-Sud, A 450 → Brignais ab Ausfahrt Brignais/Chaponost
Hôtel Restaurant Les Clos de Chaponost ★★ 30 Zi, EZ € 40,– bis 63,–, DZ € 50,– bis 63,–, Frühstück € 7,50 pro Person, alle Zi mit Du, WC und TV, Mo-Fr Tagesmenü € 16,–, Terrasse, Seminar- und Veranstaltungsräume, 46 b, avenue Paul-Doumer, @, www.clos-chaponost.com, ☎ 0033 (0) 4 78 45 49 49, Fax 0033 (0) 4 78 45 49 45.

❾ F-69530 BRIGNAIS
A 7 → Brignais → A 450 ab Ausfahrt 7 Brignais Centre, Kreisverkehr rechts 200 m
Best Western-Hôtel des Barolles ★★★ ruhige Lage, 38 Zi, EZ ab € 55,– bis DZ € 125,–, Familien-Zi ab € 81,– (4 B), Frühstücksbuffet € 9,– pro Person, renovierte Zi mit Bad/Du, WC, ☎ und TV, WiFi kostenfrei, Rindfleischspezialitäten, Menü ab € 12,70, à la carte, Konferenzraum, Terrasse, Garten, Bar, 13 Minuten vom Lyon Pardieu Bahnhof entfernt, 🚌 auf Anmeldung, ♿, geschlossener P, 14, Route de Lyon, @, www.bestwestern-hotel-des-barolles.com, ☎ 0033 (0) 4 78 05 24 57, Fax 0033 (0) 4 78 05 37 57.

❿ F-07300 TOURNON A 7 ab Ausfahrt 13, nach der Brücke rechts 3 km
Hôtel-Restaurant Le Château ★★★ direkt am Rhôneufer mit Aussicht auf die Weinberge, 14 Zi, EZ ab € 54,–, DZ € 62,– bis 70,–, Frühstücksbuffet € 8,50 pro Person, alle Zi mit Bad/Du, WC, ☎ und TV, sehr gute Küche, regionale Spezialitäten, Menü ab € 25,–, à la carte, Terrasse, WiFi kostenfrei, ☎, 🚌 auf Anfrage, P, 12 Quai Marc Seguin, @, www.hotel-le-chateau.com, ☎ 0033 (0) 4 75 08 60 22, Fax 0033 (0) 4 75 07 02 95.

⓫ F-07300 TOURNON A 7 ab Ausfahrt 13 Tournon
Hotel Azalees ★★★ 37 Zi, EZ € 55,–, DZ € 64,– bis 75,–, Frühstück € 8,– pro Person, alle Zi mit Du, WC und Sat-TV, klimatisiertes Restaurant, ☎, P, 6 av. de la Gare, @, www.hotel-azalees.com, ☎ 0033 (0) 4 75 08 05 23, Fax 0033 (0) 4 75 08 18 27.

⓬ F-26600 SERVES SUR RHÔNE A 7 ab Ausfahrt 12 Le-Péage-de-Roussilon, Kreisverkehr 3. Ausfahrt → N7 Ausfahrt Chenas
Chateau de Fontager ★★★★ 38 Zi, EZ € 70,– bis 80,–, DZ € 80,– bis 93,–, Frühstück € 8,– pro Person, Zi mit moderner und klassischer Ausstattung, Restaurant, ☎ € 10,–, @, www.chateau-de-fontager.com, ☎ 0033 (0) 4 75 03 31 90, Fax 0033 (0) 4 75 23 13 75.

⓭ F-26600 TAIN L'HERMITAGE
A 7 ab Ausfahrt 13 → Romans → D 532 ca. 1,5 km
Hotel L'Abricotine ★★★ ruhig, in großem Garten gelegen, 11 Zi, EZ + DZ € 53,– bis 65,–, 4-Bett-Zi € 65,–, reichhaltiges Frühstück € 7,– pro Person, alle Zi mit Bad/Du, WC, ☎ und TV, gutbürgerliche Küche, Menü ab € 15,–, à la carte, Bar, Terrasse, Garten, Spielplatz, ☎, ♿, -Zi, geschlossener P, Quartier Les Littes, @, www.hotel-abricotine.com, ☎ 0033 (0) 4 75 07 44 60, Fax (0) 4 75 07 47 97.

⓮ F-26600 MERCUROL
A 7/E 15 ab Ausfahrt 13 ca. 3 km → Romans, ca. 600 m links Mercurol Zentrum
Hôtel-Restaurant De La Tour ★★★ sehr ruhige Lage, 20 Zi, Zi € 48,– bis 68,–, Familien-Zi € 70,–, Frühstück € 6,– pro Person, alle Zi modernisiert mit Bad/Du, WC und Kabel- und Sat-TV, Restaurant, gutbürgerliche Küche, Weinbar, WiFi, Sommerterrasse, 🚌 auf Anfrage 50 Personen, abschließbare G, abgeschlossener P, 11, rue de la république, @, www.lardoisedesam.com, ☎ 0033 (0) 4 75 07 40 07, Fax 0033 (0) 4 75 07 46 20.

⓯ F-74404 CHAMONIX-MONT-BLANC
ab Ausfahrt Chamonix-Süd 18 km → centre ville
Chalet-Hotel Le Prieuré ★★★ ruhige Lage, 91 Zi, DZ € 122,–, Frühstücksbuffet, HP € 170,–, alle Zi mit Bad, WC, ☎, TV, WiFi, Minibar und Balkon, Lift, Restaurant, Tagungsräume, Wellnessbereich, P, 149, Allée Recteur Payot, www.bestmontblanc.com, ☎ 0033 (0) 4 50 53 20 72, Fax 0033 (0) 4 50 55 87 41.

㊆ Lyon siehe Seite 339

❿

**Hôtel-Restaurant
Le Château, Tournon**

Die Nummer zwei in Frankreich –
Lyon

Zwischen dem Zentralmassiv und den nördlichen Alpen in der Region Rhône-Alpes gelegen, prägen die Flüsse Rhône und Saône den Charakter von Lyon – Wassermassen, die am Ausgang der Stadt wieder zusammenfließen und eine Halbinsel in ihrer Mitte formen. Man nennt die zweite Metropole Frankreichs (466.400 Einwohner) auch die „Stadt der Hänge": Gänge und Gassen führen von der Basilika auf den Hügeln von Forviere zu den Hängen des Stadtviertels Croix Rousse, von der Halbinsel zur malerischen Altstadt und zu romantischen Parks.

Diese Quergassen, Traboules genannt, findet man hauptsächlich im Viertel Croix Rousse. Weil der Platz für ein Straßennetz nicht ausreichte, wurden dutzende dieser quer zur Saône verlaufenden Gassen angelegt, die den Besucher durch spitzbögige Gänge mit vielen Gebäuden, Innenhöfen und Galerien im Renaissancestil leiten. Die Geburtsstadt von Antoine de Saint-Exupéry („Der kleine Prinz"), die seit 1998 zum Weltkulturerbe der UNESCO gehört, ist auch ein Mekka für Shopping-Fans: Dutzende von Einkaufsgalerien und zahlreiche edle Shops laden ein zum Schaufensterbummel.

Lyon wurde 43 v. Chr. von den Römern unter dem Namen Lugdunum (Hügel des Lichts) als Verwaltungszentrum Galliens gegründet; vorher bestand bereits eine keltische Siedlung. Nach der Römerzeit erlangte Lyon im 11. Jahrhundert wieder größere Bedeutung, als die Stadt zu einem Zentrum der katholischen Kirche wurde. Bischofssitz ist heute die Kathedrale Saint-Jean in der Altstadt. Markanter ist jedoch die Basilika Notre-Dame de Fourvière, die, 1871 auf der Spitze des gleichnamigen Hügels errichtet, die gesamte Stadt überragt.

An der französischen Seidenstraße gelegen, verdankt Lyon seinen spektakulären Aufschwung im 16. Jahrhundert diesem edlen Stoff. Im 19. Jahrhundert stieg Lyon dann zu einer bedeutenden Industriestadt auf.

Neben zahlreichen Theatern und Kinos bietet Lyon auch ein Opernhaus (Opéra national de Lyon), das überregionale Bedeutung hat

und dessen Architektur als Meisterwerk des Architekten Jean Nouvel gilt. Eine besondere Stellung hat das Marionettentheater, das sich um die stadtgeschichtlich geprägte Figur des Guignol rankt. Als Kulturmetropole beherbergt Lyon an die 30 Museen, 15 stadteigene Bibliotheken, ein Nationalorchester (Orchestre National de Lyon), ein Nationalkonservatorium sowie zahlreiche bedeutende Chöre.

Weltweit wohl einmalig dürfte ein Lyoner Straßenname ein: die „Straße des ersten Films". Sie liegt im 3. Stadtbezirk, an der Stelle, wo die Brüder Lumière 1895 den angeblich ersten Film der Welt gedreht haben. Heute kann man in dieser Straße ein Museum zur Geschichte des

Films besichtigen, das im ehemaligen Wohnhaus der Familie Lumière untergebracht ist. Ein modernes Kino wurde für das „Institut Lumière" am Standort der ehemaligen Chemiefabrik der Lumières errichtet.

Eine weitere kulturelle Besonderheit ist das Maison de la Danse. Dieses verfügt über ein vollständig auf Tanz in all seinen Formen ausgerichtetes Programm, von klassischem Ballett über modernen Tango bis zu experimentellem Tanztheater.

Ein bemerkenswertes Bauwerk in Lyon ist der für die Öffentlichkeit nicht zugängliche Tour métallique de Fourvière. Und im Parc de la Tête d'or gibt es einen kleinen Tierpark.

Lyon gilt zudem als das gastronomische Zentrum Frankreichs. Die Vielfalt der traditionellen Küche hat ihren Ursprung in der Kombination aus der Nähe zu den Alpen und dem schiffbaren Zugang zum Mittelmeer. Die Lyoner Gastronomie gehört hier zur Lebensart – von den Lyoner Bistros, den Bouchons, bis zu renommierten Restaurants mit großen Namen.

Information und Prospekte:
Offices de Tourisme • Place Bellecour • info@lyon-france.com • www.lyon-france.com
Tel. 0033/472776969 • Fax 0033/478420432

❶ F-26000 VALENCE
A 7 ab Ausfahrt 14 → Valence centre
Hotel Saint Jacques ★★ 29 Zi, Zi ab € 51,–, Frühstück ab € 6,50 pro Person, alle Zi mit Bad/Du, WC, ☎ und TV (Canal+), Lift, klimatisiertes Restaurant mit regionalen Spezialitäten, Menü ab € 14,–, ▨, ᵇ, geschlossener P, 9, faubourg Saint-Jacques, hotelstjacques-valence@wanadoo.fr, ☎ 0033 (0) 475 78 26 16, Fax 0033 (0) 475 78 47 30.

❷ F-26200 MONTELIMAR
A 7 ab Ausfahrt 17 ca. 18 km
Hôtel Printemps ★★★ ruhige Lage, 11 renovierte Zi, EZ € 62,– bis 68,– DZ € 68,– bis 75,–, Familien-Zi (4 B) € 98,–, Frühstücksbuffet € 8,00, alle Zi mit Bad/Du, WC, ☎, TV und kostenfreies Internet, teils Minibar, klimatisiert, Restaurant, Terrasse, Schwimmbad, Garten, 300 m bis Zentrum, ▨, ᵇ, geschlossener P, 8 chem. Manche, @, www.hotelprintemps.com, ☎ 0033 (0) 475 92 06 80, Fax 0033 (0) 475 46 03 14.

❸ F-26200 MONTELIMAR A 7 ab Ausfahrt 18 → centre 6 km
Hotel la Crémaillère ★★★ zentral gelegen, 19 Zi, EZ ab € 56,– bis DZ € 65,–, Familien-Zi € 72,–, Frühstück € 6,–, alle Zi mit Bad/Du, WC, ☎ und TV, teils klimatisiert, Bar, Terrasse, Schwimmbad, ▨, geschlossener P, 138 Avenue Jean Jaurés, @, www.hotellacremaillere-montelimar.com, ☎ 0033 (0) 475 01 87 46, Fax 0033 (0) 475 52 36 87.

❹ F-26290 DONZÈRE A 7 ab Ausfahrt 18 → Pierrelatte (RN 7)
Hôtel Hibiscus ★ Familienhotel, ruhig (Zi nach hinten), 10 Zi, Zi € 30,– bis 40,–, Frühstück € 5,– pro Person, klimatisierte Zi mit Bad/Du, WC, ☎ und TV, Restaurant mit traditioneller Küche, ▨, ᵇ, großer P, Route Nationale 7, @, www.hotel-hibiscus.com, ☎ 0033 (0) 475 51 74 55, Fax 0033 (0) 475 49 72 09.

❺ F-26130 SAINT-PAUL-TROIS-CHÂTEAUX ab Ausfahrt 18 → RN 7 ca. 5 km links, D 59 Ausfahrt 19 → D 28 → D 59 → St. Paul Trois Châteaux
Hôtel-Restaurant L'Esplan ★★★★ besonders ruhiges Privathotel zum Relaxen, im Herzen der Drôme Provençale, 36 Zi, EZ € 68,20 bis 99,80, DZ € 68,20 bis 114,50, Frühstücksbuffet € 9,50 pro Person, HP möglich, alle Zi mit Bad/Du, WC, ☎, Sat-TV und Klimaanlage, Küche „de terroir, leger", klimatisierte Terrasse, Garten, G € 9,20, 15, Place de l'Esplan, @, www.esplan-provence.com, ☎ 0033 (0) 475 96 64 64, Fax 0033 (0) 475 04 92 36.

❻ F-26790 SUZE-LA-ROUSSE
A 7 ab Ausfahrt 19 Bollène → Nyons → Suze la Rousse 6 km, nach Ortseingangsschild 1. Straße rechts, D 117
„Lo Rastelié" ★★★ deutsch-französisch geführtes Familienhotel, sehr ruhige Lage, 10 Zi, Zi ab € 46,–, Familien-Zi ab 2 Tagen € 130,–, inkl. Frühstück, alle Zi mit Bad/Du, WC und WiFi, teils TV und Terrasse, Ferienwohnung auf Anfrage, mediterrane Küche aus eigenem Anbau, rustikaler gemeinschaftlicher Speiseraum mit Kamin, Terrasse, großer Garten, Pool (5 x 10 m), geschlossener P, Route de Rochegude, lorastelie@wanadoo.fr, www.lo-rastelie.com, ☎ 0033 (0) 475 04 81 70, Fax 0033 (0) 475 04 81 70.

❼ F-84100 ORANGE
A 7 ab Ausfahrt 21 → Zentrum 2 km
Hôtel Lou Cigaloun ★★★ im Zentrum gelegen, 27 Zi, EZ € 49,– bis 82,–, DZ € 59,– bis 92,–, Frühstücksbuffet € 8,– pro Person, Zi mit Bad/Du, WC, ☎, Sat-TV, kostenfreiem Internetzugang und Klimaanlage, ▨, ᵇ, 🚗 auf Anfrage, ♿, -Zi, G € 5,–, P frei bei Vorlage dieses Buches, contact@hotel-loucigaloun.com, www.hotel-loucigaloun.com, ☎ 0033 (0) 490 34 10 07, Fax 0033 (0) 490 34 89 76.

❽ F-84000 AVIGNON
A 7 ab Ausfahrten 23 Avignon-Nord oder 24 Avignon-Sud
Hotel de Blauvac ★★ 16 Zi, EZ € 62,– bis 80,–, DZ € 67,– bis 85,–, 3-Bett-Zi € 82,– bis 100,–, Frühstück € 8,– pro Person, alle Zi mit Bad/Du, WC, ☎, TV und WLAN, ▨, ᵇ, 11, rue de la Bancasse, @, www.hotel-blauvac.com, ☎ 0033/4 90 86 34 11, Fax 0033/4 90 86 27 41.

Hôtel Lou Cigaloun, Orange

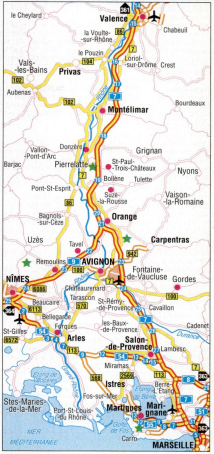
⑨ F-84220 GORDES
A 7 ab Ausfahrt 24 Avignon-Sud → Apt → Gordes (D 2)
Auberge de Carcarille ✦✦✦ 20 Zi, Zi € 70,– bis 110,–, Frühstücksbuffet € 11,50 pro Person, alle Zi mit Du, WC, Sat-TV und Terrasse oder Balkon, Menüs ab € 21,–, Internet, Garten, Freibad, Spielplatz, ⚬, P, ⁄. Dezember-Januar, Les Gervais, @, www.auberge-carcarille.com, ☎ **0033(0)490720263**, Fax 0033(0)490720574.

⑩ F-30126 TAVEL
A 9 ab Ausfahrt 22 Roquemaure → Tavel 4 km
Auberge de Tavel ✦✦✦ im Herzen von Vignobles, 11 Zi, DZ € 85,– bis 120,–, Suites € 150,– bis 180,–, Frühstücksbuffet € 12,–, alle Zi mit Bad/Du, WC, ☎, TV, Safe und Minibar, teils klimatisiert, Restaurant, regionale Spezialitäten, Terrasse, Bar, Garten, Schwimmbad, man spricht deutsch, ▭, ⊨, 🛏, G, P, Voie Romaine, @, www.auberge-de-tavel.com, ☎ **0033/466500341**, Fax 0033/466502444.

⑪ F-30210 REMOULINS
ab Ausfahrt 23 → Remoulins → centre ville 4 km
Hotel Moderne, Restaurant ✦✦ 22 renovierte Zi, EZ € 50,– bis DZ € 65,–, Familien-Zi € 75,–, Frühstück € 8,– pro Person, alle Zi mit Bad/Du, WC, LCD-TV und Minibar, Restaurant mit traditioneller Küche, Menü € 12,– bis 25,–, à la carte, Terrasse, Bar, Billard, Freizeitmöglichkeiten in der Nähe, ▭, ⊨, 🛏, G, P, 8, Avenue Geoffrey-Perret, @, ☎ **0033(0)466029105**, Fax 0033(0)466014697.

⑫ F-13300 SALON-DE-PROVENCE
N 113 → Salon-de-Provence → Centre, Beschilderung folgen
Domaine de Roquerousse ✦✦⁄ 16 Zi, 10 Ferienwohnungen, Zi € 47,– bis 125,–, Frühstück € 8,– pro Person, alle Zi mit Du, WC, ☎, TV (Canal+) und Klimaanlage, regionale Küche, Seminarräume bis 200 Personen, Internet, Pool, 2 Tennisplätze, ▭, ⊨, P, Route Jean Moulin, @, www.roquerousse.com, ☎ **0033/490595011**, Fax 0033/490595375.

⑬ F-30000 NÎMES
A 54 ab Ausfahrt 1 Nîmes-Centre → centre ville
Hôtel L'Empire ✦✦ 27 Zi, EZ € 49,– DZ € 58,– bis 75,–, Frühstücksbuffet € 8,– pro Person, alle Zi mit Bad/Du, WC, Fön, ☎ und TV, Räume für 20 bis 50 Personen, Seminarräume, ⊨ ⊨, 7,–, 1, boulevard Etienne Saintenac, @, www.hotel-empire.com, ☎ **0033(0)466672581**, Fax 0033(0)466678529.

⑭ F-30300 FORQUES
A 9 ab Ausfahrt 25 → A 54/E 80 ab Ausfahrt 4 → Arles Trinquetaille → Forques
Hotel „Mas des Piboules" ✦✦✦ 50 Zi, Zi € 55,– bis 77,–, Mehrbett-Zi € 73,– bis 81,–, Frühstücksbuffet € 7,– pro Person, alle Zi mit Du, WC, Kabel-TV, Internet und Klimaanlage, Bar, Garten, Schwimmbad, 🛏, P, Rue Beauséjour, @, www.hotel-piboules.fr, ☎ **0033(0)490962525**, Fax 0033(0)490936888.

⑮ F-13500 MARTIGUES
A 55 ab Ausfahrt 11 → N 568
Clair Hotel ✦✦ 37 Zi, Zi € 65,– bis 90,–, Frühstücksbuffet ab € 7,– pro Person, alle Zi mit Du, WC, ☎, TV (Canal+) und Klimaanlage, WiFi, Solarium, Jacuzzi, geschlossener P, 57, Boulevard Marcel Cachin, @, www.clair-hotel.fr, ☎ **0033(0)442135252**, Fax 0033(0)442814866.

⑩ **Auberge de Tavel, Tavel**

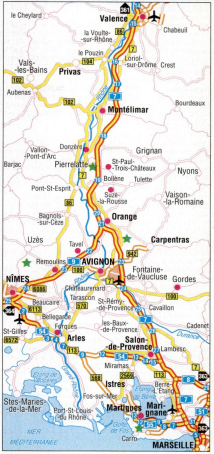

⑦⑦ AVIGNON
Avignon war päpstliches Eigentum bis zur französischen Revolution. Die Vielfältigkeit der Region überzeugt: Spazieren Sie entlang des Doms oder der Fußgängerzone und betrachten Sie die typischen Keramik- und Töpferwaren. Herrliche Ausflugziele sind die Pont du Gard, Nîmes, Arles und die Camargue.

Information und Prospekte:
L'office de Tourisme d'Avignon,
41, cours Jean Jaures, F-84000 Avignon,
information@ot-avignon.fr, www.ot-avignon.fr,
☎ **0033(0)432743274**, Fax 0033(0)490829503.

❶ F-06500 MENTON
A 8 ab Ausfahrt 59 Menton
Hôtel Moderne ★★ zentrale Lage, 32 Zi, EZ € 63,– bis 80,–, DZ € 68,– bis 90,–, 3-Bett-Zi € 78,– bis 100,–, Frühstück € 8,– pro Person, alle Zi mit Bad, WC, ☏, TV, Klimaanlage und Balkon, Bar, Konferenzräume, Tennisplatz 20 m, idealer Ausgangspunkt für Kultur- und Freizeitmöglichkeiten, ☐, G € 9,–, 1, Cours George V, @, www.hotel-moderne-menton.com, ☎ 0033 (0) 4 93 57 20 02, Fax 0033 (0) 4 93 35 71 87.

❷ F-06300 NÎCE
A 8 ab Ausfahrt 55 → Hafen (Port) 5 km
Hotel Agata ★★★ 45 Zi, DZ € 60,– bis 100,–, Frühstücksbuffet € 9,– pro Person, alle Zi mit Bad/Du, WC, ☏, Sat-TV, Lift, Bar, Garten, 100 m bis zum Strand und zur Fähre nach Korsika, ☐, ☐, G, P, 46, bd Carnot, @, www.agatahotel.com, ☎ 0033 (0) 4 93 55 97 13, Fax 0033 (0) 4 93 55 67 38.

❸ F-06140 VENCE
A 8 ab Ausfahrt 48 → Vence 7 km
Hotel Cantemerle ★★★★ 27 Zi, Zi € 210,– bis € 260,–, Frühstück € 16,– (continental € 13,–) pro Person, alle Zi mit Du, WC und Klimanalage, Terrassenrestaurant mit gehobener Küche, Menü à la carte, Seminarräume, WiFi, Thermalbad, Freiluftbad, Dampfbad, ☐, ☐ € 15,–, P, 258, chemin Cantemerle, @, www.hotelcantemerle.com, ☎ 0033 (0) 4 93 58 08 18, Fax 0033 (0) 4 93 58 32 89.

❹ F-06140 VENCE
A 8 ab Ausfahrt 48 Cagnes-sur-Mer → Vence 4 km
Auberge des Cayrons ★★ 10 Zi, EZ € 55,– bis DZ € 89,–, Mehrbett-Zi € 90,– bis 123,–, Studio 95,– bis 130,–, Frühstück € 9,– pro Person, alle Zi mit Bad/Du, WC, ☏, Fön und TV, teils Klimaanlage, WiFi, Terrasse, Bar, Schwimmbad, Garten, Spielplatz, ☐, ☐, großer P, 2340 Route de Cagnes, @, www.aubergedescayrons.com, ☎ 0033 (0) 4 93 58 11 27, Fax 0033 (0) 4 93 59 88 91.

❺ F-06620 BAR-SUR-LOUP ab Ausfahrt 50 Nîce-Promenade → Grasse → Bar-sur-Loup, nach 400 m rechts, Beschilderung folgen
„La Thébaide" – Bed and Breakfast ★★ Landhaus in exotischem Naturpark, sehr ruhige Lage, lädt zum Erholen ein, 6 Zi, EZ € 32,– bis 44,50, DZ € 42,– bis 63,–, inkl. Frühstück, alle Zi mit Bad/Du und WC, teils TV, Küchenbenutzung möglich, Terrasse, großer Garten, Reservierung empfehlenswert, Paragliding in der Nähe, P, 54, Chemin de la Santoline, ☎ 0033 (0) 4 93 42 41 19.

❻ F-83490 LE MUY
A 8 ab Ausfahrt 36 Le Muy → Draguignan 3 km
Hotel L'oree du Bois ★★★ 30 Zi, Zi ab € 22,–, inkl. Frühstücksbuffet, alle Zi mit Bad/Du, WC, ☏ und Sat-TV, Klimaanlage, Restaurant, Menü ab € 24,–, Kindermenü € 10,–, Seminarräume, Terrasse, Bar, Klimaanlage, Hallenbad, Freibad, Tennis, Garten, ☐, ☐ € 4,50, ☐-Zimmer, P, Quartier Sainte Roseline, @, www.hotel-oree-bois-muy.cote.azur.fr, ☎ 0033 (0) 4 98 11 12 40, Fax 0033 (0) 4 98 11 12 53.

❼ F-83136 LA ROQUEBRUSSANNE
A 8 ab Ausfahrt 34 → Brignoles → La Roquebrussanne
Auberge de la Loube ★★ ruhig und abseits gelegen, 8 Zi, Zi € 65,– bis 80,–, Frühstück € 6,50 pro Person, alle Zi mit Du, WC und TV, Restaurant, traditionelle Küche, Menü ab € 26,–, Garten, ☐, ☐, &, Place de l'Eglise, @, www.aubergedelaloube.com, ☎ 0033 (0) 4 94 86 81 36, Fax 0033 (0) 4 94 86 86 79.

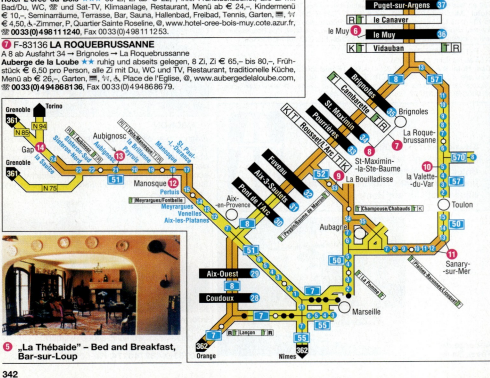

❺ „La Thébaide" – Bed and Breakfast, Bar-sur-Loup

3 Hotel Cantemerle, Vence

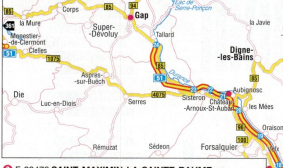

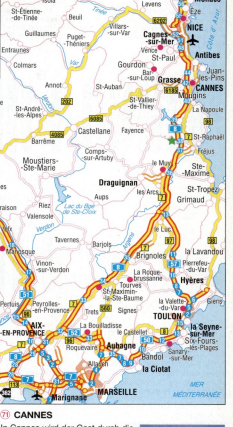

8 F-83470 SAINT-MAXIMIN-LA-SAINTE-BAUME
A 8/E 80 ab Ausfahrt 34 → Saint-Maximin
Hôtel de France ★★★ 25 Zi, EZ € 68,– bis 74,–, DZ € 72,– bis 120,–,
Nichtraucher-Zi auf Anfrage, Frühstück € 10,– bis 14,– pro Person, alle Zi
mit Bad/Du, WC, 📺, Sat-TV und Klimaanlage, regionale Küche, Menüs,
Seminarräume, Garten, Pool, 🅿, 🍴, G, P, 3-5, avenue Albert 1er, @,
www.hotel-de-france.fr, ☎ 0033(0)494780014, Fax 0033(0)494593880.

9 F-13720 LA BOUILLADISSE A 52 ab Ausfahrt 33
Hôtel-Restaurant La Fenière ★★ 10 Zi, EZ € 83,–, DZ € 113,– bis
127,–, Mehrbett-Zi, inkl. Frühstück, alle Zi mit Du, WC und TV (Canal +),
Menüs ab € 16,–, Seminarraum, 🅿, 8, rue Jean Pourchier, @,
www.hotelfeniere.com, ☎ 0033(0)442723838, Fax 0033(0)442623054.

10 F-83160 LA VALETTE-DU-VAR
A 50 ab Ausfahrten 5 und 5 a → centre commercial 1 km
Val Hôtel ★★★ ruhige und zentrale Lage, 42 Zi, EZ € 56,– bis DZ € 72,–,
Familien-Zi, Frühstücksbuffet € 8,–, alle Zi mit Bad/Du, WC, 📺, Sat-TV und
Kühlschrank, Klimaanlage, Restaurant, Bar, Terrasse, Schwimmbad, Garten,
🅿, 🍴, &, G, P, Av. René Cassin, @, www.val-hotel-valette-var.cote.azur.fr,
☎ 0033(0)494083808, Fax 0033(0)494084860.

11 F-83000 SANARY A 50 ab Ausfahrten 12 oder 13
Hôtel de la Tour ★★ direkt am Hafen, 24 Zi, EZ € 68,– bis 88,–, DZ
€ 80,– bis 104,–, inkl. Frühstück, HP möglich, alle Zi mit Bad/Du, WC, 📺, TV,
Klimaanlage und Meerblick, Restaurant, Fischgerichte, Seminarräume,
Terrasse, 🅿, 🍴, P, Port de Sanary, @, www.sanary-hoteldelatour.com,
☎ 0033(0)494741010, Fax 0033(0)494746949.

12 F-04100 MANOSQUE A 51 ab Ausfahrt 18 Manosque → centre ville
Le Pré Saint Michel ★★★, DZ € 65,– bis 110,–, Familien-Zi € 90,– bis
150,–, Frühstücksbuffet € 10,– pro Person, alle Zi mit Du, WC, 📺, TV, Minibar
und Klimaanlage, teils Terrasse, Restaurant, 🍴 € 7,–, Route du Dauphin, @,
www.presaintmichel.com, ☎ 0033(0)492721427, Fax 0033(0)492725304.

13 F-04200 AUBIGNOSC A 51 ab Ausfahrt 21 Aubignosc, N 85
Hôtel-Restaurant La Magnanerie ★★ 9 Zi, DZ € 49,– bis 59,–,
4-Bett-Zi € 79,–, Frühstück € 8,– pro Person, alle Zi mit Bad/Du, WC
und TV, Restaurant, Terrasse, Bar, Salon, 🅿, 🍴 € 7,–, Les Fillières, @,
www.la-magnanerie.net, ☎ 0033(0)492626011, Fax 0033(0)492626263.

14 F-05000 GAP A 51 ab Ausfahrt la Saulce → RN 85
Hôtel Porte Colombe ★★ im Zentrum, 26 Zi, EZ ab € 50,–, DZ
ab € 56,–, Frühstück € 7,50 pro Person, alle Zi mit Du, WC, Fön,
📺, TV, WiFi und Klimaanlage, Lift, 🍴, 🚌, G € 5,–, P, 4, place
F. Euzières, @, www.hotel-porte-colombe.com, ☎ 0033(0)492510413,
Fax 0033(0)492524250.

71 CANNES

In Cannes wird der Gast durch die
architektonischen Meisterwerke
aus der Belle Époque direkt mit
der geschichtlichen Entwicklung
der Côte d'Azur konfrontiert.
Sehenswert sind die Traumvillen
und Schlösser, wie Château Saint-
Georges, umringt von klassisch gestalteten Gartenanlagen
mit tropischem Pflanzenwuchs und einer faszinierenden
Blütenpracht. Ebenso lädt der romantische Hafen „Vieux
Port" zu einem Besuch ein. Berühmt wurde Cannes unter
anderem durch die alljährlichen „Internationalen Filmfest-
spiele", aber auch durch die „internationalste Promenade der Welt", die Croisette. Zahlreiche Festivals, Salons,
Messen, Kongresse und 2 Casinos sind für den Gast
ebenso reizvoll wie die hier typische Küche: Kulinarische
Köstlichkeiten aus einer Kombination von provenzalischer
Kochkunst und frischen Meeresfrüchten.
Information und Prospekte:
Office du Tourisme, Esplanade Georges Pompidou, B.P. 272,
F-06403 Cannes, tourisme@semec.fr, www.cannes.fr,
☎ 0033(0)492998422, Fax 0033(0)492998423.

❶ F-34400 LUNEL A 9 ab Ausfahrt 27 Lunel → La Grande Motte, 4 km
Hotel Kyriad Montpellier Lunel ★★★ 64 Zi, Zi € 54,– bis 96,–, Frühstücksbuffet € 8,50, alle Zi mit Bad/Du, WC, ☎, Sat-TV, Internet (kostenfrei) und Klimaanlage, Lift, Restaurant, Menü € 17,–, Kindermenü € 8,80, Konferenzräume, Bar, Garten, Terrasse, Freibad, ☎, P, 177 avenue Louis Lumière, @, www.kyriad-montpellier.com, ☎ 0033(0)467831155, Fax 0033(0)467710219.

❷ F-34250 PALAVAS LES FLOTS
ab Ausfahrt 30 Montpellier-Sud → Palavas les Flots 6 km
Hôtel Amérique ★★★ 49 Zi, Zi € 62,– bis 87,–, Familien-Zi ab € 100,–, Frühstück € 8,– pro Person, Zi mit Bad/Du, WC, ☎, TV und Klimaanlage, Lift, Bar, Terrasse, Internet (WiFi kostenlos), Schwimmbad, Spa, Restaurants in der Nähe, geschlossener P, 7, avenue Frédéric Fabrège, @, www.hotelamerique.com, ☎ 0033(0)467680439, Fax 0033(0)467680783.

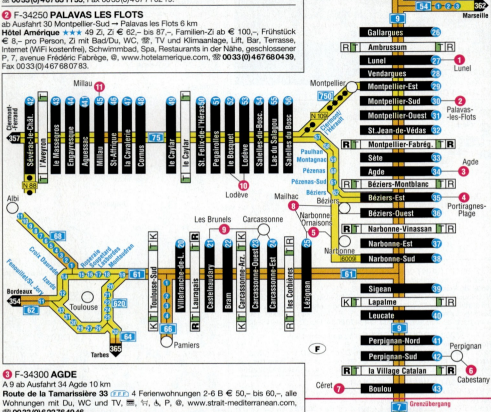

❸ F-34300 AGDE
A 9 ab Ausfahrt 34 Agde 10 km
Route de la Tamarissière 33 (FFF) 4 Ferienwohnungen 2-6 B € 50,– bis 60,–, alle Wohnungen mit Du, WC und TV, ☎, ⚲, ⚅, P, @, www.strait-mediterranean.com, ☎ 0033(0)622764946.

❹ F-34420 PORTIRAGNES-PLAGE
ab Ausfahrt 35 → Valras Plage → D 37 → Portiragnes Plage 10 km
Hôtel-Restaurant „Le Mirador" ★★★ direkt am Meer gelegen, 18 Zi, Zi € 49,– bis 105,–, DZ € 73,– bis 130,–, 4-Bett Zi € 68,– bis 94,–, Frühstück € 7,50 pro Person, alle Zi mit Bad/Du, WC, ☎ und Sat-TV, WiFi, Klimaanlage, teils mit Minibar und Terrasse zum Meer, Restaurant, großer Sandstrand, großer P, 4, boulevard Front de Mer, hotel_le_mirador@hotmail.com, www.hotel-le-mirador.com, ☎ 0033(0)467909133, Fax 0033(0)467908880.

❺ F-11200 NARBONNE-ORNAISONS
A 9 ab Ausfahrt 38 Narbonne-Sud → Carcassonne N 113 ca. 12 km → D 24 → Ornaisons
Hotel Le Relais du Val d'Orbieu ★★★ im Herzen des Weinanbaugebiets der Corbières, 14 Zi, DZ € 95,– bis 170,–, Frühstück € 17,– pro Person, Zi mit Bad oder Du, WC, ☎, Sat-TV und Minibar, mediterrane Küche, Menü € 29,– bis 49,– und à la carte, Speisesaal mit 40 Sitzplätzen, Terrasse, Bar, Schwimmbad, Tennis, Garten, ☎, ⚲, Route départementale 24, contact@relaisduvaldorbieu.com, www.relaisduvaldorbieu.com, ☎ 0033(0)468271027, Fax 0033(0)468275244.

❻ F-66330 CABESTANY
A 9 ab Ausfahrt 42 Perpignan-Sud
Les II Mas ★★★ 32 Zi, EZ ab € 65,–, DZ ab € 84,–, inkl. Frühstück, alle Zi mit Du, WC, ☎, TV und WiFi, Restaurant mit mediterranen Akzenten, Seminare, 1 rue Madeleine Bres, contact@les2mas.com, www.les2mas.com, ☎ 0033/468500808, Fax 468623254.

Weitere Informationen finden Sie unter
www.autobahn-guide.com

**❹ Hôtel-Restaurant „Le Mirador",
Portiragnes-Plage**

7 F-66400 **CÉRET**
A 9 ab Ausfahrt 43 Boulou, D 115 Céret → Zentrum (Hotelbeschilderung)
Hotel-Restaurant La Terrasse au Soleil ★★★★ schöne Lage zwischen Bergen mit herrlicher Aussicht, 36 Zi und Juniorsuiten, EZ € 87,– bis 217,–, DZ € 112,– bis 242,–, 3-Bett-Zi € 142,– bis 277,–, Frühstück € 14,50 pro Person, alle Zi mit Bad/Du, WC, Fön, ☎, Sat-TV, Klimaanlage und Minibar, Restaurant, Konferenzraum bis 30 Personen, Schwimmbad, Türkisches Bad, Sauna, Solarium, Jacuzzi, Massagen, Tennisplatz, ♿, P, geöffnet 1. März bis 30. November, rte Fontfrède, terrasse-au-soleil.hotel@wanadoo.fr, www.terrasse-au-soleil.com, ☎ 0033(0)468870194, Fax 0033(0)468873924.

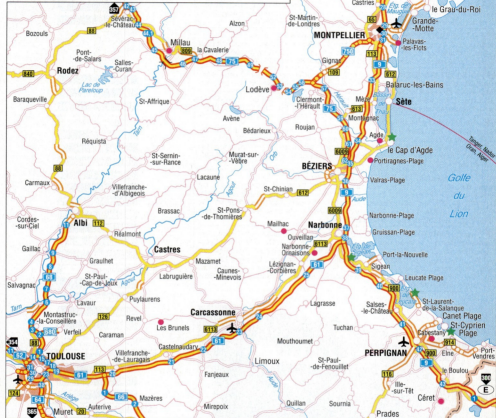

8 F-11120 **MAILHAC** A 61 ab Ausfahrt 25 → Lézignan 20 km und A 9 ab Ausfahrten 36 → Carcassonne 19 km und 38 → St. Pons 19 km
Le Coq du Nord ★★★ idyllische Lage im Grünen, 5 Zi, EZ + DZ ab € 60,–, Frühstück € 15,– pro Person, alle Zi mit Bad/Du, WC, ☎, TV und Klimaanlage, Ferienwohnung, Garten, Swimming Pool, Terrasse, Grill, P, 27, chemin des Fonts, www.lecoqdunord.com, ☎ 0033(0)468440775, Fax 0033(0)468440775.

9 F-11400 **LES BRUNELS** A 61 ab Ausfahrt 21
La Comtadine Hôtel ★★★ 9 Zi, Zi € 60,– bis 100,–, Frühstück ab € 9,–, alle Zi mit Du, WC und TV, Menü € 25,–, Seminarraum, Swimmingpool, Lac de Saint Ferréol, @, www.lacomtadine.com, ☎ 0033(0)561817303, Fax 0033(0)561817303.

10 F-34700 **LODÈVE** A 75 ab Ausfahrten 52 le Bosquet und 53 Lodève
Hotel de la Paix ★★ 23 Zi, EZ € 40,– bis 50,–, DZ € 55,– bis 75,–, Frühstück € 8,– pro Person, alle Zi mit Du, WC und ☎, Restaurant, Bar, Schwimmbad, 11, bd Montalangue, @, www.hotel-dela-paix.com, ☎ 0033/467440746, Fax 467443047.

11 F-12100 **MILLAU** A 75 ab Ausfahrt 45
Hôtel Des Causses ★★ 19 Zi, Zi ab € 52,–, Frühstück € 8,90 pro Person, alle Zi mit Bad/Du, WC, ☎ und TV, Restaurant, Internet, Garten, ▭, ✂, G, 56, av. Jean Jaurès, @, www.hotel-des-causses.com, ☎ 0033(0)565600319, Fax 0033(0)565608690.

3 **Route de la Tamarissière 33, Agde**

1 F-31150 TOULOUSE-GRATENTOUR
ab Ausfahrt 11 → Bruguières → Gratentour 3 km
Hotel Barry ★★ 22 Zi, EZ € 53,– bis 64,–, Frühstücksbuffet € 8,– pro Person, alle Zi mit Bad/Du, WC, ☎-Anschluss und TV, Garten- und Terrassenrestaurant, Gerichte € 13,40 bis € 29,–, Konferenzräume für 30 Personen, Freibad, ☐, ☖ € 8,–, ♿-Zi, großer P, 47, r. Barry, @, www.lebarry.fr, ☎ **0033(0)561822210**, Fax 0033(0)561822238 **(Bild siehe Route 356)**.

2 F-31120 PORTET-SUR-GARONNE
Ausfahrt 38 → Muret → Portet sur Garonne 2 km
Hotel L'Hotan ★★★ 53 Zi, EZ € 92,– bis 99,–, DZ € 109,– bis 115,–, Frühstücksbuffet € 10,50 pro Person, alle Zi mit Bad/Du, WC, ☎, Sat-TV, Radio, WLAN und Minibar, Lift, Restaurant, Seminarräume bis 100 Personen, Terrasse, Bar, Garten, Liegewiese, ☐, ☖, privater P, Rezeption 24 h geöffnet, 80, route d'Espagne, @, www.hotel-hotan.fr, ☎ **0033(0)562871414**, Fax 0033(0)562200236.

3 F-31360 BOUSSENS A 64 ab Ausfahrt 21 Boussens → Zentrum
Hôtel du Lac ★★ am See, 12 Zi, Zi € 50,– bis 55,–, HP und VP möglich, alle Zi mit Bad/Du, WC, ☎ und Sat-TV, Restaurant, Menü und à la carte, ☖, ☐, promenade du Lac, @, www.hotelrestaurantdulac.com, ☎ **0033(0)561900185**, Fax 0033(0)561971557.

4 F-31800 ST-GAUDENS ab Ausfahrt 18 → St-Gaudens → centre ville → Luchon 6 km
Hotel Beaurivage ★★★ 10 Zi, Zi € 58,– bis 75,–, Frühstück € 9,– pro Person, alle Zi mit Bad/Du, WC, ☎ und TV, Restaurant mit regionaler Küche, Seminarräume, Bar, große Sommerterrasse, ☐, ✈, großer P, Pont de Valentine, @, www.hotel-restaurant-beaurivage.fr, ☎ **0033(0)561947670**, Fax 0033(0)561947679.

5 F-64000 PAU A 64 ab Ausfahrt 10
Hôtel Kyriad Pau Centre ★★★ 70 Zi, Zi € 95,–, Juniorsuiten und Familien-Zi € 115,–, Frühstücksbuffet € 9,90 pro Person, alle Zi mit Bad/Du, WC, Fön, ☎, TV, Radio, Internet, Minibar und Klimaanlage, Restaurant, Seminarräume, Bar, 80, rue Emile Garet, @, www.hotel-pau-centre.com, ☎ **0033(0)559825800**, Fax 0033(0)559273020.

6 F-64270 SALIES-DE-BÉARN A 64 ab Ausfahrt 7
Hotel du Golf ★★★ ruhige, naturnahe Lage, 29 Zi, EZ € 55,– bis 65,–, DZ € 60,– bis 75,–, Frühstücksbuffet € 8,– pro Person, HP möglich, alle Zi mit Bad/Du, WC, ☎, TV und DSL, Restaurant, Salon, Terrasse, Pool, Golfplätze, ☐, ☖ € 10,–, ☛, Route d'Orthez, @, www.hotel-golf-salies-de-bearn.federal-hotel.com, ☎ **0033(0)559650210**, Fax 0033(0)559381641.

7 F-64200 BIARRITZ ab Ausfahrt 4 → Biarritz centre ville → Grande Plage/Casino 4 km
Hotel Windsor ★★★ direkt am Meer gelegen, 48 Zi, EZ + DZ € 70,– bis 200,– (Suite), Familien-Zi ab € 200,–, Frühstücksbuffet € 10,– pro Person, alle Zi mit Bad/Du, WC, ☎, LCD-Sat-TV, Internet (kostenfrei) und Minibar, teils Meerblick, Lift, Bar, Café, Restaurant „Le Galion" nebenan, ☐, ☖, ☛, geschlossener P (kostenpflichtig), Grande Plage, @, www.hotelwindsorbiarritz.com, ☎ **0033(0)559240852**, Fax 0033(0)559249890.

8 Hotel Du Parc „Trinquet-Larralde", Ascain

8 F-64310 ASCAIN
ab Ausfahrt 3 → Ascain → centre ville → 6 km
Hotel Du Parc „Trinquet-Larralde" ★★★ ruhig im Grünen gelegen, 22 Zi, Zi € 70,– bis 120,–, Mehrbett-Zi, Frühstücksbuffet € 8,50 pro Person, alle Zi mit Bad/Du, WC, ☎ und Sat-TV, Restaurant, Menü ab € 17,–, Kindermenü € 8,–, Konferenzräume, Terrassse, Bar, Kinderspielplatz, Garten, 6 km zum Strand, Ausflugsziele im Ort, ▭, ☕, großer P, Route d'Olhette, @, ☎ 0033(0)559540010, Fax 0033(0)559540123.

9 F-40180 SAUBUSSE
A 63 ab Ausfahrten 9 und 10 ca. 5 km
Villa Stings ★★ 12 Zi, Zi € 55,– bis 65,–, Frühstücksbuffet € 10,– pro Person, alle Zi mit Du, WC, ☎ und TV, Restaurant, Menü und à la carte, ▭, Rue du Port, @, www.chateauxhotels.com/stings, ☎ 0033(0)558577018, Fax 0033(0)558577186.

10 F-40100 DAX
A 63 ab Ausfahrt 8
Hotel-Restaurant Les Thermes de l'Avenue ★★ 74 Zi, 25 Studios, Zi € 59,– bis 89,–, Studio € 60,– bis 75,–, Frühstücksbuffet € 7,60 pro Person, alle Zi mit Bad/Du, WC, ☎ und Sat-TV, teils Klimaanlage, Restaurant, 17-19 Avenue G. Clemenceau, @, www.thermes-avenue.com, ☎ 0033(0)558563500, Fax 0033(0)558562170.

11 F-40990 HERM
ab Ausfahrt 11 → centre ville → Herm 6 km
Hotel De La Paix ★★ 9 Zi, Zi € 50,– bis 70,–, Frühstück € 6,– pro Person, alle Zi mit Du, WC, ☎ und TV, Restaurant, Menü € 10,–, Kindermenü € 6,–, Konferenzräume, Kinderspielplatz, Garten, ▭, ☕, ♿, G, P, 128, avenue de l'Océan, @, ☎ 0033(0)558915217, Fax 0033(0)558913425.

12 F-40260 LESPERON
N 10 ab Ausfahrt 13 → Bayonne
L'Escalandes ★★ 10 Zi, Zi € 40,– bis 75,–, Frühstück € 7,50 pro Person, alle Zi mit Du, WC und Sat-TV, Restaurant, Seminarräume, ▭, ☕, P, 35, rue du Commerce, @, www.hotel-escalandes.com, ☎ 0033(0)558896145, Fax 0033(0)558896496.

13 F-33770 SALLES
A 63 ab Ausfahrt 21 → Salles, an der Post links
Domaine du Pont de L'Eyre ★★★ 10 Zi, Zi € 60,– bis 90,–, Frühstück € 8,– pro Person, alle Zi mit Du, WC, Sat-TV und WiFi, Seminarraum, Garten, Spielplatz, ☕, ♿, 2, route de Minoy, @, ☎ 0033(0)556883500, Fax 0033(0)556883599.

7 Ausblick vom Hotel Windsor, Biarritz

Reisen in die
Niederlande

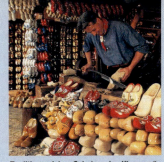

Traditionsreiches Schuhwerk: „Klompen"

Niederlande

Tulpen und Käse – das ist gewiss nicht alles, was die Niederlande und ihre fleißigen Bewohner zu bieten haben: Das Land der Fahrräder, Kanäle und Windmühlen ist uraltes Kulturland. Im Königreich der Niederlande ist der Lebensstandard hoch und die politischen Verhältnisse in guter Ordnung. Die Niederländer sind sehr geschäftstüchtig. Hier leben über 16 Millionen Menschen, davon 88 % in der Stadt und die gewaltige Zahl von 480 auf dem km^2. Hauptstadt ist Amsterdam, Sitz der Regierung und des Parlaments Den Haag. Die Niederlande setzen sich aus 12 Provinzen zusammen. Die Hälfte des Landes liegt, gegen die Flut geschützt durch eine zehn Meter hohe Deichlinie, unter dem Meeresspiegel. Die Polder, dem Meer seit Jahrhunderten abgerungenes Land, machen inzwischen etwa 40 % der Niederlande aus. Im Süden des Landes zeigen sich einige Hügel, der höchste ist etwa 300 Meter hoch. Einen besonderen touristischen Anziehungspunkt stellen von Mitte April bis Anfang Mai die ausgedehnten Tulpenfelder zwischen Den Haag und Haarlem dar, im Hochsommer natürlich die Küste, das Wattenmeer und die Inseln. Besuchenswert ist natürlich Amsterdam mit seinen berühmten Grachten. Die Autofähre von Den Helder zur Watteninsel Texel fährt jede Stunde. Auch an vielen Nebenstraßen, die Flüsse und Kanäle kreuzen, existieren Fährdienste. Die Fähre Vlissingen – Breskens transportiert Fußgänger und Autos über die Westerschelde nach seeländisch-Flandern mt der historischen Stadt Sluis an der belgischen Grenze. Es gibt noch etwa 900 Windmühlen im Lande, von denen einige als Museumsmühlen eingerichtet sind.

Einreise

Zur Einreise in die Niederlande mit Kraftfahrzeug werden Reisepass oder Personalausweis, Kfz-Schein, Führerschein, Nationalitätskennzeichen, sowie eine Warnweste und grüne Versicherungskarte (empfohlen) benötigt.

Währung

1 € (Euro) = 100 Cent

Besondere Verkehrsbestimmungen

Es besteht Anschnallpflicht. Die Promillegrenze liegt bei 0,5. Helmpflicht für Motorrad- und Mopedfahrer. Keine Lichtpflicht. Die Straßenbahn hat Vorfahrt an Kreuzungen mit gleichberechtigten Straßen. Soweit nicht anders beschildert, gilt rechts vor links. An gelb oder schwarz-weiß markierten Bordsteinkanten besteht Parkverbot.

Autobahn

Die Niederlande besitzt ein dichtes Netz guter Autobahnen. Die Benutzung ist gebührenfrei.

Höchstgeschwindigkeiten

Innerorts 50 km/h, Autobahn 120 km/h, sonst 80–100 km/h (beschildert), Gespanne 80 km/h.

Pannenhilfe

Der Straßenhilfsdienst ist landesweit unter der Telefonnummer 0800/08 88 gebührenfrei erreichbar. In den Niederlanden erreicht man im Notfall unter Tel. 112 sowohl Polizei als auch Rettungsdienst.

Tanken

An den meisten Tankstellen kann mit Kreditkarte oder Bargeld am Automaten bezahlt werden.

Autofähren

nach Großbritannien:
- Hoek van Holland — Harwich
- Rotterdam — Hull
- IJmuiden — Newcastle

Telefonieren

Internationale Ländervorwahl in die Niederlande: 00 31.

Typisch holländische Landschaft mit Windmühlen und Narzissenfeldern

Kontakt: Niederlands Bureau voor Toerisme & Congressen, Vlietweg 15, Postbus 4 58, NL-2260 MG Leidschendam, www.nbtc.nl, Tel. 31 (0)70/3 70 57 05, Fax 3 20 16 54
Vertretung in Deutschland: Niederländisches Büro Tourismus & Convention, Postfach 27 05 80, D-50511 Köln, info@niederlande.de, www.niederlande.de, Tel. 00 49 (0)2 21/9 25 71 70, Fax 92 57 17 37

Maßstab 1 : 1.600.000

❶ NL-9641 AD VEENDAM
A 7 ab Ausfahrt 44 → Veendam → Centrum 9 km
Holland Hotel Parkzicht ★★★ 110 B, EZ € 71,– bis 86,–, DZ € 87,– bis 102,–, Nichtraucher-Zi, inkl. Frühstück, moderne Zi mit Bad/Du, WC, ☎, TV und WLAN, teils Klimaanlage und Minibar, Lift, regionale und internationale Küche, Bar, Konferenzräume, Golfplatz 3 km, ⊞, P, Museumplein 3, @, www.parkzicht.com, ☎ 0031 (0) 598/666888, Fax 619037.

❷ NL-9501 SZ STADSKANAAL
E 31, A 7 und A 28 → N 34 ab Ausfahrt Stadskanaal
Best Western Hotel-Restaurant Stadskanaal ★★★★ 40 komfortable Zi, EZ ab € 55,–, DZ ab € 60,–, inkl. Frühstücksbuffet, alle Zi mit Bad/Du, WC, ☎, TV, WLAN und Minibar, Lift, Restaurant, Seminarräume, Bar, Terrasse, Fahrradverleih, ⊞, G, P, Raadhuisplein 30, @, www.hotel-stadskanaal.nl, ☎ 0031 (0) 599/650699, Fax 650655.

❸ NL-9203 PA DRACHTEN A 7 ab Ausfahrt De Haven
Emjee Hotel Drachten ★★ im Zentrum, EZ € 69,– bis 89,–, DZ € 78,50 bis 98,50, Mehrbett-Zi, inkl. Frühstück, alle Zi mit Bad/Du, WC, ☎, Sat-TV und Radio, Restaurant, Konferenzräume, Terrasse, ⊞, ✎ 7,–, P kostenfrei, Eikesingel 64, @, www.emjeehotel.nl, ☎ 0031 (0) 512/543555, Fax 543454.

❹ NL-9003 LN WARTEN A 32 ab Ausfahrt 14 Grou → Warten, A 31 ab Ausfahrt 22 Marssum, N 31 → Drachten, Ausfahrt Warga/Wergea und A 7 ab Ausfahrt Drachten N 31 → Leeuwarden, Ausfahrt Garijp, Warten, Earnewoude → Warten 4 km
Wartena Hoeve bed & breakfast ★★★ 6 Zi, EZ € 60,– bis 80,–, DZ € 80,– bis 120,–, inkl. Frühstück, alle Zi mit Bad/Du, WC, ☎, TV, Radio, Internet und Wasserkocher, Gartenterrasse am Wasser, Fahrrad- und Motorbootverleih, ✎, ♿, Oosterburen 8, @, www.wartenahoeve.nl, ☎ 0031 (0) 58/2551075.

❺ NL-8861 AL HARLINGEN ab Ausfahrt Harlingen → Centrum 1 km
Hotel-Café-Restaurant Anna Casparii ★★★ im Zentrum gelegen, 14 Zi, EZ € 72,–, DZ € 92,50 bis 105,–, Mehrbett-Zi ab € 112,–, inkl. Frühstück, alle Zi mit Bad/Du, WC, ☎, TV und Minibar, Konferenzraum, Terrasse, 5 Minuten zum Strand, Fahrradverleih, ⊞, ✎ 10,–, P, Noorderhaven 69, @, www.annacasparii.nl, ☎ 0031 (0) 517/412065, Fax 414540.

❻ NL-7991 PJ DWINGELOO A 28 ab Ausfahrt 29 Wijster/Dwingeloo → Dwingeloo, Hotelbeschilderung
Landhotel De Börken ★★★★ ruhige Lage mitten im Wald, 42 Zi, EZ € 60,– bis 85,–, DZ € 72,50 bis 97,50, inkl. Frühstück, Zi teils renoviert mit Du, WC, Fön, ☎, TV, Radio und Internet, Restaurant, Konferenzräume, Wintergarten, Terrasse, Schwimmbad, Whirlpool, Sauna, Solarium, 9-Loch-Golfplatz, ⊞, ✎, ♿, kostenfreier P, Lhee 76, @, www.deborken.nl, ☎ 0031 (0) 521/597200, Fax 597287.

❼ NL-8302 EK EMMELOORD
ab Ausfahrt Emmeloord → Centrum→ VVV 2 km
Best Western Hotel 't Voorhuys ★★★ zentral gelegen, 25 Zi, EZ € 69,50 bis 78,50, DZ € 75,– bis 97,50, inkl. Frühstück, HP möglich, Zi mit Bad/Du, WC, ☎, TV und WLAN, teils Klimaanlage, Lift, Restaurant, Café, Bar, Gartenterrasse, ⊞, ✎, ♿, de Deel 20, @, www.voorhuys.nl, ☎ 0031 (0) 527/612870, Fax 617903.

❽ NL-7451 JL HOLTEN
A 1 ab Ausfahrten Markelo oder Holten 4 km → Holterberg
Hotel-Restaurant 't Losse Hoes ★★★ ruhige Lage auf einer Anhöhe im Wald, 16 Suiten bis 6 Personen, Suiten € 125,– (für 2 Personen), inkl. Frühstück, Zi mit Bad/Du, WC, Fön, ☎, TV, Radio und Terrasse, Restaurant, Säle bis 60 Personen, Gartenterrasse, Weinkeller, ⊞, ✎, P, Holterbergweg 14, @, www.hotelhetlossehoes.nl, ☎ 0031 (0) 548/363333.

❾ NL-1781 HA DEN HELDER
A 7 ab Ausfahrt Den Oever
Hotel-Café-Restaurant Forest ★★ 25 Zi, EZ € 72,50, DZ € 95,00, 3-Bett-Zi € 122,50, Brautsuite € 130,–, inkl. Frühstück und Kurtaxe, HP möglich, Zi mit Bad/Du, WC, ☎ und TV, Lift, Restaurant, Fisch- und Fleischspezialitäten, Hotelbar, Tagungsraum bis 25 Personen, ⊞, ✎, Julianaplein 43, @, www.foresthotel.nl, ☎ 0031 (0) 223/614858, Fax 618141.

❿ NL-1671 AA MEDEMBLIK
A 7 Ausfahrt Medemblik
Hotel Medemblik ★★★ 26 Zi, EZ ab € 71,25, DZ ab € 97,50, Mehrbett-Zi ab € 127,50, inkl. Frühstück, alle Zi mit Bad/Du, WC, ☎, TV, Video, Radio und Minibar, Lift, Restaurant „Het Wapen van Medemblik", Konferenzräume, ⊞, ✎, P, @, www.hetwapenvanmedemblik.nl, ☎ 0031 (0) 227/543844, Fax 542397.

⓫ NL-1445 AD PURMEREND
A 7 ab Ausfahrt Purmerend Noord → Edam 2 km
Hotel Hampshire Waterland ★★★★ ruhige Lage in herrlicher Umgebung, 97 Zi, EZ € 75,–, DZ ab € 90,–, inkl. Frühstücksbuffet, Zi mit Bad/Du, WC, ☎, TV und Minibar, Lift, Restaurant, Bar, Café, Terrasse, Konferenzräume, 45 holes Golfplatz, Fahrradverleih, P, Westerweg 60, @, www.hampshirehotels.nl, ☎ 0031 (0) 299/481666, Fax 481697.

⓬ NL-1521 DN WORMERVEER
A 8 bei Westzaan → N 8
Hotel-Restaurant Huis Te Zaanen ★★★ 8 Zi, EZ € 56,–, DZ € 66,–, Frühstück € 8,50 pro Person, alle Zi mit Bad/Du, WC, TV und Minibar, Restaurant, Bar, Terrasse, Zaanweg 93/94, @, www.huistezaanen.nl, ☎ 0031 (0) 75/6281740, Fax 6403496.

⓭ NL-2332 KG LEIDEN
A 4 ab Ausfahrt Zoeterwonde und A 44 ab Ausfahrt Leiden
Van der Valk Hotel Leiden ★★★★ 79 Zi, Zi € 83,– bis 175,–, Frühstück € 12,50 pro Person, Zi mit Bad/Du, WC, Fön, ☎, TV, Radio, Internet, Safe, Klimaanlage und Balkon, Lift, Konferenzräume, Gartenterrasse, Fahrradverleih, ⊞, ✎, P, Haagse Schouwweg 14, @, www.hotelleiden.nl, ☎ 0031 (0) 71/5731731, Fax 5731710.

⓮ NL-3481 EK HARMELEN/UTRECHT
A 12 ab Ausfahrt De Meern → Harmelen
Holland Hotel Het Wapen van Harmelen ★★★ 42 Zi, EZ ab € 70,–, DZ ab € 90,–, inkl. Frühstück, Zi mit Bad/Du, WC, ☎, TV, Radio und Balkon/Terrasse, Lift, Restaurant, 2 Konferenzräume bis 100 Personen, Gartenterrasse, Anlegesteg, Angeln, Fahrradverleih, ⊞, ✎, P, Dorpsstraat 14, @, www.hotelharmelen.nl, ☎ 0031 (0) 348/441203, Fax 444154.

⓯ NL-3701 EB ZEIST
A 12 ab Ausfahrt 20 Driebergen/Zeist. N 225 → Zeist Zentrum 3 km
Steyn Hotel & Apartments ★★★ zentral gelegen, 23 Zi, EZ € 69,– bis 89,–, DZ € 89,– bis 105,–, Appartements € 69,– bis 99,– ohne Frühstück, Zi inkl. Frühstück, alle Zi mit Du, WC, TV, DVD-Player, Internet, Kühlschrank und Wasserkocher, Bar, 8.30 bis 24 Uhr geöffnet, Steynlaan 41, @, www.steynhotel.nl, ☎ 0031 (0) 30/6922510, Fax 6912655.

⓰ NL-6704 PA WAGENINGEN A 12 ab Ausfahrt Wageningen
Hotel-Restaurant Nol in't Bosch ★★★★ 33 Zi, EZ € 95,–, DZ € 127,50 bis 148,50, inkl. Frühstück, Zi mit Bad/Du, WC, Fön, ☎, TV, Radio und Balkon, Lift, Konferenzräume, Reitmöglichkeit, Tennis, Fahrradverleih, ⊞, ✎, P, Hartenseweg 60, @, www.nolinbosch.nl, ☎ 0031 (0) 317/319101, Fax 313611.

❹ Wartena Hoeve bed & breakfast, Warten

❶ Holland Hotel Parkzicht, Veendam

17 NL-6815 AH **ARNHEM** A 12 ab Knooppunkt Waterberg
Stayokay Arnhem ⭐⭐ 181 B, EZ ab € 23,50, DZ ab € 47,–, Mehrbett-Zi, inkl. Frühstück, alle Zi mit Du und WC, Restaurant, Garten, Terrasse, 🖥, 🛗, P, Diepenbrocklaan 27, @, www.stayokay.com, ☎ **0031 (0) 26/4420114**, Fax 3514892.

18 NL-7361 CB **BEEKBERGEN** A 50 ab Ausfahrt 23 Loenen
Hotel Klein Canada ⭐⭐ ☐ 19 Zi, EZ € 49,50, DZ € 62,50, Mehrbett-Zi (3-5 B) € 78,50 bis 110,–, inkl. Frühstück, alle Zi mit Du, WC und TV, Bungalows, Campingplatz, Bar, Terrasse, Billard, Tennis, 🏊, 🛗, ♿, P, Ruitersmolenweg 15, www.hotelkleincanada.nl, ☎ **0031 (0) 55/5061303**, Fax 5061706.

19 NL-7491 BR **DELDEN** A 35 ab Ausfahrt Delden, N 346
Hotel-Café-Restaurant Carelshaven ⭐⭐⭐ 20 Zi, EZ € 70,– DZ € 90,–, Frühstück € 12,50 pro Person, Zi mit Bad/Du, WC, Fön, 🖥, TV, Hotspot, Radio, Minibar und Balkon, Konferenzraum, Terrasse, Golf, Fahrradverleih, 🖥, 🏊, ♿, -Zi, G, P, 27.12. bis 15.01. ./., Hengelosestraat 30, @, www.carelshaven.nl, ☎ **0031 (0) 74/3761305**, Fax 3761291.

20 NL-7001 BM **DOETINCHEM** A 18 ab Ausfahrt Doetinchem
Hotel-Restaurant De Kruisberg ⭐⭐⭐ 16 B, EZ € 52,50, DZ € 85,–, inkl. Frühstück, alle Zi mit Bad/Du, WC und TV, Bistro, 🖥, 🏊 im Restaurant, P, Kruisbergseweg 172, @, www.dekruisberg.nl, ☎ **0031 (0) 314/324123**, Fax 363821.

21 NL-3016 GM **ROTTERDAM** A 15 ab Ausfahrt 19 a → Havens 1200-2000, links → Zuidplein → Maastunnel
New Ocean Paradise Hotel ⭐⭐⭐ schwimmendes Hotel am Hafen, EZ € 58,–, DZ € 68,–, Suite € 119,– bis 138,–, inkl. Frühstück, alle Zi mit Du, WC und Sat-TV, 2 Restaurants, ♿, P bis 23 Uhr, Parkhaven 21, @, www.degoudenwokrotterdam.nl, ☎ **0031 (0) 10/4360256**, Fax 4366952.

22 NL-5171 GJ **KAATSHEUVEL**
A 59 ab Ausfahrt Waalwijk, Beschilderung „De Efteling" folgen A 58 ab Ausfahrt Tilburg-West/Efteling → N 261 → Waalwijk
Hotel De Kroon ⭐⭐⭐ 39 B, EZ € 68,– bis 75,–, DZ € 79,– bis 85,–, Mehrbett-Zi € 99,– bis 125,–, inkl. Frühstücksbuffet, alle Zi mit Du, WC, 🖥 und TV, Restaurant, Spielplatz, Gasthuisstraat 140, @, www.hotelkaatsheuvel.nl, ☎ **0031 (0) 416/273567**, Fax 278521.

23 NL-5251 E **VIJMEN**
A 59 Ring s'Hertogenbosch, bei Grote Kerk → Vijmen
Hotel-Restaurant Prinsen ⭐⭐⭐ EZ ab € 80,– DZ ab € 105,–, Mehrbett-Zi, Suite ab € 135,–, inkl. Frühstück, alle Zi mit Bad/Du, WC, 🖥, TV und Radio, Restaurant, Garten, Terrasse, Konferenzräume, WLAN, Fahrradverleih, 🖥, 🏊 auf Anfrage, kostenfreier P, Julianastraat 21, @, www.hotelprinsen.nl, ☎ **0031 (0) 347/750402**, Fax 0031 (0) 73/5117975.

24 NL-4331 H **MIDDELBURG** A 58 ab Ausfahrt Middelburg
Hotel-Café de Nieuwe Doelen ⭐⭐⭐ 2003 renoviert, 35 Zi, EZ € 75,– bis 85,–, DZ € 103,– bis 135,–, inkl. Frühstück, alle Zi mit Bad/Du, WC, 🖥, TV, Radio und Balkon, Lift, Restaurant, Bar, Lounge, Konferenzraum, Terrasse, 🏊, 🏊, P, Loskade 3-7, @, www.hoteldenieuwedoelen.nl, ☎ **0031 (0) 118/612121**, Fax 636699.

25 NL-4611 NT **BERGEN OP ZOOM**
Hotel-Café-Restaurant Mercure De Draak ⭐⭐⭐⭐ 51 Zi, EZ € 112,– bis 147,–, DZ € 147 bis 193,–, Nichtraucher-Zi, inkl. Frühstück, Zi mit Bad oder Du, WC, 🖥, TV, Video, PC, Radio, Minibar und Klimaanlage, Lift, Restaurant, Bar, Konferenzräume bis 200 Personen, 🖥, 🏊, P, 27.12. bis 1.1. ./., Grote Markt 36-38, @, www.hoteldedraak.nl, ☎ **0031 (0) 164/252050**, Fax 257001.

7 **Best Western Hotel 't Voorhuys, Emmeloord**

26 NL-5701 RK **HELMOND**
A 67/E 34 ab Ausfahrt 35 → N 612 → Helmond
Hotel-Restaurant St-Lambert ⭐⭐⭐ 24 B, EZ € 69,50, DZ € 93,50, inkl. Frühstück, alle Zi mit Du, WC, 🖥, TV und Klimaanlage, Restaurant, WLAN, Konferenzräume, Markt 2, @, www.st-lambert.nl, ☎ **0031 (0) 492/525562**, Fax 529102.

27 NL-5591 HE **HEEZE**
ab Ausfahrt Heeze 4 km → Heeze Centrum
Hostellerie Vangaelen ⭐⭐⭐ 14 Zi, EZ € 119,50 bis 179,–, DZ € 137,– bis 200,–, inkl. Frühstück, alle Zi mit Bad/Du, WC, 🖥, Flatscreen-TV, WLAN, Radio und Klimaanlage, Gerichte ab € 33,50, Bar, Räume bis 60 Personen, Konferenzräume, Terrasse, Garten, Fahrradverleih, 🖥, 🏊, G, P, 28.12. ./., Kapelstraat 48, @, www.hostellerie.nl, ☎ **0031 (0) 40/2263515**, Fax 2263876.

28 NL-5911 CA **VENLO**
A 61 und A 67 → Venlo-Zentrum
Hotel Puur ⭐⭐⭐ im Zentrum, 49 Zi, EZ € 75,–, DZ € 84,50 bis 92,50, inkl. Frühstück, stilvolle Zi mit Bad/Du, WC, 🖥, Radio und Kabel-TV, Konkhstudio zum Mieten oder Staunen, 🖥, 🏊, P, Parade 7 a, www.hotelpuur.nl, ☎ **0031 (0) 77/3515790**, Fax 3525260.

29 NL-5932 AG **TEGELEN**
ab Ausfahrt Venlo-Zuid 4 km → Venlo Zuid, Tegelen
Bilderberg Château Holtmühle ⭐⭐⭐⭐ renoviertes Schloss in ruhiger Lage, 66 Zi, Zi ab € 91,–, Frühstücksbuffet € 19,– pro Person, alle Zi mit Bad/Du, WC, 🖥, TV und Minibar, Lift, 3 Restaurants, Bar, Internet, Parkanlage mit Garten, Terrasse, Sauna, Schwimmbad, P, Kasteelaan 10, @, www.bilderberg.nl/hotels/holtmuehle, ☎ **0031 (0) 77/3738800**, Fax 3740500.

30 NL-6085 BA **HORN**
A 68 ab Ausfahrt Horn
Hotel-Restaurant de Abdij ⭐⭐⭐ 26 Zi, EZ € 63,–, DZ € 92,–, 3- und 4-Bett-Zi € 127,– bis 147,–, inkl. Frühstück, Zi mit Bad/Du, WC, Fön, 🖥, TV und Radio, Konferenzraum, Gartenterrasse, Fahrradverleih, 🖥, P, 27.12. bis 03.01. ./., Kerkpad 5, @, www.abdij.nl, ☎ **0031 (0) 475/581254**, Fax 583131.

31 NL-6131 AL **SITTARD**
A 2 ab Ausfahrt Urmond und Born → Centrum
Hotel de Prins ⭐⭐⭐ 23 Zi, EZ € 49,– bis 73,50, DZ € 55,– bis 78,–, inkl. Frühstück, Zi mit Bad/Du, WC, 🖥, TV, Radio, Internet und Safe, Bar, Lounge, 2 Konferenzräume bis 50 Personen, Fahrradverleih, 🖥, 🏊, P, Rijksweg Zuid 25, @, www.hoteldeprins.nl, ☎ **0031 (0) 46/4515041**, Fax 4514641.

32 NL-6131 EK **SITTARD**
A 2 ab Ausfahrt Sittard Centrum, Beschilderung folgen
Hotel de Limbourg & Café de Kroon ⭐⭐⭐ 24 Zi, EZ € 75,– bis 95,–, DZ € 75,– bis 130,–, Mehrbett-Zi € 90,– bis 150,–, Nichtraucher-Zi, inkl. Frühstück, alle Zi mit Bad/Du, WC, Fön, TV und WLAN, teils Whirlpool, Restaurant, Tagungsräume, Räume für 40-100 Personen, P, Markt 21-22, @, www.hoteldelimbourg.nl, ☎ **0031 (0) 4638/4518151**, Fax 4523486.

71 **PROVINZEN DRENTHE UND GRONINGEN**

Die Gemeinde Stadskanaal liegt im „Grenzdreieck" der beiden nordholländischen Provinzen Drenthe und Groningen sowie Deutschland. In dieser landschaftlich schönen Region liegt das individuell geführte Hotel-Restaurant Stadskanaal. Aufgrund der guten Verkehrsanbindung ist dieses Hotel ein idealer Ausgangspunkt für zahlreiche attraktive Ziele: Besuchen Sie beispielsweise die Stadt Groningen, den berühmten Zoo von Emmen oder die Festung von Bourtange. Erkunden Sie aktiv diese außergewöhnliche Region und genießen Sie einfach die holländische Gastfreundlichkeit.

Festung von Bourtange

Information:
Hotel-Restaurant Stadskanaal, Raadhuisplein 30, NL-9501 SZ Stadskanaal, info@hotel-stadskanaal.nl, www.hotel-stadskanaal.nl, ☎ **0031 (0) 599/650699**, Fax 0031 (0) 599/650655.

Reisen nach
Belgien

Gent

Nördlich der Alpen, im Herzen von Flandern gelegen, war Gent im 16. Jahrhundert die mächtigste Stadt nach Paris. Heute ist sie das kulturelle, kommerzielle und industrielle Herz eines Großraumes mit ca. 233.000 Einwohnern. Gent liegt am Schnittpunkt der großen europäischen Verkehrsader E 17/E 40 und ist gut zu erreichen (30 bis 40 Minuten von Brüssel, Antwerpen und Brügge). Seine Lage macht Gent zum idealen Standort, um ganz Flandern zu erkunden. Gent zählt zu einer der schönsten historischen Städte Europas: zwei Schlösser, drei „Begijnhoven", fünf Abteien, 19 Museen, zahlreiche Kirchen und ein großes Angebot an kulturellen Veranstaltungen. 350 Hotels und Restaurants in allen Kategorien. Gute Einkaufsmöglichkeiten in der verkehrsfreien Innenstadt. Die gut angegebene P-Route führt zu den Parkhäusern. Prächtig beleuchtete historische Gebäude laden ein, am Nachtleben der Innenstadt teilzuhaben.

Informationen und Prospekte:

Dienst Toerisme/Fremdenverkehrsamt, Predikherenlei 2, B-9000 Gent, toerisme@gent.be, www.gent.be, Tel. 0032 (0)9/2 66 56 60, Fax 2 66 56 73.

Belgien

Belgien, ein parlamentarisches Königreich mit über 10 Millionen Einwohnern, setzt sich aus zehn Provinzen und der Hauptstadtregion Brüssel zusammen: Ost- und Westflandern, Antwerpen, Hennegau, Flämisch-Brabant, Wallonisch-Brabant, Belgisch-Limburg, Namur, Lüttich und Belgisch-Luxemburg. Der Bundesstaat Belgien ist in drei Regionen eingeteilt (Flandern, Wallonien und Brüssel) und besteht aus vier Sprachgemeinschaften: der Flämischen, Französischen, Deutschen und der zweisprachigen Brüsseler Sprachgemeinschaft. Belgien ist ein höchst interessantes Reiseland. Die 67 km lange Nordseeküste mit ihren bekannten Badeorten Ostende, Knokke und De Haan verwöhnt Sonnenhungrige mit einem feinen Sandstrand. Zwischen den Badeorten liegen weite Dünenabschnitte. Das Land verfügt über ein ausgesprochen reiches kulturelles Erbe. Berühmte Maler wie Van Eyck, Rubens, Brueghel und Magritte hatten in den historischen Kunststädten ihre Heimat. Brüssel, Antwerpen, Lüttich, Gent und das reizvolle Brügge, aber auch kleinere Städte wie die alte Universitätsstadt Leuven oder pittoreske Orte wie Lier sind einen Besuch wert.

Einreise

Zur Einreise nach Belgien werden benötigt: Reisepass oder Personalausweis, Führerschein, Kfz-Schein, Nationalitätskennzeichen und Warnweste (empfohlen).

Währung

1 € (Euro) = 100 Cent

Besondere Verkehrsbestimmungen

Es besteht Anschnallpflicht. Die Promillegrenze liegt bei 0,5. Keine Lichtpflicht. Straßenbahnen haben stets Vorfahrt. Das Überholen auf Kreuzungen ohne Verkehrsregelung ist verboten. Es besteht Helmpflicht für Motorrad- und Mopedfahrer. Gelbe Linien am Bordstein, durchgehend oder unterbrochen, bedeuten Parkverbot. Bei Nebel, Schneefall oder starkem Regen mit Sichtweiten unter 100 Meter muss die Nebelschlussleuchte eingeschaltet werden. Höchstgeschwindigkeit während des Abschleppens: 25 km/h. Ein Unfall führt fast unausweichlich zu einem Alkoholtest. Das Vorfahrtrecht rechts vor links wird sehr konsequent befolgt.

Autobahn

Die Benutzung der Autobahnen ist für den Pkw gebührenfrei. Großstreckenteile sind nachts beleuchtet.

Höchstgeschwindigkeit

Innerorts 50 km/h, Autobahn und Straßen mit mindestens zwei Fahrspuren in jede Richtung 120 km/h (Gespanne 100 km/h), Landstraßen 90 km/h.

Pannenhilfe

SOS Pannenhilfe Tel. 00 32 (0)70/ 34 47 77, Automobilclub VAB Tel. 0032 (0)3/2 53 61 39, Touring Wegenhulp Tel. 0032 (0)2/2 33 22 02 und RACB Tel. 0032 (0)2/2 87 09 11. Polizei Tel. 101, Feuerwehr und Krankenwagen Tel. 100, Notruf über Mobilfunk Tel. 112.

Tanken

Das Tanken an Tankautomaten mit Geldkarten ist weit verbreitet.

Telefonieren

Internationale Ländervorwahl nach Belgien: 0032.

Gent: Graslei, historische Häuser am alten Hafen

Kontakt: Office de Promotion du Tourisme Wallonie-Bruxelles, Rue Saint-Bernard 30, B-1000 Brüssel, info@opt.be, www.belgique-tourisme.net, Tel. 00 32 (0)70/22 10 21 (0,17 €/Minute) Fax 25 13 04 75

Vertretung in Deutschland: Belgien Tourismus Wallonie-Brüssel, Cäcilienstr. 46, D-50667 Köln, info@belgien-tourismus.de, www.belgien-tourismus.de, Tel. 00 49 (0)2 21/27 75 90, Fax 27 75 91 00

Kontakt: Toerisme Vlaanderen, Grasmarkt 61, B-1000 Brüssel, info@toerismevlaanderen.be, www.visitflanders.com, Tel. 00 32 (0)2/5 04 03 90, Fax 5 13 04 48

Vertretung in Deutschland: Tourismus Flandern-Brüssel - Belgisches Haus, Cäcilienstr. 46, D-50667 Köln, info@flandern.com, www.flandern.com, Tel. 00 49 (0)2 21/2 70 97 70, Fax 2 70 97 77

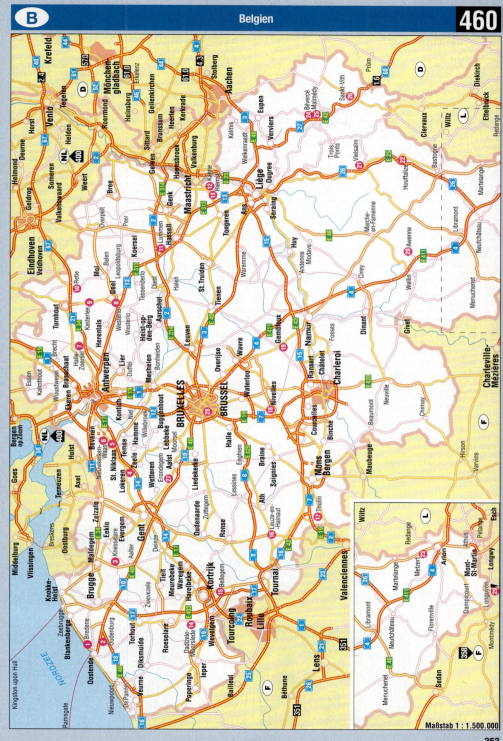

❶ B-8450 BREDENE A. ZEE
ab Ausfahrt 4 Ostende → Bredene 5 km (parallel zur Küstenstraße)
Europa-Hotel ★★ 60 Zi, EZ € 40,– bis 55,–, DZ € 60,– bis 80,–, inkl. Frühstück, HP + € 12,– pro Person, Zi mit Bad/Du, WC und TV, Terrasse, 🚼 möglich, bis Strand ca. 100 m, 🐾, großer P (kostenfrei), geöffnet von April bis November, Kapellestraat 181, @, www.europahotel.be, ☎ **0032 (0) 59/32 11 93**, Fax 33 08 90.

❷ B-8460 OUDENBURG
E 40 ab Ausfahrt 6 Jabbeke → Jabbeke → Gistel 4 km
Hotel „De Stokerij" (Alte Brennerei) Exklusiv ★★★ mitten im Grünen, 9 Zi, EZ ab € 85,– bis DZ € 140,–, Zi mit allem Komfort, 5 Suiten mit Whirlpool, Fisch-Spezialitäten-Restaurant „Jan Breydel", Brennerei, Sauna, Fahrräder gratis, 10 km von Brügge/Oostende und 70 km von Calais, 🐾, P, Hoge Dijken 2, @, www.hoteldestokerij.be, ☎ **0032 (0) 59/26 83 80**, Fax 26 78 23.

❸ B-9910 KNESSELARE
N 44 → Brussel/Oostende → Knesselare
Hotel Prélude ★★★½ 10 Zi, EZ € 75,– bis 95,– DZ € 95,– bis 105,–, Suite € 105,– bis 125,–, inkl. Frühstück, alle Zi mit Du, WC, 📺, TV, Internet, Minibar, Safe und Klimaanlage, Bar, P, Knokseweg 23, @, www.hotelprelude.be, ☎ **0032 (0) 9/374 32 34**, Fax 374 32 38.

❹ B-9160 LOKEREN
ab Ausfahrt Lokeren 300 m
Biznis Hotel mit Bar-Restaurant Brouwershof ★★★★ 34 Zi, 1 Studio, 9 Zi, EZ ab € 97,– bis 166,–, Nichtraucher-Zi, inkl. Frühstück, alle Zi mit Bad/Du, WC, 📺, LCD-TV und WLAN, Restaurant, 3 Seminarräume, Bar, Terrasse, Festsaal, 🍴, G € 10,–, P, Zelebaan 100, @, www.biznishotel.be, ☎ **0032 (0) 9/326 85 00**, Fax 326 85 01.

❺ B-9100 SINT-NIKLAAS
E 17 ab Ausfahrt 15 → Beveren, Kreisverkehr → Europa Park Noord 3 km
Hotel-Restaurant „De Arend" ★★ 16 Zi, EZ € 55,– DZ € 70,–, Frühstück € 7,– pro Person, VP und HP auf Anfrage, alle Zi mit WC, 📺 und TV, Restaurant, Hauptgericht ab € 10,–, Taverne, Bar, Terrasse, P, Passtraat 232, @, www.hoteldearend.be, ☎ **0032 (0) 3/776 01 26**, Fax 766 52 62.
Unter gleicher Leitung:

❻ B-9100 NIEUWKERKEN-WAAS
E 17 ab Ausfahrt 15
Kasteelhotel Torenhof ★★★ wunderschönes, renoviertes Schloss, EZ € 65,– DZ € 80,–, Frühstück € 7,–, alle Zi mit Bad/Du, WC, 📺 und TV, Sonnenterrasse, Garten, G, P, Nieuwkerkenstraat 80, @, www.hoteldearend.be, ☎ **0032 (0) 3/778 17 75**, Fax 766 49 86.

❼ B-2980 HALLE-ZOERSEL
E 313 und E 34 ab Ausfahrt 19
Hotel Domein Martinus ★★★ ruhige Waldlage, 38 Zi, EZ € 89,– bis 99,–, DZ € 115,– bis 138,–, inkl. Frühstück, Zi mit Bad/Du, WC, 📺, TV und Radio, Konferenzräume bis 200 Personen, Antwerpen-Zentrum 15 Minuten, 🚼 auf Anfrage, Sniederspad 133, @, www.domeinmartinus.be, ☎ **0032 (0) 3/384 02 23**, Fax 384 02 71.

❽ B-2260 WESTERLO-GEEL A 13/E 313 Ausfahrt 23 → Centrum 300 m, gegenüber dem Wasserturm
Hotel Vivaldi ★★★★ 64 Zi, EZ € 70,– DZ € 90,–, inkl. Frühstück, alle Zi mit Bad oder Du, WC, 📺, TV, kostenfreiem WLAN, Radio und Minibar, Lift, Restaurant, Konferenzraum bis 60 Personen, großer P, Bell Telefonelaan 4, @, www.hotelvivaldi.be, ☎ **0032 (0) 14/58 10 03**, Fax 58 11 20.

❾ B-2460 KASTERLEE
A 21 ab Ausfahrt 24 Kasterlee → (N 19) Kasterlee
Fauwater Hotel & Chaletpark ★★ ⒻⒻ 18 Zi, EZ € 50,– DZ € 65,–, Familien-Zi ab € 78,–, inkl. Frühstück, alle Zi mit Du, WC, 📺, TV und WLAN, Ferienwohnungen (Preis auf Anfrage), Pool, Tennis, Sandkasten, 300 m bis Restaurant, 🍴 € 4,–, P, Lichtaartsebaan 104, @, www.fauwater.be, ☎ **0032 (0) 14/85 25 42**, Fax 85 98 42.

❿ B-2470 RETIE A 21/E 34 ab Ausfahrt 26 Mol, N 118 → Retie
Corsendonk De Linde ★★ 65 Zi, EZ und DZ € 44,– bis 68,–, Familien-Zi, Frühstücksbuffet € 8,50 pro Person, alle Zi mit Du, WC, Fön und Klimaanlage, Restaurant, Räume bis 450 Personen, Terrasse, kostenloses WLAN, gute Wandermöglichkeiten, 🚼, 🍴, 🚲, 🐾, P, Kasteelstraat 67, @, www.de-linde.be, ☎ **0032 (0) 14/38 99 80**, Fax 37 27 72.

⓫ B-3560 LUMMEN
E 313 ab Ausfahrt 26 bis Luik → Industrie-Zone Lummen-Zolder
Intermotel ★★★ 52 Zi, EZ € 70,– DZ € 100,–, inkl. Frühstück, Zi mit Bad/Du, WC, 📺, TV, Internetanschluss und Filmnetz, Klimaanlage im ganzen Hotel, Restaurant, Taverne, Gerichte ab € 8,70, Konferenz- und Festsäle bis 120 Personen, Fitness-Center, großer P, Ausfahrt ist in der Zufahrt → Luik → Lummen-Zolder, Klaverbladstraat 7, @, www.intermotel.be, ☎ **0032 (0) 13/52 16 16**, Fax 52 20 78.

⓬ B-3770 KANNE A 25 ab Ausfahrt Maastricht Centrum, N 278 → Hasselt → Kanne 7 km und E 313 ab Ausfahrt 32 Tongeren → Maastricht → Kanne 12 km
Hotel Limburgia ★★★ 19 Zi, EZ € 70,– DZ € 95,–, inkl. Frühstücksbuffet, alle Zi mit Bad/Du, WC, 📺, TV und WLAN, Restaurant mit Reservierung, Bar, Tagungsraum 25 bis 75 Personen, Hot Spot, 🍴, P, Op't Broek 4, @, www.hotellimburgia.be, ☎ **0032 (0) 12/454 600**, Fax 456 628.

⓭ B-3770 RIEMST E 25 → N 79 → Vroenhoven → Riemst
Hotel Hove Malpertuus ★★★½ 30 Zi, EZ € 73,– bis 90,–, DZ € 112,– bis 130,–, 3-Bett-Zi € 160,–, inkl. reichhaltigem Frühstücksbuffet, luxuriöse Zi mit Du, WC, 📺, TV, Internet, Radio und Minibar, raffiniertes Restaurant, Weinkarte, Seminarräume, Festsäle, großzügige Terrasse, Tongersesteenweg 145, www.malpertuus.be, ☎ **0032 (0) 12/451 538**, Fax 455 773.

⓮ B-8890 DADIZELE-MOORSLEDE A 19 ab Ausfahrt 2 → Menen, RN 32 → Roeselare, nach ca. 3 km auf rechter Seite
Hotel-Restaurant Daiseldaele ★★★ 12 Zi, EZ € 51,–, DZ € 76,–, Familien-Zi, inkl. Frühstück, alle Zi mit Du/WC, TV und Minibar, Restaurant, Fischspezialitäten aus dem Nordmeer, Ziegen- und Lammspezialitäten aus eigener Zucht, Garten, familiär geführtes Hotel, P, Meensesteenweg 201, @, www.daiseldaele.be, ☎ **0032 (0) 56/50 94 90**, Fax 50 99 36.

❷

**Hotel „De Stokerij"
(Alte Brennerei) Exklusiv,
Oudenburg**

❽

Hotel Vivaldi, Westerlo-Geel

⓴

**L'Auberge du
Sabotier - Relais
du Silence,
Awenne/St. Hubert**

⓯

**Hotel
Troopeird,
Kortrijk-
Bellegem**

⑮ B-8510 KORTRIJK-BELLEGEM E17 ab Ausfahrt 2 Doornik
Hotel Troopeird ★★★ 14 Zi, EZ € 70,– bis 100,–, DZ € 90,– bis 120,–, inkl. Frühstück, Zi mit Bad/Du, WC, ☏, TV und Internet, Restaurant Rôtiss De Koorde, Menü ab € 25,–, Garten, Terrasse, Fitnessraum mit Sauna und Whirlpool, Doornikserijksweg 74, @, www.troopeird.be, ☏ 00 32 (0) 56/22 26 85, Fax 22 33 63.

⑯ B-7900 LEUZE-EN-HAINAUT
E 429 ab Ausfahrt 32 Leuze und E 42 Ausfahrt 29 Péruwelz
Hotel La Cour Carrée ★★★ umgebauter Bauernhof, 32 B, EZ € 50,– bis 60,–, DZ € 70,–, inkl. Frühstück, HP möglich, alle Zi mit Du, WC und TV, regionale Küche, Konferenzraum, Terrasse, Fitnessraum, ☏, ✈, P, geschlossen Fr abends, Sa Mittag und So abends (Zi-Reservierung möglich), chaussée de Tournai 5, @, www.lacourcarree.be, ☏ 00 32 (0) 69/66 48 25, Fax 66 18 82.

⑰ B-7350 THULIN-HENSIES
ab Ausfahrt E 42 → 26/E 19 → 26 → Thulin ca. 2 km
„Auberge Le XIX" ★★, EZ € 50,–, DZ € 80,–, inkl. reichhaltigem Frühstück, alle Zi mit Du, WC, ☏ und TV, Restaurant mit regionalen Spezialitäten, P, Place de Thulin 2, @, www.auberge-le-xix.be, ☏ 00 32 (0) 65/65 01 56, Fax 63 22 90.

⑱ B-1400 NIVELLES E 19 ab Ausfahrt 19 Nivelles-Sud
Hotel-Restaurant Nivelles-Sud ★★½ 115 Zi, DZ € 85,– bis 95,–, Mehrbett-Zi € 110,– bis 125,–, Suiten € 125,– bis 130,–, Frühstück € 9,– pro Person, alle Zi mit Du, WC, ☏, TV, WiFi und Balkon, Appartements, Restaurant, Bar, Terrasse, Konferenzräume, Swimmingpool, Billard, Tischfußball, ✈ € 5,–, ♿, P, Chaussée de Mons, 22, @, www.hotelnivellessud.be, ☏ 00 32 (0) 67/21 87 21, Fax 22 10 88.

⑲ B-5030 GEMBLOUX ab Ausfahrt 11 ca. 7 km
Best Western Hotel-Restaurant ★★★★ 45 Zi, schallgedämpft, EZ € 79,– bis 97,–, DZ € 115,–, 2 ♿-Zi, inkl. Frühstücksbuffet, Zi mit allem Komfort, ☏, Restaurant, Konferenzräume, großer Kinderspielplatz, ☏, ✈, 🅿, G, P, Chaussée de Namur 17, @, www.3cles.be, ☏ 00 32 (0) 81/61 16 17, Fax 61 41 13.

⑳ B-6870 AWENNE/ST. HUBERT ab Ausfahrt 23 a → Tellin → St. Hubert 10 km und Ausfahrt 25 Libramont → St. Hubert 15 km
L'Auberge du Sabotier - Relais du Silence ★★ 20 Zi, EZ € 88,–, DZ ab € 105,–, inkl. Frühstücksbuffet, alle Zi mit Du, WC, ☏ und TV, Restaurant mit regionaler Küche, schöner Garten, ✈, P, 21, Grand rue, @, www.aubergedusabotier.com, ☏ 00 32 (0) 84/36 65 23, Fax 36 63 68.

㉑ B-6690 VIELSALM E 25 ab Ausfahrt 50
Dolesca Park Hotel ★★ 14 Zi, EZ € 37,50 bis 49,50, DZ € 75,– bis 99,–, inkl. Frühstück, alle Zi mit Du, WC, ☏ und Wasserkocher (Tee und Kaffee), Restaurant, Sauna, Fahrradverleih, ☏, ✈, kostenfreier P, Baraque de Fraiture 3, @, www.dolesca.com, ☏ 00 32 (0) 80/41 88 08, Fax 41 84 11.

㉒ B-6660 HOUFFALIZE
E 25 ab Ausfahrt 51 Houffalize → N 30, rechts → N 860
Hôtel l'Ermitage ★★ ruhige Lage direkt am Fluss, , EZ € 49,– bis 59,–, DZ € 68,– bis 80,–, Familien-Zi, inkl. Frühstück, HP möglich, alle Zi mit Bad oder Du und WC, Restaurant, Bar, Terrasse, ✈ € 6,–, G € 2,50 bis 5,–, Rue de la Roche 32, www.hotelermitage.be, ☏ 00 32 (0) 61/28 81 40.

㉓ B-6717 METZERT E 25 ab Ausfahrt 54 → Bastogne (N 4) → Metzert
Auberge du Val d'Attert ★★★ 6 Zi, EZ € 50,– bis 70,–, DZ € 70,– bis 85,–, 3-Bett-Zi € 70,– bis 100,–, Frühstück € 5,– pro Person, alle Zi mit Bad/Du, WC, TV und Terrasse, Restaurant mit 60 Plätzen, Brasserie, Terrasse, Spielplatz, ✈, Am Bayerchen 95, @, www.valdattert.be, ☏ 00 32 (0) 63/21 64 16, Fax 42 41 61.

㉔ B-4960 BÉVERCÉ
E 42 ab Ausfahrt 11 Malmédy
Maison Géron ★★★ 16 Zi, EZ € 55,– bis 75,–, DZ € 70,– bis 95,–, inkl. Frühstücksbuffet, Wochenendangebote, alle Zi mit Bad/Du, WC, ☏, Kamin-Zi, ☏, ✈, P, 4, route de la Ferme Libert, @, www.geron.be, ☏ 00 32 (0) 80/33 00 06, Fax 77 03 17.

㉕ B-4960 MALMÉDY E 42 ab Ausfahrt 11 Malmédy, im Kreisverkehr 3. Ausfahrt → Malmédy (N 62/N 68)
Hotel La Forge ★★★ zentral gelegen, EZ ab € 60,–, DZ ab € 37,–, Mehrbett-Zi, inkl. reichhaltigem Frühstück, alle Zi mit Bad/Du, WC, Fön, ☏, Kabel-TV und kostenfreiem WLAN, teils Minibar, Lift, P, 24 Std. Check-In, Rue Devant Les Religieuses 31, www.hotel-la-forge.be, ☏ 00 32 (0) 80/79 95 91, Fax 79 95 98.

㉖ B-4780 ST. VITH
E 42 ab Ausfahrt 14 → Rodt, Kreisverkehr links 1 km
Hotel-Restaurant St. Vither Hof ★★★ ruhige Lage, 8 Zi, EZ € 48,– bis 53,–, DZ € 71,– bis 76,–, inkl. Frühstück, HP und VP, alle Zi mit Du, WC und TV, Restaurant, Wild- und Fischspezialitäten, Bar, Hot Spot, Spielplatz, ☏, großer P, Rodter Straße 58, @, www.sanktvitherhof.be, ☏ 00 32 (0) 80/22 93 94, Fax 22 94 05.

㉗ B-9420 ERONDEGEM
E 40 ab Ausfahrt 18 → Aalst, 2. Straße links, bei der Kirche
Hotel-Restaurant „Bovendael" ★★★ ländliches Familienhotel, 20 Zi, EZ € 55,– bis 74,–, DZ € 72,– bis 95,–, inkl. Frühstücksbuffet, Zi mit Bad, WC, ☏ und Kabel-TV, sehr gute Küche, alles frisch, Bar, beheizte Gartenterrasse, großer Garten, Grill, Billard, deutschsprachig, großer P geschlossen, Kuilstraat 1, @, www.bovendael.com, ☏ 00 32 (0) 53/80 53 66, Fax 80 54 26.

㉘ B-1190 BRUXELLES E 40 ab Ausfahrt Montgomery → R 21
Hôtel de Fierlant ★★★ renoviert in 2009, 40 Zi, EZ € 66,– bis 99,–, DZ € bis 109,–, Nichtraucher-Zi, inkl. Frühstück, alle Zi mit Bad/Du, WC, Fön, ☏, TV und Minibar, Bar, Terrasse, WLAN, 24 Std. Rezeption, 67, rue de Fierlant, www.hotel-la-forge.be, ☏ 00 32 (0) 2/5 38 60 70, Fax 5 38 91 99.

㉙ F-Longuyon siehe Route 358

㉗ Hotel-Restaurant „Bovendael", Erondegem

④ Biznis Hotel mit Bar-Restaurant Brouwershof, Lokeren

⑪ Intermotel, Lummen

Reisen in die
Schweiz

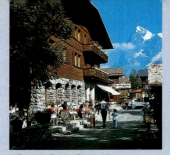

Mürren im Berner Oberland

Schweiz

Erste Klasse war schon immer etwas teurer – dafür ist hier alles vom Feinsten: Straßen, Hotelkomfort, Wintersportgebiete, Bäder und Toiletten, selbst Supermärkte, und auch im Autobahn-Restaurant ist der vorgewärmte Teller eine Selbstverständlichkeit. Das Reiseland Schweiz besitzt einen hohen Lebensstandard. Große landschaftliche Schönheit, wohlwollende Gastfreundschaft und eine günstige Verkehrslage im Herzen des Kontinents bescheren dem Land eine Spitzenstellung im internationalen Tourismus. Mit dem Fürstentum Liechtenstein (33 000 Einwohner, Hauptstadt Vaduz) besteht eine Währungs- und Zollunion. Um die Schweiz zu durchqueren, fährt man von Ost nach West etwa 300 km, von Nord nach Süd 200 km. Die Bevölkerung ist zu 65 % deutschsprachig, 18 % sprechen französisch, 12 % italienisch, 1 % rätoromanisch. Bundesstadt ist Bern, größte Stadt Zürich (über 370 000 Einwohner). Der höchste Berg ist die Dufourspitze im Bereich der Walliser Alpen mit 4634 Metern. Alle wichtigen Flüsse der Schweiz entspringen im Gotthard-Gebiet: Rhein, Reuß, Rhone, Aare, Tessin. Zu den touristischen Attraktionen der Schweiz zählen die 25 großen Pass-Straßen über die Alpen. Je nach Schneeverhältnissen besteht Wintersperre vom Spätherbst bis Mai/Juni. Größter Binnensee der Eidgenossenschaft ist der Neuenburgersee mit 216 km².

Einreise

Zur Einreise in die Schweiz werden benötigt: Reisepass oder Personalausweis, Führerschein, Kraftfahrzeugschein, Nationalitätskennzeichen sowie Warnweste und grüne Versicherungskarte (empfohlen). Für Bürger bestimmter Länder besteht Visumspflicht.

Währung

1 CHF (Franken) = 100 Rappen (Rp.)
1 € (Euro) = 1,51 CHF
(Stand Oktober 2009)

Besondere Verkehrsbestimmungen

Es besteht Anschnallpflicht, die Promillegrenze liegt bei 0,5. Schienenfahrzeuge haben innerorts auf gleichberechtigten Straßen Vorfahrt. Autofahrern wird empfohlen ganzjährig auch tagsüber mit Abblendlicht zu fahren (keine Pflicht). Lichtpflicht im Tunnel. Achtung: Gelbe Linien am Fahrbahnrand markieren Halteverbot, gelbe Kreuze mit Linie Parkverbot. An Bergstraßen muss, falls erforderlich, das talwärts fahrende Fahrzeug rechtzeitig anhalten. Für Wohnwagen über 2,10 m Breite und 6 m Länge sind Sondergenehmigungen erforderlich, erhältlich bei der Einreise.

Autobahn

Für das Befahren von Autobahnen und autobahnähnlichen Straßen mit roter Beschilderung ist eine Vignette erforderlich. Sie ist beim ADAC und an der Grenze erhältlich. Die Vignette ist 1 Kalenderjahr gültig (insgesamt 14 Monate – der Dezember vor dem Kalenderjahr und der Januar des darauf folgenden Jahres mit dazugerechnet).

Höchstgeschwindigkeiten

Autobahn 120 km/h, außerorts 80 bis 100 km/h, innerorts 50 km/h.
In vierspurigen Tunnel 100 km/h, in zweispurigen Tunnel 80 km/h. Für Wohnwagen und Sportanhänger gelten Sonderbestimmungen, erhältlich an der Grenze.

Tunnel/Bahnverladung

Die wichtigsten gebührenpflichtigen Tunnel: Großer St. Bernhard-Tunnel, Munt la Schera-Tunnel.
Bahnverladung: Albula-Tunnel, Furka-Basistunnel, Lötschberg-Tunnel, Oberalp-Tunnel, Simplon-Tunnel, Vereina-Tunnel.

Pannenhilfe

Autobahn: Notruftelefon alle 1,6 km. Pannenhilfe des TCS rund um die Uhr Tel. 140. Polizeinotruf 117, Feuerwehr Tel. 118, Unfallrettung 144, Notruf über Mobilfunk Tel. 112. Bei Unfällen mit Personenschäden ist es Pflicht, bei Sachschäden ratsam, die Polizei zu benachrichtigen.

Alpenpässe

Ganzjährig geöffnet sind Julier, Maloja, Mosses, Ofen, Simplon, Bernina, Brünig, Flüela, Forclaz, Jaun und Pillon. Verkehrsinformationen der ACS-Zentrale Tel. 163.

Telefonieren:

Internationale Ländervorwahl in die Schweiz: 00 41.

Blick über den Lago di Lugano, Kanton Tessin

Kontakt: Schweiz Tourismus, Tödistr. 7, CH-8002 Zürich, info@myswitzerland.com, www.myswitzerland.com, Tel. 00 41 (0)44/2 88 11 11, Fax 2 88 12 05
Vertretung in Deutschland: Schweiz Tourismus, Postfach 16 07 54, D-60070 Frankfurt, info@myswitzerland.com, www.myswitzerland.de, Tel. 00 8 00/10 02 00 30*, Fax 00 8 00/10 02 00 31* (*gratis)

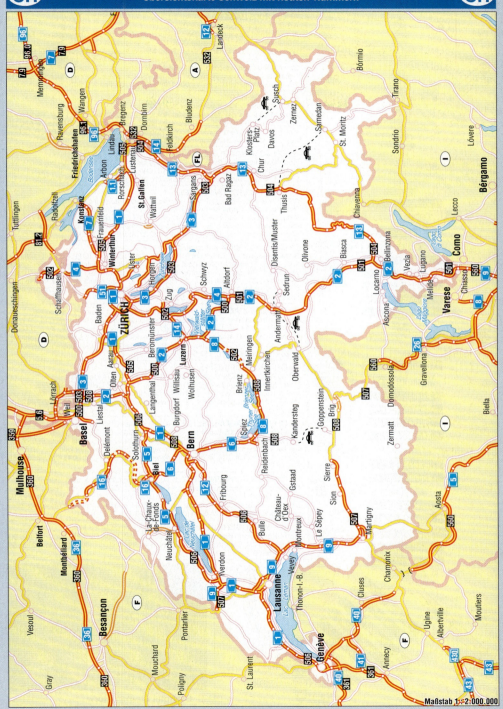

Maßstab 1 : 2.000.000

357

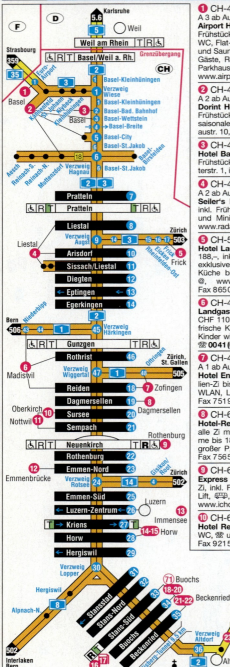

❶ CH-4056 BASEL
A 3 ab Ausfahrt 1 Euroairport 400 m
Airport Hotel Basel ★★★ Design-Hotel, Zi ab € 70,–, inkl. italienischem Express-Frühstück, Buffets: kontinental CHF 15,–, amerikanisch CHF 25,–, große Zi mit Du, WC, Flat-TV, WLAN, Klimaanlage, Safe, Mineralwasser und Büroecke, WiFi, Fitness und Sauna (kostenfrei), 5 km bis Stadtmitte, öffentliche Verkehrsmittel (kostenfrei) für Gäste, Reservierungscode Links+Rechts angeben, ⚲ -Zi, kostenfreies, bewachtes Parkhaus, 24 Stunden Rezeption und Bar-/Snackservice: kein ./., Flughafenstr. 215, www.airporthotelbasel.com, ☎ **0041 (0) 61/327 30 30**, Fax 327 30 35.

❷ CH-4058 BASEL
A 2 ab Ausfahrt 2 Basel-Badischer Bahnhof 1 km
Dorint Hotel An der Messe Basel ★★★ 171 Zi, Zi ab CHF 111,–, Familien-Zi, Frühstücksbuffet CHF 26,– pro Person, alle Zi mit Du, WC, ☏, TV und WLAN, saisonale, regionale und internationale Küche, Tagungsräume, Lobby-Bar, P, Schönaustr. 10, @, www.dorint.com/basel, ☎ **0041 (0) 61/695 70 00**, Fax 695 71 00.

❸ CH-4054 BASEL A 2 ab Ausfahrten → Zentrum
Hotel Balegra ★★★ 39 B, EZ CHF 100,– bis 140,–, DZ CHF 170,– bis 210,–, inkl. Frühstück, alle Zi mit Du, WC, ☏, TV und WLAN, Lift, Restaurant, Terrasse, P, Reiterstr. 1, info@balegra.ch, www.balegra.ch, ☎ **0041 (0) 61/306 76 76**, Fax 306 76 77.

❹ CH-4410 LIESTAL/BASEL
A 2 ab Ausfahrten 8 Liestal ca. 4 km und 11 Sissach/Liestal ca. 7 km
Seiler's Hotel Radackerhof ★★★ 51 B, EZ ab CHF 89,–, DZ ab CHF 154,–, inkl. Frühstück, MwSt. und Taxen, alle Zi mit Bad oder Du, WC, ☏, TV, Radio und Minibar, Lift, ⚑, G, kostenfreier P, Rheinstraße 93, info@seilershotels.ch, www.radackerhof.ch, ☎ **0041 (0) 61/901 32 22**, Fax 901 33 32.

❺ CH-5070 FRICK A 3 ab Ausfahrt 17 Frick 1 km
Hotel Landgasthof Engel ★★★ 40 B, EZ CHF 108,– bis 128,–, DZ CHF 148,– bis 188,–, inkl. Frühstück, alle Zi mit Du, WC, ☏ und TV, Zusatz-Bett (Kinder gratis), exklusives Restaurant, gemütliche Gaststube, preiswerte Tellergerichte, warme Küche bis 23 Uhr, ⚑, ⚑, P, Restaurant 7 Tage geöffnet, Hauptstraße 101, @, www.engel-frick.ch, ☎ **0041 (0) 62/865 00 00**, Hotline 0041 (0) 79/302 95 77, Fax 865 00 01 **(Bild siehe Route 502)**.

❻ CH-4934 MADISWIL A 1 ab Ausfahrt 46 Rothrist 18 km → Langenthal
Landgasthof Bären ★★★ rustikaler Landgasthof in ländlicher Umgebung, 20 B, EZ CHF 110,–, DZ CHF 180,–, inkl. Frühstück, alle Zi mit Bad, WC, ☏, TV und Radio, frische Küche mit ländlichen Produkten, Gartenterrasse, 1. Schweizer Velogarten, Kinder willkommen, Spielplatz, ⚲ -Zi, P, Kirchgässli 1, @, www.baeren-madiswil.ch, ☎ **0041 (0) 62/957 70 10**, Fax 957 70 12.

❼ CH-4800 ZOFINGEN
A 1 ab Ausfahrt 48 Oftringen 3 km und A 2 Ausfahrt 18 Reiden 4 km
Hotel Engel ★★★ 43 Zi, EZ CHF 130,– bis 155,–, DZ CHF 195,– bis 225,–, Familien-Zi bis 5 Personen, inkl. Frühstücksbuffet, alle Zi mit Bad/Du, WC, ☏, TV und WLAN, Lift, P, Engelgasse 4, @, www.engel-zofingen.ch, ☎ **0041 (0) 62/746 26 00**, Fax 751 99 66.

❽ CH-6252 DAGMERSELLEN A 2 ab Ausfahrt 19 Dagmersellen 1 km
Hotel-Restaurant Löwen ★★★ 30 B, EZ CHF 90,–, DZ CHF 140,–, inkl. Frühstück, alle Zi mit Du, WC, ☏ und TV, gepflegte Küche, verschiedene Restaurationsräume bis 180 Personen, große Sonnenterrasse, 365 Tage im Jahr geöffnet, Bar, ⚑, großer P, Baselstr. 10, @, www.loewen-dagmersellen.ch, ☎ **0041 (0) 62/756 18 55**, Fax 756 50 55.

❾ CH-6023 ROTHENBURG ab Ausfahrt Raststätte Luzern-Neuenkirch
Express by Holiday Inn Luzern ★★★ 60 Zi, EZ CHF 130,– bis 180,–, Familien-Zi, inkl. Frühstücksbuffet, Kinder bis 18 Jahre frei, alle Zi mit Du, WC, ☏ und TV, Lift, ⚑, ⚲ -Zi, großer P gratis, ganzjährig 24 geöffnet, info@expressluzern.com, www.ichotelsgroup.ch, ☎ **0041 (0) 41/288 28 28**, Fax 288 29 29.

❿ CH-6208 OBERKIRCH A 2 ab Ausfahrt 20 Sursee 1,5 km
Hotel Restaurant Hirschen ★★★ 17 B, EZ CHF 90,–, DZ CHF 130,–, Zi mit Du, WC, ☏ und TV, Bahnstr. 1, @, www.hirschen-oberkirch.ch, ☎ **0041 (0) 41/921 55 55**, Fax 921 55 56.

⑭ Seehotel Sternen, Horw

⑪ CH-6207 NOTTWIL A 2 ab Ausfahrten 21 Sempach und 20 Sursee je 3 km
Seminarhotel Sempachersee ★★★ ruhige Lage, Blick auf den Sempachersee und die Berge, 200 B, EZ CHF 105,–, DZ CHF 170,–, inkl. Frühstücksbuffet, alle Zi mit Du, WC, ☎, TV, Radio, Minibar und Balkon, Free flow- und à la carte-Restaurant mit Terrasse, Hausbar, Grünanlage mit Sportmöglichkeiten, gratis P, Kantonsstr. 46, info@hotel-nottwil.ch, www.dasseminarhotel.ch, ☎ **0041 (0)41/9 39 23 23**, Fax 0041 (0)41/9 39 23 24.

⑫ CH-6020 EMMENBRÜCKE
A 2 ab Ausfahrt 23 Emmen-Nord ca. 300 m → Rothenburg
Hotel St. Christoph ★★ 36 B, EZ CHF 85,–, DZ CHF 150,–, inkl. Frühstück, alle Zi mit Du, WC, ☎, TV und Radio, Lift, gute Küche, 6 km bis Luzern, P, Rothenburgstr. 45, @, ☎ **0041 (0)41/2 80 86 36.**

⑬ CH-6405 IMMENSEE A 4 ab Ausfahrt 36 Küssnacht/Immensee 1 km
Seehotel Rigi-Royal ★★★ absolut ruhige Lage am See, 70 B, EZ CHF 98,– bis 108,–, DZ CHF 196,– bis 216,–, inkl. Frühstücksbuffet, alle Zi mit Bad/Du, WC und Kabel-TV, bekannt gute Küche, Fischspezialitäten, große Seeterrasse, Strandbad für Hotelgäste gratis, Parkanlage, Räume von 10-150 Personen, Schiffsstation, Annahme von Euro, ▦ Visa, Master-Card, American Express, ⚑, 🚌, großer P, @, www.hotel-rigi.ch, ☎ **0041 (0)41/8 50 31 31**, Fax 8 50 31 37.

⑭ CH-6048 HORW A 2 ab Ausfahrt 28 Horw 2 km
Seehotel Sternen ★★★★ sehr ruhige und sonnige Lage im Grünen, direkt am Ufer des Vierwaldstättersees gelegen, mit Aussicht auf ein wunderschönes Bergpanorama, idealer Ausgangspunkt für Ausflüge in die Umgebung, 44 B, EZ CHF 170,– bis 235,–, DZ CHF 235,– bis 330,–, inkl. Frühstücksbuffet, alle Zi mit Bad oder Du, WC, Direktwahl-☎, TV, Radio, Modemanschluss, WLAN (kostenfrei), Minibar und Balkon, 3 Restaurants und 2 Seeterrassen, kostenfreier P, ⚑, www.seehotel-sternen.ch, ☎ **0041 (0)41/3 48 24 82**, Fax 3 48 24 83.

⑮ CH-6048 HORW A 2 ab Ausfahrten 27 Kriens und 28 Horw je 3 km
Hotel-Restaurant Felmis ★★★ 55 B, EZ CHF 100,– bis 120,–, DZ CHF 160,– bis 230,–, inkl. Frühstück, alle Zi mit Du, WC, Fön, ☎, Flat-TV, WLAN (kostenfrei) und Safe, teilweise Balkon, Lift, Restaurant und Spesiesäli bis 90 Personen, 2 große Terrassen, Minigolf, Tennis, Kinderspielplatz, Wanderwege beim Hotel, 🚌, großer P, Kastanienbaumstr. 91, @, www.felmis.ch, ☎ **0041 (0)41/3 49 19 19**, Fax 3 49 19 18 **(siehe auch Seite 364)**.

⑯ CH-6370 STANS A 2 direkt an der Ausfahrt 33 Stans-Süd
Motel Stans-Süd ★★★ 100 B, EZ ab CHF 98,–, DZ CHF 155,–, 3-Bett-Zi CHF 185,–, 4-Bett-Zi CHF 225,–, 5-Bett-Zi CHF 245,–, inkl. Frühstücksbuffet, alle Zi mit Du, WC, TV und WLAN, Surfpoint, neben Tankstelle/Shop/Waschanlage, zentrale Lage für Ausflüge, ▦, ⚑ CHF 15,–, 🚌, Tief-G CHF 14,–, Rieden 4, info@motelstans.ch, www.motelstans.ch, ☎ **0041 (0)41/6 18 07 77**, Fax 6 18 07 78 **(siehe auch Seite 361)**. **Unter gleicher Leitung**

⑰ CH-6370 STANS
Tankstelle 🅿 LPG, Waschanlage, Shop, Rieden 4, @, www.motelstans.ch, ☎ **0041 (0)41/6 18 07 77**, Fax 6 18 07 78.

⑪ Seminarhotel Sempachersee, Nottwil

⑬ Seehotel Rigi-Royal, Immensee

⑮ Hotel-Restaurant Felmis, Horw

⑥ Landgasthof Bären, Madiswil

Tipps zur Route

Ausfahrt Basel: Basels historisches Stadtbild weckt die Neugier fremder Besucher, denn vieles hat sich von früher erhalten. Parken Sie am westlichen Rheinufer, am Fischmarkt 200 m jenseits der Mittleren Brücke. Allerlei Sehenswertes liegt ganz in der Nähe: Markt und Rathaus, das Spalentor und das zweitürmige Münster. Nehmen Sie sich Zeit, in der Schweiz sind nicht nur die Alpen schön. Wie wär's mit einem Besuch des weltbekannten Baseler Zoos? Ihren Kindern werden Sie bestimmt eine besondere Freude bereiten.

Ausfahrt Pratteln: Gepflegte Raststätte mit Ladenbrücke über der Autobahn. Geldwechsel. Hier können Sie vor der Grenze rasch noch Zigaretten, Schokolade und Mitbringsel einkaufen.

Ausfahrt Rheinfelden: Als 1844 die Salzlager in Rheinfelden entdeckt wurden, begann für die älteste Zähringerstadt der Schweiz die viel versprechende Zukunft als Heilbadkurort. Die Rheinfelder Natursole, die aus 200 m Tiefe gepumpt wird, ist in ihrer Konzentration mit jener des Mittelmeeres vergleichbar. Das Kurzentrum und die Badehotels mit ihren Sole-Schwimmbädern liegen inmitten herrlicher Parkanlagen. Die attraktive Rheinfelder Altstadt ist in „walking distance" zu erreichen.

⑱ **Postillon Hotel-Restaurant-Bar, Buochs**

⑲ **Hotel-Restaurant-Bar Rigiblick am See, Buochs**

⑱ CH-6374 **BUOCHS**

A 2 ab Ausfahrt 34 Buochs ca. 80 m

Postillon Hotel-Restaurant-Bar ★★★★ erstklassiges Haus mit einmaliger Sicht auf den Vierwaldstättersee und die Alpen, 130 B, EZ CHF 115,– bis 160,–, DZ CHF 145,– bis 210,–, Suiten CHF 180,– bis 250,–, inkl. Frühstück (ab 6 Uhr), Zi mit Bad oder Du, WC, ☎, TV, Radio, Minibar und Balkon, Lift, 2 Restaurants, Säle, Bar, Baby-Raum, Change, Infostelle, Kiosk, ideal für Stop-Over, direkt an der A 2, großer P, @, www.postillon.ch, ☎ **0041(0)41/6205454**, Fax 6202334.

⑲ CH-6374 **BUOCHS**

A 2 ab Ausfahrt 34 Buochs ca. 800 m

Hotel-Restaurant-Bar Rigiblick am See ★★★★ erstklassiges Hotel, sehr ruhige Lage, direkt am Vierwaldstätter See, 40 B, EZ CHF 150,– bis 195,–, DZ CHF 210,– bis 330,–, inkl. Frühstücksbuffet, alle Zi mit Bad, WC, ☎, TV, Radio, Safe, Minibar und Balkon, hervorragendes Küchenangebot (auch Fisch-Küche), Gartenrestaurant und Seebar „Ahoi", mit Eisboutique, Konferenzräume für 6 bis 120 Personen, großer P, Seeplatz 3, @, www.rigiblickamsee.ch, ☎ **0041(0)41/6244850**, Fax 6206874.

⑳ CH-6374 **BUOCHS**

A 2 ab Ausfahrt 34 Buochs ca. 2 km

Campingplatz Touring-Club Schweiz ⌂ einziger Campingplatz der Region in der Nähe des Vierwaldstättersees beim schattigen Strandbad, Beachvolleyball, Tennis, Fußball, viele Ausflugsmöglichkeiten mit Schiff, Bergbahnen und Postauto, @, www.campingtcs.ch, ☎ **0041(0)41/6203474**, Fax 6206484.

㉑ CH-6375 **BECKENRIED**

A 2 ab Ausfahrten Beckenried 1 km und -Nord 2 km

Hotel Nidwaldnerhof ★★★ ruhige Lage direkt am See, 40 B, EZ CHF 80,– bis 140,–, DZ CHF 140,– bis 220,–, inkl. Frühstücksbuffet, alle Zi mit Du, WC, ☎, TV und Balkon, Lift, klassisch kreative Küche, Wintergarten, große Seeterrasse, Spezial-Angebot: Rückreise zum halben Preis, 💳, Tief-G, P, Dorfstraße 12, hotel@nidwaldnerhof.ch, www.nidwaldnerhof.ch, ☎ **0041(0)41/6205252**, Fax 6205264.

㉒ CH-6375 **BECKENRIED**

A 2 ab Ausfahrten Beckenried-Süd und -Nord je 1 km

Hotel-Restaurant Rössli ★★★ direkt am See gelegen, 30 B, EZ CHF 70,– bis 125,–, DZ CHF 115,– bis 199,–, Familien-Zi, inkl. Frühstücksbuffet, Zi überwiegend mit Du, WC, ☎ und TV, verschiedene Restaurants, feine gutbürgerliche und günstige Küche, Seeterrasse, 🚌, P, Dorfplatz 1, @, www.roessli-beckenried.ch, ☎ **0041(0)41/6244511**, Fax 6244512.

㉓ CH-6452 **SISIKON**

ab Ausfahrt 36 Altdorf-Flüelen 5 km → Schwyz

Hotel-Restaurants Tellsplatte ★★★ sehr ruhig gelegen, direkt über dem Vierwaldstätter See bei der Tellskapelle, schöne Sicht auf den See und die umliegende Bergwelt, 80 B, EZ CHF 80,– bis 120,–, DZ CHF 120,– bis 160,–, Familien-Zi CHF 230,–, inkl. Frühstücksbuffet, Zi mit Du, WC, ☎ und TV, à la carte-Restaurant mit Sonnenterrasse (150 Plätze), 🚌 (auch ohne Voranmeldung), G, großer P, @, www.tellsplatte.ch, ☎ **0041(0)41/8741874**, Fax 8741875.

(71) **BUOCHS-ENNETBÜRGEN**

Beliebte Ferien- und Etappenorte am Ufer des Vierwaldstätter Sees direkt an der Autobahn Nord-Süd Deutschland-Italien. Herrliche, ruhige und zentrale Lage, viele Ausflugsmöglichkeiten mit Bergbahnen und Schiff. Gepflegte Hotels und Gaststätten in jeder Preisklasse und einziger Campingplatz der Region.

Buochs und Ennetbürgen am Vierwaldstätter See

Information und Prospekte:
Tourismusbüro Buochs-Ennetbürgen, CH-6374 Buochs, info@tourismus-buochs.ch, www.tourismus-buochs.ch, ☎ **0041(0)41/6220055**, Fax 0041(0)41/5866739 30.

(72) **SCHATTDORF – My Stop. Gotthard**

My Stop. Gotthard liegt an der A 2 im Herzen der Schweiz. Sie gehört zu den modernsten und am besten eingerichteten Raststätten der Schweiz und ist weitum bekannt für ihre einladende Atmosphäre und die wunderschöne Lage in der Nähe des Vierwaldstättersees, mitten in der imposanten Urner Bergwelt. Selbstverständlich gibt es genügend Picknick-Plätze. Über 300 Parkplätze machen die Gotthard-Raststätte zu einem beliebten Halt für Durchreisende von Norden nach Süden oder umgekehrt. Hier lassen sich Kräfte tanken – für Mensch und Auto, bevor es weitergeht zum Gotthard-Straßentunnel oder nach Luzern.
(siehe auch Seite 365)

Information und Prospekte:
Gotthard Raststätte, CH-6467 Schattdorf, info@gotthardraststaette.ch, www.gotthardraststaette.ch, ☎ **0041(0)41/8750505**, Fax 8750500.

MOTEL STANS–SÜD AG

An der A 2, direkt an der Autobahnausfahrt Stans-Süd gelegen

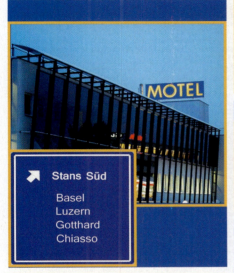

Stans Süd

Basel
Luzern
Gotthard
Chiasso

Unsere hellen und geräumigen Zimmer verfügen über Du, WC, TV und WLAN. Zudem bieten wir Ihnen preisgünstige Übernachtungsmöglichkeiten inklusive Frühstücksbuffet in Mehrbettzimmern an.

NEU: LPG direkt an der A 2

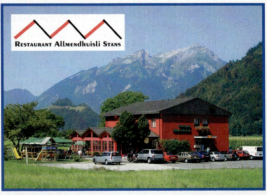

Lassen Sie sich im nahe gelegenen (200 m) Restaurant 365 Tage im Jahr mit durchgehend warmer Küche von 11.00 – 23.30 Uhr verwöhnen. Zu Ihrem weiteren Komfort befindet sich neben dem Motel eine Tankstelle mit Autowaschanlage und Shop.

Motel Stans-Süd AG · Rieden 4 · CH-6370 Stans

Tel. +41 41 6 18 07 77

fax +41 41 6 18 07 78 · www.motelstans.ch · info@motelstans.ch

autobahnhotels.ch
save time and money

1 CH-6474 **AMSTEG/GOTTHARD** A 2 ab Ausfahrt 38 Amsteg 500 m
Hotel Stern & Post ★★★★ und ★★ historisches Hotel, Posthaus, welches schon Goethe als Absteigquartier diente, 40 B, Luxus-Zi CHF 160,– bis 380,–, Touristen-Zi CHF 99,– bis 150,–, inkl. Frühstücksbuffet, Zi mit Bad, Du, WC, ☎ und kostenfreiem WLAN, italienische und internationale Küche, verschiedene Stuben, Bar, Säle, Terrasse, 🚌, großer P, Gotthardstr. 88, @, www.sternpost.ch, ☎ 0041 (0) 41/8840101, Fax 8840202.

2 CH-6482 **GURTNELLEN**
A 2 ab Ausfahrt 38 Amsteg 7 km und ab Ausfahrt 39 Wassen 2 km
Hotel-Restaurant Gotthard ★★ 28 B, EZ CHF 60,– bis 80,–, DZ CHF 100,– bis 140,–, inkl. Frühstück, alle Zi mit Bad/Du und WC, gepflegte Küche, günstige Tagesmenüs, Ausgangsort für Passfahrten, G, großer P, Mo. + Di ⌀ (außer im Juli), @, www.schweizdirekt.ch, ☎ 0041 (0) 41/8851110, Fax 8850310.

3 CH-6484 **WASSEN** A 2 ab Ausfahrt 39 Wassen 500 m
Hotel-Gasthof „Zur alten Post" ★★ rustikales Urner Haus aus dem 16. Jahrhundert, stilvoll renoviert, 40 B, EZ ab CHF 70,–, DZ ab CHF 100,–, 3-Bett-Zi ab CHF 140,–, 4-Bett-Zi ab CHF 160,–, inkl. Frühstück, gutbürgerliche Küche, Gartenterrasse, idealer Ausgangsort zu den CH-Pässen Gotthard, Furka, Oberalp, Susten, P, info@hotel-altepost.ch, www.hotel-altepost.ch, ☎ 0041 (0) 41/8851131, Fax 8851465.

4 CH-6484 **WASSEN** A 2 ab Ausfahrt 39 Wassen 500 m
Hotel-Restaurant Gerig ★★ sehr freundlich und familiär, gepflegt, 24 B, DZ ab CHF 90,–, 3-Bett-Zi ab CHF 140,–, 4-Bett-Zi ab CHF 170,–, inkl. Frühstück, ruhige Zi, überwiegend Zi mit Du und WC, gepflegte Küche, Tellergerichte CHF 15,– bis 30,–, eigene Bäckerei, Gartenterrasse, G, P, info@hotel-gerig.ch, www.hotel-gerig.ch, ☎ 0041 (0) 41/8851235, Fax 8850835.

5 CH-6780 **AIROLO** A 2 ab Ausfahrt 41 Airolo-Motto Bartola 2000 m
Hotel Forni ★★★ 38 B, EZ CHF 95,– bis 130,–, DZ CHF 150,– bis 196,–, inkl. Frühstück, alle Zi mit Du, WC, ☎, TV, Radio und Minibar, Lift, preiswerte Tellergerichte und Menü von CHF 15,– bis 35,–, Terrasse, 🍴 (nur im Hotel und Snack), P, info@forni.ch, www.forni.ch, ☎ 0041 (0) 91/8691270, Fax 8691523.

6 CH-6776 **PIOTTA**
A 2 ab Ausfahrten 41 Airolo-Motto Bartola 4 km und 42 Quinto 5 km
Motel Gottardo Sud ★★★ neues Hotel, 120 B, EZ CHF 35,– bis 95,–, DZ CHF 135,– bis 150,–, 3-Bett-Zi CHF 165,– bis 190,–, Frühstück CHF 6,80 pro Person, Familienermäßigung, alle Zi mit Du, WC, ☎ und Kabel-TV, Restaurant, Bar, Seminarräume, 💻, 🍴, 🚌 Gruppenreise ab 15 Personen, G, P, Cioss Mezz 4, @, www.gottardo-sud.ch, ☎ 0041 (0) 91/8736060, Fax 8736066.

7 CH-6746 **LAVORGO** A 2 ab Ausfahrt 43 Faido 2 km
Hotel Defanti ★ 100 Jahre Familienbetrieb, 50 B, EZ CHF 70,–, DZ CHF 110,–, Familien-Zi CHF 145.-, 4-Bett-Zi CHF 175.-, 5-Bett-Zi CHF 195.-, inkl. Frühstücksbuffet, alle Zi mit Du und WC, preiswerte Tellergerichte und Menü, Räume bis 80 Personen, Tankstelle und Shop, 🚌, P, Via Contonale, defanti.hotel@bluewin.ch, www.defanti.ch, ☎ 0041 (0) 91/8651434, Fax 8651726.

8 CH-6710 **BIASCA** A 2 ab Ausfahrt 44 Biasca ca. 1 km
Hotel-Restaurant Al Giardinetto ★★★ renoviert und erweitert, 60 B, EZ CHF 75,– bis 135,–, DZ CHF 125,– bis 185,–, inkl. Frühstück, Nichtraucher-Zi mit Du, WC, ☎, TV, Minibar und Safe, Restaurant, internationale, saisonale Küche, Pizzeria, Gartenrestaurant, Snacks, 💻, 🍴, 🚌, G, P, Via A. Pini 21, @, www.algiardinetto.ch, ☎ 0041 (0) 91/8621771, Fax 8622359.

9 CH-6501 **BELLINZONA**
A 2 ab Ausfahrt 45 Verzweig Bellinzona-Nord 7 km und 47 Bellinzona-Süd 4 km
Hotel Unione ★★★ 67 B, EZ CHF 150,– bis 190,–, DZ CHF 220,– bis 240,–, inkl. Frühstücksbuffet, alle Zi mit Du, WC, Fön, ☎, TV, Minibar und Klimaanlage, gutbürgerliche und internationale Küche, Gartenrestaurant, 🚌, großer P (nicht privat), Via G. Guisan 1, @, www.hotel-unione.ch, ☎ 0041 (0) 91/8255577, Fax 8259460.

10 CH-6500 **BELLINZONA**
A 2 ab Ausfahrten 45 Bellinzona-Nord 7 km und 47 Bellinzona-Süd 4 km
Hotel garni Internazionale ★★★ 40 B, EZ CHF 110,– bis 130,–, DZ CHF 140,– bis 180,–, inkl. Frühstück, alle Zi mit Du, WC, ☎ und TV, Lift, Pizzeria, Straßencafé, Konferenzraum, P, Bahnhofsplatz 35, www.hotel-internazionale.ch, ☎ 0041 (0) 91/8254333.

11 CH-6513 **MONTE CARASSO** A 2 ab Ausfahrt Raststätte Bellinzona-Sud
Mövenpick Hotel Benjamin ★★★ ruhige Lage trotz Autobahnnähe, direkter Blick auf die Berge, 109 B, EZ CHF 119,– bis 179,–, DZ CHF 168,– bis 228,–, Frühstücksbuffet CHF 15,50, Kinder bis 16 Jahre gratis im Zi der Eltern, helle und geräumige Zi mit Du, WC, ☎, TV, WLAN, Minibar und Wasserkocher, 💻, 🍴, ♿, Autostrada A 2, www.hotel-benjaminn.com, ☎ 0041 (0) 91/8570171, Fax 8577635.

12 CH-6943 **VEZIA-LUGANO**
A 2 ab Ausfahrt 49 Lugano-Nord 1 km → Rivera, Vezia (GPS: 46.01.55N-008.56.15E)
Motel Vezia ★★★ gute Lage, 1,5 km bis Luganer Stadtzentrum und See, 100 B, EZ CHF 129,– bis 139,–, DZ CHF 159,– bis 189,–, Familien-Zi CHF 189,– bis 269,–, Frühstücksbuffet CHF 13,– pro Person, schöne Zi mit Du, WC, ☎, TV, Radio und Safe, teils Klimaanlage und Privat-G, Restaurant, Schwimmbad, großer P kostenfrei, Via San Gottardo 32, info@motel.ch, www.motel.ch, ☎ 0041 (0) 91/9663631, Fax 9667022.

12 Motel Vezia, Vezia-Lugano

⑬ CH-6592 **SANT'ANTONINO**

A 2 ab Ausfahrt 47 Locarno 1 km

Hotel La Perla ★★★ 60 B, EZ CHF 128,–, DZ CHF 178,–, 3-Bett-Zi CHF 220,–, 4-Bett-Zi CHF 240,–, inkl. Frühstück, alle Zi renoviert mit Bad/Du, WC, ☏, TV, Laptop mit Internetanschluss, Radio und Klimaanlage, Lift, Restaurant mit Bar, Pool, 15 Minuten vom See entfernt, 🚗, @, www.hotelperla.ch, ☎ **0041 (0) 91/8 50 29 50**, Fax 8 50 29 80 **(Bild siehe Route 504)**.

⑭ CH-6815 **MELIDE/LUGANO**

A 2 ab Ausfahrt 51 Melide/Bissone

Seehotel Riviera ★★★ Familienbetrieb, direkt am See gelegen, 54 B, EZ CHF 95,– bis 140,–, DZ CHF 190,– bis 250,–, inkl. Frühstücksbuffet, alle Zi mit Bad/Du, WC, Fön, ☏, TV, Safe und Balkon, Lift, gutbürgerliche, regionale Küche, Seeterrasse, Schwimmbad, G, P, Lungolago Motta 7, info@hotel-riviera.ch, www.hotel-riviera.ch, ☎ **0041 (0) 91/6 40 15 00**, Fax 6 49 67 61.

⑮ CH-6816 **BISSONE/LUGANO**

A 2 ab Ausfahrten 51 Nord und 51 Süd

Hotel Lago di Lugano ★★★★ familienfreundliches Hotel mit mediterranem Park, ruhig und idyllisch direkt am See gelegen, 130 B, EZ CHF 142,– bis 307,–, DZ CHF 210,– bis 424,–, Appartements, Suiten, inkl. Frühstücksbuffet mit großer Auswahl, alle Zi mit Bad, Du, WC, ☏ und TV, Restaurant mit schönem Ausblick auf See und Berge, Tessiner Spezialitäten und italienische Köstlichkeiten, beheiztes Freischwimmbad, Kinderanimation im Pinocchio-Club, 🚗, P, info@hotellagodilugano.ch, www.hotellagodilugano.ch, ☎ **0041 (0) 91/6 41 98 00**, Fax 6 41 98 01.

⑯ CH-6816 **BISSONE/LUGANO**

A 2 ab Ausfahrt 51 Nord 2 km und Ausfahrt 51 Süd 1 km → Campione

Hotel Campione ★★★ 65 B, EZ CHF 99,– bis 199,–, DZ CHF 159,– bis 309,–, inkl. Frühstücksbuffet, alle Zi mit Du, WC, ☏, TV, Minibar, Safe und Air-Condition, Lift, Panorama-Restaurant, Schwimmbad, 🚗, 🍴, G, P, Via Campione 62, @, www.hotel-campione.ch, ☎ **0041 (0) 91/6 40 16 16**, Fax 6 40 16 00.

㉛ POLLEGIO – INFOCENTRO

A 2 ab Ausfahrt 44 Biasca-Pollegio/Gotthard

Entdecken Sie mit uns den längsten Eisenbahntunnel der Welt! In dieser modernen Infrastruktur, die mit den neuesten Kommunikations-Technologien ausgestattet ist, werden Sie zudem die Möglichkeit haben, die kostenlose AlpTransit Ausstellung zu besuchen.

Neu: Tunnelbesichtigung in Faido!
Zu kleinen Preisen können Sie im Bistro57 einen Kaffee genießen oder gar das Mittagsmahl einnehmen. Öffnungszeiten: Dienstag bis Sonntag 09.00-18.00 Uhr (an einigen Festtagen geschlossen).

Informationen und Buchungen:
Infocentro Gottardo Sud SA, CH-6742 Pollegio,
info@infocentro.ch, www.infocentro.ch,
☎ **0041 (0) 91/8 73 05 50**, Fax 8 73 05 55.

㉜ SCHATTDORF – My Stop. Gotthard

My Stop. Gotthard liegt an der A 2 im Herzen der Schweiz. Sie gehört zu den modernsten und am besten eingerichteten Raststätten der Schweiz und ist weitum bekannt für ihre einladende Atmosphäre und die wunderschöne Lage in der Nähe des Vierwaldstättersees, mitten in der imposanten Urner Bergwelt. Selbstverständlich gibt es genügend Picknick-Plätze. Über 300 Parkplätze machen die Gotthard-Raststätte zu einem beliebten Halt für Durchreisende von Norden nach Süden oder umgekehrt. Hier lassen sich Kräfte tanken – für Mensch und Auto, bevor es weitergeht zum Gotthard-Straßentunnel oder nach Luzern **(siehe auch Seite 365).**

Information und Prospekte:
Gotthard Raststätte, CH-6467 Schattdorf, info@gotthardraststaette.ch, www.gotthardraststaette.ch, ☎ **0041 (0) 41/8 75 05 05**, Fax 8 75 05 00.

⑯ **Hotel Campione, Bissone/Lugano**

Hotel - Restaurant
Felmis

CH-6048 Luzern-Horw

Kastanienbaumstrasse 91 - Tel +41 (0)41-349 1919 - Fax +41 (0)41-349 1918

hotel@felmis.ch   www.felmis.ch

3 km von der Autobahn-Nord-Süd. Ausfahrt Luzern-Horw und Luzern Süd.
Komplett renoviert im 2007. Alle Zimmer sind mit Dusche, WC, Flat-TV, Telefon sowie Safe und Fön ausgestattet. Gratis wireless Internet im ganzen Hotelbereich. 50 Gratis-Parkplätze.
Restaurant und Spesiesääli mit Platz bis 90 Personen, zwei grosse Terrassen.
Kinderspielplatz, Minigolf, Tennis und Wanderwege beim Hotel, Seebad in nächster Nähe.
Das Stadtzentrum Luzern ist nur 4.5 km entfernt. Leicht erreichbar mit Bus 21 ab Hotel.

Siehe auch Route 500, Basel-Altdorf

364

MY STOP.
YOUR STOP siehe auch Route 500

MY STOP. GOTTHARD liegt an der A2 im Herzen der Schweiz, 20 Kilometer nördlich des Gotthardtunnels. Sie gehört zu den modernsten und am besten eingerichteten Raststätten der Schweiz und ist weitum bekannt für ihre einladende Atmosphäre und die wunderschöne Lage in der Nähe des Vierwaldstättersees, mitten in der imposanten Urner Bergwelt. Selbstverständlich gibt es genügend Picknick-Plätze.

Und genügend Parkplätze. Über 300 davon machen die Gotthard-Raststätte zu einem beliebten Halt für Durchreisende von Norden nach Süden oder umgekehrt. Hier lassen sich Kräfte tanken – für Mensch und Auto, bevor es weitergeht zum Gotthard-Strassentunnel (20 km) oder nach Luzern (40 km).

Oder weiter bis nach Zürich. Im Herbst 2009 öffnet eine zweite Autobahnraststätte 10 Kilometer südlich vor Zürich, an der neuen Autobahn A4 in Affoltern am Albis. Das Gebäude und seine Einrichtung sind State of the Art. Auch hier geniessen Durchreisende das Panorama hinter den Restaurantfenstern. Oder sie lassen sich von den zahlreichen Läden und Boutiquen der Reisebrücke zum Shoppen und Flanieren einladen.

Die Raststätten von MY STOP zeichnen sich einerseits durch ihre prägnante Architektur aus und anderseits durch lokale, qualitativ hochstehende Angebote und Dienstleistungen. Wir bedienen Reisende kompetent und zuvorkommend – in einer angenehmen Umgebung.

MY STOP. ZÜRICH

MY STOP

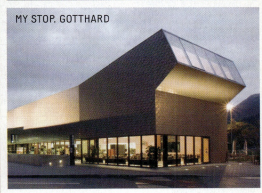

MY STOP. GOTTHARD

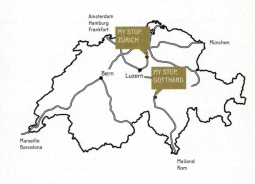

CONTACT

WELCOME@MYSTOP.CH
WWW.MYSTOP.CH

❶ D-79780 STÜHLINGEN

A 81 ab Ausfahrt 38 Geisingen → Waldshut-Tiengen B 14
Landgasthof Rebstock ★★☆ 55 B, EZ € 41,– bis 43,–, DZ € 68,– bis 72,–, inkl. Frühstücksbuffet, alle Zi mit Du, WC, ☎, TV und WLAN (kostenfrei), regionale gutbürgerliche Küche, Biergarten, Bauern- und Bulldogmuseum, 🍴, P, Schloßstr. 10, Hotel@Rebstock.eu, www.rebstock.eu, ☎ 0049 (0) 77 44/9 21 20, Fax 92 12 99.

❷ CH-6405 IMMENSEE

A 4 ab Ausfahrt 36 Küssnacht/Immensee 1 km
Seehotel Rigi-Royal ★★★ absolut ruhige Lage am See, 70 B, EZ CHF 98,– bis 108,–, DZ CHF 196,– bis 216,–, inkl. Frühstücksbuffet, alle Zi mit Bad/Du, WC und Kabel-TV, bekannt gute Küche, Fischspezialitäten, große Seeterrasse, Strandbad für Hotelgäste gratis, Parkanlage, Räume von 10-150 Personen, Schiffsstation, Annahme von Euro, 💳 Visa, Master-Card, American Express, 🍴, 🍴, großer P, @, www.hotel-rigi.ch, ☎ 0041 (0) 41/8 50 31 31, Fax 8 50 31 37 **(Bild siehe Route 503)**.

❸ CH-6430 SCHWYZ

A 4 ab Ausfahrt 39 Schwyz 2 km
hirschen backpackers, hotel, pub ★ 36 B, EZ CHF 54,– bis 70,–, DZ CHF 92,– bis 123,–, Gruppenpreise auf Anfrage, Frühstück CHF 13,– pro Person, Zi teils mit Du, WC und TV, Gemeinschaftsküche, Pub, 🍴, Hinterdorfstr. 14, @, www.hirschen-schwyz.ch, ☎ 0041 (0) 41/8 11 12 76, Fax 8 11 12 27.

❹ CH-6048 HORW

A 2 ab Ausfahrt 28 Horw 2 km
Seehotel Sternen ★★★★ sehr ruhige und sonnige Lage im Grünen, direkt am Ufer des Vierwaldstättersees gelegen, mit Aussicht auf ein wunderschönes Bergpanorama, idealer Ausgangspunkt für Ausflüge in die Umgebung, 44 B, EZ CHF 170,– bis 235,–, DZ CHF 235,– bis 330,–, inkl. Frühstücksbuffet, alle Zi mit Bad oder Du, WC, Direktwahl-☎, TV, Radio, Modemanschluss, WLAN (kostenfrei), Minibar und Balkon, 3 Restaurants und 2 Seeterrassen, kostenfreier P, @, www.seehotel-sternen.ch, ☎ 0041 (0) 41/3 48 24 82, Fax 3 48 24 83 **(Bild siehe Route 500)**.

❺ CH-6048 HORW

A 2 ab Ausfahrten 27 Kriens und 28 Horw je 3 km
Hotel-Restaurant Felmis ★★★ 55 B, EZ CHF 100,– bis 120,–, DZ CHF 160,– bis 230,–, inkl. Frühstück, alle Zi mit Du, WC, Fön, ☎, Flat-TV, WLAN (kostenfrei) und Safe, teilweise Balkon, Lift, Restaurant und Spezereisäli bis 90 Personen, 2 große Terrassen, Minigolf, Tennis, Kinderspielplatz, Wanderwege beim Hotel, 🍴, großer P, Kastanienbaumstr. 91, @, www.felmis.ch, ☎ 0041 (0) 41/3 49 19 19, Fax 3 49 19 18 **(siehe auch Seite 364)**.

❻ CH-6370 STANS

A 2 direkt an der Ausfahrt 33 Stans-Süd
Motel Stans-Süd ★★★ 100 B, EZ ab CHF 98,–, DZ CHF 155,–, 3-Bett-Zi CHF 185,–, 4-Bett-Zi CHF 225,–, 5-Bett-Zi CHF 245,–, inkl. Frühstücksbuffet, alle Zi mit Du, WC, TV und WLAN, Surfpoint, neben Tankstelle/Shop/Waschanlage, zentrale Lage für Ausflüge, 🍴, 🍴 CHF 15,–, 🍴, Tief-G CHF 14,–, Rieden 4, info@motelstans.ch, www.motelstans.ch, ☎ 0041 (0) 41/6 18 07 77, Fax 6 18 07 78 **(siehe auch Seite 361)**.
Unter gleicher Leitung:

❼ CH-6374 BUOCHS

A 2 ab Ausfahrt 34 Buochs ca. 80 m
Postillon Hotel-Restaurant-Bar ★★★★ erstklassiges Haus mit einmaliger Sicht auf den Vierwaldstättersee und die Alpen, 130 B, EZ CHF 115,– bis 160,–, DZ CHF 145,– bis 210,–, Suiten CHF 180,– bis 250,–, inkl. Frühstück (ab 6 Uhr), Zi mit Bad oder Du, WC, ☎, TV, Radio, Minibar und Balkon, Lift, 2 Restaurants, Säle, Bar, Baby-Raum, Change, Infostelle, Kiosk, ideal für Stop-Over, direkt an der A 2, großer P, @, www.postillon.ch, ☎ 0041 (0) 41/6 20 54 54, Fax 6 20 23 34.

❽ CH-6374 BUOCHS

A 2 ab Ausfahrt 34 Buochs ca. 800 m
Hotel-Restaurant-Bar Rigiblick am See ★★★★ erstklassiges Hotel, sehr ruhige Lage, direkt am Vierwaldstätter See, 40 B, EZ CHF 150,– bis 195,–, DZ CHF 210,– bis 330,–, inkl. Frühstücksbuffet, alle Zi mit Bad, WC, ☎, TV, Radio, Safe, Minibar und Balkon, hervorragendes Küchenangebot (auch Fisch-Küche), Gartenrestaurant und Seebar „Ahoi", mit Eisboutique, Konferenzräume für 6 bis 120 Personen, großer P, Seeplatz 3, @, www.rigiblickamsee.ch, ☎ 0041 (0) 41/6 24 48 50, Fax 6 20 68 74.

❾ CH-6374 BUOCHS

A 2 ab Ausfahrt 34 Buochs ca. 2 km
Campingplatz Touring-Club Schweiz ⌂ einziger Campingplatz der Region in der Nähe des Vierwaldstättersees beim schattigen Strandbad, Beachvolleyball, Tennis, Fußball, viele Ausflugsmöglichkeiten mit Schiff, Bergbahnen und Postauto, @, www.campingtcs.ch, ☎ 0041 (0) 41/6 20 34 74, Fax 6 20 64 84.

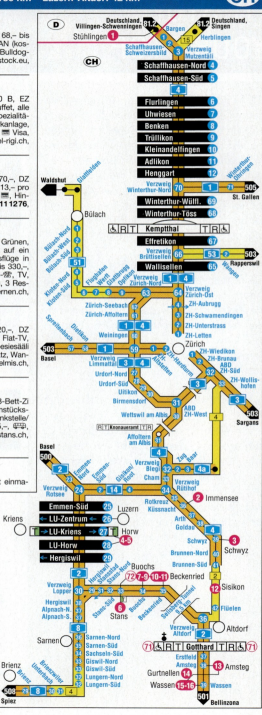

10 CH-6375 **BECKENRIED** A 2 ab Ausfahrten Beckenried 1 km und -Nord 2 km **Hotel Nidwaldnerhof** ★★★ ruhige Lage direkt am See, 40 B, EZ CHF 80,– bis 140,–, DZ CHF 140,– bis 220,–, inkl. Frühstücksbuffet, alle Zi mit Du, WC, ☎, TV und Balkon, Lift, klassisch kreative Küche, Wintergarten, große Seeterrasse, Spezial-Angebot: Rückreise zum halben Preis, ✉, Tief-G, P, Dorfstraße 12, hotel@nidwaldnerhof.ch, www.nidwaldnerhof.ch, ☎ **0041 (0) 41/620 52 52**, Fax 620 52 64.

11 CH-6375 **BECKENRIED** A 2 ab Ausfahrten Beckenried-Süd und -Nord je 1 km **Hotel-Restaurant Rössli** ★★★ direkt am See gelegen, 30 B, EZ CHF 70,– bis 125,–, DZ CHF 115,– bis 199,–, Familien-Zi, inkl. Frühstücksbuffet, Zi überwiegend mit Du, WC, ☎ und TV, verschiedene Restaurants, feine gutbürgerliche und günstige Küche, Seeterrasse, 🍴, P, Dorfplatz 1, @, www.roessli-beckenried.ch, ☎ **0041 (0) 41/624 45 11**, Fax 624 45 12.

12 CH-6452 **SISIKON** ab Ausfahrt 36 Altdorf-Flüelen 5 km → Schwyz **Hotel-Restaurants Tellsplatte** ★★★ sehr ruhig gelegen, direkt über dem Vierwaldstätter See bei der Tellskapelle, schöne Sicht auf den See und die umliegende Bergwelt, 80 B, EZ CHF 80,– bis 120,–, DZ CHF 120,– bis 160,–, Familien-Zi CHF 230,–, inkl. Frühstücksbuffet, Zi mit Du, WC, ☎ und TV, à la carte-Restaurant mit Sonnenterrasse (150 Plätze), 🍴 (auch ohne Voranmeldung), G, großer P, @, www.tellsplatte.ch, ☎ **0041 (0) 41/874 18 74**, Fax 874 18 75.

13 CH-6474 **AMSTEG/GOTTHARD** A 2 ab Ausfahrt 38 Amsteg 500 m **Hotel Stern & Post** ★★★★ und ★★ historisches Hotel, Posthaus, welches schon Goethe als Absteigquartier diente, 40 B, Luxus-Zi CHF 160,– bis 380,–, Touristen-Zi CHF 99,– bis 150,–, inkl. Frühstücksbuffet, Zi mit Bad, Du, WC, ☎ und kostenfreiem WLAN, italienische und internationale Küche, verschiedene Stuben, Bar, Säle, Terrasse, 🍴, großer P, Gotthardstr. 88, @, www.sternpost.ch, ☎ **0041 (0) 41/884 01 01**, Fax 884 02 02.

14 CH-6482 **GURTNELLEN**
A 2 ab Ausfahrt 38 Amsteg 7 km und ab Ausfahrt 39 Wassen 2 km **Hotel-Restaurant Gotthard** ★★ 28 B, EZ CHF 60,– bis 80,–, DZ CHF 100,– bis 140,–, inkl. Frühstück, alle Zi mit Bad/Du und WC, gepflegte Küche, günstige Tagesmenüs, Ausgangspunkt für Passfahrten, G, großer P, Mo. + Di ./. (außer im Juli), @, www.schweizdirekt.ch, ☎ **0041 (0) 41/885 11 10**, Fax 885 03 10.

15 CH-6484 **WASSEN** A 2 ab Ausfahrt 39 Wassen 500 m **Hotel-Gasthof „Zur alten Post"** ★★ rustikales Urner Haus aus dem 16. Jahrhundert, stilvoll renoviert, 40 B, EZ ab CHF 70,–, DZ ab CHF 100,–, 3-Bett-Zi ab CHF 140,–, 4-Bett-Zi ab CHF 160,–, inkl. Frühstück, alle Zi mit Du und WC, Lift, gutbürgerliche Küche, Gartenterrasse, idealer Ausgangsort zu den CH-Pässen Gotthard, Furka, Oberalp, Susten, P, info@hotel-altepost.ch, www.hotel-altepost.ch, ☎ **0041 (0) 41/885 11 31**, Fax 885 14 65.

16 CH-6484 **WASSEN** A 2 ab Ausfahrt 39 Wassen 500 m **Hotel-Restaurant Gerig** ★★ sehr freundlich und familiär, gepflegt, 24 B, DZ ab CHF 90,–, 3-Bett-Zi ab CHF 140,–, 4-Bett-Zi ab CHF 170,–, inkl. Frühstück, ruhige Zi, überwiegend Zi mit Du und WC, gepflegte Küche, Tellergerichte CHF 15,– bis 30,–, eigene Bäckerei, Gartenterrasse, G, P, info@hotel-gerig.ch, www.hotel-gerig.ch, ☎ **0041 (0) 41/885 12 35**, Fax 885 08 35.

7 Postillon Hotel-Restaurant-Bar, Buochs

8

Hotel-Restaurant-Bar
Rigiblick am See,
Buochs

71 Schattdorf, Gotthard Raststätte
siehe Seite 365

72 Buochs-Ennetbürgen siehe Route 500

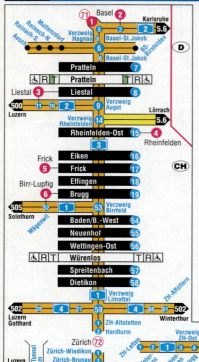

1 CH-4058 **BASEL**
A 2 ab Ausfahrt 2 Basel-Badischer Bahnhof 1 km
Dorint Hotel An der Messe Basel ★★★☆ 171 Zi, Zi ab CHF 111,–, Familien-Zi, Frühstücksbuffet CHF 26,– pro Person, alle Zi mit Du, WC, ☎, TV und WLAN, Lift, saisonale, regionale und internationale Küche, Tagungsräume, Lobby-Bar, P, Schönaustr. 10, @, www.dorint.com/basel, ☎ **0041 (0) 61/6 95 70 00**, Fax 6 95 71 00.

2 CH-4054 **BASEL**
A 2 ab Ausfahrten → Zentrum
Hotel Balegra ★★★ 39 B, EZ CHF 100,– bis 140,–, DZ CHF 170,– bis 210,–, inkl. Frühstück, alle Zi mit Du, WC, ☎, TV und WLAN, Lift, Restaurant, Terrasse, P, Reiterstr. 1, info@balegra.ch, ☎ **0041 (0) 61/3 06 76 76**, Fax 3 06 76 77.

3 CH-4410 **LIESTAL/BASEL**
A 2 ab Ausfahrten 8 Liestal ca. 4 km und 11 Sissach/Liestal ca. 7 km
Seiler's Hotel Radackerhof ★★★ 51 B, EZ ab CHF 89,–, DZ ab CHF 154,–, inkl. Frühstück, MwSt. und Taxen, alle Zi mit Bad oder Du, WC, ☎, TV, Radio und Minibar, Lift, ⬚, G, kostenfreier P, Rheinstraße 93, info@seilershotels.ch, www.radackerhof.ch, ☎ **0041 (0) 61/9 01 32 22**, Fax 9 01 33 32.

4 CH-4310 **RHEINFELDEN**
A 3 ab Ausfahrt 15 Rheinfelden-Ost
Hotel Schiff am Rhein ★★★ direkt am Rhein, in der historischen Altstadt gelegen, 80 B, EZ ab CHF 145,–, DZ ab CHF 195,–, 3-Bett-Zi ab CHF 260,–, inkl. Frühstücksbuffet, HP und VP möglich, alle Zi mit Bad/Du, WC, Fön, ☎, TV, WLAN und Minibar, Lift, verschiedene Restaurants, durchgehend warme und kalte Küche, Konferenz- oder Banketträume bis 200 Personen, Rheinterrasse, ⬚, ♿, P, Marktgasse 58, @, www.hotelschiff.ch, ☎ **0041 (0) 61/8 36 22 22**, Fax 8 36 22 00.

5 CH-5070 **FRICK**
A 3 ab Ausfahrt 17 Frick 1 km
Hotel Landgasthof Engel ★★★ 40 B, EZ CHF 108,– bis 128,–, DZ CHF 148,– bis 188,–, inkl. Frühstück, alle Zi mit Du, WC, ☎ und TV, Zusatz-Bett (Kinder gratis), exklusives Restaurant, gemütliche Gaststube, preiswerte Tellergerichte, warme Küche bis 23 Uhr, ⬚, ⬚, P, Restaurant 7 Tage geöffnet, Hauptstraße 101, @, www.engel-frick.ch, ☎ **0041 (0) 62/8 65 00 00**, Hotline **0041 (0) 79/3 02 95 77**, Fax 8 65 00 01.

6 CH-5242 **BIRR-LUPFIG**
A 3 ab Ausfahrt 19 Brugg/Birr 1,5 km
Hotel-Landgasthof Bären ★★★ ruhig gelegen, 52 B, EZ CHF 98,– bis 120,–, DZ CHF 180,–, inkl. Taxen, Zi mit Du, WC, ☎ und TV, gepflegte Spezialitätenküche, Sauna, Solarium, familienfreundlich, ⬚, großer P, @, www.baeren-birr.ch, ☎ **0041 (0) 56/4 64 01 01**, Fax 4 64 01 00.

7 CH-8872 **WEESEN**
A 3 ab Ausfahrt 45 Weesen 1 km
Parkhotel-Restaurant Schwert ★★★ ruhige Lage am See, 80 B, EZ CHF 115,– bis 160,–, DZ CHF 170,– bis 220,–, inkl. Frühstücksbuffet, Zi mit Bad, Du, WC, Fön, ☎, TV, WLAN, Minibar und Safe, internationale Küche, vegetarische Gerichte, Spezialität: Fisch, Konferenzräume für 40 bis 70 Personen, Banketträume bis 120 Personen, Gartenterrasse für 200 Personen, Wellnesskuren, ⬚, ♿, ⬚, ♿ -WC, P, Hauptstr. 23, @, www.ParkhotelSchwert.ch, ☎ **0041 (0) 55/6 16 14 74**, Fax 6 16 18 53.

8 CH-6405 **IMMENSEE**
A 4 ab Ausfahrt 36 Küssnacht/Immensee 1 km
Seehotel Rigi-Royal ★★★ absolut ruhige Lage am See, 70 B, EZ CHF 98,– bis 108,–, DZ CHF 196,– bis 216,–, inkl. Frühstücksbuffet, alle Zi mit Bad/Du, WC und Kabel-TV, bekannt gute Küche, Fischspezialitäten, große Seeterrasse, Strandbad für Hotelgäste gratis, Parkanlage, Räume von 10-150 Personen, Schiffsstation, Annahme von Euro, ⬚ Visa, Master-Card, American Express, ♿, ⬚, großer P, @, www.hotel-rigi.ch, ☎ **0041 (0) 41/8 50 31 31**, Fax 8 50 31 37.

5

Hotel Landgasthof Engel, Frick

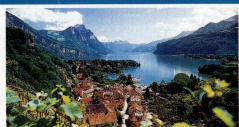

Parkhotel-Restaurant Schwert, Weesen

8 Seehotel Rigi-Royal, Immensee

6 Hotel-Landgasthof Bären, Birr-Lupfig

71 ZOO BASEL

Ab Ausfahrt Basel Süd/City 2 km, der Zoo ist ausgeschildert

Der weltberühmte Zoolo-gische Garten Basel bietet spannende Begegnungen mit Tieren aus allen Erd-teilen an 365 Tagen im Jahr. Erleben Sie: Das Familien-leben der Menschenaffen, hautnah die Tiere im Kinderzoo, die faszinierende Unterwasserwelt der Fische im Vivarium, das Aufwach-sen der Jungtiere in den zahlreichen Zuchtgruppen im prächtigen alten Park. **Öffnungszeiten** jeweils ab 8 Uhr, Ende je nach Jahreszeit zwischen 17.30 und 18.30 Uhr. **Eintrittspreise:** Erwachsene CHF 16,–, Jugendliche (16-25 Jahre) CHF 12,–, Kinder (6-16 Jahre) CHF 6,–. Montags gelten Sonderpreise.

Information und Prospekte:
Zoo Basel, Binningerstr. 40, CH-4011 Basel, zoo@zoobasel.ch, www.zoobasel.ch, ☎ **0041 (0) 61/29 53 5 35**, Fax 28 10 0 05.

72 Zürich siehe Route 505

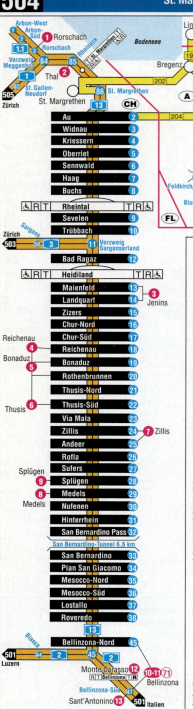

Arbon-West
Arbon-Süd
Rorschach
1.1
Rorschach
Verzweig
Meggenhus
84 85
1
Thal
83 St. Gallen-
Neudorf
505
Zürich
St. Margrethen
86 St. Margrethen
13 CH

Lindau
Memmingen
Bodensee
96.1 96 D
Hörbranz-Lochau
190
1 14
Bregenz
202
Bregenz
Lauterach-Wolfurt
Wolfurt-Lauterach
204
Dornbirn-N.
Dornbirn-S.
Hohenems
24 Hohenems
Altach/Götz.
Götzis
Klaus
Feldkirch-N/Rankweil
41
Feldkirch/Frastanz
Nenzing
Bludenz-Nüziders
Brandnertal
50 **14**
532
FL
Innsbruck

Au	2
Widnau	3
Kriessern	4
Oberriet	5
Sennwald	6
Haag	7
Buchs	8
Rheintal	
Sevelen	9
Trübbach	10

Zürich
Sargans
503 **50** **3** **11** Verzweig Sarganserland

Bad Ragaz	12
Heidiland	
Maienfeld	13
Landquart	14
Zizers	15
Chur-Nord	16
Chur-Süd	17

3 Jenins

Reichenau **4**
Bonaduz **5**

Reichenau	18
Bonaduz	19
Rothenbrunnen	20
Thusis-Nord	21
Thusis-Süd	22

Thusis **6**

Via Mala	23
Zillis	24
Andeer	25
Rofla	26
Sufers	27

7 Zillis

Splügen
9 Splügen 28
8 Medels 29
Medels
Nufenen 30
Hinterrhein 31
San Bernardino Pass 32

San Bernardino-Tunnel 6,6 km

San Bernardino	33
Pian San Giacomo	34
Mesocco-Nord	35
Mesocco-Süd	36
Lostallo	37
Roveredo	38

13
Biasca
Bellinzona-Nord 45
501 **44** **2** **45** **2**
Luzern
Monte Carasso **12** **10-11** **71**
Bellinzona
Bellinzona-Süd **47**
Sant'Antonino **13** **501** Italien

1 CH-9400 **RORSCHACH** A 1.1 ab Ausfahrt 3 ca. 3 km **Hotel Mozart** ★★★ 66 B, EZ CHF 110,– bis 135,–, DZ CHF 155,– bis 190,–, Suite/Appartement CHF 230,– bis 350,–, inkl. Frühstücksbuffet, alle Zi mit Bad/Du, WC, ☎, TV, Radio und Minibar, Lift, gute Küche, P, Hafenzentrum, @, www.mozart-rorschach.ch, ☎ 0041 (0) 71/8 44 47 47, Fax 8 44 47 48.

2 CH-9425 **THAL AM BODENSEE** A 1 ab Ausfahrt 85 Rheineck 400 m **Hotel-Landgasthof Schiff-Buriet** ★★★ 70 B, EZ CHF 98,– bis 130,–, DZ CHF 160,– bis 210,–, inkl. Frühstücksbuffet, alle Zi mit Bad/Du, WC, ☎, TV und WLAN, gute ausgezeichnete Frischmarkt-Bodenseeküche, 2 Restaurants, Fischer Bistro und Rötisserie Torggel, 2 große Terrassen, bekannt für seinen feinen Kuchen zur Kaffeezeit, Sauna, Solarium, ☂, großer P, Burietstr. 1, @, ☎ 0041 (0) 71/8 84 47 77, Fax 8 88 12 46.

3 CH-7307 **JENINS** A 13 ab Ausfahrten 13 Maienfeld oder 14 Landquart ca. 2,5 km **Gasthof zur Bündte** ★★★ mitten in den Reben, am schönsten Punkt der Bündner Herrschaft, ein ganz besonderer Rastplatz auf ihrer Reiseroute, 20 B, EZ CHF 80,–, DZ CHF 120,– bis 140,–. inkl. Frühstück, alle Zi mit Du und WC, gute bürgerliche Küche aus feiner Bündner Küche, saisonal ergänzt, hervorragende einheimische Weine, durchgehend warme Küche, gediegene Lokalitäten von 6 bis 120 Personen, herrliche Aussichtsterrassen, auch unter alten Ahornbäumen, direkt an der Veloroute 2 (Rheinroute), P, 7 Tage geöffnet, @, www.zurbuendte.ch, ☎ 0041/813021223, Fax 30 26 485.

4 CH-7015 **REICHENAU** A 13 ab Ausfahrten 18 oder 19 je 400 m **Schlosshotel Adler** ★★★ historisches Haus mit einmaliger Parkanlage, 32 B, EZ € 75,–, DZ € 125,–, 4-Bett-Familien-Zi € 170,–, inkl. Frühstück, alle Zi mit Bad/Du, WC und TV, Lift, schmucke Terrasse, Gaststube, Weine aus der Schlosskellerei, großer P, @, www.adlerreichenau.ch, ☎ 0041 (0) 81/641 1044, Fax 6 412 496.

5 CH-7402 **BONADUZ** A 13 ab Ausfahrten 19 ca. 500 m und 20 ca. 3 km **Hotel Alte Post** ★★★ traditionelles Haus, in 4. Familiengeneration, CH-Gilde-Betrieb, 30 B, EZ CHF 75,– bis 100,–, DZ CHF 160,– bis 200,–, Appartements, inkl. Frühstücksbuffet, Zi mit Du, WC, ☎ und TV, teils Etagen-Du, heimelige Lokalitäten, Bündner- und Wildspezialitäten, spezielle Rad- und Motorradangebote, G, P, www.altepost-bonaduz.ch, ☎ 0041 (0) 81/641 1218, Fax 6 412 932.

6 CH-7430 **THUSIS/VIA MALA** A 13 ab Ausfahrt 23 Via Mala ca. 1200 m **Hotel Weiß Kreuz** ★★★ 35 Zi, EZ CHF 87,– bis 108,–, DZ CHF 165,– bis 185,–, 3-Bett-Zi CHF 195,– bis 240,–, 4-Bett-Zi CHF 235,– bis 280,–, inkl. Frühstücksbuffet, Zi mit Du, WC, Fön, ☎, TV und Radio, Restaurant, Tagungsraum, Bankettsaal, Sonnenterrasse, Dachwintergarten, Sauna, Dampfbad, WLAN, ▤, ☂, großer P, Neudorfstr. 50, info@weisskreuz.ch, www.weisskreuz.ch, ☎ 0041 (0) 81/6 50 08 50, Fax 6 50 08 55.

7 CH-7432 **ZILLIS** A 13 ab Ausfahrt 24 Zillis/Andeer 500 m **Gasthaus Alte Post** ★★ traditionelles Gasthaus mitten im idyllischen Dorf Zillis (St. Martinskirche mit weltberühmter Kirchendecke), 18 B, EZ CHF 75,– bis CHF 130,– bis 170,–, Zi mit Du, WC und Radio, günstige Zi mit fließend Wasser, heimelige Gaststube, gutbürgerliche Küche mit regionalen Spezialitäten, WLAN, ▤, ☂, P, @, www.alte-post.ch, ☎ 0041 (0) 81/661 1235, Fax 6 611 042.

8 CH-7436 **MEDELS** A 13 ab Ausfahrt 29 Medels 100 m **Hotel Walserhof** ★★★ 23 B, EZ CHF 80,–, DZ CHF 130,–, inkl. Frühstück, alle Zi mit Bad/Du, WC, ☎ und TV, P, ☎ 0041 (0) 81/6 44 16 12, Fax 6 64 16 21.

9 CH-7435 **SPLÜGEN** A 13 ab Ausfahrt 28 Splügen 300 m **Posthotel Bodenhaus** ★★★ 73 B, EZ CHF 99,–, DZ CHF 178,–, inkl. Frühstücksbuffet, alle Zi mit Bad/Du, WC, ☎, TV und Radio, Lift, 3 Restaurants, Seminarräume, Bankettsaal bis 100 Personen, Weinkeller, Terrasse, Hallenbad, Sauna, ▤, ☶, ☂, G, @, www.hotel-bodenhaus.ch, ☎ 0041 (0) 81/6 50 90 90, Fax 6 50 90 99.

7

**Gasthaus
Alte Post,
Zillis**

⑩ CH-6501 BELLINZONA
A 2 ab Ausfahrt 45 Verzweig Bellinzona-Nord 7 km und 47 Bellinzona-Süd 4 km
Hotel Unione ★★★ 67 B, EZ CHF 150,– bis 190,–, DZ CHF 220,– bis 240,–, inkl. Frühstücksbuffet, alle Zi mit Du, WC, Fön, ☎, TV, Minibar und Klimaanlage, gutbürgerliche und internationale Küche, Gartenrestaurant, 🍽, großer P (nicht privat), Via G. Guisan 1, @, www.hotel-unione.ch, ☎ 0041 (0) 91/825 55 77, Fax 825 94 60.

⑪ CH-6500 BELLINZONA
A 2 ab Ausfahrten 45 Bellinzona-Nord 7 km und 47 Bellinzona-Süd 4 km
Hotel garni Internazionale ★★★ 40 B, EZ CHF 110,– bis 130,–, DZ CHF 140,– bis 180,–, inkl. Frühstück, alle Zi mit Du, WC, ☎ und TV, Lift, Pizzeria, Straßencafé, Konferenzraum, P, Bahnhofsplatz 35, www.hotel-internazionale.ch, ☎ 0041 (0) 91/825 43 33.

⑫ CH-6513 MONTE CARASSO
A 2 ab Ausfahrt Raststätte Bellinzona-Süd
Mövenpick Hotel Benjaminn ★★★ ruhige Lage trotz Autobahnnähe, direkter Blick auf die Berge, 109 B, EZ CHF 119,– bis 179,–, DZ CHF 168,– bis 228,–, Frühstücksbuffet CHF 15,50, Kinder bis 16 Jahre gratis im Zi der Eltern, helle und geräumige Zi mit Du, WC, ☎, TV, WLAN, Minibar und Wasserkocher, 🖥, 🍴, ♿, Autostrada A 2, www.hotel-benjaminn.com, ☎ 0041 (0) 91/857 01 71, Fax 857 76 35.

⑬ CH-6592 SANT'ANTONINO
A 2 ab Ausfahrt 47 Locarno 1 km
Hotel La Perla ★★★ 60 B, EZ CHF 128,–, DZ CHF 178,–, 3-Bett-Zi CHF 220,–, 4-Bett-Zi CHF 240,–, inkl. Frühstück, alle Zi renoviert mit Bad/Du, WC, ☎, TV, Laptop mit Internetanschluss, Radio und Klimaanlage, Lift, Restaurant mit Bar, Pool, 15 Minuten vom See entfernt, 🚗, @, www.hotelperla.ch, ☎ 0041 (0) 91/850 29 50, Fax 850 29 80.

❷

Hotel-Landgasthof Schiff-Buriet, Thal

⑬

Motel La Perla, Sant' Antonio

㉑ BELLINZONA

3 Burgen, 3 Museen: Burg Castelgrande (Historisch-archäologisches Museum, Kunsthistorisches Museum), Burg Montebello (Archäologisches Museum, Städtisches Museum), Burg Sasso Carbaro (Tessiner Museum der Volkskünste). Die Wehranlage von Bellinzona gehört zu den bedeutendsten Zeugen der mittelalterlichen Befestigungsbaukunst in der Schweiz. Im 15. Jahrhundert ist unter den Herzögen von Mailand eine mächtige, das ganze Tal abschließende Festung entstanden. Mit ihren Mauern und Toren löst diese imposante Befestigungsanlage noch heute beim Betrachter Erstaunen aus. Kanu-Spaß für Jung und Alt auf dem Ticino-Fluss. Jeden Samstag Vormittag Markt in der Altstadt.

Burg Castelgrande

Information und Prospekte:
Bellinzona Turismo e Eventi, Palazzo Civico, Casella Postale 1419, CH-6500 Bellinzona, info@bellinzonaturismo.ch, www.bellinzonaturismo.ch, ☎ 0041 (0) 91/825 21 31, Fax 821 41 20.

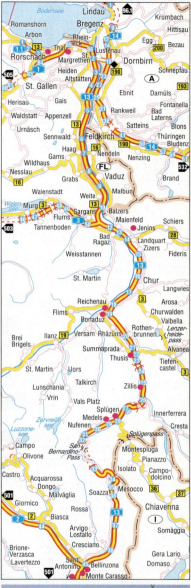

❺ Hotel Alte Post, Bonaduz

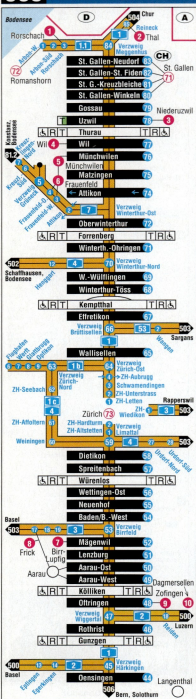

1 CH-9400 **RORSCHACH** A 1.1 ab Ausfahrt 3 Rorschach ca. 3 km
Hotel Mozart ★★★ 66 B, EZ CHF 110,– bis 135,–, DZ CHF 155,– bis 190,–, Suite/Appartement CHF 230,– bis 350,–, inkl. Frühstücksbuffet, alle Zi mit Bad/Du, WC, ☎, TV, Radio und Minibar, Lift, gute Küche, P, Hafenzentrum, @, www.mozart-rorschach.ch, ☎ 0041 (0) 71/8 44 47 47, Fax 8 44 47 48.

2 CH-9425 **THAL AM BODENSEE** A 1 ab Ausfahrt 85 Rheineck 400 m
Hotel-Landgasthof Schiff-Buriet ★★★ 70 B, EZ CHF 98,– bis 130,–, DZ CHF 160,– bis 210,–, inkl. Frühstücksbuffet, alle Zi mit Bad/Du, WC, ☎, TV und WLAN, gute ausgezeichnete Frischmarkt-Bodenseeküche, 2 Restaurants, Fischer Bistro und Rôtisserie Torggel, 2 große Terrassen, bekannt für seinen feinen Kuchen zur Kaffeezeit, Sauna, Solarium, ⛟, großer P, Burietstr. 1, @, www.schiff-buriet.ch, ☎ 0041 (0) 71/8 88 47 77, Fax 8 88 12 46.

3 CH-9244 **NIEDERUZWIL** A 1 ab Ausfahrt 78 Uzwil 800 m
Hotel Ochsen ★★★⚓ 15 Zi, EZ ab CHF 115,–, DZ ab CHF 165,–, Suite CHF 200,–, Nichtraucher-Zi, inkl. Frühstücksbuffet, alle Zi mit Bad/Du, WC, Fön, TV, WLAN und Minibar, Lift, traditionelle und Gourmet-Küche bis 23.30 Uhr, Räume bis 100 Personen, Bar, Seminarräume, Terrasse, P, Bahnhofstraße 126, @, www.ochsen-niederuzwil.ch, ☎ 0041 (0) 71/9 55 40 40, Fax 9 55 40 41.

4 CH-9500 **WIL** A 1 ab Ausfahrt 77 Wil ca. 1200 m
Hotel Ochsen ★★ 38 B, EZ CHF 55,– bis 95,–, DZ CHF 98,– bis 140,–, inkl. Frühstück, alle Zi mit Bad/Du, WC, ☎, TV und Radio, Lift, gutbürgerliche Küche, Fitnessraum, Internetanschluss, ⛟, ♿, P, Grabenstr. 7, @, ☎ 0041 (0) 71/9 11 48 48, Fax 9 11 83 41.

5 CH-9542 **MÜNCHWILEN** A 1 ab Ausfahrt 76 Münchwilen 1200 m
Hotel Münchwilen ★★★★ 112 B, EZ CHF 125,– bis 145,–, DZ CHF 165,– bis 185,–, Suiten, inkl. Frühstücksbuffet und Garage, alle Zi mit Du, WC, ☎, TV, HotSpot, ⛟, Tief-G, Bus-P, Schmiedstr. 5, @, www.hotel-muenchwilen.ch, ☎ 0041 (0) 71/9 69 31 31, Fax 9 69 31 32.

6 CH-8500 **FRAUENFELD** A 1 ab Ausfahrt 75 Matzingen 8 km
Brauhaus Sternen ✕ Gastronomie in historischen Räumen mit 250 Plätzen, Erlebnisbrauerei mit Bierweg, eigene Biere, Backofengericht, Teig-Taschen, Weißwurst, Bretz'n inkl. Bier und vieles mehr ab € 10,–, ⛟, Bus-P im Hof oder am Bahnhof (250 m), 360 Tage geöffnet, Zürcherstr. 218, @, www.brauhaus.ch, ☎ 0041 (0) 52/7 28 99 09, Fax 7 28 99 08.

7 CH-5242 **BIRR-LUPFIG** A 3 ab Ausfahrt 19 Brugg/Birr 1,5 km
Hotel-Landgasthof Bären ★★★ ruhig gelegen, 52 B, EZ CHF 98,– bis 120,–, DZ CHF 180,–, inkl. Frühstücksbuffet, inkl. Taxen, Zi mit Du, WC, ☎ und TV, gepflegte Spezialitätenküche, Sauna, Solarium, familienfreundlich, ⛟, großer P, @, www.baeren-birr.ch, ☎ 0041 (0) 56/4 64 01 01, Fax 4 64 01 00.

8 CH-5070 **FRICK** A 3 ab Ausfahrt 17 Frick 1 km
Hotel Landgasthof Engel ★★★ 40 B, EZ CHF 108,– bis 128,–, DZ CHF 148,– bis 188,–, inkl. Frühstück, alle Zi mit Du, WC, ☎ und TV, Zusatz-Bett (Kinder gratis), exklusives Restaurant, gemütliche Gaststube, preiswerte Tellergerichte, warme Küche bis 23 Uhr, ⛟, ⛟, P, Restaurant 7 Tage geöffnet, Hauptstraße 101, @, www.engel-frick.ch, ☎ 0041 (0) 62/8 65 00 00, Hotline 0041 (0) 79/3 02 95 77, Fax 8 65 00 01 (Bild siehe Route 503).

9 CH-4800 **ZOFINGEN**
A 1 ab Ausfahrt 48 Oftringen 3 km und A 2 Ausfahrt 18 Reiden 4 km
Hotel Engel ★★★ 43 Zi, EZ CHF 130,– bis 155,–, DZ CHF 195,– bis 225,–, Familien-Zi bis 5 Personen, inkl. Frühstücksbuffet, alle Zi mit Bad/Du, WC, ☎, TV und WLAN, Lift, P, Engelgasse 4, @, www.engel-zofingen.ch, ☎ 0041 (0) 62/7 46 26 00, Fax 7 51 99 66.

10 CH-6252 **DAGMERSELLEN** A 2 ab Ausfahrt 19 Dagmersellen 1 km
Hotel-Restaurant Löwen ★★★ 30 B, EZ CHF 90,– DZ CHF 140,–, inkl. Frühstück, alle Zi mit Du, WC, ☎ und TV, gepflegte Küche, verschiedene Restaurationsräume bis 180 Personen, große Sonnenterrasse, 365 Tage im Jahr geöffnet, Bar, ⛟, großer P, Baselstr. 10, @, www.loewen-dagmersellen.ch, ☎ 0041 (0) 62/7 56 18 55, Fax 7 56 50 55.

7 Hotel-Landgasthof Bären, Birr-Lupfig

Brauhaus Sternen, Frauenfeld

Hotel Münchwilen, Münchwilen

⑦¹ ST. GALLEN

Ausflugsstadt zwischen Bodensee und Säntis. Kultur- und Handelszentrum mit autofreien Einkaufsstraßen. Sehenswerte Altstadt, Barockkathedrale, weltberühmte Stiftsbibliothek (siehe Bild), vielseitige Museen, Botanischer Garten, Wildpark Peter und Paul, moderne Hochschule, Stadttheater. Gepflegte Hotels, Restaurants und Cafés, Unterhaltung, Schwimmbäder, Hallenschwimmbäder, Tennis, Minigolf etc.

Information und Prospekte: Tourist Information, Bahnhofplatz 1a, CH-9001 St. Gallen, info@st.gallen-bodensee.ch, www.st.gallen-bodensee.ch, ☎ **0041(0)71/2273737**, Fax 2273767.

⑦² ROMANSHORN

Ein bedeutender Verkehrsknotenpunkt der Schweiz mit 9600 Einwohnern. Die ideale Verkehrslage, das milde Klima und die große Auswahl an Freizeitmöglichkeiten echtfertigen die Bezeichnung Ferienparadies. Prächtig angelegte Quaianlagen mit einem wunderschönen Park, das

Romanshorner Hafen

attraktive Schwimmbad direkt am See, der größte Hafen am Schweizer Ufer des Bodensees mit zwei großzügigen Yachthäfen sind der Stolz der Seegemeinde, die den ländlichen Charakter trotz allen Erfordernissen des internationalen Tourismus beibehalten hat. Stündliche Verbindungen mit der Reise- und Autofähre zwischen Friedrichshafen und Romanshorn.

Information und Prospekte: Tourist Information, Im Bahnhof, CH-8590 Romanshorn, touristik@romanshorn.ch, www.romanshorn.ch, ☎ **0041(0)71/4633232**, Fax 4611980.

⑦³ ZÜRICH

Zürich, Hauptstadt des gleichnamigen Kantons und größte Stadt der Schweiz, liegt überaus reizvoll an der Nordwestspitze des Zürichsees. Moderne Vororte erstrecken sich über die Hänge des Seeufers, eine malerische Altstadt mit

engen Gassen säumt die Ufer der Limmat, die hier dem See entströmt. Wahrzeichen der Stadt ist das Großmünster mit seinen weithin sichtbaren Doppeltürmen - der größte romanische Kirchenbau der Schweiz. Zürich ist der wichtigste Bank-, Versicherungs- und Handelsplatz des Landes und mit dem Großflughafen Kloten ein wichtiger Knotenpunkt des internationalen Luftverkehrs.

Information und Prospekte: Zürich Tourismus, Im Hauptbahnhof, CH-8023 Zürich, information@zuerich.com, www.zuerich.com, ☎ **0041(0)44/2154000**, Fax 2154080.

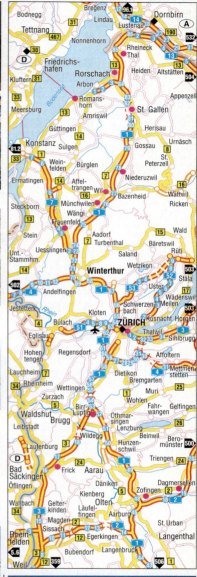

❷ **Hotel-Landgasthof Schiff-Buriet, Thal**

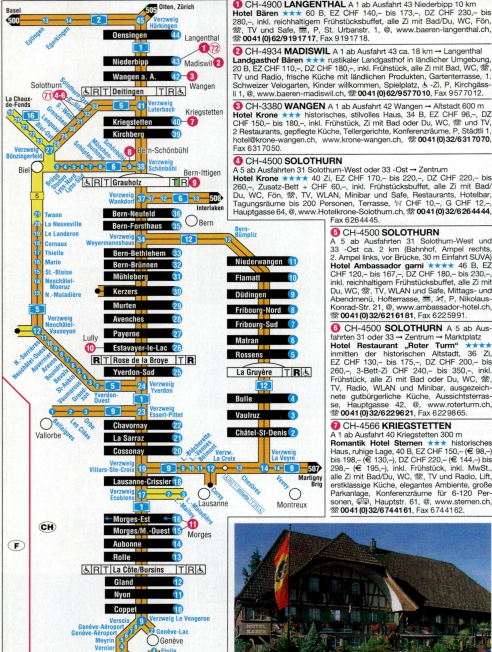

❶ CH-4900 LANGENTHAL A 1 ab Ausfahrt 43 Niederbipp 10 km
Hotel Bären ★★★ 60 B, EZ CHF 140,– bis 173,–, DZ CHF 230,– bis 280,–, inkl. reichhaltigem Frühstücksbuffet, alle Zi mit Bad/Du, WC, Fön, ☏, TV und Safe, ▤, P, St. Urbanstr. 1, @, www.baeren-langenthal.ch, ☏ 0041(0)62/9191717, Fax 9191718.

❷ CH-4934 MADISWIL A 1 ab Ausfahrt 43 ca. 18 km → Langenthal
Landgasthof Bären ★★★ rustikaler Landgasthof in ländlicher Umgebung, 20 B, EZ CHF 110,–, DZ CHF 180,–, inkl. Frühstück, alle Zi mit Bad, WC, ☏, TV und Radio, frische Küche mit ländlichen Produkten, Gartenterrasse, 1. Schweizer Velogarten, Kinder willkommen, Spielplatz, ⌔ -Zi, P, Kirchgässli 1, @, www.baeren-madiswil.ch, ☏ 0041(0)62/9577010, Fax 9577012.

❸ CH-3380 WANGEN A 1 ab Ausfahrt 42 Wangen → Altstadt 600 m
Hotel Krone ★★★ historisches, stilvolles Haus, 34 B, EZ CHF 96,–, DZ CHF 150,– bis 180,–, inkl. Frühstück, Zi mit Bad oder Du, WC, ☏ und TV, 2 Restaurants, gepflegte Küche, Tellergerichte, Konferenzräume, P, Städtli 1, hotel@krone-wangen.ch, www.krone-wangen.ch, ☏ 0041(0)32/6317070, Fax 6317050.

❹ CH-4500 SOLOTHURN
A 5 ab Ausfahrten 31 Solothurn-West oder 33 -Ost → Zentrum
Hotel Krone ★★★★ 40 Zi, EZ CHF 170,– bis 220,–, DZ CHF 220,– bis 260,–, Zusatz-Bett + CHF 60,–, inkl. Frühstücksbuffet, alle Zi mit Bad/ Du, WC, Fön, ☏, TV, WLAN, Minibar und Safe, Restaurants, Hotelbar, Tagungsräume bis 200 Personen, Terrasse, ⛲ CHF 10,–, G CHF 12,–, Hauptgasse 64, @, www.Hotelkrone-Solothurn.ch, ☏ 0041(0)32/6264444, Fax 6264445.

❺ CH-4500 SOLOTHURN
A 5 ab Ausfahrten 31 Solothurn-West und 33 -Ost ca. 2 km (Bahnhof, Ampel rechts, 2. Ampel links, vor Brücke, 30 m Einfahrt SUVA)
Hotel Ambassador garni ★★★★ 46 B, EZ CHF 120,– bis 167,–, DZ CHF 180,– bis 230,–, inkl. reichhaltigem Frühstücksbuffet, alle Zi mit Du, WC, ☏, TV, WLAN und Safe, Mittags- und Abendmenü, Hofterrasse, ▤, ⌖, P, Nikolaus-Konrad-Str. 21, @, www.ambassador-hotel.ch, ☏ 0041(0)32/6216181, Fax 6225991.

❻ CH-4500 SOLOTHURN A 5 ab Ausfahrten 31 oder 33 → Zentrum → Marktplatz
Hotel Restaurant „Roter Turm" ★★★★ inmitten der historischen Altstadt, 36 Zi, EZ CHF 130,– bis 170,–, DZ CHF 200,– bis 260,–, 3-Bett-Zi CHF 240,– bis 350,–, inkl. Frühstück, alle Zi mit Bad oder Du, WC, ☏, TV, Radio, WLAN und Minibar, ausgezeichnete gutbürgerliche Küche, Aussichtsterrasse, Hauptgasse 42, @, www.roterturm.ch, ☏ 0041(0)32/6229621, Fax 6229865.

❼ CH-4566 KRIEGSTETTEN
A 1 ab Ausfahrt 40 Kriegstetten 300 m
Romantik Hotel Sternen ★★★ historisches Haus, ruhige Lage, 40 B, EZ CHF 150,– (€ 98,–) bis 198,– (€ 130,–), DZ CHF 220,– (€ 144,–) bis 298,– (€ 195,–), inkl. Frühstück, inkl. MwSt., alle Zi mit Bad/Du, WC, ☏, TV und Radio, Lift, erstklassige Küche, elegantes Ambiente, große Parkanlage, Konferenzräume für 6-120 Personen, 🚌, Hauptstr. 61, @, www.sternen.ch, ☏ 0041(0)32/6744161, Fax 6744162.

❷ Landgasthof Bären, Madiswil

8 CH-3332 **BERN-SCHÖNBÜHL**

A 6 ab Ausfahrt 9 Schönbühl 800 m
Landgasthof Schönbühl ★★★ Nichtraucherhotel, 18 B, EZ CHF 105,–
bis 125,–, DZ CHF 180,– bis 195,–, inkl. Frühstücksbuffet, alle Zi renoviert mit Du, WC, ☏ und TV, Lift, sehr gute Küche, stilvolle Gasträume,
lauschiges Gärtli, P, Alte Bernstr. 11, @, www.gasthof-schoenbuehl.ch,
☏ 0041 (0)31/8596969, Fax 8596905.

9 CH-3063 **BERN-ITTIGEN** A 1 ab Ausfahrt Raststätte Grauholz
Best Western Hotel und Restaurant Grauholz ★★★ 124 B, EZ CHF
140,–, DZ CHF 190,–, 3-Bett-Zi CHF 225,–, inkl. Frühstück, Kinder bis
12 Jahren im Zi der Eltern gratis, alle Zi mit Du, WC, ☏, TV, DSL und
Klimaanlage, ideal zum Ausspannen (Jogging, Bike), ⌂, gratis P direkt
am Wald, Empfang rund um die Uhr, @, www.bestwestern-grauholz.ch,
☏ 0041 (0)31/9151212, Fax 9151213 **(siehe auch Route 508)**.

10 CH-1470 **LULLY** A 1 ab Ausfahrt 26 → Rose de la Broye
Hotel Park Inn ★★★★ mit viel Komfort und Blick ins Grüne, 80 Zi, EZ
CHF 140,–, DZ CHF 160,–, Frühstücksbuffet CHF 15,–, Spezialpreise
für Bus- und LKW-Fahrer, alle Zi mit Bad/Du, WC, ☏, Sat-TV, Radio,
Internet-Anschluss und Klimaanlage, Lift, bei der Raststätte: 2 Restaurants, Kiosk, Lebensmittelmarkt, Käseladen, Informationsstand und Tankstelle mit Shop (24 Stunden geöffnet), P, Restoroute Rose de la Broye,
@, www.lully01.ch, ☏ 0041 (0)26/6648686 (Hotel) + 6640470 (Autogrill),
Fax 6648687.

11 CH-1110 **MORGES**

A 1 ab Ausfahrt 15 ca. 800 m → Centrum → Uferstraße
Romantik Hotel Mont-Blanc au Lac ★★★★ am Seeufer, 45 renovierte
Zi, EZ CHF 170,– bis 250,–, DZ CHF 250,– bis 320,–, 3-Bett-Zi möglich,
Juniorsuite CHF 380,–, inkl. Frühstücksbuffet, Zi mit Bad oder Du, WC,
☏, Radio und TV, klimatisiert, Lift, 2 Restaurants, frische und saisona-
le Küche, Bar, Seeterrasse, Kindermenü, ⌂, Quai du Mont-Blanc, @,
www.hotel-mont-blanc.ch, ☏ 0041 (0)21/8048787, Fax 8015122 **(Bild
siehe Route 507)**.

71 **SOLOTHURN** – Schönste Barockstadt der Schweiz

mit gepflegten Hotels, aus-
gezeichneten Restaurants
und attraktiven Einkaufs-
möglichkeiten. Solothurn war
Residenz der französischen
Ambassadoren.
Sehenswürdigkeiten:
St. Ursen-Kathedrale **(siehe
Bild)** mit Domschatz, Jesu-
itenkirche, Altes Zeughaus
mit der zweitgrößten Waffen-
sammlung Europas, Rathaus,
Landhaus, Schanzen, Figu-
renbrunnen, Krummer Turm,
Bieltor, Baseltor, Kunst-
museum, Museum Blumen-
stein, Naturmusum, Museum
Schloss Waldegg, Kultur-
Events, 600 km Radwan-
derwege in der Region, Golf,
Wandern, Campingplatz.

Information und Prospekte: Region Solothurn Tourismus,
Hauptgasse 69, CH-4500 Solothurn, info@solothurn-city.ch,
www.solothurn-city.ch, ☏ 0041 (0)32/6264646, Fax 6264647.

72 **Oberaargau siehe Route 500**

10 Hotel Park Inn, Lully

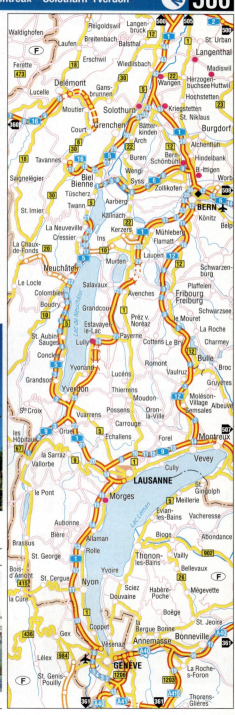

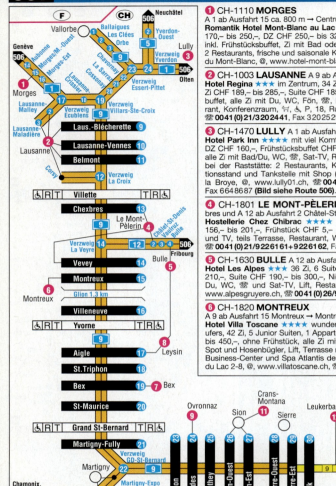

❶ CH-1110 MORGES

A 1 ab Ausfahrt 15 ca. 800 m → Centrum → Uferstraße

Romantik Hotel Mont-Blanc au Lac ★★★★ am Seeufer, 45 renovierte Zi, EZ CHF 170,– bis 250,–, DZ CHF 250,– bis 320,–, 3-Bett-Zi möglich, Juniorsuite CHF 380,–, inkl. Frühstücksbuffet, Zi mit Bad oder Du, WC, ☏, Radio und TV, klimatisiert, Lift, 2 Restaurants, frische und saisonale Küche, Bar, Seeterrasse, Kindermenü, 🖥, Quai du Mont-Blanc, @, www.hotel-mont-blanc.ch, ☎ 0041 (0)21/8048787, Fax 8015122.

❷ CH-1003 LAUSANNE A 9 ab Ausfahrt 10 Lausanne-Vennes ca. 3 km

Hotel Regina ★★★ im Zentrum, 34 Zi, EZ CHF 128,–, DZ ab CHF 168,–, 3-Bett-Zi CHF 189,– bis 285,–, Suite CHF 185,– bis 350,–, Nichtraucher-Zi, inkl. Frühstücksbuffet, alle Zi mit Du, WC, Fön, ☏, Kabel-TV, Internet, Minibar und Safe, Restaurant, Konferenzraum, 🖥, &, P, 18, Rue Grand Saint-Jean, @, www.hotel-regina.ch, ☎ 0041 (0)21/3202441, Fax 3202529.

❸ CH-1470 LULLY A 1 ab Ausfahrt 26 → Rose de la Broye

Hotel Park Inn ★★★★ mit viel Komfort und Blick ins Grüne, 80 Zi, EZ CHF 140,–, DZ CHF 160,–, Frühstücksbuffet CHF 15,–, Spezialpreise für Bus- und LKW-Fahrer, alle Zi mit Bad/Du, WC, ☏, Sat-TV, Radio, Internet-Anschluss und Klimaanlage, Lift, bei der Raststätte: 2 Restaurants, Kiosk, Lebensmittelmarkt, Käseladen, Informationsstand und Tankstelle mit Shop (24 Stunden geöffnet), P, Restoroute Rose de la Broye, @, www.lully01.ch, ☎ 0041 (0)26/6648686 (Hotel) + 6640470 (Autogrill), Fax 6648687 **(Bild siehe Route 506)**.

❹ CH-1801 LE MONT-PÈLERIN A 9 ab Ausfahrten 14 Vevey und 13 Chexbres und A 12 ab Ausfahrt 2 Châtel-St-Denis

Hostellerie Chez Chibrac ★★★★ 14 Zi, , EZ CHF 123,– bis 163,–, DZ CHF 156,– bis 201,–, Frühstück CHF 5,– pro Person, alle Zi mit Bad oder Du, WC, ☏ und TV, teils Terrasse, Restaurant, Weinkarte, 🖥 (€ 5,–), P, www.chezchibrac.ch, ☎ 0041 (0)21/9226161+9226162, Fax 9229388.

❺ CH-1630 BULLE A 12 ab Ausfahrt 4 → centre ville ca. 5 km

Hotel Les Alpes ★★★ 36 Zi, 6 Suiten, EZ CHF 97,– bis 150,–, DZ CHF 160,– bis 210,–, Suite CHF 190,– bis 300,–, Nichtraucher-Zi, inkl. Frühstück, alle Zi mit Bad/Du, WC, ☏ und Sat-TV, Lift, Restaurant, Bar, 🖥, P, 3, rue Nicolas Glasson, @, www.alpesgruyere.ch, ☎ 0041 (0)26/9194747, Fax 9194749.

❻ CH-1820 MONTREUX

A 9 ab Ausfahrt 15 Montreux → Montreux, am Seeufer → Martigny 2 km

Hotel Villa Toscane ★★★★ wunderschöne Altbauvilla direkt gegenüber des Seeufers, 42 Zi, 5 Junior Suiten, 1 Appartement, EZ CHF 155,– bis 255,–, DZ CHF 220,– bis 450,–, ohne Frühstück, alle Zi mit Bad/Du, WC, ☏, Sat-TV, Minibar, Safe, Hot Spot und Hosenbügler, Lift, Terrasse mit Blick auf den See, kostenloser Zugang zum Business-Center und Spa Atlantis des Royal Plaza Montreux, Küche, 🖥, G, P, Rue du Lac 2-8, @, www.villatoscane.ch, ☎ 0041 (0)21/9668888, Fax 9668800.

❶ Romantik Hotel Mont-Blanc au Lac, Morges

Hotel Villa Toscane, Montreux

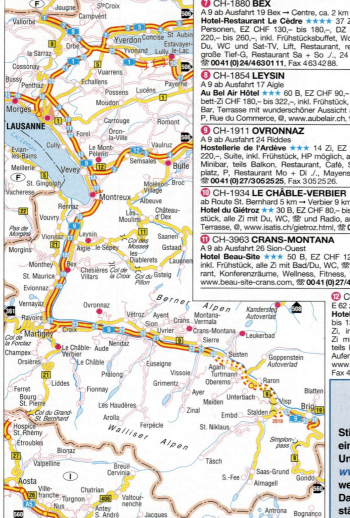

7 CH-1880 **BEX**
A 9 ab Ausfahrt 19 Bex → Centre, ca. 2 km
Hotel-Restaurant Le Cèdre ★★★★ 37 Zi, 3 Junior Suiten, 3 Wohnungen für 4-6 Personen, EZ CHF 130,– bis 180,–, DZ CHF 160,– bis 220,–, Junior Suite CHF 220,– bis 260,–, inkl. Frühstücksbuffet, Wohnung CHF 220,– bis 320,–, Zi mit Bad/Du, WC und Sat-TV, Lift, Restaurant, regionale Spezialitäten, Bar, WLAN, 🅿, große Tief-G, Restaurant Sa + So ./., 24 Av. de la Gare, @, www.hotel-cedre.ch, ☎ 0041 (0) 24/463 01 11, Fax 463 42 88.

8 CH-1854 **LEYSIN**
A 9 ab Ausfahrt 17 Aigle
Au Bel Air Hôtel ★★★ 60 B, EZ CHF 90,– bis 100,–, DZ CHF 160,– bis 170,–, Mehrbett-Zi 180,– bis 322,–, inkl. Frühstück, alle Zi mit Bad/Du, WC und TV, Gaststube, Bar, Terrasse mit wunderschöner Aussicht auf die Alpen, Ski- und Fahrradraum, 🅿, P, Rue du Commerce, @, www.aubelair.ch, ☎ 0041 (0) 24/494 13 39, Fax 494 13 69.

9 CH-1911 **OVRONNAZ**
A 9 ab Ausfahrt 24 Riddes
Hostellerie de l'Ardève ★★★ 14 Zi, EZ CHF 100,– bis 140,–, DZ CHF 140,– bis 220,–, Suite, inkl. Frühstück, HP möglich, alle Zi mit Du, WC, ☎, Kabel-TV, WiFi und Minibar, teils Balkon, Restaurant, Café, Seminarräume, Panoramaterrasse, Spielplatz, P, Restaurant Mo + Di ./., Mayens-de-Chamoson, @, www.hotelardeve.ch, ☎ 0041 (0) 27/305 25 25, Fax 305 25 26.

10 CH-1934 **LE CHÂBLE-VERBIER**
ab Route St. Bernhard 5 km → Verbier 9 km
Hotel du Giétroz ★★ 30 B, EZ CHF 80,– bis 100,–, DZ CHF 120,– bis 160,–, inkl. Frühstück, alle Zi mit Bad/Du, WC, ☎ und Radio, auf Wunsch TV, Restaurant, Tagesgerichte, Terrasse, @, www.isatis.ch/gietroz.html, ☎ 0041 (0) 27/776 11 84, Fax 776 11 85.

11 CH-3963 **CRANS-MONTANA**
A 9 ab Ausfahrt 26 Sion-Ouest
Hotel Beau-Site ★★★ 50 B, EZ CHF 120,– bis 200,–, DZ CHF 200,– bis 350,–, inkl. Frühstück, alle Zi mit Bad/Du, WC, ☎, Sat-TV und Radio, teils Balkon, Restaurant, Konferenzräume, Wellness, Fitness, 🍴, P, Route de Fleurs-des-Champs, @, www.beau-site-crans.com, ☎ 0041 (0) 27/481 33 12, Fax 481 43 84.

12 CH-3954 **LEUKERBAD**
E 62 zwischen Sierre 15 km und Brig
Hotel Walliserhof ★★★ 40 B, EZ CHF 80,– bis 132,–, DZ CHF 156,– bis 228,–, Familien-Zi, inkl. Frühstücksbuffet, HP möglich, alle Zi mit Bad/Du, WC, TV, Minibar und Safe, teils Balkon, ☎ auf Wunsch, Konferenzraum, Aufenthaltsraum, Internet, Rathausstr. 38, @, www.walliserhof.ch, ☎ 0041 (0) 27/472 79 60, Fax 472 79 65.

Stimmt die Telefonnummer eines Hotels nicht?
Unter *www.autobahn-guide.com* werden alle wichtigen Daten unserer Häuser ständig aktualisiert.

71 AUTOVERLAD LÖTSCHBERG
Basel-Kandersteg
Der kürzere und günstigere Weg zu ihrem Ziel im Wallis oder zur Weiterfahrt nach Italien.

Kandersteg-Goppenstein von 5.10 Uhr, 6.10 Uhr, dann alle 30 Minuten bis 23.10 Uhr, letzter Zug 24 Uhr, zusätzliche Züge an Wochenenden und im Sommer.

Information, Fahrpläne und Fahrkarten:
erhalten Sie beim ADAC zum Wechselkurs 1:1 oder bei der BLS AG, Genfergasse 11, CH-3001 Bern, autoverlad@bls.ch, www.bls.ch, ☎ 0041 (0) 31/327 27 27, Fax 327 30 30.

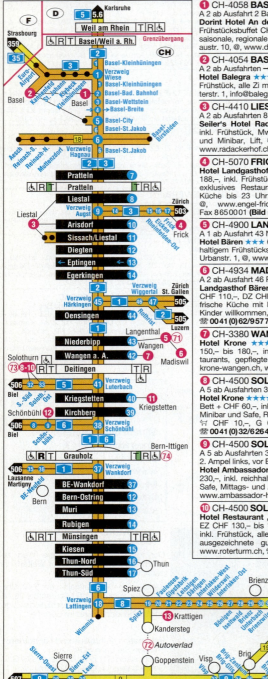

1 CH-4058 **BASEL**
A 2 ab Ausfahrt 2 Basel-Badischer Bahnhof 1 km
Dorint Hotel An der Messe Basel ★★★☆ 171 Zi, Zi ab CHF 111,–, Familien-Zi, Frühstücksbuffet CHF 26,– pro Person, alle Zi mit Du, WC, ☎, TV und WLAN, Lift, saisonale, regionale und internationale Küche, Tagungsräume, Lobby-Bar, P, Schönaustr. 10, @, www.dorint.com/basel, ☎ **0041 (0)61/6957000**, Fax 6957100.

2 CH-4054 **BASEL**
A 2 ab Ausfahrten → Zentrum
Hotel Balegra ★★★ 39 B, EZ CHF 100,– bis 140,–, DZ CHF 170,– bis 210,–, inkl. Frühstück, alle Zi mit Du, WC, ☎, TV und WLAN, Lift, Restaurant, Terrasse, P, Reiterstr. 1, info@balegra.ch, www.balegra.ch, ☎ **0041 (0)61/3067676**, Fax 3067677.

3 CH-4410 **LIESTAL/BASEL**
A 2 ab Ausfahrten 8 Liestal ca. 4 km und 11 Sissach/Liestal ca. 7 km
Seiler's Hotel Radackerhof ★★★ 51 B, EZ ab CHF 89,–, DZ ab CHF 154,–, inkl. Frühstück, MwSt. und Taxen, alle Zi mit Bad oder Du, WC, ☎, TV, Radio und Minibar, Lift, 🍴, G, kostenfreier P, Rheinstraße 93, info@seilershotels.ch, www.radackerhof.ch, ☎ **0041 (0)61/9013232**, Fax 9013332.

4 CH-5070 **FRICK** A 3 ab Ausfahrt 17 Frick 1 km
Hotel Landgasthof Engel ★★★ 40 B, EZ CHF 108,– bis 128,–, DZ CHF 148,– bis 188,–, inkl. Frühstück, alle Zi mit Du, WC, ☎ und TV, Zusatz-Bett (Kinder gratis), exklusives Restaurant, gemütliche Gaststube, preiswerte Tellergerichte, warme Küche bis 23 Uhr, 🍴, 🍴, P, Restaurant 7 Tage geöffnet, Hauptstraße 101, @, www.engel-frick.ch, ☎ **0041 (0)62/8650000**, **Hotline 0041 (0)79/3029577**, Fax 8650001 **(Bild siehe Route 502)**.

5 CH-4900 **LANGENTHAL**
A 1 ab Ausfahrt 43 Niederbipp 10 km
Hotel Bären ★★★ 60 B, EZ CHF 140,– bis 173,–, DZ CHF 230,– bis 280,–, inkl. reichhaltigem Frühstücksbuffet, alle Zi mit Bad/Du, WC, Fön, ☎, TV und Safe, 🍴, P, St. Urbanstr. 1, @, www.baeren-langenthal.ch, ☎ **0041 (0)62/9191717**, Fax 9191718.

6 CH-4934 **MADISWIL**
A 2 ab Ausfahrt 46 Rothrist 18 km → Langenthal
Landgasthof Bären ★★★ rustikaler Landgasthof in ländlicher Umgebung, 20 B, EZ CHF 110,–, DZ CHF 180,–, inkl. Frühstück, alle Zi mit Bad, WC, ☎, TV und Radio, frische Küche mit ländlichen Produkten, Gartenterrasse, 1. Schweizer Velogarten, Kinder willkommen, Spielplatz, ⅙ -Zi, P, Kirchgässli 1, @, www.baeren-madiswil.ch, ☎ **0041 (0)62/9577010**, Fax 9577012.

7 CH-3380 **WANGEN** A 1 ab Ausfahrt 42 Wangen → Altstadt 600 m
Hotel Krone ★★★ historisches, stilvolles Haus, 34 B, EZ CHF 96,–, DZ CHF 150,– bis 180,–, inkl. Frühstück, Zi mit Bad oder Du, WC, ☎ und TV, 2 Restaurants, gepflegte Küche, Tellergerichte, Konferenzräume, P, Städtli 1, hotel@krone-wangen.ch, www.krone-wangen.ch, ☎ **0041 (0)32/6317070**, Fax 6317050.

8 CH-4500 **SOLOTHURN**
A 5 ab Ausfahrten 31 Solothurn-West oder 33 -Ost → Zentrum
Hotel Krone ★★★★ 40 Zi, EZ CHF 170,– bis 220,–, DZ CHF 220,– bis 260,–, Zusatz-Bett + CHF 60,–, inkl. Frühstücksbuffet, alle Zi mit Bad/Du, WC, Fön, ☎, TV, WLAN, Minibar und Safe, Restaurants, Hotelbar, Tagungsräume bis 200 Personen, Terrasse, 🍴 CHF 10,–, G CHF 12,–, Hauptgasse 64, @, www.HotelKrone-Solothurn.ch, ☎ **0041 (0)32/6264444**, Fax 6264445.

9 CH-4500 **SOLOTHURN**
A 5 ab Ausfahrten 31 Solothurn-West und 33 -Ost ca. 2 km (Bahnhof, Ampel rechts, 2. Ampel links, vor Brücke, 30 m Einfahrt SUVA)
Hotel Ambassador garni ★★★★ 46 B, EZ CHF 120,– bis 167,–, DZ CHF 180,– bis 230,–, inkl. reichhaltigem Frühstücksbuffet, alle Zi mit Du, WC, ☎, TV, WLAN und Safe, Mittags- und Abendmenü, Hofterrasse, 🍴, 🍴, P, Nikolaus-Konrad-Str. 21, @, www.ambassador-hotel.ch, ☎ **0041 (0)32/6216181**, Fax 6225991.

10 CH-4500 **SOLOTHURN** A 5 ab Ausfahrten 31 oder 33 → Zentrum → Marktplatz
Hotel Restaurant „Roter Turm" ★★★★ inmitten der historischen Altstadt, 36 Zi, EZ CHF 130,– bis 175,–, DZ CHF 200,– bis 260,–, 3-Bett-Zi CHF 240,– bis 350,–, inkl. Frühstück, alle Zi mit Bad oder Du, WC, ☎, TV, Radio, WLAN und Minibar, ausgezeichnete gutbürgerliche Küche, Aussichtsterrasse, Hauptgasse 42, @, www.roterturm.ch, ☎ **0041 (0)32/6229621**, Fax 6229865.

6 **Landgasthof Bären, Madiswil**

⑪ CH-4566 KRIEGSTETTEN
A 1 ab Ausfahrt 40 Kriegstetten 300 m
Romantik Hotel Sternen ★★★ historisches Haus, ruhige Lage, 40 B, EZ CHF 150,–
(€ 98,–) bis 198,– (€ 130,–), DZ CHF 220,– (€ 144,–) bis 298,– (€ 195,–), inkl. Frühstück, inkl. MwSt., alle Zi mit Bad/Du, WC, ☎, TV und Radio, Lift, erstklassige Küche, elegantes Ambiente, große Parkanlage, Konferenzräume für 6-120 Personen, 🛏, Hauptstr. 61, @, www.sternen.ch, ☎ **0041 (0)32/6744161**, Fax 6744162.

⑫ CH-3332 BERN-SCHÖNBÜHL
A 6 ab Ausfahrt 9 Schönbühl 800 m
Landgasthof Schönbühl ★★★ Nichtraucherhotel, 18 B, EZ CHF 105,– bis 125,–, DZ CHF 180,– bis 195,–, inkl. Frühstücksbuffet, alle Zi renoviert mit Du, WC, ☎ und TV, Lift, sehr gute Küche, stilvolle Gasträume, lauschiges Gärtli, P, Alte Bernstr. 11, @, www.gasthof-schoenbuehl.ch, ☎ **0041 (0)31/8596969**, Fax 8596905.

⑬ CH-3704 KRATTIGEN
A 8 ab Ausfahrt 19 Spiez 5 km → Spiez, Krattigen
Hotel-Restaurant Bellevue-Bären ★★★ ruhige, besonders schöne Aussichtslage, 50 B, EZ CHF 80,–, DZ CHF 140,– bis 160,–, inkl. Frühstück, HP möglich, alle Zi mit Bad/Du, WC, Fön, ☎, TV, Radio, Internetanschluss und Balkon, Lift, rustikales Restaurant, ausgezeichnete Küche, Seminarraum, gemütlich, preiswert, gepflegt, durchgehend geöffnet, große Aussichtsterrasse, 🛏, 🍴, 🛏, P, Dorfstr. 15, @, www.bellevue-krattigen.ch, ☎ **0041 (0)33/6507200**, Fax 6507201.

Unter
www.autobahn-guide.com
können Sie Ihr Zimmer per Fax
oder E-Mail reservieren.

㉑ OBERAARGAU

– Ihr Wandergebiet im Schweizer Mittelland

Hauptort Langenthal (15 000 Einwohner, 130 Hotelbetten)
10 km ab Ausfahrt A1 Niederbipp/Ausfahrt A 2 Reiden.

Sehenswürdigkeiten:
Altstädte Wangen a/Aare, Wiedlisbach, Huttwil, Barockkirche St. Urban.

Reizvolle Landschaften:
Bipper Jura, Aarelauf, Hügelgebiet südlich Herzogenbuchsee und zwischen Langenthal und Huttwil, Wässermatten an der Langeten, Oenz und Rot.

Erholung:
Wandern auf gut ausgebauten Wanderwegen; radeln auf markierten Radwanderrouten; originelle Rösslifahrten; Bahnfahrten; Pontonfahrten auf der Aare, Ballonfahrten, Rundflüge.

Sport:
Klettern, Kegeln, Deltasegeln, Hornussen, Reiten, Tennis, Squash.

Einheimische Produkte: Dekorationsstoffe, Porzellan, Möbel.

Information und Prospekte:
Stadtladen Langenthal,
Marktgasse 13,
CH-4900 Langenthal,
tourismus@oberaargau.ch,
www.myoberaargau.com,
☎ **0041 (0)62/9191900**,
Fax 9239945.

Wangen a. Aare

㉒ Autoverlad Lötschberg siehe Route 507

㉓ Solothurn siehe Route 506

㉔ BERN-ITTIGEN
ab Ausfahrt Autobahnraststätte Grauholz
Best Western Hotel und Restaurant Grauholz ★★★ 124 B, EZ CHF 140,–, DZ CHF 180,–, 3-Bett-Zi CHF 225,–, inkl. Frühstück, Kinder bis 12 Jahren im Zimmer der Eltern gratis, alle Zimmer mit Du, WC, ☎ und TV, Empfang rund um die Uhr, ideal zum Ausspannen (Jogging, Bike), gratis P direkt am Wald, 🍴.

Information und Prospekte:
Best Western Hotel und Restaurant, CH-3063 Bern-Ittigen,
info@hotelgrauholz.ch, www.hotelgrauholz.ch, ☎ **0041 (0)31/9151212**,
Fax 9151213.

Reisen nach Österreich

Lech am Arlberg

Österreich
Die Schönheit einer grandiosen Bergwelt, herrliche Seen und Wälder machen Österreich zu einem außerordentlich beliebten Reiseland, „und das nicht nur zur Sommerszeit, nein, auch im Winter, wenn es schneit". Vorarlberg, Tirol, Salzburg, Kärnten, Oberösterreich, Niederösterreich, Burgenland, Steiermark und Wien – jedes der neun Bundesländer bietet Ferienerlebnisse der Spitzenklasse. In den Alpen, die Österreich vom Bodensee bis fast nach Wien auf etwa 500 km Länge durchziehen, ragen an die 300 Gipfel über 3000 Meter empor. Höchste Erhebung ist der Großglockner mit 3798 Metern. Eins der touristischen Zentren ist natürlich Wien mit der Hofburg, mit Schloss Schönbrunn, dem Prater, dem Stephansdom, den Heurigen in Grinzing und dem Café Kranzler in der Kärntner Straße. Österreich bietet wirklich für jeden etwas: für Bergwanderer, Alpinisten, Skiläufer, Badefreunde an den Kärntner Seen und für Feinschmecker, die der österreichischen Küche seit jeher zugetan sind.

Währung
1 € (Euro) = 100 Cent

Einreise
Zur Einreise nach Österreich benötigen Bürger der EU, der Schweiz und Skandinaviens den Reisepass oder Personalausweis, Kfz-Schein, Führerschein, Nationalitätsabzeichen und Warnweste (Pflicht). Für Bürger bestimmter Staaten besteht Visumspflicht.

Besondere Verkehrsbestimmungen
Es besteht Anschnallpflicht. Die Promillegrenze liegt bei 0,5. Motorrad- und Mopedfahrer müssen Schutzhelm tragen und einen Verbandskasten mitführen. Im Bereich von 80 m vor und nach einem Bahnübergang darf nicht überholt werden. Vorfahrtberechtigte verlieren durch Anhalten die Vorfahrt. Die Verkehrsampeln blinken viermal „grün"; wer bei „gelb" eine Ampel passiert, muss mit einer gebührenpflichtigen Verwarnung rechnen. Kindern ist immer das Überqueren der Fahrbahn zu ermöglichen. Beim Verlassen des Fahrzeuges aufgrund einer Panne auf der Autobahn müssen Euro-Warnwesten getragen werden.

Autobahn/Maut
Für die Benutzung der Autobahnen und Schnellstraßen muss eine Gebühr zusätzlich zu den bereits bestehenden entrichtet werden. Die Jahresvignette gilt vom 1. Dezember des Vorjahres bis 31. Januar des Folgejahres bei dem aufgedruckten Jahr. Die 2-Monatsvignette ist in zwei aufeinander folgenden Kalendermonaten und die 10-Tages-Vignette ab 0 Uhr des Ausstellungstages bis 24 Uhr des 9. Folgetages gültig. Allgemeine Auskünfte erteilt der Automobilclub ÖAMTC Tel. 0043 (0)1/711990. Mautpflichtig sind die A 13 (Brennerautobahn), Abschnitte der A 10 (Tauernautobahn) und die A 9 (Pyhrnautobahn), Felbertauern- und Großglockner-Hochalpenstraße. Autbahntunnel dürfen nicht mit Schneeketten durchfahren werden.

Tunnel/Autoverladung
Die wichtigsten gebührenpflichtigen Tunnel: Arlberg-Tunnel, Bosruck-Tunnel, Felbertauern-Tunnel, Gleinalm-Tunnel, Karawanken-Tunnel, Tauern-Autobahn mit Tauern-Tunnel und Katschbergtunnel. Autoverladung: Tauernschleuse Böckstein-Mallnitz.

Höchstgeschwindigkeiten
Autobahn 130 km/h, von 22 bis 5 Uhr 110 km/h (A 10, A 12, A 13 und A 14) außerorts 100 km/h, in Tirol und Vorarlberg 80 km/h, in Ortschaften 50 km/h.

Pannenhilfe
Verkehrsunfälle mit Personenschaden sind unverzüglich der Polizei zu melden. Polizeinotruf Tel. 133, Unfallrettung Tel. 144 (Mobil 112), Feuerwehr Tel. 122, ÖAMTC-Pannenhilfe Tel. 120.

Verkehrsservice
Informationen über Straßenzustände und Verkehrslage sowie Beratung erteilt der ÖAMTC rund um die Uhr unter Tel. 08 10/12 01 20 und der ARBÖ Tel. 123 (beide Nummern sind nur innerhalb Österreichs erreichbar).

Telefonieren
Internationale Ländervorwahl nach Österreich: 00 43.

Stephansdom und Cityblick, Wien

Kontakt: Österreich Werbung Wien, Margaretenstr. 1, A-1040 Wien, urlaub@austria.info, www.austria.info, Tel. 00 43 (0)1/5 88 66-0, Fax 5 88 66-20
Vertretung in Deutschland: Österreich Werbung Deutschland GmbH, Klosterstr. 64, D-10179 Berlin, deutschland@austria.info, www.austria.info, Tel. 00 49 (0)30/2 19 14 80, Fax 30/2 13 66 73

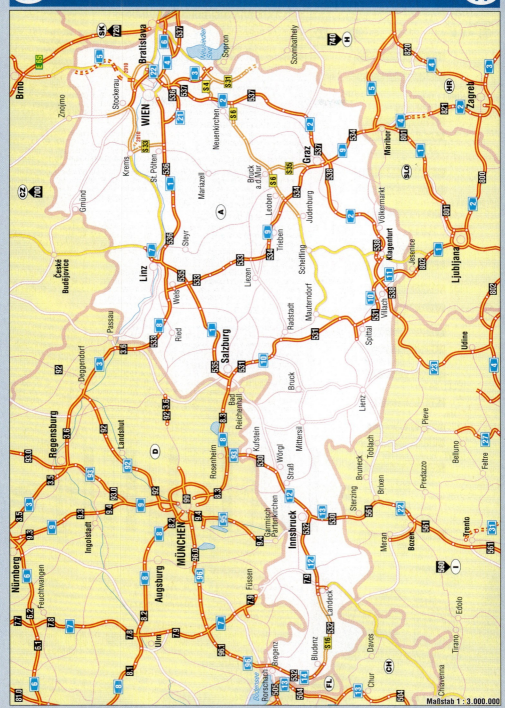

Maßstab 1 : 3.000.000

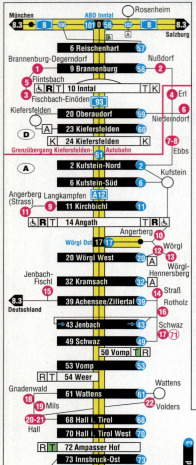

München — **ABD Inntal** — ○ Rosenheim

8.3 ●— 8 100 101 0 56 102 8 —● 8.3 **Salzburg**

6 Reischenhart 57

Brannenburg-Degerndorf — 9 Brannenburg — Nußdorf
1 58 **2**
5 Flintsbach
&♿ R T 10 Inntal — T K
3 4 Erl
Fischbach-Einöden 93 6
Kiefersfelden — 20 Oberaudorf 59 Niederndorf
D A — 23 Kiefersfelden 60
A — 24 Kiefersfelden — K 7-8
Grenzübergang Kiefersfelden–Autobahn 61 Ebbs

A — 2 Kufstein-Nord 2 Kufstein
6 Kufstein-Süd 6 ○
Angerberg Langkampfen A12
(Strass) 9 — 11 Kirchbichl 11
11
&♿ R T 14 Angath — T R &
Angerberg 10
Wörgl Ost 17 17 Wörgl
20 Wörgl West 20 A 12 13
Wörgl-
Jenbach- Hennersberg
Fischl 32 Kramsach 32 A 14 Straß
15 39 Achensee/Zillertal 39 Rotholz
8.3 16
Deutschland →43 Jenbach→ 43 Schwaz
49 Schwaz 49 17 71
50 Vomp T R
53 Vomp 53
R T 54 Weer Wattens
Gnadenwald 61 Wattens 61
18 22 Volders
19 Mils
20-21 68 Hall i. Tirol 68
Hall 70 Hall i. Tirol West 70
R T 72 Ampasser Hof
73 Innsbruck-Ost 73
Innsbruck ○ Knoten 74
Innsbruck- 0 A13
Amras
75 Innsbr.-Mitte A13
Knoten 77
Innsbruck-
Wilten A12
79 Innsbruck-West 79
Landeck 532
Bludenz

Route map (Innsbruck–Brenner)

Schönberg 24-25 72   Matrei 26-27 28 Steinach — A — I

3   7   T R   10   T R   19   27   33   T

3 Innsbruck-Süd — 7 Patsch-Igls — 9 Europabrücke — 9 Schönberg West — A13 — 10 Stubaital — Mautstelle — 16 Matrei — 19 Matrei-Steinach — 23 Wippertalerhof — 27 Nößlach — 29 Gries — 33 Brennersee — A13 — T 33 Brennersee — Grenzübergang — A22 — 561 — Bozen

23 Innsbruck-Unterberg

---

① D-83098 **BRANNENBURG-DEGERNDORF**
A 93 ab Ausfahrt 58 Brannenburg ca. 2 km
Posthotel Brannenburg ★★★ 70 B, EZ € 37,– bis 47,–, DZ € 68,– bis 78,–, inkl. Frühstücksbuffet, alle Zi mit Du, WC, ☎, TV und Internet, bekannt gute Küche, Sauna, Solarium, 🍴, G, P, Sudelfeldstr. 18-20, @, www.posthotel-brannenburg.de, ☎ 0049 (0) 8034/9067-0, Fax 1864 **(Bild siehe Route 8.3)**.

② D-83131 **NUSSDORF**
A 93 ab Brannenburg 2,5 km → Erl
Hotel Schneiderwirt ★★★ 54 B, EZ € 54,–, DZ € 78,–, Familien-Zi ab € 95,–, inkl. Frühstück, alle Zi mit Du, WC, TV, WLAN, Safe und Balkon, gutbürgerliche Küche, hauseigene Metzgerei, Biergarten, Kinderspielplatz, 🚐, P, Hauptstr. 8/13, info@schneiderwirt.de, www.schneiderwirt.de, ☎ 0049 (0) 8034/4527, Fax 2624.

③ D-83126 **FISCHBACH-EINÖDEN**
A 93 ab Ausfahrt 58 Brannenburg 5 km → Fischbach, 1 km nach Fischbach
Gasthof „Heubergstüberl" ★ 160 Jahre alter Bauernhof, 16 B, EZ € 34,–, DZ € 46,– bis 59,–, Familien-Zi, inkl. Frühstück, Restaurant, Biergarten, 🍴, Kufsteiner Str. 155, @, www.heubergstueberl.de, ☎ 0049 (0) 8034/4418, Fax 4402.

④ A-6343 **ERL** A 93 ab Ausfahrten 58 Nussdorf 10 km und 59 Oberaudorf 4 km
„Beim Dresch" ★★★ 22 B, EZ € 30,– bis 45,–, DZ € 56,– bis 98,–, inkl. Frühstücksbuffet, alle Zi mit Bad/Du, WC, Internet und Sat-TV, teils Minibar und Balkon, Restaurant, 🍴, 🚐, &, P, Mi ./., Oberweidau 2, @, www.dresch.at, ☎ 0043 (0) 5373/8129, Fax 81293.

⑤ D-83126 **FLINTSBACH**
A 93 ab Ausfahrten 58 Brannenburg ca. 1,5 km und 59 Oberaudorf ca. 11 km
Gasthof Dannerwirt ★★★ 42 B, EZ € 40,– bis 43,–, DZ € 65,– bis 68,–, inkl. Frühstücksbuffet, alle Zi mit Du, WC, ☎, Sat-TV und kostenpflichtiges WLAN, gemütliches Restaurant, Biergarten, 🍴, 🚐, P, Kirchplatz 4, @, www.dannerwirt.de, ☎ 0049 (0) 8034/90600, Fax 906050.

⑥ A-6342 **NIEDERNDORF** A 93 ab Ausfahrt 59 Oberaudorf 1 km
Gasthof-Pension Gradlwirt ★★★ 54 B, EZ € 38,– bis 50,–, DZ € 64,– bis Appartement € 100,–, inkl. Frühstück, alle Zi mit Bad/Du, WC, ☎ und Sat-TV, G, P, Dorf 47, @, www.gradl.com, ☎ 0043 (0) 5373/61273, Fax 61686.

⑦ A-6341 **EBBS**
A 93 ab Ausfahrt 59 Oberaudorf und A 12 Ausfahrt 2 Kufstein-Nord je 5 km
Hotel Gasthof Sattlerwirt ★★★★ 60 B, EZ € 45,– bis 49,–, DZ € 72,– bis 80,–, inkl. Frühstücksbuffet, alle Zi mit Du, WC, Fön, ☎, TV, Radio und Balkon, Lift, gepflegtes Tiroler Restaurant mit freundlichem Service, 250 Sitzplätze, Wellness-Bereich, Fahrräder, 🚐 -P, P, @, www.sattlerwirt.at, ☎ 0043 (0) 5373/42203, Fax 422031.

⑧ A-6341 **KUFSTEIN-EBBS**
A 93 ab Ausfahrt 59 Oberaudorf ca. 6 km und A 12 Ausfahrt 2 Kufstein-Nord ca. 2 km
Hotel-Restaurant Zur Schanz ★★★★ 55 B, EZ € 41,– bis 55,–, DZ € 67,50 bis 84,–, inkl. Frühstücksbuffet, alle Zi mit Bad/Du, WC, ☎ und TV, &-Appartement, Restaurant mit Gastgarten, gepflegte Tiroler Wirtshauskultur, 🍴, 🚐, G, großer P, Schanz 1, @, www.schanz.at, ☎ 0043 (0) 5372/64550, Fax 61707.

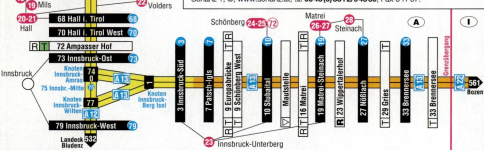

⑨ A-6336 **LANGKAMPFEN**
A 12 ab Ausfahrt 11 Kirchbichl nur 300 m, Kreisverkehr, Niederbreitenbach
Gasthaus Huberwirt ★★ 10 B, DZ € 70,– bis 78,–, inkl. Frühstück, alle Zi mit Du und WC, Restaurant, 🍴, P auch für Busse, Schönwörthstr. 41, @, www.gasthaus-huberwirt.at, ☎ 0049 (0) 5332/87349.

⑩ A-6320 **ANGERBERG**
A 12 ab Ausfahrt 17 Wörgl Ost → Kirchbichl, links → Angath und Angerberg ca. 3 km
Gasthof Baumgarten ★★★ 40 B, EZ € 38,– bis 48,–, DZ € 65,– bis 82,–, inkl. Frühstücksbuffet, alle Zi mit Du, WC, ☎ und Sat-TV, 🍴, 🚐, P, Restaurant bis 21 Uhr, Baumgarten 22, @, www.gasthof-baumgarten.at, ☎ 0043 (0) 5332/56212.

⑪ A-6320 **ANGERBERG**
A 12 ab Ausfahrt 11 Kirchbichl → Mariastein-Angerberg, OT Straß
Blasihof ★★ 22 B, EZ € 28,–, DZ € 50,–, inkl. Frühstück, alle Zi mit Du und WC, Aufenthaltsraum mit Kabel-TV, P, Straß 19, info@blasihof.at, www.blasihof.at, ☎ 0043 (0) 5332/56535, Fax 56535.

⑯ **Hotel-Gasthof Esterhammer, Rotholz**

⑫ A-6300 WÖRGL
A 12 ab Ausfahrt 20 Wörgl West 2 km → Zentrum
Gasthof Wildschönauer Bahnhof ★★ 13 B, EZ € 35,–, DZ € 60,–, inkl. Frühstück, alle Zi mit Du, WC, Sat-TV und Internet, Restaurant, Innsbrucker Str. 6, @, www.wildschoenauer-bahnhof.at, ☎ 0043(0)5332/70836, Fax 70836.

⑬ A-6300 WÖRGL-HENNERSBERG
ab Zentrum → Wildschönau 2 km
Pension Hennersbergerhof ★★ ruhige Aussichtslage, 60 B, DZ € 44,– bis 60,–, 3-Bett-Zi € 77,–, 4-Bett-Zi € 92,–, inkl. Frühstück, überwiegend Zi mit Du, WC und Sat-TV, Lift, Abendessen möglich, P auch für Busse, Hennersberg 1, @, www.hennersbergerhof.at, ☎ 0043(0)5332/72728, Fax 72728.

⑭ A-6261 STRASS IM ZILLERTAL
A 12 ab Ausfahrt 39 Achensee-Zillertal, dann B 171 → Straß 2 km
Gasthof Pfandler ★★★ 46 B, EZ € 37,65, DZ € 61,30, inkl. Frühstücksbuffet, alle Zi mit Du, WC, ☎, Sat-TV, Minibar und Balkon, ▭, ▭, ▭, ♿, P, Unterdorf 18, @, www.gasthof-pfandler.at, ☎ 0043(0)5244/62195, Fax 64554.

⑮ A-6200 JENBACH-FISCHL
A 12 ab Ausfahrt 39 Achensee-Zillertal → Achensee 3,5 km, rechts
Gasthof Pension Rieder ★★★ ruhige Lage, 53 B, EZ ab € 35,–, DZ € 58,–, inkl. Frühstück, alle Zi mit Bad/Du, WC und ☎, gutbürgerliche Küche, ▭, ▭, G, P, Fischl 3 a, @, www.gasthof-rieder.at, ☎ 0043(0)5244/62446, Fax 6244648.

⑯ A-6200 ROTHOLZ
A 12 ab Ausfahrten 39 Achensee-Zillertal und 43 Jenbach je 2,5 km
Hotel-Gasthof Esterhammer ★★★ 35 B, EZ € 42,– bis 45,–, DZ € 70,– bis 78,–, Familien-Zi, inkl. Frühstücksbuffet, alle Zi mit Bad/Du, WC, ☎, Sat-TV und WLAN, bekannt gute Küche, eigene Landwirtschaft, Frei- und Hallenbad, Kastanien-Gastgarten, ▭, G, P, Haus-Nr. 362, @, www.esterhammer.com, ☎ 0043(0)5244/62120, Fax 622126.

⑰ A-6130 SCHWAZ A 12 ab Ausfahrt 43 Jenbach ca. 2 km, B 171 → Innbruck
Gasthof Einhorn ★★ 22 B, EZ € 36,–, DZ € 58,–, inkl. Frühstück, alle Zi mit Du, WC und TV, Restaurant, ▭, G, P, Innsbrucker Straße 31, @, www.gasthof-schaller.com, ☎ 0043(0)5242/74047, Fax 72274.

⑱ A-6060 GNADENWALD ab Ausfahrten 61 Wattens und 68 Hall i. Tirol je 7 km
Alpenhotel Speckbacherhof ★★★★ 60 B, EZ € 60,– bis 80,–, DZ € 100,– bis 180,–, inkl. Frühstücksbuffet, alle Zi mit Bad/Du, WC, ☎, Sat-TV und Balkon, ausgezeichnete Tiroler Küche, Gastgarten, Wellnessbereich, Sportmöglichkeiten, ▭, ▭, ▭, ♿, P, St. Martin 2, info@speckbacherhof.at, www.speckbacherhof.at, ☎ 0043(0)5223/52511-0, Fax 52511-55.

⑲ A-6068 MILS A 12 ab Ausfahrt 68 Hall 2 km und Ausfahrt 61 Wattens 4 km
Landhotel Reschenhof ★★★★ 140 B, EZ € 59,– bis 85,–, DZ € 96,– bis 130,–, ♿-Zi, inkl. reichhaltigem Frühstücksbuffet und Saunabenutzung, alle Zi mit Bad/Du, WC, ☎, Sat-TV, Fax-/Internetanschluss, Radio, Minibar und Safe, teils Balkon, à la carte-Restaurant, günstige Mittagsmenüs, Pizzeria, Seminarräume, Beauty-Studio, großzügige Saunalandschaft, Solarium, Freischwimmbad mit großer Liegewiese, Schau-Schnapsbrennerei, ▭ (spezielle Angebote), großer P, Bundesstraße 7, @, www.reschenhof.at, ☎ 0043(0)5223/5860, Fax 5860-52.

⑳ A-6060 HALL A 12 ab Ausfahrten 68 und 70 → Zentrum, dann beschildert
Gartenhotel Maria Theresia ★★★★ ruhige Lage, 50 B, EZ € 65,– bis 75,–, DZ € 110,– bis 130,–, inkl. Frühstück, HP-Aufpreis € 18,– pro Person, alle Zi mit Du, WC, ☎ und Sat-TV, teils Badewanne und Balkon, Restaurant mit Gastgarten, Kinderspielplatz, ▭, ▭, ▭, ♿, P, Reimmichlstr. 25, @, www.gartenhotel.at, ☎ 0043(0)5223/56313, Fax 56313-66.

㉑ A-6060 HALL A 12 ab Ausfahrt 68, am rechten Innufer bei der Holzbrücke
Gasthof-Restaurant Badl ★★★ schöne Aussichtslage, 50 B, EZ € 42,– bis 44,–, DZ € 69,– bis 84,–, inkl. Frühstücksbuffet, alle Zi mit Du, WC, ☎ und Sat-TV, Lift, bekannt gute Küche, Biergarten, großer P am Haus, Innbrücke 4, @, www.badl.at, ☎ 0043(0)5223/56784, Fax 56784-3.

㉒ A-6111 VOLDERS/WATTENS A 12 ab Ausfahrt 61 Wattens 2 km
Landgasthof Jagerwirt ★★★ 60 B, EZ € 62,–, DZ € 88,–, inkl. Frühstück, alle Zi mit Bad/Du, WC, ☎, Sat-TV und Internet, Restaurant, Vinothek, 2 km bis Swarovski Kristallwelten, ▭, ▭, ▭, ♿, P, Bundesstr. 15, @, www.jagerwirt.at, ☎ 0043(0)5224/52591, Fax 5259184.

㉓ – ㉘ + ㉛ – ㉜ Einträge siehe Seite 384

⑱ Alpenhotel Speckbacherhof, Gnadenwald

⑲ Landhotel Reschenhof, Mils

⑮ Gasthof Pension Rieder, Jenbach-Fischl

Tipps zur Route

Ab Inntaldreieck sind es bis zum Grenzübergang Kiefersfelden etwa zwanzig Kilometer. Im Inntal bleibend, verbindet die österreichische A 12 so bekannte Urlaubsorte wie Kufstein, Wörgl und Hall in Tirol mit Innsbruck, der Landeshauptstadt. Am Knoten Innsbruck verzweigt sich die Autobahn in die A 12, die im Inntal bleibt, und die berühmte Brennerautobahn A 13. Architektonisches Glanzstück dieser Strecke ist die ca. 800 m lange und 190 m hohe Europabrücke. Allein der 33 km lange Abschnitt bis zur italienischen Grenze, der dem Autofahrer immer wieder herrliche Ausblicke auf eine imposante Bergwelt schenkt, machten den Bau von nicht weniger als 42 Brücken erforderlich. Die Strecke ist mautpflichtig.

Ausfahrt Kufstein-Nord: Das Wahrzeichen Kufsteins ist eine mächtige Festung. Besucher erreichen sie mit einem Schnellaufzug ab Römerhofgasse. Schönes Heimatmuseum. Im Bürgerturm befindet sich die Heldenorgel, die täglich um 12 Uhr zum Andenken an die Gefallenen der großen Kriege gespielt wird. Die Hörreichweite beträgt fast 6 km.

Ausfahrt Kramsach: Das mittelalterliche Rattenberg, die kleinste Stadt Tirols, ist heute Zentrum der Tiroler Glasveredelung – und wenn Sie Bleikristall und handbemalte Gläser mögen, sollten Sie sich dort umsehen.

Ausfahrt Achensee/Zillertal: Ehrlich gesagt: Für eine Kurzrast sowohl der Achensee als auch das Zillertal viel zu schön. Abgesehen von der überwältigenden Aussicht locken nicht nur kulinarische Genüsse und Wanderwege im Überfluss, sondern auch nostalgische Fahrten mit der Achensee-Bahn oder der Achensee-Schifffahrt. Und dann ist da natürlich auch noch die Zillertalbahn. Achensee- und Zillertalbahn starten von Jenbach aus. Und wer will, der kann in Maurach oder Pertisau auf eines der zahlreichen Schiffe (natürlich auch Raddampfer) umsteigen. Nebenbei bemerkt: Die Konzession der Achensee-Bahn (eine Zahnradbahn übrigens) verdankt Tirol Kaiser Franz Josef I.

72 **Blick auf Schönberg und Umgebung**

❶–㉒ **Einträge siehe Seiten 382 + 383**

㉓ **A-6020 INNSBRUCK-UNTERBERG**
A 13 ab Ausfahrt 3 Innsbruck-Süd 4 km (mautfrei) entlang der B 182 → Kreisverkehr → Matrei am Brenner (für Navi: als Stadt Mutters & Straße Unterberg eingeben)
Hotel-Gasthof Stefansbrücke ★★★ 50 B, EZ € 40,– bis 48,–, DZ € 62,– bis 78,–, inkl. erweitertem Frühstück, alle Zi mit Du, WC, ☏ und Sat-TV, Restaurant, Terrasse, Kinderspielplatz, Internet, 🗑, ⚌, ⛽, G, P, Mi ./., Unterberg 40, @, www.gasthof-stefansbruecke.at, ☏ 0043(0)512/583001, Fax 583440.

㉔ **A-6141 SCHÖNBERG** A 13 ab Ausfahrt 10 Stubaital 1 km
Hotel-Restaurant Stubai ★★★ 58 B, EZ € 43,– bis 48,–, DZ € 70,– bis 74,–, Mehr-Bett-Zi ab € 92,–, inkl. Frühstücksbuffet, Preisermäßigung ab 3 Tagen, Ferienwohnungen, alle Zi mit Bad/Du, WC, Fön, ☏, Sat-TV, Internet, Safe und Balkon, Lift, gutbürgerliche Küche, Gesellschafts- und Konferenzräume, Sauna, Solarium, Dampfbad, Fitnessraum, G, großer P, Dorfstraße 6, @, www.hotel-stubai.at, ☏ 0043(0)5225/62559, Fax 6295952.

㉕ **A-6141 SCHÖNBERG**
A 13 ab Ausfahrt 10 Stubaital 1 km
Gasthof Hotel Handl ★★★ 50 B, DZ € 62,– bis 74,– (EZ-Zuschlag € 10,–), Familien-Zi € 98,–, inkl. Frühstücksbuffet mit Bauernprodukten, Einmalübernachtung + € 5,– pro Person, Zi mit Bad oder Du, WC, ☏ und TV, teils Balkon, Lift, Tiroler Wirtshaus mit Restaurant, Seminarräume, Sauna, Solarium, Kinderspielplatz, P, Handlweg 1, @, www.handl.info, ☏ 0043(0)5225/62574, Fax 625748.

㉖ **A-6143 MATREI/BRENNER**
A 13 ab Ausfahrt 19 Matrei-Steinach 700 m
Parkhotel Matrei ★★★★ 90 B, EZ € 63,– bis 75,–, DZ € 90,– bis 110,–, inkl. Frühstücksbuffet, alle Zi mit Bad/Du, WC, Fön, ☏, Sat-TV, Radio und Safe, überwiegend Balkon, Lift, bekannt gute Küche, 4 Kegelbahnen, Terrasse, Sauna, Dampfbad, Solarium, Massage, Erholungspark mit Kneippanlage, Naturbadeteich und Erlebnisbadegrotte, Wildgehege, ⚌, G, großer P, Matrei 83, @, www.parkhotel-matrei.at, ☏ 0043(0)5273/6269, Fax 626966.

㉗ **A-6143 MATREI/BRENNER**
A 13 ab Ausfahrt 19 Matrei-Steinach ca. 800 m im Zentrum
Traditionshotel Krone ★★★★ seit dem 14. Jahrhundert, 105 B, EZ € 50,– bis 55,–, DZ € 80,– bis 95,–, 3- bis 4-Bett-Zi € 117,– bis 152,–, inkl. Frühstücksbuffet, alle Zi mit Bad/Du, WC, Fön, ☏ und Sat-TV, teils Balkon, Lift, traditionelle Küche, Gastgarten, Kinderspiel-Zi, Sauna, Dampfbad, Motourrad Mitglied, 🗑, ⚌, ⛽, 🚲, P im Hof, Brennerstr. 16-17, @, www.krone-matrei.at, ☏ 0043(0)5273/6228, Fax 6644.

㉘ **A-6150 STEINACH**
A 13 ab Ausfahrten 19 Matrei-Steinach 4 km und 33 Brennersee 10 km
Hotel Steinacherhof ★★★★ 110 B, EZ € 55,– bis 70,–, DZ € 86,– bis 130,–, inkl. Frühstücksbuffet, alle Zi mit Bad/Du, WC, ☏, TV und Balkon, internationale Küche, Hallenbad, Sauna, ⛽, G, P, @, www.steinacherhof.at, ☏ 0043(0)5272/6241, Fax 624319.

71 **SILBERBERGWERK SCHWAZ – Mutter der Bergwerke**

Erleben Sie im Schwazer Silberbergwerk ein faszinierendes Abenteuer „unter Tage". Im größten Silberbergwerk des Mittelalters entführt Sie der „Hutmann" in die harte Arbeitswelt der Bergleute in einer Zeit, als die Erde noch eine Scheibe war.

Kontakt:
Schwazer Silberbergwerk,
Alte Landstraße 3 a, A-6130 Schwaz,
info@silberbergwerk.at,
www.silberbergwerk.at,
☏ 0043(0)5242/72372, Fax 72372-4.

72 **SCHÖNBERG – im Stubaital bei Innsbruck-Brennerroute**

Schönberg, ein kleines Dorf mit großen Möglichkeiten für den individuellen Urlaub. Ausgangspunkt für jede Art von Wanderungen, Ausflügen, Wintersport. Die Mautkarte für die Gesamtstrecke von Innsbruck zum Brenner oder retour hat auch noch am darauf folgenden Tag ihre Gültigkeit. Familiengerechte Zimmer zu familienfreundlichen Tarifen vorhanden. Spezielle Angebote für Gruppenreisen der 50+ Generation. Planen Sie Ihren Zwischenstopp in Schönberg an der Europabrücke. Übernachtungsgäste sind herzlich willkommen.

Information und Prospekte:
Tourismusverband Stubai (Bürozeit Mo-Fr von 8-11 Uhr),
Dorfstraße 10, A-6141 Schönberg,
schoenberg@stubai.at, www.stubai.at,
☏ 0043(0)50/1881-500, Fax 0043(0)50/1881-599.

① –㉕ Einträge siehe Seiten 386 + 387

㉖ A-9862 **INNERKREMS**

A 10 ab Ausfahrt 113 Rennweg 16 km
Alpengasthof Hutmannshaus ★★★ ruhige Lage am Ski- und Wandergebiet, 38 B, EZ ab € 41,–, DZ ab € 62,– (Saisonpreise), inkl. Frühstücksbuffet, neu renovierte Zi mit Du, WC, Restaurant, Biergarten, Spielplatz, Sauna, Innerkrems 9, @, www.ski-heil.at, ☎ **0043(0)4736/216**, Fax 216.

㉗ A-9861 **EISENTRATTEN**

A 10 ab Ausfahrt 129 Gmünd B 99 → Salzburg 3,5 km
Gasthof Lindenhof ★★★ 55 B, EZ € 42,–, DZ € 60,–, inkl. Frühstück, alle Zi mit Du, WC und TV, internationale Küche, 🍴, 🛏, ♿, P, @, www.linden-hof.at, ☎ **0043(0)4732/2780, 0043(0)664/1321287**, Fax 0043(0)4732/278040.

㉘ A-9500 **VILLACH**

A 10 ab Ausfahrt 172 Villach-West → Bahnhof und A 2 ab Ausfahrt 358 Faaker See
Hotel Mosser ★★★★ zentral am Eingang zur Altstadt gelegen, 80 B, EZ € 50,– bis 76,–, DZ € 79,– bis 125,–, günstige Familien-Zi, inkl. reichhaltigem Frühstücksbuffet, alle Zi mit Bad/Du, WC, ☎, Sat-TV und Minibar, teils mit Whirlpool, Lift, gemütliches Café, 🍴, 🍷, 🛏, P, ganzjährig geöffnet, Bahnhofstraße 9, @, www.hotelmosser.info, ☎ **0043(0)4242/24115**, Fax 24115-222.

㉙ A-9504 **VILLACH**

A 10 ab Ausfahrt 172 Villach-West B 86 → Warmbad/Italien
Hotel Sohler ★★★ ruhige Lage, 20 B (Bettenlage 2-2,10 m), EZ € 35,–, DZ € 66,–, inkl. reichhaltigem Frühstücksbuffet, alle Zi mit Du, WC, ☎ und Sat-TV, kalte Gerichte, kostenfreies WLAN, Bankomatkasse, P, Warmbader Allee 66, hotel.garni.sohler@aon.at, www.hotel-sohler.at, ☎ **0043(0)4242/31098**, Fax 312301.

㉚ A-9711 **PATERNION**

A 10 ab Ausfahrten 146 Spittal-Ost ca. 12 km (B 100) und 158 Paternion-Feistr. ca. 5 km
Landgasthof-Hotel Tell ★★★ 30 B, EZ € 38,– bis 46,–, DZ € 74,– bis 86,–, inkl. Frühstück, alle Zi mit Bad/Du, WC, Fön, ☎ und Sat-TV, gute Küche, Spezialitätenwochen, eigene Landwirtschaft, großer Innenhof, 🍴, 🍷, P, Mo ./., Paternion 14, michorl@gasthof-tell.at, www.gasthof-tell.at, ☎ **0043(0)4245/2931**, Fax 3026.

㉛ A-9711 **PATERNION-AIFERSDORF**

von Deutschland: A 10 ab Ausfahrt 146 Spittal-Ost (B 100) 10 km (beschildert), von Italien/Kroatien: A 10 ab Ausfahrt 158 Paternion-Feistr. ca. 6 km (beschildert)
Hotel-Restaurant Kärntner Stub'n ★★★ 76 B, EZ ab € 41,–, DZ ab € 69,–, Familien-Appartements mit getrennten Zimmern ab € 27,– pro Person, inkl. Frühstücksbuffet, alle Zi mit Du, WC, Seife, Fön, ☎, Sat-TV und WLAN, teils Balkon, Chef kocht, Naturküche, fangfrische Forellen, vegetarisches Angebot, überdachte Terrasse und Kinderspielplatz, 🛏, G, großer P, Südtirolerstr. 17, @, www.kaerntnerstubn-hotel.at, ☎ **0043(0)4245/2085**, Fax 2085-5.

㉜ A-9580 **EGG**

A 10 ab Ausfahrt 182 Villach-Süd 7 km, A 2 ab Ausfahrt 358 Faaker See 7 km (B 84 über Drobollach) und A 11 ab Ausfahrt 3 St. Niklas 4 km
Vital-Hotel Sonnblick ★★★ 78 B, EZ € 35,– bis 60,–, DZ € 60,– bis 110,–, inkl. Frühstück, Zi mit Bad/Du, WC, ☎, Sat-TV, Minibar und Balkon, Sauna, Solarium, Hallenbad, Dampfbad, Tennis, Seebad, günstige Gruppenangebote, 🛏, P, Dreimühlenweg 23, @, www.tiscover.at/sonnblick.egg, ☎ **0043(0)4254/21670**, Fax 216715.

㉝ A-9580 **ST. NIKLAS/DRAU**

A 11 ab Ausfahrt 3 St. Niklas 2 km
Bauernhof Kofler ★★★ modernes Gästehaus im Tal der Drau, ruhige Lage am Flussufer und Drauradweg, 12 B, EZ € 25,–, DZ € 45,–, inkl. erweitertem Frühstück, alle Zi mit Du, WC, ☎, Sat-TV und Balkon, Gästeküche, Gästekühlschrank, Spielwiese, Drauwaldweg 39, @, www.gasthof-kofler.at, ☎ **0043(0)4254/4340**, Fax 4338.

㊱ **KUCHL IM SALZACHTAL – Eine kurze oder längere Rast**

Für vielleicht eine Stunde können Sie den einzigartigen Markt mit der Kuchler Pfarrkirche besuchen, den einmaligen Blick zum Göllmassiv genießen oder einen erfrischenden „Sprung" in den nahe gelegenen Bürgerau-Badesee machen. Sollten Sie noch mehr Zeit haben, erkunden Sie bei einem Spaziergang einen ca. 4 km entfernt liegenden Wasserfall. Im Ort laden mehrere landestypische, gut bürgerliche

Salzachtal mit Göllmassiv

Gasthöfe zur Einkehr und Rast ein. Bei einem längeren Aufenthalt bieten sich die Besichtigungen naher gelegener Sehenswürdigkeiten an: Salzburg, Großglockner, Wolfgangsee, Salzkammergut, Hallstatt, Eisriesenwelt in Werfen und vieles mehr.

Information und Prospekte: Tourismusverband Kuchl, Markt 38, A-5431 Kuchl, info.kuchl@salzburg.co.at, www.kuchl.org, ☎ **0043(0)6244/6227**, Fax 0043(0)6244/6227-75.

Tipps zur Route

Ausfahrt Salzburg: Salzburg – da denkt man an Musik, an Mozart, an den Jedermann und gelegentlich an die berühmten Nockerln. Diese schöne alte Stadt an der Salzach besitzt zahllose Sehenswürdigkeiten. Da wären der Dom, der Stift St. Peter, die Getreidegasse und die Festung Hohensalzburg, zu der eine Zahnradbahn hinaufführt. Besuchen Sie Schloss Mirabell und seinen Zwergerlgarten, fahren Sie die 5 km hinaus zu den Barockgärten und Wasserspielen des Lustschlosses Hellbrunn.

Ausfahrt Golling: Golling wird von einem Sakral- und einem Profanbau dominiert: zum einen von der Pfarrkirche, zum anderen von der Burg, in die ein kleines Heimatmuseum integriert ist. Lohnenswert sind aber auch Abstecher in die Umgebung – nach Scheffau, dessen Kirche zum Heiligen Ulrich Ziel einer sonderbaren Pferdewallfahrt war, oder nach Torren. Auch die in Gollings Umgebung häufig anzutreffenden Naturdenkmäler wie Pass Lueg, Schwarzbachfall oder die Lammeröfen gehören zu den Highlights der Gegend.

㉛ **Hotel Kärntner Stub'n, Paternion-Aifersdorf**

⑦ **WERFEN – Zu jeder Jahreszeit eine Reise wert**

Beliebter Ferienort nahe der Tauernautobahn und nur 40 km von der Mozartstadt Salzburg entfernt. Zentrale Lage in herrlicher Gebirgslandschaft mit beliebten Sehenswürdigkeiten wie Eisriesenwelt (größte Eishöhle der Welt) und Erlebnisburg Hohenwerfen. Schöne Spazier- und Wandermöglichkeiten. Für Durchreisende auf dem Weg in den Süden ist Werfen eine beliebte Station. Preiswerte Quartiere in jeder Kategorie, Campingplatz und gepflegte Restaurants bis hin zur Spitzengastronomie stehen zur Verfügung. Neu: Alpen- und Kunstmuseum.

Information und Prospekte:
Tourismusverband Werfen,
Markt 24, A-5450 Werfen,
info@werfen.at, www.werfen.at,
☎ **0043(0)6468/5388**, Fax 7562.

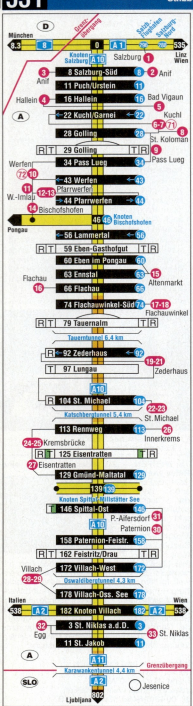

München

8.3 | 8 | | 0 | A1 | 296 | 288 | 535 | Linz Wien

Knoten Salzburg A10 Salzburg **1**

3 8 Salzburg-Süd 8 **2** Anif
Anif

11 Puch/Urstein 11

Hallein **4** 16 Hallein 16 Bad Vigaun **5**

22 Kuchl/Garnei 22 Kuchl
6-7 71 **8**

28 Golling 28 St. Koloman

R T 29 Golling T R **9**

34 Pass Lueg 34 Pass Lueg
Werfen
72 10

11 43 Werfen 43
Pfarrwerfen
12-13

W.-Imlau 44 Pfarrwerfen 44

14 Bischofshofen

46 46 Knoten Bischofshofen
Pongau

56 Lammertal 56

59 Eben-Gasthofgut R T

60 Eben im Pongau 60

Flachau 63 Ennstal 63 **15**
16 Altenmarkt

66 Flachau 66

74 Flachauwinkel-Süd 74 17-18
Flachauwinkel

R T 79 Tauernalm T R

Tauerntunnel 6,4 km

R 92 Zederhaus 92
19-21

T 97 Lungau Zederhaus

A10

R 104 St. Michael 104
22-23

Katschbergtunnel 5,4 km St. Michael

113 Rennweg 113 **26**
24-25 Innerkrems
Kremsbrücke

R T 125 Eisentratten T R
27 Eisentratten

129 Gmünd-Maltatal 129

139 139

Knoten Spittal-Millstätter See

T 146 Spittal-Ost 146
P.-Aifersdorf **31**
A10 Paternion **30**

158 Paternion-Feistr. 158

R T 162 Feistritz/Drau T R

Villach 172 Villach-West 172
28-29
Oswaldibergtunnel 4,3 km

178 Villach-Oss. See 178
Italien Wien

538 A2 182 Knoten Villach 182 A2 538

32 3 St. Niklas a.d.D. 3 St. Niklas
Egg 33

11 St. Jakob 11

A A11 Grenzübergang

Karawankentunnel 4,4 km

SLO A2 Jesenice
802
Ljubljana

---

1 A-5020 **SALZBURG** A 1 ab Ausfahrt 296 → Zentrum 5. Ampel rechts
Hotel zur Post ★★★ 56 B, EZ € 60,– bis 128,–, DZ € 84,– bis 138,–, inkl. Frühstücks-buffet, alle Zi mit Bad/Du, WC, Fön, Sat-TV, Premiere, Radio, Modem-Anschluss, Safe, teils Minibar, WLAN, Sauna, Solarium, ▭, ♿, G, P, Maxglaner Hauptstr. 45, @, www.stadthotel-salzburg.at, ☎ 0043 (0) 662/832 33 90, Fax 832 33 95.

2 A-5081 **ANIF**
A 10 ab Ausfahrt 8 Salzburg-Süd → Salzburg → Anif ca. 1,5 km
Friesacher's Aniferhof ★★★★ ruhige Lage, persönlich geführt, 40 B, EZ ab € 69,–, DZ ab € 98,–, inkl. reichhaltigem Frühstücksbuffet, Zi mit Bad/Du, WC, ☎, Sat-TV, Sky-TV, Internet (beides kostenlos) und Minibar, Sauna, Dampfbad und Fitnessraum kostenfrei, Fahrräder, Garten, Sonnenterrasse, Tagungsraum bis 16 Personen, 5 Restaurants (3 Gehminuten), nahe Salzburg, großer P, Herbert-von-Karajan-Straße 7, @, www.aniferhof.at, ☎ 0043 (0) 6246/723 620, Fax 723 629.

3 A-5081 **ANIF**
A 10 ab Ausfahrt 8 Salzburg-Süd → Salzburg → Hallein-Niederalm ca. 2 km
Hotel-Restaurant Kaiserhof ★★★ 91 B, EZ € 59,– bis 92,–, DZ € 92,– bis 128,–, Familien-Zi, inkl. reichhaltigem Frühstücksbuffet, Zi mit Du/Badewanne, WC, ☎, Kabel-TV und WLAN, gemütliches Restaurant, Salzburger und steirische Speisen, Gastgarten, Tagungsräume, nahe Salzburg, attraktive Ausflugsmöglichkeiten, kostenfreier P, Salzachtalbundesstraße 135, @, www.kaiserhof-anif.at, ☎ 0043 (0) 6246/89 20.

4 A-5400 **HALLEIN** A 10 ab Ausfahrt 16 Hallein ca. 1,6 km → Zentrum
Gasthof-Hotel Zum Bockwirt ★★ 52 B, EZ € 38,–, DZ € 60,–, inkl. Frühstück, alle Zi mit Du, WC und TV, teils ☎, G, Thunstr. 12, @, ☎ 0043 (0) 6245/8 06 23.

5 A-5424 **BAD VIGAUN** A 10 ab Ausfahrt 16 Hallein, B 159 → Kuchl 3 km
Hotel Langwies ★★★★ 70 B, EZ € 54,– bis 66,–, DZ € 82,– bis 110,–, Familien-Zi ab € 125,–, inkl. Frühstücksbuffet, alle Zi mit Bad, WC, ☎ und Sat-TV, Wellness, Gastgarten, Spielplatz, Minizoo, ▭, ⛽, ♿, P, Restaurant Di ./., Vigaun 22, hotel@langwies.at, www.langwies.at, ☎ 0043 (0) 6245/8 956, Fax 89 56 13.

6 A-5431 **KUCHL** A 10 ab Ausfahrt 22 Kuchl/Garnei ca. 2 km
Gasthof Römischer Keller ★★★ ruhig gelegen, 50 B, EZ € 36,– bis 38,–, DZ € 60,– bis 64,–, inkl. Frühstück, alle Zi mit Du, WC und TV, Lift, Restaurant mit Spezialitäten nach Saison, Liegeterrasse, Gastgarten, gemütliche Lokalitäten, ⛽, P, Markt 2, @, www.roemischer-keller.at, ☎ 0043 (0) 6244/62 12, Fax 62 12-4.

7 A-5431 **KUCHL** A 10 ab Ausfahrten 22 ca. 1,5 km und 28 ca. 6 km → Zentrum
Hotel-Pension Wagnermigl ★★★ 55 B, EZ € 42,– bis 48,–, DZ € 68,– bis 78,–, Suite € 88,– bis 94,–, Zi mit 4-Bett-Zi auf Anfrage, inkl. Frühstücksbuffet, alle neue Zi mit Du, WC, Fön, ☎, Kabel-TV und Safe, Lift, Hausbar, Terrasse, ⛽, ♿, G, P, Marktstr. 61, @, www.kuchl.com, ☎ 0043 (0) 6244/51 39, Fax 51 39-4.

8 A-5423 **ST. KOLOMAN** A 10 ab Ausfahrten 22 und 28 je ca. 8 km
Dorf-Gasthaus Goldener Stern ★★★ ruhige zentrale Lage, familiengeführt, 56 B, EZ € 42,-, DZ € 70,–, inkl. reichhaltigem Frühstück, alle Zi mit Du, WC und TV, teils Balkon, Restaurant mit heimischen Spezialitäten, Terrasse, Wanderwege, Spielplatz, eigene Alm, Wildjagd, Reiten, Pferdeschlittenfahrten, P, Am Dorfplatz 32, @, www.goldener-stern.at, ☎ 0043 (0) 6241/20 70, Fax 63 54.

9 A-5440 **PASS LUEG HÖHE SALZACHKLAMM**
A 10 ab Ausfahrt 28 Golling ca. 3,5 km
Gasthof Pass-Lueg-Höhe ★★★ ruhige Lage, 35 B, EZ € 42,– bis 64,– bis 80,–, inkl. Frühstück, alle Zi mit Du, WC, ☎ und Sat-TV, Restaurant mit österreichischen Spezialitäten, Schwimmbad, Wellnessbereich, ⛽, P, @, www.pass-lueg-hoehe.com, ☎ 0043 (0) 6244/42 80, Fax 42 80 15.

10 A-5450 **WERFEN** A 10 ab Ausfahrt 43 Werfen → Zentrum 2 km (im Markt)
Hotel garni Erzherzog Eugen ★★★★ ruhige Lage, 20 B, EZ € 48,– bis 95,–, DZ € 80,– bis 95,–, inkl. Frühstück, Zi mit Bad/Du, WC, ☎ und TV, Terrasse, G, P, Markt 38, @, www.obauer-krieger.at, ☎ 0043 (0) 6468/52 10-0, Fax 7 55 23.

11 A-5450 **WERFEN-IMLAU**
A 10 ab Ausfahrten 43 Werfen ca. 800 m und 44 Pfarrwerfen ca. 1000 m
Landgasthof Reitsamerhof ★★★ 52 B, EZ € 34,– bis 45,–, DZ € 58,– bis 74,–, inkl. Frühstück, Zi mit Du, WC und TV, Wirtshausküche mit „Pfiff", Sonnen-terrasse, Ausgangspunkt zur Eisriesenwelt (größte Eishöhle der Welt), ⛽, P, @, www.reitsamerhof.at, ☎ 0043 (0) 6468/53 79, Fax 53 79-4.

11

**Landgasthof Reitsamerhof,
Werfen-Imlau**

⑫ A-5452 PFARRWERFEN
A 10 ab Ausfahrten 43 Werfen 800 m und 44 Pfarrwerfen 900 m
Hotel Burgblick ★★★ 60 B, EZ € 30,– bis 44,–, DZ € 54,– bis 70,–, große Familien- und Mehrbett-Zi. inkl. Frühstücksbuffet, alle Zi mit Du, WC und Sat-TV, teils Balkon, gemütliche Gaststube, Pensions-Menüs, Terrasse, ☳, 🛏, großer P, Dorfwerfen 26, @, www.hotelburgblick.com, ☎ 0043 (0) 6468/5372, Fax 5372 4.

⑬ A-5452 PFARRWERFEN
ab Ausfahrten 43 Werfen und 44 Pfarrwerfen je 1 km
Pension Vocario ★★ 25 B, EZ € 29,– bis 31,–, DZ € 53,– bis 55,–, inkl. Frühstück, alle Zi mit Du, WC und TV, 🍴, G, P, durchgehend geöffnet, Dorfwerfen 39, @, www.vocario.at, ☎ 0043 (0) 6468/5380, Fax 5380.

⑭ A-5500 BISCHOFSHOFEN A 10 ab Ausfahrten 46 Knoten Bischofshofen → Zentrum 6 km und 43 Werfen ca. 5 km
Gasthof Tirolerwirt ★★★ 25 B, EZ € 40,– bis 45,–, DZ € 75,– bis 80,–, inkl. Frühstück, alle Zi mit Bad/Du, WC und Kabel-TV, gemütliches Restaurant, G, P, Gasteiner Str. 3, @, www.tirolerwirt.eu, ☎ 0043 (0) 6462/2776, Fax 27764.

⑮ A-5541 ALTENMARKT A 10 ab Ausfahrt 63 Ennstal 1 km
Hotel Kesselgrub ★★★★ 80 B, EZ € 55,– bis 120,–, DZ € 110,– bis 180,–, inkl. Frühstücksbuffet, alle Zi mit Bad/Du, WC, ☎ und Sat-TV, ▣, 🍴, 🛏, P, Lackengasse 86, @, www.kesselgrub.at, ☎ 0043 (0) 6452/5232, Fax 52324 4.

⑯ A-5542 FLACHAU
A 10 ab Ausfahrt 66 Flachau → Wagrain 2. Kreisverkehr links, 900 m
Harml`s Aparthotel ★★★ 69 B, EZ € 47,–, DZ € 76,–, Appartements 4 B € 152,–, inkl. Frühstück, alle Zi mit Du, WC, ☎, Sat-TV, Balkon, Safe und Kochnische, Bar, 2 Spielzimmer, Spielplatz, ▣, 🛏, P, Reitdorferstr. 243, @, www.harmls-aparthotel.at, ☎ 0043 (0) 6457/2943, Fax 21 16 16.

⑰ A-5542 FLACHAUWINKEL A 10 ab Ausfahrt 74 Flachauwinkel ca. 500 m
Hotel Wieseneck ★★★★ ruhige Lage, 75 B, EZ € 48,–, DZ € 70,– bis 80,–, inkl. Frühstück, alle Zi mit Du, WC, ☎, TV und Safe, gemütliches Restaurant, ▣, 🛏, P, Flachauwinkel 128, @, www.wieseneck.at, ☎ 0043 (0) 6457/2276, Fax 2879.

⑱ A-5542 FLACHAUWINKEL A 10 ab Ausfahrt 74 Flachauwinkel-Süd ca. 300 m
Pension Walchauhof ★★ ruhige Lage, 30 B, EZ € 37,–, DZ € 60,–, inkl. Frühstück, alle Zi mit Du, WC, Sat-TV und Balkon, teils ☎, 🍴, P, Walchauweg 40, @, www.walchauhof.at, ☎ 0043 (0) 6457/2620, Fax 26205.

⑲ A-5584 ZEDERHAUS A 10 → Villach ab Ausfahrt 92 Zederhaus 500 m → Salzburg nur Ausfahrt 104 St. Michael 13 km (Auffahrt Salzburg 300 m)
Gasthof-Pension Jägerwirt ★★ 27 B, EZ € 28,–, DZ € 48,–, Kinder € 12,– im Mehrbett-Zi, inkl. Frühstück, alle Zi mit Bad/Du und WC, gute Küche, 120 Plätze, 🛏, P, Zederhaus 14, @, www.sbg.at/jaegerwirt.zederhaus, ☎ 0043 (0) 6478/535, Fax 535.

⑳ A-5584 ZEDERHAUS A 10 ab Ausfahrten 92 Zederhaus 1 km → Dorf, vor Feuerwehr und 104 St. Michael 12 km →
Ferien-Gästehaus Bauer ★★★ ruhige sonnige Lage, 10 B, EZ € 28,–, DZ € 50,–, alle Zi mit Du, WC und Kabel-TV, Aufenthaltsraum, Garten, 🛏 -Zi, P, Zederhaus 22, @, www.ferienhaus-bauer.at, ☎ 0043 (0) 664/1988485.

㉑ A-5584 ZEDERHAUS A 10 → Villach: ab Ausfahrt 92 Zederhaus 600 m, A 10 → Salzburg ab Ausfahrt 104 St. Michael 13 km, bei Sportplatz abbiegen
Gästehaus Marianne Baier ★★ 11 B, EZ € 28,–, DZ € 50,–, inkl. erweitertem Frühstück, Zi mit Du, WC, Fön und Balkon, Aufenthaltsraum mit Kabel-TV, P, Zederhaus 139, @, www.sbg.at/gaestehaus-lungau, ☎ 0043 (0) 676/9332910.

㉒ A-5582 ST. MICHAEL
A 10 ab Ausfahrt 104 St. Michael ca. 5 km → Mauterndorf/Golfplatz
Landhotel Stofflerwirt ★★★ gepflegter Familienbetrieb, 65 B, EZ € 42,– bis 54,–, DZ € 74,– bis 80,–, inkl. reichhaltigem Frühstücksbuffet, alle Zi mit Bad oder Du, WC, ☎, Sat-TV und WLAN, gemütliches Restaurant, Sauna, Außenpool, großer P und Carport, Hutterstr. 11, @, www.stofflerwirt.at, ☎ 0043 (0) 6477/8293, Fax 82933.

㉓ A-5582 ST. MICHAEL
A 10 ab Ausfahrt 104 St. Michael → B 96 St. Michael → B 99 Katschberg 2 km
Gasthof Stranachwirt ★★★ 30 B, EZ € 37,– bis 60,–, DZ € 74,– bis 94,–, inkl. Frühstücksbuffet, alle Zi mit Bad/Du, WC und Sat-TV, Zi mit Himmelbetten, gemütliches Restaurant, Tennis, Boccia, Sauna, ▣, G, P, Stranach 128, @, www.stranachwirt.com, ☎ 0043 (0) 6477/8319, Fax 831912.

㉔ A-9862 KREMSBRÜCKE
A 10 ab Ausfahrten 113 Rennweg ca. 6 km und 129 Gmünd-Maltatal ca. 9 km
Gasthof Klammer ★★★ ruhige Lage, 23 B, EZ € 28,–, DZ € 54,–, inkl. Frühstück, alle Zi mit Du, WC, Radio und Sat-TV (Premiere), durchgehend warme Küche, Sauna, G, Kremsbrücke 7, @, www.gasthof-klammer.at, ☎ 0043 (0) 4735/2190, Fax 2194.

㉕ A-9862 KREMSBRÜCKE
A 10 ab Ausfahrten 113 Rennweg ca. 6 km und 129 Gmünd-Maltatal ca. 9 km
Gasthof Post ★★ 🄵🄵🄵🄵 30 B, EZ € 32,–, DZ € 56,–, inkl. Frühstück, alle Zi mit Du, WC und TV, gutbürgerliches Essen, Terrasse, TV-Raum, Ferienwohnungen/-häuser, 🛏, G, P, Kremsbrücke 15, @, www.gasthof-glanzer.at, ☎ 0043 (0) 4735/221, Fax 537.

㉖ – ㉝ + ㉛ – ㉜ Einträge siehe Seite 385

1 A-6175 **KEMATEN**
A 12 ab Ausfahrt 87 Zirl-Ost ca. 1,6 km
Gasthof-Pension Rauthhof ★★★ ruhige Lage, 60 B, EZ € 48,– DZ € 76,–, inkl. Früh-
stücksbuffet, alle Zi mit Du, WC, Fön, ☎, Sat-TV und Safe, sehr gute Küche, 🖥, 🚐, P,
So ./., Oberrauthweg 3, @, www.rauthhof.at, ☎ 0043 (0) 5232/2387, Fax 23875.

2 A-6175 **KEMATEN**
A 12 ab Ausfahrt 87 Zirl-Ost ca. 1,5 km
Pension Gattringer ★★★★ 10 B, EZ € 28,– bis 38,– DZ € 56,– bis 76,–, inkl.
Frühstück, alle Zi mit Du, WC, Fön, Kabel-TV und Kühlschrank, P, Rauthweg 20, @,
www.gattringer.info, ☎ 0043 (0) 5232/2566, Fax 2566.

3 A-6401 **INZING** A 12 ab Ausfahrt 91 Zirl-West → Inzing Zentrum 2 km
Gasthof zum Stollhofer ★★★ 57 B, EZ € 38,– bis 44,–, DZ € 76,–, inkl.
Frühstück, alle Zi mit Bad oder Du, WC, Fön, ☎, Radio, Sat-TV und Internet, teils Bal-
kon, 🖥, 🍴, 🚐, P, Salzstr. 6, @, www.gasthof-stollhofer.at, ☎ 0043 (0) 5238/88119,
Fax 88 11 94.

4 A-6100 **MÖSERN-SEEFELD** A 12 ab Ausfahrt 101 Telfs-Ost 7 km
Gasthof-Restaurant Alt-Mösern ★★★ 25 B, EZ € 45,– bis 55,– DZ € 78,– bis 94,–,
inkl. Frühstück, alle Zi mit Bad oder Du, WC, ☎ und Sat-TV, Restaurant, Sauna, 🍴, P,
Mi ./., Möserer Dorfstr. 15, @, www.alt-moesern.at, ☎ 0043 (0) 5212/4737, Fax 4737 10.

5 A-6410 **TELFS**
A 12 ab Ausfahrt 105 Telfs-West und 101 -Ost je 2 km → Zentrum
Hotel Löwen ★★★ 20 B, EZ € 30,– bis 45,– DZ € 72,– bis 86,–, inkl. Frühstücksbuffet, alle Zi mit Bad/Du, WC, ☎ und Sat-TV, teils Balkon, 🚐, P, Untermarktstra-
ße 14, @, www.loewen.co.at, ☎ 0043 (0) 5262/62455.

6 A-6414 **AFFENHAUSEN** A 12 ab Ausfahrt 113 Mötz 9 km und Ausfahrt
105 Telfs 7 km → Mieminger Plateau-Fernpass
Gasthof „Traube" ★★★ 80 B, EZ € 50,–, DZ € 90,–, inkl. Frühstück, alle Zi mit Du,
WC und Balkon, Hallenbad, Whirlpool, Sauna, Tennis, Golf, 🖥, 🚐, G, P, Affenhausen 90, @, www.traube.cc, ☎ 0043 (0) 5264/5111, Fax 5919.

7 A-6460 **IMST** A 12 ab Ausfahrt 132 Imst-Pitztal ca. 1,5 km, links
Hotel Neuner ★★★ 60 B, EZ € 44,– bis 55,–, DZ € 76,– bis 108,–, Nichtraucher-
Zi, inkl. Frühstücksbuffet, alle Zi mit Du, WC, TV, Internet und Safe, teils Balkon,
Restaurant, Bar, Weinkeller, WLAN, Wellness, 🖥, 🍴, 🚐, G, P, Brennbichl 82, @,
www.hotel-neuner.com, ☎ 0043 (0) 5412/63332, Fax 633324.

8 A-6511 **ZAMS** A 12 ab Ausfahrt 145 Zams 1,4 km
Hotel Thurner ★★★ 60 B, EZ € 35,– bis 53,–, DZ € 56,– bis 86,–, 3-Bett-Zi € 84,–
bis 129,–, inkl. Frühstück, alle Zi mit Du, WC, ☎, TV und Safe, teils Balkon, Lift, Restaurant, Terrasse, 🖥, 🍴 € 5,–, 🚐, 🚻, P, Magdalenaweg 6, @, www.hotel-thurner.info,
☎ 0043 (0) 5442/61245, Fax 61245.

12

**Gasthof Bad
Sonnenberg, Nüziders**

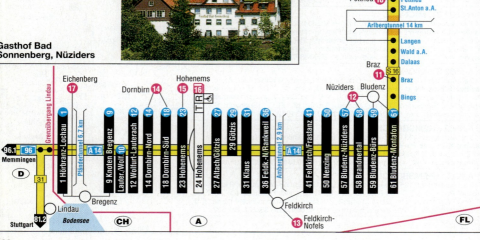

Route diagram (right column):

- Rosenheim — **530**
- R T **72 Ampasser Hof**
- **73 Innsbruck-Ost** — 73
- Innsbruck — Knoten Innsbruck-Amras 74, A 13, Knoten Innsbruck-Berg Isel, Brenner/Italien
- 75 Innsbr.-Mitte 75, A 13, 530
- Knoten Innsbruck-Wilten 77
- **79 Innsbruck-West** — 79
- **83 Kranebitten** — 83
- Garmisch-Partenkirchen — **86 Kematen** — 1-2 Kematen
- 9.4 177 **87 Zirl-Ost** — 87
- **91 Zirl-West** — 91 Inzing **3**
- **96 Pettnau** — T R
- **4** Mösern-Seefeld — A 12
- **101 Telfs-Ost** — 101
- Telfs **5** — **105 Telfs-West** — 105
- **6** Affenhausen
- **113 Mötz/Haiming** — 113
- 189 / 7.9 Füssen — **121 Haiming** in Bau 121
- **123 Ötztal** — 123
- Roppener Tunnel 5,1 km
- Imst 71 **7** — **132 Imst-Pitztal** — 132
- **133 Imst-Au** — 133
- **136 Mils** — 136
- R T **136 Mils** — T R
- **140 Schönwies** — 140 A
- Knoten Oberinntal 144 — Tunnel 180 — Nauders
- **145 Zams/Landeck-Ost** — 145 **8** Zams
- **9**
- **150 Landeck-West** — 150 Landeck
- **155 Pians** — 155
- Flirsch-O. S 16
- Pettneu **10** — Pettneu
- St. Anton a.A.
- Arlbergtunnel 14 km
- Langen
- Wald a.A.
- Dalaas
- Braz S 16 **11** — Braz
- Nüziders Bludenz **12** — Bings
- 61 Bludenz-Montafon

Bottom route diagram (left-right):

- Grenzübergang Lindau
- 96.1 96 / Memmingen — D — 31 — Lindau — Stuttgart 81.2 — Bodensee — CH
- 17 Eichenberg
- Dornbirn 14 — Hohenems 15 — 16 — T R
- **1** Hörbranz-Lochau — Pfändertunnel 6,7 km — A 14 — Bregenz
- **9** Knoten Bregenz — Lauter./Moll. 10 — **12** Wolfurt-Lauterach — **14** Dornbirn-Nord — **18** Dornbirn-Süd — **23** Hohenems — **24** Hohenems — **27** Altach/Götzis — **29** Götzis — **31** Klaus — **36** Feldk.-N/Rankweil — Ambergtunnel 2,9 km — A 14 — **41** Feldkirch/Frastanz — **50** Nenzing — **57** Bludenz-Nüziders — **58** Brandnertal — **59** Bludenz-Bürs — **61** Bludenz-Montafon
- Feldkirch **13** Feldkirch-Nofels — FL — A

❾ A-6500 LANDECK ab Ausfahrt 150 Landeck-West 4 km
Hotel Sonne ★★★ ruhige erhöhte Lage, 70 B, EZ € 30,– bis 50,–, DZ
€ 60,– bis 80,–, inkl. Frühstücksbuffet, alle Zi mit Bad/Du, WC, ☎ und
Sat-TV, Restaurant, Terrasse, Sauna, Kegelbahn, ▭, ⛌, 🚐, P, @,
www.hotel-sonne-landeck.at, ☎ 0043(0)5442/62519, Fax 6251917.

❿ A-6574 PETTNEU S 16 ab Ausfahrt Pettneu 1 km
Hotel Alpina ★★★ 100 B, EZ € 52,– bis 100,–, DZ € 94,– bis 192,–, inkl.
VP, alle Zi mit Du, WC, Fön, ☎, Sat-TV und Internet, Wellnessbereich, 🚐,
P, Dorf 82, @, www.alpina-arlberg.at, ☎ 0043(0)5448/8404, Fax 8554.

⓫ A-6751 BRAZ
S 16 ab Ausfahrt Braz 1 km
Hotel Rössle ★★★ 22 B, EZ € 42,– bis 50,– DZ € 76,– bis 90,–,
inkl. Frühstück, alle Zi mit Bad/Du, WC, Fön, ☎, Sat-TV und Internet, Restaurant, ▭, ⛌, 🚐, Braügerstr. 67, @, www.roesslebraz.at,
☎ 0043(0)5552/281050, Fax 281056.

⓬ A-6714 NÜZIDERS
A 14 ab Ausfahrt 57 Bludenz-Nüziders → Zentrum 2,4 km
Gasthof Bad Sonnenberg ★★ ruhige Lage, 45 B, EZ € 45,– DZ € 78,–,
inkl. Frühstücksbuffet, alle Zi mit Bad/Du, WC, Sat-TV, WLAN und Balkon,
Restaurant, ▭, ⛌, 🚐, großer P, Außerbach 20, @, www.badsonnenberg.at,
☎ 0043(0)5552/64286, Fax 64286.

⓭ A-6800 FELDKIRCH-NOFELS A 14 ab Ausfahrt 36 Feldkirch/
Nord und A 13 ab Ausfahrt 6 Sennwald je 4 km
Hotel-Gasthof Löwen ★★★ 71 Zi, EZ € 46,50, DZ € 76,–, inkl. Frühstücksbuffet, alle Zi mit Du, WC, ☎, Kabel-TV und Radio, Restaurant,
motorradfreundlich, ▭, 🚐, P, Kohlgasse 1, @, www.hotel-loewen.at,
☎ 0043(0)5522/3583, Fax 3583-55.

⓮ A-6850 DORNBIRN A 14 ab Ausfahrt 14 Dornbirn-Nord 3,5 km
und Ausfahrt 18 Dornbirn-Süd 2 km
Hotel Krone ★★★★ 136 B und 28 B in der exklusiven Gartenvilla,
EZ € 50,– bis 129,–, DZ € 81,– bis 169,–, Appartement € 200,–, inkl.
Frühstücksbuffet, alle Zi mit Bad oder Du, WC, ☎, Sat-TV und Minibar,
ausgezeichnete Küche, Tagungsräume, Internetstation ADSL-Funknetz,
Gastgarten, Sauna, Dampfbad, Solarium, ▭, ⛌, 🚐, ♿, P, kein ./., Hat-
ler Str. 2, @, www.kronehotel.at, ☎ 0043(0)5572/22720, Fax 22720-73.

⓯ A-6845 HOHENEMS
A 14 ab Ausfahrt 23 Hohenems → Zentrum 2 km, dann links 300 m
Hotel Schiffle ★★★ 80 B, EZ € 51,– bis 59,–, DZ € 85,– bis 110,–, inkl.
Frühstücksbuffet, alle Zi mit Bad/Du, WC, ☎ und Sat-TV, Restaurant,
günstige HP, Tagungsmöglichkeit, ▭, ⛌, 🚐, ♿, Radetzkystr. 38, @,
www.hotel-schiffle.at, ☎ 0043(0)5576/72432, Fax 7243288.

⓰ A-6845 HOHENEMS an der A 14, beidseitig befahrbar
Shell-Tankstelle ⛽ Öffnungszeiten: Restaurant 6-23 Uhr, Feinkost 0-24
Uhr, ☎ 0043(0)5576/75900, Fax 75900-20.

⓱ A-6911 EICHENBERG
A 14 ab Ausfahrt 1 Lochau 500 m, dann links 4 km
Hotel Schönblick ★★★★ mit Blick auf den Bodensee, Lindau und die
Schweizer Berge, 40 B, EZ € 74,– bis 122,–, DZ € 110,– bis 148,–, inkl.
reichhaltiges Frühstücksbuffet und Benutzung von Hallenbad, Sauna,
Dampfbad und Infrarotkabin, Wohnappartemes € 120,– bis 172,–,
6 Komfort Appartements (Nebenhaus) € 120,– bis 148,–, alle Zi mit Bad
oder Du, WC, ☎, Sat-TV und Kühlschrank, Lift, gehobene regionale
Küche, Aussichts-Terrasse, Solarium, Wohlfühl-Oase, Massagen, Beauty-
Anwendungen, 🚐, G, P, Restaurant Mo ./., Di ab 17 Uhr,
Dorf 6, @, www.schoenblick.at, ☎ 0043(0)5574/45965, Fax 45965-7.

71 IMST-GURGLTAL/TIROL
Egal ob Winter oder Sommer – Imst mit seinen umliegenden Dörfern befriedigt zu jeder Jahreszeit sämtliche Bedürf-
nisse bewegungs- und bildungshungriger Menschen. Ob
Wandern, Raften, Biken, Klettern, Skifahren, Rodeln, Lang-
laufen ... Sportangebote gibt es neben Geselligem und Kul-
turellem in Hülle und Fülle. Für Abwechslung und angenehme Ruhe sorgen je nach Belieben Theater, klassische
oder Open-Air-Konzerte, Sportevents und Schäferfeste.
Highlights: 1. SOS-Kinderdorf der Welt, Alpine Coaster – die
längste Alpen Achterbahn der Welt **(siehe Bild)**, Haus der Fas-
nacht (Imster Schemenlaufen), Starkenberger Biermythos (Bie-
rerlebniswelt), Rosengartenschucht/Blaue Grotte **(siehe Bild)**,
Knappenwelt Gurgltal, Climbers Paradise mit höchster Kletterhal-
le Österreichs, zahlreichen Klettergärten und Klettersteigen uvm.

Information und Buchung:
Tourismusverband Imst-Gurgltal, Johannesplatz 4,
A-6460 Imst, info@imst.at, www.imst.at,
☎ 0043(0)5412/69100, Fax 6910-8.

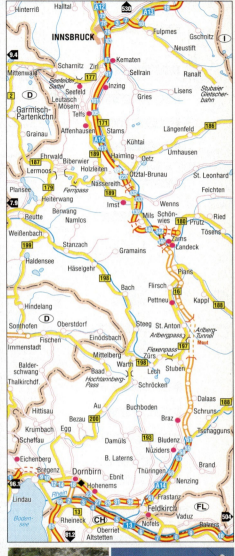

Rosengartenschlucht/   **Alpine Coaster**
Blaue Grotte

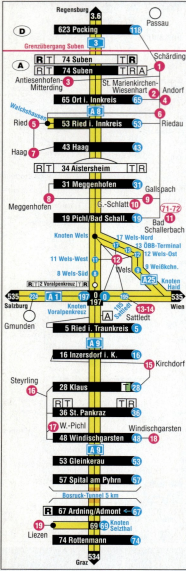

1 A-4780 **SCHÄRDING**
A 3 ab Ausfahrt 118 Pocking ca. 5 km oder A 8 Ausfahrt 74 Suben ca. 9 km
Hotel Biedermeier Hof ★★★ 60 B, EZ € 40,– bis 47,–, DZ € 66,– bis 86,–, Nichtraucher-Zi, inkl. Frühstücksbuffet, alle Zi mit Bad/Du, WC und ☎, Lift, Restaurant, Konferenzräume, Sauna, Solarium, Fitnessraum, Bowling, 🍴, ♿, G, P im Hof, Passauer Str. 8, @, www.biedermeierhof.at, ☎ 0043 (0) 77 12/30 64, Fax 4 46 48.

2 A-4774 **ST. MARIENKIRCHEN-WIESENHART**
A 8 ab Ausfahrt 74 Suben rechts 1 km, dann links Beschilderung „Zimmer 3 km" folgen
Oberraderhof-Ötzlinger ★★★ ruhige Lage, 16 B, EZ € 16,– bis 24,–, DZ € 34,– bis 42,–, Zusatzbett € 15,–, Familien-Zi € 64,–, inkl. Frühstück, alle Zi mit Du, WC und TV, 🍴, @, www.tiscover.com/oberraderhof, ☎ 0043 (0) 77 11/24 03, Fax 24 03.

3 A-4980 **ANTIESENHOFEN-MITTERDING**
ab Ausfahrt 3,5 km → Ried
Daringer Hof ★★★ 16 B, EZ € 25,–, DZ € 40,–, Familien-Zi (5 Personen) € 100,–, inkl. Frühstück, alle Zi mit Du, WC und TV, Mitterding 1, ☎ 0043 (0) 77 59/53 77.

4 A-4770 **ANDORF** A 8 ab Ausfahrt 65 Ort i. Innkreis ca. 16 km → Andorf
Landhotel Bauböck ★★★ modernes Haus in der Ortsmitte, 58 B, EZ € 31,– bis 40,–, DZ € 52,– bis 70,–, inkl. Frühstück, Zi mit Du und Sat-TV, Restaurant mit hervorragender Küche, Innviertler Spezialitäten, Kinderspeisekarte, Vollwertkost, schattiger Garten mit Spielplatz, Sauna, 🛏, 🍴, G, P, Schachingerweg 2, @, www.bauboeck.at, ☎ 0043 (0) 77 66/22 79, Fax 22 79 33.

5 A-4910 **RIED** A 8 ab Ausfahrt 53 Ried im Innkreis ca. 5 km
Der Kaiserhof ★★★★ ruhige Lage im Zentrum, 55 B, EZ € 61,– bis 74,–, DZ € 98,– bis 108,–, Nichtraucher-Zi, inkl. reichhaltigem Frühstücksbuffet, alle Zi mit Du, WC, Fön, ☎, Sat-TV und Internet, Restaurant, Bar, Café, freier P, Marktplatz 5, @, www.derkaiserhof.at, ☎ 0043 (0) 77 52/82 4 88-0, Fax 82 4 88-33.

6 A-4752 **RIEDAU** A 8 ab Ausfahrt 53 Ried 14 km, nach der Post links
Gasthof Autzinger ★★ 17 B, EZ € 35,–, DZ € 48,–, Famlien-Zi (3 B) € 62,–, inkl. Frühstück, alle Zi mit Bad/Du und TV, familiär geführter Betrieb mit österreichischer Küche und schönem Gastgarten, 🍴, 🍴, P, Marktplatz 34, @, www.ivnet.at/autzinger, ☎ 0043 (0) 77 64/83 49, Fax 83 49.

7 A-4680 **HAAG** A 8 ab Ausfahrt 43 Haag 3 km
Gasthof Mittendorfer - Das Gasthaus mitten im Dorf ★★★ zentrale ruhige Lage im Zentrum, 10 B, EZ € 30,–, DZ € 50,–, inkl. Frühstück, alle Zi renoviert mit Du, WC und Sat-TV, gemütliche Gaststube mit regionaler und internationaler Küche, Marktplatz 11, @, www.gasthof-mittendorfer.co.at, ☎ 0043 77 32/22 31, Fax 22 31 20.

8 A-4714 **MEGGENHOFEN** A 8 ab Ausfahrt 31 Meggenhofen ca. 500 m
Gasthof Auzinger ★★★ 60 B, EZ € 40,–, DZ € 68,–, inkl. Frühstück, Zusatz-Bett € 24,–, Zi mit Du, WC und Sat-TV, Mittags- und Abendtisch, Räume bis 150 Personen, Sauna, 🍴, G, P, Meggenhofen 13, @, www.gasthof-auzinger.at, ☎ 0043 (0) 72 47/71 53, Fax 71 53-5.

9 A-4713 **GALLSPACH** A 8 ab Ausfahrt 31 Meggenhofen ca. 4,5 km
Hotel Wienerhof ★★★ im Ortskern, 33 B, EZ € 38,–, DZ € 68,–, inkl. Frühstücksbuffet, HP und VP möglich, alle Zi neu renoviert mit Bad/Du, WC, ☎, Sat-TV und kostenfreiem WLAN, Wienerabende, G, P, Linzer Str. 22, @, www.tiscover.com/wienerhof, ☎ 0043 (0) 72 48/6 26 14-0, Fax 6 26 14-33.

10 A-4713 **GALLSPACH** A 8 ab Ausfahrt 31 Meggenhofen 3 km, Ortsanfang nach Tankstelle rechts, am Berg hochfahren
Landgasthof Waldesruh ★★ 20 B, EZ € 27,–, DZ € 50,–, Familien-Zi € 75,–, inkl. Frühstück, alle Zi mit Du, WC, Sat-TV und Balkon, hofeigene Produkte, Traunsteinstr. 24, @, www.gasthof-waldesruh.at, ☎ 0043 (0) 72 48/6 85 66.

11 A-4701 **BAD SCHALLERBACH**
A 8 ab Ausfahrt 19 Pichl/Bad Schallerbach ca. 2 km
Parkhotel ★★★★ zentrale Lage im Kurpark, 160 B, EZ ab € 68,–, DZ ab € 126,–, inkl. Frühstücksbuffet, alle Zi mit Bad/Du, WC, ☎, TV, Radio und WLAN (High Speed, kostenfrei), Terrassen-Restaurant, Thermalbad innen und außen, 8 verschiedene Saunen und Erlebnisduschen, Ruheräume, Liegewiese, Fitnessraum, Beautyabteilung, Hotelbar, 🍴, G, P, Badstraße 2, @, www.parkhotel-badschallerbach.at, ☎ 0043 (0) 72 49/4 87 81-0, Fax 4 87 81-8.

12 A-4600 **WELS** A 8 ab Ausfahrt 11 Wels-West → Zentrum
Hotel & Restaurant Bayrischer Hof ★★★ EZ ab € 60,–, DZ ab € 88,–, Mehrbett-Zi, Suiten, inkl. Frühstück, alle Zi mit Du, WC, ☎ und Kabel-TV, gutbürgerliche Küche, Seminarraum, Massage, 🍴, Tief-G, P, Restaurant Mo-Fr 17-23 Uhr, nach Vereinbarung auch Mittags, Dr.-Schauer-Straße 21-23, @, www.bayrischerhof.at, ☎ 0043 (0) 72 42/4 72 14, Fax 4 72 14-55.

13 A-4642 **SATTLEDT** A 1 ab Ausfahrt 195 Sattledt 0,5 km
ATH-Check-in 24 h-Traveller Hotel ★★★ 40 B, EZ € 40,– bis 50,–, DZ € 60,– bis 80,–, inkl. Frühstücksbuffet, alle Zi mit Bad/Du, WC, ☎, Sat-TV und Premiere, Restaurant, Hauptstraße 25, @, www.austria-traveller-hotel.at, ☎ 0043 (0) 72 44/88 51, Fax 82 37.

14 A-4642 **SATTLEDT** A 1 ab Ausfahrt 195 Sattledt 0,2 km
EuroHotel Sattledt ★★ 92 Zi, EZ € 50,– bis 74,–, DZ € 91,– bis 111,–, Nichtraucher-Zi, inkl. Frühstücksbuffet, alle Zi mit Du, WC, ☎, Sat-TV und Internetanschluss, 🛏, 🍴, 🍴, ♿, P, 24 h-Check-In, Hauptstraße 1, @, www.azimuthotels.eu, ☎ 0043 (0) 72 44/20 20 60, Fax 20 20 6 00.

6 Gasthof Autzinger, Riedau

⑮ A-4560 KIRCHDORF
ab B 138 ca. 200 m
Hotel Garni in Kirchdorf ⭐⭐ im Zentrum, 53 B, EZ € 39,– bis 49,–, DZ € 59,–
bis 79,–, inkl. Frühstück, alle Zi mit Du, WC und Sat-TV, 🚐, P, Hauptplatz 11, @,
www.hotel-garni-in-kirchdorf.at, ☎ **0043(0)7582/62080**, Fax 90408.

⑯ A-4571 STEYRLING
ab B 138 ca. 3 km
Gasthof Kaiserin Elisabeth ⭐⭐⭐ 29 B, EZ € 35,– DZ € 66,–, inkl. Frühstücksbuffet, alle Zi mit Du, WC, 🐕, Sat-TV und Balkon, gehobene Küche, eigene
Bäckerei und Konditorei, 🍴, 🍷, ♿, G, P, Steyrling 104, @, www.kaiserin-elisabeth.at,
☎ **0043(0)7585/82170**, Fax 821720.

⑰ A-4580 WINDISCHGARSTEN-PICHL
A 9 ab Ausfahrt 48 Windischgarsten → Pießling 2 km
Pension Waldhof ⭐⭐⭐ 12 B, EZ € 30,–, DZ € 60,–, inkl. Frühstück, alle
Zi mit Du, WC, 🐕 und Sat-TV, gemütliches Restaurant, 🚐, G, P, Pichl 54,
☎ **0043(0)7562/8085**.

⑱ A-4580 WINDISCHGARSTEN
A 9 ab Ausfahrt 48 Roßleithen
ATH-Check-in 24 h-Gasthof Kemmetmüller ⭐⭐⭐ 58 B, EZ € 35,– bis 55,–, DZ
€ 60,– bis 100,–, inkl. Frühstücksbuffet, alle Zi mit Bad/Du, WC, 🐕 und Sat-TV, Restaurant, Hauptstraße 22, @, www.kemmet.at, ☎ **0043(0)7562/20066**, Fax 2006633.

⑲ A-8940 LIEZEN
A 9 ab Ausfahrt 69 Knoten Selzthal ca. 3 km → Zentrum → Alpenbad
Berggasthof Zierer ⭐⭐⭐ familiär geführt, ruhige Lage oberhalb von Liezen mit Panoramablick, 12 B, EZ € 35,–, DZ € 64,–, inkl. reichhaltigem Frühstück, Zi mit Du,
WC und Sat-TV, Restaurant mit guter steirischer Küche und Spezialitäten, Gästegarten mit Blick in das Ennstal, Spielplatz, P, Sommer- und Winterbetrieb, Hirschriegelweg 20, @, www.zierer.co.at, ☎ **0043(0)3612/23413**, Fax 23413-4.

❺

**Der Kaiserhof,
Ried**

㉑ BAD SCHALLERBACH
Bekanntes Thermalbad (Eurotherme), nur 2 km von der Abfahrt
Pichl/Bad Schallerbach. Im Ort Thermalschwimmbad, Tennisplätze,
Gesundheitsweg, herrliche Park-
anlagen. Im Sommer täglich Kur-
konzerte. Ideal für Zwischennächti-
gung.

Information und Reservierung:
Parkhotel Stroissmüller,
Badstraße 2,
A-4701 Bad Schallerbach,
office@parkhotel-badschallerbach.at,
www.parkhotel-badschallerbach.at,
☎ **0043(0)7249/48781-0**,
Fax 48781-8.

**⑪ Parkhotel,
Außenansicht mit Pool**

㉒ BAD SCHALLERBACH
Der Gesundheits- und Ferienort in der Vitalwelt ist wie geschaffen für
erholsame Tage in schöner Umgebung bei Sport, Spiel und Spaß. Der
20 ha große Park oder die 60 km langen Rad- und Wanderwege laden
zum Spazieren gehen oder Rad fahren ein. Das EurothermenResort Bad
Schallerbach mit angenehmen 37,5 ° C lädt zu klassischen Therapien
gegen Rheuma und anderen Erkrankungen des Bewegungsapparates
ein. Österreichs attraktivster Wasserpark „Aquapulco" bringt grenzen-
loses Badevergnügen und das „Relaxium" ist das Highlight für alle
Sauna- und Relaxliebhaber. Desweiteren erwartet Sie ein umfangreiches
kulturelles Angebot im Rahmen des Bad Schallerbacher Musiksommers.

Information und Reservierung:
Vitalwelt, Promenade 2, A-4701 Bad Schallerbach,
info@vitalwelt.at, www.vitalwelt.at,
☎ **0043(0)7249/42071-0**, Fax 42071-13.

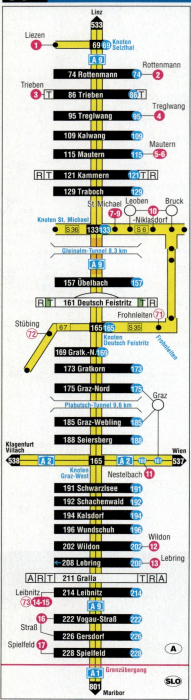

❶ A-8940 LIEZEN
A 9 ab Ausfahrt 69 Knoten Selzthal ca. 3 km → Zentrum → Alpenbad
Berggasthof Zierer ★★★ familiär geführt, ruhige Lage oberhalb von Liezen mit Panoramablick, 12 B, EZ € 35,–, DZ € 64,–, inkl. reichhaltigem Frühstück, Zi mit Du, WC und Sat-TV, Restaurant mit guter steirischer Küche und Spezialitäten, Gästegarten mit Blick in das Ennstal, Spielplatz, P, Sommer- und Winterbetrieb, Hirschriegelweg 20, @, www.zierer.co.at, ☎ 0043 (0) 3612/2 34 13, Fax 2 34 13-4.

❷ A-8786 ROTTENMANN
A 9 ab Ausfahrt 74 Rottenmann 1 km (Stadtzentrum)
Gasthof-Hotel Kofler ★★★ 24 B, EZ € 36,– bis 42,–, DZ € 63,– bis 74,–, inkl. Frühstücksbuffet und Wellnessbenutzung, alle Zi mit Du, WC, ☎, TV und Internet, Spezialitätenrestaurant, P, Hauptstr. 4, @, www.hotelkofler.at, ☎ 0043 (0) 3614/22 25, Fax 22 54.

❸ A-8784 TRIEBEN
A 9 ab Ausfahrt 86 Trieben 1 km → Zentrum
Triebener Hof ★★★ 50 B, EZ € 32,– bis 42,–, DZ € 59,– bis 72,–, Familien-Zi, inkl. Frühstück, alle Zi mit Du, WC und Sat-TV, Restaurant, Fisch- und Wildspezialitäten, gemütliche Gaststube, Gastgarten, ☒, P, Triebener Bundesstr. 5, @, www.triebenerhof.at, ☎ 0043 (0) 3615/22 34, Fax 22 34 55.

❹ A-8782 TREGLWANG
A 9 ab Ausfahrt 95 Treglwang → Ortsmitte 2 km
Gasthof Treglwanger Hof ★★★ renoviert, 14 B, EZ ab € 32,–, DZ ab € 52,–, inkl. Frühstück, alle Zi mit Du, WC und Sat-TV, ausgezeichnete Spezialitätenküche, Sonnenterrasse, ☒ auf Anmeldung, P, Mi ./., Do ab 16 Uhr geöffnet, feinschmecker@ treglwangerhof.at, www.treglwangerhof.at, ☎ 0043 (0) 3617/22 53.

❺ A-8774 MAUTERN A 9 ab Ausfahrt 115 Mautern → Zentrum 1 km
Familiengasthof Maier ★★★ 22 B, EZ € 47,– bis 63,–, DZ € 86,– bis 92,–, Familien-Zi ab € 106,–, inkl. Frühstück, alle Zi mit Bad/Du, WC, ☎, Sat-TV und WLAN, Zi 0-24 Uhr (Nachtglocke), gepflegtes Restaurant, 160 Sitzplätze, ☒, G, P, @, www.familiengasthof-maier.at, ☎ 0043 (0) 3845/22 17, Fax 2 17 17.

❻ A-8774 MAUTERN A 9 ab Ausfahrt 115 Mautern 1,5 km
Haus Bischof ★★★ ruhige Lage, 12 B, EZ € 25,– bis 30,–, DZ € 48,– bis 56,–, Mehrbett-Zi, inkl. Frühstück, alle Zi mit Du, WC und Sat-TV, Ferienwohnung, ⛺, P, Nachtglocke, Bergmannstr. 13, @, www.haus-bischof.at, ☎ 0043 (0) 3845/22 77, Fax 2 00 07.

❼ A-8770 ST. MICHAEL
A 9 ab Ausfahrt 133 Knoten St. Michael ca. 2 km → Zentrum
Pfauenhof Hotel*Wellness ★★★★ 36 B, EZ € 56,– bis 80,–, DZ € 92,–, Appartements ab € 106,–, inkl. Frühstücksbuffet und Wellnesseintritt, alle Zi mit Bad/Du, WC, ☎, Sat-TV, DVD-Player (gratis DVD-Verleih), Internet (kostenfrei) und Minibar, Restaurant, beheiztes Schwimmbad, Saunen, Sanarium, Massagen, Kosmetik, ⛺, G, P, Murweg 11, info@pfauenhof.at, www.pfauenhof.at, ☎ 0043 (0) 3843/4 01 53, Fax 4 01 53 20.

❽ A-8770 ST. MICHAEL
A 9 ab Ausfahrt 133 Knoten St. Michael → Bahnhof St. Michael
Café Desperado ★★★ 13 B, EZ € 40,–, DZ € 60,–, inkl. Frühstück, alle Zi mit Bad/Du, WC, ☎, TV, Internet (kostenfrei) und Minibar, Bar, Spezialitäten, ☒, P, Bundesstr. 38, @, www.cafe-desperado.at, ☎ 0043 (0) 3843/33 52, Fax 3 35 213.

❾ A-8770 ST. MICHAEL
A 9 ab Ausfahrt 133 Knoten St. Michael ca. 2 km → Zentrum
Gasthof Eberhard ★★★ 19 B, EZ € 38,– bis 48,–, DZ € 82,– bis 98,–, DZ als EZ € 58,–, inkl. Frühstück, alle Zi mit Du, WC, Sat-TV und Internet, Restaurant, schöner Gastgarten, Tagungsraum, ☒, P, Restaurant Fr + Sa ./., Raiffeisenstr. 24, st.michael@ gasthof-eberhard.at, www.gasthof-eberhard.at, ☎ 0043 (0) 3843/22 22, Fax 22 22-4.

❿ A-8712 LEOBEN-NIKLASDORF A 9 ab Ausfahrt 133 Knoten St. Michael ca. 13 km, dann Abfahrt Leoben-Ost (direkt an der B 116)
Hotel-Restaurant Brücklwirt ★★★★ 130 B, EZ € 63,–, DZ € 98,–, inkl. Frühstücksbuffet, alle Zi mit Bad oder Du, WC, ☎, TV und Radio, Lift, schönes Restaurant mit behagliche Stüberln, Hotelbar, Weinkeller, Hallenbad, Sauna, Infrarot, großer Park mit Gartenterrasse und Liegewiese, ☒, G, kostenfreier P, Leobnerstraße 90, @, www.brucklwirt.at, ☎ 0043 (0) 3842/8 17 27, Fax 8 17 275.

⓫ A-8302 NESTELBACH A 2 ab Ausfahrt 169 Laßnitzhöhe ca. 1,5 km
Gasthof-Pension „Zur Post" ★★★ 80 B, EZ € 32,– bis 36,–, DZ € 52,– bis 58,–, Mehrbett-Zi, Kinderermäßigung, inkl. Frühstücksbuffet, alle Zi mit Du, WC, ☎, Sat-TV und Internetanschluss, Lift, regionale Küche ab 17 Uhr, ⛺, G, großer P, Hauptstr. 5, @, www.gasthof-post-nestelbach.at, ☎ 0043 (0) 3133/22 07-0, Fax 22 07-230.

⓬ A-8410 WILDON A 9 ab Ausfahrt 202 Wildon → Wildon ca. 2,5 km
Landgasthof Zum Spitzwirt ★★★ Neu umgebauter Landgasthof am Ortseingang von Wildon, 38 B, EZ € 42,–, DZ € 70,–, inkl. Frühstücksbuffet, Zi mit Du, WC und Sat-TV, traditionsreiches rustikales Restaurant, Gartenterrasse mit Weinlaube, großer Saal, gegenüber Badesee, P, Grazer Straße 1, @, www.zum-spitzwirt.at, ☎ 0043 (0) 3182/4 01 21, Fax 3 20 83.

⓭ A-8403 LEBRING A 9 ab Ausfahrt 208 Lebring ca. 3 km
Gasthof Thaller ★★★ 25 B, EZ € 34,–, DZ € 60,–, inkl. Frühstück, alle Zi mit Bad/Du, WC, ☎ und Sat-TV, Restaurant, ☒, ☒, ♿, P, Grazer Str. 3, @, www.gasthof-thaller.com, ☎ 0043 (0) 3182/25 06, Fax 25 06 25.

⑭ A-8430 **LEIBNITZ** A 9 ab Ausfahrt 214 Leibnitz → Zentrum 4 km
Hotel Zur Alten Post ★★★★ 22 Zi, EZ ab € 45,– DZ € 80,– inkl. Frühstücksbuffet,
alle Zi mit Bad, Du, WC, 🕿 und Sat-TV, Restaurant, Sauna, Sparkassenplatz 7, @,
www.zur-alten-post.at, 🕿 0043 3452/8237 3, Fax 8237 3-50.

⑮ A-8430 **LEIBNITZ** A 9 ab Ausfahrt 214 Leibnitz → Zentrum 4 km
Hotel Römerhof ★★★☆ 38 B, EZ ab € 43,– DZ ab € 64,– inkl. Frühstücksbuffet, alle Zi mit Bad/Du, WC, 🕿 und Sat-TV, Restaurant, Marburger Str. 1, @,
www.hotel-roemerhof.info, 🕿 0043 (0) 3452/824 19, Fax 824 19 40.

⑯ A-8472 **STRASS** A 9 ab Ausfahrt 226 Gersdorf 1,5 km
Gasthof Sauer ★★★ 45 B, EZ € 35,– DZ € 60,– bis 64,– inkl. Frühstück, Zi
mit Du, WC, 🕿 und Sat-TV, Gästegarten, 🍴, G, P, Mo ./., Hauptstr. 93, @,
www.gasthof-sauer.at, 🕿 0043 (0) 3453/22 43, Fax 22 436.

⑰ A-8471 **SPIELFELD**
A 9 ab Ausfahrt 228 Spielfeld → Leibnitz → Gersdorf ca. 700 m
Gästezimmer Schoberhof ★★★ ruhige Lage im Grünen, moderne Zi beim Win-
zer, 14 B, EZ € 28,– DZ € 46,– inkl. Frühstück, Zi mit Du, WC und Kabel-TV,
800 m zur slowenischen Grenze, P, Gersdorf 88, @, www.schoberhof-gersdorf.at,
🕿 0043 (0) 3453/26 89, Fax 20 628.

⑦① **FROHNLEITEN**

Gegründet um 1296 zum Schutz der Murbrücke, begann für Frohnleiten
eine bewegte Geschichte. So manches trotzte den Geschehnissen und
Jahren: die Stadtmauer, das Leobner Tor, der Tabor, die Katharinenkirche, das alte Kurhaus. Die allerorts geschmückte Stadt, ausgezeichnet
mit dem Europapreis für Blumenschmuck, verführt zu besinnlichen Spa-
ziergängen.

Informationen und Prospekte:
Tourismusverband Frohnleiten, Hauptplatz 2, A-8130 Frohnleiten,
tourismus@frohnleiten.at, www.frohnleiten.at,
🕿 0043 (0) 3126/2374, Fax 4174.

⑦② **STÜBING**

Das Österreichische Frei-
lichtmuseum gehört zu den
10 größten Freilichtmuse-
en Europas und zeigt als
einziges rund 100 originale
historische bäuerliche Bauten aus ganz Österreich.
Führungen gegen Voran-
meldungen! 01.04.–31.10.,
täglich 9–17 Uhr (Ein-
lass bis 16 Uhr); Aus-
nahme: 01.04.–30.04. und
16.09.–31.10. montags
geschlossen!

Informationen:
Österreichisches Freilichtmuseum Stübing,
Enzenbach 32, A-8114 Stübing,
service@freilichtmuseum.at, www.stuebing.at,
🕿 0043 (0) 3124/537 00.

⑦③ **DIE BESTEN LAGEN. SÜDSTEIERMARK.
LEIBNITZ — WAGNA — SEGGAUBERG**

Die Weinstadt Leibnitz mit ihren Nachbargemein-
den Wagna und Seggauberg — an der A9, 40 km
südlich von Graz gelegen — sind idealer Ausgangspunkt für kulinarische Entdeckungsreisen. Die herr-
lich grünen Weingärten, Wiesen und Wälder sind
bei Weinliebhabern, Sportbegeisterten und Kul-
turhungrigen beliebt. Viele Veranstaltungen sowie
Ausflugsziele wie das Schloss Seggau und das
Landesmuseum Flavia Solva laden zum gemütlichen Verweilen, verbunden mit Geschichte und
Kultur, ein, der Genussplatz Hauptplatz Leibnitz mit
seinen lieblichen Seitengassen zum Flanieren, Shoppen und Genießen.
Das vielseitige Angebot macht „Die besten Lagen. Südsteiermark." zu
einem unverwechselbaren Genussplatz Europas.

Informationen und Prospekte:
Tourismusverband Leibnitz – Wagna – Seggauberg,
Sparkassenplatz 4 a, A-8430 Leibnitz,
office@leibnitz.info, www.leibnitz.info,
🕿 0043 (0) 3452/7 68 11, Fax 71 860.

❼ **Pfauenhof Hotel*Wellness,
St. Michael**

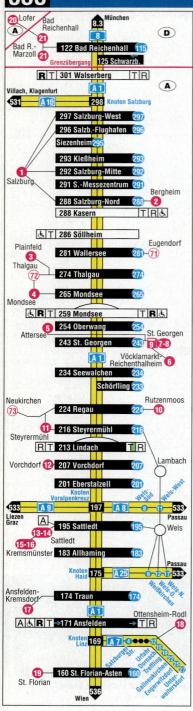

❶ A-5020 SALZBURG
A 1 ab Ausfahrt 296 Flughafen → Zentrum 5. Ampel rechts
Hotel zur Post ★★★ 56 B, EZ € 60,– bis 128,–, DZ € 84,– bis 138,–, inkl. Frühstücksbuffet, alle Zi mit Bad/Du, WC, Fön, Sat-TV, Premiere, Radio, Modem-Anschluss, Safe, teils Minibar, WLAN, Sauna, Solarium, 🖭, 🕭, G, P, Maxglaner Hauptstr. 45, @, www.stadthotel-salzburg.at, ☎ **0043 (0) 662/832 33 90**, Fax 832 33 95.

❷ A-5101 BERGHEIM
A 1 ab Ausfahrt 3 Salzburg-Nord 2 km, dann links, 1 km
Hotel Gasthof Maria Plain ★★★★ ruhige Aussichtslage, 54 B, EZ € 55,– DZ € 98,– inkl. Frühstücksbuffet, alle Zi mit Bad/Du, WC, ☏ und Sat-TV, Restaurant, 🖭, 🕭, 🚐, 🕭, P, Plainbergweg 41, info@mariaplain.com, www.mariaplain.com, ☎ **0043 (0) 662/450 701-0**, Fax 450 701-19.

❸ A-5325 PLAINFELD
A 1 ab Ausfahrt 274 Thalgau Salzburg Ring 5 km
Kirchenwirt ★★ ruhige Lage, 10 B, EZ € 28,–, DZ € 48,–, inkl. Frühstücksbuffet, alle Zi mit Du, WC und Sat-TV, gutbürgerliche Küche, Gästegarten, 🚐, P, Dorf 9, @, ☎ **0043 (0) 6229/24 28**.

❹ A-5310 MONDSEE
A 1 ab Ausfahrt 265 Mondsee 1,5 km → Mondsee Zentrum
ATH-Check-in 24 h-Hotel Krone ★★★ 35 B, EZ € 42,– bis 52,– DZ € 66,– bis 90,–, inkl. Frühstücksbuffet, alle Zi mit Du, WC und Sat-TV, Restaurant, Rainerstraße 1, @, www.hotelkrone.org, ☎ **0043 (0) 6232/2 23 60**, Fax 22 36 43.

❺ A-4864 ATTERSEE
A 1 ab Ausfahrt 243 St. Georgen → Attersee ca. 1 km
Gasthof Hemetsberger ★★★ modernes Haus in ruhiger Lage oberhalb vom Attersee, 48 B, EZ € 31,– bis 35,–, DZ € 62,– bis 70,–, Ferienwohnung, inkl. Frühstück, Zi mit Du, WC und Sat-TV, bodenständiger Küche, regionale Spezialitäten, Garten mit Spielwiese, 🖭, 🕭, 🚐, P, Abtsdorf 16, @, www.hemets.at, ☎ **0043 (0) 7666/77 16**, Fax 77 166.

❻ A-4870 VÖCKLAMARKT-REICHENTHALHEIM
A 1 ab Ausfahrt 243 St. Georgen → St. Georgen → Berg ca. 8 km
Landgasthof Nußbaumer ★★★ Haus in absolut ruhiger Dorflage, 32 B, EZ € 30,–, DZ € 54,–, inkl. Frühstück, moderne Zi mit Du, WC und Sat-TV, teils Balkon, Lift, Restaurant mit regionalen Spezialitäten, Gartenterrasse, 🖭, 🕭, großer P, Reichenthalheim 6, @, www.gasthof-nussbaumer.com, ☎ **0043 (0) 7682/63 45**, Fax 63 45 35.

❼ A-4880 ST. GEORGEN
A 1 ab Ausfahrt 243 St. Georgen
Hotel Fleischhauerei Weismann ★★★ EZ € 40,50 bis 47,50, DZ € 65,– bis 79,–, inkl. Frühstück/HP, alle Zi mit Du, WC, Fön, ☏, Sat-TV und Internet, Lift, Restaurant, Sauna, Fitnessgeräte, Billard, Pool, 🖭, 🚐, P, ganzjährig geöffnet, Bahnhofstr. 48, @, www.weismann.info, ☎ **0043 (0) 7667/63 42**, Fax 63 82.

❽ A-4880 ST. GEORGEN A 1 ab Ausfahrt 243 St. Georgen 1,5 km
ATH-Check-in 24 h-Hotel Attergauhof ★★★ 64 B, EZ € 42,– bis 49,–, DZ € 72,– bis 86,–, inkl. Frühstücksbuffet, alle Zi mit Du, WC, ☏, Sat-TV und Internet, 🖭, 🕭, 🚐, 🕭, G, P, Attergaustr. 41, @, www.attergauhof.at, ☎ **0043 (0) 7667/64 06**, Fax 64 06 15.

❾ A-4880 ST. GEORGEN A 1 ab Ausfahrt 243 St. Georgen
A 1 Tankstelle ⛽ Mercedes-Vertragswerkstatt, Waschanlage, Autoverleih, täglich geöffnet 6-24 Uhr, Attergaustraße, ☎ **0043 (0) 7667/63 68 + 69 19 (Notruf)**.

❿ A-4845 RUTZENMOOS A 1 ab Ausfahrt 224 Regau
ATH-Check-in 24 h-Hotel Weinberg ★★★ 73 B, EZ € 46,– bis 52,–, DZ € 70,– bis 98,–, inkl. Frühstücksbuffet, alle Zi mit Bad/Du, WC, ☏ und Sat-TV, Restaurant, Rutzenmoos 77, @, www.hotel-weinberg.at, ☎ **0043 (0) 7672/2 33 02-0**, Fax 2 33 02-138.

⓫ A-4662 STEYERMÜHL
A 1 ab Ausfahrt 216 Steyermühle → Ohlsdorf → Kohlwehr 1,5 km
Gasthof Waldesruh ★★★ ruhige Waldlage, 12 B, EZ ab € 36,–, DZ ab € 64,–, inkl. Frühstück, bei Kurzaufenthalt Zuschlag € 4,–, alle Zi mit Du, WC, ☏ und Sat-TV, Restaurant, Gartenterrasse, 🚐, P, Kohlwehr 1, gasthof@waldesruh.at, www.waldesruh.at, ☎ **0043 (0) 7613/31 43**, Fax 3 14 34.

⓬ A-4655 VORCHDORF A 1 ab Ausfahrt 207 Vorchdorf 0,5 km
ATH-Check-in 24 h-Hoftaverne Ziegelböck ★★★ 40 B, EZ € 35,– bis 45,–, DZ € 50,– bis 65,–, inkl. Frühstücksbuffet, alle Zi mit Bad/Du, WC und Sat-TV, Restaurant, Lambacher Str. 8, @, www.hoftaverne.at, ☎ **0043 (0) 7614/63 35**, Fax 63 358.

⓭ A-4642 SATTLEDT A 1 ab Ausfahrt 195 Sattledt 0,5 km
ATH-Check-in 24 h-Traveller Hotel ★★★ 40 B, EZ € 40,– bis 50,–, DZ € 60,– bis 80,–, inkl. Frühstücksbuffet, alle Zi mit Bad/Du, WC, ☏, Sat-TV und Premiere, Restaurant, Hauptstraße 25, @, www.austria-traveller-hotel.at, ☎ **0043 (0) 7244/88 51**, Fax 82 37.

⓮ A-4642 SATTLEDT A 1 ab Ausfahrt 195 Sattledt 0,2 km
EuroHotel Sattledt ★★ 92 Zi, EZ € 50,– bis 74,–, DZ € 91,– bis 111,–, Nichtraucher-Zi, inkl. Frühstücksbuffet, alle Zi mit Du, WC, ☏, Sat-TV und Internetanschluss, 🖭, 🕭, 🚐, 🕭, P, 24 h-Check-In, Hauptstraße 1, @, www.azimuthotels.eu, ☎ **0043 (0) 7244/20 20 60**, Fax 20 20 62 00.

⑮ A-4550 KREMSMÜNSTER A 1 ab Ausfahrt 195 Sattledt-Voralpenkreuz 7 km
Hotel Schlair ★★★ 60 B, EZ € 58,–, DZ € 85,–, 4 Appartements bis 6 Personen, inkl. Frühstück aus eigener Bäckerei-Konditorei, alle Zi mit Bad/Du, WC, ☏, Sat-TV und Minibar, Chef des Hauses kocht regionale Schmankerl, 🍴, G, Franz-Hönig-Straße 16, @, www.hotelschlair.at, ☎ **00 43 (0) 75 83 / 5 25 80**, Fax 52 58 52.

⑯ A-4550 KREMSMÜNSTER
A 1 ab Ausfahrt 195 Sattledt ca. 7 km und A 9 ab Ausfahrt 5 Ried i. Traunkreis 6 km
Gasthof König ★★★ 44 B, EZ € 48,–, DZ € 78,–, inkl. Frühstücksbuffet, alle Zi mit Du, WC, ☏, Sat-TV und Internet, Restaurant, 🍴, 🚐, P, Bahnhofstr. 48, @, www.gasthof-koenig.at, ☎ **00 43 (0) 75 83 / 52 17**, Fax 52 17 91.

⑰ A-4052 ANSFELDEN-KREMSDORF
A 1 ab Ausfahrt 174 Traun → Kremsdorf 2 km
Gasthof Hotel Stockinger ★★★ ruhige Lage, 200 B, EZ € 50,– bis 69,–, DZ € 84,– bis 104,–, inkl. Frühstücksbuffet, Nichtraucher-Zi mit Du, WC, ☏, Sat-TV und Internet, Restaurant, 🍴, 🚐, ♿, Ritzlhofstr. 65, @, www.stocki.at, ☎ **00 43 (0) 72 29 / 88 32 10**, Fax 8 83 21 72.

⑱ A-4100 OTTENSHEIM-RODL A 7 ab Ausfahrt 12 → Rohrbach B 127 → B 131
Landgasthof Rodlhof ★★★ an der B 131, 60 B, EZ € 38,–, DZ € 64,–, inkl. Frühstücksbuffet, alle Zi mit Du, WC und TV, Hausmannskost, Gastgarten mit Spielplatz, 10 km bis Linz, 🚐, P, Haus-Nr. 11, zimmerreservierung@rodlhof.at, www.rodlhof.at, ☎ **00 43 (0) 72 34 / 83 7 90**, Fax 83 79 04.

⑲ A-4490 ST. FLORIAN
A 1 ab Ausfahrt 160 St. Florian-Asten → Zentrum 5 km
ATH-Check-in 24 h-Landgasthof zur Kanne ★★★ 64 B, EZ € 48,–, DZ € 76,–, inkl. Frühstücksbuffet, alle Zi mit Du, WC, Sat-TV und Internet, 🍴, P, Marktplatz 7, @, www.koppler.at, ☎ **00 43 (0) 72 24 / 42 88**, Fax 42 88 42.

⑳ A-5090 LOFER
A 8 ab Ausfahrten 112 Traunstein/Siegsdorf und 115 Bad Reichenhall je 30 km
Hotel Restaurant Café Dankl ★★★★ 40 B, EZ € 42,– bis 50,–, DZ € 70,– bis 92,–, inkl. Frühstück, alle Zi mit Bad/Du, WC, ☏, Sat-TV und Internet, teils Kühlschrank und Balkon, 🍴, 🚐, ♿, P, Lofer 207, @, www.cafedankl.at, ☎ **00 43 (0) 65 88 / 86 25-0**, Fax 86 25-5.

㉑ Bad Reichenhall und -Marzoll siehe Route 8.3

㉑ EUGENDORF – Das freundliche Wirte-Dorf
Neun Eugendorfer Wirte setzen mit dem Kulinarium Eugendorf auf gemeinsame Werbung und Aktionen für Gäste. Diese Form der gelebten Zusammenarbeit reicht bis ins Jahr 1996 zurück und hat das Ziel, auf die kulinarische Vielfalt in Eugendorf aufmerksam zu machen. In Eugendorf können Sie im Grünen wohnen, Brauchtum und die Kultur Salzburgs genießen.

Informationen und Prospekte:
Tourismusverband Eugendorf, Salzburger Str. 7,
A-5301 Eugendorf, info@eugendorf.com, www.eugendorf.com,
☎ **00 43 (0) 62 25 / 84 24**, Fax 77 73.

㉒ THALGAU
Das Dorf nahe der Mozartstadt Salzburg (18 km) und den Salzkammergut-Seen. Der reizvolle Urlaubsort mit günstigen Übernachtungsmöglichkeiten. Behagliche Ausstattung und regionale Küche tragen zum Wohlbefinden ebenso bei, wie die liebenswürdige Charme der Landschaft. Ein Freizeitzentrum mit Schwimmbad, Beach-Volleyball, Sauna, Tennis- und Minigolfplatz sowie ein gut ausgebautes Rad- und Wandernetz fördern Erholung und Entspannung.

Information und Prospekte:
Tourismusverband Thalgau,
A-5303 Thalgau,
tourismus@thalgau.at, www.thalgau.at,
☎ **00 43 (0) 62 35 / 73 50**, Fax 61 28.

㉓ WILDPARK HOCHKREUT – mit Panorama-Museum
1000 m Seehöhe zwischen Atter- und Traunsee. Herrlicher Panoramablick in die Berge des Salzkammerguts. Über 200 Wildtiere. Vogelstimmen- und Pilzlehrpfad, Frosch-Lehrtümpel. Gaststätte im Park. Zufahrt: Autobahnabfahrt „Regau" über Gmunden, Altmünster am Traunsee nach Neukirchen oder Autobahnabfahrt „Seewalchen" über Steinbach am Attersee nach Neukirchen.

Information und Prospekte:
Wildpark Hochkreut, Aurachberg 60,
A-4814 Neukirchen, info@wildpark.co.at, www.wildpark.co.at,
☎ **00 43 (0) 76 18 / 82 05**, Fax 8 20 54.

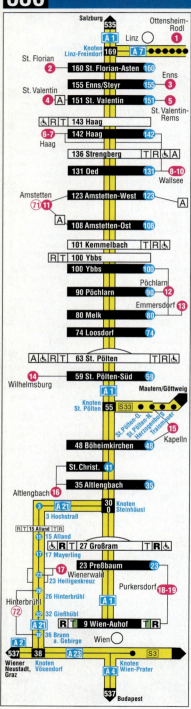

❶ A-4100 OTTENSHEIM-RODL
A 7 ab Ausfahrt 12 → Rohrbach B 127 → B 131
Landgasthof Rodlhof ★★★ an der B 131, 60 B, EZ € 38,– inkl. Frühstücksbuffet, alle Zi mit Du, WC und TV, Hausmannskost, Gastgarten mit Spielplatz, 10 km bis Linz, 🚪, P, Haus-Nr. 11, zimmerreservierung@rodlhof.at, www.rodlhof.at, ☎ 0043 (0) 7234/83790, Fax 83790 4.

❷ A-4490 ST. FLORIAN A 1 ab Ausfahrt 160 St. Florian-Asten → Zentrum 5 km
ATH-Landgasthof zur Kanne ★★★ 64 B, EZ € 48,–, DZ € 76,–, inkl. Frühstücksbuffet, alle Zi mit Du, WC, Sat-TV und Internet, 🚪, 🍴, P, Marktplatz 7, @, www.koppler.at, ☎ 0043 (0) 7224/4288, Fax 42 88 42.

❸ A-4470 ENNS A 1 ab Ausfahrt 155 Enns/Steyr ca. 1500 m
Hotel am Limes ★★★ 26 B, EZ € 40,–, DZ € 58,–, DZ als EZ € 43,–, inkl. Frühstück, alle Zi mit Bad/Du, WC, 🕾, TV und freiem Internetzugang, Restaurant mit Platz für 70 Gäste, Terrasse, 🍴, P, Stadlgasse 2 b, office@hotelamlimes.at, www.hotelamlimes.at, ☎ 0043 (0) 7223/86401, Fax 86 40 164.

❹ A-4300 ST. VALENTIN A 1 ab Ausfahrt 151 St. Valentin 1,5 km
ATH-Check-in 24 h-Hotel zur Post ★★★ 58 B, EZ € 38,– bis 48,–, DZ € 56,– bis 70,–, inkl. Frühstücksbuffet, alle Zi mit Bad oder Du, WC, 🕾, TV und Balkon, Restaurant, 🚪, 🍴, 🚪, G, P, Westbahnstr. 36, @, www.hotel-rogl.at, ☎ 0043 (0) 7435/52377, Fax 523775.

❺ A-4300 ST. VALENTIN-REMS
A 1 ab Ausfahrt 151 St. Valentin ca. 1,4 km → Rems
Pension Remserhof ★★★ 55 B, EZ € 29,–, DZ € 38,–, Frühstück € 6,– pro Person, alle Zi mit Du, WC und TV, 🚪, 🍴, 🚪, P, So ./., Remser Dorfstr. 17, remserhof@aon.at, www.remserhof.de.vu, ☎ 0043 (0) 7435/53553, 0043 (0) 664/1810160, Fax 0043 (0) 7435/70971.

❻ A-3350 HAAG A 1 ab Ausfahrt 142 Haag 4 km
Gasthof Hotel Mitter ★★★ 18 B, EZ € 38,–, DZ € 75,–, inkl. Frühstück, alle Zi mit Bad/Du, WC, 🕾 und Sat-TV, Hauben Restaurant, 🚪, P, Do ./., Linzer Str. 11, @, www.mitter-haag.at, ☎ 0043 (0) 7434/42426-0, Fax 42426-42.

❼ A-3350 HAAG A 1 ab Ausfahrt 142 Haag 4 km
Gasthof Stöffelbauer ★★ 20 B, EZ € 21,– bis 30,–, DZ € 32,– bis 50,–, inkl. Frühstück, Zi mit Du, WC und Sat-TV, Restaurant, 🚪, P, Linzer Str. 17, @, www.stefflwirt.at, ☎ 0043 (0) 7434/42310, Fax 423105.

❽ A-3313 WALLSEE A 1 ab Ausfahrt 131 Oed 5 km
Landgasthof Fleischerei Sengstbratl ★★★ ruhige Lage im Zentrum, 30 B, EZ € 30,–, DZ € 52,–, inkl. Frühstück, alle Zi mit Du, WC, Fön, Sat-TV und Radio, Restaurant, 🚪, P (im Innenhof), Marktplatz 21, @, www.mostviertel.com/sengstbratl, ☎ 0043 (0) 7433/2203, Fax 22034.

❾ A-3313 WALLSEE
A 1 ab Ausfahrten 131 Oed 5 km und 142 Haag 9 km
Gasthof Grünling ★★★ 18 B, EZ € 33,–, DZ € 52,–, inkl. Frühstück, alle Zi mit Du, WC und Sat-TV, Restaurant, 🚪, P, Marktplatz 7, @, www.gasthof-gruenling.at, ☎ 0043 (0) 7433/2231, Fax 22314.

❿ A-3313 WALLSEE
A 1 ab Ausfahrt 131 Oed 5 km
Pension Hickersberger ★★★ ruhige Lage mit Donaublick, 10 B, EZ € 26,–, DZ ab € 48,–, Nichtraucher-Zi, ermäßigte Familien-Zi, inkl. Frühstücksbuffet, alle Zi mit Du, WC und Sat-TV, Aufenthaltsraum mit Teeküche, Pool im Garten, 🍴, Altarmstr. 17, @, www.hickersberger.at, ☎ 0043 (0) 7433/2550, 0043 (0) 650/3313170.

⓫ A-3300 AMSTETTEN
A 1 ab Ausfahrt 108 Amstetten-Ost 12 km und 123 Amstetten-West 3 km
Stadthotel Gürtler ★★★ im Zentrum gelegen, 75 B, EZ € 45,– bis 70,–, DZ € 88,– bis 100,–, inkl. Frühstück, alle Zi mit Du, WC und TV, Restaurant, Sauna, familiär geführtes gutbürgerliches Haus, P im Hof, Rathausstr. 13, @, www.stadthotel-guertler.at, ☎ 0043 (0) 7472/62765, Fax 68865.

⓬ A-3380 PÖCHLARN
A 1 ab Ausfahrt 90 Pöchlarn 2 km → Bahnhof
Hotel-Restaurant Moser ★★★ 60 B, EZ € 38,– bis 56,–, DZ € 63,– bis 83,–, inkl. Frühstücksbuffet, alle Zi mit Du, WC, Fön, 🕾, Sat-TV und Radiowecker, regionale Küche, 🚪, P, im Januar geschlossen, Bahnhofplatz 3, @, www.hotelmoser.at, ☎ 0043 (0) 2757/2448, Fax 2833.

⓭ A-3644 EMMERSDORF/DONAU
A 1 ab Ausfahrt 80 Melk → linkes Donauufer 3,5 km
Hotel-Restaurant Donauhof ★★★★ 64 B, EZ € 50,– bis 67,–, DZ € 70,– bis 126,–, inkl. Frühstücksbuffet, alle Zi mit Bad/Du, WC, 🕾, Sat-TV, Hifi-Anlage, WLAN, Minibar und Zimmersafe, Restaurant, Vinothek, Fahrradverleih, 🚪, G, großer kostenloser P, Emmersdorf 40, @, www.pichler-wachau.com, ☎ 0043 (0) 2752/71777, Fax 7177744.

⓮ A-3150 WILHELMSBURG
A 1 ab Ausfahrt 59 St. Pölten-Süd → B 20 ca. 10 km
Landgasthof Seminarhotel Reinberger ★★★ 28 B, EZ € 42,– bis 52,–, DZ € 72,– bis 82,–, inkl. Frühstück, alle Zi mit Bad oder Du, WC, 🕾 und Sat-TV, Nichtraucheranschluss, Restaurant, regionale Spezialitäten-Küche, Gastgarten, 🚪, P, Kreisbacher Str. 11, @, www.landgasthof-reinberger.at, ☎ 0043 (0) 2746/2364, Fax 236435.

⑮ A-3141 KAPELLN A 1 ab Ausfahrt 48 Böheimkirchen 9 km und S 33 ab Ausfahrt St. Pölten-Nord B 1 → Wien 5 km
Zöchbauer Hotel Garni ★★★ 28 B, EZ € 36,– bis 38,–, DZ € 56,– bis 60,–, inkl. Frühstück, alle Zi mit Du, WC und Sat-TV, teils WLAN, 🛏, P, Hauptstr. 9, info@zoechbauer.at, www.zoechbauer.at, ☎ 00 43 (0) 27 84/22 20, Fax 77 190.

⑯ A-3033 ALTLENGBACH
A 1 ab Ausfahrten 35 Altlengbach ca. 1,5 km und 41 St. Christophen ca. 5 km
Hotel-Restaurant Steinberger ★★★★ 130 B, EZ € 45,–, DZ € 67,–, inkl. Frühstück, Zi-Preise gelten „nur" bei Vorlage dieses Buches, alle Zi mit Bad/Du, WC und Sat-TV, Lift, regionale Spezialitäten-Küche, Terrassen-Restaurant, Konferenzräume, Hallenbad, Sauna, 🛏, P, Hauptstr. 52, @, www.steinberger-hotels.at, ☎ 00 43 (0) 27 74/22 89-0, Fax 28 74.

⑰ A-2392 WIENERWALD
A 21 ab Ausfahrt 23 Heiligenkreuz ca. 10 km → Sittendorf → Dornbach → Gruberau
Hotel Restaurant Schusternazl ★★★★ modernes Haus mitten im Wienerwald, 105 B, EZ € 50,–, DZ € 88,–, inkl. Frühstücksbuffet, Zi mit Du, Sat-TV und WLAN, Restaurant mit internationaler und österreichischer Küche, saisonale Schmankerl, Terrasse, Hauskapelle mit Parkanlage, Konferenzräume, beheiztes Freibad, Sauna, Solarium, Dampfbad, Whirlpool, Tennisplatz, 20 km bis Wien oder Baden, 🛏, 🛏, P, Heiligenkreuzer Straße 12, @, www.schusternazl.at, ☎ 00 43 (0) 22 38/82 26, Fax 84 51.

⑱ A-3002 PURKERSDORF
A 1 ab Ausfahrt 9 Auhof B 1 Purkersdorf 3 km, neben Esso-Tankstelle links
Hotel Friedl ★★★ 94 B, EZ € 45,– bis 58,–, DZ € 60,– bis 86,–, inkl. Frühstück, alle Zi mit Bad/Du, WC, ☎ und Kabel-TV, Lift, Wiener Küche, 200 Plätze, 🛏, 🛏, großer P, Wiener Str. 46, @, www.hotel-friedl.at, ☎ 00 43 (0) 22 31/63 49-0, Fax 63 49-13.

⑲ A-3002 PURKERSDORF
ab Ausfahrten 23 Preßbaum 12 km und 9 Auhof 3 km
Hotel Waldhof ★★★ ruhige Waldlage, 85 B, EZ € 40,– bis 49,–, DZ € 52,– bis 66,–, inkl. Frühstück, HP möglich, alle Zi mit Du, WC, ☎ und Sat-TV, Lift, Nähe S-Bahnhof, 🛏, 🛏, G, P, A.-W.-Prager-Gasse 10, @, www.waldhof-gross.at, ☎ 00 43 (0) 22 31/62 22 5, Fax 65 707.

⑲

Hotel Waldhof, Purkersdorf

㉛ AMSTETTEN
Bezirksstadt im westlichen Niederösterreich; außerordentlich günstige Lage, unmittelbare Verbindung zur Westautobahn und zur Donau, Tor zum herrlichen Ybbstal und zum Gesäuse. Kultur und Freizeit: Tennis, Squash, Reiten, Schwimmen, Minigolf, Wandern, Theater-Sommerfestspiel und vieles mehr. Sehenswertes: Rathaus-Wahrzeichen, Lokomotivdenkmal, Pfarrkirche St. Stephan, Herz Jesu, St. Agatha- und Klosterkirche, Mostviertler Bauernmuseum, mittelalterliche Schlossanlage Ulmerfeld mit Museum und Aussichtsturm.
Information und Prospekte:
Kultur- und Tourismusbüro Amstetten, Hauptplatz 29, A-3300 Amstetten, tourismus@amstetten.at, www.amstetten.at, ☎ 00 43 (0) 74 72/601-454, Fax 601-455.

Rathaus Amstetten

㉜ HINTERBRÜHL
Motorbootfahren auf Europas größtem unterirdischen See (6200 qm). Ganzjährig geöffnet, Führungen täglich, 🛏.

Information und Prospekte:
Seegrotte Hinterbrühl Schaubergwek GmbH, Grutschgasse 2a, A-2371 Hinterbrühl, office@seegrotte.at, www.seegrotte.at, ☎ 00 43 (0) 22 36/2 63 64, Fax 2 63 64.

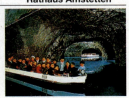

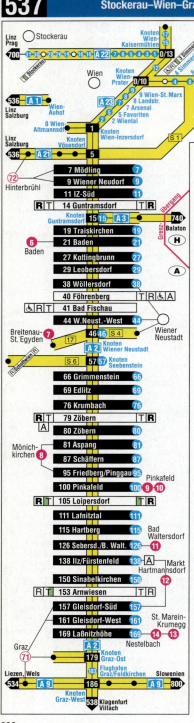

537 Stockerau–Wien–Graz 236 km • Wien-Mosonmagyróvár 84 km

 A

Linz Prag — Stockerau

700 — Stockerau

Knoten Wien-Kaiermühlen 17 15

3 Simmeringer Heide
Knoten Wien-Prater 0/10
4 Simmeringer Haide
8 Knoten Schwechat
13 Flughafen
19 Fischamend
26 Güterzufahrt
32 Bruck a.d.L.-West
36 Bruck a.d.L.-Ost
40 Parndorf
43 Neusiedl
51 Mönchhof
57 Mönchhof/Gols
84 Nickelsdorf

Bratislava 720
Moson-magyróvár
Bratislava 720 Grenzübergang

Wien

9 Wien-St. Marx
8 Landstr.
7 Arsenal
5 Favoriten
2 Wiental
0 Wien-Altmannsdf
Knoten Wien-Inzersdorf

Knoten Bruck-neudorf

Weiden
Gols
Budapest 740

536 Linz Salzburg A 1 Wien-Auhof A 23

536 Linz Salzburg A 21

Gallbrunn 3
Bruck 4
Wilfleinsdorf 5

1 Weiden
2 Gols

Knoten Vösendorf 5

7 Mödling	7
9 Wiener Neudorf	9
11 IZ-Süd	11
R T 14 Guntramsdorf T R	
Knoten Guntramsdorf 15 15 A3	740 Balaton
19 Traiskirchen	19
21 Baden	21
27 Kottingbrunn	27
29 Leobersdorf	29
38 Wöllersdorf	38
40 Föhrenberg	T R A
R T 41 Bad Fischau	
44 W.Neust.-West	44
46 46 S4 17	Wiener Neustadt
Knoten Wiener Neustadt A2	
57 57 S6	Knoten Seebenstein
66 Grimmenstein	66
69 Edlitz	69
76 Krumbach	76
R T 79 Zöbern T R A	
80 Zöbern	80
81 Aspang	81
87 Schäffern	87
95 Friedberg/Pinggau	95
100 Pinkafeld	100 9 10
R T 105 Loipersdorf T R	
111 Lafnitztal	111
115 Hartberg	115
126 Sebersd./B. Walt.	126 11
138 Ilz/Fürstenfeld	138 A
150 Sinabelkirchen	150
R T 153 Arnwiesen T R	12
157 Gleisdorf-Süd	157
161 Gleisdorf-West	161
169 Laßnitzhöhe	169 14 13
A2	
179	Knoten Graz-Ost
183	Flughafen Graz/Feldkirchen
534 A9 186 A9 800	
538	Knoten Graz-West

72 Hinterbrühl

6 Baden

7 Breitenau-St. Egyden

8 Mönich-kirchen

Pinkafeld

Bad Waltersdorf

Markt Hartmannsdorf

St. Marein-Krumegg

Nestelbach

Graz
71
Liezen, Wels
Slowenien
Klagenfurt Villach

---

1 **A-7121 WEIDEN** A 4 ab Ausfahrt 51 Weiden/Gols ca. 6 km → Weiden
Thüringer's Gästehaus ★★★ 16 B, EZ € 42,– DZ € 70,–, inkl. Frühstücksbuffet, ruhige Zi mit Du, WC, TV und Kühlschrank, Vinothek, Sauna, Terrasse, Friedhofgasse 38, @, www.thueringer.co.at, ☎ 0043 (0) 21 67/71 23, Fax 7123 11.

2 **A-7122 GOLS** A 4 ab Ausfahrt 51 Weiden/Gols ca. 6 km → Gols
Weinhotel Kirchenwirt ★★★ ruhige Lage, 70 B, EZ € 29,–, DZ € 56,–, inkl. Frühstücksbuffet, moderne geräumige Zi mit Du, WC, Fön, ☎, TV, Minibar und Klimaanlage, Wellness-Zi mit Whirlpool und Dampf-Du, Spezialitäten-Restaurant mit Wintergarten, Seminarräume, Untere Hauptstr. 43, www.kirchenwirt-gols.eu, ☎ 0043 (0) 21 73/23 63, Fax 23 634.

3 **A-2463 GALLBRUNN**
A 4 ab Ausfahrt 32 Bruck-West ca. 8 km → Bruck/Leitha → Schwechat B 10
Landgasthof & Hotel Muhr ★★★★ ruhige Lage, 30 B, EZ € 49,– bis 95,–, DZ € 78,– bis 130,–, inkl. Frühstücksbuffet, alle Zi mit Du, WC, Fön, TV, Internet und Minibar, ausgezeichnete Küche, großer Garten, Terrasse, Weinkeller, ca. 15 Minuten bis Flughafen Wien/Transferservice, 20 Minuten zum Stadion, Hauptstr. 87, @, www.muhr.co.at, ☎ 0043 (0) 22 30/28 58, Fax 28 58 58.

4 **A-2460 BRUCK/LEITHA**
A 4 ab Ausfahrt 32 Bruck a. d. L.-West ca. 3 km → Bruck/Leitha
Hotel Rumpler ★★★ 66 B, EZ € 35,– bis 40,–, DZ € 55,– bis 60,–, inkl. Frühstücksbuffet, alle Zi mit Bad/Du, WC und TV, Swimmingpool, G, P, Altstadt 86, @, www.hotel-rumpler.at, ☎ 0043 (0) 21 62/62 739, Fax 62 739 40.

5 **A-2462 WILFLEINSDORF**
A 4 ab Ausfahrt 32 Bruck a. d. L. West → Bruck → Wilfleinsdorf ca. 5 km
Pension Geyer ★★★ modernes Haus in ruhiger Dorflage, 55 B, EZ € 35,–, DZ € 54,–, Appartements bis 6 Personen ab € 60,–, inkl. Frühstück, Zi mit Du, WC und Sat-TV, Gästezimmer, Aufenthaltsraum, Gartenhof, eigener Weinbau und Heuriger, 8 km zum Neusiedler See, ☎, geschlossener P im Hof, Hauptstraße 48, @, www.geyers.at, ☎ 0043 (0) 21 62/65 144, Fax 654 03.

6 **A-2500 BADEN** A 2 ab Ausfahrt 21 Baden ca. 2,6 km
Motel Baden ★★★ 65 B, EZ € 53,– bis 60,–, DZ € 82,– bis 88,–, inkl. Frühstücksbuffet, alle Zi mit Bad oder Du, WC, ☎ und Kabel-TV, Restaurant-Café, ☎, G, P, Haidhofstr. 2, @, www.motel-baden.at, ☎ 0043 (0) 22 52/87 13 10, Fax 87 13 16.

7 **A-2624 BREITENAU-ST. EGYDEN**
A 2 ab Ausfahrt Knoten 46 Wiener Neustadt (A 2/S 4) → Neunkirchen-Ost, Anschluss B 17 (Neunkirchnerallee) ca. 4 km (beim Kreisverkehr)
Hotel-Restaurant Schwartz ★★★ 85 B, EZ € 53,–, DZ € 78,–, inkl. Frühstücksbuffet, alle Zi mit Du, WC, ☎, Sat-TV und Minibar, gutbürgerliche Küche, Sauna, Dampfbad, Infrarotkabine, ☎, ☎, ☎, ☎, P, kein ./., Bahnstr. 70/Neunkirchner Allee, @, www.hotel-schwartz.at, ☎ 0043 (0) 26 38/7 77-17, Fax 7 77-27 40.

8 **A-2872 MÖNICHKIRCHEN**
A 4 ab Ausfahrten 81 Aspang und 95 Friedberg/Pinggau je ca. 11 km
Gasthaus Dreiländerblick ★★★ 19 B, EZ € 28,–, DZ € 54,–, alle Zi mit Du, WC und Sat-TV, teils Balkon, Restaurant mit Sonnenterrasse, Weine aus eigenem Anbau, Wellnessraum, Ski- und Wandergebiet, ca. 980 m Seehöhe, Wechsel-Panoramastraße 276, @, www.3laenderblick.eu, ☎ 0043 (0) 26 49/2 98, Fax 81 988.

9 **A-7423 PINKAFELD** A 2 ab Ausfahrt 100 Pinkafeld ca. 50 m
Rekord Café Restaurant ✗ modernes Restaurant und Café im Gewerbegebiet West, Frühstück ab 6 Uhr, Tagesmenü € 5,90, ganzjährig Jausenkarte, kostenfreies Internet, ☎, P, Wirtschaftspark-West 9, @, www.rekord-cafe.at, ☎ 0043 (0) 33 57/4 21 16, Fax 4 21 16.

13

Dorfwirt Krumegg, St. Marein-Krumegg

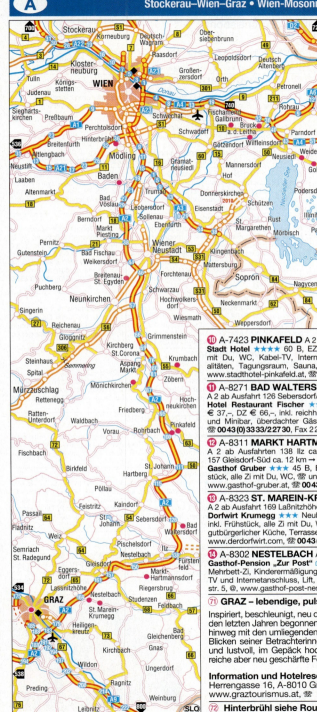

10 A-7423 **PINKAFELD** A 2 ab Ausfahrt 100 Pinkafeld → Zentrum 2,5 km
Stadt Hotel ★★★★ 60 B, EZ € 60,– DZ € 88,–, inkl. Frühstücksbuffet, alle Zi mit Du, WC, Kabel-TV, Internet und Minibar, Restaurant mit regionalen Spezialitäten, Tagungsraum, Sauna, Whirlpool, 🍴, 🛏, ♿, G, P, Hauptplatz 18, @, www.stadthotel-pinkafeld.at, ☎ 0043 (0) 33 57/4 33 35, Fax 4 33 535.

11 A-8271 **BAD WALTERSDORF**
A 2 ab Ausfahrt 126 Sebersdorf/Bad Waltersdorf ca. 1,5 km
Hotel Restaurant Fischer ★★★ im Zentrum des Kurortes gelegen, 30 B, EZ € 37,–, DZ € 66,–, inkl. reichhaltigem Frühstücksbuffet, Zi mit Du, WC, 📺, Sat-TV und Minibar, überdachter Gäste-P, Bad Waltersdorf 58, @, www.hotel-fischer.at, ☎ 0043 (0) 33 33/2 27 30, Fax 2 27 34.

12 A-8311 **MARKT HARTMANNSDORF**
A 2 ab Ausfahrten 138 Ilz ca. 15 km → Riegersburg, in Walkerdorf rechts und 157 Gleisdorf-Süd ca. 12 km → Feldbach, nach 2 km links
Gasthof Gruber ★★★ 45 B, EZ € 32,– bis 38,–, DZ € 60,– bis 76,–, inkl. Frühstück, alle Zi mit Du, WC, 📺 und Sat-TV, Café, Restaurant, 🍴, P, Hauptstr. 112, @, www.gasthof-gruber.at, ☎ 0043 (0) 31 14/2277, Fax 2 27 30.

13 A-8323 **ST. MAREIN-KRUMEGG**
A 2 ab Ausfahrt 169 Laßnitzhöhe ca. 7 km
Dorfwirt Krumegg ★★★ Neubau, 18 B, EZ € 35,– bis 38,–, DZ € 60,– bis 66,–, inkl. Frühstück, alle Zi mit Du, WC, 📺 und Sat-TV, teils Balkon, Lift, Restaurant mit gutbürgerlicher Küche, Terrasse, Seminarräume, Internet, P, Di ./., Krumegg 17 a, @, www.derdorfwirt.com, ☎ 0043 (0) 31 33/24 12.

14 A-8302 **NESTELBACH** A 2 ab Ausfahrt 169 Laßnitzhöhe ca. 1,5 km
Gasthof-Pension „Zur Post" ★★★ 80 B, EZ € 32,– bis 36,–, DZ € 52,– bis 58,–, Mehrbett-Zi, Kinderermäßigung, inkl. Frühstücksbuffet, alle Zi mit Du, WC, 📺, Sat-TV und Internetanschluss, Lift, regionale Küche ab 17 Uhr, 🍴, G, großer P, Hauptstr. 5, @, www.gasthof-post-nestelbach.at, ☎ 0043 (0) 31 33/2207-0, Fax 2207-2 30.

71 **GRAZ – lebendige, pulsierende europäische Kultur**

Inspiriert, beschleunigt, neu definiert und europaauffällig: Graz setzt fort, was in den letzten Jahren begonnen wurde. Das Kunsthaus flirtet über seine Grenzen hinweg mit den umliegenden Häusern, die Insel in der Mur mit den erstaunten Blicken seiner Betrachterinnen und Betrachter. Graz präsentiert sich südlich und lustvoll, im Gepäck hochklassige Events und Ausstellungen, traditionsreiche aber neu geschärfte Festivals, Theater, Musik und Nachtleben.

Information und Hotelreservierung: Graz Tourismus Information, Herrengasse 16, A-8010 Graz, info@graztourismus.at, www.graztourismus.at, ☎ 0043 (0) 3 16/80 75-0, Fax 80 75-55.

72 Hinterbrühl siehe Route 536

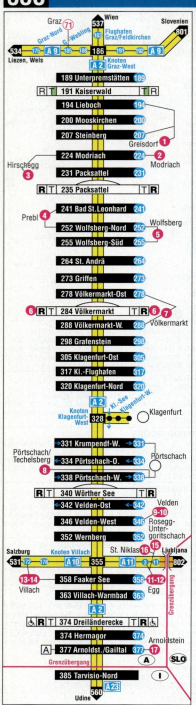

① A-8511 GREISDORF
A 2 ab Ausfahrten 207 Steinberg → Reinschkoge 7 km und 194 Lieboch → Reinschkoge 18 km
Wirtshaus Jagawirt ★★★ ruhige Berglage, 30 B, EZ € 55,–, DZ € 94,–, inkl. Frühstück, alle Zi mit Du, WC und Sat-TV, gemütliches Restaurant, eigene Landwirtschaft, ⌂, P, Sommereben 2, @, www.jagawirt.at, ☎ 0043 (0) 31 43/81 05, Fax 81054.

② A-8583 MODRIACH A 2 ab Ausfahrt 224 Modriach ca. 6,5 km
Alpengasthof Hoiswirt ★★★ ruhige Lage, 30 B, EZ € 29,50 bis 33,–, DZ € 50,– bis 58,–, inkl. Frühstück, alle Zi mit Du, WC und TV, gemütliches Restaurant mit Terrasse, Forellenteich, schönes Wandergebiet, P, Modriach-Winkel 161, @, www.hoiswirt.at, ☎ 0043 (0) 31 46/21 14, Fax 21144.

③ A-8584 HIRSCHEGG ab Ausfahrt Pack 12 km
Gasthof Spengerwirt ★★★ ruhige Lage, 52 B, EZ € 33,– bis 45,– DZ € 52,– bis 67,–, Frühstücksbuffet, alle Zi mit Du, WC und TV, gemütliches Restaurant, Sauna, Spielplatz, Minigolf, Wander- und Skigebiet Salzstiegl, ♿ -WC und -Eingang, P, Hirschegg 276, @, www.spengerwirt.at, ☎ 0043 (0) 31 41/22 30, Fax 2 00 30.

④ A-9461 PREBL A 2 ab Ausfahrt 241 Bad St. Leonhard ca. 5 km → Prebl
Hotel Friesacherhof ★★★ ruhige Aussichtslage, 48 B, EZ € 34,– bis 41,–, DZ € 68,–, inkl. Frühstück, alle Zi mit Du, WC, ☎ und Sat-TV, Restaurant, Terrasse, ⌂ Gruppenpreise auf Anfrage, P, Prebl 61, @, www.hotel-friesacherhof.at, ☎ 0043 (0) 43 53/3 51, Fax 352.

⑤ A-9400 WOLFSBERG
A 2 ab Ausfahrt 252 Wolfsberg-Nord ca. 3 km → Zentrum → Tourist-Information
Hotel Zum Landrichter ★★★★ modernes Hotel im historischen Gebäude, 28 B, EZ ab € 68,–, DZ ab € 145,–, inkl. reichhaltigem Frühstücksbuffet, große Zi mit exclusiver Ausstattung und modernstem Standard, alle Zi mit Du, WC, Flachbild-TV, DVD-Player, PC-Anschluss, Minibar und Safe, Zi entweder mit eigener Sauna, Infrarot-Kabine, Dampfdusche oder Whirlpool, Restaurant mit mediterraner Küche, Gartenhof, Getreidemarkt 6, @, www.zumlandrichter.at, ☎ 0043 (0) 43 52/3 75 56, Fax 3 75 56-60.

⑥ A-9100 VÖLKERMARKT an der A 2, beidseitig befahrbar
Rosenberger Autobahnrestaurant & Motor-Hotel Völkermarkt ★★★★ 42 Zi, EZ € 64,–, DZ € 89,–, Frühstücksbuffet € 9,80 pro Person, alle Zi mit Du, WC, ☎, Sat-TV und Radio, Marktrestaurant 380 Plätze, Tagungscenter bis 150 Personen, geöffnet: Motor-Hotel 0-24 Uhr, Restaurant 6-23 Uhr, voelkermarkt@rosenberger.cc, www.rosenberger.cc, ☎ 0043 (0) 42 31/24 11, Fax 24 11-20.

⑦ A-9100 VÖLKERMARKT
A 2 ab Ausfahrt 288 Völkermarkt-West 1 km (B 70)
Gasthof Karawankenblick ★★★ schöne Aussicht, 24 B, EZ € 35,– bis 40,–, DZ € 70,–, inkl. Frühstück, alle Zi mit Du, WC, TV und Balkon, Restaurant mit Gastgarten, Hausmannskost, Kärntner Spezialitäten, Fischereimöglichkeit, Kinderspielplatz, ⌂, großer P, Ruhstatt 17, @, www.gasthof-karawankenblick.at, ☎ 0043 (0) 42 32/21 86, Fax 27197.

⑧ A-9212 PÖRTSCHACH/TECHELSBERG
A 2 ab Ausfahrt 338 Pörtsch-West ca. 1 km → Sekull
Hotel-Restaurant Thadeushof ★★★ 28 B, EZ € 40,– bis 45,–, DZ € 70,– bis 80,–, Familienappartements, inkl. Frühstücksbuffet, Kinderermäßigung, alle Zi mit Du und Sat-TV, überdachtes Schwimmbad, ▨, ⌂, P, Sekull 19, @, www.thadeushof.at, ☎ 0043 (0) 42 72/64 21, Fax 64 21.

⑨ A-9220 VELDEN A 2 ab Ausfahrt 346 Velden-West ca. 5 Autominuten
Landhotel Marienhof ★★★★ ruhige Lage oberhalb von Velden, 50 B, EZ € 59,– bis 83,–, DZ € 106,– bis 166,– (saisonbedingt), inkl. Frühstück, alle Zi mit Du, WC, Fön, Bademantel, Saunatuch, TV und WLAN, größtenteils mit Balkon, beh. Pool im Relaxgarten (Ostern bis Oktober), Wellness-Oase, Spielplatz, großer P, Öffnungszeiten: Mitte Februar bis Dezember, Marienhofweg 1, @, www.landhotel-marienhof.at, ☎ 0043 (0) 42 74/26 25, Fax 26 52 44.

⑩ A-9220 VELDEN
A 2 ab Ausfahrt 346 Velden West ca. 2 km → Velden
Hotel garni Kärntnerhof ★★★ modernes Haus, 52 B, EZ € 46,– bis 57,–, DZ € 76,– bis 118,–, Familien-Zi, inkl. Frühstücksbuffet, Zi mit Du, WC, Sat-TV und WLAN, teils Balkon, Terrasse, Garten, Lounge, nur 600 m von Velden und Wörthersee, 🖥, 🍴, ⌂, P, Villacher Straße 24, @, www.kaerntnerhof-velden.com, ☎ 0043 (0) 42 74/26 81, Fax 26 81 75.

⑤

Hotel Zum Landrichter, Wolfsberg

⑪ A-9580 EGG A 2 ab Ausfahrt 358 Faaker See ca. 4,5 km und A 11 ab Ausfahrt 3 St. Niklas a. d. Drau ca. 2,6 km
Kleines Hotel Kärnten ★★★★ sehr ruhige Lage, 12.000 qm direkt am Faaker See, Blick zum See, 32 B, EZ € 98,– bis 145,–, DZ € 166,– bis 260,–, inkl. Frühstück, HP möglich, alle Zi mit Bad/Du, WC, ☎ und Sat-TV, exquisites Abendessen, Seesauna, 🏊, G, P, Egger Seepromenade 8, genuss@kleineshotel.at, www.kleineshotel.at, ☎ 0043 (0) 42 54/23 75, Fax 23 75 23.

⑫ A-9580 EGG A 2 ab Ausfahrt 358 Faaker See 7 km, (B 84 über Drobollach), A 10 ab Ausfahrt 182 Villach-Süd 7 km und A 11 ab Ausfahrt St. Niklas a. d. Drau 4 km
Vital-Hotel Sonnblick ★★★ 78 B, EZ € 35,– bis 60,–, DZ € 60,– bis 110,–, inkl. Frühstück, Zi mit Bad/Du, WC, ☎, Sat-TV, Minibar und Balkon, Sauna, Solarium, Hallenbad, Dampfbad, Tennis, Seebad, günstige Gruppenangebote, 🍴, P, Dreimühlenweg 23, @, www.tiscover.at/sonnblick.egg, ☎ 0043 (0) 42 54/216 70, Fax 216 15.

⑬ A-9500 VILLACH A 2 ab Ausfahrt 358 Faaker See und A 10 ab Ausfahrt 172 Villach-West → Bahnhof
Hotel Mosser ★★★★ zentral am Eingang zur Altstadt gelegen, 80 B, EZ € 50,– bis 76,–, DZ € 79,– bis 125,–, inkl. reichhaltigem Frühstücksbuffet, alle Zi mit Bad/Du, WC, ☎, Sat-TV und Minibar, teils mit Whirlpool, Lift, gemütliches Café, 🍴, 🛏, P, ganzjährig geöffnet, Bahnhofstraße 9, @, www.hotelmosser.info, ☎ 0043 (0) 42 42/241 15, Fax 241 15-222.

⑭ A-9504 VILLACH A 10 ab Ausfahrt 172 Villach-West B 86 → Warmbad/Italien
Hotel Sohler ★★★ ruhige Lage, 20 B (Bettenlänge 2-2,10 m), EZ € 35,– DZ € 66,–, inkl. reichhaltigem Frühstücksbuffet, alle Zi mit Du, WC, ☎ und Sat-TV, kalte Gerichte, kostenfreies WLAN, Bankomatkasse, P, Warmbader Allee 66, hotel.garni.sohler@aon.at, www.hotel-sohler.at, ☎ 0043 (0) 42 42/33 098, Fax 31 23 01.

⑮ A-9232 ROSEGG-UNTERGORITSCHACH A 11 ab Ausfahrt 3 St. Niklas a. d. Drau → Rosegg → St. Jakob 9 km
Hof Ambrusch ★★ ruhige Lage, 8 B, EZ € 26,–, DZ € 52,–, inkl. Frühstück, alle Zi mit Du und WC, 🛏, P, Lindenweg 13, @, www.bauernhof-ambrusch.at, ☎ 0043 (0) 42 53/23 42, Fax 23 42.

⑯ A-9580 ST. NIKLAS/DRAU A 11 ab Ausfahrt 3 St. Niklas 2 km
Bauernhof Kofler ★★★ modernes Gästehaus im Tal der Drau, ruhige Lage am Flussufer und Drauradweg, 12 B, EZ € 25,– DZ € 45,–, inkl. erweitertem Frühstück, alle Zi mit Du, WC, ☎, Sat-TV und Balkon, Gästeküche, Gästekühlschrank, Spielwiese, Drauwaldweg 39, @, ☎ 0043 (0) 42 54/43 40, Fax 43 38.

⑰ A-9601 ARNOLDSTEIN A 2 ab Ausfahrt 377 Anoldstein/Gailtal ca. 3 km → Zentrum
Frühstückspension Grum ★★★ ideal für Einzelübernachtungen und Zwischenstopps, ruhig, 15 B, EZ € 32,–, DZ € 54,–, inkl. reichhaltigem Frühstück, alle Zi mit Du, WC und Sat-TV, Mörtl-Hubmann-Gasse 3, @, www.pensiongrum.at, ☎ 0043 (0) 6 99/15 99 05 07.

 9

Landhotel Marienhof, Velden

⑦ GRAZ – lebendige, pulsierende europäische Kultur

Inspiriert, beschleunigt, neu definiert und europaauffällig: Graz setzt fort, was in den letzten Jahren begonnen wurde. Das Kunsthaus flirtet über seine Grenzen hinweg mit den umliegenden Häusern, die Insel in der Mur mit den erstaunten Blicken seiner Betrachterinnen und Betrachter. Graz präsentiert sich südlich und lustvoll, im Gepäck hochklassige Events und Ausstellungen, traditionsreiche aber neu geschärfte Festivals, Theater, Musik und Nachtleben.

Information und Hotelreservierung: Graz Tourismus Information, Herrengasse 16, A-8010 Graz, info@graztourismus.at, www.graztourismus.at, ☎ 0043 (0) 3 16/80 75-0, Fax 80 75-55.

⑪

Kleines Hotel Kärnten, Egg

Reisen nach Italien

Einreise

Zur Einreise mit dem Pkw werden benötigt: Pass oder Personalausweis, Führerschein, Kfz-Schein, Warndreieck und Nationalitätskennzeichen. Grüne Versicherungskarte und Warnweste mitführen.

Maut

Italienische Autobahnen sind meistens gebührenpflichtig. Die Maut richtet sich nach der Streckenlänge und der Hubraumgröße. Der Gebührenzettel ist aufzubewahren und beim Verlassen der Autobahn abzugeben.

Währung

1 € (Euro) = 100 Cent

Verkehrsregeln

Gemäß internationalem Standard, es besteht Anschnallpflicht. Die Promillegrenze beträgt 0,5. Abblendlicht ist ganzjährig auch tagsüber Pflicht, das private Abschleppen auf Autobahnen ist verboten.

Höchstgeschwindigkeiten

Autobahnen 130 bis 150 km/h (je nach Beschilderung), bei nasser Fahrbahn 110 km/h, Landstraßen 90 km/h, Ortschaften 50 km/h.

Telefonieren

Internationale Ländervorwahl nach Italien: 0039. Bitte wählen Sie nach der Landeskennzahl (z. B. von D nach I: 0039) die Ziffer „0". Beispiel für Rom: 003906/....

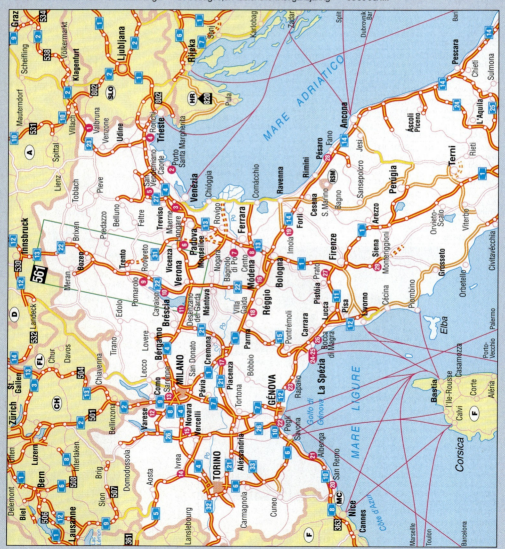

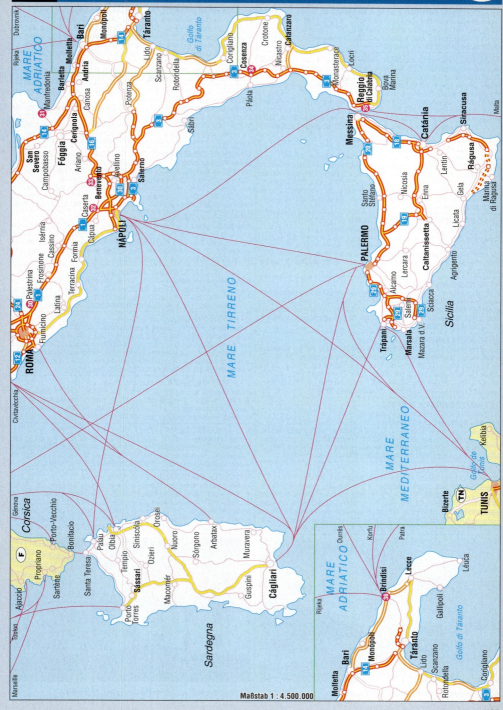

❶ I-33010 VALBRUNA A 23 ab Ausfahrt 800 m, Tarvisio 5 km
Hotel Restaurant Renzo ★★★ 23 B, EZ € 36,–, DZ € 72,– bis 90,–, inkl. Frühstück, alle Zi mit Du, WC, ☎, TV und Balkon, ⌑ nur im Restaurant, Via Saisera 11/13, @, www.hotelrenzo.com, ☎ 0039/0428/601 23, Fax 66 08 84.

❷ I-30020 PORTO SANTA MARGHERITA DI CAORLE
von Venedig kommend: ab Ausfahrt San Stino di Livenza, von Udine/Triest kommend: ab Ausfahrt Portogruaro ca. 24 km
Hotel Oliver ★★★ zentral, aber ruhig, direkt am Meer gelegen, mit Privatstrand, 66 Zi, EZ € 60,– bis 90,–, DZ € 90,– bis 140,–. 3-Bett-Zi und Familien-Zi möglich, inkl. Frühstücksbuffet, HP und VP möglich, alle Zi mit Seeblick, Du, WC, Fön, ☎, Sat-TV, Safe und Balkon, Klimaanlage, Gerichte à la carte und Menüs, 2 Schwimmbäder, ▦, ⌑, ⛱, ♿, ⛱, P, Viale Lepanto, @, www.hoteloliver.it, ☎ 0039/042'/26 00 02, Fax 26 13 30.

❸ I-30030 MAERNE
A 4 ab Ausfahrt Castellana → Martellago links → Maerne 11 km
Agriturismo Ca' delle Rondini ★★★ gepflegtes Weingut im alten Herrenhaus, 18 B, EZ € 40,–, DZ € 75,–, 3-Bett-Zi € 9C,–, Kinder bis 6 Jahre frei, inkl. Frühstück, Komfort-Zi mit Du, WC, Fön und Sat-TV, Golf- und Reitmöglichkeit, günstige Lage nach Venedig 20 km und Padua 35 km, P, Via Ca' Rossa 6, @, www.cadellerondini.it, ☎ 0039/041/64 11 14.

❹ I-34077 RONCHI DEI LEGIONARI
A 4 ab Ausfahrt Redipuglia → Zentrum, dann links
Doge Inn Airport Hotel ★★★ ruhige Lage am Zentrum, EZ € 40,– bis 64,–, DZ € 57,– bis 75,–, ohne Frühstück, alle Zi mit Du, WC, Fön, TV und Klimaanlage, 5 komplett eingerichtete Appartements, ⌑, Viale Serenissima 71, @, www.dogeinn.it, ☎ 0039/0481/779401, Fax 774584.

❺ I-31020 SAN VENDEMIANO
A 27 ab Ausfahrt Conegliano → Fontanelle → links Kreisverkehr, 2 km
Agriturismo Furlan ★★★ 10 B, EZ € 40,– DZ € 60,–, inkl. umfangreichen Frühstück, alle Zi mit Du, WC, Sat-TV und Klimaanlage Weinverkostung und Verkauf, P, Via Saccon 48, @, www.agriturismofurlan.it, ☎ 0039/0438/77 8267.

❻ I-36023 LONGARE
A 4 ab Ausfahrt Vicenza Est 7 km → Riviera Berica → Strada Grancare
Agriturismo Le Vescovane ★★★ ruhige Aussichtslage, 24 B, EZ € 55,– bis 73,–, DZ € 74,– bis 94,–, inkl. Frühstück, Kinder bis 12 Jahre 50 % Rabatt im Zi der Eltern, alle Zi mit Bad, WC, ☎, TV, WLAN und Minibar, Lift, Restaurant, Schwimmbad, P, Via S. Rocco 19, @, www.levescovane.com, ☎ 0039/0444/27 3570, Fax 27 3265.

❼ I-45022 BAGNOLO DI PO
A 13 ab Ausfahrt Occhiobello → Mantova → Verona 10 km
Azienda agrituristica Valgrande ★★★ ruhige Lage, 13 B, EZ € 35,–, DZ € 40,– bis 60,–, Familien-Zi, inkl. Frühstück, moderne Zi mit Du, WC, TV und Klimaanlage, teils Balkon, Restaurant mit landestypischer Küche (RCA), Naturprodukte der Region, Via Riviera 849, @, www.agrivalgrande.com, ☎ 0039/0425/70 4086, Fax 71 50 56.

❽ I-44042 CENTO
A 13 ab Ausfahrt Altedo 14 km → San Pietro links → Pieve
Hotel Residence White Palace ★★★ neues, modernes Hotel, im Zentrum, 90 B, EZ € 70,–, DZ € 80,–, inkl. Frühstück, Komfort-Zi mit Du, WC, Fön, ☎, TV, Pay-TV, Internet, Klimaanlage, Minibar, Safe und kleine Kochnische, Lift, günstige Lage nach Bologna 34 km, Ferrara 30 km und Modena 25 km, ⌑, ♿, P, Via Bologna 15/2, www.whitepalace.it, ☎ 0039/051/68 32 7 54, Fax 68 32 385.

❾ I-38060 POMAROLO A 22 ab Ausfahrt Rovereto-Nord 2 km
Residence Concaverde ★★★ ruhige Lage, 27 Zi, EZ € 50,– bis 60,–, DZ € 85,– bis 95,–, inkl. Frühstück, Zi mit Du, WC, ☎ und Sat-TV, Ferienwohnungen für 2-6 Personen (Mindestaufenthalt und Preise auf Anfrage), Lift, Restaurant (geöffnet April bis September) mit mediterraner Küche, Gerichte € 13,– bis 26,–, Terrasse, Kinderspielplatz, Freibad, Kinderplanschbecken, Tennis, Tischtennis, Minigolf, Kletterwand, deutsche Leitung, ▦, ⌑, ⛱, P, ganzjährig geöffnet, Via Pasini 64, @, www.residence-concaverde.it, ☎ 0039/0464/41 02 18, Fax 46 14 52.

❿ I-37010 CAVAION A 22 ab Ausfahrt Affi-Lago di Garda Sud → Cavaion Vernoese → links 6 km
Agriturismo Fontanelle ★★★ neu erbaut, ruhig gelegen in den Weinhügeln, 40 B, EZ € 70,– bis, DZ € 90,–, inkl. Frühstücksbuffet, alle Zi mit Du, WC, Sat-TV und Klimaanlage, Restaurant, Terrasse, Garten, Gym, Sauna, Außenpool, eigenes Weingut, @, www.agriturfontanellecavaionvr.it, ☎ 0039/045/62 61 08.

⓫ I-25015 DESENZANO DEL GARDA A 4 ab Ausfahrt 7 km
Hotel Piccola Vela ★★★★ 88 B, EZ € 70,– bis 125,–, DZ € 110,– bis 190,–, Nichtraucher-Zi, inkl. Frühstücksbuffet, HP € 75,– bis 100,– pro Person, alle Zi mit Bad/Du, WC, Fön, ☎, Sat-TV, Radio, Internet, Minibar, Safe und Klimaanlage, Lift, Restaurant, Bar, Konferenzraum bis 30 Personen, Freibad, Garten, ▦, ⌑, G, P, Via Dal Molin 36, www.gardalake.it/piccola-vela, ☎ 0039/030/99 14 6 66, Fax 99 14 6 66.

⓬ I-21100 VARESE ab Ausfahrt 16 km
City Hotel garni ★★ EZ € 99,– bis 155,–, DZ € 155,– bis 170,–, Suite € 209,–, inkl. Frühstück, Zi mit Bad/Du, Fön, ☎, TV, Minibar, Safe und Klimaanlage, Lift, Konferenzraum bis 50 Personen, ▦, G, Via Medaglie d' Oro 35, @, www.cityhotelvarese.it, ☎ 0039/0332/28 1304, Fax 23 28 82.

⓭ I-21047 SARONNO A 22 ab Ausfahrt 2 km
Hotel Mercurio garni ★ 23 Zi, EZ € 55,– bis 70,–, DZ € 70,– bis 90,–, inkl. Frühstück, Zi mit Bad/Du, WC, ☎, TV und Klimaanlage, Lift, ▦, 14.8. bis 16.8. und 24.12. bis 01.01. ./., Via Hermada 2, @, www.mercuriohotel.com, ☎ 0039/02/96 02795, Fax 9609330.

⓮ I-10015 IVREA ab Ausfahrt 3 km
Hotel Sirio ★★★★ ruhige Aussichtslage, 46 Zi, EZ € 110,– bis 120,–, DZ € 130,– bis 140,–, Suite € 180,–, inkl. Frühstücksbuffet, alle Zi mit Bad/Du, WC, ☎, Sat-TV, WiFi, Minibar und Klimaanlage, Lift, Restaurant, Konferenzräume bis 200 Personen, Garten, rezeptionsfreier Fahrradverleih, ▦, G, P, Restaurant nur ./., Via Lago Sirio 85, @, www.hotelsirio.it, ☎ 0039/0125/42 42 47, Fax 4 89 80.

⓯ I-28100 NOVARA ab Ausfahrt 37 km
Hotel Europa ★★ 64 Zi, EZ € 85,–, DZ € 104,–, inkl. Frühstück, HP € 138,– bis 224,–, Zi mit Bad/Du, WC, ☎, Sat-TV und WLAN, Lift, Restaurant, Konferenzräume bis 160 Personen, ▦, ⌑, Corso Cavallotti 38 a, @, www.hoteleuropanovara.com, ☎ 0039/0321/35 801, Fax 62 99 33.

⓰ I-41100 MÓDENA an der A 1
Hotel Donatello ★★ 74 Zi, EZ € 67,–, DZ € 85,– bis 92,–, inkl. Frühstück, Zi mit Bad/Du, WC, ☎ und Sat-TV, Lift, Klimaanlage, Restaurant, Konferenzraum bis 50 Personen, ▦, Via Giardini 402, @, www.donatellomodena.it, ☎ 0039/059/34 45 50, Fax 34 28 03.

⓱ I-29100 PIACENZA A 21 ab Ausfahrt 1 km
Hotel Grande Albergo Roma ★★★★ zentral gelegen, 76 Zi, EZ € 110,– bis 135,–, DZ € 150,– bis 185,–, inkl. Frühstücksbuffet, HP € 265,– bis 420,–, 4 Suiten, alle Zi mit Bad/Du, WC, ☎, Sat-TV, Radio und Klimaanlage, Lift, Restaurant, Bar, Konferenzraum bis 45 Personen, Terrasse, Fitnessraum, Sauna, ▦, ⌑, G, Via Cittadella 14, @, www.grandealbergoroma.it, ☎ 0039/0523/32 3201, Fax 33 05 48.

❾ Residence Concaverde, Pomarolo

❸ Agriturismo Ca' delle Rondini, Maerne

⑱ I-42100 VILLA GAIDA
A 1 ab Ausfahrt Reggio Emilia → Parma 12 km, SS 9
Hotel Tricolore ★★★ 90 B, EZ € 55,– DZ € 70,–, inkl. Frühstücksbuffet, alle Zi mit Du, WC, Sat-TV, Internet, Videospiele, Safe und Klimaanlage, Restaurant, Bar, Konferenzraum, G, P, Via Newton 9/A, @, www.hoteltricolore.com, ☎ 0039/0522/944054.

⑲ I-40026 IMOLA A 14 ab Ausfahrt 5 km
Hotel Molino Rosso ★★★★ 120 Zi, EZ € 65,– bis 200,– DZ € 100,– bis 150,–, inkl. Frühstücksbuffet, alle Zi mit Bad/Du, WC, ☏, Sat-TV, Minibar und Klimaanlage, Lift, Restaurant, Konferenzräume, ▨, ♿, G, P, Via S. S. Selice N. 49, @, ☎ 0039/0542/63111, Fax 631163.

⑳ I-18038 SAN REMO A 10 ab Ausfahrt 5 km
Hotel Paradiso ★★★ ruhige Lage, 41 Zi, EZ € 63,– bis 102,–, DZ € 106,– bis 188,–, inkl. Frühstücksbuffet, HP/VP möglich, alle Zi mit Bad/Du, WC, Fön, ☏, Sat-TV, Minibar und Klimaanlage, teils Balkon, Lift, Restaurant, Garten, beheizter Pool, ▨, Via Roccasterone 12, @, www.paradisohotel.it, ☎ 0039/0184/571211, Fax 578176.

㉑ I-17031 ALBENGA A 10 ab Ausfahrt 2 km
Hotel Sole Mare ★★★ 50 B, EZ € 65,– bis 105,– DZ € 85,– bis 140,–, inkl. Frühstück, alle Zi mit Bad/Du, WC, ☏ und TV, Restaurant, Bar, ▨, ♨, 03.11. bis 26.11. ./., Lungomare Cristoforo Colombo 15, @, www.hotelsolemare.it, ☎ 0039/0184/351854, Fax 120086.

㉒ I-16157 PEGLI A 10 ab Ausfahrt 2 km
Hotel Torre Cambiaso ★★★★ schöne, ruhige Aussichtslage, 42 Zi, EZ € 80,– bis 150,– DZ € 125,– bis 235,–, inkl. Frühstück, 7 Suiten, alle Zi mit Bad/Du, WC, Fön, ☏, Sat-TV, Minibar, Safe und Klimaanlage, Restaurant, Bar, Konferenzraum bis 160 Personen, WiFi, Swimmingpool, Garten, ▨, ♿, P, Via Scarponto 49, @, www.antichedimore.com, ☎ 0039/010/6980636, Fax 6973022.

㉓ I-16035 RAPALLO A 12 ab Ausfahrt 1 km
Hotel Europa ★★★★ 60 Zi, EZ € 91,50 bis 137,50, DZ € 117,– bis 213,50, Suiten, inkl. Frühstück, HP/VP, alle Zi mit Bad/Du, WC, Fön, ☏, Sat-TV, Hi-Fi-Anlage, Minibar, Safe und Klimaanlage, Lift, Restaurant, Konferenzraum, ▨, ♨, ♿, G, € 16,–, P, Via Milite Ignoto 2, @, www.hoteleuropa-rapallo.com, ☎ 0039/0185/669521, Fax 669847.

㉔ I-19124 LA SPÉZIA ab Ausfahrt 1 km
Hotel Jolly del Golfo ★★★ schöne, ruhige Aussichtslage, 108 Zi, EZ € 70,– bis 125,–, DZ € 70,– bis 173,–, inkl. Frühstück, HP/VP, 2 Suiten, alle Zi mit Bad/Du, WC, Fön, ☏, Sat-TV, Minibar, Safe und Klimaanlage, Lift, Restaurant, Bar, Konferenzräume, ▨, ♨, P, Via 20 Settembre 2, @, www.jollyhotels.it, ☎ 0039/0187/739555, Fax 22129.

㉕ I-19124 LA SPÉZIA ab Ausfahrt 1 km
Restaurant Parodi ✕ à la carte, Gartenterrasse, ▨, Viale Amendola Giovanni 212, ☎ 0039/0187/715777, Fax 715777.

㉖ I-19030 BOCCA DI MAGRA
A 12 ab Ausfahrten Sarzana 5 km und Carrara 8 km
Hotel Sette Archi ★★★ ruhige, zentrale Lage mit Blick aufs Meer, 46 B, EZ € 50,– bis 80,–, DZ € 100,– bis 130,–, inkl. Frühstück, alle Zi mit Du, WC, Sat-TV und Ventilator, klimatisiert, Restaurant mit Garten, heimische Fischspezialitäten, 50 m vom Strand, ▨, P, Via Fabbricotti 242, @, www.hotelsettearchi.com, ☎ 0039/0187/609017, Fax 609028.

㉗ I-59100 PRATO A 11 ab Ausfahrt 2 km
Hotel Flora ★★★ Im Zentrum, 31 Zi, EZ € 50,– bis 85,– DZ € 65,– bis 140,–, inkl. Frühstücksbuffet, Nichtraucher-Zi, HP/VP, alle Zi mit Bad/Du, WC, ☏, Sat-TV, Videorecorder und Klimaanlage, Lift, Restaurant, Bar, Konferenzraum bis 50 Personen, Terrasse mit sehr schönem Ausblick, Videoverleih, Internet, ▨, P, Via Cairoli 31, @, www.hotelflora.info, ☎ 0039/0574/33521, Fax 400289.

㉘ I-61100 PESARO
A 14 ab Ausfahrt Pesaro, Ausschilderung zum Meer folgen
Hotel Bellevue ★★★ direkt am Meer gelegen, 53 Zi, EZ € 47,70 bis 77,50, DZ € 86,– bis 133,–, inkl. Frühstück, HP, alle Zi mit Du, WC, Fön, ☏, Sat-TV, Minibar, Safe, Klimaanlage und Balkon, Restaurant, Terrasse, Internet, Fitnessraum, Sauna, Dampfbad, Swimmingpool, Spielplatz, Tief-G, Viale Trieste 88, @, www.bellevuehotel.net, ☎ 0039/0721/31970, Fax 65964.

㉙ I-53035 MONTERIGGIONI
ab Ausfahrt Montereggioni B 2 Florenz-Siena
Hotel Il Piccolo Castello ★★★★ günstige Lage direkt am historischen Altstadtbereich des Castello, 100 B, EZ € 97,–, DZ € 130,–, inkl. Frühstück, Komfort-Zi mit Du, WC, Fön, Sat-TV, WiFi, Minibar und Klimaanlage, stilvolles Hotel mit moderner Ausstattung in einer großen Parkanlage mit Swimmingpool und Beauty-Center, günstige Lage nach Florenz 26 km und Siena 13 km, Via Colligiana 8, @, www.ilpiccolocastello.com, ☎ 0039/0577/307300, Fax 306126.

㉚ I-00036 PALESTRINA
A 1 ab Ausfahrt 12 km
Hotel-Restaurant Stella ★★★ 30 Zi, EZ € 45,– DZ € 60,–, inkl. Frühstück, Zi mit Bad/Du, WC, Fön, ☏, Sat-TV, Minibar und Klimaanlage, Lift, Restaurant, Internet, ▨, ✕, P, Piazzale della Liberazione 3, @, www.hotelstella.it, ☎ 0039/06/9538172, Fax 9573360.

㉛ I-71043 MANFREDONIA
Hotel Gargano ★★★ schöne und ruhige Aussichtslage, 81 Zi, EZ € 70,– bis 95,–, DZ € 90,– bis 140,–, inkl. HP, VP möglich, alle Zi mit Bad/Du, WC, ☏, TV, Minibar, Safe und Klimaanlage, teils Balkon, Lift, Restaurant, Pizzeria, 3 Bars, Konferenzraum, Internet, Freibad, Tennisplatz, Beachvolleyball, Spielplatz, Open-Air-Kino, ▨, G, P, Viale Beccarini 2, @, www.hotelgargano.net, ☎ 0039/0884/587621, Fax 586021.

㉜ I-81100 CASERTA
A 1 ab Ausfahrt 3 km
Hotel Jolly ★★★ 107 Zi, EZ € 71,– bis 180,–, DZ € 86,– bis 190,–, Junior Suite € 280,–, inkl. Frühstück, alle Zi mit Bad/Du, WC, ☏, Sat-TV, Pay-TV, Minibar und Klimaanlage, Lift, Restaurant, Bar, Konferenzräume bis 100 Personen, ▨, ♿, P, Via Vittorio Veneto 13, @, www.jollyhotels.it, ☎ 0039/0823/325222, Fax 354522.

㉝ I-82100 BENEVENTO
ab Ausfahrt 5 km
Grand Hotel Italiano ★★★★ 71 Zi, EZ € 62,– bis 72,– DZ € 88,–, inkl. Frühstück, HP/VP, alle Zi mit Bad/Du, WC, ☏, TV, Radio, Minibar und Klimaanlage, Lift, Restaurant, Konferenzräume bis 70 Personen, ▨, ✕, P, Viale Principe di Napoli 137, @, www.hotel-italiano.it, ☎ 0039/0824/24111, Fax 21758.

㉞ I-87100 COSENZA
Hotel Royal ★★★★ 44 Zi, EZ € 55,– bis 95,–, DZ € 100,– bis 196,–, inkl. Frühstück, HP, alle Zi mit Bad/Du, WC, ☏, TV, Minibar und Klimaanlage, Lift, Restaurant, Konferenzraum bis 25 Personen, ▨, ✕, P, Via Molinella 24/e, @, www.hotel-royal.it, ☎ 0039/0984/412165, Fax 412461.

㉟ I-89100 REGGIO DI CALABRIA
A 3 ab Ausfahrt 1 km
Hotel Ascioti, garni ★★ 80 Zi, EZ € 83,– DZ € 114,–, inkl. Frühstück, Zi mit Bad/Du, WC, ☏, TV, Minibar und Klimaanlage, Lift, ▨, ✕, G, Via San Francesco da Paola 79, ☎ 0039/0965/897041, Fax 26063.

㊱ I-72100 BRINDISI
ab Ausfahrt 4 km
Hotel la Rosetta ★★★ 40 Zi, EZ € 50,– bis 60,– DZ € 80,–, inkl. Frühstück, Suiten, alle Zi mit Bad/Du, WC, Fön, ☏, Sat-TV, WLAN, Minibar und Klimaanlage, Lift, Bar, ▨, G, Via San Dionisio 2, ☎ 0039/0831/590461, Fax 563110.

❼

Azienda agrituristica Valgrande, Bagnolo di Po

Kontakt: Ente Nazionale Italiano per il Turismo (Central Office), Via Marghera, 2/6, I-00185 Roma, sedecentrale@cert.enit.it, www.enit.it, Tel. 00 39/06/4 97 11, Fax 4 46 99 07
Vertretung in Deutschland: Staatliches Italienisches Fremdenverkehrsamt, Kaiserstr. 65, D-60329 Frankfurt, enit.ffm@t-online.de, www.enit.it, Tel. 00 49 (0)69/23 74 34, Fax 23 28 94

Innsbruck

530

13 Grenzübergang

A

4 Brennerbad

I

7 Pontigl

A R T Autoporto-Sadobre

Sterzing-Ried

▽ Mautstelle △

1

2 Pfitsch

16 Sterzing/Vipiteno

Sterzing

Jaufental

3-4

🚿K T 20 Trens T K🚿

Mühlbach **7**

38 Brixen/Bressanone **6**

42 Plose T R🚿

Schabs

Meran

22

Brixen

9-10 Teis

Sinnich/
Meran-Süd

Lana/
Burgstall

53 Klausen/Chiusa

5

Lana

8 Villanders

64 Eisack/Isarco T R🚿

Gargazon

38

70 Schlern/Sciliar 🚿K T

Vilpian

Terlan

Bozen

77 Bozen-N./Bolzano n.

Eppan

Knoten Meran

85 Bozen-S./Bolzano s.

99 Laimb./Cast. Varco T R🚿

Kaltern **11**

🚿K T

Auer **14**

102 Neum.-Auer/Egna-Ora **13** N.-Vill

Tramin **12**

15

Neumarkt

122 S. Michele-Mezz.

129 Paganella T K🚿 **16**

Segonzano-
Scancio

132 Trento-Nord

Pomarolo

137 Trento Centro

Trento

17

158 Rovereto-Nord

160 Nogaredo 🚿R T T K🚿

167 Rover. s./L.di Garda n. **18**

Riva
del Garda

180 Ala-Ávio

🚿R T 187 Adige T K🚿

207 Affi-L.d.Garda-S.

🚿R T 208 Garda T R🚿

226 Verona-Nord

22

Verona

560 4 4 560

Milano

Venezia

Modena, Bologna

1 I-39049 **STERZING-RIED** A 22 ab Ausfahrt Sterzing/Vipiteno 3 km **Hotel-Restaurant Zoll** ★★★ 70 B, EZ € 41,– bis 60,–, DZ € 64,– bis 102,–, inkl. Frühstücksbuffet, alle Zi mit Bad oder Du, WC, ☎, Sat-TV und Internet, Wellness, 🍽, 🕺, 🚌, 🚿, G, P, Ried 30, @, www.hotel-zoll.com, ☎ **0039/0472/765651**.

2 I-39040 **PFITSCH** A 22 ab Ausfahrt Sterzing/Vipiteno → Pfitsch **Hotel Kranebitt** ★★★ 29 Zi, EZ € 33,– bis 68,20, DZ € 56,– bis 103,40, inkl. Frühstück, HP und VP möglich, alle Zi mit Du, WC, Fön, ☎, TV, Radio und Safe, teils Balkon, Restaurant, finnische Sauna, türkisches Dampfbad, Solarium, Whirlpool, Algenbad, Heubad, 🕺 € 5,–, Tief-G, Kematen 83, @, www.kranebitt.com, ☎ **0039/0472/646019**, Fax 646088.

3 I-39040 **JAUFENTAL** A 22 ab Ausfahrt Sterzing/Vipiteno → Jaufenpass 3 km, dann links → Jaufental 4 km **Natur- und Wander-Hotel Rainer** ★★★⯪ alles renoviert, sehr ruhige Lage, 60 B, EZ € 54,– bis 74,–, DZ € 98,– bis 148,–, Appartements bis 6 Personen, inkl. Frühstück, HP auf Wunsch, alle Zi mit Du, WC, Sat-TV und Balkon, gute Küche, eigene Alm, Terrasse, Hallenbad, Saunawelt, 🍽, 🕺, 🚌, 🚿, Tief-G, P, Haus Nr. 2 b, @, www.hotel-rainer.it, ☎ **0039/0472/765355**, Fax 767641.

4 I-39040 **JAUFENTAL** A 22 ab Ausfahrt Sterzing/Vipiteno → Jaufenpass 3 km, dann links → Jaufental 4,2 km **Hotel Jaufentalerhof** ★★★ 70 B, EZ € 35,– bis 45,–, DZ € 70,– bis 90,–, inkl. Frühstück, alle Zi mit Du, WC, ☎ und Sat-TV, HP möglich, Hallenbad, 🍽, 🕺, 🚌, 🚿, P, Jaufental 11 a, @, www.jaufentalerhof.com, ☎ **0039/0472/765030**, Fax 767794.

5 I-39011 **LANA** ab Ausfahrt Meran Süd → Gampenpass, nach 2,5 km Kreisverkehr → Gampenpass, nach 700 m Kreisverkehr → Gampenpass, auf der rechten Seite nach 100 m **Hotel Teiss** ★★★ 40 B, EZ € 44,– bis 53,–, DZ € 70,– bis 88,–, Familien-Zi ab € 95,–, inkl. reichhaltigem Frühstücksbuffet, alle Zi mit Du, WC, ☎, Sat-TV und WLAN kostenfrei, Gaststätte, Biergarten, kostenloser Fahrradverleih, G gratis (1 Nacht), ganzjährig geöffnet, Meraner Str. 5, @, www.teiss.com, ☎ **0039/0473/561101**, Fax 563655.

6 I-39040 **SCHABS** A 22 ab Ausfahrt Brixen/Bressanone 2,5 km → Pustertal **Hotel-Restaurant Sonneck** ★★★ 37 B, EZ € 31,– DZ € 57,–, inkl. Frühstück, alle Zi mit Bad/Du, WC, ☎, TV und Tresor, teils Balkon, preiswerte gutbürgerliche Küche, Sauna, Solarium, Whirlpool, große Gartenterrasse, 🚌, P, @, www.hotel-sonneck.it, ☎ **0039/0472/412037**, Fax 412597.

7 I-39037 **MÜHLBACH** A 22 ab Ausfahrt Brixen/Bressanone → Pustertal 5 km **Hotel Leitner** ★★★ 35 B, EZ € 35,– DZ € 64,–, inkl. Frühstücksbuffet, HP ab € 39,– pro Person, alle Zi mit Bad/Du, WC, ☎ und Sat-TV, Restaurant, Terrasse, Wintergarten, Internetcafé (Eisdiele), Sauna, 🍽, 🕺, 🚿, G, P, Katharina-Lanz-Str. 83, @, www.hotel-leitner.it, ☎ **0039/0472/849755**, Fax 849757.

8 I-39040 **VILLANDERS** ab Ausfahrt Klausen → Bozen 3 km → Villanders 2 km **Hotel Hubertus** ★★★ 80 B, EZ € 45,– bis 69,–, DZ € 68,– bis 112,–, inkl. Frühstücksbuffet, HP ab € 45,– pro Person, alle Zi mit Bad/Du, WC, ☎ und Sat-TV, Restaurants, Hallenbad, Sauna, 🍽, 🚌, 🚿, G, P, St. Stefan 3, @, www.hubertus.it, ☎ **0039/0472/843137**, Fax 843333.

9 I-39040 **TEIS** A 22 ab Ausfahrt Klausen-Gröden 1,4 km → Brenner 5,6 km → Villnößtal **Hotel Teiserhof** ★★★⯪ sehr ruhige und schöne Aussichtslage (963 m), 60 B, EZ € 49,–, DZ € 94,–, inkl. reichhaltigem Frühstücksbuffet, HP € 49,– bis 59,– pro Person, alle Zi mit Du, WC, ☎, TV und Balkon, teils Internet, Spezialitätenrestaurant, Café, Biergarten, Sauna, Solarium, beheiztes Freibad, neue Wellnessanlage, 🍽, 🕺, 🚌, G inkl., P, @, www.teiserhof.com, ☎ **0039/0472/844571**, Fax 844539.

9 Hotel Teiserhof, Teis

11 Parc Hotel am Kalterer See, Kaltern/Südtirol

⑩ I-39040 TEIS
A 22 ab Ausfahrt Klausen → Villnößtal 10 km
Gasthof Stern ★★★ 35 B, EZ € 38,– bis 45,–, DZ € 76,– bis 90,–, inkl. Frühstücks-buffet, alle Zi mit Du, WC, Sat-TV und Balkon, Restaurant, Pizzeria, Schwimm-bad, 🛗, 🍴, 🐕, kostenfreie G, P, Mo ./., Teis 7, @, www.gasthof-stern.com, ☎ 0039/0472/844555, Fax 844592.

⑪ I-39052 KALTERN/SÜDTIROL
von Norden kommend A 22 ab Ausfahrt Bozen Süd/Eppan 15 km, von Süden kom-mend A 22 Ausfahrt Neumarkt/Auer 13 km → Kalterer See/Klughammer
Parc Hotel am Kalterer See ★★★★★ ruhig am Ostufer des Kalterer Sees gelegen, 80 B, EZ mit HP ab € 128,–, DZ mit HP ab € 120,– pro Person, Zi mit Bad/Du, WC, Bademäntel, Sat-TV, Internet und Balkon/Terrasse, Seeterrasse mit Restaurant, Gala-dinner mit Musik, Themenabende, Badewelt mit Hallenbad, neue Panoramasauna am See, Beauty & Spa mit Gertraud Gruber, !QMS Anti Aging, Ayurveda-Massagen, 110 m langer Badestrand, kostenloser Bike- und Tretbootverleih, @, www.parchotel.cc, ☎ 0039/0471/960000, Fax 960206.

⑫ I-39040 TRAMIN
A 22 ab Ausfahrt Auer/Neumarkt/Tramin 4 km, an der Weinstraße
Hotel Traminer Hof ★★★ 70 B, EZ € 48,– bis 75,–, DZ € 96,– bis 140,–, inkl. Früh-stück, HP € 64,– bis 95,– pro Person, alle Zi mit Bad/Du, WC und 🐕, Lift, Restaurant, Freibad, Hallenbad und Saunalandschaft, 🛗, große Tief-G (kostenfrei), P, Novem-ber bis Ostern geschlossen, Weinstr. 43, info@traminerhof.it, www.traminerhof.it, ☎ 0039/0471/860384, Fax 860844.

⑬ I-39044 NEUMARKT-VILL
A 22 ab Ausfahrt Neumarkt 500 m
Hotel Pension Villner Hof ★★★ 48 B, EZ € 42,– bis 48,–, DZ € 70,– bis 76,–, Familien-Zi, inkl. Frühstücksbuffet, alle Zi mit Du, WC und TV, Abendessen, abends warme Küche, Freibad, Gartenterrasse, 🛗, 🍴, P, Villner Str. 30, villnerhof@dnet.it, www.villnerhof.com, ☎ 0039/0471/812039, Fax 812386.

⑭ I-39040 AUER A 22 ab Ausfahrt 2 km → Zentrum
Hotel Amadeus ★★★ 60 B, EZ € 48,– bis 56,–, DZ € 78,– bis 86,–, inkl. Früh-stücksbuffet, alle Zi mit Bad/Du, WC, 🐕 und Sat-TV, Restaurant, Bar, Schwimmbad, 🛗, 🍴, 🚲, 🐕, Fleimstaler Str. 1, office@hotel-amadeus.it, www.hotel-amadeus.it, ☎ 0039/0471/810053, Fax 810000.

⑮ I-39044 NEUMARKT
A 22 ab Ausfahrt Neumarkt/Auer 2 km
Hotel Andreas Hofer ★★★★ 60 B, EZ € 55,–, DZ € 90,–, inkl. Frühstücks-buffet, Zi im Appartementstil, alle Zi mit Du, WC, TV und 🐕, Lift, feine Menüs, Südtiroler und italienische Spezialitäten, Schwimmbad, 🛗, G, P, So ./., @, www.hotelandreashofer.com, ☎ 0039/0471/812653, Fax 812953.

⑯ I-38047 SEGONZANO-SCANCIO
A 22 ab Ausfahrt Trento-Nord 23 km
Hotel alle Piramidi ★★★ ruhige Lage in den Weinbergen, 75 B, EZ € 45,–, DZ € 84,–, inkl. Frühstücksbuffet, Zi mit Du, 🐕 und Balkon, Safe und Balkon, Lift, Restaurant mit italienischer und trentiner Küche, Familienbetrieb, Wellness-Bereich, Pool, 🛗, G, P kostenfrei, Frazione Scancio 24, @, www.piramidihotel.it, ☎ 0039/0461/686106, Fax 686106.

⑰ I-38060 POMAROLO
A 22 ab Ausfahrt Rovereto-Nord 2 km
Residence Concaverde ★★★ ruhige Lage, 27 Zi, EZ € 50,– bis 60,–, DZ € 85,– bis 95,–, inkl. Frühstück, Zi mit Du, WC, 🐕 und Sat-TV, Ferienwohnungen für 2-6 Personen (Mindestaufenthalt und Preise auf Anfrage), Lift, Restaurant (geöffnet April bis Septem-ber) mit mediterraner Küche, Gerichte € 13,– bis 26,–, Terrasse, Kinderspielplatz, Frei-bad, Kinderplanschbecken, Tennis, Tischtennis, Minigolf, Kletterwand, deutsche Lei-tung, 🛗, 🍴, 🚲, P, ganzjährig geöffnet, Via Pasini 64, @, www.residence-concaverde.it, ☎ 0039/0464/410218, Fax 461452 **(Bild siehe Route 560)**.

⑱ I-38066 RIVA DEL GARDA
A 22 ab Ausfahrt Rovereto sud → Riva del Garda
Hotel Bellariva ★★★ zentrale ruhige Lage am Strand, 56 B, EZ € 70,– bis 85,–, DZ € 100,– bis 130,–, inkl. Frühstücksbuffet, alle Zi mit Du, WC, Sat-TV, Safe, Kühl-schrank und Klimaanlage, bekannt gute Küche, 🛗, 🚲, P, Via Franz Kafka 13, @, www.hotelbellariva.com, ☎ 0039/464/553620, Fax 556633.

Hotel Pension Villner Hof, Neumarkt-Vill

⑭ **Hotel Amadeus, Auer**

Reisen ins
Baltikum

Leuchtturm auf Saaremaa

Das Baltikum

Die drei Länder Estland, Litauen und Lettland bilden die Baltischen Staaten. Alle drei Länder sind zusammen etwa halb so groß wie Deutschland: Das größte Land ist Litauen mit 65.300 km², dann folgt Lettland mit 64.590 km² und zuletzt Estland mit 45.226 km². Die 3,4 Millionen Litauer, 2,3 Millionen Letten und 1,3 Millionen Esten sind drei europäische Kulturvölker mit eigener Landessprache, Kultur und Geschichte. Die drei Hauptstädte Vilnius, Riga und Tallinn haben wie die vielen Flüsse und Seen ihren ganz besonderen Reiz und prägen das typische Bild des Baltikums. Dazu gehören mittelalterliche Städte, kilometerlange Sandstrände und malerische Inseln. Die unberührte Natur zwischen Meer und Wäldern sind ideal zum Ausspannen oder für den Aktivurlaub. In der Nacht zum 24. Juni treffen Tradition, Kultur, Legende und Lebensfreude zusammen, denn der Mittsommer wird gefeiert. Dann werden überall große Feuer entzündet, Kränze aus Blumen geflochten, die Farnblüte gesucht, gesungen, getanzt und gelacht, um den längsten Tag des Jahres zu feiern.

Einreise

Zur Einreise mit dem Pkw werden benötigt: Reisepass oder Personalausweis (nicht EU-Staatsbürger benötigen ein Visum), Fahrzeugschein, deutscher oder EU-Führerschein sowie einen Krankenversicherungsnachweis. Folgendes wird empfohlen: Das Abschließen einer Auslandskrankenversicherung, eine Zeckenimpfung sowie das Mitführen einer Warnweste und der grünen Versicherungskarte.

Währung

1 € = 0,71 LVL (Lettische Lats)
1 € = 15,65 EEK (Estnische Kronen)
1 € = 3,45 LTL (Litauische Litas)
(Stand Oktober 2009)

Besondere Verkehrsbestimmungen

Abweichende Ampelanlagen: Das blinkende Grün entspricht dem Gelb, dann darf nicht mehr gefahren werden! Sollten Pfeile innerhalb der Ampellichter vorhanden sein, müssen Sie besonders acht geben! Sie dürfen nur fahren, wenn die Ampel für Ihre Abbiege-Richtung auf Grün steht, auch wenn für Ihre Fahrtrichtung keine rote Ampel vorhanden ist und für die anderen Fahrtrichtungen Grün angezeigt wird. Autofahrer müssen in allen drei Ländern ganzjährig (in Litauen während der Wintermonate) auch tagsüber mit Abblendlicht fahren. Die Promillegrenze liegt in Estland bei 0,0, in Litauen bei 0,4 und in Lettland bei 0,49. Möglichst bewachten Parkplatz benutzen!

Autobahn

In Litauen und Lettland gibt es autobahnähnliche Schnellstrassen mit dem bekannten „Autobahn" Kennzeichen. Mit deutschen Autobahnen sind diese jedoch nicht zu vergleichen! Rechnen Sie mit Zebrastreifen, Bushaltestellen und Linksabbiegerspuren. Fahrradfahrer und Pferdegespanne dürfen die „Autobahn" ebenso benutzen; bei Dunkelheit sollten Sie damit rechnen, dass diese die rechte Spur unbeleuchtet nutzen.

Höchstgeschwindigkeiten

In allen drei Ländern gelten innerorts 50 km/h, außerorts 90 km/h und auf der Autobahn 110 km/h.

Pannenhilfe (Mobilfunk)

Estland:
Pannenhilfe Tel. 18 88, Polizei Tel. 110, Feuerwehr/Rettung Tel. 112.
Lettland:
Pannenhilfe Tel. 00 371/7 56 62 22, Polizei/Feuerwehr/Rettung Tel. 112.
Litauen:
Pannenhilfe Tel. 00 370/52 10 44 22, Polizei/Feuerwehr/Rettung Tel. 112.

Tanken

Die Zapfrüssel sind farblich markiert. Grün = bleifrei, rot = verbleit, schwarz = Diesel.

Telefonieren

Internationale Ländervorwahlen: Litauen 00 370, Lettland 00 371, Estland 00 372.

Riga-Panoramablick über die Daugava

Kontakt Estland: Estonian Tourist Board, Liivalaia 13/15, EST-10118 Tallin, info@visitestonia.com, www.visitestonia.com, Tel. 00 372 (0)6/27 97 70, Fax 27 97 77

Kontakt Lettland: Latvia Tourist Board, Pils laukums 4, LV-1050 Riga, tda@latviatourism.lv, www.latviatourism.lv, Tel. 00 371 (0)67 22 99 45, Fax 67 35 81 28

Kontakt Litauen: Liltauisches Staatliches Amt für Tourismus, A. Juozapaviãiaus g. 13, LT-09311 Vilnius, vtd@tourism.lt, www.tourism.lt, Tel. 00 370 (0)5/2 10 87 96, Fax 2 10 87 53

Vertretung in Deutschland: Baltikum Tourismus Zentrale, Katharinenstr. 19-20, D-10711 Berlin, info@baltikuminfo.de, www.baltikuminfo.de, Tel. 00 49 (0)30/89 00 90 91, Fax 89 00 90 92

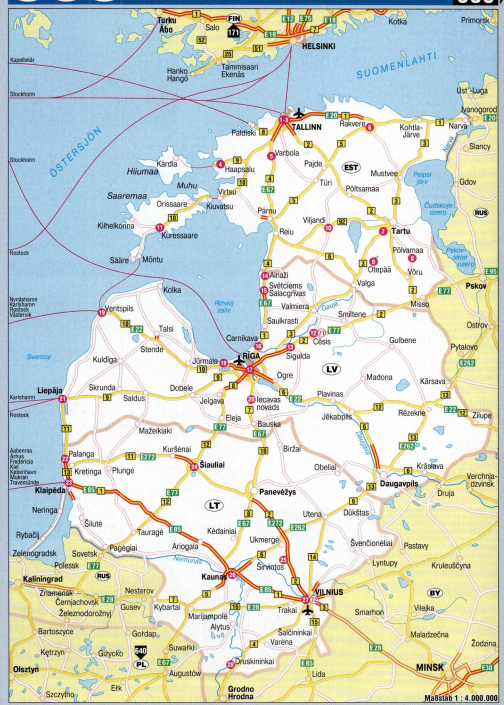

Maßstab 1 : 4.000.000

❶ EST-11913 TALLINN
E 55 ab Ausfahrt Neu Dierkow → Tallinn → Pärnu E 67
Ecoland Hotel-Boutique ★★★ 76 Zi, EZ € 62,– bis DZ € 71,– bis 90,–, inkl. Frühstück, Zi mit Bad oder Du, WC, ☎ und Kabel-TV, teils Balkon, Restaurant mit russischer Küche, WLAN, Konferenzräume, Beauty, Meerwasserpool, Sauna, Billard, Rezeption 24 Stunden geöffnet, Randvere Tee 115, @, www.ecoland.ee, ☎ **00372/6051999**, Fax 6051998.

❷ EST-10111 TALLINN
Reval Inn Hotel ★★ nahe Altstadt und Fährhafen, 163 Zi, EZ und DZ ab € 58,–, Nichtraucher-Zi, inkl. Frühstücksbuffet, alle Zi mit Du, WC, ☎ und TV, Konferenzraum, WiFi kostenfrei, Sportmög lichkeiten, ⌂, ♿, P, Sadama 1, @, www.revalhotels.com, ☎ **00372/6678700**, Fax 6678800.

❸ EST-11622 TALLINN E 67 Arumetsa → Tallinn
Villa Alexi ★★★ 14 B, EZ € 40,– DZ € 47,–, Suite, Mehrbett-Zi, inkl. Frühstück, alle Zi mit Du, WC, ☎ und TV, WLAN, Seminarraum, Sauna, ☎, bewachter P, Sihi 49, @, www.alexi.ee, ☎ **00372/6700096**, Fax 6506221.

❹ EST-90502 HAAPSALU
Promenaadi Hotel ★★★ 35 Zi, EZ ab € 45,– DZ ab € 55,–, inkl. Frühstücksbuffet, alle Zi mit Du, WC, ☎, TV und WLAN, Restaurant, Bar, Konferenzraum, Sauna mit Jacuzzi, bewachter P, Sadama 22, @, www.promenaadi.ee, ☎ **00372/4737250**, Fax 4737250.

❺ EST-78203 VARBOLA E 67, 47 km südlich von Tallinn
Ruunawere Hotell ★★ ⌂ 34 B, EZ € 40,–, DZ ab € 54,–, Suite mit offenem Kamin und eigener Sauna € 87,–, inkl. Frühstück, alle Zi mit Du, WC und TV, ruhige Hofumgebung mit Restauran: im alten Posthof von 1824, Konferenzräume, Campingplatz, Märjamaa vald, info@ruunawere.com, www.ruunawere.com, ☎ **00372/6709395**, Fax 00372/6709395.

❻ EST-44306 RAKVERE
E 20 → 1 rechts → 5 Sömeru → Rakvere Stadtmitte
Art Café ★★★ 18 B, Zi ab € 39,–, Nichtraucher-Zi, alle Zi mit Du, WC, Kabel-TV und WiFi, Seminare, ☎, Lai 18, @, www.artcafe.ee, ☎ **00372/3232060**.

❼ EST-51013 TARTU
Hotel Tartu ★★ im Zentrum, 105 B, EZ € 48,– DZ € 74,–, Familien-Zi € 93,– bis 106,–, inkl. Frühstück, alle Zi mit Du, WC, ☎ und TV, auf Wunsch Internet-Anschluss, Café-Restaurant, Konferenzraum, Gesundheitszentrum, Sauna, Dampfbad, ☎, ♿, bewachter P, Soola 3, @, www.tartuhotell.ee, ☎ **00372/7314300**, Fax 7314301.

❽ EST-63308 PÕLVAMAA
E 77 → 7 Käbli, links → 2 Tallinn, Pörsto → 64 Kirumpää, Põlva
Hotell Pesa ★★☆ 60 B, EZ € 45,–, DZ € 57,–, Nichtraucher-Zi, inkl. Frühstück, alle Zi mit Du, WC, ☎ und Sat-TV, Restaurant mit Sonnenterrasse, Konferenzraum bis 70 Personen, Pub, WiFi, ♿, Uus 5, @, www.kagureis.ee, ☎ **00372/7998530**, Fax 7970833.

❾ EST-67414 OTEPÄÄ
Pühajärve Spa Hotel ★★★ 200 B, EZ ab € 53,– DZ ab € 68,–, Suite ab € 95,–, inkl. Frühstück, alle Zi mit Du, WC und TV, Restaurant, Pub, Konferenzräume, Bowling, Spa-Zentrum, Sauna, Pool, Fitnessraum, Pühajärve, Otepää vald, www.pyhajarve.com, ☎ **00372/7665500**, Fax 7665501.

Villa Alexi, Tallinn

❿ EST-71008 VILJANDI
E 67 → 4 Arumetsa → 6 Laadi → 92 Väljaküla → Viljandi
Endla Hotell ★★★ ruhige Lage, 20 B, EZ € 26,– DZ € 32,–, Familien-Zi € 51,–, inkl. Frühstück, alle Zi mit Du, WC, TV und WLAN, Café-Restaurant, Seminare, großer Garten, Sauna, kleines Schwimmbad, Spielplatz, ♿, ♿, -Zi, G, Öffnungszeiten Café: September bis April 7-21 Uhr; Mai bis August 6-23 Uhr, Endla 9, @, www.reinup.ee, ☎ **00372/53457440**, Fax 4335302.

⓫ EST-93812 KURESSAARE/SAAREMAA
Johan Spa Hotell ★★★ 93 B, Saisonpreise: EZ ab € 63,–, DZ ab € 80,–, alle Zi mit Du, WC, ☎ und TV, Restaurant, Pub, Konferenzraum, Spa, Sauna, Kauba 13, @, www.johan.ee, ☎ **00372/4540000**, Fax 4540012.

Lettland

⓬ LV-4101 CĒSIS E 77/A 2 → Sigulda, links P 20
Kolonna Hotel Cēsis ★★★ 75 B, EZ € 50,– bis 58,–, DZ € 66,–, Studio € 80,–, inkl. Frühstücksbuffet, zahlbar nur mit Kreditkarte oder in LVL, alle Zi mit Du, WC, ☎ und TV, teils WiFi und Safe, Café Popular, gute Küche, Veranstaltungs- und Konferenzräume, ☎, Vien bas laukums 1, @, www.hotelkolonna.com, ☎ **00371/64120122**, Fax 64120121.

⓭ LV-2150 SIGULDA
Hotel Santa ★★★ 14 Zi, EZ € 41,– bis 51,–, DZ € 51,– bis 58,–, inkl. Frühstück, alle Zi mit Du, WC, ☎ und TV, Restaurant, Konferenzraum, Bar, Kamin-Zi, Sauna, Kinderspielplatz, ☎, P, Kalnjani, @, www.hotelsanta.lv, ☎ **00371/67705271**, Fax 67705278.

⓮ LV-4035 AINAŽI E 75, Zentrum
Hotel Helmi ★★ neu renoviertes Kleinstadthotel, 20 B, EZ € 29,–, DZ € 43,–, Suite € 86,–, Frühstück € 4,50, alle Zi mit Du, WC, TV und Sauna, Valdemāra iela 51, www.helmi.viss.lv, ☎ **00371/64024230**.

⓯ LV-4033 SVĒTCIEMS SALACGRIVAS E 67
„Rakari" – Gästehaus Restaurant Camping ★ ⌂ ★★★ ℱℱℱ EZ € 28,–, DZ € 42,–, Familien-Zi (6 B) ab € 99,–, inkl. Frühstück, alle Zi mit Du, WC, TV und WiFi, Hütten (2-4 B) € 49,– bis 78,–, geeignet für Sportliebhaber: Surf-, Tretboot- und Fahrradverleih, Quadfahren, Spielmöglichkeiten für Kinder, Limbažuraj., @, www.rakaricamp.lv, ☎ **00371/27060869+64071122**, Fax 64071125.

⓰ LV-2163 CARNIKAVA E 67 Lilaste-See, km 21 Riga → Tallinn
Hotel Medzäbaki ★★★ in der Region von Riga, 40 Zi, EZ ab € 43,–, DZ € 51,–, Suite ab € 85,–, inkl. Frühstück, alle Zi mit Du, WC, ☎ und TV, Restaurant, Sauna, Schwimmbecken, Fitnessraum, Kinderspielplatz, Freizeitaktivitäten, bewachter P, Medzabaki 2, @, www.medzabaki.lv, ☎ **00371/7147070**, Fax 7146066.

❺ Ruunawere Hotell, Varbola

⓯ „Rakari" – Gästehaus Restaurant Camping, Svētciems Salacgrivas

⑰ LV-1010 **RIGA**
Laine Hotel ★★★ im historischen Ortskern, 32 Zi, EZ € 46,– bis 56,–, DZ € 60,– bis 86,–, inkl. Frühstück, alle Zi mit Bad/Du, WC, Fön, ⟨⟩, Kabel-TV und Minibar, teils Internet, traditionelle und internationale Küche und Weine, Konferenzräume, Sommerterrasse, Skolas iela 11, @, www.laine.lv, ☎ **00371/67288816**, Fax 67287658.

⑱ LV-2015 **JURMALA**
Hotel Villa Joma ★★★ 16 Zi, EZ € 42,– bis 102,–, DZ € 45,– bis 105,–, inkl. Frühstück, Zi mit Bad/Du, WC, ⟨⟩, Fön, Sat-TV, Kühlschrank und Internet-Anschluss, Restaurant mit internationaler Küche, Bar, Konferenzräume, Garten, ⟨⟩, ⟨⟩, P, Jomas iela 90, @, www.villajoma.lv, ☎ **00371/67771999**, Fax 67771990.

⑲ LV-3601 **VENTSPILS**
Hotel Jūras Brize ★★ nahe Zentrum, 2006 neu erbaut, 36 B, EZ ab € 30,–, DZ ab € 48,–, 3-Bett-Zi ab € 66,–, inkl. Frühstück, Zi mit Du, WC, Sat-TV und WLAN, Restaurant, 400 m bis zum Strand, Vasarnicu iela 34, @, www.hoteljurasbrize.lv, ☎ **00371/63622524**, Fax 63622523.

⑳ LV-3913 **IECAVAS NOVADS** E 67
Motel „Brencis" ★★★ 44 B, EZ ab € 28,–, DZ ab € 42,–, inkl. Frühstück, alle Zi mit Du, WC und TV, Restaurant, Bar, Sauna, Picknickplätze, zwischen Riga und Bauska, Rīgas-Bauskas šoseja, @, www.brencis.viss.lv, ☎ **00371/63923866**.

㉑ LV-3401 **LIEPĀJA**
Liva Hotel ★★★ 111 Zi, EZ € 29,– bis 64,–, DZ € 40,– bis 86,–, Suiten, inkl. Frühstück, alle Zi mit Du, WC, Fön, ⟨⟩, Kabel-TV und WLAN, Restaurant, Bar, Konferenzräume, ⟨⟩, P, Liela Street 11, @, www.fontaine.lv, ☎ **00371/63420102**, Fax 63480259.

㉒ **CĒSIS – Wo sich Vergangenheit und Zukunft treffen**

Die Stadt feierte 2006 ihr 800-jähriges Jubiläum. Reich an prachtvollen Landschaften und Zeugnissen der Geschichte, verkörpert die Stadt einen besonderen Geist des Altertums sowie modernes Selbstbewusstsein. Cēsis und auch das Cēsu Gebiet sind beliebte Ausflugsziele in Vidzeme. Viele interessante Sehenswürdigkeiten und ihre Gastlichkeit machen den Ort zum Publikumsmagneten. Wenn man sich von der Hektik der Großstadt erholen will, sollte man sich auf einen Spaziergang durch die kleinen Straßen von Cēsis begeben, die ihre Struktur seit dem Mittelalter beibehalten haben. Die Kirche von Cēsis und die alte Schlossruine sind Orte, wo man die Seele baumeln lassen kann.

Informationen und Prospekte:
Touristeninformationszentrum Cēsis, Pils laukums 1, LV-4100 Cēsis, info@cesis.lv, www.tourism.cesis.lv, ☎ **00371/64121815**, Fax 64107777.

Litauen

㉒ LT-00134 **PALANGA** im Zentrum
Hotel Alanga ★★★ gute Lage im Zentrum der Kleinstadt, 100 B, EZ € 44,–, DZ ab € 50,–, Suite teilweise mit Küche ab € 70,–, Appartement ab € 115,–, inkl. Frühstück, Zi mit Bad oder Du, WC, ⟨⟩, Sat-TV und Minibar, Restaurant, Konferenzräume, Billiard, Pool, Fitnessraum, Solarium, türkische und finnische Sauna, 200 m bis zum schönen Meeresstrand, S. Néries 14, @, www.alanga.lt, ☎ **00370/46049215**, Fax 46049316.

㉓ LT-92224 **KLAIPEDA**
Hotel Promenada ★★★ in der Altstadt, 22 Zi, DZ € 67,– bis 79,–, Appartement (4 Personen) € 102,–, inkl. Frühstück, alle Zi mit Bad oder Du, WC, Kabel-TV und Minibar, Restaurant mit europäischer Speisekarte, Safe, kostenfreies Internet, Fax, P, @, www.promenada.lt, ☎ **00370/46403020**, Fax 46403021.

㉔ LT-77155 **ŠIAULIAI**
Hotel Turne ★★ 31 B, EZ € 45,–, DZ € 50,– bis 70,–, 3-Bett-Zi € 75,–, Appartement € 85,–, alle Zi mit Du, WC, ⟨⟩, Kabel-TV, Internet, Minibar und Kühlschrank, Restaurant, Bar, Sommerterrasse, ⟨⟩, bewachter P, Rudes st. 9, @, www.turne.lt, ☎ **00370/41500150**, Fax 41429238.

㉕ LT-19120 **SIRVINTOS**
E 272 → Zentrum
Gästehaus „Lelija" ★★★ 14 B, EZ € 35,–, DZ € 41,–, inkl. Frühstück, schöne Zi mit Du, WC, Fön, TV, Internet, Minibar und Kühlschrank, Café, Plento g. 54, www.sirvintos.info, ☎ **00370/838253804 +38252214 (Café)**.

㉖ LT-44280 **KAUNAS**
Hotel Klaipėda ★★★ im Zentrum, 28 Zi, EZ € 101,–, DZ € 116,–, Suite ab € 145,–, inkl. Frühstück, alle Zi mit Bad/Du, WC, Fön, ⟨⟩, TV, WLAN und Minibar, Mittag- und Abendessen, ⟨⟩, ⟨⟩, bewachter P, Kuzmos Str. 8, @, www.klaipedahotel.lt, ☎ **00370/37229981**, Fax 37220355.

㉗ LT-02182 **VILNIUS** E 28 ca. 2,5 km vom Flughafen → Zentrum, Ausfahrt rechts ca. 200 m (5,5 km vom Zentrum entfernt)
Amicus Hotel ★★★ sehr ruhige Lage, 40 B, EZ € 44,– bis 72,–, DZ € 55,– bis 84,–, Nichtraucher-Zi, inkl. Frühstück, alle Zi mit Bad/Du, WC, ⟨⟩, Sat-TV und Internet, Restaurant, Bar, Sauna, ⟨⟩, ⟨⟩, P, Kaminkelio g. 15, @, www.amicushotel.lt, ☎ **00370/52375880**, Fax 52383980.

㉘ LT-66116 **DRUSKININKAI**
Hotel Regina ★★★ 72 B, EZ € 44,– bis 55,–, DZ € 58,– bis 81,–, inkl. Frühstücksbuffet, alle Zi mit Du, WC, Fön, ⟨⟩, Sat-TV und kostenfreiem Internet, Restaurant, Konferenzraum, ⟨⟩, P, T. Kosciuskos Straße 3, @, www.regina.lt, ☎ **00370/31359060**, Fax 31359061.

㉖ Hotel Klaipėda, Kaunas

㉒ **VILNIUS – Europäische Kulturhauptstadt 2009**

Die barocke Stadt Vilnius gehört zum UNESCO Weltkulturerbe und ist Europäische Kulturhauptstadt 2009. Geschichtlich ist Vilnius sehr interessant und zieht nicht ohne Grund pro Jahr über eine Million Touristen an. Es gibt viel zu sehen. Einzigartige Veranstaltungen, barocke Kirchen sowie faszinierende Museen. Wenn alles besucht ist, gibt es einige Kilometer außerhalb Trakai, ein kleiner Ort inmitten fünf malerischer Seen. Hier kann man sich nicht nur entspannen: In der alten Burg – übrigens meist besuchter Ort von Litauen – finden heute viele Festivals statt.

Informationen und Prospekte:
Tourismusamt Vilnius,
Vilniaus g. 22, LT-01119 Vilnius,
tic@vilnius.lt, www.vilnius-tourism.lt,
☎ **00370/52629660**, Fax 52628169.

Reisen nach
Polen

Das höchste Gebirge Polens – die Tatra

Polen

Polen hat eine Fläche von 312 700 qkm und über 39 Millionen Einwohner. Die Amtssprache ist polnisch. Polen ist eine parlamentarische Demokratie, an deren Spitze der Staatspräsident steht. Das Parlament besteht aus zwei Kammern (Sejm und Senat). Polen, mit der Hauptstadt Warschau, ist in 16 Woiwodschaften aufgeteilt, die mit den deutschen Bundesländern zu vergleichen sind. Von den 19 Millionen Touristen, die das Land jährlich empfängt, sind gut ein Drittel Deutsche. Berühmt ist Polen für die Fülle an historischen Bauwerken, die hervorragend rekonstruiert und erhalten sind. So ist es kein Zufall, dass sich insgesamt acht der weltweit rund 550 Stätten auf der Liste des Weltkultur- und Naturerbes der Unesco in Polen befinden. Es gehören dazu die Altstädte von Warschau, Toruń/Thorn und Krakau, das Salzbergwerk Wieliczka bei Krakau, die Renaissance-Stadt Zamość, die Kreuzritterburg in Malbork/Marienburg, das Konzentrationslager Auschwitz sowie der letzte Urwald Europas in Białowieża. Die höchsten Berge von Polen: Rysy (2499 m) und Kasprowy Wierch (1985 m).

Einreise

EU-Bürger benötigen einen gültigen Reisepass oder Personalausweis. Kinder unter 16 Jahre dürfen mit Kinderausweis oder Vermerk im Pass der Eltern einreisen. Bei Aufenthalten bis zu drei Monaten benötigen Bundesbürger kein Visum. Wer mit dem Auto einreist benötigt einen gültigen Führerschein. Die grüne Versicherungskarte ist nicht mehr Pflicht. Es empfiehlt sich, dennoch eine solche Karte mitzuführen.

Verkehrsbestimmungen

Vorgeschrieben ist die Mitnahme eines Warndreiecks sowie eines Verbandskastens. Das Mitführen einer Warnweste wird empfohlen. Die Alkoholgrenze liegt bei 0,2 Promille. Bei Überschreitung kann der Führerschein eingezogen und das Fahrzeug sichergestellt werden. Gurtpflicht besteht für alle Sitzplätze. Kinder bis zu 12 Jahren müssen hinten sitzen. Auto- und Motorradfahrer müssen ganzjährig auch tagsüber mit Abblendlicht fahren. Das Autobahnnetz in Polen befindet sich noch im Aufbau. Gebührenpflichtig sind die Abschnitte auf der A 4 (Katowice-Kraków) sowie auf der A 2 (NowyTomyśl-Konin).

Höchstgeschwindigkeiten:

Landstraßen mit einer Fahrbahn 90 km/h (100 km/h bei zwei Fahrbahnen), Schnellstraße mit einer Fahrbahn 100 km/h (110 km/h bei zwei Fahrbahnen), Autobahnen 130 km/h, geschlossene Ortschaften 50 km/h (von 23.00-5.00 Uhr 60 km/h).

Währung

1 PLN (Złoty) = 100 Groszy (Gr)
1 € (Euro) = 4,16 Złoty
(Stand Oktober 2009)
Die Ein- und Ausfuhr von polnischer Währung ist nicht gestattet.

Tanken

Polen verfügt über ein enges Netz von Tankstellen. Die meisten Tankstellen, insbesondere an Hauptstraßen und in größeren Städten sind rund um die Uhr geöffnet. Einige haben Öffnungszeiten von 6.00-22.00 Uhr. Folgende Kraftstoffe werden angeboten: Bleifrei Benzin, Euro-Super, Diesel und an einigen Tankstellen Flüssiggas.

Pannenhilfe

In ganz Polen ist auch für Nicht-Mitglieder die Pannenhilfe des Automobilclubs PZM unter Tel. 981 erreichbar. Polizeinotruf Tel. 997, Feuerwehr Tel. 998, Rettungsdienst Tel. 999.

Telefonieren

Internationale Ländervorwahl nach Polen: 00 48.

Marienburg in Malbork/Marienburg

Kontakt: Polska Organizacja Turystyczna, ul. Chałubińskiego 8, PL-00-613 Warszawa, pot@pot.gov.pl, www.pot.gov.pl, Tel. 00 48 (0)22/6 93 49 40, Fax 6 93 40 44
Vertretung in Deutschland: Polnisches Fremdenverkehrsamt, Kurfürstendamm 71, D-10709 Berlin, info.de@polen.travel, www.polen-info.de, Tel. 00 49 (0)30/21 00 92-0, Fax 21 00 92-14

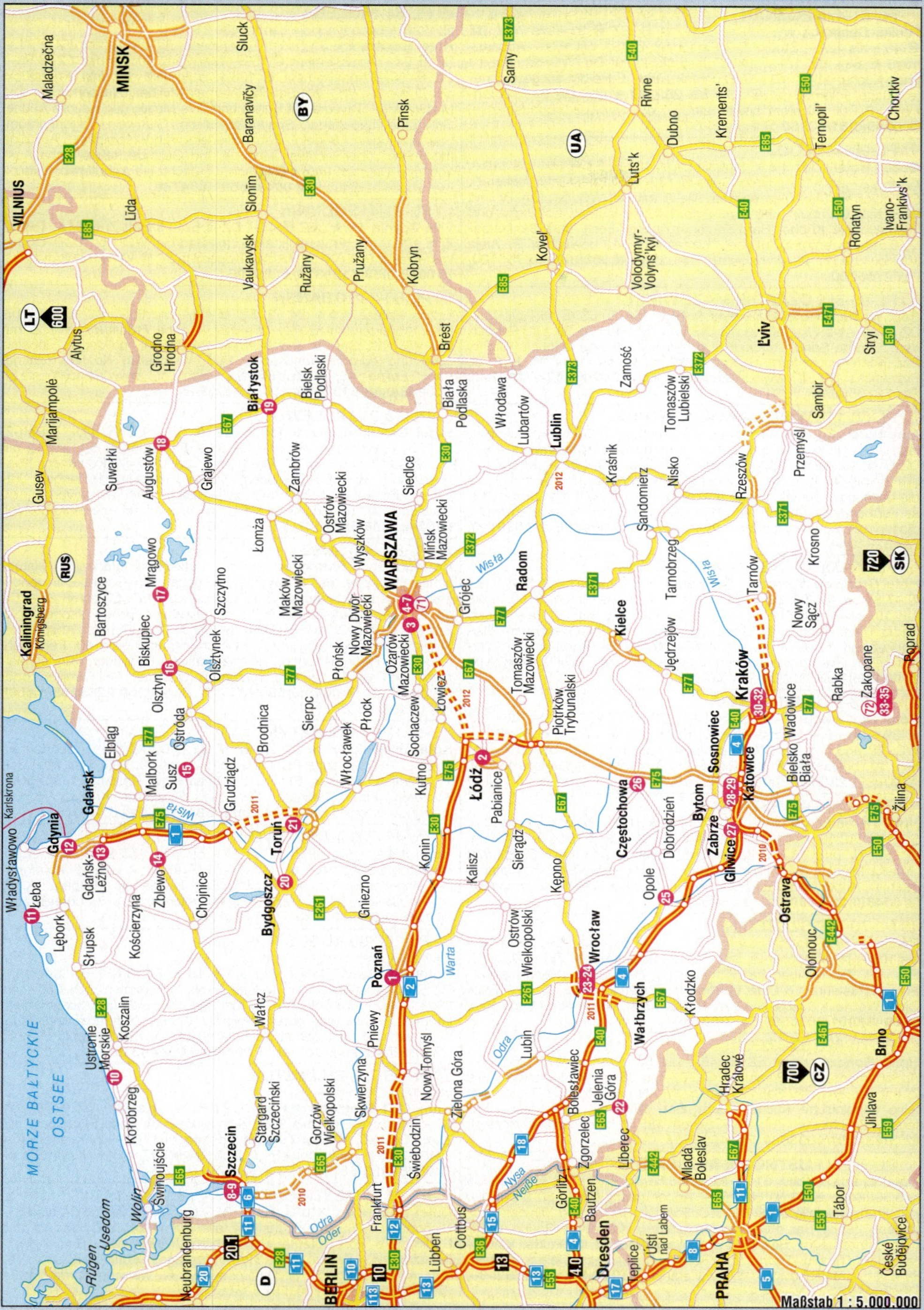

Countries/regions labeled: BY, UA, LT, RUS, SK, CZ, D

MINSK, Sluck, Maladzečna, Baranavičy, Pinsk, Sarny, Rivne, Krements', Chortkiv, VILNIUS, Lida, Slonim, Ružany, Pružany, Kobryn, Kovel', Dubno, Rohatyn, Ivano-Frankivs'k, Ternopil', Alytus, Grodno/Hrodna, Brėst, Włodawa, Zamość, L'viv, Stryj, Sambir, Przemyśl, Marijampolė, Gusev, Suwałki, Augustów, Grajewo, Białystok, Bielsk Podlaski, Biała Podlaska, Lubartów, Lublin, Kraśnik, Nisko, Rzeszów, Krosno, Przemyśl

Kaliningrad/Königsberg, Bartoszyce, Mrągowo, Szczytno, Łomża, Zambrów, Ostrów Mazowiecki, Wyszków, Maków Mazowiecki, Siedlce, Mińsk Mazowiecki, WARSZAWA, Radom, Tomaszów Lubelski, Sandomierz, Tarnobrzeg, Kielce, Jędrzejów, Tarnów, Nowy Sącz, Zakopane, Rabka

Władysławowo, Gdynia, Gdańsk, Leba, Lębork, Słupsk, Koszalin, Elbląg, Malbork, Susz, Ostróda, Olsztyn, Olsztynek, Biskupiec, Brodnica, Grudziądz, Toruń, Bydgoszcz, Płock, Sierpc, Płońsk, Nowy Dwór Mazowiecki, Sochaczew, Łowicz, Kutno, Łódź, Pabianice, Piotrków Trybunalski, Tomaszów Mazowiecki, Grójec

Szczecin, Stargard Szczeciński, Gorzów Wielkopolski, Poznań, Gniezno, Konin, Kalisz, Sieradz, Częstochowa, Kępno, Ostrów Wielkopolski, Dobrodzień, Opole, Wrocław, Kłodzko, Wałbrzych, Bolesławiec, Jelenia Góra, Zgorzelec, Görlitz, Liberec, Mladá Boleslav, Hradec Králové

Sosnowiec, Bytom, Zabrze, Gliwice, Katowice, Kraków, Wadowice, Bielsko-Biała, Ostrava, Olomouc, Brno, Žilina

Neubrandenburg, BERLIN, Frankfurt, Cottbus, Lübben, Dresden, Teplice, Ústí nad Labem, PRAHA, České Budějovice, Jihlava, Tábor

Świnoujście, Wolin, Kołobrzeg, Ustronie Morskie, Karlskrona, Kariskrona

Water bodies: MORZE BAŁTYCKIE / OSTSEE, Rügen, Usedom

Rivers: Wisła, Warta, Odra/Oder, Nysa/Neiße, Wisła

Road numbers shown include E28, E85, E40, E50, E85, E30, E67, E77, E371, E75, E65, E261, E442, E461, E55, E67, E372, E373

❶ PL-61-474 POZNAŃ
Feniks Gasthaus ⋆⋆ ruhige Lage, 41 B, EZ € 31,– bis 74,–, DZ € 45,– bis 121,–, Studio (2-3 Personen) € 45,– bis 153,–, Appartement € 68,– bis 167,–, inkl. Frühstück, Zi mit Du, WC, ☎, Sat-TV und Küchenecke mit Kühlschrank und E-Herd, ausgezeichnete Küche, Internet, ⊟ € 13,– bis 25,–, G € 3,– bis 5,–, kostenfreier P, ul. Czeremchowa 24/26, @, www.pensjonatfeniks.pl, ☎ 0048 (0) 61/8 32 60 75, Fax 8 32 60 75.

❷ PL-90-443 ŁÓDŹ
Qubus Hotel Łódź ⋆⋆⋆ zentrale Lage, 103 B, EZ € 66,– bis 110,–, DZ € 72,– bis 110,–, Junior Suite € 73,– bis 112,–, Nichtraucher-Zi, Frühstück € 14,–, Messepreise, alle Zi mit Du, WC, ☎, Sat-TV und WiFi, teils Computer, Minibar, Safe, Lift, Restaurant, polnische und internationale Küche, Bar, Konferenzräume, Fest- und Bankettsäle, Businesszentrum, Internet, ♿, bewachter P, Aleja Mickiewicza 7, @, www.qubushotel.com, ☎ 0048 (0) 42/2 75 51 00, Fax 2 75 52 00.

❸ PL-05-850 OŻARÓW MAZOWIECKI ab E 30
Best Western Hotel Mazurkas ⋆⋆⋆⋆ 158 Zi, EZ € 45,– bis 70,–, DZ € 49,– bis 75,–, alle Zi mit Du, WC, ☎ und Sat-TV, Lift, Restaurant „George Sand", traditionell polnische und internationale Küche, Bar, Konferenzzentrum, Sauna, Solarium, Fitnessraum, ⊟ ♿ P, ul. Poznańska 177, @, www.mazurkashotel.pl, ☎ 0048 (0) 22/7 21 47 47, Fax 7 21 05 06.

❹ PL-00-118 WARSZAWA-ZENTRUM
Aparthotel „Zgoda" ⋆⋆⋆⋆ im Stadtzentrum, 300 m vom Kulturpalast, in der Nähe der Nationalen Philharmonie, 45 Appartments, 6 DZ, DZ € 45,– bis 95,–, Appartement € 55,– bis 140,–, Frühstück € 8,–, alle Zi mit Du, WC, ☎, TV, kostenfreiem Internet und Klimaanlage, die besonders günstige Lage im Zentrum ermöglicht eine problemlose Fortbewegung durch die Hauptstadt, ul. Zgoda 6, apartamenty@dipservice.pl, www.apartamenty-zgoda.pl, ☎ 0048 (0) 22/5 53 61 00, Fax 8 27 10 44.

❺ PL-00-030 WARSZAWA-ZENTRUM
Hotel Gromada Warszawa Centrum ⋆⋆⋆ zentrale Lage, 310 Zi, EZ € 47,85 bis 100,50, DZ € 55,– bis 107,70, Appartement € 95,70 bis 165,10, inkl. Frühstück, alle Zi mit Du, WC, ☎, Sat-TV, Pay-TV und Radio, Restaurant, Club Restaurant, Old Polish Style Restaurant, Bar, Bankettsaal, Konferenzräume, Kiosk, ⊟, P, Pl. Powstańców Warszawy 2, warszawahotel.centrum@gromada.pl, www.gromada.pl, ☎ 0048 (0) 22/5 82 99 00, Fax 5 82 95 27.

❻ PL-02-954 WARSZAWA
Hotel Dipservice ⋆⋆⋆ ruhige Lage, 72 Zi, EZ € 32,– bis 48,–, DZ € 39,– bis 49,–, Nichtraucher-Zi, Frühstück € 7,50, alle Zi mit Du, WC, ☎ und Sat-TV, Lift, Restaurant, Konferenzraum bis 50 Personen, ⊟, bewachter P, ul. Kubickiego 3, @, www.dipservice.com.pl, ☎ 0048 (0) 22/5 50 62 00, Fax 6 42 23 89.

❼ PL-00-333 WARSZAWA
Hotel Harenda ⋆⋆⋆ 50 B, EZ € 60,– bis 81,50, DZ € 65,– bis 91,–, Suite € 110,10 bis 117,50, Frühstück € 6,–, alle Zi mit Du, WC, Fön, ☎, Sat-TV und WLAN, Restaurant „Harenda Art Club", Festaurant „Maska Michała Milowicza", Restaurant „Harenda Club", Konferenzraum, ul. Krakowskie Przedmieście 4/6, @, www.hotelharenca.com.pl, ☎ 0048 (0) 22/8 26 00 71, Fax 8 26 26 25.

❽ PL-70-419 SZCZECIN
Radisson SAS Hotel ⋆⋆⋆⋆ 369 Zi, EZ € 69,– bis 95,–, DZ € 78,– bis 109,–, Nichtraucher-Zi, inkl. Frühstücksbuffet, alle Zi mit Du, WC, Fön, ☎, TV, Minibar und Klimaanlage, Restaurant „Renaissance", Europa Restaurant & Café, Lobby Bar, Copernicus Bar, Café22, Baila Club, Wellness & Spa, ♿, G, ul. Rodła 10, @, www.radissonblu.com, ☎ 0048 (0) 91/3 59 55 95, Fax 3 59 45 94.

❾ PL-70-820 SZCZECIN
Hotel Bończa ⋆⋆⋆ EZ € 46,– bis 52,–, DZ € 57,– bis 64,–, Appartement bis 2 Personen € 77,– bis 86,–, inkl. Frühstück, alle Zi mit Du, WC, ☎, Sat-TV, Radio, WLAN und Minibar, Restaurant, feine polnische Küche, Lobby Bar, Terrasse, Rosensaal, Konferenzmöglichkeiten, ul. A. Krzywoń 18, @, www.hotel-boncza.pl, ☎ 0048 (0) 91/4 69 35 04, Fax 4 69 35 37.

❿ PL-78-111 USTRONIE MORSKIE
Hotel Erania ⋆⋆⋆⋆ 31 Zi, EZ € 45,50 bis 93,50, DZ € 62,50 bis 105,50, Suite € 93,50 bis 158,–, Appartement € 112,50 bis 189,–, inkl. Frühstück, alle Zi mit Du, WC, Fön, ☎, Sat-TV und Minibar, Restaurant, Lobby Bar, Pub, Konferenzräume, Hallenbad, Sauna, Solarium, Fitnessraum, Beauty und Wellness Institut, Grillhütte, Kinderspielplatz, Tennis, Tischtennis, Radfahren, Minigolf, Reiten, Angeln, ⊟ € 11,–, Malechowo 4, @, www.erania.pl, ☎ 0048 (0) 94/3 55 25 30, Fax 3 51 99 77.

⓫ PL-84-360 ŁEBA
ab E 28 → Lebork auf die Landstraße 214
Hotel Bakista ⋆⋆ 21 Zi für 1-6 Personen, Juli bis August: EZ € 71,–, DZ € 94,–, Appartement € 159,–, Mai, Juni, September: EZ € 55,–, DZ € 68,–, Appartement € 126,–, außerhalb der, inkl. Frühstück, alle Zi mit Du, WC, ☎, Sat-TV, Internet, Minibar, Wasserkocher und Musikanlage, Taverna mit Kamin und Live-Musik, genussvolle Küche, Grillstrand, Lagerfeuer, Spanferkel-Essen, Glühwein, Tagungsraum, Sauna, Angeln, Segeln, Fahrradverleih, Kinderspielplatz, Ausflüge mit Führer, überwachtes Gebäude und Gelände, telefonische Auskünfte in Deutsch und in Englisch, ul. Jachtowa 1, hotel@bakista.pl, www.hotel.bakista.pl, ☎ 0048 (0) 59/8 66 47 40.

⓬ PL-81-411 GDYNIA
Villa Gdynia ⋆⋆⋆ , EZ € 48,–, DZ € 67,–, 3-Bett-Zi € 84,–, 4-Bett-Zi € 108,–, inkl. Frühstück, alle Zi mit Du, WC, Fön, LCD-TV und kostenfreiem WLAN, ul. Mikołaja Kopernika 57, @, www.hotelgdynia.pl, ☎ 0048 (0) 58/7 18 93 76, 6 22 91 95.

⓭ PL-80-298 GDAŃSK
Leżno Palast ⋆⋆⋆ 24 Zi, EZ € 44,– bis 65,–, DZ € 60,– bis 83,–, Appartement € 71,– bis 127,–, ohne Frühstück, alle Zi mit Du, WC, ☎, Sat-TV und Internet, Restaurant, polnische, altpolnische und europäische Küche, Pub, Weinkeller, Konferenzräume, Park, Leżno 65, recepcja@palacwleznie.pl, www.palacwleznie.pl, ☎ 0048 (0) 58/5 23 20 90, Fax 5 23 20 93.

⓮ PL-83-210 ZBLEWO
Hotel Gramburg ⋆⋆⋆ 110 B, EZ € 35,–, DZ € 44,–, 3-Bett-Zi € 52,–, Appartement € 61,– bis 86,–, Frühstück € 5,–, alle Zi mit Du, WC, ☎ und Sat-TV, Restaurant, Saal bis 20 Personen, Konferenzraum bis 160 Personen, Sauna, Solarium, Hallenbad, Fitness, Tennis, Squash, Volleyball, Basketball, Fahrradverleih, G, bewachter P, ul. Chojnicka 21 a, @, www.hotel-gramburg.com.pl, ☎ 0048 (0) 58/5 88 45 47, Fax 5 62 75 67.

⓯ PL-82-540 SUSZ
Komforthotel Piotrkowo ⋆⋆⋆ deutscher Standard, historisches Gebäude, auf bewachtem eingezäunten Gelände, in ländlicher Umgebung zwischen Susz und Iława, 18 Zi, EZ ab € 25,–, DZ ab € 50,–, 3-Bett-Zi ab € 65,–, Ferienhaus für 4 Personen, inkl. Frühstück, alle Zi mit Bad/Du, WC und TV, HP nach Absprache, Selbstversorgung möglich, Gesellschaftsraum bis 140 Personen, Kamin-Zi, Reiterstübchen, Reitmöglichkeit, Fahrräder, Kinderspielplatz, großes Jagdgebiet, vorzüglich geeignet für Familien oder Gruppen, ☎ 0048 (0) 55/2 78 77 72, 0048 (0) 69/2 28 80 55 (mobil), Fax 0048 (0) 55/2 78 77 72.

⓰ PL-10-015 OLSZTYN
Hotel Wileński ⋆⋆⋆ 27 Zi, EZ € 55,–, DZ € 65,–, Appartement € 86,– bis 96,–, ohne Frühstück, alle Zi mit Du, WC, Fön, LCD-TV, Internet, Minibar, Safe und Klimaanlage, Restaurant Wileńska, Konferenzraum, Wellness SPA, ul. Ryszarda Knosały 5, @, www.hotelwilenski.pl, ☎ 0048 (0) 89/5 35 01 22, Fax 6 70 70 48.

⓱ PL-11-700 MRĄGOWO
Hotel Anek ⋆⋆⋆ 59 Zi, EZ € 31,– bis 43,– DZ € 43,– bis 62,50, Appartement € 72,– bis 84,–, inkl. Frühstück, alle Zi komfortabel eingerichtet, Lift, Restaurant, Bar, Biergarten, Grillplatz, ♿, P, ul. Roosevelta 23, rezerwacja@hotelanek.pl, www.hotelanek.pl, ☎ 0048 (0) 89/7 42 71 20, Fax 7 42 71 20.

⓲ PL-16-300 AUGUSTÓW
E 67 ab Ausfahrt → Stadtzentrum
Hotel „Szuflada" Café & Bar ⋆⋆⋆ 15 B, EZ PLN 110,– bis 140,–, DZ PLN 140,– bis 170,–, Deluxe-Zi bis 3 Personen PLN 250,– bis 280,–, inkl. Frühstück, alle Zi mit Bad, WC, ☎, und kostenfreiem Internet, Restaurant, gute polnische Küche, Fahrradverleih, Ausflüge zur nahe gelegenen Seenplatte, ⊟, ul. Ks. Skorupki 2 c, @, www.szuflada.augustow.pl, ☎ 0048 (0) 87/6 44 63 15.

⓳ PL-15-703 BIAŁYSTOK
ab E 18
Hotel OST Gromada ⋆⋆ 50 Zi, EZ € 22,– bis 33,–, DZ € 48,– bis 66,–, Studio € 70,– bis 98,–, Nichtraucher-Zi, ohne Frühstück, alle Zi mit Du, WC, ☎, Sat-TV, Radio, Restaurant, Bar, Konferenzräume, Internet, ⊟, bewachter P, ul. Jana Pawła II 77, @, www.gromada.pl, ☎ 0048 (0) 85/6 51 16 41, Fax 6 51 17 01.

⓴ PL-85-010 BYDGOSZCZ
Hotel Brda ⋆⋆⋆ 310 B, EZ € 31,– bis 59,–, DZ € 57,– bis 83,–, Nichtraucher-Zi, ohne Frühstück, alle Zi mit Du, WC, ☎, TV und Radio, teils Fön, Internet, Kühlschrank, Restaurant, Bar, 7 Konferenzräume, Sauna, Solarium, Massage, Autovermietung, ⊟, ♿, bewachter P, ul. Dworcowa 94, @, www.hotelbrda.com.pl, ☎ 0048 (0) 52/5 85 01 00, Fax 5 85 05 85.

㉑ PL-87-100 TORUŃ

Hotel Spichrz ★★★ 19 Zi, EZ € 54,– bis 80,–, DZ € 68,– bis 92,–, Studio bis 3 Personen € 68,– bis 104,–, inkl. Frühstücksbuffet, alle Zi mit Du, WC, ☏, TV, Radio, Internet und Kühlschrank, altpolnische Küche, Bar, Konferenzraum, P, ul. Mostowa 1, @, www.spichrz.pl, ☏ **0048(0)56/6571140**, Fax 6571144.

㉒ PL-58-560 JELENIA GÓRA

Hotel Caspar ★★★ 64 B, EZ € 31,– bis 36,–, DZ € 43,– bis 48,–, ohne Frühstück, alle Zi mit Du, WC, ☏, TV und WiFi, Restaurant, Bar, Konferenzraum, Veranstaltungsmöglichkeit, Kamin-Zi, Wellness, Pl. Piastowski 28, @, www.caspar.cieplice.pl, ☏ **0048(0)75/6455001**, Fax 6495490.

㉓ PL-50-421 WROCŁAW

Hotel Wodnik ★★★ 28 B, EZ € 50,– bis 57,–, DZ € 63,– bis 70,–, 3-Bett-Zi € 80,– bis 85,–, inkl. Frühstück, alle Zi mit Du, WC, ☏, TV und Radio, teils Internet, Restaurant bis 60 Personen, polnische und internationale Küche, Bankettsaal bis 20 Personen, Café, Sauna, 💳, 🐕 € 2,50, ♿, bewachter P, ul. Na Grobli 28, @, www.wodnik-hotel.pl, ☏ **0048(0)71/3433667**, Fax 3429344.

㉔ PL-50-020 WROCŁAW

Polonia Hotel ★★★ 145 Zi, EZ € 34,– bis 56,–, DZ € 46,– bis 61,–, 3-Bett-Zi € 61,– bis 68,–, 4-Bett-Zi € 71,– bis 78,–, inkl. Frühstück, alle Zi mit Du, WC, ☏ und TV, Restaurant bis 80 Personen, Bankettsaal bis 50 Personen, Kasino, Garten, 💳, P, ul. Piłsudskiego 66, recepcja@poloniawroclaw.pl, www.poloniawroclaw.pl, ☏ **0048(0)71/3431021 29**, Fax 3447310.

㉕ PL-45-222 OPOLE

Hotel Festival ★★★ 104 B, EZ € 62,50, DZ € 65,– bis 69,50, Familien-Zi € 86,50, Appartement € 91,–, inkl. Frühstück, alle Zi mit Du, WC, ☏, Sat-TV und Internet, teils Minibar, Restaurant Debiut, nationale und internationale Küche, Lobby Bar, Konferenzsaal, Businessraum, Bankettsaal, Hallenbad, Jacuzzi, Sauna, Solarium, Fitnessraum, Massage, ♿-Zi, ul. Oleska 86, @, www.festival.com.pl, ☏ **0048(0)77/4275555**, Fax 4275519.

㉖ PL-42-200 CZĘSTOCHOWA

Hotel Grand ★★★ 160 B, EZ € 49,–, DZ € 55,50, 3-Bett-Zi € 73,50, Appartement € 97,20 bis 137,80, inkl. Frühstück, alle Zi mit Bad/Du, WC, Sat-TV und Internet, Restaurant L'Auberge, Bar, Konferenzraum, finnische Sauna, Dampfbad, Massage, Wellness SPA, Shop, Juwelier, Wasch- und Bügelservice, 🐕 € 6,–, ul. Drogowców 8, @, www.grandhotel.com.pl, ☏ **0048(0)34/3683023**, Fax 3683023.

㉗ PL-44-100 GLIWICE

Hotel Diament ★★★ 82 B, EZ € 61,–, DZ € 83,–, Studio € 98,–, inkl. Frühstück, alle Zi mit Du, WC, ☏, Sat-TV, Pay-TV, Radio und kostenfreiem Internet, teils Fön, Restaurant, mediterrane Küche, 2 Konferenzsäle, ul. Zwycięstwa 30, @, www.hoteldiament.pl, ☏ **0048(0)32/2312244**, Fax 2317216.

㉘ PL-40-035 KATOWICE

Hotel Polonia ★★★ 90 B, EZ € 25,– bis 30,–, DZ € 39,– bis 47,–, 3-Bett-Zi € 52,– bis 66,–, inkl. Frühstück, alle Zi mit Du, WC und TV, Restaurant bis 100 Personen, altpolnische Küche, ul. Kochanowskiego 3, ☏ **0048(0)32/2514051**, Fax 2514052.

㉙ PL-40-224 KATOWICE

Hotel Senator ★★★ 88 B, EZ € 42,90 bis 50,30, DZ € 47,60 bis 60,30, Appartement € 95,70 bis 155,50, inkl. Frühstück, alle Zi mit Du, WC und TV, Restaurant, ul. 1-go Maja 3, @, www.senator.katowice.pl, ☏ **0048(0)32/2586 0815**, Fax 2586 0815.

㉚ PL-31-580 KRAKÓW

Hotel Krakus ★★★ ruhige Lage, 199 B, EZ € 38,– bis 63,–, DZ € 46,– bis 80,–, 3-Bett-Zi € 64,– bis 70,–, Nichtraucher-Zi, inkl. Frühstücksbuffet, alle Zi mit Du, WC, ☏, TV, Radio und WLAN, Restaurant, polnische und europäische Küche, Bar, Konferenzräume, Autovermietung, 💳, ♿, bewachter P, ul. Nowohucka 35, @, www.hotel-krakus.com.pl, ☏ **0048(0)12/6520202**, Fax 6565478.

㉛ PL-30-409 KRAKÓW

Hotel Ruczaj ★★★ 45 Zi, EZ € 35,– bis 42,–, DZ € 50,– bis 57,–, 3-Bett-Zi € 64,– bis 76,–, 4-Bett-Zi € 78,– bis 94,–, inkl. Frühstück, alle Zi mit Du, WC, ☏, TV, Radio, WLAN und Klimaanlage, Restaurant, Bar, Konferenzraum, Sauna, Solarium, Sommergrill, Poststelle, 🐕 € 7,–, kostenfreier P, ul. Ruczaj 44, @, www.ruczajhotel.pl, ☏ **0048(0)12/2691000**, Fax 2692030.

㉜ PL-30-349 KRAKÓW

Hotel Panorama ★★ 19 Zi, EZ € 37,– bis 45,–, DZ € 52,– bis 63,–, 3-Bett-Zi € 63,– bis 79,–, Studio € 92,– bis 105,–, inkl. Frühstück, alle Zi mit Du, WC, ☏, TV und WiFi, Bar, 2 Konferenzräume, Sauna, 🐕, ♿, kostenfreier P, ul. Lipińskiego 3/1, @, www.hotel-panorama.pl, ☏ **0048(0)12/2606401**, Fax 2606402.

㉝ PL-34-500 ZAKOPANE

Hotel Sabała ★★★ 51 Zi, EZ € 66,– bis 80,–, DZ € 83,– bis 104,–, Studio (2-4 Personen) € 104,– bis 229,–, inkl. Frühstücksbuffet, alle Zi mit Du, WC, TV und Internet, Restaurant, regionale Küche, Terrasse, Hallenbad, Sauna, Solarium, 🐕 € 8,– bis 9,50, P, ul. Krupówki 11, @, www.sabala.zakopane.pl, ☏ **0048(0)18/2015092**, Fax 2015093.

㉞ PL-34-500 ZAKOPANE

Hotel Czarny Potok ★★★ zentrale Lage, 47 Zi, EZ € 59,–, DZ € 71,–, Suite € 76,– bis 100,–, inkl. Frühstücksbuffet, alle Zi mit Du, WC, Fußbodenheizung (im Bad), ☏, TV, Radiowecker, Internet, Minibar und Safe, teils Balkon, Restaurant, Bar, Konferenzräume, Hallenbad, Jacuzzi, finnische und türkische Sauna, Massage, Grillplatz, Garten, 🐕, bewachter P, Tetmajera 20, @, www.czarnypotok.pl, ☏ **0048(0)18/2022760**, Fax 2022761.

㉟ PL-34-500 ZAKOPANE

Hotel Pod Piorem ★★ nahe dem Stadtzentrum gelegen, 29 B, EZ € 20,–, DZ € 30,– bis 35,–, inkl. Frühstück, alle Zi mit Du, WC, ☏ und TV, Restaurant, lokale und traditionell polnische Küche, multifunktionaler Saal, Sonnenterrasse, Grillplatz, Shop, Post, P, Jaszczurówka 30, @, www.gabrysia.com.pl, ☏ **0048(0)18/2011001**, Fax 2011001.

(71) WARSCHAU – DAS HERZ POLENS

Die aufstrebende Millionenmetropole zählt zu einem immer beliebter werdenden Ziel in Europa. Im Jahr 2008 zog es knapp 9 Mio. Touristen in die polnische Hauptstadt.

Die polnische Hauptstadt hat auch einiges zu bieten: Die Altstadt Warschaus wurde von der UNESCO als Weltkulturerbe ausgezeichnet. Sehenswert sind hier vor allem der große dreieckige Schlossplatz, das Königsschloss und der Palast unter dem Blechdach. Dies bildet jedoch nur den Anfang einer großen Sightseeing-Möglichkeit bestehend aus jeder Menge Palästen, Kirchen, Plätzen, Museen und Parks aus sämtlichen Epochen.

Den Kulturschätzen entgegengesetzt entsteht seit der Wende auch ein modernes Warschau. Das Einkaufszentrum Złote Tarasy (zu deutsch: Goldene Terrassen) mit seinem riesigen wellenartigen Glasdach ist dabei nicht nur architektonisch sehenswert, sondern lädt auch zu einer ausgedehnten Shopping-Tour ein. Und das auf 57.000 qm.

Informationen und Prospekte:
Warschau Tourist Informationzentrum, Rynek Starego Miasta 19/21/21 a, PL-00 Warszawa, info@warsawtour.pl, www.warsawtour.pl, ☏ **0048(0)22/19431 + 4741142.**

(72) ZAKOPANE

Die höchstgelegenste Stadt Polens (838 m ü. NN) ist das größte Wintersportzentrum des Landes und ein beliebtes Ziel für Wanderer und Bergsteiger.

Zakopane liegt in einem Talbecken des Tatra-Gebirges unweit der slowakischen Grenze und schließt an den Naturpark Hohe Tatra an. Die Stadt blickt auf eine kurze aber erfolgreiche Geschichte zurück. Im 17. Jahrhundert fand sie zum ersten Mal Erwähnung und wurde bis Ende des 19. Jahrhunderts nur von den Goralen bewohnt. Mit Bereitstellen Ihrer Holzhäuser für Ortsfremde begann der stetig zunehmende Tourismus der Stadt.

An erster Stelle steht mittlerweile der Wintertourismus. Die „Winterhauptstadt Polens" ist ein Mekka für Skisportler. Seit Anfang des 20. Jahrhunderts war Zakopane mehrfach Austragungsort internationaler Wintersport-Meisterschaften und bewarb sich sogar als Austragungsort für die Olympischen Winterspiele 2006.

Informationen und Prospekte:
Touristeninformation Zakopane, ul. Kociuszki 17, PL-34-500 Zakopane, info@um.zakopane.pl, www.zakopane.pl, ☏ **0048(0)18/2012211**, Fax 2066051.

Reisen nach Tschechien

Tschechien

Tschechien ist ein landschaftlich reizvolles und gastfreundliches Land sowie eine Schatztruhe mitteleuropäischer Architektur: historische Städte, über 2000 Burgen, Festungen und Schlösser, Nationalparks, weltberühmte Kurorte, Berge und Seen. Skifahrern stehen über zweihundert größere und kleinere Skigebiete zur Verfügung. Im Sommer ist die Mitnahme eines Fahrrads ein Muss – ausgezeichnet markierte und gepflegte Radwege führen kreuz und quer durch das Land. Das Land ist von Flüssen, Seen und Teichen geradezu übersät, zahlreiche Stauseen bieten ideale Bedingungen und laden zum Segeln, Windsurfen, Schwimmen und Baden ein.

Einreise

Bei Autoreisen durch Tschechien ist der Autofahrer verpflichtet, einen Reisepass oder Personalausweis (EU-Bürger), einen gültigen Führerschein und den Kraftfahrzeugschein mit sich zu führen. Eine Liste der Staaten mit Visumpflicht findet man unter www.mzv.cz. Das Kraftfahrzeug muss

mit einem internationalen Kennzeichen versehen sein. Die grüne Versicherungskarte und das Mitführen einer Warnweste werden empfohlen.

Währung

1 Kč (Tschech. Krone) = 100 Heller (h)
1 € (Euro) = 25,81 CZK
(Stand Oktober 2009)

Verkehrsbestimmungen

Die Promillegrenze liegt bei 0,0. Autofahrer müssen ganzjährig auch tagsüber mit Abblendlicht fahren. Es besteht eine Mitführpflicht für Verbandspaket, Warndreieck und Warnweste. Helmpflicht für Motorradfahrer.

Autobahn

Für das Benutzen gebührenpflichtiger Autobahnen und Schnellstraßen ist eine Vignette erforderlich, die an Grenzübergängen, Zweigstellen des tschechischen Automobilclubs ÚAMK, Postämtern sowie an ausgewählten Tankstellen erhältlich ist. Ihre Gültigkeit beträgt 1 Woche, 1 Monat oder 1 Jahr.

Prag, die Brückenstadt

Höchstgeschwindigkeiten

Geschlossene Ortschaften 50 km/h, Landstraßen 90 km/h, Autobahnen 130 km/h. Gespanne fahren außerorts und auf Autobahnen 80 km/h.

Pannenhilfe

Auf den Autobahnen und internationalen Routen findet man alle 2 Kilometer Notrufstationen (24 Stunden). Pannenhilfe leisten die Automobilclubs ÚAMK Tel. 12 30 oder ABA Tel. 12 40. Polizeinotruf Tel. 1 58, Unfallrettung Tel. 1 55, Feuerwehr Tel. 150 oder einheitlicher Notruf Tel. 112.

Telefonieren

Internationale Ländervorwahl nach Tschechien: 00 420.

Kontakt: Czech Tourism, Vinohradská 46, PO Box 32, CZ-12041 Praha 2, info@czechtourism.cz,
www.czechtourism.cz, Tel. 00 420/2 21 58 06 11, Fax 2 21 58 06 36
Vertretung in Deutschland: Tschechische Zentrale für Tourismus – Czech Tourism, Friedrichstr. 206,
D-10969 Berlin, info1-de@czechtourism.com, www.czechtourism.com, Tel. 00 49 (0)30/204 47 70, Fax 2 04 47 70

❶ CZ-360 01 KARLOVY VARY
Pension Amadeus ★★★ romantisches Schlosshotel im Zentrum des Kurgebietes, 28 B, EZ € 50,– bis 58,–, DZ € 66,– bis 116,50, 3-Bett-Zi, Appartements, inkl. Frühstück, alle Zi mit Du und WC, teils ☎, TV und Kühlschrank, Terrasse, Massagen, WiFi, ⌂, Ondřejská 37, @, www.pension-amadeus.cz, ☎ **00420/353 235 334**, Fax 353 235 336.

❷ CZ-415 01 TEPLICE E 55
Hotel Vienna garni ★★★★ im Stadtzentrum, 9 Zi, EZ € 48,–, DZ € 65,–, 3-Bett-Zi € 80,50, inkl. Frühstück, Zi mit Du, WC, ☎, TV, Internet und Kühlschrank, Café-Bar, WiFi, ⌂, ⌂ € 8,–, ⛽, ♿, P € 4,–, nám. Eduarda Beneše 417/12, @, www.hotel-vienna.cz, ☎ **00420/417 534 105**, Fax 417 534 426.

❸ CZ-149 00 PRAHA 4
EuroHotel Praha garni ★★★ 204 Zi, EZ € 79,–, DZ € 89,–, Zustellbett ab € 15,–, inkl. Frühstücksbuffet, alle Zi mit Du, WC, ☎, Sat-TV, Internet und Klimaanlage, Lift, Bar, Seminarraum, ⌂, ♿, Tief-G, Bus-P, Türkova 5 a/2318, @, www.eurohotel-prague.com, ☎ **00420/234 623 100**, Fax 234 623 105.

❹ CZ-110 00 PRAHA 1
Novoměstský Hotel ★★★ im Stadtzentrum, 68 B, EZ € 54,50 bis 112,50, DZ € 74,– bis 136,–, 3-Bett-Zi € 101,– bis 159,–, inkl. Frühstück, Zi mit Du, WC, ☎, Sat-TV und WLAN, Restaurant mit 30 Plätzen, ⌂, ⌂, ⛽, Řeznická 4, @, www.novomestskyhotel.cz, ☎ **00420/221 419 911**, Fax 221 419 957.

❺ CZ-110 00 PRAHA 1
Pension Museum ★★★ ruhige Lage, 24 B, EZ € 61,50 bis 124,50, DZ € 77,– bis 148,–, Suite, inkl. Frühstücksbuffet, alle Zi mit Du, WC, ☎, Sat-TV, Internet, Klimaanlage, Safe und Minibar, Atrium mit kleinem Garten, ⌂, ⌂, ♿, bewachter P in der Nähe, Mezíbranská 15, @, www.pension-museum.cz, ☎ **00420/296 325 186**, Fax 296 325 188.

❻ CZ-120 00 PRAHA 2
Hotel Abri ★★★ ruhige Lage, 50 B, EZ € 82,– bis 113,–, DZ € 101,– bis 132,50, Extra-Bett möglich, Suite, inkl. Frühstücksbuffet, alle Zi mit Du, WC, Fön, ☎ und Sat-TV, Restaurant, gepflegte Küche, Terrasse, ⛽, ♿, bewachter P, Jana Masaryka 36, @, www.abri.cz, ☎ **00420/722 811 097**, Fax 225 091 925.

❼ CZ-472 01 DOKSY
Hotel Port ★★★ schön gelegen am Máchasee, 70 B, EZ € 27,– bis 42,–, DZ € 53,50 bis 77,50, inkl. Frühstücksbuffet, alle Zi mit Du, WC, ☎ und Sat-TV, teils Balkon, Restaurant, Terrasse, Schwimmbad, Sandstrand, Fitnessraum, Tennis, Sauna, Massage, Bootsverleih, ⌂, ⌂ € 8,–, P € 2,50 (April bis Oktober), Valdštejnská 530, @, www.hotelport.cz, ☎ **00420/487 809 744**, Fax 487 809 744.

❽ CZ-460 01 LIBEREC E 442, 1 km vom Zentrum
Grandhotel Zlatý Lev ★★★★ 155 B, EZ ab € 77,50, DZ ab € 105,–, 3-Bett-Zi, Appartements, inkl. Frühstücksbuffet, Wochenendangebote, Zi mit Bad/Du, WC, ☎, Sat-TV, Internet und Minibar, Restaurant, Bar, Café, Bierstube, Konferenzraum, Wellnessbereich, ⌂, ⌂, ⛽, ♿, bewachter P, Gutenbergova 3, @, www.zlatylev.cz, ☎ **00420/485 256 700**, Fax 485 256 426.

❾ CZ-460 01 LIBEREC E 442
Hotel Praha ★★★ im Stadtzentrum, 68 B, EZ € 58,–, DZ € 70,– bis 77,–, Zusatz-Bett € 17,50, inkl. Frühstück, Zi mit Du, WC, ☎, Sat-TV und WLAN, Restaurant, Bar, Café, ⌂, ⌂ CZK 100,–, ♿, P € 2,75, Železná 2/1, @, www.hotelpraha.net, ☎ **00420/485 102 655**, Fax 485 113 138.

❿ CZ-468 22 MALÁ SKÁLA
Hotel Skála ★★★ 70 B, EZ € 19,– bis 27,50, DZ € 35,– bis 43,–, 3-Bett-Zi € 49,– bis 60,50, 4-Bett-Zi € 59,– bis 74,50, inkl. Frühstücksbuffet, alle Zi mit Du, WC und Sat-TV, Restaurant, Bar, Seminar- und Veranstaltungsraum, Sauna, € 3,10, ⛽, P € 2,–, Malá Skála 69, @, www.hotelskala.cz, ☎ **00420/483 392 299**, Fax 483 392 300.

⓫ CZ-543 02 VRCHLABÍ
Straße Nr. 14 (am Stadtrand)
Hotel Pivovarská Bašta ★★★ 45 B, EZ € 30,50 bis 39,50, DZ € 39,50 bis 61,50, inkl. Frühstück, Zi mit Du, WC, ☎ und Sat-TV, Restaurant, Terrasse, eigene Brauerei, Rittersaal, ⌂, ⌂, ⛽, P, Horská 198, www.hotel-pivovarska-basta.cz-ubytovani.eu, ☎ **00420/844 223 113**.

⓬ CZ-323 00 PLZEŇ
Best Western Hotel Panorama ★★★★ 27 Zi, EZ ab € 46,50, DZ ab € 70,–, Suite ab € 104,50, inkl. Frühstück, alle Zi mit Bad, WC, Fön, ☎, TV, Internet, Safe und Minibar, Lift, Restaurant, Bar, Terrasse, Sauna, Fitness, Squash, Tennis, Golf, ⌂ € 9,75, bewachter P, V Lomech 11, @, www.panorama-pm.cz, ☎ **00420/378 774 502**, Fax 377 534 328.

⓭ CZ-262 84 ZALUŽANY aus Prag → Strakonice, Straße Nr. 4
Orlík Hotel & Resort ★★★★ herrliche Aussichtslage, 250 B, EZ € 21,50 bis 33,–, DZ € 35,– bis 58,–, Appartements, inkl. Frühstück, Zi mit Du, WC, ☎, TV, Internet und Safe, Restaurant, Bar, Saal für 60-100 Personen, Konferenzraum, Hallenbad, Sauna, ⛟, ⌂, P, Vystrkov, @, www.hotelorlik.cz, ☎ **00420/318 695 111**, Fax 318 695 131.

⓮ CZ-341 92 KAŠPERSKÉ HORY
Parkhotel Tosch ★★★★ 88 B, EZ € 56,50, DZ € 85,50, Appartements, inkl. Frühstücksbuffet, alle Zi mit Bad/Du, WC, Fön, ☎ und Sat-TV, teils Minibar, Restaurant, Weinlokal, Konferenzraum, Schwimmbad, Sauna, Solarium, Tennisplatz, ⌂ CZK 180,–, bewachter P, Kašperské Hory 1, @, www.tosch-parkhotel.cz, ☎ **00420/376 582 592**, Fax 376 582 500.

⓯ CZ-390 01 TÁBOR
Hotel Kapital ★★★ 52 B, 25 Zi, EZ € 42,50, DZ € 58,–, 3-Bett-Zi € 73,50, inkl. Frühstück, HP und VP möglich, alle Zi mit Du, WC, ☎ und Sat-TV, Restaurant, Gesellschafts- und Seminarraum, WiFi, ⛽, G, tř. 9 Května 617, @, www.hotel-kapital.cz, ☎ **00420/381 256 096-7**, Fax 381 252 411.

⓰ CZ-392 01 SOBĚSLAV
Hotel Sloup ★★★ 51 B, EZ € 38,50 bis 44,–, DZ € 46,– bis 53,–, 3-Bett-Zi € 54,– bis 62,–, Appartement € 71,–, inkl. Frühstück, alle Zi mit Du, WC, ☎, TV, Internet und Minibar, Restaurant, Saal, Sauna, Solarium, ⌂, Řípec 122, @, www.unterkunft-sobeslav.cz-hotel.eu/Sloup.htm, ☎ **00420/381 521 924**, Fax 381 521 926.

⓱ CZ-379 01 TŘEBOŇ
Hotel Bohemia & Hotel Regent ★★★ 86 und 90 B, EZ € 38,– bis 53,–, DZ € 57,50 bis 76,–, Appartements, inkl. Frühstück, alle Zi mit Bad/Du, WC, ☎, TV und Internet, Restaurants, Bar, Konferenzräume, Wellness, ⌂, ⌂, ♿, P, U Světa 750, @, www.bohemia-regent.cz, ☎ **00420/384 721 394**, Fax 384 721 396.

⓲ CZ-370 01 ČESKÉ BUDĚJOVICE
ab Ausfahrt Zentrum
Hotel Klika ★★★ 63 B, EZ € 59,–, DZ € 79,50, 3-Bett-Zi € 99,50, Appartements € 110,50, inkl. Frühstück, alle Zi mit Bad/Du, WC, ☎, TV, Internet und Safe, Restaurant, Terrasse, Sauna, ⌂, ⌂, ♿, bewachter P, Hroznova 25, @, www.hotelklika.cz, ☎ **00420/387 318 171**, Fax 387 222 775.

⓳ CZ-381 01 ČESKÝ KRUMLOV
Hotel Bellevue ★★★★ in der historischen Altstadt gelegen, 100 B, EZ € 64,– bis 102,50, DZ € 83,50 bis 131,50, Suiten und Appartements, inkl. Frühstücksbuffet, alle Zi mit Du, WC, ☎, TV und Internet, Gourmetrestaurant, Terrasse, Konferenzraum, Fitness, Sauna, Wellness, ⌂, P, Latrán 77, @, www.bellevuehotels.cz, ☎ **00420/380 720 111**, Fax 380 720 119.

⓴ CZ-381 01 ČESKÝ KRUMLOV E 55
Pension Laura ★★★ ruhige Lage, 18 B, EZ € 30,– bis 48,–, DZ € 38,– bis 64,–, Zusatz-B € 19,– bis 27,–, inkl. Frühstück, Zi mit Du, WC, Fön, ☎, Sat-TV, Internet, Radio und Balkon, Terrasse, Restaurant in der Nähe, ⌂ € 5,–, G € 4,–, P, Na Vyhlídce 361, @, www.penzionlaura.cz, ☎ **00420/380 709 511**, Fax 380 711 416.

㉑ CZ-623 00 BRNO
Hotel A Podlesi garni ★★★ neu erbaut, 23 B, EZ € 38,50, DZ € 50,–, 3-Bett-Zi € 61,50, inkl. Frühstück, alle Zi mit Du, WC, ☎, TV und Internet, Restaurant in der Nähe, P, Žebětínská 1 a, @, www.apodlesi.cz, ☎ **00420/547 221 487**, Fax 547 221 636.

㉒ CZ-691 44 LEDNICE NA MORAVE
My hotel ★★★ 49 Zi, EZ € 50,–, DZ € 65,50, Appartements, inkl. Frühstücksbuffet, alle Zi mit Bad/Du, WC, Fön, ☎, Sat-TV, Internet und Minibar, teils Balkon, Restaurant, Weinkeller, Konferenzräume, Tennis, ⌂, G, P, 21. dubna 657, @, www.myhotel.cz, ☎ **00420/519 340 130**, Fax 519 340 166.

㉓ CZ-738 01 FRÝDEK-MÍSTEK
Brno (Brün) - Český Těšín
Hotel Centrum ★★★ 238 B, EZ € 42,50 bis 69,50, DZ € 62,– bis 82,–, Appartements, inkl. Frühstücksbuffet, Zi mit Du, WC, ☎ und Sat-TV, teils Minibar, Restaurant, Bar, Sauna, Massage, ⌂, ⌂, ⛽, P, Na Poříčí 494, @, www.hcentrum.cz, ☎ **00420/558 405 111**, Fax 558 622 320.

㉔ CZ-755 01 VSETÍN
Hotel Vsacan ★★★ im Stadtzentrum, 72 B, EZ € 25,50 bis 31,–, DZ € 35,–, Appartement € 35,– bis 54,50, Frühstück € 4,–, Zi mit Du, WC, ☎ und TV, Restaurants, Bar, Massage, Kosmetik, ⌂, ⌂, ⛽, P, Žerotínova 1114, @, www.hotelvsacan.cz, ☎ **00420/571 477 111**, Fax 571 477 019.

Maßstab 1 : 4.000.000

Reisen in die Slowakei

Slowakische Republik

Seit 1993 ist die Slowakische Republik ein souveräner Staat – mit fast 5,4 Millionen Einwohnern, von denen sich rund 86 Prozent als Slowaken bezeichnen. Etwa 14 Prozent der Bevölkerung setzen sich aus Ungarn, Ruthenen, Roma, Polen, Tschechen und einer deutschen Minderheit zusammen. Die Slowakei ist ein Land der Burgen und der Freilichtmuseen. Geographisch wird das Nachbarland Österreichs von den West- und Ostkarpaten und dem Slowakischen Erzgebirge geprägt. Die höchsten Gipfel sind in der Hohen Tatra zu finden, höchster Berg des Landes ist die Gerlachspitze mit 2 655 m. Der südwestliche Landesteil mit der Hauptstadt Bratislava (etwa 450 000 Einwohner) ist der am dichtesten besiedelte Landstrich mit der besten Infrastruktur. Dennoch ist Bratislava eine „grüne" Stadt – und eine Stadt, die touristisch noch nicht so erschlossen ist. Zu den Hauptsehenswürdigkeiten zählen die Burg, die Oberstadt Nitra und die Ruine Theben.

Einreise

Zur Einreise mit dem Pkw benötigen EU-Bürger einen gültigen Reisepass oder Personalausweis, Fahrzeugschein und Führerschein. Das Fahrzeug muss mit einem internationalen Kennzeichen versehen sein. Die Grüne Versicherungskarte ist dringend angeraten. Das Mitführen einer Warnweste ist Pflicht.

Währung

1 € (Euro) = 100 Cent

Hohe Tatra – Natur pur und unberührt

Verkehrsbestimmungen

Es besteht Anschnallpflicht. Alle Autobahnen und Schnellstraßen sind vignettenpflichtig. Während der Fahrt ist das Telefonieren untersagt. Alkoholverstöße werden streng geahndet, es gilt absolutes Alkoholverbot am Steuer. Während der Wintermonate besteht die 24-Stunden-Lichtpflicht für Autofahrer.

Höchstgeschwindigkeiten

50 km/h innerorts, 90 km/h außerorts und 130 km/h auf Autobahnen und Schnellstraßen (Gespanne 80 km/h).

Pannenhilfe

Feuerwehr, Polizei und Rettungsdienst Notruf unter Tel. 112. Pannendienst ASA Slovakia Tel. 1 81 24 (Mobilfunk 00 42 12 vorwählen).

Telefonieren

Internationale Ländervorwahl in die Slowakei: 00 4 21.

Blick auf Bratislava und den Donaukai

Kontakt: Slovak tourist Board, Námestie Ľ. Štúra 1, P.O. Box 35, SK-974 05 Banská Bystrica, sacr@sacr.sk, www.slovakiatourism.sk, Tel. 00 4 21 (0)48/4 13 61 46, Fax 4 13 61 49
Vertretung in Deutschland: Slowakische Zentrale für Tourismus, Zimmerstraße 27, D-10969 Berlin, sacr-berlin@botschaft-slowakei.de, www.slovakiatourism.sk, Tel. 00 49 (0)30/25 94 26 40, Fax 25 94 26 41

❶ SK-821 05 BRATISLAVA D 1 ab Ausfahrt Prievoz
Hotel Jurki Dom ★★ 20 Zi, EZ ab € 43,–, DZ ab € 43,–, inkl. Frühstück, alle Zi mit Du, WC, ☎ und Sat-TV, Restaurant, Bar, Relaxzentrum, P, Domkárska 4, jurkidom@jurki.sk, www.jurki.sk, ☎ 00421 (0) 2/43 41 02 03, Fax 43 41 02 03.

❷ SK-851 01 BRATISLAVA
D 1 ab Ausfahrt Bratislava Petržalka 300 m
Hotel Incheba ★★★ am Messeplatz gelegen, 83 Zi, EZ ab € 53,–, DZ ab € 59,–, Frühstück € 7,–, alle Zi mit Du, WC, ☎, Sat-TV und Internet, teils Minibar, Restaurant, Konferenzzentrum, P, Viedenská cesta 3-7, @, www.incheba.sk, ☎ 00421 (0) 2/67 27 20 00, Fax 67 27 25 42.

❸ SK-814 48 BRATISLAVA
D 1 ab Ausfahrt Bratislava-Centrum 3 km
Hotel Kyjev ★★★ im Stadtzentrum gelegen, 343 B, EZ ab € 68,–, DZ ab € 81,–, ohne Frühstück, alle Zi mit Du, WC, ☎, Sat-TV und Radio, teils Internet und Minibar, Restaurant, Café, Konferenzraum, P, Rajská 2, @, www.kyjev-hotel.sk, ☎ 00421 (0) 2/59 64 11 11, Fax 52 92 68 20.

❹ SK-811 02 BRATISLAVA D 1 ab Ausfahrt Bratislava-Centrum
Botel Gracia ★★★ zentrale Lage am Donauufer, 68 B, EZ € 71,–, DZ € 95,–, inkl. Frühstück, alle Zi mit Du, WC, ☎, Sat-TV, Wi-Fi, Klimaanlage und Minibar, Restaurant, Sommerterrasse, Rázusovo nábr., @, www.botelgracia.sk, ☎ 00421 (0) 2/54 43 21 32, Fax 54 43 21 31.

❺ SK-903 01 SENEC D 1 ab Ausfahrt Senec 3 km
Hotel Senec ★★★ schöne Lage, 2 Erholungszentren, 162 B, EZ ab € 75,–, DZ ab € 90,–, ohne Frühstück, Zi mit Bad, WC, ☎ und Sat-TV, Restaurant mit 250 Plätzen, Konferenzraum, Wellnesszentrum, Sportanlage, Slnečné jazerá-sever, @, www.hotelsenec.sk, ☎ 00421 (0) 2/45 92 72 55 + 45 92 72 66, Fax 45 92 72 77.

❻ SK-917 01 TRNAVA D 1 ab Ausfahrt Trnava 4 km
Hotel Impiq ★★★ zentrale Lage, 70 B, EZ ab € 66,–, DZ ab € 71,–, inkl. Frühstücksbuffet, alle Zi mit Du, WC, LCD-Sat-TV, Internet, Klimaanlage und Minibar, Restaurant, Bar, Konferenzraum, B. S. Timravy 2, @, www.impiqhotel.sk, ☎ 00421 (0) 33/5 55 55 55, Fax 5 55 55 50.

❼ SK-920 01 HLOHOVEC D 1 ab Ausfahrt Hlohovec 5 km
Hotel Jele ★★★ zentrale Lage, historisches Gebäude, 17 Zi, EZ ab € 42,–, DZ ab € 68,–, inkl. Frühstück, alle Zi mit Du, WC, LCD-Sat-TV und Internet, Restaurant, Café, Billard, Nám. Sv. Michala 1, @, www.hoteljelen.sk, ☎ 00421 (0) 33/7 30 14 29, Fax 7 30 14 70.

❽ SK-921 01 PIEŠŤANY-BANKA D 1 ab Ausfahrt Piešťany 3 km
Penzión Zachej ★★★ Familienhotel, 23 Zi, EZ ab € 53,–, DZ ab € 63,–, ohne Frühstück, alle Zi mit Du, WC, Sat-TV, Internet, Klimaanlage und Minibar, Restaurant, Konferenzraum, Wellnesszentrum, ⚑, ♿, P, Cesta J. Alexyho 4, @, www.penzionzachej.sk, ☎ 00421 (0) 33/7 73 57 77, Fax 7 73 50 00.

❾ SK-912 50 TRENČÍN D 1 ab Ausfahrt Trenčín 4 km
Hotel Brezina ★★ in der Grünzone gelegen, 42 B, EZ ab € 43,–, DZ ab € 56,–, inkl. Frühstück, alle Zi mit Du, WC, ☎ und TV, Restaurant, Konferenzräume, Spielplatz, Pod Sokolicami 35, @, www.hotel-brezina.sk, ☎ 00421 (0) 32/6 52 81 71, Fax 6 52 81 73.

❿ SK-017 04 POVAŽSKÁ BYSTRICA
D 1 ab Ausfahrt Považská Bystrica 3 km
Hotel Podhradie ★★★ in der Nähe von Burg und Wald gelegen, neu erbaut, 49 B, EZ € 60,–, DZ € 80,–, inkl. Frühstück, alle Zi mit Du, WC, ☎, LCD-Sat-TV, Radio, Internet und Safe, Restaurant, Angeln, Radfahren, Považské podhradie 250, @, www.podhradie.com, ☎ 00421 (0) 42/4 34 07 81 + 4 34 07 82, Fax 4 34 07 83.

⓫ SK-010 01 ŽILINA D 1 ab Ausfahrt Žilina-Centrum
Hotel Dubná Skala ★★★★ schöne Lage im Stadtzentrum, 37 Zi, EZ ab € 119,–, DZ ab € 144,–, ohne Frühstück, alle Zi mit Bad, WC, ☎ und LCD-TV, Restaurant, Café, Konferenzraum, Wellnesszentrum, Hurbanova 345/8, @, www.dubnaskala.sk, ☎ 00421 (0) 41/5 07 91 00, Fax 5 07 91 01.

⓬ SK-022 01 ČADCA D 1 ab Ausfahrt Žilina 40 km
Hotel Lipa ★★★ zentrale Lage, 51 B, EZ ab € 11,–, DZ ab € 22,–, inkl. Frühstück, alle Zi mit Du und WC, teils ☎ und Sat-TV, Restaurant, Einkaufszentrum, Pizzeria, Relaxzentrum in der Nähe, ⚑, P, Matičné námestie 1, @, www.hotel-lipa.sk, ☎ 00421 (0) 41/4 33 50 91, Fax 4 33 50 90.

⓭ SK-034 01 RUŽOMBEROK
D 1 ab Ausfahrt Ružomberok 500 m
Hotel Kultúra ★★★ im Stadtzentrum gelegen, 102 B, EZ ab € 73,–, DZ ab € 73,–, inkl. Frühstück, alle Zi mit Du, WC, ☎, Sat-TV, Radio und Minibar, Restaurant, Konferenzzentrum, Relaxzentrum, Casino, P, A. Bernonáka 1, @, www.hotelkultura.sk, ☎ 00421 (0) 44/4 31 31 02, Fax 4 31 31 66.

⓮ SK-034 83 BEŠEŇOVÁ D 1 ab Ausfahrt Bešeňová 1 km
Hotel Thermal ★★★ im Thermalpark Bešeňová gelegen, 28 Zi, EZ ab € 55,–, DZ ab € 57,–, ohne Frühstück, alle Zi mit Du, WC, ☎, Sat-TV, Safe und Kühlschrank, Restaurant, Bar, Fast Food, Konferenzraum, Wasserwelt, Vitalwelt, P, Bešeňová 138, @, www.besenovanet.sk, ☎ 00421 (0) 44/4 30 77 42, Fax 4 39 28 52.

⓯ SK-032 15 MALATÍNY D 1 ab Ausfahrt Bešeňová 5 km
Hotel Sojka ★★★ ruhige Lage im Dorf, Erholungszentrum, 65 B, EZ ab € 50,–, DZ ab € 73,–, inkl. Frühstück, alle Zi mit Du, WC, Sat-TV, DVD, Radio, Schwimmbecken, Malatíny 104, @, www.sojka.eu, ☎ 00421 (0) 44/5 47 56 56, Fax 5 47 56 09.

⓰ SK-031 05 LIPTOVSKÝ MIKULÁŠ
D 1 ab Ausfahrt Liptovský Mikuláš 1 km
Hotel Jánošík ★★★ 122 B, EZ ab € 50,–, DZ ab € 83,–, inkl. Frühstück, alle Zi mit Du, WC, Sat-TV, Internet und Minibar, Restaurant, Konferenzraum, Konferenzraum, P, Jánošíkovo nábr. 1, recepcia@hoteljanosik.sk, www.hoteljanosik.sk, ☎ 00421 (0) 44/5 52 27 21, Fax 5 52 27 23.

⓱ SK-032 03 LIPTOVSKÝ JÁN D 1 ab Ausfahrt Liptovský Ján 3 km
Hotel Avena ★★★ im Wald gelegen, 180 B, EZ ab € 30,–, DZ ab € 44,–, Frühstücksbuffet € 5,–, alle Zi mit Du, WC, ☎ und Sat-TV, Restaurant, Bar, Wellnesszentrum, Sportanlage, Skilifte in der Nähe, P, Jánska dolina 345, @, www.avena.sk, ☎ 00421 (0) 44/5 26 34 01, Fax 5 28 07 98.

⓲ SK-032 42 PRIBYLINA D 1 ab Ausfahrt Pribylina 7 km
Grand Hotel Permon ★★★★ 262 B, EZ € 59,–, DZ ab € 66,–, inkl. Frühstücksbuffet, alle Zi mit Bad, ☎, Sat-TV, Radio, Safe und Minibar, Kongresszentrum, Wasser Welt, Sportanlage, Podbanské 18, @, www.hotelpermon.sk, ☎ 00421 (0) 52/4 71 01 11, Fax 4 71 01 33.

⓳ SK-059 41 TATRANSKÁ ŠTRBA
D 1 ab Ausfahrt Tatranská Štrba 5 km
Hotel Rysy ★★★ 49 Zi, EZ ab € 33,–, DZ ab € 50,–, Frühstücksbuffet € 5,50, alle Zi mit Du, WC, ☎, Sat-TV, Radio und Balkon, Restaurant, Konferenzräume, Fitness, ⚑, P, @, www.hotel-rysy.sk, ☎ 00421 (0) 52/4 48 48 45, Fax 48 42 96.

⓴ SK-059 86 NOVÁ LESNÁ D 1 ab Ausfahrt Poprad 8 km
Hotel Eufória ★★★ im Zentrum des Tatragebirges, 90 B, EZ ab € 27,–, DZ ab € 37,–, ohne Frühstück, alle Zi mit Du, WC, ☎, Sat-TV und Radio, Restaurant, Konferenzraum, Wellnesszentrum, Grill, P, Nová Lessná 399, @, www.hoteleuforia.sk, ☎ 00421 (0) 52/4 78 30 61, Fax 4 78 30 72.

㉑ SK-060 01 KEŽMAROK D 1 ab Ausfahrt Poprad 24 km
Hotel Club ★★★ im historischen Stadtzentrum gelegen, 19 Zi, EZ ab € 26,–, DZ ab € 47,–, Frühstück € 4,50, alle Zi mit Bad, ☎, Sat-TV und Radio, Restaurant, Gourmetrestaurant, Weinstube, MUDr. Alexandra 24, @, www.hotelclubkezmarok.sk, ☎ 00421 (0) 52/4 52 40 51, Fax 4 52 40 53.

㉒ SK-053 11 SMIŽANY D 1 ab Ausfahrt Spišsky Štvrtok 10 km
Hotel Čingov ★★★ schöne Lage im Nationalpark, 71 B, EZ ab € 17,–, DZ ab € 36,–, Frühstück € 5,–, alle Zi mit Du, WC, ☎, Sat-TV und Kühlschrank, Restaurant, Bar, Konferenzraum, Wellness, P, Hradisko, hotelcingov@hotelcingov.sk, www.hotelcingov.sk, ☎ 00421 (0) 53/4 43 36 33, Fax 4 43 36 30.

㉓ SK-080 01 PREŠOV D 1 ab Ausfahrt Prešov-Zentrum 3 km
Hotel Dukla ★★★ zentrale Lage, 61 Zi, EZ ab € 76,–, DZ ab € 82,–, inkl. Frühstück, alle Zi mit Du, WC, ☎, Sat-TV und Minibar, Restaurant, Café, Bar, 2 Salons, Frisör, Nám. Legionárov 2, @, www.hotelduklapresov.sk, ☎ 00421 (0) 51/7 72 27 41, Fax 7 72 21 34.

㉔ SK-085 01 BARDEJOV D 1 ab Ausfahrt Prešov 45 km
Hotel Bellevue ★★★★ schöne Lage am Stadtrand, 22 Zi, EZ ab € 50,–, DZ ab € 73,–, inkl. Frühstück, alle Zi mit Du, WC, ☎, Sat-TV, Internet, Safe und Minibar, Restaurant, Bar, Wellnesszentrum, ⚑, Mihaľov 2503, @, www.bellevue.sk, ☎ 00421 (0) 54/4 72 84 04, Fax 4 72 84 05.

㉕ SK-040 01 KOŠICE D 1 ab Ausfahrt Košice 3 km
Hotel Slavia ★★★ historisches Gebäude, zentrale Lage, 18 Zi, EZ ab € 97,–, DZ ab € 109,–, inkl. Frühstück, alle Zi mit Du, WC, ☎, Sat-TV, Klimaanlage, Safe und Minibar, Restaurant, Café, Internet, P, Hlavná 63, @, www.hotelslavia.sk, ☎ 00421 (0) 55/6 22 43 95, Fax 6 23 31 90.

㉖ SK-984 01 LUČENEC
Best Western Hotel Reduta ★★★ zentrale Lage, 41 Zi, EZ ab € 49,–, DZ ab € 67,–, alle Zi mit Bad, WC, ☎, Sat-TV, Radio und Minibar, Restaurant, Bar, Konferenzräume, ⚑, ♿, P, Vajanského 2, @, www.bestwestern.sk/reduta, ☎ 00421 (0) 47/4 33 12 37, Fax 4 33 12 40.

Reisen nach Ungarn

Ungarn

In Ungarn leben zur Zeit gut 10 Millionen Menschen, davon über 20 Prozent allein in der Hauptstadt Budapest. Die ungarische Hauptstadt erstreckt sich auf beiden Seiten der Donau, die das gesamte Land von Norden nach Süden durchfließt. Die Amtssprache ist ungarisch. Mit einer Fläche von 93031 km² ist Ungarn ein weitestgehend flaches Land, von dem nur zwei Prozent der Fläche über 400 Meter hoch gelegen sind. Die bekannteste Landschaftsform in Ungarn ist die sogenannte Puszta, eine Steppenlandschaft. Beliebte Urlaubsziele sind auch der Plattensee und der an Österreich grenzende Neusiedlersee.

Einreise

Zur Einreise nach Ungarn werden benötigt: Reisepass oder Personalausweis, Führerschein, Kfz-Schein und Nationalitätenkennzeichen. Das Mitführen einer Warnweste wird empfohlen.

Währung

1 € (Euro) = 264,79 HUF (Forint) (Stand Oktober 2009)

Verkehrsbestimmungen

Es besteht Anschnallpflicht. Die Promillegrenze liegt bei 0,0. Alkoholvergehen werden sehr streng geahndet. Autofahrer müssen nur auf Außerortsstraßen ganzjährig auch tagsüber mit Abblendlicht fahren. Die Verwendung von mehr als einer zusätzlichen Bremsleuchte sowie von Heckscheibenjalousien ist verboten. Beschädigte Fahrzeuge dürfen das Land nur mit einer amtlichen Bescheinigung verlassen. Für alle Autobahnen ist eine Vignette erforderlich, die an den Grenzübergängen nach Ungarn und in den Autobahn-Tankstellen erhältlich ist. Es gibt Vignetten für 4 oder 7 Tage, für einen Monat oder ein Jahr.

Höchstgeschwindigkeiten

Bewohnte Gebiete 50 km/h, Landstraßen 90 km/h, Autostraßen 110 km/h und Autobahnen 130 km/h (Gespanne 80 km/h).

Touristenmagnet: Budapest

Tanken

Alle im internationalen Verkehr üblichen Kraftstoffe sind in Ungarn erhältlich. Ein gut ausgebautes Tankstellennetz ist vorhanden. Befüllte Benzinkanister dürfen nicht ein- oder ausgeführt bzw. transportiert werden.

Pannenhilfe

Polizei Tel. 107, Ambulanz Tel. 104, Feuerwehr Tel. 105 oder allgemeiner Notruf Tel. 112. Pannendienst des ungarischen Autoclubs MAK Tel. 188.

Telefonieren

Internationale Ländervorwahl nach Ungarn: 0036. Vorwahl von einer Stadt zu einem anderen Ort innerhalb von Ungarn: 06.

Kontakt: tour inform, Turista információ, Sütő utca 2, H-1548 Budapest V, info@hungarytourism.hu, www.hungarytourism.hu, Tel. 0036(0)1/4388080, Fax 4888661

Vertretung in Deutschland: Ungarisches Tourismusamt, Lyoner Straße 44-48, D-60528 Frankfurt/Main, frankfurt@ungarn-tourismus.de, www.ungarn-tourismus.de, Tel. 0049(0)69/9288460 (€ 0,61/Minute), Fax 0049 (0)69/9288 46-13

HUNGARY·CARD

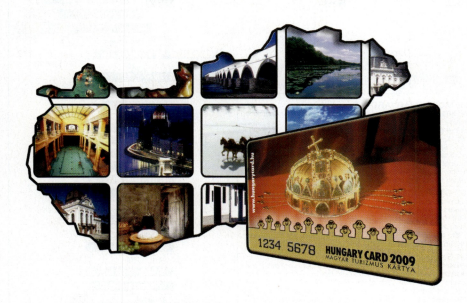

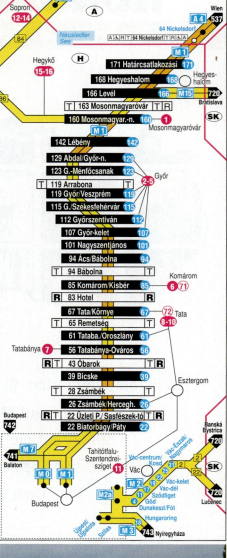

❶ H-9200 MOSONMAGYARÓVÁR
ab Ausfahrt 800 m, nur 12 km von der österreichischen und slowakischen Grenze entfernt
Motel Net.t ★★ an der Autobahn Nord, 69 B, EZ € 22,–, DZ € 30,–, 3-Bett-Zi € 41,–, 4-Bett-Zi € 50,–, Frühstück € 3,– pro Person, alle Zi mit Bad, WC und Sat-TV, Non-Stop 0-24 h Restaurant und Terrasse mit je 70 Sitzplätzen, Saal, Frühstück auf der Terrasse, rund um die Uhr warme Küche mit ungarischen und internationalen Speisen in großer Auswahl, Gruppenaktion, 🖥, 🍴, 🚲, ♿, G, bewachter P, Kölcsey utca 4, @, www.motelnett.hu, ☎ 0036 (0) 96/576-796, Fax 576-796.

❷ H-9027 GYŐR M 1 ab Ausfahrt Győr-Centrum → Slowakei, Kreisverkehr Ausfahrt Budai Straße
Hotel Famulus ★★★★ Hungary Card Partner, zentrale Lage, 118 B, EZ € 80,–, DZ € 86,–, inkl. Frühstück, alle Zi mit Du, WC, Fön, 🕿, TV, Internetanschluss, Klimaanlage und Minibar, Restaurant, Squash, Bowling, Massage, 🖥, 🍴, 🚲, ♿, P, Budai út 4-6, @, www.hotelfamulus.hu, ☎ 0036 (0) 96/547-770, Fax 547-779.

❸ H-9021 GYŐR
Klastrom Hotel ★★★ Hungary Card Partner, im Zentrum der historischen Stadt im restaurierten ehemaligen Ordenshaus der Karmeliten erwartet das stimmungsvolle Hotel seine Gäste, 96 B, EZ € 39,– bis 50,–, DZ € 49,– bis 65,–, 3-Bett-Zi € 59,– bis 75,–, inkl. Frühstücksbuffet, alle Zi mit Du, WC, 🕿 und Minibar, in der Nähe befindet sich das neu gebaute Thermal- und Erlebnisbad, 🍴, ♿, P, Zechmeister utca 1, @, www.klastrom.hu, ☎ 0036 (0) 96/516-910, Fax 327-030.

❹ H-9025 GYŐR
Amstel Hattyú Fogadó ★★★ Hungary Card Partner, zentrale und ruhige Lage am Ufer der Donau, 46 B, EZ € 33,– bis 37,–, DZ € 43,– bis 49,–, 3-Bett-Zi € 60,– bis 67,–, inkl. Frühstück, Zi mit Du, WC, 🕿, TV und Minibar, Vollkomfort, Restaurant, Grill-Terrasse, der Gasthof befindet sich in der Nachbarschaft des Thermalbads, 🖥, 🍴, P, Töltésszer utca 18, @, www.amstelhattyu.hu, ☎ 0036 (0) 96/518-423, Fax 524-887.

❺ H-9025 GYŐR
M 1 ab Ausfahrt Győr-Centrum-Rába, Brücke → Radó Straße 1
Gasthaus „Arany Szarvas" ★★★ Hungary Card Partner, 44 B, EZ € 49,–, DZ € 61,–, inkl. Frühstück, alle Zi mit Bad, WC, Sat-TV, Wi-Fi, Klimaanlage und einzigartigem Panoramablick vom Balkon, nationale und internationale Küche, „Captain Drake's Pub", gemütliche Atmosphäre, 🖥, 🍴, P, Radó Sétány 1, @, www.aranyszarvas-gyor.hu, ☎ 0036 (0) 96/517-452+528-416, Fax 517-454.

❻ H-2900 KOMÁROM
M 1 ab Ausfahrt 85 Komárom 7 km
Hotel Aqua ★★★ Hungary Card Partner, in der Grünanlage des Heilbades gelegen, 38 B, EZ € 35,– bis 40,–, DZ € 50,– bis 58,–, inkl. Frühstück, alle Zi mit Du, WC, TV, Internet, Minibar und Klimaanlage, Restaurant, direkter Zugang zum Thermalbad, 🖥, 🍴, 🚲, P, Táncsics M. u. 34, @, www.hotelaqua-komarom.hu, ☎ 0036 (0) 34/342-190, Fax 344-033.

❼ H-2800 TATABÁNYA
M 1 ab Ausfahrt 2 km
Árpád Hotel ★★★ im Stadtkern gelegen, 120 B, EZ € 39,–, DZ € 49,–, Appartement bis 2 Personen € 69,–, inkl. Frühstücksbuffet, Kurtaxe € 1,– pro Person, Gruppenpreise, alle Zi mit Bad/Du, WC, 🕿, Farb-TV, Internet (ADSL), Minibar und Klimaanlage, nationale und internationale Küche, 3 Konferenzräume, Bierstube mit stimmungsvoller Atmosphäre, Sauna, Fitnessraum, Disco, 🖥, 🍴, 🚲, P, Fő tér 20, @, www.hotelarpad.hu, ☎ 0036 (0) 34/310-299, Fax 310-032.

❹ Amstel Hattyú Fogadó, Győr

8 H-2890 TATA

M 1 ab Ausfahrt 67 Tata
Öreg-tó Kemping ★★★ ⌂ Hungary Card Partner, 200 B, Campingplatz, 38 Holzhäuser, 8 Appartements, Übernachtung ab € 5,60 pro Person, Frühstück € 4,– pro Person, ⊠, ⌸, ⌷, P, Fáklya u. 2, @, www.tatacamping.hu, ☎ 0036 (0) 34/383-496, Fax 383-469.

9 H-2898 TATA

M 1 ab Ausfahrt 61 Tatabánya → Tata 5 km
Penta Lux Hotel und Apartman ★★★ im Erholungsgebiet gelegen, 34 B, EZ € 52,50, DZ € 69,–, Appartements mit Küche, inkl. Frühstück, Kurtaxe € 1,50, gemütliche große Zi mit Bad/Du, WC, ☎, TV, Klimaanlage und Balkon, Bar, Wi-Fi, Schwimmbad, Sprudelbad, Sauna, Massage, Garten mit Grill, ⌸ Visa Card, ⌷, P, Boróka u. 10-12, @, www.pentalux.hu, ☎ 0036 (0) 34/588-140, Fax 588-141.

10 H-2890 TATA

M 1 ab Ausfahrten 67 Tata/Környe und 61 Tatabánya/Oroszlány je 5 km
Öreg Tó Club Hotel ★★ Hungary Card Partner, 45 B, EZ € 17,–, DZ € 32,–, 3-Bett-Zi € 40,–, Frühstück € 3 mit Du, DZ € 3 mit Du, WC und TV, Restaurant, Buffet, großer Konferenzraum, Sauna, ⌸, ⌷, ⌷, P, Fáklya u. 4, @, www.oregtohotel.hu, ☎ 0036 (0) 34/487-960, Fax 588-078.

11 H-2021 TAHITÓTFALU-SZENTENDREI-SZIGET

Autostraße 11, 30 km von Budapest entfernt
Pension Lippizaner Bodor Major ★★ Hungary Card Partner, 100 B, DZ € 25,–, Frühstück € 5,– pro Person, alle Zi mit Du, WC und Zentralheizung, Restaurant, Gerichte vom ungarischen Graurind und Mangalica-Schwein, Konferenzräume, Festsäle, Tschikosch (Pferdehirten)-Show, Meierhofbesuch mit Pferdekutschen, Reiten, Reitunterricht, ⊠, ⌷, ⌸, P, Mo ./., @, www.bodormajor.hu, ☎ 0036 (0) 30/544 2233, Fax 0036 (0) 26/386-550.

12 H-9400 SOPRON

Best Western Pannonia Hotel ★★★★ Hungary Card Partner, im Zentrum gelegen, 120 B, EZ € 95,–, DZ € 100,– bis 140,–, inkl. Frühstück, alle Zi mit Du, WC, Fön, ☎, TV und Minibar, Restaurant, Bar, Terrasse, Swimmingpool, Sauna, Fitnessraum, Billiard, Tischtennis, Business-Corner, Wi-Fi, ⌸, ⌷, ⌸, G, Várkerület 75, @, www.pannoniahotel.com, ☎ 0036 (0) 99/312-180, Fax 340-766 **(Bild siehe Seite 424).**

13 H-9400 SOPRON

A 3 ab Ausfahrt ca. 15 km und von der österreichisch-ungarischen Grenze 6 km
Hotel Sopron ★★★★ Hungary Card Partner, zentrale Lage, 223 B, EZ ab € 67,–, DZ ab € 75,–, inkl. Frühstück, alle Zi mit Bad, WC, Fön, Sat-TV, Radio, Internetanschluss und Minibar, teils klimatisiert und Panoramabalkon, klimatisiertes Restaurant mit Gartenlokal, Vinosseum-Weinhaus, Tagungsräume, WLAN und Breitband, Sprudelbad, Sauna, Dampfkabine, Solarium, Fitnessraum, Massage, Schwimmbecken im Garten, Tennis, Tischtennis, Fahrradparkplatz, günstige Angebote, vielfältige Programme, ⌸, ⌷, ⌷, ⌸, G, bewachter P, Fövényverem utca 7, @, www.hotelsopron.hu, ☎ 0036 (0) 99/512-261, Fax 311-090 **(Bild siehe Seite 424).**

14 H-9400 SOPRON

Rosengarten Restaurant & Hotel ★★★ Hungary Card Partner, 47 B, EZ € 37,–, DZ € 54,– bis 95,–, Suite, inkl. Frühstücksbuffet, alle Zi mit Bad/Du, WC, ☎, TV und Klimaanlage, Restaurant, Terrasse, Türkisches Bad, Sauna, Solarium, Schönheitssalon, Massage, ⌸, ⌸, P, Lackner K. utca 64, @, www.rosengarten.hu, ☎ 0036 (0) 99/513-613, Fax 513-633.

15 – 20 + 71 – 72 Einträge siehe Seite 424

6 **Hotel Aqua, Komárom**

Tipps zur Route

Die Region im Nordwesten Ungarns – westliches Transdanubien und Mitteltransdanubien, erstreckt sich zwischen der österreichischen Hauptstadt Wien, der slowakischen Hauptstadt Bratislava und Ungarns Metropole Budapest. Die Donau verbindet diese Städt und dient über lange Strecken als Grenzfluss zwischen Ungarn und der Slowakei. Im Süden der Region schließt sich der Balaton (Plattensee) an. Parallel zur Donau verläuft südlich die Autobahn 1 als wichtige Verkehrsverbindung zum Westen. In der Region findet man wunderschöne Landschaften, wildromantische Gebirge, fischreiche Seen, angenehme Spazierwege und weltberühmtes Porzellan. Zahllose archäologische Funde beweisen, dass dieses Gebiet schon seit Urzeiten bewohnt wurde. Viele Denkmäler zeugen von einer bewegten Geschichte; Straßen waren in der Region schon vor zweitausend Jahren vorhanden.

Sopron: Die 55.000-Einwohner-Stadt (deutsch: Ödenburg) liegt südwestlich des Neusiedler See und ragt wie ein Sporn in österreichisches Staatsgebiet. Ödenburg beherbergt eine beträchtliche deutschsprachige Minderheit und ist offiziell zweisprachig. Die traditionsreiche Universitätsstadt ist eine der ältesten Städte des Landes und bildet eine Brücke zwischen Ungarn und seinen westlichen Nachbarn. Franz Liszt gab im Oktober 1820 in Ödenburg sein erstes Konzert. Das Konferenz- und Kulturzentrum der Stadt trägt seinen Namen. Wahrzeichen der Stadt ist der Feuerturm. Das Rathaus wurde, wie der Heldenplatz in Budapest, 1896 anlässlich des ungarischen Millenniums erbaut.

Győr: Auf die Römerzeit geht Győr (Deutsch: Raab) in der Kleinen Ungarischen Tiefebene zurück, mit 130.000 Einwohnern die fünftgrößte Stadt Ungarns. In der langen, bewegten Geschichte entstanden zahlreiche sehenswerte Baudenkmäler, darunter das Rathaus, die barocke Altstadt, Kirchen und Museen. Wirtschaftlich bedeutend ist das Audi-Werk, das 1994 errichtet wurde und mithalf, Győr zu einem der wichtigsten Industrieorte des Landes zu machen.

Esztergom: Der Ort an der Donau ist eine der ältesten Städte Ungarns und war früher Hauptstadt. Nach der Völkerwanderung siedelten sich hier um das Jahr 500 Slawen an. In der im Jahre 972 erbauten Burg von Esztergom wurde Stephan der Heilige (1000-1038), der erste ungarische König und der Gründer des ungarischen Staates, geboren. So wurde Esztergom zu einem Hauptsitz ungarischer Könige.

① – ⑭ Einträge siehe Seiten 422 + 423

⑮ H-9437 HEGYKŐ
Pension Marben ★★★ Hungary Card Partner, 33 B, EZ € 26,– bis 33,– bis 55,–, Appartement € 60,– bis 76,–, Frühstück € 5,22 pro Person, alle Zi mit Du, WC, Fön, ☎, Sat-TV, WLAN, Klimaanlage, Minibar und Safe, Restaurant, Sommerterrasse, Schwimmbad, Sauna, Infrasauna, Solarium, Massage, Garten, Liegestühlen, Spielplatz, Tennisplatz, Fahrradverleih, 🅿, ⚑ € 3,75, ♿, P, Alsószer u. 1, @, www.marben.hu, ☎ 0036 (0) 99/540-250, Fax 540-255.

⑯ H-9437 HEGYKŐ M 1 ab Ausfahrt 160 Mosonmagyaróvár
Sá-Ra Termál Thermalbad ⌂ am Ufer des Neusiedler Sees, Campingplatz, Pensionen, Appartements, Restaurant, Heilklinik, Wellness-und Thermalhallenbäder, Freibad, Therapiebehandlungen mit Heilwasser, Massagezentrum, Schönheitssalon, Zahnarzt, ganzjährig geöffnet, Fürdő u. 5, @, www.saratermal.hu, ☎ 0036 (0) 99/540-220, Fax 540-229.

⑰ H-9740 BÜKFÜRDŐ
Apartman Hotel ★★★ 255 B, EZ € 27,– bis 30,50, DZ € 40,– bis 45,50, spezielle Zi für Gehbehinderte, inkl. Frühstück, Zi mit Bad/Du, WC, ☎, Sat-TV, Radio, Küche und Balkon, Restaurant, Wi-Fi, Safe, Spielplatz, Zahnarzt, 🅿, ♿, ♿, P, Termál körút 43, @, www.apartmanhotel.hu, ☎ 0036 (0) 94/358-088, 558-622, Fax 358-088.

⑱ H-9740 BÜKFÜRDŐ
Corvus Hotel Bük ★★★ Hungary Card Partner, 150 B, EZ € 40,– bis 58,–, DZ € 58,– bis 76,–, 3-Bett-Zi € 72,– bis 82,–, inkl. Frühstück, alle Zi mit Bad oder Du, WC, ☎, TV, Kühlschrank und Balkon, Restaurant mit ungarischen und internationalen Spezialitäten, Sauna, Whirlpool, Massage, 🅿, ⚑ € 7,–, P, Termál körút 24, @, www.corvushotelbuk.hu, ☎ 0036 (0) 94/558-020, Fax 558-027.

⑲ H-9600 SÁRVÁR
Vadkert Fogadó ★★★ Hungary Card Partner, 52 B, EZ € 37,–, DZ € 43,–, 3-Bett-Zi € 52,–, inkl. Frühstück, 24 rustikale Zi mit Bad und WC, gemütliches Restaurant, ungarische Küche und Wildspezialitäten, Konferenzmöglichkeiten, Sonnenterrasse, Tennisplatz, Freizeitangebote, 🅿, ♿, P, Vadkert út, @, www.vadkertfogado.hu, ☎ 0036 (0) 95/320-045, Fax 320-045.

⑳ H-9763 VASSZÉCSÉNY
Alt-Ebergényi Schlosshotel ★★★ in der Nähe der österreichischen Grenze, 39 B, EZ € 60,–, DZ € 70,–, 3-Bett-Zi € 87,–, inkl. Frühstück, alle Zi mit Du, WC, ☎, TV und Minibar, Restaurant für Hotelgäste, Bar, Schwimmbad, Billiard, ♿, ♿, P, Ebergényfasor u. 10, postmaster@pontus.t-online.hu, ☎ 0036 (0) 94/377-944, Fax 377-944.

⑫

Best Western Pannonia Hotel, Sopron
(Text siehe Seite 423)

⑬

Hotel Sopron, Sopron (Text siehe Seite 423)

㉑ KOMÁROM
Die Faszination Komároms bildet die Festung Monostor und das Thermalbad. Auch die weiteren kulturellen Einrichtungen stehen den Ansprüchen der Besucher in nichts nach.
Informationen und Prospekte:
Bürgermeisteramt Komárom, Ezabadság Tér 1, H-2900 Komárom, szelesv@komarom.hu, www.komarom.hu, ☎ 0036 (0) 34/541-356

㉒ TATA
„Diese Heimat liebt ihr Volk, denn sie ist gesegnet und angenehm, und auch nach dem Glauben des Volkes sei sie die schönste in dem Bezirk" – Elek Fényes
Informationen und Prospekte:
Tourinform Tata, Ady Endre 9, H-2890 Tata, tata@tourinform.hu, www.tata.hu/tourinform, ☎ 0036 (0) 34/586-045, Fax 586-046.

① – ⑨ Einträge siehe Seiten 426 + 427

⑩ H-8380 HÉVÍZ M 7 ab Ausfahrt 170, E 71 → Keszthely
Kiss11 Apartement (FFFF) Hungary Card Partner, ruhige Lage, 4-6 B, DZ € 40,–, komplett renovierte Luxus-Appartements mit TV (HD), Internet, Südterrasse und Balkon, 900 m vom Thermalbad, 800 m vom Weinkeller und 5 km vom Plattensee entfernt, ⊠, ⚲, 🖵, G, P, Kisfaludy Sandor u. 11, klara.franko@t-online.de, ☎ **0036 (0)30/922-5237**, Fax 0036 (0)83/341-231.

⑪ H-7455 SOMOGYGESZTI
Gesztenye Kastélyhotel ★★★ Hungary Card Partner, 60 B, EZ € 41,–, DZ € 65,–, inkl. Frühstück, alle Zi mit Bad/Du, WC, ☎, TV und Minibar, Restaurant, Biergarten, Konferenzräume, Festsäle, Swimmingpool, Sauna, Billiardraum, Fußball- und Tennisplatz, ⊠, ⚲, 🖵, P, Dózsa György u. 2, @, www.kastelyhotel.com, ☎ **0036 (0)82/704-396 + 704-089**, Fax 704-397.

⑫ H-7815 HARKÁNY
M 7 ab Ausfahrt 105 Siófok-Centrum und M 6 ab Ausfahrt 75 je ca. 160 km
Thermal Hotel Harkány ★★★★ Hungary Card Partner, ruhige Lage, 286 B, EZ € 58,– bis 74,–, DZ € 80,– bis 102,–, inkl. Frühstück, alle Zi mit Bad/Du, WC, Bademantel, Fön, ☎, Safe, Minibar und Balkon, Restaurant, Biergarten, Sonnenterrasse, Heil- und Schwimmbecken, Sauna, Sprudelbad, Massage, Elektrotherapie, Kosmetik- und Friseursalon, Maniküre, Pediküre, Solarium, 3 Hektar großer Park, ⊠, ⚲, 🖵, ♿, P, Járó J. u. 1, @, www.thharkany.eu, ☎ **0036 (0)72/480-500**, **0036 (0)30/445-4107**, Fax 0036 (0)72/480-408.

⑬ H-7815 HARKÁNY
Wellness Hotel Xavin ★★★ im Stadtzentrum gelegen, 74 B, EZ € 32,– bis 35,–, DZ € 50,– bis 55,–, inkl. Frühstück, alle Zi mit Du, WC, ☎, Sat-TV, Safe und Balkon, Lift, Restaurant, Schwimmbad, Finnsauna, Jacuzzi, Massage, Garten, ⊠, ⚲, 🖵, ♿, P, Kossuth Lajos u. 43, @, www.xavin.hu, ☎ **0036 (0)72/580-158**, Fax 479-399.

⑭ H-7815 HARKÁNY
Wellness Hotel Kager ★★★ Hungary Card Partner, 60 B, EZ € 50,– bis 60,–, DZ € 70,– bis 85,–, 3-Bett-Zi € 90,– bis 105,–, inkl. Frühstücksbuffet, alle Zi mit Du, WC, ☎, Klimaanlage, Safe, Minibar und Balkon, Restaurant, internationale Spezialitäten, Abendbuffet, Wellnessbereich, Whirlpools, Außenpool, 3 verschiedene Saunen, Dampfbad, Massage, Sonnenliegen, ⊠, ⚲, geschlossener P, Szent István u. 50-52, @, www.hotel-kager.hu, ☎ **0036 (0)72/580-200**, Fax 580-215.

⑮ H-7346 BIKAL
Puchner Schlosshotel ★★★★ Hungary Card Partner, im Komitat Baranya gelegen, 180 B, DZ € 88,– bis 260,–, inkl. Frühstück, stilvoll eingerichtete Zi mit Du, WC, ☎, TV, Klimaanlage und Minibar, Konferenzzentrum, Schwimmbecken, Sprudelbäder, Dampfbad, Solarium, Infra-Sauna, Schönheitssalon, Grillterrasse, Kinderspielplatz, Streichelzoo, ⊠, ⚲, P, Rákóczi út 22, @, www.puchner.hu, ☎ **0036 (0)72/459-546 + 459-547 + 459-548**, Fax 459-549.

⑯ H-2400 DUNAÚJVÁROS
Dunaferr Hotel ★ Hungary Card Partner, im Zentrum, 40 B, DZ € 30,–, DZ mit Bad, WC und TV, 3-Bett-Zi mit Etagen-Bad und -Kochstelle, in der Nähe der Unternehmensgruppe Dunaferr und der Sportanlagen mit Erlebnisschwimmbad, Handball- und Eishockeyhalle und Fußballstadion, ⊠, P, Építők útja 2, dunaferrhotel@freemail.hu, ☎ **0036 (0)25/500-478**, Fax 412-030.

⑨

AquaTherm Hotel, Zalakaros
(Text siehe Seite 427)

⑬

Wellness Hotel Xavin, Harkány

㉑ HARKÁNY – Heil- und Strandbad
Das Heilwasser des Bades ist gut geeignet für Patienten mit Gelenk- und Bewegungsproblemen sowie rheumatischen Erkrankungen. Zudem wird die Behandlung erfolgreich bei Schuppenflechte angewendet. 🖵, ♿.

Information und Prospekte:
Heilbad Harkány, Kossuth L. u. 7, H-7815 Harkány, harkanyfurdo@axelero.hu, www.harkanyfurdo.hu, ☎ **0036 (0)72/480-251**, Fax 480-435.

Tipps zur Route

Die Region Balaton – der Plattensee – hat eine lange Tradition als Urlaubsziel. Der größte See West- und Mitteleuropas ist 79 km lang und im Mittel 7,8 km breit. Die Fläche beträgt 594 qkm, damit ist er 60 qkm größer als der Bodensee. Da der Plattensee durchschnittlich nur 3,25 m tief ist, erwärmt er sich im Sommer auf bis zu 28° C. Das Südufer des Sees ist flach, das Nordufer wird von den Weinbergen des Badacsony und den Ausläufern des Bakony gesäumt. Über 4 Millionen Urlauber besuchen jedes Jahr das beliebteste Urlaubsziel Ungarns. Neben Baden gehören Wassersportarten wie Segeln und Surfen, aber auch Angeln und Radtouren zu den wichtigsten Freizeitbetätigungen.

Siófok: Die größte Gemeinde am Plattensee (23.000 Einwohner) geht auf das Jahr 1055 zurück. Als größter Badeort des Sees lockt Siófok mit zahlreichen touristischen Attraktionen – vom Riesenrad bis zum Jachthafen. Die Geschichte als Badeort begann 1891 mit der Siófok Baltonbad AG. Heute ist Siófok eines der bedeutendsten Fremdenverkehrszentren von Ungarn. Die „Hauptstadt des Balaton" beansprucht diesen Titel vor allem wegen der guten Verkehrsanbindungen und natürlich wegen des angenehm seichten Wassers, das gefahrloses Baden ermöglicht. Mit seinen zahlreichen Stränden erstreckt sich Siófok auf über 15 km entlang des Südostufers, wo eine Vielzahl von Cafés, Restaurants und Diskotheken die Straßen säumen.

Keszthely: Am südwestlichen Zipfel des Sees lockt die Stadt mit dem mächtigen Barockschloss der Festetics. Die barocke Innenstadt, große Uferhotels und unzählige Geschäfte in der Fußgängerzone laden zum Verweilen ein. Im Süden der Stadt befindet sich das Balaton-Museum mit sehenswerten geologischen und archäologischen Sammlungen. Es zeigt Zeugnisse awarischer und keltischer Kultur, Darstellungen zur geologischen Entwicklung des Plattenseegebietes sowie zur Flora des Sees und zum Arbeitsleben der Menschen.

Balatonfüred: Am Nordufer des Balaton, von Bergen umgeben, liegt der traditionsreiche Kurort (deutscher Name: Bad Plattensee), der für seine Mineralquelle und sein mildes Klima bekannt ist. Die Weinbauregion Balatonfüred-Csopak mit 6.350 Hektar Anbaufläche bringt Spitzenweine hervor, darunter Welschriesling, Riesling-Silvaner, Muskateller, Traminer und Zweigelt.

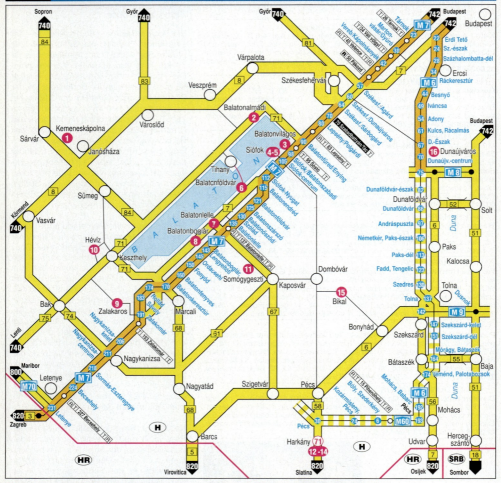

❶ H-9553 KEMENESKÁPOLNA

Vulkán Resort Kemping ⌂ mit Hungary Card 10 % Ermäßigung, 50 Stellplätze, Wohnwagen für 2 Personen € 17,50 pro Tag, Feng-Shui Campingplatz, Strom, Sanitärbereich, Waschmaschine, Kabel-TV und Internetanschluss, Spielplatz, Sportanlage, Thermalhallen- und Freibad, Wellnessbereich, Mobilheimvermietung, Pferdeboxen, ▭, ⛴ gratis, ♿, P, Szabadság u. 23 / 2. HRSZ, @, www.vulkanresort.com, ☎ 0036 (0) 95/446-070, Fax 446-056.

❹ **Azúr Hotel, Siófok**

❷ H-8220 BALATONALMÁDI

M 7 ab Ausfahrt 90 → Balatonfüred
Balaton Glashotel ★★★ am Nordufer des Plattensees, 152 B, EZ € 48,–, DZ € 73,50, alle Zi mit Bad und WC, Restaurant, Bar, eigener Strand, ▭, ⛴, P, Budatava u. 3, @, www.glashotel.hu, ☎ 0036 (0) 88/574-340, Fax 574-360.

❸ H-8171 BALATONVILÁGOS

Hotel Frida Family ★★★ am Balatonufer, 220 B, EZ € 54,– DZ € 75,–, Appartement € 120,– bis 149,–, inkl. Frühstück, alle Zi mit Du, WC, ☎, Sat-TV, Kühlschrank und Balkon, Restaurant, Bar, Schwimmbad, Sauna, Massage und Garten, ▭, ⛴, P, Zrínyi u. 135, fridafamily@enternet.hu, www.fridafamily.hu, ☎ 0036 (0) 88/480095, Fax 480086.

❹ H-8600 SIÓFOK

M 7 ab Ausfahrt 105 Siófok-Centrum geradeaus, nach Kreisverkehr 3. Abfahrt links
Azúr Hotel ★★★★ Hungary Card Partner, Strandlage, 500 B, EZ € 88,– bis 186,–, DZ € 104,– bis 202,–, Zustellbett möglich, inkl. Frühstücksbuffet, moderne Zi mit Bad, WC, ☎, TV, Minibar, Klimaanlage und Balkon, warmes Abendbuffet, Wellness-Center, Saunapark, Beautybereich, Fitnessraum, Tennisplätze, Fahrradverleih, eigener Strand, ▭, ⚒, ⛴, ♿, P, Erkel Ferenc street 2/C, sales@hotelazur.hu, www.hotelazur.hu, ☎ 0036 (0) 84/501-400, Fax 501-415.

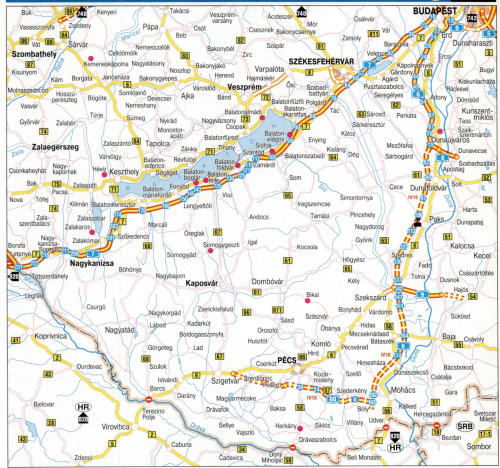
⑤ H-8609 SIÓFOK M 7 ab Ausfahrt Siófok 8 km
Hotel Ezüstpart ★★★ Hungary Card Partner, am Balatonufer, 856 B, EZ € 80,– bis € 120,–, inkl. Frühstücksbuffet, alle Zi mit Du, WC und TV, Swimmingpool und Sauna kostenfrei, Massage, Frisör, Kosmetiksalon, Bowling, Billiard, Dart, Aquafitness, Bootstour, Weinprobe, ☐, ☩, ⊟, ♿, P, Liszt Ferenc Promenade 4, @, www.ezustpart.com, ☎ 0036 (0) 84/ 350-793, Fax 351-095.

⑥ H-8623 BALATONFÖLDVÁR M 7 ab Ausfahrt → Balatonföldvár
Anna-Mária Villa Hotel ★★★★ Hungary Card Partner, 110 B, Preise auf Anfrage, inkl. Frühstück, alle Zi mit Du, WC, Fön, ☎, TV und Minibar, Kinderspielraum, großes Wellnessangebot, verschiedene Massagen, Finn- und Infrasauna, Solarium, Erlebnisdusche, Dampf- und Aromabad, Kinderschwimmbecken, ☩, ☩, ⊟, ♿, P, Rákóczi út 9, @, www.AMV.hu, ☎ 0036 (0) 84/ 540-007, Fax 540-007.

⑦ H-8638 BALATONLELLE
Napsugár-Sunshine Hotel ★★★ Hungary Card Partner, 88 B, Zi-Preise auf Anfrage, alle Zi mit Du, WC, ☎, TV und Klimaanlage, Restaurant, vegetarische Küche, Bierstube, Safe, Zimmerservice, Waschsalon, Tennis, Strand, Rudern, Surfen, Segeln, Angeln, eigener Garten, ☐, ⊟, P, Napsugár u. 8, hotelsunshine@t-online.hu, ☎ 0036 (0) 85/ 554-102, Fax 554-102.

⑧ H-8630 BALATONBOGLÁR M 7 ab Ausfahrt 143 Balatonboglár 3 km
Sell Camping ⌂ direkt am Balatonufer, Kapazität für 450 Personen, moderne, renovierte Sanitäranlagen, eigener Sandstrand, Kinderspielplatz, ☩, ☩, ⊟, P, Kiköt u. 3, @, www.balatonship.eu, ☎ 0036 (0) 85/ 550-367, 550-368, Fax 550-367.

⑨ H-8749 ZALAKAROS
AquaTherm Hotel ★★★ Hungary Card Partner, 45 B, EZ € 32,50 bis 41,50, DZ € 58,– bis 63,–, inkl. Frühstücksbuffet, alle Zi mit Du, WC, ☎, Sat-TV, Kühlschrank, Klimaanlage und Balkon, Restaurant, Internet, Wellness, Heilmassagen, Massagebecken, Sauna, Infrasauna, Dampfbad, Kinderspielplatz, Spielmöglichkeiten, Garten, Sonnenliegen, ☩, ☩, ⊟, ♿, P, Üdül sor 6, @, www.hotel-aquatherm.com, ☎ 0036 (0) 93/ 541-910, Fax 541-911 **(Bild siehe Seite 425)**.

⑩ – ⑯ + ㊆ Einträge siehe Seite 425

⑤

Hotel Ezüstpart, Siófok

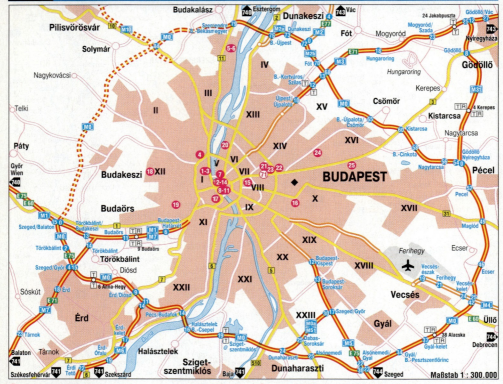

❶ H-1014 BUDAPEST I

Hilton Hotel ★★★★★ auf dem Burghügel von Buda, €50 B, Zi € 140,– bis 360,–, Frühstück € 20,– pro Person, 295 geräumige Zimmer und 27 Appartements bieten den Gästen auf 6 Stockwerken alle luxuriösen Bequemlichkeiten, das Restaurant Dominican mit seinem luxuriösen Ambiente ist eines der besten Restaurants der Stadt, Corvina Restaurant, Fans Wine Cellar, Lobby-Bar, 21 Tagungsräume, Ballsaal mit modernster Technik für 10 bis 650 Personen, 🖥, 🖿, 🚗, 🅶, P, Hess András tér 1-3, info.budapest@hilton.com, www.hilton.com, ☎ 0036 (0) 1/889-6600, Fax 889-6644.

❷ H-1011 BUDAPEST I

Carlton Hotel Budapest ★★★★ Hungary Card Partner, an der Fischerbastei im Burgviertel gelegen, 187 B, DZ € 60,– bis 115,–, inkl. Frühstücksbuffet, alle Zi mit Bad oder Du, WC, 🕾, TV, Internetanschluss, Safe, Minibar und Klimaanlage, 🖥, 🖿, 🚗, P, Apor Péter utca 3, @, www.carltonhotel.hu, ☎ 0036 (0) 1/224-0999, Fax 224-0990.

❸ H-1013 BUDAPEST I

M 1 und M 7 → Zentrum, Erszebet-Hid

Best Western Hotel Orion ★★★ Hungary Card Partner, im Zentrum gelegen, 67 B, EZ ab € 70,–, DZ ab € 95,–, inkl. Frühstück, moderne, klimatisierte Zi mit Bad, WC, Fön, 🕾, Sat-TV und Minibar, Sauna, kleiner Fitnessraum, WLAN, in der Nähe der Heilbäder, der Zitadelle, des Königspalastes und der Elisabethbrücke, 🖥, 🖿, Döbrentei u. 13, orionhot@t-online.hu, www.bestwestern.hu/orion, ☎ 0036 (0) 1/356-8583, Fax 375-5418.

❹ H-1022 BUDAPEST II

ab Ausfahrt M 1 Autobahnende 3 km → Zentrum, Nähe Moszkvatér

Mohácsi Pension ★★ im Herzen von Buda, am Rand von Roszadomb, mitten im Grünen gelegen mit schönem Panoramaausblick, 10 Minuten zur Budaer Burg, 27 B, EZ € 35,– bis 40,–, DZ € 46,– bis 52,–, inkl. Frühstück, alle 10 Zi mit Du, WC und TV, 24h-Rezeptionsservice, Safe, Fax, Wäsche- und Bügelservice, Bushaltestelle, 🖥, 🖿, 170 qm große G, P, Bimbo út 25/A, panzio@hotelmohacsipanzio.hu, www.hotelmohacsipanzio.hu, ☎ 0036 (0) 1/3267741, Fax 3267784.

❺ H-1039 BUDAPEST III M 0 ab Ausfahrt 1,5 km

Hotel Hunor ★★★★ 300 B, EZ € 40,– bis 80,–, DZ € 48,– bis 90,–, Frühstück € 8,– pro Person, alle Zi mit Du, WC, TV, Klimaanlage und Minibar, Restaurant, Bierstube, 3 Konferenzsäle, Fitnesscenter, Sauna, 🖿, 🖿, 🖿, P, Pünkösdfürd u. 40, @, www.hunorhotel.com, ☎ 0036 (0) 1/243-0949, Fax 244-0821.

❻ H-1039 BUDAPEST III

Alfa Art Hotel ★★★★ Hungary Card Partner, am Donauufer gelegen, 89 B, EZ € 51,– bis 108,–, DZ € 56,– bis 122,–, inkl. Frühstück, alle Zi mit Du, WC, 🕾, Sat-TV, Internet, Klimaanlage, Safe und Minibar, Restaurant, Grillterrasse, Konferenzräume, Sauna, Billiard, Tischtennis, Darts, Garten, Programm auf Wunsch, 🖥, 🖿, 🚗, 🅶, P, Királyok u. 205, @, www.alfaarthotel.hu, ☎ 0036 (0) 1/453-0060, Fax 240-8150.

❼ H-1051 BUDAPEST V ab Ausfahrt im Zentrum

To-Ma Apartments (F.F.F.) Hungary Card Partner, zentrale Lage, 60 B, Appartements ab € 25,–, ohne Frühstück, alle Zi mit Sat-TV und Bettwäsche, Self-Service-Appartements in verschiedenen Gebäuden mit Küche, Kühlschrank, Geschirr, 🖥, 🖿, Oktöber 6 u. 22, @, www.tomatour.hu, ☎ 0036 (0) 1/353-0819, Fax 428-3095.

❹ Mohácsi Pension, Budapest II

8 H-1053 **BUDAPEST V**
Best Western Hotel Art ★★★ Hungary Card Partner, im Stadtzentrum gelegen, 66 B, DZ € 62,– bis 140,–, inkl. Frühstücksbuffet, 32 klimatisierte Zi mit Bad, WC, Fön, ☎, TV, Internet und Minibar, Restaurant Hargita mit Terrasse, Konferenzraum, 🖨, 🍴, G, Király Pál utca 12, hotelart@hotelart.hu, www.bwhotelart.hu, ☎ **0036 (0) 1/2 66-21 66**, Fax 266-21 70.

9 H-1056 **BUDAPEST V**
Hotel Peregrinus ★★★ im Herzen von Budapest, 48 B, EZ € 73,– bis 86,–, DZ € 103,–, inkl. Frühstück, alle Zi mit Du, WC, ☎, TV, Internetanschluss und Minibar, 24 h-Rezeptionsdienst, Safe, Gepäckaufbewahrung, 🖨, 🍴, Szerb u. 3, @, www.peregrinushotel.hu, ☎ **0036 (0) 1/2 66-49 11**, Fax 266-49 13.

10 H-1056 **BUDAPEST V**
Mátyás Pince Restaurant 🍴 am Budapester Donau-Ufer gelegen, traditionelle Speisen, beste ungarische Weinsorten und Zigeunermusik, 300 Sitzplätze, 🖨, 🚼, geöffnet: 11-24 Uhr, Március 15. tér 7, matyaspince@cityhotels.hu, www.taverna.hu/matyas, ☎ **0036 (0) 1/2 66-80 08**, Fax 318-16 50.

11 H-1053 **BUDAPEST V**
Erzsébet Hotel ★★★ Hungary Card Partner, zentrale Lage, 123 Zi, DZ € 74,– bis 146,–, Frühstück € 2,– pro Person, alle Zi mit Bad, WC, Sat-TV, Internet, Safe, Klimaanlage und Minibar, Snack- und Drinkbar, 🖨, 🍴, Károlyi Mihály ut. 11-15, @, www.danubiushotels.com/erzsebet, ☎ **0036 (0) 1/8 89-37 00**, Fax 889-37 63.

12 H-1052 **BUDAPEST V**
Százéves Restaurant 🍴 Hungary Card Partner, das älteste Restaurant Budapests befindet sich im Erdgeschoss eines kleinen Barockpalastes, inmitten der Innenstadt. Das Restaurant mit seiner 174-jährigen Vergangenheit hat einen besonderen Platz in der ungarischen Gastronomie. Außerdem finden Sie im Sommer auf unserer Terrasse eine angenehme Atmosphäre, 🖨, 🚼, 🚻, Pesti Barnabás u. 2, szazeves@taverna.hu, ☎ **0036 (0) 1/2 67-02 88**, Fax 266-52 40.

13 H-1052 **BUDAPEST V**
City Hotel Pilvax ★★★ Hungary Card Partner, im Zentrum, 62 B, EZ € 66,– bis 97,–, DZ € 80,– bis 110,–, inkl. Frühstücksbuffet, alle Zi mit Du, WC, ☎, Sat-TV, Minibar und Klimaanlage, Internet-Center, Airport-Shuttle-Service, Gepäckaufbewahrung, Safe, Fax, Reinigung, Bügel-Service, Radverleih, Programmorganisierung auf Wunsch, 🖨, G, P, Pilvax köz 1-3, @, www.taverna.hu/pilvax, ☎ **0036 (0) 1/2 66-76 60**, Fax 317-63 96.

14 H-1052 **BUDAPEST V**
Pilvax Étterem 🍴 Hungary Card Partner, in der Innenstadt, 130 Sitzplätze, klimatisiertes Restaurant, ungarische und internationale Küche, Zigeunermusik, Luxusrestaurant, Bierstube, Sonderraum, Gartenlokal, 🖨, 🚼, Pilvax köz 1-3, @, www.taverna.hu, ☎ **0036 (0) 1/2 66-76 60**, Fax 317-63 96.

15 H-1081 **BUDAPEST VIII**
Atlantic Hotel ★★★ Hungary Card Partner, im Stadtkern gelegen, 280 B, Zi € 50,– bis 105,–, inkl. Frühstücksbuffet, alle Zi mit Du, WC, ☎, TV, Safe und Kühlschrank, 🖨, 🚼, G, P, Népszínház u. 55, booking@atlantichotel.hu, www.atlantichotel.hu, ☎ **0036 (0) 1/2 19-51 76**, Fax 219-51 77.

16 H-1105 **BUDAPEST X**
Nap Hotel ★★★ Hungary Card Partner, in der Nähe des Flughafens, 240 B, DZ € 35,– bis 50,–, inkl. Frühstück, HP € 15,– und VP € 30,– Zuschlag pro Person, alle Zi mit Du, WC und ☎, ein ungarisches Restaurant, Billiard, Bowling, geeignet für Gruppen, 🖨, 🍴, 🚼, 🚻, Vaspálya utca 17-21, @, www.naphotel.hu, ☎ **0036 (0) 1/2 60-29 71**, Fax 260-29 71.

18

Walzer Hotel, Budapest XII

17 H-1118 **BUDAPEST XI**
Summer Hotel Hill ★★ Hungary Card Partner, 50 B, DZ € 28,– bis 75,–, Ortstaxe € 0,84 bis 2,25 pro Person/Nacht, Frühstück € 6,– pro Person, Restaurant, Schwimmbad, Sportanlage, Sauna, Internet, 🏊, 🍴, 🚼, 🚻, Ménesi u. 5, @, www.hotelhill.hu, ☎ **0036 (0) 1/4 82-66 33**, Fax 482-67 22.

18 H-1124 **BUDAPEST XII**
ab Ausfahrt Budapest-Zentrum 15 Minuten
Walzer Hotel ★★★★ Hungary Card Partner, ruhige Lage, 56 B, DZ € 80,– bis 125,–, inkl. Frühstücksbuffet, alle Zi mit Du, WC und ☎, Restaurant, Garten, Terrasse, gemütliches und familiäres Hotel, 🖨, 🚼, ♿, Németvölgyi út 110, @, www.hotelwalzer.hu, ☎ **0036 (0) 1/3 19-12 12**, Fax 319-29 64.

19 H-1121 **BUDAPEST XII**
M 1 und M 7 ab Ausfahrt Lágymányos → Gazdagrét 1 km
SAS Club Hotel ★★★ Hungary Card Partner, ruhige Lage im Ortskern, 99 B, DZ € 36,– bis 62,–, Frühstück € 5,– pro Person, alle Zi mit Du, WC, ☎, TV und Kühlschrank, Restaurant, Tennisplatz, 🖨, 🍴, 🚼, P, Törökbálinti út 51-53, @, www.hsch.hu, ☎ **0036 (0) 1/2 46-65 12**, **246-49 27**, Fax 246-65 18.

20 H-1132 **BUDAPEST XIII**
Victor Apartmenthotel ★★★ Hungary Card Partner, im Zentrum, 45 B, DZ € 35,– bis 55,–, inkl. Frühstück, Zi mit Du, WC, ☎, TV, Internet, Kochnische und Kühlschrank, Klimaanlage auf Wunsch, Waschsalon, 🖨, 🚼, bewachter P, Victor Hugo utca 25-27, info@victor.hu, www.victor.hu, ☎ **0036 (0) 70/2 42-88 11**, Fax 0036 (0) 1/4 52-05 75.

21 H-1146 **BUDAPEST XIV**
M 1 → Zentrum → Erzsébet Brücke → Baross Platz → Thököly Str. → Cházár Str.
Lion's Garden Hotel ★★★★ im Zentrum, 107 B, EZ € 69,– bis 89,–, DZ € 89,– bis 99,–, inkl. Frühstück, alle Zi mit Bad/Du, WC, TV, Pay-TV, Internet, Klimaanlage, Safe und Minibar, Restaurant, Bar, Konferenzraum, Wi-Fi, Spa, Sauna, Schwimmbad, 🖨, 🍴, 🚼, ♿, G, Cházár András u. 4, @, www.lions-garden.com, ☎ **0036 (0) 1/2 73-20 70**, Fax 221-42 74.

22 H-1148 **BUDAPEST XIV**
M 3 ab Ausfahrt 3 km
Gerand Hotel Ében ★★★ Hungary Card Partner, nahe des Stadtzentrums gelegen, 230 B, DZ € 72,– bis 90,–, inkl. Frühstück, alle Zi mit Bad/Du, WC, ☎, TV, Klimaanlage und Minibar, Lift, Restaurant, traditionelle Küche, Bar, Konferenzräume, Safe, WLAN, Beautysalon, Souveniershop, Fahrradverleih, 🖨, 🍴, 🚼, ♿, P, Nagy Lajos Király u. 15-17, @, www.gerandhotels.hu, ☎ **0036 (0) 1/3 83-84 18**, Fax 383-84 17.

23 H-1143 **BUDAPEST XIV**
HÍD Hotel ★★★ Hungary Card Partner, 2,5 km vom Stadtzentrum, 90 B, DZ € 44,– bis 49,–, inkl. Frühstück, 32 Zi mit Bad oder Du, WC, ☎, TV und Internetanschluss, Bar in der Hotelhalle, 🖨, 🚼, Szobránc utca 12, hotelhid@t-online.hu, ☎ **0036 (0) 1/4 60-20 00**, Fax 460-20 01.

24 H-1161 **BUDAPEST XVI**
M 1 und M 7 geradeaus, ab Autobahn M 3 → Rákospalota 3 Minuten
Kis Tirol Fogadó ★★★★ 20 B, EZ € 60,–, DZ € 80,– bis 100,–, inkl. Frühstück, alle Zi im bayerischen Stil mit Du, WC, ☎, TV und Klimaanlage, Restaurant, Konferenzraum, Wi-Fi, Sauna, Terrasse, Garten, Wäsche- und Bügelservice, Ausflugsprogramme, 🖨, 🚼, P, Batthyany u. 74, @, www.kistirol.hu, ☎ **0036 (0) 1/4 02-04 18**, **0036 (0) 70/9 44-56 97**, Fax 0036 (0) 1/4 05-33 41.

25 H-1165 **BUDAPEST XVI**
Mátyás Apartmanhotel ★★★ in der Gartenvorstadt von Budapest, 120 B, EZ € 41,–, DZ € 54,–, Frühstück € 4,– pro Person, Preiszuschlag möglich, alle Zi mit Bad, WC, ☎, TV, Internetanschluss, Küche und Kühlschrank, die Formel 1-Rennstrecke, der Aquapark von Mogyoród und das Königsschloss von Gödöll sind leicht erreichbar, 🖨, 🚼, P, Veres Péter út 105-107, @, www.hotelmatyas.hu, ☎ **0036 (0) 1/4 01-10 10**, Fax 401-10 19.

71 **BUDAPEST**
Hungary Card Partner. Verkauf von Zug- und Flugtickets für Inland und Ausland. Ebenfalls werden Hotelreservierungen, Geldwechsel und die Budapest-Card angeboten.

Informationen und Prospekte:
Reisebüro Wasteels, Kerepesi u. 2-6, H-1087 Budapest VIII, info@wasteels.hu, www.wasteels.hu, ☎ **0036 (0) 1/3 43-34 92**, Fax 210-28 06.

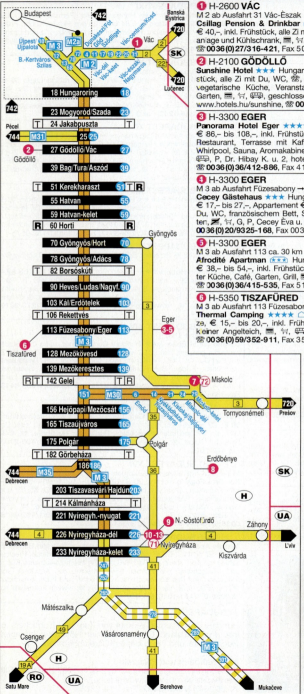

1 H-2600 **VÁC**
M 2 ab Ausfahrt 31 Vác-Èszak
Csillag Pension & Drinkbar ★★★ Hungary Card Partner, 35 B, EZ € 30,–, DZ € 40,–, inkl. Frühstück, alle Zi mit Bad/Du, WC, ☏, Sat-TV, kostenfreiem WiFi, Klima-anlage und Kühlschrank, ▦, ⌂, G, P, Balassagyarmat út 8, @, www.csillagpanzio.hu, ☏ 0036 (0) 27/316-421, Fax 503-845.

2 H-2100 **GÖDÖLLŐ**
Sunshine Hotel ★★★ Hungary Card Partner, 48 B, DZ € 12,– bis 72,–, inkl. Frühstück, alle Zi mit Du, WC, ☏, Sat-TV, PC-Anschluss und Minibar, Restaurant, Bar, vegetarische Küche, Veranstaltungs- und Konferenzräume, Zentralsafe, eigener Garten, ▦, ⌂, ⛏, geschlossener P, Rezeption 24 Stunden, Szabadság út 199, @, www.hotels.hu/sunshine, ☏ 0036 (0) 20/9 44 04 06, Fax 0036 (0) 28/42 06 02.

3 H-3300 **EGER**
Panorama Hotel Eger ★★★★ Hungary Card Partner, in Nordungarn, 80 B, DZ € 86,– bis 108,–, inkl. Frühstück, alle Zi mit Du, WC, Fön, ☏, Sat-TV und Minibar, Restaurant, mit Kaffeebar, zwei Konferenzräume, Wellnessbereich mit Whirlpool, Sauna, Aromakabine, Wassermassage, Massage und Fitnessraum, ▦, ⌂, ⛏, P, Dr. Hibay K. u. 2, hoteleger@panoramahotels.hu, www.panoramahotels.hu, ☏ 0036 (0) 36/412-886, Fax 410-136.

4 H-3300 **EGER**
M 3 ab Ausfahrt Füzesabony → Kerecsend, Eger ca. 18 km
Cecey Gästehaus ★★★ Hungary Card Partner, hinter der Burg gelegen, 20 B, EZ € 17,– bis 27,–, Appartement € 31,– bis 67,–, Frühstück € 4,– pro Person, alle Zi mit Du, WC, französisches Bett, Sat-TV, Klimaanlage und Kühlschrank, Terrasse, Garten, ⛏, ⌂, G, P, Cecey Èva u. 30, @, www.ceceypanzio.hu, ☏ 0036 (0) 36/419-306, 0036 (0) 20/93 25-168, Fax 0036 (0) 36/518-056.

5 H-3300 **EGER**
M 3 ab Ausfahrt 113 ca. 30 km
Afrodité Apartman ★★★ Hungary Card Partner, 20 B, EZ € 31,– bis 42,–, DZ € 38,– bis 54,–, inkl. Frühstück, komfortable Zi mit Bad, WC und voll ausgestatte-ter Küche, Café, Garten, Grill, ▦, ⌂, P, Dobó út 22, @, www.afroditeapartmanok.hu, ☏ 0036 (0) 36/415-535, Fax 517-506.

6 H-5350 **TISZAFÜRED**
M 3 ab Ausfahrt 113 Füzesabony → Debrecen 30 km
Thermal Camping ★★★★ ⌂ Hungary Card Partner, ruhige Lage, 112 Stellplät-ze, € 15,– bis 20,–, inkl. Frühstück, Restaurant, Tennisplatz, Massage, Spielplatz, kleiner Angelteich, ⛏, ⌂, ⛏, HúszŐles u. 2, @, www.thermalcamping.shp.hu, ☏ 0036 (0) 59/352-911, Fax 352-911.

7 H-3525 **MISKOLC**
Pannónia Hotel ★★★ Hungary Card Partner, im Zentrum, 78 B, EZ € 62,–, DZ € 75,–, inkl. Früh-stück, 41 klimatisierte Zimmer, anspruchsvoll einge-richtete Appartements mit amerikanischen Küchen, 2 Konferenzräume, das Restaurant sorgt für die Beköstigung bei Veranstaltungen, ▦, ⌂, ⛏, &, Tief-G, Kossuth utca 2, @, www.hotelpannonia-miskolc.hu, ☏ 0036 (0) 46/504-980, Fax 504-984.

8 H-3932 **ERDŐBÉNYE**
M 3 → Miskolc, Autostraße 37 → ErdŐbénye
Magita Hotel ★★★ 56 B, EZ € 38,– bis 53,–, DZ € 49,– bis 72,–, inkl. Frühstück, alle Zi mit Du, WC, Fön, Handtücher, ☏, Farb-TV, Internetanschluss, Minibar, teils klimatisiert, Restaurant mit 50 Plätzen, traditionelle ungarische Küche, tokajer Weine, Terrasse, Grillabende, ▦, ⌂, Mátyás Király út 49, @, www.hotel-magita.hu, ☏ 0036 (0) 47/536-400, Fax 536-401.

9 H-4431 **NYÍREGYHÁZA-SÓSTÓFÜRDŐ**
Fürdőház Pension ⌂ Hungary Card Partner, 36 B, EZ € 37,–, DZ € 57,–, inkl. Frühstück, klimatisierte Zi mit Bad, WC, TV und Minibar, Heilbad und medizinisches Zentrum, ▦, ⌂, ⛏, bewachter P, @, www.furdohaz.hu, ☏ 0036 (0) 42/411-191, Fax 411-194.

10 **Pagony Hotel Wellness & Conference, Nyíregyháza**

⑩ H-4400 NYÍREGYHÁZA
Pagony Hotel Wellness & Conference ★★★★ Hungary Card Patner, ruhige Lage, 106 B, DZ € 30,– bis 105,–, Frühstück € 6,25 pro Person, alle Zi mit Bad, WC, 🛁, TV, Internet, Klimaanlage und Minibar, Restaurant, Wellness, Solarium, Sauna, Schönheitssalon, Reiten, Tennis, Fußball, Spielplatz, 🍴, 🛏, ♿, P, Újmajor, @, www.hotelpagony.hu, ☎ 0036 (0) 42/501-210, Fax 408-420.

⑪ H-4400 NYÍREGYHÁZA
M 3 ab Ausfahrt 2 km
Hotel Korona ★★★ Hungary Card Partner, im Zentrum gelegen, 70 B, DZ € 54,– inkl. Frühstück, stilvoll eingerichtete Zi mit Bad, WC, 🛁, TV, Wi-Fi, Klimaanlage und Minibar, Soho Pizzeria, John Bull Pub, 🍴, 🛏, 🛏, P, Dózsa György u. 1, @, www.korona-hotel.hu, ☎ 0036 (0) 42/409-300, Fax 409-339.

⑫ H-4400 NYÍREGYHÁZA
M 3 ab Ausfahrt Nyíregyháza-Dél 6 km
Europa Hotel ★★★ Hungary Card Partner, im Zentrum gelegen, 120 B, EZ € 40,– DZ € 50,–, Frühstück € 6,– pro Person, klimatisierte Zi mit Du, WC, 🛁, TV und Wi-Fi, Restaurant, Internetcafé, 🍴, 🛏, 🛏, G, P, Hunyadi u. 2, @, www.europahotel.hu, ☎ 0036 (0) 42/508-670, Fax 508-677.

⑬ H-4400 NYÍREGYHÁZA
M 3 ab Ausfahrt Nyíregyháza 6 km
Hotel Centrál und Restaurant ★★★ Hungary Card Partner, im Zentrum gelegen, 56 B, EZ € 52,– bis 60,–, DZ € 60,– bis 70,–, Frühstück € 7,– pro Person, alle Zi mit Bad/Du, WC, 🛁, Kabel-TV und Minibar, Lift, Restaurant, sehr gute Küche, kostenfreies WLAN, Sauna, Schwimm- und Sprudelbad, 🍴, 🛏, 🛏, P, Nyár u. 2-4, @, www.centralhotel.hu, ☎ 0036 (0) 42/411-330, 408-749, Fax 408-710.

Hungary Card Partner:
Entdecken Sie Ungarn mit der Hungary Card. Rabatte auf Zugfahrten, Busreisen, Autobahngebühren, Museumsbesuche, Speisen und vieles mehr.

⑪ Hotel Korona, Nyíregyháza

⑦¹ NYÍREGYHÁZA
Nahe der slowakischen, rumänischen und ukrainischen Grenze liegt Ungarns östlichste Stadt, Nyíregyháza. Sie ist eine der sich am dynamischsten entwickelnden Städte des Landes. Ein Kennzeichen dafür ist zum Beispiel die Autobahn M 3, die Sie in weniger als zwei Stunden von Budapest nach Nyíregyháza bringt.

Informationen und Prospekte:
Tourinform Nyíregyháza, Országzászló Platz 6, H-4400 Nyíregyháza, szaboles-m@tourinform.hu, ☎ 0036 (0) 42/504-647, Fax 504-647.

⑦² MISKOLC
Informationen über die Unterkunftsmöglichkeiten, Programme und Sehenswürdigkeiten in Miskolc.

Information und Prospekte:
Tourinform Miskolc, Városház Platz 13, H-3525 Miskolc, miskolc@tourinform.hu, www.miskolc.hu, ☎ 0036 (0) 46/350-425, Fax 350-439.

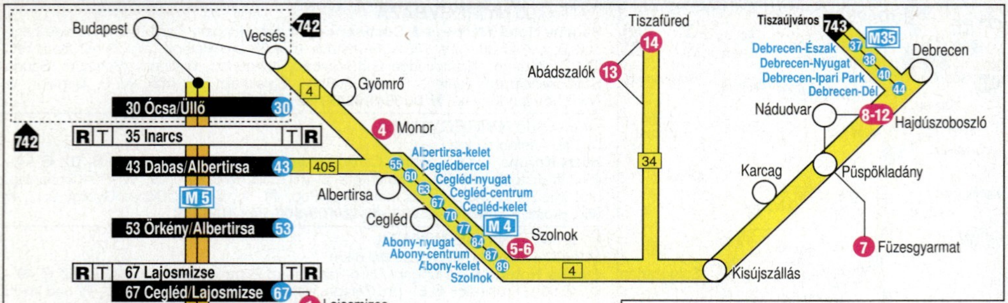
Budapest
Vecsés
742
4
Gyömrő
30 Ócsa/Üllő
30
742
RT 35 Inarcs TR
4 Monor
Albertirsa-kelet
Ceglédbercel
Cegléd-nyugat
Cegléd-centrum
Cegléd-kelet
43 Dabas/Albertirsa
43
405
Albertirsa
M5
55
60
63
67
70
77
M4
84
87
89
Cegléd
53 Örkény/Albertirsa
53
Abony-nyugat
Abony-centrum
Abony-kelet
Szolnok
5-6
Szolnok
Tiszafüred
14
13
Abádszalók
34
4
Tiszaújváros
743
37
38
40
44
M35
Debrecen-Észak
Debrecen-Nyugat
Debrecen-Ipari Park
Debrecen-Dél
Debrecen
Nádudvar
8-12
Hajdúszoboszló
Karcag
Püspökladány
7 Füzesgyarmat
Kisújszállás

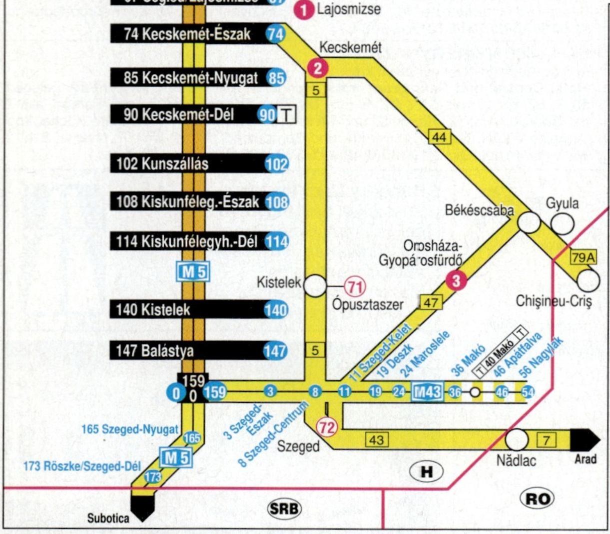
RT 67 Lajosmizse TR
67 Cegléd/Lajosmizse
67
1 Lajosmizse
74 Kecskemét-Észak
74
Kecskemét
2
5
85 Kecskemét-Nyugat
85
90 Kecskemét-Dél
90 T
44
102 Kunszállás
102
108 Kiskunféleg.-Észak
108
114 Kiskunfélegyh.-Dél
114
Békéscsaba
Gyula
79A
Orosháza-Gyopárosfürdő
3
M5
Kistelek
71
Ópusztaszer
47
Chişineu-Criş
140 Kistelek
140
147 Balástya
147
5
11 Szeged-Kelet
19 Deszk
24 Maroslele
36 Makó
T 40 Makó T
46 Apátfalva
56 Nagylak
159
0
0
159
3
8
11
19
24
M43
36
46
54
3 Szeged-Észak
8 Szeged-Centrum
72
165 Szeged-Nyugat
165
M5
173 Röszke/Szeged-Dél
173
Szeged
43
7
Nădlac
Arad
H
RO
SRB
Subotica

1 H-6050 **LAJOSMIZSE** M 5 ab Ausfahrt 67 Cegléd/Lajosmizse
Gerébi Herrenhaus Hotel und Reiterhof ★★★ Hungary Card Partner, 50 km südlich von Budapest, 130 B, EZ € 60,– bis 113,–, DZ € 68,– bis 120,50, inkl. Frühstück, elegant und stilvoll eingerichtete Zi mit Du, WC, ☎, TV, Minibar und Klimaanlage, hervorragendes Restaurant, hausgemachte Gerichte, Terrasse, Veranstaltungsräume, moderne Konferenzausstattung, Wellnessbereich, Reiterhof, Parkanlage, 💳, 🛒, 🚌, ♿, P, Alsólajos 224, @, www.gerebi.hu, ☎ **0036(0)76/356-555**, Fax 356-045.

2 H-6000 **KECSKEMÉT**
Talizmán Hotel ★★★ Hungary Card Partner, im Zentrum, 41 B, DZ € 53,–, inkl. Frühstück, alle Zi mit Du, WC, ☎, TV, Minibar und Klimaanlage, 💳, 🛒, 🚌, P, Kápolna utca 2, @, www.hotels.hu/talizmanhotel, ☎ **0036(0)76/504-856**, Fax 504-856.

3 H-5904 **OROSHÁZA-GYOPÁROSFÜRDŐ**
Napsugár Hotel ★★ Hungary Card Partner, 144 B, DZ € 55,– bis 60,–, inkl. Frühstück, HP und VP möglich, Zi mit Du, WC, ☎, TV und Minibar, Restaurant, Konferenzräume, Sauna, Solarium, Garten, Hotel ist durch überdachten Korridor mit dem Kurbad verbunden, 💳, ✈, 🚌, ♿, P, Hűvös utca 2-4, @, ☎ **0036(0)68/412-422**, Fax 412-361.

4 H-2200 **MONOR**
Nyerges Hotel ★★★ Hungary Card Partner, 37 km von Eudapest entfernt, in ländlicher Umgebung, 66 B, DZ € 52,– bis 85,–, inkl. Frühstück, alle Zi mit Bad, WC, ☎ und Farb-TV, Veranstaltungsraum, Schwimmbecken, Kinderbecken, Massage, Sauna, Folklore-Programm, Kutschfahrten, 💳, 🛒, P, Hegyessy Tanya 57, @, www.nyergeshotel.hu, ☎ **0036(0)29/410-758**, Fax 414-640

5 H-5000 **SZOLNOK**
Hotel und Thermalbad Tisza ★★★ 74 B, EZ € 55,–, DZ € 75,–, inkl. Frühstück, alle Zi mit Du, WC, ☎, TV und Minibar, Restaurant, ungarische Küche, Bierstube, 💳, 🛒, 🚌, P, Verseghy Park 2, @, www.hoteltisza.hu, ☎ **0036(0)56/510-850**, Fax 421-520.

6 H-5000 **SZOLNOK** M 5 ab Ausfahrt 43 Dabas/Albertirsa, B 405, B 4 → Szolnok 80 km
Sóház Hotel und Apartmanhotel ★★★ Hungary Card Partner, zentrale Lage, 40 B, EZ bis 4-Bett-Zi € 50,– bis 83,–, Frühstück € 5,– pro Person, moderne Zi mit Klimaanlage, kostenfreies Wi-Fi, 24 h-Rezeptionsdienst, Tennisplatz, 💳, 🛒, 🚌, geschlossener P, Sóház u. 4, @, www.sohazhotel.hu, ☎ **0036(0)56/516-560**, Fax 516-570.

7 H-5525 **FÜZESGYARMAT**
M 3 ab Ausfahrt Füzesabony → Debrecen und M 5 ab Ausfahrt Kecskemét Süd → Békéscsaba
Kurhotel Thermal Gara ★★★ Hungary Card Partner, 210 B, EZ € 42,–, DZ € 55,–, inkl. Frühstück, 59 DZ, 4 Dreibett-Zi, 4 ♿-Dreibett-Zi, 19 Appartements für 3-4 Personen, alle Zi mit Bad/Du, WC, ☎ und TV, Appartements mit Klimaanlage und Minibar, Konferenzraum, Kinder-, Schwimm- und Heilbecken, Jacuzzi, Sauna, neues Bewegungs- und Gesundheits-Therapie Zentrum mit Heilwasser für Beschwerden in Gelenken und Frauenkrankheiten, 💳, 🛒, 🚌, ♿, P, Kossuth út 92, @, www.hotelgara.hu, ☎ **0036(0)66/590-230**, Fax 590-239.

8 H-4200 **HAJDÚSZOBOSZLÓ**
Hunguest Hotel Béke ★★★ im Grüngürtel von Hajdúszoboszló, 199 Zi, DZ € 78,– bis 130,–, inkl. Frühstücksbuffet, alle Zi mit Du, WC, ☎, TV, Minibar und Balkon, Restaurant, Konferenzraum, Schwimm- und Heilbad, Sauna, Solarium, Massage, Friseur, 💳, ✈, 🚌, ♿, P, Mátyás király sétány 10, @, www.hunguesthotels.hu, ☎ **0036(0)52/361-411**, Fax 361-759.

9 H-4200 **HAJDÚSZOBOSZLÓ**
ab Budapest auf die B 4 → Szolnok ca. 220 km
Thermal Hotel Victoria ★★★ Hungary Card Partner, ruhige Lage im Ortskern, 164 B, EZ € 24,–, DZ € 32,–, inkl. Frühstück, alle Zi mit Du, WC, ☎, TV, Minibar und teils Balkon, traditionelle ungarische Küche, Diät-Küche, à la Carte, Speisesaal für 100 Personen, Tagungsräume, Sauna, Infrarotkabine, Fitnessraum, Thermalbad, Schwimmbad (saisonbedingt), Terrasse, Spielplatz, Gartenschach, Minigolf, Tischtennis kostenfrei, 💳, 🛒, 🚌, P, Debreceni útfél 6, @, www.thermalhotelvictoria.hu, ☎ **0036(0)52/557550**, Fax 557569.

10 H-4200 **HAJDÚSZOBOSZLÓ** M 35 ab Ausfahrt 44 Debrecen-Dél, B 4 → Hajdúszoboszló
Siesta Üdülőszálló ★★ Hungary Card Partner, 297 B, EZ € 18,– bis 32,–, DZ € 27,– bis 41,50, Frühstück € 4,– pro Person, Appartements mit Bad, WC, TV, Küche, Kühlschrank und Balkon, Restaurant für 40 Personen, à la Carte und Buffet, kostenpflichtige Fax-, Wäscherei- und Mikrowellennutzung, kostenfreies Internet, Spielplatz, Lift, Safe, 24 h-Rezeptionsdienst, 💳, 🛒, 🚌, kostenfreier geschlossener P, Böszörményi u. 39, @, www.siestahotel.hu, ☎ **0036(0)52/361-007**, Fax 361-007.

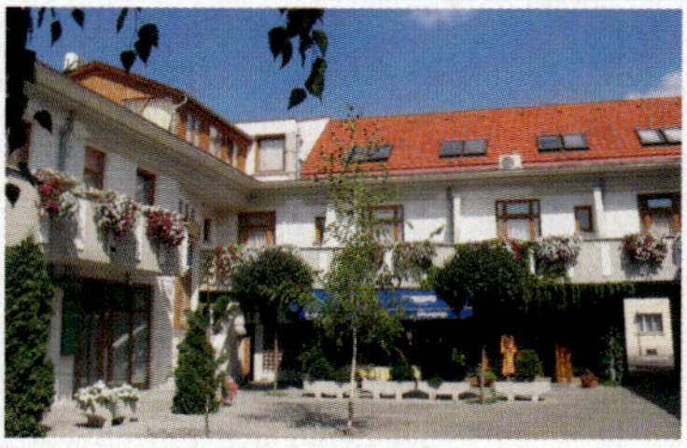
2 **Talizmán Hotel, Kecskemét**

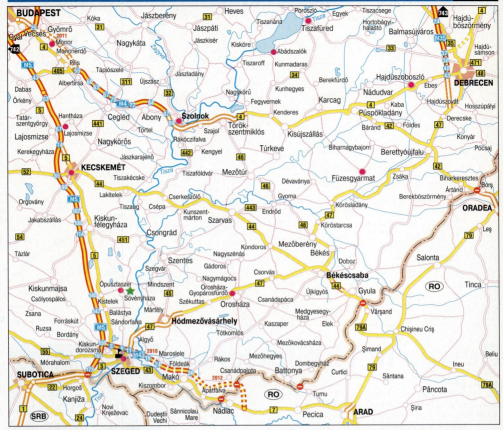

11 H-4200 HAJDÚSZOBOSZLÓ

Karikás Pension ★★★ Hungary Card Partner, 70 B, EZ € 36,– bis 40,–, DZ € 49,– bis 57,–, Appartements, inkl. Frühstück, stilvolle Zi mit Du, WC, Klimaanlage und Balkon, Restaurant, nationale und regionale Spezialitäten, ✉, ✂, 🚗, 🛏, P, H forrás u. 27-33, @, www.karikas.hu, ☎ **0036 (0) 52/359-252**, Fax 359-240.

12 H-4200 HAJDÚSZOBOSZLÓ

Bungalló Pension Alina Appartement ★★ Hungary Card Partner, grüne ruhige Lage im Zentrum, 130 B, DZ ab € 41,50, Zi mit Du, WC, TV und Kühlschrank, Restaurant mit ungarischer, europäischer und vegetarischer Küche, Live-Musik, großer Garten, ✉, ✂, 🚗, 🛏, kostenfreier P, Mátyás Király Sétány 16, alinatravel@vnet.hu, www.alinatravel.hu, ☎ **0036 (0) 52/271-153**, Fax 364-596.

13 H-5241 ABÁDSZALÓK

M 3 ab Ausfahrt 113 Füzesabony 35 km
Füzes Camping, Panzió és Strandfürdő ★★ ⌂ Hungary Card Partner, direkt am Tisza-See, Kapazität für 1050 Personen, Stellplatz € 6,– bis 9,– pro Person, inkl. Frühstück, Restaurant, Tennis, Wassersport, Schwimmbad, Spielplatz, Bowling, Kochmöglichkeit, Programmangebote im Sommer, ✈, 🚗, 🛏, Strand u. 2, info@fuzescamping.hu, www.fuzescamping.hu, ☎ **0036 (0) 59/535-345**, Fax 535-345.

14 H-5350 TISZAFÜRED

M 3 ab Ausfahrt 113 Füzesabony → Debrecen 30 km
Thermal Camping ★★★★ ⌂ Hungary Card Partner, ruhige Lage, 112 Stellplätze, € 15,– bis 20,–, inkl. Frühstück, Restaurant, Tennisplatz, Massage, Spielplatz, kleiner Angelteich, ✉, ✂, 🛏, Húszőles u. 2, @, www.thermalcamping.shp.hu, ☎ **0036 (0) 59/352-911**, Fax 352-911.

71 NATIONALER HISTORISCHER GEDENKPARK

Arpad-Denkmal, Feszty-Panorama, Ruinengarten, Freilichtmuseum, Reiterprogramme, Sport- und Spielplätze und Weinprobe. Hungary Card Partner, ✂, 🚗, 🛏, P.

Öffnungszeiten:
vom 01.04. bis 31.10.: 9-18 Uhr, vom 01.11. bis 31.03.: 9-16 Uhr.

Information und Prospekte:
Opusztaszeri NTE Kht., Szoborkert 68, H-6767 Ópusztaszer, info@opusztaszer.hu, www.opusztaszer.hu, ☎ **0036 (0) 62/275-257**, Fax 275-007.

72 SZEGED

Auskünfte über Unterkunftsmöglichkeiten, Ausflugsprogramme und Sehenswürdigkeiten in Szeged.

Informationen und Prospekte:
Tourinform Szeged, Dugonics Tér 2, H-6720 Szeged, szeged@tourinform.hu, www.szeged.eu, ☎ **0036 (0) 62/488-690**, Fax 488-699.

Reisen nach Slowenien

Slowenien
Mit 20.256 Quadratkilometern ist Slowenien der kleinste Staat, der als erster vom Föderalstaat Jugoslawien unabhängig geworden ist. Die Unabhängigkeit erreichte das Land, das knapp zwei Millionen Einwohner zählt, im Jahre 1991. Entsprechend der ethnischen Vielfalt sind in dem Land, das im Südwesten Zugang zum Adriatischen Meer hat, außer slowenisch noch die Sprachen serbokroatisch, italienisch und ungarisch zu hören. Verständigungsprobleme gibt es für deutsche Touristen selten, da viele Slowenen deutsch sprechen. Der Norden wird von den Gebirgszügen der südlichen Alpen dominiert, in dem bekannte Wintersportorte wie Krajnska Gora und Maribor, die zweitgrößte Stadt des Landes, liegen. Südlich der Hauptstadt Ljubljana – gelegen an der Sava – ist das Klima mediterran und mild. Slowenien ist reich an Kulturschätzen. Von der Barockpracht der Kirchen über die Bauernhäuser bis hin zu den Essgewohnheiten erinnert vieles an Österreich.

Währung
1 € (Euro) = 100 Cent

Einreise
Die Grenzformalitäten entsprechen dem europäischen Standard und sind unkompliziert. Für einen Aufenthalt bis zu drei Monaten genügen Reisepass oder Personalausweis. Bei der Einreise mit dem Auto ist eine grüne Versicherungskarte und das Mitführen einer Warnweste empfehlenswert.

Besondere Verkehrsbestimmungen
Autofahrer müssen ganzjährig auch tagsüber mit Abblendlicht fahren. Während des Überholvorgangs bleibt der Blinker an. Beim Zurücksetzen muss der Warnblinker eingeschaltet werden. Die Promillegrenze liegt bei 0,5. In Slowenien ist die Autobahnnutzung kostenpflichtig.

Seebad Portorož

Höchstgeschwindigkeiten
Innerorts 50 km/h, außerorts 90 km/h, Schnellstraße 100 km/h, Autobahn 130 km/h (Gespanne 80 km/h).

Pannenhilfe
Polizei Tel. 113, Feuerwehr Tel. 112, Rettungsdienst Tel. 112, AMZS (slowenische Automobilvereinigung) Tel. 00 386 (0)1/5 30 53 53. Beim Abschleppen muss das schleppende Fahrzeug an der Windschutzscheibe, das geschleppte Fahrzeug am Heck ein Warndreieck anbringen.

Telefonieren
Internationale Ländervorwahl nach Slowenien: 00 386.

Kontakt: Slovenska turistiäna organizacija, Dunajska 156, SLO-1000 Ljubljana, info@slovenia.info, www.slovenia.info, Tel. 00 386 (0)1/5 89 18 40, Fax 5 89 18 41
Vertretung in Deutschland: Slowenisches Fremdenverkehrsamt, Maximiliansplatz 12 a, D-80333 München, slowenien.fva@t-online.de, www.slovenia.info, Tel. 00 49 (0) 89/29 16 12 02, Fax 29 16 12 73

① SLO-1385 NOVA VAS
A 1 ab Ausfahrt Unec → Rakek/Certenica/Což ca. 20 km
Penzion Slamar ★★★ inmitten der Hochebene Blaška platona, 18 B, DZ € 65,–, 2 Zusatz-B, inkl. Frühstück, HP (ab 2 Nächten) € 10,– und VP (ab 3 Nächten) € 15,– pro Person, alle Zi mit Du und WC, Restaurant, hausgemachter Schnaps, Kinderspielplatz, 🖻, 🍴, P, Nova vas 45, ☎ 00386 (0) 1/7 09 81 52, Fax 7 09 81 52.

② SLO-1290 GROSUPLJE
A 2 ab Ausfahrt Grosuplje ca. 2 km
Hotel Kongo & Casino ★★★★ 74 B, EZ € 57,–, DZ € 94,– bis 135,–, inkl. Frühstücksbuffet, HP und VP möglich, alle Zi mit Bad/Du, WC, Fön, TV, Internetanschluss, Minibar, Safe und Klimaanlage, teils Balkon, Lift, Terrassa, Seminarräume, Sauna,, 🖻, ⚲, G, P, ganzjährig geöffnet, Ljubljanska cesta 65, @, www.kongo.si, ☎ 00386 (0) 1/7 81 02 00, Fax 7 81 02 50.

③ SLO-1303 ZAGRADEC
A 2 ab Ausfahrt Ivančna Gorica → Stična ca. 10 km
Gasthof Na Pajčni ★★★ 24 B, EZ € 30,–, DZ € 50,–, Appartement (3 B) € 75,–, inkl. Frühstück, HP möglich, alle Zi mit Du, WC, Sat-TV, Internetanschluss, Minibar und Klimaanlage, internationale und traditionell slowenische Küche, Weine aus slowenischen Anbaugebieten, verschiedene Ausflüge buchbar, P, Male Rebrce 6, @, www.napajcni-murn.si, ☎ 00386 (0) 1/7 886800, Fax 7 886801.

④ SLO-8361 DVOR PRI ŽUŽEMBERKU
A 2 ab Ausfahrt Ivančna Gorica → Stična/Čmomelj ca. 22 km
Urlaubsbauernhof Domačija Novak ★★★ EZ, DZ € 60,–, Familien-Zi (4 Personen) € 120,–, inkl. Frühstück, HP € 15,– pro Person, alle Zi mit Du und WC, Restaurant mit saisonalen Angeboten, Weinangebot, Tennis, Tischtennis, Volleyball, Fußball, in der Nähe des Kurortes Dolenjske Toplice, Sadinja vas 7, ☎ 00386 (0) 7/3 08 74 30.

⑤ SLO-1330 KOČEVJE
A 2 ab Ausfahrt Pod gradom
Hotel Valentin ★★★ zentrale Lage, 55 B, Zi ab € 39,–, 3-Bett-Zi und 4-Bett-Appartement, alle Zi mit Du und WC, Restaurant mit regionalen Angeboten, Konferenzräume, Park, Sportplatz, Kinderclub, 🖻, 🍴, G, P, hotel.valentin@siol.net, www.hotel-valentin.com, ☎ 00386 (0) 61/85 12 86, Fax 85 23 10.

⑥ SLO-8223 MIRNA
A 2 ab Ausfahrt Trebnje ca. 8 km
Gaststätte Pri Francki ★★★ 10 Zi, EZ € 26,–, DZ € 52,–, Nichtraucher-Zi, inkl. Frühstück, alle Zi mit Bad, WC, Fön, TV, Sat-TV, Internet, Minibar und Safe, Restaurant, Gasthaus bis 220 Personen, Bar, überdachte Terrasse, Kinderspielplatz, Fahrradverleih, Ausflugsziele in der Umgebung: Mokrong, Šentrupert, Vesela gora, 🍴, Glavna cesta 11, ☎ 00386 (0) 7/3 43 42 50, Fax 3 43 42 51.

⑦ SLO-8297 ŠENTJANŽ
A 2 ab Ausfahrt Trebnje ca. 30 km
Urlaubsbauernhof Repovž ★★★ ruhige Lage am Ortsrand, 6 Zi, Zi ab € 78,–, Zi bis 8 Personen, inkl. Frühstück, alle Zi mit WC, Etagendusche, Aufenthaltsraum, Kellerstüberl, Bistro, Gartengrill, hofeigene Produkte, Fahrradverleih, Kinderspielplatz, 🖻, 🍴, 🚍, gtm.repovz@siol.net, www.gostilna-repovz.si,☎ 00386 (0) 7/8 18 56 61, Fax 7 18 56 60.

⑧ SLO-8294 BOŠTANJ
A 2 ab Ausfahrt 14 Celje-Center ca. 30 km
Gaststätte Felicijan ★★★ 5 Zi, DZ € 48,–, 3-Bett-Zi € 72,–, 4-Bett-Zi € 86,–, inkl. Frühstück, alle Zi mit Du, WC, Kabel-TV und Klimaanlage, teils Balkon, Restaurant, Sommergarten, 2 km bis Stadtzentrum, P, Radna 31, ☎ 00386 (0) 7/8 14 16 12, Fax 8 16 54 28.

⑨ SLO-8000 NOVO MESTO
A 2 ab Ausfahrt Novo mesto ca. 4 km
Hotel Krka ★★★★ 49 Zi, EZ € 114,– bis 124,–, DZ € 154,– bis 164,–, Nichtraucher-Zi, inkl. Frühstück, alle Zi mit Du, WC, Fön, ☎, Kabel-TV, WLAN, Minibar und Klimaanlage, Restaurant bis 70 Personen, Apperitifbar 24 h, Novi trg 1, @, www.terme-krka.si, ☎ 00386 (0) 7/3 94 21 00, Fax 3 31 30 00.

⑩ SLO-8000 NOVO MESTO
A 2 ab Ausfahrt Novo mesto → Novo mesto ca. 4 km
Appartements-Zimmer Ravbar ★★–★★★★ 22 Zi, EZ € 20,– bis 30,–, DZ € 30,– bis 40,–, 3-Bett-Zi € 40,– bis 60,–, Appartment bis 6 Personen ab € 29,–, Frühstück € 6,–, alle Appartments mit Du, WC, ☎, Sat-TV, kostenfreiem WLAN und Klimaanlage, Wochenendhaus für 4 Personen € 42,–, Garten, Fahrradverleih, Wäscheservice, kostefreie Nutzung: Fitnesscenter, Tischtennis, Klubraum, großer P, Smrečnikova ulica 15 + 17, @, www.ravbar.net, ☎ 00386 (0) 7/3 73 06 80, Fax 3 73 06 81.

⑪ SLO-8333 SEMIČ
A 2 ab Ausfahrt Novo mesto → Novo mesto 25 km
Hotel Smuk Semič ★★★ 50 B, 3-Bett-Zi € 75,–, 6-Bett-Zi € 102,–, Frühstück € 5,–, HP und VP möglich, alle Zi mit Du, WC, Fön, ☎, Sat-TV, Klimaanlage und Balkon, Restaurant, Vinothek, Seminarräume, 🍴, 🚍, P, Štefanov trg 1, ☎ 00386 (0) 51/80 20 95.

⑫ SLO-8330 METLIKA
A 2 ab Ausfahrt Novo mesto → Novo mesto → B 105 ca. 30 km
Hotel Bela Krajina ★★★ 46 B, DZ € 105,–, 3-Bett-Zi € 105,–, inkl. Frühstück, HP € 10,–, VP € 18,–, alle Zi mit Bad/Du, WC, Fön, ☎, TV, Internet und Klimaanlage, Lift, Restaurant, Bar, Terrasse, Klimaanlage, Internet, Kinderspielplatz, P, Cesta bratstva in enotnosti 28, ☎ 00386 (0) 7/3 63 52 80.

⑬ SLO-8311 KOSTANJEVICA NA KRKI
A 2 ab Ausfahrt Smednik → Raka → B 672 ca. 9 km
Gasthaus Žolnir ★★ 12 Zi, EZ € 30,–, DZ € 48,–, inkl. Frühstück, HP € 8,–, VP € 16,–, alle Zi mit Du, WC, Restaurant bis 250 Personen, örtliche und internationale Küche, großes Weinangebot, Krška cesta 4, sevsek.simona@siol.net, www.zolnir-sp.si, ☎ 00386 (0) 7/4 98 71 33, Fax 4 98 73 59.

⑭ SLO-8250 BREŽICE
A 2 ab Ausfahrt Brežice → Čatež ob Savi/Bizeljsko, im Kreisverkehr erste Ausfahrt → B 219
Hotel Čateški dvorec ★★★★ 28 Zi, EZ € 58,– bis 76,–, DZ € 76,– bis 98,–, 3-Bett-Zi € 102,– bis 121,50, inkl. Frühstück, alle Zi mit Du, WC, Fön, ☎, TV und Klimaanlage, teils Balkon, Restaurant, hauseigene Vinothek, Römersauna, Terrasse, Sommergarten, Kinderspielplatz, Grillplatz, 🖻, P, Dvorec 3, @, www.cateski-dvorec.com, ☎ 00386 (0) 7/4 99 48 70, Fax 4 99 48 97.

⑮ SLO-8250 BREŽICE
A 2 ab Ausfahrt Brežice
Pension Prenočišče Pod Šentvidom ★★★ ruhige Lage auf einer Anhöhe, 5 Zi, DZ € 26,98, 3-Bett-Zi € 39,97, 4-Bett-Zi € 55,96, alle Zi mit Du, WC, TV und Balkon, Frühstücksraum, Grillplatz, Terrasse, Wintergarten, Kinderspielplatz, G, P, ateška ulica 16, ☎ 00386 (0) 7/4 99 31 40.

⑯ SLO-8251 ČATEŽ OB SAVI
A 2 ab Ausfahrt Brežice → Čatež ob Savi/Bizeljsko ca. 1 km
Hotel Toplice ★★★★ 131 Zi, DZ € 170,– bis 448,–, inkl. Frühstücksbuffet, HP möglich, alle Zi mit Bad/Du, WC, Fön, ☎, TV, Internetanschluss, Safe, Minibar und Klimaanlage, teils Balkon, Lift, Nichtraucherbereich, Restaurant, Terrasse, verschiedene Sportmöglichkeiten, ⚲, P, Topliška cesta 35, @, www.terme-catez.si, ☎ 00386 (0) 7/4 93 50 23, Fax 4 93 50 25.

⑺ NOVO MESTO
- ist das wichtigste Verwaltungs-, Kultur-, Wirtschafts- und religiöse Zentrum der Region Doljenska. Die Stadt zählt 22.368 Einwohner und liegt unweit der kroatischen Grenze Novo mesto wurde am Ufer der Krka vor dem imposanten Panorama des Gorjanci-Gerbirges errichtet. Besucher sollten sich in jedem Fall das Schloss und den Schlosspark Otočec ansehen. Außerdem gibt es in der zu Novo mesto gehörenden Ortschaft Ruperč einen Mammutbaum zu bewundern.

Informationen und Prospekte:
Tourist-Info Center Novo mesto,
Glavni trg 6, SLO-8000 Novo mesto,
tic@novomesto.si, www.novomesto.si,
☎ 00386 (0) 7/3 93 92 63, Fax 3 93 92 65.

❶ SLO-2000 MARIBOR
ab Ausfahrt Dravograd → Tabor
Hotel Bajt garni ★★★ 51 B, EZ ab € 40,– DZ ab € 55,–, inkl. Frühstücksbuffet, alle Zi mit Du, WC, Sat-TV, Internet und Minibar, Café, Bar, Wellness-Center, Waschsalon, ⚑, P, Radvanjska 106, @, www.hotel-bajt.com, ☏ 00386 (0) 2/3 32 76 50, Fax 3 32 43 22.

❷ SLO-2000 MARIBOR A 1 ab Ausfahrt Maribor → Dravograd → Tabor 2 km
Gostisce Kuzner ★★★ ruhige Lage im Wohngebiet, nahe Zentrum, 16 B, EZ € 45,–, DZ € 70,–, Familien-Zi € 90,–, inkl. Frühstück, alle Zi mit Du, WC, Fön, ☏, Sat-TV, kostenfreiem WLAN und Minibar, teils Terrasse, Sommerterrasse, www.kuzner.si, ☏ 00386 (0) 2/3 23 35 80, 00386 (0) 41/7 35 568, Fax 3 32 35 80.

❸ SLO-2250 PTUJ A 1 ab Ausfahrt Maribor vzhod 26 km → Varaždin
Hotel Mitra ★★★ komplett renoviertes, komfortables Hotel im Zentrum der historischen Altstadt, 61 B, EZ € 48,– bis 64,–, DZ € 88,– bis 98,–, inkl. Frühstücksbuffet, traditionsgemäße Zi mit Du, WC, Fön, ☏, Sat-TV, Internet und Minibar, Café, Weinkeller, Konferenzräume, ideale Lage zu Thermen, Wellness, viele Ausflugsziele, Pilger Kirche Ptujska Gora, Spaziergänge in Weinbergen, Golfplatz, Kartingbahn, Sport-Flugplatz, Prešernova ul. 6, @, www.hotel-mitra.si, ☏ 00386 (0) 2/7 87 74 55, 00386 (0) 51/6 03 069, Fax 00386 (0) 2/7 87 74 59.

❹ SLO-2314 ZGORNJA POLSKAVA
A 1 ab Ausfahrt Fram ca. 5 km → Fram/Sl. Bistrica
Gostilna Kalan ★★★ ruhige Lage im Grünen, 13 B, EZ € 35,–, DZ € 60,–, inkl. Frühstück, alle Zi mit Du und WC, Spezialitäten-Restaurant, Slow Food, Terrasse, Weingut, P, Ogljenšak 10, @, ☏ 00386 (0) 2/8 03 64 62, Fax 8 03 64 60.

❺ SLO-2310 SLOVENSKA BISTRICA
A 1 ab Ausfahrt Slovenska Bistrica jug 4 km → Zentrum → links Bistrica
Restauracija Poto nica ★★★ 20 B, EZ € , DZ € , Appartments, inkl. Frühstück, alle Zi mit Du, WC, Fön, ☏, Sat-TV, WLAN und Minibar, Wintergarten, Sommerterrasse, Fischteiche, www.potocnica.net, ☏ 00386 (0) 2/8 18 15 49, 00386 (0) 40/46 22 20, Fax 8 18 15 49.

❻ SLO-2316 ZGORNJA LOŽNICA
A 1 ab Ausfahrt SL. Bistrica ca. 5 km → Celje, nach 3 km rechts → Oplotnica
Gasthaus Pri Janezu ★★★ 30 B, EZ € 25,–, DZ € 33,–, Frühstück € 3,20 pro Person, alle Zi mit Du, WC und TV, Restaurant, Zgornja Ložnica ⌐, @, www.prijanezu.com, ☏ 00386 (0) 2/8 44 37 77, Fax 8 44 37 79.

❼ SLO-3214 ZREČE
A 1 ab Ausfahrt Slovenske Konjice → Celje ca. 5 km, rechts → Zreče, Beschilderung folgen
Hotel Smogavc ★★★ 30 Zi, EZ € 60,– bis 75,–, DZ € 80,– bis 100,–, 3-Bett-Zi € 100,– bis 120,–, 4-Bett-Zi € 110,–, Suiten, inkl. Frühstück, alle Zi mit Bad/Du, WC, Fön, ☏, TV, kostenfreiem WLAN, Safe, Minibar und Balkon, Lift, Restaurant, 5 Konferenzräume, Sauna, ♿, P, Slomškova ulica 4, @, www.smogavc.com, ☏ 00386 (0) 3/7 57 66 00, Fax 7 57 66 10.

❽ SLO-3230 ŠTORE A 1 ab Ausfahrt
Almin dom – Almas Heim ★★★ ruhige Lage, 27 Zi, EZ € 35,–, DZ € 55,–, 3-Bett-Zi € 70,–, inkl. Frühstück, HP/VP möglich, alle Zi mit Du, WC, ☏, TV und Balkon, Restaurant mit 100 Sitzplätzen, Bierhalle, Gesellschaftsraum, Terrasse, großer P, Mo ./., Svetina 1, @, www.almindom.si, ☏ 00386 (0) 3/7 80 30 00.

❾ SLO-3000 CELJE A 1 ab Ausfahrt
Hotel Štorman Celje ★★★ zentrale Lage, 70 B, EZ € 42,– bis 57,–, DZ € 65,– bis 84,–, 8 Appartements, inkl. Frühstück, alle Zi mit Du, WC, ☏, Kabel-TV und Minibar, 3 Restaurants, internationale und slowenische Küche, Country Pub, Seminarmöglichkeit, Beautysalon, Massage, Sauna, Solarium, Mariborska 3, @, www.storman.si, ☏ 00386 (0) 3/4 26 04 26, Fax 4 26 03 95.

❿ SLO-3000 CELJE A 1 ab Ausfahrt
Gostišče Hochkraut ★★★ 25 B, EZ € 46,–, DZ € 69,–, 3-Bett-Zi € 96,–, 4-Bett-Zi € 116,–, Nichtraucher-Zi, inkl. Frühstück, alle Zi mit Du, WC, Fön, ☏, Kabel-TV und Safe, Restaurant, Terrasse, Garten, Kinderspielplatz, Massagebad, Sauna, ♿, P, Tremerje 2, @, www.hochkraut.com, ☏ 00386 (0) 3/4 27 91 00, Fax 4 27 91 18.

⓭ Hotel Trojane, Trojane

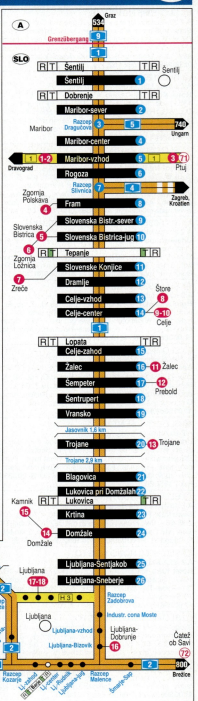

⑪ SLO-3310 ŽALEC
A 1 ab Ausfahrt
Hotel Casino Rubin Žalec ★★★ 44 renovierte Zi, EZ € 49,–, DZ € 69,–, 2 Appartements, inkl. Frühstück, alle Zi mit Du, WC, ☎, Kabel-TV, Internetanschluss, Minibar und Klimaanlage, teils Jacuzzi, Restaurant, Bistro, Kaffeehaus, Bankett-Salon, Seminarräume, Nachtclub, Casino, Fitnessraum, Kosmetiksalon, Solarium, Sommergarten, Mestni trg 3, @, www.hotel-zalec.si, ☎ 00386 (0) 3/7 13 17 00, Fax 7 13 17 61.

⑫ SLO-3312 PREBOLD
A 1 ab Ausfahrt Šempeter ca. 3 km
Garni Šport Hotel ★★★ komfortables Hotel im Savinja Tal, ruhige Lage am Ortsrand, 56 B, EZ € 40,–, DZ € 60,–, Luxus-Suite, inkl. Frühstück, moderne Zi mit Du, WC, ☎, Sat-TV und Minibar, Restaurant, Konferenzraum, Bar, Wellness-Bereich, ideale Lage für Biking, Ski, Golf und vieles mehr, großer P, Grascinska ulica 9, @, www.sporthotel.com, ☎ 00386 (0) 3/7 03 40 60, Fax 7 03 40 64.

⑬ SLO-1222 TROJANE
ab Ausfahrt 1000 m
Hotel Trojane ★★ ruhige Aussichtslage, 63 B, EZ € 37,–, DZ € 50,–, Familien-Zi € bis 96,–, inkl. Frühstück, alle Zi mit Du, WC, Sat-TV, WLAN und Balkon, teils Minibar, Restaurant, Arzt, Akupunktur, Reiki, Soleophatie, ▭, ⛽, P, Trojane 27, @, www.hoteltrojane.com, ☎ 00386 (0) 1/7 23 36 10, Fax 7 23 36 15.

⑭ SLO-1230 DOMŽALE A 1 ab Ausfahrt
Pension Gostilna Keber ★★★ 13 B, EZ € 45,–, DZ € 55,–, 3-Bett-Zi € 75,–, inkl. Frühstück, alle Zi mit Du, WC, ☎, TV, Radio und Klimaanlage, Restaurant, Kamin-Zi, großer teils überdachter Garten, ▭, Mo ./., Ljubljanska 112, www.gostilna-keber.com, ☎ 00386 (0) 1/7 24 15 09, Fax 7 21 51 99.

⑮ SLO-1240 KAMNIK
A 1 ab Ausfahrt Domžale ca. 8 km → Kamnik → Altstadt Kirche
Pension Kamrica ★★★ in der Fußgängerzone der restaurierten Altstadt gelegen, 10 B, EZ € 32,–, DZ € 58,– bis 64,–, inkl. Frühstück, alle Zi mit Du, WC, ☎, Sat-TV und Minibar, 20 km bis Ljubljana, G, P, Trg. Svobode 2, @, ☎ 00386 (0) 1/8 31 77 07, 00386 (0) 41/22 27 00.

⑯ SLO-1261 LJUBLJANA-DOBRUNJE
Hotel Stil ★★★ 24 Zi, EZ € 72,–, DZ € 92,–, 3-Bett-Zi € 114,–, Appartement, inkl. Frühstücksbuffet, alle Zi mit Bad/Du, WC, Fön, ☎, Sat-TV, WLAN, Safe und Minibar, Restaurant, Bar, Konferenzraum, P, Litijska cesta 188, @, www.hotel-stil.si, ☎ 00386 (0) 1/5 48 43 43, Fax 5 48 43 44.

⑰ SLO-1000 LJUBLJANA
Ljubljana Resort Hotel ★★★ 172 B, EZ € 74,– bis 116,–, DZ € 116,– bis 156,–, 3-Bett-Zi € 158,– bis 200,–, Familien-Zi, inkl. Frühstück, alle Zi mit Du, WC, Fön, ☎, Kabel-TV, Radio, HotSpot und Minibar, teils Balkon, Ferienwohnungen, Restaurant, Strandbar, Bistros, Erlebnisbad Laguna Ljubljana, Sportcenter, Beauty Corner, 🍴 € 19,–, ♿, Dunajska cesta 270, @, www.ljubljanaresort.si, ☎ 00386 (0) 1/5 68 39 13, Fax 5 68 39 12.
Unter gleicher Leitung:

⑱ SLO-1000 LJUBLJANA
Ljubljana Resort Kamp ⌂ 177 Plätze, Platz € 9,– bis 17,–, Frühstück € 8,–, Stromanschluss € 3,50, Wickelraum, Kinderwaschraum, ▭, 🍴 € 3,50, Dunajska cesta 270, @, www.ljubljanaresort.si, ☎ 00386 (0) 1/5 68 39 13, Fax 5 68 39 12.

⑦¹ TERME PTUJ
Thermal-Hallenbad: 6 Becken, Saunapark, Fitnessstudio und eine bedachte 85-m-Wasserrutsche. Freibad: weitere 6 Becken (Olympisches Schwimmbecken und Wellenbad), 160 m langer „lazy river" und 15-m-Turm mit insgesamt 600 m rasanten Wasserrutschen. Die Wasserfläche beträgt 4200 qm. Aufenthalt: Im 4-Sterne Grand Hotel Primus, einem von Grün umgebenen Appartement-Komplex, 3-Sterne-Bungalows sowie auf einem Campingplatz der Kategorie 1 und einem 4-Sterne Campingplatz.

Information und Prospekte::
Terme Ptuj d.o.o., Pot v toplice 9, SLO-2251 Ptuj, info@terme-ptuj.si, www.terme-ptuj.si, ☎ 00 3862/7 49 41 00, Fax 7 49 45 20.

⑦² TERME ČATEŽ
Tourismuszentrum, Wellness- & Kurzentrum, Sport- & Rekreationszentrum, Kongresszentrum, Golf Resort

Sommerthermalriviera: Mehr als 10.000 qm Thermalwassergelände im Freien mit Olympischem Bad, Wasserpark mit Kinderspielgeräten, Wellenbad, Pirateninsel, Rutschbahnen, Stausee, Beachvolleyball usw.

Winterthermalriviera: 2.000 qm großes Thermalwasserhallenbad mit zahlreichen Wasserattraktionen in tropischem Ambiente mit Wellenbad, tropischem Baum mit Sommersturm, Wasserrutschen, Whirlpool, Kinderschwimmbecken, Restaurant und Bar.

Aufenthalt in 3 Hotels, 400 Ferienwohnungen und auf 450 Campingplätzen.

Information und Prospekte:
Terme Čatež d.d.,
Topliška cesta 35, SLO-8251 Čatež ob Savi, info@terme-catez.si, www.terme-catez.si, ☎ 00386 (0) 7/4 93 67 00, Fax 4 93 50 05.

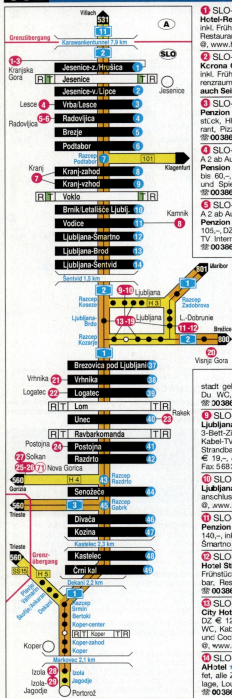

① SLO-4280 KRANJSKA GORA
Hotel-Restaurant Kotnik ★★★★ 15 Zi, EZ € 54,– bis 80,–, DZ € 68,– bis 120,–, inkl. Frühstücksbuffet, alle Zi mit Du, WC, Fön, ☎, Sat-TV, WLAN, Safe und Minibar, Restaurant, Pizzeria „Pino", Konferenzraum bis 10 Personen, P, Borovška cesta 75, @, www.hotel-kotnik.si, ☎ 00386 (0) 4/588 15 64, Fax 588 18 59.

② SLO-4280 KRANJSKA GORA
Kcrona Casinò & Hotel ★★★★ 29 Zi, EZ € 50,– bis 150,–, DZ € 60,– bis 200,–, inkl. Frühstück, alle Zi mit Du, WC, ☎, TV und Minibar, Restaurants, Bars, Konferenzraum, Vršiška 23, @, www.hit.si, ☎ 00386 (0) 4/587 80 00, Fax 588 13 22 **(siehe auch Seite 435).**

③ SLO-4280 KRANJSKA GORA
Penzion Lipa ★★★★ 20 B, EZ € 30,– bis 60,–, DZ € 60,– bis 120,–, inkl. Frühstück, HP möglich, alle Zi mit Du, WC, Fön, Safe, Minibar und Balkon, Restaurant, Pizzeria, Wintergarten, Terrasse, Koroška cesta 14, @, www.penzion-lipa.si, ☎ 00386 (0) 4/582 00 00, Fax 582 00 25 **(siehe auch Seite 435).**

④ SLO-4248 LESCE
A 2 ab Ausfahrt Lesce ca. 500 m, im Kreisverkehr → Ljubljana
Pension und Restaurant Leški Dvor ★★★ 28 B, EZ € 40,– bis 45,–, DZ € 50,– bis 60,–, inkl. Frühstück, alle Zi mit Du, WC, ☎ und Sat-TV, Gerichte vom Grill und Spieß, 🖃, 🚗, P, Begunjska 9, info@leski-dvor.com, www.leski-dvor.com, ☎ 00386 (0) 4/530 21 40, Fax 530 21 41.

⑤ SLO-4240 RADOVLJICA
A 2 ab Ausfahrt Radovljica ca. 2 km
Penzion Kovac ★★★ neu erbaut, ruhige Lage im Wohngebiet, 26 B, EZ € 95,– bis 105,–, DZ € 110,– bis 130,–, Familien-Zi, inkl. Frühstücksbuffet, alle Zi mit Du, WC, Sat-TV, Internet und Safe, Terrasse, Jacuzzi, P, Langusova 71, @, www.penzion-kovac.si, ☎ 00386 (0) 4/530 00 00, 00386 (0) 31/37 47 70, Fax 530 00 01.

⑥ SLO-4240 RADOVLJICA A 2 ab Ausfahrt
Gostilna Kunstelj ★★★ 22 B, EZ € 55,–, DZ € 79,–, Kurtaxe exklusive, alle Zi mit Du, WC, TV und Safe, Restaurant, Weinkeller, Terrasse, 🍴, 🚗, P, Gorenjska cesta 9, gostilna@kunstelj.net, www.kunstelj.net, ☎ 00386 (0) 4/531 51 78, Fax 530 41 51.

⑦ SLO-4000 KRANJ
A 2 ab Ausfahrt Kranj ca. 4 km → Kranj → Kirche svete Marjete
Hotel-Restaurant Bellevue ★★★ 33 B, EZ € 38,– bis 50,–, DZ € 80,– bis 86,–, inkl. Frühstücksbuffet, Zi mit Du, WC, Fön, ☎, Internet, Sat-TV, Minibar und Balkon, Šmarjetna gora 6, @, www.bellevue.si, ☎ 00386 (0) 4/270 00 00, Fax 270 00 20.

⑧ SLO-1240 KAMNIK
A 1 ab Ausfahrt Domžale ca. 8 km → Kamnik → Altstadt Kirche
Pension Kamrica ★★★ in der Fußgängerzone der restaurierten Altstadt gelegen, 10 B, EZ € 32,–, DZ € 58,– bis 64,–, inkl. Frühstück, alle Zi mit Du, WC, ☎, Sat-TV und Minibar, 20 km bis Ljubljana, G, P, Trg. Svobode 2, @, ☎ 00386 (0) 1/831 77 07, 00386 (0) 41/22 27 00.

⑨ SLO-1000 LJUBLJANA
Ljubljana Resort Hotel ★★★ 172 B, EZ € 74,– bis 116,–, DZ € 116,– bis 156,–, 3-Bett-Zi € 158,– bis 200,–, Familien-Zi, inkl. Frühstück, alle Zi mit Du, WC, Fön, ☎, Kabel-TV, Radio, HotSpot und Minibar, teils Balkon, Ferienwohnungen, Restaurant, Strandbar, Bistros, Erlebnisbad Laguna Ljubljana, Sportcenter, Beauty Corner, 🍴 € 19,–, 🚗, Dunajska cesta 270, @, www.ljubljanaresort.si, ☎ 00386 (0) 1/568 39 13, Fax 568 39 12. **Unter gleicher Leitung:**

⑩ SLO-1000 LJUBLJANA
Ljubljana Resort Kamp ⌂ 177 Plätze, Platz € 9,– bis 17,–, Frühstück € 8,–, Stromanschluss € 3,50, Wickelraum, Kinderwaschraum, 🖃, 🍴 € 3,50, Dunajska cesta 270, @, www.ljubljanaresort.si, ☎ 00386 (0) 1/568 39 13, Fax 568 39 12.

⑪ SLO-1000 LJUBLJANA
Penzion Tavčar ★★★ 13 Zi, EZ € 55,– bis 65,–, DZ € 75,–, Appartement € 95,– bis 140,–, inkl. Frühstücksbuffet, alle Zi mit Du, WC, ☎ und TV, Restaurant, Bar, Cesta v Šmartno 7, @, www.penzion-tavcar.com, ☎ 00386 (0) 1/546 69 70, Fax 546 69 90.

⑫ SLO-1261 LJUBLJANA-DOBRUNJE
Hotel Stil ★★★ 24 Zi, EZ € 72,–, DZ € 92,–, 3-Bett-Zi € 114,–, Appartement, inkl. Frühstücksbuffet, alle Zi mit Bad/Du, WC, Fön, ☎, Sat-TV, WLAN, Safe und Minibar, Restaurant, Bar, Konferenzraum, P, Litijska cesta 188, @, www.hotel-stil.si, ☎ 00386 (0) 1/548 43 43, Fax 548 43 44.

⑬ SLO-1000 LJUBLJANA A 1 und A 2 ab Ausfahrt → Zentrum
City Hotel Ljubljana ★★★ nahe der Altstadt gelegen, 400 B, EZ € 92,– bis 149,–, DZ € 127,– bis 168,–, 3-Bett-Zi € 162,– bis 177,–, inkl. Frühstück, alle Zi mit Du, WC, Kabel-LCD-TV, Internet und Safe, teils ☎ und Klimaanlage, Restaurant, Wein- und Cocktailbar, Konferenzraum, Terrasse, Fahrradverleih, 🍴, 🚗, G, Dalmatinova 15, @, www.cityhotel.si, ☎ 00386 (0) 1/239 00 00, Fax 239 00 01.

⑭ SLO-1000 LJUBLJANA
AHotel ★★★ 26 Zi, EZ € 85,– bis 100,–, DZ € 125,– bis 130,–, inkl. Frühstücksbuffet, alle Zi mit Bad/Du, WC, Fön, ☎, Sat-TV (LCD), Internetanschluss und Klimaanlage, Lounge-Bar, Sommerterrasse, P, Cesta dveh cesarjev 34d, @, www.ahotel.si, ☎ 00386 (0) 1/429 18 92, Fax 429 12 54.

⑮ SLO-1000 LJUBLJANA
ab Ausfahrt → Zentrum/Slovenska

Gostilna Pri Mraku ★★★ traditionsreiches Gasthaus am Zentrum der historischen Altstadt, ruhige Lage in einer Seitenstraße, 71 B, EZ € 69,99 bis 78,99, DZ € 85,79 bis 121,18, inkl. Frühstücksbuffet, moderne Zi mit Du, WC, Fön, ☎, Sat-TV, Internet und Safe, teils Klimaanlage, Restaurant, slowenische Spezialitäten, Gästegarten, Café, Sehenswürdigkeiten und Shopping nur kurze Fußwege entfernt, Rimska Cesta 4, @, www.daj-dam.si, ☎ 00386 (0) 1/4 21 96 00, Fax 4 21 96 55.

⑯ SLO-1000 LJUBLJANA

M Hotel ★★★ 154 Zi, EZ € 52,– bis 105,–, DZ € 74,– bis 140,–, inkl. Frühstück, alle Zi mit Du, WC, Fön, ☎, TV, WLAN und Minibar, Bistro, Bar, Konferenzsäle, 🖥, 🍴 € 5,–, 🚌 P, Derčeva 4, @, www.m-hotel.si, ☎ 00386 (0) 1/5 13 70 00, Fax 5 13 70 90.

⑰ SLO-1000 LJUBLJANA

Hotel Emonec ★★ 39 Zi, EZ € 49,– bis 64,–, DZ € 60,– bis 77,–, 3-Bett-Zi € 81,– bis 96,–, 4-Bett-Zi € 90,– bis 105,–, inkl. Frühstücksbuffet, alle Zi mit Du, WC, ☎, TV und Internet, Seminarraum, 🍴 € 10,–, G, Wolfova 12, @, www.hotel-emonec.com, ☎ 00386 (0) 1/2 00 15 20, Fax 2 00 15 21.

⑱ SLO-1000 LJUBLJANA

Vila Minka ★★★ 14 B, EZ € 50,– bis 60,–, DZ € 65,– bis 80,–, Appartements für 1-5 Personen € 60,– bis 179,–, ohne Frühstück, alle Zi mit Du, WC, ☎, Kabel-TV, Internetanschluss und Klimaanlage, Konferenzraum, P, Kogovškova 10, minka@vilaminka.si, www.vilaminka.si, ☎ 00386 (0) 1/5 83 00 80, Fax 5 07 46 91.

⑲ SLO-1000 LJUBLJANA

Penzion Pod Lipo ★★ 23 B, DZ € 58,–, 3-Bett-Zi € 69,– bis 115,–, Frühstück € 3,50, alle Zi mit Du und WC, Restaurant, Teeküche, Terrasse, Internet, Borštnikov trg 3, @, www.penzion-podlipo.com, ☎ 00386 (0) 1/2 51 16 83, Fax 2 51 16 84.

⑳ SLO-1294 VISNJA GORA
A 2 ab Ausfahrt Visnja Gora ca. 6 km → Nova Vas

Hotel Polzevo ★★ ruhige Lage im Wald, 30 B, EZ € 35,–, DZ € 45,–, Familien-Zi, inkl. Frühstück, alle Zi mit Du, WC und TV, Restaurant, Terrasse, Skilift, Wandergebiet, P, Zavrtce 6, @, www.polzevo.si, ☎ 00386 (0) 1/7 88 21 92, Fax 7 88 20 99.

㉑ SLO-1360 VRHNIKA
A 1 ab Ausfahrt

Hotel Mantova ★★★★ 54 B, EZ € 60,–, DZ € 75,–, 3-Bett-Zi € 91,–, Suite € 91,–, inkl. Frühstück, alle Zi mit Bad/Du, WC, ☎, TV, Internetanschluss, Minibar und Klimaanlage, Restaurant, Argos Café, Sommergarten, Cankarjev trg 6, @, www.mantova.si, ☎ 00386 (0) 1/7 55 75 24, Fax 7 55 31 30.

㉒ SLO-1370 LOGATEC
A 1 ab Ausfahrt

GRC Zapolje ★★★★ 31 B, EZ € 45,– bis 57,–, DZ € 66,– bis 90,–, 4-Bett-Zi € 120,– bis 168,–, inkl. Frühstücksbuffet, HP/VP möglich, alle Zi mit Du, WC, Sat-TV, Klimaanlage und Kühlschrank, teils WLAN, Lift, Restaurant, Bar, Konferenzraum, Internet-Point, Fitnessraum, Sauna, Solarium, Schwimmbad, Fahrradverleih, 🍴 € 10,–, ♿ P, IOC Zapolje III/5, @, www.grc-zapolje.si, ☎ 00386 (0) 1/7 59 11 70, Fax 7 59 11 71.

㉓ SLO-1381 RAKEK-RAKOV SKOCJAN
ab Ausfahrt Unec 6 km

Hotel Rakov Skocjan ★★★ absolut ruhige Lage im Naturschutzgebiet, 30 B, EZ ab € 45,–, DZ ab € 76,–, inkl. Frühstück, alle Zi mit Du, WC, TV und Internet, Spezialitätenrestaurant, Rakov Skocjan 1, @, www.h-rakovskocjan.com, ☎ 00386 (0) 1/7 09 74 70, Fax 7 09 74 71.

㉔ SLO-6230 POSTOJNA A 1 ab Ausfahrt Postojna ca. 2 km

Aparthotel Epicenter ★★★ neu erbaut, ruhig gelegen im Gewerbegebiet, 104 B, EZ € 55,–, DZ € 70,–, inkl. Frühstücksbuffet, alle Zi mit Du, WC, Kabel-TV, kostenfreiem Internet, Safe und Klimaanlage, Restaurant, Sommerbar, Terrasse, Bowlingbahn, Spielplatz, Sportanlagen, P, Kazarje 10, @, www.epicenter-on.net, ☎ 00386 (0) 5/7 00 22 00, Fax 7 00 22 44.

㉕ SLO-5000 NOVA GORICA

HIT Hotel Casino Perla ★★★★ 217 B, EZ € 88,50,– bis 169,–, DZ € 120,– bis 225,–, inkl. Frühstücksbuffet, alle Zi mit Du, WC, ☎ und Sat-TV, Restaurant, Bar, Casino, 🖥, 🚌, ♿ P, Kidričeva 7, @, www.hit.si, ☎ 00386 (0) 5/3 36 30 00, Fax 3 02 88 86.

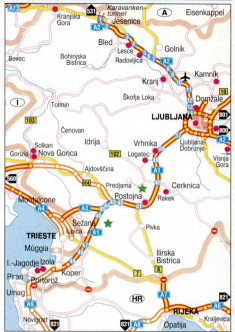

㉖ SLO-5000 NOVA GORICA

Hotel Park ★★★★ 82 Zi, EZ € 80,– bis 132,–, DZ € 116,– bis 198,–, Appartement € 120,– bis 204,50, inkl. Frühstück, alle Zi mit Du, WC, Fön, TV, Minibar und Klimaanlage, teils Balkon, Restaurants, Bars, Konferenzraum, Internet, 🍴 € 13,–, P, Delpinova 5, hotel.park@hit.si, www.hit.si, ☎ 00386 (0) 5/3 36 20 00, Fax 3 02 23 81.

㉗ SLO-5250 SOLKAN

Hotel Sabotin ★★★ 124 B, EZ € 50,– bis 81,–, DZ € 76,– bis 118,–, inkl. Frühstücksbuffet, alle Zi mit Du, WC, ☎ und Sat-TV, Restaurant, Kasino, 🚌, ♿ P, Cesta IX. korpusa 35, hotel.sabotin@hit.si, www.hit.si, ☎ 00386 (0) 5/3 36 50 00, Fax 3 65 51 50.

㉘ SLO-6310 IZOLA
→ Piran

Hotel Belvedere ★★★ ruhige Aussichtslage, 260 B, EZ € 51,– bis 101,–, DZ € 70,– bis 134,–, inkl. Frühstücksbuffet, alle Zi mit Du, WC, ☎, Sat-TV und Klimaanlage, Restaurant mit Terrasse, Badeanlage, 🍴, 🚌, P, Veliki trg 11, belvedere@belvedere.si, www.belvedere.si, ☎ 00386 (0) 5/6 60 51 00, Fax 6 60 51 82.

㉙ SLO-6310 IZOLA-JAGODJE
ab Ausfahrt Koper → Portoroz

Hotel Keltika ★★★ 41 B, EZ ab € 36,–, DZ ab € 48,–, inkl. Frühstücksbuffet, alle Zi mit Du, WC, Fön, Sat-TV, kostenfreiem WLAN und Klimaanlage, P, Cesta v Jagodje 1, info@keltika.si, www.keltika.si, ☎ 00386 (0) 5/6 41 97 77, Fax 6 41 97 76.

㉕ VIELFALT GENIESSEN

Besuchen Sie Slowenien! Die Landschaft dieses kleinen Landes erstrahlt in vielen bunten Farben. Nova Gorica grenzt direkt an Italien. Besichtigen Sie die berühmte Weinstraße oder nutzen Sie die Umgebung für sportliche Aktivitäten. Kranjska Gora liegt idyllisch am Fuße der Julischen Alpen, ideal zum Skifahren und Wandern.

Informationen und Prospekte:
HIT d.d., Delpinova 7 a,
SLO-5000 Nova Gorica, www.hit.si.

Reisen nach Kroatien

Einreise

Zur Einreise werden benötigt: Ein gültiger Reisepass oder ein anderes zwischenstaatlich anerkanntes Dokument, Führerschein, Fahrzeugschein und die grüne Versicherungskarte. Das Mitführen und Tragen von Warnwesten ist Pflicht (noch kein Bußgeld bei Zuwiderhandlung). Ausländer müssen sich innerhalb 24 Stunden nach Einreise bei der örtlichen Polizei registrieren lassen.

Währung

1 HRK (Kuna) = 100 Lipa
1 € = 7,21 HRK
(Stand Oktober 2009)

Besondere Verkehrsbestimmungen

Es besteht Anschnallpflicht. Während eines Überholvorgangs muss der Blinker ständig eingeschaltet bleiben. Die Alkoholpromillegrenze liegt bei 0,0. Autofahrer müssen ganzjährig und tagsüber mit Abblendlicht fahren. Manche Autobahnen sind gebührenpflichtig.

Höchstgeschwindigkeiten

Innerorts 50 km/h, außerorts 90 km/h, Schnellstraßen 110 km/h und Autobahn 130 km/h (bei Führerscheinbesitz über 2 Jahren). Gespanne 80 km/h.

Pannenhilfe

Polizei Tel. 92, Unfallrettung/Notarzt Tel. 94 (in den Mobilfunknetzen Tel. 112), Automobilklub HAK Tel. 987.

Telefonieren

Internationale Ländervorwahl nach Kroatien: 00 385.

Kontakt: Croatian National Tourist Board, Iblerov trg 10/IV, HR-10000 Zagreb, info@htz.hr, www.croatia.hr, Tel. 00 385 (0)1/4 69 93 33, Fax 4 55 78 27
Vertretung in Deutschland: Kroatische Zentrale für Tourismus, Kaiserstr. 23, D-60311 Frankfurt, info@visitkroatien.com, www.croatia.hr, Tel. 00 49 (0)69/2 38 53 50, Fax 23 85 35 20

❶ HR-10340 **VRBOVEC**
A 4 ab Ausfahrt Sveta Helena 12 km, Schnellstraße → Vrbovec
Hotel Bunči ★★★ 140 B, EZ € 21,–, DZ € 39,–, 3-Bett-Zi € 48,–, 4-Bett-Zi € 62,–, Frühstück € 6,–, alle Zi mit Du, WC, Fön, Sat-TV und Klimaanlage, Restaurant, Festsaal, große überdachte Terrasse, Außengrill, Garten, Spielplatz, P, Zagrebačka 4, www.buncic.hr, ☏ 00385 (0) 1/2 72 05 70, Fax 2 72 05 71.

❷ HR-44000 **SISAK** E 70 ab Ausfahrt 8 → Sisak
Hotel Panonija ★★★ 113 B, EZ € 61,– bis 70,80, DZ € 94,50, Mehrbett-Zi, Appartements, inkl. Frühstück, alle Zi mit Du, WC, Fön, ☏, Sat-TV, WLAN und Klimaanlage, excellente Küche, Veranstaltungsräume, Friseur, P, Restaurant 12-23 Uhr, I. K. Sakcinskog 21, @, www.hotel-panonija.hr, ☏ 00385 (0) 44/51 56 00, Fax 51 56 01.

❸ HR-44000 **SISAK** E 70 ab Ausfahrt 8 → Sisak
Hotel „i" ★★★ 34 B, EZ € 46,–, DZ € 62,–, 3-Bett-Zi € 85,50, Suite € 90,–, inkl. Frühstück, alle Zi mit Du, WC, Sat-TV und Klimaanlage, teils ☏ und Minibar, Gaststätte, Internet, gesicherter P, Nikole Tesle 8, @, www.hotel-i-sisak.hr, ☏ 00385 (0) 44/52 72 70, Fax 52 72 78.

❹ HR-44320 **KUTINA** A 3 ab Ausfahrt Kutina ca. 2 km → Kutina
Hotel Kutina ★★★ 106 B, EZ € 33,– bis 43,–, DZ € 55,– bis 74,50, inkl. Frühstücksbuffet, alle Zi mit Du, WC, Sat-TV, Minibar und Klimaanlage, Spezialitäten-Restaurant, Bar, P, Dubrovačka 4, @, www.hotel-kutina.hr, ☏ 00385 (0) 44/69 24 00, Fax 69 24 11.

❺ HR-35400 **NOVA GRADIŠKA**
E 70 ab Cvor Nova → Našice → D 51
Hotel Kralj Tomislav ★★★ im Stadtzentrum, 54 B, EZ € 37,65 bis 57,18, DZ € 62,06 bis 71,12, 3-Bett-Zi € 93,44, Appartements, Suiten, inkl. Frühstück, alle Zi mit Du, WC und Klimaanlage, Restaurant „Kruna", ☏, ☎, P, ganzjährig geöffnet, Trg kralja Tomislava 3, @, www.hotel-kralj-tomislav.hr, ☏ 00385 (0) 35/36 27 22, Fax 36 27 20.

❻ HR-35400 **NOVA GRADIŠKA** E 70 ab Ausfahrt 12
Hotel Slaven ★★ 58 B, EZ € 25,– bis 27,50, DZ € 40,–, 3-Bett-Zi € 60,–, Appartement € 74,50, inkl. Frühstück, alle Zi mit Du, WC, ☏ und Sat-TV, internationale Küche und heimische Spezialitäten, ☎, ♿, P, Autocesta, @, www.son-ugo-cor.com, ☏ 00385 (0) 35/35 12 87, Fax 36 13 96.

❼ HR-35253 **BRODSKI STUPNIK**
A 3 ab Ausfahrt Lužani ca. 7 km → Onovac → Lovcici
Hotel Vinarija Zdjelarevic ★★★ ruhige Lage direkt in den Weinbergen, 30 B, EZ € 63,–, DZ € 100,–, inkl. Frühstück, alle Zi mit Du, WC, Sat-TV, Minibar und Allergikerbettwäsche, Restaurant, Terrasse, Weinkeller, P, Vinogradska 102, @, www.zdjelarevic.hr, ☏ 00385 (0) 35/42 77 75, Fax 42 70 40.

❽ HR-35252 **GROMAČNIK**
Hotel Zovko Slavonski Brod ★★★★ am Stadtrand gelegen, 26 Zi, EZ € 53,25, DZ € 70,50, inkl. Frühstück, alle Zi mit Du, WC, ☏, interaktivem TV-System, kostenfreiem WLAN, Minibar, Safe und Klimaanlage, Restaurant, nationale und internationale Küche, Konferenzmöglichkeit, Sauna, Solarium, Fitnesszentrum, Autovermietung, Wechselstube, Wasch- und Bügelservice, ☎, ♿, G, bewachter P, Gromačnik bb, @, www.hoteli-zovko.com, ☏ 00385 (0) 35/21 01 00, Fax 21 01 02.

❾ HR-35000 **SLAVONSKI BROD** E 70 ab Cvor Slavonski Brod-Istok
Hotel Savus ★★★★ 11 Zi, 2 Appartements, EZ € 89,50, DZ € 114,–, inkl. Frühstück, HP, VP möglich, alle Zi mit Du, WC, Fön, Kabel-TV, Internet, Minibar und Safe, Lift, Restaurant, Konferenzraum, Bar, ☎, ✈, ♿, Rezeption 24 Stunden geöffnet, Dr. Ante Starčevića 2 a, @, www.savus-hotel.com, ☏ 00385 (0) 35/40 58 88, Fax 40 58 80.

❿ HR-35000 **SLAVONSKI BROD**
Hotel Central ★★★ zentrale Lage, 17 Zi, EZ € 59,– bis 68,–, DZ € 94,–, Luxus-Zi bis 2 Personen € 107,– bis 121,–, inkl. Frühstücksbuffet, alle Zi mit Du, WC, ☏, LCD-TV, kostenfreiem Internet, Minibar und Safe, Restaurant, internationale und original slawonische Küche, vegetarische Menüs, Café, ♿, kostenfreier P, Ulica Petra Krešimira IV 45, @, www.hotelcentralsb.hr, ☏ 00385 (0) 35/49 20 30, Fax 49 20 49.

⓫ HR-35220 **KRUŠEVICA**
A 3 ab Ausfahrt 17 Velika Kopanica ca. 9 km E 73 → Kruševica
Motel Hannover ★★ ruhig gelegen, 20 B, EZ € 28,–, DZ € 49,–, inkl. Frühstück, alle Zi mit Du, WC, Fön und TV, Restaurant, Terrasse, P, J. J. Strossmayera bb, @, ☏ 00385 (0) 35/47 35 57.

⓬ HR-33404 **ŠPIŠIĆBUKOVICA**
Hotel Mozart ★★★ idyllische Lage, 27 B, EZ € 65,–, DZ € 80,–, Appartement € 150,–, inkl. Frühstück, alle Zi mit Du, WC, ☏, TV und Minibar, teils Jacuzzi, Internet, Balkon, Restaurant mit 80 Plätzen, „Grüner Salon" mit 16 Plätzen, Konferenzmöglichkeit, Terrasse, Weinkeller, finnische Sauna, Solarium, Jacuzzi, Hydro-Massage, Tennis, Angeln, Reiten, Jagd, bewachter P, Kinkovo bb, @, www.hotelmozart.hr, ☏ 00385 (0) 33/80 10 00, Fax 80 10 16.

⓭ HR-31550 **VALPOVO** E 70 ab Cvor Slawonski Brod-Istok → D 53 → Čaglin → Našice, D 2 → Koška
Hotel Villa Valpovo ★★★ 29 Zi, EZ € 48,– bis 53,–, DZ € 64,– bis 70,–, Appartement € 96,– bis 192,– pro Person, inkl. reichhaltigem Frühstück, alle Zi mit Bad oder Du, WC, Fön, TV, Internet, Minibar und Klimaanlage, Restaurant mit Wintergarten, Terrasse, ☎, P, Bana J. Jelači a 1, @, www.villa-valpovo.hr, ☏ 00385 (0) 31/65 19 60, Fax 65 47 60.

⓮ HR-31000 **OSIJEK** E 70 ab Ausfahrt 17 → E 73 → Osijek
Hotel Central ★★★ im Zentrum, EZ € 56,50 bis 61,50, DZ € 87,–, inkl. Frühstücksbuffet, HP und VP möglich, alle Zi mit Du, WC, ☏, Sat-TV, Internet und Minibar, Kaffeehaus, Solarium, Friseur, Fahrradverleih, ☎, ✈ auf Anfrage, überwachter P, Trg A. Starčevića 6, @, www.hotel-central-os.hr, ☏ 00385 (0) 31/28 33 99, Fax 28 38 91.

⓯ HR-32000 **VUKOVAR**
Hotel Lav Vukovar ★★★★ 42 Zi, EZ € 81,– bis 86,–, DZ € 124,– bis 134,–, 3-Bett-Zi € 145,– bis 159,–, Suite € 124,– bis 218,–, inkl. Frühstück, Gruppenpreise, VP möglich, alle Zi mit Bad, WC, Fön, TV und komfortabler Möblierung, Restaurant, Café, Kongresszentrum, Sommerterrasse, Grill, WLAN, Autovermietung, Wasch- und Bügelservice, ☎, ☎, bewachter P, J. J. Strossmayera 17, @, www.hotel-lav.hr, ☏ 00385 (0) 32/44 51 00, Fax 44 51 10.

NEBENBEI BEMERKT:

Wenn Unterschiede bereichern, ist Kroatien ein reiches Land. Es vereint auf kleinem Raum sonniges Mittelmeergebiet, Voralpengebirge und Pannonische Tiefebene. Mittelkroatien bietet Burgen, Festungen und Schlösser, Slawonien hochwertige Weine; Zagreb und Karlovac sind besonders sehenswerte Städte.

Kroatien ist das „Land der tausend Inseln", jedoch sind von den 1.185 kroatischen Inseln lediglich 67 bewohnt! Aus dem hochwertigen Marmor der Insel Brac wurden unter anderem der Berliner Reichstag und das Weiße Haus in Washington gefertigt. Naturschönheiten gibt es überall in Kroatien, aber besonders zählen Krk, Rab, Cres, Hvar, Brac, Dugi otoc und Losinj dazu.

Auf den vielen autofreien und unbewohnten Inseln kann man Natur pur genauso erleben wie in den zahlreichen Natur- und Nationalparks. Besonders nah ist man ihr im Naturpark Plitwitzer Seen, wo 16 smaragdgrüne Seen durch Wasserfälle miteinander verbunden sind.

1 HR-10430 **SAMOBOR**
A 3 ab Ausfahrt Bregana ca. 4 km → Samobor
Garni Hotel Samobor ★★ ruhige Lage, 29 B, EZ € 35,–, inkl.
Frühstücksbuffet, alle Zi mit Du, WC und TV, Restaurant, Terrasse, Tennisplatz, 20 km bis Zagreb, Josipa Jelacica 30, @, www.hotel-samobor.hr,
☎ 00385 (0) 1/3 36 69 70, Fax 3 36 69 71.

2 HR-42204 **TURČIN**
A 4/E 71 ab Ausfahrt Varazdin 1 km → Varaždinbreg/Zagreb
Hotel LaGus ★★★ 60 B, EZ € 57,– bis 63,50, DZ € 76,– bis 82,50, inkl.
Frühstück, alle Zi mit Du, WC, ☎ und Sat-TV, Restaurant, Terrasse, ☞, P,
Varaždinbreg, info@hotel-lagus.hr, www.hotel-lagus.hr, ☎ 00385 (0) 42/65 29 40,
Fax 65 29 44.

3 HR-10380 **SVETI IVAN ZELINA**
A 4 ab Ausfahrt → Komin 1 km → Zagreb/Sveti Ivan Zelina
Sobe Milenij ★★★ direkt an der Weinstraße, 24 B, EZ € 32,–, DZ € 36,–, inkl.
Frühstück, alle Zi mit Du, WC, Fön und Sat-TV, Restaurant, Terrasse, Spielplatz,
P, Filipovici pp, ☎ 00385 (0) 1/2 06 77 13, 00385 (0) 98/5 25 113.

4 HR-47000 **KARLOVAC** A 1 ab Ausfahrt Karlovac ca. 1 km
Hotel Europa Karlovac ★★★ 52 B, EZ € 73,– bis 104,–, DZ € 92,– bis 113,–,
inkl. Frühstücksbuffet, alle Zi mit Du, WC und TV, Restaurant, Sauna, Solarium,
bewachter P, Banija 161, @, www.hotel-europa.com.hr, ☎ 00385 (0) 47/60 96 66,
Fax 60 96 67.

5 HR-47303 **JOSIPDOL** A 1 ab Ausfahrt 7 Ogulin
Hotel Josipdol ★★ 150 B, EZ HRK 224,–, DZ HRK 324,–, inkl. Frühstück, alle
Zi mit Du, WC, ☎, TV und Internet, Restaurant, Bar, Café, Pizzeria, Tagungen,
Terrasse, Sportanlagen, ☞, ⛾, Karlovačka 4, @, www.hotel-josipdol.hr,
☎ 00385 (0) 47/58 17 66, Fax 58 17 69.

6 HR-53230 **KORENICA** E 71/A 1 ab Ausfahrt
Hotel Macola ★★★ 189 B, EZ € 37,– bis 52,–, DZ € 51,– bis 74,–, inkl. Frühstück, alle Zi mit Du, WC, ☎, Sat-TV und Minibar, Restaurant, Seminarräume,
Sauna, Solarium, Trg Sv. Jurja bb, @, www.macola.hr, ☎ 00385 (0) 53/77 62 28,
Fax 75 63 12.

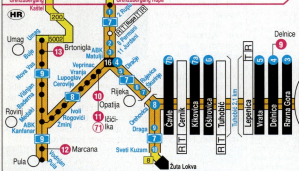

7 HR-53287 **JABLANAC**
ab E 65
Hotel Ablana ★★★ direkt am Meer, 22 Zi, 1 Appartement, EZ + DZ € 45,– bis
90,–, inkl. Frühstück, alle Zi mit Du, WC, ☎, Sat-TV und Internet, Restaurant, Aperitifbar, Bankettsaal, ☞, G, P, Obala B. S. Šubi a 1, @, www.00385 (0) 53/88 72 16,
Fax 88 72 17.

8 HR-53000 **GOSPIĆ**
A 1 ab Ausfahrt → Zentrum Gospić
Hotel Ante ★★★ modernes Hotel in ruhiger Zentrumslage (Seitenstraße), 49 B, EZ
€ 34,–, DZ € 55,–, 3-Bett-Zi € 71,–, inkl. Frühstück, moderne Zi mit Du, WC, Fön,
☎ und Sat-TV, Restaurant mit landestypischen Spezialitäten, großes Sportangebot, spezialisiert auf Jagd (Bären), kurze Fußwege zum Zentrum, Jasikovačka 11,
@, ☎ 00385 (0) 53/57 05 70, Fax 57 05 15.

9 HR-51300 **DELNICE**
A 6 ab Ausfahrt Delnice ca. 5 km
Hotel Risnjak ★★★ gepflegtes Hotel in ruhige Lage am Zentrum, 51 B, EZ
€ 50,–, DZ € 83,–, inkl. Frühstück, moderne Zi mit Du, WC, Fön, ☎ und Sat-TV, Restaurant, Café, Konferenzraum, Fitness, Wellness, P, Lujzinska cesta 36, @,
www.hotel-risnjak.hr, ☎ 00385 (0) 51/50 81 60, Fax 50 81 70.

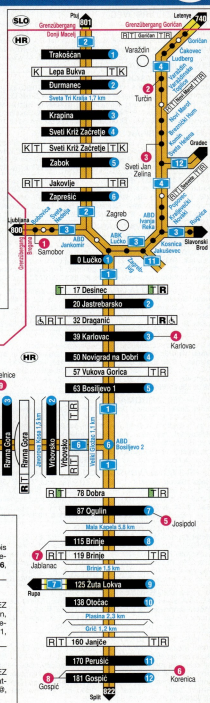

⑩ HR-51410 **OPATIJA**
E 751 ab Ausfahrt

Hotel Opatija ★★ zentral, von einem Park umgeben, 215 Zi, EZ € 38,– bis 58,–, DZ € 46,– bis 86,–, ohne Frühstück, alle Zi mit Bad/Du, WC, ☎ und Sat-TV, teils Klimaanlage, Restaurant, Seminarräume bis 200 Personen, Bar, Terrasse mit Meerblick, P, Gortanov trg 2/1, @, www.hotel-opatija.hr, ☎ 00385 (0) 51/27 13 88, Fax 27 13 17.

⑪ HR-51414 **IČIĆI-IKA**
E 751 ab Ausfahrt

Hotel-Restaurant Ika ★★★ 45 B, EZ € 41,– bis 66,–, DZ € 62,– bis 112,–, inkl. Frühstück, alle Zi mit Bad/Du, WC, ☎ und Sat-TV, teils Minibar und Klimaanlage, Restaurant, klassische Küche, Fischspezialitäten, Terrasse direkt am Meer, 🛏, Primorska 16, @, www.hotel-ika.hr, ☎ 00385 (0) 51/29 17 77, Fax 29 20 44.

⑫ HR-52206 **MARCANA**
E 751 Vodnjan → Barban 6 km

Agroturizam Stancija Negricani ★★★ historisches Landgut in ruhiger Lage, 22 B, Zi ab € 60,–, Familien-Zi, großes Frühstück 8,–, alle Zi mit Du, WC und Klimaanlage, Restaurant mit regionalen Produkten, Garten, Pool, 🛏, @, www.stancijanegricani.com, ☎ 00384 (0) 52/39 10 84, 00385 (0) 91/1 39 10 22, Fax 58 08 40.

⑬ HR-52474 **BRTONIGLA**
A 9 ab Ausfahrt Buje 8 km → Buje

Hotel San Rocco ★★★★ ruhige Lage in den Hügeln oberhalb der Adria, 24 B, EZ ab € 77,–, DZ ab € 119,–, inkl. Frühstück, alle Zi mit Du, WC, Fön, ☎, Sat-TV, WLAN und Minibar, Spezialitäten-Restaurant, eigene Weine, Vinothek, Terrasse, Swimmingpool (innen und außen), Srednja ulica 2, @, www.san-rocco.hr, ☎ 00385 (0) 52/72 50 00, Fax 72 50 26.

㉛ **NOCH EIN GEHEIMTIPP!**

A 8 ab Ausfahrt Veprinac 6 km → Lovran

Kleiner Fischhandel und Restaurant mit täglich frischem Fang. Fischauswahl direkt aus dem Verkaufstresen. Zwei ältere Damen kümmern sich um die individuelle, gute Auswahl an Salaten und Antipasti sowie Getränken. Ca. 20 Sitzplätze, geöffnet 7-21 Uhr.

Informationen und Kontakt:
Fischhandel Zlatna Mreza, Primorska 17,
HR-51414 Icici-Ika, ☎ 00385 (0) 51/29 30 99.

⑪ **Hotel-Restaurant Ika, Ičići-Ika**

⑫ **Agroturizam Stancija Negricani, Marcana**

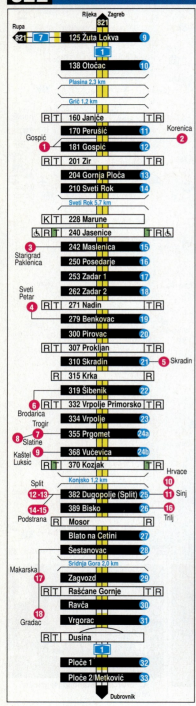

Rijeka   Zagreb

Rupa
821

		821	7	125 Žuta Lokva	9
			1	
			138 Otočac	10
		Plasina 2,3 km	
		Grić 1,2 km	
R	T	160 Janjče	T R
		170 Perušić	11
		181 Gospić	12
R	T	201 Zir	T R
		204 Gornja Ploča	13
		210 Sveti Rok	14
		Sveti Rok 5,7 km	
K	T	228 Marune	
	R	T	240 Jasenice	T R
		242 Maslenica	15
		250 Posedarje	16
		253 Zadar 1	17
		262 Zadar 2	18
R	T	271 Nadin	T R
		279 Benkovac	19
		300 Pirovac	20
R	T	307 Proklijan	T R
		310 Skradin	21
	R	315 Krka	R
		319 Šibenik	22
	R	T	332 Vrpolje Primorsko	T R
		334 Vrpolje	23
		355 Prgomet	24a
		368 Vučevica	24b
R	T	370 Kozjak	T R
		Konjsko 1,2 km	
		382 Dugopolje (Split)	25
		389 Bisko	26
	R	Mosor	R
		Blato na Cetini	27
		Šestanovac	28
		Sridnja Gora 2,0 km	
		Zagvozd	29
R	T	Rašćane Gornje	T R
		Ravča	30
		Vrgorac	31
	R	T	Dusina	T R
			1	
		Ploče 1	32
		Ploče 2/Metković	33

Gospić **1**

Korenica **2**

Sveti Petar **4**

Starigrad Paklenica **3**

Brodarica **6**
Trogir **7**
Slatine **8**
Kaštel Luksic **9**

Skradin **5**

Split
Hrvace **10**
Sinj **11**
Trilj **16**

Podstrana
Makarska **17**
Gradac **18**

12-13, 14-15

Dubrovnik

---

1 HR-53000 **GOSPIĆ**
A 1 ab Ausfahrt → Zentrum Gospić
Hotel Ante ★★★ modernes Hotel in ruhiger Zentrumslage (Seitenstraße), 49 B, EZ € 34,–, DZ € 55,–, 3-Bett-Zi € 71,–, inkl. Frühstück, moderne Zi mit Du, WC, Fön, ☏ und Sat-TV, Restaurant mit landestypischen Spezialitäten, großes Sportangebot, spezialisiert auf Jagd (Bären), kurze Fußwege zum Zentrum, Jasikovačka 11, @, ☏ 00385 (0) 53/57 05 70, Fax 57 05 15.

2 HR-53230 **KORENICA**
E 71/A 1 ab Ausfahrt
Hotel Macola ★★★ 189 B, EZ € 37,– bis 52,–, DZ € 51,– bis 74,–, inkl. Frühstück, alle Zi mit Du, WC, ☏, Sat-TV und Minibar, Restaurant, Seminarräume, Sauna, Solarium, Trg Sv. Jurja bb, @, www.macola.hr, ☏ 00385 (0) 53/77 62 28, Fax 75 63 12.

3 HR-23244 **STARIGRAD-PAKLENICA**
A 1 ab Ausfahrt 15 Maslenica 11 km → Rijeka
Hotel Villa Vicko ★★★★ direkt am Meer, 89 B, EZ € 42,–, DZ € 56,–, inkl. Frühstücksbuffet, alle Zi mit Du, WC, Sat-TV, gratis WLAN, Safe, Klimaanlage und Minibar, Restaurant, Terrasse, Bar, bewachter P gratis, Jose Dokoze 20, www.hotel-vicko.hr, ☏ 00385 (0) 23/36 93 04, Fax 36 93 04.

4 HR-23207 **SVETI PETAR** A 1 ab Ausfahrt 19 Benkovac → Obilaznica
Hotel Mare Nostrum ★★★ ruhige Lage an der Küste, 14 Zi, EZ € 35,– bis 64,–, DZ € 46,– bis 86,–, inkl. Frühstück, HP, alle Zi mit Bad/Du, WC, ☏, Sat-TV, Klimaanlage und Meerblick, dalmatinische Spezialitäten, Terrasse, @, www.marenostrum-hr.com, ☏ 00385 (0) 23/39 14 20, Fax 39 14 21.

5 HR-22222 **SKRADIN** A 1 ab Ausfahrt 21 Skradin
Hotel Skradinski buk ★★★ 50 B, EZ € 36,– bis 57,–, DZ € 56,– bis 89,–, inkl. Frühstück, alle Zi mit Du, WC, ☏, Sat-TV, Internet, Minibar, Klimaanlage und Balkon, Restaurant, Terrasse, Radfahren, Rudern, Kajakfahren, ☏, P, ganzjährig geöffnet, Burinovac bb, @, www.skradinskibuk.hr, ☏ 00385 (0) 22/77 17 71, Fax 77 17 70.

6 HR-22010 **BRODARICA** A 1 ab Ausfahrt Šibenik 11 km → Primosten/Split
Hotel Zlatna Ribica ★★★ ruhige Lage direkt am Meer, 57 B, EZ € 35,– bis 44,–, DZ € 50,– bis 60,–, Saisonpreise, inkl. Frühstück, alle Zi mit Du, WC, Fön, ☏, Sat-TV WLAN, Minibar und Klimaanalge, teils Balkon, Restaurant mit Fischspezialitäten, Konferenzraum, Terrasse, Fitnessraum, Ausflüge, Bootsverleih, Schiffstouren, Weingut mit Weinkeller, @, www.zlatna-ribica.hr, ☏ 00385 (0) 22/35 06 95, Fax 35 18 77.

7 HR-21210 **TROGIR** A 1 ab Ausfahrt 24 Prgomet
Hotel Pašike ★★★ im Zentrum, 7 Zi, EZ € 53,– bis 89,50, DZ € 67,50 bis 110,–, inkl. Frühstück, alle Zi mit Du, WC, ☏, Sat-TV, Internet, Minibar, Safe und Klimaanlage, VP, HP, Restaurant, ☏, Sinjska bb, @, www.hotelpasike.com, ☏ 00385 (0) 21/88 51 85, Fax 79 77 29.

8 HR-21224 **SLATINE** A 1 ab Ausfahrt 23 Vrpolje
Hotel Vila Tina ★★★ idyllische Umgebung, 20 Zi, EZ € 40,– bis 76,–, DZ € 60,– bis 119,–, inkl. Frühstück, alle Zi mit Du, WC, Fön, ☏, TV, Minibar und Klimaanlage, teils Meerblick, Restaurant, Terrasse, Grillplatz, P, Arbanija, @, www.vila-tina.hr, ☏ 00385 (0) 21/88 80 01, Fax 88 83 05.

9 HR-21215 **KAŠTEL LUKSIC**
A 1 ab Ausfahrt 26 Dugopolje (Split) 17 km → Split → Trogir
Hotel Villa Zarko ★★★ ruhig, direkt am Meer gelegen, 44 B, EZ € 54,–, DZ € 79,–, 3-Bett-Zi € 113,–, 4-Bett-Zi € 142,–, inkl. Frühstück, moderne Zi mit Du, WC, Fön, ☏, Sat-TV, Minibar, Klimaanlage und Balkon, Restaurant mit Fischspezialitäten, Bar, Konferenzraum, Terrasse, Bootsverleih, Schiffstouren, Ausflüge, Ob. Kralja Tomislava 7 a, @, www.villa-zarko.com, ☏ 00385 (0) 21/22 81 60, Fax 22 81 41.

3 Hotel Villa Vicko, Starigrad-Paklenica

10 HR-21233 **HRVACE**
ab Ausfahrt → Split → Senj → Hrvace ca. 25 km
Motel Jankovic ★★★ 13 B, EZ € 35,–, DZ € 55,–, inkl. Frühstück, moderne Zi mit Du, WC, Fön, ☏ und Sat-TV, Restaurant, P, An der E 71, ☎ 00385 (0) 21/82 93 61, 00385 (0) 91/5 53 17 55 (Mobil), Fax 00385 (0) 21/82 93 61.

11 HR-21230 **SINJ** E 71/A 1 ab Ausfahrt
Hotel Alkar ★★★ 89 B, EZ € 39,50, DZ € 58,–, 3-Bett-Zi € 74,50, inkl. Frühstück, alle Zi mit Du, WC, Fön, ☏ und Sat-TV, Lift, Restaurant, Konferenzraum, Terrasse, Internet, 🍴, P, Vrlička 50, @, www.hotel-alkar.hr, ☎ 00385 (0) 21/82 47 47, Fax 82 45 05.

12 HR-21000 **SPLIT** E 71/A 1 ab Ausfahrt
Hotel Dujam ★★ 66 B, EZ € 55,– bis 67,50, DZ € 69,– bis 91,–, Appartement € 82,50 bis 117,–, inkl. Frühstück, alle Zi mit Du, WC, ☏, Sat-TV und Internet, Lift, klimatisiertes Restaurant, Konferenzräume, 🛏, Velebitska 27, @, www.hoteldujam.com, ☎ 00385 (0) 21/5 38 0 25, Fax 53 72 58.
Unter gleicher Leitung:

13 HR-21000 **SPLIT**
Omladinski Hostel ★★ 76 B, Zi ab € 15,– bis 18,– pro Person, Frühstück € 5,– pro Person, Velebitska 27, @, www.hoteldujam.com/eng-hostel.html, ☎ 00385 (0) 21/5 38 0 25, Fax 53 72 58.

14 HR-21312 **PODSTRANA**
A 1 ab Ausfahrt 25 Vučevica → Split
Pizzeria Pansion Mario ★★★ direkt am Strand, 32 B, EZ € 42,– bis 49,–, DZ € 56,– bis 63,–, 3-Bett-Zi € 69,50 bis 76,50, 4-Bett-Zi € 83,– bis 90,–, ohne Frühstück, alle Zi mit Du, WC, ☏, Sat-TV, Minibar und Klimaanlage, Restaurant, Terrasse, Sveti Martin 4, @, www.ppmario.hr, ☎ 00385 (0) 21/3 30 8 88, Fax 45 78 89.

15 HR-21312 **PODSTRANA**
A 1 ab Ausfahrt 26 Dugopolje (Split)
Gästehaus Perisic ★★★ am Strand, EZ € 22,– bis 32,50, DZ € 44,– bis 65,–, inkl. Frühstück, alle Zi mit Du, WC, Sat-TV und Balkon, Grljevacka 170, @, www.perisic.com, ☎ 00385 (0) 21/3 30 4 67.

16 HR-21240 **TRILJ** A 1 ab Ausfahrt Bisko → Trilj 10 km
Hotel Sv. Mihovil ★★★ gepflegtes Hotel in schöner Lage direkt am Fluss, 56 B, EZ € 38,–, DZ € 57,–, 3-Bett-Zi € 71,50, inkl. Frühstück, moderne Zi mit Bad, WC, Fön, ☏, Sat-TV, Internet und Minibar, Spezialitäten-Restaurant mit erstklassiger Küche, Café, Terrasse am Fluss, Konferenzraum, Fitnesszentrum, zahlreiche Sportmöglichkeiten wie Reiten, Mountainbiking, Trekking, Kanufahrten, Rafting, River riding und vieles mehr, Bana Jelacica ul. 8, @, www.svmihovil.com, ☎ 00385 (0) 21/83 17 90, Fax 83 17 70.

17 HR-21300 **MAKARSKA**
A 1 ab Ausfahrt Pisak 16 km → Makarska/Dubrovnik
Hotel Biokovo ★★★ an der Hafenpromenade gelegen, 120 B, EZ € 40,– bis 100,–, DZ € 80,– bis 180,–, Saisonpreise, inkl. großem Frühstücksbuffet, alle Zi mit Du, WC, Fön, ☏, Sat-TV, WLAN und Minibar, teils Balkon, Restaurant, Café mit Hausspezialitäten, Konferenzraum, Terrasse, Ausflüge, Flughafentransfer, @, www.hotelbiokovo.hr, ☎ 00385 (0) 21/61 52 44, Fax 61 50 81.

18 HR-21330 **GRADAC**
A 1 ab Ausfahrt Ploce 13 km → Makarska/Split
Boutique Hotel Marco Polo ★★★ The Best Boutique Hotel in Croatia for 2008, ruhige Lage direkt am Ufer der Adria, 48 B, EZ € 43,– bis 99,–, DZ € 62,– bis 142,–, Saisonpreise, inkl. großem Frühstücksbuffet, moderne Zi mit Du, WC, Fön, ☏, Sat-TV, WLAN, Minibar, Klimaanlage und Balkon, Spezialitäten-Restaurant mit dalmatinischer Küche, Konferenzraum, Terrasse, großer Wellnessbereich mit Fitnessgeräten, Sauna, Jacuzzi, Bootsverleih, Strandstühle, Insel-Transfer, Fischen, Surfing, Biking, Ausflüge, Obala 15, @, www.hotel-marcopolo.com, ☎ 00385 (0) 21/69 50 60, Fax 69 75 02.

Boutique Hotel Marco Polo, Gradac

🇩🇪 Zeichenerklärung

	Autobahn mit Ausfahrt und Raststätte (frei/mautpflichtig)
87 Montabaur ➊	Anschluss-Stelle mit Kilometerstein und Ausfahrt-Nummer
← Luze...um →	nur Ausfahrt/nur Einfahrt
88 Montabaur	Autobahnraststätte (mit Überführung)
ℝℝ	Raststätte mit/ohne Übernachtung
K ♿	Kiosk, Behinderten-WC
T A	Tankstelle, Autohof
◻◻◻	Autogas: LPG/CNG/LPG+CNG
ABK • ABD	Autobahn-Kreuz, -Dreieck
1,2	Nummer der Anschlusskarte
	Autobahn mit Ausfahrt und Ausfahrt-Nummer (fertig/im Bau)
	Autostraße (fertig/im Bau)
5 E20	Autobahn-, Europastraßen-Nummer
23	Bundesstraße mit Nummer
	Burg, Schloss
	Zoo, Freigehege, Vogelpark
★	Freizeitpark
◆	Messe
✈	internationaler Flughafen
A	Autobahn (z.B. A 1)
→	Richtung
★★★★★	Luxus- oder first-class-Hotel
★★★★	Hotel oder Gasthof mit sehr großem Komfort
★★★	Hotel oder Gasthof mit großem Komfort
★★	Hotel oder Gasthof mit gutbürgerlichem Komfort
★	Hotel oder Gasthof mit freundlich eingerichteten Zimmern zum Teil mit Dusche und WC
✫	Komfort-Plus
✕	Restaurant
⌂	Übernachtungshütte oder Campingplatz
🏠 - ★★★★	Pension, Gästehaus oder Jugendherberge mit unterschiedlichem Komfort
🅵 - FFFF	Ferienwohnung oder -haus mit unterschiedlichem Komfort
⛽	Tankstelle
B/Zi	Betten/Zimmer
EZ/DZ	Einzelzimmer/Doppelzimmer
VP/HP	Vollpension/Halbpension
Du/WC	Dusche/Toilette
☎	Telefon
🚌	auch an Reisegesellschaften interessiert
♿	behindertengerecht
G/P	Garage/Parkplatz
./.	Ruhetag
Mo/Di/Mi/	Montag/Dienstag/Mittwoch/
Do/Fr/Sa/So	Donnerstag/Freitag/Samstag/Sonntag
🐕 🐕	Tiere erlaubt/nicht erlaubt
💳 💳	Kreditkarten akzeptiert/nicht akzeptiert

Wichtige Informationen zur Benutzung von Links+Rechts der Autobahn

Jede größere Reise mit dem Auto bedeutet in unserer Zeit eine Fahrt über die Autobahn. Dabei fahren Sie oft an Sehenswürdigkeiten – Ausflugsstätten und vor allem an Hotels, Gasthöfen, Restaurants und preiswerten Tankstellen vorbei, die zwar nahe der Autobahn liegen, aber von Ihnen nicht bemerkt werden können.

Hier hilft Ihnen Links+Rechts der Autobahn mit Empfehlungen, Tipps und Hinweisen. Wichtigster Vorteil: Sie benötigen keinerlei Ortskenntnisse und erkennen doch „mit einem Blick" die vielen Möglichkeiten.

Links+Rechts der Autobahn erfasst die Autobahnen aller Länder, die auf der Titelseite mit Länderkennzeichen aufgeführt sind. Wir haben die Autobahnen in Teilabschnitte aufgeteilt. Um eine schnelle und gute Information zu erreichen, wurden von jedem Autobahnabschnitt zwei Karten erstellt, jeweils eine rein schematische Darstellung der Autobahn und nochmals der gleiche Abschnitt in der üblichen Landkartenform. In Ländern, in denen das Autobahnstreckennetz noch nicht geschlossen ist, hilft Ihnen eine Übersichtskarte in Landkartenform.

Die Karten auf den linken Seiten zeigen Ihnen, an welchen Autobahnausfahrten empfehlenswerte Hotels und Gasthöfe, preiswerte Tankstellen sowie Ausflugs- und Ferienziele liegen. Alle Autobahnausfahrten – Raststätten – Tankstellen und Kioske sind angegeben. Sie enthalten neben ihrem Namen den km-Stein und die Ausfahrt-Nummer 87 Montabaur ➊, an der sie liegen. Mit Hilfe dieser km-Angaben können Sie Entfernungen leicht und schnell ablesen.

Unter den weißen Zahlen in roten Punkten ➊ finden Sie Angaben über Hotels und Gasthöfe, bei einer Zapfsäule mit Zahl 🅱 finden Sie preisgünstige Tankstelle und bei den roten Zahlen in weißen Punkten ⑦⑧ sind Ausflugs- und Ferienziele aufgeführt. Die jeweils anschließenden Autobahnabschnitte werden Ihnen durch diese Nummern 1,2 angezeigt. Die Karten von Dänemark und Schweden enthalten neben Autobahnen Schnellstraßen mit Autobahncharakter ▬ und Fernverkehrsstraßen ▬.

Die Karten auf den rechten Seiten zeigen Ihnen auf einen Blick die genaue Lage der Orte mit einem empfehlenswerten Hotel, Gasthof oder Tankstelle und informieren Sie zusätzlich über Sehenswürdigkeiten und Ausflugsziele (Ortspunkt rot). Dabei haben wir uns bemüht, diese Karten trotz kleiner Maßstäbe möglichst übersichtlich zu gestalten.

D, CH, A	1 cm = 10 km
übrige Länder:	1 cm = 15 km

Eine große Hilfe für jeden Autobahn-Reisenden stellen die Autobahnnummern 1,2 dar. Sie sind auf allen wegweisenden Autobahnschildern angebracht und erleichtern Ihnen wesentlich die richtige Weiterfahrt an Autobahnkreuzen und -abzweigungen. Hierbei helfen Ihnen auch zusätzlich die Karten von Ballungsräumen auf den Seiten 12 + 13.

Zum Schluss ein wichtiger Hinweis: In den Ferienmonaten ist es sehr ratsam, rechtzeitig Zimmer schriftlich oder telefonisch zu bestellen. Wenn Sie spätestens bis Mittag das Hotel oder Gasthaus Ihrer Wahl anrufen, kann Ihnen unter Umständen am Abend viel Mühe und Enttäuschung erspart bleiben!

Und nun wünschen wir Ihnen eine gute Fahrt mit **Links+Rechts der Autobahn!**

Unter ***www.autobahn-guide.com*** finden Sie die E-Mail- oder Homepage-Adressen unserer Häuser, wenn in dieser Buchausgabe die Symbole @ oder 🖥 aufgeführt sind.

Important information for using Links+Rechts der Autobahn

Nowadays almost all long trips will entail the use of the motorway. When doing so points of interest and especially hotels, inns, closeby restaurants and inexpensive filling stations can easily be overlooked.

That's where Links+Rechts der Autobahn can help. It provides you with recommendations, tips and information. The important advantage: you don't have to be familiar with the region to find what you're looking for – it is here just at a glance.

Links+Rechts der Autobahn comprises the highways of all the countries found on the title page with the relevant country symbol. We have divided the motorways into sections. In order to offer quick and exact information, each section is shown in diagram form and then again as a conventional map. In countries not having an extensive motorway system you may find it helpful to consult the country map.

The maps on the pages to the left show you motorway exits and the location of recommended hotels, inns and inexpensive filling stations as well as points of interest. All motorway exits – including rest stops, filling stations and kiosks – are indicated. In addition to the name of the exit, the distance (in km) from the beginning of the motorway is given as well as the exit number 87 Montabaur ❶. The kilometer information will enable you to calculate distances quickly and easily.

Under the red circles containing white numbers ❶ you will find information about hotels and inns; in the red petrol pumps 🅶 you will find inexpensive filling stations, and at the white circles containing red numbers ⑦⑧ points of interest. The code number of the next succeeding map is indicated within a black arrow 1.2. In addition to motorways, the maps of Denmark and Sweden also show motorway-type roadways ▬▬ and major highways ▬▬.

The maps on the pages to the right show at a glance the exact location of places (marked in red) where either a recommended hotel, restaurant, filling station or point of interest is located. In spite of the small scale we have tried to keep the maps simple for clarity.

D, CH, A   1 cm = 10 km
all other countries: 1 cm = 15 km

Along the motorway, you will find that route numbers can be 1 very helpful. They are shown on all directional signs along the motorway and show the way to motorway junctions, etc. You will also find additional maps of some of the major German cities on pages 12 + 13.

Finally one important tip: During holiday times it is highly advisable to reserve rooms in advance – either by phone or letter. If you will call the hotel or inn of your choice before noon, you may save yourself much trouble and disappointment later that same evening!

And now we wish you a pleasant journey with
Links+Rechts der Autobahn!

	Motorway, showing exit and rest stops (free/toll road)
87 Montabaur ❶	Motorway exit (with distance in km and exit number)
← Luz...um →	exit only/entrance only
88 Montabaur	Motorway rest stop (with pedestrian crossover)
Ⓡ R	Inn offering/without overnight accomodations
Ⓚ L	Kiosk/WC – for the disabled
Ⓣ A	Filling station, Truck Stop
▢▢▢	liquefied petroleum gas: LPG / CNG / LPG + CNG
ABK • ABD	Motorway clover leaf/junction
1.2	Number of the next succeeding section map
②	Motorway, showing exit an exit number (existing/under construction)
	Highway (existing/under construction)
5 E20	Motorway/European route number
23	National route with number
♜	Castle, palace
🦌	Zoo, bird sanctuary
★	Leisure park
◆	Fair
✈	International airport
A	Motorway (e.g. A 1)
→	Direction
★★★★★	Luxury hotel
★★★★	First class hotel or inn
★★★	Very comfortable hotel or inn
★★	Hotel or inn with good comfort
★	Hotel or inn with adequate comfort
⚝	Comfort-plus
✕	Restaurant
⌂	Sleeping cottage or camping ground
Ⓟ - ★★★★	Pension, guest house or youth hostel with variable comfort
Ⓕ - FFFF	Holiday flat or house with variable comfort
⛽	Filling station
B/Zi	Beds/Room
EZ/DZ	Single room/Double room
VP/HP	Full board/Half board
Du/WC	Shower/Toilet
☎	Telephone
🚌	Groups welcome
♿	Suited for the disabled
G/P	Garage/Parking lot
./.	Closed
Mo/Di/Mi/	Monday/Tuesday/Wednesday/
Do/Fr/Sa/So	Thursday/Friday/Saturday/Sunday
🐾 🐾	Pets allowed/not allowed
💳 💳	Credit cards accepted/not accepted

447

	Autoroute avec sortie et auberges (gratuit/route à péage)
87 Montabaur ❶	Point de raccordement avec kilométrique et sortie-numéro
← Luze ....um →	uniquement sortie/uniquement entrée
88 Montabaur	Aire de repos (avec pont)
R R	Auberge avec/san lits
K L	Kiosque/Toilette pour handicapes
T A	station service, Truck-Stop
▯▮▯	gaz combustible liquéfié: GPL/GNV/ GPL+GNV
ABK • ABD	Croisement et triangle d'autoroute
1.2	Numéro de la carte de raccordement

❷ ◉	Autoroute avec sortie et sortie-numéro (mise en service-en construction)
	Route principale à chaussées séparées (mise en service-en construction)
5 **E20**	Numéros des autoroutes/ routes européennes
23	Route avec numéro
♜	Forteresse, château
🦌	Parc Zoologique, parc d'oiseaux
★	Parc de loisir
◆	Foire
✈	Aéroport international

A	Autoroute (par ex. A 1)
→	Direction
★★★★★	Hôtel de luxe ou de première classe
★★★★	Hôtel ou auberge à très grand confort
★★★	Hôtel ou auberge à grand confort
★★	Hôtel ou auberge convenable
★	Hôtel ou auberge avec chambres agréablement aménagées, en partie avec douche et WC
★	comfort-plus
✕	Restaurant
⌂	un abri a dormir ou place du camping
(A) - (★★★★)	Pension, hotellerie ou auberge de jeunesse avec du confort différent
(F) - (FFFF)	Appartement ou maison avec du confort différent
⛽	station service
B/Zi	Lits/Chambre
EZ/DZ	chambre individuelle/chambre à deux lits
VP/HP	Pension complète/Demi-pension
Du/WC	Douche/Toilette
☎	Téléphone
🚐	également intéressé à des compagnies de voyage
♿	Aussi pour handicapés
G/P	Garage/Parking
./.	Jour de repos
Mo/Di/Mi/	lundi/mardi/mercredi/
Do/Fr/Sa/So	jeudi/vendredi/samedi/dimanche
🐾 🚫	Animaux autorisés/non autorisés
💳 ⚏	Cartes de crédit acceptées/non acceptées

Informations importantes pour l'utilisation de Links+Rechts der Autobahn

Tout long voyage, de nos jours, signifie un parcours sur l'autoroute. Vous passez alors souvent à côté de curiosités – des buts d'excursion et surtout d'hôtels, de restaurants et de stations d'essence bon marché, qui sont proches de l'autoroute, mais que vous ne remarquez pas.

C'est là qu'»A gauche et à droite de l'autoroute« vous vient en aide grâce à des recommandations, des trucs, des renseignements. Avantage le plus important: Vous n'avez besoin d'aucune connaissance des lieux et cependant vous pouvez du premier coup d'oeil voir toutes les possibilités de la région. Links+Rechts der Autobahn regroupe les autoroutes de tous les pays énumérés sur la première page au moyen des différentes immatriculations. Chacune des autoroutes a été divisée en tronçons. Afin d'offrir une information exacte et rapide, nous avons reproduit pour chaque tronçon d'autoroute 2 cartes: une carte purement schématique et une carte routière normale. Concernant les pays qui n'ont pas encore un réseau autoroutier fermé, nous avons mis à votre disposition une carte routière globale du pays.

Les cartes sur le côté gauche vous montrent sur quelles sorties d'autoroute se trouvent des hôtels et hôtelleries recommandables, des stations d'essence bon marché ainsi que des buts d'excursion et de vacances. Toutes les sorties d'autoroute, les aires de repos, les stations d'essence et les kiosques sont mentionnés. A côté de leur nom se trouve le numéro de la borne kilométrique et le numéro de la sortie à la hauteur de laquelle ils se trouvent **87 Montabaur** ❶. A l'aide de ces données kilométriques, vous pouvez rapidement et facilement calculer les distances.

Les numéros en blanc dans un cercle rouge ❶ vous donnent les informations sur les hôtels et hôtelleries, une pompe à essence munie d'un numéro **6** se réfère à une station essence bon marché, et les numéros en rouge dans un cercle blanc **78** indiquent les lieux d'excursion et de vacances. Les tronçons d'autoroute suivants vous sont indiqués par ce **1.2** numéro. Les cartes du Danemark et de la Suède présentent les autoroutes et en plus les routes de caractère comparable ▭ et les routes de trafic ▭ .

Les cartes sur le côté droit vous montrent en un coup d'oeil la position exacte des endroits avec hôtel, hôtellerie ou station d'essence recommandables et vous informent en supplément sur des curiosités et des sujets d'excursion (point de la localité rouge). A cette occasion nous avons essayé malgré la petite échelle, de rendre ces cartes le plus clair possible.

D, CH, A	1 cm = 10 km
autre pays:	1 cm = 15 km

Les nouveaux numéros d'autoroute **1** constituent pour chaque voyageur une grande aide. Il se trouvent sur chaque panneau indicateur et vous facilite considérablement l'orientation au croisement d'autoroute ou au embranchement. En même temps, vous pouvez aussi vous aidé des cartes des régions à grande densité démographique aux pages 12 + 13.

Enfin un renseignement important: Durant les mois de vacances scolaires, il est recommandé de réserver une chambre à temps soit par lettre soit par téléphone. Si vous prenez la peine d'appeler l'hôtel ou l'auberge de votre choix au plus tard jusqu'à midi, vous pourrez vous épargner biendes déboires et des ennuis en fin de journée.

Et maintenant nous vous souhaitons un bon voyage avec **Links+Rechts der Autobahn!**

L'adresse ***www.autobahn-guide.com*** vous permet de trouver les adresses E-Mail ou les sites de nos hôtels et hôtelleries si les symboles @ ou ⚏ sont indiqués dans cette brochure.

Belangrijke informatie voor het gebruik van Links+Rechts der Autobahn

Iedere grote reis met de auto betekent in onze tijd een rit op de snelweg. Hierbij rijdt u dikwijls bezienswaardigheden – en vooral hotels, gastenkamers, restaurants en goedkope tankstations voorbij, die weliswaar in de nabijheid van de snelweg liggen, maar door u niet opgemerkt worden.

In deze gevallen helpt Links+Rechts der Autobahn u met aanbevelingen, tips en opmerkingen. Het grootste voordeel is, dat u ter plaatse helemaal niet bekend behoeft te zijn en u toch „in één oogopslag" de talrijke mogelijkheden ziet.

Links+Rechts der Autobahn bevat de snelwegen van alle landen die op de omslag met het landenkenteken zijn aangegeven. Wij hebben deze snelwegen voor u gerubriceerd. Ten behoeve van een snelle en goede informatie werden voor ieder snelwegtraject twee kaarten vervaardigd: een zuiver schematische weergave van de snelweg met daarnaast hetzelfde snelweggedeelte in de traditionele wegenkaartversie. In landen met een nog niet voltooid snelwegennet kunt u gebruik maken van de overzichtskaarten, eveneens gewone wegenkaarten.

De schematische kaarten tonen u aan welke afslagen aanbevelenswaardige hotels en pensions, goedkope tankstations alsook excursie- en vakantiedoelen liggen. Iedere afslag, ieder restaurant, ieder tankstation en iedere kiosk is opgenomen. Behalve hun naam staat er ook de kilometerpaal en het afslagnummer bij in 87 Montabaur ❶ de buurt waarvan ze gelegen zijn. Met behulp van deze kilometers kunt u de afstanden snel en gemakkelijk aflezen.

Bij de witte cijfers in een rood bolletje ❶ vindt u gegevens betreffende hotels en Gasthöfe, bij een pompje met het getal 🔲 vindt u een goedkoop tankstation. Bij de rode cijfers ob een witte achtergrond 78 worden mogelijke uitstapjes en vakantiebestemmingen vermeld. De telkens corresponderende stukken van de snelweg worden door deze nummers 🔲 aangeduid. De kaarten van Denemarken en Zweden tonen naast de autosnelwegen ook autowegen met snelwegkarakter ▬▬▬ en lange-afstands routes ▬▬▬.

De traditionele kaarten tonen in één blik de exacte ligging van de plaatsen met een aanbevelenswaardig hotel, Gasthof of tankstation, en informeert u tegelijkertijd over beziens-waardigheden en mogelijkheden voor uitstapjes (plaats van bestemming rood). Daarbij hebben wij alle moeite gedaan, deze kaarten ondanks de kleine schaal zo overzichtelijk mogelijk te houden.

D, CH, A   1 cm = 10 km
overige landen: 1 cm = 15 km

Een echte hulp voor iedere reiziger op de snelweg zijn de wegnnummers 🔲 . Die zijn op alle wegwijzers langs de snelweg aangebracht. Ze helpen u bij kruisingen, splitsingen en afslagen de juiste rijstrook te kiezen. Ook de detailkaarten van grote agglomeraties op pagina 12 + 13 kunnen u hierbij behulpzaam zijn.

Tenslotte nog een belangrijke opmerking: Gedurende de vakantiemaanden is het ten zeerste aan te bevelen uw kamer tijdig schriftelijk of telefonisch te bespreken. Als u uiterlijk rond het middaguur het hotel of pension belt, kunt u zich's avonds veel moeite en teleurstelling besparen.

En nu wensen wij u goede reis met
Links+Rechts der Autobahn!

	Autosnelweg met uitrit en restaurant (vrij – autosnelweg met betaling)
87 Montabaur ❶	Aansluiting met kilometerpaal en uitrit-nummer
← Luze...um	uitsluitend oprit/uitsluitend afslag
88 Montabaur	Rustplaats (met overbrugging)
Ⓡ Ⓡ	Rustplaats met/zonder overnachtingsmogelijkheid
Ⓚ 🚻	Kiosk/Gehandicapten-WC
Ⓣ Ⓐ	Benzinestation, Truck-Stop
🟩🟩🟩	autogas: LPG / CNG / LPG + CNG
ABK • ABD	Klaverblad
🔲	Nummer van de aansluiting

❷	Autosnelweg met uitrit en uitrit-nummer (in bedrijf – in aanleg)
	Autoweg (in bedrijf – in aanleg)
5 E20	Autosnelweg-, Europastraatwegnummer
23	provinciale wegen met nummer
🏰	Burcht, kasteel
🦌	Dierentuin, vogelpark
⭐	Recreatieterrein
◆	Beurs
✈	Internationale luchthaven

A	Autosnelweg (bijvoorbeeld A 1)
→	Directie
★★★★★	Luxe- of eerste klas hotel
★★★★	Hotel of „Gasthof" met zeer groot comfort
★★★	Hotel of „Gasthof" met groot comfort
★★	Hotel of „Gasthof" met goed-burgerlijk comfort
★	Hotel of „Gasthof" met leuk ingerichte kamers, gedeeltelijk met douche en WC
★	comfort-plus
✗	Restaurant
⌂	Trekkershut of camping
🏠 - ★★★★	Pension, bed & breakfast of jeugdherberg met verschillende comfortniveaus
🏠 - FFFF	Appartement of vakantiehuis met verschillende comfortniveaus
⛽	Benzinestation
B/Zi	Bedden/Kamer
EZ/DZ	Eenpersoonskamer/ Tweepersoonskamer
VP/HP	Volledig pension/Half pension
Du/WC	Douche/Toilet
☎	Telefoon
🚌	ook geïnteresseerd in groepen
♿	ook voor gehandicapten
G/P	Garage/Parkeerplaats
./.	Rustdag
Mo/Di/Mi/	Maandag/dinsdag/woensdag/
Do/Fr/Sa/So	donderdag/vrijdag/zaterdag/zondag
🐾 🚫	Dieren toegestaan/niet toegestaan
💳	Kredietkaarten worden wel/ niet geaccepteerd

Wanneer in deze boekuitgave de symbolen @ of 🖥 zijn vermeld, vindt u op
www.autobahn-guide.com de e-mail- of homepage-adressen van onze hotels.

Motorväg med avfart och rastställe (utan avgift – vägavgift)

87 Montabaur ❶ Anslutningsställe med

←Luze...um kilometeruppgift och avfartsnummer

endast utfart/endast infart

88 Montabaur Motorvägsrastplatser (med övergång)

ℝ R Rastställe med/utan övernattning

K Ⓚ Kiosk/Toalett för handikappade

T A Bensinstation, Servicestation för nyttotrafik

🟩🟩🟩 biogas: LPG / CNG / LPG + CNG

ABK • ABD Motorvägskorsning

1,2 Anslutningskarta nummer

—2—●— ═ ═ Motorväg med avfart och avfarts-nummer (fullt färdig – under byggnad)

══════ ═ ═ Motorväg (fullt färdig – under byggnad)

5 E20 Motorväg-/Europavägnummer

23 Riksväg med nummer

🏰 Borg, slott

🦌 Zoo, djurreservat, fågelpark

⭐ Frizidsanläggning

◆ Måssa

✈ Intern. trafikflygplats

A Autobahn (t. ex. A 1)

→ Riktning

★★★★★ 1. klass lyx hotell

★★★★ Lyx hotell eller värdshus

★★★ Hotell eller värdshus med hög komfort Du/WC, TV, Tel., Minibar på alla rum

★★ Hotell eller värdshus med god komfort, övervägande del av rummen med Du/WC

★ Hotell eller värdshus med trevliga rum, dusch och WC – i korridor

⭒ komfort-plus

✕ Restauranger

⌂ övernattningsstugor eller campingplats

🏠 - **(★★★★)** Pension och vandrarhem med varierande standard

🏠 - **(ⒻⒻⒻⒻ)** Lägenheter och stugor med varierande standard

⛽ Bensinstation

B/Zi Bäddar/Rum

EZ/DZ Enkelrum/Dubbelrum

VP/HP Helpension/Halvpension

Du/WC Dusch/Toalett

☎ Telefon

👥 tar också gärna emot grupper

♿ handikappvänlig

G/P Garage/Parkeringsplats

./. Stängt

Mo/Di/Mi/ Måndag/tisdag/onsdag/

Do/Fr/Sa/So torsdag/fredag/lördag/söndag

🐕 🐕 Djurtillåtna/ejtillåtet

💳 💳 Kreditkort accepteras/accepteras ej

Viktiga informationer för användandet av Links+Rechts der Autobahn

Varje längre resa med bil innebär i vår tid att köra på motorväg. Då kan det hända att man kör förbi sevärdheter – utflyktsmål och framför allt hotell, värdshus, gästgivaregårdar, restauranger och billiga bensinstationer, som visserligen ligger i närheten av motorvägen men som man helt enkelt inte får syn på.

Här hjälper dig Links+Rechts der Autobahn med rekommendationer, tips och hänvisningar. Det bästa är att du inte behöver ha lokalkännedom utan ändå får „direkt" reda på de många möjligheterna.

Links+Rechts der Autobahn omfattar motorvägarna i alla länder som listas på titelsidan med landskännetecken. För att man skall få en så snabb och god information som möjligt har på varje motorvägsavsnitt framställts två kartor – dels en ren schematisk framställning och dels samma kartavsnitt i sedvanlig version. I länderna där motorvägsnätet ännu inte är komplett hjälper översiktskartan i boken.

Kartorna på vänstersidorna visar vid vilka motorvägsutfarter det finns hotell och värdshus värda att rekommendera bensinstationer, och utflykts- och semestermål. Alla motorvägsavfarter – rastplatser – bensinstationer och kiosker är angivna. Förutom deras namn anges också det kilometeravstånd och avfartsnummer där **87 Montabaur ❶** de är belägna. Med hjälp av denna kilometeruppgift kan du snabbt och lätt avläsa avstånden.

Under de vita siffrorna i röda prickar ❶ finner ni uppgifter om hotell och värdshus, en bensinpump med siffra 6 hänvisar till en bensinstation, och vid de röda siffrorna i vita prickar 78 är utflykts- och semestermål utsatta. De anslutande motorvägsavsnitten anges genom dessa 1,2 nummer. Kartorna över Danmark och Sverige visar alla Europavägar, dels med motorväg ▬▬ och dels med motor-trafikled ▬▬.

Kartorna på höger sida visar exakt var en ort ligger där man kan finna ett bra hotell, värdshus eller en billig bensinstation och informeras dessutom om sevärdheter och utflyktsmål (ortsnamnet rött). Trots liten skala, har vi bemödat oss att göra kartorna så överskådliga som möjligt.

D, CH, A 1 cm = 10 km
övriga länder: 1 cm = 15 km

Till stor hjälp för varje motorvägstrafikant är motorvägsnumren **1** . De finns på alla motorvägsskyltar och underlättar väsentligt för dig att hitta rätt väg vid motorvägskorsningar och avtagsvägar. Härvid finner ni också bra hjälp av områdeskartorna på sidorna 12 + 13.

Slutligen ett viktigt påpekande: Det är klokt att under semestermånaderna beställa rum i god tid, antingen skriftligt eller per telefon. Att ringa upp det hotell eller värdshus du valt senast vid middagstid, kan bespara Dig mycken möda och besvär på kvällen.

Vi önskar lycka till på resan med **Links+Rechts der Autobahn!**

Under *www.autobahn-guide.com* hittar ni e-mail eller homepage-adresserna till våra hotell eller utflyktsmål som har @ symbolen eller 🖥 med i texten.

Informazioni importanti per l'utilizzo
Links+Rechts der Autobahn

Effettuare un qualsiasi viaggio lungo in automobile significa oggigiorno percorrere l'autostrada. In tale occasione si passa spesso davanti a curiosità – mete per escursioni e soprattutto hotels, trattorie, ristoranti e stazioni di servizio a buon mercato che si trovano proprio vicino all'autostrada senza essere da voi notati.

Ecco che vi aiuta „A sinistra + a destra dell'autostrada" con consigli, suggerimenti ed indicazioni. Vantaggio principale: non occorre alcuna conoscenza del luogo ma riconoscerete „a colpo d'occhio" le numerose possibilità.

Links+Rechts der Autobahn comprende le autostrade di tutte le nazioni elencate in copertina con le rispettive sigle. Abbiamo suddiviso le autostrade in settori. Per ottenere una rapida e buona informazione, sono state realizzate due cartine per ogni settore autostradale e cioè una rappresent-azione molto schematica dell'autostrada ed ancora lo stes-so settore nel consueto formato cartina. Nei paesi in cui la rete di tratti autostradali non è ancora chiusa, vi aiuterà una carta riassuntiva in formato cartina.

Le cartine alle pagine di sinistra vi mostrano a quali uscite autostradali si trovano raccomandabili hotels e trattorie, stazioni di servizio a buon mercato nonché mete per escursioni e vacanze. Sono indicati tutte le uscite autostradali – motels – stazioni di servizio e chioschi. Oltre al loro nome sono contenuti la pietra miliare ed il numero 87 Montabaur ❶ dell'uscita presso cui si trovano. Con l'ausilio di queste indicazioni chilometriche potete rilevare le distanze in modo semplice e veloce.

Sotto i numeri bianchi a punti rossi ❶ si trovano le indicazi-oni sugli hotels e trattorie, ad una colonnetta di distribuzione con numero 6 trovate una stazione di servizio a buon mercato e nei numeri bianchi a punti rossi 78 sono indicati i luoghi di escursioni e di ferie. I settori autostradali di raccordo vengono segnalati tramite questi numeri 12 . Le cartine della Danimarca e della Svezia contengono, oltre alle autostrade, superstrade a carattere autostradale e strade di grande comunica-zione.

Le cartine alle pagine di destra vi mostrano a colpo d'occhio l'esatta posizione del luogo con un hotel, una trattoria oppure una stazione di servizio raccomadabili, informandovi inoltre su curiosità e mete per escursioni (punto località rosso). Inoltre, nonostante le piccole scale, abbiamo cercato di realizzare queste cartine in maniera molto chiara.

D, CH, A	1 cm = 10 km
altri paesi:	1 cm = 15 km

I numeri delle autostrade sono di grande aiuto per ogni viaggiatoe. Sono indicati su ogni cartello autostradale e vi facilitano notevolmente il giusto proseguimento ad incroci e biforcazioni autostradali. Sono di aiuto anche le carte delle zone con forte densità di popolazione alle pagine 12 + 13.

Infine un'importante indicazione: Nei mesi di vacanze è consigliabile prenotare le camere tempestivamente per iscritto oppure per telefono. Chiamando l'hotel o la trattoria di vostra scelta al più tardi entro mezzogiorno, potrete risparmiarvi fatica e delusione alle sera!

Ed ora vi auguriamo Buon Viaggio con
Links+Rechts der Autobahn!

	Autostrada con uscita e chioschi (gratis – strada con pedaggio)
87 Montabaur ❶	Raccordo con pietra miliare e numero uscita
	solo uscita/solo entrata
88 Montabaur	Motel autostradale (con sovrappassaggio)
Ⓡ Ⓡ	Motel con/senza pernottamento
Ⓚ ♿	Chiosco/WC per portatori di handicap
Ⓣ Ⓐ	Stazione di servizio, Sosta veicoli pesanti
	gpl: LPG / CNG / LPG + CNG
ABK • ABD	Incrocio autostradale
12	Numero della carta raccordi

2	Autostrada con uscita e numero uscita (terminata – in costruzione)
	Autostrada (terminata – in costruzione)
5 E20	Numeri di autostrade/strada europea
23	Strada con numero
	Rocca, castello
	Zoo, recinto, parco di uccelli
★	Parco per il tempo libero
◆	Fiera
✈	Aeroporto internazionale

A	Autostrada (p.es. A 1)
→	Direzione
★★★★★	Hotel di lusso o di prima classe
★★★★	Hotel o trattoria di grandissimo comfort
★★★	Hotel o trattoria di grande comfort
★★	Hotel o trattoria di comfort familiare
★	Hotel o trattoria con stanze accoglienti in parte con doccia e WC
☆	comfort-plus
✕	Ristorante
⌂	capanna per pernottare oppure campeggio
Ⓗ - ★★★★	Pensione, alloggio per ospiti o albergo per la gioventù con livello di confortabi-lità differente
Ⓕ - FFFF	Appartamento o casa per vacanza con livello di confortabilità differente
⛽	Stazione di servizio
B/Zi	Letti/Camere
EZ/DZ	Camere singole/Camere doppie
VP/HP	Pensione completa/Mezza pensione
Du/WC	Doccia/Toilette
☎	Telefono
🚌	Interessato anche a comitive
♿	Adatto a portatori di handicap
G/P	Garage/Parcheggio
./.	Giorno di riposo
Mo/Di/Mi/	lunedì/martedì/mercoledì
Do/Fr/Sa/So	giovedì/venerdì/sabato/domenica
🐾 🚫	Animali permessi/non permessi
💳 🚫	Carte die credito accettate/non ac-cettate

Sotto **www.autobahn-guide.com** troverete l'indirizzo e-mail o gli indirizzi dei siti delle nostre sedi nei punti in cui in questa edizione sono riportati i simboli @ o 🖥.

Ortsregister

🇩🇪 Beispiel:				🇬🇧 Example:				🇫🇷 Exemple:			
Aachen,	D-52076	‣	4.3	Aachen,	D-52076	‣	4.3	Aachen,	D-52076	‣	4.3
Ort	Postleitzahl	siehe	Route	town	area code	see	route	lieu	code postal	voir	route

🇳🇱 Voorbeeld:				🇸🇪 Exempel:				🇮🇹 Esempio:			
Aachen,	D-52076	‣	4.3	Aachen,	D-52076	‣	4.3	Aachen,	D-52076	‣	4.3
plaats	postcode	vouw	route	ort	postnummer	se	rutt	località	codice postale	ve-dere	tragitto

Aabenraa, DK-6200 → 101
Aachen, D-52076 → 4.3
Aachen-Lichtenbusch, D-52076 → 4.3
Aachen-Walheim, D-52076 → 4.3
Aalborg, DK-9000 → 100
Aalen-Oberalfingen, D-73433 → 7.8
Aalen-Treppach, D-73433 → 7.8
Aalen-Unterkochen, D-73432 → 7.8
Aalen-Waldhausen, D-73432 → 7.8
Abádszalók, H-5241 → 744
Abenberg, D-91183 → 6.2
Abisko, S-981 07 → 140
Abstatt, D-74232 → 81.0
Åby-Getå, S-616 90 → 149
Achern, D-77855 → 5.4
Achern-Oberachern, D-77855 → 5.4
Adelsdorf, D-91325 → 3.4
Adelsdorf-Neuhaus, D-91325 → 3.4
Adelsried, D-86477 → 8.2
Adelzhausen, D-86559 → 8.2
Affenhausen, A-6414 → 532
Agde, F-34300 → 364
Ahaus-Graes, D-49683 → 31.1
Ahlerstedt, D-21702 → 1.2
Ahorn-Berolzheim, D-74744 → 81.0
Ahrensfelde-Lindenberg, D-16356 → 10, 20.1
Aichelberg, D-73101 → 8.1
Aiguillon, F-47190 → 354
Ainaži, LV-4035 → 600
Airolo, CH-6780 → 501
Albelda de Iregua, E-26120 → 300
Albenga, I-17031 → 560
Albertslund, DK-2620 → 102
Alcalá de Henares, E-28801 → 300
Aldaia, E-46960 → 300
Alfeld, D-91236 → 6.2
Alfeld-Wörleinshof, D-91236 → 6.2
Allersberg, D-90584 → 9.3
Allersberg-Göggelsbuch, D-90584 → 9.3
Allershausen-Ost, D-85391 → 9.4, 99
Alsbach, D-64665 → 5.2
Alsfeld, D-36304 → 5.0
Alsfeld-Liederbach, D-36304 → 5.0
Alt Schwerin, D-17214 → 19
Altdorf, D-84032 → 92
Altdorf-Eugenbach, D-84032 → 92
Altenahr, D-53505 → 61.1
Altenau, D-38707 → 39
Altenbrak, D-38889 → 39
Altenhof, D-16244 → 20.1
Altenmarkt, A-5541 → 531
Altenthann, D-63674 → 45.1
Altentreptow, D-17087 → 20.1
Altlengbach, A-3033 → 536

Älvkarleby, S-810 70 → 141
Alzey-Dautenheim, D-55232 → 61.3
Alzey-Heimersheim, D-55232 → 61.3
Amberg, D-92224 → 6.2, 93.1
Amelinghausen, D-21385 → 7.1
Amiens, F-80000 → 351
Ammerbuch-Pfäffingen, D-72119 → 81.1
Amneville-Les-Thermes, F-57360 → 358
Amsteg/Gotthard, CH-6474 → 501, 502
Amstetten, A-3300 → 536
Amtzell, D-88279 → 96.1
Amtzell-Eüchel, D-88279 → 96.1
Ancenis, F-44150 → 350
Andernach, D-56626 → 61.1
Andorf, A-4770 → 533
Andorra la Vella, AND- → 300
Angelbachtal-Michelfeld, D-74918 → 5.3, 6.1
Ängelholm, S-262 74 → 146
Ängelholm-Varalöv, S-262 96 → 146
Angerberg, A-6320 → 530
Angers, F-49000 → 350
Anif, A-5081 → 531
Anklam, D-17389 → 20.1
Annaberg-Buchholz, D-09456 → 72
Ansbach, D-91511 → 6.2, 7.7
Ansbach-Brodswinden, D-91522 → 6.2
Ansbach-Elpersdorf, D-91522 → 6.2
Ansfelden-Kremsdorf, A-4052 → 535
Antiesenhofen-Mitterding, A-4980 → 533
Apen, D-26689 → 28
Apen-Bucksande, D-26689 → 28
Apolda, D-99510 → 4.1
Appenweier, D-77767 → 5.4
Appenweier-Nesselried, D-77767 → 5.4
Arboga, S-732 30 → 143, 147
Argenthal, D-55496 → 61.2
Ärjäng, S-672 30 → 142
Arlanda, S-190 45 → 143
Arlandastad, S-195 86 → 143
Arnhem, NL-6815 AH → 400
Arnoldstein, A-9601 → 538
Arnstadt, D-99310 → 4.1, 4.2, 71
Arnstadt-Rudisleben, D-99310 → 4.1, 4.2, 71
Arvidsjaur, S-933 33 → 140
Ascain, F-64310 → 365
Aschaffenburg, D-63739 → 3.2
Ascheberg, D-59387 → 1.4
Ascheberg-Davensberg, D-59387 → 1.4
Ascheberg-Herbern, D-59387 → 1.4

Åsljunga, S-286 72 → 150
Åstorp, S-265 90 → 150
Attendorn, D-57439 → 45.0
Attersee, A-4864 → 535
Atzelgift/Hachenburg, D-57629 → 3.1, 45.0
Aub, D-97239 → 7.7
Aubignosc, F-04200 → 363
Aue, D-08280 → 72
Auer, I-39040 → 561
Auerbach, D-91275 → 9.2
Auetal-Rehren, D-31749 → 2.2
Aufhausen, D-85258 → 8.2, 9.4
Auggen, D-79424 → 5.6
Augustów, PL-16-300 → 640
Aukrug-Homfeld, D-24613 → 7.0
Aulnay-sous-Bois, F-93600 → 352
Auma-Gütterlitz, D-07955 → 9.1
Aumont-Aubrac, F-48130 → 357
Aurec, F-43110 → 357
Avallon, F-89200 → 360
Aveiro, P-3800 → 300
Avignon, F-84000 → 362
Awenne/St. Hubert, B-6870 → 460
Axvall, S-532 92 → 148
Aying, D-85653 → 8.3, 99
Aystetten, D-86482 → 8.2

Bachern, D-82266 → 96.0, 99
Bad Abbach, D-93077 → 93.1
Bad Abbach-Lengfeld, D-93077 → 93.1
Bad Aibling, D-83043 → 8.3
Bad Alexandersbad, D-95680 → 93.0
Bad Arolsen-Schmillinghausen, D-34454 → 44
Bad Bellingen, D-79415 → 5.6
Bad Bentheim, D-48445 → 30, 31.1
Bad Boll, D-73087 → 8.1
Bad Bramstedt, D-25476 → 7.0
Bad Breisig, D-53498 → 61.1
Bad Brückenau, D-97769 → 7.6
Bad Camberg, D-65520 → 3.2
Bad Ditzenbach-Auendorf, D-73342 → 8.1
Bad Ditzenbach-Gosbach, D-73342 → 8.1
Bad Doberan, D-18209 → 20.0
Bad Eilsen, D-31707 → 2.2
Bad Fallingbostel, D-29683 → 27, 7.1, 7.2
Bad Feilnbach-Au, D-83075 → 8.3
Bad Feilnbach-Gottschalling, D-83075 → 8.3
Bad Gögging, D-93333 → 93.1
Bad Grund, D-37539 → 7.3
Bad Harzburg, D-38667 → 39

Ortsregister

Ortsregister

Ortsregister

Ortsregister

Ortsregister

Ortsregister

Buchbestellung

Ausgabe Links+Rechts der Autobahn 2010

Ich bestelle Exemplar/e _____ Links+Rechts der Autobahn

Einzelverkaufspreis € 9,95 [D] + Versandkosten

☐ 1 Exemplar bis auf Widerruf

☐ Bitte buchen Sie den Rechnungsbetrag von meinem Konto ab:

Kto-Nr. _____

BLZ _____

Bank _____

Datum _____ Unterschrift _____

☐ Der Betrag wird sofort nach Erhalt der Rechnung überwiesen.

☐ Ich möchte ebenfalls den kostenlosen Aufkleber erhalten.

Versandanschrift
_____
_____
_____

Datum _____ Unterschrift

Hotel-Reservierung

Hotel Reservation • Beställning av hotellrum • Hotelreservering

Reservieren Sie bitte für _____ Person(en):	
Please reserve for	person(-s):
V.G. reservera för	person(er):
Reserveent u s.v.p. voor	personen:

☐ Bestätigung erbeten
confirmation requested
Bekräftelse önskas
Bevestiging gewenst

☐ Einzelzimmer	☐ Doppelzimmer	☐ Kinderbett	☐ Bad/Dusche/WC	☐ Garage	☐ Zusatzbett
Single room	Double room	Baby bed	Bath/Shower/WC	Garage	Extra bed
Enkelrum	Dubbelrum	Barnsäng	Bad/Dusch/WC	Garage	Extrasäng
Eenpersoonskamer	Tweepersoonskamer	Kindenbed	Bad/douche/WC	Garage	Extra bed

Tag der Anreise: _____	Tag der Abreise: _____
Day of arrival:	Day of departure:
Ankomstdag:	Avresedag:
Dag van aankomst:	Dag van vertrek:

Telefon/telephone/telefon/telefoon _____ E-Mail _____

Datum/date/datum _____ Unterschrift/signature/underskrift/Handtekening

_____

_____

_____

Aufkleber verkleinert dargestellt

Telefax (02151) 5100-25129   autobahn-guide@stuenings.de

Antwort

Stünings Medien GmbH
Links+Rechts der Autobahn
Postfach 102155
47721 Krefeld
Deutschland

_____

_____

_____

Aufkleber verkleinert dargestellt

Telefax (02151) 5100-25129   autobahn-guide@stuenings.de

_____

_____

_____